《历史研究》
六十年论文选编

高　翔　主编

李红岩　路育松　副主编

《历史研究》编辑部编

中国社会科学出版社

图书在版编目(CIP)数据

《历史研究》六十年论文选编/高翔主编,《历史研究》编辑部编.
—北京:中国社会科学出版社,2014.7
ISBN 978 - 7 - 5161 - 4444 - 2

Ⅰ.①历… Ⅱ.①高… Ⅲ.①史学—文集 Ⅳ.①K0 - 53

中国版本图书馆 CIP 数据核字(2014)第 131766 号

出 版 人 赵剑英
责任编辑 郭沂纹
特约编辑 史 河
责任校对 李 莉
责任印制 王 超

出   版 中国社会科学出版社
社   址 北京鼓楼西大街甲 158 号 (邮编100720)
网   址 http://www.csspw.cn
          中文域名:中国社科网   010 - 64070619
发 行 部 010 - 84083685
门 市 部 010 - 84029450
经   销 新华书店及其他书店

印刷装订 环球印刷(北京)有限公司印刷
版   次 2014 年 7 月第 1 版
印   次 2014 年 7 月第 1 次印刷

开   本 787×1092   1/16
印   张 70
插   页 2
字   数 1418 千字
定   价 225.00 元

《历史研究》历任主编
及本届编委会名单

1954—1960 年
 主 编 尹 达
 副主编 刘大年
1961—1966 年
 主 编 黎 澍
1975—1982 年
 主 编 黎 澍
1982—1985 年
 主 编 庞 朴
1985—1988 年
 主 编 徐宗勉
1988 年
 主 编 徐宗勉
 副主编 田居俭
1988—1992 年
 主 编 田居俭
 副主编 阮方纪
1992—1994 年
 主 编 宋德金
 副主编 阮方纪
1994—1997 年
 主 编 宋德金
1997 年
 主 编 宋德金

始终引领当代中国史学的前进方向

——写在《历史研究》创刊六十周年之际

高　翔

今年，《历史研究》迎来了创刊60周年。60年前，肩负着领导新中国建设繁巨重任的中共中央，决定创办一份全国性的史学刊物——《历史研究》，毛泽东同志亲自确定"百家争鸣"的办刊方针，郭沫若同志出任首届编委会召集人。这是一份在特殊历史时期以特殊方式诞生的学术刊物，从一开始它就被赋予了神圣的历史使命，这就是引领当代中国史学的前进方向。

60年，风雨兼程。《历史研究》和新中国史学一路走来，经历了一段曲折但不失辉煌的历程。深刻反思、总结其中的成败得失，将使我们获得宝贵的历史教益。

第一，唯物史观是当代中国史学的旗帜和灵魂。随波逐流，不是优秀学术刊物的风范；勇开风气、引领学术，是其职责所在、尊严所系。

在人文社会科学中，每一种学术形态都有自己的价值立场。当代中国，以唯物史观为指导的马克思主义历史学，萌生于五四运动前后，在20世纪二三十年代社会史大论战中，勃然崛兴，逐渐成为进步学术的主流。新中国成立以后，以唯物史观占领史学阵地，成为理论建设的重要要求，也是史学发展的必然趋势。正是在这一特殊历史背景下，《历史研究》应运而生，郭沫若在发刊词中满怀激情地写道："我们就请从我们所从事的历史研究工作这一门科学方面努力达到实际的成果，来进行马克思列宁主义的深入的学习吧。"

从新中国成立到"文化大革命"爆发，《历史研究》高举唯物史观的旗帜，辟除榛莽，努力开辟中国史学的新天地。十余年间，它刊发了胡绳、侯外庐、范文澜、尚钺、黎澍、日知、白寿彝、刘大年等一大批马克思主义史学名家的文章，这些文章带动了整个史学界对唯物史观的学习和运用，史学家们从社会形态研究的角度，以开阔的视野，对人类历史进行新的全方位审视，尤其是围绕中国古代史分期问题、中国封建土地所有制形式问题、中国封建社会农民战争问题、中国资本主义萌芽问题、汉民族形成问题等"五朵金花"展开的研究和讨论，不但使一批千百年来被忽略、被遗忘的历史领域得到了应有的重视，一大批沉沦埋没、几近渐灭无闻的历史资料、历史真相重见天日，而且，推动着史学界建立起以历史唯物主义为指导的学术研究体系。这一崭新的学术体系，将中国现代史学和以儒家思想为指导、以考经证史为特征的传统史学彻底区别开来，和以资产阶级唯心史观为指导、以实证为特色的近代史学彻底区别开来。史学家们沿着历史唯物主义指引的方向，以严谨求是的学风，钩深致远，从生产力和生产关系、经济基础和上层建筑相互作用的角度，考察了人类社会变迁的内在轨迹，比较准确地揭示了人类历史演进的一般规律，特别是揭示了中国社会既遵循人类社会发展的一般规律，又具有自己鲜明民族特色的独特历史道路。正是在这一宏伟的、史诗般的学术进程中，古老的中国史学焕发出新的生机和活力。

以现在的标准看，尽管新中国史学包括《历史研究》本身，在运用马克思主义指导学术研究方面，不可避免地出现了教条主义等种种失误，但毕竟形成了具有鲜明中国特色的崭新学术话语体系，这是新时期中国史学前进的基础和出发点。坚持唯物史观的立场、观点和方法，立足中国国情，始终是当代中国史学最鲜明的时代特征，是其最有价值的学术个性。

第二，探索历史规律是新中国史学的本质追求。历史学是一门科学，其最显著的学术特点是实证。但实证是手段而不是目的，历史学的真正使命是探索社会变迁的内在逻辑与规律，为文明的提升提供借鉴与参考。真正的史学家，从来都将认识人类之命运作为自己全部学术活动的出发点，他们力图通过对社会关系、社会形态的反思，通过对人和自然关系的反思，总结出具有普遍意义的历史结论，所谓"究天人之际，通古今之变，成一家之言"。清儒章学诚强调"言性命者必究于史"，反对离事而言理，即充分体现了史学在真理探索中的重要作用。事实上，高层次的史学活动，从来都是思辨性的，充满了理性的睿智。

创刊伊始，《历史研究》就以高度的理论自觉积极引导史学界投身到历史规律的探索中来，投身到当代中国马克思主义史学学科体系的构建中来。在这场深刻的学术革命中，《历史研究》是参与者、引领者和推动者。除了积极引导对"五朵金花"的讨论外，《历史研究》还陆续刊发了有关历史发展动力、历史创造者、历史人物评价、唯物史观科学性、中国历史上的唯物主义思想、中国革命何以成功、新民主主义革命等一系列带有规律性认识的文章，对开创新中国史学研究新局面做出了自己的贡献。

改革开放以后，《历史研究》大力提倡解放思想、理论联系实际，从实证研究和理论研究两个方面，推动史学界开辟新领域，引进新方法，提出新理念。正是在《历史研究》的引领下，社会史、环境史、文化史、区域史等一大批新领域被开辟，一大批新资料被发现，人类历史以富含变化的方式向人们呈现出多层次、多维度的宏大场景。史学家笔下的社会生活，更全面、更接近于历史的真实。应该说，这一状况和过去将历史规律简单化、社会形态片面化相比，是一次了不起的学术飞跃。

毋庸讳言，每一次学术进步都有自己的局限性，甚至有可能以局部领域的退步为代价。最近几十年的历史研究也是如此。片面推崇考据、淡化理论、否定规律等现象，在史学界有所蔓延。一些所谓新方法、新理念，浮华多于实际，没有也无法重写历史，反而将历史搞得支离破碎。史学界对历史细枝末节的斤斤计较、纠缠不休，往往遮蔽了历史的真相。事实上，考据学不等于历史学，碎片化不能也不应该成为中国史学的主流。面对异常复杂并且充满变化的人类社会，人们不禁要问：资料是否等于历史？"事实"是否等于真实？史料罗列难道真可以代替理论概括？细腻入微的盲人摸象真可以让我们获得大象的全局甚至发现其内在规定性？

碎片化的结果，必然是见孤木以为森林，拾芝麻以为珠玑，甚至用精心挑选的资料碎片歪曲和篡改历史。在历史研究中，如果人们忘记或漠视规律这一终极关怀，试图用碎片叠加的方式重塑历史，那么，其着力愈多，离作为一门科学的历史学的本质追求愈远，最终会迷失在由大量资料碎片组成的汪洋大海中。

毫无疑问，克服碎片化的出路在于重建人们追求真理、追求本质与规律的信心，学会从长时段的视阈、全面的视阈、发展的视阈对待历史，这是严肃的历史学家应该坚持的基本原则，也是《历史研究》始终秉承的基本品格。

第三，经世致用是新中国史学一以贯之的优良传统。在人类历史进步的长河中，史学应该位于激流深处，推波助澜；而不是站在岸边，冷眼旁观，更不能逆流而动。史学研究，与其说是面对过去，不如说是立足现在，面对未来，即所谓"述往事，思来者"。

《历史研究》自创刊以后，就以高度的政治责任感和强烈的历史使命感，将推动学术繁荣与服务社会发展有机统一到办刊实践中。新中国成立初期，马克思主义虽然经过革命战争年代的学习和宣传获得了越来越多人的认同，但在学术界还没有占据主导地位，封建史观残余、资产阶级唯心史观在知识分子中仍然具有一定市场。《历史研究》自觉承担起在史学界确立唯物史观主导地位的时代责任，它以学术讨论和争鸣的方式，引导史学家们学习唯物史观、运用唯物史观，中国史学的面貌为之一新。"文化大革命"结束后，《历史研究》配合全国上下关于真理标准问题的大讨论，积极策划了一批揭露"四人帮"历史罪行以及解放思想的文章，推动了学术界拨乱反正、正本清源，为改革开放营造良好的理论和学术氛围。最近三十余年，随着社会矛盾的凸显，环境治理、医疗卫生、农村问题、灾害防治等逐渐摆在人们面前。《历史研究》主动介入现实问题，引导学者通过古今中外的比较研究，寻求解决问题的良策。近年来，《历史研究》专门策划了环境史笔谈，陆续刊发了灾荒史、医疗史、疾病史、城市史、乡村建设史等具有现实感的论文。这些主题，既代表着国际史学发展的前沿方向，又对中国当代治理具有启迪意义。

对中国学术界来说，经世致用是一个十分沉重的话题。中国史学界在服务现实上没有少走弯路，尤其是"文化大革命"中的影射史学，粗暴地践踏了历史研究的科学价值和学术尊严。但问题在于，以史经世和庸俗史学是完全对立的。影射不是经世，奉承、迎合也不是经世，为一时之需别有用心地歪曲、篡改历史，更不是经世。真正的以史经世，讲的是科学与人文、理性与激情的统一，它立足长远、服务大局，努力为社会进步提供严肃的历史镜鉴。在这方面，史学界包括《历史研究》，还有大量工作要做。

栉风沐雨60年，和新中国学术一样，《历史研究》的道路也非一路畅通、凯歌行进。改革开放前，受极"左"思潮的影响，《历史研究》刊发了一些具有那个时代鲜明色彩的文章，甚至伤害了一些学者，妨碍了正常的学术探索。然而，这一责任不能完全由《历史研究》承担，我们无权要求《历史研究》做它在那个时代不可能做到的事情。最近三十余年，特别是进入新世纪以后，面对急剧变革的社会环境，面对形形色色的新思潮，面对各种学术流派的相互激荡，面对学术辞藻、方法、手段的不断翻新，《历史研究》面临着新的选择、新的挑战和考验：如何卓有成效地引导中国史学界坚定不移地走自己的道路，坚守自己的学术理念、学术传统和学术品格；如何以更大的理论勇气，探索新问题，形成新观点，独抒己见，切磋砥砺，使史学更有生机、更具激情、更富活力；如何激励学者自觉地承担起时代的责任，服务国家和民族，做到文须有益于天下、有益于将来；如何激浊扬清，使我们的学风一归荡平正直之道，使学者更加包容，容得下批评与异议、更加冷静，不为近利所动，不为浮名所惑，潜心学术，着眼未来；如何推动学者在国际学术舞台上更加自信、更具尊严，既不妄自菲薄，亦不妄自尊大，为人类文明的提升贡献中国史学的智慧。所有这些，都是《历史研究》必须认真思考、努力回答的时代问题。

岁月无情，赤诚不改。过去60年，《历史研究》以自己的方式书写着新中国的史学史，今后，它也将如此。这一刊物的独特价值，归根到底，在于它代表着、见证着当代中国史学的良知、品格和未来。

目　　录

开展历史研究 迎接文化建设高潮

——为"历史研究"发刊而作

郭沫若

中国有长远的、内容丰富的历史，是值得我们夸耀的。几千年以来，我们的祖先定居在亚细亚大陆东部的温带地区，发展了创造性的物质生活和文化生活，绵延不绝地不曾中断，文物和史籍之多，真可以说是浩如烟海。这些都是勤劳而有智慧的体力劳动者和智力劳动者替我们留下的宝贵遗产，我们不仅应该加以尽心的爱护，而且应该加以很好的整理。

无可讳言，我们的历史文物虽然异常丰富，但差不多全部还停留在原始资料的阶段。在长期的封建社会中，我们也产生了不少的历史专家，特别是像司马迁那样伟大的人物，在两千多年前，他就总结了中国古代社会的史料，而为两千多年来的封建社会的历史记录创造了一个庞大的规格，是值得我们尊敬的。然而前代的历史家们，为他们所处的时代所限制，他们不仅不曾从长期的历史中发现历史发展的规律，而是适得其反。他们的史观是唯心史观。为了巩固封建王朝和地主阶级的统治，他们企图把活生生的历史发展固定甚至倒立起来。所谓"天不变，道亦不变"，便是那种史观的公式化。他们要维持"正统"，便不能不维持"道统"。所谓"尧舜禹汤文武周公孔子之道"是封建统治的脊梁，因而唐虞三代便成为中国历史上的黄金时代。在这样的史观之下，不仅历史发展受了歪曲，甚至连历史资料都被玉石混淆而轻重倒置了。历史成为封建帝王和地主阶级的起居注，劳动人民的创造遭受了不可宽恕的长久的埋没。

近百年来，中国受着资本主义国家的侵略，资本主义的科学文明逐渐动摇了中国封建社会的堡垒。几千年来的封建骗局为现实所揭破，历史的真相才朦胧地有所显示：历史是发展而不是固定，历史是前进而不是后退。想依照资本主义的方式用以改革中国社会的要求，受到强有力的促进。然而在中国逐渐觉醒的过程中，资本主义国家已经转进到帝国主义的阶段，它们的要求是把中国殖民地化，长期地停留在被榨取的状态。外来的侵略势力和内在的封建势力相勾结，使得中国社会因而被迫陷入了半封建半殖民地的泥坑里。这在观念形态上的反映，便是由封建社会的唯心史观转变为买办阶级的唯心史观。"全盘接受，全盘西化"，便是这种观点的最后结晶。买办阶级的代言人，他们比封建时代的历史家们更进了一大步：不是把中国的历史固定而倒立，而是把中国的历史整个抹杀了！

值得衷心庆幸的是，我们在今天要回忆几年前买办阶级统治下的中国情况，也就和要回忆几千年前的封建王朝的历史一样了。中国人民在中国共产党和毛泽东主席的领导之下，解放了自己，建立了几千年来历史上所未有的人民作了主人的国家。中国人民的伟大胜利，是毛泽东思想的胜利，是马克思列宁主义的胜利。马克思、恩格斯从人类历史中发现了历史发展的规律，奠定了辩证唯物主义与历史唯物主义。列宁、斯大林把它与帝国主义和无产阶级革命时代的历史实际相结合，成就了伟大的十月社会主义革命，建成了人类历史上第一个伟大的社会主义国家，从而发展了辩证唯物主义与历史唯物主义。毛泽东同志在结合中国的革命实际中灵活地运用了马克思列宁主义，因而使中国人民革命取得了胜利。马克思列宁主义这个革命的思想武器，的确是放诸四海而皆准的真理了。

毛泽东同志早就告诉过我们，要我们"学习应用马列主义的立场、观点和方法，认真的研究中国的历史，研究中国的经济、政治、军事和文化，对每一个问题要根据详细的材料加以具体的分析，然后引出理论性的结论来"[①]。这是毛泽东同志 1942 年 2 月 1 日在延安党校开学典礼大会上讲的话，到今天已经整整 12 年了。然而这就和在今天当面给予我们以指示一样。这本来是对于学习革命工作的一般的指示，而在我们历史研究工作者是感到特别亲切的。四年来，我们历史研究工作者，在雄壮的革命进军中经过了前所未有的规模宏大的自我改造的思想学习，对于这个亲切的指示，我们相信是有了更普遍的接受和更深入的体会了。

自然，学习是有一定的步骤的，学习更是没有止境的。今天我们历史工作者谁也还不能这样傲慢地说：我们已经把马克思列宁主义学好了，我们已经能够善于应用马克思列宁主义的立场、观点和方法来进行工作了。有谁能够这样傲慢地说，可能他就是天字第一号的非马克思列宁主义者。马克思列宁主义是最踏实的学问，它欢迎诚恳谦逊的人，它欢迎勤劳不倦的人，它欢迎勇敢前进的人。我们对于马克思列宁主义的认识和应用应该采取不断学习的态度。精读马克思、恩格斯、列宁、斯大林的著作，自然是很好的学习，但如从工作中切实地进行体验则可能是更好的学习。列宁早就说过："工程师承认共产主义的思想所经历的途径并不像从前那些在秘密条件下工作的宣传员和著作家所经历的一样，而是经过他在自己那一门科学方

---

① 《毛泽东选集》第 3 卷，第 837 页。

面所达到的实际成果。"① 我们就请从我们所从事的历史研究工作这一门科学方面努力达到实际的成果,来进行马克思列宁主义的深入学习吧。

历史研究的资料对于我们来说是绝对丰富的,而历史研究的需要在今天又相当的迫切。汉民族的历史、少数民族的历史、亚洲各民族的历史乃至世界史都需要我们以科学的观点来进行研究和解释。特别是我们自己的历史,很多方面,我们不仅还没有进行"具体的分析",甚至还不曾有过初步的接触。无限的材料摆在当前,还不曾切实地进行有计划的收集,材料听其自生自灭,可能有不少宝贵的成分已经消失了。就因为这样,我们在目前还得不到一部完整的通史或其他各文化部门比较精密的专史,那是一点也不足怪的。但在今天我们是迫切地需要有这样的研究和著作了。我们需要从历史发展中来体会辩证唯物主义与历史唯物主义。我们需要从历史发展中来进行爱国主义教育、提高民族自信心、促进民族新文化的创造。不仅我们自己需要,以苏联为首的和平民主社会主义阵营的各兄弟国家,乃至资本主义国家、殖民地和半殖民地国家的进步的人民都有同样的需要。中国人民革命的胜利,对全世界是一个极大的鼓舞,因而世界人民,特别是追求解放的人民对中国的历史和现实会感到莫大的憧憬,他们想从这里求得解决他们本身问题的钥匙。然而在世界史中关于中国方面的研究却差不多还是一片白页。这责任是落在我们的肩头上的,我们须得满足国内外人民的需要,把世界史上的白页写满,我们须得从历史研究这一角度来推进文化建设,促成社会主义工业化的实现。

但是,我们并不想在目前就提出过高过急的要求。有这样的朋友,对于马克思列宁主义的应用已经相当有把握,能够"根据详细的材料加以具体的分析",而产生出"理论性的结论"来,那样的朋友和他的作品,在我们当然十分欢迎。但假使一时还得不出"理论性的结论",只要能够"根据详细的材料加以具体的分析",甚至只要能够提供出"详细的材料"或新出的材料,也都是我们所欢迎的。任何研究,首先是占有尽可能接触的材料,其次是具体分析,其次是得出结论。只要是认真能够实事求是地做到这其中的任何一步都是有价值的工作。认真能够实事求是的人,他的立场、观点和方法,必然会逐渐地和马克思列宁主义接近而终于合辙。这就是列宁所说的"经过在自己那一门科学方面所达到的实际成果"来承认共产主义。

我们就是根据这样的方针来编辑和刊行这个刊物的。我们取名为"历史研究",用意也就在于把范围放宽一些,以展开历史研究的工作。"提倡用科学的历史观点,研究和解释历史"②,这就是我们所遵守的原则。但只要所进行的"研究

---

① 列宁:《论统一经济计划》(1921 年)。
② 《共同纲领》第四十四条。

和解释"不违背"科学的历史观点",也就有可能逐渐获得这样的观点。因而我们的范围虽然比较宽畅,但也并不是无批判的兼收并蓄。

这是一个新的开端。凡是抱着诚恳的态度、有心认真学习和研究的朋友们都请来参加这项工作吧。请把"历史研究"作为自己的园地吧。它虽然一时还不能满足人们的过高的期待,但在今天的自由环境中,有着充分的阳光和养分,只要我们努力垦殖、毫不懈怠,我们一定可以使这个园地逐渐成为宏大的文化公园。

文化建设的高潮要紧跟着经济建设的高潮而来了,各尽所能,责无旁贷。

1954 年 1 月 2 日

（刊于 1954 年第 1 期）

把历史的内容还给历史

本刊评论员

值此新春之际，本刊向读者推出一组旨在开拓新领域、组织新课题的论文和信息，吁请史学界扩大视野，复兴和加强关于社会生活发展的研究，"把历史的内容还给历史"。

在我们这个历史悠久、治史有方的国度里，人们一向重视搜集、整理有关社会生活的史料，诸如各个历史发展阶段不同阶级和阶层的衣食住行、嫁娶丧葬、婚姻家庭、宗族聚落、风俗礼仪、观念规范、社团会党、宗教迷信、节令时尚等，并根据当时所能达到的认识高度对上述史料进行说明。这不仅在浩如烟海的正史、典志、方志、稗史、笔记、文集等古籍中不乏记载，而且在历代封建统治阶级视为察古鉴今、安邦治国"法宝"的经学中也有突出反映，如"十三经"之一的《礼记》，便是古代贵族立身行事的生活手册。到了 20 世纪 20—40 年代，伴随"西学东渐"后社会学的兴起，我国曾一度出现研究社会生活的热潮。当时，有一批侧重或专门研究社会生活史的著作和资料相继问世，如郭沫若的《中国古代社会研究》，吕思勉的四部断代史（《先秦史》、《秦汉史》、《两晋南北朝史》和《隋唐五代史》①），邓之诚的《中华二千年史》②，以及杨树达的《汉代婚丧礼俗考》，陈东原的《中国妇女生活史》，尚秉和的《历代社会风俗事物考》，还有瞿宣颖的《中国社会史料丛钞》，萧一山的《近代秘密社会史料》等。令人遗憾的是，从 20 世纪 50 年代后期开始，由于教条主义的束缚和"左"的思潮影响，人们在理解和应用历史唯物主义从事史学研究时出现了偏颇和失误，将社会生活这一重要历史内容的研究视为"庸俗"、"烦琐"而逐之于史学门槛之外，并且美其名曰捍卫马克思主义史学的革命性和科学性。殊不知，此言此行恰恰背离了历史唯物主义。

其实，马克思主义的创始人是非常重视研究社会生活的。在他们的心目中，社

---

① 此书于 1959 年由中华书局出版，因与前三部构成系列，故并列于此。

② 此书第五卷上、中、下各册延至 1958 年方由中华书局出齐。

会生活是人类丰富多彩的历史的重要组成部分。所以，他们从不把人们的生活方式排斥在自己研究的视野之外，而总是按照社会存在决定社会意识的原理，把生活方式同生产方式紧密联系起来，考察生产力与生产关系、经济基础与上层建筑的矛盾斗争，剖析各个社会形态，阐述历史发展规律。马克思在《经济学手稿》第三章《相对剩余价值》中，曾引用一份《工厂视察员报告》里的论断："近年来，任何一种机械发明都不像'珍妮'纺纱机和精梳纺纱机的创造，在生产方式上，并且归根到底，在工人的生活方式上，引起那样大的改变。"并对此加以肯定和引申说："这里，正确地表达了实际的联系。'机械发明'它引起'生产方式上的改变'，并且由此引起生产关系上的改变，因而引起社会关系上的改变，'并且归根到底'引起'工人的生活方式上'的改变。"[1] 可见，在马克思主义观点看来，社会生活在历史发展中并非无足轻重的琐屑小事，而是综合体现生产力和生产关系以及各种社会关系变化的标志。倘若我们基于这一认识，再去重温马克思的《资本论》、《路易·波拿巴的雾月十八日》，恩格斯的《家庭、私有制和国家的起源》、《德国农民战争》、《英国工人阶级状况》等名著，定然会从中得到重要的启迪和教益。

当前，我国史学正处于革新之中。史学研究如何才能进一步改变多年来形成的内容狭窄、风格单调的状况，从而更有效地为社会主义现代化建设服务呢？途径当然很多。在历史唯物主义指导下，复兴和加强社会生活史的研究，应是一条切实可行的重要途径。这样做，可以另辟蹊径，促进史学的改革和创新，突破流行半个多世纪的经济、政治、文化三足鼎立的通史、断代史等著述格局，从研究社会生活的角度着手，开拓和填补鼎足之下的边缘地带和空白区域，同时再以社会生活的历史演变为中介，连接和沟通鼎立的"三足"，复原历史的本来面貌，使之血肉丰满、容光焕发，改变以往史学那种苍白干瘪的形象，使它更加充实和完善。这种别开生面的研究，还有助于通过生动具体、纷纭复杂的历史现象，深刻揭示历史演变的真实过程和不同层次的发展规律，检验和纠正过去应用历史唯物主义研究历史时发生的公式化、简单化缺陷。应当看到，这种新的研究和探索，还可以锻炼和提高史学工作者的理论思维能力，并且为丰富和发展历史唯物主义提供可能，而这又是提高我国马克思主义史学研究水平的重要条件。

马克思曾经说过："现代历史著述方面的一切真正进步，都是当历史学家从政治形式的外表深入到社会生活的深处时才取得的。"[2] 这种"深入"应该也包括社会史研究。希望史学界都来重视、支持社会史的研究工作。我们相信，广大史学工

---

① 《马克思恩格斯全集》第 47 卷，第 501 页。
② 《马志尼和拿破仑》，《马克思恩格斯全集》第 12 卷，第 450 页。

作者沿着历史唯物主义所指引的道路，向着"社会生活的深处"奋力探索的结果必将是史学的巨大进步。

（刊于 1987 年第 1 期）

坚持和发展唯物史观与
构建社会主义和谐社会

朱佳木

　　唯物史观是中国共产党的理论基础的重要组成部分，也是新中国史学工作的根本指导思想。不久前召开的中国共产党第十六届六中全会，正是通过把唯物史观的基本原理与当前中国社会的实际问题相结合，做出了关于构建社会主义和谐社会的重大决策；同时，全会要求加强马克思主义理论的研究和建设，在意识形态领域坚持马克思主义的指导地位，在史学等哲学社会科学研究中坚持以马克思主义为指导，建设以社会主义核心价值体系为根本的和谐文化。因此，构建社会主义和谐社会的战略部署，既为我国史学工作者坚持和发展唯物史观提出了新的历史性任务，也提供了新的历史性机遇。我们应当认清使命，抓住机遇，一方面自觉地用坚持和发展唯物史观的理论为构建社会主义和谐社会服务；另一方面，在构建社会主义和谐社会中坚持和发展唯物史观的理论。

　　1. 构建社会主义和谐社会需要坚持和发展唯物史观

　　十六届六中全会通过的《中共中央关于构建社会主义和谐社会若干重大问题的决定》（以下简称《决定》），反映了建设富强民主文明和谐的社会主义现代化国家的内在要求，体现了全党全国各族人民的共同愿望。它既提出了构建社会主义和谐社会的指导思想、目标任务和原则，也提出了包括"建设和谐文化，巩固社会和谐的思想道德基础"在内的一系列主要任务。因此，要弄清楚坚持和发展唯物史观与构建社会主义和谐社会的关系，必须弄清楚什么是《决定》中所讲的"和谐社会"以及与之相适应的"和谐文化"。

　　首先，《决定》指出："我们要构建的社会主义和谐社会，是在中国特色社会主义道路上，中国共产党领导全体人民共同建设、共同享有的和谐社会。"为了建设这样的和谐社会，《决定》提出："必须坚持以马克思列宁主义、毛泽东思想、邓小平理论和'三个代表'重要思想为指导，坚持党的基本路线、基本纲领、基本经验。"这里所说的党在新的历史时期的基本路线、基本纲领、基本经验，其中也都有坚持马克思主义指导这一条。

其次，《决定》指出：建设和谐文化的根本是建设社会主义核心价值体系。而构成这一价值体系的四个基本内容的第一条，正是"马克思主义的指导"。《决定》还要求，建设和谐文化"必须坚持马克思主义在意识形态领域的指导地位，牢牢把握社会主义先进文化的前进方向"。众所周知，社会主义先进文化的先进性，也首先表现在坚持马克思列宁主义、毛泽东思想、邓小平理论和"三个代表"重要思想为指导上。

再次，围绕建设和谐文化，《决定》作出了四个方面的部署。在其中"建设社会主义核心价值体系，形成全民族奋发向上的精神力量和团结和睦的精神纽带"方面，《决定》要求必须"坚持用马克思主义中国化的最新成果武装全党、教育人民"；"加强马克思主义理论研究和建设，增强党的思想理论工作的创造力、说服力、感召力"。在其中的"坚持正确导向，营造积极健康的思想舆论氛围"方面，《决定》要求"哲学社会科学要坚持以马克思主义为指导，以重大现实问题研究为主攻方向，发挥认识世界、传承文明、创新理论、咨政育人、服务社会的作用"。

由此可见，构建社会主义和谐社会也好，建设与之相适应的和谐文化也好，建设社会主义核心价值体系也罢，繁荣和发展哲学社会科学也罢，都离不开马克思主义的指导，离不开马克思主义的中国化。什么是马克思主义呢？恩格斯说：社会主义之所以变成科学，归功于马克思的"两个伟大的发现——唯物主义历史观和通过剩余价值揭开资本主义生产的秘密"。[①] 毛泽东说："马克思主义有几门学问：马克思主义的哲学，马克思主义的经济学，马克思主义的社会主义——阶级斗争学说，但基础的东西是马克思主义哲学。""马克思主义的理论基础，即辩证唯物论和历史唯物论。"[②] 胡锦涛同志说："辩证唯物主义和历史唯物主义的世界观和方法论，是马克思主义最根本的理论特征。"[③] "毛泽东思想、邓小平理论和'三个代表'重要思想虽然形成于我国革命、建设和改革的不同历史时期，面对着不同的历史任务，但都贯穿了辩证唯物主义和历史唯物主义的世界观和方法论。"[④] 这些论述说明，马克思主义最基础、最根本的东西不是别的什么，正是辩证唯物主义和唯物史观。我们说要以马克思主义为指导，一定意义上就是说要以辩证唯物主义和

　① 恩格斯：《反杜林论》，1876 年 9 月至 1878 年 6 月，《马克思恩格斯选集》第 3 卷，人民出版社 1995 年版，第 366 页。

　② 毛泽东：《在中国共产党全国代表会议上的讲话》，1955 年 3 月，《毛泽东文集》第 6 卷，人民出版社 1999 年版，第 396、395 页。

　③ 胡锦涛：《在"三个代表"重要思想理论研讨会上的讲话》，2003 年 7 月 1 日，《十六大以来重要文献选编》（上），中央文献出版社 2005 年版，第 362 页。

　④ 胡锦涛：《在纪念毛泽东同志诞辰一百一十周年座谈会上的讲话》，2003 年 12 月 26 日，《十六大以来重要文献选编》（上），第 644 页。

唯物史观为指导。因此，构建社会主义和谐社会和建设与之相适应的和谐文化，理所当然地要求我们坚持和发展唯物史观；建设社会主义核心价值体系、繁荣和发展哲学社会科学，更要求我们坚持和发展唯物史观。

稍加分析就不难看出，《决定》提出的许多重要观点，做出的许多重要部署，都是建立在唯物史观的基本原理基础之上的。例如，要把构建社会主义和谐社会摆在更加突出的地位，要始终把最广大人民的根本利益作为党和国家一切工作的出发点和落脚点，要坚持党的领导、人民当家做主和依法治国的有机统一，要把构建和谐文化作为构建社会主义和谐社会的重要任务，要使党和政府的重大决策、工作部署都从人民群众的创造性实践中汲取智慧、经受检验和依靠人民群众付诸实践、取得实效，要坚定不移地通过改革破除各种障碍、完善公平竞争机制、不断解放和发展生产力，要增强人们对中国共产党的领导、社会主义制度、改革开放事业、全面建设小康社会目标的信念和信心等等。所有这些观点都是从唯物史观的理论中派生出来的，都是把唯物史观与当前社会实际情况紧密结合的产物。要把这些道理从根本上讲清楚，使广大党员和群众深刻理解和自觉投入构建社会主义和谐社会的伟大实践，必须加强对唯物史观的理论研究和宣传教育。而这就为马克思主义史学工作提供了新的广阔舞台，也为唯物史观的创造性发展提供了新的广阔天地。

有人可能会问，建设和谐社会、和谐文化，是以崇尚和谐、追求和谐为价值取向的，而马克思主义，或者说辩证唯物主义和唯物史观，是工人阶级及其政党的世界观、方法论，以这个理论为指导，岂不是要让全社会的人都信仰马克思主义，都信仰辩证唯物主义和唯物史观吗？这岂不是与建设和谐社会、和谐文化的理念背道而驰了吗？这种看法是一种误解。不错，马克思主义、辩证唯物主义和唯物史观是工人阶级及其政党的世界观和方法论，但它同时也是建立在迄今为止人类最优秀最先进文化成果基础之上的最为科学的思想体系。正如列宁所说："马克思的历史唯物主义是科学思想中的最大成果"，[①] 是"唯一科学的历史观"。[②] 因此，它不仅仅是为工人阶级及其政党服务的，也是为全人类的根本利益服务的；不仅可以作为工人阶级争取自身解放的思想武器，也可以作为指导社会主义和谐社会、和谐文化建设的思想基础。毫无疑问，社会主义和谐文化建设必须以马克思主义指导下的社会主义核心价值体系、社会主义先进文化作为自己的主体、主流和主导方向，从而引领社会思潮向着科学、健康、向上的方向发展。因此，坚持和发展唯物史观，不仅与构建社会主义和谐社会、建设和谐文化之间

① 列宁：《马克思主义的三个来源和三个组成部分》，1913 年 3 月，《列宁选集》第 2 卷，人民出版社 1995 年版，第 311 页。

② 列宁：《什么是"人民之友"以及他们如何攻击社会民主党人？》，1894 年春夏，《列宁选集》第 1 卷，人民出版社 1995 年版，第 10 页。

不矛盾，相反，还是它的题中应有之义。

还有人可能会问，建设和谐文化要求人们尊重差异，包容多样，最大限度地形成社会思想共识，那为什么不可以把马克思主义同中国的传统文化比如儒学，同西方的文化比如自由主义思想融合起来呢？这种看法也是一种误解。不错，建设和谐文化需要继承和发扬我国优秀传统文化，也需要借鉴世界优秀文明成果。但是，什么是优秀的传统文化，什么是优秀的文明成果，都存在以什么指导思想作为科学标准和价值判断标准的问题。我们要建设的和谐文化，本质上属于社会主义的意识形态范畴，而社会主义的意识形态只能以马克思主义作为评判各种文化、文明中哪些内容是科学，哪些内容有价值的核心标准。江泽民同志指出："任何一个社会的意识形态领域，总是由那个社会的统治阶级的思想占统治地位的。任何一个国家的统治阶级，为了巩固其政治统治，都要维护和发展自己占统治地位的意识形态。这是一条普遍的社会规律。"[1] "西方国家从来就不允许马克思主义在他们的意识形态中居于指导地位。"[2] 他还说："经过长期努力，马克思主义已经成为全党全国人民团结前进的思想基础和精神支柱……如果在意识形态领域不能巩固马克思主义的指导地位，东一个主义，西一个主义，在指导思想上搞多元化，搞得五花八门，最终必然由思想混乱导致社会政治动荡。"[3] 这就告诉我们，在社会主义社会，让马克思主义占据指导地位，把马克思主义占指导地位的意识形态作为主流意识形态，完全符合人类普遍的社会规律，也是确保社会主义社会自身和谐、稳定、安全的前提条件。我们当然要尊重差异，包容多样，但这必须是在坚持马克思主义为指导这个前提之下，不能离开这个前提。在指导思想上只能是一元的，绝不能搞多元化。

2. 坚持和发展唯物史观必须回应唯心史观的挑战

当前，唯物史观在理论界、学术界，尤其是在史学界的地位，同马克思主义在我国意识形态领域的总体态势是一致的。中共十一届三中全会以后，我们在指导思想上实现了拨乱反正，恢复了马克思主义辩证唯物主义和历史唯物主义的思想路线。在新的时代条件下，我们党继续推进马克思主义的中国化，又相继产生出邓小平理论和"三个代表"重要思想等重大理论成果。而这些理论成果，也都"是当代中国共产党人对辩证唯物主义和历史唯物主义的创造性运用和发展"。[4] 与此同时，以唯物史观为指导的史学理论和方法论研究受到党中央空前的重视。由党中央

---

[1]　江泽民：《关于坚持四项基本原则》，2001 年 4 月 2 日，《江泽民文选》第 3 卷，人民出版社 2006 年版，第 228 页。

[2]　江泽民：《在中央思想政治工作会议上的讲话》，2000 年 6 月 28 日，《江泽民文选》第 3 卷，第 86 页。

[3]　江泽民：《关于坚持四项基本原则》，2001 年 4 月 2 日，《江泽民文选》第 3 卷，第 228 页。

[4]　胡锦涛：《在"三个代表"重要思想理论研讨会上的讲话》，2003 年 7 月 1 日，《十六大以来重要文献选编》（上），第 363 页。

直接组织的包括编写《史学概论》和《中国近现代史纲要》在内的马克思主义理论研究和建设工程，正在加紧实施。在中央政治局集体学习时，胡锦涛同志更是多次强调学习历史的重要性，强调用中国历史特别是中国革命史来教育党员干部和人民。另外，党报、党刊以及一些史学类学术刊物也加大了对马克思主义唯物史观的宣传力度。所有这一切，为史学界在研究和教学实践中坚持和发展唯物史观营造了良好氛围。

但我们也要清醒地看到，唯物史观与唯心史观的斗争如同意识形态其他领域里的斗争一样，仍然是长期的、艰巨的、复杂的。在某种程度上，唯物史观甚至可以说遇到了新中国成立以来前所未有的挑战。这种挑战，大体上有以下几个方面的表现：

第一，公开反对唯物史观和唯物史观的基本原理。例如，有的提出马克思的理论体系，包括唯物史观和劳动价值论这两大马克思主义的理论基石都"是错误的"，唯物史观有"根本缺陷"，已经"过时"，"不能指导新兴史学门类的研究"，因此要"超越"唯物史观，要用所谓"唯人史观"、"选择史观"等代替唯物史观；有的虽然没有从总体上否定唯物史观，却否定支撑唯物史观的一个个基本原理，如社会存在决定社会意识、生产力决定生产关系、经济基础决定上层建筑、人类社会形态的变化是由低级向高级的发展过程、人民群众是历史的创造者、阶级斗争是文明历史的直接动力、阶级斗争必然导致无产阶级专政等等，并且反对在历史研究中运用阶级分析、社会结构分析、社会形态分析等理论和方法。

第二，全盘接受西方资产阶级史学理论。例如，不加分析批判地把西方资产阶级史学理论、方法论视为圭臬，将其代表人物奉为先哲，甚至专门挑选反共的历史哲学家、史学家的著作拿来翻译出版，主张对历史进行"碎化"，只研究小问题，反对所谓"宏大叙事"；否定历史矛盾运动的客观规律性，否定历史学的科学性和客观实在性，宣扬后现代主义的史学理论将要推动中国史学界发生"深刻革命"，历史研究不能带"框框"，要做到"价值判断中立"，要"去国家化"，要把中国史学的"希望寄托于后现代主义"。

第三，竭力否定马克思主义对中国历史研究的指导作用。例如，吹捧拒绝学习马克思主义史学理论的所谓"独立人格"，贬损郭沫若、范文澜、吕振羽、翦伯赞、侯外庐、刘大年等马克思主义史学大师和唯物史观指导下的史学研究成果，诽谤陈垣、顾颉刚等老一代史学家在新中国成立后对马克思主义的自觉学习是"沦为集权主义国家主义的祭品"，否认中国马克思主义史学所取得的理论成就，讽刺以唯物史观为指导的史学研究工作是什么"帝国史学"、"皇家史学"、"国家主义史学"、"官方史学"、"马屁史学"、"垃圾史学"，咒骂以唯物史观为指导的历史教育"训练出来的不是人，而是狼"。

第四，大肆鼓吹历史虚无主义思潮。例如，提出在历史编纂和教育中"淡化革命"、"告别革命"，用所谓"文明史观"、"现代化史观""解构"和重写世界历史、中国历史，特别是中国近现代史、中国革命史、中国抗日战争史、中国共产党史和中华人民共和国史；否认中国古代存在封建地主经济，质疑近代中国的社会性质是半殖民地半封建社会，妄称"五四运动"并没有反帝反封建，诬蔑马克思主义的产生是"历史的反动"，中国接受马克思主义是"历史的误会"，并且妖魔化历代农民起义和革命运动，丑化中国共产党和中华人民共和国的领袖人物，逐一歪曲我们党和共和国的历史事件，把新民主主义和社会主义革命的历史描绘为"血腥的历史"，把社会主义建设时期的历史写成一连串错误的集合；与此同时，百般美化帝国主义、封建统治势力和官僚买办资产阶级，说它们才是"推动历史进步的力量"，"鸦片战争一声炮响，给中国送来了近代文明"，"西方传教士为中国的富强和进步煞费苦心"，"中国如果当美国的'孙子'早就现代化了"，"慈禧并没有反对维新变法"，"曾国藩具有不顾个人屈辱的爱国情怀"，"李鸿章主和是明智之举"，袁世凯的主张"反映了当时社会历史发展的趋势"；更有甚者，混淆"爱国"与"卖国"的客观标准，为早有定论的汉奸卖国贼大作翻案文章，把他们打扮成"民族融合和对外开放的先锋"。

凡此种种，都表明唯心史观在我国史学界不仅仍然拥有相当大的市场，而且在有的时候、有的场合下还表现得肆无忌惮，十分嚣张，大有将唯物史观一口吃掉的架势。为什么会出现这种局面呢？要回答这个问题，仍然需要借助唯物史观的理论和方法。唯物史观认为："物质生活的生产方式制约着整个社会生活、政治生活和精神生活的过程。不是人们的意识决定人们的存在，相反，是人们的社会存在决定人们的意识。"[①] 早在 1957 年，毛泽东同志就根据这个道理，对新中国成立之初极少数人反对马克思主义、对马克思主义抱敌视态度的现象进行过剖析。他说："我们现在是处在一个社会大变动的时期。中国社会很久以来就处在大变动中间了。抗日战争时期是大变动，解放战争时期也是大变动。但是就性质来说，现在的变动比过去的变动深刻得多。""这样的大变动当然要反映到人们的思想上来。存在决定意识。在不同的阶级、阶层、社会集团的人们中间，对于这个社会制度的大变动，有各种不同的反映。广大人民群众热烈地拥护这个大变动，因为现实生活证明，社会主义是中国的唯一的出路。推翻旧的社会制度，建立新的社会制度，即社会主义制度，这是一场伟大的斗争，是社会制度和人的相互关系的一场大变动。"他指出："知识分子中，绝大多数人都是爱国的，爱我们的中华人民共和国，愿意为人

---

① 马克思：《〈政治经济学批判〉序言》，1859 年 1 月，《马克思恩格斯选集》第 2 卷，人民出版社 1995 年版，第 32 页。

民服务，为社会主义的国家服务。有少数知识分子对于社会主义制度是不那么欢迎、不那么高兴的。他们对社会主义还有怀疑，但是在帝国主义面前，他们还是爱国的。对于我们的国家抱着敌对情绪的知识分子，是极少数。这种人不喜欢我们这个无产阶级专政的国家，他们留恋旧社会。一遇机会，他们就会兴风作浪，想要推翻共产党，恢复旧中国。"① 毛泽东同志这里所说的留恋旧社会的思想，距离现在虽然已经有半个世纪了，但对于具有相对独立性的一种社会意识来说，要它们完全退出历史舞台，这点时间还是太短了些。

如果说毛泽东同志的上述分析只是把极少数人反对马克思主义的思想放在当年那个社会制度变动的大背景之下的话，那么，以江泽民同志为核心的党的第三代中央领导集体和以胡锦涛同志为总书记的党中央，则把当前反马克思主义、非马克思主义思潮的滋生放在改革开放的大背景下，做出了更为具体的分析。他们指出："改革开放和现代化建设，带来了经济的快速发展和社会的巨大进步，增强了人们的竞争意识、效率意识、民主法制意识、开拓创新精神……同时，由于社会经济成分、组织形式、就业方式、利益关系和分配方式日益多样化，人们思想活动的独立性、选择性、多变性、差异性明显增加。""我们实行对外开放，有利于人们开阔眼界、增加见识、活跃思想，但国外资产阶级腐朽思想文化也会乘机而入。"② 他们还指出：西方敌对势力正在加紧对我国实施西化、分化的政治图谋，通过各种手段对我国进行思想渗透，利用各种渠道攻击我国的政治制度，企图动摇马克思主义在我国意识形态领域的指导地位，搞乱人们的思想。随着对外开放的不断扩大，西方资产阶级腐朽思想观念不可避免地要在我国社会、政治、思想、文化等领域产生这样那样的消极影响。特别要看到，世界范围内社会主义和资本主义在意识形态领域的斗争和较量是长期的、复杂的，有时甚至是非常尖锐的。我们是当今世界最大的社会主义国家，必然会长期面对各种敌对势力在意识形态领域的渗透活动，面临西方资本主义国家传播其意识形态、进行文化扩张和渗透的更大压力。

从以上分析可以看出，反马克思主义、非马克思主义的思潮是建立在资本主义经济基础之上的社会意识，当前在我国之所以滋生蔓延，既与我国市场经济活动的弱点及其消极影响有关，也与西方资本主义国家利用我国对外开放之机兜售他们的意识形态、进行思想渗透有关。唯心史观向唯物史观的挑战，正是这种思潮的一种具体表现，本质上反映的仍然是在中国走资本主义道路的要求。特别是那些否定和攻击世界社会主义运动的历史、中国革命和中国共产党的历史、中华人民共和国的

---

① 毛泽东：《在中国共产党全国宣传工作会议上的讲话》，1957 年 3 月 12 日，《毛泽东文集》第 7 卷，第 268 页。

② 江泽民：《在中央思想政治工作会议上的讲话》，2000 年 6 月 28 日，《江泽民文选》第 3 卷，第 81、82 页。

历史的言论，更是直接为反对中国共产党的领导、反对社会主义制度服务的。事实反复说明，历史虚无主义必然导致民族虚无主义，民族虚无主义必然导致国家分裂衰亡。古人早就说过："灭人之国，必先去其史。"这一真理，已被苏联由"乱史"、"亡史"最终走向亡党、亡国的悲剧所再次验证。因此，唯心史观对唯物史观的攻击，对于构建社会主义和谐社会来说，势必是一种不和谐之音，是对社会主义的社会和谐与文化和谐的破坏。我们要贯彻中国共产党第十六届六中全会精神，把社会主义核心价值体系融入国民教育和精神文明建设全过程、贯穿现代化建设各方面；要用马克思主义中国化的最新成果武装全党、教育人民，用民族精神和时代精神凝聚力量、激发活力，倡导爱国主义、集体主义、社会主义思想，加强共产主义理想和信念教育，加强国情和形势政策教育；要不断增强人民群众对中国共产党领导、社会主义制度、改革开放事业、全面建设小康社会目标的信念和信心；要牢牢掌握意识形态工作的主动权，切实维护我国意识形态的安全，就不能不同这股思潮进行积极的思想斗争。

邓小平同志曾经指出："要搞四个现代化，要实行开放政策，就不能搞资产阶级自由化。自由化的思想前几年有，现在也有，不仅社会上有，我们共产党内也有。自由化思潮一发展，我们的事业就会被冲乱。总之，一个目标，就是要有一个安定的政治环境。不安定，政治动乱，就不可能从事社会主义建设，一切都谈不上。治理国家，这是一个大道理，要管许多小道理。"① 江泽民同志也说过："对于反马克思主义的挑战和攻击，必须进行积极的思想斗争，不能听之任之。如果面对错误的思想政治观点，不闻不问，不批评，不斗争，听任它们去搞乱人们的思想、搞乱我们的意识形态，那是极其危险的，势必危害整个国家和社会的安定团结。"② 因此，马克思主义史学工作者今天面临的一个迫切任务，就是迎接唯心史观的挑战。这是我们坚持和发展唯物史观的必然要求，也是我们参与构建社会主义和谐社会、建设和谐文化的重要途径。

3. 回应唯心史观的挑战应当适应构建社会主义和谐社会的总体要求

构建社会主义和谐社会是我们党从中国特色社会主义事业总体布局和全面建设小康社会全局出发提出的重大战略任务，是摆在全党面前的一个新的时代课题。中国共产党第十六届六中全会通过的《中共中央关于构建社会主义和谐社会若干重大问题的决定》要求我们在建设和谐文化的过程中，必须把社会主义核心价值体系作为根本，坚持马克思主义在意识形态领域的指导地位，牢牢把握社会主义先进

---

① 邓小平：《搞资产阶级自由化就是走资本主义道路》，1985 年 5、6 月，《邓小平文选》第 3 卷，人民出版社 1993 年版，第 124 页。

② 江泽民：《在中央思想政治工作会议上的讲话》，2000 年 6 月 28 日，《江泽民文选》第 3 卷，第 88 页。

文化的前进方向，打牢全党全国各族人民团结奋斗的思想道德基础。作为史学工作者，尤其是在中国共产党领导下的史学研究机构的史学工作者，我们当然要服从和服务于全党的工作大局，积极参与到构建社会主义和谐社会的伟大实践中，自觉回应唯心史观对唯物史观的挑战，绝不能对各种不利于或有损于建设社会主义核心价值体系、树立社会主义荣辱观、营造积极健康的思想舆论氛围的错误思想言论视而不见，不闻不问，听之任之，任其泛滥。

另一方面，我们也必须看到，当前一定范围的特殊形式的阶级斗争依然存在，有时还会很尖锐，否认阶级斗争、反对用阶级和阶级斗争观点分析问题、认为讲和谐就不能讲矛盾、讲斗争的看法是不对的。然而，革命时期那种大规模的疾风暴雨式的群众性阶级斗争毕竟早已结束了，如果再沿用那时处理阶级斗争问题的某些做法，已经不能适应今天的实际情况了。我们国家的国体虽仍然是工人阶级领导的以工农联盟为基础的人民民主专政，认为在强调社会和谐的形势下再讲人民民主专政就不合时宜的观点也是错误的，但在今天，法律和法制都已日趋完备，这与新中国成立之初旧的法制被废除而新的法制尚未建立的情况有着很大不同。特别是我们党已经执政近60年，不仅积累了丰富的执政经验，而且拥有了构建社会主义和谐社会的物质条件和思想条件。在这种新的历史条件下，需要清醒地认识我国发展的阶段性特征，科学地分析影响社会和谐的矛盾和问题及其产生的原因，更加积极主动地正视矛盾、化解矛盾，最大限度地增加和谐因素，最大限度地减少不和谐因素，不断促进社会和谐。因此，我们同唯心史观的斗争已不适于再过多采用行政的手段，也不宜用大批判的方式。总之，在斗争方式方法上，我们也要适应构建社会主义和谐社会和建设和谐文化的总体要求。

如何使同唯心史观的斗争适应构建社会主义和谐社会和建设和谐文化的总体要求呢？我认为，首先，要把政治是非与学术问题加以区别。对于学术性质的问题，要按照党的百家争鸣的方针，平等讨论，相互切磋。其次，对于政治是非问题，也要区分思想认识和立场问题。对于其中的思想认识问题，要采取心平气和的态度，用说服而不是压服的办法。毛泽东同志说过：不赞成马克思主义的人在很长时间内都会有。"我们应该允许他们不赞成。例如一部分唯心主义者，他们可以赞成社会主义的政治制度和经济制度，但是不赞成马克思主义的世界观。""我们作宣传工作的同志有一个宣传马克思主义的任务。这个宣传是逐步的宣传，要宣传得好，使人愿意接受。不能强迫人接受马克思主义，只能说服人接受。"[①] 这个话虽然是对宣传工作者说的，但其原则对于史学工作者同样适用。再次，对于政治是非中的立

---

① 毛泽东：《在中国共产党全国宣传工作会议上的讲话》，1957年3月12日，《毛泽东文集》第7卷，第269—270页。

场问题，凡是以学术面目出现的，也应把它权当成"学术"来对待，即以严谨治学的态度，先从收集材料、核实材料做起，力争占有更多、更准确的材料，然后以学术争鸣的方式，用摆事实讲道理的方法，即充分说理的、有分析的、有说服力的方法，戳穿其在论据上歪曲事实、以偏概全、攻其一点不及其余等手法的伪科学性，批驳其在论证中混淆研究对象的具体历史条件、偷换概念等手法的荒谬性，并指出其论点在政治上的欺骗性、复旧性和危害性，从学术上战而胜之。最后，要随着法制化建设的深入，建议有关部门加快涉及意识形态工作的立法，比如，借鉴国外对"篡改历史"和"滥用言论自由的权力"的行为予以治罪的经验，结合我国具体情况，制定相应的法律法规，以便运用法律手段，同那些公开赞扬帝国主义侵华战争等"篡改历史"和"滥用言论自由的权力"的行为作斗争。

随着信息传播技术迅速发展和信息传播渠道的日益多样，我国社会舆论环境和舆论格局发生了深刻变化。我们应当也可以最大限度地压缩错误言论的传播空间，但要让错误言论完全不传播，客观上已经做不到了。这种局面当然会给我们用马克思主义理论、社会主义思想占领舆论阵地、争夺广大群众和青年带来一定困难。但也要看到，只要我们有充分的思想准备，这种局面从一定意义上恰恰有利于唯物史观的发展，有利于马克思主义史学理论队伍的成长。毛泽东同志早就说过："同那些反马克思主义的东西进行斗争，就会使马克思主义发展起来。这是在对立面的斗争中的发展，是合于辩证法的发展。""真理是在同谬误作斗争中间发展起来的。马克思主义就是这样发展起来的。""某些错误东西的存在是并不奇怪的，也是用不着害怕的，这可以使人们更好地学会同它作斗争。大风大浪也不可怕。人类社会就是从大风大浪中发展起来的。"[①] 他还说过："在我们国家里，马克思主义已经被大多数人承认为指导思想，那末，能不能对它加以批评呢？当然可以批评。马克思主义是一种科学真理，它是不怕批评的。如果马克思主义害怕批评，如果可以批评倒，那末马克思主义就没有用了……马克思主义者不应该害怕任何人批评。相反，马克思主义者就是要在人们的批评中间，就是要在斗争的风雨中间，锻炼自己，发展自己，扩大自己的阵地。"[②] 邓小平同志在苏东剧变后也说过："我坚信，世界上赞成马克思主义的人会多起来的，因为马克思主义是科学。它运用历史唯物主义揭示了人类社会发展的规律……不要惊慌失措，不要认为马克思主义就消失了，没用

---

① 毛泽东：《在中国共产党全国宣传工作会议上的讲话》，1957 年 3 月 12 日，《毛泽东文集》第 7 卷，第 279—281 页。

② 毛泽东：《关于正确处理人民内部矛盾的问题》，1957 年 2 月 27 日，《毛泽东文集》第 7 卷，第 231—232 页。

了，失败了。哪有这回事!"① 今天重温他们的这些教导，对于我们勇敢地冷静地应对唯心史观的挑战是十分必要和大有益处的。

现在，党中央一再要求我们要组织宏大的马克思主义理论队伍，要防止把马克思主义变成脱离实践的干巴巴的教条，要增强马克思主义理论工作的创造力、说服力、感召力，要在马克思主义基本原理的指引下不断推进理论创新。如果我们果真能够迎接唯心史观的挑战，并在同唯心史观及其种种具体表现的斗争中，讲清楚为什么要坚持和发展唯物史观，以及哪些是必须坚持的唯物史观的基本原理，哪些是唯物史观中需要修正的个别结论和需要丰富发展的理论判断，从而使更多的群众特别是广大青年从内心深处愿意接受唯物史观，使原本属于思想认识问题的人们心服口服、转变认识，那么，唯心史观的挑战不仅丝毫无损于唯物史观及其指导下的历史研究，相反，只会更加壮大唯物史观的理论队伍，更加扩大唯物史观的群众基础，更加促进唯物史观的理论创新。马克思主义是真理，真理是越辩越明的。我们应当有这个自信。

构建社会主义和谐社会，需要全社会的共同努力，只要我们把坚持和发展唯物史观与构建社会主义和谐社会紧密结合起来，马克思主义史学工作就一定能为中国特色社会主义的伟大事业做出新的贡献，并使自己在这个过程中得到更大的繁荣和发展。

（刊于 2007 年第 1 期）

---

① 邓小平：《在武昌、深圳、珠海、上海等地的谈话要点》，1992 年 1 月 18 日至 2 月 21 日，《邓小平文选》第 3 卷，第 382—383 页。

笔谈：中国环境史研究

编者按：**20**世纪后期至**21**世纪初，随着全球生态环境问题的凸显，生态环境史研究日渐成为国际史坛之大宗。在我国，由于人与自然和谐的理念不断推展，环境史研究亦颇呈显学之势，成果颇丰，允为新的学术增长点。本刊向来支持、倡导环境史研究，以借鉴历史经验，推进跨学科研究，增进对人与自然关系之认识，用学术的方式促进人类之可持续发展。目前，我国的环境史研究正处于向纵深发展的关键时期。为此，本刊刊发一组笔谈，以供读者参考。

遵循"人地关系"理念，深入开展生态环境史研究

陕西师范大学历史地理研究所教授　朱士光

渊源于中国蕴含丰厚的史学以及自20世纪30年代以来即已兴起并发展成熟的历史地理学，同时又受到国外，特别是美国与欧洲诸国环境史学家们学术思想与研究方法的影响，中国环境史研究于20世纪90年代以来，异军突起，蓬勃发展；迄今方兴未艾，且已成为21世纪的学术热点之一，并得到中国史学界，甚至与之相关的学术界、科技界的高度关注。应该说这不仅有学术意义，而且还有直接的警世资政的现实意义。可以说，正确认识并解决世界自有人类历史以来逐渐形成的生态环境中的种种问题与危机，已是关乎保障经济社会持续健康发展与促成建设和谐社会的关键所在，因而对环境史，特别是对其中生态环境史的普遍关注与深入研究也就成为时代的需求与史家的责任。

一 "生态环境"之科学含义

人类的"环境"概念,自有史以来其具体范围就随着社会发展与科技进步不断扩展;而其具体内涵,也随着人类生产力与科技学术思想的发展不断深化。至现代,人们通常所说的"环境",主要还是引用地理科学中所阐明的其研究对象"地理环境"之概念。所谓"地理环境"即为人类赖以生存和发展的地球表层(或称地球表面),人类也包括在内。现代地理学的两大基本学科,自然地理学与人文地理学,即分别以自然地理环境与人文地理环境作为研究对象①,虽因其研究对象具有不断变化的特性,现代地理科学研究有着动态性特点,但迄今并未成为现代地理科学研究的重点,而是被列为现代地理科学背景性分支学科的历史地理学,承担了研究历史时期主要因人为活动导致的地理环境变迁及其规律的任务。

20 世纪 50 年代后形成的环境科学,对"环境"的基本阐述,雷同于现代地理科学界的见解;其研究领域,到 20 世纪 80 年代后扩展到社会学、经济学、法学等社会科学领域,但其研究重点,主要还是治理大气、水、土壤、生物所受到的污染和破坏。②

生态学经历了古代较为漫长的萌芽与发展之后,19 世纪中叶产生科学的生态学,20 世纪上半叶建立基本理论,到 20 世纪下半叶进入现代生态学发展时期。现代生态学的重大特点是,不仅形成一个分支众多、体系庞大的生态科学群体;更主要的是生态学与人文科学相结合,发展了人类生态学③、生态经济学④、生态哲学等新兴学科。其中人类生态学被许多生态学家认定是生态学发展的归宿,因而成为生态学研究的重点。人类生态学产生后,生态学研究从以生物为主体,进入到以人为主体。⑤ 正如生态学家弗·迪卡斯雷特所强调的,只有把人和自然界相互作用的演变作为统一课题来开展研究,才算找到生态学的真正归宿。⑥ 正是基于人类生态学这一新锐的理论观点,地理科学、环境科学以及环境史学与生态学才能在一个更高的发展层次上结合,自 20 世纪下半叶起,特别是到 20 世纪 80 年代,"生态环

① 上述内容主要参考《中国大百科全书·地理学》(中国大百科全书出版社 1990 年版)中林超、杨吾扬撰"地理学"与陈传康撰"地理环境"条目。

② 参见《中国大百科全书·环境科学》(中国大百科全书出版社 1983 年版)中吴学周、王德铭、刘培桐、刘天齐、周富祥撰"环境科学"条目。

③ 参见王如松《自然科学与社会科学的桥梁——人类生态学研究进展》,《中国生态学发展战略研究》,中国经济出版社 1991 年版。

④ 参见莱斯特·R.布朗《生态经济——有利于地球的经济构想》,林自新、戢守志等译,东方出版社 2002 年版。

⑤ 参见余谋昌《生态哲学》,陕西人民教育出版社 2000 年版。

⑥ 弗·迪卡斯雷特:《生态学——一门关于人和自然的科学是怎样产生的》,《信使》(中文版)1981 年第 11 期。

境"这一科学术语出现了①，并日益得到科技与学术界的广泛认同。特别是历史地理学界，更是出于专业特性与理论思想使然而自觉普遍地使用"生态环境"这一术语。

关于"生态环境"之科学含义，尽管科技界曾进行过较广泛的讨论，但是迄今尚未得出权威性的阐释。当然也有学者作过一些简要与基本的论述，如认为"生态环境"之含义"显然是侧重人民生存于其中的自然环境的生态质量"②；也有学者认为，其含义"是基于生态关系的环境"③。较为具体的定义则有：生态环境是指与人类密切相关的，影响人类生活和生产活动的各种自然（包括人工干预下形成的第二自然）力量（物质和能量）或作用的总和。它不仅包括各种自然要素的组合，还包括人类与自然要素间相互形成的各种生态关系的组合。④ 经过多年从事自然地理环境与人文地理环境变迁研究的实践体验与理论思考，笔者为"生态环境"拟定如下表述：生态环境是由人或人类社会与其周围之自然环境要素及人文环境要素组成的互动性复合型环境。这一定义表明，生态环境是自人类社会产生以后才广泛出现于地球上的新型环境；在生态环境中，人或人类社会与其周围之自然环境要素、人文环境要素处于对等的地位，组成一个对立统一的整体；在生态环境中，人或人类社会与其周围的自然环境要素、人文环境要素之间的影响和作用是双向的复合型的。笔者上述有关生态环境之具体含义与有关阐释，既符合现代地理科学与环境科学关于"环境"之基本界定，也与现代生态学，特别是"人类生态学"新的理念发展趋向相一致，同时还切合了当今全球性环境问题日益严重与凸显，各国都在积极探寻经济社会既能可持续发展、环境问题同时也能获得改善与优化之途径、方略的现实需要。"生态环境"的这一表述，既是从"人"与"地"相结合的角度揭示两者之间休戚相关、存毁与共的实质关系，同时与后文将述及的作为生态环境史研究基本理论的"人地关系"理念一脉相承、互为表里，因而具有学术意义与实践价值，可作为诸说之一，供学术界参考。

二　生态环境史在环境史学中应占之地位

正是在全球经济社会发展与环境保护改善如何良性互动取得双赢效果的现实需

---

① 如中国科学院自然资源综合考察委员会张天曾研究员在《资源科学》1981 年第 1 期发表的《中国干旱区水资源利用与生态环境》及中国科学院长春地理研究所黄锡畴研究员在《地理科学》1981 年第 1 卷第 2 期上发表的《德意志联邦共和国生态环境现状及其保护》等文即用了"生态环境"这一术语。

② 侯甬坚：《"生态环境"用语产生的特殊时代背景》，《中国历史地理论丛》2007 年第 1 辑。

③ 李志江：《"生态环境"、"生态环境建设"的科技意义与社会应用》，《科技术语研究》2005 年第 2 期。

④ 中国科学院国情分析研究小组：《生存与发展——中国长期发展问题研究》附件三"中国生态环境问题的宏观分析"，科学出版社 1989 年版。

要以及相关科技学术领域新的发展趋向的策应下，源于先秦时期，兴起于 20 世纪 30 年代，并于 20 世纪 50 年代发展成熟的中国历史地理学，因首先提出并坚持以人地关系理念（本文第四部分将详论）作为基本理论，所以除沿革地理等少数分支学科外，主流学科基本上都是将生态环境作为研究对象，并推出了一批有影响的论著。[1] 特别是在 20 世纪 90 年代后，越来越多的论著题目径直冠以"生态环境"，而论述内容也更为明确地紧紧围绕生态环境的本旨而展开。例如北京市社会科学院孙冬虎研究员的著作《北京近千年生态环境变迁研究》，就北京市域内生态环境构成中的四个关键性自然要素——地理形势、气候特征、水文状况、森林植被的历史状况与演变脉络作了钩稽，然后从人类活动与环境相互作用的理论角度，阐述人口变动、能源供应、土地利用、经济生活、城市改造、战争动乱等社会人文因素对生态环境的影响。[2] 该书所论问题落脚于生态环境，是近年来有关北京历史地理研究的一部内容翔实、具有一定理论深度的著作。

就环境史研究历程论，正如环境史专家北京大学包茂宏博士所述："环境史作为一个分支学科或跨学科的研究领域是 20 世纪 60 年代在美国兴起的，大致上在 20 世纪 90 年代传入中国。"[3] 就美国等国环境史发展状况论，尽管有一些学者，如美国丹佛大学 J. 唐纳德·休斯教授等，在大量实证性研究中，也对环境史理论建设作出了重大贡献[4]；但迄今尚未见有关于环境史学科构成之框架体系推出。而中国之环境史研究，由于晚至 20 世纪 90 年代才开始起步，理论建设与学科建构方面就显得更薄弱。就当前环境史发展态势论，其分支学科中已见雏形的主要还是专题性（雷同于地理科学之部门性的）与地域性（也即地理科学之区域性的）两大类；从时段看，都是短时段与中时段之断代性的，"尚缺乏通史性的宏大叙事著作"[5]；此外也出现了一些理论性的论文。[6] 当然，这样的学科构成是不够充分的，虽然这在任何学科发展前期都是必然会出现的现象。展望未来，按照一些环境史学家的见解，环境史的发展空间将会是十分广阔的。如前已提及的美国著名环境史学家 J. 唐纳德·休斯在《什么是环境史》中曾写道：环境史"是一门历史，通过研究作

---

① 详见华林甫《中国历史地理学五十年（1949—1999）》，学苑出版社 2001 年版，第 142 页。

② 孙冬虎：《北京近千年生态环境变迁研究·引言》，北京燕山出版社 2007 年版。

③ 参见包茂宏《解释中国历史的新思维：环境史——评述伊懋可教授的新著〈象之退隐：中国环境史〉》，《中国历史地理论丛》2004 年第 3 辑。

④ 参见 J. 唐纳德·休斯《什么是环境史·译者序》，梅雪芹译，北京大学出版社 2008 年版。

⑤ 包茂宏：《解释中国历史的新思维：环境史——评述伊懋可教授的新著〈象之退隐：中国环境史〉》，《中国历史地理论丛》2004 年第 3 辑。

⑥ 如：包茂宏：《环境史：历史、理论和方法》，《史学理论研究》2000 年第 4 期；侯文蕙：《环境史和环境史研究的生态学意识》，《世界历史》2004 年第 3 期；王利华：《中国生态史学的思想框架和研究理路》，《南开学报》（哲学社会科学版）2006 年第 2 期；梅雪芹：《中国环境史的兴起和学术渊源问题》，《南开学报》（哲学社会科学版）2009 年第 2 期。

为自然一部分的人类如何随着时间的变迁，在与自然其余部分互动的过程中生活、劳作与思考，从而推进对人类的理解"。而在他之前，另一环境史学家艾伦·斯特劳德曾在论文《自然总是很要紧吗？追踪遍及历史的灰尘》中述及：环境史并不只是历史学的又一个分支，从而在政治史、社会史和经济史的旁边求得一席之地。相反，它是为所有这些领域的历史学家更好地讲述历史而准备的诠释工具。上述论述充分体现了环境史学家秉持着对自然以及人与自然之关系的新锐认识，力图通过发展环境史研究推进历史学进入一个新的发展时期。这也表明环境史学家们不仅有意将新的史学理念渗透进与历史学相关的众多研究领域，还将着力在环境史研究领域建立一批分支学科。从今后之发展趋势看，从环境史作为当今史学中一门发展势头十分强劲的新兴学科论，还应有居于其分支学科体系结构上层之环境思想史、环境伦理史、环境制度史以及环境哲学等分支学科。而在这一环境史较为完善的学科体系结构中，居于下层之部门性或区域性的环境史研究，都当列入生态环境史之范畴。由此可见，生态环境史研究在环境史学科体系中当居于主流地位。

　　生态环境史在环境史学科体系中之所以占有主流地位，主要还是由环境史本身所禀赋的学科理念决定的。J.唐纳德·休斯曾在他多篇（部）涉及环境史理论探讨的论著中反复强调，环境史是用生态分析作为理解人类历史的一种手段。如1994年，他在《潘神的劳苦》一书中阐及："环境史，作为一门学科，是对自古至今人类如何与自然界发生关联的研究；作为一种方法，是将生态学的原则运用于历史学。"2005年，他在《地中海地区：一部环境史》一书中又写道："环境史，作为一门学科，是对自古至今人类社会和自然环境之间相互作用的研究；作为一种方法，是使用生态分析作为理解人类历史的一种手段。"① 既然环境史的创立者们如此强调运用生态学的原则与分析方法来从事环境史研究，那么作为环境史研究主体之部门性与区域性之生态环境史研究，理所当然地成为这门新兴史学之主流。再加上如前已述及的"生态环境"术语之概念，较之一般之"环境"术语概念，本身就彰显了生态学的原则，更为直接地凸显了环境史学科之实质。所以从环境史学科方面而言，接受这一见解是不该有任何障碍的。

三　生态环境史研究的主要内容

　　回顾人类历史时期，不论中外，在长达二三百万年的旧石器时代，先民们的生存繁衍，时时处处都依赖其周围之环境。然而因处于人类的初始发展阶段，主要从事渔猎采集活动，所以对周围环境影响甚微。但在进入距今约1万年前之新石器时代，由于先民开始从事原始农牧业生产与制陶、琢玉等手工业活动，因而也开始对

---

① 参见 J.唐纳德·休斯《什么是环境史·译者序》。

周围环境有了较明显的影响。自那时以来，特别是在距今 5000 年前后，世界上许多地区先后迈入文明门槛建立国家，在人口不断增加与生产技术持续发展的驱策下，人类拓殖的区域范围不断扩大，开发经营的程度不断加深，导致生态环境之变迁也更加明显。而在人类历史时期多种多样的人类活动中，与生态环境变化关系密切，造成的生态环境变化范围广、程度深，对人类社会经济发展影响大的，主要有下列几方面：

1. 农业垦殖与农业技术发展。

2. 牧业生产方式及其技术发展。

3. 治理江河、修建运河、兴修海塘及农田水利工程建设。

4. 砍伐森林与森林特产经营。

5. 城镇与交通道路建设以及手工业、矿冶业发展。

6. 外敌入侵与内部动乱等军事活动以及为防御或进攻而修建的长城、堡塞、关隘、烽燧、壕沟等建筑。

7. 与上述活动直接关联的中央朝廷和地方官府之制度、政策以及一些学者士人的学术见解、基层社会的乡规民约。

受上述几方面人类活动影响而产生的人类历史时期生态环境之变化，即为生态环境史研究的主要内容。它们是：

1. 农业生态环境史。主要包括农业垦殖区域扩缩、农田水利工程导致的田制变化、土壤肥瘠变化以及农作物类型变化等。

2. 森林生态环境史。主要包括天然森林、灌木丛与人工林等分布和生长状况变化以及上述变化所造成的相关生态环境要素变化。

3. 水生态环境史。主要包括江河溪涧之径流量、泥沙量、水质与湖泊沼泽之蓄水量、水质以及地下水、泉水之涌水量等水文状况变化，还包括河道改徙与湖沼盈缩之变化以及堤坝闸堰等水工建筑之作用与变化。

4. 海滨生态环境史。主要包括海岸线分布、滨海地区地形与地物、近海潮汐量、海水质量等的变化以及海滨地区之海堤、海塘等人工建筑之状况与变化。

5. 沙漠及其邻近地区生态环境史。主要包括沙漠、沙漠化土地分布及风沙、沙尘暴活动状况及其变化。

6. 野生动物生态环境史。主要包括野生动物种属、数量及其分布状况之变化。

7. 城镇与工矿区生态环境史。主要包括城镇与工矿业集中地区植被、地形、水文与空气之状况及其变化，以及围绕城镇工矿区衍生的交通道路、苑囿陵墓等设施之状况与变化。

此外，导致重大灾疫发生，并影响经济、社会发展之一定区域内气候寒暖干湿变化及异常气象现象之变化状况也可纳入生态环境史研究范畴。

　　以上是就生态环境史研究内容概括的几个主要方面。当然就上述几个主要方面进行研究时，在时段上既可以是贯通整个人类历史时期的，即长时段的通史性的，也可以是断代之中时段或短时段的；在空间地域范围上，可以是涵盖全国的，也可以是某个小区域的。

四　生态环境史研究之基本理论问题

　　尽管美国与欧洲、澳洲一些国家之环境史学在 20 世纪 60 年代即兴起，但其学科理论等问题尚在探索之中；而中国环境史学，究其实脱胎于历史地理学，因而作为中国历史地理学理论基础的"人地关系"理念，自亦可作为中国环境史，特别是其中之生态环境史研究的基本理论之一。当然环境史作为一门跨越地理科学、环境科学、生态学与历史学的学科，对于前述几门学科的一些相关理论观点也当加以遵循，并在此基础上建构起自身更为完满的理论体系以指导环境史研究工作深入开展。然而，对于生态环境史研究而言，人地关系理念，无疑应作为其学科理论之基础与核心内容。

　　关于"人地关系"理念，在中国历史地理学界最早对之进行明确阐述的是侯仁之院士。他在 1962 年初发表于《北京大学学报》（自然科学版）第 1 期上的《历史地理学刍议》一文中即指出："人类的生活环境，经常在变化中，而不是一成不变的"；"这种变化主要是由于人的活动和影响而产生的"；"研究在历史时期主要由于人的活动而产生或影响的一切地理变化，这就是今日所理解的历史地理学的主要课题"。改革开放后，中国科学院钱学森院士倡导建立地理科学①，论定地理科学是开放的复杂巨系统②，应用生态系统和环境保护以及区域规划等综合探讨地理科学的工作③；中国科学院地理研究所吴传钧院士提出了"人地关系地域系统"的理念，认为"人地关系地域系统是以地球表层一定地域为基础的人地关系系统，也就是人与地在特定的地域中相互联系、相互作用而形成的一种动态结构"。吴传钧院士还具体阐述道：人地系统是由地理环境和人类活动两个子系统交错构成的复杂的开放的巨系统，内部具有一定的结构和功能机制。在这个系统中，所谓"地"是指由自然和人文要素按照一定规律相互交织、紧密结合而构成的地理环境整体；而"人"，兼有生物属性和社会属性，具有认识、利用、改变、保护

---

① 钱学森：《发展地理科学的建议》（在第二届全国天地生相互关系学术讨论会上的发言），《大自然探索》第 6 卷第 19 期，1987 年。
② 钱学森：《现代地理科学系统建设问题》（在第三届全国天地生相互关系学术讨论会上的发言），《地理环境研究》第 1 卷第 2 期，1989 年。
③ 钱学森、于景元、戴汝为：《一个科学新领域——开放的复杂巨系统及其方法论》，《自然杂志》第 13 卷第 1 期，1990 年。

自然环境和认识、改变、控制自身的能力，具有活动的社会性，因此人地系统具有自然与社会两种属性。① 在上述诸学者相关理论思想的启示下，1992 年笔者曾就"人地关系"理念作进一步的引申，提出人类历史时期之人地关系是"多元复合双向制约体系"，并阐释道：人类历史时期之"人地关系"，实际上就是不断发展的人类社会活动与不断变化的地理环境之间的一个双向制约体系。因为，参加到这一体系中来的，不论是人类社会活动方面的，还是地理环境方面的，都有众多的要素，彼此交织，相互影响，形成一个复合的体系。② 之后笔者又曾在一些专题性研究课题中运用这一见解，对中国一些特定区域在解决保护生态环境与推进经济社会持续发展这一重大问题时应如何正确应对、协调运筹进行了较深入的分析，提出了破解方略。其中有的研究还对人地关系中相应各方制作图解模型③，更直观地揭示其间人与地各方相互作用、制约的关系，并强调"人"这一方之政府行为，特别是政府制定、执行正确的发展方略与政策居于主导地位，起着关键性作用。

依循"人地关系"理念以及将之具体化为"多元复合双向制约体系"，对于深入研究生态环境史的相关课题而言，应该说会有所助益。例如，要研究一个地区某一人类历史时期野生动物生态环境史，首先当然要复原这一历史时期该地区野生动物种属、数量与分布范围之变化，接着在分析导致上述变化之原因时，既要探寻大的气候变化对该地区森林、草原等自然植被与水资源等造成的影响，也要考虑当地居民进行农牧业、林业与林特产业、狩猎业、商贸业以及人口、城镇、交通等之变化状况，还要注重该地官府与民间的相关政令及规约，并落脚到这些人为活动对野生动物生存环境之影响上。只有将上述多元要素中的相关内容汇集起来，置于一个体系内，逐一研究其相互制约、影响的具体状况，然后再进行综合研究，方可对该地区在某一人类历史时期野生动物生态环境史作出全面深入的论述，从而获得有价值的研究成果。可以说，只有以"人地关系"理念作为生态环境史研究之基本理论，进行严谨周密的研究，才能在推进实证性个案研究的同时，不断充实丰富生态环境史之理论内涵，促进环境史理论体系建设。

---

① 吴传钧：《论地理学的研究核心——人地关系地域系统》，《经济地理学》第 11 卷第 3 期，1991 年。

② 详见拙文《论历史自然地理在当前地理学学科体系改造中的地位与作用》，《历史自然地理研究》1994 年第 1 期。

③ 详见拙文《制定并执行正确的政策是做好环境保护工作的基点》，载朱士光、德·瓦杰帕依主编《环境保护与可持续发展国际学术会议论文集》，陕西人民教育出版社 1997 年版；另见拙文《西部大开发中的生态环境制约作用及应对方略》，载朱士光、肖爱玲编《西部开发与生态环境的可持续发展》（西部大开发与环境保护国际学术研讨会论文集），三秦出版社 2006 年版。

浅议中国环境史学建构

南开大学中国社会史研究中心、中国生态环境史研究中心教授　王利华

环境史学在最近几十年迅速兴起，首先是由于强烈的现实需要——面对全球性的严重生态危机，人们需要向历史拷问种种环境问题的来龙去脉。但它同时也是一个非常符合历史逻辑的重大学科进步：历史学发展到今天，不仅需要从多层次的社会关系即人与人的关系中认识历史（就像以往所做的那样），而且需要透过人与自然的关系来认识历史，以便更好地回答人从哪里来、向何处去和怎么办这些根本性问题。环境史研究试图运用新的思想理论和技术方法，重现人类生存环境的历史面貌，揭示人与自然之间的复杂历史关系，并重新认识人的历史。它不仅开辟了新的史学领域，而且提出了新的历史思维，将形成新的历史知识体系，还可能引发历史认识论和方法论的一场革命。

环境史学作为一个史学专门分支，在中国被正式提出的时间稍晚于西方，但历史地理学、农林生物史和考古学等领域的先期研究已经为之打下深厚的基础。最近十多年来，经过一批学者的积极努力，环境史研究的重要意义和学术魅力日益凸显，得到越来越多的关注和认同，关于其研究的必要性已无须多作讨论。当前环境史学同仁所面临的一个重要问题是如何整合已有的学术资源，系统地建构中国环境史学体系，以便全面推动这一新兴学术朝着正确方向稳定发展。

笔者之所以提出这个问题，乃是有感于中国环境史研究的现状。最近几年，中国环境史研究发展诚然迅速，与之相关的立项、会议和论著越来越多，显得相当热闹，以致学界认为环境史研究已在中国"异军突起"。[①] 然而，仔细观察就可发现：迄今为止，相关的研究仍旧由不同领域的学者分别进行，研究者大体尚未超越各自学科原有的指向、路径和话语，彼此之间缺乏必要的沟通和联系，更很少有人专门论述环境史的学科体系建构问题。这些情况说明：中国环境史研究仍处于零散状态，要成为一种学理清晰、架构完整和自成体系的专门学术尚需时日，在学科设计、学理探索、资料建设和人才培养等方面有大量的基础性工作尚未展开。有鉴于此，笔者谨就中国环境史学的建构思路提出几点浅见。

首先，要将环境史建设成为一种专门之学，必须清楚地说明它究竟是什么。

---

① 《光明日报》理论部、《学术月刊》编辑部：《2006 年度中国十大学术热点之"热点八"：环境史研究异军突起》，《光明日报》2007 年 1 月 16 日，第 11 版"理论周刊"。

自美国学者 R. 纳什提出"环境史"这个名词以来，关于"什么是环境史"，中外学者有不少讨论，一些学者干脆以"什么是环境史"为题发表论著，如美国著名学者 J. 唐纳德·休斯就专门写了一本书，书名就叫《什么是环境史》。但是，不同学者对这一问题的表述各不相同，与 20 世纪讨论"什么是文化"时纷纭聚讼的情形颇为相似。在此，笔者陈述几点粗浅想法供大家批评。

（一）环境史是历史学的一个分支。它既是一个新史学领域，更是历史研究的一种新思维。其基本旨趣和新颖之处，李根蟠概括为"人类回归自然，自然进入历史"。① 在笔者看来，前一句话强调了人的自然属性，人类社会是地球生态系统的一部分，环境史将以新的观念和立场重新考察人的历史；后一句话则明确了自然环境也是历史参与者，应当成为历史研究的重要对象，这意味着史学领域的显著拓宽。

（二）环境史遵循历史科学的基本原则，但它将采用新的理论方法和分析工具——生态学，把生态分析方法引入历史研究过程，用生态学的话语体系来解说人类历史。由于环境史家必须面对社会和自然两大方面的复杂问题，因此还需广泛学习和采用其他学科的知识、理论和技术方法，它是一种典型的跨学科研究。环境史以生态学为主，并运用多学科的理论、知识和技术方法，开展对历史的多学科研究，寻求新的历史认识。笔者将其概括为："取百科之道术，求故实之新知。"②

（三）在环境史的视野中，历史被看作是一个广义的生态过程，人类与所在环境诸因素相互作用、彼此因应。人类无疑是历史的主角，但环境（包括众多的生物和非生物因素）并不仅仅是"背景"——像戏剧中的布景和道具那样，而是活跃在不同故事情节中的"演员"和"角色"，人与环境共同演出了"历史戏剧"。

（四）环境史研究立足于人与自然相互接触的界面，不仅考察人类作用下的自然环境变迁，而且考察自然影响和参与下的人类活动、成果及其发展变化，着重揭示两者之间相互关系的历史演变。环境史家所关注的是社会文化发展和自然生态变迁的共同场域，不曾与人类活动发生联系的自然事物和现象，则不在环境史研究之列。

（五）环境史研究的任务，不仅是为解决当前的环境问题提供经验，更是通过全面整理和系统检讨人类认识自然环境、利用环境资源和应对环境威胁的全部知识、观念、行为、组织、制度和物质成果，对人与自然的历史关系进行深层思考，重新确定"人"的历史地位，进一步揭示文明的本质，为谋求人与自然的永久和谐提供思想资源。

---

① 李根蟠：《环境史视野与经济史研究——以农史为中心的思考》，《南开学报》2006 年第 2 期。
② 笔者针对"中国生态环境史学网"的学术目标所作的概括。网址：http://www.202.113.21.6。

其次，要使环境史成为一种专门学问，必须厘清其与不同学科相关研究之间的关系。

不论是中国还是外国，涉及自然环境或地理环境的历史研究很早就已经开始，但环境史研究兴起不过 40 来年。环境史作为一种新学术的出现，具有特殊的历史情境和不同于以往研究的新诉求。笔者赞成梅雪芹区分"环境的历史"和"环境史"的主张①，这样做既可以避免不必要的误解，也有利于更加明确环境史家的责任。如果说，历史学家最初是有感于现实环境问题对"环境的历史"产生了研究兴趣的话，那么到了今天，则应当转向对人类与自然协同演进关系的系统思考，"环境史"应当成为一种既具有强烈现实关怀，又具有深刻历史哲学思考和生命价值追求的特殊事业。

目前涉及中国历史生态环境的研究分属于若干不同的学科范畴：一是自然科学家的环境变迁研究，可以视为地球科学中地球史或者自然史的一部分；二是历史学家（包括历史地理学家、农林生物史学家等）对历史自然环境问题的考察。这两种研究拥有不少共同的课题，存在着相互资借、合作和对话的空间，但学术分野仍非常明显：大体来说，前一种研究的时间尺度远大于后者，通常只关注大自然的自行演变，并不重视甚至不考虑人类活动的因素；后一类研究则以人类诞生为起点，重视自然环境及其诸多要素（如气候、土地、河流、森林、动物等）在人类活动作用下的历史变迁。随着研究的深入，学者逐渐关注自然因素对经济生产和社会生活（包括经济生产、交通、聚落乃至日常生活、社会风俗）的历史影响；此外，考古学也较早地关注了远古社会文化与所在自然环境之间的关系。显然，后一类研究更接近于我们所主张建立的"环境史"。

不过，以往的相关研究尚未构成中国环境史学，因为它们只是各个领域的延伸课题，虽然将环境因素纳入了思考范围，却并非以系统重现历史上的人类生存环境、全面解说人与环境的历史关系为鹄的，即使很好地解决了环境史家需要解决的某些历史问题，也只是为构建环境史学体系准备了一些基础素材。

这样说对历史地理学家可能有失公允，因为他们向以考察"历史上的人地关系"为目标并开展了大量研究，现今被视为环境史的成果多半是出自他们之手。如此说来，厘清历史地理学的人地关系研究与环境史研究之间的区别，是环境史学能否取得独立学术地位的一个关键（在环境史学的诞生地——美国，这个问题似乎不是特别紧要）。目前国内学人之间存在某些不同意见，其实正与此有关。这里笔者想提出几点意见，说明在历史地理学之外专门构建环境史学是十分必要的，绝非"头上安头"、"床上架床"。

---

① 梅雪芹：《从环境的历史到环境史——关于环境史研究的一种认识》，《学术研究》2006 年第 9 期。

（一）当代学术发展的主要特点之一是学科林立和不同学科互相交叉、彼此渗透，这给不同学科的定位造成一些困难，环境史与历史地理学的关系不易厘清仅是其中的一个实例。

（二）学科判分不能仅根据它们的研究对象，还应当根据其理论基础。环境史与历史地理学虽在研究对象上存在着很大的重叠，但两者的理论基础显然不同：环境史的理论基础是生态学，因此它又被称为"生态史"；历史地理学的理论基础则是地理学。

（三）环境史与历史地理学在研究路径和学术目标上存在显著差异：基于生态学理论的环境史，将人类及其环境视为一个相互依存的生命系统——即"人类生态系统"，将历史视为人类与非人类因素相互作用的生态过程，致力于揭示人类历史演进的生态机制，它是一种强调生命系统过程的历史；历史地理学虽然重视人地关系，但主要着眼点是历史现象的空间逻辑，着重对"地景"、"外观"和"布局"进行时空描述和分析。换言之，历史地理学比较侧重于生态环境的形貌、景观等方面的历史变化，环境史则更重视人类生态系统属性、结构、功能的演变过程和动力机制，其间的区别或如"形"、"质"之分。

需要特别说明的是，强调要厘清环境史与历史地理学的关系，既非否认历史地理学者对中国环境史研究的拓荒之功，更非划界设篱，圈占地盘，而是希望进一步明确环境史学的特殊任务和目标。只有明确了它的任务与目标，才可能将人与自然之间的历史故事讲得更中肯、更透彻，环境史才能推进到其他领域学者未尝顾及和难以顾及之处，并逐渐自成体系。事实上，笔者曾多次强调环境史的本土学术渊源，甚至认为中国环境史研究主要导源于历史地理学。[①] 在今后的研究中，历史地理学与环境史在具体课题上仍将有许多重叠、交叉和互相渗透，这两个领域的研究者是亲密的同盟军，在很多情况下甚至是"同一战壕里的战友"，只是目标定位和职责分工各有侧重而已。

再次，环境史要想成为一种专门学问，必须构建完整的学术框架和概念体系。

任何一门学科都具有符合某种逻辑的学术架构，不仅拥有自己的基本领地、核心命题，而且拥有一套理论方法、分析工具和概念体系。自然，这些方面并非从一开始就很清晰、很成熟，需要经过一段时间的摸索、实践、讨论和提炼；但是，学理探讨对于每个新兴学科的建设都是必需的，从一开始就应受到高度重视，否则就难以上升到"学"的层次，环境史亦然。设计学术框架和建立概念体系，是为了

---

① 例如笔者曾在《中国生态史学的思想框架和研究理路》（《南开学报》2006 年第 2 期）一文中，简要梳理了中国生态环境史的本土学术渊源，并且指出："如果说中国生态环境史研究主要是从历史地理学中生长出来的，也不算言过其实。"

使环境史研究更加符合历史实际与学术逻辑，更加专业化，更有计划地向前稳步推进。

客观地说，在这方面我们已经明显落后于欧美。具体表现在两个方面：其一，关于环境史的性质、特点、内容、思想方法和技术手段等，一批西方学者已做了相当深入的理论阐述，推出了不少颇有影响的论著，在与经济、社会、文化、技术、性别、政治史乃至全球史研究不断沟通和联结的同时，环境史研究日益趋于"专业化"。反观中国，目前仅有几位学者发表过若干理论文章，系统的理论著作则尚未见之。其二，也许是更重要的方面，西方学者在论述某个历史问题时通常首先要表明其理论依据，其研究往往具有明确的理论诉求；而中国学者总体上偏重考实和叙事，理论解说则比较弱。这两种治学传统或风格原本并无显著的高下之分，但对于迫切需要理论建设的中国环境史来说，轻忽理论诉求不能不说是一种缺陷。

最近几年，一批从事外国史研究的中青年学者陆续介绍了不少西方环境史论著，增进了中国学术界对国外环境史学理论方法的了解，为建构中国环境史学提供了"他山之石"，今后仍需加强相关成果的译介工作。不过应特别指出的是，国外的理论源于其自身的学术文化传统和生态环境现实，未必皆适用于中国。我们应当鼓起勇气自行开展理论探索，一面向西方同行学习，一面从生态学等相关学科中直接借取，重要的是根据本国的实际和史学传统提出"中国的"环境史学命题，创建"中国的"环境史学理论方法体系，从而向世界提供"中国的"环境历史经验。

受生态人类学家和外国环境史家的启发，经过不断思考和修正，此前笔者曾提出将人类生态系统演变作为环境史研究的基本内容，这里再就环境史学的思想理念和研究架构提出几点新的主张和设想。

一是"生命中心论"。主张将生命关怀放在首位，既反对"人类中心主义"，亦不赞同极端"生态中心主义"。由人、其他生物及其生存环境中的诸多因素共同构成的生态系统演化过程及其动力机制，应作为环境史研究的主要导向；既具有生物属性，又具有社会和文化属性的人的生命活动是观察研究的重点。撇开人类生命活动来讨论环境的历史是没有意义的。

二是"生命共同体论"。主张人与周围世界中的其他生命形式是相互作用的共同体。在这个共同体中，人作为具有高度自觉意识的类群，通常发挥着主导作用。尽管彼此之间存在着各种矛盾与冲突，但总体来说是一种互相依存、彼此互利的共生关系。环境史研究需要特别关注这些关系。

三是"物质能量基础论"。主张将物质能量体系作为环境史学建构的主要起点之一。物质能量（食物、能源等）是可定量测度的指标，其生产、流动和转化不仅是人类生态系统存在和发展的前提，而且是衡量文明历史发展的主要尺度。人与自然的交往，人与人之间的关系，是从开发、利用环境资源以获得基本生存资料起步的。由此出发，人类不断认识自然、适应环境，创造了各种生产方式、观念知识、社会组织乃至政治体制。

四是"因应—协同论"。在人类生态系统中，一切因素和关系都是动态变化的，人类及其社会和文化与外部环境诸因素之间，在不同时间尺度、空间范围中存在着疏密不同、主次不定和极其复杂的彼此因应、协同演变关系。在因应自然变化的过程中，人类不仅努力突破环境的限制，发展了生命系统的能量支持体系，而且努力防御来自环境的威胁，发展了生命系统的防卫保障体系。

环境史研究除了系统地考察自然环境的历史面貌外，尤应注重以下方面。

（一）生命支持系统的历史——从维系人类社会的物质条件（特别是食物和能源）出发，考察人们如何为了谋取生活资料不断与自然交往，不同历史时代和环境条件下的社会文明具有怎样的食物及其他物质能量基础。

（二）生命护卫系统的历史——从人类安全的角度出发，考察历史上的疾病、灾害乃至战争的生态环境根源，考察它们如何影响人类社会文明的历史进程，人类如何应对来自环境中的各种自然的、人为的或人与自然交相作用所造成的灾祸。

（三）生态认知系统的历史——包括格物认知、伦理认知、宗教认知和诗性认知，涉及科学、宗教、民俗和审美等诸多方面，考察历史上人类关于自身与环境关系的认知方法和知识水平，考察有关思想、观念、经验和知识如何影响人们同环境进一步打交道。

（四）生态—社会组织的历史——包括互相作用的两个方面：其一，人类如何通过一定的观念、知识、制度和技术，将各种生态资源组织起来，构成自身生存条件的一部分；其二，人类在适应环境、利用资源的过程中又是如何组织自己的群体，形成了怎样的体制和规范。

毋庸讳言，上述设想具有比较明显的社会—文化取向。它们一方面具有矫正以往环境史研究过分偏重自然、忽视人文社会的作用；另一方面亦是基于环境史研究的角色定位。人与环境的交往是基于一定文化的社会行为，从历史角度来看，"环境"既是客观的自然存在，同时也是"文化的建构"，人类环境是随着社会、文化发展而不断变化的，揭示两者间的关系正是历史学环境史研究的主要任务。

最后特别强调一点：中国环境史研究必须与其他方面的中国史研究积极沟通和联结，不仅应当揭橥新的历史问题，更应当积极求索对老问题的新解释。笔者内心更愿意将环境史当作一种新的历史认识方式和解释体系。美国学者 J. 唐纳德·休斯（J. Donald Hughes）也说：环境史"这门历史的方法是将生态分析运用到历史研究之中，从而补充了已有的政治、经济和社会等历史分析形式"。[1]中国环境史研究非但不能抛开以往的史学命题，而且应当积极地切入这些命题。唯有这样，环境史家才能从绵长深厚的中国史学传统中汲取营养，并在其学术发展脉络中找到合适的位置，发挥应有的作用。笔者坚信，环境史对于中国史研究的许多重大问题，不仅可以提供特殊的视角，而且可能具有更强的解释力。

有关环境史研究的几个问题

复旦大学历史地理研究中心教授　邹逸麟

环境史研究，在我国大体上是从 20 世纪 80 年代开始的，20 多年来，国内外召开过多次研究我国环境史的学术讨论会，出版过不少高质量的环境史论文集。近年来，国内一些高校历史系博士生也有以环境史作为论文题目的。这些都是可喜的现象，说明环境史研究已经引起学术界的充分重视。特别是广大史学界同仁深刻认识到要真正剖析历史的真相，环境史研究是不可或缺的重要部分。同样，研究当前环境问题的学者也很想知道今天我国的环境是如何发展演变来的。至于有关环境史理论方面，最近梅雪芹有详尽的论述。[2] 总之，环境史的研究在我国已经开始进入蓬勃发展的时期。

环境史研究牵涉的学科面很广，除了基本的一些学科，如地理学、生态学、农学、历史地理学、考古学外，还涉及民族学、民俗学、人类学、社会学、气候学、地貌学、生物学等自然和人文、社会科学，是一门多学科综合的系统学科。一个人的知识和专业有限，每个人只能就自己专业学科的角度，对环境史的某方面问题进行探讨，不免有偏颇或不全面之处。因此，环境史研究需要多学科的交叉和合作，经过一系列的实证研究，最后才能建成一门理论体系完整的独立学科。

笔者因为专业是历史地理学，必然会在研究中涉及环境史问题。20 世纪 90 年代以来，也曾写过一些环境史的论文，今天看来内容十分粗浅，谈不上有什么价值。不过在此过程中产生一些想法，提出来供大家讨论，也是希望得到批评。

今天研究环境史的最终目的是什么？以笔者目前的浅见，简单地说，从物质层面讲，通过探索人与自然之间关系的历史发展过程，认识过去的利弊得失，避免重蹈覆辙，防患于未然；从精神层面讲，可以从中观察到我国两千多年来，社会体制

---

① 参见 J. 唐纳德·休斯《什么是环境史·译者序》，第 5 页。
② 梅雪芹：《中国环境史研究的过去、现在和未来》，《史学月刊》2009 年第 6 期。

上存在的一些问题以及中华民族具有的许多精神面貌，如艰苦奋斗、忍辱负重、吃苦耐劳、听天由命以至于生活习俗等一些积极或消极特性的根源。这对了解中国和中华民族历史的深层次内涵有十分重要的意义。

因此，研究我国环境史，应该探讨几个问题：第一，我国的环境（无论以全国还是局部地区为范围）是如何演变来的？第二，这种演变（不论积极或消极的）的原因（自然、人文）是什么？第三，这种演变究竟是必然的，还是或然的？第四，我们能在其中汲取哪些经验和教训，如何指导我们今后的环境行为？因此，就我国具体的环境和历史而言，应该注意以下几个问题：

（一）人口与土地利用问题。这个问题在环境史研究上的重要性，自不待言。这方面已有不少学者做了大量工作。但要将这个问题的前因后果讲得很清楚，难度很大。首先，讲清楚历代人口和耕地（全国或局部）的实际数字很难。这是大家都明白的，无须赘言。其次，即便是已将这些问题讲得比较接近历史事实了，我们的研究也还未完成，还得对此历史事实进行评论和分析，或从中汲取有价值的东西，这就更难了。

以我国自然环境而言，960多万平方公里的国土中，西北干旱和半干旱区与青藏高寒区占全国陆地面积的55%，这些地方气候寒冷，雨量稀少，或多沙化，或多冻土，故人烟稀少，全部人口约占全国人口的5%，另外95%的人口，居住在占全国陆地面积45%的东亚季风区。这里又以秦岭、淮河为界，分为南北两大部分。北部除黄土高原外，大部为平原地区，然而受季风影响，雨量极不均匀，全年降雨集中在夏秋季节，诸多河流发源于黄土高原，暴雨来临，洪水与泥沙俱下，故多泛滥成灾。南部降雨丰沛，气候温湿，植被良好，却是高山丘陵多，而平原少。在这样的自然条件下，历史上有三起大规模的土地利用对我国总体环境影响最大。一是北部黄土高原农牧交错带农耕地的开发。这里雨量稀少，一般年降雨量不到400毫米，气候干旱，日照强烈，水汽蒸发量大，环境非常脆弱，不适合大规模开发农田。但是从战国秦汉开始，直至明代（元代90年不计）的1000多年里，北部黄土高原一直是北方游牧民族和南方农耕民族长期对峙之地。从匈奴到鞑靼，不断地侵扰南面的农耕区，因此，从秦汉长城到明代长城，在河套地区、鄂尔多斯高原、河西走廊等干旱不适合农耕地区进行大规模屯垦戍边，成为历代汉族王朝的定制。由于当地环境脆弱，一旦破坏，无法逆转。千年开发农耕地的结果是造成环境恶化。近几十年来，在河套地区、河西地区的沙漠里发现西汉时代的城市和垦区，此后再无人居住，可以为证。而黄河流域水土流失日益严重，成为我国历史上最大的环境隐患。宋代以后，汉唐时期在黄河流域所兴修的大型水利工程，不是淤废，就是效力大减，至今无一存者，充分说明黄河流域的环境在此千余年间变化之大。二是宋代以后，南方大兴围湖造田，修造梯田。我国历来人口分布极不均匀。据人口史专家研究，汉代时我国人口大体是五六千万，经过东汉末年以至魏晋南北朝长期战乱，到唐朝也不过七八千万。到了宋朝，如果加上前辽、后金，大约超过一亿人口。至清前期，全国人口超过两亿。19 世纪中叶，达四亿多。如按今天（清末被帝国主义列强割去大量国土）960 余万平方公里平均而言，人口载负量也不能算很高。问题是我国自汉代以来，人口分布极不均匀，绝大部分人口聚居于东部地区，且集中于几个条件优越的盆地。如在宋代，全国人口不过一亿多，当时西北、东北、中部等大部分地区人烟稀少，而成都平原和东南地区却已经是人口密集，耕地紧张。苏轼说："臣闻天下之民常偏聚而不均，吴蜀有可耕之人，而无其地；荆襄有可耕之地，而无其人。"① 苏辙说："吴越巴蜀之间，拳肩侧足，以争寻常尺寸之地。"② 于是围湖造田，修造梯田，成为南方一时之风。虽有识之士，大声呼吁，朝廷也曾三令五申禁止，却终成一纸空文。于是长江中下游地区河湖淤浅，蓄水无着，以致水旱频繁。三是明清时期随着人口骤增，耐旱作物传入，无地农民转向西部开发山区，以及清代雍正年间云贵高原的移民、矿冶业的开发和改土归流，长江上游地区的耕作方式发生改变，于是这里也开始了水土流失。这些都曾有不少学者著文评论其失。然平心而论，这些都出于历史的无奈。试问，秦汉以来，如不屯垦戍边，如何保持比较先进的农耕文化长期延续？宋代以后，南方不围湖造田，明清以后，不开垦山地，如何来养活数亿人口？生存、发展和环境是我国两千多年的两难抉择，我们如何在对这些问题的研究中获得一些启示，为我国今后环境的演变提出一些指导性的意见？

（二）以我国范围而言，对历史时期水环境变化的研究，应占有十分重要的地位。众所周知，自周秦以来，我国是农业为主要产业的国家。在当时政治、经济、文化中心的黄河流域，以其自然条件，无灌溉就不能有好收成。因此，先人很早就知道水资源的保护和利用。笔者曾著文《我国古代的环境意识和环境行为——以先秦两汉时期为例》③，说明我们祖先很早就认识水资源保护的重要性。但是从战国中期至西汉武帝时代，黄河中下游地区单一农耕经济确立，开始了全国性的农田水利开发。笔者曾著文说明自周秦以来，黄河流域水稻种植的地域相当普遍，早于小麦成为仅次于稷粟的主要农作物。④ 秦汉时代全国水利开发的重点地区是关中平原，除了郑国渠、白渠、龙首渠外，还有用于漕运的关中漕渠，用于训练水军的昆明池，等等。如果没有充足的水资源，是不可想象的。东汉三国时期黄淮海平原上

---

① 苏轼：《御试制科策·第一道》，《经进东坡文集事略》卷 20，《四部丛刊初编·集部》第 158 册，上海书店出版社 1989 年影印本。

② 苏辙：《进策五道·民政下·第二道》，《栾城集应诏集》卷 10，《四部丛刊初编·集部》第 162 册。

③ 载林甘泉主编《庆祝杨向奎先生教研六十年论文集》，河北教育出版社 1998 年版。

④ 邹逸麟：《历史时期黄河流域水稻生产的地域分布和环境制约》，《复旦学报》1985 年第 3 期。

水利更为发达，海河平原和黄淮平原上，水利渠道密布，或用以运输，或用以灌溉，农业十分发达。唐代前期黄河中下游地区水利建设为全国中心。汉唐时期经济繁荣、文化辉煌，就是建立在发达的水利建设基础上。而宋以后渐趋衰落，黄河下游水患不断，灾害连年。明清更甚。当时为避免漕运之劳，不少志士曾试图在京津地区种植水稻，最后或因成本过高，或因收效不著而罢。其主要原因为水资源缺乏。而水资源缺乏，除了与全球气候变化有关外，人类活动究竟在其中有何失当之处？

（三）研究中国环境史，一定不能忽视整个社会体制的影响。秦始皇在全国推行郡县制，建立中央集权的政治体制，以后汉武帝"罢黜百家，独尊儒术"，思想上统一为儒家思想，经济上确立单一农耕经济。政治、经济、文化三方面体制的确立，统治了中国二三千年，对我国环境变迁产生过极大影响。高度集权的政治体制，可以动员全国之力，大规模地对自然进行干预，如筑长城、开运河、修大型灌溉工程，等等；单一农耕经济思想确立后，农耕成为社会稳定唯一产业的观念，在人们（从帝王到平民）思想里根深蒂固，当政权初建和巩固后，历代帝王的主要政策就是招徕人口、恢复农业生产、扩大耕地。而广大汉族人民除了农耕也不知其他生产手段。与小农经济相配合的儒家思想和实际有关劳动力的"无后为大"观念，逐渐使我国历史上所谓政治昌盛和经济繁荣的直接表现就是人口不断增加和耕地不断扩大。然而在上述我国特定的地理环境条件下，在数千年来耕作技术又无质的突破的情况下，其结果只能是耕地从平原向山地、湖滩发展，由此引起环境不断恶化。数千年来中央集权的政治体制，对环境影响十分明显的一点，就是都城所在之地，往往是环境破坏最严重之地。关中平原建都千年，对秦岭、陇右森林的破坏，有史为证。元、明、清三代建都北京，太行山、军都山的植被砍伐，多有专题论文。因此，环境史的研究，不能离开与政治体制史关系的研究。

（四）环境史与社会史研究的结合。从环境史的探索中，会发现中国人民许多传统的人生观念、民间信仰、生活习俗的地域差异十分明显，而这种差异又与不同的生态环境有密切关系。这是研究社会史的专家所共知的。笔者也曾撰文加以讨论。① 因此，研究环境史，不仅能够认识我国环境的变化，同时也能理解中华民族精神面貌的地区差异和变化。

（五）最后，笔者想谈的一点是，自从日本学者内藤湖南和宫崎市定提出"唐宋变革"说以来，80 多年里中外学者对此都有讨论。虽然具体观点上有所不同，但认为从唐至宋，中国社会在政治、经济、文化方面都发生过巨大变化，这一点似

---

① 邹逸麟：《"灾害与社会"研究刍议》，《复旦学报》2000 年第 6 期；《江淮平原与人文》，谢觉民主编：《自然·人文·人地关系》，科学出版社 1999 年版，第 68—89 页。

无异议。① 有意思的是，从中国环境史的角度考察，可以发现大致从晚唐至北宋中期我国环境也经历了巨大变化，大体表现为：（1）黄河为患日益严重，从唐末宋初至清末，黄河为患愈演愈烈，这与从东汉至唐末的一千年里黄河基本安流的局面大不相同。（2）黄河流域环境日趋恶化、经济衰退，从宋代经元明至清，中央王朝漕粮、财赋，主要来自东南地区。经济中心南移。黄河流域的经济已支持不了庞大的中央集权政治体制的正常运行。（3）长江中下游地区从宋代起环境开始恶化，到了清代江汉流域水土流失也是十分严重，江湖淤浅，灾害频发。（4）东南地区从单一农耕经济，发展为多种经营，棉花、瓷器、造纸、印刷、制茶诸业兴起，商品经济发展。市民阶级兴起，平民参政意识加强，由此科举制度更加成熟。这些与黄河流域经济衰退，贵族政治依附的经济背景失落，似有一定关系。

　　总之，环境变迁与中国社会变迁的各个方面都有非常密切的联系。环境史研究的深入开展，必将为我们大大开拓认识五千年中华民族历史的视野，许多问题可能会产生新的理解，对当前我国社会政治、经济的发展，无疑会有重要借鉴意义。

对中国区域环境史研究的四点认识

西南大学历史地理研究所教授　蓝　勇

　　中国环境史研究已经成为史学研究的一个热点。现在看来，如果 20 年前学者们关注生态环境史本身就是一种进步，那么 20 多年后，虽然研究成果已经比较多，但如果研究结论还仅停留在"人类不合理的开发破坏生态环境，历史时期人类生态环境远比现在好"，那就表明生态环境史研究还远远未能达到应有的水平。面对历史与现代中国广袤陆上疆域这一巨大的研究空间，首先需要对区域生态环境史进行深入研究，才能解决一些具体的环境历史和现实问题。所以，笔者在此仅就长江上游生态环境的历史变迁谈四点研究体会。

一　对早期环境原始性的认识

　　直到今天，许多学者总是以为在很长的历史时期以来我们的生态环境变化并不是太大，总以今天的环境去思考和理解古人，就像以前学者以今天的环境断定古代"巴蛇食象"不可能、金沙遗址象牙来自缅印一样。近几十年来，历史地理学和考古学的研究已经表明历史时期人类所处的环境变化甚大，但究竟有多大的变化呢？

---

　　① 柳立言：《何谓"唐宋变革"？》，《中华文史论丛》2006 年第 1 辑。

首先从成都平原的金沙遗址、三星堆遗址、十二桥遗址、指挥街遗址、商业街遗址等来看，成都平原在距今 7000 年到 3000 年之间，沼泽水面远比现在多，可能还有较大面积的天然林。如我们在金沙遗址中发现了大量巨大的乌木和树根，在青白江地区发现了距今约 6000 年残长 27 米、直径 2 米左右的乌木，都显现出当时成都平原及附近有高大的乔木林，植被十分原始。由于成都平原湿热的环境，当时较多流行干栏式建筑，十二桥遗址就反映了这种状况。在成都平原发现的大量船棺葬，船棺都是用整根大的楠木挖空而成。如在成都商业街遗址发现了 17 具船棺和独木棺，长达 10 米至 11 米，直径达 1.6 米至 1.7 米。① 这些巨大的楠木应该取自四川盆地四缘山地。在金沙遗址、三星堆遗址发现的大量象牙也应该来自四川盆地四缘山地②，可能主要是川西南和秦巴山地，证明唐宋时期在川西南和秦巴山地都还有大象的踪迹。③ 显现成都平原地区四周的环境相当原始。

汉代扬雄《蜀都赋》称"于近则有瑕英菌芝，玉石江珠；于远则有银、铅、锡、碧、马、犀、象、僰"。晋代左思《蜀都赋》也记载："旁挺龙目，侧生荔枝。布绿叶之萋萋，结朱实之离离。迎隆冬而不凋，常晔晔而猗猗。孔雀群翔，犀象竞驰。白雉朝雊，猩猩夜啼。"④ 以前有的学者认为这是文学作品的夸张描写，并不能反映真实的生态环境。但从考古发掘来看，两篇《蜀都赋》所描绘的生态环境并非完全虚指。与之相应的是当时的气候比现在湿热。据研究表明，商周时期成都平原年均温度在摄氏 17.7 度至 19.8 度之间，比现在高 1.7 度至 2.8 度，湿地较多，草丛遍野，以草本植物和蕨类植物为主体。⑤ 显然与今天的环境有很大的差异。

当时重庆峡江地区的生态环境也相当原始。《山海经》中记载："巴蛇食象，三岁而出其骨，君子服之，无心腹之疾。"虽然目前学界对"巴"所指的地域仍有争论，但现在的研究可以肯定，"巴蛇食象"是一种自然现象，并非文学夸张。早在晋代郭璞就谈到巴蛇食象时以蚺蟒吞食鹿子，在五代《玉堂闲话》的记载中也有瞿塘峡中蟒蛇吞食鹿子的例证。进一步研究表明，文献记载中蟒蛇的长度折合为 15 米至 30 米，围在 1.2 米至 2.4 米，而近现代蟒蛇吞食家猪、山羊、小牛的记载或报道也屡屡可见。从动物构造来看，蟒蛇的下颌骨构造特殊，吞食小象是完全可能的。⑥ 笔者曾在《良友画报》上看到 20 世纪初东南亚蟒蛇吞食鹿子的照片，对

① 颜劲松：《成都市商业街船棺独木棺墓葬初析》，《四川文物》2002 年第 3 期。
② 黄剑华：《金沙遗址出土的象牙的由来》，《成都理工大学学报》2004 年第 3 期。
③ 蓝勇：《历史时期中国野生犀象分布的再探索》，《历史地理》第 12 辑，上海人民出版社 1995 年版。
④ 杨慎：《全蜀艺文志》，线装书局 2003 年版，第 1、8 页。
⑤ 参见姚铁峰等《成都金沙遗址距今 3000 年的古气候探讨》，《古地理学报》2005 年第 4 期。
⑥ 参见蓝勇《巴蛇食象新解》，《文史杂志》1993 年第 6 期。

蟒蛇吞食亚洲象的事实更是深信不疑。与之相关，在峡江地区许多先秦的考古遗址中发现许多大象牙，如大溪文化遗址中就发现象牙。后来的研究也发现，唐宋时期南州、溱州土产有象牙，宋代犀牛还进入万州①，显然，先秦时期长江上游原始森林密布，森林中的生物群落保存完整，原始性强，各种野生动物种类多，数量大，这为亚洲象、蟒蛇提供了足够的生存庇护和下层食物链支撑。

　　先秦时期不仅在植被、生物方面，而且在地形地貌和水文方面也与今天相差较大。近年来有的学者以中州地区考古遗址普遍在现在的地下水位之下为核心证据，认为商代较为干旱②，就是忽视了先秦的地形地貌与今天相差很大的事实。研究表明，现在的地面高度并不是历史时期的地表高度，由于自然冲积和人类活动加剧的影响，历史时期的地表高度普遍比现在的低，这在平原和冲击河谷地区尤为明显。如黄河流域鲁北的古河道一般都在现在地表 0 米至 8 米深的地下③；河南省许多地方是在地下 7 米深的地方发现宋瓷④；典型的荆江河道河床应该比现在低 8 米以上，所以我们发现荆州万寿塔塔基深埋于大堤以下 8 米；重庆市忠县中坝遗址，从新石器时代到当代，文化层达 12.3 米厚，跨度达千年。⑤ 值得指出的是，文化层中的先秦层大多在今天河道的水平面以下。实际上在历史时期的近 2000 年中，长江上游河道普遍抬升，只是自然径流量减少，泥沙、崩岩壅积。⑥ 最近从嘉陵江边水师码头的探坑的泥沙堆积也可看出，宋代以来嘉陵江河床可能抬高达 0.7 米至 2.7 米左右。⑦

　　一般学者对历史时期水文的变化程度，多关注径流的大小、湖面的伸缩等，实际上我们应该更多关注水质的变化。《华阳国志》卷 3《蜀志》记载："崩江多鱼害。"⑧ 何谓鱼害？实际上是指河里的鱼发洪水时漫入稻田食稻谷为害。显然，如果没有对当时水文生态的理解，是很难理解这种鱼害的。今天我们知道在成都井水显然应该比府河水质好，但历史时期成都的府河水质却更好，如谯周《益州志》载："成都织锦既成，濯于江水，其文分明，胜于初成，他水濯之，不如江水也。"⑨《华阳国志》卷 3《蜀志》亦云："锦工织锦濯其江中则鲜明，濯它江则不

---

①　参见蓝勇《历史时期西南经济开发与生态变迁》，云南教育出版社 1992 年版。

②　杨升南：《商时期的雨量》，《中国史研究》2008 年第 4 期。

③　参见张祖陆《鲁北平原黄河古河道初步研究》，《地理学报》1990 年第 4 期。

④　参见中国科学院编辑委员会《中国自然地理·历史自然地理》，科学出版社 1982 年版，第 82 页。

⑤　参见朱诚等《长江三峡库区中坝遗址地层古洪水沉积判别研究》，《科学通报》2005 年第 20 期。

⑥　参见蓝勇《历史时期长江上游航道萎缩及对策研究》，《中国历史地理论丛》1991 年第 10 期。

⑦　参见蓝勇《有关先秦气候研究的方向问题》，《中国史研究》2009 年第 3 期。

⑧　常璩撰，刘琳校注：《华阳国志校注》，巴蜀书社 1984 年版，第 286 页。

⑨　《文选·蜀都赋注》引谯周《益州记》，中华书局 1981 年版，第 79 页。

好。"① 直到清代仍有"可供饮料者，以河水为佳"的说法②，所以"扬子江中水"、"河水豆花"成为好水质的代称。总的来看，早期城镇由于人口规模、产业形式的影响，水污染多是程度轻、规模小的有机物污染，但现在的水污染往往叠加了规模较大的生化污染，影响面大，治理难，这使得早期城镇水环境与现代城镇水环境差别较大。

二　对清以来环境变化复杂性的认识

清中后期以来，人口基数的大大增加、外来生物的推广、晚清以来近代工业的出现、20 世纪后期城市化进程加快、燃料换代、现代科技广泛运用、现代环境意识出现等因素，使环境变化受到更多参数的影响，环境变化的复杂性也更为明显。

就长江上游来看，虽然清以前人类活动也对局部环境产生影响，如矿业开发对附近生态环境的影响已经显露出来，但并没有在严格意义上构成较大的环境破坏，这可能是由于在传统生产力背景下人口基数小，影响的生物圈深度和广度有限所致。清代中叶以来，由于高产旱地农作物的传入和推广，使人口在基数较大的背景下急增，长江上游的森林生态与人类活动的矛盾才变得突出起来，真正从生态环境角度对人类基本生活和生产的影响才显现出来。所以，清中叶以来 200 多年间的生态环境变迁应是我们研究的重点。可以说近 2000 年来中国环境变迁真正对人类社会有重大影响是在近 200 年的时间内——至少从长江上游来看是如此。

比如 500 年前，海拔 1500 米至 3000 米的中山斜坡平坝地区多是原始乔木林为主而间有草甸混交景观，而非现在以草甸灌丛为主的景观。所以，以前有学者认为现在亚热带高山湿地草甸向陆生乔灌植被演变是一种退化③，这是不正确的。现在一些草甸沼泽地区出现的向陆生乔灌木演化，实际上是对历史时期的一种回归，并不完全是一种退化。

显然，历史的发展并非一条直线，人与自然关系的发展也同样。我们要认识到并非古代的森林生态环境就一定比现在好，因为好坏的标准是相对于人类而言。早期森林生态环境的原始，森林群落的完整，野兽猛禽众多，瘴疠盛行，对生产力十分低下的早期人类的基本生存和发展威胁巨大，这种环境实际对人类并不好。当生产力发展到一定程度后，森林生态环境才真正成为人类生存的绿色生态庇护和资源宝库。当然，即使在这种背景下，也并不是生产力越低下森林生态环境就一定越好。最新研究表明，清代中后期以来到 20 世纪 80 年代，长江上游城镇周边的森林

---

① 常璩撰，刘琳校注：《华阳国志校注》，第 235 页。
② 傅崇矩：《成都通览》，巴蜀书社 1987 年版，第 7 页。
③ 杜耘等：《神农架大九湖亚高山湿地环境背景与生态恢复》，《长江流域资源与环境》2008 年第 6 期。

植被环境远不如现在。我们通过对云南昆明城郊、湖北秭归县城的清末照片与现在对比发现了这一点①，相关城镇的文献记载也证明了这一点。近来我们对贵州石门坎乡镇附近的人类学调查也同样可以证明。② 这些年来，由于燃料换代、环境政策的实施和环境意识的强化、农村人口空虚化、退耕还林政策的实施等因素，个别地区已经恢复或者超过清代末年的森林覆盖率。③ 但是也应该清楚，这种回归并不是简单的复制。现在许多地区的森林资源以人工中幼林、次生中幼林和灌丛为主，与以前多原始森林，森林郁闭性强，森林中的生物多样性明显有显著的区别。在这样的森林生态背景下，许多食肉类的野生猛兽已经灭绝，有的兽种即使存在，也因为没有足够多的食物链下层小动物而面临无法自然生存的困境；许多乔木林种植马铃薯又退种后，如果没有人工大量种植和养育，森林一时也不可能完全自然恢复起来。也就是说，即使森林覆盖率恢复到了清代以前的状况，长江上游的森林生态环境的原始性和生物资源的多样性可能也不如清代前期。

清代末年为长江上游森林生态环境转向恶劣的转变时期，人类活动与生态环境之间的矛盾越来越突出。在这个转变过程的初期，一方面当时的垦殖指数还远没有20世纪七八十年代高，所以在石门坎附近30公里的地方还能有大量较高大的野生杉林用于建筑，森林相对丰富，而当时民间火器对猛兽的威胁相对较小，故野生动物较多。但从野生动物经常偷吃苞谷等农作物和偷袭山民来看，一方面显然人类活动已经侵入大量野生动物的核心地区，另一方面显现了猛兽因森林资源减少和人类捕杀加强导致下层食物链缺乏转而向人类生活区觅食的趋向。

20世纪七八十年代，由于人类活动的影响，森林资源受到极大影响，许多海拔2500米以上的山原森林被砍伐用以种植马铃薯，野生动物不仅直接受到人类更有力的火器捕杀，而且赖以生存的森林环境已经完全不复存在。所以，今天在许多地区已经见不到这些大型的野生动物了。

显然，从5000年来中国生态环境变迁规律来看，近几百年人类生态环境的变迁最具沧桑之感。而且，由于受多方面人类活动参数的影响，其变迁走向十分复杂。但是，中国生态环境史的研究总体上还浮于表面。为此，我们需要用人类学方法，从区域研究入手分析中国的生态环境史，这可能不仅有利于提高生态环境史的研究水平，也可以让我们对社会发展中的人地关系有更深刻的认知。

---

① 参见蓝勇《中国历史地理学》，高等教育出版社2002年版，第81页；《长江三峡历史地理》，四川人民出版社2003年版，第350—351页。

② 参见蓝勇《贵州威宁县石门坎田野调查的环境变迁》，《明清以来云贵高原的环境与社会》，东方出版中心2009年版。

③ 参见蓝勇、黄权生《燃料换代历史与森林分布变迁》，《中国历史地理论丛》2007年第2期。

三　对历史环境非直线变迁的认识

从上述对早期环境的原始性和对清以来环境变迁复杂性的分析，促使我们更深刻地认识到：历史时期中国环境的变迁绝不是呈现古代生态环境比近现代更好的直线发展趋势，人类较大的经济、军事、政治活动往往会对生态环境造成十分复杂的影响，环境变迁并非直线发展。

研究表明，"瘴气"是指森林中的动植物、矿物和水体散发出的，导致人类出现各种病理现象的多种有毒气体、固体、液体的总称。① 只是因为文人墨客常常用瘴疠、瘴气泛指落后蛮荒之地，因此被误以为是文人墨客的臆想，问题在于为何同样是森林地区，现在却没有所谓瘴气。可以肯定的是，中古时期中国南方的瘴气作为一种十分常见的地方性疾病是客观存在的，这种疾病的流行和衰减与森林生态环境的变迁密切相关。历史时期的森林多以原始林和次生原始林为主，这种森林资源往往郁闭性强，生物群落完整，森林中动植物的种类、数量都远远大于今天的次生林和人工林，有毒的动物、植物、矿物、水体远比今天多，而森林的郁闭性使种种毒体浓度高且不易挥发，对人类的危害明显。清代云南民间流传的"三不"风俗，即"不讨小，不洗澡，不起早"，据说就是为了避瘴，可能正是这种瘴疠环境的产物。

不过，从明清以来，人类活动使森林环境发生较大变化，皇木采办将森林中的特大乔木破坏殆尽，商业开采更是将大量成片的乔木砍伐，人类垦殖将成片的山地森林连根大量破坏，野生动物不仅失去了生存家园，而且不断被猎杀，这不仅使森林大面积缩小，而且森林的郁闭性远不如以前，生物多样性受到极大影响。所以到清代，四川以前瘴疠突出的峡江地区随着森林资源的破坏，已不再是瘴疠之区。到了 20 世纪，长江上游地区已经很难找到所谓瘴气，以致有学者甚至怀疑历史上瘴气存在的客观性，以为所谓瘴气不过是中原文人的臆想。

如前所述，近十年来，长江上游许多地区的森林覆盖率回升很快，有些地区的森林覆盖率也已经恢复到清代中叶以前的状况，但为何没有瘴气出现呢？因为这些年恢复的森林植被主要是次生林和人工中幼林，森林的郁闭性远远不如历史时期。同时，由于大量动植物种类的灭绝，森林的生物多样性远不如历史时期，这就决定了森林生态短期内不可能完全恢复到历史时期的状况。

在中国古代虎患是威胁人们生产生活的重要灾害。《华阳国志》卷 1 就记载秦

---

① 周琼：《清代云南瘴气与生态变迁研究》，中国社会科学出版社 2007 年版。她在作了深入研究，特别是做了大量田野考察后，发现云南以南的缅甸地区至今仍有瘴疠现象出现，而云南西南地区四五十年前也有瘴疠现象。

昭王时白虎为害长江上游的巴蜀地区；五代宋初，成都城和永康军城出现华南虎入城事件；宋代四川盆地丘陵地区的果州、阆州、集州、蓬州诸州群虎出没为害，官府组织捕杀。① 特别要指出的是，明末清初四川战乱以后，长江上游地区出现了历史时期以来最为严重的虎患。这次战乱之后，人口急剧减少，社会残破，经济凋敝，田野荒芜。据研究表明，明末四川册载人口为 300 万左右，实际人口可能在七八百万，而清代初年则骤降至 60 万左右。在这样的背景之下，出现了历史上最为严重的虎患。

在这次虎患中，四川盆地从平原到山地，从城市到乡村，老虎繁衍滋生，形成了虎群纵横四野，"人少豺虎多"，人被虎驱赶的特殊场景。所以欧阳直在《蜀乱》中感叹："此古所未闻，闻亦不信。"② 与虎患同时出现的是森林自然复茂，生态环境变得十分原始。这次虎患的出现不是在汉晋、唐宋这些人口基数较小的时期，但其出现的严重程度和生态的原始程度远远超过这些时期。所以，如果我们没有对生态环境作深入的研究，简单地认为越是远古环境越原始可能就是不正确的。经过乾嘉垦殖高潮以后，不论是西部，还是东南沿海地区，人口急增，虎患之害虽然也时有发生，但随着经济开发的强度增大，虎踪越来越少，环境越来越失去原始性。显然，虎患的周期性出现，显现了人类活动的影响使人类生态环境发生周期性变化的复杂性。

前面我们谈到现代中国城镇森林生态环境已经大大好转，森林植被覆盖率已经超过清末。但现代中国大多数城镇江河水生化污染十分严重，水环境总体上并不如清代和民国时期。

显然，人类活动的影响可以使人类生态环境不断发生变化，生态环境的变化并不是一条直线递增或递减发展下来的。这种环境变化的复杂性、非直线性使得我们在复原历史环境时不能仅在大区域内用文献材料简单插补后按级数递增、递减来复原，而更多地要将历史学、地理学、考古学、统计学、人类学的诸多方法结合起来，在分区域深入研究的基础上进行复原。

四　对环境回归与逆转非完全性的认识

研究表明，人类活动对长江上游地区亚热带河谷、浅丘地区影响较早，早已经过从天然植被为主向人工植被为主的转变过程，从生物的原始性角度讲这是一种退化。这种退化是否需要回归重建，是否可以回归重建？现在看来，完全回归原始植被已无可能和必要。但长江上游中低山地区的森林资源正好是长江流域的水源林地

---

① 《宋史》卷 66《五行志》，中华书局 1977 年版，第 1451 页。
② 参见蓝勇《清初四川虎患与环境复原问题》，《中国历史地理论丛》1994 年第 3 期。

区，对于长江流域的水土保持有不可替代的作用，所以恢复重建的必要性不言而喻。

从回归重建来看，可以有自然重建和人工重建两条道路。从历史时期来看，长江上游平原、丘陵地区人类活动历史悠久，天然林较早受到破坏，人工林比例大。历史上由于人口增长、战争破坏的影响，森林资源历经无数次破坏，以及自然和人工复原。从生物学上看，长江上游低海拔地区处于典型的亚热带气候，气候温暖湿润，植被的自然复原功能强，所以历史上虽历经战争、生产生活活动的破坏，植被不论是自然还是人工，恢复起来都较为容易。当然，这种恢复不论是自然恢复或是人工恢复，都不可能是完全的回归。因为自然界即使没有人类的影响，也有一个演替的过程，自然的演替也不可能是完全的重复。当有了人类活动的影响后，更不可能是完全的恢复。

但是，500 年以前，人类活动对长江上游海拔 1500 米至 3000 米地区的影响十分有限，当时该地区并没受到人类实质性的破坏。所以，不论是从人类活动破坏恢复的例证，还是从生态原理角度，这个地区森林植被被破坏后能否很好恢复都是未知的。理论上讲，人工恢复由于远离人类核心区，可能投入的成本会大一些。从生态学原理来看，由于这个海拔地区处于暖温带气候背景，气候相对高寒干燥，生物生命力相对较弱，植物群落相对更单一，生物多样相对更差，这会使自然复原相对更困难。

历史地理学研究表明，森林植被回归指数的大小，与历史时期人类活动对植被影响的深度和广度关系密切。以近 500 年长江上游中低山植被退化为例，早期的皇木采办、商业采伐主要是对原始林中核心的巨大杉木的破坏，对中幼林破坏较少，对林木根系破坏不大，但后期采伐范围扩大，一些中幼林被砍伐，客观上使植物群落从根本上遭到破坏。尤其是近 100 年来人类的垦殖活动，特别是在高山种植马铃薯，不仅使地面上的中幼林、灌丛被完全破坏，而且树木的根系完全被挖去，使得这些地区的自然恢复几无可能。而人工恢复重建，一是工程和投入巨大，二是由于天然植被的基因失落，所以不可能恢复到以前的植被状态。

应该看到，500 多年前长江上游山地中的低山地区由于人类活动影响较小，生态环境是依靠自身的自然状态有机发展的。自从人类活动大量介入后，这种生态环境的生物链往往被打破，形成一种人化的新生物链。如历史时期长江上游华南虎、熊、野猪都是长江上游森林食物链中相对上层的动物，由于人类活动对森林的破坏和对其生存所依赖的下层野生动物的猎杀，野生状态的华南虎已经灭绝，熊和野猪也一度大大减少。虽然近十多年来长江上游森林覆盖率大大回升，但其所呈现的生态意义与历史时期却并不一样。华南虎灭绝后，要想自然恢复已不可能。人工驯化的华南虎作为一个群落野放才有可能恢复野生华南种群，而且还必须有一个拥有足够量的下层食物链存在，这都使人工恢复工作难度相当大。历史时期长江上游华南虎患与打虎高潮此起彼伏，主要因为整个华南虎生存的生态环境生物链并没有被破坏，完全可以依靠自然复原。同样，现在长江上游野猪群落众多，时常出没，表面原因是这些地区森林恢复的结果，但更重要的原因则是野猪生物链上层的华南虎、豹等的灭绝和减少，以及人类高山垦殖的玉米、马铃薯等为野猪提供了天然的食物，改变了野猪食杂的生活习性。显然，人类活动影响下生态环境的回归不可能是完全的回归。

因此，如果我们对历史时期影响环境变迁的种种因子的回归指数作系统研究，形成一个自然因子回归指数，编制出形成各种自然因子的回归系数，不仅可为现实社会经济发展提供一个可资直接参考的指数，更有利于中国环境史研究的科学化、系统化，也更能体现中国环境史研究的现实关怀。

环境史研究的社会史取向[*]
——关于"社会环境史"的思考

南开大学中国社会史研究中心暨历史学院教授　王先明

在以"问题意识"为主导的当代史学发展中，环境史是自 20 世纪 70 年代以来逐步氤氲生成的史学研究新领域。对于中国史学而言，它是 20 世纪 90 年代之后勃然兴起的一个新的"学科生长点"，一经出现即具有一种引领学术潮向的作用。"环境史的兴起，不但开辟了史学的新领域，而且给史学带来了新思维。"[①] 因此，面对已经成为史学研究"热点"的"环境史"，从"学科"发展的高度将这一问题的讨论引向深入，是中国史学界应着力进行的工作。

一

"年鉴派"很早就认识到生态环境与人类历史的互动影响。费弗尔的《菲力浦二世和法朗什—孔泰》、布罗代尔的《菲力浦二世时代的地中海和地中海世界》等著作，都在相当程度上将地理环境与人类社会活动的互动影响纳入社会史研究视野中，虽然还不能笼统地称它们为环境史或生态史。随着现代化进程的全球扩张，人

---

　　* 匿名评审专家提出建设性修改意见，特致谢意！
　　① 李根蟠：《环境史视野与经济史研究——以农史为中心的思考》，载王利华主编《中国历史上的环境与社会》，生活·读书·新知三联书店 2007 年版，第 16 页。

类生存的环境问题日见突出，并最终成为制约人类社会发展和生存的重要因素。据最新一期《新科学家》杂志报道，科学家预测，如果人类不立即采取行动减少温室气体排放，那么到 21 世纪末，地球表面的温度将会上升 4℃。届时，地球上的大部分陆地将变成沙漠，还有一些土地会被上升的海平面淹没，大多数动物将从地球上消失。科学家警告称，一旦这种情况发生，现在赖以生存的许多土地都将变得不再适合居住，地球上更多的土地将沦为沙漠。世界各地原来的沙漠将会疯狂向外扩张。人类社会面对的生态环境日趋严重的忧患意识，从多个方面影响到学术进取方向的选择。正是基于学术研究与时代需求的呼应，20 世纪 70 年代后，环境史首先在西方学术界成为引人关注的新领域之一。

多学科的交叉、多元理论的引入，乃至向西方学界的主动借力，使得中国社会史研究紧踵其后，并在一定意义上为我们的社会史研究注入活力。近年来的中国社会史研究因应时代需求，不断在摄取新的学科理念和方法中扩展着自己的研究领域，形成了新的学科丛——社会生态史或环境—社会史。其实，就生态史或环境史论题而言，在 20 世纪 90 年代后期中国学者就已经涉及了，不过当时进入的路径是经由"灾荒史"而进入"环境史"，如李文海、康沛竹的《生态环境破坏与灾荒频发的恶性循环：近代中国灾荒的一个历史教训》一文的主旨。[①] 其后，夏明方以专著《民国时期自然灾害与乡村社会》，明确表达了这一研究取向："从环境变迁的角度来衡量，选择'中华民国'这样一个短暂的、有着浓厚政治色彩的历史时段作为研究对象"，因为"这期间人类赖以生存的自然环境也发生了史所少见的异常变动，并带来了极其惨重的灾害"。因此，由"自然灾害"进入环境史研究，"有助于深化对近代中国国情和社会发展规律的认识，而且从某种意义上来说，也可以为我们透视历史时期环境、灾害与社会发展之间的关系提供一个最贴近我们这个时代的颇有意义的窗口"。[②] 与此研究取向有所不同的是钞晓鸿，他更多关注于明清社会经济与生态环境的相关性研究[③]，这项研究也是开始于 20 世纪 90 年代之后。

随着环境史和社会史研究的深入发展，两者逐渐对接和互渗。许多社会史学者逐渐将生态环境视为社会历史演变的一个重要变量，重视考量生态环境之于社会变迁的历史作用。越来越多的研究者认识到：社会史研究不仅需要考虑各种社会因素的相互作用，而且需要考虑生态环境因素在社会发展变迁中的"角色"和"地位"；不能仅仅将生态环境视为社会发展的一种"背景"，而是要将生态因素视为社会运动的重要参与变量，对这些变量之于社会历史的实际影响进行具体实证的考

---

① 该文刊登在 1996 年 6 月 29 日《人民日报》上。

② 夏明方：《民国时期自然灾害与乡村社会·绪论》，中华书局 2000 年版，第 4—5 页。

③ 钞晓鸿：《生态环境与明清社会经济》，黄山书社 2004 年版。

察。因此，社会的历史也就存在着采用生态学理论方法加以考察的必要性与可能性。进入 21 世纪以来，中国环境史（或称生态史）研究成果引人注目，预示着一个崭新分支——环境史学（或生态史学）正在逐步建立之中。

2005 年 8 月，南开大学举办了"中国历史上的环境与社会国际学术讨论会"。这次会议云集了来自八个国家和地区的学者，"深入探讨了中国生态环境史的众多问题，就中国环境史学的未来发展提出了许多真知灼见"，被认为是"中国环境史研究者的第一次大型学术聚会"。会后出版的论文集《中国历史上的环境与社会》，所涉学科除生态学、农学、历史地理学和考古学之外，还延展到了民族学、人类学、社会学、经济学、民俗学、传播学、地质学、森林学、地貌学、水文学、气象学、灾害学、生物学、医学和公共卫生学等。"这些情况，一方面反映环境史与社会史、文化史之间的相互沟通和观照正在加强；另一方面体现了这一新史学所具有的广泛牵连和多学科交叉的性质。"① 这也是继 1995 年台湾学者刘翠溶等主编《积渐所致：中国环境史论文集》后的另一部环境史学重要论集。② 面对 21 世纪有些"意气风发"的环境史的研究态势，较早倡导并致力于此项研究的王利华不无自信地宣称："生态环境史的兴起，无疑是历史学在新旧千年交替之际的一个重大发展，是 21 世纪新史学的一项宏伟事业。"③

二

从上述研究现状来看，环境史还主要侧重于"自然（生态）史"的取向，这也正是伍斯特为环境史所下定义的立场："环境史是有关自然在人类生活中之角色与地位（Environmental history is about the role and place of nature in human life）。"④ 虽然中国学者的研究强调了环境史与社会史之间的学术观照，但也只是观察角度的变化，即"从思想观念、生活方式方面入手，探讨历史上的自然观念、灾害饥荒、丧葬节日风俗等等与生态环境的关系"；⑤ 就"环境史"定义内涵而言，仍然定位于"自然生态"方面。然而，对于人类社会历史而言，与人们日常生活息息相关的生存环境和发展环境，并不仅仅局限于"自然生态"。马克思曾经指明："人创造环境，同样环境也创造人。"⑥ 对于与人们社会生活直接相关的"环境"及其相互关联的历史进程而言，远非其"自然属性"所能涵盖，"历史不过是追求着自己

---

① 王利华主编：《中国历史上的环境与社会·前言》，第 4 页。
② 刘翠溶、伊懋可主编：《积渐所致：中国环境史论文集》，台北："中研院"经济研究所 1995 年版。该书英文版为《中国历史上的环境与社会》，纽约剑桥大学出版社 1998 年版。
③ 王利华主编：《中国历史上的环境与社会·前言》，第 1 页。
④ 转引自刘翠溶《中国环境史研究刍议》，载王利华主编《中国历史上的环境与社会》，第 3 页。
⑤ 王利华主编：《中国历史上的环境与社会·前言》，第 3 页。
⑥ 《马克思恩格斯选集》第 1 卷，人民出版社 1972 年版，第 43 页。

目的的人的活动而已"。① 至少在马克思主义唯物史观体系内，人与环境的互动关系，不仅仅是"自然史"的取向。马克思认为，历史不外是各个世代的依次交替，而"每一世代"生存、发展的"环境"既是历史给定的，同样也是可以重建并改变的，"第一代都利用以前各代遗留下来的材料、资金和生产力；由于这个缘故，每一代一方面在完全改变了的条件下继续从事先辈的活动，另一方面又通过完全改变了的活动来改变旧的条件"。而且，这种"环境"甚至可以制约、影响到自然科学的发明，正如恩格斯在《资本论》第二卷序言中所讲到的：普里斯特莱和舍列发现了氧气，但他们却不知道他们所发现的究竟是什么。他们"依然受着他们在他们的前辈人那里找到的"燃素论"范畴"的"束缚"。

这种历史给定的"生存环境"在整个历史进程中的作用是不容低估的，甚至如何认识和把握这种"环境"、人物与历史事变的关系，成为"历史科学"认识的重要因素之一。马克思的《路易·波拿巴政变记》是揭示环境、人物和历史事变相互关系的经典。他特别提示说，雨果的《小拿破仑》只是对政变的负责发动人作了一些尖刻的和俏皮的攻击。"事变本身在他笔下却被描绘成为晴天霹雳。他认为这个事变只是一个人的暴力行为。他没有觉察到，当他说这个表现了世界历史上空前强大的个人主动作用时，他就不是把这个人写成小人而是写成伟人了。"而普鲁东则走向另一极端，"他想把政变描述成以往历史发展的结果。但是，他对这次政变所作的历史的说明，却不知不觉地变成了对政变主人公所作的历史的辩护。这样，他就陷入了我们那些所谓客观历史家所犯的错误"，马克思强调说，自己却"相反，我则是说明法国阶级斗争怎样造成了一种条件和局势，使得一个平庸而可笑的人物有可能扮演了英雄的角色"。所以，"环境"是整个历史进程中至关重要的因素，离开了对于特定"环境"的说明，历史也就无从说明。"人们自己创造自己的历史，但是他们并不是随心所欲地创造，并不是在他们自己选定的条件下创造，而是在直接碰到的、既定的、从过去承继下来的条件下创造。一切已死的先辈们的传统，像梦魇一样纠缠着活人的头脑。"

那么，这个影响、制约历史进程的"环境"显然不属于或不仅仅属于"自然史范畴"。在马克思有关历史的论述中，它常常还以"前提"、"条件"、"局势"、"关系"等构成要素来加以补充说明。"实际上社会还只是在为自己创造革命所必需的出发点，创造为保证现代革命能具有严重性质所绝对必需的形势、关系和条件。"② 因此，在历史进程中与人们生存状态或日常生活密切相关的这个"环境"，显然超越了"自然史"的范畴，而属于"社会环境"（Social Environment）概念。勃

---

① 《马克思恩格斯全集》第 2 卷，人民出版社 1957 年版，第 118—119 页。
② 《马克思恩格斯选集》第 1 卷，第 606 页。

鲁诺（Frank J. Bruno）认为，环境包括物质环境（Physical Environment）以及社会环境（Social Environment）两种，而社会环境包括人以及他们组成单位的方式，这些单位包括家庭、学校、政府、国家，等等。[①] 尽管学界对于环境的界定存在差异，[②] 但是，国际社会对于这样的"环境"已经有相对规范的认识，如 1972 年联合国人类环境会议和 1977 年联合国环境规划理事会，把人类生产与生活的环境划分为自然环境、社会环境与战争环境。其中社会环境分为职业、集体生活、城乡卫生、交通、社会设施。[③] 现代社会科学将社会环境定义为：在自然环境的基础上，人类通过长期有意识的社会劳动，加工和改造了的自然物质、创造的物质生产体系、积累的物质文化等所形成的环境体系，是与自然环境相对应的概念。社会环境一方面是人类精神文明和物质文明发展的标志，另一方面又随着人类文明的演进而不断地丰富和发展，所以也有人把社会环境称为文化—社会环境。在社会学视野里的环境"仅仅是社会的、文化的环境。而环境社会学正是以研究这种社会文化环境与人类群体之间的相互作用为宗旨的"。[④] "社会环境"的定义和内容也各有不同，其广义包括整个社会经济文化体系，如生产力、生产关系、社会制度、社会意识和社会文化。狭义仅指人类生活的直接环境，如家庭、劳动组织、学习条件和其他集体性社团等。社会学界一般将现代社会环境按其所包含要素的性质分为：物理社会环境，包括建筑物、道路、工厂等；生物社会环境，包括驯化、驯养的植物和动物；心理社会环境，包括人的行为、风俗习惯、法律和语言等。有人按环境功能把社会环境分为：聚落环境，包括院落环境、村落环境和城市环境；工业环境；农业环境；文化环境；医疗休养环境等。重要的是，作为社会存在的环境与人的共构性的历史进程表明，人类不仅能适应自然，而且更能制造和使用工具，通过劳动改造自然和社会。也正是在此进化过程中，人类社会逐渐形成一定的文化、风俗、宗教、法律、道德等意识形态，而且还产生各种政治关系、家庭关系和人际关系等。同时，这些社会环境又对身处其中的人类产生约束。社会行为是人类在所处的社会环境中通过社会化过程获得的行为。环境在人的社会化过程中起着决定性的作用。如果仅仅具备了人的遗传素质，而没有适当的社会条件，个人的社会化将无法实现。从这个意义上说，没有"社会环境史"的历史，将不是完整的社会历史；同

---

　① 沙依仁：《人类行为与社会环境》，台北：五南图书出版公司 1987 年版，第 6 页。

　② 如有人认为社会环境包括家庭、团体、社区、社会、文化、社会阶级及阶层等；也有人认为社会环境是指社会发展之现存的全部表现。人类在一开始作用于自然时就不是个人的行动，而是群策群力的社会劳动。这种社会劳动的结果，就创造了人类劳动的史迹，并且也同时表现为一定的生活方式、思想体系、社会规范以及等级和阶级制度，等等。参见沙依仁《人类行为与社会环境》，第 6 页；程继隆编《社会学大词典》，中国人事出版社 1995 年版，第 302 页。

　③ 宋林飞：《现代社会学》，上海人民出版社 1987 年版，第 105 页。

　④ 饭岛伸子：《环境社会学·绪论》，包智明译，社会科学文献出版社 1999 年版。

样，没有社会环境史的内容，也建构不起真正完整的"环境史学"。

三

环境是人类生存和活动的场所，是人类赖以生存和发展的基本条件，它包括自然环境和社会环境。马克·布洛赫的《法国农村史》中就有关于"社会环境"与社会结构关联性的深刻描述。他说："更晚些时候，特别是 16 世纪以后，社会总体结构重新有利于财富的流通。但是一种交换经济若想在一个国家中建立起来，仅有社会环境的允许是不够的，还要在民众中产生买方与卖方的意识。适应这种新形势的首先是领主们与拥有大量土地的购买商，他们目光较远，习惯于商人式经营，有些资本，并有一定的信誉。小生产者，甚至小城镇市民在大革命时期还是从其分成制佃农提供的面粉中获取面包，他们仍然长期沉湎于封闭式经济与小麦的神话中。"① 随后，在论述法国 19 世纪"农民共同体"一直顽固地束缚在旧习惯上的问题时，他再度论证了历史给定的"社会环境"的巨大影响力。同样，在巨著《封建社会》中，布洛赫也把研究重点放在社会的组织和文化层面上，把封建社会定义为由劳动和思想方式、统治和依附关系以及贫富关系等构成的一类社会形式，是社会和精神结构的集合体，即"整体社会环境"，并且用社会结构的兴衰来解释人类的发展。正是基于"整体社会环境"的研究取向，他的著作"综合体现'整体'史学的要求。"在另一部《封建社会》的巨著中，布洛赫也运用新的研究方法将新型的"整体的"历史学表现得淋漓尽致。②

事实上，"人类从一开始就对自身、所处环境及其相互关系表现出浓厚的兴趣。这种兴趣从未减弱过"。③ 中国古代流传甚广的"孟母三迁"故事，固然具有传统道德的强烈诉求，但其中也有着社会环境对于个人成长——即社会化重要作用的意涵。在个人与社会环境的相互作用中，个人仍具有选择空间。司马迁作《史记》标举"究天人之际，通古今之变"的宗旨，其"天人之际"所蕴含的内容，就已经统含"自然环境"与"社会环境"。不过，在"环境史学"尚未出现之前，"社会环境"只是作为一种认知视角，或者作为说明历史的场景而运用于具体的史学研究之中。随着当代历史学研究领域的拓展和研究理念、视野的提升，在时代需求的催促下，"环境史学"应运而生，社会环境史自然就应成为其不可或缺的内容之一。

---

① 马克·布洛赫：《法国农村史》，余中先等译，商务印书馆 1997 年版，第 37 页。

② 侯建新、孙立田：《马克·布洛赫〈封建社会〉中译本读后》，《光明日报》2004 年 11 月 25 日，"书评"版。

③ R. E. 安德森、I. 卡特：《社会环境中的人类行为·译者的话》，王吉胜等译，国际文化出版公司 1988 年版，第 1 页。

此外，社会环境随着社会历史的变迁而变动，它本身即是历史构成的重要因素。清人汪辉祖曾生动地记述过其所处社会环境的巨大变动，说："往余年二十二三，初习幕学。其时司刑名、钱谷者，俨然以宾师自处，自晓至暮，常据几案，治文书，无博弈之娱，无应酬之费。遇公事援引律义，反复辩论。间遇上官驳饬，亦能自申其说。为之主者，敬事惟命。礼貌衰，议论忤，辄辞去。偶有一二不自重之人，群焉指目而讪笑之，未有唯阿从事者。至余三十七八时犹然。已而稍稍委蛇，又数年以守正为迂阔矣。江河日下，砥柱为难。甚至苟且关说，狼狈党援，端方之操，什无二三。"① 因此，社会环境史研究的取向，不仅有助于弥补"环境史"偏重于自然史取向的单向发展，而且有助于社会史展示社会生活演变进程的丰富性和多面性；可以在人与环境、历史事件与环境相互作用的历史进程中，获取更为深刻、更具历史洞见的理性认知。离开对"社会环境"的解释，就不足以真正说明历史本身；自然环境—社会环境—人类社会历史，在这样的"环境"话语中，才可以建构起真正的"整体史"。环境史的社会史取向，既是历史学学科发展的内在要求，也是当代社会发展的时代要求。

显然，环境史是人类面对自身生存环境危机状态下的一种学术诉求，因此将"环境史"定位于自然史的取向也是现实社会的合理表现。然而，这种认识并不全面。马克思指出："在再生产的行为本身中，不但客观条件改变着，例如乡村变为城市，荒野变为开垦地等等，而且生产者也改变着，他炼出新的品质，通过生产而发展和改造着自身，造成新的力量和新的观念，造成新的交往方式，新的需要和新的语言。"② 人类的生存环境不是单向度地表现在自然环境方面，人类改造自然环境的过程同时也是改造社会环境的过程；改造社会环境的过程也包含着改造自然环境的过程。在人类生活的实践中，自然环境和社会环境的改造，在历史进程中始终是同一的，而不是分离的。因此，真正的"环境史学"不能不包含这两个方面。在这里，环境史的自然史取向与社会史取向同样不可或缺。

而且，就今天我们面对的生存环境而言，也绝不仅仅甚至主要不在于自然因素，而恰恰在于社会因素方面。前不久影响人们日常生活和生命健康的"三聚氰胺"问题、OMP牛奶添加剂等问题，显然不能基于"自然环境"的立场来思考。新近披露的"十溴二苯醚"，是应用于我们生活多个方面的阻燃剂，也是一个"正在威胁我们神经系统、免疫系统和生殖系统"的生存环境问题。在欧美多个国家禁止或限制使用的背景下，"中国正成为溴系阻燃剂在世界范围内增长最为快速的

---

① 汪辉祖：《学治臆说》卷上《访延贤友》，《皇朝经世文编》卷25《吏政十一·幕友》，此文因由魏源所编，收入《魏源全集》第14册，岳麓书社2004年版，第488页。

② 《马克思恩格斯全集》第30卷，人民出版社1995年版，第487页。

新兴市场"。① 它们的形成以及由此产生的社会影响，远远超出了"自然环境"的范畴。在现代社会发展中出现的诸如此类的问题，是制约中国长久、持续发展，乃至威胁人们基本生存环境的问题。现在被人们所关注的《中华人民共和国食品安全法》，就是一个应对中国现存日常生活和社会环境的"法律"方面的思考和制度设计。因此，"社会环境史"的取向，对于现代社会史学和环境史学而言，都是其学科定位和学科建设中不能回避的基本内容。

"社会建设"作为中国现代化进程中"科学发展观"的重要内容，当然也基于对于"社会环境"治理和建设的现实需要；没有良好、健康的社会环境，社会建设及其相关的内容也就无从谈起。社会环境问题，是人类社会形成以来一直与人的生存、发展相关的重要主题之一，尤其也是现代化进程中更为突出的问题之一。因此，日渐成为学术热点的环境史研究乃至历史学研究中对于"社会环境史"的取向，既是以人为主体的历史学学科发展的内在要求，也是史学面对现代社会需求，实现其"学以致用"学科功能的重要体现。

文献与环境史研究

厦门大学历史系教授　钞晓鸿

自从人类诞生以来，人与环境的关系史就出现了，越到后来，两者的互动越密切，与当代的关联性、延续性越显著。无论是基于学术，还是现实，环境史研究的必要性都更加迫切。随着研究方法的更新与材料的发掘积累，文献成为晚近以来环境史研究中涵盖面最广、信息最为丰富的材料之一，以此建立的环境要素序列的分辨率和准确性也越高。②

中国文献典籍非常丰富，展现了我国环境史研究的独特魅力和广阔前景。不过，据以研究也有不便之处：总体来说，是文献总量异常庞大，分藏各地，查找、掌握实属不易。其中关于环境的记录或隐或现于各种典籍之中，且质量参差不齐，有的含有作者的主观臆测与倾向，有的存在错谬与疏漏。在环境史研究中，既需要广泛阅读查找，又需要审慎鉴别分析，然后才能根据文献是否适用研究对象而决定是否加以利用。兹以明清时期为例略作说明。

---

① 苏岭：《有毒阻燃剂阴影逼向中国？》，《南方周末》2009 年 3 月 5 日，A5。
② 参见张德二《中国历史文献档案中的古环境记录》，《地球科学进展》1998 年第 3 期。

一　灾害统计

自然环境的异常变化若引发灾害，更易引起人们的关注与记录，留下的专题文献也相对丰富。这些文献记录常常成为今人考察历史上环境变化的重要依据。

学界通常对灾害发生的种类、级别、频率、地域分布等进行统计分析，冀以揭示各类灾害的时空分布规律。就方法论与研究思路而言，无可非议。不过，在开始统计分析之前，需要了解所用文献的来龙去脉、编纂背景，在尽可能的情况下掌握其收录原则、统计口径、误差，等等，不能找到即用、草率从事。如在清代全国性的灾害研究中，《清史稿·灾异志》记载了清代的多种灾害与异常现象，篇幅不大，使用方便，是利用率最高的史料之一。直至今天，仍有不少论著将其作为清代灾害统计的基本依据，或以为可以起到事半功倍的效果，其实不然。

笔者曾在台北外双溪的故宫博物院查阅《清史稿·灾异志》的原始编纂档案，可知在今本《清史稿·灾异志》之前，至少存在"第一次稿"、"第二次底稿"和"定稿"三个版本，三者是依次关联的连续系列。文献编号 030006 一册封面的原始说明即称："此第一次稿太多，已删去大半。"若是文字删繁就简，或是内容剔除荒诞，当然是值得肯定的。但经笔者查阅核对，发现其中包括对灾害内容的删除，有些显然是随意行事。如用"第一次稿"与通行的中华书局标点本《清史稿》对照比较，可以发现《清史稿·灾异志》有不少错乱遗漏。以咸丰六年（1856）蝗灾为例，标点本《清史稿》与"第一次稿"的蝗灾记载均较多，但经比对，前者除月份之误外，又将望都、乐亭、武清、平谷、湖州、定海、武昌、钟祥、京山、德安、黄安等地的蝗灾记载一笔勾销，仅一年之中就缺漏了 10 余州县，可见《清史稿·灾异志》问题之严重。甚至还造成连续多年无蝗灾之假象，如同治一朝即付阙如。然而根据地方志及私人文集，仅同治元年（1862），华北、江南等地就有蝗灾记录，何况《清史稿·穆宗本纪》同治元年八月还记载："诏顺直捕蝗"，足见《清史稿·灾异志》之疏漏。笔者认为，《清史稿·灾异志》或可作为灾害研究之参考，而绝不能作为系统分析的基本依据。

其他正史中的《五行志》或《灾异志》，也是学界统计某朝灾害的重要史料，由于其编纂档案不存，所以无法如上述《清史稿》一样进行比对分析。然而在具备条件的情况下，亦可甄别订正。例如明代，若以地方志或《明实录》来统计分析灾害，其误差比《明史·五行志》要小得多。有学者根据《明实录》统计明代蝗灾，除崇祯朝之外，计有 137 次，较之《明史·五行志》的 60 次蝗灾记录就多出一倍有余。[①]

---

① 闵宗殿：《〈明史·五行志·蝗蝻〉校补》，《中国农史》1998 年第 4 期。

由此看来，以《明史·五行志》、《清史稿·灾异志》进行灾害统计，无论采用何种统计手段，都无法弥补原始数据大量缺失等因素造成的失误与缺憾。

二　降水分析

环境异常、自然灾害值得重视，但人们主要还是在常规环境下生产生活，此类环境更值得深入探讨。

降水属于日常天气变化，较长时段的降水记录可用以研究气候变迁。在使用仪器观测之前[①]，清代官员的雨雪奏报是该方面的典型文献材料，其直接目的是报告各地近期降水情形（其中也偶有降水异常）。此类奏报数量多、地域广、系统性强、分辨率高。降水起始有时精确到时辰，地点范围以府县居多，信息来源多是地方大员的亲历或是属员的汇报，亦有赴任、钦差大员的奏报。除对降水的定性描述之外，有的还有起讫时间、渗透土壤深度或降雪厚度，后者以尺寸表示，即所谓的"雨雪分寸"。这些奏报至今仍保存在海峡两岸的清代档册之中。截至目前，只有个别学者用以重建乾隆以来黄河中下游的降水变化序列，时间分辨率可以精确到年、季。[②]

早在 20 世纪 80 年代就有学者对雨雪分寸奏报做出初步评价："精确度不一定很高，但有一定的可靠性。"[③] 此后，笔者尚未见到对此档案进行逐一整理的具体甄别评估意见。对雨雪分寸奏报的详备评价尚待来日，为此需要阅读、鉴别大量的原始奏折。笔者阅读若干此类档案时发现：其一，定性描述存在笼统性与伸缩性，且有的失误是屡次出现。其二，在定量记录方面，同一地区同一次降水渗透深度，有的在不同官员的表述中存在出入。

"深透"、"沾足"等曾是官员对降水的定性描述，乾隆对此曾有质询。如山东巡抚阿尔泰乾隆二十七年（1762）五月初六日回奏降雨情形，称"泰安府所属各州县于四月二十三日得雨深透"等，乾隆在"深透"旁朱批："此语恐不实，王福回至泰安时云，遇雨不过寸余，何得谓之深透耶？"[④] 此折及朱批学界曾经提及，并引用作为朝廷防止官吏讳灾、粉饰太平的具体证据。笔者再查该折录副，其"开面"及末尾朱批"览"俱全，朱批时间是五月初十，然而非常蹊跷的是，原朱

[①]　清代也有个别地点使用仪器观测气象并留下降水数据，参见竺可桢《前清北京之气象纪录》，《气象学报》1936 年第 2 期。

[②]　郑景云、郝志新、葛全胜：《黄河中下游地区过去 300 年降水变化》，《中国科学》D 辑，2005 年第 8 期。

[③]　张瑾瑢：《清代档案中的气象资料》，《历史档案》1982 年第 2 期。

[④]　阿尔泰奏折，乾隆二十七年五月初六日，中国第一历史档案馆（以下馆藏不再注明）朱批奏折 04—01—25—0111—005。

批的"此语恐不实……何得谓之深透耶？"却遗漏未录。① 按照清代军机处规章，凡经朱批奏折，皆有录副，且各折抄毕，军机章京还要以正副二本互相校读，最后才在录副上填写具奏人、奏某事及日期，是为"开面"。遗漏朱批至少说明，当时部分官员对此类内容并未高度重视。

至乾隆四十年九月二十五日，两淮盐政伊龄阿奏称，扬州从九月"二十二日辰刻起，昼夜大雨如注，直至二十三日辰刻止，地土深透，约有三四寸，四野沾足"。再据该折录副，可知十月初八日乾隆在"三四寸"之旁朱批，"三四寸，何得谓之深透沾足？"② 当日上谕，要求江苏巡抚萨载、两江总督高晋据实详查复奏。上谕认为，昼夜大雨如注与入土三四寸之间互相矛盾，"恐所称昼夜大雨及深透之说，不免稍有粉饰，未必尽确"。③ 在未获悉上谕之前，十月十二日萨载上奏，仍称此前二十二、二十三日，本地"得雨普遍沾足，地土滋润"。④ 然而十月十五日接悉上谕后，在十七日的奏折中则改称，"二十二、二十三两日，雨势绵密，沾被甚广"。此前的"沾足"没有了。奏折中还奏报各府此两日的降水情形，并说明渗透深度，其中"江宁、常州、镇江三属内溧水、江阴、金坛等县，得雨一二寸，其余各县亦有三四寸不等"。⑤ 可见此前的深透、沾足之说不实。再说高晋在接到上谕后回奏，"迨二十二三两日，雨水优渥，远近均沾"，而非深透沾足，朱批亦称"究属未透足"。高晋还具体说明，"江宁、苏州、常州、镇江等府属，亦据禀报各得雨四五寸不等"。⑥ 此处的"四五寸"与上述萨载奏报的"一二寸"、充其量为"三四寸"是有明显出入的。

通过雨雪分寸奏报，常规环境变化亦可揭示出来。然而此类文献需要比对分析，明晰原委，找出异同，减少误差，然后才能据以进行统计分析。另外从具奏者地位身份来看，当初伊龄阿的上奏是针对自己的两淮盐政，实欲说明降雨有利于水路食盐运输。而地方督抚则主掌军政民情，包括农业生产，所以乾隆未让伊龄阿复核，却要高晋、萨载查核回奏。这涉及具奏者的身份与职权，是环境社会史可资探讨的史料。

---

① 阿尔泰奏折录副，乾隆二十七年五月初六日上奏，五月初十日朱批，录副奏折03—0980—020。

② 伊龄阿奏折及录副，乾隆四十年九月二十五日上奏，十月初八日朱批，朱批奏折04—01—24—0066—064，录副奏折03—0596—064。

③ 中国第一历史档案馆编：《乾隆朝上谕档》第8册，乾隆四十年十月初八日，中国档案出版社1998年版，第27页。

④ 萨载奏折，乾隆四十年十月十二日，朱批奏折04—01—01—0333—010。

⑤ 萨载奏折，乾隆四十年十月十七日，朱批奏折04—01—24—0066—071。

⑥ 高晋奏折，乾隆四十年十月十六日，朱批奏折04—01—24—0066—070。

三　生态变迁

以前中国的环境、生态史研究，考察其中一两个要素者居多，对各要素之间关系的综合分析不足，虽然行文中有生态环境，但其中生态内容甚少，罕见生态系统的变化。诚然，生态方面的文献比较零散，前人认识有限，必须经过对史料的大量发掘、综合研究，运用现代生态学知识，才能揭示生态系统的变化。不过另一方面，前人的一些敏锐观察与深刻认识需要发掘，个别有识之士，不仅揭示了当地的环境、生态变化，而且还指出其中的自然与社会诱因，只是我们此前没有发现这些记载而已。

黄土高原属于生态敏感区，明代前中期有规模不小的屯垦与开发，适遇现代小冰期的寒冷期，势必对当地的生态造成危害。兹以嘉靖《庆阳府志》的相关记载为例。河南祥符人李绅，嘉靖二十五年（1546）由山东登州改任庆阳知府，对环境的巨大反差有切身感受，所撰庆阳《山水歌》其中有：

> 水滨绝无鱼网集，山头但有农驱犊。
> 水性湍兮势滔滔，俄尔高岸为深谷。
> 山顶秃兮时濯濯，秋来拢上惟糜菽。[①]

可见当地农业垦殖，山顶植被遭到破坏，童山濯濯，水流湍急，水土流失加剧，其中河流侵蚀严重程度可由"俄尔高岸为深谷"见其一斑。植被破坏，导致区域水源涵养能力下降，改变了河流的水文特征，汛期导致山洪暴发，极易引发灾害。如嘉靖二十八年七月大水，庆阳城"南关居民溺死者万余，夹河两岸仅数里许，死者亦万人。庐居货市，顷成沙碛"。不到 10 年，嘉靖三十七年七月，大雨再次引发洪水，房舍倾圮、城墙崩塌。[②] 这些环境要素的显著变化，势必引起生态系统的变化。

关于当地生态变化状况及其原因，笔者在嘉靖《庆阳府志·物产》卷中找到一则典型材料，尚未为环境史研究者所利用。兹摘抄如下：

> 昔吾乡合抱参天之木，林麓连亘于五百里之外，虎豹獐鹿之属得以接迹于山薮。据去旧志才五十余年尔，而今橡檩不具，且出薪于六七百里之远。虽狐兔之鲜，亦无所栖矣。此又不可慨耶。嗟夫！岂尽皆天时？人事渐致哉。往之

---

① 《庆阳府志》卷 20《艺文二》，甘肃人民出版社 2001 年版，第 478 页。
② 《庆阳府志》卷 18《纪异》，第 437—438 页。

斧斤不时，已为无度，而野火不禁，使百年地力一旦成烬，此其濯濯之由
也。……若去年丁巳之田鼠害稼，顷亩立尽，家鼠尽游，而猫且避之，似又不
可不附见于此也。①

据"去年丁巳"可知，该文当完成于嘉靖三十七年（戊午年，1558），概述16世
纪前半叶的生态变化。可见当地50余年之前，森林覆盖率高，在近乎原始的广袤
山林之中，各种动物栖息繁衍。然而半个多世纪之后，由于过度砍伐，昔日苍翠山
峦变成濯濯童山，栖息于森林中的动物种群急剧减少，原有的森林生态系统失衡，
以至于老鼠大量繁殖，田鼠毁坏庄稼，家鼠四处游窜。对于这一环境、生态变化，
府志作者认为，不能全部归因于"天时"即自然环境的自我演替，更重要的是
"人事渐致"，即人为逐渐造成的恶果。

由此可见，在中国环境史研究中，一方面需要加强现代环境、生态知识的吸收
与利用，用数理逻辑等方法找出各种环境要素及其变化的关联性，从相关变化中推
断出生态系统的运行状况。而在文献方面，对前人已经揭示、认识的环境与生态变
迁，需要下大力气予以发掘和利用。

尽管丰富的文献记录了环境史的若干层次内容，但绝不能不加甄别地找到即
用。若欲深刻理解、充分把握文献的内容，则需了解文献内容以外的信息，如作者
情况、写作背景、信息来源、文献性质、版本流传，等等。只有查勘比对、综合分
析，才能防范其有意无意的偏差与错误。笔者并非忽视更新观念、转换视角的重要
性。对于所有史料，不管其有无疏误，还要看是以什么样的角度来研究什么问题。
例如，清代乾隆时期以来，关中中部各渠道人士刻意编纂水利文献，对于部分内容
各自给予特别解释，甚至蓄意篡改此前文献（包括数据）。后者在研究农田水利
（如面积等）时当然应该特别注意，然而若用以研究水资源紧缺、灌溉环境变化之
下，不同利益群体的反应，则是特别典型的史料，这些"不实"的文献反而真实
地反映了环境变化之下人们的行为方式与心态。②

（刊于2010年第1期）

---

① 《庆阳府志》卷3《物产》，第61—62页。

② 钞晓鸿：《争夺水利　寻求证据：清至民国时期关中水利文献的传承与编造》，刘翠溶主编：《自然与
人为互动：环境史研究的视角》，台湾联经出版事业股份有限公司2008年版，第283—332页。

中国资本主义生产因素的萌芽及其增长

尚　钺

一　中国资本主义生产的萌芽

中国社会在 1840 年鸦片战争以前，是否有资本主义生产因素的问题，过去还没有很多的同志从事研究。最早的如侯外庐同志在其所著《中国近世思想学说史》上，就清初学术思想的反映，曾提出在封建社会的内部，已经有了新的东西，出现了"城市异端"①，肯定了明清之际中国社会已有资本主义生产因素萌芽的存在。

我们在中国人民大学的中国历史课程中，根据毛泽东同志的指示和过去学者的研究，自 1950 年即感觉到并在教学中提出，资本主义最初的萌芽，还远在明清之际（16 世纪中叶）以前。那么，什么是资本主义生产因素的萌芽呢？

据我们的看法，所谓资本主义，即在社会历史发展到一定阶段出现的人们相互间一定的关系，并且不管人们在比较的各个范畴的发展程度大小如何，而这种关系的开始存在，我们就可以看见两种极不相同的商品所有者，一方面是货币、生产资料、生活资料的所有者，他还渴望着购买到别人的劳动力，来增殖他所占有的价值量；另一方面是被剥夺得一无所有的"自由"的劳动者，出卖自己的劳动力。这两者由相互对立而发生接触的关系就是资本的关系。同时，在一个地方，或在同一的工作场所，在同一资本家的命令之下，被雇佣的较多数的劳动者，生产着同种商品的关系。马克思称这种关系为资本主义的生产关系。

自然，在这种关系之下，我们所说直接劳动者的"自由"，就是他脱离了生产资料——土地②，并不受封建土地占有关系，及行会、师徒等封建关系的束缚之谓。

① 侯外庐：《中国近世思想学说史》。
② 在东方，在较晚时期俄罗斯也同样，而且这种劳动者，有时还保有一点耕作经济。

如果这种关系，可以称作资本主义生产关系，则资本主义生产因素的萌芽，在中国最初有这种萌芽的现象，比西欧并不较晚。在西欧，这种资本主义最初的萌芽在 14、15 世纪，已经在地中海沿岸若干城市，可以稀疏地看到。如意大利的佛罗伦斯、米兰、威尼斯等城市，在 14 世纪中叶所出现的手工业作坊。如佛罗伦斯城拥有一二十个工资劳动者的呢绒作坊有 200 家以上。它们进行简单协作，每年能生产成万匹的呢绒。

这种类似的现象，中国早在南宋末和元初，既已隐约看到。就生产工具说，在这一时期，中国江西地区出现了水转连磨。这种工具，当时是专门用之于对外贸易的制茶手工业的。据王祯估计，把这种制茶的磨改作制米的碓磑，"日得谷食，可给千家"①。在北中国同时也出现了水转大纺车，可以"日夜纺绩百斤"。而当时中国繁盛的大商业城市，据《马可孛罗游记》记载，南京城"大半经营商业"，"出产生丝，织成大量的金银线布，并有各种各样的花样"。镇江府的居民也是以工商业维持生活，重要手工业是"绸缎和金线布"，常州较镇江为大，"产生丝甚多，并用以织成各种分量和花样的绸缎"。苏州的丝织业就更繁荣。据马可孛罗记载："周围有二十里，居民有巨量的生丝，不仅以之制成绸缎，供自己的消费……并且还运销其他市场。他们中间有一些富商大贾，而居民数目之多真是惊人，然他们……只以工商为务。在工商业上的确表现很大的能力。"这里，他虽说明了这些丝织业制造是商品生产，但还不明确这些手工业中的劳动者的性质。在当时的杭州，他却给了我们比较明确的概念。杭州是当时中国最繁庶的大商业都会，他描写当时杭州的情形，除各街道无数商店外，还有 12 种发展较高的手工业，每种手工业都有较多的手工业作坊。这些作坊中，拥有劳动者 10 人、15 人、20 人，乃至有少数大作坊，竟拥有 40 个工资劳动者，"各受主人支配"。他叙述这些作坊中的生产关系说："这些工场中富裕的手工业主人并不亲自劳动，且表现缙绅的风度，装腔作势地搭起架子来。他们的妻子也同样不做工……只要他们有了财富，可以雇用工人经营父亲的职业，自己不必亲自劳动。他们的住宅建筑华丽，并且雕梁画栋地装饰起来……花在……建筑上的钱数确有可观。"

不过，这种生产关系是否就是资本主义的关系还很难说。因为从工人"各受主人支配"的话来看，究竟手工业主人对于劳动者"支配"到如何程度，是否是人身依附的关系？抑或是"资本家的命令"？都有可能。同时，这些劳动者，是否仍受行会的束缚，都不够明确。另方面，由《梦粱录》所载，带有长期性的职业，"凡雇觅人力，干当人、酒食、作匠之类，各有行老，供雇觅女使，即有引至牙人"。又说"雇觅人力，各有行老引领"，劳动者似乎还没有完全脱离封建行会的

---

① 见元代王祯《农书》。

约束。就是说，劳动者似乎还不是"自由"出卖自己劳动力——商品的所有者，至少是不完全的所有者。

《马可孛罗游记》所记载的，是 1279 年前后的情形。由于马可孛罗是生长于比中国落后的威尼斯，[①] 对于当时中国比较发展的商品经济和大商业城市，处处流露惊异的口气，有时候或有些夸大，如对于人口数的估计就是如此。对于手工业的描写，因为在他是一种新奇的事物，虽然是比较真实的，但因他是蒙元的官吏，当然不会有很深入的认识。不过，在他所描写的这一地带，正是中国在以后的年代里，史不绝书的工商业最繁荣的所谓苏杭三角地区。由此可以推知，正是这个商品经济比较发展的地区，为明代资本主义萌芽，准备了有利的条件。

这一地带的繁荣，不久之后便在蒙元帝国统治下遭到残酷的破坏，如杭州在 1290 年以后，繁荣的城市数毁于兵，造成"昔时歌舞之地，悉为草莽之墟"[②]。但它虽造成社会经济发展的中断和社会秩序的破坏，却并未能完全阻绝已有生产的发展。如吴兴双林镇，在元代，《双林镇志》卷 16 "物产"条载："有绢庄十座在普光桥东，每晨入市，肩相摩也。"到了 14 世纪中叶，即元末农民大起义时期，杭州被方国珍解放后，一种新形式的丝织业生产设置着四五具丝织机，就开始见诸记录了。徐一夔在其所著《始丰稿·织工对》一文中记载杭州相安里的丝织业作坊，在一所朽旧衰老的住宅中，十多个工资劳动者，在机户主人的压迫之下，为着自己及家人的生活，夜间劳动到深更，累得面黄肌瘦，"苍然无神色"。由这里可以看见手工业主人对工人剥削是如何残酷。在同一文章中，也反映出技艺高明的熟练织工，还有选择其他资本家"倍其值而佣之"的自由。从这里，我们开始看到马克思所说的"生产者从封建义务和行会束缚解放出来的运动"的现象存在。紧接着，由于中国农民杰出的领袖朱元璋在争取民族解放的"恢复中华"和"复汉官之威仪"的政治号召下，团结了一部分有民族意识的地主阶级士大夫分子，率领着广大农民群众，推翻了蒙元帝国以后，不仅解放了蒙元帝国统治下的农奴和工奴，而且为着保证自己政权的巩固，建立起强有力的中央集权君主专制的明帝国。这个强力的政权的建立，主要的是为着防止被赶走的蒙古族卷土重来，镇压坚持附和蒙元或张士诚、方国珍等反对明帝国的顽固地主的反动，以及打击蒙元时代落后习惯所造成的官吏残暴贪污作风，以及保障明王朝对农民和手工业者所作的一些让步政策的实行。特别是他的统一币制，发行大明宝钞，设宝源局铸钱，提高铜钱的质。[③]其次是罢官家垄断铁冶业，令民自采而岁输课程"三十分取其二"，这就使中国社

---

① 马可孛罗的父亲和叔父都是意大利威尼斯人，他对于工商业特别注意。

② 陶宗仪：《辍耕录》，"占验"条。

③ 洪武间铸钱的则例，百分之百用铜，完全不用其他低级金属，虽未能完全实行，但对元时币制混乱状况，却有一定澄清作用。

会经济，在南宋亡时那样的基础上获得了迅速的恢复与发展。适应着国内市场的恢复与发展的要求，通西域的道路为帖木儿帝国所阻塞，开始了郑和七下西洋"取宝"①的探险大航行，基本上建立起中国通南洋群岛、印度、波斯、阿拉伯及非洲的航路。

在明代，主要的是中国国内 33 个大商业城市间交通的发展，加上海外市场的开拓，若干种世界贸易的商品的形成，货币成了普遍交换手段，这一方面刺激着对金银的需要，另一方面也刺激着资本主义的手工业作坊和工场进一步的发展。明初，统治者虽因掌握的金银数量不足，企图禁止用银，而袭用蒙元以来的钞票，并铸铜钱以为辅币，即所谓"回复钱钞"；但为着吸收金银，"而商税鱼课仍征银"②。民间交易，也始终都用的是金银③。至英宗即位时（1436），就被迫不得不放松用银的禁令，于是白银便成了上下人等谁也不能缺少的物品。同时，以金银为基本的大明宝钞，"华夷诸国莫不奉行"了④。在商品经济迅速发展的情况下，前述中国丝织业中心地区的苏、杭、湖、松、常诸府一带的丝织业，因之也获得进一步的发展。到成化末年（1478）张瀚的祖父，由资本银一锭，购机一张开始，织诸色纻币，获利润能高达五分之一；因之，积两旬又增一机，后增至二十余机。其后，张瀚毅菴祖的四兄弟"继业，各富至数万金"⑤。由张瀚所叙述的他祖父辈经营丝织业生产发展、资本急剧增殖的情形看，正说明明中叶因国内外市场的发展，刺激丝织业商品生产中扩大再生产的速率是惊人的。

再就丝织业的大专业城市苏州府来说，府城之中居民大半工技，而"郡城之东，皆习机业"，且"工匠各有专能，匠有常主，计日受值"。农村被排挤出来的手工业者，则每日"黎明，立桥以待，缎工立花桥，纱工立广化寺桥，以车纺丝者曰车匠，立濂溪坊。什百为群，引颈而望，如流民相聚，粥后散归。若机房工作减，此辈衣食无所矣。每桥有行头分遣"⑥。从这里可以看出当时丝织业已有相当细密的分工，而工匠也各有专能，同时，劳动市场已有相当的规模和两头剥削的行头。

随着丝织业专业城市苏州府发展起来的，还有江南丝织业专业镇——盛泽镇。明代说部《醒世恒言》记载嘉靖年间（1522—1566）这个市镇丝织业异常繁荣，街市经常是蜂钻蚁集，拥挤不堪；机户已有大户小户之分，远近商贾趋之若鹜，因

---

① 见《明史·夏原吉传》。

② 《明实录》，《宣德实录》卷80，宣德六年六月甲辰浙江温州知府何文渊言。

③ 《明实录》，《洪武实录》卷251，洪武"三十年三月甲子，禁民间无以金银交易。时杭州诸郡商贾，不论货物贵贱，一以金银定价，由是钞法阻滞，公私病之，故有是命"。

④ 《明实录》，《宣德实录》卷6，洪熙时，范济所说。

⑤ 张潮：《松窗梦语》卷7，《异闻纪》。

⑥ 《古今图书集成》，《考工典》卷10，《织工部》。

此吸引着市镇四周的远近农村家庭手工业都来此上市。而市镇的丝织品交易都控制在牙行之手。他们领着商人到"大户"去包买，小户则把绸匹送到牙行去出售。光是这种绸丝牙行即有"千百余家"之多。特别是这篇说部记录的一个施姓小户，由一张机，资金银一锭（50 两）6 年后就增加到三四张机，此后不过 10 年就积累到数千金资本，开起三四十张绸机的资本主义的手工业工场或大作坊。

由这个具有极大典型性的记载，我们可以看出我国资本主义发展史的辉煌例证。它具体地说明了资本主义的产生，资本主义的萌芽，如表现在简单协作形式的商品生产；其次，它又说明："由于商品经济而积聚在个别私人（'包买主'和商人）手中的'储金'怎样变为资本，首先是垄断着销路，因为只有这种'储金'所有者才拥有为批发出售所必要的资金，使得他们能够等待时机把商品拿到远方市场去销售；其次，它又向我们说明，这种商业资本怎样奴役着大批生产者并组织着资本主义的手工工场，组织着资本主义的家庭手工制的大生产。"① 同时，它也向我们说明了由 14 到 16 世纪，作为中国丝织业中心地区的苏、松、杭、湖、常一带，资本主义生产萌芽的增长是惊人迅速的。自然，市场扩大和竞争加强的事实就必然促使技术和工具的进步。《古今图书集成》引《福州府志》："闽缎机故用五层，弘治间（1488—1505）有林洪者工杼轴，谓吴中多重锦，闽织不逮，遂改机为四层，名为改机。"② 因此，到了万历年间（1573—1620）苏州织工被迫起来反抗明统治阶级的惨重榨取和压迫时，江苏巡抚曹时聘说："吴民生齿最烦，恒产绝少，家杼轴而户纂组，机户出资，机工出力，相依为命久矣。"又说："染坊罢而染工散者数千人，机房罢而织工散者又数千人，此皆自食其力之良民也。"③ 在这里，我们不仅看见了苏州府城的织工与染工的数量之大，而且从曹时聘的奏疏中，我们也听见了后代作为资本家代言人欺骗工人的声音。

还有，最值得我们注意的是苏州机户的变化。如万历"癸未甲申间（1583—1584）临邑邢子愿（侗）以御史按江南苏州有富民潘璧成之狱。"这个潘璧成家致富的原因是"潘氏起机房织手，至名守谦者，始大富，至百万"④。同时，张瀚的《松窗梦语》卷 4 也记载着："余尝总览市利，大抵东南之利，莫大于罗绮绢纻，而三吴为最，即余先世亦以机杼起，而今三吴之以机杼致富者尤众。"

这些材料不仅反映出丝织业织工和织户的分化，而且反映出由丝织业发展起来的机房主人，有的富至百万，有的富致数千金，不仅苏州如此，在成弘以前无锡有

---

① 列宁：《什么是"人民之友"以及他们如何攻击社会民主党人》，第 111—112 页。
② 《古今图书集成》，《考工典》卷 10，《织工部》。
③ 《明实录》，《万历实录》卷 361。
④ 沈德符：《野获编》卷 28，"守土吏狎妓"条。

邹、钱、华三巨室①，正嘉以降江南富室积银至数十万两者更多②，这些豪富的存在，绝不是对于社会和政治没有影响的，关于这一点，我们以后再谈。

其次，就棉纺织业说，雇公燮叙述棉纺织业中心城市松江的情形："前明数百家布号，皆在松江枫泾、洙泾乐业，而染坊、踹坊商贾悉从之。"③ 由此可以看见随着棉纺织业的发达，与之有关的专业和商业资本也尾之而至，或以其资本来组织家庭手工业。棉纺织业还不同于丝织业，因为它是一般人民生活必需的资料，因此，在这棉纺织业的中心地区的情形，根据清初叶梦珠所辑的材料看，已经成了当地社会经济的重要的部分。

> 吾邑（上海）地产木棉，行于浙西诸郡，纺绩成布，衣被天下，而民间赋税公私之费亦赖以济，故种植之广，与杭稻等。④

又说：

> 棉花布，吾邑所产，已有三等，而松城之飞花、尤墩、眉织不与焉。上阔尖细者曰标布，出于三林塘者为最精，周浦次之，邑城为下。俱走秦、晋、京边诸路。每匹约值银一钱五六分，最精不过一钱七八分，至二钱而止……前朝标布盛行，富商巨贾，操重赀而来市者，白银动以数万计，多或数十万两，少亦以万计。以故牙行本布商如王侯，而争布商如对垒，牙行非借势要之家不能立也。⑤

棉纺织业不仅松江，即在镇洋亦是严重地影响着地方的社会经济：

> 隆万中（1567—1615）闽商大至，州赖以饶。⑥

随着棉纺织业的发展，松江出现了棉布的再制品——暑袜店百余家。"松江旧无暑袜店，暑月间穿毡袜者甚众，万历以来，用尤墩布为单暑袜，极轻美，远方争来购之。故郡治西郊广开暑袜店百余家，合郡男妇皆以做袜为生，从店中给筹取

---

① 黄卬辑：《锡金识小录》卷7，转引《毗陵漫录》。
② 《明实录》：隆庆时山西巡抚靳学颜言。
③ 顾公燮：《消夏闲记摘抄》，《芙蓉塘》。
④ 叶梦珠：《阅世篇》卷7，《上海掌故丛书》。
⑤ 同上。
⑥ 吴梅村：《木棉吟序》。

值,亦便民新务。"① 又:"郊西尤墩布轻细洁白,市肆取以造袜,诸商收鬻称于四方,号尤墩暑袜,妇女不能织者,多受市值,为之缝纫焉。"② 褚华在《木棉谱》中自叙其家由明代起家致富,主要的是包买布匹:"明季从六世祖……精于陶猗估术,秦晋布商皆主于家,门下客常数十人,为之设肆收买,俟其将解行李时,始估银与布捆载而去。其利甚厚,以故富甲一邑,至国初犹然。"商业资本在怎样组织着资本主义的家族手工制和作坊,这些现象就明显地告诉了我们。

资本主义生产因素的萌芽,绝不只是在丝与棉纺织业方面,当时,作为世界贸易商品的磁器制造业,表现得就更为明显。兹就明末清初瓷器中心城市景德镇来说,已经因陶瓷业的繁盛,发展成市场广阔十三里许,烟火逾十万家的大专业城市。③ 全市陶户除官窑外,民窑有二三百区之多。其小陶户与市肆(商户)占镇上的户口数当十之七八,匠人不下数十万人。而且这些匠人都是"四方远近,挟其技能以食力者"。至陶瓷的制作,内部分工已十分细密:如陶泥工、拉坯工、印坯工(拍模的)、镟坯工、画坯工、上釉工、舂灰工、抬坯工、烧窑工、开窑工、乳料工、砂土工、填彩工等等,约数十部门。同时还有专业作坊,如上古器作、中古器作、粗器作、洋器作、雕镶作、订单器作、仿古作等(作者,一户所作器也,各户或有兼作,统名曰作)。此外,还有随着陶瓷业发展起来的各业的专业户,如柴户、匣户、砖户、木匠户、桶匠户、铁匠户、作模户、盘车户、镟刀户等等。至于工人的工资待遇,则因工之粗细差别甚大,如砂土夫之挑瓷土,由160余里的远路挑到景德镇,每百勔仅工食二分。④ 又如乳料工,每料十两一钵,经月始能用,工资每月三钱,若"两手乳两钵,夜至二鼓者,工值倍之"。⑤

其次,不拘是官府或私人资本家陶户对于陶工的防御是十分严密的。他们为着镇压工人反抗,还设有工头来监督工人工作。

> 户坯作人众,必用首领辖之,谓之坯房头,以便稽查口类,出入雇人,其中有众坯工多事,则令坯房头处平;有惰工坯作,亦唯彼是让。⑥

发工资有定期,有扣留,防备工人怠工。

---

① 范濂:《云间据目抄》。
② 《古今图书集成》,《职方典》第696,松江府部。
③ 《陶录》引黄墨舫《杂志》。
④ 见《江西通志》。
⑤ 《唐英》:《陶冶图说》卷10。
⑥ 清嘉庆间蓝滨南著《陶录》,其《景德镇图说》中叙述该镇发展之概况,末云:"明洪武二年……设御窑厂……国朝因之。"此处所引虽系清初所记现象,但因景德镇一切规模制度,均因沿前明,此种制度当因袭明代而来,或稍有发展。

坯房发给人工，其为地下印刊作坯等工，则皆四月内给值，十月找满；年终再给少许。其为画作上工，则按五月端节，七月半至十月半及年竣分给。至供饭一例，则合镇皆三月朔起有发市钱。①

坯工多事问坯头，首领稽查口类周；三月有钱称发市，年终找满惰工愁。②

陶瓷业手工工场就其结构而言，是资本主义生产形态的经营，根据上述刻录是毫无疑义的。但从工资之低，发工资的限制及坯房头管制之严上看，景德镇的陶瓷工人身上，还压着沉重的奴役负担。而且陶户经常依恃地方势力，不给工资，并强迫遣散工人。③

综上所述，从丝织业、棉纺织业及陶瓷业上看，就其结构说已经都是资本主义的经营方式。但就工人的性质说，因为压在劳动者身上的，除资本外，还有奴役、封建关系的媒介等，因而还带着浓厚的工役雇佣的性质。其他如冶铁业、制茶业、制盐业，无不如此，这里不必列举了。自然，这些城市手工制资本主义经营，即工役制与资本主义制结合的存在。特别是丝织业与棉纺织业的原料，完全依靠农村，因此，它就不能不影响到农业生产及改变农业经营方式。

二　资本主义经营方式渗入农村

马克思指示我们说，资本主义的发生不是在农业中，而是发生在城市手工制造业中。农业生产上的资本主义的萌芽，是由城市手工制造业的发展渗入到农村的。我们考察明代的农业生产中资本主义因素萌芽的存在，与城市手工制造业的发展相对照来看，却正是这种情形。

首先，就丝织业和棉织业发展中心地区江南一带的情形看。由于丝织业和绵织业的商品生产的发展，需要桑棉农业生产的供应，因此就影响到农业上桑棉种植的

---

① 《陶录》。

② 清嘉庆间蓝滨南著《陶录》，其《景德镇图说》中叙述该镇发展之概况，末云："明洪武二年……设御窑厂……国朝因之。"此处所引虽系清初所记现象，但因景德镇一切规模制度，皆因沿前明，此种制度当因袭明代而来，或稍有发展。

③ 《明实录》，《嘉靖实录》卷250载："嘉靖二十年（1541）六月辛酉。初江西乐平县民尝佣工于浮梁，岁饥艰食。浮梁氏（陶户资本家）负其佣直，尽遣逐之，遂行劫夺。二邑凶民，遂各集党千余。互相仇杀。"由此可见，不仅陶户还依靠地方的封建关系，无理文窑，遣散陶工，不给工直，陶工亦依恃地方封建关系进行反抗斗争。因此，这一阶级斗争，便被转化为封建地区的仇杀。

发展。如湖州的情形："湖俗以桑为业，而（茅）处士治生喜种桑，则种桑万余唐家村上。"① 据《吴兴掌故》："大约良地一亩可得叶八十个，每二十斤为一个，计共一岁……之费，大约不过二雨，而其利倍之。"② 又归安"诸乡统力农，修蚕绩，极东乡业织，南乡采桑，西乡业薪竹，北乡负郭东业蔬蔎，荻港业藕，湖跌断头业苇，埭溪业苎，善连业苇，菱湖业蚕，撚绵为绌尤工"③。又"湖民力本射利，计无不悉，尺寸之堤必树之桑，环堵之隙必课以蔬。富者田连阡陌，桑麻万顷，而别墅山庄求竹木之胜无有也"④。就我们所接触到的材料中，种桑之为资本主义生产，以朱国桢著《涌幢小品》记载的最为明确：

> 湖之畜蚕者多自栽桑，不则豫租别姓之桑，俗曰秒叶。凡蚕一勐用叶百六十勐。秒者先期约用银四钱，即收而偿者约用五钱，再加杂费五分。蚕佳者用二十日，辛苦收丝，可售银一两，余为绵为线，矢可粪田，皆资民家切用。……本地叶不足，又贩于桐乡洞庭。价随时高下，倏忽悬绝……故栽与秒最为稳当，不者谓之看空头。

这些材料不仅告诉我们随着丝织业的发展，农田也转入了丝织业原料生产的过程；而且就其经营方式来说，"富者田连阡陌，桑麻万顷"，当然是丝织业的豪富以其雄厚的财富，排挤小农所造成的。其次从其经营桑田的方法看，点滴（包括肥料在内）都连续到市场的价格和利润计算，就恰恰是在资本主义的经营方式下才会出现的。马克思指示我们说：

> 在资本主义生产方式的发展，跟着社会分工也发展地方，种子甚至一部分肥料，当作商品加到再生产过程里面去的，为了要得到补偿，必须购买进来。⑤

由此可见，就明代中叶以后在中国个别地区资本主义萌芽增长的城市手工制造业与农业上桑田的经营，互相配合着看，已经在萌生着原始积累的现象。

其次就农村植棉业来考察，亦无不然。关于植棉，除上述的上海及镇洋等地区盛种木棉以外，我们可以看见崐山有同样的情形：

---

① 唐顺之：《荆川集》卷16，《茅处士妻李儒人合葬墓志铭》。
② 《湖州府志》卷29，《舆地略》，《风俗》，转引徐献忠《吴兴掌故》。
③ 《湖州府志》卷29，《舆地略》，《风俗》，转引《归安唐志》。
④ 《湖州府志》卷29，《舆地略》，《风俗》，转引谢肇淛《西吴枝乘》。
⑤ 马克思：《资本论》卷3，第1028页。

> 窃惟三区虽隶本县（崐山），而连亘嘉定迆东沿海之地，号为冈身，田土高仰，物产瘠薄，不宜五谷，多种木棉，土人专事纺绩。①

植棉的地区不仅江南，河南也是棉产的重要地区，但因其本地棉织业不发达，就变成了江南棉织业的原料供给地。就河南南阳大经营地主李义卿的经营看，可知一般：

> 南阳李义卿文达公，贤之曾大父也。家有广地千亩，岁植棉花，收后载往湖湘间货之，是时价颇贱，停于邸舍，越三月，适临江三商议值三百两交易讫。②

此外，如茶叶的生产，亦十分繁盛。《明史》卷80《食货志》载："有官茶有商茶，皆贮边易马……商人于产茶地买茶，纳钱请引，引、茶百斤，输钱二百，不及引曰畸零，别置由帖给之。"这种茶引，后经多次变动，都表现出明统治者与茶商的斗争。而此处所欲阐明者，为产茶的地区。据记载："其他产茶之地，南直隶：常、庐、池、徽；浙江：湖、严、衢、绍；江西：南昌、饶州、南康、九江、吉安；湖广：武昌、荆州、长沙、宝庆；四川：成都、重庆、嘉、定、夔、泸。"其他行于北边者，如汉中、金川、石泉、汉阴各县之茶；行西南边区者如四川之巴、松、茂、碉门。以此，可知茶商品生产之普遍。更就制糖的甘蔗看，明末清初人屈大均叙述明清之际广东甘蔗的生产情形说："糖之利若溥。粤人开糖房者，多以致富。盖番禺、东莞、增城糖居十之四，阳春糖居十之六，而蔗田几与禾田等矣。"糖的制造很精细，销路亦很广，"最白者售于东西二洋曰洋糖；次白者，售于天下"③。蓝靛的生产，《天工开物》载"闽人种山皆茶蓝"，又"青靛初出闽中"。红色染料的红花，则盛产于闽、粤、江南一带。④其他如"烟叶其初亦出闽中，予幼闻诸先大父云：福建有烟，吸之可以醉之，号曰干酒……崇祯之际，邑城有彭姓者……种之于本地，采其叶阴干之，遂有工其事者，细切为丝，为远客贩去"⑤。是烟叶的生产，在明末已由福建而到江南地区了。福建广东的商品作物重要的还有果树，如荔枝、龙眼、橘、柚、香蕉、橄榄以及各种香草香花之种植，兹

---

① 归有光：《震川集》卷8，《论三区赋役水利书》。
② 张履祥：《近古录》卷1，见《杨园先生集》。
③ 《广东新语》卷27，《草语》，《蔗》。
④ 均见《天工开物》，《粹精》第4。
⑤ 叶梦珠：《阅世篇》卷7。

举一二例以概之:"番禺鹿步都自小坑火村至罗岗三四十里,多以花果为业……每田一亩,种柑桔四五十株……熟时,黄实离离,远近照映,如在洞庭包山之间矣。自黄村至朱村一带,则多梅与香蕉、梨、栗、橄榄之属,连岗接阜,弥望不穷……番禺土瘠而民勤,其富者以稻田薄利,每以花果取绕。"①

这种农业上的商品作物的生产,据屈大均叙述说:"东粤故多荔枝,间园事之美,则举荔枝以对。家有荔枝千株,其人与万户侯等。"又说:"广人多衣食荔枝、龙眼,其为栲箱者、打包者各数百家。舟子车夫皆以荔枝龙眼赡口……作人多向彼中买卖,而予亦常为荔枝小贩。"② 这些材料就说明了闽粤农业生产,到明末商品生产不仅已在排挤食粮生产,而且在改变着农村的生活与习作。再如种排香草的农人,由于"重排草其利甚厚",不惜以重价佃种沙亭乡江畔有沙的土地。③ 至于"重价"如何计算,在同书"蒲葵扇"条,可以得到说明:"新会之西沙头……诸乡多种之,名曰葵田,周回二十余里,为亩者六千有余,岁之租:每亩十四五两,中人之产,得葵田十亩,亦可以足衣食矣。"蒲葵是制扇的原料,种植后5年始割下叶,8年始割上叶,割下后加以精制:"缘之以天蚕之丝,嵌之以白鳞之片,柄之以青琅玕之牌,缠之以龙须藤之线,铜钉漆涂,绘画为绚。然后粗者以货于近,精者以货于远。"因此,"凡新会若男与女,所以资生者,半出于蒲葵焉"。④ 这里的佃耕葵田的农民,不仅不是小农,已经是富有资财的租地农业家了,因为没有一定的资金,不仅不能维持5年或8年的高额地租金,而且也不能维持生活。

自然,资本主义生产的经管方式既渗入农村,所影响的不仅是作为城市手工业原料的桑、棉、茶、蔗、花果、香花香草等商品作物的经营方式,也影响一般的农业经营方式和改变着农村生产关系。

首先,我们看看明中叶嘉靖丙寅年(1566)常熟的一个大经营业主钱海山之覆败记录,可以看见他所兼并其他地主和小农的土地,组成甲第庄大小40余处,课租田亩三万有余,财货山积,家口千计。但因他世居傍江,为海盗及被迫劫掠的盐丁出没之所。由于他需要廉价的劳动人手和佃客。这些所谓海盗和盐丁就乘隙或租赁他的房屋居住,或伪充劳动者受他的雇佣,或租佃他的土地为佃客以作掩护,依旧从事劫掠,而海山未察。因此,到这些人的劫掠败露,他便被其他豪强地主,或曾遭到他侵夺的地主,乘机起来"指称窟穴,腾播人耳"。接着就勾结官府,群起"分拉之"。于是,原来为他侵占他人的许多大村庄,如许庄、马路庄、李庄等等,"亦遂归原主,竟非钱氏有也"。从钱海山的经营,系以雇佣劳动者为主要劳

①　《广东新语》卷25,《木语》。
②　同上。
③　《广东新语》卷26。
④　《广东新语》卷16,《器语》。

动力，佃户亦与他无隶属关系，与其"财货山积"上看，这种生产关系就完全不是中世纪的农奴与地主的关系，同时，他的大地产也不是自然经济的整体了。

其次，与钱海山同时，常熟湖南人谈晓、谈照兄弟等对土地的侵占与经营，就更明确地表现出经营地主的经营形态。根据谈晓兄弟传的记载，他本为农家，乘荒年以贱价收买湖乡洼芜之田以万计，雇佣乡民百余人加以经营："凿其最洼者为池，余则周以高塍辟而耕之①，岁入视平壤三倍。池以百计，皆畜鱼，池之上架以梁为茇舍，畜鸡豕其中。"因为池上凉爽，鸡豕不易生病；而"鱼食其粪又易肥。塍之上植梅桃诸果属，其污泽则种菰芘菱芡，可畦者以艺四时诸蔬，绵以千计。凡鸟凫昆虫之属，悉罗取而售之"。特别课佃户每户纺织娘若干个，俱以麦秸编笼畜之，运至苏州城出售。其"室中置数十瓯，日以其入分投之，若某瓯鱼，某瓯果，入盈乃发之，月发者数焉，视田之入又三倍。晓、照俱织蔷，惮费无纨绔服，非大故不宰割，于是赀日益"。他们的经营方法是"穷天，极地而尽人"，在倭寇之乱时，谈晓还"献万金以城其邑城"②。

安徽商人吴荣让的经营也不亚于谈家兄弟：

> 吴处士……歙西溪南人……奉母帅妻子桐庐，卜焦山居焉。处士喜曰："此吾畏垒也。"于是部署土著，以身先之，度原隰使田，度山林使种树。山林故多薪木……于是易以茶漆栌栗之利，积薪水浒，以十岁市之，民利昔有加……三年而聚，三年而穰，居二十年，居士自致钜万，远近襁至，庶几坿都君云。③

这就是一个大经营地主不仅"自致钜万"，而且带动乡里从事这种进步方式经营的记录。朱国桢记载吴江经营地主的情形，亦颇相似：

> 堤之功莫利于下乡之田。余家湖边，看来洪荒时，一派都是芦苇之滩，却天地气机节宜，有深有浅，有渐有续，中间条理原自井井。明农者因势利导，大者堤，小者塘，界以埂，分为塍，久之皆成沃壤。今吴江人往往用此法力耕以致富厚。余目所经见，二十里内有起白手致万金者两家，此水利筑堤所以当讲也。④

---

① 即徐光启《农政全书》所谓围田。
② 《雷州先哲遗著》，《戒卷漫笔》四《谈参传》；《常昭合》《志编》卷48，《轶闻》。
③ 汪道昆：《太古集》卷47，《明故处士吴公孺人陈氏合葬墓志铭》。
④ 朱国桢：《涌幢小品》。

再次，为着明了明代中叶以后，江南地区的农业生产关系的发展情形，进一步考察土地上的直接劳动者的性质及其与地主的关系是必要的。首先，就嘉隆时（1522—1572）人王道隆所记湖州情形看：

> 成化（1465）以前，谋饔飱者以兴贩为能……今则市厘以质当相先……拥资则富屋宅，卖爵则胜舆服，钲鼓鸣笳用为常乐，盖有僭踰之风焉。农人最勤，四体焦劳，终岁不休；无产者，雇倩受直，抑心弹力，谓之长工，夏秋农忙，短假应事，谓之忙工。收获之际，公私偿债而场遽空者，十恒七八。"①

苏州一带农业经营的情形，也是如此。

> 吴农治田力穑，夫耕妇馌，犹不暇给，雇倩单丁，以岁计曰长工，以月计曰忙工，诗所谓"侯疆侯以"也。②

江西宁都一带，农业生产中的雇佣工人也占着很大的比重：魏禧说：

> 吾宁田旷人少，耕家多佣南丰人为长工，南丰人亦仰食于宁，除投充绅士家丁及生理久住宁者，每年佣工不下数百。③

不仅江南农业生产上雇佣工人占很大的比重，即在北中国农业上雇佣工人也很普遍。如《醒世恒言》载：

> 卢柟田产广多，除了家人，雇工也有整百。每年至十二月中，预发来岁工银；到了是日，众长工一齐进去领银。卢柟恐家人们作弊，短少了众人的，亲自唱名亲发；又赏一顿酒饭，吃个醉饱，叩谢而出。④

根据河南省的记载，不仅雇佣劳动者占的比重相当大，而且由于这一地区是明末土地兼并最酷烈的地区，⑤地主对于佃农之残酷的压迫和剥削，超经济强制的残余还很厉害。

---

① 《湖州府志》卷29，《舆地略》，《风俗》，转引王道隆《菰城文献》。
② 《古今图书集成》，《职方典》卷676，"苏州府"部。
③ 魏禧：《魏叔子文集》卷7。
④ 《醒世恒言》卷28，卢太学诗酒傲王侯。
⑤ 参看拙编《中国历史纲要》，第329—330页。

　　……梁、宋间，百亩之田，不亲力作，必有佣佃。佣佃者，主家之手足也。夜警资其救护，兴修赖其筋力，杂忙赖其使命，若不存卹，何以安生？近见佃户缺食，便向主家称贷：轻则加三，重则加五。谷花始收，当场扣取；勤勤一年，依然冻馁。①

这些材料明确地反映出，明中叶以后有些地区农业经营基本上已采取了资本主义制，② 如江南苏杭地区及北方卢柟的经营。但在河南地区，如所谓"梁、宋间"，则佣佃与地主的关系，基本上则是工役制度下的关系。同时，在许多地区，农业上甚至还有早期农奴制的残余。如太仓王世贞叙述其伯母龚太太对农奴的压迫情形：

　　孺人质明盥栉，坐寝堂，男女大小数千指，旅见各报所业。孺人择其犹惰者与朴；而勤者为劳苦，手治卮酒……领之……其领者……相勉亡负。其见仆者，望而自质责……即孺人所任使，亡弗称材。陆孳畜悍蹄角以百计，水孳鱼龟以石计，圃人治果瓜芥蔬以顷计，诸水陆之饶，计日程其羡，时赢缩而息之，醯酱盐豉不食者新之，手植之木可梓而漆，寸石屑瓦，必任毋废。以故子母之利归焉。③

由此可见，农业上使用的童奴，已不是秦汉时代的童奴（即奴隶）。所以这个龚太太采取鼓励劳动兴趣的办法，是"手治卮酒"。惩罚虽然有打，但杀童奴的事，则为法律所严禁。同时，地主使用童奴从事生产的记载，在明代还相当多，如吴宽的《匏翁家藏集》，归有光的《震川集》均有记载。而畜奴童数量之多，以江苏太仓王锡爵家有奴婢仆从千余人，湖北麻城刘、梅、田、李四家达三四千人，河南褚、范、苗、曹等家亦各有千人以上。所以有的史家说，明末权势之家蓄奴之风很盛。

　　当然，这些奴婢仆从虽然不等于古代的奴隶或早期的农奴，但却是这些古老形态的残余，另外却也夹杂着如马克思所说的这种成分：

　　资本主义制度所要的，正是民众的奴隶状态，是他们转化为佣工，他们的劳动手段则转化为资本。④

　　① 吕坤：《实政录》卷3。
　　② 列宁：《俄国资本主义底发展》："资本主义制度是在于雇佣工人（年工、季工、日工等），这些工人用东家底工具来耕种土地。"
　　③ 王世贞：《弇州山人》卷85，《龚孺人传》。
　　④ 马克思：《资本论》卷1，第909—910页。

要建立资本主义生产方式的"永久的自然法则"，要完成劳动者与劳动条件的分离过程，要在一极，使社会的生产资料和生活资料转化为资本，在对极，使人民大众转化为工资劳动者，转化为自由"劳动贫民"，转化为近代史上这样一个人为的产物，需要有这种种苦难。[①]

当然，这种现象的存在，也不能离开中国社会的传统习惯。这就是氏族社会的家长制和奴隶社会乃至早期封建社会（魏晋南北朝）农奴制的残余存在。特别是在明末，由于土地大量被兼并与繁重的赋税和徭役，小农被迫有的是把子女卖与富人当奴婢，有的逃亡山林聚众暴动起义，有的则被迫与生产资料——土地分离，造成大量的城市和乡村的无产者。就江南地区整个社会经济发展的状况来说，这是主要的。为什么这样说呢？我们再看看极有这种现象代表性的苏杭一带地主经营农业的比较详细的记录，就可以知道随着农业生产技术的发展和农业雇佣劳动者的斗争，已迫使地主老爷们认识到如何才能发挥雇佣劳动者对于生产的积极性。明末清初人张履祥在其所著《补农书》中写着：

> 自古农人只有劝之一法，《小雅·大田》诸诗可考也，曾孙田畯其与农夫贵贱悬隔，然其相亲不啻家人父子。今士庶之家，骄蹇呵詈，使人不堪，毋论受者怨之，自顾岂不可耻？劝之之道……既廪称事，别忙闲一也，异勤惰一也，分难易一也……惟惰者与勤者一体，则勤者怠矣。若显然异惰于勤，则惰者亦能不平。惟有察其勤者而阴厚之，则勤者既奋，而惰者亦服。
>
> 至于工银酒食，似乎细故，而人心得之，恒必因之。纹银与九色，银所差不过一成，等之轻重所差尤无几。假如与人一两，相去特一钱与三分五分耳；而人情之憎与悦远别。岂非因一钱而并失九钱之欢心，因三分五分而并失九钱五分七分之欢心乎？出纳之际，益为紧要……盖其人分所应得，不求而与之，宜也；求而与之，斯已后矣；可令屡求而后与乎？人情缓急，朝暮不同，早晏亦异，不可不察也。
>
> 酒食益甚，丰啬多寡，待农之物，所差总亦无多；残缺酒食，不过半盏一筋，便快快而去；短少鱼肉亦然；岂特缺少，冷热迟速，亦所必计。谚曰："贪在厨头，力在皮里。"又曰："灶边荒了田地。"人多不省，坐蹈斯弊，可叹也。惟夫准绳定于平时，有无谅于彼此，则有求既无奢望；有时不应，退无怨心。如是则在者无不满之心，去者怀复来之志；切不可乘人之急，将低作好，措少为多，使人有伤心之痛。书曰：狎侮小人，罔以尽其力。劳苦不知

---

① 马克思：《资本论》卷1，第960—961页。

恤，疾痛不相关，最是失人心之大处。①

这是一篇封建地主的自觉书。从这个自觉书上，不仅意识到地主阶级对雇农“骄蹇呵詈”是可耻的行为，而且是阻碍直接劳动者发挥生产积极性的重大原因。因之，他提出地主对雇农关系，应该从“劝之之道”来建立。而“劝之之道”，第一是别忙闲，异勤惰，分难易；其次是工银，再其次是酒食。在这里，他也如明清之际一般思想家一样，以托古说今的办法，提出地主与农民的关系，应该建立在平等的立场上，所谓“不啻家人父子”，要体恤劳苦，关心疾痛。

在这里，他所表现的却是主张地主与农民平等，把封建关系改为契约关系。可知这是明清之际社会发展的一般要求。同时，关于地主与雇工的关系在明末的变化，崇祯时涟川沈氏《农书》表现的特别明确：“作工之法，旧规每工种田一亩，锄汤芸每工二亩，当时人习攻苦，带星出入，俗柔顺而主令尊。今人骄惰成风，非酒食不能劝，比百年前大不同矣，只要生活做好，监督如法，宁可少而精，不可多而草率也。”因此，沈氏《农书》在计算农业上雇佣工人时说：“长年每一名工银五两，吃米五石五斗，平价五两五钱，盘费一两，农具三钱，柴酒一两二钱，通计十三两；计管地四亩，包价值四两，种田八亩，除租额外，上好盈米八石，平价算银八两，此外又有田壅短工之费，以春花稻草抵之。”这里所计算的项目，不仅有长工之消费，还有农具的消耗费，无一不联系市价，把这些当作成本加到生产过程里面去，并从这里去寻找利润。因此，对于长工的供给，就计算的更仔细：

供给之法，亦宜优厚：炎天日长，午后必饥罢；冬日严寒，空腹难早出；夏必加下点心，冬必与早粥。若冬月雨天撚泥，必早与热酒，饱其饮食，然后责其工程，彼既无词谢我，我亦有颜诘之……古云：“善使长年恶使牛。”又云：“当得穷，六月里骂长工。”主人不可不知。旧规：夏秋每人朝粥二合，昼饭七合，点心饭二合半，粥二合，夜粥二合半。春冬每人朝粥二合，昼饭七合，点心粥三合，夜粥二合半。一年牵算：每日一升五合，妇人半之，猫犬别加料。旧规：夏秋一日荤两日素，今宜间之：重难生活连日荤，春冬一日荤三日素。今间二日，重难生活多加荤。旧规：不论忙闲，三人共酒一杓。今宜论生活起：重难者每人一杓，中等每人半杓，轻省留家及阴雨全无。旧规：荤，日鲞鱼每觔食八人，猪肠每觔食五人，鱼亦五人……旧规：素、日腐一块，值钱一文；当年一文值银九毫，豆一石值价五钱。今钱值减半，豆值差倍，是今腐五块才抵前一块，岂得尚以旧例行之？今后假如合与人吃腐，不须付与腐

① 张履祥：《补农书》。

钱，而多与油水，令工人勤种瓜菜，以补其不足。旧规：生活人供酒：斗米买三十杓，谓之长行酒；水多味淡，徒为店家出息。若以斗米自做麴酒，当有二十四觔，以十二两抵长行一杓，滋味力量是加倍。所虑者，自作易于耗损，若顿发于领袖作工之人，计日算给，似亦甚便。与其利归店家，熟若加厚长年。若卖糟养猪，尚有烧酒卖，岂不可供给长年也。①

这就完全是一个经营大地主的算盘了，这里边没有丝毫宗族、亲戚、乡邻的家长制残余的痕迹，所有者只是冷冰冰的商品利润，自然也不是自给自足的自然经济整体，就更明显。

其次再就地主与佃客的关系来考察，如福建省遗存下来明代的一件买卖田产的契约，记载的地主与佃客的租约情形，也明显地表现出这一点：

> 在城住人魏佛清续置苗田二段，坐落二十七都、黄历凹头洋路上，计收租谷贰石。又一段坐落栋头巫坵屋基后，计收租谷贰石肆斗。内田照手契肆斗，承栽苗贰升，只在冯景五户内，其随民苗四升。今来要物使用，托中召卖，先尽房亲邻佑人等，各不成就，遂中引至本里。邓法富出头承买。当凭中三面言定，时置价银壹拾陆两。其银就日交领××收×，无收票欠少分厘。其有田见今造册，且买户收户当差。如有来处不明，卖人出头抵当。今来意见甘心，各无反悔，用立文约，付与买主收执为照。
>
> 计开田段：一段坐落凹头，计收租谷贰石正，冬牲乙只。一段坐落栋头路边，计收租谷贰石正，冬谷乙斗。一段坐落巫坵尾屋后，计收租谷肆斗正。
>
> 　　　　　　　　　　　　　嘉靖叁拾壹年　六月　　日
> 　　　　　　　　　　　　　立　约　人　魏佛清
> 　　　　　　　　　　　　　依照代书人　许世宁②

在这里，佃户冯景五对地主的关系，不问是魏佛清，或是邓法富，都只是缴纳租谷和冬牲的契约关系，而无隶属关系是很明显的。

所有这些材料，都在说明明代的农业生产，在城市资本主义萌芽比较增长的地区及在其影响之下，也在起着变化。自然，在这里还不能想象为资本主义生产形态，已在中国社会经济生活中占有什么主要的地位。尽管如此，这种变化却在说明着直接生产者与土地所有主的关系，已在开始着一种新的关系。即代替中世纪农奴

---

① 《学海类编》本，沈氏《农书》。
② 见《福建文化》季刊第 1 卷 1 期，傅衣凌：《明清时代福建佃农风潮考略》。

与地主的封建隶属关系，在江南沿海一带广大地区上出现了契约关系。①

　　自然，中国社会发展是不平衡的，这是仅就江南沿海一带城市手工业资本主义萌芽比较增长的地区而言的。至于中国社会还是封建社会。就农业或土地所有关系说，在当时中国的封建制度下，比较广泛地检查一下，就发现存在着很多不同阶段的生产关系和不同的形态，如奴隶占有制、农奴制、自耕小农和封建大地产、工役制、工役制与资本主义制结合的形态，还有经营地主与富农等等，总之，是极其复杂多样的，而明末主要的形态，是封建大地产和自耕小农，是工役制下的地主与佃客。但是这种封建大地产和自耕小农的经济，除最落后的偏僻地区外，一般的都不是中世纪自给自足、闭关自守的自然经济整体了。

　　这正是封建社会解体过程中的必然现象，在农民与地主的关系中契约关系虽然相当普遍地存在着，但据估计在明代还不是主导的现象。

　　正是因为城市手工业和农业出现了新的生产关系，所以中国中世纪历史上，随着农奴制度而来的徭役制度，亦开始变化和解体。

　　这种徭役制度，在中世纪长期的历史上，虽然在名义上是每一个国民的义务，但因封建特权及其庇荫作用，自始至终都落在小生产者的头上。这种徭役的主要担负者，是手工业者和自耕小农。这种残酷的徭役制度，在中世纪的历史之上，虽然名义上有一定的时限，但实际上统治阶级很少按着它所规定的时限（如每年20日、30日等类）来实行，经常超过不知多少倍。因此，这种无偿劳动的榨取，经常成为中世纪中国历史上阻碍生产发展，并造成小生产者破产的重要原因。其后，在手工业方面，担负这种徭役的，被规定为专门的匠户，但也时常征及匠户以外的手工业者。至于农民，则仍然普遍地实行着。这种徭役制度，到明初还存在。

　　首先，就手工业来说，洪武时，全国入籍匠户共有232089名。这些匠户在封建制度下是世袭的，子孙相承，不得改业。服役方式有二：一为"住坐"，即就地每月上工10天；一是"轮班"，即每年要到京师服役，甚"至有无工可役，亦不敢失期不至"。至洪武二十六年（1393）令按京师各衙门役作繁简，规定各种工匠服役班次：

　　　　有五年、四年一班者，有三年、二年、一年一班者，其造作若干，成器若干，廪饩若干，皆因其多寡大小而差等之。②

　　① 关于这一点，最近发见厦门大学傅衣凌教授也有同样的意见，见《厦门大学学报》第5期（文史版）傅衣凌所著《明代江南地主经济新发展的初步研究》一文。

　　② 张瀚：《松窗梦语》卷4，《百工纪》。

到英宗正统十二年（1447）轮班诸匠，因路程遥远，奔走道路，苦痛不堪，匠户纷纷逃亡。于是到宪宗成化二十一年（1485），统治者遂不得不允许班匠不愿服役者，可以银折代。到世宗嘉靖四十一年（1562），因匠户多以逃亡、脱籍避役来进行反工役制的斗争，全国在籍工匠户只有 142486 名；同时，统治者为了榨取更多的货币，遂取消轮班服役制，一切改为征银。① 中世纪以来的工匠徭役制度至此便基本上宣告废除。

至于农民所担负的徭役，初，明王朝亦承继过去封建统治阶级的徭役制度，驱役农民。洪武十三年，朱元璋以徭役不均，命造黄册，其后经度田编制鱼鳞册，以田为母，以户为子，虽一时收到一些效果，但不久，因土地兼并，鱼鳞册坏，于是代之而起的为一条鞭法。所谓一条鞭法，实际是随着商品经济的发展，统治阶级为着榨取更多的货币，总括一县之赋役，量地计丁，丁粮毕输于官。即将田赋、丁役及其他杂税合并折银。先是朱元璋在洪武九年曾命陕西、浙江税粮，以银钱代输；至英宗时，又仿洪武之制，命江南各地田赋折征银两。到世宗时开始试行一条鞭法，至万历九年（1581）便成为明王朝征收赋税的法定制度。自此，中世纪以来农民对封建统治者所担负的赋税和徭役，就基本上货币化了。

在这里，封建统治者对小生产者的徭役制度，由力役改成货币，不是偶然的，而是由于小生产者不断的斗争和商品经济的发展，使统治阶级感觉征收货币比强征徭役，更为有利，更为稳便的结果。这是与上述农业生产中经营商品生产的地主经济的出现，产生于同一的增长着的新的经济成分之上的。所以，在世宗前后，有些皇庄、官庄也采取了新的货币地租的剥削形态。② 不过对小生产者——手工业者和农民——的徭役制度的废止和货币地租的出现，当然是封建社会发展过程中的一个进步，虽然剥削阶级对农民的剥削量甚至还有相当的增加，但直接生产者的封建隶属关系却被取消了，从而小生产者就能获得更多自由支配的时间，来改良生产。自然，我们还不能说，徭役制度的废止，以后工资劳动者和农民就不被强迫征服徭役了，而是就法律明文废止徭役制度这一历史事件说，对于生产力的解放的意义是重大的。实际上，地主对于佃农的超经济的剥削和封建统治阶级对于劳动者超经济的奴役，是与封建制度相终始的。而且封建统治者特权在握，在必要和有利的时候，他随时都可以使这种中世纪的野蛮的徭役复生。

在明代资本主义生产萌芽增长的过程中，明末商品流通也有了超越前代的发展。首先就商业资本的活跃情形看：郭子章《蚕论》称明穆宗时（1567—1572）"东南之机，三吴、闽、越最多，取给于湖（湖州）茧；西北之机，潞（山阳潞

---

① 参看拙编《中国历史纲要》，第 320 页。

② 同上书，第 328 注。

州）最工，取给于痕（四川阆中）茧"[1]。万历时张瀚也说："贾人之趋厚利者，不西入川则南走粤，以其利或当五，或当十，或至倍蓰无算也。"[2] "洞庭叶某，商于大梁……叶将金去，买布入陕，换褐，利倍；又贩药至扬州，数倍，贸易三载；货盈数千。"[3] 沿海商人活动就更广泛，如《海运新志》所载："辽东、山东、淮、扬、徽、苏、浙、闽之人做卖鱼虾、腌猪及米豆、果品、瓷器、竹木、纸张、布匹等项，往来不绝。"明末宋应星《天工开物》也载："凡倭段起东夷，漳泉海滨效为之。丝质来自川蜀，商人万里贩来，以易胡椒归里。其织法亦自夷国传来……北房互市者，见而悦之。"《惠安县志》载："滨海业海，亦不废农业。自青山以往，又出细白布，通商贾，辇货之境外，几遍天下。"[4] 杭州资本家林氏的发展就更明显："林氏……世为杭之钱塘人……林氏始以造币，杼轴不可胜用焉。继以积陈贸新，无不可胜穷焉。继以行醝居货，予夺不可胜计焉。故乡人称富赀者，必曰林氏。"[5] 这里所反映的是以纺织业起家的大富豪，发展成富盐商，实行囤积居奇，以操纵市场。山西商业资本家的经营，已经形成了资本主义的结构，萌芽着连锁分枝的形式。

> 平阳、泽、潞豪商大贾甲天下，非数十万不称富，其居室之法善也。其人以行止相高，其合伙而商者，名曰伙计。一人出本，众伙共而商之，虽不誓而无私藏……故有本无本者咸得以为生。且富者蓄藏不于家而尽散之为伙计。占入产者，但数其伙计若干，则数十百万产可屈指矣。[6]

有的商业资本并把从海外运来的货物，组织作坊加工制造物具，以获厚利：

> 海澄有番舶之饶，行者入海，居者附赀，或将厘子叶儿，养如所出，长使通夷，其存亡无所患苦。犀象、璚瑁、胡椒、苏木、沉檀之属，麕然而至。工作以犀为杯，以象为梳。其于璚瑁或梳或杯：沉檀之属，或为佛身、玩具。夷赀之外，又可得直。[7]

在这里，商业资本，已在组织手工业作坊，即向手工业资本转化了。在商品经济发

---

① 徐光启：《农政全书》卷 31 引。
② 《松窗梦语》。
③ 陆粲：《说听》。
④ 《惠安县志》卷 37，《风俗》。
⑤ 邵经邦：《弘简录》卷 18，《林益庵传》。
⑥ 沈孝思：《晋录》。
⑦ 何乔远：《闽书》卷 38，《风俗志》。

展的冲击之下，海阳的"居民市者多工贾，工多奇技，逐末者多居货挟赀以航海，而视家如寄"①。同时，海澄县"田多斥卤（指月港）……饶心计者，视波涛为阡陌，倚帆樯为末耜，盖富家以财，贫人以躯，输中华之产，驰异域之帮：易其方物，利可十倍。故民乐轻生，鼓枻相续，谓生涯无逾此者"②。江南商业资本之活动，就新安的情形看："富室之称雄者，江南则推新安，江北则推山右。新安大贾，鱼盐为业，藏镪有至百万者；其他二三十万，则中贾耳。山右或盐或丝，或转贩，或窖粟，其富甚于新安。"③ 就在这个新安，由于商品经济的冲击，许多封建堡垒——阀阅之家，都被卷入商业经营的洪流之中。"新安土硗狭，田蓄少，人庶仰贾而食，即阀阅家不惮为贾。而程长君、少君亦间出为贾……少君兄弟长者大度，勘算计，曾东贾吴、北贾鲁，吴鲁人皆乐与少君兄弟游，益就之。"④

由于商品流通过程的加速和扩大，金银与货币成了人人必需的物品，因而刺激着贪官污吏和大商巨贾，拼命搜刮金银。这里有一个明中叶以后的富豪排队名单：

> 严世蕃积赀满百万，辄置酒一高会。其后四高会矣，而干没不止。尝与所厚客屈指天下富家居首等者，凡十七家，虽溧阳史恭甫最有声，亦仅得二等之首。谓十七家者：己（世蕃自指）与蜀王黔公、太监黄忠、黄锦及成公、魏公、陆都督炳。又京师有张二锦衣者，太监永之侄也。山西三姓、徽州二姓与土官贵族安宣慰。积赀满五十万以上，方居首等。前是无锡有邹望者将百万，安国者过五十万。今吴兴董尚书家过百万，嘉兴项氏将百万，项之余银古玩实胜董，用宅典库赀产不如耳。大珰冯保、张宏家赀皆直二百万之上，武清李侯当亦过百万矣。⑤

这些富翁所积累的财富，有些被埋在地窖中，而绝大部分变成了商业资本和高利贷资本，这一点由明代的典当业与银钱业的发展，可以看得出来。明代典库或当铺、质库均为典当业，与后代当铺不同。因为它除了典当业以外，还兼营买卖军粮，兑换铜钱，乃至经营普通放款⑥。上述这个严世蕃的父亲严嵩，是嘉靖间著名贪官，他搜刮积累的金银，除埋藏地下的以外，则寄工商店铺或典当业以生息。由《明史》严本传载"拘役籍其家，黄金可三万余两，白金二万余两……追其受寄

---

① 《海阳县志》，《风俗志》。
② 《海澄县志》卷1，《风俗》。
③ 谢肇淛：《五杂俎》卷4。
④ 唐顺之：《荆川文集》卷16。
⑤ 王世贞：《弇州史料后集》卷36。
⑥ 《拍案惊奇》卷112："元来那个大商，姓张名全，混名张多宝。在京都开几处解典库，又有几所绸缎铺，专一放官吏债，打大头脑的。"

（均为工商业店铺和典当业）金钱垂二十年不尽"可知。这些贪官污吏搜刮的金银，虽然当时窖藏起来恐怕暴露，如《泾林续集》所叙述的严世蕃贪污的金银"不啻万万"，但他们亦从事"田宅典库赀产"的经营。典当业在明代实质上已是信用机关。

特别是银行前身的金融业——钱庄的发展，[①] 亦是惊人。这种钱庄的势力之大，如嘉靖十五年阎邻谓八年的禁例说：当时奸党们私相结约，"各闭钱市，以致货物翔踊"。结果，统治者不得不放松禁令[②]。到了明末，钱庄已经成了具有近代意义的金融机构。它们兑换铜钱和金银[③]，并且揽收放款，对顾客签发票帖取款[④]。兑钱铺相当普遍。明末汇兑事业，由顾亭林文中有"会票"之记载，更由《崇祯长编》卷一载崇祯十六年十月谕户部："军需浩繁，兑会一事，奉行得宜，亦足济目前急需。着该部多方鼓励，或一面兑会，一面差官赴各关照数支给。务使国用商资，两得便通。"另据《云间据目钞》卷三《记祥异》载："时有黑人马姓者，携赀客于京。克温觇知之，往交纳……曰：闻君将以某日归，而孤身涉数千里，得无患盗乎？我当为君寄赀徐氏官肆中，索会钞若券者，持归示徐人，徐人必偿如数，是君以空囊而赍实质也。"这还是由官肆中取会票。由崇祯时倪元璐指责蒋臣的钞法，说：民间的会票，宋时谓之钱引[⑤]。足见会票不仅是官家发，也有民间发的，同时，会票不仅可在市面上通行，而且还兼汇兑之用。

由此可见，明末时金融机关的钱庄和会票，在金融市场，已有相当的势力。

在明代商品经济发展的情况下，就自然产生了许多大商业城市。北京城人口，孝宗时（1488—1505）达 66 万余，南京城在明初人口已达百余万。南京和北京工商业都很发达。各业因便于雇主，都集中于一定街道，如南京有绫庄巷、锦绣坊、颜料坊、铜作坊、铁作坊，等等，北京亦有缸瓦市、米市、煤市、骡马市，等等。到明末，南京已发展成"百物皆仰给于贸居"的大商业城市。

正是由于商品经济的高度发展，北京和南京不仅成了政治中心，也成了经济中心。围绕着这两个大中心，全国已发展起来 33 个商业都市。而这些大商业都市，只有 1/4 在北方，1/3 在江浙，由此可见一方面中国社会发展的不平衡，另一方面主要的大的丝织业、棉纺织业和陶瓷业、制茶业的中心地区，已经变成了中国的主

---

① 钱庄，称谓不一，有钱肆、钱米店、钱庄等等，如《金瓶梅》九十三回；《范濂云间据目抄》卷2《记风俗》等均有记载。

② 《明实录》，《嘉靖实录》卷191。

③ 《醒世姻缘传》第十一回："又想起那一日在钱桌上换钱，晃住正在那钱桌上换金子。"

④ 同上书，第一回："那城中开钱桌的，放钱债的，备了大礼，上门馈送。开钱桌的说道：如宅上要用钱时，不拘多少，发帖来小桌支取。等头比别家不敢重，钱数每两比别家多二十文，使下低钱，任凭拣换。"又："不十日内，家人有了数十名，银子有了数千两，日费万钱，俱是发票向钱桌支用。"

⑤ 《明实录》，《崇祯实录》卷16，崇祯十六年九月条。

要经济重心区域。

商品经济的发展既然在全国经济生活中，有着如此重大的作用，它就不能不影响到上层建筑中的政治、法律观点和制度的改变。

三 明代社会经济的发展对上层建筑的影响

随着商品经济的高度发展，适应着新生的经济因素的要求，作为上层建筑的政治观点与法律观点，也在起着相应的变化。在政治制度上，明初以朱元璋为首的封建统治者，为着巩固政权，建立起强有力的中央集权君主专制政体，已见前述。另一方面，朱元璋为着缓和阶级矛盾，企图了解人民情形和恢复与发展生产，还特别规定普通人民可以上书言事，并有推荐大臣官吏之权。① 而且这些措施，均曾见诸实行。明初，统治者对于贪官污吏的真正严惩，和对于反明的残暴封建地主的广泛惩办，是中国封建社会历史上所仅有的，如迁江南 14 万家豪富于濠州屯田，也是中国历史上空前的创举。所有这些，总的目的无非为着巩固他的政权，但在客观上却起着打击中世纪封建农奴主势力的巨大作用，自然，他所能建立的政权和巩固的社会次序，仍然是封建特权的政权和次序，但却把中国社会的发展向前推进了一大步。

这一点更明显地表现在法律上。洪武时，曾经为着解放蒙元时代大批被掳掠和强迫做奴隶和农奴的汉族人民，不仅下令解放，而且还制定与颁布《明律》，以保障这种解放命令的实行。在这些法律条文中，我们看见严禁诱骗和略卖人口为奴隶的条文，列在"十恶""常赦所不原"之列。② 即略卖自己子孙及亲属，亦处很重的徒、杖之罪③，而窝主及买者也与犯者同罪。④ 收留人家迷失子女不交官而卖为奴婢，徒杖之罪就更重。⑤ 就是和同相诱及相卖良人为奴婢，罪亦一同。即一般庶民之家，也不许占有奴婢。⑥ 贵族勋戚虽得占有奴婢，却有一定的限制。

明初的法律这种严禁任何形式的人身买卖，包括典雇妻妾子女在内，就基本上废除了农奴制。但地主与佃客、佣工的关系，在《明律》上还不是完全平等的，这就反映出朱元璋在变成全国最大的地主以后的地主阶级的思想。所以洪武以后，

---

① 见《明史选举志》。
② 《明律》（日本享保利本）1，《名例》，常赦所不原。
③ 《明律》18，"略人卖人"条，五款。
④ 《明律》七款。
⑤ 《明律》卷 4，《户律》一，户役五。
⑥ 《明律》18，"略人卖人"条，三款；卷 4，《户律》一，《户役》四。

不仅农奴制度在个别地区仍然存在，就是买卖奴婢的事件也仍然不绝。到万历年间，洪武时所制定的《明律》关于这些禁止买卖使用奴隶的条文，又被重行颁布全国。这一方面说明了明末蓄奴之风很盛，另一方面，我们也知道，并不是明神宗对于奴隶和农奴有何爱护，而是由于商品经济的发展，人身的商品价值被统治阶级所发现，废除农奴和奴隶制的残余，对于它榨取更多的货币是有利的。当然，这些禁止买卖和使用奴隶的命令，究有多大的效用，是很难说的。因为在当时，不仅旧的残余还存在，而且新的经济在开拓自己的活动场所时，正是豪富为着增殖自己的财富，开始马克思所说的"对于神圣所有权的最无耻的凌辱，对于人身生命的极狂暴的侵夺"的时期，因之奴役贫苦人民，乃至把他们变为农奴和奴隶又成了重要条件。因此，旧的残余和新的需要相结合，造成明末所谓"畜奴"之风，是很容易理解的。

其次，就明帝国统治阶级对外关系说，亦与历代帝王有所不同。譬如，中国历代皇帝与外国交换物品的所谓"贡"与"赐"，明统治者虽仍然采取"贡"、"赐"之名，但实质上已是由政府所执行的国际间货物交易，自己与对手方都带有浓厚的商业行为。① 这是中国历史上，明帝国以前的封建的乃至奴隶的帝国的帝王所没有的。这种情形，特别是明中叶及以后的统治者表现得更为明显。现在，举两个明中叶的例子来看：

一是明帝国与帖木儿帝国的商品交易。帖木儿死后，其继承人兀鲁伯与明帝国正式建立起外交关系。景泰七年（1456）兀鲁伯遣使"贡"为驼玉石。"礼官言：'旧制给赏太重，今正副使应一等二等赏物者，如旧时。三等，人给采缎四、表里绢三匹，织金纻丝衣一袭……所进阿鲁骨马，每匹彩缎四、表里绢八匹；驼三，表里绢十匹；达达马不分等第，每匹纻丝一匹，绢八匹，折纱绢一匹；中等马如之，下等者亦递减有差。'制：'可'。又言：'所贡玉石，堪用者止二十四块，六十八斤；余五千九百余斤不适于用，宜令自鬻，而彼坚欲进献。请每五斤赐绢一匹。'亦可之。"②

明帝国与日本的"贡""赐"就更加突出：宣德初（1426），申定要约；人（进贡的人）毋过三百，舟毋过三艘，而倭人贪利，贡物外所携私物增十倍，例当给值。礼官言："宣德间（1426—1435）所贡硫黄、苏木、刀、扇、漆器之属，估

---

① 关于外国对中国封建统治者的进奉，唐宋以来，常度价返以相当之礼品，如宋太宗至道元年（995）对大食国舶主蒲希密之贡献，"答赐蒲希密黄金，准其所贡之直"（《宋史大食国传》）；宋仁宗天圣四年（1026）十月，日本国太宰府进贡使周良史，将土产物色进贡，明州市舶司牒称："所进奉物色，若肯留下，即约度价例回答，如不肯留下，即却给付。晓示令回，从之"（《宋会要》），等等，但无斤斤计较价格的商业行为。

② 《明史卷》332，《西域传》，《撒马尔罕》。

时直，给钱钞，或折支布帛，为数无多，然已大获利。今（景泰四年——1453）若仍旧制，当给钱二十一万七千，银价如之。宜大减其直，给银三万四千七百有奇。"从之。使臣不悦，请如旧制。诏"增钱万"，犹以为少，求增赐物。诏增布帛千五百，终怏怏去。①

这样的关系，尽管它还蒙着封建帝国"贡"、"赐"的外衣，从双方斤斤计较价格上看，实际上都是在进行商品交换的商业行为。在 15 世纪的具体时代，在西方，西欧及阿拉伯的盗贼商人以入贡为名，对明帝国实行敲诈勒索；在东方，当时日本正值足利幕府时代，商品生产正趋发达，但流通手段却专恃中国古钱。② 因之，日本海盗商人，在它各地封建地主（即所谓"大名"）的支持和豢养之下，为着劫取中国钱币及丝织品等以与南洋各国交易，因之对明帝国便采取了"朝贡"与劫掠并行的海盗政策。

所以，这些国际间的来往，无一不是在当时世界范围的商品经济的支配之下进行的。西欧与阿拉伯的所谓"使团"实际上只是一些武装的盗贼商队。这正是 15 世纪西欧及阿拉伯的盗贼商团以入贡为名，对明帝国实行敲诈勒索，得间，并实行抢劫。这正是他们创立世界市场，劫掠东方封建国家，为资本主义制造登上历史舞台的准备工作。但是，他们所遇见的明帝国，却也正在东方寻找金银，创造东方的世界市场。因之，就发生如上所述的斤斤计较的现象。

明帝国对撒马尔罕、土鲁番、天方等国的关系，亦无不如是。特别是对于日本计较就更厉害，随着日本海盗商人的侵扰，旧帝国的统治者不明世界大势，遂以它的封建权力实行禁海，造成日本勾结葡萄牙、西班牙的海盗商人与中国内部的豪强世族和流氓，对中国实行劫掠，造成中国历史上著名的"倭寇之乱"。

在"倭寇之乱"中，所谓"真倭十之三，从倭者十之七"。这些从倭者都是"资衣食于海"的世家大族、工商业者和流氓恶棍。所以朱纨说："去外国之盗易，去中国之盗难；去中国濒海之盗犹易，去中国衣冠之盗尤难。"因此，朱纨便遭到明王朝中这些"衣冠之盗"的代表人物御史陈九德等的交章劾奏，被迫自杀。陈九德等与朱纨的斗争所反映的，实际上是东南沿海工商业实力人物主张开放对外贸易与明王朝统治阶级中腐朽封建势力的禁海或限制对外贸易政策的斗争，至于朱纨不过是因忠贞保卫国家的边疆而遭致牺牲。这一点，在不久之后的歼倭名将俞大猷《呈总督军门在庵杨公揭》③ 中表现得很明确："市舶之开，惟可行于广东。盖广东

① 《明史》卷 322，《日本传》。

② 《鹿樵纪闻》（中）《日本乞师》："会日本有西洋为天主教者作乱，方严逐客之令。京第至长崎岛不得登岸……撒斯玛……复为言于大将军……赠洪武钱数十万，盖日本不知鼓铸，专用中国古钱。舟山行洪武钱自此始。"

③ 《正气堂集》卷 7，《呈总督军门在庵杨公揭》，《论海势宜知海防宜密》。

去西南之安南、占城、暹罗、佛郎机①诸番不远。诸番载来乃胡椒、象牙、苏木、香料等。货船至，报水计货抽分，故市舶之利甚广。数年之前，有徽州、浙江等处番徒，勾引西南诸番，前至浙江之双屿港等处贸易买卖，逃免广东市舶之税，及货尽将去之时，每每肆行劫掠。故军门朱虑其日久患深，禁而捕之。自是西南诸番船只复归广东市舶，不为浙患。"但是自朱纨被迫自杀后，边防废弛，遂引起大规模的倭寇之乱。东南沿海的工商业遭到惨重破坏时，他们才认识到没有国防就没有对外贸易，于是支持杰出的抗倭名将戚继光、俞大猷等组织新军，抗击并歼灭倭寇，且有效地进行了抗倭援朝的保卫国家的胜利战争。

这就已经在封建王朝统治阶级内部表现出新的矛盾和斗争的形态来。

四　新的矛盾和新的斗争的萌芽

根据马克思列宁主义关于社会发展的科学原理，随着新的生产关系的萌芽，新的矛盾和斗争也发生了。我们考察明代社会的变化，特别是明末社会的变化，光是从社会经济的变化上看，还不能全面地认识这一问题。因此，从明代，特别是明末社会的矛盾和斗争的发展上看，就能使我们对明代中叶以后的中国社会有比较全面的认识。

这种新的矛盾和斗争，主要的是城市市民反腐朽封建势力压迫和榨取的运动。由上所述，我们知道这种运动是有它长远发展的经济基础的，所以，这种运动也反映出统治阶级集团中一部分官僚的政治思想的变化，而形成明末所谓"党争"的特有形式和内容。

作为这一新的矛盾和斗争导火线的事件，主要的即明神宗万历二十四年（1596）明王朝由于逐倭援朝战争的庞大战费及统治集团腐化生活的浩繁开支，明神宗派出大批中使到各地去开发金银矿，甚至听说吕宋岛产金，派使臣到吕宋去搜罗。这些中使到全国各大商业都市，借开矿为名，搜罗金银珠宝。随着又派出一大批中使往各地榷税，即所谓矿监和税监。这些中使依恃极端君主专制的封建特权，到各大工商业城市，敲诈勒索，即所谓"凡店租、市舶、珠权、木税、船税、盐茶鱼苇及门摊商税、油布杂税，无不领于中官"和"矿税交横，吸髓饮血，以供进奉"，弄得"天下骚然，生灵涂炭"。这种利用封建特权对于城市居民强盗式的抢劫，如高寀在福建"肆虐日久，逼取各铺行若米若金及诸物，价总不肯给……

---

① 佛郎机，大概由佛郎克音译而来。明人不知佛郎克在何处，因他们与南洋群岛各国通商并与之同来中国，故有此语。至佛郎机人，明人所指乃葡萄牙、西班牙以及当时西欧人之总称，并非专指佛郎克人。

各铺行匠作人等，齐往税监告讨欠价"①。而高寀屠杀讨价市民，因而引起市民"万众"的大暴动。由此可见以皇帝与宦官为首的封建统治阶级中最腐朽的集团，劫掠的对象，虽然名义上是商人，实际上却是城市工商业者。这就严重地破坏了社会生产事业，打击和阻碍了新的资本主义生产萌芽的增长。因之，明王朝中代表工商业者的官僚分子与各大城市的广大市民群众，都为着保护工商业的利益展开了反对腐朽的封建统治集团劫掠人民的剧烈斗争。

在明王朝中，当年就爆发起"廷臣谏者无虑数十百疏"的劾奏运动。在这些奏疏中，如左副都御史张养蒙说"今奸宄实繁有徒，采矿不已，必及采珠，皇店不止，渐及皇庄。继而营市舶，继而复镇守；内可以谋坐营，外可以谋监军"，就直接指斥皇帝派遣和支持的中使，所搞的破坏工商业及地主和农民田产的矿税监及皇店、皇庄为"奸宄"，在明代极端君主专制的淫威之下，实非中世纪地主与农奴式的君臣关系所可想象的。次年（1577）春正月戴士衡陈天下大计也说："前此用财有节，今则岁进月输，而江右之瓷，江南之纻，西蜀之扇，关中之绒，悉取之逾额。"大学士张位、沈一贯陈朝鲜事宜，建议于"开城，平壤置重镇，练兵屯田，用汉法教朝鲜之人。通商、惠工、开利源以佐军兴之资"。特别是刑部侍郎吕坤陈天下安危疏中指出："天下之人，乱心已萌。"接着，他分析人民萌乱心的原因："关陇……民生实难，自造花绒，比户困趣逼……山西之绅，苏松之锦绮，岁额既盈，加造不已。至饶州瓷器……徒累小民。官店租银收解，自……造四千之说，而皇店开……且冯保八店，为屋几何？而岁有四千金之课。课既四千，征收何止数倍，不夺市民，将安取之？"就明确指出腐朽的封建统治集团，利用封建特权，对城市市民、工商业者残酷的剥削和压迫，以及用皇店垄断市易等造成了革命的危机。

这些言论和事实告诉我们：（一）封建社会的政治、经济乃至法律制度，在商品经济发展的冲击之下，已濒于解体，革命危机在积极的酝酿中。（二）封建统治阶级中最腐朽的统治集团，对人民财富的劫夺，严重地打击了工商业和农业的发展，它已经成了社会生产力的致命的桎梏。（三）明统治阶级集团在商品经济冲击之下，分成了两大集团，以皇帝宦官为首的最腐朽的封建势力破坏工商业的劫掠政策，遭到市民中等阶级反对派主张保护工商业分子的强烈反对。他们指出皇帝宦官的横行已经造成革命危机。所以，他们所提出的缓和革命危机的办法，是统治阶级对工商业和农业停止超经济的强制榨取，并以通商、惠工、开利源代替劫掠。总而言之，他们一致反对腐朽的封建统治集团阻碍和打击工商业及农业发展的惨重剥削和劫夺。但是，他们的主张不仅未为统治者所采纳，而且有些还遭到所谓"帝怒，

———————
① 《定陵主略》卷5，《神州民变》。

严旨切责"或遭贬谪。而以明神宗和宦官为首的腐朽封建势力，于是"大珰小监，纵横绎骚，吸髓饮血，天下咸被其害矣。其最横者为陈增、马堂、陈奉、高淮、梁永、杨荣等"。从而，全国各大城市的市民群众，主要的是中等阶级及平民反对派的群众，为着维持自己的生存与生产事业，便与这些腐朽封建势力的爪牙，展开了流血大斗争。

其中最著者，如马堂之横暴临清，所引起的市民大暴动：先是"有脚夫小民三四十名，聚集围绕税监衙门，詈言本监招募……小民度日不支……群皆叫喊。本监衙内拥出多人，各持弓箭木棍，赶人射打，锁孥五六人进衙。只见外边众呼衙内杀人了，以致众心愤激，冲入放火，将衙门尽行烧毁，内外互殴及践踏死者三十余人……马堂救出在署，今合城闭门罢市，真异常大变也"①。

"按临清之变，倡义者王朝佐也。朝佐者以负贩为业。"时马堂在临清横甚，"诸亡命从者数百人，白昼手银铛通衢，睨良家子富有力者，籍其业之半，佣夫里妇负斗粟尺布买易者，直撽而夺之……于是中家以上破者大半，远近罢市。朝佐……杖马箠挝马堂门请见，州民欢呼，随者万数。堂惧不敢出，则令战士乘墉，发强弩，伤数人，众益沸。朝佐攘臂大呼，破户而入，纵火焚其署，毙其爪牙三十七人"。当统治者来镇压时，"时议欲尽戮诸协从者，朝佐挺身出"，独任首难，从容就义。临难时，"七月二十有六日也，天地昼晦，观者数千人，无不叹息泣下"。连东昌知府李士登亦厚恤其母妻，而"临清诸大贾心德朝佐，岁时馈贻不绝，而中涓虐焰，从此顿戢。州民益思朝佐不置，为立嗣以祀焉。"②

这是一场有声有色的市民的大斗争，市民群众的领袖是小贩王朝佐。他在被审时，陈词："吾实为首，奈何诛及无辜！"这种独任首难的态度与气概，充分地表现出中国的平民在新的市民运动中的领袖精神，绝非其他的腐旧的阶级所能有。

其次是陈奉在武昌激起市民一再暴动，最后于万历二十九年（1601），"冤民万余，围绕陈奉公署，誓必杀奉。奉从后潜逃匿楚王府中，众民将番校耿文登等十六名捆缚手足，投之于江"。神宗闻状，召还陈奉。户部尚书陈蕖疏陈三事指出："中使四出，吞噬无厌。矿利些微，创为包矿卖砂名色，头会箕敛……则矿非遗利也。商税抽于此，仍推于彼，密如鱼鳞，惨于抢夺，则税非商之羡余也。征一解百，杀人如麻，岂独陈奉一人。"给事中田大益更进一步严重地指责统治者说："皇上嗜利心滋，布满虎狼，飞而食人，使百姓剥肤吸髓，剜肉刺骨，亡家丧身，掘塚剖棺，补充皇上私藏，而未曾锱铢佐国，皇上所自知也。天下百姓无如皇上分置虎狼何，口詈而心嗔，人愁而鬼哭……愤怨不胜，而挟不平聚不逞以倖不可冀，

---

① 《定陵注略》卷5，万历二十七年临清民变山东巡抚尹应元疏。
② 《定陵注略》卷5，《军民激变》，《临清民变》；《明史》，《宦官列传》。

又皇上所备闻也……今楚人以陈奉故至沉皇上使者不返矣，且欲甘心抚臣矣……朝廷之人不敢入楚……皇上不为楚人诛陈奉，陈奉必受诛于楚人；夫使陈奉受于楚，则柄下持。皇上不为楚人捐矿税，矿税必自捐于楚……皇上不尽撤天下矿税之使，天下必尽效楚人以要皇上。使天下尽效楚人以要皇上，天下事尚在皇上掌握哉！"①

大学士沈一贯说："陈奉入楚，始而武昌一变中，继之汉口、黄州、襄阳、武昌、宝庆、德安、湘潭等处变经十起，几成大乱。"②

由此可见，腐朽的明封建统治者不仅因敲骨榨髓摧残工商业和农业，遭致城市市民和农民此起彼伏的暴动，而且就在明廷亦日益趋于孤立，由王朝中各派官僚的愤怒奏疏，对统治者提出的严厉控诉可以看得出来。

陈增在山东横行，不仅遭到东林党首领巡抚李三才的打击和阻止，而且三才上书指斥神宗对人民的酷虐劫掠说："陛下爱珠玉，民亦慕温饱；陛下爱子孙，民亦恋妻孥。奈何陛下欲崇聚财贿而不使小民享升斗之需；欲绵祚万年而不使小民适朝夕之乐。"又言："臣为民请命……一旦众畔土崩，小民皆为敌国，风驰尘骛，乱众麻起。陛下决然独处，即黄金盈箱，明珠填屋，谁为守之？"

这些奏疏告诉我们，他们不仅承继了并发挥出中国历史上大臣直言极谏的优良斗争作风；而且告诉我们明末的君臣关系，皇帝与人民的关系，已较中世纪有了很大的转变，隶属关系已经开始动摇。统治者不能想望人民大众再如中世纪时代牛马一样听他任意剥削和压迫。这些奏疏还告诉我们，在长期的奴隶社会和封建社会中，被视为末业的工商业，现在已经有了影响帝国的基础和社会次序的重大作用。这不是中世纪任何时代所能有的现象，是很明显的。

其他，如梁永之在陕西，高淮之在辽东，杨荣之在云南，高寀之在福建，李敬之在广东，等等，无不引起成千成万市民群众的空前大流血斗争。这里，我们要特别叙述的，还有以工资劳动者为主体的壮烈反抗大斗争。

首先是江苏瓷器业中心的景德镇，以陶工为主体的"冤民万余"，砍杀矿监潘相，烧焚厂房。山西广昌县人民烧毁矿监王虎生祠，并焚毁银厂。其次是北京，即明帝国的首都，西山煤业工资劳动者的斗争。

例如西山只有官窑一处，万历三十一年（1603）正月，中官王朝，率军劫掠山西诸处，激变窑民。王朝诬称窑民抗税，有旨逮窑民领袖王大京等。于是煤户"鬻面短衣之人"，群入京师，填街塞路，持揭呼冤，诉失业。③ 同时，也引起明王朝中的激烈论争。辅臣言："煤利至微，煤户至苦，而其人又至多，皆无赖之徒，

---

① 以上均见《定陵注略》卷5。
② 见《明纪》。
③ 《明实录》，《神宗实录》卷380；《定陵注略》卷5；《明纪》卷45，《神宗纪》7。

穷困之辈……马穷则攫（啮讹）兽穷则啮（攫讹）。一旦揭竿而起，辇毂之下，皆成胡越，岂不可念！……乞下严旨取顺王朝，立止煤税。"于是大臣疏奏纷纷，神宗被迫乃召回王朝，以中宫陈永寿代之，虽云"以暴易暴"①，也反映出煤业工人群众性的反抗斗争，已能迫使统治者不能置之不理了。

而工资劳动者反封建剥削和压迫的斗争，规模最大，情况最激烈的还有苏州的织工反孙隆的大流血斗争。

关于苏州织工的大斗争，根据应天巡抚曹时聘万历二十九年七月上神宗的报告，大概是这样的：他首先叙述江苏人口最多，有恒产（土地）的绝少，家家户户以丝织为业。生产关系是"机户（资本家）出资，机工出力，相依为命久矣"。

过去税务初起时，人民曾罢市反抗。孙隆在吴日久，是知道人民的情绪的。他于是分别九则，设立五关，欺骗市民说：只榷外来行商，不征本地工商业税，一时人心才安定下来。但税纲异常繁密，又奏请以本地流氓任查税吏。因此，商旅均裹足不来苏州。织户（机房主人）因而被迫日益减少织机；加之大水灾的继续，这就岌岌乎断绝了以织为生的织工的生路。到五月初，孙隆到苏州，检查五关之税，额数不敷，就暂借库银那解。参随黄彦节，勾结本地流氓汤莘、徐成等12家，委之查税，又妄议每机一张增税银三钱。织工自觉在封建统治者这样残暴苛剥和机房主人停机关厂的压迫之下，非饿死不可。于是掀起大暴动，一呼响应，满街填塞着身穿白布短衫的工人，在27个首领手执团扇指挥之下②，群起反对孙隆及其爪牙。黄彦节出来镇压，激起织工群众的愤怒，将其乱石打死，并纵火焚烧孙隆的税署，把汤莘等狗腿子的家属推到火中烧死。特别是"有童某者，为州判，拥赀数万，亦充税官，收刘河税，及民变起，泅河奔避，中寒死"。"如是者三日，诸税官皆次第斐尽"，至第四日，六门各有榜文云："税官肆虐，民不堪命，我等倡义，为民除害。今事已大定，四方居民，无得借口生乱等语。"③孙隆乘夜逃往杭州。

这些织工虽愤激异常，但却不持任何武器，不掠取一物，并在焚税官房屋时预告邻里，以防大火延烧。在行动中，谁要乘机偷窃即被打死，他们并抛弃被抓住的坏蛋买免的财物。地方官出来劝止，他们说："他们（指税官）残害人民残害得太厉害了，我们自愿除掉他们，不敢有其他的行动。"到地方官被迫把汤莘等流氓恶棍逮捕枷示大众，织工群众就一挥而散。到第五日"道府下令捕诸为乱者，有葛贤者，挺身投官曰：'倡义者我也，以我正法足矣，若无故株连平民，株连则必生乱'当事者乃止就葛贤具狱。"④

① 《明实录》，《神宗实录》卷381，顺天巡抚刘四科言。
② 《明实录》，《神宗实录》卷361。
③ 参看《定陵注略》卷5，《苏州民变》条。
④ 《明实录》，《神宗实录》卷361；《定陵注略》卷5，《苏州民变》条。

曹时聘接着说，江苏的人民都是依手艺为生的老百姓，生活朝不保夕。得业则生，失业则死。据他所见染坊关门，染工失业者数千人；机房关门，织工失业者又数千人。这些人都是自食其力的善良人民，一旦强把他们置之死地，是很不应该的。特别是江苏四个州，每年税额不下数百万，又何必强征这六万的机税。因此，请立罢机税以安定苏州府这个财赋的重地。

在苏州织工这次大规模的英雄的反抗斗争之下，明神宗最后考虑到数百万赋税，才不得不下命令说："苏州府机房织手，聚众誓神，杀人毁屋，大干法纪，本当尽法究治。但赤身空手，不怀一丝，止破起衅之家，不及无辜一人……原因公愤，情有可矜。召祸奸民汤莘及为首鼓噪葛贤等八名，着……正法具奏，其余协从俱免追究，以靖地方。"①

这种平民反对派新式的群众性的英雄斗争，不是由什么行会组织的，而是工资劳动者在共同的资本家的命令之下，由进行同一商品生产的简单协作的劳动过程锻炼和组织出来的。因之，也就是中国近代意义无产者的前辈开始走上历史舞台，反对封建势力的压迫和剥削的斗争的光辉记录。他们不同于中世纪的农民或城市市民的任何斗争。他们有组织，有计划②，有纪律；目标明确，不妥协，并且不为个人私利而破坏集体行动的纪律。特别是织工领袖葛贤，当残害织工的税官们被惩办和汤莘被政府逮捕之后，立即挺身而出，把由织工暴动所破坏统治阶级的法律和次序的行动，都自己一人承担起来。这种集体主义的英雄行为，绝不是中世纪手工业工人和其他阶级所能有的卓越品质。他们不同于农民，因为他们是依靠向资本家出卖自己的劳动力，以维持自己及家属生活的。所以他们必须守在城市，守在产业周围。由此，我们可以看见，葛贤及苏州织工群众的斗争，只有近代无产阶级及其前身的工资劳动的无产者才能有的。自然，此时还是封建社会，他们基本上还是"聚众誓神"，还不能因这一次斗争即建立起自己阶级的组织。虽然如此，中国城市的市民运动，特别是江南地区的许多工商业城市以工资劳动者为主体的市民运动，却自此开始负担起自己的历史任务，在此后 300 余年间反封建反民族的斗争中，日益扩大，日益深入地流着自己的血汗，直到完成自己的历史任务而始终没有停止。

所以，从这些斗争中，我们不仅看见了随着中国社会中新的资本主义萌芽而出现了新的矛盾，新的斗争形式，同时，也看见了在中国历史上出现了反对封建特权的新的力量，即以无产者为主体的市民等级中平民反对派群众的力量。

---

① 《明实录》，《神宗实录》卷361。
② 6月7日暴动的职工们曾"误入一民家，其家以经纪为业，无他过犯，跪而迎之门，请罪。首者取腰间手折视之，曰：'误矣'。盖一税官与其人俱与腐店为邻故也。首者即率诸人罗拜惊谢，仍趋彼税官家"。可知他们的行动是有计划的。见《定陵注略》卷5，《苏州民变》条。

自然，万历年间的市民斗争，不但没有停止，而且在急剧地发展着。紧接着到熹宗时（1621—1627）以魏忠贤为首的阉党专政，在屠杀为市民为农民争取权利的若干东林党人首领时，市民运动曾又一次大爆发，而且这一次较之万历时更大，参加的人物包括了中等阶级反对派和平民反对派。如杨涟被逮时，"都城士民数万，拥道攀号，争欲碎官旗而夺公。公（杨涟）四向叩头，告以君臣大义，始得解散"①。魏大中"就逮，士民号恸者几万人"②。特别是周顺昌在苏州"就逮，百姓夹道执香，哭声干云。既入宪署，诸校尉拥龙亭绯衣捉械……观者蜂拥，不下数十万人。三学诸生萧而前，述士民意曰：'大人有事，地方讵不知？吏部（周顺昌曾任吏部尚书）居乡，立朝者盍为请于朝？'抚（巡抚毛一鹭）按（巡按徐吉）战栗不许。一尉厉声曰：'今日事与秀才何与？'诸尉各举械将击诸生，忽人丛中一人从人肩上跃出，拽拳奔堂上，急持尉之捉械者；诸尉竞抨之，人丛中复有四人继出，一跃登堂，遂与诸尉殴。首一人者即颜佩韦，余四人者马杰、沈阳、杨念如、周文元也……五人大呼：'共击杀伪旨者！'值天雨，来者各以伞屐，喧声震地，堂下万屐齐掷，诸尉伏抚按胁下曰：'爷救我！'抚按复趋匿诸尉后……逡巡俱却入署内，士民喧从之"。后魏阉"勒令抚按搜捕渠魁。五人者挺身自投曰：'渠魁协从皆我也，无波及！'直向抚按大笑：'尔陷吏部死，官大人小；我为吏部死，百姓小人大！'抚按无如之何"。其次，李应升就逮于另一丝织业中心城市"常州郡城，士民聚观者亦数万。方开读时，有发垂肩者十人，各挟短棍直呼：'入宪署杀魏忠贤校尉！'士民号呼从之。诸尉踉跄走，越墙脱履，状甚狼狈"③。

在天启年间，棉纺织业中心的松江、青浦、上海的市民，也爆发反乡宦（即市民等级中的阀阅之家，大恶霸官僚地主）在松江华亭的大斗争。这一斗争爆发的原因，是松江合郡士民反对乡宦董其昌平日纵容其爪牙陈明随意"拘责监候平民"。因此，平时受害的松江、青浦、上海人民并卫所军民，便借生员范启宋受董其昌冤害事，鼓集三县百姓，喧称报怨，填满街道，先后烧毁陈明、董其昌的房舍。市民在行动时，"其非系宦房，一椽不动"，并提出"若要柴米强，先杀董其昌"的口号，以激励群众。在松江华亭这次市民反董宦的斗争中，市民群众的首领之一金留，并"当众夸许，自谓葛成"（即前述苏州府织工暴动领袖葛贤，原名成，苏人因讳其名，改称贤）。因此，松江府申各院道公文说："第百姓众多，恐致激成大变，屡经出示，严谕安辑，理合呈报，伏候详夺施行。"④ 由此可见，所谓"民抄董宦"，实际上是董其昌勾结官府，操纵柴米市场，以扼制人民生活必需

---

① 计六奇：《明季北略》卷2，杨涟条。
② 黄煜：《碧血录》。
③ 以上见黄煜《碧血录》、《人变述略》。
④ 见《民抄董宦事实》。

资料，至激起以金留为首的中等阶级及平民反对派广大市民群众的大暴动。在暴动中，金留还提出学习苏州织工领袖葛贤的口号。

这些史料，"士民"即中等阶级反对派，其他大抵都属于平民反对派。在万历时，中等阶级反对派参加市民斗争，还是个别的。到天启年间，中等阶级反对派参加市民斗争，就发展成群众性的。这是中国市民斗争运动的一个新发展。由此可见，明末中国社会的矛盾所反映出来的朝廷的党争和市民群众斗争，不仅日趋剧烈，而且目的都指向腐朽的封建特权势力，并且规模也越来越大，反对派所包括的社会阶层也越来越广泛。因之，这就绝不是中世纪封建社会所能有的现象。而且这些斗争，不拘从形式和内容上看，都带着封建社会解体和资本主义萌芽过程的特征，从这里也开始表现出旧的生产关系不适合于生产力发展的新的矛盾，到明末已经是如何尖锐了。

这一点，从代表中等阶级反对派——士民的东林党人的斗争，主要的着重点在反对腐朽封建势力阻止和破坏工商业发展上看，不管他们主观上如何，但客观上都是为资本主义萌芽开辟发展道路的。所以他们受到更广大市民群众，特别是平民反对派织工集中的苏州、常州等专业大城市的士民、平民和织工的拥护。从这里，我们不仅看见了市民运动，而且也看见了他们已开始联合起来进行政治斗争。这就给许多资产阶级的史学家和经济学家，武断地说中国社会在西洋资本主义侵入以前，没有资本主义因素萌芽的荒诞的、为资本主义和帝国主义侵略中国制造理论和历史根据的妄言，以有力的批判。自然，此时还是封建社会，封建势力和封建的传统习惯的反动势力，还十分强大。所以，市民运动在万历年间还没有取得完全胜利，虽然在个别地区，某些经济的胜利是获得了，但还未能组织起自己的力量，或争取与配合农民斗争，夺取政治权力。但由万历二十四年（1596）开始到熹宗天启五年（1625）为时不过二十八九年的时间内，中国各大城市的市民斗争，特别是丝织业中心城市苏州、常州、松江等处，以士民和织工为主体的市民斗争，由几千人、万余人、数万人发展到能影响数十万人，同时由完全经济性的斗争，发展到带有政治色彩的斗争。这就有力地证明了毛泽东同志在《中国革命》和《中国共产党》一文中正确地指出的："中国封建社会内的商品经济的发展，已经孕育着资本主义的萌芽，如果没有外国资本主义的影响，中国也将缓慢地发展到资本主义社会。"富有反侵略反压迫革命传统的中国人民，特别无产者大众的英雄的反抗斗争，就是促进封建社会的崩解和资本主义萌芽成长的物质基础。

当然，此时中国还是封建社会，在封建社会中主要的矛盾还是地主与农民的矛盾。但是，封建社会末期的农民与地主间的阶级矛盾和阶级斗争，也不同于中世纪。

首先，就明代特别是明末的农业生产力和生产技术发展的情形看，几乎与清末民初没有太大的差别。关于治田的方法，已有圩田、架田、柜田、梯田、涂田、沙田，即泽卤之地，均可因人工而变为沃土。符合于农艺学原则的高度生产技术，在江南地区已经相当普遍地实行了。因之，地主老爷兼并农民土地的方法也花样翻新，特别是明中叶以后，他们对农民更展开"对于神圣所有权的最无耻的凌辱，对于人身生命的极狂暴的侵夺"。所以，明代的土地分配情形，加以洪武十四年（1381）全国垦田数字的849.6万顷为标准来看，洪武以后，随着商品经济的发展，人口日益增多，土地日益垦辟，而全国垦田数字和人口数字，却在官府会计录上不但未能增加，反而在减少。这种数字减少所说明的是负担国家赋税的小农土地为特权大地产所兼并而逃匿，是很明显的。

这个数字变化之谜，只要看看明代官僚、豪强地主、富商巨贾侵夺土地的方法之多，就可以破解。这些方法，有飞洒、隐身、养号、挂虚、过都、受献等等不下数十种。而飞洒又有活洒和死寄。其他还有"畸零带管"，有"包纳"，有"悬挂淘回"等等不一而足。在这种花样翻新的侵夺魔法之下，早就造成"豪民有田无粮"而粮无归，则"俱令小民赔偿"。朱国桢《大政记》亦载："时（英宗天顺五年——1461）松江积荒田四千七百余顷，皆重额久废不耕，税加于见户。"

因此，到明代中叶，如弘治二年（1489）皇庄官庄共占地3.3万余顷，世宗嘉靖年间（1522—1566）这种庄田扩大到20余万顷，约占有籍耕地总面积的1/20。其余还有大量土地集中于贵戚和私人地主手中。到万历时（1573—1620）除其他亲王、公主、贵戚占田不计外，赐福王庄田园4万顷时，各省政府已无地可拨。其余还有赐惠、桂二王庄田3万顷，据《明史》，到崇祯二年惠、桂二王还在湖广一带括田。巡抚洪如钟被迫奏请摊派，酌定大州县摊派150顷，中等100顷，下等50顷。按每顷地租银三两六钱之数征银输解惠、桂二王府。如此，则湖广农民未佃亲王庄田也要缴纳租银，即凭空每顷增加三两六钱的地租。同时，大官僚地主和豪商巨贾侵夺人民的土地也同样惊人，即所谓"贪绅豪民、富商大贾，求田问舍而无所底止"。

这种暴力侵夺小民土地的情形，特别在南中国纺织业中心地区的苏、松、嘉、杭一带就更严重。据广西布政使周幹自苏、杭、嘉、湖巡视回来说："苏州等处，人多有逃亡者……如吴江、昆山民田，亩旧税五升。小民佃种富室田，亩出私租一石。"顾亭林说："吴中之民有田者什一，为人佃作者什九。其亩甚窄，而凡沟渠道路皆并其税于田之中。岁仅禾一熟，一亩之收不能至三石，少者不过一石有余，而私租之重者至一石二三斗，少亦八九斗。佃人竭一岁之力，粪壅工作，一亩之费可一缗，而收成之日，所得不过数斗，至有今日完租明日乞贷者。"[①] 这就说明了

---

① 顾炎武：《日知录》，《苏松二府田赋之重》。

上述苏州城中，每日清晨无主之织工，群聚于桥头待雇的劳动力的来源，和明末苏、常各城市存在数万乃至更多的雇佣劳动者的物质基础。就是北京，也存在着"西郊贫民，每晨入佣，取直资养，迄暮归"[1]的现象。其他大城市当亦如此。

由此，可以看出明末虽然有新的资本主义生产萌芽的存在，且在增长，而社会主要的矛盾还是地主与农民的矛盾。不过，它已不同于中世纪的地主与农民的矛盾，正是因为明中叶以后，资本主义萌芽渗入农业，在江南地区地主与佃客的关系基本上成了契约关系，所以这种矛盾主要表现在农民反对封建大地产和封建特权及要求土地的平均化。如正统年间（1436—1449）福建沙田佃人郑茂七倡议不给地主送粮，以避免地主额外剥削，要地主自取租粮。这一反对封建特权超经济剥削[2]的大暴动，竟发展到数十州县，扩及全省，绝不是偶然的。至于均田的要求则更加普遍。除了明末清初思想家关于均田议论，见拙作另文清初学术思想部分外，还有朱国桢到吴江均田[3]，到处引起群众的激昂情绪和后果不计外，我们还知道天启六年爆发的明末农民大起义，不仅在组织上、顽强性上都超过了中世纪历代农民暴动和起义。特别是各路起义军竟能集13家于荥阳举行大会，议定共同的攻战计划。其后，李自成不仅能于决定大的战略计划时，开军事会议商讨，自成则"阴用其长"，而且他在进行推翻腐朽的明政权时，就提出"贵贱均田"和"平买平卖"，以及进入北京时严肃纪律，禁止士兵抢劫工商业者。所有这些，都提出了反对封建大地产和封建特权，以及保护工商业的政策。

自然，这些政策不是偶然的，而是适应着明末中国社会经济发展所提出的反封建大地产和特权，以及平均土地的进步的民主要求而提出的。[4]

五　总　结

根据以上不成熟的研究，不拘在经济上、政治上，以及社会矛盾和斗争的内容和形式上，我们都可以看见明代，特别是明末三五十年间，中国封建社会已在开始

---

① 黄暐：《蓬窗类纪》卷5，《黠盗纪》。

② 《明史》卷165，《丁暄传》："其俗佃人输租外则馈田主。"

③ 朱国桢：《涌幢小品》卷14，均田："均田……此议发之已久，余有所感揭之，抚按误采，发下时编审已定，众当愤结时，闹然并起。适按台马起莘从聘自嘉兴将至，众往迎，大刻'均田便民'四字，粘于道旁，处处皆遍。因随按台舟，自平望至郡城一百二十里，布满极目，不见首尾，愈近愈多。号呼投水者，往往而是。既至，登舆，众拥极，不得行，擒数人，旋释之。"又："据均字以一切法齐之，而各大族之子弟互纠集直犯府主，加恶声。府主震怒，多潜遁去。有二生独甚，自以名实之，以示无懼，遂逮捕不可解。而初发时率其仆从可千人，抵浔，焚余居。未至三里，或云小民聚，且格斗，乃返。余妻子皆慞不知。又分布郡城各门欲执余，余亦慞不知。而守道谢某，至欲请兵处变……汹汹者旬日乃小止。"

④ 参看列宁《社会民主党在一九〇五年至一九〇七年第一次俄国革命中的土地纲领》。

起着本质的变化。自然我们并不否认近二十余年中国史学家在研究中国封建社会长期性的问题时，所提出的中国有许多特殊性，诸如原始公社家长制，乃至奴隶制和农奴制的残余，小农经济与手工业相结合的社会结构，地主对农民残酷的剥削和压迫，统治阶级的顽固性，等等，对中国社会发展的重大阻碍。但仅只看见这些，而忽视了明代中国封建社会内部已出现的资本主义生产因素的萌芽，以及这个萌芽对于社会各方面的影响和作用，就很难全面地揭示出中国社会发展的规律，从而也就很容易陷入于把特殊性强调到超越于人类社会发展客观法则的一般性之外的错误观点。事实上，正如毛泽东同志所指出的：

> 他们不了解矛盾的普遍性即寓于矛盾的特殊性之中。他们不了解研究当前具体事物的矛盾的特殊性，对于我们指导革命实践的发展有何等重大的意义。因此，关于矛盾特殊性的问题应当着重地加以研究……为了这个缘故，当着我们分析事物矛盾的法则的时候，我们就先来分析矛盾的普遍性的问题，然后再着重地分析矛盾的特殊性的问题，最后仍然归到矛盾的普遍性的问题。①

显然，过去许多史学家（包括我自己在内）对于 1840 年鸦片战争以前中国社会中，有些什么现象属于特殊性的，又有哪些现象属于一般性的，大致都没有加以深刻的研究。所以过去断言的特殊性，似亦未见其特殊；从而也就不能透过中国社会的特殊性，而揭示出中国社会发展的一般规律。所以关于中国社会发展所具有的一般性的现象，大家也就很少提及，就是提及也是否定的态度。新中国成立以后，关于这一问题，许多同志都有了新的认识。自然还有少数同志仍旧坚持着说：只有外国资本主义侵入中国以后，中国社会才有资本主义生产因素的萌芽，并且还确定其以前的观点，说从江南一带手工业生产中嗅不出半点资本主义萌芽的气息。有的还误解毛泽东同志所说的"中国封建社会内的商品经济的发展，已经孕育着资本主义的萌芽"说：毛主席说中国封建社会母胎中孕育着资本主义的萌芽，即萌芽还在母胎中没有出现。也就是说在鸦片战争外国资本主义侵入以前，还没有资本主义萌芽的存在。这话显然是不正确的。因为他们不仅是没有了解毛泽东同志的话，而且连毛泽东同志所用名词的含义也还没有弄清楚。比如说："商品经济"这一名词在马克思列宁主义的政治经济学的范畴中是有它特殊含义的，是与自然经济不同的经济范畴。列宁在他著名的著作——《俄国资本主义底发展》第一章中，就说：

> 社会分工是商品经济底基础。

---

① 《毛泽东选集》卷 2，《矛盾论》。

又说：

> 在自然经济之下，社会系由许多同类的经济单位（家长制农民家庭、原始农村公社、封建领地）所组成，每个这样的单位都进行一切种类的经济工作，从采取各种原料起，到最后制成消费品止。在商品经济之下，创造了各种不同的经济单位，增加了单个经济部门底数目，减少了发生同一经济作用的经济单位底数目。社会分工底这种递进的增长，正是资本主义国内市场创立过程中的基本契机。

又说：

> 社会分工是商品经济与资本主义全部发展过程底基础。

特别重要的还有：

> 商品经济发展薄弱（或全未发展）的国家底人口，差不多完全是农业人口；然而不应该把这了解为人口都只是从事农业的，这只表示从事农业的人口自己加工于农产品，交换和分工差不多是完全没有的。所以，商品经济底发展就是表示日益众多的人口之与农业分离，即表示工业人口之由于农业人口减少而增加。①

由此可见，毛泽东同志所说"中国封建社会内的商品经济发展，已经孕育着资本主义的萌芽"是正确的，是马克思列宁主义在中国历史上的实际运用。而说中国封建社会内的商品经济发展，资本主义萌芽还在"母胎中"没有出来，直等到外国资本主义侵入才萌芽出来，显然是不正确的。

又有些同志虽然承认了在鸦片战争以前，即外国资本主义侵入中国以前，中国出现了资本主义生产的萌芽，明清时代中国有了许多大工商业城市，以及商业资本的活跃，等等，但却怀疑当时是否有市民运动，甚至根本否定有市民这个等级存在。这种认识也是有偏差的。这个偏差或者出于误解，因为他们一看见"市民"就硬去与"近代欧洲资产阶级前身"类比，不从当时整个中国社会经济结构的变化与发展，去看中国也有中国的"市民"。这种误解显然是由于：一方面，他们的主观意识中，还保存着中国社会在外国资本主义侵入以前，是不会有资本主义生产因素萌芽的存在。另一方面，就是对于"市民"的认识，受了一些形而上学的影响："是

---

① 列宁：《俄国资本主义底发展》，第9—11页。

就是是，不是就是不是；此外所有一切，都是由于误信邪说。"① 因而就认为：与欧洲封建时代现代资产阶级前身相同的就是市民，与欧洲不同的就不是市民。

因此，在这里我们就不能不加以解释。关于"市民"出现在中国历史上，绝不是从欧洲搬来，在明代甚至更早的时代即已出现。譬如前引吕坤在其《陈天下安危疏》中说："课既四千，征收何止数倍，不夺'市民'，将安取之？"这个"市民"倒确实有点像欧洲城市近代资产阶级前身的味道。但我们并未这样说，因为它有中国的特点。同时，因为我们所了解封建社会中的"市民"也绝不止此，它的内容比资产阶级分子要广泛不知多少倍。现在将我们所认识的这个"市民等级"提出来与大家商讨一下。

《共产党宣言》说："从中世纪的农奴中间产生了初期城市的自由居民；从这个市民等级中间发育了最初的资产阶级分子。"又说："中世纪的市民等级和小农等级是现代资产阶级的前辈。"（着重点为笔者所加）

由此可见，这个市民等级所包括的分子，在中世纪就是城市自由居民。这个市民等级是异常复杂的，在社会经济发展到一定阶段，他们原来的分化就急剧地展开来，有的发展成最初的资产阶级分子，成了现代资产阶级的前辈。有的，恐怕是绝大多数，还沦落为流氓和乞丐，有的则是"在兴发着的资产阶级旁边苟延残喘"。

由此可见，这个市民等级在资本主义生产萌芽和增长的时候，比过去分化得更厉害。这种分化的情形，恩格斯在《德国农民战争》一书中，给了我们异常明确的指示：

　　城市工商业的发展，从中世纪原来的市民内面，产生了三个不同的集团。

显而易见，这三个不同的集团，原来都是现在仍然是属于市民等级的分子。这三个大集团包括些什么成分呢？恩格斯指示说：

　　城市人民以阀阅之家为首，即所谓"名门望族"，这是最富裕的家庭。（着重点是恩格斯加的，下同。这里要注意的是他们并未如封建早期的贵族领主和地主在农村的庄园中——笔者注）……他们饶有财富及其古代贵族地位，是经帝王和帝国承认的，他利用一切可能的方法剥削城市公社，同样剥削属于城市的农民，他们以谷物和货币放高利贷；他们为自己而垄断一切；他们从公社夺取森林和牧场的使用权；为自己的私有利益而直接使用这些东西。

---

① 列宁：《什么是"人民之友"以及他们如何攻击社会民主党人》，莫斯科外国文书籍出版局1950年版，第100页。

不多抄了，总之，用中国术语所说的"豪强"及其所从事的罪恶勾当，德国16世纪的"阀阅之家"的市民都在很热衷地干着。这种"市民"在明清时代乃至更早的时代？大家不会感到面孔很生疏的吧？

其次是"反抗阀阅之家的城市反对派分成两派"，这两派是"中等阶级反对派"。恩格斯指示说："现代自由主义者之先辈，包括富裕的中等阶级，温和的中等阶级以及按照地方情形多少有点差异的较贫分子……由各处贫乏的阀阅之家不满意的分子所联合起来之党派，在公社一切常会中，在行会中，已有了大多数……中等阶级反对派要求制裁这些贵人的卑污行动，要求废止僧侣的内部裁制权和免税权；要求限制僧兵的人数"。这种反对派为着斗争所组成的党派，与明末东林党人相较，除了反对目标在16世纪的德国为僧侣，在中国为阉宦，以及因两国不同的具体情形而有所差异外，还有什么本质的差别呢？而目标不同以及某些具体情况因国情而异，这正是中国社会特点之所在；而要求的相同，这又是社会发展的普遍法则所规约着的，并不是东林党与他们所代表的中国"市民等级"与德国的有本质的差异。

其三是平民反对派，"包括中等阶级破产的分子和无公民权利的城市居民群众，如手工业工人、日工和流氓无产阶级的各种萌芽，这种萌芽在城市生活发展的最低阶段即能遇见……没有一定职业和固定住所的人民，当时由于封建社会的崩溃而渐渐增加起来，在社会中的各种职业，各种生活区域，都为享特权者所蚕食……这些漂泊者，一部分在战时从军，一部分沿途行乞，另一部分则到未加入行会组织的工业部门中去做日工糊口"。[①] 这三部分人的第三种，到城市党派斗争爆发时则参加斗争，当然他们还保存有农民性质。这种典型的例子，在中国最为特出而且最多，即明末各大城市的反矿税监反豪强的大斗争，已见上述。

到这里，我们可以看见封建社会中"市民等级"的各种人物及其活动了。由此可见，市民不仅在明清时代，乃至远到唐末和宋代，我们不都已经和他们很熟识了么？

那么，中国资本主义的萌芽，既然在明代即已存在，而且还有所增长，到17、18世纪，世界各先进国家都已先后进入了资本主义阶段，中国为什么没有发展成资本主义社会呢？关于这个问题的回答，还须考察清代前期中国社会变化与发展的具体情况，这里暂且收住。

1955 年 4 月

（刊于 1955 年第 3 期）

---

① 以上均见恩格斯《德国农民战争》，第 13—17 页。

关于历史上的民族融合问题

吕振羽

一

新中国成立以来，尤其是社会主义大跃进以来，在马克思列宁主义、毛泽东思想和党的民族政策的光辉照耀下，我国的民族关系已有了本质的变化，已由半殖民半封建社会的民族关系的性质，转变为社会主义民族范畴的性质。各兄弟民族一面大都走上了发展、繁荣的广阔道路（只有兄弟的高山族尚待解放、西藏尚未进行社会改革和改造），其潜力都将充分发挥出来，经济、文化都已经和将要获得更加迅速的发展和繁荣；一面作为民族存在的某些特征性的差别，一般都可能存留到共产主义社会的高级阶段，另一些差别性则正在逐渐减少或消失，共同性在逐渐形成、增长和发展。这是符合共产主义的目的和要求的。

到共产主义社会的高级阶段，民族将同国家、政党一样，趋于消亡，全人类将融为一体。列宁在《社会主义革命和民族自决权提纲》中说道："社会主义的目的不只是要消灭人类分为许多小国家的现象和各民族的任何隔离状态，不只是要使各民族互相亲近，而且要使各民族融为一体。"在这里，列宁不只揭示了社会主义即共产主义的长远目的和利益，而且揭示了民族关系的自然历史过程的辩证法。在一切民族融为一体以前，斯大林在《民族问题和列宁主义》中写道："……可能是这样：最先形成的，将不是一个一切民族共同的、具有一种共同语言的世界经济中心，而是几个包括一批民族的，具有这一批民族的共同语言的区域经济中心……"这种"区域"的"中心"，可能将以多民族国家或其他过程为基础而形成起来。

但这不是说，在进入无产阶级专政和社会主义社会后，"一批民族"就将在短期内融为一体，而是必须经过各民族的完全解放。列宁又说过；"正如人类只有经过被压迫阶级专政的过渡时期才能达到阶级的消灭一样，人类只有经过被压迫民族完全解放的过渡时期……才能达到各民族的必然融合。"斯大林在《联共（布）中央委员会向第十六次代表大会的政治报告》中，依据列宁的谕旨说道："我们主张各民族的文化在将来融合成一种有共同语言的共同……文化，而同时又主张在目前即在无产阶级专政时期要繁荣民族文化……应该让各民族的文化发展和繁荣起来，发挥出自己的全部潜力，以便为社会主义在全世界胜利时期各民族的文化融合成一种共同语言的共同文化创造条件。"因此，关于各民族间的差别性的东西，不论表现在语言、文化、生活方式、风俗习惯等方面，或其中几个方面或其重要的一个方面还在实际生活中发生作用，就不容忽视那种差别的存在，必须依据马克思主义去处理。但这也不是说，在社会主义社会以前的历史时代，就没有民族间的融合或共同性的形成、增长等情况存在。而这也正是社会的自然历史过程的反映，人类以往全部历史的实际情况确证了这种过程的存在。

原始公社制时代部落间的融合，是不能和社会主义时代民族间的融合相比拟的；但都是以相互平等为基础的，其间没有阶级压迫、剥削制度的存在，没有民族压迫制度的社会根据，也就没有强制同化的社会根据。在阶级社会时代，阶级压迫是产生民族不平等和民族压迫制度的基础，并每每表现为强制同化政策。在各民族劳动人民相互间，是不存在剥削被剥削和压迫被压迫的社会根据的，反映到他们身上的民族间的不平等关系只是一种假象，他们相互间的关系本质上是平等的——这也正是他们能够结成良好的关系的基础。各民族，尤其是长期生活在一个国家内的各民族劳动人民间，在不可避免的相互接触、不断增强的经济、文化联系的纽带作用中，在共同进行的生产斗争和阶级斗争中，必然地互相影响互相传授、学习和吸收彼此的东西，逐渐引起差别性的削弱、减少以至消失，共同性的形成、增长和发展，表现为一种自然融合的趋势。这种融合是符合劳动人民的利益和历史发展的要求的，不只与强制同化有原则区别，而且正是其对立面。历史上一切剥削阶级处理民族关系的政策和措施，本质上都是为其阶级服务的，其中有些是反动的，也有些是在客观上起过进步作用的——如李世民、朱元璋等所谓"一视同仁"的方针等等——奴隶主、封建主和资产阶级在革命时代的有关民族的政策和措施，大都有一定的进步作用。

二

我国自古以来就是个多民族的国家，秦汉以来就是个中央集权的统一国家——虽有三国、十六国、南北朝、五代十国、辽金的分裂局面，总的过程基本上是统一的。在这个统一的大国家内，历史的实际情况表明：（一）各地区各民族的社会发展极不平衡，直到人民解放战争胜利前，一面有先进的解放区，一面则存在殖民地半殖民地半封建性的过渡形态以及封建制、奴隶制、才有阶级制度萌芽的原始公社制诸形态。（二）各民族间形成相互交错的、插花的、分散的聚居、杂居和散居状态，其中汉族人口特别多，住区特别大，人口分布到了全国各民族地方，经济、政治、文化的发展自始便居于先进地位，表现和发挥了主体民族的主导作用。（三）各王朝的统治集团大多是由汉族统治阶级为主体组成的；只有当汉区生产衰退、阶级关系紧张、统治阶级内讧的时机，某些兄弟民族的统治者或上层集团，才能起而联合汉族统治阶级内部的反对势力，以自己为主体建立起新的王朝或局部统治。（四）由于汉区地大、人众、生产较发达，在和平的年月，来自汉族农民的封建剥削所得，已能满足统治阶级肠胃消化力的需要而有余。因此王朝的朝廷便不渴望去对其他民族进行经济榨取，对少数民族的索取每每只在于贪新猎奇和特殊需要，从秦汉起，便常以先进的、大量的、具有较高、较多价值的绢、绸、布、帛、盐、茶、粮食、医药、金属工具和用具等等，通过"贡""赐"和"互市"等特殊形式，去换取各兄弟民族及国外的牲口、药材、皮毛、宝石、奇花异木、珍禽异兽及其他土特产等等。所以不论在哪个朝代，各兄弟民族的上层总是要求朝廷允许增多"朝"、"贡"和"互市"的次数与人数。这和日益发展与扩大的民间贸易（通过"互市"与直接交易）相结合，便逐渐发展成为其他各族和汉族在经济上的不可分割性和相互依赖性，因此，除去某些朝代的统治集团的残暴、落后、反动，或由战争所造成的紧张情况外，民族间的关系一般都不是很紧张的。（五）正由于早就存在着这种聚居、杂居、散居的情况便利于各族人民的相互迁移和往来，加之各朝都有大小规模的阶级战争以至各族内部各统治集团间、各族统治集团相互间的战争等原因，都不断迫使各族人民，尤其是常常在苛重负担下的汉族劳动人民，不只是个别，并每每成群结队，为谋生和反迫害等原因而逃亡、迁徙到他族地区或边疆，留住下来，此外因出征和行商前去的也不少。他们移去以后，便和当地兄弟民族的人民一道，开发生产、建立家园、组织和进行反压迫斗争。这种共同斗争，正是各民族劳动人民共同开辟祖国疆土、创造祖国历史和文化的一个方面，也正是促进各民族相互间的共同性的形成、增长或自然融合趋势的基本动力的一个方面。

这种历史情况，规定了以往我国民族关系发展的具体过程，也规定了解决我国民族问题的马克思主义道路。这种具体的历史过程，一面是各族劳动人民在平等基础上的相互关系的发展的历史，以不可分割的经济联系、文化交流为纽带，便利于较落后的兄弟民族，不断接受先进民族的先进生产方法的影响，促起社会前进，这同时反映了各民族间的自然融合的趋势，共同性的形成、增长以至融合的趋势，这是主流。一面是各王朝对各族人民实行阶级制度的统治的历史，它们对各族所采取的经济、政治，军事、文化等方面的政策和措施，都是为着巩固、维护统治和其狭隘的阶级利益出发的；它们为着维护或巩固统治，并每每采取各种各样的愚弄人民的手法，来制造民族间的隔阂和歧视，给民族关系造成恶劣的影响；总的说来，各王朝对各民族所采取的政策和措施，大都是阻碍和违反了自然融合的趋势、历史前进的趋势，但有的也促进了这种趋势。

由殷商到战国时期。在商朝奴主国家内，包括有人方、土方、周、荒、蜀等许多古代民族。在反奴主集团的斗争中，连同殷人在内，一面是以周人为中心的各族，即所谓"八百诸侯"和庸、蜀、羌、髳、微、卢、彭、濮人等，一面是各族劳动人民所构成的奴隶阶级的起义，如所谓"前徒倒戈"等等。各族革命人民在反商的共同斗争中，在由西周到战国的改革旧秩序、敷设新秩序和开发生产的共同斗争中，散布在黄河、长江中下游的各族，除个别外，便以周人殷人为中心形成为华夏族。当时散布在中国境内的其他各族，也由于长期间的共同斗争，增进了和华夏族间的联系。

由秦汉到南北朝。许多散在边疆的部落相继迁入"塞内"。汉末、三国、两晋间，在阶级矛盾和民族矛盾扩大的形势下，所谓"八王"、"五胡"（匈奴、羯、鲜卑、氐、羌）南朝北朝各统治集团间为争权夺利，在华北和西北一带杀来杀去，遭受灾难的都是各族劳动人民。所谓"骸骨成丘山"、"千里少人烟"，正是当时的惨状。在那样苦难的年月里，各族统治集团为其阶级利益，反而去制造民族间的隔阂和仇视；而各族劳动人民为着共同的生存，为着反迫害的自卫和恢复生产、重建家园，便开展了共同的斗争，结成日益密切的战斗友谊、苦乐相关的生活关系，便逐渐在血统、语言、文化、生活、风习等方面接近以至融合起来。这又促起各族统治集团也不能不从各方面来适应这种趋势。因此到周隋间，又以汉族为中心，形成了一个具有新内容、新面貌的汉族。这期间，如两汉朝廷对各民族实行了经济交往、文化交流、"和亲"等项政策，以及派遣大量军队（主要是由劳动人民组成的）前往边疆驻防、屯田并让兵士落户等等，北魏朝廷使居于支配地位的鲜卑族"汉化"的政策，等等，客观上都对民族间的联系和自然融合起了促进作用。

在五代、辽、宋、金、元间，各族统治集团间的关系是杀气腾腾或奴颜婢膝的。而进到内地的突厥、契丹、女真、蒙古、西夏（是以藏人为主要成分形成的）各族劳动人民，在无比众多的汉族人海中生活，在经济、文化等方面都不能离开汉族劳动人民而生活下去的情况下，便形成了另一种不同的关系：由于相互间的联系日益增多起来，由统治阶级所造成的隔阂、歧视与不平等关系便逐渐清除，恢复到劳动人民间的本来的平等关系，并逐渐从感情上接近、从特点上减少或消失原来的民族差别，以汉族为中心融合起来，成为具有更新的内容和面貌的汉族（同时也有不少汉人融合在女真人、藏人或蒙古人里面；改变了女真族、藏族或蒙古族的内容和面貌）。所以当突厥贵族为主体的后唐、后晋、后汉统治，契丹贵族为主体的辽朝统治，女真贵族为主体的金朝统治垮台后，便没有多少突厥人、契丹人或女真人回到原住地区。当元廷号召南去蒙人北归时，连驻防内地和西南边疆的军队在内，都没有多少人北归。所以到明末，顾炎武说，山东的汉人，不少是女真或蒙古人的后裔。其实，其时全国，尤其是华北和西北的汉人，都杂有不少突厥、契丹、女真、蒙古、藏、回纥人的成分。

另方面，在元朝统治的90年间，不少汉族人民在第一期反元斗争失败后，便相继进到南方、西南、西北各兄弟民族地方，发动和组织各族人民共同进行反迫害的斗争，并和各兄弟民族的人民共同进行生产、开发边疆。在长期的共同斗争、共同生活中，日益紧密了相互间的关系，形成和增长着相互间的共同性，减少或消失差别性，并有不少汉人融合在各兄弟民族里面。

这是在我国的奴隶制和封建制时代，关于民族融合的一些重要情况；它是遵循着劳动人民间的相互平等的轨道和自然融合的趋势进行的。

三

在鸦片战争到人民大革命胜利的109年间，由于中国资产阶级没能领导起民族民主革命和取得胜利，中国资本主义没能发展起来，中国民族也就没能形成近代资产阶级民族；由五四开始的新民主主义革命，是中国无产阶级领导的，自此中国民族就开始走上了形成社会主义民族的道路。

在这109年中，一方面，中国各民族人民间的良好的友谊和团结，在下述的情况下有了极大的发展和加强。（一）由于各民族人民共同遭受帝国主义、封建主义、官僚资本主义的残暴统治和命运的一致，为着共同的前途便共同进行了反帝反封建的斗争。这在旧民主主义革命时期，波澜壮阔的太平天国革命运动，是汉、壮、瑶各族人民所发动，在全国各民族人民的支持与配合下发展起来的；陕甘的回民起义是在汉族等各族人民的支持下坚持斗争的。不只如此，孙中山为首的同盟会领导的革命，不只有出身于不同民族的仁人志士的参加和同情，并曾使各族人民一度寄予期望。各族人民在这里那里共同或单独掀起的自发性的武装斗争，几乎所有民族地方都不只发生过一次。特别在中国共产党领导的新民主主义革命运动中，从共产党诞生的那天起，各民族人民就把彼此的命运和争取解放的斗争完全联结在一起，就把全部希望寄托于党。因而自始就有各族人民的优秀子弟进到党内，如关向应、向警予、马骏、韦拔群等同志都是著名的好共产党员。

党领导的革命斗争，无不得到各族劳动人民舍生忘死的支持和参加。人民解放军和其前身的八路军、新四军……以至工农红军，都是在各族劳动人民的扶植、爱护下成长和壮大起来的，其中如开创广西左江和右江的苏维埃区域的红七、八军，是僮、瑶、汉等族劳动人民的子弟组成的；开创和坚持东北抗日游击战争的抗日联军，是汉、满、朝鲜、蒙古、回、达呼尔、鄂温克、鄂伦春、赫哲等族劳动人民的子弟组成的；开创海南岛抗日游击战争的琼崖纵队，是汉、黎、苗等族劳动人民的子弟组成的；冀中回民支队是回族劳动人民的子弟组成的；维吾尔、哈萨克等族人民所进行的"三区革命"和配合人民解放军解放新疆的斗争，是人民革命的一个部分。特别是震动全世界的红军二万五千里长征，像一条红线和一盏万丈明灯一样，把华南、西南、西北各兄弟民族贯穿起来，并照亮了他们的前途，所以到处都受到他们亲人般的支持和合作，他们接受了革命影响并参与斗争，以至建立起党的组织和红色政权，他们还让自己的优秀子弟参加红军，等等。尤其重要的，是人民解放军第一、二、三、四野战军进军西北、西南、华南和中南解放全部大陆、海南等沿海岛屿和各兄弟民族，是得到各族人民的支持和配合的，是各族人民共同建立的迈越前史的丰功伟绩。这种为我们前人所想象不到的伟大革命，使各民族人民结成了血肉相连、兄弟手足的关系，开创了各民族一律平等、团结、互助、友爱、合作的民族大家庭，写出了真正的人类历史的新页。（二）由于外国资本主义破坏了中国自给自足的自然经济的基础，破坏了城市手工业和农民的家庭手工业，造成了大量农民和手工业的破产。（《中国革命与中国共产党》）这种破产的汉族农民和手工业者，一部分不断流入城市充当产业工人和其后备军，大部分为着谋生和就业，则相率闯关犯难，不断去到边疆或少数民族地区。今日的北满、内蒙古、青海、新疆、甘边、滇边以及广西、贵州各民族地区的汉人，不少是在这 109 年间由内地前去的。其中大部分是具有较先进的农业生产技术和经验的农民，由于他们前去，当地才有了农业，或者才使用较先进的农具和采用较先进的耕作法……一部分是掌握各种技艺的手工工匠，如在 30 或 60 年前，贵州、广西、云南、川边民族地方的铁匠、木匠、车匠、石匠、蓑衣匠、砖瓦匠、裁缝等工匠，都是由湖南、四川等处汉区前去的，最初大都是春去冬归，后来便留住下来，后来由当地民族出身的各种工匠，大都是他们带出的徒弟。进到内蒙古等兄弟民族地区的山西、河北、陕西、甘肃等处汉族地区的各种工匠，情况也大抵一样。因此说，由于大量的汉族劳动人民前去，便促起了所在地方生产的发展，而又和当地兄弟民族人民一道开发了祖国的边疆；同时又促起各族人民在语言、文化、生活、风习等方面的相互影响、接近、传授、学习和吸收。

　　另一方面，下述的情况又阻碍了中国各民族间的良好关系的发展：（一）在这

109 年间，商品经济得到前所未有的发展，它伸到了全国的每个角落，给了民族资本的发展以一定的刺激作用，也加强了民间的联系；但由于遭受帝国主义、封建势力压迫和束缚的民族资本，始终都较微弱，支配全国市场的始终是外国资本主义——帝国主义的经济势力，它极大地阻碍了中国各民族生产的发展、文化的进步。（二）由于在社会经济中起主导作用的是殖民地半殖民地半封建性的东西，它不只未能改变历史上遗留下来的封建性的不平衡发展状况，而由于帝国主义在中国划分势力范围或实行市场分割等原因，更扩大了全国各地区、各民族以及各民族内部各部分间发展的不平衡。这在一方面，表现为各民族的社会发展进程，如前所述，存在着各种社会形态。一方面，那些与汉族长期杂居或散居在汉族地区的各兄弟民族如满、回等，住区交错和杂居的如白、土家等，基本上已接近汉族的发展水平；某些兄弟民族如童、彝、苗、藏、瑶等，与汉区邻近、交错或和汉人杂居的地方，已接近于汉族的发展水平，而在他们聚居的其他部分比较落后，有的甚至落后一个或两个历史阶段；某些兄弟民族如鄂温克、佤佤、黎等，与汉区及其他较先进的民族地方邻近、交错或杂居的部分，发展到了封建制，而其聚居的中心区（山居）却还保留有原始公社制的形态，等等。一方面，汉区各个地方的发展也是不平衡的：资本主义的工商业生产主要集中在沿海沿江；农业方面的资本主义生产，越到偏僻地区越落后、比重越小。这表现着传统的封建性的不平衡状况和在不平衡发展法则基础上产生的新的不平衡状况的交织。（三）晚清朝廷、北洋政府、国民党政府都曾对国内各民族推行过强制同化政策。如在各民族地区兴办学校，在客观上是有进步作用的；但它们只许用汉语汉文或满语满文教学而不许使用本民族的语文，这只有那些自己没有文字的民族才肯接受，对那些有自己文字的民族便到处都引起不满和反对。不只如此，它们还推行了一系列的民族压迫政策和强制同化的步骤，这都是加多了民族关系的紧张程度的。所以在这 109 年间，各民族人民与反动政府间的关系始终是比较紧张的。日本帝国主义在我国的台湾和东北以至在我国"抗战时期"的"敌占区"，以极大的暴力和野蛮手段推行了强制同化政策，伪政权和一切教育文化机关、公共和交际场所，都不许中国人用中国语文，只许使用日语日文，等等，这在客观上也没有半点进步作用，完全是反动的，所以除受到中国各民族人民的一致反对外，日寇并没有得到什么。

上述两个方面的情况的交错和影响，反映到民族关系和民族融合问题上，具体表现为：各民族人民间的亲如手足的关系在日益增长，各民族人民与反动政府间的关系始终都比较紧张；各少数民族的语言、文化、生活、风习等特点，一面没得到适当的发展，一面又在民族内部产生了不同程度的差别性；各民族相互间的共同性有了不同程度的形成和增长，但又极不平衡。在语文上，如回、满、土家等族，除去都保有个别特殊语汇外，都和汉族使用了同样的语言和文字；白、羌、畲、京等族，都是全部或差不多全部能兼用民族语言和汉语，通用汉文，散布在交通要道区域的羌人还以汉语为唯一的交际工具；蒙古、维吾尔、苗等族，都有不小一部分人能使用汉语，并都有一部分人已不能使用民族语言；童、藏、彝、高山、达呼尔、黎、鄂伦春、鄂温克等族都有不小一部分人能兼用汉语和民族语言；有些兄弟民族除使用民族语言外，都有一部分人能兼用其他几个民族的语言，如青海的土族能使用汉语和藏语，瑶族能使用童语和汉语，达呼尔族的语汇包含有蒙汉语的不少成分，大部分人能使用汉语和蒙语；云南边疆的傣、佧佤、景颇、傈僳、僾尼、拉祜、布朗、瑶、彝、汉等族人民，几乎都有一部分人能互通邻近兄弟民族的语言和使用，傣语、汉语、景颇、佧佤关于生产工具和农产物的语汇多同于汉语，如景颇语的"犁"、"连枷"、"鹰嘴"、"稻拍"（谷）、"麦芽"（麦）等等；新疆维吾尔以外的其他各兄弟民族，都有一部分人能兼用民族语言和维语；同时，从朝鲜族到维吾尔族、从鄂伦春族到藏族的民族语言，大都包含有不少汉语语汇，汉语也不断吸收了其他兄弟民族语言的成分，等等。另一方面，如苗、瑶、锡伯等族，在同一民族内的各部分间的方言，又存在着不小的差别。在文化、生活、风习等方面，各民族都保有自己的民族特点和优良的东西（自然也都有不好的糟粕的东西）；同时又不断形成和增长了相互间的共同性。这特别是在全国各少数民族和汉族间，突出地表现为各少数民族更多地接受了汉族的影响，如文化艺术的成果、服装和房屋建筑的样式、婚丧仪制等方面，各兄弟民族接受汉族的影响几乎是普遍的，只有程度的差别；汉族传统的春节、清明、端午等节日，也几乎成了各兄弟民族共同的节日，等等。各兄弟民族相互间的这种共同性的形成，是符合于历史前进的要求的。

四

历史上形成的各地区各民族间、各民族内部各部分间的那种不平衡的发展，只有到社会主义时代，通过统一的规划、安排和紧张的努力，才能在一定的时期内使落后民族赶上先进民族，共同建成社会主义，才能解决这种历史性的发展不平衡的问题。民族平等融合的自然趋势，也只有在无产阶级专政的时代，才能沿着无比广阔的大道得到无阻碍的发展；历史上所形成和增长起来的民族间的共同性将充分发挥其积极作用，发挥其作为共产主义社会民族融合的准备条件的积极作用。

历史上的强制同化政策，一般都遭到劳动人民的反对，由于它是建筑在阶级和民族压迫制度的基础上、民族不平等的基础上，是违反人类历史的前进方向的，所以它反而常促起民族关系的紧张；属于强制同化政策的某些方面或步骤，之所以能够为人民所接受而产生作用，是由于它在客观上是适合了自然融合的趋势，产生了促进这种趋势的作用。民族融合的自然趋势在阶级社会时代也能表现为进步趋势，由于它是以劳动人民间的相互平等为基础的，是适应于历史前进的趋向的；在相互平等的基础上的融合，谁也不受到任何迫害或损失，只会增强人类集体的力量和加快历史的进程，不过在阶级社会，其道路是很狭窄的、进度是很迟缓的。

（刊于 1959 年第 4 期）

中国封建土地所有制的形成

林甘泉

在人类历史上，土地成为私有财产是比较晚的事情。最先成为私有财产的是商品和奴隶财富，后来有了货币财富，最后才出现土地财富。

中国古代的土地所有制是属于马克思所说的亚细亚的形态。① 在这种形态下，国君是最高的所有者或唯一的所有者，"个人只是占有者，根本没有私有的土地财产"②。春秋战国之际，这种公社土地所有制发生了激烈的变动。秦汉以降，许多学者正确地指出了这个变动的基本内容是土地私有制的产生，其后果则是"废井田"、"兼并起"、"富者田连阡陌，贫者无立锥之地"。在古代希腊和罗马，紧跟着土地私有权的足迹而来的，是奴隶劳动"成为全社会底上层建筑赖以建立的基础"③，而在我国，土地私有权的确立却构成了由奴隶社会向封建社会过渡的一个重要标志。换句话说，春秋战国之际土地关系变化的实质不是别的，乃是封建土地所有制的形成及其确立。同样是土地私有化，为什么在不同的历史条件下却反映了不同的历史过程？本文试图就中国封建土地所有制形成的具体途径问题作一些探索。

一

在谈到中国封建土地所有制的形成问题时，人们很容易首先想到西周的分封制，因为这种分封制很像是封建的土地等级结构。

任何私有财产的基础都是占有，但并非任何占有都能构成法权观念上的私有财

---

① 本文所使用的"古代"一词，专指与"古典的古代"相应的奴隶社会阶段而言。
② 马克思：《资本主义生产以前的所有制形态》，据刘潇然同志译稿。
③ 恩格斯：《家庭、私有制和国家的起源》，人民出版社版，第161页。

产。马克思曾经指出过："只是由于社会赋予实际占有以法律的规定，实际占有才具有合法占有的性质，才具有私有财产的性质。"① 从这一意义上说来，研究财产的法权观念——例如分封制——对于阐明所有制问题无疑是很重要的。但是所有制问题的实质并不是人们单纯占有财产——动产或不动产的问题。封建土地所有制是历史上一种特定的生产关系，它不仅是土地所有者对土地的关系，而且是它对直接生产者的关系。封建主之所以是封建主，并不仅因为他占有土地，而且是因为在他和依附于他的农民之间，存在着一种封建的剥削关系。因此，在研究土地所有制的各个历史形态时，不能离开直接生产者和生产资料相结合的方式这个首要问题。

我们知道，政治经济学（历史科学也同样）所要研究的财产关系，并"不是就其法律表现即作为意志关系把它总结起来，而是就其现实形态即作为生产关系把它总结起来的"。② 有些人在研究土地所有制问题时，常常喜欢引用马克思在《资本论》第 3 卷中的一段话：

> 土地所有权的前提是某一些私人独占着地体的一定部分，把它当作他们的私人意志的专有领域，排斥一切其他的人去支配它。

但是马克思紧接着在下面说的另一段话，通常却容易为人们所忽略：

> 关于那些私人使用或滥用地体一定部分的法律权力，没有什么问题需要解决。这种权力的使用，完全依靠各种经济条件，那是不以他们的意志为转移的。③

可见，问题的实质决定于所有制的经济内容，而不决定于它的法律形式。所以马克思又说："地租的占有是土地所有权由以实现的经济形态。"④ 土地的占有如果只具有法律的形式，而不能实现为地租的占有，那在经济上是没有什么意义的。

土地占有的等级结构并不是封建土地所有制的本质特征，采邑制也并不就是封建的土地所有制。古代东方的一些奴隶制国家，都曾存在过采邑制，例如古巴比伦在加喜特王朝时，国王常颁赐许多采地给自己的官吏、显贵和亲近。埃及古王国时期的美腾自传中写道，国王曾把国内北部和南部的一片土地颁赐给他。在罗马共和国，根据盖乌斯·革拉古的立法，执政官在任职期满时分配的行省，实际上也是一

---

① 《马克思恩格斯全集》第 1 卷，第 382 页。
② 《马克思恩格斯论国家和法》，法律出版社，第 17 页。
③ 《资本论》第 3 卷，第 803—804 页。
④ 同上书，第 828 页。

种采地。至于法兰克时代的采邑制，恩格斯指出它只是领地制的一种萌芽，由它所产生出来的社会等级制度，只是"以后闭锁的封建等级制的基础"。

因此，尽管西周存在着分封制和采邑制，大小封君虽然可以说是封土名义上的所有者，但他们这种名义上的所有，正如马克思所指出的英国女王是一国全部土地名义上的所有者一样，是没有多大实际意义的。因为这种分封并没有改变现实的公社土地所有制（奴隶主的土地国有制），"普天之下，莫非王土"、"田里不鬻"依然是当时土地关系的基本准则，封建式的私有未曾出现，直接生产者和生产资料相结合的方式依然是亚细亚的形态。像这样一种情况，和封建土地所有制已经确立的情况是有很大区别的。

这样说，是不是分封制和采邑制对于土地关系的发展变化就毫无意义了呢？绝不是的。分封制和采邑制虽然不等于封建制，但土地占有既被赋予了法律上的规定，私有制的因素就要对它产生一定的影响。我们虽然不应当把西周的分封制和采邑制看作是封建土地所有制确立的表现，但却必须考虑到它在土地私有制发生发展过程中所起的作用。分封制和采邑制并不是一成不变的东西。随着周王室的衰微，大小封君任意支配和处置自己封土的情形越来越常见。当生产力和商品货币关系的发展引起公社内部私有制的因素大大加强，终于导致公社土地所有制逐渐瓦解的时候，通过各种方式赏赐的土地成为真正的私有财产，也就只是一个时间问题了。

按照周初的制度，周天子以全部土地最高的所有者或唯一的所有者的资格，是有权削夺大小采邑主的封土的。诸侯对于天子的关系，有所谓"一不朝则贬其爵，再不朝则削其地，三不朝则六师移之"的规定。[①] 但事实上，周天子能否实现他的权力，主要取决于王室有无足够的力量。西周初年，王室的力量是强大的。它拥有成周八师和殷八师，在军事上占着绝对优势。我们看《周书·康诰》、《周书·酒诰》中的语气，王室的威权不能不说相当显赫。大约也只有在这一时期，周天子才真正名副其实地是全部土地的最高所有者。从金文中可以看到，周初的采邑是不能私相授受的。如成王时代的《中鼎》载：

> 佳十又三月庚寅，王才［在］寒㑊［次］。王令大史兄㽙土。王曰："中，丝兹㽙人入史易［锡］于珷王乍［作］臣，今兄奥女［汝］㽙土，乍乃采。"中对王休令，鼎父乙𬥿。[②]

这是说，成王锡兄㽙土，兄复转让于中以为其采邑，因为不能私相授受，所以要由

---

① 《孟子·告子下》。
② 郭沫若：《两周金文辞大系考释》。

王命转赐。又《大保簋》：

> 王辰［俾］大保易［锡］休余［柗］土。①

大保是召公，休是作器者名，余是国族名，铭文的意思和《中齋》王令兄奥中袅土相似。

懿王时代的《大簋》载：

> 王呼吴师召大锡□□里。王命善夫豕曰（谓）□□曰："今既锡大乃里。"□侯豕璋帛束。□令豕曰（谓）天子："余弗敢□［婪］。"豕与□頯［履］大锡里。②

周懿王把□□的采邑转赐大，□□只能说："余弗敢婪。"可见周天子是有权力把采邑收回的。

但是在懿王时候，我们也已看到有的采邑主裂土封赐臣下，已不再经过王命认可。很可能，首先是一些强大的采邑主这样做。如这一时期的《卯簋》载荣伯命卯官司□京□人，赐之田四处：

> 荣伯呼命卯曰……今余佳令汝□□□□□人，汝毋敢不善。锡汝瓒璋三，□一、宗彝一，将宝；锡汝马十匹、牛十；锡于屮一田，锡于窎一田，锡于队一田，锡于□一田。③

又夷王时代的《不□簋》记伯氏以田分赐其子不娶：

> 伯氏曰："不□：汝小子，汝肇诲于戎工，锡汝弓一、矢束、臣五家、田十田。"④

懿王、孝王以后，以田邑作赔偿或报酬和交换田邑的材料也多起来了。孝王时代著名的《曶鼎》记匡季抢劫了曶的十秭禾，曶告到了东宫那里，结果匡季以田七田、人五夫加上禾十秭作为赔偿才了事。又厉王时代的《□从□》记章、□两人

---

① 郭沫若：《两周金文辞大系考释》。
② 同上。
③ 同上。
④ 同上。

同日以邑里与□从交换。《□人盘》记□人因业于散邑，以眉田和井邑田报之散氏。① 所有这些以田作为报偿或交换田邑的行为在当时都是合法的。《□人盘》详细地记载了眉田和井邑田的封疆四至。在交割之日，两处田官当众立誓，示无爽变，然后授其疆里之图。

采邑可以分封、交换和作为赔偿、报酬之用，这说明私有制的因素已经悄悄地对土地所有制产生了作用，虽然这种因素还没有影响到土地关系的本质。

春秋时代，周王室在名义上还具有削夺大小采邑主封土的权力，如周桓王曾经"取邬、刘、□、邗之田于郑，而与郑人苏忿生之田：温、原、絺、樊、隰、攒茅、向、盟、州、陉、隤、怀，凡十二邑"②，周惠王曾经"取芮国之圃以为囿"，"夺子禽、祝跪与詹父田，而收膳夫之秩"③。但实际上这种权力往往遭到强烈的反抗。上述二例，前者之后果是周、郑因而交恶和苏氏叛王，正如《左传》所云："君子是以知桓王之失郑也。恕而行之，德之则也，礼之经也。己弗能有而以与人，人之不至，不亦宜乎。"④ 后者则是引起"芮国、边伯、石速、詹父、子禽、祝跪作乱，因苏氏"。⑤

周天子这种"己弗能有而以与人"的空头人情，后来在襄王时又扮演了一次。周襄王为了报答晋文公勤王杀叔带的功劳，又把阳樊、温、原、攒茅之田赐给他。但实际上，这四处的采邑主和人民根本不理会这回事，公开拒抗，晋文公是靠自己的武力才把这四邑拿下来的⑥。

各国交换田邑的现象越发常见，而周天子完全无法加以干预。《左传》隐公八年记述春秋初年鲁、郑二国换田说："郑伯请释泰山之祀而祀周公，以泰山之祊易许田。"许田原先系成王赐给周公作为鲁国朝宿之邑，祊田则是郑桓公助祭泰山汤沐之邑。按说，许田有周公之祀，鲁国是不该放弃的，但两邑交换，各近本国，对两国都有利。现实的经济利益压倒了传统的道德观念，两国终于在鲁桓公元年成就了这宗交易，郑国添加了璧给鲁国。值得注意的是，许田在王畿，而两国在这宗交易的过程中，把周天子完全撇在了一边。

《周礼》和《礼记·王制》中关于五等爵禄的记载虽不可信，但采邑的封赐原先是有一定制度的。《国语·晋语》载：

---

① 郭沫若：《两周金文辞大系考释》。
② 《左传》隐公十一年。
③ 《左传》庄公十九年。
④ 《左传》隐公十一年。
⑤ 《左传》庄公十九年。
⑥ 《左传》僖公二十一年。

秦后子来仕，其车千乘。楚公子干来仕，其车五乘。叔向为太傅，实赋禄。韩宣子问二公子之禄焉，对曰：大国之卿，一旅之田；上大夫，一卒之田。夫二公子者，上大夫也，皆一卒可也。宣子曰：秦公子富，若之何其钧之。对曰：夫爵以建事，禄以食爵，德以赋之，功庸以称之，若之何以富赋禄也……秦楚匹也，若之何其回于富也。乃均其禄。

韩宣子认为秦公子富，楚公子贫，如果赋禄相等，不太合理。但叔向是个守旧派，他据制度以驳之。韦昭注："五百人为旅，为田五百顷"；"百人为卒，为田百顷"。按照旧有的制度，大国之卿禄田五百顷，上大夫禄田百顷。叔向的意见虽然占了上风，但从这条材料却可以看出，原来的采邑封赐制度到了春秋时代已经开始动摇了。《左传》襄公二十六年载：

郑伯赏入陈之功。三月甲寅朔，享子展，赐之先路三命之服，先八邑。赐子产次路再命之服，先六邑。子产辞邑曰：自上以下，降杀以两，礼也。臣之位在四，且子展之功也，臣不敢及赏礼，请辞邑。公固予之，乃受三邑。

又襄公二十七年：

［卫献公］与免余邑六十，辞曰："唯卿备百邑，臣六十矣，下有上禄，乱也，臣弗敢闻。且宁子唯多邑，故死，臣惧死之速及也。"公固与之，受其半。

子产和免余都是知礼之人。按制度，子产合当受二邑之赏，而免余不该备百邑，所以他们都辞多邑。但终究也还是超出了制度规定。

实际上，春秋时代各国国君随意赏赐土地的情形已经很常见。《叔夷钟》记齐灵公赐叔夷"□□□□，其县三百"。《□□》记齐侯赐□叔"邑二百又九十又九邑"。[①]《左传》所见的例子更多，如僖公元年，"公赐季友汶阳之田及费"；僖公三十三年，晋襄公"以再命命先茅之县赏胥臣"；宣公十五年，晋景公"赏士伯以瓜衍之县"；襄公二十七年，"宋左师请赏，曰请免死之邑。公与之邑六十"；昭公三年，晋平公赐郑公孙段州田。最有意思的是晋惠公。当他逃亡在外的时候，为了广树恩信，争取回国继位，早就许下了许多封赏。《国语·晋语》载，他对秦国的使者公子絷说："中大夫里克与我矣，吾命之以汾阳之田百万。平郑与我矣，吾命

---

①　郭沫若：《两周金文辞大系考释》。

之以负蔡之田七十万。"他还答应贿赂秦国"河外列城五"。但当他达到目的以后，却把这内外之赂都丢到了脑后。

卿大夫之间交换田邑的现象也很普遍。如《左传》昭公七年："子产为丰施归州田于韩宣子……宣子为初言，病有之，以易原县于乐大心。"这种交换，式微了的国君同样也是无法过问的。

掌握实际政权的卿大夫，还以赏赐土地来收买人心和培植自己的势力。邾庶其以漆闾丘奔鲁，季武子"以姬氏妻之而与之邑"①，陈桓子伐乐、高氏，分其室，凡齐"公子公孙之无禄者，私分之邑"②。

田邑是当时计算财富的一项重要内容。正如士燮所说："无土而欲富者，乐乎哉。"③乐书仅有一卒之田，被认为贫。却至一族三卿五大夫，"共富半公室，其家半三军"。④《左传》襄公二十八年载：

> ［齐景公］与晏子邶殿，其鄙六十。弗受。子尾曰：富、人之所欲也，何独弗欲？对曰：庆氏之邑足欲，故亡。吾邑不足欲也，益之以邶殿，乃足欲。足欲，亡无日矣。在外不得宰吾一邑，不受邶殿，非恶富也，恐失富也。

但是像晏子这样不贪富的人是不多的。春秋将近三百年时间内，充满了争夺田邑的斗争。王室与诸侯、卿大夫之间，诸侯相互之间，诸侯与卿大夫之间，卿大夫相互之间，常常为了一田一邑，引起无数的纠纷。王室与各国卿大夫争田之例，如"晋却至与周争鄇田"⑤，"周甘人与晋阎嘉争阎田"⑥。诸侯争田之例，如鲁"取济西田，分曹地"⑦，"郑伯伐许，取钼任泠敦之田"⑧。诸侯与卿大夫争田之例，如楚灵王"夺□居田"，后者因而作乱。⑨卿大夫争田之例，如晋"却锜夺夷阳五田"，"却犨与长鱼矫争田"。⑩在争夺田邑的斗争中，双方往往不惜用尽种种欺诈、掠夺乃至流血的手段。

但是应当指出，采邑在春秋时代毕竟还是一种禄田，它还不同于后来地主的土地。当时的情况是官以庇族，禄以食爵；无政无爵，按规矩是不能享有田邑的。所

---

① 《左传》襄公二十一年。
② 《左传》昭公十年。
③ 《国语·晋语》。
④ 同上。
⑤ 《左传》成公十一年。
⑥ 《左传》昭公九年。
⑦ 《左传》僖公三十一年。
⑧ 《左传》成公四年。
⑨ 《左传》昭公十三年。
⑩ 《左传》成公十七年。

谓官以庇族、禄以食爵者，如晏子仕齐，对齐景公说："婴之宗族待婴而祀其先人者数百家，与齐国之闲士待婴而举火者数百家，臣为此仕者也。"① 而所谓无政无爵者，则如叔向所云绛之富商，他们虽然"能金玉其车，文错其服，能行诸侯之赂"，但却不能有"寻尺之禄"。② 这种情况，正是世官世族垄断政治局面下的一种特色。

采邑既然具有禄田的性质，由于政治上的原因而致邑、纳邑和夺邑，也就成为颇常见的事情。如匡句须让鲍国为施氏宰而致之邑③；公孙黑肱有疾，归邑于公④；晏子因陈桓子纳政与邑，而免于乐高之难⑤；子产因屠击、祝款、坚拊有事于山而斩其木，夺之官邑⑥。这些例子说明，邑与政有着密切的联系，有政斯有邑，纳政则纳邑，夺官即夺邑。所以荀子说："志行修，临官治，上则能顺上，下则能保其职，是士大夫之所以取田邑也。"⑦ 像楚国的孙叔敖，就是深知政治变动和田邑得失之关系的人。他临终时，曾以此戒儿子受封不受美地。《吕氏春秋·异宝篇》载：

> 孙叔敖疾将死，戒其子曰：王数封我矣，吾不受也。为我死，王则封汝，必无受利地。楚越之间，有寝之丘者，此共地不利，而名甚恶……可长有者，其唯此也。孙叔敖死，王果以美地封其子，而子辞，请寝之丘，故至今不失。

田邑具有的这种浓厚的政治色彩，说明它在财产形态上依然没有摆脱亚细亚形态的束缚，尽管私有制的因素已经渗入它的内部，它在一定条件下已被认为是采邑主的财产。

但是就在春秋末期，土地关系已经出现了新的变化。《左传》哀公二年载赵简子伐范氏、中行氏，誓师曰：

> 克敌者上大夫受县，下大夫受郡，士田十万，庶人工商遂，人臣隶圉免。

如果说，我们前面所引的一些材料都还具有禄田的性质，那么，赵简子这里所允诺的"士田十万"已经是一种不同于禄田的私田。它开战国时代军功赏田之先

---

① 《晏子春秋》卷7。
② 《国语·晋语》。
③ 《左传》成公十七年。
④ 《左传》襄公二十二年。
⑤ 《左传》襄公二十九年。
⑥ 《左传》昭公十六年。
⑦ 《荀子·荣辱篇》。

河，在土地私有化的过程中向前跨进了一大步。

到了战国时代，采邑制在各国陆续被郡县制所代替。从表面上看来，似乎是土地国有制在新的基础上恢复了它的全部生命力，先前采邑制所表现出的私有制的因素反而受到了削弱。但就经济关系发展的实质说来，完全不是如此，毋宁说是相反。因为一方面采邑制虽然衰落了，另一方面却出现了一种新的土地主人和土地关系。如果说在从前，"君谓有地者也"①，土地主人和土地的关系是通过他的阶位、他的身份和荣誉而实现的，那么现在土地已经不再是这些贵人的禁脔了。所谓"问士之富，以车数对；问庶人之富，数畜以对"②的情况还在春秋末年实际上就已经起了变化。我们看《史记·赵世家》所载的材料：

> ［赵］简子赐扁鹊田四万亩。
> ［赵］烈侯好音，谓相国公仲连曰："寡人有爱，可以贵之乎？"公仲曰："富之可，贵之则否。"烈侯曰："然。夫郑歌者枪、石二人，吾赐之田人万亩。"

医者、歌者得赐田，这在从前完全是不可能的。后一个例子反映了当时社会上已经存在着一批富而非贵的土地主人。富与贵的分离虽然由来已久，但非贵者的富人之得以染指土地，显然是一种新的社会现象。

军功赏田是战国时代获得土地的一条重要途径。公叔痤为魏将有功，魏王赏之田百四十万。由于他的奏请，魏王又"索吴起之后，赐之田二十万，巴宁、爨襄田各十万"。③王翦在出征前，向秦始皇多请田宅，他的理由是："为大王将，有功终不得封侯，故及大王之向臣，臣亦及时以请园池为子孙业耳。"④像王翦请赐的土地，和以往的采邑显然不同，那是可以不受政治变动影响而"为子孙业"的。

军功赏田的重要意义在于它为许多以前仅有一块份地的将士开辟了获得大量土地的广阔前景。土地从原先世官世族的垄断下解放出来，这在历史上是一个巨大的进步。战国时代，各国为了奖励武功，大都实行了军功赏田的措施。如魏国的武卒，"中试则复其户，利其田宅"⑤，吴起为魏西河守，率兵攻秦时，曾悬赏"有能先登者，仕之国大夫，赐之上田上宅"。⑥商鞅在秦变法，规定"有军功者，各以

---

① 《仪礼·丧服传》。
② 《礼记·曲礼下》。
③ 《战国策·魏策》。
④ 《荀子·荣辱篇》。
⑤ 《荀子·议兵篇》。
⑥ 《韩非子·内储说上》。

率受上爵"，"名田宅臣妾衣服以家次"①，"能得甲首一者，赏爵一级，益田一顷，益宅九亩"。② 当时的一些法家，都把军功赏田看作是富国强兵的一项重要政策。《管子·八观篇》有"良田不在战士，三年而兵弱"之语。商鞅认为，只要实行"壹赏"，即"利禄官爵专出于兵，无有异施"③，就可以使"民之见战也，如饿狼之见肉"，"父遗其子，兄遗其弟，妻遗其夫，皆曰不得无返"④。

通过军功赏田而产生的新贵，成为新兴地主阶级的重要组成部分。一直到西汉，还沿袭实行"以有功劳行田宅"之法。⑤ 刘邦即帝位之初，就下诏："诸侯子及从军归者，甚多高爵。吾数诏吏先与田宅，及所当求于吏者亟与。"⑥

刘邦在诏令中还谈道："民前或相聚保山泽，不书名数。今天下已定，令各归其县，复故爵田宅。"这些有着爵位田宅的人，当然有不少是属于地主阶级。刘邦确认他们原来对于田宅的所有权不因政治变动而受影响，这一点是很值得注意的。它是地主土地所有制在现实生活中已经确立的反映。而它作为一个新的问题提出来，又可以说明当时去土地关系的新旧交替未久。

二

马克思在谈到亚细亚的财产形态时指出："在东方专制制度之下，从法律上看似乎是没有什么财产的，但在事实上，作为它的基础，却存在着这样的部落财产和公社财产。"⑦ 这就是说，在亚细亚的形态下，虽然国君是全部土地的最高所有者或唯一所有者，但真正掌握着土地的，是公社。专制君主以公社为媒介而把土地分配给公社成员。因此，份地的分配和调整是古代专制国家的一项重要职能。《礼记·王制》："凡居民，量地以制邑，度地以居民，地邑民居，必参相得也。"

在我国古代，公社土地所有制的具体形式是井田制。按照孟子的叙述：

> 乡田同井，出入相友，守望相助，疾病相扶持，则百姓亲睦。方里而井，井九百亩，其中为公田。八家皆私百亩，同养公田。公事毕，然后敢治

---

① 《史记·商君列传》。
② 《商君书·境内篇》。
③ 《商君书·赏刑篇》。
④ 《商君书·画策篇》。
⑤ 《汉书·高祖纪》。
⑥ 同上。
⑦ 《资本主义生产以前的所有制形态》，据刘潇然同志译稿。

私事。①

实际的情况，当是田不必尽井，井不必八家，金鹗的《井田考》对此有很好的说明。② 每夫百亩也是一个大略之数，由于地有美恶之别，份地的大小也因之有所不同，这便是反映在《周礼》中的三等授田。农民耕种的公田，则是采邑主的禄田。除了《孟子》外，《荀子·王霸篇》也提到过古代农民的份地制度：

> 传曰：农分田而耕，贾分货而贩，百工分事而劝，士大夫分职而听，建国诸侯之君分土而守。

而公田、私田之分，在《商君书·垦令篇》中也可见其痕迹：

> 农民不饥，行不饰，则公作必疾而私作不荒，则农事必胜。

这种农村公社的土地所有形态具有公有与私有的二元性。当公社内部公有制的因素还没有被私有制的因素战胜的时候，份地虽然归各家分别耕作，但还要定期重新分配。《公羊传》宣公十五年何休注：

> 司空谨别田之高下善恶，分为三品：上田一岁一垦，中田二岁一垦，下田三岁一垦。肥饶不得独乐，硗埆不得独苦，故三年一换主易居，财均力平。

但正如我们后面将要分析的，随着生产力的发展，公社内部要保持这种"财均力平"的关系是根本不可能的。在一定的历史条件下，公社的土地所有制必然为私有制所代替。

西周末年，公社土地所有制已经开始显露出它的危机。这种危机最先出现在周王畿，它的信号是"宣王不藉千亩"，而其征兆则已见于厉王时代。

原先，在公社实际上作为土地"承袭的占有者"的情况下，不仅耕地归公社支配，山林川泽也归公社共同使用。在传统观念上，这是公社成员不可侵犯的权利。国君的最高所有权，作为一种"法律的虚构"，和这种情况并不矛盾。所谓"王者藏于天下，诸侯藏于百姓，商贾藏于箧匮"③，国君是不应当与民争利的。但

---

① 《孟子·滕文公上》。
② 《求古录礼说》。
③ 《韩诗外传》十。

到了厉王时候，上述公社成员的权利却开始受到破坏了。《国语·周语》载：

> 厉王说荣夷公。芮良夫曰：王室其将卑乎！夫荣夷公好专利而不知大难。夫利，百物之所生也，天地之所载也，而或专之，其害多矣。天地百物，皆将取焉，胡可专也？所怒甚多，而不备大难，以是教王能久乎?!

从芮良夫所说的"夫利，百物之所生也，天地之所载也"等语看来，荣夷公所专之利当是山林川泽之利。而这显然是对传统的公有制的一种侵犯。芮良夫深知这种行为"所怒甚多"，将会引起"大难"。他的话果然不幸而言中，荣夷公当上卿士以后，引起了一场国人暴动，连厉王也给赶跑了。这一事件的结果虽然说明传统的力量还很强大，但也告诉我们，公社的宁静生活已成为过去，一种新的社会力量开始在叩打它的大门了。

宣王不藉千亩，号文公谏曰："今天子欲修先王之绪而弃其大功，匮神乏祀而困民之财，将何以求福用民？"① 如果宣王所废除的仅仅是藉田之礼，那是谈不到"困民之财"的。可见宣王一定是在赋税制度上有所更改，加重了人民的负担。藉田本来由公社成员集体耕种，是一种徭役劳动的剥削形态。宣王废除了这种剥削方式后，可能把公田分给公社成员而采取征税的办法。引起这种变动的原因，一方面是私有制发展的结果，另一方面是阶级斗争的影响。我们知道，宣王不藉千亩之后，"既丧南国之师，乃料民于太原"。仲山父在反对料民时，曾经透露了这样一句话："不谓其少而大料之，是示少而恶事也。"② 可见在这以前，公社农民以逃亡来进行反抗的一定很不少，以至仲山父害怕暴露出王畿人口减少的真实情况。公社农民的逃亡，必然直接影响藉田的耕作，这是迫使宣王不能不改变剥削方式的重要原因。这种改变也符合了上层显贵的要求，因为这样一来，就便利了他们攫夺土地作为私有。事实上，到了幽王时代，这种变革的后果就很清楚了。诗人说出了当时人民的不平和怨声："人有土田，女反有之！"③"彻我墙屋，田卒污莱。"④ 先前的土地关系被破坏了，私有制开始侵入土地财富领域了。

关于各诸侯国公社土地所有制的瓦解过程，我们从各国的社会改革和赋税制度的改变中，也可以找出一些线索。

《国语·齐语》记管仲治齐，实行了"相地而衰征"的赋税制度。韦昭注："相、视也；衰、差也。视土地之美恶及所生出以差征赋之轻重也。"据《管子·

---

① 《国语·周语》。
② 同上。
③ 《诗·大雅·瞻卬》。
④ 《诗·小雅·十月之交》。

大匡篇》，管仲"案田而税"的办法是："二岁而税一，上年什取三，中年什取二，下年什取一，岁饥不税。"这种赋税制度是和份地归各家私有之后的情况相适应的。在先，耕地要定期在各家之间重新分配，赋税只能以公社为单位征收。份地归各家私有之后，三年一换主易居的情况就不存在了，所以管仲说："相地而衰征则民不移。"① 因为耕地不再定期重新分配，所以就需要而且有可能根据土地的多少和美恶来确定各家征赋之轻重。《管子·乘马数篇》："郡县上奥之壤守之若干，间壤守之若干，下壤守之若干。故相壤定籍而民不移。"所谓上壤，当是《周礼》中的不易上田，间壤当是一易中田，下壤当是再易下田。而所谓定籍，当即《管子·禁藏篇》："户籍田结者，所以知贫富之不訾也。"訾犹齐，耕地归各家私有，实行相壤定籍，记录了各家贫富不齐的实际情况，就可作为征赋的根据。

晋惠公六年，晋国作爰田。这是晋国田制的一次重大改革。《左传》僖公十五年载：

> ［秦］许晋平。晋侯使郤乞告瑕吕饴甥，且召之。子金教之言曰："朝国人而以君命赏，且告之曰，孤虽归，辱社稷矣，其卜贰圉也。"众皆哭，晋于是乎作爰田。吕甥曰："君亡之不恤，而群臣是忧，惠之至也，将若君何？"众曰："何为而可？"对曰："征缮以辅孺子。诸侯闻之，丧君有君，群臣辑睦，甲兵益多，好我者劝，恶我者惧，庶有益乎！"众说。晋于是乎作州兵。

吕甥说："君亡之不恤，而群臣是忧，惠之至也。"这里的群臣当是臣民的泛称，而不必专指朝臣。因为惠公所赏的国人虽然包括卿大夫，但却不只限于卿大夫。作爰田、征缮、作州兵三者是直接联系着的。国人从作爰田的改革中得到了利益，因而他们都拥护征缮、作州兵的措施。《左传》同年载：

> 晋阴饴甥会秦伯，盟于王城。秦伯曰："晋国和乎？"对曰："不和。小人耻失其君而悼丧其亲，不惮征缮以立圉也，曰必报仇，宁事戎狄。君子爱其君而知其罪，不惮征缮以待秦命，曰必报德，有死无二。以此不和。"

可见作爰田以后，征缮的范围是君子与小人都包括在内的。如果从作爰田中得到好处的只是在朝的卿大夫，那么吕甥所设计的乘机征缮、作州兵等措施也就得不到解释了。

作爰田的具体内容究竟是什么呢？杜预注："分公田之税，应入公者，爰之于

---

① 《国语·齐语》。

所赏之众。"正义引服虔、孔晁皆云："爰，易也。赏众以田，易其疆畔。"《国语·晋语》韦昭注引贾逵说与服、孔相同："辕，易也。为易田之法，赏众以田。易者，易疆界也。"这两种解释各说中了事情的一半而皆不甚精确。作爰田的实质是承认份地的私有。《汉书·食货志》记殷周之际的爰田制言：

> 民受田：上田夫百晦，中田夫二百晦，下田夫三百晦。岁耕种者为不易上田，休一岁者为一易中田，休二岁者为再易下田。三岁更耕之，自爰其处。

惠士奇曾经正确地指出，这种制度实际上就是晋国作爰田和后来秦国商鞅制辕田的内容，班固误以为殷周之制。[①] 实行爰田制以后，原先持有份地的公社农民从此可以"自爰其处"，不必再定期重新分配。同时，原先的公田也被分割了。这个土地关系的改变通过"赏众以田"的形式而被肯定下来。在改革中获得好处最大的当然是那些上层显贵和富有者，因为土地的私有化为他们兼并土地财富开辟了广阔的前景。难怪他们乐于支持晋惠公回国了。

鲁国在宣公十五年"初税亩"。《左传》载："初税亩，非礼也，谷出不过藉。"《公羊传》云："税亩者何？履亩而税也。"何休注："时宣公无恩信于民，民不肯尽力于公田，故履践案行，择其善亩，谷最好者，税取之。"民不肯尽力于公田是事实，但宣公实行履亩而税并不是一种无可奈何的消极办法，它是适应私有制发展而采取的一种加强剥削的措施。由藉田的徭役劳动改变为履亩而税，这和"不藉千亩"的性质是一样的。《谷梁传》载："初税亩者，非公之去公田而履亩十取一也，以公之与民为已悉矣。"可见鲁国的公田从此也被分割成为私有了。这是鲁国公社土地所有制破坏的标志。但在实行履亩而税之后，有一个时期军赋还是以公社为征收单位的。一直到哀公十二年"用田赋"，丘赋才终于被以个体家庭为征收对象的田赋所代替。

《左传》襄公三十年，郑国子产"使都鄙有章，上下有服，田有封洫，庐井有伍"。杜预注："九夫为井，使五家相保。"从"九夫为井"变为"五家相保"，井田的编制改变了。子产"从政一年，舆人诵之曰：'取我衣冠而褚之，取我田畴而伍之，孰杀子产，吾其与之！'及三年，又诵之曰：'我有子弟，子产诲之；我有田畴，子产殖之。子产而死，谁其嗣之？！'"[②] 可见井田制破坏的结果，使有些人的田畴大大增殖起来。《韩非子·显学篇》云："子产开亩树桑，郑人谤訾。"所谓开亩，当即指废井田、奖垦辟。过了五年，在子产的主持下，郑国"作丘赋"。服

---

① 《礼说·遂人土地中地下地条》。
② 《左传》襄公三十年。

虔认为："子产作丘赋者，赋此一丘之田，使之出一马三牛，复古法耳。丘赋之法，不行久矣，今子产复修古法，民以为贪，故谤之。"这种意见之难以成立，孔颖达已加以辩驳："春秋之世，兵革数兴，郑在晋楚之间，尤当其剧，正当重于古，不应废古法也。若往前不修此法，岂得全无赋乎？"杜预对于鲁国用田赋的解释虽不可从，但他把郑国作丘赋比作鲁之用田赋则是正确的。整顿庐井对国人田畴的增殖有利，他们把子产歌颂了一番。但作丘赋在他们看来却是加重了负担，因此他们又翻脸咒骂他："国人谤之曰：其父死于路，己为□尾。以令于国，国将若之何？"不过子产听了并不在乎，他抱定"苟利社稷，死生以之"的态度，个人的毁誉是不挂在心上的。① 事实上，这种赋税制度的改革应当说是一种进步的措施，它符合了当时社会发展的趋向。

各国公社土地所有制的破坏并不是一下子就完成的。这个过程在有些国家延续得很长久。大体说来，到战国时代，东方各国的公社土地所有制都已经为私有制所破坏。战国初期，李悝所说魏国"一夫挟五口，治田百晦"的情况，虽然还保存了一夫百亩份地的痕迹，但实际上已是个体小农的私有经济了。到了孟子时，已经只能知道井田制的大略。他经常挂在嘴边的有着"五亩之宅"、"百亩之田"的"八口之家"的小农，在贫困流离之余，虽不免也要缅怀公社土地所有制破坏之前的生活，但那种日子毕竟是一去不复返了。

在七国当中，土地关系变革最晚的是秦国。秦僻处西方，原来较东方各国落后。但到秦献公七年"初行为市"，私有制的因素和商品货币关系已经较前有显著的发展。秦孝公用商鞅变法，"决裂阡陌，以静生民之业而一其俗。劝民耕农利上，一室无二事"②。所谓决裂阡陌，就是打破公社份地的田界。我们知道，秦国在商鞅变法之前，土地占有的基本情况是"人不称土"，"田数不满百万"。③ 这种情况固然反映了秦国地广人寡的特点，但和公社土地所有制的束缚也不能说没有关系。因为在公社土地所有制下，每家的份地有一定数额，耕地的垦辟必然受到一定的限制。商鞅主张招徕三晋之民，"利其田宅，而复之三世"；"以故秦事敌，而使新民作本"。④ 大批新民迁来之后，旧有的公社土地所有制对于他们显然是不适用的，唯一可行的办法是"任其所耕，不限多少"⑤。但新民的这种土地关系对于原来已经不能适应生产力发展的公社土地所有制来说不能不是一个刺激，从而促使它跟着也产生相应的变革。商鞅改二百四十步为亩。使一夫百亩（旧亩）扩大为二

---

① 《左传》昭公四年。
② 《史记·蔡浑传》。
③ 《商君书·徕民篇》。
④ 同上。
⑤ 《通典·食货门》。

百四十亩（新亩），实际上达到了当时生产力条件下一夫所能耕的极限。这样，无论是新民或故民，都可以"任其所耕，不限多少"了。同时，商鞅还像晋国"作爰田"那样，废除了份地定期重新分配的制度，使各家的耕地转归私有，自爰其处。这就是所谓"商君制辕田，开阡陌"[①]的实际内容。通过商鞅变法，私有制在秦国从此也大踏步地发展起来。废井田以后，秦国在承认土地私有的基础上也相应地改革了赋税制度。秦孝公十四年，"初为赋"。[②]《史记·商君列传》云"为田开阡陌封疆而赋税平"。所谓"赋税平"，和"相地而衰征"的性质是一样的。

公社土地所有制的破坏过程也是私有制发展的过程。促使私有制迅速成长的基本原因是生产力的发展。在井田制下，一夫百亩、余夫二十五亩的份地和定期重新分配份地的制度本来是为了保证公社成员之间的"财均力平"。但事实上这是做不到的。那些劳动力强的家庭，特别是余夫多的家庭，在分配的份地之外有可能再开辟出一些耕地来。《管子·问篇》有问："人之开田而耕者几何家？"这些由各家自行垦辟出来的耕地并不属于公社调整的范围，它们从一开始就具有私有的性质，是真正名副其实的私田。公田是采邑主的禄田。但采邑主也不限于利用公社农民为他们耕种公田，他们往往强使农民在公田之外为他们另开辟私田。所谓"暴君污吏，必慢其经界"，曾被孟子视为井田制破坏的一项重要原因。[③]《管子·问篇》有问："执官都者其位事几何年矣？所辟草莱有益于家邑者几何矣？"最初，这些私田是不合法的。郑国的"子驷为田洫，司氏、堵氏、侯氏、子师氏皆丧田焉"。[④] 他们所丧之田就是非法垦辟出来的私田。但是国家权力在私有制发展的面前终于不得不让步——因为如果不是那样，国家权力就一定要崩溃。各国通过赋税制度的改革，先后都承认了土地私有的合法性。而凡是进行了这种改革的国家，经济发展就加速起来。

铁器的出现和普遍使用在生产中所引起的变革，对于促进私有制的发展有着特殊意义。我国考古发现的铁器，最早可以上溯到春秋战国之际。据《国语·齐语》"美金以铸剑戟，试诸狗马；恶金以铸锄夷斤斸，试诸壤土"；《管子·海王篇》"今铁官之数曰：一女必有一针一刀……耕者必有一耒一耜一铫，……行服连轺辇者必有一斤一锯一锥一凿"等记载看来，春秋时代铁器在生产中很可能已占有重要的地位。考古发掘证明，到战国中期以后，铁农具的使用已经相当普遍。在当时七国的全部地区，都有战国中、晚期的铁农具或铁器发现。[⑤] 铁器的使用使得大规

---

① 《汉书·地理志》。
② 《史记·秦本纪》。
③ 《孟子·滕文公上》。
④ 《左传》襄公十年。
⑤ 《新中国的考古收获》，第 61 页。

模的垦辟荒地成为可能，采邑主和富有农民的私田因而急剧地增加起来。在当时人的眼里，"地广大，荒而不治"，是视为"士之辱"的。① 私有制的发展要求突破已经不能适应生产力发展的公社土地所有制（亦即奴隶主的土地国有制）的束缚。春秋战国时期全部公室与私家斗争的历史，就是在这基础上进行的。

公社土地所有制最后被私有制所代替了。原先，农民渴望着份地能转归自己所有，现在他们终于得到手了。但是他们很快就尝到私有制的恶果。如今在他们面前展开的，是不疾耕力作就要挨饿、就要被兼并的命运。正如《墨子·非命篇》所云：

> 今也农夫之所以蚤出暮人，强乎耕稼树艺，多聚叔［菽］粟，而不敢怠倦者何也？曰：彼以为强必富，不强必贫，强必饱，不强必饥，故不敢怠倦。

《管子·乘马篇》也有类似的议论：

> 道曰：均地分力，使民知时也。民乃知时日之蚤晏，日月之不足、饥寒之至于身也。是故夜寝蚤起，父子兄弟不忘其功，为而不倦。

但是不管农民怎样"夜寝蚤起"、"不敢怠倦"，由于各家经济条件和劳动力的不等，加上天灾人祸的摧残，他们终究是要起分化的。何况大土地所有者、商人和高利贷者已经迫不及待地向他们伸出了兼并的魔爪。

随着公社土地所有制的破坏，土地买卖也跟踪而来。土地买卖并不是封建土地私有制的基本特征。在没有土地买卖的地方，也可以存在封建的土地私有制，例如在欧洲就是如此。把土地的自由买卖看成土地私有制形成的标志更是一种误解，因为"土地所有制之完全被拖进私有制底运动并成为商品"，只有在资本主义的关系中才能得到实现。在所有权者的统治"抽去一切政治的色彩"，"表现为私有权底、资本底纯粹的统治"之前，是谈不上有什么土地买卖的自由的。② 在前资本主义社会，土地私有制只能是一种有限制的、不自由的，亦即马克思所说的非运动的私有制。但是话说回来，土地私有制的存在虽然不一定要以土地买卖的出现为条件，而土地买卖却必然要以一定的土地私有权为前提。没有土地买卖，不能说就没有土地私有制；有了土地买卖，却可以据以断定私有制已经产生。我国古代土地买卖的材

---

① 《礼记·曲礼上》。
② 马克思：《1844年经济学—哲学手稿》，人民出版社版，第47页。

料，最早的可以上溯到春秋晚期。通常所引魏绛和戎、"予之货而获其土"的材料①，并不能用来说明土地买卖。因为交换的一方是晋国，另一方是"贵货易土"的戎狄，这种情况在原始部落之间也是可以发生的，并不是真正意义上的土地买卖。另一条通常引用的材料是《韩非子·外储说左上》：

> 王登为中牟令，上言于［赵］襄主曰："中牟有士曰中章、胥已者，其身甚修，其学甚博，君何不举之？"主曰："子见之，我将为中大夫。"……王登一日而见二中大夫，予之田宅。中牟之人弃其田耘、卖宅圃而随文学者邑之半。

有的同志把这里的"弃田耘"和"卖宅圃"看作是不相干的两回事，从而认为当时晋国从"带有农作庭园的房屋"即"宅圃"开始，出现了最早的私有土地。我觉得这对当时土地私有化的程度未免估计过低了。从土地私有到土地买卖行为的出现，实际上还需要有一个过程。即使耕地在当时还不能买卖，也不能由此得出结论说耕地的私有尚未发生。在"作爰田"以后二百年左右的晋国，无论如何早已超出了"宅圃私有"的阶段。再说，《韩非子·外储说左上》在另一处载："利之所在民归之……故中章、胥已仕而中牟之民弃田圃而随文学者邑之半。"我们如果把"弃田耘"和"卖宅圃"联系起来，解释成"弃而卖之"，不是更合理些吗？

战国时代，土地买卖以及通过其他方式的转手已经是一种普遍的社会现象。《商君书·徕民篇》言三晋之民"上无通名，下无田宅，而恃奸务末作以处"。商鞅以为这是"其土之不足以生其民"的缘故。其实，这是他戴上了新兴地主阶级有色眼镜的一种错觉。三晋诚然土狭民众，但绝不至于"其土之不足以生其民"。李悝为魏文侯尽地力之教，一夫挟田百亩尚是普遍的情形，为什么到商鞅时却出现了大量"无田宅"的农民呢？这当中的主要原因只有从土地兼并中寻找。像后来的赵括那样，以"王所赐金帛归藏于家，而日视便利田宅可买者买之"②的情况，在当时绝不是个别的例子。

公社土地所有制瓦解——土地买卖和兼并——农民丧失土地，这是一个必然的发展过程。董仲舒以秦国为典型，非常概括而又合乎逻辑地叙述了战国时代土地关系的这一变化："（秦）用商鞅之法，改帝王之制，除井田，民得卖买。富者田连阡陌，贫者亡立锥之地。"③

---

① 《国语·晋语》，又《左传》襄公四年。
② 《史记·廉颇蔺相如列传》。
③ 《汉书·食货志》。

　　为什么欧洲封建社会的私有地产表现为一种"不可转让"的"硬化了的私有财产"，而中国封建社会的私有地产却是可以买卖的呢？根本的原因在于二者的土地所有制具有不同的形态。就中国的情况来说，是地主土地所有制决定了土地可以买卖，而不是如有同志所说的土地买卖成为地主土地所有制产生的土壤。

　　欧洲中世纪的土地所有制形态是一种领主制。在这里，"地片和它的主人一起个人化着，它有着主人底阶位，和主人一起是男爵的或伯爵的，它有着他的诸特权，他的审判权、他的政治关系等等。土地显得像它的主人底非有机的身体。"①这种地产所具有的政治色彩和"安定的垄断"的性质规定了必须是"长子继承制"，即地产连同主人的阶位、他的门第和荣誉，是不可分割的。在实际生活中，欧洲中世纪当然并非完全没有土地的买卖或转让，我们毋宁说土地买卖和转让的行为在整个欧洲中世纪的历史上几乎没有绝迹过，但这种行为在法律上是被认为非法的。

　　中国封建社会的地主土地所有制情况则不同。在这里，富者不必即是贵者，地产作为私有财产并不以"主人底阶位"为必要前提，地权虽然还没有改变其"安定的垄断"的根本性质，但在地主阶级内部，个人的垄断却不像在欧洲领主制下那样有保障。土地的取得既然不完全依靠政治权力，或者说主要不依靠政治权力，那么土地的转让和买卖也就成为必然的了。政治权力不仅不干预土地的转手，而且保护这种转手。在这种情况下，长子继承制是没有意义的，因而地主就可以根据对子女一视同仁的原则把地产遗留给他的后代。

　　无论是领主土地所有制也好，地主土地所有制也好，地产都是一种有条件的、封建的私有财产。我们不应该看到在地主土地所有制下地产可以买卖，就忽视了土地私有所受到的限制，也不应该因为看到领主土地所有制下政治权力对于土地的干预，就否认了土地私有的存在。黑格尔曾经把长子继承制描写成政治国家对私有财产的支配权。从表面上看来，似乎是如此。但马克思指出，政治国家的这种支配权实际上乃是"私有财产本身的权力，是私有财产的已经得到实现的本质"。因为国家所以破坏家庭和社会的意志，使地产免于转变为家庭财产的形式，"只是为了使不受家庭和社会所支配的私有财产的意志能够存在，并承认这种存在是政治国家的最高存在，是最高的伦理性的存在"。正是在这个意义上，马克思才说长子继承制是"已经硬化了的私有财产，是最独立和最发达的私有财产"。因为在这里，"私有财产（地产）不为所有者本身的任性所左右，因为所有者的任性领域已从全人类的领域变成了私有财产的特殊任性的领域，私有财产变成了意志的主体，意志则

────────────

　　① 马克思：《1844 年经济学—哲学手稿》，第 46 页。

成了私有财产的简单谓语。"①

我国自春秋战国以来土地私有化的过程，至秦统一时基本上告一段落。秦始皇三十一年"使黔首自实田"②，可以看作是这一过程的总结。在统一的封建帝国内，政治权力对于人民的私有土地从法律上予以承认。私有制经过了漫长曲折的道路，终于在全国范围内取得了胜利，成为土地所有制的支配形态。到了汉代，土地兼并的史实更是史不绝书了。

三

前面我们已经考察过了我国古代土地私有制的产生和大土地所有制的出现，现在需要进一步说明的是，古代中国在公社土地所有制瓦解以后，土地关系为什么没有像希腊罗马那样在古典奴隶制的基础上发展，而是走上了封建制的轨道？

罗马历史的早期也存在着公社土地所有制。由于罗马的公社是作为城市国家而存在，公有地也就表现为国有土地（ager publicus）。但正如马克思所指出的，古典的所有制形态和"个人只是占有者，根本没有私有的土地财产"的亚细亚的所有制形态不同。在这里，作为罗马公民，每一个单独的罗马人都是土地私有者。贵族作为公社的代表，是 ager publicus 的占有者，他们往往通过自己的被保护人来利用它，后来更进一步把它攫为己有。平民最初不能分享 ager publicus，但他们可以从国家分到必要的土地作为自己的私有财产。私有制的进一步发展促使奴隶制的关系走向繁荣，大土地所有制迅速膨胀起来。生活在帝国全盛时代的阿庇亚努斯写道："土地是属于富人的，富人不是借自由人之助，而是借奴隶之手来耕种土地。"③

中国古代的奴隶制是建立在亚细亚财产形态之上的。在这种形态下，单独的个人不仅不是财产的所有者，而且他本身就是那作为公社"集体之父"的专制君主的财产。因此，当私有制的发展引起了这种所有制形态趋于瓦解时，建立在后者之上的"普遍奴隶制"的关系也就自然要失去它的历史意义了。可以说，古代中国奴隶制的命运是和亚细亚的财产形态生死与共的。

从家庭奴隶制过渡到古典的奴隶制，依赖于下面两个条件：第一，社会分工和商品生产的进一步发展。即马克思所说的，奴隶制生产由"以生产直接生活资料为目标"转化为"以生产剩余价值为目标"。④当奴隶制生产的主要目的仍然是生

---

① 《马克思恩格斯全集》第 1 卷，第 369—370 页。
② 《史记·秦始皇本纪》。
③ 见科瓦略夫《古代罗马史》，第 440 页。
④ 《资本论》第 3 卷，第 410 页。

产直接生活资料，或者说是再生产生产者的时候，古典奴隶制的大庄园生产是不容易出现的。因为后者作为一种经营方式虽然有利可图，但却不能维持长久。恩格斯曾经指出，在罗马共和国末期，当大庄园（Latifundia）排除了小农而代之以奴隶的时候，它们同时也以畜牧代替了农业，终而使意大利处于崩溃。① 不过，在剩余价值刺激下的贪婪的奴隶主是顾不了这些的，他们力图通过经营奴隶制大庄园的商品生产而致富。第二，大量外族奴隶的输入。由于古老的传统对于使本族人民沦为奴隶起着缓和和抑制的作用，依靠奴役本族人民的办法是很难达到古典奴隶制的高度繁荣的。古代希腊和罗马，都是在废除了债务奴隶制以后，才进入发展的奴隶制时期。但是在废除债务奴隶制以后，还必须有大量外族奴隶的来源（在罗马，从第一次布匿战争开始便把大量的俘虏投到奴隶市场上来。法比优斯·玛克西姆斯在209年占领塔连图姆时，把三万名居民卖为奴隶；埃培洛斯在167年被罗马人掠夺时，有15万人被卖为奴隶②）。否则不仅不能导致古典奴隶制的繁荣，相反会使奴隶制生产因为奴隶劳动得不到保证而更加萎缩。上述这两个条件，在古代中国都是不具备的。

战国时代，商品生产曾有一定程度的发展，但整个社会经济基本上并没有超出"生产直接生活资料"的范畴。只有在手工业部门中，奴隶劳动才被用来从事商品生产。至于农业中的商品生产，极其微弱，甚至可以说是几乎不存在。其所以如此，除了在亚细亚形态下农业和手工业牢固结合这一基本障碍外，古代中国所处的地理条件，对外贸易几乎不起什么作用也是一个重要的原因。以"生产剩余价值为目标"的奴隶制生产既难以出现，发展的奴隶制形态也就无从形成。

在亚细亚的所有制形态下，家庭之内，子女就是父家长的奴隶；一国之内，臣民就是国君的奴隶。但是这种"普遍奴隶制"的实质表面上却蒙上了一层温情脉脉的宗法色彩，因而使得真正严格意义上的奴隶制关系反而不容易发展。《仪礼·丧服传》："大宗者，收族者也。"大宗有收养贫困族人的义务，虽然在大多数场合下，这种收养不过是剥削劳动的别名，但它毕竟要减少沦为奴隶者的数目。有时候，国家还制定了赎奴的法律。如"鲁国之法，鲁人为人臣妾于诸侯，有能赎之者，取其金于府"③。这就是为什么在古代中国，真正严格意义上的奴隶大都限于罪人（《说文》："奴婢皆古罪人。"）和来自外族的俘虏（《周礼·秋官》有蛮隶、闽隶、夷隶和貉隶）的缘故。但以罪人为奴既不是奴隶制发展的正常途径，外族奴隶的来源又受到很大限制（古代中国没有发生过像罗马那样大规模的掠夺奴隶

① 《反杜林论》，人民出版社版，第182页。
② 科瓦略夫：《古代罗马史》，第428页。
③ 《吕氏春秋·察微篇》。

的对外战争），在这种情况下，严格意义上的奴隶自然是不多的。只有在亚细亚的财产形态基本瓦解以后，例如在秦汉时代，由于大量自耕农民的破产，奴隶的数量才大大增加起来。但这个时候，封建租佃制的关系已经成为支配的形态，奴隶制的关系虽然较前有所发展，在整个社会生产中也只能占据次要的地位。

春秋后期，封建生产关系的萌芽已经开始出现，这就是所谓"私属徒"和"隐民"。私属徒具有亲兵的性质。《左传》宣公十二年："赵婴齐使其徒先具舟于河，故败而先济……赵旃夜至于楚军，席于军门之外，使其徒入之。"宣公十七年，却克"请伐齐，晋侯弗许。请以其私属，又弗许。"哀公十一年，鲁与吴联合攻齐，"将战，公孙夏命其徒歌虞殡，陈子行命其徒具含玉，公孙挥命其徒曰人寻约。"这种私属徒不仅不隶属于国君，而且成为家主所依靠的一种特殊势力。骊姬"欲作大事，而难三公子之徒"。后来里克将杀奚齐，又以"三公子之徒将杀孺子"威胁荀息。[1]《墨子·非攻下》："今不尝观其说好攻伐之国，若使中兴师，君子〔数百〕，庶人也必且数千，徒倍十万，然后足以师而动矣。"[2]可见徒和一般庶人有区别而且数量很大。又《墨子·鲁问篇》载曹公子曰："今而以夫子之教，家厚于始也。有家厚，谨祭祀鬼神，然而人徒多死，六畜不蕃，身湛于病，吾未知夫子之道之可用也。"则徒可以看作是主人的财产。但他们又不同于以前溶化在家族内部的奴隶，因为他们的地位一般地都比奴隶要高。《左传》哀公八年："〔鲁〕微虎欲宵攻〔吴〕王舍，私属徒七百人，三踊于幕庭，卒三百人，有若与焉。"像有若这样的"国士"，也与私属徒为列。大约当时凡是存在一定封建依附关系的，都可以视为徒属。《左传》哀公二年载：

> 初，周人与范氏田，公孙尨税焉。赵氏得而献之，吏请杀之。赵孟曰："为其主也，何罪?!"止而与之田。及铁之战，以徒五百人宵攻郑师，取蠢旗于子姚之幕下，献曰："请报主德。"

这里的徒五百人是与田联系在一起的。他们在战时要跟随主人出征，在平时则是生产的直接担当者。他们所受的剥削是一种实物地租的形态——"税"。我们虽然还不能确定这就是租佃制，但它显然包含了这种新的生产关系的萌芽。

由于当时各国公室日趋腐败，对人民的压榨有加无已，以至"民闻公命，如逃寇仇"[3]。《左传》昭公二十五年载鲁国的子家子说："政自之（指季氏）出久

---

① 《国语·晋语》。
② 君子〔数百〕，据孙诒让《间诂补》。
③ 《左传》昭公三年。

矣。隐民多取食焉，为之徒者众矣！"又《墨子·尚同中》云："民知上置正长之非正以治民也，是以皆比周隐匿，而莫肯尚同其上。"可见当时有许多穷困的农民隐匿托庇于贵族强家，成为他们的私属徒。

在古代，是"衣服有制，宫室有度，人徒有数，丧祭械用皆有等宜"的。① 隐民是一种超出制度之外的私属徒。隐民越多，国家所能控制的劳动力和剥削对象就越少。《管子·明法篇》载：

> 十至私人之门，不一至于庭。百虑其家，不一图国。属数虽众，非以尊君也。百官虽具，非以任国也。此谓之国无人。国无人者，非朝臣之衰也，家与家务于相益，不务尊君也。

这种情况在奴隶制关系没有动摇以前是不会出现的。过去，"在礼，家施不及国"②，私家不能在国人中间妄施恩惠，树立自己的势力，收庇隐民这种行为自然更被禁止。只有当封建的生产关系已经成长起来，并且成为一种社会力量时，私家和国君争夺劳动力的斗争才会提到日程上来。尽管从君权的立场看来，"聚徒属"是"犯五官之禁"，是"乱国之俗"的③，但"私肥于公"在当时的历史条件下却是一种进步的现象，因而公室衰微、政在家门也就成为必然的趋势了。

不仅统治阶级和被统治阶级之间的关系起了新的变化，在统治阶级内部，从前维系他们之间关系的一些准则也动摇了。《左传》召公十四年：

> ［南蒯］奔齐，侍饮酒于景公。公曰："叛夫？"对曰："臣欲张公室也。"子韩皙曰："家臣而欲张公室，罪莫大焉！"

又昭公二十五年：

> 九月戊戌，伐季氏……叔孙氏之司马□戾言于其众曰："若之何？"莫对。又曰："我家臣也，不敢知国。凡有季氏与无于我孰利？"皆曰："无季氏，是无叔孙氏也。"□戾曰："然则救诸。"帅徒以往，陷西北隅以入。

这两条材料，一条从反面，一条从正面，都是说明家臣不应过问国事，只应唯家主

---

① 《荀子·王制篇》。
② 《左传》昭公二十六年。
③ 《韩非子·五蠹篇》。

之命是从；在家主的利益和国君利益发生矛盾的时候，要无条件地站在家主这一边。这和"普天之下，莫非王土；率土之滨，莫非王臣"的观念显然是相抵牾的。

值得注意的是，家臣和主君的关系已经被认为不完全是一种天生的名分关系。前者对于后者，可以视依附时间的长短、相待的厚薄而采取不同的态度。《国语·晋语》记辛俞行从乐盈出奔，为有司所执，他为自己辩护说：

> 执政曰无从乐氏而从君，是明令必从君也。臣闻之曰：三世事家君之，再世以下主之。事君以死，事主以勤，君之明令也。自臣之祖，以无大援于晋国，世隶于乐氏，于今三世矣，臣故不敢不君。今执政曰不从君者为大戮，臣敢忘其死而叛其君以烦司寇？公说，固止之，不可。

辛俞行的话当然是强辩，但他们谈的事君事主的准则却是当时社会上所承认的。所谓"事主以勤"，显然也是旧的社会关系动摇以后才出现的，是把直接生产者对于生产资料所有者的封建依附关系推广到统治阶级内部去的一种新的关系准则。

战国时代，随着公社土地所有制的破坏，农民的分化进一步发展。韩非以他法家特有的冷酷无情和主张弱肉强食的观点，把这一过程归之于勤俭与侈惰的结果：

> 今夫与人相若也，无丰年旁入之利，而独以完给者，非力则俭也。与人相若也，无饥馑疾疚祸罪之殃，独以贫穷者，非侈则堕也。侈而堕者贫，而力而俭者富。[1]

实际上农民分化的根本原因当然不在于此。同是属于法家之言的《管子》倒是多少道出了一些问题的实质。《管子·国蓄篇》载：

> 分地若一，彊者能守；分财若一，智者能收。智者有什倍人之功，愚者有不赓本之事。

从公社农民转化而来的个体小农，最初虽然大体上都是一夫治田百亩，但随着私有制的发展，出现了土地兼并，豪强黠诈之家和贫弱拙直之家在经济上的差别越来越大，终于形成了"民有相百倍之生"[2] 的悬殊情况。

由于农村公社的瓦解，农民离开土地日益成为一种普遍的社会现象。《商君

---

① 《韩非子·显学篇》。
② 《管子·国蓄篇》。

书·农战篇》曾经提到吸引农民离开土地的三种情况：

> 夫民之不可用也，见言谈游士事君之可尊身也，商贾之可以富家也，技艺之足以糊口也。民见此三者之便且利也，则必避农。避农，则民轻其居。

游说可以尊身，商贾可以富家，技艺可以糊口，这三者对于蚤出暮入、胼手胝足而不得温饱的农民确实是有诱惑力的。但能够从事这三者的，毕竟是少数，而且多半是农民当中的一些上层分子，即如商鞅所举的"豪杰"："是故豪杰皆可变业，务学诗书，随从外权。上可以得显，下可以求官爵，要靡事商贾。为技艺，皆以避农战。"① 事实上，更多的农民是被迫离开土地的。《管子·治国篇》：

> 凡农者月不足而岁有余者也。而上征暴急无时，则民倍贷以给上之征矣。耕耨者有时而泽不必足，则民倍贷以取庸矣。秋籴以五，春粜以束，是又倍贷也。故以上之征而倍取于民者四：关市之租、府库之征、粟什一、厩舆之事，此四时亦当一倍贷矣。夫以一民养四主，故逃徙者刑而上不能止者，粟少而民无积也。

孟子也说：

> 有布缕之征，粟米之征，力役之征。君子用其一，缓其二。用其二而民有殍，用其三而父子离。②

可见横征暴敛是迫使农民破产的一项重要原因。高利贷者也同样不放过农民。如孟尝君贷钱于薛，借贷的农民"多不能与其息"，结果是"息愈多，急即以逃亡自捐之"。③

逃亡的农民，有些是相率出入于山泽之间为"盗"，更多的人则投奔豪势之家成为他们的依附农民。《韩非子·诡使篇》：

> 习悉租税，专民力，所以备难充仓府也。而士卒之逃事状匿、附托有威之门以避徭赋，而上不得者万数。

---

① 《商君书·农战篇》。
② 《孟子·尽心篇》。
③ 《史记·孟尝君列传》。

在这种情况下，当然要出现"公民少而私人众"① 的情况了。

庸耕是战国时代破产农民的另一出路。《韩非子·外储说左上篇》云：

> 夫卖庸而播耕者，主人费家而美食，调布而求易钱者，非爱庸客也，曰如是，耕者且深，耨者熟耘也。庸客致力而疾耘耕者，尽巧而正畦陌者，非爱主人也，曰如是，羹且美，钱布且易云也。

这种庸客比起隐民、私属徒来，人身依附关系要减轻些，比起后代的雇农来，他们身上所带有的"自由"的痕迹也要多些。这是因为当时正处在封建化初期的缘故。

《吕氏春秋·高义篇》记载着一个故事：越王叫公上过请墨子至越，要赐他书社三百。墨子谢绝说："若越王听吾言，用吾道，翟度身而衣，量腹而食，比于宾萌，未敢求仕。越王不听吾言，不用吾道，虽全越以与我，吾无所用之。"这段话在《墨子·鲁问篇》作："意越王将听吾言，用我道，则翟将往，量腹而食，度身而衣，自比于群臣，奚能以封为哉！"《吕氏春秋》把"自比于群臣"改为"自比于宾萌"，反映了战国后期宾萌虽是一种新兴的，但已经有着广泛影响的社会阶层。萌、氓、民是一义，宾萌意即客耕之民。他们自己没有土地而耕种地主的土地。后来的假田客耕是一种租佃制的关系，一般人因此把宾萌理解为佃农。但从墨子所说"量腹而食，度身而衣"这种情况看来，似乎解释为雇农更恰当些。因为只有雇农，衣食才仰给于主家。

战国时代封建化的过程并不完全是一种自发的经济过程。在一些国家中，政治权力的作用在很大程度上促进了这一过程。各国实行的军功赏田制度不仅助长了大土地所有制的形成，也刺激了封建依附关系的发展。如商鞅在秦国变法，"明尊卑爵秩等级，各以差次，名田宅、臣妾、衣服以家次"。② 许多人把臣妾都解释为奴隶，有的并以此得出商鞅变法促进奴隶制发展的说法。其实这里的"臣妾"只是一种封建的人身隶属关系，即是《商君书·错法篇》所说的："同列而相臣妾者，贫富之谓也；同实而相并兼者，强弱之谓也。"其具体内容是：

> 其有爵者乞无爵者以为庶子，级乞一人。其无役事也，其庶子役其大夫月六日；其役事也，随而养之。能得甲首一者，赏爵一级，益田一顷，益宅九亩，一除庶子一人。③

---

① 《韩非子·五蠹篇》。
② 《史记·商君列传》。
③ 《商君书·境内篇》。

后来荀子所说的秦国"功赏相长也，五甲首而隶五家"①的制度，就是沿袭商君旧法而来的。所谓"隶五家"，当然也不能解释为奴隶，而只是一种封建的隶属关系。

董仲舒在谈到商鞅坏井田的后果时，不仅谈到了土地占有状况的新变化——"富者田连阡陌，贫者亡立锥之地"②，即地主拥有最大部分的土地，而农民则很少土地，或完全没有土地；也谈到了地主用以剥削农民的方式——"或耕豪民之田，见税什五"，即一种租佃制的生产关系。这种新兴的生产方式在秦汉时代终于最后确立了自己的主导地位。汉代官私奴婢的数量虽然相当大，但在农业中并未大量采用奴隶劳动，大土地所有制的经营方式主要就是租佃制。两千多年的中国封建社会基本的土地所有制形态，一直是沿着这条轨道发展的。

中国封建社会基本的土地所有制形态是封建地主土地所有制，封建土地国有制是它的补充形式，自耕农民的小土地所有制则是它的附庸。在这篇文章中，我们主要考察了封建地主土地所有制和自耕农民的小土地所有制的形成过程。至于封建土地国有制，我们可以把它看作是古代的公社土地所有制（亦即是奴隶主的土地国有制）在封建社会中的延续。在凡是封建土地国有制所支配的地方，马克思关于亚细亚财产形态所作的一些说明，例如地租和赋税合一等，基本上都是适用的。正如公社土地所有制是古代东方专制主义的物质基础一样，封建土地国有制的盛衰在一定程度上也反映了封建专制主义皇权力量的消长。只是在公社已经瓦解和地主土地所有制已经占主导地位的新的历史条件下，它在更多的场合是被后者所侵夺和削弱，而成为它直接的补充形式。

（刊于 1963 年第 1 期）

---

① 《荀子·议兵篇》。
② 《汉书·食货志》。

论历史主义和阶级观点

　　什么是历史主义，怎样在社会历史的研究中遵循历史主义原则，是一个经常碰到的问题。资产阶级学者们对这个问题作了五花八门的解释，进行了无尽无休的争论，有意无意地把它弄得混乱不堪。在马克思主义的历史学家中间，对这个问题的认识也并非总是一致的和明确的。近两三年来，不少同志对历史研究中的非历史主义倾向进行了批评。但是，对于什么是历史主义，什么是非历史主义，批评者与被批评者以及各个批评者之间常常有不同的理解。有时，甲说某种论述不符合历史主义原则，而乙却认为恰好是甲的批评违背了历史主义原则。甚至，同一作者的同一篇文章里也出现了前后矛盾的意见。同时，批评的文章又往往缺乏对历史主义原则的正面阐述，即或涉及，也是语焉不详。这样，尽管多数批评起了有益的作用，问题却没有真正解决。另一方面，由于某些同志对历史主义的理解并不完全正确与全面，却根据这种不完全正确与全面的理解来批评历史研究中的非历史主义倾向，对某些具体历史问题作出不甚恰当的论断，从而或多或少地给历史的研究带来一些混乱，留下一些需待澄清的问题。

　　最近，林甘泉同志写了《历史主义与阶级观点》一文①，对于历史主义和阶级观点的关系作了阐述，着重批评了有些同志在批评非历史主义倾向时"并没有能站在正确的立场上"，"把历史主义与阶级观点对立起来，在讲'历史主义'的时候，离开了阶级观点，从而模糊了马克思主义历史科学的党性原则"。林甘泉同志的文章里有许多正确的意见，但是，对于什么是历史主义和历史主义与阶级观点之间的关系的说明，却仍然很难说是清晰明确的。林甘泉同志一再强调："在马克思主义的理论中，阶级观点和历史主义是完全一致的，统一的。""马克思主义的阶级观点和历史主义虽然是两个不同的概念和术语，但这并不意味着它们是不同的或是互相排斥的两种观点。"（着重号为引者所加）看来，作者似乎主张历史主义和

---

① 见《新建设》1963 年第 5 期。

阶级观点只是表述形式或术语上的差别，究其内容则是"完全一致"，不是"不同的两种观点"。但是，"不同的概念"不等于就是"不同的术语"，"不同的观点"和"互相排斥的观点"的含义也颇有区别，"统一"的东西更不见得就是"完全一致"的东西，林甘泉同志的叙述本身就给问题带来了若干混乱。而在文章的其他部分，林甘泉同志所着意阐述的，不过是阶级观点与历史主义之间存在着内在的联系，二者互为条件，互相依存，互相渗透而已，并没有去充分论证二者的完全一致，是同一种观点。这就使人难以理解，林甘泉同志所谓的阶级观点和历史主义的完全一致，其确切的含义究竟是什么了。因此，尽管林甘泉同志尖锐地指责有些同志"完全把马克思主义的历史主义和阶级观点的内在联系忘记了，完全把历史主义与客观主义混淆起来了"，"没有能站在正确的立场上"来进行对非历史主义倾向的批评。但是，究竟什么是"马克思主义的历史主义"，它和阶级观点究竟是什么关系，林甘泉同志的文章同样没有作出令人满意的回答。

众说纷纭，莫衷一是。林甘泉同志说："如何正确地理解和应用历史主义，是一个值得注意的问题。"事实确乎如此，争持和纷乱的焦点，正在于对历史主义原则的理解上。看来，这个问题还需要继续进行探讨。本文就是这种探讨的一个尝试。

一

辩证法，这是马克思主义的活的灵魂，是"关于包罗万象和充满矛盾的历史发展的学说"[①]。辩证法要求把事物按照其本来面目加以看待。当我们这样做时，就会发现，"在我们面前首先呈现的是种种联系和交互作用的无限错综的图画，其中没有任何东西是不动的和不变的，万物皆动，皆变，皆生，皆灭"[②]。因此，辩证法要求"把整个自然的、历史的和精神的世界都看作是一种过程——即永恒的运动、变化、转换和发展的过程"[③]。照辩证法看来，一切事物都有它发生、发展和消灭的历史。既然如此，要正确地认识和切实地解决任何问题，"最可靠、最必需、最重要的就是不要忘记基本的历史联系，要看某种现象在历史上怎样产生，在发展中经过了哪些主要阶段，并根据它的这种发展去考察它现在是怎样的"；"就必须从历史上把它的全部发展过程加以考察"[④]。对待事物的这种观点，也可以叫

---

①　列宁：《论马克思主义历史发展中的几个特点》，《列宁全集》第 17 卷，第 22 页。

②　恩格斯：《社会主义从空想到科学的发展》，人民出版社 1961 年版，第 51 页。

③　同上书，第 55 页。

④　列宁：《论国家》，《列宁全集》第 29 卷，第 430—431 页。

做历史主义或者历史观点。换言之，历史主义或者历史观点，就是以辩证观点来研究事物的基本原则之一，它把事物看成是有历史的，即看成是一个发生、发展和消灭的过程，而这一过程则是有规律的、必然的。在马克思主义经典著作中，正是经常在这样的意义上来运用历史主义或历史观点这个概念的。

事物的变化和发展是在它自己内部的各种矛盾的对立斗争中，是在与其他事物互相联系互相作用的过程中进行的，是由既定的历史形成的各种内部条件和外部条件所制约和决定的。"人们自己创造自己的历史，但是他们并不是随心所欲地创造，并不是在他们自己选定的条件下创造，而是在直接碰到的、既定的、从过去承继下来的条件下创造。"①"每一代一方面在完全改变了的条件下继续从事先辈的活动，另一方面又通过完全改变了的活动来改变旧的条件。"② 无数世代互相联系彼此承继的活动，形成了人类的历史。脱离开具体的历史条件，就无法理解人们的活动，并给予应得的评价。在一定历史条件下是正确的东西，到了另一个环境里就成了可笑的谬误。极为相似的事情，在不同的历史环境中出现，会引起完全不同的结果。一切都依时间地点条件为转移，马克思主义的起码的也是绝对的要求，就是要把问题提到一定的历史范围之内，从这一事物所由产生并与之相联系的那些条件出发，"对每一特殊的历史情况进行具体的分析"③。历史主义与那些用抽象的范畴，永恒的概念去论述事物的态度是永远不相容的。

把问题提到一定的历史范围内，对每一特殊的历史情况进行具体分析，究竟包含着什么样的内容呢？

人们既然是在已经确定了的，不由他们自己决定的历史条件下从事创造历史的活动，那么，许多这样的活动（不是所有的活动），就是合乎那隐藏着的不以人们意志为转移的规律的。换言之，对于那个时代和那些条件来说，人们的这些活动是正当的、合理的。我们也只能根据那个时代和条件的具体情况来对待它们，评价它们，承认它们的正当性、合理性。中世纪的封建制度今天看来当然是荒谬的，但是，在生产力不发展的情况下，对于一定的历史时期却有正当性，不能简单地予以抹杀。18 世纪的绝大多数法国启蒙思想家和唯物主义者把中世纪看做千年来普遍野蛮状态所引起的历史进程的中断，看成是人类历史上偶然出现的错误，这种违反历史主义的观点今天看来当然又是荒谬的，但是，在 18 世纪的历史条件下出现却也是可以理解的。因为，当时人类的历史运动还没有可能创造出能提出更科学的历史理论的条件，受生产力发展水平制约的自然科学发展水平与新兴资产阶级的阶级

---

① 马克思：《路易·波拿巴的雾月十八日》，《马克思恩格斯全集》第 8 卷，第 121 页。
② 马克思、恩格斯：《德意志意识形态》，《马克思恩格斯全集》第 3 卷，第 51 页。
③ 列宁：《论尤尼乌斯的小册子》，《列宁全集》第 12 卷，第 310 页。

局限性使得机械的、形而上学的观点成为当时思想的主流，因此，尽管当时先进的思想家坚决地批判封建制度，但这种批判却不能站在坚实的科学基础上。可是，这些思想家的一个不可争辩的宝贵的功绩，就在于他们是从他们同时代的科学的观点上彻底地思想了的，这些思想包括其中的矛盾不窒息人类的思想，不阻滞它的发展，并且推动它向前进，而这就是我们能够和应该要求于思想家的一切。因此，正和封建制度在中世纪出现是正当合理的一样，否定封建制度在中世纪出现是正当合理的法国启蒙思想家和唯物主义者的思想在 18 世纪出现，也同样是正当合理的。

但是，每一代的人们不仅是在既定的条件下从事创造历史的活动，同时还通过自己的活动来改变既定的历史条件。随着各种矛盾的冲突和转化，随着内部和外部的历史条件的改变，随着事物内部的否定方面、新生方面的逐渐发展成长，原先那些正当的合理的事物，就逐渐走向自己的反面，失去自己存在的理由，成为不正当、不合理的东西，而不得不让位给新生的、更高阶段的事物。这样，我们也就只能根据时代和条件的变化来对待它们，评价它们，否认它们的正当性和合理性。在今天看来，无论是中世纪封建制度也好，还是用形而上学的、唯心的观点来否认封建制度的正当性和合理性的 18 世纪法国启蒙思想家和唯物主义者也好，都早已随着历史条件的改变，成为不正当、不合理的东西了。历史上的事物，就是这样不断地从量的变化进到质的变化，以一个否定另一个的方式彼此联系着，从而使得历史的发展呈现出阶段性和前进性。

一切事物一方面存在于一个确定了的世界里面，在一定历史条件下是合理的，有其存在的理由，应当根据确定了的历史条件来判断其属性，进行评价。另一方面，它们又存在于一个发展着的世界里面，随着历史条件的改变，它们逐渐成为不合理的，失去了存在的理由，而为新生事物所取代，应当根据变化了的历史条件来判断其属性，进行评价。这是历史主义的基本要求。但是，对事物的肯定的理解中已经包含着对事物的否定的理解，确定了的世界不过是发展着的世界的一个暂时阶段。在辩证哲学看来，"除了不断的发生和消灭的过程，除了无穷的由低级进到高级的上升过程以外，没有任何东西是永存的"①。因此，同辩证法一样，马克思主义历史主义从本质上说也永远是批判的、革命的。它绝不去盲目地为历史上反动的、落伍的事物辩护，而始终把目光注定在历史上新生的、前进的、革命的事物上。

因此，历史主义既反对那种把事物当成绝对不变永世长存的绝对主义，也反对那种此亦一是非，彼亦一是非，不对在一定历史条件下的事物的属性予以确定并作出评价的相对主义。

---

① 恩格斯：《费尔巴哈与德国古典哲学的终结》，人民出版社 1961 年版，第 6 页。

　　马克思主义者是最彻底的历史主义者，他不以罗列形形色色、复杂纷纭的各种历史条件为满足，同时还进一步追问，在各种历史条件中，到底有没有一种因素对事物的性质、变化与发展起着决定的作用？如果有，这又是什么？

　　许多资产阶级学者喋喋不休地谈论着各种历史因素之间的相互作用，如法律影响宗教，宗教影响法律，而这两者又分别地和共同地影响哲学和艺术，哲学和艺术转过来又相互作用，还作用于法律、宗教，等等。至于到底有没有决定性的因素，这种因素又是什么，根本不在他们考虑之列。普列汉诺夫说，他们"恰巧在严格的科学思维开始充分取得自己权利的地方停止了思想"①。实在一点不错。有些资产阶级学者并不以此为满足，他们企图找出决定事物性质及其发展的根本性的因素，探求出事物发展的规律性。黑格尔就是其中最著名的一个。他指出："在应用相互作用关系时的不满足就在于：这种关系不但不等于概念，而且它本身还应当被理解。为了要理解相互作用的关系，我们不应当把这种关系的两个方面当做直接现存的东西……应当承认它们是那有着更高的规定的第三者即概念的环节。"② 但是，这个"更高的规定的第三者"究竟是什么，资产阶级学者从来没有作出正确的回答，18 世纪的法国启蒙思想家和唯物主义者把它归结为抽象的人性，黑格尔认为是那无所不在、无所不包的"绝对精神"在各个历史阶段里的体现——"民族精神"，而那些不如他们的学者们的答案就更为荒唐，总之，是作了各色各样的唯心主义的解释。只是到了马克思，才真正在彻底的唯物主义基础上解答了这个问题。马克思和恩格斯指出，人们的社会生产及由此而结成的一定的生产关系，是一切历史事物产生、发展、变化和消灭的决定因素，是历史的"现实基础"。"历史的每一阶段都遇到有一定的物质结果、一定数量的生产力总和，人和自然以及人与人之间在历史上形成的关系，都遇到有前一代传给后一代的大量生产力、资金和环境，尽管一方面这些生产力、资金和环境为新的一代所改变，但另一方面，它们也预先规定新的一代的生活条件，使它得到一定的发展和具有特殊的性质。"③ 由于生产的发展和生产资料私有制的出现，从原始社会解体以来，人们分成了剥削者和被剥削者，构成了不同的阶级。人们在每一个历史发展阶段中的极为多样的，似乎不能加以任何系统化的社会性活动，实际上已被综合、被归结为阶级的活动。正是阶级的划分和阶级的斗争决定着社会的面貌及其发展。因此，在马克思主义者看来，在社会历史的研究中贯彻历史主义原则，"就必须牢牢把握住社会阶级划分的事实，阶级统治形式改变的事实，把它作为基本的指导线索，并用这个观点去分析一切社

---

①　《黑格尔逝世六十周年》，《普列汉诺夫哲学著作选集》第 1 卷，第 475 页。

②　转引自列宁《黑格尔〈逻辑学〉一书摘要》，《列宁全集》第 38 卷，第 173 页。

③　马克思、恩格斯：《德意志意识形态》，《马克思恩格斯全集》第 3 卷，第 43 页。

会问题。"① 只有这样，才能真正把各种社会现象的进化看作是自然历史过程，才能把历史主义贯彻到底。

有些资产阶级的史学家和社会学家也谈论阶级的划分和阶级的斗争，但是他们和马克思主义者有根本的不同。在这个问题上，研究者的阶级立场起着决定的作用。资产阶级学者幻想资本主义制度的永世长存，不能也不敢预言曾经显赫一时的资本主义制度，只不过是漫长历史过程中的一个暂时阶段，终将会走向灭亡；他们所引为自豪的资产阶级，其存在也只不过和生产发展的一定阶段相联系，它在历史上的领导地位终归要让给被他们如此轻视和仇恨的无产阶级。因此，谈论阶级和阶级斗争的资产阶级学者往往是反历史主义的。即使有些人标榜"历史主义"，也常常不过是认定事物的变化只是循着点滴的平静的进化途径，忽视或否定历史发展的不同的阶段具有本质的差别，从而鼓吹阶级的合作与社会改良。就连被恩格斯称为具有"巨大的历史感"的黑格尔，尽管他的"历史感"常常帮助他"从朦胧不清的唯心主义的峰顶降落到经济关系的具体的地基上来"②，使他能够对某些具体的历史问题作出正确的甚至是精辟的说明。但是，他的保守的政治立场和唯心主义哲学体系却使他不能把历史主义原则坚持到底，不能不使历史的过程有一个终点，即达到对所谓"绝对观念"的认识。在社会历史的发展中，这一最终的绝对观念不过是在普鲁士的国家制度里实现出来。换句话说，在黑格尔那里，革命的辩证法是被他的保守的唯心主义哲学体系闷死了。这样，资产阶级学者谈论阶级和阶级斗争，总是自觉或不自觉地堕落到为现存的社会秩序作辩护的立场，而不能站在新生的、前进的、革命的事物和阶级的方面。至多也只是当资产阶级还处在上升时期时，暂时地站在这个方面，像法国复辟时期的历史学家基佐、米涅、梯叶里等人那样，尽管他们肯定与歌颂新兴资产阶级反对封建制度的阶级斗争，但一旦他们发现新登上历史舞台的无产阶级的斗争威胁着资产阶级的统治，历史的结论将对他们所从属的阶级不利时，他们就理所当然地忘掉了自己的历史，放弃了自己如此坚信的阶级斗争学说与分析问题的历史主义态度，迫不及待地疾呼"后果良善"的资产阶级反对封建制度的斗争与"完全破坏了社会安全"的无产阶级反对资产阶级的斗争之间毫无共同之点，宣传起社会和平来了。

作为历史上新生的、进步的、革命的阶级——无产阶级思想上的代表，马克思主义者与任何资产阶级学者不同，他永远是直率而公开地宣称自己站在无产阶级立场上，并且从无产阶级立场上肯定、同情和歌颂历史上一切新生的、进步的、革命的事物和阶级，一切推动历史发展的力量，否定与憎恶历史上一切落后的、腐朽

---

① 列宁：《论国家》，《列宁全集》第 29 卷，第 434 页。
② 《黑格尔逝世六十周年》，《普列汉诺夫哲学著作选集》第 1 卷，第 488 页。

的、反动的事物和阶级，一切阻碍历史发展的力量。马克思主义者所坚持的，正是革命的辩证法。因此，只有马克思主义者才能真正把历史主义原则坚持到底，才能真正运用历史主义原则来研究与说明一切社会历史现象，揭露历史的真相，阐明历史发展的规律。而马克思主义者之所以能够做到这点，正是由于他"不仅指出过程的必然性，并且阐明正是什么样的社会经济形态提供这一过程的内容，正是什么样的阶级决定这种必然性"。①

因此，彻底的历史主义必然是和阶级观点统一的。对马克思主义的历史研究者来说，在分析事物的发展过程与各种复杂的历史条件时，应当始终以阶级观点和阶级分析方法作为基本的指导线索；而运用阶级观点与阶级分析方法时，又始终应当以对事物的历史发展及其各种条件的具体分析为基础。对马克思主义的历史研究者来说，科学的客观的研究态度和研究方法与鲜明的阶级立场和革命精神是统一的。研究问题的历史主义原则与阶级观点应当是内在地、有机地联系着、统一着的。

阶级观点是唯物主义历史观的核心，历史主义是辩证法对历史过程的理解。历史主义和阶级观点的统一，也就是辩证法和唯物主义历史观的统一的内容之一。把历史主义和阶级观点割裂开来，对立起来，或者看成是两个不相关的东西，这里加一点，那里减一点，在二者之间求得平衡，当然是不正确的。但是，像林甘泉同志那样，把阶级观点同历史主义的统一看作是内容的完全一致，是同一个观点；把它们之间的联系看作是必然的，只要有了阶级观点，自然就有了历史主义，也不免是一种机械的、简单化的理解，不可能把历史主义和阶级观点的统一的内容解说清楚。

历史主义和阶级观点是统一的，但是对于每个研究者来说，做到这一点并不容易。唯物主义者并不一定都具有辩证思想，具有辩证思想的人也可能是唯心主义者。理解了生产力和生产关系是历史的现实基础，认识到应当用阶级观点来看待历史事物，并不意味着就有了辩证的思想方法，就有了历史主义。反过来说，也是一样。由于研究者的马克思主义修养不同和历史事物的复杂多变，在具体的研究中仅仅注意了一个方面而忽视了另一个方面的情况是可能出现的。在一定的时期，根据已经出现的偏向，从历史主义和阶级观点统一的角度着重指出应当重视被忽视了的那个方面也是需要的。近两三年来有些同志对历史研究中的非历史主义倾向提出批评，正是因为前一段时期在历史研究与教学中曾经出现一些不以历史主义态度对待阶级观点与阶级分析方法，把它简单化、庸俗化的倾向。例如：过分地夸大了历史上劳动人民及其领袖的觉悟和作用，把他们描写得跟今天的无产阶级及其领袖差不多；另一方面，则抹杀剥削阶级、封建王朝和帝王将相

---

① 列宁：《民粹主义的经济内容》，《列宁全集》第 1 卷，第 379 页。

在一定条件下对历史发展的积极作用，甚至否认他们的存在，就是这类倾向的一种表现。不少同志对这种倾向提出批评，强调应当坚持正确的历史主义态度，是完全必要的，而且也起了有益的作用。但是，非历史主义倾向之所以产生，并不是由于阶级观点与阶级分析方法本身有什么问题，反而正是由于没有很好地理解阶级观点与正确地运用阶级分析方法，没有把阶级观点与阶级分析方法建立在具体分析事物的发展过程与历史条件的基础上，没有正确地在研究与教学中把历史主义与阶级观点统一起来的结果。因此，反对不以历史主义的态度对待阶级观点与阶级分析方法，反对把阶级观点与阶级分析方法简单化、庸俗化，强调对事物的历史主义态度，不等于说就可以不必强调站稳阶级立场，不必进行阶级教育，不必坚持阶级观点，不必重视阶级分析方法了。有的同志在批评非历史主义倾向时只是片面地强调历史主义，多少有些脱离了历史主义与阶级观点统一的原则。有的同志没有把对阶级观点与阶级分析方法的简单化、庸俗化的理解和运用与对它们的正确理解和运用这二者之间的界限区别清楚，以致让人感到他们在反对非历史主义倾向的同时模糊了阶级观点，混淆了阶级界限，甚至为历史上落后的、反动的事物辩护。这些问题，当然需要在进一步讨论中予以澄清，以免给历史的研究与教学带来混乱和困难。此外，某些具体历史问题的研究——如历史人物的评价，剥削制度和剥削阶级在历史上的作用，农民战争的性质和作用，等等——如何贯彻历史主义与阶级观点统一的原则，由于问题的复杂性，更是难以立即取得一致的意见，而需要长期耐心的钻研与讨论。有意见当然应当提出，旗帜也不妨鲜明，但是，如果过多地指责别人的论断"不能说是马克思主义者应有的立场"，"远离了马克思主义理论"，而缺乏一种说理的、研讨的态度，对促进讨论的深入展开恐怕不见得是有益的。

二

评价历史的事物，究竟应当依据什么标准？

标准只有一个。即，看它对当时的历史发展起了推动作用还是阻碍作用。或者换句话说，看它是属于历史上新生的、进步的、革命的力量或阶级，还是属于历史上落后的、腐朽的、反动的力量或阶级。如前节所述，这既是阶级的标准，也是历史的标准。

但是，历史的事物并不那么简单，在具体运用这一标准时，常常会遇到许多困难。剥削阶级和劳动人民的关系及剥削阶级在历史上的作用，就是这类困难问题之一。剥削阶级的出现，在一定历史条件下是合理的现象，但是剥削阶级又给人民带来苦难，促使劳动人民进行斗争。如果肯定劳动人民的斗争是必要的，劳动人民的痛苦是应当同情的，那么，岂不是要否定剥削阶级在历史上曾经起过的进步作用？如果肯定剥削阶级在上升的时期起过进步作用，那岂不又会无视劳动人民在剥削制度下的苦难，认定劳动人民的斗争是不必要的甚至是反动的？

　　对于这个问题，有些同志采取了一种简单化的做法。他们或者仅仅根据剥削给人民带来痛苦这一点，不再作任何具体分析，就贬低奴隶主阶级、地主阶级、资产阶级以及出身于这些阶级的帝王将相、英雄志士、文人学者在历史上曾经作出的贡献，甚至把他们一概否定，或者肯定之后，又继之以否定，以为这样就算是坚持了阶级观点。但是，我们坚持的应当是无产阶级的阶级观点，亦即是按照历史唯物主义的原理来看问题，却不是要求研究者站到历史上被剥削阶级的立场上去，或者以历史上被剥削阶级的眼光来评断当时的事物。简单的同情不足以说明问题，一般的义愤也不能够推进科学。抽象地谈论剥削的罪恶与人民的痛苦而不计其他，并不是真正坚持了阶级观点而恰好是缺少无产阶级的阶级观点。另一方面，有的同志又仅仅根据剥削阶级在历史上起过某些进步作用这一点，夸大剥削阶级及其代表人物在历史上的贡献，对他们一律加以肯定而不作任何批判，以为这样就算坚持了历史主义原则。但是，我们坚持的历史主义原则并不是要求研究者去盲目地肯定古代的任何事物，却正是要具体分析这种剥削阶级的进步作用的阶级实质。要看到它是建立在对劳动人民剥削的基础上，要分析它与劳动人民的生产活动和阶级斗争的关系，要指出这种进步作用的历史意义和局限性，要划清剥削阶级的进步作用与劳动群众对历史的推动作用之间的界限。抽象地、孤立地、片面地强调剥削阶级在历史上的进步作用而不计其他，并不是彻底地坚持了历史主义原则而恰好是缺乏马克思主义的历史主义态度。

　　还有一些同志，他们似乎认为只要同时对剥削阶级的进步作用与劳动人民的反抗斗争都加以肯定，就算解决了问题，而不去努力分析为什么对之加以肯定与二者的关系。但是，不能在严格的科学思维开始充分取得自己权利的地方停止思想，关键的问题正在于需要用马克思主义原理对历史事物进行具体分析。离开了具体分析，既谈不上历史主义，也谈不上阶级观点，更谈不上二者的统一。结果倒是可能导致"彼亦一是非，此亦一是非"的折中主义。

　　剥削制度和剥削阶级的出现在历史上曾经是正常的、合理的现象，是生产力与社会分工发展到一定阶段的不可避免的结果。恩格斯说："当社会劳动的生产总量用来供应社会全体所最必需的生活资料以外难得有所剩余的时候，当劳动差不多占据社会极大多数人的全部或差不多全部时间的时候，这时候，这个社会必然分成各个阶级。在这个完全从事于强制劳动的极大多数人之旁，形成着一个脱离直接生产劳动的阶级，它从事于社会的这样一些共同事务：劳动的管理、国家事务、司法、科学、艺术，等等。因之，作为阶级划分基础的是分工的规律。"① 这样，在一定历史条件下，剥削阶级的进步作用就在对生产、社会生活与国家事务的组织和管理，以及文化、科学、艺术的继承、创造与传播等方面表现出来。而且，这些活动主要地也只能由剥削阶级来进行。至于剥削，则是剥削阶级在一定历史条件下产生进步作用的基础和必要条件。正是在这样的意义上，恩格斯说："马克思体会得了历史底不可避免性，他理解到古代底奴隶所有者，中世纪底封建君主，作为人类进步底原动力，对历史底某个有限的时期，具有正当性。所以也承认剥削即取得别人劳动底收益在某个时期内历史的正当性。"② 这样，随剥削而来的一切社会现象，诸如暴行、战争、欺诈、苦难，等等，其中有些也就成为历史上的不可避免的现象了。农奴主对生产的组织与管理是运用"棍棒的纪律"，但是，在没有纪律就不能进行生产而除掉棍棒的纪律之外又不可能出现其他更好的纪律形式的情况下，棍棒的纪律就成为不可避免的了。只有私利才能推动剥削阶级去进行活动，因此人的恶劣的情欲——贪欲和权势也成了历史发展的杠杆，而为自己的狭隘利益孜孜营计的剥削阶级却成了历史的不自觉的工具，完成着他们从来未曾想过的推动历史的伟大任务。隋炀帝开通运河的直接目的，不过是向往江都的风光想去巡游，加强对不久前征服的东南地区的控制和转输该地富庶的物资以增强中央政权的力量。但是，江都的繁华不过是三国两晋南朝以来江南经济长期发展的结果，而创业于北方的隋王朝对东南地区的控制与榨取则正好反映了在统一条件下南北经济文化的交流有了需要和可能。社会经济发展的要求在统治者的意识中以如此歪曲的面貌并且带着如此浓厚的个人特点呈现出来，以致隋炀帝本人永远也没有想到开通运河这一举措是对此后中国经济文化的发展作出了重要的贡献。而后代的历史学家也长久不肯把开通运河算做隋炀帝的功绩。

因此，尽管剥削的历史正当性今天早已消失，而且剥削不论具有任何形态，已经不仅不能促使社会的进步，反而只能阻止社会的进步，把它卷入日益激烈的，不从根本上废除剥削就不能解决的矛盾中去。剥削已经不再与任何进步的事物和思想相联系，而只会引起强烈的憎恨。但是，我们却仍旧不能以对今天的剥削制度的认识和感情作为根据，去否定剥削和剥削阶级在历史上曾经起过的进步作用，去骂倒历史上的一切剥削制度和剥削阶级。在这个问题上，我们必须深深体会恩格斯的话：

> 只有奴隶制才使农业和工业之间更大规模的分工，成为可能，并因此而为

---

① 恩格斯：《社会主义从空想到科学的发展》，人民出版社 1961 年版，第 78 页。
② 恩格斯：《法律家社会主义》，译文载《新建设》1949 年第 1 卷第 7 期，第 17 页。

古代文化的昌盛——为希腊文化创造了条件。没有奴隶制，就没有希腊的国家、希腊的艺术和科学；没有奴隶制，也就没有罗马国家，而没有希腊和罗马所奠定的基础，也就没有近代的欧洲。我们永远不应该忘记，全部我们的经济政治和智慧的发展，是以这样的状态为前提的，在这状态中，奴隶制既为人所公认，又以同样程度为人所必需。在这个意义上我们有权说，没有古代的奴隶制，也就没有近代的社会主义。①

正因为剥削是剥削阶级产生进步作用的基础和必要条件，在肯定剥削阶级活动的进步作用时，就必须注意下列三个方面的问题。

首先，剥削阶级的进步作用是以劳动群众的生产活动为前提的。"人们为了能够'创造历史'，必须能够生活。但是为了生活，首先就需要衣、食、住以及其他东西。因此第一个历史活动就是生产满足这些需要的资料，即生产物质生活本身。"② 只有劳动群众为剥削阶级生产出足够的生活资料及创造出某些物质条件时，剥削阶级才有可能在这个基础上进行创造活动。因此，"不管不事生产的上层社会发生什么变动，没有一个生产者阶级，社会就无法生存。所以，这个阶级在任何情况下都是必要的"③。而且，剥削阶级的许多创造活动（例如自然科学的研究）是被生产发展的需要所推动的，劳动人民在文化科学艺术方面的创造活动又是一切剥削阶级文化科学艺术活动取之不尽、用之不竭的源泉。因此，剥削阶级在历史上的进步作用是为当时劳动群众的生产活动所决定和制约的。

其次，由于剥削阶级的进步活动是建立在剥削劳动群众的基础上，就具有很大的局限性，这种局限性表现在两个方面。一方面，这种进步活动只是由少数人所垄断，占人口绝大多数的劳动群众却被排斥在外，这不仅剥夺与限制了劳动群众无穷无尽的创造能力的发挥，而且也使得剥削阶级的进步活动的发展带有很大的狭隘性，受到严重的限制。为了从剥削阶级之中培养一个画家，就必须牺牲掉不知多少被剥削阶级中的艺术天才。像王冕、齐白石这样出身劳动人民的画家，仅是历史上稀见的例外。不仅如此，在把艺术当成消遣或商品的剥削制度下，为了满足剥削阶级庸俗浅薄的好尚，为了生计，不知有多少有才能的画家虚耗了自己宝贵的精力，多少有才能的画家在剥削阶级教养、习尚的熏染下脱离现实生活，脱离人民群众，从而使得自己的创作黯然无光，又不知有多少画家在剥削阶级错误的艺术思想和创作方法的影响下误入歧途，只是给人类文化的园圃添加了虚幻的花朵或者毒草。对

---

① 恩格斯：《反杜林论》，人民出版社1961年版，第186页。
② 马克思、恩格斯：《德意志意识形态》，《马克思恩格斯全集》第3卷，第31页。
③ 恩格斯：《〈劳工旗帜〉论文集》，人民出版社1958年版，第35页。

于剥削阶级的这种局限性，马克思和恩格斯极为透辟地指出：

> 作为过去取得的一切自由的基础的是有限的生产力；受这种生产力所制约的、不能满足整个社会的生产，使得人们的发展只能具有这样的形式：一些人靠另一些人来满足自己的需要，因而一些人，（少数）得到了发展的垄断权；而另一些人（多数）经常地为满足最迫切的需要而进行斗争，因而暂时（即在新的革命的生产力产生以前）失去了任何发展的可能性。由此可见，到现在为止，社会一直是在对立的范围内发展的……这一方面可以解释被统治阶级用以满足自己需要的那种不正常的"非人的"方式，另一方面可以解释交往的发展范围的狭小以及因之造成的整个统治阶级的发展范围的狭小；由此可见，这种发展的局限性不仅在于一个阶级被排斥于发展之外，而且还在于把这个阶级排斥于发展之外的另一阶级在智力方面也有局限性，所以"非人的东西"也同样是统治阶级命中所注定的。①

这种局限性的另一个更为重要的方面是，剥削在历史上虽然产生进步，但同时也产生落后和倒退。剥削阶级的进步活动正是以绝大多数劳动群众的贫困、落后和苦难为代价的。恩格斯说："文明底基础既是一个阶级剥削另一个阶级，那末它的全部发展便是在经常的矛盾中进行的。生产领域里每前进一步，同时也就意味着被压迫阶级即大多数人的生活状况后退一步。对一个阶级的利益，必然是对别一个阶级的灾难，一个阶级底任何新的解放，必然是对别一个阶级的新的压迫。"② 而且，阶级的本性使得剥削阶级对于财富和权力具有无止境的欲望，绝不满足于把自己的剥削和压迫保持在为推动历史发展所必须的限度之内，他们"永不会错过机会，为着本身的利益而把愈益增加的劳动重负加到劳动群众的肩上"③，从而使劳动群众为有限的进步付出了过分沉重的代价。彼得大帝的改革，靠"剥掉农奴的三层皮"来实现。秦始皇的统一和集权，"其所杀伤，三分居二，犹以余力行参夷之刑，收太半之赋"，"发闾左之戍"，弄得"男子疾耕不足于粮饷，女子纺绩不足于帷幕"，"赭衣塞路，囹圄成市"，"道死者相望"，结果是海内愁怨，天下大叛。因此，剥削阶级活动的进步作用总是伴随着巨大的消极作用。人类的进步就像可怕的异教神像那样，只有用人头做酒杯才能喝下甜美的酒浆。随着生产力的发展，到一定时期，现有的剥削阶级推动历史前进的作用开始消失，其活动中的消极因素日益

---

① 《德意志意识形态》，《马克思恩格斯全集》第 3 卷，第 507 页。
② 《家庭、私有制和国家的起源》，人民出版社 1961 年版，第 170 页。
③ 恩格斯：《反杜林论》，人民出版社 1956 年版，第 187 页。

增长，逐渐成为主要的方面。于是这个剥削阶级就从促进历史进步的力量变成了阻碍历史进步的力量，不得不被新的阶级所取代。就是当一个剥削阶级还处在上升阶段时，其活动中的消极因素一般虽然不是主要方面，但绝不容忽视，因为正是它们阻碍了生产力的提高，阻滞了社会的顺利发展，形成了社会的矛盾。而且到了一定时期，剥削阶级活动的消极方面还往往集中显现出来，引起社会生产力的严重破坏，造成社会的震荡和危机。像中国历史上许多封建王朝末年所出现的民穷国困、土地集中、统治阶级荒淫腐朽、社会矛盾极度尖锐的局面，以及资本主义社会上升时期的周期性的经济危机等，都是例子。只是由于这个剥削制度和剥削阶级的历史潜力还没有发挥完尽，能够代替它的新的阶级还没有出现，或者虽然出现，还很弱小，因此，危机还可以在这个剥削制度范围之内得到调整，这个剥削制度和剥削阶级在危机过去后还可以继续向前发展。历史常常循着最窄狭、最崎岖、最曲折的道路艰难地前进，甚至还会发生局部的、暂时的倒退。而剥削阶级在历史上所起的这种消极作用，则往往是历史的发展出现曲折、顿挫乃至倒退的主要原因。

还应当看到，作为历史的不自觉的工具的剥削阶级，在他们进行自己的活动时却不是没有自觉的目的。由于他们在社会生产与政治生活中的领导与统治地位，他们预期的目的往往能够在当时立即实现，他们活动的直接后果也往往立即对当时的历史发生影响，而不是他们所期待的、比较符合历史发展要求的后果却常常要经过一段时间才能暴露出来。由于剥削阶级活动的自觉目的通常是为了卑劣的私利，这就不免常常要和历史发展的要求背道而驰，从而使得他们活动中的消极因素在当时大大超过了积极的因素，他们的进步作用总是伴随着广大人民的惨重的灾难。不仅如此，某些统治者个人的性格和品德，还常常加深了这种悲惨色彩。暴虐荒淫的隋炀帝，为了开通运河，在很短的时间里前后调发了二百多万人应役，开永济渠时，丁男不供，竟以妇人从役。这样大规模的、极度残酷的徭役，严重地破坏了当时的农业生产，使得人民死亡相继，痛苦万分，就连一些"正常"的封建统治者，也觉得他的作为未免逾分。运河开通之后，首先就是供隋炀帝荒淫奢靡的巡游。第一次游江都，用船数千艘以上，舳舻相接二百余里，挽船士达八万余人，物资的靡费更是不可胜计，沿途的人民受到严重的骚扰。此后两次巡游，情况也与第一次相似。运河对中国经济文化发展的积极作用还看不出来，人民却已遭到了就是在封建社会条件下也不应有的苦难。结果，运河开凿的直接后果不是经济的发展而是经济的破坏，不是人民生活的改善而是农民起义的爆发，不是为隋炀帝立了纪功的丰碑，而是促成了他的覆亡。应当肯定的活动在当时却为历史的发展所否定。秦始皇以及其他某些封建统治者的活动，也有与此相类的情况。

因此，在谈到剥削阶级在历史上所起的进步作用时，绝不能忽视这种作用的巨大局限性。即使是在剥削阶级处于上升阶段时，它的合理性中就已经包含了不合理性。固然不能因为这种不合理性而否定历史上剥削阶级所起过的进步作用，但也不能因为在一定时期里进步作用是剥削阶级活动的主要方面而无视同时存在的那些反动的东西，甚至为它们的存在辩护。尤其不应当因为某些个别统治者充当了历史的不自觉的工具，就把他们那些带有个人色彩的，仅属于偶然的反历史的活动，也当成历史的必要，使他们逃脱历史的公正审判。

最后，正因为剥削阶级的进步作用是建立在剥削劳动人民的基础上，这种进步作用就是在阶级斗争的基础上产生并且为阶级斗争所制约的。马克思说过：

> 封建的生产也有两个对抗的因素，人们称为封建主义的好的方面和坏的方面，可是却没想到结果总是坏的方面占优势。正是坏的方面引起斗争，产生形成历史的运动。假如在封建主义统治时代，经济学家看到骑士的德行、权利和义务之间美妙的协调、城市中的宗法式的生活、乡村中家庭手工业的繁荣、各同业公会、商会和行会中所组织的工业的发展，总而言之，看到封建主义的这一切好的方面而深受感动，抱定目的要消除这幅图画上的一切阴暗面（农奴状况、特权、无政府状态），那末结果会怎样呢？引起斗争的一切因素就会灭绝，资产阶级的发展在萌芽时就会被切断。经济学家就会给自己提出把历史一笔勾销的荒唐任务……这样，为了正确地判断封建的生产，必须把它当做以对抗为基础的生产方式来考察。必须指出，财富怎样在这种对抗中间形成，生产力怎样和阶级对抗同时发展，这些阶级中一个代表着社会上坏的、否定的方面的阶级怎样不断地成长，直到它求得解放的物质条件最后成熟……由于最重要的是不使文明的果实（已经获得的生产力）被剥夺，所以必须粉碎生产力在其中产生的那些传统形式。从此以后，从前的革命阶级将成为保守阶级。[①]

无数的历史事实说明了，当剥削制度和剥削阶级处在上升与繁荣阶段时，生产关系和生产力，上层建筑和基础之间，仍然存在着矛盾，需要进行调整。这两对社会的基本矛盾，集中表现为阶级的对抗。处于对抗的一极的剥削阶级，尽管有其适合生产力性质的进步的一面，但又有随剥削而来的落后、黑暗、腐朽、反动的一面。后者正好是社会基本矛盾两个对立方面中的一面的集中表现。由于这个方面是剥削阶级本性的产物，它就很难由剥削阶级本身来自动地克服调整。即使剥削阶级中某些优秀人物看出问题的所在，努力进行一些改良，顶多也只能在短时期里取得很不彻底的成就，而不能根本改变整个阶级的动向，扭转历史发展的趋势。王安石的变法及其最终失败，就是大家熟知的一例。只有经过集中体现了社会基本矛盾的

---

① 《哲学的贫困》，《马克思恩格斯全集》第4卷，第154—155页。

另一个对立方面的人民群众自下而上的阶级斗争，剥削阶级活动中的落后、黑暗、腐朽、反动的方面才可能受到打击和限制，生产关系和生产力，上层建筑和基础的矛盾才可能在这个剥削制度的范围内得到调整，较有远见的剥削阶级的代表人物才可能较少受到阻碍而实现某些改革，社会才可能向前发展，剥削制度内部也才可能发生部分变化，进入新的阶段。中国封建社会里的多数大规模的农民战争，就是在封建制度处于上升和繁荣阶段时，人民群众的阶级斗争推动历史前进的最鲜明的例证。

由于被剥削阶级的逐步壮大，并且对统治着的剥削阶级进行不断的斗争，推动了社会的逐步向前发展，原来的剥削制度就逐渐从生产力发展的形式变成了束缚生产力发展的桎梏，原先在历史上起进步作用的剥削阶级就逐步向反面转化，成为阻碍社会发展的反动力量了。尽管如此，衰朽的剥削阶级是不肯自动退出历史舞台的，只有在人民群众革命浪潮的反复不断的冲击下，它才可能最后被推翻，适合生产力性质的新社会制度才得以建立，新的阶级才可能凭借人民群众的力量掌握政权，取得统治地位。人民群众的阶级斗争不仅当某一剥削阶级处在上升阶段时促使它的进步作用得到发挥，而且在某一剥削阶级处于没落阶段时把它当作历史的垃圾加以清除。"没有对抗就没有进步。这是文明直到今天所遵循的规律"①。在人民群众与剥削阶级活动的关系上，充分地显示了劳动人民是历史的主人这个历史唯物主义的基本原理。

因此，人民群众的生产斗争与阶级斗争始终是历史发展的真正动力。剥削阶级的进步作用，正是在人民群众的生产斗争与阶级斗争的基础上产生，并且受着这些斗争的制约的。在谈论剥削阶级的进步作用时，绝不能忘记劳动人民是历史的主人的原则，绝不能忘掉这种进步的阶级性与局限性，绝不能忘掉它与劳动人民的进步作用的本质区别。不然，就会既脱离了历史主义，也模糊了阶级观点。

有一种意见认为，不能见封建就反，见地主就骂。任何剥削制度和剥削阶级都曾经在它的上升阶段起过进步作用，如果当这个制度、这个阶级一出现于历史就反对它们，岂不是反对历史的发展？同样的剥削制度，封建制比奴隶制总要好些，地主阶级的统治比奴隶主的统治总要好些，只有站在奴隶主的立场，才能反对新出现的封建制。

这种意见虽然批驳了那种把剥削制度和剥削阶级一概骂倒的非历史主义的绝对做法，但是又不免有把剥削制度和剥削阶级在上升时期的作用全盘肯定的绝对化的倾向。这种意见没有注意到，在阶级社会里，剥削制度和剥削阶级的进步作用是相对的，有条件的，而剥削则是绝对的，无条件的，随剥削而来的反动性总是存在

---

① 马克思：《哲学的贫困》，《马克思恩格斯全集》第 4 卷，第 104 页。

的。只是在剥削制度上升时期时不占主要地位而已，但这不等于就可以对它忽视或加以肯定。封建制当然比奴隶制好些，但是，封建制又是和奴隶制同样的剥削制度，它也仍然有着"好的方面和坏的方面"，正是"坏的方面"引起斗争，形成历史的运动。坏的方面不能消除，但却应当批判，即使当封建制度处在自己的上升阶段时，也是如此。

事实上，在剥削制度和剥削阶级处于上升阶段时，固然有没落的被推翻的阶级从右的方面反对与咒骂这个新出现的制度和阶级①，但是同时更不乏来自"左"的方面的批判。一方面，一些先进的思想家用笔和口对现存社会制度和剥削阶级进行批判。资本主义上升时期的西欧空想社会主义就是一例。马克思、恩格斯和列宁虽然指出他们学说的空想性质，指出这种适应着资本主义生产不成熟的状况和不成熟的阶级关系的社会主义理论在经济学的形式上是错误的，但同时却强调指出它们在世界历史上是正确的。"因为它是由资本主义产生的那个阶级（即无产阶级——引者注）的象征、表现和先声。"② 马克思指出，19世纪初的空想社会主义本身就包含了唯物主义的批判的社会主义的萌芽。恩格斯极度称赞他们对资本主义制度的罪恶与矛盾的揭露和批判，认为圣西门关于法国革命是阶级斗争，并且不仅是贵族和资产阶级之间，而且是贵族、资产阶级和贫穷民众之间的阶级斗争的意见，在1802年是极为天才的发现；认为傅立叶对资本主义社会的批评是"深刻动人"的，说在傅立叶的著作中，"几乎每页都放射出讽刺与批判的光芒来揭露那种如此被人讴歌的文明的丑恶"③。另一方面，也是更重要的一方面，劳动人民拿起武器向现存的剥削制度和剥削阶级进行了最尖锐的批判，打击与限制了这个制度和这个阶级的消极、反动方面，把它们推向前进。罗马共和国时期的两次西西里奴隶起义，斯巴达卡斯起义；中国封建社会中大部分农民起义和农民战争；1831—1834年的法国里昂工人起义，1844年的德国西里西亚织工起义，1848年欧洲资产阶级民主革命高潮中有些国家的无产阶级反对资产阶级的斗争，就是各个时期劳动人民对处于上升阶段的剥削制度和剥削阶级进行"武器的批判"的著名例证。剥削制度和剥削阶级在一定的历史时期里固然是正当的、合理的，从"左"的方面对处在上升时期的这个制度、这个阶级进行的批判，也同样是正当的、合理的。因此，说只有站在奴隶主的立场才反对新出现的封建制度，说如果当新的剥削制度和剥削阶级一

---

① 没落的剥削阶级并不是在任何场合下都反对新出现的剥削制度和剥削阶级的。他们之间固然有矛盾，但在剥削劳动者这一点上却有共同的利益与共同的语言。因此他们又有联合起来的可能。新兴的封建制度保留奴隶制的若干因素，吸收奴隶主的代表参加政权，联合起来剥削与镇压劳动者；资本主义制度保留封建制甚至奴隶制的若干因素，吸收封建地主甚至奴隶主参加政权，联合起来剥削与镇压劳动人民，在中外历史上都不是罕见的。

② 列宁：《两种乌托邦》，《列宁全集》第18卷，第532页。

③ 《反杜林论》，人民出版社1956年版，第277页。

出现于历史就反对它们，就是反对历史的发展，是不够确切和全面的。

持这种意见的同志常以恩格斯《反杜林论》里的一段话作为立论的权据。我们现在把它比较完整地引在下面：

> 社会内每一时期分配和物质生存条件的联系，如此深刻地存在于事物本性之中，以致经常在人民的本能上反映出来。当一定的生产方式处在自身发展的上升阶段之时，甚至在和这种生产方式相适应的分配方式里面受到损失的那些人，也会赞美这种生产方式。大工业兴发时代的英国工人，就是如此。进而言之，当这种生产方式对于社会还是正常的那个时候，对于分配来说，满意的情绪也会占支配的地位；那时即使发出了抗议，也只是从统治阶级自身的人们中发出来的（圣西门、傅立叶、欧文），而在被剥削的群众中则恰恰得不到任何响应。只有当这种生产方式已经走过自身没落阶段的颇大一段行程之时，当它一般已经腐朽，当它的存在条件大部分已经消失而它的后继者已在敲门的时候——只有在这时候，分配上的愈益增长的不平等，才被认为是非正义的，只有在这时候，人们才开始从以往过时了的那些事实出发去申诉于所谓永恒的正义。①

这段话见于《反杜林论》政治经济学篇第一章《对象与方法》中。恩格斯在这一章里，说明了每个社会的分配方式取决于该社会的物质生产方式和交换方式，因此应当从生产与分配的辩证关系的角度来历史主义地看待它，而不能像杜林那样，断言分配方式只是一部分人对另一部分人进行压迫和使用暴力的结果，对它的评断只能诉诸永恒的正义。为了驳斥杜林的谬论，恩格斯写了上面那一段话。对于这段话，我以为应当这样理解：社会存在决定社会意识。人们对生产方式与分配方式的认识随生产方式与分配方式本身的发展而变化。当一定的剥削制度处在自己的上升阶段时，它是正当的、合理的。它的内部矛盾还没有充分暴露，这就使得当时的多数人们（包括那些在这个剥削制度下受到损失的劳动群众）看不出这个制度本身有什么不正当、不合理之处，甚至对它持肯定的、赞许的态度。而当这个制度已经走向没落、矛盾日益暴露时，人们才开始认识到这个制度的不合理性。因此，在谈论生产方式、分配方式或者剥削制度时，必须遵循现实的客观规律，而这能以杜林之流在书房里想出来的先验的正义或者非正义的观念作为根据。

基于同样的社会存在决定社会意识的原理，处在上升阶段的剥削制度中的那些不正当、不合理的因素，也必然要在人们的意识中，特别是在那些在这个剥削制度

---

① 《反杜林论》，人民出版社 1956 版，第 152—153 页。

下受到损失的劳动群众的意识中或多或少地得到反映，并表现为不满和反抗。但是，由于当时这个制度内部的矛盾还没有充分发展与暴露，它的腐朽的消极的方面还不易为包括劳动群众在内的人们所认识，劳动群众还不可能自觉地认识到他们所受的损害、他们的苦难的根源是在于这个剥削制度本身。也不可能意识到他们的不满和反抗应当指向这个制度本身而不仅是个别的现象和事物。

因此，从恩格斯的这段话里，并不能得出处在上升阶段的剥削制度和剥削阶级只有进步性而无消极性，被剥削阶级没有或者不许对它们的消极方面表示不满或进行反抗的结论。把恩格斯的话作这样的解释，恐怕不见得符合恩格斯本来的意思。

如果坚持前述的那种意见，那就势必要对剥削制度上升阶段的劳动人民的反抗斗争得出不正确的评价。或者是认为，劳动人民的斗争既然反抗一个上升的进步的制度和阶级，那就必然是反动的运动。或者是认为，这种自发的反抗运动既然没有认识到反抗的是统治着的剥削制度和剥削阶级，也没有提出反对这个制度这个阶级的纲领口号，因此就不具有反对这个剥削制度和剥削阶级的性质。但是，马克思说过："我们判断一个人不能以他对自己的看法为根据，同样，我们判断这样一个变革时代也不能以它的意识为根据。"① 同样，判断被剥削阶级的反抗斗争的性质也不能以被剥削阶级对自己斗争的性质的认识程度为依据。革命斗争的性质，是由社会性质所决定的客观存在，而不由人们的主观认识水平来决定。毛主席指出："认清中国社会的性质，就是说，认清中国的国情，乃是认清一切革命问题的基本的根据。"② 毛主席又说："决定革命性质的力量，是主要的敌人和主要的革命者两方面。"③ 既然各个剥削制度的基本矛盾：奴隶主和奴隶的矛盾、地主和农民的矛盾、资产阶级和无产阶级的矛盾，从奴隶制度、封建制度和资本主义制度形成之始就已存在，并且一直贯穿着奴隶社会、封建社会、资本主义社会存在的整个历史时期，作为矛盾一方的奴隶主、地主、资产阶级，自始至终与矛盾的另一方的奴隶、农民和无产阶级尖锐地对立着，那么，奴隶、农民和无产阶级的反抗斗争的性质，自始至终就不能不是反对那个统治着的剥削制度和剥削阶级。被剥削阶级对自己斗争的性质认识与否，认识到什么程度，可以对这种斗争的进程、特点和结局等起着重要的作用，但却无法改变由社会性质与社会主要矛盾所决定的阶级斗争的客观性质。在这场斗争中，被剥削阶级同样也是充当了历史的不自觉的工具。如果根据被剥削阶级的认识水平而否定他们斗争的反抗剥削制度与剥削阶级的性质，实际上是以被剥削群众斗争的自发性为理由，抽去了他们斗争的阶级性质。这是既无理论根据而

---

① 《政治经济学批判·序言》，《马克思恩格斯全集》第 13 卷，第 9 页。
② 《中国革命和中国共产党》，《毛泽东选集》第 2 卷，第 627 页。
③ 《关于民族资产阶级和开明绅士问题》，《毛泽东选集》第 4 卷，第 1286 页。

又不符合历史实际的。

因此，前述的那种意见尽管看来似乎是重视了历史主义原则，但是，由于它有把剥削制度和剥削阶级在其上升阶段的进步作用抽象化、片面化和绝对化的倾向，忽视了具体分析它们的阶级性和随之而来的消极性、反动性，也没有把它们放到具体的历史范围内，与当时的阶级关系和劳动群众的活动联系起来考察，总之，是缺乏具体的阶级分析，这就不免使得这种意见同样地也脱离了历史主义原则。

三

在评价历史事物时贯彻历史主义原则所碰到的另一个问题，是如何看待当时和后世，过去和现在的关系。

历史的发展是一个连续不断的过程，对于历史的事物，应当从发展的全局来加以理解。我们不能割断历史。既不能只看当时不问后世，也不能只看后世而不问当时。

一方面，人们是在既定的历史条件下进行创造历史的活动的。人们的任何活动，无不深深地打上时代的烙印。阿拉伯的谚语早就说过："人们克肖他们的时代，更甚于克肖其生身父母。"从来没有一种历史现象可以不管它的时代而能得到正确完全的解释。另一方面，人们又通过他们创造历史的活动，改变既定的历史条件，使得任何时代无不打上当代人们重大活动的烙印，而与以前的和以后的时代的面貌各各不同。当时当地的既定的历史条件及其变化，是了解与评价历史事物的基础和出发点，离开了当时当地的历史条件，也就是离开了具体分析事物的历史主义原则。

关于这方面的道理和事实的谈论已有很多，但是，评价历史事物的依据还不止于此。

人们通过自己的创造历史的活动引起既定历史条件的改变，这种改变对于整个历史进程的影响，有些是在当时当地就能看得出来的。有些改变只对当时当地发生影响。甚至一些规模浩大的事件，也不过像骤发的山洪一样，很快就消失得无影无踪，只在溪谷的两岸留下依稀可见的痕迹。北周为了对抗高齐而实行的改制，唐代宫闱深处各派宦官争夺政权的秘密斗争，明代所谓移宫、梃击、红丸三大案所带来的统治阶级内部的喧闹，诸如此类轰动一时的大事，没有多久就成为历史的陈迹，除了引起某些历史学家的兴趣以外，已经不再对后世的生活产生重大的影响了。但是，情况并非总是如此。人们的历史活动的某些后果，常常要经过一段时期，才在后世异地显现出来。

一种情况是，重大历史事件的进程常常不可能在短时期里结束，而需要一段时期甚至需要延续整整一个历史时代。短期的成败得失，不足以论定是非。中国近代的革命，此起彼伏，进行了一百多年，才在 1949 年取得最终的胜利，然而，事情并不因此结束，中国革命的胜利又成了世界革命新风暴的源泉，其深远的影响目前还只是刚刚显现。有些历史人物在很短的一段时期里似乎是叱咤风云，左右着历史的发展，然而随着时间的逝去，终于又不免显露出他的小丑的原形。还有一些历史活动，当时和后世的作用简直截然相反。起初，人们为自己的活动达到预期的结果而欢欣鼓舞，可是却终于不得不吞下自己酿出的苦酒。北宋时为了提高土地产量，增加财政收入，曾经提倡垦辟围田。很短时间内便成效斐然，主持此事有功的官员还受到了奖励。不料政府的提倡引起了官僚、贵族、武将、地主的乱肆围田，两浙地区尤其严重。到了南宋，围内少数田地固然不怕旱涝，常年丰收，但是由于围田侵占了原来的湖荡河道，壅塞了水势，破坏了两浙地区原有的水道与灌溉系统，结果围外广大农田旱时乏水灌溉，涝时无法排水，几乎年年被灾，粮食产量大减，酿成严重的社会问题，政府收入也因此受到影响。到了这时，尽管南宋政府一再禁止私行围田，平毁不少围埂，但是恶果已经不可挽回了。

另一种情况是，人们的历史活动的后果常是多方面的，除掉预期的结果之外，还常常产生一些附加的东西。当他们活动的直接后果的巨大阴影还没有消逝时，那些附加的东西很难显现出来。但是，等到事过境迁，活动的直接后果只成了历史的回忆，那些作用一直没有消失的附加的东西就有可能蔚为大观，在新的历史条件下呈现出它们巨大的作用，一变而为这些历史活动的主要后果了。像隋炀帝开通运河对于中国经济文化发展的作用，就是大家所熟知的例子。

再一种情况是，人们某些在原来条件下作用并不显著甚至在当时看来是微不足道的历史活动，一旦由于各种因素的交错作用而出现在另一种历史条件下，就可能对整个历史进程产生意想不到的巨大作用。傻小子碰巧把猫带到一个无猫多鼠的国度里，使得自己和猫都成了童话中的英雄，在真实的历史里却算不得罕见的奇闻。当阿拉伯人学会蒸馏火酒的时候，谁也不会想到他们创造了使当时还没有发现的美洲土人渐次灭种的主要工具。在宫廷里欣赏焰火的宋代皇帝或者在襄阳城头用"铁火炮"抗击蒙古骑兵的南宋兵士，也绝不会想到这个丝毫未曾动摇中国封建社会基础的新发明——火药，在传入欧洲以后，竟帮助新兴的市民攻破了以前无法攻克的贵族城堡的石墙，打破了武士的盔甲，使得贵族的统治与穿着护身甲的骑士队同归于尽，从而促成了西欧封建制度的崩溃。

还有一种更重要的情况，历史的事物本身是一个由低级到高级的发展过程，在事物的低级阶段仅仅以征兆或萌芽形式存在的东西，到了高级阶段就发展成熟，具有了充分的意义。不仅那些使事物具有合理的、肯定的性质的东西如此，事物中的那些促使事物向自己的对立方面转化，使它从合理的变为不合理的否定的因素，更是只有到事物的高级阶段才能充分显现出来。等到当原先肯定的和否定的因素各向自己对立方面转化的过程完结之后，事物的本质及其在历史上的作用就看得更为清楚了。马克思说："资产阶级社会是历史上最发达的和最复杂的生产组织。因此，那些表现它的各种关系的范畴以及对于它的结构的理解，同时也能使我们透视一切已经复灭的社会形式的结构和生产关系……人体解剖对于猴体解剖是一把钥匙。低等动物身上表露的高等动物的征兆，反而只有在高等动物本身已被认识之后才能理解。因此，资产阶级经济为古代经济等等提供了钥匙。"① 研究了资本主义条件下的发达的商品生产，才能了解前资本主义条件下的简单商品生产。认识了资本主义地租，也就能理解封建社会条件下的代役租、什一税。太平天国是中国旧式农民战争发展的高峰和总结，最鲜明和最充分地反映了旧式农民战争的革命作用及其局限。对太平天国革命进行充分的研究，也就易于了解中国封建时期的各次农民战争。只要不抹杀不同时期事物的历史差别，认识事物的低级阶段有助于认识事物的高级阶段，而认识事物的高级阶段也同样有助于认识事物的低级阶段。从后代理解前代，从结果探寻原因，从发展追溯渊源，从来就是认识与评价历史事物的一个重要手段。

因此，要正确地认识任何事物，"就必须从历史上把它的全部发展过程加以考察"，"要看某种现象在历史上怎样产生，在发展中经过了哪些主要阶段，并根据它的这种发展去考察它现在是怎样的"。② 对现实的事物如此，对历史的事物也要贯彻这种精神。

正由于历史发展的本身是一个不断深入、不断展开、不断暴露的过程，因此，追踪着与反映着现实关系发展的历史认识本身也是一个不断深入、不断提高的过程。后代人对历史事物的认识，一般地总是胜过前代。

后代人对历史事物的认识之所以胜过前代，除去历史事物本身的发展外，还有其他的原因。新史料的发现，常常使人们的历史认识发生飞跃。古代埃及和西亚的历史，全赖考古调查与发掘方能彰明，新中国考古工作的巨大成绩使得中国原始社会历史研究的面貌在新中国成立后几乎完全改观。西陲汉简、敦煌文物及内地大批墓葬和遗址的发现，为中国封建社会历史的研究增添了大批新的材料。近现代各国秘密外交档案的公布，常常迫使人们对某些政治事件重新作出估价。人类认识领域的扩大，与历史研究有关的各门科学的发展，以及历史研究理论与方法的进步，也使得人们对过去历史的认识能够不断深入。地质学、地理学、人类学、民俗学、年

---

① 《导言（摘自 1857—1858 年经济学手稿）》，《马克思恩格斯全集》第 12 卷，第 755—756 页。
② 列宁：《论国家》，《列宁全集》第 29 卷，第 430—431 页。

代学、文字学、心理学等学科的发展对历史认识发展的影响，是十分明显的。中世纪末期的地理发现，大大扩展了历史知识的领域。甲骨文字的解读，使若显若昧的殷代事迹成为信史。统计方法的运用，也使社会经济史的研究面貌一新。更重要的是，生产斗争与阶级斗争实践，引起人们对现实问题的观点的重大改变，这种改变又必然引起人们对历史事物的观点的改变，并且从过去的历史中发现新的、前所未知的意义。特别是当社会处在变革的阶段，当旧的看来是合理的事物正在崩溃，新的原先看来是不合理的事物正在取得自己应有的历史地位的时候，天翻地覆的变化迫使人们或者痛苦地或者欣慰地去对原来的历史认识进行重新估价。代表着新的生产力，代表着新生的、进步的、革命的力量或阶级，就往往能把历史的认识大大推进一步。多少年来被认为是神圣不可侵犯的封建等级制与贵族的特权，在 18 世纪法国启蒙学者那里受到大胆的怀疑。多少年来被当成"大成至圣先师"的孔老夫子，也只是到了五四运动才声誉扫地。尽管对历史的认识也和历史本身的发展一样，不可避免地走着迂回曲折的道路，有时甚至发生暂时的倒退的道路，但是总的趋势仍旧是后代超过前代。

不管过去人们的历史认识怎样的进步，他们对于自己活动所产生的那些长远的、结局离奇的、复杂多变的后果，通常还是不能立即认识，因为当时人们还只是历史的必然规律手中的盲目工具，而阶级的利益与眼前的政治斗争乃至传统的偏见又常常蒙蔽了他们的眼睛。即使是代表新生产力的革命阶级对过去时代的评价，也只是相对地进步，而不能真正揭露事物的本质，符合历史的真相。欧洲革命的资产阶级对封建制度的批判，不过是一个剥削阶级对另一个剥削阶级的批判，他们以为是永恒真理的正义、平等、自由、理性之类的概念，其实不过是资本主义生产关系在意识形态上经过粉饰的反映。这就使得他们的批判不过像马克思所说的那样，"是与基督教对异教的批判或者新教对旧教的批判相似"①。事实上，资产阶级也同样不能预见自己活动的结局。中国资产阶级革命派自以为只要推翻清政权就算完成了革命任务，却没有料到他们还要在封建势力与帝国主义的夹缝中挣扎几十年，而且不接受无产阶级的领导就永远找不到出路。总之，人们对事变后果的清晰的认识总是来得太迟。既然象征智慧的密纳伐女神的猫头鹰要等黄昏到来才开始起飞，人们也就只好常常以充当事后的诸葛亮为满足了。

马克思主义的创立从根本上改变了人类历史认识的不自觉状态。马克思指出："资产阶级经济只有在资产阶级社会的自我批判已经开始时，才能理解封建社会，古代社会和东方社会。"② 这一批判，不是一个剥削阶级对另外的剥削阶级的批判，

---

① 《导言（摘自 1857—1858 年经济学手稿）》，《马克思恩格斯全集》第 12 卷，第 757 页。
② 同上书，第 756—757 页。

而是一个要求从历史上废除一切剥削制度的阶级对过去全部历史的批判。这样，马克思主义由于充分阐明了历史发展的规律而成为认识与评价过去历史事物的唯一真理，也成为能够科学地预见人类创造历史活动的深远后果的唯一学说。自然，即使掌握了马克思主义，人们的历史认识也还有它的局限。它仍然受着人们所能掌握的历史资料、生产斗争和阶级斗争实践以及当代科学发展水平等因素的制约。它不可能对于尚未发生而又无法从已知条件中断言其必然发生的东西作出判断；也不可能对一切偶然的细节问题都了如指掌。因此，判断失误、评价不当的现象仍然可能存在，人们的历史认识仍然可能要走弯路。但是，正确的方向已经找到，科学的研究方法也已发现。马克思主义历史研究者的任务，就是要以唯物史观和辩证方法为指导对过去的全部历史重新加以研究，揭露事物的本质和规律，阐明历史的真相。因此，必须要站在今天的认识的高峰，运用当代最科学的观点和方法，从历史的全局出发来评价历史事物。既要分析形成历史事物的当时当地条件，也要看到历史事物在整个历史进程中所产生的长远后果。"会当凌绝顶，一览众山小"。这才是马克思主义者的境界。

有一种意见认为，评价历史事物应当根据"当时当地标准"，而不能根据"今时今地标准"，这是一种相当含混的提法。持这种意见的同志强调评价历史事物要根据当时当地标准的本意，似乎是想说明评价历史事物不要脱离这些事物所处的当时当地历史条件。问题在于，这种意见把评价历史事物应当根据它所处的历史条件与评价历史事物应当根据什么标准这两件事混淆起来了。从而把"当时当地"与"今时今地"也不必要地对立起来。历史条件，这是客观地存在于一定时期和一定地区的各种事物，是评价历史事物的根据和出发点；评价标准，这是人们衡量客观事物的尺度，反映了不同时期、不同地区、不同阶级的人们对历史事物的认识或观点。条件，只能是与被评价的历史事物及其作用有关的那些东西，不然，就会使我们对历史事物的评价违反历史的真实，失掉客观性。标准，却不能根据当时当地人们的认识；而要根据今天的、最高的马克思主义的观点。不然就会削弱科学性，甚至模糊阶级界限，同样也会违反历史的真实，失掉客观性。至于当时当地条件，只能是评断历史事物的重要依据而不能是全部依据，这在前面已经有所说明了。

持这种意见的同志，有时又把这种"当时当地标准"看成是"当时当地大多数人的意见"。认为这要比后代异地人的意见来得正确可信。

各个不同的历史时期，对历史人物及事件的评价往往不同，在褒贬毁誉之间有时甚至截然相反。对于这些过去的评价，当然应当重视，应当作为我们今天评价历史事件和人物的参考，也可以作为我们今天研究过去人们的认识水平、思想潮流和道德风尚的资料。但是无论是当时当地人的意见或者后代异地人的意见，都不能代替我们今天在马克思主义原理指导下所作出的评价。

要了解过去人们的意见，当然只有研究遗留的史料。而反映在史料中的所谓多数人的意见常常不过是当时统治阶级的意见，甚至史料中反映的还未见得就是当时大多数统治阶级的意见。唐代后期党争剧烈，流传至今的记载多属所谓"牛党"的东西，对所谓"李党"的记载常有不实不尽之处。《资治通鉴》号称客观，但载晚唐史事多据这些材料，再加上北宋党争的影响，就很难称为客观，即是一例。

那么，在古代人对历史事物的评价中，当时当地大多数人的意见是不是就一定比后世人的评价更加可信，更接近于历史的真实呢？这也未必尽然。对于武则天，唐朝地主阶级代表人物的评价比宋以后要平允一点。但是，也有更多的相反的例子。秦始皇，汉朝就没有多少人肯定他的历史功绩，隋炀帝在唐朝也很少有人说他的好话，在他们的暴政记忆犹新，他们给社会造成的灾祸还历历在目，他们的覆亡还使人惊心动魄的时候，人们除去诅咒之外，只是把他们当成反面教员，谆谆相诫不要再蹈他们的复辙。就连使唐朝统治者享受了很大好处的开通运河这件事，在当时也多半还是当成暴政，被引为亡国的鉴戒（如白居易的《隋堤柳》），一直到唐末也只是把运河的作用带上一句（如皮日休的《汴河铭》）。范缜《神灭论》出，众口交谇，最后遭到一场由梁武帝出面主持的文化围剿。王安石在北宋时就是所谓"旧党"攻击的鹄的，到了南宋，更是一片詈骂之声，少数替他辩护的如陆九渊等人，又多半是从封建伦理道德的角度立论，肯定王安石是正人君子，只是被"小人"蒙蔽利用，这种辩护还是从根本上否定了王安石的变法。至于王船山，由于他在世时居处远僻，著述又未广为流传，他的学说只是到晚清才为人所重视，而同时代的人却谈不上对他有多少意见。如果要根据这些所谓"当时当地多数人的意见"来评价历史事物，那我们就根本无法得出哪怕是近似正确的结论。

问题不在于断言后世异地人的评价还是当时当地人的评价谁更接近历史的真实，而是要进一步分析，同是地主阶级，对同一历史事物产生不同评价的根源在哪里。

古代人评价历史事件和人物是从他所处的那个时代的观点出发，首先是从那个时代的阶级关系和阶级斗争（包括统治阶级内部斗争）的情况和需要出发的。在同一个时期里，不同的阶级、阶层、集团和政治派别对同一历史事物的评价往往不同；不同的历史时期，随着阶级关系与政治斗争形势的变化，对同一历史事物的评价又会发生变化，甚至变得截然相反。北宋新旧党争从熙宁起一直延续到北宋的灭亡，新旧两党此伏彼起，对王安石及其新法的评价在熙宁、元祐、绍圣各朝也都经过几次反复。宋室南渡后，地主阶级知识分子痛心于大片国土的丧失与小朝廷的偏安屈辱地位，追原究始，不免归罪到北宋末年打着"变法"、"新党"招牌祸国殃民的蔡京等人身上。再追溯上去，变更祖宗成法，排斥"正人君子"、引用"奸邪小人"的王安石就成了祸首，这是南宋对王安石詈骂之声不绝的主要原因。

武则天却刚好相反，在后世受到更多的咒骂而在唐朝却受到较多的赞扬。唐宋道德风尚不同当然是形成这种情况的一个因素，但是唐朝人也有用女人不该当政这点来骂她的，骆宾王的《代徐敬业讨武氏檄》就是一例。然而并没有成为当时统治阶级的公论。这里更重要的还是政治原因。武则天的得位承之于唐高宗，失位是由于宫廷政变，但也还是采取了传位于皇太子的合法形式，政治体制与各级官员均未作很大变动，继位的中宗在即位不久的一道敕令中就肯定了武则天在唐朝历史中的正统地位，禁止人们称他的即位为中兴，此后唐朝历代统治者也仍视她为本朝继统缵绪的"则天顺圣皇后"。在这种情况下，唐朝人对她的评论，自然不能不从她是当朝的最高统治者一员的角度出发，不能无所避忌，恣意讥弹，又必须顾全地主阶级的大体，不能去攻击她的私人生活，否则就可能犯大逆不敬之罪。至于另一个模仿武则天临朝称制的韦后，在唐朝人笔下就跟对武则天的评价完全不同。固然，韦后在政治上的建树远不能跟武则天相比，但她很快在宫廷政变中被杀，并被后来的唐朝统治者视为叛逆，废为庶人，也使得唐朝人无论如何也不能把她跟武则天相提并论。到了异代，这种政治上的成王败寇的区别与顾忌没有了，评价也就可以大胆起来，加上道学空气弥漫，武则天就从女人柄政及其私人生活这两个方面被骂得一塌糊涂，而且和韦后并称为"武韦之祸"了。

因此，尽管历史的认识一般说来是后代胜过前代，但是阶级的利害与局限却使人们的历史认识成为一个十分曲折复杂的过程。不能无视所谓大多数人的意见的阶级性。而在研究当时统治阶级之间意见的差异时，也仍需从阶级关系与阶级斗争的形势出发，不然就无法真正理解这些分歧错杂意见的形成与变化的根源。

持这种意见的同志也可能说他所谓的当时当地大多数人的意见并非当时统治阶级的意见，而是当时人民的意见或者是当时人民的利益。这与上述的那种提法当然有所不同，但是问题的性质却没有发生根本改变。撇开从剥削阶级传留下来的史料中了解人民意见的困难不说，即使我们真是照着当时人民的意见或者利益来评价历史事物，那也不过是把今天的我们降低到历史上的奴隶、自由民、农奴或者市民的认识水平上，或者只是强调当时人民的局部的、暂时的利益而忽视了这种利益与人民长远利益之间的区别和可能出现的矛盾。封建社会的农民起来革命不过是希望换一个能代表他们利益的好皇帝，而他们天真地相信他们的愿望在新王朝建立之后已经实现，难道我们今天也认为农民战争之后出现的新王朝真的就代表了农民的利益吗？

恩格斯曾经谈到某些思想家"习于轻信，他们总是把某一个时代对本时代的一切幻想信以为真或者把某个时代的思想家们对那个时作的一切幻想信以为真"①。

---

① 《德国农民战争》，《马克思恩格斯全集》第 7 卷，第 399 页。

但愿我们不要像这些思想家们那样地习于轻信。

在批评历史研究中的非历史主义倾向时，有些同志常常提出反对把历史现代化的问题。但是，究竟什么是把历史现代化呢？

历史学家总是属于他自己所在的那个时代的，人们正是为了认识当前的现实生活和为了当前阶级斗争的需要，才从历史中去汲取知识和力量，因此，历史的研究总是建立在现代的基础上。人们对历史的研究总是用当代的理论观点作为指导，研究的对象和范围，也总是当代最重要和最有兴趣的事物，研究的方法和技术装备，总是要采用当代科学的最新成就，论述与分析古代历史，也常常需要甚至不得不运用当代所能提供的最科学、最确切的名词概念（如唯物主义和唯心主义、阶级斗争，等等）。但是，这一切都不过是为了正确地理解过去的历史的本质，阐明逝去的事物真相，以便使过去的遗产经过今天意识的加工，转化为对当前人们生活和斗争有用的材料。而不能抹杀现代和历史的差别，把我们熟悉的东西加到古人身上去，照我们自己的模样去改铸古人，用我们对当代事物的要求去要求古代的事物，从古人的思想行动中推论出古人从来想不到也做不出的东西，或者为了当前斗争的暂时性的、策略性的需要，对历史上的事物作随意的解释和评价。这种种做法，就是通常所说的把历史现代化。

把历史现代化的一种表现，是把历史上的事物提高到跟只有今天才能出现的事物同样的水平，赋予它们以根本不可能有的性质，因而对之肯定过多。这种情况是比较容易发现的。把历史现代化的另一种表现，是以我们对今天事物的要求去要求历史上的事物，因为它们达不到，就不免对之否定过多，有的同志，往往以为这就是坚持历史主义原则的表现。这种做法看来似乎是注意了古今条件的不同，其实，它和把历史现代化的前一种表现同样是抹杀了历史和现代之间的本质差别，同样是用现代的模型去改铸古人，不过一个是企图把古代事物改铸得和现代一样，而另一个则是发现古代事物和现代的模型对不上，就比照着这个模型来从古代事物身上挑剔还不可能出现的疵谬，脱离开具体的历史条件来进行指斥和嘲骂，如是而已。

但是，反对把历史现代化又绝不能理解为反对以现代的观点去研究历史的事物。有人认为只要单纯地追求所谓历史的真实，客观主义地把古人的思想原封不动地介绍出来，把历史的事物连同其一切细节描绘得和它们在历史上出现时一点不差，就算完成了历史研究任务，遵循了历史主义原则。他们既不带着比古人更高的思想和旨趣去考虑这种叙述与描绘是否能够现出历史事物的本质，反映历史发展的规律，也不带着一种对于变革现实的革命责任和热情去问这种叙述和描绘对今天的生活和斗争到底有什么意义。这种研究实际上是把自己套进古人铸就的模型里去，以古人的思想来改铸自己，不知不觉地企图把自己推向已经不再回复的古代。结果，历史主义的革命性质受到了阉割，所谓的"历史主义"就变成了复古主义。

　　以前的人们创造历史，常常不得不直接求助于过去的亡灵。他们或者让自己穿上古人的服装，说着古人的语言，来演出世界历史的新场面，实行"托古改制"。或者一味号召大家复古，回到连他们自己也十分朦胧的所谓"三代之世"去。把古人现代化或者把现在古代化的做法，常常成了以前人们进行政治斗争和社会改革的重要手段。但这不过是表现了他们对古代历史的无知和对解决现实矛盾的无能。掌握了社会发展规律和自己历史前途的无产阶级完全不需要用歪曲历史真相或者违反历史方向的方法去进行自己的斗争。马克思主义的历史主义者一方面不菲薄古代的事物和历史经验，而是经过批判，从中汲取对当前生活与斗争有用的东西，作为创造新经验与新智慧的原料和出发点；另一方面，又永远不是把历史上的事物和经验简单地、现成地搬用于现代，抹杀过去和当代的本质的区别。真正的历史主义永远是从马克思主义的科学高峰俯视过去，并且永远记得毛主席的名言：

　　俱往矣，数风流人物，还看今朝。

（刊于 1963 年第 4 期）

困境与反思："欧洲中心论"的破除与世界史的创立

马克垚

一

世界史作为历史学的一门分支学科，和其他的国别史、地区史、断代史并立，成为有自己的研究对象、研究方法的独立学科，应该说是第二次世界大战以后才出现的，到现在也不能说已经发展成熟。此前，特别是 19 世纪历史学发展成为科学的历史学以来，欧洲人也编写过许多多卷本历史，有的直接就命名为世界史，但欧洲人的世界是基督教世界，所以仍然是欧洲史，只有在涉及和欧洲有关的问题时才述及世界上别的地方。①第一次世界大战后，面对战后满目疮痍，欧洲人对自己的成就感到幻灭，于是才有了汤因比的《历史研究》，对世界上欧洲以外的国家、民族的历史给予关注。第二次世界大战对人类文明造成了前所未有的大破坏，所以在联合国教科文组织的倡议下，计划写一部世界史，宣传人类的和平与相互理解。主编托尔诺希望它能成为教育人类和平相处的历史教科书。此书的主旨是要平等地对待所有的文化和宗教，是纯粹的和平史，没有爱国主义、没有政治、也不冒犯任何人；每一种文化就像一条河流，有其源头，有其或长或短的独立途径，最后汇成大河，但均不失其存在；即每一种文化均对世界文化有贡献。大家都给予，大家都接受，任一文化都在历史上有同等的地位。这一计划可称十分美妙，但执行起来却困难重重，主要原因就是占史坛统治地位的欧美史学家和第三世界的史学家观点差距

---

① 例如我们所熟悉的剑桥三史（上古史、中古史、近代史）仍然是这种格局，可是不知为何我们翻译的 *The New Cambridge Modern History* 要译成《新编剑桥世界近代史》（该书由中国社会科学出版社组织翻译，自 1988 年至今已出版 12 册）。

太大，不能统一。① 最后这部书以《人类史：文化和科学的发展》为题出版，共为6卷；从人类的起源一直写到20世纪。② 因为主持此书的写作者实际上仍然为欧美学者，所以它并不能如最初的设想那样成为世界和平的教科书。

《人类史》这部书偏重于描述人类文化和科学的发展，不能说是一部世界史，但它的编写过程却说明了写一部真正的世界史十分困难。随着第二次世界大战以后第三世界的崛起，亚、非、拉美国家的历史受到史学家广泛关注，出现了许多带有世界性的综合著作，其中最有名的如布罗代尔的经济史巨著《15至18世纪的物质文明、经济和资本主义》，虽然主要论述的是西欧经济史，但也把中国、土耳其等作为经济世界来分析。③ 艾森斯塔得的《帝国的政治体系》，更纵论历史上各种官僚帝国，包括拜占庭、波斯、中国、欧洲专制帝国等。④ 与此同时，苏联、美国，还有中国的史学家都展开了编写世界史的努力，并且取得了不少成果，世界史逐渐作为一个独立的历史学学科而得到史学界的关注。但它仍然缺少一个大家承认的明确定义。对于苏联史学家来说，世界史就是世界各地按五种生产方式递进的历史。另一些学者则强调世界历史是各地文化交流的历史。而吴于廑则认为世界历史不是一开始就有的，他倾向于主张16世纪海道大通才使世界连成一片，才有了世界史。⑤ 有人认为世界史就是“全世界的全部历史”，这是一个没有明确原则的选择。⑥ 这一简单的论述也许更适合大家的需要。

---

① 参看 G. Allardyce, "Toward World History", *Journal of World History*, Vol. 1, No. 1, 1990, pp. 26—39. 其中第4卷（1300—1775）主编哥特查尔克（芝加哥大学史学家，1899—1975）1951年写信给为编写此书成立的“人类科学和文化史国际委员会”主席卡尼罗（巴西人）说想要把此书称之为“欧洲的世纪”时，卡尼罗回答说，世界史上没有一个世纪可以称为欧洲的世纪，世界史涉及的每一个区域都是平等的，此书初稿写出后讨论时意见分歧很大，有人认为它太欧洲中心了，有人认为每个人都有份的历史不是历史，这时的英国如何能和马里、刚果一样呢？有的对40页的正文送来60页的意见，而苏联学者的意见稿更高达36磅重，后来哥特查尔克认识到他无法完成一部令大家都满意，谁也不冒犯的著作，甚至请辞。

② *History of Mankind*：*Scientific and Cultural Development*, Vols. 1—6, London, 1963—1969. 此书后来还出过一个修订版，*History of Humanity*, Vols. 1—7, 1994—2005。该书现在我只看到前6卷，每卷标题是以时间（几世纪到几世纪）来表示的，参加写作的中国大陆学者有吴汝康、贾兰坡、张长寿、安志敏、周一良、张广达、王思治等人。但该书从架构来看，依然是西方人的那种欧洲史，东亚、非洲、拉美，不过稍加涉猎而已。

③ 费尔南·布罗代尔：《15至18世纪的物质文明、经济和资本主义》第1—3卷，顾良、施康强译，生活·读书·新知三联书店1992—1993年版。

④ S. N. 艾森斯塔得：《帝国的政治体系》，阎步克译，贵州人民出版社1992年版。类似的著作还有伊曼纽尔·沃勒斯坦：《现代世界体系》第1—3卷，庞卓恒等译，高等教育出版社1998—2000年版。迈克尔·曼：《社会权力的来源》第1卷，刘北成等译，上海人民出版社2002年版，Vol. 2, *The Rise of Classes and Nation - States, 1760—1914*, Cambridge, 1986。佩里·安德森：《从古代到封建主义的过渡》，郭方等译；《绝对主义国家的系谱》，刘北成等译，上海人民出版社2001年版。戴维·S. 兰德斯：《国富国穷》，门洪华等译，新华出版社2002年版。保罗·肯尼迪：《大国的兴衰》，梁于华等译，世界知识出版社1990年版，等等。

⑤ 《吴于廑学术论著自选集》，首都师范大学出版社1995年版，第45页。

⑥ B. Mazlish, "Comparing Global history to World History", *Journal of Interdisciplinary History*, Vol. 28, No. 3, 1998, p. 385.

在世界史还未发展成熟之际，又出现了全球史的题目。本来全球史就是世界史的另一种称呼，如斯塔夫里阿诺斯的《全球通史》，也就是世界史。当然他的写法和其他人的有所不同。1961年他在美国西北大学提出全球史的教学计划，就在于破除单纯对地区、国别史的研究，而关注世界的、全球性的问题，所以才写成《全球通史》。不过，最近的全球史与以前的有所不同，是在全球化的形势下提出的，所以它关注的是导致全球化的那些因素的发展过程，是要在全球的水平上看过去的问题。所以它叙述的应该是空间发展、核威胁、环境问题、跨国公司、全球消费以及政治全球化、文化全球化，等等。[①] 也有人认为，过去的世界史是西方启蒙思想的产物，其描述的范式即是发达的西方通过掌握技术和物质力量逐渐控制全世界、规定非西方的发展进程，而非西方经过曲折的进程，日益西方化，双方差距逐渐缩小。但是全球化发展的结果，却和这一进程颇为不同。如（1）工业发展的形式大有变化，一些第三世界国家迅速实现工业化，不发达地区出现工业飞地，而原来工业化地区也出现了被放弃的落后地区，超越了所谓的中心、外围理论；工业化重新划分世界，引起了新的暴力冲突。(2)原来的一些强有力的帝国主宰世界的情况已经过去，全世界的金融、贸易、信息不绝流动，跨国公司、网络等成为无国界的运动方式。(3)原来是欧美等强国向第三世界殖民，现在是第三世界各国向欧美等富国移民；出现了大众文化，各种文化形态都通过大众传媒如电视、广播、电影等向世界各地传播，形成一种公众认同；可是也有宗教、种族等差异导致的冲突和屠杀。（4）过去的民族国家作为自主结构也遇到了挑战，许多问题越过国家、政治机构寻求解决方法，家族、种族有时会取代国家行动。[②] 也就是说，原来是以普世的欧美为指导的现代性，而现在是多元的现代性，所以没有了指导世界历史的编写原则。[③] 其中马兹里士（麻省理工学院历史学教授）等在推进全球史方面做了不少工作，已经召开过四次讨论全球史的国际会议。他们倡导要写出不同于世界史的全球史，因为过去的世界史没有全球意识，仍然是西方的历史观指导，没有第三世界的历史观。但是这种全球史还处在萌芽阶段，从对这几次讨论会所出文集的评论看，似乎全球史的倡导者仍然是欧洲中心论的思维，他们的世界史中没有第三世界的地位，第三世界的人民只是殖民主义的牺牲者、抗议者、反抗者，没有写出第三世界的人民对世界历史、欧洲历史发展的贡献。所以他们被认为还没有做好编写

---

① B. Mazlish, "Comparing Global History to World History", *Journal of Interdisciplinary History*, Vol. 28, No. 3, 1998, pp. 389 – 390.

② Geyer, "World History in a Global Age", *American Historical Review*, Vol. 100, No. 4（Oct. 1995）, pp. 1051—1052.

③ Ibid.

全球史的准备。①

　　我认为，客观的世界史可以说自从有人类以来就存在。有了人类，也可以说就有了世界，也可以说就有了世界的历史，因为历史就是由人类的活动构成的，有了人类，也就有了人类的活动。这种客观的世界历史，不管人类主观上是否认识到它，是否记载下来，是否编写下来，它都是存在的，如同亚欧大陆上的人不知有印第安人时，并非美洲印第安人就不存在。根据这样的认识，我想我们可以说世界史也就是全世界的人类的历史，是全世界的各民族、国家的自古及今的历史。但是编写出来的世界史那就是另一个问题了。前已指出，科学的世界史只是近半个世纪以来才出现的。要编写一部世界史，当然不是把每个国家、每个民族的历史，都进行排列；把每个历史事件，不分大小，都进行记录、评述。而是要有所取舍，有所整合，需要解决的是（1）你叙述的单位是什么，过去是民族、国家，后来有文明、世界体系、世界网络，还是一种"横向整合的宏观世界历史"；（2）世界历史是怎么发展的，是否是中心、边缘式的，抑或是其他的如地区之间的先进与后进、平衡与不平衡的相互转化；（3）这种发展的动力是什么；（4）各国家、民族或文明等的共性与特性，这同时也就说明，编写世界史不可避免地要进行比较研究等。每一部世界史，实际上都要回答这些问题，只是你自觉或不自觉的回答而已，所以每一部世界史——科学的世界史，都有一个理论、都有一个体系，这是无法回避的。

二

　　第二次世界大战以后出现的各种世界史、文明史（许多文明史实际上和世界史并没有区别），我以为大致上可以分为三种体系，下面试图对之做一介绍。

　　第一种世界史的体系是苏联编写的多卷本《世界通史》，该书俄文版第一卷出版于 1955 年，原计划出 10 卷，从人类的起源写到第二次世界大战，后来增加为13 卷，写到 1970 年。② 它按照历史唯物主义原理把全世界的历史（包括各民族、国家、地区，网罗相当详尽）做系统阐述，把主要国家、民族都按照五种生产方式，即原始社会、奴隶社会、封建社会、资本主义社会和社会主义社会的原则编制起来，是一种世界史的格局。这一通史以生产力和生产关系的矛盾斗争为社会发展的动力，强调革命变革、农民起义、奴隶起义在历史发展中的作用，对各个社会的

---

　　① 有关书评参看 *American Historical Review*，Vol. 100，No. 5（Spring 1995），pp. 1517—1518；Vol. 100，No. 2（April 1995），pp. 482—483；*Pacific Affairs*，Vol. 71，No. 1（Spring 1998），pp. 83—85。
　　② 苏联科学院编：《世界通史》第 1—13 卷，生活·读书·新知三联书店 1958—1990 年版。

政治、经济、文化等现象都做了分析，有自己的观点和方法。全书各章节都由研究有素的专家写成，质量很高。当然，这种按照单线发展史观统一排比全世界各国历史的方法现在看来有不妥之处。从理论上说，五种生产方式是马克思的，还是斯大林的？是否是一种普遍的客观规律，还是只是西欧的规律，或者在西欧也不是规律？正在那里争论不休。20 世纪 30 年代和 70 年代曾经发生过两次亚细亚生产方式的大讨论，就是围绕着欧洲以外的国家有没有奴隶社会和封建社会，是亚细亚生产方式，还是别的什么生产方式而进行的。① 实际上，苏联《世界通史》排列全世界历史的根据，仍然是西欧的模式。例如，由西多罗娃主编的该书第三卷序言，在谈到封建社会的基本规律时，认为封建社会的形成，都以农村公社解体、自由农民受奴役为特征，封建土地所有制都具有等级结构等②，这显然是从西欧出发的，对世界上其他国家不一定合适。第五、六、七卷为近代部分，强调英国革命、法国革命、1848 年革命、巴黎公社等的革命斗争，这就是我们所熟悉的三大运动：资产阶级革命运动、工人运动、殖民地人民反抗运动。对非欧洲国家的历史本身则表述不够。而俄国的历史内容过长，对其作用也过分强调。

第二种世界史体系应该是以麦克尼尔所写的《西方的兴起》为代表，他认为世界历史的发展主要归功于各文明、文化之间的相互交流、相互作用，而高技术、高文明地区向低技术地区的传播即为其主要表现，因此世界历史的发展道路就是欧美文明的胜利进军。所以他的这类书以西方的兴起为标题，副标题是"人类共同体的历史"。③ 而书中第三部分的题目就是"西方统治的时代：1500 年到现在"（这里的现在是 1917 年），书中不少地方充满了对西方文明的颂扬，如说它吸收了古典、拜占庭、伊斯兰文明，所以较其他文明更有理性，13 世纪就发明了机械和钟，为其他文明所不及；尤其是群众参与政治和经济文化生活更为其他文明所不能及。这里的贸易很早就是大众消费品，而不是东方那样的奢侈品，这里的教士、贵族、市民，甚至农民，很早就识字了。虽然有贵族寡头，但人民很早就参与政治，如议会和三级会议等。④ 第二次世界大战以后，虽然西方短暂统治世界之地位已然消失，但同时进行的是全球各民族之西方化，西方的兴起正方兴未艾，今天依旧没有达到它的顶点。⑤

《西方的兴起》出版 25 年后，在 1988 年的一次讨论会后，麦克尼尔作了自我评论。他认为该书反映第二次世界大战后美国的帝国情绪，是一种知识帝国主义的

---

① 参看郝镇华编《外国学者论亚细亚生产方式》，中国社会科学出版社 1981 年版。
② 苏联科学院编：《世界通史》第 3 卷，生活·读书·新知三联书店 1961 年版，第 6—12 页。
③ W. H. McNeill, *The Rise of the West: The History of Human Coremunity*, Chicago, 1963.
④ Ibid., pp. 558—559.
⑤ Ibid., pp. 566—567.

形式（虽然作者本人并没意识到这一点），而 20 世纪 60 年代它的畅销也和社会上的这种帝国情绪有关。麦克尼尔还认为，他对世界历史的分析太偏重于文明的单位，而对各文明交流形成的世界体系（在公元前 1700—500 年之间和 1500 年之后）关注不够，是该书体系上的一大缺点。他还认为，该书的 1000—1500 年这一段时间内，没有把中国作为中心来描述是不对的，这时世界体系的中心转移到中国，而 1500 年以后西方的兴起，也是向中国学习的结果。[①]

第三种世界史的体系是由中国学者提出的。新中国成立后，中国学者致力于编写一部新的世界史，主要是为了高等学校教学的需要，因此开展了多年的世界史体系的讨论。特别是 20 世纪 80 年代曾经有过编写一部多卷本世界史的设想，所以对世界史体系进行过一些讨论。[②] 中国学者对世界历史体系的认识，突出的是对西方世界史所反映的西欧中心论（或欧洲中心论）的批评，几乎每一个学者都注意到这一问题。[③] 另外，因为我们编写世界通史主要参考苏联的教材，所以对苏联的世界史用五种生产方式强制割裂各国的历史、造成世界史是国别史的机械堆砌也不满意。1985 年，吴于廑在内蒙古大学的演讲中，明确提出要把世界史建立为一个历史学的分支学科。他认为世界史所应该研究的是世界历史的纵向发展和横向发展，即世界各民族、各地区的历史发展经历了由低级到高级的历程，这是纵向发展；而在发展过程中也相互作用，由相对孤立闭塞而走向紧密联系，这是横向发展；世界史就是要研究世界由古及今经历了怎样的历史演变过程，怎样由原始、闭塞、各个分散的群体的历史发展为彼此密切联系的、形成全局的世界历史。[④] 以后吴于廑还写了一系列论文，具体阐述他的这一观点，如《世界历史上游牧世界与农耕世界》、《世界历史上的农本与重商》等。[⑤] 吴先生强调世界历史的横向发展对打破世界史是国别史的堆砌贡献巨大，但他也认为："十五、十六世纪以后的四百年中，由欧洲西北角这一率先变化而引起的世界范围的经济、政治、文化的矛盾和适应，新旧嬗递之中的批判和吸收，外来力量与固有力量之间的冲突和融汇，构成历史成为世界历史这一宏伟过程的全景。"[⑥] 在他所写的系列论文中，有一篇是《亚欧大陆传统农耕世界不同国家在新兴工业世界冲击下的反应》，这都颇有点冲击—反应

① W. H. McNeill, "*The Rise of the West after Twenty - five Years*", *Journal of World History*, Vol. 1, No. 1, 1990, pp. 1 - 3, 5, 18.

② 参看《世界历史》1984 年各期的有关文章，如郭圣铭《建立马克思主义的世界史体系》，《世界历史》1984 年第 1 期。

③ 中国对西欧中心论的批评，早在老一辈学者已经开始。例如雷海宗 1928 年评韦尔斯的《世界史纲》，即指出其并非世界史，实为西洋史，见《伯伦史学集》，中华书局 2002 年版，第 614 页。

④ 吴于廑：《世界史学科前景杂说》，《内蒙古大学学报》1985 年第 4 期。

⑤ 有关论文参看《吴于廑学术论著自选集》。

⑥ 《吴于廑学术论著自选集》，第 543 页。

模式的味道。吴先生还组织国内的一些史学家，根据他所提出的论点，编写新的世界通史。1994 年，由吴于廑、齐世荣主编的 6 卷本《世界史》出版，甚有新意。但正如最近有人指出的那样，这部书的近代部分，与国内许多其他的世界史一样，仍然带有西欧中心论的倾向。他们把近代世界的历史，归结为由西欧率先启动，独立推进的现代化进程，经济上建立了市场经济、资本主义体系，还创造出了与之相适应的政治体制、价值观念等，而其他国家则不同程度地受到冲击，并根据自身的条件做出反应①，依然是冲击—反应模式。

<h1 style="text-align:center">三</h1>

近年来随着第三世界国家（或者称发展中国家）经济的发展、国际地位的提高，对这些国家、地区的历史重新研究已经大力展开，因此出现了编写新的非欧洲中心论的世界史的动向，我仍然把它分为三种略作介绍。

第一种可以巴勒克拉夫、斯塔夫里阿诺斯、麦克尼尔等为代表，他们致力于编写一部能平等地对待世界各民族、国家的世界史。巴勒克拉夫早在 1980 年应联合国教科文组织要求编写的《当代史学主要趋势》中，已经批评了各种欧洲中心论的世界史（包括苏联的《世界通史》）②，后来他在主编《泰晤士世界历史地图集》时，力求避免欧洲中心论，平等地看待世界各民族、国家的历史和它们在世界上产生的作用。这本地图集的文字说明可以当作一本简明世界史来读③，可是它仍然被认为没有摆脱欧洲中心论的束缚。④ 斯塔夫里阿诺斯的《全球通史》声称要站在月球上看地球⑤，不过他过分强调西方文明的独特性，而这种独特性导致它改变了世界。⑥ 麦克尼尔从他写作《西方的兴起》以后，就逐渐致力于研究一种新的世界史的框架与体系，他从强调各文明、文化之间的交流出发，认为这种交流是社会发展的动力⑦，所以研究了全世界各地区之间疾病的传播、物种的交流，特别强调商业把全世界沟通起来并拉动各地区发展的作用，写了《瘟疫与人口》，《竞逐富强》

---

① 参看徐洛《评近年来世界历史编撰中的"欧洲中心"倾向》，《世界历史》2005 年第 3 期。

② 巴勒克拉夫：《当代史学主要趋势》，杨豫译，上海译文出版社 1987 年版，第 242—258 页。

③ 《世界史便览》，生活·读书·新知三联书店 1983 年版。

④ 刘远图：《世界通史体系问题琐议》，《世界历史》1984 年第 2 期，第 73—74 页。

⑤ 斯塔夫里阿诺斯：《全球通史》上册，吴象婴等译，上海社会科学院出版社 1988 年版，第 54 页。

⑥ 同上书，第 454 页。

⑦ W. H. McNeill, *The Rise of the West after Twenty-five Years*, 1990, p. 18; "The Change Shape of World History", *History and Theory*, Vol. 34, No. 2 (May 1995), p. 15.

等著作。① 麦克尼尔认为在公元前 1700—500 年之间，在古代以中东为核心，形成了一个世界性的体系，有一系列的大帝国，如埃及、赫梯、亚述、巴比伦、波斯等，而后来的印度、希腊、罗马文明，也深受其影响。② 1000—1500 年，则是以中国为中心形成新的世界性体系。他在 1982 年出版的《竞逐富强》中，已经根据哈特维尔、伊懋可、斯波义信等人对宋代的研究，把 1000—1500 年，标题为“中国称雄的时代”，认为中国宋代的商业经济拉动了欧亚大陆东部以至整个欧亚大陆经济的发展。③ 麦克尼尔能比较平等地看待各文明在世界历史发展中的作用，并不断改进自己的认识。他在 1992 年为弗兰克的书所写的序言中，说到 30 年来他的观点一直在变化，最初是把文明，后来是把世界体系作为分析世界历史的框架，但他那时就提出人类的交流是一种联系网，④ 后来他和他的儿子共同写了一本书，题名即为《人类之网》，虽然这是一本通俗读物，但也还有它的特点。如书中把 1450—1750 年当作世界性网络编织时期，而 1750—1917 年才是新网络收紧时期；还指出在欧亚大陆贸易发展进程中，直到 1750 年，中国仍然是这一体系的中心；全世界大部分的香料都直接运到中国，3/4 的白银运到中国和印度。到了 18 世纪，大西洋经济才可以与以中国为中心的西太平洋经济相匹敌。⑤ 强调文化交流、跨文化互动在世界历史中的作用，力求平等地对待世界上的各个文明，这都是构建世界史新体系的好想法。只是文化交流、跨文化互动并不能成为世界历史发展的动力，世界历史的发展还要到它的内部去找动力。所以和麦克尼尔观点一致的本特利也承认以跨文化互动作为历史分期的根据，没有顾及各社会内部的发展。⑥ 文化交流、文化互动，只能是世界史体系的一个内容，而构不成世界史本身。

第二种编写新的世界史的努力可以说是世界体系理论。世界体系这一理论本是沃勒斯坦提出的，他称之为“现代世界体系”，并写有三卷本的著作，其本意在于分析现代资本主义的世界经济体系，指出西欧资本主义从产生时起，就依靠对广大第三世界的剥削、掠夺而发展。他的分析是古典政治经济学的，也是从马克思的资本论发展来的。⑦ 后来弗兰克、吉尔斯等人把世界体系理论用来作为重构世界历史

① 参看郭方《评麦克尼尔的〈西方的兴起〉》，《史学理论研究》2000 年第 2 期。

② W. H. McNeill, 1990, p. 12；1995, p. 19.

③ 麦克尼尔：《竞逐富强》，倪大昕等译，学林出版社 1996 年版，第 50—53 页；McNeill, op. cit., 1990, p. 18；McNeill, op. cit., 1995, pp. 21—22.

④ 弗兰克等主编：《世界体系：500 年还是 5000 年》，社会科学文献出版社 2004 年版，第 7 页。

⑤ J. R. McNeill & W. H. McNeill, *The Human Web, A Bird's Eye View of World History*, N. Y., 2003, pp. 201－202.

⑥ J. R. Bentley, "Cross-Cultural Interaction and Periodization in World History", *American Historical Review*, Vol. 101, No. 3 (Jun. 1996), p. 751.

⑦ 该书介绍给国内已经很久，有不少评论。参看路爱国《世界体系分析：建立史论一体的历史社会科学的尝试》，《中国经济史研究》1995 年第 3 期。

的模式，所以引发了对这一模式的研究和讨论。

沃勒斯坦认为现代世界体系是从西欧资本主义产生时（16 世纪）才开始有的，所以世界上只有一个世界体系，他称之为现代世界体系，它只有 500 余年。可是弗兰克等认为沃勒斯坦所描述的世界体系特征早已存在，世界体系已有 5000 年的历史。这就牵涉到世界体系的定义问题，沃勒斯坦的现代世界体系把世界分为核心、边缘和半边缘地区，核心地区通过经济手段和超经济手段剥削边缘地区，资本主义就是这样不断积累而发展的。但弗兰克认为资本积累在世界上已经存在了数千年，所以他也就变更了资本主义的概念。他认为"资本"并不只是一种剥削形式，而且还是商人资本①，所以他不强调资本的原始积累，而强调的是资本积累。在和沃勒斯坦的论战中，他认为沃氏所说的现代世界体系的 12 项特征，5000 年以来一直存在②，这 12 项里面正好没有对无产阶级的剥削这一资本主义最主要的特征，符合他所说要放弃资本主义生产方式这样的提法。③ 弗兰克的世界体系有中心、边缘、外围（core—periphery—hinterland）三个地区的划分，没有采用沃勒斯坦的中心、边缘、半边缘（semi—periphery）的划分法和其分析逻辑。他认为边缘、外围都是受中心统治阶级剥削的，只是外围还保有自己政治上的独立。④ 但他的世界体系是用商品交流或者政治霸权联系起来，有时还会出现超霸，所以在古代包括了欧亚大陆和北非的广大地区，是世界性的，还有人认为世界体系是一种社会之间的网络，其中的交往（包括贸易、战争、婚姻、信息交流等）对组成单位的内部结构的再生产有重要意义，同时也大大影响了这些结构的变化⑤，所以有许多世界体系。小到氏族组织、村落，大到整个世界。这样的定义使得世界体系十分混乱，也失去了用来组织世界史的意义。

沃勒斯坦提出中心、边缘，是为了说明资本的积累，因为资本要靠不断的积累以不断地扩大再生产。弗兰克也提出中心、边缘，提出古代的积累。古代的积累，如果说是赋税剥削、贡赋剥削，当然是存在的。通过长途贸易来赢利，也是存在的。但是古代的统治阶级取利的目的，主要是为了消费，而不是为了扩大再生产。弗兰克强调古代的投资，他说投资是为了基础设施建设和技术革新⑥，这也是存在的，不过在当时的经济中究竟起多大作用值得怀疑。阿明就认为古代时期是政治、文化交流为主，而现代才以经济扩张为主。⑦ 曾经详细研究了 13—14 世纪世界体

---

① 　弗兰克等：《世界体系：500 年还是 5000 年》，第 82 页。

② 　同上书，第 240—241 页。

③ 　同上书，第 254—256 页。

④ 　同上书，第 110 页。

⑤ 　Ch Chase-Dunn and T. D. Hall, *Rise and Demise：Comparing World-Systems*, Colorado, 1997, p. 28.

⑥ 　弗兰克等：《世界体系：500 年还是 5000 年》，第 104—105 页。

⑦ 　同上书，第 310 页。

系的阿布—卢格霍德，也为这一时期没有可靠的经济统计数字而苦恼，虽然她认为这一世界体系是存在的。①

主张存在世界体系的学者主要是从批评欧洲中心论出发的，他们并不一定要以这一模式作为编写世界历史的指导。② 只有弗兰克似乎在意以世界体系论来编写世界史，他说要以人类中心论替代欧洲中心论，说任何一部世界史均应着力探究并证实世界体系统一体及其各组成部分过去与现在之间发展的连续性。③ 但我认为，即使这一体系能够证明自古就有，也只是对世界史的一种补充，并不足以成为世界史本身。世界历史研究的单位，仍然应该是民族、国家、文明等，因为无论经济、政治等，都首先并且主要是在民族、国家的范围中进行的。离开了民族、国家，主要从中心、边缘的相互关系来建构世界史，正如前面从文化交流来重构世界史一样，不可能反映世界历史的真实面貌。

还值得一提的是有不少著作，探索广大亚、非、拉地区和国家的历史在世界史中的地位，或者是力求用非欧洲中心论的观点叙述这些地区和国家的历史。如斯塔夫里亚诺斯的《全球分裂：第三世界的历史进程》一书④，该书前半部分讲由于西欧的侵略、扩张、殖民活动使第三世界逐渐成为落后的区域，处于欠发达状态。他指出英国人对印度经济，并不是"创造性的破坏"，而是保存了经过挑选的有利于帝国主义利益的制度⑤，这就如最近厉以宁所指出的，马克思说过的所谓英国在印度的双重使命，即破坏的使命和建设的使命，从破坏的使命来看，至少到1947年印度独立时还远未完成，乡村封建势力依然根深蒂固；而建设的使命，实际上是不存在的，只不过是"建设英国殖民地的使命"，而不是"在印度建立资本主义制度的使命"。⑥ 在这部书的后半部分作者叙述了第三世界国家反抗殖民主义统治、争取独立的斗争，偏重于政治史的论述。阿明写有《欧洲中心论》一书⑦，纵论非欧洲中心论的世界史体系，他认为前资本主义时代的主要特征是政治、文化的，可以称为贡纳制，资本主义时代才是经济为主，古代存在多种文化，他还引用伯尔纳的说法，主张希腊文化的源头是埃及，而两河流域、印度等的文化也对希腊多有影响，亚历山大帝国把这些文化统合为一。到中世纪，起先是文明的东方（拜占庭）和半野蛮的西方，然后是北方的基督教和南方的伊斯兰文化（包括阿拉伯、波斯、

①　J. L. Abu-Lughod, *Before European Hegemony*: *The World System A. D. 1250 – 1350*, Oxford, 1991, p. 25.

②　Chase-Dunn, op. cit., p. 2.

③　弗兰克等：《世界体系：500年还是5000年》，第21页。

④　斯塔夫里亚诺斯：《全球分裂：第三世界的历史进程》，迟越、王红生等译，商务印书馆1993年版。

⑤　同上书，第259页。

⑥　厉以宁：《资本主义的起源——比较经济史研究》，商务印书馆2003年版，第508—509页。

⑦　S. Amin, *Eurocentrism*, N. Y., 1989.

土耳其）的兴起。资本主义扩张创造了双重两极化，一是全世界的分配不公，另一是边缘社会内部也分配不公。这就是资本主义世界的积累规律。[1] 伍尔福写有《欧洲和没有历史的人民》一书，也是批评欧洲中心的历史对少数落后民族历史的忽视和歪曲。[2] 滨下武志著有《近代中国的国际契机》一书，他认为要把亚洲历史作为一个有机的整体看待，这个整体就是历史上存在的以中国为中心的朝贡贸易关系，由此形成了亚洲经济圈。以中国的茶、生丝、土布，日本的贵金属、海产品，泰国的米，印度的棉花和菲律宾的砂糖等货物构成了多边贸易网络，西欧加入亚洲贸易网络，输出中国的茶叶和输入白银。[3] 因此西方的到来并非只是西方冲击，而是西方也要适应亚洲的贸易体系，也存在着亚洲对西方的冲击。只是他的这本书主要讨论 19 世纪后期的历史，而对 16、17 世纪亚洲经济圈着墨不多。乔杜里研究了近代以前印度洋的经济，他把欧洲人到来之前的亚洲划分为四个地区，印度、中国、阿拉伯、东南亚，他强调亚洲的历史和欧洲的不同，即吃粮食的人的文明和吃肉的人的文明是不同的，所以印度洋的历史也不能用古典、封建主义、资本主义这种西欧的分期标准。[4] 但这一地区从 7 世纪以来就有贸易商路连接，形成了奢侈品和日用品的贸易网络，并且围绕着丝绸、铁、瓷器等的贸易形成了为远距离市场生产的工业格局，在世界历史上存在了千年之久。麦克弗尔森更指出，直到 18 世纪之前，印度洋上的贸易还是由阿拉伯商人、印度商人构成的本土网络组成。葡萄牙人以及后来的法国人、英国人等，都是依靠和原来的商人合作，才能进行商业活动。这种情况甚至持续到 19、20 世纪，[5] 还有就是最近王国斌、彭慕兰等的著作关于对中国历史发展进程重新认识的大讨论，彭慕兰等提出的问题，是直到 18 世纪以前，中国不比欧洲落后。他主要是从经济方面立论的，也许他的意见有缺陷，但他提出的问题应该说对于编写新的世界史是很有助益的。

四

通过上面的介绍，看来编写一本新的世界史的主要问题之一是如何克服欧洲中心论的问题。什么是世界史中的欧洲中心论，也有许多不同的分析。大部分人谈到

① S. Amin, op. cit, p. 122.

② E. Wolf, *Europe and the People without History*, Chicago, 1985.

③ 滨下武志：《近代中国的国际契机》，中国社会科学出版社 1999 年版，第 10 页。

④ K. N. Chaudhui, *Asia Before Europe*：*Economy and Civilization of the Indian Ocean from the Rise of Islam to 1750*, Cambridge, 1990, pp. 33, 38.

⑤ K. McPherson, *The Indian Ocean—A History of People and Sea*, Oxford, 1993.

欧洲中心论（或称西欧中心论）即世界史是以欧洲为中心论述的，没有或者几乎没有其他国家、地区的地位。其他的还有如吴于廑先生认为欧洲中心论包括两个方面，一是以欧洲历史的分期为世界历史的分期，二是宣扬近代史的内容是欧美文明的发展以及这个文明向世界的普及。[①] 郭圣铭先生认为西欧中心说的实质就是殖民主义。[②] 吴承明先生主张要区分开世界史上的经济中心和历史中心，经济中心是有的，但历史中心那就是不正确的了。[③] 所以如何认识欧洲中心论，还需要讨论一下。

我认为，世界历史上有诸多的国家、民族、文明，在发展的长河中，有时某个国家或某几个国家走在前面，有时另外的国家、民族走在前面，而走在前面的一定也会是一个中心，对周边地区产生影响，传播自己先进的东西。这是客观事实。工业革命以来，西欧的历史发展，是走在世界的前列，对世界其他地区产生重大影响，这也是客观事实，反映这种情况的世界史并不是欧洲中心论。欧洲中心论是一种认识世界历史的理论，也是一种认识世界历史的方法论。它产生于历史学科学化之初，经历了曲折的道路，形成一种体系。这也就是我们编写世界史时所使用的体系。我们现在编写世界历史，大体上使用的是进化论的线性发展模式，即相信历史是进步的，人类是由低级向高级发展的，而这一模式是欧洲人发现的。经济上我们使用的还是古典经济学及由之派生的理论，商品货币关系、市场经济、资本主义等，政治上则是启蒙运动建立的对民主、自由的追求。这些都是西欧的产物。我们历史科学使用的概念、范畴、模式、理论、规律，都可以说是出自西欧的，是当时西欧人主要根据西欧的历史经验得出的，是西欧的规律。而对于非欧洲人，西欧人起初并没有多少认识，所以认为这些人是没有历史的，是停滞不动的，其命运只能受制于西方人。黑格尔就持这样的观点。到了 20 世纪初，第一次世界大战使欧洲满目疮痍，一些有识之士开始承认非西方世界也是有历史的，有自己的发展道路，发展的单线说逐渐被多线说取代。但是，许多西方学者仍然认为，虽然非欧洲国家有自己的历史，有自己的发展道路，可它们就是发展不到资本主义，自己实现不了现代化。[④] 所以，欧洲中心论是西方人看世界的结果，而它的许多内容完全混合在

---

① 《吴于廑学术论著自选集》，第 20 页。

② 郭圣铭：《建立马克思主义的世界史体系》，《世界历史》1984 年第 1 期，第 2 页；布劳特也是同样认识，所以他的书题目即是《世界史的殖民主义模式》，后面还要涉及此书内容。

③ 吴承明：《西方史学界关于比较研究的新思维》，《中国经济史研究》2003 年第 3 期，第 4—5 页。

④ 琼斯的《欧洲的奇迹》（E. L. Jones, *The European Miracle: Environments, Econotaics, and Geopoliticcs, in the Histories of Europe and Asia*, Cambridge, 1985）可说代表了这种看法，对琼斯的《欧洲的奇迹》进行讨论而形成的一本论文集，在许多方面仍然反映了这些观点，参看 J. Beachler（ed.）, *Europe and the Rise of Capitalism*, Oxford, 1988。书中的作者如曼强调西欧的先进性，霍尔则认为中国国家权力太大，印度、阿拉伯国家权力又太弱，只有西欧的权力组织才适合发展资本主义等。

他们所建立的世界历史发展的规律性认识中，必须把它从这些规律性认识中揭示出来，才能认识到什么是欧洲中心论，才能在编写世界历史时加以避免。

下面，我就试图说一下欧洲中心论在世界史中的一些具体表现。

环境—生态方面的。

虽然像孟德斯鸠那样明目张胆的地理环境决定论在历史学界已经基本没有人敢于主张，但类似的见解在欧亚洲的对比上却所在多有，这方面近来起示范作用的是琼斯的《欧洲的奇迹》一书，而兰德斯的《国富国穷》则可说是变本加厉。他直接说热带的国家劳动生产率下降，还流行奴隶制、疾病盛行，所以多是穷国，而温带国家多是富国，欧洲又是温带条件最好的地区，所以当然一直是富裕的。[①] 正如布劳特所指出，欧洲中心论者在环境问题上，使用的是两种理论，一种是说热带不如温带，用这种理论来诋毁非洲；另一种是说干旱地带使发展停滞，因为干旱要利用灌溉系统，而灌溉就是使发展缓慢的原因，这一理论主要用来诋毁亚洲国家（这就是我们熟悉的魏特夫的水利社会说）。[②]

值得我们注意的是欧洲中心论者在对比中所使用的方法。琼斯在他的书中，对比了欧洲和非欧洲地区的四种天灾人祸，即（1）地理的如地震、火山等；（2）气候的如洪涝灾害等；（3）生物的如人畜疾病等；（4）社会的如战争等。比较的目的在于说明这些天灾人祸都是非欧洲的比欧洲的危害大，所以使非欧洲积累不出建设所需要的资金来。[③] 历史上的天灾人祸确实是不可避免的，有些客观条件造成某地就是比其他地方严重，如游牧民族入侵对亚洲的破坏就要比对欧洲大得多，又如地震在中国，一方面是因为中国许多地方处于地震带上，另一方面中国的地震记录保存比较完整，所以看起来损失当然比欧洲要大。但是水旱洪涝之灾何处为大，就很难说。琼斯认为历史上印度和中国的饥荒都比欧洲的要多，如说中国公元前108年到1911年共有饥荒1828次，每年差不多都有饥荒。[④] 地方大了当然会这样，丰收之年局部地区仍然可能干旱。但是博学的布罗代尔曾经指出，欧洲15—18世纪的灾荒也是十分可怕的，小小的佛罗伦萨1371—1791年有111个荒年，丰收年只有16个，这大概比中国还要厉害吧。[⑤] 据说中国（流行的历史比较老拿中国当例子）在历史上疾病也特别多，像血吸虫病、鼠疫等，其原因就是南方气候炎热，容易滋生病菌。这时中国（还有印度）就被当作热带国家，它寒冷的北方和属于温带的中部就都不计了，而且疾病流行的材料，大都是20世纪西方的医疗卫生条

---

① 兰德斯：《国富国穷》，第5、8、23页。
② J. M. Blaut, *The Colonizer's Model of the World*, N. Y., 1993, p. 69.
③ E. L. Jones, *The European Miracle*, Cambridge, 1985, p. 24.
④ E. L. Jones, op. cit., p. 29.
⑤ 布罗代尔：《15至18世纪的物质文明、经济和资本主义》第1卷，第82页。

件大大改善，中国的条件却没有改善时的材料（例如使用韩素音在小说中的描写）。[①] 还有奇怪的是似乎传染病都是来自亚洲或者非洲，然后传播到欧洲。鼠疫来自蒙古，梅毒来自美洲，天花来自印度[②]，在古代记载不明确的情况下，做这样的结论，我想只是一种带有偏见的猜想而已。克罗斯比指出，流行病的交流并不平等，殖民主义者带来的天花等疾病使得美洲印第安人和澳洲土著人几近灭绝，而美洲的梅毒并没有使欧洲人遭遇太大的祸害。[③] 战争的比较更不客观，琼斯引用了铁木尔以人头垒成金字塔来说明亚洲战争之残酷，可是人人都知道法国的圣巴托罗缪之夜的大屠杀之暴烈残酷，琼斯却并不提及。还说清朝入关之战中国损失 2500 万人，而德国 30 年战争只损失 200 万人。[④] 这种对比没有两国的人口基数，不能表示有多少百分比的人口损失，所以并不准确。

环境问题中还有一项是农业生产差别导致饮食结构不同，这也成为欧洲与非欧洲发展史上的一大问题。欧洲古代一般被认为实行的是粗耕农业，耕作粗放，土地不能连续耕作，实行休耕制，畜牧与种植结合，种植粮食多为大小麦，同时放牧牛羊，在单位面积土地上投入的劳动力较少，单位面积产量也低。中国、印度被认为是精耕农业，耕作细致，较早放弃休耕，土地可以连续种植，作物品种多为稻米，畜牧也与种植业分离。这样的概括并不准确，因为双方地域都辽阔，农业习惯千差万别，而且历史上的发展也会产生许多不同。如中国的精耕细作就有一个长期发展过程，原来也是粗耕，畜牧业也很兴盛。[⑤] 精耕与粗耕农业的不同在中国学界曾经有过热烈的讨论，有人认为单纯种植粮食的小农经济成为中国落后的根源。[⑥] 由此也产生欧洲人和印度、中国人的饮食结构不同的问题。欧洲人多吃肉，印度、中国人多吃粮食，尤其说中国人主要吃稻米。这确实是一种不同的习惯，各种文明当然有自己的特点。不过由此推断出的是吃肉的欧洲人更健康，更强壮，他们拥有更多的畜力作为动力，等等，却不一定合乎事实。[⑦] 要知道，生产肉类比生产粮食需要多得多的土地，所以在生产力低下、人口增多时人们往往是以吃粮食为主。而且穷人和富人的饮食也不相同，古代的穷人一般说来是吃不起肉的。所以即使是欧洲人，在中古时代穷人吃肉也不多。布罗代尔说中古时的欧洲家家户户的案子上堆满

---

①　E. L. Jones, op. cit, pp. 6—7；兰德斯：《国富国穷》，第 9—11 页。

②　卡特赖特等：《疾病改变历史》，山东画报出版社 2004 年版。

③　克罗斯比：《生态扩张主义：欧洲 900—1900 的生态扩张》，许学征等译，辽宁教育出版社 2002 年版，第 219 页。此书的原题名为“生态帝国主义”。

④　E. L. Jones, op. cit. , p. 36.

⑤　杨际可：《秦汉农业：精耕细作抑或粗放耕作》，《历史研究》2001 年第 4 期；王利华：《中古时期北方畜牧业的变动》，《历史研究》2001 年第 4 期。

⑥　参看叶茂等《传统农业与现代化》，《中国经济史研究》1993 年第 3 期，第 108—110 页。

⑦　E. L. Jones, op. cit, p. 4；兰德斯：《国富国穷》，第 27、33 页。

了肉①，可是奇波拉主编的经济史却估计当时欧洲穷人每周只有半磅肉吃。② 布罗代尔指出，由于人口增加，从 1550 年起欧洲的饮食中粮食的比例越来越大，19 世纪初，法国的穷人一周只吃一次肉。这种情况直到 19 世纪农业革命后才发生变化。③ 至于吃什么更健康、卫生，那也是随着人类医药知识的进步而不同，20 世纪初当然都以为吃肉多了有益健康，现在大概都认为中国人的饮食结构是更健康、更合理的了。

家庭—人口方面的。

亚洲，特别是中国，早就背上人口众多的名声，而且是无法负担的人口重担，由此产生了不少错觉。1965 年，哈伊纳尔提出欧洲家庭的，特别是西北欧家庭的模式，说那是一种晚婚、低生育率的模式，这样有利于节制人口。这一看法被欧洲中心论者大肆宣扬，在没有详细研究的情况下，就把它作为欧洲独特的现象，而且和非欧洲的模式相对立。如琼斯把这种模式归之于日耳曼人时代④，而曼则说这是欧洲人使用铁器时的产物。⑤ 其实欧洲的家庭模式也是十分复杂的，并不是只有一种模式。而非欧洲国家的家庭模式也各有不同。1986 年比尔基埃等主编的《家庭史》，已经指出中国古代的家庭是一种小家庭——核心家庭（这是有中国历朝历代的统计数字为根据的），而欧洲中古时也有核心家庭，也有扩大的大家庭⑥，可是许多欧洲中心论者却依然对立欧洲和非欧洲的家庭模式，以之作为中国、印度人口众多的一种由来，证明马尔萨斯主义的正确。

西方的人口学说以马尔萨斯的最为有名，而马尔萨斯就是把中国和英国对立起来，说明像英国这样的欧洲国家对人口实行的是预防性抑制，会理智地通过控制婚姻等手段限制人口增长；而中国实行的是现实性抑制，人口一直无节制地增长，最后引起饥荒、疾病、战争等使人口下降。马尔萨斯的学说现在已经被证明在许多方面并不符合实际，有关中国的部分被称之为一个神话。李中清等经过研究指出，即使在清代，中国也有许多主动抑制人口增长的办法，例如溺婴、男女性别失衡导致生育减少、已婚生育率低等，所以中国的人口并非无节制地增长。⑦ 可是许多西方学者甚至中国学者仍然相信马尔萨斯有关中国的说法，曹树

---

① 布罗代尔：《15 至 18 世纪的物质文明、经济和资本主义》第 1 卷，第 120 页。

② 奇波拉主编：《欧洲经济史》第 1 卷，胡企林、朱泱译，商务印书馆 1988 年版，第 89 页。

③ 布罗代尔：《15 至 18 世纪的物质文明、经济和资本主义》第 1 卷，第 226—227 页。

④ E. L. Jones, op. cit. , pp. 15 – 16.

⑤ 曼：《社会权力的来源》第 1 卷，第 551 页。

⑥ 比尔基埃等主编：《家庭史》第 1 卷，袁树仁等译，生活·读书·新知三联书店 1998 年版，第 514、610—611、708、722 页；还可参看 Th. A. Brady, Jr. （ed.）, *The Handbook of European History 1400 – 1600*, Vol. 1, N. Y. , 1994, p.35.

⑦ 李中清等：《人类的四分之一：马尔萨斯的神话和中国的现实》，生活·读书·新知三联书店 2000 年版，第 7—10 页。

基等认为马尔萨斯的现实性抑制在中国是存在的，而中国近代的许多饥荒、疾病、农民战争正是人口危机的一种表现。李中清等则以为这样的认识有一种人口决定论的味道。[①]

著名的伊懋可对中国经济发展的看法其根源可以说就是一种人口论。他一方面肯定了中国宋代经济的巨大进步，甚至视之为已经到达了现代化的边缘，但他把宋代以后中国经济不能取得突破的原因，归结为进入了高技术平衡的陷阱，即当时中国人口过多，耕地开垦殆尽，而农业生产高度集约化，已经达到前近代的最高水平。过多的人口使中国资源严重短缺，不仅土地，而且木材、燃料、畜力均感不足，如要投资提高生产力，则在当时的高技术水平下，必需巨额资本。而人口增长、资源不足必然使人均收入减少，因而资金筹措相当困难。因为劳动力很多，所以用不着注意节约人力，要注意的是节约资本，这样更缺少投资提高劳动生产力的必要。即使某一地区发生某种供应短缺，因为交通发达，可以很快从别处把货物运来，不会出现刺激投资的动力。所以中国陷入这种停滞的陷阱而无法自拔。[②] 黄宗智的中国小农经济的过密化学说也是一种以人口论为基础的看法，特别是他的17—18 世纪英国和中国农业生产的对比，更把中国和英国置于对立的两极，正如马尔萨斯对立中国和欧洲的人口规律一样。黄宗智认为这一时期英国农业的变化可以称之为单位农场劳动的"资本化"，亦即畜力畜肥使用的增加，和中国单一种植业农业不断在单位面积土地上投入小农的劳动因而导致过密化不同。[③] 彭慕兰承认英国的农业比中国农业资本密集，但是他指出黄只注意单位面积的劳动投入，而不注意劳动投入和产量的比率。经过彭的计算，中国农业并不比英国的过密。[④] 要知道英国这时的农业仍然是传统农业，所谓的诺福克轮作制——即种植牧草、饲料如芜菁、苜蓿以代替休耕，从而提高土壤肥力，并且增加了饲料。但这也需要投入更多的劳动力，即使这些劳动是安排在农闲季节，可是农民的劳动投入依然是增加了，即延长了劳动的时间。另外，牲畜的增加，当然伴随着肥料的增加，可是也需要投入更多的劳动来喂养牲畜、运输肥料，等等。总之，这时的英国农业仍然是劳动密集型的，增加产量也只能依靠投入劳动为主，仍然不能摆脱人口论者所主张的马尔萨斯陷阱，它和中国的农业在作为传统农业上其基本特征是一样的。以后随着人口的增多，欧洲的农业也面临着和中国的农业一样的劳动力富余，出现了黄宗智

① 曹树基等：《马尔萨斯理论和清代以来的中国人口》，《历史研究》2002 年第 1 期；李中清等：《摘掉人口决定论的光环》，《历史研究》2002 年第 1 期。

② M. Elvin, *The Pattern of the Chinese Past*, Stanford, 1973, pp. 190 – 192.

③ 黄宗智：《发展还是内卷：18 世纪英国与中国》，《历史研究》2002 年第 4 期，第 152 页。

④ 彭慕兰：《世界经济史中的近世江南：比较与综合观察》，《历史研究》2003 年第 4 期，第 6—13 页。

所说的过密化现象。① 正如彭慕兰所说，在工业革命以前，全球所有人口密集地区都经受过严重的就业不充分和失业，找到能使劳动力就业的新方法是一种非常重要的发展形式。② 主要的问题并不是有没有人口和土地的紧张关系，这种关系在前工业社会中是普遍存在的。主要的是不能把中国、印度当作欧洲的对立面，即我们和他们有不同的人口模式，所以我们注定是人口众多，不堪重负的。这正是李中清、彭慕兰等提出问题的关键。

社会—政治方面的。

这方面最主要的论点就是东方专制主义，把西方的民主和东方的专制相对立，而且这个对立是从古到今的。这真是一种神话了。不过现在相信这一神话的依然不在少数。西方民主的源头往往从古希腊说起。我们知道，古希腊当时有 200 多个城邦，而雅典只是其中之一。雅典的城邦政治体制并不能代表整个希腊的政治体制，不过因为雅典史料较多，影响较大，所以给人以代表希腊的感觉。如果说雅典的政治体制是民主的话，其他的城邦大多不是民主的。我们熟知的斯巴达就不是。还有雅典的民主是一种原始民主，其重要的内容是每个公民可以抓阄做官，而不在于民选政治，③ 古典作家一般认为它容易导向暴民统治，对其评价不高。④

西方封建时代的民主，大多数西方学者认为它源于城市，西欧的城市是经济中心，是自由的渊薮，而东方的城市是政治中心，是受奴役的地方。韦伯归纳西方城市有六大特征，即应是一个堡垒，有一个市场，有法庭和自己的法律，有自己的行会组织，有市民参加选举出的政权机关，而上述这些，东方的城市，包括中国、印度、日本的城市，是无论如何也不会具备的，即使有也仅仅是微弱的萌芽而已。⑤韦伯还特别强调西方古代与中古城市所具有的民主，以同东方的受奴役的城市相区别。现在我们知道韦伯的说法大部分已经不能成立。西方的城市也不都是自治的，它们往往等同于君主下面的一个封臣，受君主的控制，为君主服役。⑥ 而日本和印度，在封建时代都有强大的自治城市。可是韦伯的说法依然十分强有力，为许多西

---

① 波斯坦等主编：《剑桥欧洲经济史》第 5 卷，经济科学出版社 2002 年版，第 92 页。

② 彭慕兰：《世界经济史中的近世江南：比较与综合观察》，《历史研究》2003 年第 4 期，第 15 页。

③ 黄洋：《民主政治诞生 2500 周年？》，《历史研究》2002 年第 6 期，第 127 页。黄洋还指出现在美国的所谓民主政治体制和罗马的共和制相似，而不是雅典式的民主制。

④ 亚里士多德在其《政治学》中所说的三种政体（君主、贵族、共和）和三种变体（僭主、寡头、平民）中，他对平民政体的评价就不高，参见亚里士多德《政治学》，商务印书馆 1983 年版，第 141、190—192 页；至于伯里克利对雅典民主的吹嘘（修昔底德《伯罗奔尼撒战争史》中所记），则一般被认为是后人的虚构，而当时的一篇道出民主之种种弊端的文字却不为许多人所知。参看邢义田《雅典民主政治的真面目》，《西洋古代史参考资料》，台北：联经出版公司 1987 年版，第 83—86 页。

⑤ 韦伯：《经济与社会》下册，林荣远译，商务印书馆 1997 年版，第 567—585 页。

⑥ R. H. Hilton, *English and French Towns in Feudal Society*, *A Comparative Study*, Cambridge, 1992, pp. 25 –52.

方学者遵守。① 布罗代尔虽然说过城乡不可分离，反对对立城市和乡村，可是他以为西方城市是自由的城市，享有无与伦比的自由，而这种自由的根源，则是西方封建制度的特殊性。他认为西方中古城市负有建立民族市场、现代国家的任务，而西方的世界经济，则是以威尼斯、热那亚、安特卫普等城市为中心建立起来的。② 我并不否认，中古时代西方的城市组织有其特点，和中国、印度、阿拉伯等的城市不一样，也不能否认它们享有的不同程度的自由与自治。但是要否认的是它似乎具有神奇的力量，东西方发展的分野似乎就是由此而起的。欧洲中心论者的逻辑是这样的，西方的封建主义是分裂割据的，从分裂割据的缝隙中发展出来了独立的城市，城市的居民组成为第三等级，第三等级发展成为市民（这就是所谓的市民社会的来由），市民建立了现代国家。民主、自由、平等由此而立，并由此而实现了工业化、现代化。而非欧洲国家因为没有封建，所以也不可能有现代国家。只有日本，后来被发现具有和西方十分相似、甚或相同的封建制度，所以日本才能走上现代国家的道路，实现了现代化。③

至于古代亚、非国家的政体，被称为东方专制主义。专制主义本是西方近代以来对东方政体的一种概括，我们就从孟德斯鸠说起。④ 孟德斯鸠区分政体为共和政体、君主政体、专制政体三种，他认为君主政体、专制政体都是一个人执政，不过君主政体下君主遵照固定的法律管理国家，而"专制政体是既无法律又无规章，由单独一个人按照一己的意志与反复无常的性情领导一切"，⑤ 而亚、非国家的政体大多是这样的政体。以后西方人逐渐了解到东方也有法律，甚至是比封建的西方更为先进的法律，亚非的古代君主其行动一样受到法律、礼俗的限制，就是阿拉伯国家的苏丹、哈里发，其个人权力也是受到沙里亚法的限制，并不能完全为所欲为。⑥ 但他们仍然主张东方的君主不受法律限制，所以其政体是专制主义，把君权无限还是有限、受不受法律等的限制当作评价是否专制的标准。

第二次世界大战后魏特夫发表了《东方专制主义》一书，把灌溉农业、水利社会和专制主义统治联系起来，用核心、边缘、次边缘把亚、非、拉的几乎所有国

---

① E. L. Jones, op. cit., p. 165；兰德斯：《国富国穷》，第 47 页；安德森：《从古代到封建主义的过渡》，第 153 页；《绝对主义国家的系谱》，第 530 页。

② 布罗代尔：《15 至 18 世纪的物质文明、经济与资本主义》第 1 卷第 8 章。

③ 安德森：《绝对主义国家的系谱》，第 442—444 页；R. Coulborn, *Feudalism in History*, Princeton, 1956, p. 26.

④ 东方专制主义的由来可参看施治生、郭方《"东方专制主义"概念的历史考察》，载李祖德等主编《评魏特夫的"东方专制主义"》，中国社会科学出版社 1997 年版。

⑤ 孟德斯鸠：《论法的精神》上册，张雁深译，商务印书馆 1978 年版，第 8 页。

⑥ M. G. S. Hodgson, *Rethinking World History*, Cambridge, 1994, p. 115.

家，包括苏联都归之为东方专制主义，甚至连曼都认为他把范围扩大了。① 曼是这样说的，"魏特夫把中国的特性表述为'东方专制主义'是准确的……然而其发展的原因并不是水利农业"。② 今天水利社会的说法已经不为大家所接受，可是魏特夫的东方专制主义说依然有不小的影响，在东方专制主义的三项特征（土地国有、农村公社、普遍奴隶制）中，土地国有还有不少人主张。③ 亚、非国家，特别是阿拉伯国家被认为没有私有土地，土地属于国王或者国家，是一种贡纳制。④ 曼还不同意布洛赫所说的封建的欧洲缺乏私人财产权的主张，而认为欧洲封建主义提供了一种非同寻常的私人财产权。⑤ 安德森是赞成东方专制主义的，他说西方的专制君主并不享有对臣民的不受限制的绝对的权力，不能像亚洲国家那样任意处分资产阶级和贵族的特权和地产，也未能达到完全的中央集权和司法统一。⑥ 安德森是以现代西方的政治、法律观念作为标准看待古代事物的。要知道欧洲也是近代以来才逐渐建立了私有财产不可侵犯的观念和法律，而西欧的君主在中古和近代早期没收其臣下、商人的财产者，可谓屡见不鲜。⑦

专制主义和民主是人类社会发展过程中出现过的政体形式，看来它们在许多国家以各种不同形式存在过。拿专制主义来说，有东方专制主义，也有西方专制主义，作为西方人的谢和纳甚至认为，中国清朝的专制没有法国路易十四的专制厉害。⑧ 我不赞成的是把民主与专制当作西方与东方独有的政权形式，从而对立东西方，西方是民主的，而东方是专制的，甚至以为专制是我们东方与生俱来的特点（酋邦说）。而林志纯先生钩稽古史，指出中国古代的民主传统之作，⑨ 似乎得不到更多人的赞同，可见东方专制主义说之强有力了。

过渡和现代化的问题。

欧洲中心论的最强有力论点，就是东方各国发展不出资本主义，或者说靠自己实现不了现代化。这方面的看法很多。如琼斯引用其他学者的说法，说欧洲天生有发展能力，可以溯自远古，起码也可以从中古算起。中古西欧不但有希腊、罗马的遗产，还有日耳曼人、凯尔特人（他们是一个由游牧转向定居的好战民族）的高能

① 曼：《社会权力的来源》第 1 卷，第 95 页。

② 同上书，第 128 页。

③ 兰德斯：《国富国穷》，第 42 页。

④ Ch. Wickham, *The Uniqueness of the East*, Baechler（ed.）, op. cit., pp. 89 – 94.

⑤ 曼：《社会权力的来源》第 1 卷，第 539 页。

⑥ 安德森：《绝对主义国家的系谱》，第 40—41 页。

⑦ 私人财产权的问题十分复杂，可参看我在《评魏特夫的"东方专制主义"》一书中的文章，但也只是试图提出一种思路。

⑧ 参看马克垚主编《中西封建社会比较研究》，学林出版社 1997 年版，第 293—294 页。

⑨ 日知：《中西古典学引论》，东北师范大学出版社 1999 年版。

源、高消费的生活方式和个人主义的偏好。① 麦克尼尔接受了正确的观点，后来主张 1000—1500 年的世界中中国最为发达先进。可是曼认为 1000 年时的欧洲要比亚洲先进，生产方面也是如此。他说欧洲的种植与畜牧轮作农业比中国的水稻种植业要先进，畜力和牲畜粪肥使欧洲比中国有多四倍的动力机制，② 我们当然不像启蒙学者那样，把西欧中世纪当作黑暗与停滞的时代，应该根据具体的研究成果，充分肯定它的进步。不过也不能做如此夸大的叙述。

认为东方发展不起来、发展不出资本主义的最著名的理论，到今天依然强有力的理论，是韦伯的理性之说。这和韦伯的清教理论有很大的关联。现在清教理论可以说已经偃旗息鼓，③ 可是理性的光辉依然高扬。理性的起源可以追溯自启蒙学者，当时主要是和欧洲中世纪的宗教世界观相对立，把人的思维从宗教迷信下解放出来而倡导的。后来韦伯把它当作欧洲独有的、使欧洲发展到现代资本主义的东西，而非欧洲由于缺乏理性，所以是传统的、停滞的，由此把现代和传统对立起来，把欧洲和东方对立起来；韦伯没有解释过为什么欧洲能独具理性，可能是因为他是以伦理、价值观来说明社会的，不需要做这种说明，在他那里不存在这样的因果关系。④ 理性到底是什么东西呢？理性应该是一种心理学的特征，一般包括发明性、革新性、进步性、抽象思维、做出道德和伦理上的决定等，所以问题并不是这些是否是历史发展的基本动力，而是欧洲是否较其他人类群体有更多、更高的理性，是否这就是欧洲兴起的主要原因。⑤ 布罗代尔早已指出："合理的定义是相对的，它随不同的文化，不同的经济环境，不同的社会集团以及不同的目的和手段而变化，甚至在同一种经济中，可以有几种理性存在。自由竞争是一种理性，垄断、投机和权势是另一种理性。"⑥ 在宗教观念淡薄的中国，理性更可以说是一直存在的，没有一个理性冲破宗教复出的时代。

韦伯的理性主要在于说明欧洲发展出合理的资本主义，以同中国的只知追求赢利的资本主义相区别。他指出合理的欧洲资本主义的六大特征，即（一）合理的资本会计制度；（二）自由市场；（三）合理的技术；（四）可预测的规律（即资本主义企业可以预测其运行规律以便管理）；（五）自由劳工；（六）经济

① E. L. Jones, op. cit., p. 13.

② 曼：《社会权力的来源》第 1 卷，第 546 页；兰德斯：《国富国穷》，第 52—56 页；M. Man, *European Development: Approach a Historical Explanation*, J. Baechler（ed.）, op. cit., pp. 8 - 9。

③ 甚至连兰德斯也不赞成这一学说，《国富国穷》，第 235—239 页；R. J. Hohon, *The Transition from Feudalism to Capitalism*, Macmillan, 1985, p. 119。

④ Blaut, op. cit., pp. 102 - 103.

⑤ Ibid., pp. 94 - 95.

⑥ 布罗代尔：《15 至 18 世纪的物质文明、经济和资本主义》第 2 卷，第 639—640 页。

生活商业化。① 韦伯在《儒教与道教》一书中谈到，中国所缺乏的正是西欧资本主义的这些特点，他说中国缺乏中世纪后期的以及完全与科学相结合的欧洲资本主义的工业企业的管理形式，没有欧洲企业组织的理性的管理方法，没有提高商业信息服务的真正的理性的组织，也没有真正的具有价值的商业文书、计算或簿记之类的系统。② 韦伯的西方理性的资本主义也可以说是一种神话，像他所吹嘘的科学的簿记制度，布罗代尔已经详细论及。布罗代尔提及和韦伯同时代的桑巴特也说什么没有复式簿记就不会有资本主义，可是被认为创造了奇迹的复式簿记传播得既不快也不广，一些大企业长期不用复式簿记，一家伦敦的保险公司是1890年才采用复式簿记的。③ 彭慕兰更指出，中国的商业有着远比韦伯所设想的复杂的会计制度。④ 至于说资本主义和市场经济的密切关系，那是当时亚当·斯密的主张。现在经过更深入的研究，一些人认为资本主义是反市场的，它的特征是垄断，而不是自由竞争的市场。这一看法以博兰尼开其端，而布罗代尔、沃伦斯坦对之做了进一步论述。⑤

理性神话还有一个重要的内容，那就是欧洲的独有的理性思维创造出了科学和技术，而东方、中国缺乏这种理性思维。⑥ 科学和技术是社会发展的巨大动力，这在今天已经没有疑义。不过现在一般都得承认，古代时的东方，特别是中国和阿拉伯国家，曾经创造出了辉煌的科学技术。中国古代有农学、医学、天文、数学四大学科，有陶瓷、纺织、建筑三大独特的技术，这都是世界公认的。中国古代的四大发明向西传播后，对世界的发展产生重大影响，这也是举世公认的。李约瑟指出，中国人做过的事就是对自然现象加以分类，去发展出对他们的时代来说高度精美的器械，进行其他地方难以相比的长期观察和记录，一个世纪接着一个世纪地进行实验，怎么能否认中国人作为充分发展了的世界科学的必不可少的组成部分这种地位。⑦ 后来中国（包括阿拉伯）的科学技术确实落后了，没有能继续向前发展，而从17世纪开始，以伽利略为代表的实验科学发展起来，这是人类的一大进步，一大成就。虽然我们可以说科学在19世纪前并没有对经济发展起到多少作用，⑧ 但后来科学和技术作为经济发展和社会进步的巨大力量，可以说是无与伦比的。中国

① 韦伯：《世界经济通史》，上海译文出版社1981年版，第234—235页。
② 韦伯：《儒教与道教》，洪天富译，江苏人民出版社1993年版，第272页。
③ 布罗代尔：《15至18世纪的物质文明、经济和资本主义》第2卷，第637—639页。
④ 彭慕兰：《大分流：欧洲、中国及现代世界经济的发展》，史建云译，江苏人民出版社2003年版，第157页。
⑤ 参看许宝强、渠敬东选编《反市场的资本主义》，中央编译出版社2001年版。
⑥ 韦伯：《儒教与道教》，第176页。
⑦ 李约瑟：《李约瑟文录》，浙江文艺出版社2004年版，第146页。
⑧ 布罗代尔：《15至18世纪的物质文明、经济和资本主义》第1卷，第509—514页。

和其他非欧洲国家为什么没有发展出这样的科学，这里面有复杂的原因，值得我们详细探讨。

在资本主义产生、现代化启动的理论中，我想还有两点欧洲中心论的表现。

（一）夸大欧洲在 15 世纪的进步。他们把启动的时代定为 15 世纪，并主张 15 世纪的欧洲、英国在世界上是最进步的地区。例如，自称要写出从月球上看地球的世界史的斯塔夫里阿诺斯，在评价 1500 年的世界时是这么说的："一方面，伊斯兰教帝国和儒家帝国闭关自守，愈来愈僵化；另一方面，欧亚大陆西端正经历着一场空前的、彻底的变革。西欧人生活的各个方面都在发生深远的变化，向海外的大规模扩张就是西欧所具有的新动力的一个表现。"[①] 兰德斯还说，从军事力量比较，1400 年左右的中国与欧洲，中国也许会占上风，50 年之后，即使在亚洲海域，欧洲也会轻易打败中国的舰船。[②] 16—18 世纪，是世界上先进的文明区域，如中国、印度、西欧等找寻工业化道路的时代。直到工业革命之前，亚欧大陆和北非的一些文明发达地区，其发展差距还不是很大。布罗代尔曾经引用贝洛什的统计，指出当时如按人均收入计算，18 世纪的英国为 150 美元—190 美元，而印度 1800 年为 140 美元—200 美元，中国为 228 美元。[③] 而这些计算引起了兰德斯这样的历史学家的反对，嘲笑历史统计学的无用，这就只能归之于意识形态的作用了。[④] 其实，在当时的生产力水平下，人均生产能力不会有太大差距。生活条件也不会有太大差距，应该是一种常识。而意识形态问题蒙蔽了许多像兰德斯这样的人的眼睛，所以彭慕兰提出 18 世纪的中国和欧洲处于差不多同一发展水平上的问题后，会激起那么大的反响，[⑤] 而一些主张用正确的方法重新研究中国史的学者，会遭到如兰德斯等人的反对。[⑥]

（二）如何评价殖民主义的问题。过去有所谓的双重使命问题，那是就殖民主义对第三世界国家的作用而言的。我这里说的是殖民主义侵略对宗主国起了什么作用。这里存在着持久激烈的争论。18、19 世纪的西方历史学家，还一般承认殖民地给宗主国带来了利益和繁荣。可是后来他们逐渐改变看法。黑人历史学家威廉斯认为黑奴贸易的利润和对黑奴的残酷剥削是西欧资本主义成长的强大动力，可是这一理论遭到许多西方史学家的反对，[⑦] 至于整个殖民主义侵略对欧洲资本主义兴起

① 斯塔夫里阿诺斯：《全球通史》下，上海社会科学院出版社 1992 年版，第 10 页。

② 兰德斯：《国富国穷》，第 122 页。

③ 布罗代尔：《15 至 18 世纪的物质文明、经济和资本主义》第 3 卷，第 617—618 页；弗兰克：《白银资本》，刘北成译，中央编译出版社 2000 年版，第 240 页。

④ 兰德斯：《国富国穷》，第 218、226 页。

⑤ 何爱国：《众说纷纭〈大分流〉》，《史学理论研究》2005 年第 3 期。

⑥ 兰德斯：《国富国穷》，第 154—157 页。

⑦ J. M. Blaut, op. cit., pp. 204 - 206.

的作用，则更被一些戴有色眼镜的历史学家所忽视。例如，奥布赖恩否定 18 世纪
海外贸易对欧洲发展所起的作用，以为它只占当时国民生产总值的 2%，说"就欧
洲（甚至英国）的工业化历史而言，'世界视野'对于欧洲的意义远不如'欧洲视
野'对于世界的意义大"。① 这样就可以把殖民地对宗主国工业化的贡献一笔勾销
了。彭慕兰认为，欧洲以外的利润肯定比欧洲内部赚到的微不足道的利润要大，不
过他认为欧洲在 18 世纪还没有后来所具有的比亚洲、非洲强烈的优势，所以这一
问题没有原来争论的意义大。②

<h1 style="text-align:center">五</h1>

上面所说的欧洲中心论的种种表现，我以为还都是比较容易解决的，但还有我
们难以解决的问题，这就是工业化、现代化的理论。这一理论构成了近代世界历史
的主要内容。它包括科学技术革命、工业革命、农业革命；政治社会方面则有个人
主义、自由竞争、市场经济、合理的企业组织、民主政治、法治社会，等等。这些
是由农业社会向工业社会、传统向现代过渡的标志，因而也构成了一个进步的系
列。我们编写世界史，在这方面回答的不外就是两种问题，一种是欧洲社会（当
然首先是英国）是怎样完成了这一过渡的，为什么能完成这一过渡？其他非欧洲
社会是否完成了这一过渡，为什么没有能完成这一过渡？因为历史研究只能从既定
的史实出发，所以比较的方法只能是拿完成了的工业化的欧洲模式和没有完成工业
化的非欧洲来比较，看看我们为什么没有及时完成工业化，究竟和欧洲的道路有什
么不同。彭慕兰和弗兰克等主张中国到 18 世纪并不落后于欧洲，也只是把工业化、
现代化的时间向后推迟到 18 世纪，仍然还要解释 18 世纪以后非欧洲（或者说他们
认为原来发展最先进的中国、印度和日本）为什么没有得到发展。彭慕兰解释亚
洲为什么 18 世纪落后，是因为缺乏殖民地和没有合适的煤炭资源，生态压力未能
缓解；弗兰克修改了伊懋可的高技术平衡陷阱说，认为是亚洲人口增长过快，收入
分配更不平均，并且缺少资金，阻碍了对节约人力的机器发明。③ 似乎是拿偶然性
代替了因果论的分析。而且他们的比较只限于经济领域，如果我们把比较扩及政
治、社会领域，涉及什么样的国家制度、法律制度等有利于资本主义经济发展的问

① 转引自弗兰克《白银资本》，第 74—75、394—397 页。
② 彭慕兰：《大分流：欧洲、中国及现代世界经济的发展》，第 174—177 页。
③ 弗兰克：《白银资本》，第 401—410 页。

题，也会遇到同样难以解决的麻烦，[①] 因为我们可以比较的仍然是欧洲政府的成功经验和非欧洲政府的迟滞。

对非欧洲国家自己的工业化道路，应该说也有了不少研究。中国学者的资本主义萌芽研究，取得了显著成果，[②] 不过当时过分遵循马克思资本主义起源理论，所以没有太大的突破。近来许多学者更提出了不少新见解，如吴承明对近代市场、物价的研究，[③] 方行对小农经济的研究，[④] 李伯重关于明清江南农业经济和手工业经济的研究等。[⑤] 乔杜里对印度经济发展的分析。[⑥] 这些研究也遇到了同样的问题，即历史研究只能是对过去历程的分析，虽然我们指出了亚洲各国的资本主义道路，可是它们在欧洲人到来之前最终还是没有发展到资本主义，所以只能和完成了资本主义的欧洲道路作比较。只能说我们可能发展到资本主义，不大能说这条道路必然发展到资本主义。更重要的是这样的研究还开展得不够，还没有形成一套完整的理论，还只是以欧洲的经验来评说亚洲的事实，还远不足以写进世界近代史，成为一种全面的解释。

直到现在，我们还只有一种历史理论，这一理论是来源于西方的，我们亚、非、拉国家，虽然有悠久的历史，可是并没有发展出来属于自己的历史理论。西方的理论有其真理性，可是只是从西方出发来看世界的。所以同时也有它的局限性。这个局限性，有不少就是我们一再想超越的欧洲中心论，可是因为我们第三世界国家没有自己的历史理论，所以直到今天，我们也实现不了这个超越。第三世界的历史科学，是学习西方先进的历史科学而后建立的，我们使用的是出自西欧的理论与方法，大而言之，像公元纪元，把历史分为古代（古典）、中古、近代这样的分期，使用的就是欧洲标准。其他更是如此。印度学者夏尔马，写有《印度封建主义》一书，就是按照西欧的封建主义来考察印度是否有类似的现象。这一学说后来遭到另一印度学者慕克吉的批评，双方展开论战，但争论的是印度有没有农奴制，以此作为印度有无封建主义的标准，依然是西欧的模式。[⑦] 中国有悠久的历史

① 彭慕兰指出了中国政府不保护海外移民（和欧洲的政府不同）是造成中国东南沿海生态压力未能缓解的重要原因。彭慕兰：《大分流：欧洲、中国及现代世界经济的发展》，第 190 页。

② 许涤新、吴承明主编：《中国资本主义发展史》第 1 卷，人民出版社 1985 年版。

③ 吴承明：《市场、近代化、经济史论》，云南大学出版社 1996 年版；《中国的现代化：市场和社会》，生活·读书·新知三联书店 2001 年版。

④ 方行：《中国封建经济论稿》，商务印书馆 2004 年版。

⑤ 参见李伯重探讨明清江南农业经济发展特点的系列论文，载于《中国农史》等期刊；《江南的早期工业化》，社会科学文献出版社 2000 年版。

⑥ K. N. Chaudhuri, op. cit. ；参看布罗代尔《资本主义论丛》，顾良、张慧君译，中央编译出版社 1997 年版，第 16—26 页。

⑦ 参看 T. J. Byers and H. Mukhia（eds.），*Feudalism and Non - European Societies*, London 1985；Ma Keyao, Feudalism in China and India: A Comparative Study, N. N. Vohra（ed.），*India and East Asia: Culture and Society*, Delhi, 2002.

和历史学，可是我们的现代历史学，还是从梁启超学习西方史学开始的。直到现在，我们既缺乏从本土资源出发、从自己的历史出发建立的历史理论，也缺乏从本身出发看世界而建立的世界史理论、世界史发展模式。有一位外国学者评价我们的史学说，在20世纪50—70年代，大部分中国史学家是马克思主义者，到了八九十年代，中国的史学家也学着读些丹尼尔·贝尔和一星半点的马克斯·韦伯，并且试图把明清时期的徽州商人的企业精神和欧洲的加尔文教徒相比较，可是西方的史学家已经厌倦了现代化的研究，转而走向后现代研究了。① 另一位学者更反对萨义德东方主义是西方人创造出来的说法，主张东方主义是西方人和东方人共同创造出来的。他举例说，费正清提出中国近代史上的冲击—反应模式，为人所诟病。但蒋廷黻在其《中国近代史》的序言中，和费的观点是一致的。② 这也说明，我们是没有和西方抗衡的理论，所以建立不起自己的世界历史观，所以写不出自己的非欧洲中心论的历史，在工业化、现代化的道路上，我们并不能说明在向西方学习之前，什么是我们的有别于西方的工业化道路。所以我们无法彻底摆脱历史中的欧洲中心论，也无法写出真正的世界历史。

写不出真正意义上的世界历史，还在于到现在为止，对非欧洲国家的历史研究还很不充分，欧洲的历史（包括古代的希腊、罗马，中世纪史以及近现代史），进行科学的研究已经有长期的积累，构建起完整的体系，可以写进世界历史。而第三世界国家的历史，虽然也悠久，也光辉灿烂，可是对它的研究还没有形成体系，在世界史上是依附于欧洲史的体系而存在的。这在编写世界历史时是可以深切感受到的。所以现在说什么世界史上出现非洲中心论、中国中心论等，可能是言之过早。想要按照这样的中心论写出世界史来事实上是不可能的。

我们现在写出来的世界史，可以说还是一个准世界史，不是真正的世界史。现在世界上的许多史学家，包括欧美的史学家，都努力来克服世界史编写中的欧洲中心论倾向，而且可以说欧美史学家还走在了这一运动的前面，这是十分可喜的现象。要让各个国家、各种背景、各种文化传统的史学家，都来参加这一工作。第三世界国家的史学家，应该发挥更大的作用。他们应该重新研究自己的文明、自己的历史，也研究世界的历史，并且按照自己的认识，参照世界上已有的史学理论成果，建立自己的史学理论体系。然后许多的史学家共同交流，相互学习，建立一个

---

① A. Woodside, Reconciling the Chinese and Western Theory Worlds in an Era of Western Development Fatigue, *Modern China*, Vol. 24, No. 2 (Apr. 1998), p. 122。这位先生是从复旦大学的一次经济学讨论会上提出是否需要建立一个中国自己的经济学开始立论的。我想要指出的是正如伊格尔斯所说，大多数历史学家并不接受福柯所说的"历史并不存在，只有语言才存在"这样的后现代结论。

② A. Dirlik, "Chinese History and the Question of Orientalism", *History and Theory*, Vol. 35, No. 4 (Dec. 1996), p. 107.

真正的世界历史的体系，我们大概才可以编写一部真正的世界史，这当然要有一个长期的过程。

　　附记：本文部分内容曾在 2005 年 10 月首都师范大学召开的世界各国的世界通史教育国际学术研讨会上作过发言。文章写成后，曾经我教研室同人彭小瑜、黄春高、李隆国过目，提出修改意见，特此致谢。

（刊于 2006 年第 3 期）

关于历史认识的价值判断

于　沛

　　历史认识不是体验性的感性认识，而是与价值判断联系在一起的理性认识。就历史学的本质来说，它是一门立足于现实的、关于价值判断的科学。汉司马迁明确表述了他著史的目的："欲以究天人之际，通古今之变，成一家之言。"①这里的"一家之言"，不言而喻是价值判断的产物，"求真"和"经世致用"成为中国传统史学的优良传统。"理论联系实际是发展社会科学的根本方针，也是马克思主义倡导的优良学风"，在历史研究中也是如此。"以为研究过去对现实没有意义，是不对的。科学地认识昨天和前天，就能对正在运动着的今天的现实有更深的了解，并能对未来作出科学的预测……在研究历史时，要有现实的时代感。"②如何才能达到这样的目的呢？自然也不能离开历史认识的价值判断。

　　英国克拉克爵士在其主编的 14 卷本《新编剑桥世界近代史》中说："一部历史书与仅仅是一堆有关过去的报导之间的区别之一，就是历史学家经常运用判断力。""历史不是人类生活的延续，而是思想意识的延续。""就历史学而言，我们可以断定，如果说它是一门科学的话，它是一门从事评价的科学。"③显然，评价离不开判断，没有判断，所谓评价也就成了无本之木，因为判断是评价的基础和依据。历史认识的价值判断，是由历史认识的主体完成的。"主体是人"，而"人就是人的世界，就是国家、社会"。④ 总之，历史认识主体是具体历史条件下的有一定社会关系的人，这就决定了历史认识的社会属性，而这种属性，更多的是在历史认识的价值判断过程中表现出来的。

　　当前在历史认识的价值判断上，存在着两个亟待解决的问题：其一，需要

---

① 《汉书》卷 62《司马迁传》，中华书局 1962 年版，第 2735 页。

② 《胡绳全书》第 3 卷下，人民出版社 1998 年版，第 458、472—473 页。

③ 克拉克主编：《新编剑桥世界近代史》第 1 卷，中国社会科学院世界历史研究所组译，中国社会科学出版社 1999 年版，第 22、24、31 页。

④ 《马克思恩格斯选集》第 2 卷，第 3 页；第 1 卷，第 1 页。

明确在历史认识中是否需要进行价值判断；其二，承认价值判断，并不等于由此进行的所有价值判断都是正确的。那么，应该如何遵循科学的路径，求得历史认识正确的价值判断？今天讨论这两个问题，对于提高历史认识的科学水平，更充分地实现史学的科学认识功能和社会功能，有重要的理论意义和现实意义。

一

历史认识是和价值判断联系在一起的。没有价值判断的历史认识是不完整的历史认识，因为它失去了历史认识基本的和最重要的功能。在历史认识中，只有通过价值判断，才能够使历史认识的主体和客体之间发生密切的联系，并在一定的条件下充分发挥认识主体的主动性、创造性。在历史认识过程中，历史学家的主要任务不是或不可能是通过对"过去"的描述去说明历史，而是通过认识、分析这样或那样的"过去"的意义，来阐释历史的真谛。前者的描述是一种考实性的认识，通过描述来回答"是什么"；而后者的阐释，则是在此基础上的价值认识和价值判断，回答"为什么"。对于历史学家来说，任何孤立的、单独的文本如果脱离历史认识过程，"并没有自身的价值。它们就像所有过去时代遗留下来的、缄默无言的残渣瓦砾一样，只是作为认识历史关系的源泉，即中介材料"。①这些中介材料只有纳入历史认识的价值判断的过程中，才能实现其科学价值。否则，中介材料将永远是中介材料。价值判断是历史认识不可或缺的阶段，脱离这个阶段，中介材料不会自发地成为可以阐释历史认识本质内容的科学的历史文献。

因此，在历史认识诸多的判断形式中，价值判断具有十分重要的意义，它直接关系到或影响到历史认识成果的质量。价值判断虽然往往以理论描述的形式表现出来，但它不是抽象的，而是有着具体的内容。一般说来，价值判断既不是单纯的历史判断或单纯的现实判断，也不是单纯的理论判断或单纯的实践判断，而是将它们有机地结合在一起的判断。历史认识中的价值判断虽然是对已经逝去的历史内容的判断，但这种判断中应渗透有鲜明的时代精神；作为价值判断结果的理论描述，来自社会历史发展实践和社会现实发展实践，是理论与实践的结合，而不是脱离社会实践的"精神"的产物。

历史认识中的价值认识和价值判断有着密切的联系，但同时又有着明显的区别，明确两者之间的联系和差异是十分必要的。一般说来，价值认识应是价

① 伽达默尔：《真理与方法》上卷，洪汉鼎译，上海译文出版社1999年版，第255页。

值判断的基础、前提和内容，价值判断则是价值认识的深化、升华和结果。如果历史认识仅仅停留在价值认识的阶段，那就只是认识，却没有结果，就等于历史认识放弃了自己重要的和基本的功能。同样，价值认识在历史认识中也是不可缺少的，因为离开了价值认识，价值判断就失去了基础、前提和内容，也就无从谈起。

历史认识的价值判断虽然是一种历史的判断，但它应该是体现认识主体所生活的时代的社会精神的判断，即是一种历史与现实相结合的判断，不仅有历史感，而且还有时代感。在历史认识中，认识主体正是通过价值判断回答当代社会发展中提出的理论问题和现实问题，也正是从这种意义上把历史认识论和社会认识论联系在一起，无论是一般的社会认识论还是现实的社会认识论。"社会认识论是关于人们怎样认识社会的哲学学说，它以人们认识社会的认识活动为对象，考察人们认识社会的特殊活动结构、进化过程和特殊规律。从另一角度看，人们认识社会，实质上又是人类社会总体进行自我认识的实现形式，因此，社会认识论又是对于人类社会自我认识之谜的哲学探索。"①历史认识和社会认识有许多共同之处，特别应看到历史认识有着丰富的社会内容；在历史认识的过程中，通过价值判断可以将历史与现实、理论与实践紧密地联系在一起，而不是割裂它们之间原本就存在的内在的联系。

20世纪80年代中期以来，中外史学理论研究取得很大进展，有不少重要的研究成果问世，对当代中国史学的复兴与发展做出了重要的贡献。但同时我们也应该清醒地看到，史学理论研究中也存在着较突出的问题，首先是理论脱离实践的问题。不仅是史学理论研究脱离历史学研究的实践，而且历史研究在一定的程度上也脱离社会发展的实践，忽视乃至回避现实社会发展中提出的问题。出现这种情况的原因是多方面的，仅从史学学科自身发展来看，人为地将历史认识与社会认识割裂开来，忽视历史认识的价值判断，或将价值认识与价值判断相混淆，或使价值判断脱离现实生活，应是重要的原因之一。这样，史学理论研究和与之联系在一起的历史认识、历史认识的价值判断，等等，在一些人的著述中出现了脱离学科发展实践或社会发展实践的抽象化、概念化倾向。总之，是在历史认识的价值判断面前止步不前，从而使历史认识半途而废。这种抽象化、概念化的结果，使原本活泼生动、与社会生活有密切联系的历史学和历史学理论，成为脱离社会生活实践的玄学。显然，这些研究无法发挥史学的学术或社会功能。

---

① 欧阳康：《社会认识论》，云南人民出版社2002年版，第19页。

二

　　历史学的生命力在于时代和社会发展对它的需求，以及它如何回应时代和社会的呼唤。历史学的意义不在于对历史过程、现象和事实简单直观的描述，而是基于历史矛盾运动的一般规律和特殊规律，不断地提出问题和回答问题，进行理论的阐述和概括，因此不能没有价值判断。

　　在历史认识中，价值判断是联结历史认识与现实的社会认识的纽带，这是因为人类的历史是指人类社会的历史，历史过程的社会性与社会意义是客观存在的事实，对此不应也不能视而不见。历史认识的价值判断不仅体现出历史价值观，同时也体现出社会价值观。此外，历史与现实内在的联系也是客观存在，如果人为地割裂这种联系，就会使历史认识的价值判断脱离现实的社会生活，变成没有社会实践内容的抽象的概念判断。正如史学思潮和社会思潮密不可分一样，历史认识和社会认识同样密不可分。这就决定了历史认识的价值判断的特点，是历史价值观和社会价值观的辩证统一。

　　正确的历史认识的价值判断过程，也是逐渐接近客观的历史真理的过程。但是，"我们的知识向客观的、绝对的真理接近的界限是受历史条件制约的"。① 这表明，在进行历史认识的价值判断时，历史认识主体不仅受主观的自身认识能力的限制，而且也受客观的社会历史条件的限制，无法逾越时代的局限。就像真理具有相对性一样，历史认识的价值判断也有相对性。同样，就如同不存在终极的绝对真理一样，也不存在绝对的、终极的历史价值判断。恩格斯说："如果在人类发展的某一时期，这种包括世界各种联系——无论是物质的或者是精神的和历史的——的最终完成的体系建立起来了，那么，人的认识的领域就从此完结，而且从社会按照那个体系来安排的时候起，未来的历史的进一步发展就中断了——这是荒唐的想法，是纯粹的胡说。"② 这里恩格斯虽是对杜林的批判，但对于如何正确认识历史价值判断的绝对性和相对性，却有重要的指导意义。

　　每一时代的历史学家，都是从他所生活的具体时代和具体历史环境中去观察、思考、认识历史，而观察、思考、认识的目的，不在于使自己所生活的那个时代重演历史，而是通过对历史的研究和理解，更清醒地观察、思考、认识今天和未来。包括历史学家在内，任何人都是历史的产物，他的政治、思想和文化观念，都属于

① 《列宁选集》第 2 卷，人民出版社 1995 年版，第 96 页。
② 《马克思恩格斯选集》第 3 卷，第 376 页。

一定社会历史范畴，印上了鲜明的历史烙印。人是历史的人，既不可能超越历史，也不可能回避历史。

20 世纪初，梁启超作为中国新史学思潮的旗手，以进化论、进化史观为理论基础，发起了"为史界辟一新天地"的"史界革命"。他认为"史界革命"是时代的需要，中国史学的陈腐和落后，是中国社会发展落后的重要原因之一，因此，"史界革命不起，则吾国遂不可救"，不能立于世界之林。① 在《中国史叙论》、《新史学》，以及后来撰写的《中国历史研究法》及其补编等著作中，梁启超尖锐地批判封建史学，明确提出以进化史观为理论基础的"新史学"，具有划时代的意义。进化史观不仅是 20 世纪初中国新史学的理论基础，而且也是当时历史认识中进行价值判断的理论武器。

20 世纪初新史学思潮的出现不是偶然的，它和 19 世纪末以来中国维新和民主的社会思潮的产生和发展有着直接的联系。1895 年《马关条约》签订后，中华民族危机空前严重，救亡图存、图强御侮，成为中日甲午战争后中国社会思潮的主流。达尔文的进化论和欧洲启蒙思想家的先进思想对 19 世纪末 20 世纪初的中国社会思潮产生了重要影响。严复曾夹叙夹议地评介了英国学者斯宾塞的名著《社会学原理》（中译名为《群学肄言》），系统阐释了斯宾塞的普遍进化论原理。与此同时，严复还发表了《天演进化论》，大力宣扬赫胥黎"物竞天择，适者生存"的原则，强调人类社会和自然界一样，都存在着"物竞天择，适者生存"的问题。中国只有奋起成为强者、智者，才能改变"亡国亡种"，被帝国主义列强瓜分的现实危险。正如当时进化论和进化史观联系在一起一样，同样是以进化理论为基础的史学思潮和社会思潮也联系在一起，在它们直接影响下的社会的价值判断和史学的价值判断也是不可割裂的。进行历史的价值判断时，不可避免地会与社会的价值判断发生联系。

现代著名史家陈垣在宗教史、元史、中西交通史，以及目录学、年代学、校勘学、史源学、史讳学等方面进行了大量艰苦的开创性和奠基性的工作，成绩卓著。陈垣始终强调发挥史学的社会功能，"提倡有意义之史学"，历史认识的价值判断自觉地和社会认识的价值判断结合在一起，使其研究客体虽然是遥远的古代历史，却依然表现出鲜明的时代精神。

抗日战争期间，陈垣选择抗清思想家顾炎武和其他抗清英雄为研究对象不是偶然的，他的研究不是发怀古之幽情，而是在历史研究中将社会的价值判断与历史认识的价值判断结合起来，通过历史研究同卖国求荣的民族败类进行斗争。此间，他先后完成《南宋河北新兴道教考》、《明季滇黔佛教考》、《清初僧诤记》和《中国

---

① 梁启超：《新史学》，《饮冰室合集》文集之九，中华书局 1989 年版，第 7 页。

佛教典籍概论》等著作，通过歌颂抗击侵略的仁人志士，揭露异族的残暴统治，以明抗日爱国的心迹。完成于1943—1945年的《通鉴胡注表微》是他重要的代表作之一。这部史著既是陈垣史学研究的总结，也是他在敌占区不甘心受压迫的心理表现，如在《臣节篇》中，通过南宋胡三省对臣节的论述，表达了自己强烈的爱国主义思想。

在外国史学中，历史的价值判断和社会的价值判断也是紧紧联系在一起的。虽然因历史文化背景不同，在认识的内容和形式上会表现出自己的特点。例如，英国历史学家霍布斯鲍姆提出"双元革命"（dual revolution）的概念，指出，"虽然这场双元革命——更精确的是法国政治革命和英国工业革命——的主要载体和象征是法、英两国，但是，我们不应把这场革命看成是属于这两个国家的历史事件，而应看做是一座覆盖了更广泛地区的火山的孪生喷发口"。① 霍布斯鲍姆认为，法国政治革命和英国工业革命在世界历史的范围内，具有广泛的历史意义和深远的历史影响。他的这种价值判断，不仅仅是纯粹的历史学的价值判断，同时还是社会的价值判断，即没有脱离法国政治革命和英国工业革命之后整个资本主义世界实际的社会发展。这再次使人们认识到，后人对已经逝去的历史事件进行历史的价值判断时，不可能脱离他所生活的现实社会具体的内容。

"一切真历史都是当代史"②，这是1917年意大利学者克罗齐提出的著名命题。在他看来，每一个历史判断的基础都是实践的需要，它赋予一切历史以当代史的性质。因为无论与实践需要有关的那些事实如何年深日久，历史实际上总面向时代的需要和实际。对历史事件进行价值判断，不可避免地会考虑到这个历史事件所产生的影响，直至在今天直接的或间接的影响，从而自觉地或不自觉地进行比较。因此，人们有时也会采取"历史追溯"的方法，对发生在今天值得记忆、思考的事件，从历史上寻找答案。例如，在18世纪法国资产阶级革命期间曾出现波旁王朝的复辟，但是并没有改变封建主义最终为资本主义所代替的历史趋势，这对于科学认识苏共亡党、苏联解体、东欧剧变后的世界社会主义运动无疑是有益的。

三

人类社会客观存在的历史和史家撰写的历史是性质不同的两个概念。人类的历史约有300万年左右，但人类文字产生以来的历史却不过五六千年。只是在产生文

---

① 霍布斯鲍姆：《革命的年代》，王章辉等译，江苏人民出版社1999年版，第2页。
② 克罗齐：《历史学的理论和历史》，田时纲译，中国社会科学出版社2005年版，第6页。

字以后，人类才有可能用文字记述自己的历史。英语中的"History"，法语中的"Histoire"，都源于希腊文的"Histria"，其本意是"征问"，强调历史要问询和探究，回答历史事件发生的原因，及它们之间的联系。史学，无论是"记事"还是"征问"，所得出的结果往往以历史著述的形式表现出来，而有生命力的历史著述总离不开历史的价值判断，因为对历史的任何问询和探究都需要进行价值的判断。

李大钊认为，历史过程与历史著述有联系，但却是两种意义、性质不同的东西："历史这样东西，是人类生活的行程，是人类生活的联续，是人类生活的变迁，是人类生活的传演，是有生命的东西，是活的东西，是进步的东西，是发展的东西，是周流变动的东西；他不是些陈编，不是些故纸，不是僵石，不是枯骨，不是死的东西，不是印成呆板的东西。""种种历史的记录，都是很丰富，很重要的材料，必须要广搜，要精选，要确考，要整理。但是他们无论怎样重要，只能说是历史的记录，是研究历史必要的材料；不能说他们就是历史。这些卷帙，册案，图表，典籍，全是这活的历史一部分的缩影，而不是这活的历史的本体。"①之所以如此，就在于历史要"活"起来，明确历史不仅仅是"历史的记录"，必须通过历史认识的价值判断而使历史获得生命，只是在这时，历史学才具备了作为一门科学的基本属性。

历史著述与历史有差异，但并不能因此否认历史著述的科学价值。恰恰相反，优秀的历史著述是时代精神的折射，具体反映了社会的呼唤和需求，它以客观历史自身为基础，是在先进世界观和历史观的指导下，对客观历史进程理性认识——价值判断的产物。价值判断是一种理论描述，而这种"理论描述"究竟正确与否，取决于理论自身的科学水平，以及对被描述对象的认知程度。列宁指出："马克思以前的'社会学'和历史学，至多是搜集了片断的和未加分析的事实，描述了历史过程的个别方面。"②如果说那些"片断的和未加分析的事实"，以及"历史过程的个别方面"，也是一种历史的价值判断的话，那么只能说这种历史的价值判断是肤浅的、被扭曲的，至少是不完整的，对于了解历史的客观真理没有丝毫价值。

马克思、恩格斯对人类最伟大的贡献之一，就在于发现了唯物史观。唯物史观认为不是人们的意识决定社会存在，而是社会存在决定人们的意识。由物质生活资料的生产和再生产构成的经济结构是一定社会的现实基础，而政治和法的制度以及各种意识形态都是建立在经济基础之上的上层建筑。社会的基础并非在于社会的精神生活之中。这样，古老的历史学研究就被安放在一个全新的科学理论的基础上，成为一门真正的科学。因此，当我们进行历史的价值判断时，必须要坚持马克思主

---

① 李大钊：《史学要论》，《李大钊史学论集》，河北人民出版社1984年版，第197—198页。
② 《列宁全集》第21卷，人民出版社1988年版，第38页。

义唯物史观的理论指导。唯物史观既是历史认识的指导思想，也是历史认识的方法论基础。

进行历史价值判断，首先要深入研究唯物史观的基本原理，深入研究唯物史观与时俱进的理论品质，要分清哪些是必须坚持的唯物史观的基本原理，哪些是需要结合新的实际加以丰富发展的理论判断，哪些是必须破除的对唯物史观教条式的理解，哪些是必须澄清的附加在唯物史观名下的错误观点。历史认识要旗帜鲜明地坚持唯物史观的理论指导，否则，指导思想"多元化"，任各种唯心史观的思想恣意泛滥，我们就失去了正确的历史价值判断的基础，在历史认识中就会出现许多混乱的历史价值观念。为了保证用发展着的唯物史观指导新的历史认识实践，进一步明确"唯物史观的真理性"颇有必要。所谓真理性，系指主客观的统一，系指人的意识反映了客体的本质与规律。唯物史观的真理性在于以科学的实践观为基础的理论与实践的统一、科学性与革命性的统一，而不是离开实践的抽象的思辨、玄想和臆说，它是来源于实践，服务于实践，为实践所检验，随着实践的发展而发展的科学。就历史认识复杂的过程而言，由"唯物史观的真理性"所决定，历史的价值判断将不可避免地会贯穿始终。

历史的价值判断往往是以理论描述的形式表现出来的，具体地说，这种"理论描述"是以唯物史观为指导的理论描述，是建立在对历史认识客体系统、翔实、深入地理论分析的基础上。因此，这种理论的描述不是从现成的概念或公式出发。在历史认识中，要坚决摒弃那种从概念到概念、从公式到公式的所谓价值判断。历史的价值判断应建立在历史认识和社会认识实践的基础上，历史认识的主体不能脱离现实生活，否则历史认识的价值判断将会成为无源之水。

（刊于 2008 年第 1 期）

历史学的理论成就与中国
史学史研究的发展

瞿林东

新中国成立 60 年了，伴随着共和国前进的步伐，中国史学的理论研究与中国史学史研究，经历了历史的洗礼，在继承 20 世纪前期史学成就的基础上，都有了显著的进步和新的发展，为新中国的历史科学书写了光彩的一页。笔者阅读有限，思考未深，试对此作如下概括，祈同行教正。

一 唯物史观与中国马克思主义史学

20 世纪中国史学在各方面都有很大的进步，其中最显著的进步是历史观的进步。从进化论到唯物史观，是历史观进步的两次跨越。基于这一认识，在回眸新中国成立以来 60 年的史学时，首先就要说到唯物史观与中国马克思主义史学的发展。

新中国 60 年的历史学表明，中国马克思主义史学家在认识、理解和运用唯物史观研究历史方面，经历了两个阶段：1949 年至 1966 年，是唯物史观广泛传播、学习、运用的阶段；1978 年至今，是深入学习、全面理解和更加合理运用的阶段。从中国史研究来说，前一阶段的特点是重新认识中国历史的发展面貌及其规律，后一阶段的特点是深入认识中国历史的发展面貌及其规律。前一阶段，历史学界对中国历史上的一系列重大问题全面地展开了讨论、商榷、辩难，使人们对中国历史有了全新的认识，其成就、功绩之大，在中国史学发展史上，是前所未有的。但由于在那些年代里，多数史学工作者学习唯物史观尚处在起步阶段，加之史学受到政治上"左"的倾向的影响，人们对马克思主义的认识产生了教条主义的偏颇，使这一时期的马克思主义史学走了一些弯路，经历了一些曲折，产生了一些教训。尽管如此，这一阶段历史学界对有关中国历史一些重大理论问题的讨论所获得的成果，仍然成为后一阶段人们深入认识中国历史及有关重大理论问题的基础。

在后一阶段，由于社会条件的变化，尤其是在解放思想、实事求是思想路线的感召之下，历史学界重新学习马克思主义，从而对以唯物史观指导历史研究，有了更加理性、更加自觉的认识，这主要表现在：第一，唯物史观是研究历史的指南，绝不是可以随意套用的公式。尽管经典作家早已强调了这一点，但人们只有在经受了曲折和失误之后，才深切地懂得了这个道理，从而走出"套用公式"的误区。第二，唯物史观的基本原理是一个完整的科学体系，人们只有全面地认识这个体系、辩证地理解它各个原理之间的关系，才不致使它遭到误解或曲解，避免自身的研究走向片面以致错误。第三，唯物史观的生命力，在于人们以其基本原理为指导，结合具体的研究对象，从大量的历史事实中概括出新的理论认识，从而不仅使这一研究得到正确的或近于正确的结论，同时也丰富了唯物史观，以至于发展唯物史观。我们可以这样说，没有前一阶段的成就和教训，就不会有后一阶段认识的提高和发展，史学工作者对中国历史的认识，也不会达到现在这样的高度。

大家都知道，历史发展是不应被割断开来看待的，同样，史学发展也是不应被割断开来看待的。中国有句古话"彰往而察来"，这是既指借鉴以往的成就，也指记取以往的失误，二者对于未来都是有益的。我们对新中国 60 年来的唯物史观与中国马克思主义史学，应作这样的看待，才是全面看问题的态度，也是实事求是的态度。

二　历史理论研究的突出成就

这里说的历史理论，是指在马克思主义唯物史观基本原理指导下，结合中国历史发展中的一些重大历史现象或重大历史问题，在作综合研究的基础上提出来的概括性和规律性认识。从总体上看，60 年来中国史学在历史理论研究方面的发展，大致经历了三个相互联系而又各有特点的阶段，这就是：全面提出问题、系统梳理问题、正面阐述问题。

在全面提出问题阶段（1949—1966），随着唯物史观在中国大地上的广泛传播，广大史学工作者受到这一科学历史观的吸引、感召和影响，纷纷起而运用这一新的历史观重新审视中国历史，从而引发了对一系列重大历史问题、历史现象的热烈讨论，甚至激烈的辩难。[①] 其中，有的问题是 20 世纪 30 年代社会史论战中已经

---

① 如关于中国古史分期问题的讨论，关于封建土地所有制问题的讨论，关于资本主义萌芽问题的讨论，关于农民战争问题的讨论，关于汉民族形成问题的讨论，以及关于中国封建社会长期延续问题、中国封建社会历史内部分期问题、历史人物评价问题的讨论等。

提出来的，而大部分问题则是广大史学工作者在学习马克思主义唯物史观过程中，结合重新审视中国历史逐步提出来的。在这些讨论和辩难中，史学工作者各陈其说，形成"百家争鸣"的局面，在史学史上具有重要的意义。这是因为：第一，史学界所提出的一些问题，都是中国历史上的重大问题，从本质上看，它们大多同马克思主义社会形态学说、阶级斗争学说等社会历史发展规律的理论有直接或间接的关系，从而极大地推动了中国史学工作者对理论的关注和热情，这是中国史学在广度和深度上发生重大变革的序幕。第二，尽管这些讨论、辩难并没有完全取得共识，但有一点是非常重要的，那就是大多数参与讨论、辩难的史学工作者，都是以马克思主义唯物史观作为研究、阐发历史问题的理论指导。正因为如此，这些讨论、辩难的实际意义在于，一方面推进了对中国历史的研究、认识，一方面也促进了对唯物史观的学习、运用，为新中国史学的进一步发展奠定了理论、方法论的基础。我们应当注意到，在全面提出问题阶段，范文澜所撰《关于中国历史上的一些问题》和翦伯赞所撰《对处理若干历史问题的初步意见》，是值得特别关注的两篇理论文章，① 它们反映了老一辈马克思主义史学家对中国历史上的一些重大问题的思考和认识，在当时产生了广泛的影响。

在系统梳理问题阶段（1977—1988），史学工作者在解放思想、实事求是思想路线鼓舞下，一方面提出新的历史理论问题展开讨论，一方面则出现了系统梳理问题的趋势，旨在把"文化大革命"前关于历史理论问题的诸多讨论加以清理，以期推进理论研究的深入。这一清理工作的重要意义，还在于史学界拨乱反正、正本清源、纠正"文化大革命"中被所谓"儒法斗争史"搞乱了的中国历史进程的真相以及与之相关的种种谬说。这里，我们要特别提到《历史研究》编辑部组织撰写的《建国以来史学理论问题讨论举要》一书，② 此书分专题对 20 世纪 50—60 年代史学界所讨论的历史理论问题，以及 70 年代末 80 年代初史学界所讨论的历史理论问题，作了比较详细的梳理。因其具有这样两个特点而在史学界产生了较大的影响。第一，这是新中国成立以来，第一次对有关中国历史的一些重大理论问题所作的系统的归纳；第二，这一梳理和归纳工作，是在尊重学术平等的原则上进行的，有关专题的作者多以平和的心态列举诸家之说，目的在于为史学界提供进一步探讨理论问题的思想资料。当然，更值得重视的是，此书在"前言"中提出了这样一

---

① 范文澜：《关于中国历史上的一些问题》，《范文澜历史论文选集》，中国社会科学出版社 1979 年版；翦伯赞：《对处理若干历史问题的初步意见》，《光明日报》1963 年 12 月 22 日。

② 《历史研究》编辑部编：《建国以来史学理论问题讨论举要》，齐鲁书社 1983 年版。此书包含以下一些内容：亚细亚生产方式讨论的回顾，中国奴隶社会与封建社会分期讨论三十年，中国封建社会内部分期的几种观点，封建土地所有制形式讨论中的分歧，中国资本主义萌芽讨论的两个阶段，中国封建社会长期延续讨论的由来和发展，农民战争研究的种种争论，关于汉民族形成问题的不同见解，略述中国古代民族关系的讨论，爱国主义与民族英雄讨论综述，关于历史人物评价的一些意见，近年来关于历史发展动力的讨论等。

个问题："从三十多年来的讨论中，我们不时发现，同是一条史料，同是一条马克思主义原理，往往能得出迥然不同的结论，再现出形态各异的历史具体，并由此引起无穷争论。"于是，"前言"提出了克服和避免此种现象的途径："这种现象的存在，是否表明，在具体的历史资料和抽象的理论观点之间，还需要加强乃至增添某些中间环节，以减少种种失误的可能。""前言"还认为："三十多年来的争论，从一定意义上来说，也正是在做着这样的工作。"我们或许可以认为，这是关于在"史料"和"原理"之间对于历史理论研究之重要性的一个自觉的和明确的认识。历史理论研究之所以重要，一方面可以避免用史料去注释原理，既夸大了史料的作用，又使原理庸俗化；另一方面也可以避免用原理作标签去给史料定性，重犯教条主义的错误。从这个意义上说，历史理论既具有唯物史观原理的普遍性品格，又具有说明具体的历史现象的特殊性品格。因此，这一梳理工作的重要意义在于：在一定程度上推动了史学工作者对唯物史观的深入理解，促进了史学工作者对历史理论的思考。

　　在正面阐述问题阶段（1989 年至今），出现了不是为商榷、辩难而作的，而是有系统的、与中国历史的实际密切结合的历史理论专著和专文，显示出历史理论研究的发展和深入。在专著方面，可以白寿彝主编的多卷本《中国通史》第一卷《导论》为代表性著作。[1]此书以唯物史观为指导，结合中国历史进程和《中国通史》编撰，阐述了相关的重大理论问题，提出了不少新论点。如把统一的多民族国家的历史作为首要问题提出来，论证了中国史学上有撰写多民族史的传统，而且出现过多民族史撰述的杰作；又如把人的因素、科学技术和社会生产力结合起来作综合考察，用以说明社会历史进程的面貌、中国地理条件的特点及其与中国历史发展的关系；再如对国家的社会职能和统治职能作有联系和有区别的分析，从理论上阐述中国哲学、社会政治学说的特色以及中国历史连续性的特点，等等。事实证明，以唯物史观的基本原理为指导，结合中国历史的研究和撰述，正面论述一些重大的历史理论问题，符合历史理论研究发展的客观规律。在专文方面，刘大年在1997 年发表的《当前近代史研究中的几个理论问题》，是一篇重要的文章。作者针对 20 世纪八九十年代史学界关于中国近代史上一些重大问题的众说纷纭的观点，就"近代科学与近代方法论"、"中国近代史上的两个基本问题"、"社会性质"、"阶级分析"、"革命与改良"、"中国当代与近代"、"勇敢坚持真理，勇敢追求真理"等问题，作了精辟的论述，[2]显示出一个史学家的科学精神和坦荡胸怀。限于篇幅，类似的专著和专文，不能一一胪列和论述。值得高度关注的是，2004 年启

---

①　白寿彝主编：《中国通史》第 1 卷《导论》，上海人民出版社 1989 年版。

②　参见中国社会科学院科研局组织编选《刘大年集》，中国社会科学出版社 2000 年版，第 3—29 页。

动的马克思主义理论研究与建设工程，更加明确地指出了中国哲学社会科学发展的正确方向，已经发挥出并将继续发挥出巨大的理论力量和学术力量。在这个过程中，中国史学在历史理论研究方面必将迈向更高的境界。

三　史学理论研究的展开

史学理论是关于史学作为一门学问、一个学科，在其自身发展中所面临的普遍现象和共同问题以及史学家的修养与撰述活动、史学同社会的关系等方面的概括性和规律性认识，史学理论同历史理论有所区别而又不可截然分开。

如同史学工作者在认识史料同原理的关系时提高了对历史理论研究的自觉性一样，史学工作者在讨论加强历史理论研究时，进一步提出了研究史学理论的自觉要求。这是改革开放以后，中国史学工作者在理论研究方面又一个新的进展。20 世纪 80 年代初，尹达在讲到加强历史理论研究时，指出："我国历史学的发展告诉我们，重视史学理论的研究是我国史学的优良传统。"[①] 他举出刘知幾、章学诚、梁启超等人为例，用以证明他的观点。其后，有的史学工作者也提出了类似的论点并作了相应的论证。[②]与此相关联的是，大学历史系史学概论教材建设的推动和西方史学理论著作纷纷引进的启示，自 20 世纪 80 年代以来，关于史学理论的研究在史学界逐步展开。首先，反映在教材建设方面。20 世纪 80 年代以来，先后出版的各具特色的史学概论教材有数十种之多，在教学中发挥了积极作用。其中，以阐述史学理论为基本内容的史学概论教材，大致有这样几种类型：一是从中国史学遗产和中国马克思主义史学发展中提出问题进行论述；二是适当借鉴西方史学理论，以历史认识论和史学方法论为主要内容，并结合中国史学的实际进行阐述；三是突出唯物史观为指导，在反映中外有关史学成果与问题的基础上，阐述历史学学科学习和研究的基本问题。[③]

其次，反映在对中国史学遗产中的史学理论的研究，或从史学批评切入，或从史学思想提升，或从断代考察，或从史学变革过程进行分析，或以专题作系统探

---

① 中国社会科学院历史研究所中国史学史研究室编：《尹达史学论著选集》，人民出版社 1989 年版，第 408 页。

② 参见陈启能《历史理论与史学理论》，《光明日报》1986 年 12 月 3 日；瞿林东《史学理论与历史理论》，《史学理论》1987 年第 1 期。

③ 分别参见白寿彝主编《史学概论》，宁夏人民出版社 1983 年版；姜义华等《史学导论》，复旦大学出版社 2003 年版；宁可《史学理论研讨讲义》，鹭江出版社 2005 年版。另有马克思主义理论研究与建设工程教材《史学概论》即将出版。

索，等等，显示出内容丰富、形式活泼的面貌。①至于研究史学理论的专题论文，则不可胜数。

最后，反映在中国学者对外国史学理论的研究上。其中代表性的著作，有关于苏联史学理论的专著，着重于历史认识论和史学方法论的概述；有关于西方史学中的历史思维模式、历史科学的对象理论和历史科学的元理论等问题的论述；有近现代西方史学论著选译等②，显示出研究的重心在西方史学，无论在问题研究还是资料选择方面，都有深厚的功底。值得注意的是，何兆武在批评史学界的两种不良倾向时尖锐地指出："理论的历史学家一贯习惯于先验之论，所谓研究只不过是为他那先验的理论框架填补例证而已；而实证的历史学家则一味沉浸于考据之中，往往言不及义，完全索然于历史的精神。"③在我们讨论理论研究成就的时候，或是讨论实证研究成就的时候，作这样的反思，应当是有益的。

四　中国史学史研究的发展

中国史学史研究在新中国成立以来的 60 年中，也有了重大的发展。这可以用三句话来概括：理论的提高，撰述的兴盛，研究的深入。

关于理论上的提高。20 世纪 60 年代初，中国史学界开展中国史学史研究的大讨论，④是中国史学史研究从 20 世纪三四十年代的草创时期走向发展时期的序幕，其标志便是理论上的准备和提高。1961 年，全国文科教材会议的召开，唤起了人们对中国史学史研究的记忆和热情。北京、上海、广州、济南、西安、武汉等地史学工作者先后召开座谈会，就中国史学史问题展开了热烈的讨论。讨论的问题，大

---

① 参见刘家和《史学、经学和思想》，北京师范大学出版社 2005 年版；瞿林东《中国史学的理论遗产》，北京师范大学出版社 2005 年版；瞿林东《中国古代史学批评纵横》，中华书局 1994 年版；吴怀祺《中国史学思想史》，商务印书馆 2006 年版；罗炳良《18 世纪中国史学的理论成就》，北京师范大学出版社 1999 年版；刘俐娜《由传统走向现代——论中国史学的转型》，社会科学文献出版社 2006 年版；陈其泰《史学与中国文化传统》、《史学与民族精神》，学苑出版社 1999 年版。

② 参见陈启能、于沛、黄立弗《苏联史学理论》，经济管理出版社 1996 年版；朱本源《历史学理论与方法》，人民出版社 2007 年版；何兆武主编《历史理论与史学理论——近现代西方史学著作选》，商务印书馆 1999 年版。

③ 何兆武：《历史学理论与方法·序》，朱本源《历史学理论与方法》，第 9 页。

④ 关于这方面讨论的报道，参见吴高明《西北大学历史系研究讨论史学史问题》，《光明日报》1961 年 1 月 4 日；《上海史学会座谈史学史问题》，《光明日报》1961 年 12 月 6 日；《关于中国史学史的讨论》，《文汇报》1962 年 3 月 13 日；《北京师大历史系邀请校内外史学工作者探讨中国古代史学史内容、分期问题》，《光明日报》1962 年 3 月 14 日；《关于中国史学史的讨论》，《人民日报》1962 年 3 月 23 日；郭彭文《关于中国史学史的讨论》，《北京师范大学学报》1962 年第 1 期；《关于中国史学史的讨论》，《历史研究》1962 年第 2 期；《广东历史学会关于中国史学史的范围、内容与分期问题的讨论》，《学术研究》1963 年第 1 期等。

多集中在史学史研究的内容、对象、任务、分期、特点、发展规律、研究目的、教科书的撰写原则与方法等。这种活跃的局面以及在许多问题的思考上，都是三四十年代所不可比拟的。

20 世纪 60 年代初关于史学史的大讨论，促进了人们的思考，激发了人们的研究热情，产生了不少有很高学术水平的专题研究论文。①有些论文所讨论的问题是带有普遍意义的，反映了在有关理论认识上的深入。许多研究者都尝试着运用马克思主义唯物史观来看待中国史学发展中的问题和规律；同时，中国史学史研究的对象和任务等重要理论问题，受到研究者的普遍关注；教材建设的需要激发了中国史学史研究者的热情。所有这些，都预示着中国史学史研究将要迈出新的一步。然而，十年"文化大革命"打断了这一发展势头。当一些史学工作者重新聚首于中国史学史研究领域时，已是 20 世纪 70 年代末了。

关于撰述兴盛的局面。1976 年"文化大革命"结束后，中国史学史研究迎来了美好的春天，史学工作者用辛勤的耕耘，装点着"百花盛开"的中国史学史园地。从 1980 年朱杰勤的《中国古代史学史》出版，到 2006 年白寿彝主编的六卷本《中国史学史》面世，在这 20 多年中，平均每年至少都有一部中国史学史著作出版，至于断代的、专题的、史家传记、史著研究、资料编纂等史学史方面的著作，则不胜枚举。从撰述的整体面貌上看，不论是在历史观点、史学视野方面，还是在内容的深入和形式的多样方面，都显示出中国史学史研究的生机和活力。这里，我们只能提到很有限的一些著作，以窥其一斑。

在贯通的中国史学史著作方面，刘节的《中国史学史稿》（中州书画社 1982年版），反映了作者以历史编纂为主、历史哲学为辅的撰述旨趣。尹达主编的《中国史学发展史》（中州古籍出版社 1985 年版），着重以社会性质分期考察不同时代史学的思想和理论。瞿林东的《中国史学史纲》（北京出版社 1999 年版），注意在"通"的原则下突出各个时期史学发展的特点及其相互联系。白寿彝主编的六卷本《中国史学史》（上海人民出版社 2006 年版），阶段划分明确，论述深入细致，是目前规模最大的一部中国史学史著作，其长篇导论，反映了白寿彝对中国史学史研究之理论、规划和前景的精辟论说。

在中国近代史学史著作方面，有多种论著出版，其中吴泽主编的《中国近代史学史》上下册（江苏古籍出版社 1989 年版），由袁英光、桂遵义分撰，论述了1840—1919 年的中国史学，注重考察史学发展的政治背景和思想基础。值得注意的是，对于近代以来的中国史学，研究者对史学思潮、20 世纪中国史学、中国马

① 参见吴泽主编《中国史学史论集》第一、二册（上海人民出版社 1980 年版）和《中国近代史学史论集》上册（华东师范大学出版社 1984 年版），其中所收论文，不少都是 20 世纪 60 年代初面世的。

克思主义史学发展、新中国史学成就，以至于近代史学学术史等，都有不同程度的关注。①同时，我们也欣喜地看到，在新中国成立 60 周年的前一年，正值改革开放 30 周年之际，出版了张海鹏主编的《中国历史学 30 年》和于沛、周荣耀主编的《中国世界历史学 30 年》（均系中国社会科学出版社 2008 年版），分别以专论和专章概述了中国学者在中国史领域和外国史领域近 30 年中所取得的新进展，显示了中国马克思主义史学新的生命力。

在资料编纂方面，杨翼骧以数十年的心血编纂了《中国史学史资料编年》，②成为治中国史学史者不可不读之书。龚书铎、瞿林东主编的《中华大典·历史典·史学理论与史学史分典》（上海古籍出版社 2007 年版），含历史理论、史学理论、史学史三册，分部立目，以类相从，凡 604 万字，是目前所知史学理论与史学史方面的一部大型类书，初步展现了中国史学遗产中所蕴含的历史学的理论与历史，也为专业工作者提供了利用古代文献资料的方便。

关于重要问题的提出和研究的深入。新中国成立以来的 60 年，中国史学史研究的成果，绝非这篇短文所能评述的，此亦情理中事。在本文的最后，我想提出中国史学史研究中人们所关注的几个重要问题，用以表明这一领域研究的深入、创新的活力和发展的广阔空间。这些问题是：（1）中国史学史上人们对历史本身之认识的发展过程。（2）中国史学史上人们对史学社会作用之认识的发展过程。白寿彝认为，这是史学工作"甩掉旧的躯壳，大踏步前进"，克服史学史撰述"内容贫枯"的两个方面。③（3）开展中国少数民族史学的研究，这对撰写多民族史学的中国史学史、从史学史上反映多民族历史文化认同的渊源，具有十分重要的意义。（4）中国史学上的史学批评研究，这对揭示中国史学发展的内在活力和清理中国史学的理论遗产，是十分重要的工作。（5）努力建设具有中国特色的马克思主义史学，这是老一辈马克思主义史学家的一个共同的特点，即"注意马克思主义历史科学的民

---

① 参见胡逢祥、张文建《中国近代史学思潮与流派》，华东师范大学出版社 1991 年版；王学典《二十世纪后半期中国史学思潮》，山东大学出版社 1996 年版；张书学《中国现代史学思潮》，湖南教育出版社 1998 年版；侯云灏《20 世纪中国史学思潮与变革》，北京师范大学出版社 2006 年版；陈其泰主编《20 世纪中国历史考证学研究》，北京师范大学出版社 2005 年版；肖黎主编《20 世纪中国史学重大问题论争》，北京师范大学出版社 2007 年版；张广智主编《20 世纪中外史学交流》，北京师范大学出版社 2007 年版；瞿林东《20 世纪中国史学散论》，安徽人民出版社 2009 年版；桂遵义《马克思主义史学在中国》，山东人民出版社 1992 年版；肖黎主编《中国历史学四十年》，书目文献出版社 1989 年版；周朝民等编著《中国史学四十年 (1949—1989)》，广西人民出版社 1989 年版；张剑平《新中国史学五十年》，学苑出版社 2003 年版；张岂之主编《中国近代史学学术史》，中国社会科学出版社 1996 年版，等等。

② 杨翼骧：《中国史学史资料编年》第 1 册（1987 年）、第 2 册（1994 年）、第 3 册（1996 年），均系南开大学出版社出版。

③ 参见白寿彝《白寿彝史学论集》（下），北京师范大学出版社 1994 年版，第 603—605 页。

族化"。①所谓"民族化",是指中国史学既具有马克思主义史学的普遍性品格,又具有中国的特色、风格和气派。(6)重视中国史学史研究对加强历史教育的重大作用,这既是一个古老的问题,也是一个时代性极其鲜明的问题,从曾主编《中国历史小丛书》的吴晗,到今天的中国史学史研究者,都在探讨历史教育的创新之路,积极维护中华民族共有的精神家园。

以上这六个问题,当然也还有其他一些重要问题,在现有的中国史学史论著中,都已有一定深度的研究,而对这些问题继续深入研究,将会为中国史学史书写更新的篇章。

新中国的成立,为马克思主义唯物史观在中国大地上广泛传播开辟了道路,使这一科学的历史观给古老的、博大精深的中国史学注入了新的生命力。随着广大史学工作者学习、理解、运用唯物史观水平的不断提高,中国史学在历史理论、史学理论和中国史学史研究等方面,都取得了具有历史性的新发展,为中国史学谱写了光辉的一页。我们可以相信,未来的中国史学,必将充满自信地带着自身的民族特点、风格和气派,在世界多元化的史学格局中扮演重要的角色。

(刊于 2009 年第 5 期)

---

① 侯外庐:《侯外庐史学论文选集》(上),人民出版社 1987 年版,第 18 页。此外,尹达、白寿彝都有类似的论述。

"亚细亚生产方式"的社会性质与
中国文明起源的路径问题

卢钟锋

"亚细亚生产方式"是马克思根据唯物史观基本原理为研究人类早期历史而提出的理论概念。长期以来，因对该理论概念的内涵理解不一而歧见迭出，争论不已，莫衷一是。如果从 20 世纪 30 年代中国社会史问题论战算起，这场争论迄今已持续近一个世纪。这场争论大体可分为 1949 年前后两个时期。1949 年前的 20 年，这场争论始终围绕"亚细亚生产方式"的社会性质问题展开，虽众说纷纭，但基本上可归结为"五形态"体系内和"五形态"体系外两说。原始社会说、奴隶社会说、东方奴隶社会说或早期奴隶社会说、东方封建社会说等，可称为"五形态"体系内之说；独特形态说、东方专制主义说或贡纳制说、前资本主义说或混合形态说等，可称为"五形态"体系外之说。可见，1949 年前的这场争论归根到底是"五形态说"与"非五形态说"之争，它关系到马克思的"五形态说"是否适用于人类历史进程的根本理论问题。

1949 年后，这场争论在新的历史条件下又有新进展。这主要表现在：关于"亚细亚生产方式"问题的讨论更加注重对其理论内涵的研究同马克思主义发展史结合起来，更加注重对其社会性质的研究同东西方文明起源路径，特别是同中国文明起源的路径问题结合起来，因此极大地拓展和深化了"亚细亚生产方式"问题研究的广度和深度。然而，一个时期以来，受国内外历史研究领域中非社会形态思潮的影响，这场争论已逐渐淡出，"亚细亚生产方式"问题不再是历史研究关注的热点。

有鉴于此，本文试图通过转换研究视角，重启对于这一历史问题的探讨：1. 从历史与逻辑相统一的角度重新考察马克思提出"亚细亚生产方式"这一理论概念的历史前提和思想内涵；2. 从原始所有制的不同实现形式的角度重新探讨东西方历史的发展道路；3. 从原始共同体生存方式与中国原始聚落形态演变相结合的角度重新研究中国文明起源的路径。

一 马克思《政治经济学批判·序言》的主旨

"亚细亚生产方式"是马克思主义历史学的重大理论问题之一，也是马克思社会形态学说的重要组成部分。其重要性在于：它直接同人类历史进程的两大问题，即五种社会形态的依次更替和东西方历史的发展道路问题紧密联系在一起。中国历史的发展道路既然是社会形态的变迁过程在中国特定的历史时空的实现形式，那么，它自然不能也无法回避这一重大理论问题。众所周知，"亚细亚生产方式"这一理论概念始见于 1859 年马克思的《政治经济学批判·序言》。它与"古代的、封建的和现代资产阶级的生产方式"被"看作是经济社会形态演进的几个时代"，且成为经济社会形态演进过程的开端。如果说，"古代的、封建的和现代资产阶级的生产方式"分属于奴隶制、封建制和资本主义的经济社会形态，那么，"亚细亚生产方式"应属于哪一种经济社会形态？其社会性质应如何确定？

回顾历史，这是一个长期争论不休而又终无定论的老大难问题。尽管如此，如果从理论和实证的结合上审视有关这一问题的各种主张或说法，如原始社会说，奴隶社会说或东方奴隶社会说，封建社会说或东方专制主义说，东方特殊社会说或混合社会形态说（指涵盖奴隶制和封建制诸生产方式因素在内的一种社会形态），等等，我们认为原始社会说①更切实而近真。所谓切实，就是更切合马克思社会形态学说史的实际；所谓近真，就是更贴近马克思提出这一理论概念的原意。

为了说明我们的观点，首先必须从分析这一理论概念的出处——马克思《政治经济学批判·序言》（以下简称《序言》）的主旨入手。

《序言》首次对唯物史观关于生产力决定生产关系、经济基础决定上层建筑这一基本原理做出经典概括和表述。马克思从生产方式内部矛盾性的角度深刻阐明了因生产方式变革而引起的经济社会形态演变的过程，由此提出了以"亚细亚的、古代的、封建的和现代资产阶级的生产方式"为标志的"经济社会形态演进的几个时代"，旨在说明：人类历史上依次更替的经济社会形态，归根到底是生产力与生产关系之间矛盾和冲突的结果，是生产关系一定要适合生产力性质的历史客观规

---

① 郭沫若首倡此说。他在《中国古代社会研究》中认为，"亚细亚生产方式"是指"古代的原始共产社会"。然而，在此后 20 年中，国内学术界的主流意见不是"原始社会说"，而是"东方奴隶社会说"。1949 年后，关于"亚细亚生产方式"问题有三次大的讨论：20 世纪 50 年代初、60 年代初和 70 年代末 80 年代初。其间，"原始社会说"在时隔 20 年后重新出现。许多学者发表论文对此予以肯定。其中，童书业的《论"亚细亚生产方法"》（《文史哲》1950 年第 4 期）、田昌五的《马克思、恩格斯论亚洲古代社会问题》（《历史论丛》1964 年第 1 期）和世界上古史纲编写组的《亚细亚生产方式——不成其为问题的问题》（《历史研究》1980 年第 2 期），可以视为"原始社会说"在 1949 年后三个时期的代表力作。

律使然。就是说，《序言》所阐明的唯物史观基本原理是对整个人类社会而言的，所揭示的历史客观规律贯串人类历史发展的全过程，是历史的普遍规律。

因此，《序言》中所说的经济社会形态，既包括对抗形式，也包括非对抗形式，而不是像有学者所说仅限于对抗形式，因而只能把"亚细亚生产方式"理解为属于对抗形式的经济形态。如果此说能够成立，那么，人类文明时代所经历的就不是三大对抗形式，而是四大对抗形式。显然，这是同恩格斯关于"文明时代的三大时期所特有的三大奴役形式"①的论断相背离的。不过，主张"对抗形式说"的学者大多持"奴隶社会说"，认为"亚细亚生产方式"与古代生产方式并列，同属于奴隶制的经济社会形态。虽然"奴隶社会说"避免了同恩格斯"三大奴役形式"的论断相矛盾，但却有违《序言》的主旨。马克思在《序言》中明确说，"亚细亚的、古代的……生产方式"是"经济社会形态演进的几个时代"。既然是"演进的几个时代"，那么，就正好表明："亚细亚的"和"古代的"生产方式不是同一历史发展阶段，而是前后相续的两个历史发展阶段；否则，就不存在"依次演进"的问题了。可见，主张"亚细亚生产方式"同属于奴隶制经济社会形态的"并列说"与《序言》的主旨相左。相比之下，"亚细亚生产方式原始社会说"更能体现《序言》的主旨。因为根据《序言》的经济社会形态依次演进说，"亚细亚生产方式"作为古代奴隶制生产方式的前行阶段理应属于非对抗形式的经济社会形态，即马克思和恩格斯后来所说的"原始共产主义"的经济社会形态，简称原始社会经济形态。

总之，我们之所以强调讨论"亚细亚生产方式"的社会性质必须从分析《序言》的主旨入手，是因为只有从《序言》主旨的高度去理解和把握，才能认清《序言》所阐明的几种生产方式依次更替的世界历史性质，才不至于把这几种生产方式依次更替的世界历史进程狭隘化为只适用于西欧地区的历史进程，也不至于把"亚细亚生产方式"从其他几种生产方式中游离出来孤立地就"亚细亚"论"亚细亚"。若此，则无从准确地为"亚细亚生产方式"进行历史定位，因而也无从准确地认清"亚细亚生产方式"的社会性质。

马克思之所以把"亚细亚生产方式"看作其他几种生产方式的前行阶段，强调它作为"经济社会形态演进的几个时代"的前驱先路，至少说明两点：一是马克思的历史眼光的世界性。就是说，他在考察几种生产方式的依次更替时，其目光并未停留在西方，而是同时面向东方，因为"亚细亚"就在世界的东方。显然，马克思这种从东西方的角度考察生产方式依次更替过程的眼光是面向世界历史进程

---

① 指古代的奴隶制、中世纪的农奴制和近代的雇佣劳动制，参见《马克思恩格斯选集》第4卷，人民出版社1995年版，第176页。

的世界性眼光。二是"亚细亚生产方式"的原始性。所谓原始性,是指"亚细亚生产方式"属于人类社会最初的生产方式。下面我们将会看到:"亚细亚生产方式"的原始性就在于它的所有制是马克思所说的"古代亚洲的氏族公社"所有制。建立在这种所有制基础上的社会形态,显然属于原始公社制即氏族制的社会形态。

对此,有学者提出质疑:"原始社会"与"原始的公社所有制"是两个不同的概念,不能混同。不错,这是两个不同的概念,各有其内涵和外延。但是,《序言》是把几种生产方式的依次更替作为"经济社会形态演进的几个时代"定位的。"亚细亚生产方式"自然也不例外。既然"亚细亚生产方式"属于一定的"经济的社会形态",那么,它的所有制也属于一定的"经济社会形态"。可见,在《序言》所规定的特定前提下,由"原始的公社所有制"或"亚洲的氏族公社"所有制得出"亚细亚生产方式"属于原始社会的结论并不违背马克思的原意。

必须指出,"亚细亚生产方式"的原始所有制形式并非亚洲所独有,而是也存在于"欧洲各地"。这就表明:亚细亚的原始所有制以及由此构成的"亚细亚生产方式"是东西方都曾经历过的人类社会的早期阶段,之所以用"亚细亚"命名,只不过是为了说明它的原发性。因此,把"亚细亚生产方式"定性为原始社会不仅于理有据,而且于史有源。

二 原始社会说的历史前提

我们主张"原始社会说"有一个前提,就是马克思在《序言》中提出"亚细亚生产方式"时,对原始社会的社会结构、财产关系和土地制度等问题已经有所了解和认识,而不是像有的学者所说,要等到读了摩尔根《古代社会》一书即1877年之后才对原始社会有明确认识。这样说是以马克思对苏格兰的盖尔人克兰制度的研究为证的。

马克思对于苏格兰盖尔人克兰制度的研究见于1853年写的《萨特伦德公爵夫人和奴隶制》一文。该文指出:苏格兰长达三个世纪(16—19世纪初)的"圈地"过程就是把盖尔人的氏族财产"强行"变成"首领"财产的过程,把盖尔人"自古以来的氏族土地""篡夺"为"首领""私人土地的过程"。其实质是:变盖尔人克兰制度即氏族制度为雇佣奴隶制度。为了正确理解这种"篡夺",就必须弄清盖尔人克兰制度的氏族性质。

根据马克思的分析,盖尔人克兰制度的氏族性质有两大特点:一是,克兰即氏族。在氏族内部,"所有成员都属于同一亲系";克兰首领的权力"只限于在血缘亲属之内行使";氏族成员之间具有"血缘关系",但也存在"地位上的差别,正像所有古代亚洲的氏族公社一样"。二是，克兰的土地和财产属于氏族公有。就是说，只有"氏族的公有财产"，而没有"现代意义上的私有财产"和私有土地，正如俄国农民公社一样，土地只属于整个公社，而不属于个别农民。①

上述两大特点表明：克兰制度实质上是以氏族为基本单位的原始氏族公社制度。如果说"氏族是以血缘为基础的人类社会的自然形成的原始形式"②，那么氏族制度则是人类社会最初的社会制度。克兰制度就属于这样的社会制度。更确切地说，在苏格兰"圈地"运动之前，盖尔人一直过着原始社会的氏族生活：血缘关系是人们相互关系的基础，财产关系为氏族公有制，土地制度为氏族所有制。克兰氏族制度性质的蜕变始于1688年之后建立氏族军队。从此，贡税成了氏族首领收入的主要来源。对于氏族族长来说，首领处于领主地位，而对于氏族成员来说，族长则成了农场主。这一"篡夺"过程，至1811年以后才彻底完成。

可见，对于苏格兰的盖尔人来说，1688年之后是其克兰制度由氏族制度蜕变为奴隶制度的关键性年份：此前，盖尔人处于原始氏族社会阶段；此后，盖尔人转入奴隶制社会阶段。所谓"克兰不外是按军队方式组织起来的氏族"③，指的是1688年以后的情况。至于克兰公社里还有贡税的问题，也应作如是观。

从马克思关于克兰制度的原始社会性质及其演变过程的论述中可以看到：以血缘为基础的氏族制度是原始社会的基本制度，故原始社会又称"原始氏族社会"④，而这一基本制度是建立在氏族土地公有制基础之上的，因此，氏族制度的演变必然从改变氏族土地公有制开始。恩格斯将氏族土地公有制称为"原始土地公有制"⑤，表明它是原始社会土地所有制的基本形式，也是"历史起源的社会基础"⑥。

必须指出，马克思关于氏族土地公有制的思想早在唯物史观创立之初（1845—1846）就已经提出来了。只因受当时历史科学水平的限制，故对"氏族"和"部落"这两个术语的含义尚未能作出精确界定，而当时所说的"部落"实指渊源于共同祖先的人类共同体，即建立在血缘基础上的一种社会结构，具有后来所谓"氏族"和"部落"的双重含义。所以，马克思和恩格斯在《德意志意识形态》论述所有制的历史形式时，使用"部落所有制"这一当时通行的术语是完全可以理解的。他们把"部落所有制"称作"第一种所有制形式"就含有"氏族所有制"的意味，正好显示出这种所有制的原始性质。它是与原始社会的生产力水平、社会

---

① 参见《马克思恩格斯全集》第8卷，人民出版社1961年版，第569—576页。
② 《马克思恩格斯全集》第44卷，人民出版社2001年版，第407页（50a）。
③ 《马克思恩格斯全集》第8卷，第572页。
④ 《马克思恩格斯选集》第1卷，人民出版社1995年版，第257页。
⑤ 同上书，第252页。
⑥ 同上书，第272页注②。

分工状况相适应的，其主要特点是：物质资料的生产以渔猎为主，并辅以农耕；分工仅限于家庭内部的自然形成的、"纯生理基础"的"自然分工"；社会结构仅限于家庭的扩大，包括父权制的部落首领、部落成员和奴隶①，等等。

可见，他们所说的"部落所有制"的"部落"实指由血缘相近的几个氏族组合而成的父权制氏族公社；"部落所有制"就是父权制氏族公社所有制。这种所有制与克兰的氏族土地所有制，可谓名异而实同，或者说，这两种所有制至多只有形式的差异而无实质的区别。

总而言之，早在马克思提出"亚细亚生产方式"这一理论概念之前，他已先后通过对"部落所有制"和克兰制度的研究，了解和认识到原始社会的性质特点即氏族制度的原始性质和氏族土地制度的公有性质。这是我们主张"亚细亚生产方式原始社会说"的认识论前提。

三 "原始社会说"的理论根据

那么，"原始社会说"又何以更贴近或符合马克思的"亚细亚生产方式"这一理论概念的原意呢？这需要从所有制问题说起。

作为生产关系的第一要素，所有制既是生产方式的核心，也是决定生产方式性质的关键因素。因此，马克思高度评价所有制在"使社会结构区分为各个不同的经济时期"②方面的作用，认为它是区分经济社会形态的历史发展阶段的重要依据，可见所有制问题对于确定生产方式性质的极端重要性。探讨"亚细亚生产方式"的社会性质也应作如是观。就是说，应该从分析生产方式的核心即所有制入手以达到对其社会性质的正确认识。

马克思将"亚细亚生产方式"的核心称为"亚细亚的所有制"即"原始的公社所有制"。③这里，问题的关键在于对"原始公社"的理解。马克思在论述各种原始公社解体的历史时说："把所有的原始公社混为一谈是错误的；正像地质的形成一样，在这些历史的形成中，有一系列原生的、次生的、再次生的等等类型。"④

这里所说的"原始公社"究竟属于其中哪一种类型？有学者认为，马克思所说的"原始公社"是指"农村公社"，因为马克思在谈到"原始的公社所有制"时，

① 参见《马克思恩格斯选集》第1卷，第68—69页。
② 《马克思恩格斯全集》第45卷，人民出版社2003年版，第44页。
③ 参见《马克思恩格斯全集》第13卷，人民出版社1962年版，第22页注①。
④ 《马克思恩格斯全集》第19卷，人民出版社1963年版，第432页。

是将"亚细亚的"与"印度的公社所有制"并提的①，而"印度的公社所有制"属于农村公社的所有制，所以，"亚细亚的所有制"也应属于农村公社所有制。其实，这是对马克思将"亚细亚的"与"印度的公社所有制"并提的误解。马克思将上述两者并提是仅就"土地公有制"而言，因为农村公社的"一个基本特征，即土地公有制"。但是，这并非表明上述两者处在原始公社历史发展的同一层次或同一阶段上。马克思说：印度的农村公社"往往是古代形态的最后阶段或最后时期"。又说："农业公社时期是从公有制到私有制、从原生形态到次生形态的过渡时期。"不仅如此，"所有较早的原始公社都是建立在自己社员的血统亲属关系上的；农业公社割断了这种牢固然而狭窄的联系"。②可见，农村公社虽然仍属于原始公社范畴，但是，相对于"较早的原始公社"就要晚得多，属于原始公社晚期的产物，不是纯粹的原生形态，而是包含次生形态因素的过渡形态。有鉴于此，我们认为马克思所说的"亚细亚的所有制"不属于农村公社所有制，而属于"较早的原始公社"所有制，即马克思所说的"古代亚洲的氏族公社"所有制。主要根据有二：

（一）"亚细亚的所有制"是"原始的所有制"的"第一种形式"。相对于"古典古代的所有制形式"和"日耳曼的所有制形式"，"亚细亚的所有制"在时间上要早得多，在公有制程度上也要高得多。因此，在时间顺序上，马克思将后两者排在"亚细亚的所有制"之后，分别称为"原始的所有制"的"第二种形式"和"第三种形式"，并对这三种所有制形式的公有制程度进行了比较：在第一种形式即"亚细亚的所有制形式"下，公社成员是"共同财产的共有者"，"不存在个人所有，只有个人占有"；在第二种形式即"古典古代的所有制形式"下，公社土地一部分为"公社本身支配"，一部分为"单个的"公社成员所私有，因而存在着土地财产公社所有和私人所有"这种双重的形式"；在第三种形式即"日耳曼的所有制形式"下，"公社所有制仅仅表现为个人所有制的补充"，"在这种情况下，个人所有制表现为公社所有制的基础"。③可见，在这三种"原始的所有制"形式中，"亚细亚的所有制"公有制程度最高。这是与一切文明民族的历史初期"人类素朴天真"的土地财产观念即"都把土地当作共同体的财产"④的观念相一致的。

（二）"亚细亚的所有制"是以"自然形成的共同体"作为"第一个前提"。所谓"自然形成的部落共同体"是指在"血缘、语言、习惯"等方面具有"共同性"的"群体"，包括氏族和部落。它们不是"共同占有（暂时的）和利用土地的

---

① 参见《马克思恩格斯全集》第 13 卷，第 22 页注① 。
② 《马克思恩格斯全集》第 19 卷，第 434—435 页。
③ 参见《马克思恩格斯全集》第 30 卷，人民出版社 1995 年版，第 470—477 页。
④ 同上书，第 466 页。

结果，而是其前提"。换言之，先有"共同体"，后有"共同占有"；对于"单个的人"来说也是如此，即"只有作为这个共同体的一个肢体，作为这个共同体的成员，才能把自己看成所有者或占有者"。①在这种情况下，人们"都把土地当作共同体的财产"就是十分自然的事。因此，只有"共同体的"所有制即"原始的公社所有制"而不存在个人的土地财产私有制。这是"亚细亚的所有制"的基本特征。唯其如此，马克思将"亚细亚的所有制"即"原始的公社所有制"称为"所有制的原始形式"。

必须指出，虽然"亚细亚的所有制"名为"亚细亚"，但它作为"所有制的原始形式"，无论是东方还是西方都曾存在过。所以，马克思在阅读毛勒关于马尔克、乡村等制度的著作以后，写信告诉恩格斯说："我提出的欧洲各地的亚细亚的或印度的所有制形式都是原始形式，这个观点在这里（虽然毛勒对此毫无所知）再次得到了证实。"②就是说，马克思关于"亚细亚的所有制"作为"所有制的原始形式"也存在于"欧洲各地"的观点，早在毛勒的著作问世之前就已经提出来了。毛勒的著作只是"再次""证实"了马克思此前提出的上述观点而已。正是"亚细亚的所有制"即"原始的公社所有制"的性质决定了"亚细亚生产方式"只能属于原始社会生产方式，而"亚细亚生产方式"的原始社会性质表明："亚细亚生产方式"不是东方专有的历史特性，而是东西方的历史共性。这种历史共性正好体现了历史发展的统一性。

既然如此，为何还要冠以"亚细亚的"这一前置词呢？应该说，这与 19 世纪 50 年代以后，马克思开始关注东方社会问题，特别是与研究"亚细亚的"尤其是印度的"原始的公社所有制"问题有关。马克思的研究结果表明：这种"原始形式"虽然在一切文明民族的历史初期都发生过，但是东方要早于西方，并且只有在"亚细亚"或在印度那里才能为我们提供"这种形式的一整套图样，虽然其中一部分只留下残迹了"。③可见，无论从发生学角度，还是从完整性角度看，"亚细亚的所有制"作为"所有制的原始形式"较之于"古典古代的所有制形式"和"日耳曼的所有制形式"更具典型性和代表性。

然而，问题至此并未完结。例如，有学者以马克思在论述"亚细亚的所有制"问题时，将"大多数亚细亚的基本形式"同"东方专制制度"联系起来为由而否定"亚细亚的所有制"的"原始的公社所有制"性质，并由此断言："亚细亚生产方式"是属于奴隶制或东方专制主义的生产方式。对此，应作何解释呢？

---

① 《马克思恩格斯全集》第 30 卷，第 466 页。
② 《马克思恩格斯全集》第 32 卷，人民出版社 1974 年版，第 43 页。
③ 参见《马克思恩格斯全集》第 13 卷，第 22 页注①。

不可否认，马克思在论述"亚细亚的所有制"时，特别考察了这一"原始的公社所有制"在东方专制制度下的历史演变，即由以东方公社为代表的"共同体"所有制向以东方专制君主为代表的"统一体"所有制的历史演变。但是，这种历史演变并没有从根本上改变东方公社对土地占有的实质。为什么？因为东方公社对土地"实际占有"的前提"并不是劳动的产物，而是表现为劳动的自然的或神授的前提"。所以，尽管土地所有制形式变为"统一体"的"专制君主"所有，而作为"共同体"的公社则变为"世袭的占有者"，然而，由于公社的"世袭占有"是"共同的占有"，①不是私人的占有，因此没有发生像克兰首领那样据氏族公社财产为己有的"篡夺"。就是说，东方公社作为"自然形成的共同体"，它对于土地财产的"共同占有"也是"自然的或神授的"这一特性并不因为在东方专制制度下而改变。马克思把东方公社的这一特性称为"古代类型的公社""天赋的生命力"，认为这种"原始公社"的"天赋的生命力""比希腊、罗马社会，尤其是现代资本主义社会的生命力要强得多"，因此，它在"经历了中世纪的一切波折"之后，仍"一直保存到今天"。②而在所有"原始公社"中，"亚细亚形式必然保持得最顽强也最长久"。因为"这取决于亚细亚形式的前提：单个人对公社来说不是独立的，生产的范围限于自给自足，农业和手工业结合在一起，等等"。③

然而，这一切只能说明"亚细亚的所有制"由于它的"原始的公社所有制"的性质，而从一开始就是非对抗性的经济社会形态的所有制，并构成非对抗性经济社会形态的基础。不过，由于"亚细亚的所有制"的顽强生命力，它不仅可以构成非对抗性的经济社会形态的基础，而且还可以保存在奴隶制社会乃至封建制社会里，成为对抗性的经济社会形态的不占支配地位的所有制形式，只是处于从属地位而已。

唯其如此，"亚细亚的所有制"可以继续存在于东方专制制度的对抗性社会中。但是，我们不能因此而否认它的原始所有制的性质，更不能由此断言"亚细亚生产方式"属于对抗性形式的生产方式。因为《序言》所说的"亚细亚生产方式"指的是"经济的社会形态演变"的一个时代，代表着历史发展的一个阶段，而"亚细亚的所有制"当它作为支配形式而成为"亚细亚生产方式"的所有制时，代表着历史发展的一个阶段即原始社会阶段。可见，任何试图将"亚细亚生产方式"的原始社会性质说成是奴隶制或东方专制制度的生产方式的做法，都不符合马克思提出这一理论概念的原意。

---

① 参见《马克思恩格斯全集》第 30 卷，第 466 页。
② 参见《马克思恩格斯全集》第 19 卷，第 432—433 页。
③ 《马克思恩格斯全集》第 30 卷，第 478 页。

四　"亚细亚生产方式"的历史共性与
东西方文明起源路径

必须指出，我们强调"亚细亚生产方式"作为人类社会早期阶段的历史共性，并不否认在所有制的实现形式上东西方存在着不同的历史个性；相反，强调前者的历史共性是以承认后者的历史个性为前提的。因为根据历史辩证法，历史共性只存在于历史个性之中，而历史个性则只不过是历史共性的表现形式或实现形式罢了。人类历史表明：世界上没有离开历史个性而独存的历史共性，也没有不表现历史共性的"纯粹"的历史个性。毋宁说，历史共性与历史个性统一于历史过程之中，两者犹如表里之须臾不可分离。因此，只有具体深入地研究历史个性才能更充分地展现历史共性，认识和把握历史共性。

可见，我们强调"亚细亚生产方式"的历史共性丝毫也不反对具体深入地研究东西方在所有制实现形式上的历史个性；恰恰相反，这是认识和把握"亚细亚生产方式"的历史共性的必然要求。唯其如此，马克思在指出"亚细亚生产方式"的历史共性的同时，还着重分析东西方在所有制的实现形式上的历史个性。这突出表现在马克思对于雇佣劳动的前提的研究方面。

马克思指出："雇佣劳动的前提，首要的是，劳动者同他的天然的实验场即土地相脱离，从而自由的小土地所有制解体，以及以东方公社为基础的公共土地所有制解体。"又说："雇佣劳动"以"自由劳动"为首要前提，而"自由劳动"只有当"劳动者同他的天然的实验场即土地相脱离"时才有可能。然而，想要劳动者同他的土地相脱离而成为"一无所有"的"自由劳动者"，就必须让劳动者同他与土地相结合的两种所有制形式即"自由的小土地所有制"和"以东方公社为基础的公共土地所有制""解体"。这是马克思在研究雇佣劳动的前提之后得出的结论。为说明这一结论，马克思不得不回过头去研究所有制的历史，特别是"所有制的原始形式"。因为劳动者之变为"一无所有的""自由劳动者"，"这本身是历史的产物"，[①]所以，必须从所有制的历史源头作出说明。为此，马克思开始了对"原始的所有制"及其实现形式的研究。

马克思的研究表明："原始的所有制"实质上是"原始共同体"的所有制。它表现为原始共同体与同它相联系的"对自然界的所有权"的"原始统一"。所谓"原始统一"，是就"人类素朴天真地把土地当作共同体的财产"而言的。至于每

---

① 《马克思恩格斯全集》第30卷，第465、466页。

一个人，只有当他"作为这个共同体的成员"时，"才能把自己看成所有者或占有者"。这说明原始共同体是"原始的所有制"的前提。对于共同体的成员来说也是如此。他只有以共同体为"中介"才能成为土地的所有者，而"孤立的个人是完全不可能有土地财产的"。①可见，正是人类早期的"生存方式"造就了共同体同它的土地所有权的"原始统一"，产生了共同体成员对于土地所有权的"素朴天真"的观念，而正因为这种"原始统一"才使原始共同体所有制成为"所有制的原始形式"。

马克思的研究还表明：虽然原始共同体的所有制是"原始的所有制"的本质属性和东西方"所有制的原始形式"，但是由于东西方的原始共同体"生存方式"不同，因而在原始共同体所有制的实现形式上存在着差异性，出现了不同的所有制形式，这就是马克思在论述雇佣劳动的前提时所说的两种形式："自由的小土地所有制"和"以东方公社为基础的公共土地所有制"。显然，前者是指西方关于原始共同体所有制的实现形式或发展道路；后者是指东方关于原始共同体所有制的实现形式或发展道路。

马克思指出，东方的原始共同体的"生存方式"是"定居"的"生存方式"，西方的原始共同体则过着"动荡的历史生活"。显然，这是一种非定居的"生存方式"。两种不同的生存方式产生了两种不同社会后果：东方公社的定居生存方式保证原始共同体这种社会结构的稳固性及其内部相互关系的稳定性，有利于维护公社在血缘、语言、习惯等方面的共同性，从而强化了个人对于公社的依存性和从属关系。所以，马克思说：在这种情况下，"共同体是实体，而个人则只不过是实体的偶然因素，或者是实体的纯粹自然形成的组成部分"。②就是说，个人对共同体不是独立的；他只有"作为这个共同体的成员，才能把自己看作所有者或占有者"。因此，在东方公社那里不存在属于个人的"自由的小土地所有制"，而只能存在"公社的公共土地所有制"。从中我们可以看到，定居的生存方式是怎样造就"东方公社的公共土地所有制"形式的。

西方的原始共同体所有制形式即"自由的小土地所有制"则是"原始部落更为动荡的历史生活"的"产物"。如果说，东方公社的公共土地所有制是其定居的生存方式的产物；那么，西方原始共同体的"自由的小土地所有制"则是其非定居的生存方式的产物。这是因为非定居的生存方式导致共同体即部落内部结构及其相互关系的不稳定性。

正如马克思所说："部落的纯粹自然形成的性质由于历史的运动、迁徙而受到

---

① 《马克思恩格斯全集》第30卷，第488、466、477页。
② 同上书，第465、468页。

的破坏越大，部落越是远离自己的原来住地而占领异乡的土地，因而进入全新的劳动条件并使个人的能力得到更大的发展——部落的共同性质越是对外界表现为并且必然表现为消极的统一体——那么，单个人变成归他和他的家庭单独耕作的那小块土地——单独的小块土地——的私有者的条件就越是具备。"①在这里，马克思精辟地分析了非定居的生存方式给西方的原始共同体所带来冲击：它破坏了原来"纯粹自然形成的"共同体的共同性，使共同体由"实体"变为"消极的统一体"，使个人摆脱了对共同体的依存性和从属关系而成为"自由的小土地私有者"。可见，非定居的生存方式是怎样造就了西方的"自由的小土地私有者"的。

总之，"以东方公社为基础的公共土地所有制"是原始共同体所有制的东方实现形式，而"自由的小土地所有制"则是原始共同体所有制的西方实现形式。这两种不同的实现形式导致东西方在文明起源问题上走着不同的路径。

所谓文明起源的路径，是指构成文明诸要素由量变到质变的过程及其实现形式。恩格斯曾对此做过深刻分析，从经济、政治和社会等领域揭示出其中的文明要素。概要地说：在经济领域，是土地私有制的产生和作为社会经济单位的个体家庭的出现；在政治领域，是阶级对立的产生和公共权力的设立；在社会领域，是按地区而非按血缘关系划分的基层组织的产生和城市与乡村的分离，等等。而国家则是上述文明要素的概括和总结。所以，恩格斯在分析了构成文明的诸要素之后，又分别考察了西方"国家在氏族制度的废墟上兴起的三种主要形式"，即雅典形式、罗马形式和德意志形式，指出："雅典是最纯粹、最典型的形式：在这里，国家是直接地和主要地从氏族社会本身内部发展起来的阶级对立中产生的"；在罗马，国家是在平民战胜了氏族贵族，"炸毁了旧的血族制度"之后，"在氏族制度的废墟上面建立"的；在德意志，国家是"直接从征服广大外国领土中产生的"，而氏族制度则以"改变了的、地区的形式，即以马尔克制度的形式"保存了下来。②

显然，上述三种形式代表西方在国家形成方面的三种路径：雅典形式是从氏族社会内部发展起来的"内发式"的路径，罗马形式是从氏族外部发展起来的"外发式"的路径，德意志形式是通过对外征服而发展起来的"扩张式"的路径。可见，上述三个西方国家在文明起源路径上虽然具有相同的起点，即都以"自由的小土地所有制"作为通往文明社会的出发点，但是在国家的形成上则走着不同的路径。

如果说，在文明起源路径上具有相同起点的西方，在国家形成问题上尚且存在着不同的实现形式或路径；那么，从一开始就与西方具有不同起点的东方，尤其是

---

① 《马克思恩格斯全集》第 30 卷，第 468、469 页。
② 参见《马克思恩格斯选集》第 4 卷，第 169—170 页。

作为东方文明古国的中国，在文明起源路径上又具有什么样的特点呢？这是我们必须面对和回答的问题。

五　中国原始聚落形态与文明起源的路径

用马克思主义研究中国文明起源问题始于 20 世纪 20 年代后期，郭沫若开其端。他在《中国古代社会研究》中径直称该书是"恩格斯的《家庭、私有制和国家的起源》的续篇"。所谓"续篇"，就是以恩格斯的研究方法为指导写出恩格斯"未曾提及一字的中国的古代"。①随后，吕振羽、翦伯赞、范文澜和侯外庐等，也在中国古代社会史和中国通史的研究中继续探讨这个问题。侯外庐的《中国古代社会史论》更以此为论题，自称他的研究是"马克思关于亚细亚生产方式的'理论延长工作'"。②所谓"理论延长工作"，就是遵循马克思主义理论与中国古代历史实际相结合的原则，把对"亚细亚生产方式"理论的研究"延长"到对中国文明起源路径的研究。侯外庐对问题所做的新解，将这方面的研究引向深入。

1949 年后，特别是 20 世纪 80 年代以来，关于中国文明起源的研究又有新的重大进展。这主要表现在转换研究视角方面，即根据马克思的社会形态学说，运用人类学与考古学相结合的方法，从原始聚落形态的新视角研究中国文明起源的路径，并取得积极研究成果。③这是对 20 世纪 60 年代以来盛行于西方人类学界的"早期国家"理论，特别是其中的"酋邦说"所做的回应。我们认为，从中国原始聚落形态的角度研究中国文明起源的路径切合马克思关于生存方式决定文明起源路径的思想，印证了"亚细亚生产方式原始社会说"。

根据考古发现，中国原始聚落形态是以原始农耕经济为基础的。在距今七八千年前的黄河流域、辽河流域以及长江中下游和华南地区的文化遗址中已经分别发现了农作物的遗存和与此相应的聚落遗址。农耕只有在定居的情况下才能进行，聚落只有在定居的情况下才能存续。上述情况表明：我们的先民很早就过着定居的生

---

① 郭沫若：《中国古代社会研究·自序》，科学出版社 1960 年版，第 5 页。
② 侯外庐：《韧的追求》，生活·读书·新知三联书店 1985 年版，第 230 页。
③ 从聚落形态的角度研究中国史前时期的社会状况始于 20 世纪 80 年代后期，严文明的《中国新石器时期聚落形态的考察》一文（《庆祝苏秉琦考古五十五年论文集》，文物出版社 1989 年版）是这方面的代表作。而运用人类学与考古学相结合的方法，从聚落形态的角度系统研究中国文明起源路径问题，则应首推王震中。他在《中国文明起源的比较研究》（陕西人民出版社 1994 年版）一书中，首次提出中国文明起源路径的"聚落三形态说"，作为一家之言，深受同行专家的重视。本文关于中国原始聚落形态的论述即采用王震中此书的基本观点和材料，并根据马克思关于原始共同体生存方式的思想，从原始聚落形态的角度对中国文明起源的路径问题进行新的阐释。

活，从事农耕生产活动。当时，农业生产在整个社会经济生活中已居于主导地位，形成了以农耕为主的综合经济。因此，我们可以把建立在农耕经济基础上的原始聚落形态的出现看作中国原始共同体开始定居的生活方式或生存方式的主要证据，并以此作为研究中国文明起源路径的切入点。

马克思说："一旦人类终于定居下来，这种原始共同体就将随种种外界的，即气候的、地理的、物理的等等条件，以及他们的特殊的自然性质——他们的部落性质——等等，而或多或少地发生变化。"①那么，定居的生存方式对于中国原始聚落共同体究竟带来何种变化呢？

（一）平等的内聚式的聚落形态的诞生。众所周知，随着定居而来的是人口的增加和聚落规模的扩大。从已发现的聚落遗址看，小规模的聚落面积从 4000 平方米—10000 平方米不等，大规模的聚落面积达 8 万平方米，而聚落的人口则由几十人到三四百人不等。更重要的是，通过聚落的布局，我们可以了解到其内部结构和社会组织关系以及由此而构成的较为完整的聚落形态。

早期聚落形态以内蒙古兴隆洼聚落为代表。从房屋类型和布局所呈现的社会结构看，它由若干个核心家庭组成一个家族，再由若干家族组成一个氏族，最后由几个氏族构成聚落共同体。不仅如此，聚落内部有居于聚落中心部位的在 100 平方米以上的大型房子，可能是用于集会、议事、举行某些仪式的公共场所。这样，整个聚落布局呈现为内聚式聚落结构。这种内聚式聚落结构，是按照家庭—家族—氏族—聚落共同体的结构层次，由小到大、分层组合而成，但各层级之间的关系是平等的。各层级之间只有血缘远近，而无地位高下、财产多寡的区别。毋宁说，这是以血缘为纽带联结在一起的原始聚落共同体，是原始社会最基本的组织结构。从内聚式聚落结构看，家庭是聚落形态的基本单位。不过，这与文明社会的一夫一妻制的小家庭有本质区别：后者是建立在私有制基础上的父家长制的家庭形式，而前者则是类似于恩格斯所说的"对偶制家庭"，即在一定家庭范围内，一个男子在许多妻子中有一个"主妻"，一个女子在许多丈夫中有一个"主夫"，他们共同组成以"共产制家户经济"为基础的家庭。它"意味着妇女在家内的统治"。②中国原始聚落共同体与上述情况颇为相似。

从距今四五千年前的陕西西安半坡和临潼姜寨遗址的随葬工具看，这一时期，农业和手工业生产由男女共同承担；生活随葬品男女大体相等或女性居多，土地资源由原始聚落共同体所有，家庭占有使用。从聚落区划与设施的功能看，这一时期的人们习惯于聚族而居，死后聚族而葬；储藏设施相对独立，物品集中存放，说明

---

① 《马克思恩格斯全集》第 30 卷，第 466 页。
② 参见《马克思恩格斯选集》第 4 卷，第 43、46 页。

这一时期的原始聚落共同体实行共产共享的消费原则。

总之，从上述平等的内聚式聚落形态的内部结构、婚姻家庭关系、男女分工状况，乃至土地所有制和消费原则等方面看，这一时期应属于原始社会母系氏族公社阶段或介于母系和父系氏族公社之间的过渡阶段。

事实表明：农耕经济的稳定性要求与之相适应的定居的生存方式，而定居的生存方式保证了原始聚落共同体内部社会结构的稳固性和个人与家庭、家族相互关系的稳定性。在这种情况下，只有原始聚落共同体的共产制经济和共享制消费，而不存在个人和家庭所有制经济。如果说，"亚细亚生产方式"的原始社会性质最终取决于它的"亚细亚的所有制"即"原始的公社所有制"的原始性质，那么我们可以把中国原始聚落共同体所有制看作"亚细亚的所有制"的最古老形式。

（二）不平等的中心聚落形态的继起。继平等的内聚式聚落形态而起的，是不平等的中心聚落形态，它发生在公元前3500—公元前3000年之间。这是中国原始聚落形态发展的重要阶段，也是中国由原始社会开始向文明社会转变的重要时期。与前一时期平等的内聚式聚落形态相比，这一时期聚落形态的明显特点是分化的出现。

首先是聚落布局的分化，即出现中心聚落与半从属聚落的不同等级。中心聚落在含有亲属关系的聚落群中，既是政治、军事、文化和宗教的中心，也是贵族的聚集地；半从属聚落则多为一般的居民点。与此同时，父系家族相对独立性形式开始出现。与聚落布局相联系，聚落面积也比前一时期大几倍乃至十几倍。如大汶口聚落遗址面积达80多万平方米。作为中心聚落的标志性建筑物是庙堂式的大房子。它似乎是宗族的公房，即以某一强宗为中心的众多同姓和同盟宗族相聚的宗邑所在地。强宗是宗族结构中的主支，它以强大的军事、经济实力为后盾，以部落神的直系后裔为依据，掌握整个部落的军事指挥权、宗教祭祀权和族权。其所在地自然成为部落政治、军事、经济、宗教和文化中心，因此，后世称为"宗邑"。以强宗为首的中心聚落的出现，说明在具有亲属关系的氏族内部已经萌发了类似于后世的"大宗"和"小宗"的等级差别。

其次是聚落内部出现财富和社会地位的分化，存在着不同的等级和阶层。以大汶口的墓葬为例。按墓地形制、葬品的种类和质量，可分为大中小三类。它们反映出墓主身份的尊卑、财富的多寡。说明当时已存在贵族与平民的社会分层。这是以父权制家族—宗族为基础的社会分层。我们认为，中国文明的起源，从阶级的分化到财富的积累与集中，都与父权制大家族的出现以及家族—宗族制的形成和发展密切相关。这是中国文明起源的重要历史特点。

与前一时期平等的内聚式聚落形态相比，这一时期聚落形态的另一个显著特点是：以祭祀为特征的宗教中心的出现。在辽西发现的属于红山文化后期的牛河梁神庙和东山嘴社坛是祖先崇拜的产物。中国史书有"国之大事，在祀与戎"的记载。这里所说的"祀"包括宗庙之祀和天地社稷之祀。宗庙之祭代表着祖先崇拜，同时也表明当时已经存在着血缘、世系方面的亲疏关系，这是家族和宗族组织中尊卑等级关系的基础。社稷之祭所反映的是人们的地域关系和社会关系。通过社稷之祭可以在神圣的宗教名义下，将血缘和非血缘关系的人们维系在一起。当时，各聚落的酋长或宗族长通过宗庙和社稷的祭祀不但可以扩大和提升自己的权力，而且可以使这种权力神圣化。因为大型的宗教祭祀活动代表着聚落的利益，具有全民的社会功能。

由此可见，辽西神庙和社坛的发现既为我们揭示了神权的社会功能与人类早期社会公共权力产生的关系，也为我们展示了中国早期国家形成的具体路径。

（三）都邑或城邑形态的出现。都邑或城邑形态是早期国家的物化形式，是继宗邑形态即中心聚落形态发展而来的新形态。中国的城邑最早出现于公元前3000—公元前2000年间，相当于考古学的龙山时代，历史文献记载的夏王朝之前的颛顼、尧、舜、禹时代。

考古发现表明：龙山时代的黄河、长江流域涌现出一批城邑，如山东章丘的城子崖、河南登封的王城岗、湖南天门的石家河、内蒙古凉城的老虎山、湖南澧县的城头山等。这些城邑连同周围的若干农村地区形成中国早期国家。其规模从2万平方米—20万平方米不等。从城邑遗址的文化遗存看，有夯土、城墙、战车、兵器、宫殿、宗庙、陵寝、祭祀的法器、礼器、祭祀遗址以及手工业作坊、小型住宅与手工工具等。宫殿、宗庙和祭祀遗址，象征着当时的城邑是统治权和神权的中心；手工业作坊和手工工具，说明当时的城邑已经出现了农业与手工业的社会分工，也是城邑得以发展的、除农业以外的另一个重要的经济支柱。

城邑的发展是建国营都的过程，它充分显示人力、物力、资源的高度集中，而要实现这种高度集中，就必须有管理机构和权力系统。可见，城邑的出现固然与战争有关，但是，更与管理机构和权力系统的建立有关。这种管理机构与权力系统一旦建立就具有统御全社会力量并带有某种强制性的特点，因而初步具备了某种国家的职能。

作为文明社会的概括，国家是经济、政治、社会诸文明要素的集中体现。中国早期国家的形成也不例外，且有其特色。

作为中原龙山文化，公元前2500—公元前2000年的山西襄汾陶寺遗址具有一定代表性。从墓址看，其墓型有大中小三类。大型墓的随葬品，有象征特权的一套重要礼器，说明墓主人执掌着"国之大事"的"祀与戎"即祭祀和征伐的国家与社会的重要职能，大型墓的墓主人已经不是部落的首领，而是早期国家的统治者。从中型墓主的随葬品来看，其数量和质量虽不及大型墓主，但也颇为可观，说明墓主与大型墓主关系密切，应是当时的贵族。至于小型墓，人数最多，占总墓数80％以上，有的仅有一两件随葬品，更多的是一无所有；墓中尸骨，有的缺失手和足，有的头骨被砍伤，说明他们是地位低下，甚至无人身权的被统治者。陶寺墓址告诉我们：大型墓主人既是早期国家的统治者，又是父权制大家族的总代表。在当时的父权制大家族内部已经出现贵族和奴仆即统治与被统治的阶级对立。但是，这种阶级对立是在家族—宗族结构内，具有血缘谱系的特点，因而为这种阶级对立蒙上了一层温情脉脉的面纱。不仅如此，从陶寺墓型的分类还可以看到当时聚落与聚落之间存在着明显的贫富两极分化和统治与服从的社会不平等关系。这是私有制产生和发展的必然结果。与此相联系，是形成了聚落之间的主从关系以及最早的都邑与乡村的关系，从而为城乡的分离铺平了道路，奠定了基础。

必须指出，陶寺墓葬的情况表明：当时聚落之间和聚落内部的贫富分化是由父权制家族内财富占有的悬殊及其等级阶层来体现的，阶级的产生与父权制家族组织结构以及父权的上升紧密相连。由此形成的统治结构必然与父权制家族相联系，因而出现了家族—宗族组织与政治权力同层同构的情况，它表现为：宗族组织中主支与分支的关系与政治权力的隶属关系相适应，宗统与君统相结合，政治身份的继承与宗主身份的世袭相一致。这种家族—宗族组织与政治权力同层同构，是中国早期国家形态的重要特点。

与夏商周的统一王朝的国家形态相比，龙山时代的都邑形态更带有小国分立的地方特点。随着夏王朝的建立，作为国家的政治中心开始形成。至此，中国文明起源的路径在经历了平等的内聚式的聚落形态—不平等的中心聚落形态—都邑或城邑的聚落形态（简称"聚落三形态"）之后，终于走进王朝形态的国家文明时代。同西方关于国家形成的路径相比，中国国家形成的路径具有渐进式的特点。就是说，中国是在保存家族—宗族这种原始聚落遗制的情况下，由早期国家逐渐转化为王朝形态的国家。因此，是一种维新式的国家形成路径。

（刊于 2011 年第 2 期）

论西周是封建制社会

——兼论殷代社会性质

徐中舒

一 序 言

关于中国奴隶制和封建制分期问题，最近在国内有一种趋向，即运用苏联学者三十年来对古代东方——从埃及到印度——奴隶制研究的成果，认为中国古代——西周甚至汉代——的社会体制，也属于这一类型。古代中国长期保存着家族公社和农村公社的组织，而运河和大规模的人工灌溉排水制度，也是存在的，这都和古代东方相同。但是重要的，如说："国家是最高的土地所有者，在那里没有任何私人的土地所有制"[1]，那却不是西周的事实，如说："像在亚细亚一样，是那种对于他们（直接生产者）是地主，同时又是主权的国家，地租和课税就会合并在一起，或不如说不会再有什么和这个地租形态不同的课税"[2]，那也不是西周的事实。因此，古代中国（西周）和古代东方（从埃及到印度）的社会体制，还是有很大的距离，或不如说是"奴隶制"和"封建制"的不同。

奴隶制是人类社会发展必经的阶段，在东亚大陆社会发展的过程中，中国总是先进的，在中国的周围，没有比它更先进的来影响它，使它超越这一阶段。所以中国的封建制之前，应当有一个奴隶制阶段。不但中国有，就是在中国边区也先后有许多奴隶制的社会和国家出现。现在我们大致可以承认有下列诸部族所建立的奴隶制社会和国家：

---

① 见 B. H. 狄雅可夫及 H. M. 尼科尔斯基合编的《古代世界史》，第 58 页，日知译，高等学校交流讲义，高等教育出版社 1954 年版。

② 见马克思《资本论》第 3 册，郭大力、王亚南译，人民出版社 1956 年版，第 1032 页。

（1）匈奴，（2）鲜卑（北魏解散部族以前的社会），（3）吐蕃和西夏，（4）南诏，（5）契丹（辽），（6）蒙古和满洲（入主中国以前的社会），（7）明代蒙古，（8）现在的彝族。

它们的历史对中国古代史分期问题，可以提供很多有益的资料。尤其是殷周革命和后来辽金的兴亡，在发展的过程中，更为相似。这并不是偶然的历史重演，而是这两个先后的朝代在社会发展的过程中，恰好是走在同一阶段上。这正是科学的历史规律性应有的现象，也是历史唯物主义科学的理论得到一次又一次的证明。

奴隶制和封建制的差别。按照马克思、恩格斯的经典著作是有丰富的内容的。我们对于中国古代史所以有这样的分歧，就是因为"像在印度一样"、"像在亚细亚一样"的前封建主义生产形态，我们并没有很好的了解。马克思所说的前封建主义，并不等于奴隶制。依我的浅见，前封建主义应当包括了奴隶制和封建制。因为，要在它的中间画出一条明晰的界线很不容易，所以马克思才用这一个名词来概括它。

西周社会固然普遍地存在了家族公社和农村公社，但同时就有许多脱离公社而成为小土地所有者的士，这一个阶层是有相当大的数量；还有大土地所有者的卿大夫，他们都是有土地有民的世袭领主。在这里我们能说"国家是最高的土地所有者"吗？在这里我们能说"没有任何私人的土地所有制"吗？

西周时代有赋、有税。"税以足食，赋以足兵"（《汉书·刑法志》）。税就是地租。赋原属军赋，但统治者的临时支出（如赏赐）也要以赋的名义征敛，这就是课税。如毛公鼎曰："执（治）小大楚赋。"（《尚书大传》作胥赋，胥伺捕盗贼也，是军赋之外的赋）《曶鼎》曰："效父乃许□曰：'于王参门□□木榜用征，诞卖（赎）兹五夫用百锊。'"（□要赎五夫，效父许他在王门征敛百锊）如果西周是地租与赋税合一，那么，《大东》之诗曰："小东大东，杼柚其空。"那里的布匹是用什么名义把它搜索一空呢？

1955年我曾写了一篇论文《试论周代田制及其社会性质》[1]，我认为西周社会是封建制。此文也只在旧作的基础上加以补充。从前关于田制及公社方面讲得较多，当然需要改正和补充的地方还是不少，因为篇幅及时间的限制，这里只得暂时从略。关于殷代奴隶制问题，如果说得更明白些，对于西周的封建制也就更容易理解。虽然，殷代史料是那样的贫乏，这里还占了较多的篇幅。

---

[1] 见《四川大学学报》1955年第2期，又见《中国的奴隶制与封建制分期问题论文选集》，三联书店1956年版。

二 殷代的奴隶制和奴隶制的特点

殷代奴隶制社会，是已经具备了国家的形式。它的官制，据《尚书·酒诰》说，有内服外服之分。服就是服役之意。内服在王朝内服役，外服在王朝外服役。所有的内服、外服，都为大奴隶主——殷王服役。内服有"百僚庶尹（长），惟亚（次官）惟服（事务官），宗工（主百工），越（及）百姓里居（君字之误①）"。外服有"侯、甸、男、卫邦伯"。这一系列的官制，是有它一定的社会基础的。

殷代虽然已经进入阶级社会，但是它的统治阶级，还长期保存着家长制氏族制度，它就靠了这个家长制氏族制度来奴役其他的部族。《史记·周本纪》载，周武王克商，大封诸侯，登豳阜以望商邑，等他回周以后"自夜不寐"。周公旦问他为什么不寐，他说："维天建殷，其登名民三百六十夫，不显亦不宾灭，以至于今；我未定天保，何暇寐？"从这里我们知道殷代氏族制度，是由三百六十个氏族长（名民）统率着。三百六十个氏族长，大概是分属于三个大部族，每个大部族都应有十二个胞族，每个胞族都应有十个氏族。武王克商之后，这三百六十个氏族虽然不能使殷光显，而亦不至使殷摈灭，这是使周武王不能安枕的原因。等到周公东征时，这三百六十个氏族被彻底击溃了：一部分对周人抵抗最顽强的被迁徙于成周，一部分分给鲁公和卫康叔。《左传》定公四年载周公相王室以殷民六族分给鲁公，以殷民七族分给康叔。旧注（见《周礼》秋官司约疏引，当是贾逵、服虔注）"殷民六族"说："殷民，禄父（武庚）之余民，三十族、六姓也。"《左传》所称六族，即旧注的六姓，大概是六个胞族。六个胞族应有六十个氏族，旧注三十族、六姓，只有六个胞族之半。从这些记载来看，殷代氏族制度到它灭亡时还是牢固地保存着。这在北魏兴起时也还是保存着它的部族组织，等到道武帝登国初（公元三八六）解散部族以后，使部族成员同于编民，从而北魏的社会也进入封建制了。辽代建国，也是凭借了它的部族组织。《辽史·营卫制·部族》上云：

> 旧志曰，契丹之初，草居野次，靡有定所。至涅里（耶律氏出自涅里）始制部族，各有分地。太祖之兴，以迭剌部强炽，析为五院、六院，奚六部以下，多因俘降而置，胜兵甲者即著军籍。……卒之，虎视四方，强朝弱附，东踰蟠木，西越流沙，莫不率服，部族实为之爪牙云。

---

① 金文《史颂簋》以里君百姓并称，《令尊》也有"诸尹""里居"之称，金文皆作里君。《逸周书》"百官里居"，《书序》"分里居成周郊"，里君皆误作里居。

奴隶制原是在氏族制度的残迹上发生、发展的。当一个先进的农业部族，它的氏族制度业经瓦解之后，它决不能抵抗在它邻近落后的而仍然保存着家长制氏族制度的部族。所以在统治阶级方面，家长制氏族制度的存在，也是构成奴隶制的条件。

16 世纪满洲部族兴起时，它的氏族制度是早已崩溃了的；但是它仍然靠着原有的族、寨组织，编为牛录（佐领），以完成它的部族统治。清萨英额《吉林外纪》卷三：

> 伊撒满洲率族众来投，遂编其穆昆达为世袭佐领，阿拉哈穆昆达为世袭骁骑校；率所属来投者，遂编其嘎山达为世袭佐领，法拉哈达为世袭骁骑校。……穆昆达汉语族长也，阿拉哈达汉语副也，嘎山达乡长也，法拉哈达里长也。

1601 年奴儿哈赤（清太祖）已有二百牛录，编为四旗，每旗五十牛录，每牛录约一百五十人。这时的奴儿哈赤已经成了统率三万人的大奴隶主，他就在这个基础上建国称汗（初称建州国汗，后改称金国汗）。

殷代内服官制是简单得很，它还不能与封建王朝相比拟。如《酒诰》所说的"百僚、庶尹、惟亚、惟服"，只是许多大小衙门（僚）的正长官（尹）、次长官（亚）、事务官（服），并没有更多的等级。《酒诰》的宗工又称百宗工，宗主也，是主管百工之长。百工是奴隶主从各处掳掠的具有各种技艺的工人，为他和他的家族制造各种工业用品。这在辽代也是一样，《辽史·地理志》说："太祖开拓四方，平渤海，后（皇后述律氏）有力焉，俘掠有伎艺者，多归帐下。"这些工业奴隶，正是奴隶主所需要的。《酒诰》的百姓和里君，前者是氏族长，是按氏族血缘编制的；后者是里长，是按地域编制的。这和清代牛录有族长，有寨长，也是相同的。百姓和里君在《尚书》和金文中都是两个对举的名称，君字在《尚书》中都误作居。郑玄注："百姓、群臣父子兄弟也。"古代世官，群臣父子兄弟就是与王同部族，或为王之姻族。殷代一个大部族有一百二十个氏族，举其成数言，则称百姓。《周礼·遂人》，"五家为邻、五邻为里"，一里二十五家，里君就是统率二十五家的官长。《尚书·盘庚篇》说"百姓""万民"，《君奭篇》说"商实（的）百姓王人"，在奴隶制王国中，是有百姓和万民（王人）两种不同身份的人。管理百姓的有氏族长（这里仍然称百姓），管理万民的是里君。上述这些官制都称为内服，因为他们都和王一起，或在王的周围。朝鲜《宣祖实录》卷七一（万历二十九年正月条）记载申忠一对满洲军情报告关于奴尔哈赤和他的将领居住的情形说：

一、外城中胡家才三百余，内城中胡家百余，外城底胡家四百余。

一、内城中亲近族类居之，外城中诸将及族党居之，外城底居住者皆军人
云。

这个报告使我们对于殷代内服性质也有所启发。即王和他的近亲族属以及许多衙门
和衙门中的正长官、次长官、事务官都居在一处（相当于内城）。宗工、百姓、里
君，为王管理百工、氏族和王人，都居在王的周围（相当于外城）。最外围大概是
大小奴隶主的卫士，由卫服番上值宿的军人（相当于外城底）。辽代宫卫制也类似
于此。

殷王朝的外服侯、甸、男、卫，是大奴隶主指定在王朝外服四种不同的劳役。
《逸周书》孔晁注："侯服为王斥候也"，"甸田也，治田入谷也"，"男任也，任王
事"，"卫、为王捍卫也"；这些解说意义都不够明确。如说任为"任王事"，那么，
内服、外服，哪一件不是王事？我们要进一步理解，那只有利用走在社会发展同一
阶段上的辽史来作参考。《辽史·营卫志》说：

> 并、营（山西、河北）以北，劲风多寒，随阳迁徙，岁无宁居，旷土万
> 里，寇贼奸宄，乘隙而作，营卫之设，以为常然，其势然也。有辽始大，设制
> 尤密，居有宫卫，谓之斡鲁朵，出有行营，谓之捺钵，分镇边圉，谓之部族。
> 有事则以攻战为务，闲暇则以畋（田猎）渔为生；无日不营，无在不卫。立
> 国规模，莫重于此。

辽的营卫相当于殷代的卫服，部族相当于殷代的侯服。营是行营，契丹语称为捺
钵。辽代皇帝四时出巡，有春捺钵、夏捺钵、秋捺钵、冬捺钵。卫是宫卫，契丹语
称为斡鲁朵（即游牧民族帐篷），汉语称为宫。辽代九帝，每帝一宫，太祖后、景
宗后两宫，孝文皇太弟一宫，文忠王一府，共十二宫一府，皆设侍卫，又称宫卫。
这是奴隶制的核心组织。

辽代部族除契丹部族以外，还包括了奚及其所征服的非农业的（除汉人渤
海）大小部族，他们被分派在契丹边境上担任边防的任务。所以《营卫志》说：
"分镇边圉，谓之部族。"侯是斥候，是候望，都是安插在边疆上的，因此殷代的
侯服，也是分布在殷畿的边界上。我们晓得殷代的侯服如崇侯、鬼侯是分布在西
北边界上，杞侯、昊侯、蒲姑、徐、奄，是分布在东南边界上。这是奴隶制的外
围组织。

《商颂·玄鸟》之诗曰："邦畿千里，维民所止。"《玄鸟》是春秋时代宋襄公
颂扬他的先祖武丁的诗，武丁时代殷王国是已经完成一个邦畿千里的大国。殷代奴

隶主从邦畿千里之外掳掠了许多奴隶，在这里面从事生产——在田野里耕种——他首先就要完成这样一个邦畿千里的大国，才能防止奴隶的逃亡。《魏书·食货志》记载鲜卑掳掠汉人在游牧区内从事农耕的情形说：

> 天兴初（三八八—四〇三）制定京邑，东至代郡，西及善无，南极阴馆，北尽参合，尽为畿内之田。其外，四方四维，置八部帅以监之，劝课农耕，量校收入，以为殿最。

这时北魏已经进入封建制了，它为防止农奴的逃亡，还要在四方四维置八部帅以监之，那么辽的部族和殷的侯服分布在边境上，它的任务也不仅是"分镇边圉"了。

甸服之甸，甲骨文、金文都作田。甸是治田入谷，殷畿千里之内都是奴隶治田入谷的地方，所以甸服有时又称畿服。《国语·周语》"邦内甸服，邦外侯服"，侯服正是在甸服之外。在周代甸服的奴隶虽然已被免为农奴，但是他们的地位仍然卑下，被剥削也还是严重，所以子产说卑而贡重者甸服也（见《左传》昭公十三年）。甸服也和辽代在契丹旧境（燕云十六州以北）内的州县及头下军州相当。《辽史·礼志热节仪》：

> 皇帝即位，凡征伐叛国俘掠人民或臣下进献人口或犯罪没官户，皇帝亲览闲田，建州县以居之，设官治其事；及帝崩，所置人户、府库、钱粟，穹庐中置小氈殿，帝及后妃皆铸金像，纳焉（指人户、府库、钱粟簿册，纳于小氈殿帝后金像之前）。

这里的叛国俘掠、臣下进献人口和犯罪没官户，他们的身份当然都是奴隶。皇帝亲览闲田安置奴隶生产，建州县设官征收他们的钱粟，这就成为大奴隶主的私有财产。《辽史·百官志》说："凡辽十二宫、五京，皆太祖以来征讨取得，非受之于遥辇也。"（阿保机受禅于遥辇氏）奴隶制的私有财产，如不出于氏族先代所遗，就是征讨俘掠所获。遥辇氏虽受代，他的财产（土地和奴隶）仍属遥辇氏而不属于代之而起的耶律氏。这绝不是封建制"溥天之下莫非王土，率土之滨莫非王臣"的现象。辽代的头下军州是皇帝以下的奴隶主的私有财产。《辽史·地理志》说：

> 头下军州皆诸王、外戚、大臣及诸部从征俘掠、或置生口（购买的奴隶），各团集建州县以居之。横帐诸王、国舅、公主，许创立州城，自余不得建城郭，朝廷赐州县额。其节度使朝廷命之，刺史以下皆以本部曲充焉。官位

　　九品之下，及井邑商贾之家征税，各归头下，唯酒税纳上京盐铁司。

头下亦作投下，意是在头目之下或投充在头目下。投下军州是诸王、外戚、大臣的私有财产。他们是仅次于皇帝的奴隶主。他们对皇帝只有军事和政治的隶属关系而没有经济的隶属关系；即有也只有酒税纳上京盐铁司，那是很轻微的。投下在元代也是存在的，它也是"各私其入与有司无相关"（《元史·王玉汝传》）。后来从耶律楚材议，定天下赋税：每二户出丝一斤以给国用，五户出丝一斤以给诸王功臣汤沐之资，这样改变之后，元代的奴隶制也就进而为封建制了。在奴隶制下小奴隶主的土地和奴隶，在名义和实质方面，都属于小奴隶主而与大奴隶主无关。

　　殷代甸服的奴隶生产见于甲骨文的，有称耤者如：

　　　　"辛丑贞下缺人三千耤。"《粹》一二九九
　　　　"己亥卜，贞，令畀小耤臣，己亥卜，缺观耤。"《前》六、一七、六
　　　　"丙子卜，呼缺耤受年。"《前》七、一五、三
　　　　"丁酉卜，䛐贞，我弗其受囦耤，在焰。"《乙》四三〇六
　　　　"丙辰卜，夬贞，呼耤于，陮受有年。"《乙》二〇五七
　　　　"己卯卜䛐贞，乎雷耤于名，辵不缺。"《乙》七八〇八

耤就是周代藉田的藉，是统治者借民力在自己田上耕种。它之不同于西周的藉田者：西周藉田是有一定的比例，是有限度的剥削；而殷代藉田，则是要人传呼这些奴隶，藉的人数可以多至三千，那是没有比例，没有限度的剥削。在藉之外有时王也亲自率领奴隶耕种，如：

　　　　"戊寅，王往，以众黍于囷。"《前》五、二〇、二

或由小臣令奴隶耕种，如：

　　　　"贞惟小臣令众黍一月。"《前》四、三〇、二

这是奴隶制不同于封建制的。以辽代生产关系例之，《辽史·食货志》说："夫赋税之制，自太祖任韩延徽制国用，太宗籍五京户丁，以定赋税，户丁之数无于考。"从这里我们知道辽代赋税，只有户丁而无田亩。辽代赋税制度出自韩延徽，延徽是逃入契丹为阿保机画策在游牧区内建立汉人城邑的汉奸，这种赋税制度，当然带有许多封建的色彩；但契丹氏族制度在建国二百年中还没有解体迹象，而燕

云迤北，土地空旷，大小奴隶主只感觉劳动力的缺乏而不感觉土地的狭小，因此，它的生产关系只是人身的隶属而没有土地的关系。所以辽代屡次整理赋税，都只检括户口。《辽史·食货志》记载兴宗（公元 1031 年当辽建国后 125 年）即位时通括户口的诏书说："朕于早岁习知稼穑，力办者广务耕耘，罕闻输纳，家食者全亏种植，多至流亡；宜通检括，普遂均平。"辽代赋税按户口征敛，所以力办者虽广务耕耘，仍按户丁缴纳赋税，并不须按田亩输纳，家食者全亏种植，户丁之税，何从筹措，因而多至逃亡。这就是只有人身隶属的奴隶制现象。唐代南诏所建立的国家也是属于奴隶制阶段，樊绰《蛮书》记载它的生产关系说：

> 蛮治山田殊为精好，悉被城镇蛮将差官遍令监守催促；如监守蛮乞酒饭者，察之，杖下捶死。……收刈已毕，蛮官据佃人家口数目，支给禾稻，其余悉输官。

这是奴隶主占有奴隶所有的生产物，只以仅够维持他的家口生活的一小部分禾稻留给他。清初奴儿哈赤的屯田制，与此也有些相似。朝鲜《宣祖实录》七一卷载申忠一的报告书说：

> 粮饷，于各处部落例置屯田，使其部酋长掌治耕获，因置其处，而临时取用，不于城中积置云。

这是奴隶主占有奴隶所有生产物，而准许奴隶共同取用。殷代甸服的生产关系，大致也不出这几种形态。

男服的男又通作南，如《左传》说"郑伯男也"，《周语》就作"郑伯南也"，又"男任也"，南夷之乐也称为任，这都是男南任古代通用之证。男服就是在殷王畿之南。春秋时称男的诸侯有许男、宿男和任姓的薛国、风姓的任国，它们可能都是殷代的男服。这些地区就是古代农业最发达的地方。《汉书·地理志》所载各郡户口，也以这一带为最稠密。他们对于战争总是不大抵抗的，如传说中的徐偃王，战国时代的泗上十二诸侯，总是谁强服谁，因此它们就能够住在自己的土地上而服属于殷王朝。殷王朝可能在这里也设置一个奴隶大总管，如匈奴在西域设置童仆都尉一样。《后汉书》及《魏志·东夷传》说，高句丽统治沃沮，是："使犬加[①]统责其租赋；貂、布、鱼、盐、海中食物，千里担负致之，又送其美女以为婢妾，遇之如奴仆。"这可能也是殷代男服所受的待遇。

---

① 《后汉书·夫余传》（《三国志》同），夫余以六畜名官，有马加、牛加、猪加、狗加。

殷代侯、甸、男、卫四服，只有甸卫二服在邦畿之内。卫服是镇压奴隶的军事贵族，甸服是被俘虏来的生产奴隶。只有这两服才是奴隶制。侯男两服前者是没有脱离自己的部族，后者还是生活在自己的土地上，这两服可能已有封建制的因素了。

在奴隶制下奴隶的待遇也有许多不同，殷代奴隶的来源主要的是战争俘虏，《墨子·天志》下说：

> 民之格（抵抗）者，则劲拔之，不格者则俘操而归；丈夫以为仆圉、胥靡，妇人以为舂酋。

一个强悍的（格者）俘虏，要使他转变为奴隶，而且要为生产奴隶，最初，他一定要遭受残酷的待遇的，等到他表示驯伏、忠诚，或者多为奴隶主生产，他的待遇也是可以逐渐改善的。胥靡，就是奴隶最初所受的最残酷的待遇。相传傅说曾为胥靡，武丁举以为相。《史记·殷本纪》云：

> 武丁夜梦得圣人，名说。以梦所见视群臣、百史，皆非也。于是，乃使百工营求之野，得说于傅险（严）中。是时，说为胥靡，筑于傅险，见于武丁，武丁曰："是也。"得而与之语，果圣人。举以为相，殷国大治。故遂以傅险姓之，号曰傅说。

《史记》所载傅说故事，乃本之先秦旧说。《墨子·尚贤》下说：

> 昔者傅说居北海之洲，圜土之上，衣褐带索，庸筑乎传严之城，武丁得而举以为三公。

胥靡之义据《墨子》说傅说居圜土之上，圜土就是牢狱，衣褐带索，褐为贱人之服，带索为用绳索捆缚。《汉书·楚元王传》颜师古注：

> 联系使相随而服役之，故谓胥靡，犹今（唐时）之役囚徒以锁联缀耳。

《荀子·儒效篇》杨倞注：

> 胥靡刑徒人也，胥相、靡系，谓锁相联、相系，《汉书》所谓镶铛者也。

此数说皆以胥靡为刑徒，用绳或铁锁使联系相随服役，这都是封建制对待刑徒或俘虏的方法，仍不及奴隶制的残酷。《三国志·魏志·马韩传》说：

> 其国有所为，及官家使筑城郭，诸年少勇健者皆凿脊皮以绳贯之，又以丈许木锸之，通日欢呼作力，不以为痛；既以劝作，且以为健。

这样对待奴隶的方法，是封建制下的人所不能理解的。记述此事的作者，在这里只感觉惊异，以为他们这样做是"既以劝作，且以为健"。他哪里知道这才是奴隶所受的残酷的待遇呢。

随着生产的发达，为鼓励奴隶生产来满足奴隶主的欲望，他们的待遇是可以逐渐改善的。如邦畿千里，原来是限制奴隶逃亡的，殷纣之时，殷王畿反而成了奴隶的逋逃薮。《尚书·牧誓》数纣之罪说：

> 乃维四方之多罪逋逃，是崇、是信，是长、是使，是以为大夫卿士，俾暴虐于百姓，以奸宄于商邑。

《左传》昭公七年也有同样的记载：

> 昔武王数纣之罪以告诸侯曰："纣为天下逋逃主，萃渊薮，故夫致死焉。"

殷畿奴隶，从前是从畿外掳掠来的，现在畿外奴隶反而逃到畿内来，这是殷畿生产发展，较纣时对奴隶待遇有所改善，因此殷畿才能成为四周奴隶的逋逃薮。但是奴隶的被宠幸，必然损害部族的利益。于是，殷王朝外则有丧失奴隶的奴隶主叛变，内则有部族的解体，奴隶制到了这个时候，真是已濒崩溃的末运了。

三 西周的生产力农具农业技术和施肥问题

从晚新石器时代起，中国农业就有了长足的发展。我们从黄河、淮河、长江、钱塘江和闽江，各个流域出土的仰韶式、龙山式和拍纹黑陶式遗物堆积情况来看，如：

> 仰韶村遗址，东西四百八十公尺，南北九百六十公尺。
> 西阴村遗址，东西五百六十公尺，南北八百公尺。

两城镇遗址，南北二百公尺，东西四百公尺。

城子崖遗址，南北五百公尺，东西三百公尺。

从这许多遗址堆积情况来看，就足够说明当时已有长期定居的繁荣的家族公社和农村公社分布在中国的大陆上了。

西周有菑、新、畬的三田制，有年年耕种的井田制，它的生产力是已经达到，甚至超过欧洲十一世纪的农业生产。把菑、新、畬解释为三田制是我首先提出的。最近杨宽先生提出了反对的意见①。他一面说我所引用的《周礼·遂人》"上地田百亩莱五十亩，每年休耕三分之一，确是三田制，中地田百亩莱百亩每年休耕二分之一，确是二田制"；但是他一面又说"《周礼》是战国时代的著作，如果我们没有其他确切的证据，就不能根据《周礼》来论定西周已有三田制"。《周礼》的著作年代是应在《司马法》之前和周宣王不籍千亩之后②，约当春秋或春秋早期的书；如果说它是战国时代的著作就未免估计得过晚了。《周礼》书既确已提到了二田制、三田制，那么，它就不应当是突然发生的，它应当有一个发展的过程。由春秋或春秋早期上推至西周也不过一两个世纪，而这种耕作技术的发展，也是非常缓慢的，一两个世纪不见得就有多大的进展。最低的限度，我们不能说西周没有关于三田制的记载，就说西周没有三田制；何况西周时代还有比三田制更进步的年年耕种的井田制呢？再说，春秋以后的战国时代，魏国的田，除邺地还是二田制外，其余的田都是比二田制进步的年年耕种的百亩上田。所以《吕氏春秋·乐成篇》说："魏氏之行田也以百亩，邺独二百亩，是田恶也。"如果西周或战国以前没有三田制，那么，西周初怎么能有年年耕种的井田？魏国怎么能以百亩行田？

杨宽先生一面说不能根据《周礼》来论定西周已有三田制，但是他一面又引用东汉孙炎和东汉以后的郭璞、董遇等对菑、新、畬的解释而加以总结说：

第一年开垦的荒田叫菑田，第二年开垦熟的田叫新田，三年后垦好的熟田叫畬田。

依杨先生的意思，菑、新、畬三种耕种不同的田，既不能利用年代相去最近的《周礼》加以论证，难道反可以利用东汉或东汉以后的年代相去更远的人的注释，

---

① 见《学术月刊》第2期《论西周时代的农业生产》，1957年2月上海人民出版社出版。

② 见《试论周代田制及其社会性质》，《四川大学学报》1955年第2期，又见《中国的奴隶制与封建制分期问题论文选集》。

给予确切的证明吗？杨宽先生认为西周生产力低下，不能产生三田制。他说：

> 三田制是欧洲中世纪中期逐渐流行的，不是西周时代的耕作技术和施肥技术所可能产生的。

这完全是他个人的成见，是没有一点根据的，就是他自己对于他这个论断也相信不过。他说：

> 在《诗经》许多西周诗篇中会形容丰年的情况。……不免出于诗人的夸大形容，但是，西周的农业生产已经达到相当的水平，是无疑的。

不仅如此。我们再看他对于菑、新、畬的新解是：新比菑好，畬比新更好，所以第一年叫荒田，第二年叫熟田，第三年叫垦好的熟田，那么，第四年应当是更好了。这完全是最进步的农业，就是现在最进步的耕作技术也不过如此。这比起三田制耕种两年后就要休耕一年还不进步吗？这对于他说三田制不是西周时代所可能产生的，是怎样的矛盾。

我们知道粗耕农业或不知施肥的耕作，在黄土层地带决不能连续耕种至三年以上。北魏贾思勰《齐民要术·黍穄篇》说：

> 凡黍穄田，新开荒为上，大豆底为次，谷底为下。

推寻贾说之意，凡种黍穄的田，以第一年新开荒的为上，如第一年种过大豆的，二年种黍穄，就要差些；如第一年种过谷子的，第二年种黍穄，就要更差些。在四川稍有经验的老农都知道：新垦的山地第一年收成最好，第二年次之，第三年如果再不施肥，就要易地耕种了。清代黄叔璥《台海使槎录》记台湾耕种情况说：

> 土性浮松，三年后即力薄收少，人多弃旧业另耕他地；故三年一丈量，蠲其所弃而增其新垦，以为定法。

根据这些记录，我们知道杨宽先生的结论实在太与事实相违背了。

现在国内还有一种趋向，认为西周没有铁器，这就是西周不能达到封建制的物质条件。西周的农具，主要的虽然还是木制的耒和在耒的下端安装半圆形锐利金属犁铧，或石蚌类刀铲形的耜，但是在二人并力的耦耕下它是可以深耕的。耒耜本是两种不同的农具，自汉以来以耜之上端曲木柄为耒，而以耒之下端施金属锋刃的为耜，于是耒耜二名，遂混而不别。其实这两种农具在古代都各有其通行的区域①，元王祯《农书》中还有它的遗制，一称为構，一称为锋：

> 锋，古农器也，其金比犁镵小而加锐，其柄如耒，首如刃锋，故名锋，取其铦利也。地若坚垎，锋而后耕，牛乃省力，又不乏刃。
>
> 无镵而耕曰構，既锋矣，固不必構；盖锋与構相类。今構多用歧头，若易锋为構，亦可代也。

構歧头，即耒之遗制，锋首如刃锋，即耜之遗制。这两种农具形制虽不同，而刺地起土固可相代。从"锋而后耕牛乃省力"的经验记载，我们知道耒耜就是可以深耕的农具。

古代耦耕，二人共踏一耒或耜，故耒或耜的柄之下端接近刺地的歧头处，或安装犁辕处，安装一小横木，左右并出，适为两人足踏之处。若后代不行耦耕，则此一小横木只向一方突出，供一人足踏即可。如王祯《农书》所绘长镵使用图，即系如此。宋周去非《岭外代答·风土门》记踏犁的形制云：

> 踏犁形如匙（当是曲柄状），长六尺许，末施横木（此指手持之上端）一尺余，此两手所执处也。犁柄之中于左边施短柄焉（此指下端足踏处），此左脚所踏处也。踏可耕三尺，则释左脚而以两手翻泥，谓之一进。迤逦而前，泥垅悉成行列，不异牛耕。

踏犁只供一人使用，所以也只在左脚所踏处的左边施短柄。耦耕之风战国时代就已经渐渐地不行了（仅《月令》有"命农计耦耕事"，这或是沿袭了前代的政令）。大概是因为公社逐渐崩溃和农业技术的改进，当时耦耕的作用，也已为人所遗忘，故《考工记》说：

> 近人为沟洫；耜广五寸，二耜为耦，一耦之伐，广尺、深尺，谓之畎。

后来东汉时代的学者即据此以解释耦耕的意义，但是我们晓得如果使二人为耦各执一广五寸之耜在开倔广尺、深尺的田畎中，同时耕作，它不但不能发挥同力合奋的作用，恐怕还要互相牵扰，妨碍耕作呢！

耒耜是牛耕以前主要的农具，因为它要刺土深入，所以它的下端必须是尖锐而

---

① 见《耒耜考》，1930年《历史语言研究所集刊》第2本第1分册。

具有锋刃的。杨宽先生对于这样耕作实际上的需要完全没有理解，他就贸然地断定耜是直柄方刃如同铲一样的伐地起土之器，他批评我认为耜是在耒下端安装半圆形锐利金属犁辖或石蚌类刀铲并不正确，他这样的论断，实在是太轻率。他引用了我的《耒耜考》，但对于我在《耒耜考》中所揭示的日本正仓院所藏"子日辛锄"及王祯《农书》中的锋图，这都是属于耜一类的农具，他竟然熟视无睹，而汉以前的记载，如说："揉木为耒"，"耜耒之上曲也"，"耜耒之金也"，他也一概弃置不理；而认为用以除草的辅助农具方形的铲为伐土起土的农具。他不知道这样方形的铲，在未开垦的坚硬的土地上是毫无用处的。

　　西周农业固然是因为耦耕发挥了协力深耕的作用，同时青铜制的辅助农具种类之多和农业技术的发达，也是我们所不能忽视的。1953 年春季中国科学院考古所清理安阳三百多处墓葬，发现一具青铜制铲形的生产工具①，这是从来没有发现过和注意的东西。它就是周代所谓钱或镈一类的农具。《周颂·臣工》之诗曰："庤（具备也）乃（汝）钱镈"，《毛传》："钱铫、镈耨也"，铫今錾锹，镈亦鉏（锄）类，都是除草器。晚新石器时代长江流域有一种有肩石斧，它就是用以薅草的耨器，肩狭而下宽阔，应名为镈，镈就是指肩下博大之意。它是以曲木为柄，将肩部缚于曲柄的一端，如今之锄，可以立薅。《考工记》说"越无镈"，是说越地每一个人都能为镈，这就是古代长江以南农业发达之征。钱释文"子践反"应读为划。划、铲字同。《战国策·齐策》"划（铲）而（汝）家"作划，说文作铲。玄应《一切经音义》卷九："铲今作划，划削之也。"又卷十四："划古文铲。"《篡文》云②："养苗之道，鉏（锄）不如耨，耨不如划；划柄长三尺，刃广二寸，以划地除草。"镈和划的分别，前者是曲柄，后者是直柄。杨宽先生对于这两种农具也讲错了。他把耜说成是直柄方刃的铲，又说钱和耜是同类的农具。至于锸（臿）和犁辖所以命名之故，他也不知道。他一面反对我说耜是耒的下端安装半圆形锐利金属犁辖，他一面又说"古代农具的金属锋刃和后世农具很不相同，仅在锋刃的边缘上有一条金属包着，这种情形直到战国秦汉间铁农具相当普遍流行时还大都如此。"他不知这样的农具，就叫作犁辖。犁辖之义就是像犁之有冠（辖也可写作冠）；不但秦汉铁农具如此，即解放前农人所用犁铧头，也还是犁辖的遗制，日本正仓院所藏唐时的子日辛锄，也只在刺地的一端装上犁辖。至于锸（臿）和犁刃，也只是异名同实的东西。以金属锋刃戴于木制农具上，则称为犁冠，以木制柄插于金属锋刃中，则称为锸（臿）。锸就是具有犁辖形农具的通称，所以耜也可以称为锸，錾（或铫）也可以称为锸，耒（铧）也可以称为锸。以上许多不同名称的农具，我们大致可以分为两类：一是用以刺地起土的耒耜，一是用以划地除草的钱镈。耒耜用以深耕，钱镈用以耘耨，这在西周农业上是同样重要的。

《小雅·甫田》之诗曰："今适南亩，或耘或耔，黍稷薿薿（茂盛貌）"；《毛传》："耘除草也，耔雝（壅）本也。"精耕的农业，不但要能够保耕，还是要不断地除草和用土壅培农作物的根子。除草又谓之耨，壅本又谓之櫌①。《国语·齐语》："深耕而疾櫌之以待时雨。"《庄子·则阳》篇："深其耕而熟櫌之，其禾繁以滋。"《管子·小匡篇》："深耕、均种、疾櫌。"皆以深耕疾櫌并称。《孟子》书也以耕耨并言，如云："深耕、易耨"，耕需要深，耨需要令苗稀疏，汉人歌云："深耕概种，立苗欲疏。"也就是《孟子》"深耕易耨"之意（易、简易也，简易即稀疏之意）。耕耨同等的重要，故《吕氏春秋·任地篇》说："五耕五耨。"西周的精耕农业，不但是能够深耕，还是要勤于除草和用土壅培农作物的根本。

西周时代从耘草和壅本的技术中，对于肥料的使用，也积累了一些经验。首先是绿肥的利用。《周颂·良耜》之诗云：

　　　　其镈斯赵（锐利也），以薅荼蓼，荼蓼朽止，黍稷茂止。

《周颂》是西周早期的诗。当时的诗人已经觉察到薅除杂草不仅是要使黍稷长得好，还要利用这些杂草作为绿肥，使黍稷长得更茂盛；所以诗人把荼蓼朽止和黍稷茂止相连并称，以说明它们中间的因果关系。宋代陈敷《农书·薅耘之宜》篇云：

　　　　《诗》云："以薅荼蓼，荼蓼朽止，黍稷茂止。"记《礼》者曰："季夏之
　　　　月，利以杀草，可以粪田畴，可以美土疆。"今农夫不知有此，乃以其耘除之
　　　　草抛弃他处，而不知和泥渥浊，深埋稻苗根下，沤罨既久，即草腐烂，而泥土
　　　　肥美，嘉谷蕃茂矣。

我们如以《周礼》水化、火化、土化三种积肥的方法②，和《月令》季夏之月"烧薙行水，利以杀草，如以热汤，可以粪田畴，可以美土疆"的记载，联系着看，就可以断定陈敷的解释是正确的。至于诗人在这里单独地提出荼蓼，也不一定是偶然的。就现代农业知识言，蓼科作物还是良好的绿肥。那么，西周时代不仅是能利用绿肥，而且还知道利用蓼科作物作为绿肥。

----

① 櫌又作耰。《吕氏春秋·简选篇》高诱注，"耰，椎也"，《文选·长扬赋》注，"以耒椎块曰耰"，《孟子·告子》上音义"耰，壅苗根也"，综上诸说知耰是一种椎碎土块的农具，它的作用还是壅苗根的。

② 见《试论周代田制及其社会性质》。

西周时代除使用绿肥外，其次就是充分利用土壤中所含的肥料。战国时代李悝为魏文侯作尽地力之教①，尽地力就是这一原理的应用。由西周的壅本农作到战国李悝的尽地力之教，"治田勤谨（勤于耘籽，精耕细作），则亩益三斗"，已大大地提高了单位面积的产量。后来西汉时代赵过的代田和氾胜之区田，也是在这个基础上发展起来的。《汉书·食货志》说：

> 〔赵〕过能为代田，一亩三甽（畎），岁代处，故曰代田，古法也……广尺深尺曰甽，长终亩，一亩三甽，一夫三百甽，而播种于甽中。苗生叶以上，稍耨陇草，因陨其土以附苗根，故其诗曰："或芸或芋，黍稷儓儓。"芸除草也，芋附根也，言苗稍壮，每耨，辄附根，比盛暑，陇尽而根深，能风与旱，故儓儓而盛也。

古代"六尺为步，步百为亩，"长百步宽一步为一亩，一亩中含广尺深尺的三甽（畎为陇间之沟）和高出两甽间的三陇（亩又称陇），一夫治田百亩，就应有三百甽和三百陇。播种于甽中，犹现在农作的条播。待苗生叶次第成长时，即一次一次地耨除陇草，并将陇上之土一次一次地陨入甽中以附苗根，等到盛暑时，陇上之土已尽，农作物的根也更深，这样的作物，不但能耐风旱，还是茂盛得很。这样的代田法，就是充分地利用了土壤中固有的肥料。氾胜之的区种法，在这里不再多加论证了。它的最根本的原则是："区田不耕旁地，庶尽地力"②，也就是这一原理的应用。

古代肥料以绿肥堆肥为主，粪田之粪，也属于堆肥，而不是人粪尿。《说文》："粪除也。"除谓扫除，故《礼记·曲礼》上云："凡为长者粪之礼，必加帚于箕上。"粪之初义为扫除，引申为扫除之秽物，并非人粪尿之专名，故段玉裁《说文注》云："古谓除秽曰粪，今人直谓秽曰粪，此古义今义之别也。"北魏时代贾思勰所著《齐民要术》有踏粪法云：

> 凡田地中有良有薄者，即须加粪粪之。其踏粪法，凡人家秋收后治粮场上所有穰谷等，并须收贮一处，每日布牛脚下三寸厚，每平旦收聚堆积之。还依前布之，经宿即堆聚。计经冬，一具牛踏三十车粪。至十二月正月之间，即载粪粪地。

① 见《汉书·食货志》。
② 见《齐民要术·种谷第二》引《氾胜之书》。

从这个记载里我们知道北魏时代还是以堆肥为主要的肥料，从而我们知道中国农业是在长期生产中积累了许多丰富的经验，它的发展是缓慢的。我们如果把西周时代除草和壅本的农业技术估计过低，那么，《周礼》著作时代怎么能产生水化、火化、土化的造肥法，战国时代怎么能产生尽地力之教，西汉时代怎么能产生代田法和区田法？

最近有一些学者对于西周生产力中的生产工具特别重视，而对于上述其他技术方面，则一概加以抹杀。他们认为铁工具的产生，就是封建制生产的标志。中国农业铁工具的使用，从文献中和现今所知道的出土遗物，最早不过于战国时代，但是这些铁工具在当时称恶金，并不是最好的工具。最近河南辉县和内蒙古兴隆出土的战国时代铁制农具和铁范①，也只能作薅草壅本的辅助农具用，因为它是生铁铸成的，铁质松脆，容易折断，它还是不能代替耒耜用以深耕的。我们如果忽略上述这些条件而过分地强调铁工具的使用，又怎能理解西周农业生产的水平已经超过欧洲的 11 世纪呢？

四　西周的封建制

周部族是殷王朝的侯服，它分布在奴隶制的外围。它的经济基础比奴隶制进步——尤其是从事精耕农业的部族——是可能的。殷王朝在奴隶制缔构的过程中，经常不断地从殷畿以外掳掠先进的从事农业的人民，作为它的奴隶的源泉，如契丹部族掳掠汉人一样。周部族在公刘时代就已经"彻田为粮"，实行什比一的劳役地租②，这就已经具备了封建制的经济基础。《尚书·牧誓》是武王伐商誓师之词，他提到周族的军事首领，国君之下有"亚族、师氏、千夫长、百夫长"。亚族是上大夫③，亚次也，是仅次于国君的军事首领；师氏是中大夫，据《周礼·小司徒》二千五百人为师，是位于千夫长之上的军事首领；千夫长、百夫长，是统率千夫百夫之长。这些军事首领和后来金之猛安（千户）、谋克（百户），元之万户、千户、百户，又有什么不同呢？这样的军事编制，就已具备着封建等级制的规模了。

《尚书·盘庚篇》涉及殷代的军制，只有"邦伯、师长、百执事之人"，国君之下只有师长（大氏族长）和百执事之人（百姓或氏族长），就没有像封建制那样多的等级了。

---

① 见《辉县发掘报告》及《考古通讯》1956 年第 1 期《热河兴隆发现的战国生产工具筹范》。
② 说详《试论周代田制及其社会性质》。
③ 《左传》文公十五年杜注："亚旅上大夫也。"

西周时代不但百夫长之上有许多等级，就是甲士和徒兵也分为两个等级。士原为武士之称，因为衣甲，又称甲士。古代战争，车兵是作战的主力。《司马法》兵车一乘有甲士三人和十人两种不同的记载。古代兵车一乘，马四匹、乘车者甲士三人，左人持弓矢、主射，右人持矛、主击刺，中人主御，余甲士七人，盖在车之左右①。《左传》闵公二年载"齐侯使公子无亏帅车三百乘、甲士三千人以戍曹"，正是一乘甲士十人；这大概是春秋时代通行的军制。步兵在车后，称为徒，不衣甲，仅衣服有标志，又称为卒。《大雅·文王》之诗曰："济济多士，文王以宁。"士是统治者所依靠以统治和镇压人民的工具，所以最优待。士与徒比，徒的地位是不及士的。徒从土、从彳，他们是束缚在土地上的农民（庶人）。金文《大盂鼎》把邦司（属于国人范畴）属下的人分为驭和庶人两种，《诗经》和《石鼓》也以徒御并称，他们的身份是不同的。《国语·晋语》说："士食田，庶人食力。"士是有田者，徒是庶人，是无田者。《左传》哀公元年载陈怀公因为处吴楚之间，对吴楚两国的从属不能决定，乃朝见国人征询他们的意见，让他们"有田从田，无田从党"。这说明陈国国人中有有田者，有无田者。有田者是属于士以上的阶层，他们都是先后脱离家族公社的土地所有者的上升阶层；而那些无田者，还是不能脱离家族公社的成员。据《周礼·小司徒》，党是五百家的家族公社，这里只有份地而没有私有的田，所以是无田者。《左传》哀公二年载赵简子在一次战争中所悬的赏格是："克敌者，上大夫受县，下大夫受郡，士田十万。"以十万亩为士的赏赐，十万亩是一千个百亩，一夫受田百亩，就是有一千夫为他耕种的采邑主。大夫受县、受郡，是比一千夫份田更大的采邑主。他们是可以从小土地所有者迅速地成为大土地所有者。战国时也只有武士容易获得田宅而成为脱离公社的小土地所有者。《荀子·议兵篇》说，魏国武卒（甲士）的挑选，是："中式则利其田宅，复其身（免除徭役）。"秦国的功赏相长，是"五甲首而隶五家"②，他们也是可以从小土地所有者而逐步地成为大土地所有者。这些土地已经不是古代东方公社所有，而是大小采邑主和占数量相当多的武士所有了。

西周的士是小土地所有者。士以上的亚旅、师氏、千夫长、百夫长，他们都是大小采地的领主。周初金文有作采锡采的记载：

> 王在寒㝬（次），王令大史兄（他器称为南宫兄，宋人释为南宫括）褱（?）土，王曰："中（人名南宫兄部属），兹褱人入史（事），锡于武王乍臣，

① 见金鹗《求古录礼说》。
② 《商君书·境内篇》："能得甲首（甲士之首）一者，赏爵一级、益田一顷、益宅九亩。"据此得五甲首则益田五顷，即有五家为之服役。

今兄更（？）女裹土，作乃采。"——《中方鼎》

王在斤，锡遣采，曰□。——《遣尊》

西周的采邑主是有土有民的，所以《中方鼎》即以裹人裹土为中的采地。《大雅·瞻卬》之诗曰："人有土田，女反有之；人有民人，女复夺之。"西周畿内，也只有采邑主才能有土有民。《尚书·大传》说：

> 古者诸侯始受封则有采地（在王畿内的采地），百里诸侯以三十里，七十里诸侯以二十里，五十里诸侯以十里，其后子孙虽有罪黜，其采地不黜，使其子孙贤者世世以祠。（《韩诗外传》卷八同）

西周畿内的采邑不但有土有民，而且还是采邑主的世袭财产。因为它是世袭财产，故《瞻卬》诗的作者深以夺取他人采邑的人民土地为非。这样的采邑制，在文王时代可能就已存在了。《汉书·地理志》弘农郡陕县下注：

> 故虢国。……北虢在大阳，东虢在荥阳，西虢在雍。

虢之受封，应在文王时代。《左传》僖公五年载"虢叔、虢仲，王季之穆也，为文王卿士，勋在王室，藏于盟府"。虢仲虢叔是王季之子，文王之母弟。文王伐崇戡黎之后，除了派虢仲虢叔去镇守，就没有更适当的人了。北虢在陕，地近于崇，为虢仲封地，东虢在荥阳，地近于黎，为虢叔封地，西虢在雍，地近于岐，为周故地，又称城虢，金文有《城虢仲簋》出于凤翔，当为虢季封地。三虢之封，皆当在文王之世。其后或以虢仲、虢季为氏，如金文有《虢仲盨》，有《虢季子伯盘》，有《虢季子组壶》。三虢封地，西虢故在周畿内，周公东征后，殷王畿也成为周王畿，是北虢东虢也在畿内。三虢之外，如康叔原封于康，在周畿内，周宣王弟郑桓公友的封地原为穆王所居的西郑，这都是西周畿内的采邑，周王朝在克商以前就已经完成了畿内采邑制。等到武王克商，周公东征之后，这些有土有民的采邑主，就迅速地率领周部族分布东土，成了有土有民的诸侯。西周分封的建侯制，就在这个基础上成长起来的。

采是周制，原非殷代所有。《酒诰》称殷的内服外服都没有采。甲骨文也只有多田、多侯、多卫，而没有采。《大盂鼎》称殷边侯田，《召诰》称庶殷："侯、甸、男、邦伯，"《白虎通·爵篇》引《尚书》曰："侯甸任（男）卫作国伯，谓殷也。"以上说明殷只有侯、甸、男、卫四服，而没有采。《尚书·康诰篇》说："侯、甸、男、邦伯、采、卫，百工、播民，和见士于周。"卫原是殷王的宫卫，在这里只与采并列，且降在邦伯之下，这当然不是殷制。

武王克商，在殷王朝所在设置三监，使管叔、蔡叔、霍叔率领周部族居于殷畿邶鄘卫之地以监视殷人。殷人在这样的沉重打击下，纣的儿子武庚依然还是商王，殷东蒲姑、徐、奄，依然还是殷的外服。殷部族没有被击溃和分散之前，对于周人当然还是一个严重的威胁。因此，周武王很想在洛邑设置一个军事重镇，以加强他的军事统治。

成王即位，周公摄政，武庚及管叔叛周，周公东征，克殷践奄，取得彻底胜利以后，就开始改变殷代侯甸男卫的服役制，以适应新朝的统治。《尚书大传》综述周公摄政期间的大事说：

> 周公居摄：一年救乱，二年克殷，三年践奄，四年建侯卫，五年营成周，六年制礼作乐，七年致政。

周公建侯卫、营成周，是继克殷践奄之后实行军事统治的重要措施。侯服是扩大了。于是封太公子吕伋于齐，周公子伯禽于鲁，召公于燕，成王弟叔虞于晋，这都是周初的大封，分布在殷畿的东方和北方，而纣之庶兄微子以殷遗民退居于宋，也降为周的侯服。《大雅·文王》之诗曰："商之孙子，其丽（数）不亿，上帝既命，侯于周服。"虽然如此，周王朝为自己的安全，还是要建立更多的侯国，以为屏藩。而陈、蔡、曹、滕，也就分布在宋的周围以监视宋人。据《荀子·儒效篇》说："周公兼制天下立七十一国，姬姓独居五十三人。"不但是侯服扩大了，田服、男服也成为侯服了。故《矢令簋》称"诸侯，侯田、男"，即以田男系诸侯之下。武王克商以前，周畿已有有土有民的采邑主，现在这些采邑主都成为分封的诸侯，在殷畿内也成立了一些侯国，《左传》桓公二年称晋为甸侯，定公四年称曹为伯甸，是晋曹也在殷畿之内。殷代侯田男三服，现在都成为周的侯服，加强了周的统治。只有卫服原来是保卫殷王的卫士所在，要怎样改变它才能对周王朝有利？周公的建卫，首先是改殷畿为周畿（即《周礼》六遂之地），在畿内成立两个军事重镇，以发挥对殷卫的镇抚作用。金文有殷八自（师）和成周八自的记载：

> 徂（今）东夷大反，伯懋父以殷八自征东夷。——《小臣𫗴簋》
> 作𥃩司土（徒）于成周八自。——《䛒壶》
> 伯犀父以成自（即成周八自省称）即东，命伐南夷。——《伯犀父卣》

根据上述金文，西周时代伐东夷则用殷八自，伐南夷则用成周八自。殷八自居殷旧都殷卫服之地，后来康叔之后称卫，即此卫服之卫。成周八自在洛邑，成周为周东都，直隶于王室。殷距王朝远，故处康叔于故殷虚以统率殷八自。他是以方伯的地位代王朝镇抚东土的。金文《小臣逨簋》的"伯懋父以殷八自东夷"，伯懋父就是他的儿子康伯髦。康叔原封于康，金文有《康侯封鼎》，共子继称康伯，是卫初并不称卫。《史记·卫世家》载"厘侯卒，太子共伯余立为君"，《汉书·地理志》河内即共县注云："故国"，当即康叔封邑，地在今河南辉县。《左传》宣公四年载"康叔为司寇"是康叔入为王官，出为方伯，与后来的郑武公、郑庄公同。厉王失位，共伯和代行王政，而卫武公亦入相于周，这都是康叔之后继其先祖入为王官之事。《史记·卫世家》载自康叔之子康伯以上六世，皆称伯，至顷侯始"厚赂周夷王，夷王命卫为侯"，卫至是始为侯。其初封共，地位实与采邑主同，这是周初采卫并称之故。《左传》定公四年载康叔之封有"聃叔授土陶叔授民"之事，建卫还是要授土授民的。

西周的封建等级制："王臣公、公臣大夫、大夫臣士"。他们的从属关系是很明白的。至于人有十等，士以下的从属关系："士臣皂、皂臣舆、舆臣隶、隶臣僚、僚臣仆、仆臣台、马有圉、牛有牧。"（并见《左传》昭公七年）除了"马有圉、牛有牧"是职业的从属关系，只有皂隶还是常见，大概是官府奴隶。其他等级从属，我们现在是无法分辨的。

西周时代，王是封建等级制最高的一个等级。他所统治的是天下，只要是天所覆盖之下的地方，都是他统治的范围。这是一个怎样荒谬的意识，但是在封建制下，不但他自己是这样想，这样做，而且人民也承认这样才是事实，所以《北山》之诗曰："溥天之下，莫非王土；率土之滨，莫非王臣。"当然，他的天下是由战争得来的，但是他对于这样光荣的战争，并不重视。他以为这是天命，他的天下是天授的，天予的，所以《大盂鼎》记述周王之言曰："我其遹（语词）省（视察）先王受民、受疆土。"他是最高大神，天的儿子，他是代天统治地上人民的天子。同时在宗法制下，他又是他祖先最合法的继承人。在祀祖配天的仪式下，他就是这两种神权的体现者。他于是就成为最高的、唯一的、具有无限威权的专制君主。他掌握着宗教的、军事的、政治的最高统治权。这不是欧洲任何一个封建主所能比拟的！

诸侯，是仅次于天子一级的最高的封建主。他在他自己受封的国内的统治权，和天子统治天下，是没有什么差别的。所以春秋时代的人说："天子经略，诸侯正封；封略之内，何非君土？食土之毛（农产品），谁非君臣？"（见《左传》昭公七年）天子君天下，诸侯君其国，只是大小广狭不同而已。诸侯的受封，土地人民是由天子授予的。金文《盂侯簋》载盂侯初封时，王锡盂侯："锡土：厥川三百又□，厥□百又六十，厥西邑州又五，厥□□百又卌，锡在盂，王人□又七□，锡郑七伯、人□□又五十夫，锡盂庶人六百又□□□六夫。"这是

1954 年 6 月在江苏丹徒龙泉乡烟燉山出土的铜器，作器的年代在康王时。俎侯受封时王即锡山川、田、邑、王人、俎庶人及郑七伯所率领的人，这是诸侯受土受民，最具体的记载。《闷宫》之诗述鲁公的受封，是："乃命鲁公，俾侯于东，锡之山川，土田附庸。"也是一样的诸侯的土地人民受之于天子，所以诸侯对于天子也必然有职有贡。《左传》僖公五年载晋灭虞后尚由晋代虞"归其职贡于王"。只要对天子不失职贡，这个土地人民就是诸侯的世袭财产了。这就是封建等级制的从属关系。

卿、大夫，在王畿内是次于天子一级的封建主，在诸畿国内，是次于诸侯一级的封建主。他们也是有土有民的采邑主（领主）。在王畿的采邑制，上文已经讲得很多了，这里只举诸侯国采邑的例子。《齐子仲姜镈》是鲍叔之孙素命所作器。铭云：

> 鲍叔有成劳于齐邦，侯氏锡之邑二百又九十又九邑，与鄙之民人都鄙，侯氏从许之曰："某（世）万，至于台（余）孙子，勿或渝改。"

从这里看，诸侯国的采邑也是有土有民的，而且也是采邑主的世袭财产。齐侯不但从许鲍叔传至万世，而且还不许他继承人改变他的命令。卿大夫的采邑，受之于天子或诸侯，因此采邑主是要在王朝或诸侯国内供职（在位、在服），并向天子诸侯纳贡赋。这就是封建等级制又一层的从属关系。因为天子和诸侯的从属关系，王朝卿大夫和诸侯国的卿大夫，也形成了间接的等级从属关系。在《三国志·魏志·高句丽传》还有这样类似的例子：

> 高句丽……其国有王，其官有相加、对庐、沛者、主邹加、主簿，尊卑各有等级。……诸大加亦皆自置使者、皂衣、先人，名皆达于王，如卿大夫之家臣，会同坐起，不得与王家使者、皂人、先人同列。

春秋时代霸国迭起，这一种间接从属关系，也就存在于大国（霸主）与小国之间。如《左传》成公三年载：

> 次国之上卿，当大国之中，中当其下，下当其上大夫，小国之上卿，当大国之下卿，中当其上大夫，下当其下大夫，上下如是，古之制也。

这样的一层一层的从属关系，难道还不是封建制吗？

士的从属关系，是不容易弄清楚的。士是武士，他是统治阶级中天子、诸侯、卿、大夫都需要的。所以天子有士、诸侯有士、卿大夫也有士，并不一定是"大夫臣士"，"士不世官"（见《孟子·告子》下齐桓公葵丘之会命书）。因此士田也不是世袭财产，而这个职业也需要凭才能选拔，因而士的子孙的职业，也就不容易固定；于是，武士也就转为多种多样地具有才伎的人，而以转化为统治阶级下级官吏的文士为普遍。在开国一传再传之后，所有的土田，都被卿大夫以上的统治阶级分割干净了，士也只能食禄而不能食田了。但在春秋时代也有还没有改革掉的。《左传》宣公二年载：

> 初丽姬之乱，诅无畜群公子，自是晋无公族。及成公即位，乃宦卿之嫡子而为之田，以为公族，又宦其余子，亦为余子，其庶子为公行。晋于是有公族、余子、公行。

公族、余子、公行是晋侯卫士之属，其将帅之者为公族大夫。（服虔杜预均以公族为公族大夫，实误。公族人员甚多，公族大夫必不能如公族之众，见于记载的如韩起之为公族大夫）公族有田，即士食田之证。公族属于公族大夫，亦即"大夫臣士"之例。又《左传》襄公十一年载：

> 季武子……作三军，三分公室而各有其一。二子各毁其乘。季氏使其乘之人以其役邑入者无征，不入者倍征。孟氏使半为臣，若子、若弟。叔孙氏使尽为臣，不然不舍。

又昭公五年载：

> 合中军，卑公室也。……初作中军，三分公室而各有其一，季氏尽征之，叔孙氏臣其子弟，孟氏取其半焉。及其舍之也，四分公室，季氏择二，二子各一，皆尽征之而贡于公。

这里说"三分公室"、"四分公室"、"卑公室"，就是三家把属于公室的公族（卫士）分属于己。公族乘戎车、有役邑，役邑就是不世袭的采邑。晋国采邑以田计，如《晋语》云："大国之卿一旅之田，上大夫一卒之田。"旅五百人，为田应当五万亩，卒百人，为田应当万亩。齐鲁郑卫皆以邑计，四井为邑，《齐语》管子制邑三十家为里，约等于四井，井八家之数（春秋齐卫又以书社计，社二十五家），鲁公族有役邑就是这一类不世袭的邑。

从前这些有役邑的公族，纳赋于鲁君，四分公室之后则由三家征其赋而贡于公。公族，父兄年长，退役之后皆子弟为之，孟孙取其半，即或臣其子或臣其弟。

叔孙使尽为臣，不然不舍，即臣其子并臣其弟。这也是"大夫臣士"之例。这是又一层的封建等级制的从属关系。从西周开始，它就已构成了这样的一层一层的封建等级制。

现在我们再进一步来研究封建等级制的赋税制度。

赋和税在周代是两种不同的剥削制度，赋是军赋，税是地租。赋从武、从贝，是凡关于军事的装备给养；税从禾、从兑，是征收土地上生产的谷物税，又通称为租税。租从禾、从且，是借助于人民以耕种统治者的公田，这是征收生产物地租以前的劳役地租。从劳役地租依次转变为生产物地租之后，租税就成为地租的通称。《汉书·食货志》对于这两种制度，有更详尽的说明：

> 税谓公田什一，及工商衡虞之入也。赋共车马、甲兵、士徒之役。充实府库赐予之用。税给郊社、宗庙、百神之祀、天子奉养、百官禄食、庶事之费。

汉代的赋和税还是分别得很清楚的。《汉书·惠帝纪》诏云：

> 今吏六百石以上、父母妻子与同居，及故吏尝佩将军都尉印、将兵，及佩二千石官印者，家唯给军赋，他无所与。

军赋原来只是向统治集团内部征发的人手和装备的物资。因为这一种征发，最初总是因军事的需要而属于临时性的居多，在统治集团内部又可以由协商谅解以满足其数额，所以赋在长时期内总是一种不固定的榨取，而且也不是平均的负担。《左传》襄公二十五年载楚国之赋，是：

> 量入修赋，赋车、籍马、赋车兵、徒兵、甲楯之数。

赋的负担是要估计负担者的收入而定，所以说"量入修赋"。除军赋外，统治者经常用费如郊社、宗庙、百神之祀、天子奉养、百官禄食、庶事之费等，既由租税收入开支（工商衡（渔）虞（猎）向统治者缴纳生产物，也属于租税），而临时用费，如充实府库赐予之用，则须向统治集团内部筹措。如《左传》哀公十一年载陈辕颇"赋封田以嫁公女"，襄公三十一年载郑要向霸主纳贡就要"悉索敝赋以来会时事"。西周时代王赏赐他的臣属衣服旗帜等，王允许他的臣属向有从属关系方面征收货币而自己置办，这些记载冠于金文者甚多，如：

> 王若曰："齱，命女司成周里人暨诸侯大亚，讯讼罚，取征五锊，易女夷臣十家用事。"——《齱簋》

令女作司土，官司耤田，易女戠玄衣、赤⬜市、鸾旂、楚走马，取征五锊
用事。——《戠鼎》

王若曰："趞，命女作齭自家司马、啻官仆射士，讯小大又隣，取征五锊
易女赤市、幽亢、鸾旂用事。"——《趞鼎》

锡女赤⬜市市、鸾旂、讯讼、取征五锊。——《𦷭簋》

王令𣪕司公族、卿事、太史寮，取征廿孚。——《番生簋》

命女𣪕司公族、雩参有司、小子、师氏、虎臣，雩朕褻事、以乃族干吾王
身，取征卅锊。——《毛公鼎》

《说文》锊十一铢二十五分铢之十三，约半两不足（二十四铢为两）。取征有多少
不同者：五锊大概最普遍，重到廿锊卅锊，因为与他有从属关系方面是公族、卿
事、太史寮、参有司等，他们的地位高，收入也当然多，所以也就征得多。总之，
他们的负担总是他们剥削的一部分而不是大部分，这就属于课税的性质了。这些不
定期不定额的临时征收，积久之后，也就成为定额的课税。

春秋以前出地租的不出军赋，出军赋的不出地租。春秋以后，鲁作丘甲、用田
赋，郑作丘赋，出地租的，同时也出军赋①。人民的负担，是陡增一倍。鲁哀公在
四分公室之后，所仅存的公室收入，在年岁饥荒时，当然是不够的。《论语》载有
若教他行彻法（只征收地租），他说"二吾犹不足，如之何其彻也？"这个二，并
不是什二的地租，而是地租与课税为二。地租在春秋战国时代，是没有超过什一
的。《汉书·食志货》载李悝为魏文侯作尽地力之教说得很清楚："今一夫挟五口，
治田百亩，岁收，亩一石半，为粟一百五十石，除十一之税十五石。"岁收一百五
十石，除十一之税十五石，不是很明白的十一之税吗？《孟子·告子》下载白圭且
欲二十而取一，这是在什一的基础上说的，若是什二，他又何必唱这样高调呢？
《孟子》书屡说"百亩之田，勿夺农时"，"不违时农，谷不可胜食也"，可见当时
不是地租的加重，而是力役的非时。《孟子·尽心》下云：

有布缕之征、粟米之征、力役之征，君子用其一、缓其二，用其二而民有
殍，用其三而父子离。

当时人民在地租（粟米之征）之外，还有两种负担。布缕之征可能就是由军赋转
化而来的课税。这三种负担和唐代的租、庸、调是没有什么不同的。《左传》昭公
三年载齐国人民的负担，是：

---

① 说详《试论周代田制及其社会性质》。

民参其力，二入于公而衣食其一，公聚朽蠹，而三老冻馁。

"民参其力"，也应当用《孟子》的布缕之征、粟米之征、力役之征三种负担来解释它。如果说人民所负担的地租，又超过什二而达到三分之二，那真是一件冤狱。地租从先秦的什一，到汉代的什五取一、三十取一，逐步减轻，这是容易理解的。若由西周的什一，到春秋时就增加到什二或三分之二，到汉代又减为十五取一、三十取一，这样的发展，就不容易理解了。

以上这些论证如果没有错，那么，周代社会哪里有"地主又是主权的国家，地租和课税就会合并在一起"，或"不会再有什么和这个地租形态不同的课税"？

五　余　论

中国封建制从西周到鸦片战争以前，就绵延了三千年之久，就是压缩到春秋或者东汉末，也还有二千五百年到一千七百年之久，比起欧洲的封建制，它总要算是老牌的封建制了。它是可以丰富马克思列宁主义历史科学的内容的。

封建制为什么在中国要绵延得这样久？如果没有西洋资本主义发生，如果没有鸦片战争，中国的封建制还要绵延一段时间。这是发达的、停滞的或者是削弱的，究竟属于哪一种封建制呢？

最近梁园东教授在《中国史的问题》中[①]，提出秦汉以后中国封建统治是逐渐削弱的，我完全同意这个意见。我们只要看秦汉以降，有几个朝代的开国之君有意地要建立一些贵族领主来统治人民，但是这样违反历史趋势的逆流终于一个一个地倒下去了，白衣卿相的局面代替了贵族领主的统治，这就是封建统治削弱最显著的迹象。在田制方面，从劳役地租转变到生产物地租，从均田制、两税法、一条鞭到地丁合一，事实上人民的负担，是一步比一步减轻了。在地主压迫下的佃农，虽然地租的剥削，还是沉重的，但是比起在领主统治下的农奴，人身的依附关系，已经是松弛得多了。就以解放前的租佃关系说，地主对于佃农固然可以夺佃，但是佃农对于地主也可以有选择的自由，假如这个地主太凶恶了，佃农是可以退佃的。这不是封建统治逐步削弱的成就吗？

秦汉以降中国历史上不断地涌现着农民大起义，封建王朝被它们一个一个地吞没了，如果不是封建统治削弱，这些自发的、没有组织的农民，又怎么能轰轰烈烈地起义呢？在春秋战国时代贵族领主统治之下，我们为什么又看不到农民起义呢？

---

① 见 1956 年 12 月 5 日《文汇报》，又见 1957 年《新华月报》1 月号。

秦汉以降，中国封建统治削弱，这是中国封建制的一个方面。我们如果只强调这一方面，那么既然秦汉以降封建统治就已削弱了，从秦汉到鸦片战争也有二千年之久，这样长期削弱下去，还不能产生资本主义，这不又是太奇怪了吗？这个问题应当从封建统治阶级内部矛盾来解决。

中国宗法制完成于殷代奴隶制的末期①，当然它是带有很浓厚的奴隶制残迹，它把父权提高与君权并列，而掌握这两权的最高统治者就是皇帝，在他的统治下，君权所不能完成的使命，则以父权行之，父权所不能完成的使命，则以君权行之，这就是东方专制君主统治人民教忠教孝的左右两翼，不论官僚也好，人民也好，在君父一体之下，他们对自己的君父还不拥护吗？这就是东方专制君主无可比拟的威权的基础。因此，秦汉以后在封建统治阶级内部：一方面是封建统治逐步削弱，一方面是专制主义逐步加强。专制主义当然也属于封建统治，但是它的内容也不尽相同。封建统治是直接加在人民身上的桎梏，专制主义则是假手于官僚的间接统治。专制主义是君权父权的结合体，是奴隶制的残余，它并不是不可怕，它的残暴有时还要远远超过于秦汉以前的封建统治。我们只要看到明代的《四诰》② 和清代的文字狱档，我们只要涉想到这样的暴政，就要不寒而栗，何况生息在当时的人民？但是，"天高皇帝远"，他的统治毕竟是要假手于一般大小官僚，在政令执行中，还要经过谏议、封驳、平反许多互相牵制的作用，而在统一的王朝下，安内攘外，使社会秩序得到安定，对人民也是有利的。在统治阶级内部的斗争中，专制君主为要争取广大的人民，对人民多少做一些有益的事，例如：墨、劓、剕、刖等肉刑的废除，奴隶和惰民的放免，一条鞭法施行后，人民才免于徭役之苦，摊丁入亩地丁合一后，无田的人民才免于苛暴之征。人民的利益逐渐增多，这就是封建统治逐渐削弱的结果。专制主义在封建统治长期削弱之后，它把封建制的中间等级也给完全消灭，而完成了亿万人之上一人独尊的专制独裁政治，所有的大小官僚和所有的人民，在法律上几乎都是平等的，所谓"王子犯法与庶民同罪"，这就是中国封建制辩证的发展。当然，中国历史上专制主义的逐步加强，与封建制在时间上拖得太长，与在中国边境上成立的奴隶制国家进而统治中国，也是有关系的；但是，那不是中国封建制发展的主流。

（刊于 1957 年第 5 期）

---

① 近代治甲骨文者多言祖甲改制，《史记·殷本纪》武乙、文丁、帝乙、帝辛皆父子相继，而《吕氏春秋·当务篇》及《史记·殷本纪》皆以微子启母贱不得立，是周代嫡长继承的宗法制，在商代末期就已形成了。

② 明太祖洪武十八年采辑民官过犯为《大诰》，三○年为《大诰续编》，三一年为《大诰三编》，又有《大诰武臣》，总称四诰。

中国古代史分期商榷（上）

金景芳

　　新中国成立，已经 30 年了。中国古代史中有一个极为重要的问题——分期问题，迄未解决，反映我国历史科学的发展是何等缓慢！我国历史科学发展缓慢的原因很多。据我看，没有认真地贯彻执行"双百"方针是一个重要原因。我这样说，并不是不知道郭沫若同志的分期说已在全国范围内广泛流行，并为多数人所接受。坦率地说，我是不同意郭老的分期说的。根据"百家争鸣"的精神，我准备用上、下两篇文章商榷这个问题。上篇谈对郭老分期说的意见，下篇谈我个人对分期的看法。

对郭老的分期说提出八点意见

一　马克思主义所说的奴隶制是一种形态，还是两种形态

　　郭老说："我认为，中国奴隶社会不像所谓'古代东方型'的奴隶社会那样，只有家内奴隶，而生产者则是'公社成员'。严格按照马克思的意见来说：只有家内奴隶的社会，是不成其为奴隶社会的。……如果太强调了'公社'，认为中国奴隶社会的生产者都是'公社成员'，那中国就会没有奴隶社会。"[①] 无疑这是郭老中国古代史分期说的理论基础。实质上郭老是认为马克思主义所说的奴隶社会只有典型的古典的，即希腊罗马型的一种，不包括亚细亚的或东方的形态。这种说法，我觉得与事实不符。最明显的是，恩格斯在论述"德意志人国家的形成"时说："他们还没有达到充分发展的奴隶制；既没有达到古代的劳动奴隶制，也没有达到东方

---

　　① 《奴隶制时代》，人民出版社 1977 年版，第 231—232 页。

的家庭奴隶制。"① 这就说明在马克思主义看来，无论是古代的劳动奴隶制或是东方的家庭奴隶制，都是充分发展的奴隶制。

二　夏代尚有待于地下发掘物证明，这个观点是可以商量的

郭老说："殷代以前的夏代，尚有待于地下发掘物的确切证明。"② 郭老强调地底下掘出的史料的重要性，并没有错。问题不在这里。问题在于不加分析地全盘否定古籍记载，单纯地主张依靠地底下掘出的史料来讲古史。应当指出，地底下掘出的史料也有它的不可克服的缺点。第一，它不是自明的；第二，它缺乏理论性和系统性。例如地底下掘出的史料一般都没有文字，当然认识不易。即便有文字的，如甲骨文、金文，假如不是具有正确的观点，又有丰富的历史知识和文字学知识，纵然说认识，也是不足凭信的。又地底下掘出的史料大都是偶然的、零星的发现，所能说明的问题有很大的局限性，不像文献史料大半都是经过选择而保留下来的重大事件的记录。因此，全盘否定文献史料，单纯依靠地底下掘出的史料来讲古史，这个观点是可以商量的。

三　人牺人殉能证明殷代是典型的奴隶社会吗

郭老说："殷代是典型的奴隶社会，已没有问题了。殷代祭祀还大量地以人为牺牲，有时竟用 1000 人以上。殷王或者高等贵族的坟墓，也有不少的生殉和杀殉，一墓的殉葬者往往多至 400 人。这样的现象，不是奴隶社会是不能想象的。"③

郭老坚持用地下发掘物说明古史，把有大量的人牺人殉作为殷代是典型的奴隶社会的证明。其实，这不是马克思主义的观点。

马克思《摩尔根〈古代社会〉一书摘要》说："关于俘虏的处理经过了和野蛮期的三个阶段相适应的三个连贯的阶段：野蛮期的第一个时期，俘虏被处以火刑，第二个时期——作为供献神灵的牺牲，第三个时期——转变为奴隶。"④ 这就是说，人牺在野蛮期的第二个时期已经出现，奴隶在野蛮期的第三个时期已经出现。不但光凭有人牺不能证明是奴隶社会，即便是有了奴隶也不能证明一定是奴隶社会。为什么呢？因为奴隶社会固然有奴隶，但有奴隶的不等于就是奴隶社会。例如，原始社会末期有奴隶，封建社会和资本主义社会也有奴隶，·这样，怎能说有奴隶就是奴隶社会呢？

那么，什么是奴隶社会的基本特征，奴隶社会和原始社会划分的标志是什么

---

① 《马克思恩格斯全集》第 11 卷，第 177—178 页。
② 《奴隶制时代》，第 1 页。
③ 同上。
④ 同上书，第 151 页。

呢？据我看，这两个问题，前者应以斯大林的教导为依据。即"在奴隶制度下，生产关系底基础是奴隶主占有生产资料和占有生产工作者，这生产工作者便是奴隶主所能当作牲畜来买卖屠杀的奴隶，"① 后者应以恩格斯的教导为依据。即"随着在文明时代获得最充分发展的奴隶制的出现，就发生了社会分成剥削阶级和被剥削阶级的第一次大分裂。这种分裂继续存在于文明期。奴隶制是"古代世界所固有的第一个剥削形式"和"国家是文明社会的概括"②。这就是说，文明社会和原始社会划分的标志是国家，而"奴隶制是古代世界所固有的第一个剥削形式"，所以，奴隶社会和原始社会划分的标志，不是别的什么东西，而是国家。自马克思主义观点看来，人牺人殉既不是奴隶社会的基本特征，也不能作为奴隶社会和原始社会划分的重要标志。

四　关于井田制问题

郭老虽然也承认我国古代有井田制，但是，他又认为孟子所说的井田，"完全是孟子的乌托邦式的理想化"③。这种说法，从实质上看，又否定了中国古书上所说的井田制的存在。

实际上，中国古书上所记述的井田制，就是马克思、恩格斯所说的"马尔克"或"农村公社"、"农业公社"在中国的具体表现形式。它不但不是"乌托邦"，而且是历史的必然。

马克思论述"农业公社"不同于较古的公社的最主要的特征说：

1. ……"农业公社"是最早的没有血统关系的自由人的社会联合。

2. 在农业公社中房屋及其附属物——园地，是农民私有的……当然也有一些农业公社，它们的房屋虽然已经不再是集体的住所，但仍然定期改换占有者。这样，个人使用权就和公有制结合起来。

3. 耕地是不准转卖的公有财产，定期在农业公社社员之间进行重分，因此，每一社员用自己的力量来耕种分给他的地，并把产品留为己有。④

恩格斯在所著《马尔克》里，曾举德国现存的摩塞尔河畔和霍赫瓦尔特山脉的所谓农户公社作为实例，说：

"在那里，虽然不再一年分配一次，但是每隔三年、六年、九年或十二年，总要把全部开垦的土地（耕地和草地）合在一起，按照位置和土质，分成若干'大块'。每一大块，再划分若干大小相等的狭长带状地块，块数多少，根据公社中有

---

① 《辩证唯物主义与历史唯物主义》，第30页。
② 《马克思恩格斯全集》第21卷，第200页。
③ 《奴隶制时代》，第29页。
④ 《马克思恩格斯全集》第19卷，第449页。

权分地者的人数而定，这些地块，采用抽签的办法，分配给有权分地的人。所以，每一社员，在每一个大块中，也就是说，在每一块位置与土质各不相同的土地上，当初都分到了同样大的一块土地。现在，这块土地，由于分遗产、出卖种种原因，已经大小不等了，但有的整块土地，仍旧是一个单位，根据这个单位，才能决定这块土地的二分之一，四分之一，八分之一等等的大小。没有开垦的土地、森林和牧场，仍然共同占有，共同利用。"①

我们应用马克思主义上述理论作指导，来看一下我国古书上所记述的井田制是怎么说的。

《周礼·地官·遂人》说："以岁时稽其人民而授之田野"。又说："以土均平政，辨其野之土土地中地下地以颁田里。土地，夫一廛，田百亩，莱五十亩，余夫亦如之，中地，夫一廛，田百亩，莱百亩，余夫亦如之，下地，夫一廛，田百亩，莱二百亩，余夫亦如之。"

《孟子·滕文公上》说："夫滕壤地褊小，将为君子焉，将为野人焉。无君子莫治野人，无野人莫养君子。

"请野九一而助，国中什一使自赋。自卿以下，必有圭田。圭田五十亩。余夫二十五亩。方里而井，井九百亩。其中为公田。八家皆私百亩，同养公田。公事毕，然后敢治私事，所以别野人也。"

古书上提到井田的还很多，兹不具引，只引这两份材料，作为典型的例子和马克思、恩格斯所述对照说明如下：

1. 《周礼》所说"以岁时稽其人民而授之田野"，这就是马克思、恩格斯所说的耕地定期重分。实行这种制度，为什么一定要定期重分耕地呢？这是因为土地公有，土地的变动必须同人口的变动相适应。正是因为这样，所以"稽其人民"即调查户口，遂成为重分土地前的一项重要工作。

2. 《周礼》所说"辨其野之土土地中地下地"，显然同恩格斯所说的要考虑耕地的位置和土质的精神是一致的。

3. 《周礼》所说"夫一廛"，无疑就是马克思所说的房屋定期改换占有者。

4. 《周礼》的分田都是"百亩"，而莱有五十亩、百亩、二百亩的不同，这是用莱（草地）调剂肥瘠，以求平衡。

5. 百亩是一个单位，则五十亩、二十五亩、二百亩等，正是这一个单位的二分之一，四分之一，或者一倍，也和恩格斯所说的情况不谋而合。

6. 《孟子》所说"八家皆私百亩"，这就是马克思所说的"每一社员用自己的力量来耕种分给他的地，并把产品留为己有。"

---

① 《马克思恩格斯全集》第 19 卷，第 355 页。

7.《孟子》说："八家同养公田。公事毕，然后敢治私事。"这段话是说明公田的产品为公家所有。由此可见，井田制之有公田、私田只是表明产品归谁所有，而与土地所有制无关。

至于《孟子》所说的"野九一而助，国中什一使自赋"等，则涉及另外的一些问题，为了节省篇幅，就不在这里详述了。

总之，我国古书上所记述的井田制同马克思、恩格斯所论述的"农业公社"或"马尔克"的要点，基本上一致，是没有理由说成"乌托邦"的。

马克思说过，"如果你在某一个地方看到有陇沟痕迹的小块土地组成的棋盘状耕地，那就不必怀疑，这就是已经消失的农业公社的地产！"① 则中国井田之为"豆腐干块"，又有什么可以怀疑的呢？毋宁说，豆腐干块正是井田制的特征。它不但是可能的，而且是必然的。

井田制的存在，恰恰是中国奴隶社会之为"古代东方型"的一个铁证。

恩格斯说："要使奴隶劳动成为整个社会中占统治地位的生产方式，那就还需要生产、贸易和财富积聚有更大的增长。在古代的自发的土地公有的公社中，奴隶制或是根本没有出现过，或是只起极其从属的作用，在最初的农民城市罗马，情形也是如此，而当罗马变成'世界城市'，意大利的地产日益集中于人数不多的非常富有的所有者阶级手里的时候，农民人口才被奴隶人口所排挤。"② 这就是说，在土地公有的公社存在的时候，不可能有古代的劳动奴隶制，即不可能有郭老所说的"典型的奴隶社会"。

其实，郭老何尝不了解这个道理。正是由于郭老了解这个道理，所以，为了坚持中国奴隶社会是典型的奴隶社会，就非修改井田制不可。实际上郭老所说的"井田制"，既没有马克思主义理论根据，也没有历史事实根据，纯粹出于主观臆造。正由于这样，所以郭老所说的"井田制"，就不能不是破绽百出，无以自圆其说。

郭老的"井田"说，详见所著《奴隶制时代》。

在一个地方说，"那些方田，不是给予老百姓，而是给予诸侯和百官的。诸侯和百官得到田地，再分配给农夫耕种以榨取他们的血汗而已。故井田制是有两层用意的：对诸侯和百官来说是作为俸禄的等级单位，对直接耕种者来说是作为课验勤惰的计算单位。有了一定的亩积两方面便都有了一定的标准。"③

在另一个地方说，"公家把土地划成方块授予臣工，同时更分予些'说话的工

---

① 《马克思恩格斯全集》第 19 卷，第 452 页。
② 《马克思恩格斯全集》第 20 卷，第 175 页。
③ 《奴隶制时代》，第 29、32 页。

具'为他们耕种。臣工们有了这样的便宜，便尽量榨取奴隶们的剩余劳动以开辟方田外的荒地。畿外的诸侯在采取这种步骤上是有更多的自由的。公家所授的方田一律都是公田，在方田外所垦辟出的土地便是所谓私田。公田有一定的规格，私田，自可以因任地形而自由摆布。公田是不能买卖的，私田却真正是私有财产。公田是要给公家上一定的赋税的，私田在初却完全无税。就在这样发展的过程当中，土地国有制遭受着削弱，诸侯和百官们逐渐豪富起来了。私田的亩积逐渐超过公田，因而私家的财富也逐渐超过公家。"①

郭老这个"井田"说之所以不能成立，主要在于：

1. 错误地把划分小块的土地说成是给予诸侯和百官的

马克思说："农业公社的社员并没有学过地租理论课程，可是他们了解，在天然肥力和位置不同的土地上消耗等量的农业劳动，会得到不等的收入。为了使自己的劳动机会均等，他们根据土壤的自然差别和经济差别把土地分成一定数量的地段，然后按农民的人数把这些比较大的地段再分成小块，然后，每一个人在每一块地中得到一份土地。"②

拉法格说："等长的直线内包含的地块满足了平等精神和不给纷争留下余地。"③

由上述两段文字可以清楚地看出，把土地划分成"棋盘状"或"豆腐干块"进行分配是由于土地公有的平等精神决定的。给予诸侯和百官的土地，当然没有必要也不可能划分成这样的小块。

远的且不说，我们即以周初诸侯为例来说吧。他们无论是新封，或者是旧邦，都是各有各自的封疆。封疆以内，土地，人民悉为所有。例如《诗·鲁颂·閟宫》说，"乃命鲁公，俾侯于东，锡之山川，土田附庸"。《左传》定公四年所述封鲁、封卫、封唐（后改晋），也都是给予大片的土地。哪里有先把土地划分成小块，然后给予诸侯和百官的事情？

周初封国多少，说者不一。《吕氏春秋·观世》说是"四百余"，《荀子·儒效》说是"七十一国"。即令是七十一国吧！其中有的新被征服，有的尚待征服，以此封人，在当时交通不发达，政局不稳定，以及人力、物力都很有限的条件下，怎能够按照郭老的说法，先把授封的土地都划分成合乎俸禄等级单位要求的若干小块呢？《吕氏春秋·观世》说"服国八百余"。这样多的旧邦，周王又要派出多少人去划分小块土地，作为俸禄的等级单位呢？可见郭老的说法只是主观想象，事实

① 《奴隶制时代》，第29、32页。
② 《马克思恩格斯全集》第19卷，第452页。
③ 《思想起源论》，王子野译，三联书店1963年版，第89页。

上是不存在的。

2. 把公田、私田作了歪曲的解释

本来井田制的公田、私田是指产品归谁所有，而不是指土地归谁所有。而郭老为了适应他所制造出来的一种由于开垦荒地而产生了一个地主阶级，由于产生了地主阶级，而奴隶社会就变成了封建社会这个"理论"的需要，硬把公田说成是周王给予诸侯和百官的田，把私田说成是诸侯和百官自己开垦出来的田。全然不顾诸侯的封疆以内，土地、人民，悉为所有。绝无诸侯在自己的领土以内又开垦所谓"私田"之事。

郭老说井田"对诸侯和百官来说是作为俸禄的等级单位，对直接耕种者来说是作为课验勤惰的计算单位"。这种说法，不但不是事实，在道理上也说不通。因为，诸侯的等级比较稳定，很可能几百年不变，而直接耕种者则不然。由于人有老死，有新生，新生的与老死的不能保持平衡。一般说，人口总是不断增长的。那么，以不变的土地，怎能和不断变动的人口一致起来呢？

如用马克思主义理论和中国历史实际来解释井田，就没有这样的问题。因为，土地是定期重新分配。即人口不断变动，所分配的土地也不断变动。如恩格斯所说的有分配的马尔克，又有公共的马尔克。实行井田制，不准许开垦荒地，怎能行得通呢？

3. 公田要给公家上税的提法有问题

郭老所说的公田上税，并不是指井田的公田产品归于公家所有来说的，而是指诸侯分得的土地要向周王上税。像这样的事，当时是不存在的。

事实上，周代的诸侯对王室只有朝贡的义务，而不交纳土地税。因为在当时的历史条件下，不但诸侯有很大的独立性，王室也不能掌握各诸侯国的土地变动情况。郭老习见秦汉以后事，遂谓周时亦然。其实，周时并无此事。

总之，郭老的"井田"说，是与历史实际相抵触的，不能成立的。

五　"普天之下，莫非王土，率土之滨，莫非王臣"讲的不是土地所有制问题

郭老说："古代中国的土地所有制，在殷、周时代是土地国有制。……周代的诗所说的'普天之下，莫非王土，率土之滨，莫非王臣'，所表明的就是这种土地国有制的实际。"以下又作具体解释，说："一国的土地和人民都是国王的家产。国王把他所有的可耕地和劳动力，分配给臣下们使用，因而臣下们所有的土地和耕者，只是他们所享有，而不是他们的私有。"[①]

---

① 《奴隶制时代》，第4页。

实际上，郭老这种国王分给臣下的只限于可耕地和劳动力，臣下对这个可耕地和劳动力只是"享有"而不是私有的说法之不正确，上文已经谈了很多。现在有必要对郭老所征引的这个诗句的意义谈一谈。

应当指出，这个诗句同周王又称"天子"一样，都表明周王的权力是最高的、无限的，并不是讲土地所有制。古书上讲土地所有制的资料很多。如《国语·周语》记周襄王对晋文公说，"昔我先王之有天下也，规方千里以为甸服，其余以均分公侯伯子男，使各有宁宇"。《左传》襄公二十五年，郑子产说："昔天子之地一圻（千里），列国一同（百里），自是以衰。"《仪礼·丧服传》说："君，谓有地者也。"郑玄注说："天子诸侯及卿大夫有地者，皆曰君。"都是讲土地所有制的。郭老都不征引，只引用周诗，显然是只图对于自己的论点有利，不是实事求是的态度。

《韩非子·说林上》记述了一个故事，说："温人之周，周不纳客。问之曰客耶？对曰主人。问其巷而不知也。吏因囚之。君使人间之。曰：'子非周人也，乃自谓非客，'何也？对曰：臣少也诵《诗》曰'普天之下，莫非王土，率土之滨，莫非王臣'，今君天子，则我天子之臣也，岂有为人之臣，而又为之客哉？故曰主人也。君使出之。"

郭老引诗也同温人一样，实际上何尝不了解此诗不是讲土地所有制，所以这样说，不过是借以达到自己的目的罢了。

六 "初税亩"三个字，没有"极其重大的社会变革的历史意义"

郭老说："《春秋》在鲁宣公十五年有'初税亩'的记载，虽然仅仅三个字，却含有极其重大的社会变革的历史意义。它表明着中国的地主阶级第一次登上了舞台，第一次被合法承认。"[1]

郭老的这种说法是由于他对公田、私田的错误解释，而逻辑地推论出来的。事实上初税亩并没有这个意义。

鲁宣公的初税亩，当用鲁哀公所说的"二，吾犹不足，如之何其彻也？"一段话来说明。这就是说未税亩时的剥削量为一，税亩以后的剥削量为二。周时彻法包括贡、助。以助法为例来说吧。过去是"制公田，不税夫"，即公家只收取公田产品，不征收私田产品。税亩以后，则制公田，又税夫。即公家在私田产品内又收取一部分。助法是什一，税亩又收什一，其结果遂变成所谓"二"。即公家的剥削量增加一倍。用今天的科学语言来说，"制公田"，只在公田内收一夫的劳役地租十分之一，"税亩"又在一夫的私田内收实物地租十分之一。所以，初税亩，只是开

---

① 《奴隶制时代》，第6页。

始增收一份实物地租。既没有出现地主阶级，更没有发生社会变革。

七　《左传》上的"三分公室""四分公室"讲的是兵制，同"初税亩"毫不相干

为了把问题说清楚，特将《左传》原文抄录如下：

《左传》襄公十一年说："季武子将作三军，告叔孙穆子曰：请为三军，各征其军。……正月作三军，三分公室而各有其一。三子各毁其乘。季氏使其乘之人以其役入者无征，不入者倍征。孟氏使半为臣，若子若弟。叔孙氏使尽为臣，不然不舍。"

昭公五年说："舍中军，卑公室也。毁中军于施氏，成诸臧氏。初作三军，三分公室而各有其一。季氏尽征之，叔孙氏臣其子弟，孟氏取其半焉。及其舍之也，四分公室，季氏择二，二子各一，皆尽征之，而贡于公。"

《左传》这两段文字的主题，无疑是讲兵制。襄公十一年传文，讲的是"作三军"。昭公五年传文讲的是"舍中军"。因此，传文里的"乘"、"役"、"征"、"子弟"、"臣"以及"三分公室""四分公室"等，都应依兵制作解。

江永说："鲁之作三军也，季氏取其乘之父兄子弟尽征之，孟氏以父兄子弟之半归公，而取其子弟之半，叔孙氏尽取子弟，而以父兄归公。所谓子弟者，兵之壮者也，父兄者，兵之老者也，皆其素在兵籍，隶之卒乘者，非通国之父兄子弟也。其后舍中军，季氏择二，二子各一，皆尽征之，而贡于公。则民之为兵者，尽属三家，听其贡献于公也。若民之为农者出田税自是归之于君。故哀公云：'二，吾犹不足'。三家虽专，亦惟食其采邑，岂能使通国之农民田税皆属之己哉？"[1]

崔述说，"夫使鲁国果尽属于三桓，则三桓之外，鲁之大夫尚多，若叔氏、臧氏、施氏、郈氏、叔仲氏、东门氏之属，其禄皆于何取之？盖三桓所分者乡遂，至于都鄙之地自若也"。[2]

江、崔二人的解释，我看是对的。郭老置上下文义于不顾，只是根据自己的需要，摘取若干词句，作了随心所欲的解释。硬让它同"初税亩"挂钩。说什么《左传》襄公十一年"三家中季孙氏采用了封建的剥削方法，孟孙氏仍用奴隶制的剥削方法，孟孙氏走了中间路线"。昭公五年"三家都采用了封建的剥削方法，于

---

[1] 《群经补义·春秋》。
[2] 《崔东壁遗书·考古续说·东周大事考》。

是鲁国就形成了封建社会，它的政权已经是代表地主阶级的了"。① 把一个严肃的历史科学，看成是百依百顺的女孩子，可以任意打扮。这种做法，是不能允许的。

八　鲁三家、齐田氏是完成社会变革的新兴的地主阶级吗

大家公认，商鞅在秦变法是一次变奴隶制为封建制的革命行动。在这场革命中，各个阶级都出来表明自己的态度。

具体说：

1. 任用商鞅的是国君，即秦孝公，车裂商鞅的也是国君，即秦惠文王。这就证明国君是奴隶主阶级的头子，从其阶级本性来说，是不赞成革命，或反对革命的。但由于一方面，受到国内外阶级斗争的压力，不变法不但不能富强，甚至不能生存；另一方面，变法对国君是有好处的。它既能使国家变得富强，又能使国君扩大他的统治权力。所以，国君又赞成变法，而赞成变法，就成了革命。

2. 宗室大臣如甘龙、杜挚、公子虔等一批人，自始至终坚决反对商鞅的变法，他们之所以反对商鞅变法，是因为他们是反动的、腐朽的奴隶主阶级利益的代表。所谓革命，正是革他们这批人的命。所以，他们不可能不起来展开生死大搏斗。

3. 秦孝公所以任用一个羁旅之士——商鞅变法，一方面，由于宗室大臣都是腐朽的、反动的，他们不但没有革命的要求，也没有革命的才能。另一方面，由于商鞅一类人，没有政治地位，很少包袱，进取心强，有冒险精神，又熟悉当时的社会形势，所以，他们能成为一个坚定的革命者。

吴起在楚变法，也是一个羁旅之士。支持吴起变法的是国君楚悼王。反对变法，终至射杀吴起的，则是楚国的宗室大臣。

李斯在秦，"请一切逐客"的是秦宗室大臣。"除逐客令，复李斯官，卒用其计谋"的，则是秦王。

如果这个阶级分析不错的话，则鲁三家自桓公以后，世世掌权。齐田氏自田完至齐以来，迭居高位。特别是到了春秋后期，他们在鲁、齐两国，都是所谓宗室大臣。他们独能主动地自己革自己的命，这是不可想象的。

革命是要夺取政权的。但夺取政权的，却不一定都是革命。这主要的要看他代表哪个阶级的利益，走哪条道路，实行什么政策。

鲁三家之"三分公室""四分公室"不能认为是新兴的地主阶级的革命，已如上述。那么，齐田氏"用大斗小秤以争取人民"② 终于夺取政权，是不是就是新兴的地主阶级的革命呢？我看不能这样说。《左传》里像这类例子还有文公十四年，

---

① 《奴隶制时代》，第239—240页。
② 同上书，第41页。

说：齐"公子商人骤施于国而多聚士，贷于公有司以继之。"十六年说："宋公子鲍礼于国人。宋饥，竭其粟而贷之。年自七十以上无不馈诒也，时加羞珍异。无日不数于六卿之门。国之材人无不事也。亲自桓以下，无不恤也。"这二人后来都夺取政权。二人的做法和齐田氏基本上一样，而早于齐田氏的做法70多年。他们是不是也是新兴的地主阶级作了社会变革的革命呢？我看也不是。其所以不是，在于他们走的不是封建的道路，实行的不是封建的政策。郭老的这个观点，是难以令人同意的。

根据上面对郭老分期说所赖以建立起来的八个重要问题的分析，可以断言，郭老的中国古代史分期说是不能成立的。

（刊于 1979 年第 2 期）

中国古代史分期商榷(下)

金景芳

秦统一是中国奴隶社会和封建社会的分界线

本篇谈谈我对中国古代史分期问题的看法。

所谓中国古代史分期，实际包括两个内容：一个是奴隶社会和原始社会的分期，另一个是奴隶社会和封建社会的分期。关于前者，我已有专文论述①，不在这里重复。现在所要谈的，主要是奴隶社会和封建社会的分期。

我认为，谈奴隶社会和封建社会的分期，首先须解决以下两个问题：1. 中国奴隶社会的特点问题；2. 中国奴隶社会的阶级和阶级斗争问题。

解决了上述两个问题之后，再根据历史实际，阐述中国奴隶社会在其发展过程中所经历的几个不同的历史阶段及其具体内容，这就很自然地解决了中国奴隶社会和封建社会的分期问题。

一 中国奴隶社会的特点

这里所说的中国奴隶社会的特点，主要是指中国奴隶社会在马克思主义所论述的两种形态奴隶制中属于哪一种形态的问题。

据我所知，马克思主义所论述的两种形态奴隶制，一种是东方的家庭奴隶制，也称亚细亚生产方式，另一种是古代的劳动奴隶制，也称典型的奴隶制。二者的差别在土地问题上表现最为明显。即前者"不存在土地私有制"②，而后者则恰恰相

---

① 吉林大学《理论学习》1977 年第 11、12 期合刊。
② 《马克思恩格斯全集》第 28 卷，第 256 页。

反，土地成为无限制的私有财产①。目前国内史学界占统治地位的，是认为中国奴隶社会是"典型的奴隶社会"。甚至说："认为中国奴隶社会的生产者都是'公社成员'，那中国就会没有奴隶社会。"事实证明，这种说法是站不住脚的。

中国奴隶社会存在井田制，正是中国奴隶社会属于"古代东方型"的一个铁证。井田制的特点是"把土地分给单个家庭并定期实行重新分配"，亦即"小土地劳动"。这样，就决定它不能容纳大量奴隶，因而中国的奴隶社会就不可能是古代的劳动奴隶制。另一方面，在井田制度的条件下，进行农业生产劳动的人，中国古书上一般称为"庶人"。这个庶人，又与中国封建社会的农民有本质上区别。不但马克思曾把这类人叫做"普遍奴隶"，在中国古书上，也可以看到有同样的说明。

例如《礼记·曲礼上》说，"礼不下庶人，刑不上大夫。"又说："鹦鹉能言不离飞鸟，猩猩能言不离禽兽，今人而无礼，不亦禽兽之心乎？……是故圣人作礼以教人，使人以有礼以自别于禽兽。"又，《郊特牲》说："男女有别然后父子亲，父子亲然后义生，义生然后礼作，礼作然后万物安。无别无义，禽兽之道也。"《孟子·离娄下》说："人之所以异于禽兽者几希！庶子去之，君子存之。"《荀子·王制》说："水火有气而无生，草木有生而无知，禽兽有知而无义，人有气有生有知亦且有义，故最为天下贵也。"请看这些材料，一方面，说礼不下庶人，另一方面，又说无礼的是禽兽。那么，这个具有禽兽身份的人，不是奴隶，又是什么呢？因此，我认为，不承认中国奴隶社会是东方的家庭奴隶制，而说成是古代的劳动奴隶制或封建社会是不对的。

二　奴隶社会的阶级和阶级斗争

马克思、恩格斯在《共产党宣言》里说："使阶级对立简单化"是资产阶级时代的特点。而"在过去的各个历史时代，我们几乎到处都可以看到社会完全划分为各个不同的等级，看到由各种社会地位构成的多级的阶梯。"列宁也说过："社会划分为阶级，这是奴隶社会、封建社会和资产阶级社会共同的现象，但是在前两种社会中存在的是等级的阶级，在后一种社会中则是非等级的阶级。"② 可是，当前的许多历史论著讲到奴隶社会时，却只讲奴隶和奴隶主两个阶级，抹杀了等级的阶级和非等级的阶级之间的差别，无疑是不对的，并且是不符合历史实际的。

不仅奴隶社会的阶级和资产阶级时代的阶级不同，奴隶社会的阶级斗争也和资产阶级时代的阶级斗争不同。马克思在《路易·波拿巴的雾月十八日》第二版序言里说，"最后，我希望，我这部著作对于清除那种流行的——特别是现今在德国

---

① 《马克思恩格斯全集》第 19 卷，第 357 页。
② 《列宁全集》第 6 卷，第 93 页注。

流行的——关于所谓凯撒主义的书生用语，将会有所帮助。在作这种肤浅的历史对比时，人们忘记了最主要的一点，即在古代的罗马，阶级斗争只是在享有特权的少数人内部进行，只是在自由富人和自由穷人之间进行，而从事生产的广大民众，即奴隶，则不过为这些斗士充当消极的舞台台柱。人们忘记了西斯蒙第所说的一句中肯的评语，罗马的无产阶级依靠社会过活，现代社会则依靠无产阶级过活。由于古代阶级斗争同现代阶级斗争在物质经济条件方面有这样的根本区别，在由这种斗争所产生的政治人物之间，也就不能比坎特伯雷大主教与祭司长撒母耳之间有更多的共同点了"。① 马克思在这段话里已从事实和理论两个方面明确地指出奴隶社会的阶级斗争和现代社会的阶级斗争有根本的区别。不知道为什么现行的一些历史论著，讲到中国奴隶社会的阶级斗争时，几乎千篇一律只讲奴隶和奴隶主两个阶级之间的斗争？这实际上是把现代社会的阶级斗争，硬套在奴隶社会阶级斗争的头上，肯定不是马克思主义的观点。

研究中国奴隶社会的历史，在中国奴隶社会的特点和奴隶社会的阶级和阶级斗争这样重大的问题上，竟背离了马克思主义，而且习非胜是，积重难返，这绝不是小事情，应当引起关心历史科学的同志们注意！

三　中国奴隶社会在其发展过程中所经历的几个不同的历史阶段

关于中国奴隶社会的内部阶段性问题，我看恽敬有两段话，很有参考价值。他说，"夫五霸，更三王者也，七雄，更五霸者也，秦兼四海，一切皆扫除之，又更七雄者也。"② 又说："是故秦也者，古今之界也。自秦以前，朝野上下所行者，皆三代之制也，自秦以后，朝野上下所行者，皆非三代之制也。"③ 仔细分析，恽敬所说的"古"，包括"三王"、"五霸"、"七雄"三个阶段。这个时期，实际上就是我们所说的奴隶社会。恽敬所说的"今"，包括秦统一以后，一直至他写这篇文章时。这个时期，实际上就是我们所说的封建社会。"秦也者，古今之界也"，实际上就是说中国奴隶社会和封建社会二者应以秦统一中国为分界线。这种说法，我看是正确的。至少说，他已经把中国奴隶社会勾画出了一个大致的轮廓。

如果更进一步分析，可以说，恽氏所谓"三王"，包括夏、商和西周，是中国奴隶社会的上升时期。这个时期，一般说，如孔丘所概括的，是"礼乐征伐自天子出"④。恽氏所谓"五霸"，是指春秋时期。这个时期，一般说，如孔丘所概括

---

① 《马克思恩格斯全集》第16卷，第405—406页。
② 《三代因革论一》、《三代因革论四》，见《大云山房文稿》。
③ 同上。
④ 《论语·季氏》。

的，是"礼乐征伐自诸侯出"①。它反映中国奴隶社会从此走下坡路。恽氏所谓"七雄"，是指战国时期。这个时期，如刘向所说的，是"上无天子，下无方伯，力功争强，胜者为右"②。为中国由奴隶社会向封建社会转变的时期。"王"、"霸"（伯）、"雄"，这三个概念，正确地指出中国奴隶社会发展的三个不同历史阶段的特点。有人拦腰斩断，硬把中国奴隶社会的下限定在春秋战国之交，显然是不符合历史实际的。

四　中国奴隶社会发展的几个不同阶段的具体内容

1. 总论

从经济基础和上层建筑来考察，中国奴隶社会和封建社会相比，大体上可以说，中国奴隶社会的经济基础主要是井田制，即土地公有，而中国封建社会的经济基础则为土地私有制，中国奴隶社会的政治制度是分封制，而中国封建社会的政治制度则为郡县制，中国奴隶社会的意识形态主要是礼治，而中国封建社会的意识形态则主要是法治。所以，中国奴隶社会向封建社会的转变，从经济基础和上层建筑来说，实际上，就是从井田制、分封制和礼治向土地私有制、郡县制和法治的转变。下面作具体说明。

（1）井田制

由于"农业是整个古代世界的决定性的生产部门"，所以谈中国奴隶社会的经济基础，不能不着重谈井田制。井田制不是别的，就是马克思、恩格斯两位革命导师所说的"马尔克"或"农村公社"、"农业公社"在中国的具体存在形式。它是历史发展的结果，并不是某一个大人物凭自己的头脑创造出来的。恩格斯说过："差不多一切民族都实行过土地由氏族后来又由共产制家庭公社共同耕作，继而差不多一切民族都实行过把土地分给单个家庭并定期实行重新分配。"③ 把土地分给单个家庭并定期实行重新分配，正是马尔克或农村公社所处的阶段，也正是井田制所处的阶段。马克思说："把所有的原始公社混为一谈，是错误的，正像地质形成一样，在这些历史的形成中，有一系列原生的、次生的、再次生的等等类型。"④ 又说："农业公社是原生的社会形态的最后阶段。"⑤ 这样，就把"农业公社"或井田制所处的历史阶段讲得十分清楚了。

---

① 《论语·季氏》。
② 《战国策序》。
③ 《马克思恩格斯全集》第21卷，第159页。
④ 《马克思恩格斯全集》第19卷，第432、450页。
⑤ 同上。

（2）分封制

作为中国奴隶社会一种重要的政治制度，用"分封制"一词来表述，实际上并不确切。不过约定俗成，改之惊众，不妨沿用。

从整个中国奴隶社会的发展来看，分封是周初出现的新事物。即便是周初，新封的也只是一小部分。大部分都是自夏商或者更早沿袭下来的旧邦。《左传》成公十三年说："征东之诸侯虞夏商周之胤。"文公五年说："臧文仲闻六与蓼灭，曰：皋陶庭坚不祀忽诸"，就是证明。因此，我们通常所说的"分封制"，只是指"天子有田以处其子孙，诸侯有国以处其子孙，大夫有采以处其子孙"①，那种把全部领土瓜分为独立的、半独立的大大小小的政权机构，因而形成了分散的、割据的局面来说的。这种政治制度也是历史发展的结果，而不是某一个大人物凭自己的头脑创造出来的。它的前身就是氏族社会的氏族、部落和部落联盟。恩格斯讲到部落时，说，"部落始终是人们的界限，无论对另一部落的人来说或者对他们自己来说都是如此，部落、氏族及其制度，都是神圣而不可侵犯的，都是自然所赋予的最高权力，个人在感情，思想和行动上始终是无条件服从的"。② 当讲到易洛魁部落联盟时，又说，"五个血缘亲属部落，以在部落的一切内部事务上完全平等和独立为基础，结成永世联盟"。③ 那么，在这个基础上产生出来的奴隶制国家，就必然在一定期间内还保持着分散的、割据的局面而不可能一下子就形成像秦统一中国以后那样的专制主义中央集权的国家。

由于中国奴隶社会是在氏族制度的基础上产生出来的，所以，血缘亲属关系在政治生活和社会生活当中依旧起着相当大的作用。周初分封"其兄弟之国者十有五人，姬姓之国者四十人"④，就是证明。周代的宗法制，正同这一特点密切联系着。

（3）礼治

作为中国奴隶社会意识形态的重要部分，用礼治来说明，不能说不对，但不完备。其实，当时对有姓氏的，例如国人，用礼；对无姓氏的，例如野人，就不用礼，而是用刑。《礼记·曲礼上》说："礼不下庶人，刑不上大夫"，就正确地说明了这个问题。这一点也反映它还带着氏族社会的痕迹。恩格斯说："氏族制度是从那种没有任何内部对立的社会中生长出来的，而且只适于这种社会。除了舆论以外，它没有任何强制手段。"⑤ 又说："凡是部落以外的，便是不受法律保护的。在

---

① 《礼记·礼运》。
② 《马克思恩格斯全集》第 21 卷，第 112—113、108—109 页。
③ 同上。
④ 《左传》昭公二十八年。
⑤ 《马克思恩格斯全集》第 21 卷，第 192、112 页。

没有明确的和平条约的地方，部落与部落之间便存在着战争，而且这种战争进行得很残酷，使别的动物无法和人类相比。"① 又说："人类是从野兽开始的，因此为了摆脱野蛮状态，他们必须使用野蛮的，几乎是野兽般的手段。"② 由此可见，中国奴隶社会对有姓氏的用礼，实质上是把他们作为本部落的人看待的，除了舆论以外，它没有任何强制手段。对无姓氏的用刑，实质上是把他们看成是部落以外的人。所用的刑极其残酷，正是使用野蛮的、几乎是野兽般的手段。《左传》襄公十一年说，"坠命亡氏"，《国语·周语》说："亡其氏姓"，正说明亡国亡氏以后，将是"子孙为隶，不夷于民"，而遭受到可怕的不用礼而用刑的悲惨命运。对无姓氏的用刑，这一点毋宁说，正反映奴隶制生产关系的本质。

2. 三王时期，即夏、商和西周时期

三王时期应从夏后启杀益夺权，变传贤为传子之日开始，到西周灭亡为止，约1300 多年。这个时期的史料不多。现在从几个重要方面来谈一谈。

（1）国家

古书上记载这个时期的国家数目，主要的有如下几条材料：

《左传》哀公七年说："禹合诸侯于涂山，执玉帛者万国。"

《逸周书·殷祝》说："汤放桀而复薄，三千诸侯大会。"

《战国策·齐策》说："臗闻古大禹之时，诸侯万国……及汤之时，诸侯三千。"

《吕氏春秋·用民》说："禹之时，天下万国，至于汤而三千余国。"

《尚书大传·洛诰》说："天下诸侯之悉来进受命于周而退见文武之尸者，千七百七十三诸侯。"

《史记·陈杞世家》说："周武王时，侯伯尚千余人。"

《汉书·贾山传》说："昔者，周盖千八百国。"

这些数字不一定可靠。但从总的发展趋势来看，自夏以来，国家数目不断减少，则是符合客观实际的。

夏曾佑说："夫古国能如是之多者，大抵一族即称一国，一国之君，殆一族之长耳。"③ 夏氏的说法，确有见地。例如禹时还是氏族社会，万国之称，自是出于后人记载，在当时只有氏族、部落和部落联盟，不会有国家。不仅如此，即使在夏代，已经跨进奴隶社会，但我们在古书上还经常看到有扈氏、穷氏、伯明氏、鬲氏、斟寻氏、斟灌氏、豢龙氏、御龙氏、昆吾氏等名目，说明这时还有"以氏族

---

① 《马克思恩格斯全集》第 21 卷，第 192、112 页。

② 《马克思恩格斯全集》第 20 卷，第 197 页。

③ 《中国古代史》，三联书店 1955 年版，第 35 页。

为基础的社会和以领土与财产为基础的国家并存"① 的情况。至进入商代，在商汤文告中，已使用"万方"② 一词。而殷虚卜辞中称方的尤多。"方"即国的异称。说明这时与夏不同，以地区团体为基础的国家居于主导地位。至周初实行分封以后，王室地位又发生了变化。恰如王国维所说的"由是天子之尊，非复诸侯之长，而为诸侯之君"。③

总的看来，夏代虽已建立了国家，但还带有过渡性质，商代始完成了过渡，至西周而达到全盛。国家的数目日益减少，王权日益扩大，整个政权组织日益由分散趋向集中，应为中国奴隶社会上升时期一个特点。

（2）井田制

《孟子·滕文公上》说，"夏后氏五十而贡，殷人七十而助，周人百亩而彻，其实皆什一也"。证明实行井田制，是三代所同，但在某些细节上则不能没有若干发展变化。

（3）礼

《论语·为政》说："殷因于夏礼，所损益可知也，周因于殷礼，所损益可知也。"证明礼是三代共同的。但在历史进程中，也有发展变化。例如汉人所谓"殷道亲亲，周道尊尊"④，就是殷礼和周礼不同的一端。

（4）刑

《左传》昭公六年说："夏有乱政，而作禹刑，商有乱政，而作汤刑，周有乱政，而作九刑。"叔向为此言，用意在反对郑铸刑书，即反对公布成文法，并不是一般的反对刑罚。刑在中国奴隶社会是专用它来对付庶人以下的。刑用来对付庶人以下，正反映奴隶制生产关系的本质。所以，不但乱政作刑，治政也决不会无刑。没有成文法与有成文法，公布成文法与不公布成文法，比较起来，在没有成文法与不公布成文法时，很可能更野蛮、更残酷些。

3. 五霸时期，即春秋时期

春秋作为一个历史时代来说，应从周平王东迁开始，即公元前 770 年。这一点，是大家所公认的。至于春秋的下限应划在哪里！则大家的看法颇不一致。我的看法，应以韩赵魏三家灭智伯而分其地作为春秋战国的分界。即公元前 453 年。因为古书如《左传》、《国语》的下限和《战国策》的上限都划在这里。即便是《史记·六国年表》虽然起周元王，但在序文里，也说"三国终之卒分晋，田和亦灭齐而有之，六国之盛自此始"。司马光《资治通鉴》虽用周威烈王二十三年作为该

---

① 马克思：《摩尔根〈古代社会〉一书摘要》，第 209 页。

② 《论语·尧曰》。

③ 《观堂集林·殷周制度论》。

④ 见《史记·梁孝王世家》褚先生补。

书上限，也是从韩赵魏三家灭智伯而分其地叙起。可见这是历史实际，是不以人们的意识和意志为转移的。只有以此划界，然后才有七雄的战国和五霸的春秋。据《荀子·王霸》说，五霸为齐桓、晋文、楚庄、吴阖闾、越勾践。那么如以周元王元年作为春秋战国的分界，则五霸缺一，七雄少三，怎能和客观上的历史阶段性相一致呢？必须指出，《史记·六国年表》起周元王在于"踵《春秋》之后"①，《资治通鉴》始周威烈王二十三年在于"谨名分"②，都是标榜自己是孔丘的信徒，而与历史实际无关。我们今天自没有必要重视这套东西。

所以，春秋时期应从周平王东迁开始（前 770 年），至韩赵魏三家灭智伯而分其地终结（前 453 年），共 317 年。下面即以此为范围，从几个重要方面来谈一谈。

（1）阶级斗争（包括民族之间的斗争和国与国之间的斗争）

董仲舒是西汉《春秋》学大师，他总述春秋时期阶级斗争的概况说："臣弑其君，子弑其父，孽杀其宗。"③ 又说："周衰，天子微弱，诸侯力政，大夫专国，士专邑。"④ 司马迁述董仲舒之说，为《春秋》作过大略的统计。他说："《春秋》弑君三十六，亡国五十二，诸侯奔走不得保其社稷者不可胜数。"⑤ 证明这一时期的阶级斗争是何等剧烈。不过，应该看到，这个时期的阶级斗争正如马克思所着重指出的那样"只是在享有特权的少数人内部进行。"⑥"而从事生产的广大民众，即奴隶"虽也参加，"不过为这些斗士充当消极的舞台台柱"。⑦

又，《荀子·仲尼》说：齐桓公并国三十五。《韩非子·难二》说：晋献公并国十七，服国三十八。又《有度》说：楚庄王并国二十六，开地三千里。《十过》说：秦穆公并国十二（《史记·李斯传》作"二十"），开地千里。《吕氏春秋·直谏》说：楚文王兼国三十九。诸书所记，容有夸张成分，但大体上说，当与事实相去不远。这里边实包括国与国之间的斗争和民族之间的斗争。

《诗·小雅·何草不黄》序说，周幽王时"四夷交侵"。《公羊传》僖公四年说："南夷与北狄交，中国不绝若线。"这些都应是事实。

考《诗》周宣王时说"薄伐猃狁，至于大原"，"赫赫南仲，薄伐西戎"，"蠢尔蛮荆，大邦为雠"，"徐方绎骚"，"赫赫南仲，薄伐西戎"，而周幽王实亡于犬戎。则所谓"四夷交侵"，确是实录。

---

① 见《六国年表序》。
② 见胡三省《资治通鉴》注。
③ 《春秋繁露·王道》。
④ 同上。
⑤ 《史记·太史公自序》。
⑥ 《马克思恩格斯全集》第 16 卷，第 406 页。
⑦ 同上。

鲁僖公四年，所谓"南夷"，实指楚国来说的。"北狄"则主要是指赤狄。当时楚国侵吞江汉流域众多华夏族小国，并灭了若干少数民族，蔚为南方大国，进而北上与齐争郑，赤狄则如顾栋高所说的，"闵、僖之世，狄灭邢、灭卫、灭温、伐齐、伐鲁、伐郑、伐晋，并蹂躏王室，非境壤相接，何以为患至此？则自山西以迄直隶（今河北省）、河南直接山东东境，皆其所出没"。① 那么，《公羊传》所说的："南夷与北狄交，中国不绝若线"，确是当时事实。齐桓、晋文两霸，打着尊周攘夷的旗号，并非无故。后来狄灭于晋，晋遂为北方大国。

总之，春秋时期阶级斗争的规模是广阔的，意义是重大的。正是由于阶级斗争，才推动了历史迅速地向前发展，使整个社会在政治、经济、思想各个方面都发生了巨大的变化。同时对民族融合、汉民族形成也起了极为重大的作用。

若自整个社会发展变化的趋势来看，则孔丘的说法是对的。即最初由"礼乐征伐自诸侯出"开始，后来变为"自大夫出"，最后变为"陪臣执国命"②，奴隶主阶级的统治，正一步一步地由上层向下层转移。

（2）政治制度

春秋时期由于激烈的阶级斗争，不仅"社稷无常奉，君臣无常位"③，而且在政治制度上也发生变化。第一，是作为分封制的对立物，县的出现，并且日益发展。第二，是食邑制度盛行。

县最初在秦楚两国实行。《史记·秦本纪》说：武公十年"伐邽冀戎，初县之"。《左传》哀公十七年说：楚文王任彭仲爽"实县申、息"。晋自文公以后，亦相继设县。例如《左传》僖公二十五年说：晋文公灭原，以"赵衰为原大夫，狐溱为温大夫"。又，僖公三十三年说：晋襄公"以再命命先茅之县赏胥臣"。这些县，都是灭了一个国家，不以封人，而设官治之。县的长官，楚称县尹、县公，晋称县大夫。嗣后，楚、晋两国，县的设置，日益增多。例如，宣公十二年，郑伯服楚，称"夷于九县"。昭公五年，楚蓬启疆称晋"十家九县……其余四十县"。食邑制度与分封制度不同。分封制度的原型是"天子建国，诸侯立家"。④ 受封者对他所分得的土地都有直接的统治权。食邑则不然，只是指定某一地的赋税作为某人的收入。至于此地的统治权，仍由君主派人去执行，食邑者不得干涉。《国语·晋语》说"大夫食邑"，就是实行这种制度。但是隔了三世，到成公即位，"宦卿之嫡而为之田以为公族，又宦其余子亦为余子，其庶子为公行"。⑤ 于是产生了两种

---

① 《春秋大事表·四裔表》。
② 《论语·季氏》。
③ 《左传》昭公三十二年。
④ 《左传》桓公二年。
⑤ 《左传》宣公二年。

结果。其一，凡做过卿的，其嫡子一定有食邑；其二，政权在卿，卿对自己食邑所在的地方官吏，能操任免之权。实际上，从此分封制又变相地恢复。

县的出现使中央集权成为可能。但它也是历史条件决定的，而不是某一个人任意创造的结果。马克思在《摩尔根〈古代社会〉一书摘要》中谈到易洛魁联盟时说："易洛魁人曾征服了其他部落而使之服从，如德拉瓦部落，但是后者依然在他们自己的酋长治理之下，对于联盟并未增加何等力量。在这种社会制度之下，不可能把语言不同的部落联合在一个管理机构之下，从被征服的部落中除去贡献物之外，不可能获得任何其他的利益。"[①] 中国奴隶社会是从氏族社会的基础之上产生出来的。分封制对裂土受封的只收取贡献物是和当时的历史条件相适应的。县的出现，则是历史条件发生变化的产物。

（3）经济制度

这个时期经济制度发生变化的最重要的标志，就是井田制开始破坏。

马克思论述农业公社解体的原因时说过："除了外来的各种破坏性影响，公社内部就有使自己毁灭的因素。土地私有制已经通过房屋及农作园地的私有渗入公社内部，这就可能变为从那里准备对公有土地进攻的堡垒。这是已经发生的事情。但是，最重要的还是私人占有的泉源——小土地劳动。它是牲畜、货币、有时甚至奴隶或农奴等动产积累的基础。这种不受公社控制的动产，个体交换的对象（在交换中，投机取巧起极大的作用）将日益强烈地对整个农村经济施加压力。这就是破坏原始的经济平等的因素。它把别的因素带进来，引起公社内部各种利益和私欲的冲突。这种冲突，首先会破坏耕地的公有制，然后会破坏森林、牧场、荒地等等的公有制；一旦这些东西变成了私有制的公社附属物，也就会逐渐变成私有了。"[②]

恩格斯也谈过这个问题。他说："原始的土地公有制，一方面适应于眼界完全局限于眼前事物的人们的发展程度，另一方面则以可用土地的一定剩余为前提，这种剩余的土地提供了一定的活动余地来对付这种原始经济的不虞的灾祸。剩余的可用土地用尽了，公有制也就衰落了。"[③]

中国井田制的破坏，就是基于马、恩所说的三种因素：外来的影响；内部的因素；剩余的可用土地用尽。

例如，《国语·晋语》记："郭偃曰：……吾观君夫人也，若为乱，其犹隶农也，虽获沃田而勤易之，将不克享，为人而已。"隶农的出现，证明井田制已开始趋向解体。

---

① 《摩尔根〈古代社会〉一书摘要》，第123页。

② 《马克思恩格斯全集》第19卷，第450页。

③ 《马克思恩格斯全集》第20卷，第521页。

又，《左传》襄公十年说，"初，子驷为田洫，司氏、堵氏、侯氏、子师氏皆丧田焉"。襄公三十年说："子产使都鄙有章、上下有服，田有封洫，庐井有伍。"襄公二十五年说："芍掩书土田、度山林、鸠薮泽、辨京陵、表淳卤、数疆潦、规偃猪、町原防、牧隰皋、井衍沃。"郑、楚等国，这样一再整顿井田，说明这时井田制已不断遭到破坏。

上述四例，主要是内部的因素。至于外来的影响，更是意料中事。因为当时灭国以数十百计，怎能说井田制不受影响呢？由于人口不断增加，剩余的可用土地用尽的情况，也是有的。

在井田制破坏的同时，由于战争、会盟、朝聘、贡赋的频繁，使国与国之间，地区与地区之间的经济联系日益密切，从而使工商业、交通运输也日益发展起来。

例如，《谷梁传》僖公九年述齐桓公葵丘之会。盟书有"毋雍泉，毋讫籴"。（《孟子·告子下》作"无曲防，无遏籴。"）《左传》僖公二十三年晋公子重耳对楚成王说："羽毛齿革则君地生焉。波及晋国，君之余也。"又，僖公三十三年说："郑商人弦高将市于周。"又成公三年说："苟罃之在楚也，郑贾人有将置诸褚中以出。"《国语·晋语》说："夫绛之富商……能行诸侯之贿。"如此等等，证明各个国家、各个地区之间的经济联系，确实日益密切。这就很自然地打破了过去那种与世隔绝的小天地的情况，而为秦统一后，实行中央集权制度准备了前提条件。

（4）思想

由于激烈的阶级斗争，特别是臣弑其君，子弑其父，孽杀其宗已成为家常便饭，原来制礼的精意，从根本上遭到破坏。所剩下的只是形式上的繁文缛节，即所谓"仪"。《左传》昭公五年和二十五年，女叔齐对晋侯，子大叔对赵简子，区别礼仪，最为明晰。后来鲁"季氏八佾舞于庭"、"三家者以雍彻"[1]，证明即便是仪，也不能遵守了。

另一方面，由于激烈的阶级斗争，奴隶主阶级专为对付庶人以下的刑也不能不进行改革。《左传》昭公六年郑铸刑书，昭公二十九年晋铸刑鼎，就是这类例子。

此外，应当提到的，还有：属于唯物思想的，例如《左传》桓公六年随人季梁说："夫民，神之主也。是以圣王先成民而后致力于神。"僖公十九年，宋司马子鱼说："祭祀以为人也。民，神之主也。"昭公十九年，郑大水，龙斗于时门之外洧渊，国人请为崇焉，子产弗许。曰："我斗，龙不我觌也，龙斗，我独何觌焉？禳之则彼其室也。吾无求于龙，龙亦无求于我。乃止也。"等等皆是。

属于民主思想的，例如，《国语·鲁语》说："晋人杀厉公。边人以告，成公

---

[1] 《论语·八佾》。

在朝。公曰，臣杀其君，谁之过也？大夫莫对。里革曰：君之过也。夫君人者其威大矣。失威而至于杀，其过多矣。"

《左传》襄公十四年，"师旷侍于晋侯。晋侯曰，卫人出其君，不亦甚乎？对曰，或者其君实甚。君将赏善而刑淫，养民如子，盖之如天，容之如地。民奉其君，爱之如父母，仰之如日月，敬之如神明，畏之如雷霆，其可出乎？夫君，神之主也，民之望也。若困民之主，匮神乏祀，百姓绝望，社稷无主，将安用之，弗去何为？"昭公三十二年，晋史墨说："社稷无常奉，君臣无常位，自古以然。故《诗》曰，高岸为谷，深谷为陵，三后之姓，于今为庶。"等等皆是。

学自官府解放出来，这一点，应以孔丘为代表。孔丘标榜"有教无类"，实行私人讲学。根据《荀子·法行》说，"南郭惠子问于子贡曰：夫子之门，何其杂也？子贡曰：君子正身以俟，欲来者不距，欲去者不止。且夫良医之门多病人，檃括之侧多枉木，是以杂也"。《吕氏春秋·尊师》说："子张，鲁之鄙家也，颜涿聚，梁父之大盗也，学于孔子。"又《必己》说："有鄙人始事孔子者"，证明孔丘所说的"有教无类"确实已付诸实践。在当时学在官府的情况下，这不是一件小事，实为后来战国士的活跃，提供了前提条件。

总上所述，可以断言，春秋时期是中国奴隶社会的衰落时期。但作为社会主要矛盾的主要方面的，依然是奴隶主阶级。认为春秋时期已经完成了由奴隶制向封建制的转变，是没有根据的。

4. 七雄时期，即战国时期

这时的国家不止七个，由于称雄的只有秦、楚、齐、燕、赵、魏、韩七国，所以称为七雄。

战国这个战字，正反映这个时期，日寻干戈，天下大乱。现从几个重要方面谈一谈。

（1）阶级关系

这个时期的阶级关系的变化可以谈得很多。但是，最突出的则是士的活跃。

这个士，有的原为贵族，由于亲属疏远或其他原因而地位下降。例如商鞅。有的原为庶人，由于学了文化而地位上升。例如宁越①。这时多把"士庶人"作为一个概念来称呼，和春秋时期的士是一个官制的职称，大不相同。这一点，就反映阶级关系已发生了变化。王充《论衡·效力》说："六国之时，贤才之臣，入楚楚重，出齐齐轻，为赵赵完，畔魏魏伤。"王充所谓"贤才之臣"实际就是指游士来说的。

赵翼《廿二史札记》卷二说："盖秦汉间为天下一大变局。自古皆封建诸侯，

---

① 《吕氏春秋·博志》。

各君其国，卿大夫亦世其官，成例相沿，视为固然。其后积弊日甚，暴君荒主，既虐用其民，无有底止，强臣大族，又篡弑相仍，祸乱不已。再并而为七国，益务战争，肝脑涂地，其势不得不变。而数千年世侯世卿之局，一时亦难遽变。于是先从在下者起，游说则范雎、蔡泽、苏秦、张仪等，徒步而为相；征战则孙膑、白起、乐毅、廉颇、王翦等，白身而为将。此已开后世布衣将相之例。"赵氏这段话，很值得重视。它既指出社会的变革，也看到阶级关系的变化。

洪迈《容斋随笔》卷二说："七国虎争，天下莫不招致四方游士。然六国所用相，皆其宗族及国人。如齐之田忌、田婴、田文，韩之公仲、公叔，赵之奉阳、平原君；魏王至以太子为相。独秦不然。其始与之谋国开霸业者，魏人公孙鞅也。其他若楼缓赵人，张仪、魏冉、范雎皆魏人，蔡泽燕人，吕不韦韩人，李斯楚人，皆委国而听之不疑，卒之所以兼天下者，诸人之力也。燕昭王任郭隗、剧辛、乐毅，灭强齐。辛、毅皆赵人也。楚悼王用吴起为相，诸侯患楚之强，盖卫人也。"从洪氏列举一些事实来看，尽管各国情况有所不同，在当时的历史舞台上，士确实成了一个重要角色。

上述这些现象，对于旧的分封制、宗法制来说，无疑是一个极大的破坏因素。当时的士，好像今天我们所说的知识分子。它不是一个阶级，主要要看它具有什么思想，为哪一个阶级的政治服务。但是，从这时的士的主流来说，则是代表地主阶级的利益，为封建制度服务的。

（2）政治

这个时期在政治上表现最为突出的则是变法。首先是吴起在楚变法，其次是商鞅在秦变法。其余如李悝之在魏，申不害之在韩，以及齐威王之封即墨大夫，烹阿大夫，赵烈侯之官牛畜为师，荀欣为中尉，徐越为内史，等等，在不同程度上都有变法的性质。所谓变法，从其主要内容来看，是变奴隶制为封建制。这一点，从吴起、商鞅的变法可以看得最为明显，所以，当时各国的变法实际上是一种封建化运动。这种封建化运动尽管时间有迟早、规模有大小、程度有深浅，都不是一次完成的。而是经过反复的、激烈的阶级斗争，最后到秦始皇统一中国，才底于完成。所以，有人认为战国已经是封建社会，是不符合历史实际的。

（3）经济

再谈井田。

井田在战国初期并未完全破坏。例如，赵襄子时，有"中牟之人弃其田耘，卖宅圃而随文学者，邑之半"[①] 的记载，说明这时能出售的，只有宅圃，即宅圃已为个人私有。至于土地还是公有，故只能放弃，不能买卖。《吕氏春秋·乐成》

---

① 《韩非子·外储说左上》。

说："史起对曰：魏氏之行田也以百亩，邺独二百亩，是田恶也。"是魏文侯时，井田也未破坏。在商鞅未"开阡陌封疆"以前，秦井田亦当如故。只是后来到赵孝成王时，有赵括"日视便利田宅可买者买之"①，秦王政时，有王翦"请美田宅园池甚众"②，等等记载，证明井田制的彻底破坏只是在战国中期以后。即便在这时，孟轲还主张制民之产"……五亩之宅，树之以桑，……百亩之田，勿夺其时。"③ 荀况还主张"农分田而耕"④，即都主张恢复井田。也就是说，还存在废除井田与恢复井田之间的斗争。

另一方面，由于井田制破坏，出现土地私有，私人手工业、商业也伴随着蓬勃兴起。其结果，各地出现不少人口集中的大城市。适应商品交换的需要，各式各样的铸造货币也开始在各地广泛流通，从而出现大投机商如周人白圭竟把治生产比作"伊尹、吕尚之谋，孙吴用兵，商鞅行法"。⑤ 而邯郸郭纵经营冶铁业，"至与王者等富。"⑥ 正由于私人工商业和货币经济的迅速发展，又反过来加速地破坏着井田制。

（4）思想

战国时期激烈地阶级斗争表现在思想方面，最突出的是所谓"百家争鸣"。毛主席说过："在阶级存在的条件之下，有多少阶级就有多少主义，甚至一个阶级的各集团中还各有各的主义。"⑦ 战国时期在思想领域里的百家争鸣，正反映当时阶级斗争的复杂性和尖锐性。

关于当时的思想派别，在先秦诸子书中有几种分法。例如，《庄子·天下》分为七派，《荀子·非十二子》分为六派，《尸子·广泽》分为六派，《吕氏春秋·不二》分为十派。其他如《庄子·天下》《荀子·解蔽》已用"百家"之名。但是作为主导的两种思想的斗争，则是儒家和法家的斗争。毛主席说过："在复杂的事物的发展过程中，有许多的矛盾存在，其中必有一种是主要的矛盾，由于它的存在和发展，规定或影响着其他矛盾的存在和发展。"⑧ 儒、法两家思想的斗争正反映当时社会的主要矛盾。即法家思想代表新兴的地主阶级的利益，走封建社会的道路，儒家思想代表没落的奴隶主阶级的利益，走奴隶社会的道路。在由奴隶社会向封建社会转变时期，两家思想遂展开了生死大搏斗。这种斗争最后在秦始皇统一中国才

① 《史记·廉颇·蔺相如列传》。
② 《史记·白起·王翦列传》。
③ 《孟子·梁惠王上》。
④ 《荀子·王霸》。
⑤ 《史记·货殖列传》。
⑥ 同上。
⑦ 《新民主主义论》。
⑧ 《矛盾论》。

得到解决。

具体说，秦始皇统一中国后，"使黔首自实田"①，标志着在经济上土地私有制取代井田制，"分天下以为三十六郡，郡置守尉监"②，标志着郡县制取代分封制，"焚诗书，阬术士"③，"以吏为师"④，标志着法家思想取代儒家思想。秦始皇的这些措施，并没有完全为汉以后所继承，但是，应该说是基本上已为汉以后所继承了。因此，我们可以说，自秦始皇统一六国，中国已跨入封建社会。

附带谈一个问题。这就是，在典型的奴隶社会，农村公社解体，土地由公有变成私有，正是奴隶制开始走向发展的时期，而在中国，把井田制即农村公社的解体，土地由公有变成私有，说成是由奴隶社会向封建社会转变的一个重要标志，道理何在呢？

我认为，这个问题，正反映两种形态的奴隶制所走的不是一条道路。

典型的奴隶社会的产生，如恩格斯所说的，是由于"生产、贸易和财富积聚有更大的增长"。⑤ 其灭亡，也如恩格斯所说的，是由于"无论在乡村的大规模农业方面，还是在城市的工场手工业方面，它都已经不能提供足以补偿所耗劳动的收益，因为销售它的产品的市场已经消灭了。帝国繁荣时代的庞大的生产已收缩为小农业和小手工业，这种小农业和小手工业都不能容纳大量奴隶了。只有替富人做家务和供他过奢侈生活的奴隶，还存留在社会上"。⑥ 也就是说，典型的奴隶社会的发展和灭亡是与希腊、罗马那个地方的商品经济的兴隆和衰败密切联系着的。小农业和小手工业生产是封建社会的本质特征。在中国，它是直接由土地公有变为私有时完成的，而在希腊、罗马，则是由土地公有变为私有之后，又经过一段商品经济发展的历史，而后达到的。从世界范围的历史发展来看，毋宁说，中国的奴隶社会是典型的，而希腊、罗马的奴隶社会则是非典型的。其所以是非典型，是因为形成这种差别，是由于希腊、罗马的特殊地理环境在起作用的缘故。所以，有人认为中国古代也必须经过希腊、罗马那样的一段历史，而不承认在希腊、罗马那种形态的奴隶社会之外，还有另一种形态的奴隶社会，是不对的。

现在把上文归纳一下，就是我认为中国奴隶社会的上限，应从夏后启杀益夺权

---

① 见《史记·秦始皇本纪》集解引。

② 《史记·秦始皇本纪》。

③ 《史记·儒林列传》。

④ 《史记·秦始皇本纪》。

⑤ 《马克思恩格斯全集》第20卷，第175页。

⑥ 《马克思恩格斯全集》第21卷，第170页。

之日开始，下限终于秦始皇统一中国。在其长期的发展过程中，经历了夏商西周、春秋和战国三个阶段。夏商西周是中国奴隶社会的上升时期。具体说，夏还带有过渡性质，商则已完成了过渡，至西周而达到全盛。至春秋，则是中国奴隶社会的衰落时期，战国则是中国由奴隶社会向封建社会转变的时期。

（刊于 1979 年第 3 期）

小盂鼎与西周制度

李学勤

小盂鼎是最著名的青铜器之一，铭文长达四百字左右，为西周早期字数最多的一篇金文。其内容对探讨当时历史和典章制度有很大意义，如郭沫若同志所说："此文所记，于古史古礼极关重要，惜残泐过甚，苦难属读，而器亦不知去向。"①近年罕有学者专加研究，主要也是由于不易通读的原因。

这件鼎在清道光初年发现于陕西省周原范围内的岐山县礼村，同大盂鼎及另一件鼎一起出土。原物的亡佚约在太平天国时期，器形和花纹是什么样子已不可知。由于传世的时间不久，据说只有一张拓本流传，各种金文著录里印的摹本、拓本都源自这张拓本②。鼎铭很多字残缺或被锈掩盖，又没有其他拓本可资比较，遗憾是无法弥补的。

五十年代陈梦家先生发表《西周铜器断代》，其第四篇专论小盂鼎③，不仅比过去多辨识出不少字，并且援据文献，就鼎铭所反映的史事和制度多有发挥。随后，日本学者白川静在《金文通释》中，在陈文的基础上作了一些订补④。

前人业已指出，小盂鼎铭所载是周康王时征伐成功、献俘庆赏的事迹，涉及古代军礼的主要内容，也为西周职官、宫庙等制度提供了宝贵材料。我觉得，进一步研究鼎铭的关键，是正确利用过去对周代礼制，特别是《周礼》一书的研究成果，与鼎铭对照印证。反过来说，鼎铭的分析释读，也可以使我们对有关古代礼制的若干文献的可信性取得更深入的认识。

按照惯例，我们还是先列出鼎铭的释文，逐段加以疏解，然后对铭文中关于西周制度的几个重要问题试作讨论。

---

① 郭沫若：《两周金文辞大系考释》，小盂鼎。
② 陈梦家：《西周铜器断代》（四），《考古学报》1956 年第 2 期。
③ 同上。
④ 白川静：《金文通释》六二。

一

下面的释文，所依据的拓本有《两周金文辞大系》的原大印本、《西周铜器断代》的缩小印本和《三代吉金文存》经过剪裱的印本，摹本有《攈古录金文》刊本，同时参考前人，主要是陈梦家先生的释文。原铭共二十行，不分段。《金文通释》分之为五段。我们分作七段，并用数码标出原来的行次。为了排印方便，释文尽可能使用通行字体。凡前人已经讲明的问题，这里不再多作解释。两年前我曾有一小文谈大盂鼎①，有些大、小盂鼎共同的问题，在该文中说明了的，在此也不重复，请读者参看。

（1）惟八月既望辰在甲申，昧爽，三左三右多君入，服酒。明，王（2）格周庙，〔赞王、邦〕宾，延。邦宾尊其旅服，东向。

"惟八月既望辰在甲申"这种纪日形式，通行于西周早期后半到中期，如康王时宜侯夨簋有"惟四月辰在丁未"，昭王时令方尊、方彝有"惟八月辰在甲申"②。小盂鼎在其间是较早的一例。

陈文以"三左三右"与《尚书·顾命》中的大保奭（召公）、芮伯、彤伯、毕公、卫侯、毛公对比，是正确的。《顾命》在六人之下提到的"百尹、御事"，即鼎铭的"多君"。孔传已说明，大保奭至毛公是当时的六卿，可见"三左三右"也是六卿，而"多君"指其下面的朝臣③。

鼎铭三次说"入"和"服酒"，随之都是王格庙，可知"入"是指进入宗庙。当该日天将明的"昧爽"之时，群臣先进入周庙，然后"服酒"即事酒，都是为周王的到来作准备。诸臣的"入"和"服酒"是两件事，并不是由朝臣众人来事酒。

王在天明时来到宗庙。"赞王、邦宾"，"赞"字在金文中常用为圭瓒之"瓒"，此处是动词。《汉书·东方朔传》注："赞，进也。"按"赞"字从"口"

---

① 《大盂鼎新论》，《郑州大学学报》1985 年第 3 期。
② 《宜侯夨簋与吴国》，《文物》1985 年第 7 期。
③ 杨筠如：《尚书覈诂》卷四《顾命》。李学勤：《释多君、多子》，《甲骨文与殷商史》第 1 辑，上海古籍出版社 1983 年版。

旁，和"献"字从"口"旁相通①，所以这里的"赞"也可读为"献"。"延"，《方言》："遍也。"这一句是说，以酒献给王和邦宾，依次而遍。"赞王、邦宾、延"又见下第 18 行。

"邦宾"即《周礼·司几筵》、《礼记·丧大记》的"国宾"。《司几筵》注引郑众说，以"国宾"为老臣，郑玄自己则认为是"诸侯来朝，孤卿大夫来聘"。孙诒让《周礼正义》引《通典》所载马融说，与郑玄说折中，主张："国宾，在王国则当为二王后，在侯国则当为他国之君来朝，及王人来聘者。"② 无论如何，"邦宾"的身份是和"三左三右"等朝臣不同的。

下面说"邦宾尊其旅服"，"尊"为动词，有放置的意思③。"旅"训为陈，"服"训为事，所谓"旅服"应当是指邦宾献赠周王的物品。"东向"，是说邦宾们的物品东向而陈列，不是说邦宾本人的方向，和《顾命》篇中所记"南向"、"东向"、"西向"都指物品陈设是一样的。

> 盂以多（3）旂佩鬼方……入南门，告曰："王令盂以……（4）伐鬼方……〔执〕兽二人，获馘四千八百〔又〕十二馘，俘（5）人万三千八十一人，俘马……匹，俘车……辆，俘牛三百五十五牛、羊（6）卅八羊。"盂或告曰："……乎蔑（？），我征，执兽一人，获馘（7）二百卅七馘，俘人……人，俘马百四匹，俘车百……辆。"王……（8）曰："……"

"盂以多旂佩鬼方……"一句，前人已指出当与《逸周书·世俘》有关文句对看。"旂"训为旗；如把"佩"作佩带解释，在鬼方的人身上佩带若干面旗，很难说通。况且《世俘》云："甲寅，谒戎殷于牧野，王佩赤白旂。"以武王之尊，和鬼方战俘一样佩旂，更不合情理。按《释名》说："佩，倍也。""佩"、"倍"、"背"、"负"等字音近可通④。《世俘》又说："大师负商王纣县首白旂，妻二首赤旂"，悬挂纣王和妲己等二女之首的赤白二旂，也就是武王所负的赤白旂。因此，鼎铭这一句是说盂用若干面旂悬挂起斩获的鬼方人的首级，背负而入南门。

"鬼方"的"鬼"字，原字从"戈"，与殷墟甲骨"鬼方"写法不同⑤，而甲骨另有与此写法相同的"鬼子"。所以周所伐"鬼方"是否商王武丁所伐鬼方，不

---

① 朱骏声：《说文通训定声》乾部"赞"字。
② 孙诒让：《周礼正义》卷 38。
③ 周法高：《金文诂林补》卷 14，第 1892 页。
④ 参看王力《同源字典》，第 262—263 页。
⑤ 李学勤：《殷代地理简论》自序，科学出版社 1959 年版，第 73—75 页。参看罗琨《"高宗伐鬼方"史迹考辨》，《甲骨文与殷商史》第 1 辑。

是没有怀疑的余地。这一问题，只有等待更多材料发现才能解决。

"南门"，应为王朝最外的门，文献称之为皋门。盂以多旂负鬼方首级进入南门，以战绩告王，可知此时王已不在宗庙，很可能是在雉门南向而立（关于鼎铭与门朝制度的关系，后文将专门论述）。

盂向王报告的有两次战役，陈文已说明由斩获数字"可见战事的激烈和用兵规模之大"。陈氏还指出，从所俘车马知道鬼方的"文化决非低级的"。近年，我们考释师同鼎和多友鼎，也曾论证戎人文化的进步性①，可供参照。

> 盂拜稽首，以兽进即大廷。王令荣……（9）兽，鞫厥故，〔曰〕："越伯……鬼闻，鬼闻虘以亲……从。"咸，折（10）兽于……

"兽"读为酋，即上所云被执获的酋，共三人。"大廷"一词也见于商纣时的四祀邲其卣。文献中的这个词，见《逸周书·大匡》，作"大庭"，清代朱右曾注释说："庭当为廷。大廷，外朝之廷，在库门内，雉门外。"② 是非常正确的。盂在向王察告之后，将鬼方三酋带到王所在的雉门前面。

此时，王命荣审讯三酋。荣和盂在职官上的关系，见大盂鼎铭③。古代诸侯国君都以国为氏，如晋定公午称为"晋午"。鬼方之君名闻，故称"鬼闻"。"虘"读为"且"，训为则④。三酋所说，大意是周朝方面的越伯因故侵犯了鬼方之君，鬼方之君便率其亲属与之交战。"亲"字原似从"女"，这个写法见《诅楚文》。三酋不知是否包括鬼闻在内，至少也都是他的亲属。

"咸"训为终⑤。此字前人多误为"商"，白川氏辨为"咸"，是对的。审讯结束后，即将三酋斩杀。至于行刑之地，可惜已经残去。

> ……以人、馘入门，献西旅；以……入，（11）燎周〔庙〕。

"人"与"馘"并称，一生一死，和《世俘》所记"馘磨亿有七万七百七十有九，俘人三亿万有二百三十"同例⑥。

---

① 李学勤：《师同鼎试探》，《文物》1983 年第 6 期；《论多友鼎的时代及意义》，《人文杂志》1981 年第 6 期。
② 朱右曾：《逸周书集训校释》卷 2。
③ 李学勤：《大盂鼎新论》。
④ 裴学海：《古书虚字集释》卷 8 且字，中华书局 1954 年版。
⑤ 杨树达：《诗敦商之旅克咸厥功解》，《积微居小学述林》卷 6。
⑥ 李学勤：《大盂鼎新论》。

《尔雅·释宫》："旅，途也。"注："途即道也。"鼎铭说以人、馘入门，献于西方之道上，其意义待后说明。

"燎"，以玉与牲置于柴上而焚烧的祭祀方法，见《公羊传》僖公三十一年注及《吕氏春秋·季冬纪》注。

> ……入三门，〔立〕中廷，北向。盂（12）告；费伯即〔位〕，费……于明伯、继伯、……伯告。咸，（13）盂以〔诸〕侯侯田〔男〕……盂征告。咸，宾即〔位〕，赞（14）宾。王呼赞盂于厥……进宾……

"三门"即雉门。《周礼·阍人》注："玄谓雉门，三门也。"上文各种活动在雉门外举行，此时则进入三门，这是由于对敌人的处置业已完毕。

首先"立中廷"的是盂，故下云"盂告"。"中廷"是廷之中。《释宫》："中庭之左右谓之位"，注："群臣之列位也。"清代郝懿行解释说："中庭者，《聘礼》云'公揖入，立于中庭'，又云：'傧者退中庭'，皆举中以表左右也。"① 这和"大廷"特指固定场所不同，所以在很多金文里，不管王在哪个地方，都可以有"中廷"。"北向"，即面王而立。盂报告后，费（原字从"刀"）伯继之报告，他应为盂在战事中的副手。然后又有"……于（与）明伯、继伯、×伯"进行报告，他们应为从盂出征的将佐。盂在入南门后的报告，限于俘获数目，此时各人分别禀告，大约是讲述战争的详细过程和有关种种情况。依次报告后，盂还将诸侯出兵支持盂征讨的事迹专门作了禀告。

"诸侯侯田男"，语见令方尊、方彝。值得注意的是"侯"字重叠而不用重文号。鼎铭9行的"鬼闻"、16行的"裸"，也都重叠而不用重文号，这在金文中是很罕见的特例。

"宾"仍指邦宾。盂等向王报告之后，才请邦宾即位，向他们献酒。随后，王命人向盂和他的下属费伯等献酒。

> 大采，三周入，（15）服酒。王格庙，祝延……二人，邦宾不裸。……用（16）牲，禘周王、〔武〕王、成王，……有逸。王裸裸，遂赞（17）邦宾。王呼……令盂以区入，凡区以品。

"大采"，陈梦家《殷虚卜辞综述》推定为今上午八时左右。"三周"，陈

---

① 郝懿行：《尔雅义疏》中之一。

文以为可能是"三老"。《大匡》云："王乃召冢卿、三老、三吏大夫、百执事之人，朝于大庭。"朱右曾以为"三老"是致仕的国老①。这个说法如果对，"三周"到大采才入宗庙，也许是出于年龄的原因。

"祝"即大祝，事鬼神，详见《周礼·大祝》。"延"，此处当训为引。

"王祼祼"，前一字读为"果"，意思是终。和上下文连起来，这几句是说对先王举行禘祀，王结束向尸祼酒，于是献酒于邦宾。

王命某人"令盂以区入，凡区以品"。"区"，前人多读为"驱"，以为与"俘"义同。按师寰簋铭云"驱俘士女牛羊"，"驱"仍是驱赶。多友鼎铭有"驱"，所说的也是马。假如这里的"区"是指俘获的人畜，其数量甚大，进入宗庙是不大可能的。"凡区以品"，"以"训为"有"②，文献和金文中用"品"计算的是金、玉。《尔雅·释器》："玉十谓之区。"鼎铭的"区"可能指玉而言，古代征伐，特别重视玉的夺取，如《世俘》所记："凡武王俘商旧宝玉万四千，佩玉亿有八万。"

> 粤若翼乙酉，（18）三事大〔夫入，服〕酒。王格庙，赞王邦宾，延。王令赏（19）盂……弓一矢百，画皋一，具胄一，金干一，（20）威戈二，……用（作）……伯宝尊彝，惟王廿又五祀。

"乙酉"甲申的次日。"三事大夫"系朝内卿大夫总称，与前"三左三右多君"同义③。"皋"，以虎皮包甲，从孙诒让释④。"廿"，陈文释"卅"，但从多数印本看，仍是"廿"字。

以上全铭七段，撮其要点如下：

一、在宗庙，向王和邦宾献酒；邦宾尊其旅服。二、盂用旂负鬼方首级，进入南门，向王报告斩获数目。三、盂将鬼方三酋带进大廷，王命荣审讯，斩杀三酋。四、盂带俘虏和馘耳进门，进献于西方道上；在宗庙举行燎祀。五、盂率其部属进入三门，依次向王报告战绩；向邦宾献酒；王命人向盂等献酒。六、在宗庙，禘祀先王；向邦宾献酒；王命人使盂送进所获取的各种玉。七、次日在宗庙，向王和邦宾献酒；对盂进行赏赐。

① 朱右曾：《逸周书集训校释》卷2。
② 裴学海：《古书虚字集释》卷1以字。
③ 李学勤：《释多君、多子》。
④ 孙诒让：《名原》下卷。

二

小盂鼎铭内容相当丰富，我们认为下面四个有关当时制度的问题特别值得讨论。

（一）献俘庆赏之礼

鼎铭所记的整个活动，中心是献俘庆赏。其先后仪节，可与《左传》僖公二十八年记载的城濮之战结束后晋国的活动相比：

> 秋七月丙申，振旅，恺以入于晋，献俘授馘，饮至大赏。

但《左传》是晋公亲自出征，故称饮至，鼎铭则略有不同。

《左传》隐公五年说：

> 三年而治兵，入而振旅，归而饮至。又桓公二年：
> 公及戎盟于唐，修旧好也。冬，公至自唐，告于庙也。凡公行，告于宗庙；反行，饮至，舍爵策勋焉，礼也。

该年孔颖达疏云："饮至者，嘉其行至，故因在庙中饮酒为乐也。"并引《左传》襄公十三年"公至自晋，孟献子书劳于庙"和襄公十六年"公至自伐郑"为例。杨伯峻先生说："凡国君出外，行时必告于宗庙，还时亦必告于宗庙。还时之告，于从者有所慰劳，谓之饮至。其有功劳者且书之于策，谓之策勋或书劳。"[1]

饮至也见于西周金文，塱方鼎作"饮臻饮"，谭戒甫先生曾有很好的论述[2]。近年，周原甲骨文也发现"王饮臻……"[3]《三代》8.50.4 鼎铭讲王征伐，"至，燎于宗周"，也必包含饮至。凡此都是王的活动，只有方鼎是周公，但周公东征时的特殊身份是大家都知道的。

小盂鼎的情况有些差别，王没有亲自出征，而是命盂率军征伐，盂战胜归来，是告于王，不是告于宗庙，所以不能称为饮至。不过，王也为此事举行了在庙中饮

---

① 杨伯峻：《春秋左传注》，中华书局 1981 年版，第 42 页。
② 谭戒甫：《西周〈塱鼎铭〉研究》，《考古》1963 年第 12 期。
③ 李学勤、王宇信：《周原卜辞选释》，《古文字研究》第 4 辑，中华书局 1980 年版。

酒为乐的典礼，和饮至还是近似的。《左传》记城濮之战所说"献俘授馘，饮至大赏"的次第，可以说与鼎铭基本符合。

（二）与《世俘》篇比较

武王伐纣，胜利后返周，举行的典礼活动，见于《世俘》。可惜篇文有不少错讹脱漏，不能完全理解。今选其中可知部分，排比如下：

> 四月庚戌，武王朝至，降自车，废于纣矢恶臣百人。"武王乃夹于南门用俘，皆施；佩衣衣，先馘入；武王在祀，大师负商王纣县首白旂、妻二首赤旂，乃以先馘入；燎于周庙。"
>
> 次日辛亥，"祀于位，用籥于天位"。
>
> 乙卯，"武王乃以庶国祀馘于周庙，……断牛六，断羊二"；告于周庙；"以斩纣身告于天于稷，用小牲羊、犬、豕于百神、水、土于誓社。……用牛于天于稷五百有四，用小牲羊、豕于百神、水、土、社二千七百有一。"

这是王的亲自征伐，又是推翻商朝的大事，仪节自然有其特色，但还是有些地方可与小盂鼎铭比较。

和盂一样，武王也由南门进入。篇中说"夹于南门用俘，皆施"，孔晁注云："陈列俘馘于南门内，夹道以示众也。"是训"施"为陈。顾颉刚先生则取读"施"为"弛"或"褫"之说①，也就是说褫去俘虏的衣服，这也是合乎情理的。可能有一种看法，由"用俘"联想到读为"脆"（训裂、剔），但此时俘在南门，似乎不是杀人牲的地点。

"佩衣衣，先馘入"，主词是武王而不是俘。小盂鼎说盂以多旂佩（负）鬼方首级入南门，《世俘》中武王则"佩衣衣"，另由大师负县首之旂入南门。朱右曾《集训校释》说这是"献俘者佩橐鞬，衣戎衣，先俘入庙"，可资参考。"衣衣"义不明，顾颉刚先生疑衍一字，也许是对的。

说"先馘入"，说明馘也要进入南门，随后在周庙举行燎祀，这也是和小盂鼎相仿的。前面已说过，燎用玉用牲，不是用馘获的耳，也不是用纣及其二妻的首级。朱右曾说，"燎旂，非燎首也"，也与礼制不合。到乙卯日，武王又祀馘于周庙，正说明馘没有用于燎祀。由此推知，小盂鼎的燎祀也与所获人、馘没有直接联系。

---

① 顾颉刚：《〈逸周书·世俘篇〉校注、写定与评论》，《文史》第2辑，中华书局1963年版。

武王随后告于周庙，用牛告于天和稷，用小牲于百神、水、土、社。这和鼎铭禘祀先王虽不相同，意义也是相当的。

（三）盂的身份

大盂鼎铭云："今余惟命汝盂绍荣"，下又说："迺绍夹死司戎"，可见盂受命作荣的副手，官司军政，其职相当小司马①。大盂鼎作于康王二十三年，仅早于小盂鼎二年，小盂鼎中的盂应仍为同官。从王命荣审讯三酋看，荣也仍是盂的上级。

《周礼·小司马》云所掌之事如大司马之法。《大司马》职云：

> 若大师，则掌其戒令，莅大卜，帅执事莅衅主及军器。……若师有功，则左执律、右秉钺以先，恺乐献于社。若师不功，则厌而奉主车。

其在献俘中的位置，正与鼎铭相合。

《周礼》所谓"大师"，指王亲征而言。王出征，要用车载迁庙之主和社主而行，由小宗伯奉主车。载主出征，在很多文献中都有记述②。小盂鼎铭记的战事不是王亲征，当然也就没有主车的事。

在商代甲骨文中却有出征载主的记载。历组卜辞有：

> 癸亥，示先羌入。
> 癸亥，示弜先，配羌。③

"示"即主，"羌"即俘虏或馘杀的西方人。卜辞是问主先入门还是与羌同时入门。甲骨文可和小盂鼎对比的还有很多，但殷、周礼制有所损益，在此不能具论。

（四）门朝制度

前人说："学礼而不知古人宫室之制，则其位次与夫升降出入，皆不可得而明。"④ 小盂鼎这样的金文也是如此，不了解当时周王门朝的制度，就不能正确知道实际的情事。

历代研究礼制的著作，对古文献中的宫室制度有很多论证，其中对解读鼎铭最

---

① 顾颉刚：《〈逸周书·世俘篇〉校注、写定与评论》，《文史》第 2 辑，中华书局 1963 年版。
② 孙诒让：《周礼正义》卷 56。
③ 李学勤：《殷代地理简论》自序，第 10 页。
④ 任启运：《朝庙宫室考》，《清经解续编》。

适用的，可举出清代任启运的《朝庙宫室考》。任氏书中有"天子五门三朝庙社图"，便于检索。下面就根据任氏此图，绘成一幅示意图：

鼎铭的"南门"即图中的皋门，因其为最外南向的门，故称南门。甲骨文有：

> 于滴王逆以羌。
> 王于宗门逆羌。
> 王于南门逆羌。①

宗门、南门并列，可知南门不是宗庙的门。周代庙门不南向，故入庙门左右折曰曲，详见任氏书。《顾命》："大保命仲桓、南宫毛，俾爰齐侯吕伋，以二干戈、虎贲百人，逆子钊于南门之外。"清人江声指出"南门"是皋门②，十分准确。

《世俘》武王"夹于南门用俘"，然后"入"，是入皋门。盂以多旂负鬼方首级"入南门"，也是入皋门。

盂以鬼方三酋"进即大廷"，前文已说明大廷在库门内、雉门外。铭云"进"，可见三酋原在皋门里、库门外，此时才被带进库门。

然后盂将所获人、馘带"入门"，这个门也指库门。库门里、雉门外，左面即东方是庙门，右面即西方是社门。所谓"西旅"当即社门的道路，"献西旅"就是

---

① 李学勤：《殷代地理简论》自序，第10页。我过去说宗门即南门，是错误的。今改正。参看于省吾《释"逆羌"》，《甲骨文字释林》上卷。
② 杨筠如：《尚书覈诂》卷4《顾命》。

《周礼·大司马》、《大祝》所说的"献于社"。

献、燎之后，盂等进入三门。前已说明，三门即雉门。这一点，在西周金文中还有一个证据。《周礼·大司马》："正月之吉，始和布治于邦国都鄙，乃县治象之法于象魏，使万民观治象，挟日而敛之。"象魏即雉门的两观[1]，是悬法使民众观看之处。曶鼎铭云："于王参（三）门……木榜，用征（意思是证），诞赎兹五夫，用百锊"，王三门的木榜即悬于两观的法，所以诉讼时引为根据[2]，可见三门确是雉门。

以往有些学者主张周王只有三朝三门，那样入三门就到了路寝前面，和小盂鼎、曶鼎的情况都是不合的。按照三朝五门、左祖右社的制度，与铭文都能相合。

通过结合文献和古文字材料来研究古代礼制，过去做的工作还不多。本文所论，不过是一次试探，切望读者指正。

（刊于 1987 年第 5 期）

---

① 孙诒让：《周礼正义》卷 4。
② 拙作《论曶鼎及其反映的西周制度》（《中国史研究》1985 年第 1 期）所释有误，今改正。

国家形成的标志之管见

——兼与"四级聚落等级的国家论"商榷

王震中

在国家起源的研究中，对于由史前社会转变为文明时代的国家社会，我们既需要研究其演进的过程，亦需要研究如何判断是否已进入国家社会，其标志是什么。一百多年前，恩格斯在《家庭、私有制和国家的起源》中曾提出国家形成的两个标志，即按地区来划分它的国民和凌驾于社会之上的公共权力的设立。按地区来划分它的国民，是为区别于原始社会的组织结构以血缘为特色而概括出的标志；凌驾于社会之上的公共权力的设立，说的是伴随着国家的出现而产生了强制性权力机构。对于恩格斯提出的这两个标志，我国学术界长期以来一直是这样使用的。但随着研究的深入，我们发现，按地区划分它的国民，对于古希腊罗马来说也许是适用的，而对于其他许多更为古老的民族则有一定的局限性，例如中国古代，直至商代和周代，其氏族、宗族、家族等血缘组织和结构还在社会政治生活中发挥着相当大的作用，还处于血缘和地缘相混合的状态。因此，在 20 世纪 90 年代初，笔者提出："国家形成的标志应修正为：一是阶级的存在；二是凌驾于社会之上的公共权力的设立。阶级或阶层的出现是国家这一管理机构得以建立的社会基础，凌驾于全社会之上的公共权力的设立则是国家的社会职能，是国家机器的本质特征。"[①] 尽管在国家形成途径或机制的解释上有内部冲突论、外部冲突论、管理论、融合论、贸易论等诸多理论观点之不同，但作为国家形成的结果，都有阶级或阶层、等级之类社会分化的存在，都有某种形式的强制性权力的设立，则是确凿无疑的。所以，即使各文明国家中阶层、阶级和强制性权力形成途径和存在形式各有差异，但并不影响将两者（即阶级阶层和强制性权力）的出现作为进入国家社会的标志。[②]

从研究中的可操作性来讲，关于远古社会中等级、阶级和阶层之类是否已形

---

① 王震中：《文明与国家——东夷民族的文明起源》，《中国史研究》1990 年第 3 期。

② 王震中：《中国文明起源的比较研究》，陕西人民出版社 1994 年版，第 3、346—350 页。

成，我们可以通过对考古发掘出土的墓葬资料和居住建筑物的规格等方面的资料进行考察。在一个社会的墓地和墓葬资料中，那些随葬品十分丰富而且异常精美者，其在社会的阶层和等级中当然处于上层，可列入统治阶层或富有阶层的行列。而那些随葬品非常贫乏稀少，甚至一无所有者，则处于社会的下层，属于普通民众，甚至还是被奴役者。至于那些殉葬者和尸骨被丢弃在垃圾坑里的人，无论他们是由战俘转化而为奴隶，还是因其他原因而沦为被奴役者，他们属于社会的最底层都是明确的。从居住的环境、条件和规格上来看，那些居住在宫殿中的人与居住在普通建筑物里和地穴式、半地穴式建筑物里的人，其身份地位和社会阶层的不同，也是十分明显的。所以，作为我们提出的国家形成的标志之一——等级、阶层、阶级的存在，在文明和国家起源的研究中，其可操作性和其所具有的物化形式是显而易见的。

关于凌驾于全社会之上的公共权力亦即强制性的权力，我们也可以找到它的物化形式或者称之为物化载体，可以通过考古发掘出土的都邑、都城和宫殿之类的建筑物来进行考察。我们知道，一个庞大的城垣，需要大规模地组织调动大量的劳动力，经过较长时间的劳动才能营建而成；而城垣之内宫殿宗庙之类的大型房屋建筑，也需要动员众多的人力物力之资源，这一切都显示出在其背后有完善的社会协调和支配机制来为其保障和运营。考古发现还表明，虽然修建了都邑城墙，但并非所有的族人都居住在城内，在城邑的周边还有一些村落亦即小的聚落，而城内的宫殿也只是供统治阶层和贵族居住，也就是说，中国上古时代的城址及其城内的大型建筑并不是为该地域内整个聚落群的人口居住所修建，它是为贵族中的上层及其附属人口的居住所营建，但统治阶层却有权调动和支配整个聚落群的劳动力，显然这种支配力具有某种程度的强制色彩。当然，我们并不主张一见城堡即断定国家已存在，如西亚巴勒斯坦的耶利哥，在距今10000—9000年前，尚处于前陶新石器时代，即由于军事和其他特殊的原因（如保卫宗教上的圣地圣物等）而修建了城堡。但是，当一个社会已存在阶层和阶级时，城邑的出现，则可视为国家构成的充分条件。也就是说，这种带有强制性的权力与当时社会划分为阶层或等级相结合所构成的社会形态，是不同于史前的"分层社会"或被称为"酋邦"的社会形态的。

诚然，关于古代国家形成的标志问题，还不能说已形成定论，这一学术难题并没有完全解决，它一直被作为国家起源中的重要理论问题而受到学者们孜孜不倦的探索。20世纪70年代以来，一部分西方人类学者和考古学者通过所谓四级聚落等级来区别酋邦与国家的做法，就很有代表性。

这种做法的起因是20世纪50年代，美国人类学家卡莱尔沃·奥博格（Kalervo Oberg）提出酋邦概念；60年代，塞维斯（Elman R. Service）建立"游团（band）—部落（tribe）—酋邦（chiefdom）—国家（state）"这一演进模式之后，学者又认识到酋邦之间在社会复杂程度上存在着巨大差异。厄尔（T. K. Earle）等人把酋邦划分为"简单酋邦"与"复杂酋邦"两种类型，并提出只有复杂酋邦才能演变为国家，而区别这两种类型的考古学依据之一，便是决策级别的多少。这是从系统论和信息论中发展来的一种理论概念，其逻辑是复杂社会发展中根本的变化。首先是决策等级的增多，其次是信息加工的专业化。这一理论被亨利·瑞特（Henry T. Wright）、约翰逊（G. A. Johnson）、厄尔等人应用到文化进化和国家起源的研究中，提出区别酋邦与国家的所谓"四级聚落等级的国家论"的理论。例如，约翰逊提出部落和酋邦拥有一到二级行政管理机构，国家则至少拥有三级决策机构。[①] 瑞特、厄尔等人则将这种决策等级（行政管理层次）与聚落等级相对应，进一步提出：四级聚落等级代表村社之上的三级决策等级，因而表示国家；三级聚落等级代表在村社之上的二级决策等级，因而表示复杂酋邦；二级聚落等级代表其上有一级决策等级，因而表示简单酋邦。[②] 至于划分和衡量聚落等级的标准或方法，采用的是"第二大聚落（即二级）应是最大中心聚落规模的二分之一，第三大聚落（即三级）应是最大中心聚落规模的三分之一，以此类推"。[③] 为此，澳大利亚雷楚布大学刘莉教授在《中国新石器时代——迈向早期国家之路》一书中，将上述说法列表予以表示。[④]

衡量社会复杂化程度的四种变量之间大致对应关系表

社会组织	聚落等级层次	管理等级层次	人口规模（人）[*]
简单酋邦	2	1	数千
复杂酋邦	3	2	数万
国家	4	3	10000—100000 或更多

[*] 简单和复杂酋邦的人口规模根据 Earle，国家的人口规模估计基于 Feinman。

聚落等级若划分科学且符合历史实际的话，在某种程度上可以反映出当时政治隶属和决策的等级机制，它属于社会复杂化的一个方面或物化形式，因而有理论上的意义，但"四级聚落等级的国家论"是有局限性的。这种局限性表现为三个方面：一是划分和衡量史前聚落等级的标准受研究者主观因素的影响，因而所划分出

---

① G. A. Johnson, "Local Exchange and Early State Development in Southwestern Iran", Museum of Anthropology, University of Michigan, Anthropological Papers, No. 51, 1973, pp. 4 – 12.

② Henry T. Wright, "Recent Research on the Origin of the State," Annual Review of Anthropology, No. 6, 1977, pp. 379 – 397; Timothy K. Earle, "The Evolution of Chiefdom", in T. Earle (ed.), Chiefdoms: Power, Economy, and Ideology, N. Y.: Cambridge University Press, 1991, p. 3.

③ 刘莉：《中国新石器时代——迈向早期国家之路》，文物出版社 2007 年版，第 146 页。

④ 同上。

的等级是相对的；二是所谓国家的产生是由四级聚落等级组成和其上有三级决策等级来表示的说法，过于绝对化和教条化，似与中国上古时期即虞、夏、商、周时代的实际情况不符；三是作为区分酋邦与国家的衡量标准，问题的实质并不在于某个聚落群中聚落等级究竟是由三级还是四级构成，而在于该政治实体是否存在较集中的强制性权力结构，社会中是否存在阶层或阶级的不平等。

首先，就划分聚落等级的具体情形而言，我们以《中国新石器时代——迈向早期国家之路》一书引用的资料为例试加说明。该书将中原、山东、陕西中部各地区和各亚地区的聚落群大部分划分为三级，也有二级和四级的，地区与地区之间的标准并不统一，同样作为龙山时代的第一级聚落，陶寺文化中期的城址规模是 280 万平方米，而伊洛地区王湾类型的一级聚落规模是 20 万平方米至 30 万平方米，豫北地区后岗类型的一级聚落是 30 万平方米至 56 万平方米，豫中地区的一级聚落是 20 万平方米至 50 万平方米，山东临沂地区的一级聚落是 75 万平方米，山东日照地区的一级聚落（两城镇）是 246.8 万平方米，鲁北地区一级聚落城子崖城址是 20 万平方米，等等。可见，虽然都被称为第一级聚落，但各地的悬殊是很大的。考古学者在依据聚落规模进行聚落等级的划分时，各地并没有统一的标准，也无法作出统一标准。即使同为第一级聚落，晋南 280 万平方米的陶寺遗址与豫西、豫北、豫中三四十万平方米的第一等级聚落遗址，完全不是一个概念。此地被划分为第一等级的聚落，放在彼地就只能属于第二乃至第三等级的聚落。所划出的各个规模等级在本聚落群中有相对意义，但在各地之间却没有可比性。此外，对于城址面积与遗址面积需要区别对待，这是因为从事过考古学调查的人都知道，在一个遗址中，由城垣圈起来的城内面积与整个遗址的面积不是一个概念，城址面积往往要小于一般意义上的遗址面积。这样，对于某一聚落群来说，如果把 20 万平方米以上的遗址划为第一等级的话，那么作为城址，究竟多大规模的城址与之相当呢？是 10 万平方米以上还是 15 万平方米以上？换算的依据是什么？总之，聚落规模等级的划分只是在各地聚落群内部具有相对性，而在各地的聚落群之间无法给它一个统一的量化标准。

其次，是否只有四级聚落等级才表示国家的产生，也是很难说的。我们用我国商周时期都鄙邑落的等级情况检验这一说法，问题就看得比较清楚。以商代为例，商的"内服"之地（亦即王邦之地，相当于后世的"王畿"）的都鄙邑落可分为三级：即王都为第一级（最高级），朝臣、贵族大臣的居邑或领地（类似于周代的采邑或公邑）为第二级，普通村邑或边鄙小邑为第三级。商的"外服"之地（亦即位于四土的侯伯等附属国之地）的都鄙邑落亦分为三级：即最高一级是侯伯之君所居住的中心性都邑，如甲骨文中"侯唐"（即唐侯）之"唐邑"、丙国之"丙邑"、"望乘"族邦之"望乘邑"等；第二级是其他贵族之邑或族长所居住的宗邑；第三级是边鄙小邑或侯伯贵族领地内贫穷家族所居住的普通村邑，如"沚"伯领地的"东鄙二邑"、甲骨文中的"鄙二十邑"、"三十邑"之类用数字计量的小邑等。[①]由于商代是"复合型国家结构"，[②] 商代有些侯伯在臣服于商王之前是独立的邦国，在臣服或从属于商王之后，商王对侯伯之地的统治和支配也是间接性的，所以划分商代的聚落等级结构只能将作为内服的王邦与作为外服的侯伯分别区划，而且这些聚落等级之间的上下关系也只是有某种隶属关系而不是行政区划的分级管理关系。仅就聚落的等级分类而言，已经由邦国即初始国家发展为王国的商王朝，无论是商王直接统治的王邦还是由侯伯支配的各个族邦都看不到有所谓四级的聚落等级结构，这与瑞特、厄尔等人只有四级聚落等级才表示国家的理论完全不同。

　　聚落等级的划分往往与聚落考古调查的推进密不可分。在这种调查中，较有成效的做法是考古学的"区域系统调查"（Regional Systematic Survey）或"全覆盖式调查"（Full – Coverage Survey）。[③] 自 20 世纪 90 年代中期以来，山东大学东方考古研究中心、中国社会科学院考古研究所的一些考古工作队等研究机构通过与外国同行合作，先后在山东日照、[④] 河南安阳、[⑤] 灵宝、[⑥] 洛阳、[⑦] 伊洛河地区、[⑧] 偃师[⑨]等地开展规模不一的区域系统调查，发表了一系列成果。特点是所调查的对象，时间跨越几千年，面积有的超过千余平方公里，这对了解该地聚落群的分布状况及其前后变化是大有裨益的，是聚落考古研究中必要的一环。当然，最为理想的状态是一个区域范围内典型遗址的发掘与区域系统调查以及调查中的试掘这三者的结合。典型遗址的大规模全面的发掘，可以解决聚落内的社会组织结构和关系；典型遗址所在地的区域系统调查及调查中的必要的试掘，则可以解决聚落与聚落之间即聚落群内与群外的关系。所以，以聚落形态研究为目的的发掘、调查、试掘，三位一体，学术目标明确，学术问题也容易得到解决或推进。在这里，限于篇幅，我们不准备对人类学中聚落等级与决策等级之间量变关系的理论做系统的验证，但我们可以利用商代王都所在地的洹河流域的考古调查资料，对所谓第一等级聚落（最高中心聚落）统辖若干第二等级聚落（次级中心聚落），第二等级聚落统辖若干第三等级

① 王震中：《商代都鄙邑落结构与商王的统治方式》，《中国社会科学》2007 年第 4 期。
② 王震中：《商代的王畿与四土》，《殷都学刊》2007 年第 4 期。
③ 方辉主编：《聚落与环境考古学理论与实践》，山东大学出版社 2007 年版。
④ 中美两城地区联合考古队：《山东日照市两城地区的考古调查》，《考古》1997 年第 4 期。
⑤ 中美洹河流域考古队：《洹河流域区域考古研究初步报告》，《考古》1998 年第 10 期。
⑥ 中国社会科学院考古所河南一队等：《河南灵宝市北阳平遗址地调查》，《考古》1999 年第 12 期。
⑦ 中国社会科学院考古所二里头工作队：《河南洛阳盆地 2001—2003 年考古调查简报》，《考古》2005 年第 5 期。
⑧ 陈星灿等：《中国文明腹地的社会复杂化进程——伊洛河地区的聚落形态研究》，《考古学报》2003 年第 2 期。
⑨ 许宏等：《二里头遗址聚落形态的初步考察》，《考古》2004 年第 11 期。

聚落，第三等级聚落统辖若干第四等级聚落的层层递进的理论模式，进行个案式检验。

1997年至1998年，中美洹河流域考古队曾对安阳殷墟外围的洹河流域进行多学科的考古调查，调查的范围以殷墟为中心，向东西各约20公里，向南北各约10公里展开，总面积将近800平方公里。以这次调查为主，综合历次调查的结果，发现仰韶文化后岗时期的邑落遗址有6处，仰韶文化大司空村时期的邑落遗址有8处，龙山文化时期的邑落遗址有30处，下七垣文化时期的邑落遗址有8处，商文化殷墟阶段以前的邑落遗址有19处，殷墟时期的邑落遗址有25处，西周时期22处，东周时期36处。其中，商文化殷墟第一期晚段以前的阶段即商文化白家庄期至洹北花园庄晚期（亦即殷墟第一期早段）的19处邑落是：姬家屯、东麻水、大正集、柴库、洹北花园庄、西官园、东官园、聂村、大市庄、大定龙、大八里庄、袁小屯、郭村西南台、晋小屯、韩河固、东崇固、开信、将台、伯台。殷墟时期的25处邑落遗址是：北彰武、阳郡、北固现、姬家屯、蒋村、西麻水、大正集、安车、西梁村、柴库、范家庄、秋口、殷墟、后张村、小八里庄、大八里庄、晁家村、南杨店、郭村、晋小屯、大寒屯、韩河固、东崇固、将台、蒋台屯。中商至晚商第一期早段的19处聚落，除洹北商城作为王都而规模庞大外，大多数属于规模较小的普通村邑。殷墟时期的25处聚落，调查者说面积最大者不过35000平方米。为此，调查者的结论是："除殷墟外，洹河流域似不存在其他较大的中心聚落。这有可能说明当时分布于王畿附近的聚落都是由商王直接控制的，其间或许没有介于商王与族长之间的中层组织或机构。"[1] 安阳殷都及其周边800平方公里范围内的聚落等级只有两级，而且这两个等级之间悬殊又非常大，我们并非用它来说明商王国的聚落等级结构（即都鄙邑落结构）只有两级。如前所述，无论是商王直接统治的王邦之地还是由侯伯支配的族邦之地，其都鄙邑落结构（即聚落结构）都由三级构成。[2] 洹河流域安阳殷都及其周边的聚落考古调查却可以说明：围绕在最高聚落等级（即第一等级）周边的聚落也可以是最基层的聚落（第三级或第四级聚落，即最基层的村邑），而不必是所谓次级聚落中心（第二等级聚落），王都与其周围被统治的最基层聚落之间可以没有中间结构。

周代的情况也是这样，既有两级聚落等级，也有三级聚落等级。西周王邦之地（即后世称为"王畿"的地方）实行公邑、采邑制和国野制。从"国"与"野"来看，是两级聚落等级，加上贵族所领有的采邑（封邑）和公邑可构成三级聚落等级。西周诸侯国后来也实行采邑制，但在被分封初期，不需要向公室弟子分出采邑

---

① 中美洹河流域考古队：《洹河流域区域考古研究初步报告》，《考古》1998年第10期。
② 王震中：《商代都鄙邑落结构与商王的统治方式》，《中国社会科学》2007年第4期。

（封邑），所以西周诸侯国最初是没有采邑的。西周诸侯国在被分封初期，直接控制的国土并不是很大，其都城及周边地域也当实行国野制，经过发展，有的诸侯国成为具有一定领土范围和几个城邑的贵族国家，有的则依旧是由单一城邑和其周围的村邑组成的贵族国家。其中，在具有几个城邑（公邑和采邑）和某种领土范围的诸侯国中，其国都的邦君与公邑之间有隶属关系；国都与分封给贵族的采邑之间作为不同等级的聚落层次，国都为一级，采邑只能是次一级，但两者绝非行政区划的分级管理关系。至于只有单一城邑和其周围村邑的贵族国家，有点像春秋时期的一些小诸侯国。如《左传》昭公十八年记载说："六月，鄅人籍稻，邾人袭鄅。鄅人将闭门，邾人羊罗摄其首焉，遂入之，尽俘以归。鄅子曰：'余无归矣。'从帑于邾。邾庄公反鄅夫人，而舍其女。"这段记载是说：鲁昭公十八年六月，鄅国国君巡视籍田，邾国军队袭击鄅国，鄅国人将要关上城门，邾国人羊罗把关城门人的脑袋砍下，用手提着，就因此进入鄅国，把百姓全都俘虏回去。鄅子说："我没有地方可以回去了。"跟随他的妻子儿女到邾国。邾庄公归还他的夫人而留下他的女儿。从这段记载中我们可以看到，鄅国国小民少，邾人破城便灭其国，可见其统治的范围仅限于都城周围地区，显然属于一个以都城为中心的城邑国家，很难作出聚落形态上的三级或四级之类的等级划分。

　　这样，笔者认为，所谓二级、三级、四级聚落等级及其最高等级的聚落规模，反映的只是社会复杂化程度和这一政治实体所控制的领土范围，何况我们对于聚落等级的划分也只是相对的，而且即使聚落等级之间有隶属关系，也不能说这种隶属关系就是行政区划的行政管理关系。也就是说，在古代中国，在夏商周时期的上古社会，邦君与贵族领地或采邑之间的某种隶属关系并不等于秦汉以后郡县制下中央与地方的那种具有行政级别的行政管理关系。那种只有具有四级聚落等级形态才表示国家已形成的理论是有局限性的，它并不能说明国家是否产生这一问题的实质，因而也不应作为衡量的标准。我们将聚落考古学与社会形态学结合起来研究古代国家和文明的起源，固然要对聚落的等级作出划分，并由此来说明社会的复杂化，这只是问题的一个方面，与此同时，我们还必须对史前社会组织、等级、阶层、阶级的产生、权力性质的演变，乃至宗教意识形态领域的变化等，进行多方面的考察，方可说明早期国家与文明社会是如何产生的，其演进的机制和运动的轨迹是什么，早期国家的形态和特点是什么。仅就国家形成的标志而论，笔者依然主张阶层阶级的出现和凌驾于全社会之上的强制性权力的设立是最具特征性的，而且在考古学上可以找到其依据和物化形式，因而是具有可操作性的。

（刊于 2010 年第 6 期）

关于两汉的官私奴婢问题

翦伯赞

一　问题的提出

两汉的社会已经是中央集权的专制主义的封建社会，这在中国史学家之间，大概是没有争论的，至少是最大多数人同意的。但由于两汉还存在着相当数量的官私奴婢，很可能引起人们对两汉社会性质的怀疑，以为这些官私奴婢的存在是标志着奴隶制度的存在。因此把两汉的官私奴婢问题提出来讨论一下，不是没有必要的。

两汉时代存在着相当数量的官私奴婢，是不可否认的事实，但是不是我们就可以因此而作出两汉不是封建社会的结论呢？我以为是不可以的，因为封建社会内是容许奴隶制度的残余存在的。

马克思列宁主义教导我们说：无论在自然界或社会中，"纯粹的"现象是没有而且也不可能有的。例如，世界上"没有而且也不可能有'纯粹的'资本主义，有的或者是封建残余的混合物，或者是私有观念的混合物，或者是其他什么的混合物"①。

这样的原理原则，对于封建社会也是适用的。任何一个封建社会，它总不是也不可能是没有夹杂着前期残余或后期萌芽的"纯粹的"封建社会。"纯粹的"封建社会和"纯粹的"资本主义社会一样，在世界史上是没有的。

历史上的任何社会，除了构成这个社会的支配的因素之外，必然存在着新的、成长着的、先进的东西，也必然存在着旧的、萎缩着的、残余的东西。这样前后交错，新陈代谢，乃是历史发展的辩证过程。两汉的官私奴婢，在当时的社会中，正是旧的、萎缩着的、残余的东西。

我们说两汉的官私奴婢是旧的、萎缩着的、残余的东西，是因为它在当时已经

---

① 《列宁全集》，俄文第 4 版第 21 卷，第 210 页，转引自《学习译丛》1954 年第 5 期，第 112 页。

不是社会生产的基本力量，当时社会生产的基本力量是那些分配得有小块土地并附着在土地上而对土地所有者人格上的依附关系的农民。至于当时的官私奴婢，乃是贫穷农民的化身，是封建社会的附产物，这种附产物是被当作一种奢侈的装饰品被封建地主阶级保留下来。用恩格斯的话说，在当时，"只有从事富人家务及给富人当奢侈品用的奴隶，还留在社会上"①。

奴隶制度的残余，以日益萎缩的形态长期地被保存在封建社会中，不仅在中国历史上如此，在世界其他国家或民族的历史上，也有同样的情形。马克思曾指出："……教区奴隶，在'流浪人'的名称下，深入十九世纪，还在英国保存着。"②

问题不在封建社会内能不能容纳奴隶制度的残余，而是在于两汉的官私奴婢是不是奴隶制度的残余。在这篇论文里，我要讨论的就是这个问题。在以下的论述中，我不预备广泛地涉及两汉的社会经济构造和政权性质等问题，只是从两汉官私奴婢的数量、来源、任务、待遇这几个方面提出一些意见，说明两汉的官私奴婢不同于奴隶制社会的奴隶，而是残存在封建社会中的奴隶制残余。

二　数量问题

首先从奴婢的数量上来考察这个问题。

奴婢的数量，不是解决这个问题的主要关键，但也说明问题的一个侧面，即阶级分化的程度。同时又因为问题是从数量引出来的，因此我就以此为出发点来讨论这个问题。

如像大家所周知的，在奴隶社会中，奴隶是这个社会构成中的一个主要的阶级，也是在当时人口中占大多数的一个阶级。其所以如此，是因为在当时"已有可能迫使大多数人服从少数人并把这大多数人变为奴隶"；是因为在"这里已不是社会中一切成员在生产过程中共同地和自由地劳动，而是由那些被不劳而获的奴隶主所剥削的奴隶们底强迫劳动占主要地位"③。而这些被强迫劳动的奴隶的劳动生产率又还是处于低度的水平，每一个奴隶不能创造出很多的剩余劳动，因而一个奴隶主必须拥有大群的奴隶，才能满足他的奢侈生活。这就规定了在奴隶社会中，奴隶的数目，必然要多于奴隶主和自由民的数目。

关于奴隶社会中奴隶与自由民人数的比例，恩格斯曾举雅典为例："在雅典全

---

① 恩格斯：《家族私有财产及国家之起源》，张中实译，三联书店 1950 年第 5 版，第 163 页。

② 《资本论》第 1 卷，人民出版社 1953 年版，第 930 页。

③ 《苏联共产党历史简要读本》，人民出版社 1953 年版，第 281 页。

盛时代，自由公民的总数，连女性及儿童在内，共约为九万人，而男女奴隶为三十六万五千人，无权居民——外国人及被解放的奴隶——为四万五千人。这样每个成年的男性公民，至少有十八个奴隶与二人以上的无权居民。"①

恩格斯又会举出柯令斯地方和爱琴地方的例子："希波战争的时候，柯令斯地方的奴隶数目，达到四十六万，在爱琴地方达四十七万，平均每个自由民，有十个奴隶。"②

像恩格斯所举的雅典、柯令斯地方和爱琴地方，都是典型的奴隶制社会。现在我再举出一个在特殊情况下发生的奴隶社会的例子，如像曾经在中国建立过金王朝的女真人的社会。在女真人的社会中，奴隶的数目在当时人口的总数中占有很大的比例。《金史》卷四六《食货志》载金世宗大定二十三年（1183年）七月的统计云：

> 猛安、谋克户口垦地牛具之数，猛安二百二，谋克千八百七十八。户、六十一万五千六百二十四，口、六百一十五万八千六百三十六。（注：内正口四百八十一万二千六百六十九，奴婢口一百三十四万五千九百六十七。）……在都宗室将军司，户、一百七十，口、二万八千七百九十。（注：内正口九百八十二，奴婢口二万七千八百八）

从这里可以看出在女真人的社会组织如猛安、谋克中的奴婢一般占总人口的四分之一以上，而在女真军事贵族集中的都城，则每一正口拥有二十七个以上的奴婢。

这些例子，充分地证明了只要是奴隶社会，奴隶的数目，大抵都是多于自由民。如果一个社会已经有奴隶的存在，但奴隶的数量少于自由民，那就表示在当时还没有真正把生产资料积累于少数人手中，还没有可能把大多数人变为奴隶，亦即氏族社会还没有彻底地被瓦解，因而我们就没有理由不称它做氏族社会而硬要称它做奴隶社会。

和奴隶社会不同，两汉的官私奴婢和当时的人口总数相比是微乎其微的。根据历史文献的记载，两汉官奴婢的最高数字不过十万余人③，而西汉平帝元始二年（公元2年）全国人口总数为59594978人④，官奴婢在人口总数中所估的此例只有

---

① 恩格斯：《家族私有财产及国家之起源》，张仲实译，第218页。
② 恩格斯：《反杜林论》，三联书店1953年版，第199—200页。
③ 《汉书》卷72《贡禹传》："诸官奴婢十万余人。"同书卷99下《王莽传》："没入为官奴婢……以十万数。"
④ 《通典》卷7《食货》七。

五百分之一。

两汉的私奴婢有多少，不可确知。只有《汉书·食货志》曾有如此的记载："（汉武帝）乃分遣御史，廷尉正监分曹，往往即治郡国缗钱，得民财物以亿计，奴婢以千万数，田、大县数百顷，小县百余顷，宅亦如之，于是商贾中家以上大氐破。"

这个记载，告诉我们汉武帝时以治缗钱，曾从郡国没入"奴婢以千万数"①。同时说明了当时商贾中家以上所拥有的奴婢，不过是以千数，以万数，最多以十万数，即几十万人。因为当这些奴隶被没收以后，商贾中家以上大抵破产。此外还有某些地主所占有的奴婢，其人数虽不可知，但即使此商贾所占有的奴婢多一倍或几倍，而这在当时总人口中所占的比例，仍然是很小的，大抵平均几十人才有一个奴婢。作为一种社会制度来说，要一个奴婢养活几十个主人，那是不可想象的。

是的，当时有些个别的人确实拥有大群奴婢。例如西汉时张良有家童三百人②，陆贾奴婢百人③，金王孙女奴婢三百人④，卓王孙童客八百人，程郑亦数百人⑤，杨仆家童七百人⑥，栾大童千人⑦，张安世童七百人⑧，霍光奴婢百七十人⑨，史丹童奴以百数⑩，王氏五侯童奴以千百数⑪。东汉时，窦融祖孙奴婢以千数⑫。马

---

① "以千万数"在《汉书》上是屡见的，例如《食货志》云"断狱岁以千万数"。又如《王莽传》云"又增法五十条，犯者徙之西海，徙者以千万数"。这些"以千万数"都是以千计以万计的意思。

② 《汉书》卷4《张良传》："秦灭韩，良少未宦事韩（宋祁曰：宦疑是尝字），韩破，良家童三百人。"

③ 《汉书》卷43《陆贾传》："陈平乃以奴婢百人，车马五十乘，钱五百万，遗贾为食饮费，贾以此游汉廷公乡间，名声籍甚。"

④ 《汉书》卷97上《孝景王皇后传》："初皇太后微时，所为金王孙生女，俗在民间，盖讳之也。武帝始立，韩嫣白之。帝曰：'何为不蚤言。'乃车驾自往迎之……钱千万，奴婢三百人，公田百顷，甲第以赐姊。"

⑤ 《汉书》卷57《司马相如传》："临邛多富人，卓王孙童客八百人，程郑亦数百人。"同书卷91《货殖传》："蜀卓氏之先，赵人也，用铁冶富……富至童八百人。""程郑山东迁虏也，亦冶铸……富埒卓氏。"

⑥ 《水经注》卷16《谷水注》："汉元鼎三年，楼船将军杨仆，数有大功，耻居关外，请以家童七百人筑塞，徙关于新安。"

⑦ 《汉书》卷25上《郊祀志》："其以二千户封地士将军（栾）大为乐通侯，赐列侯甲第，童千人，乘舆斥车马帷帐器物，以充其家，又以卫长公主妻之，赍金十万斤，更名其邑，曰当利公主。"

⑧ 《汉书》卷59《张汤传》："安世尊为公侯，食邑万户，然身衣弋绨，夫人自纺绩，家童七百人，皆有手技作事，内治产业，累积纤微，是以能殖其货，富于大将军光。"

⑨ 《汉书》卷68《霍光传》："赏赐前后黄金七千斤，钱六千万，杂缯三万匹，奴婢百七十人，马二千匹，甲第一区。"

⑩ 《汉书》卷82《史丹传》："（丹）尽得父财，身又consuming大国邑，重以旧恩，数见褒赏，赏赐累千金，童奴以百数，后房妻妾数十人，内奢淫，好饮酒，极滋味声色之乐。"

⑪ 《汉书》卷98《元后传》："五侯群弟（王商，王谭，王立，王根，王逢时）争为奢侈，赂遗珍宝，四面而至，后庭姬妾各数十人，童奴以千百数。罗钟磬，舞郑女，作倡优，狗马驰逐。"

⑫ 《后汉书》卷53《窦融传》："窦氏一公、两侯、三公主、四二千石，皆相与并时，自祖及孙，官府邸第，相望京邑，奴婢以千数，于亲戚功臣中，莫与为比……"

防兄弟奴婢各千人以上[①]，清河孝王刘庆奴婢三百人[②]，东平宪王刘苍奴婢五百人[③]，济南安王刘康奴婢多至千四百人[④]，折国家童八百人[⑤]，而梁冀奴婢数千人[⑥]。这些例子是不是就能证明当时私奴婢的大量存在呢？我以为不能证明。

第一，这些大群奴婢的拥有者不是同时并世的人物，而是先后出生在两汉四百多年的时期中，因而这样的大群奴婢的拥有者，在同一时期是可得而数的。

第二，这些大群奴婢的拥有者，不是一般的吏民，也不是一般的贵族官僚和富豪，而是头等贵族、高级官吏和最大的富豪。像这样的人，在同一时代是不多的，而且也不是所有这样的人都拥有大群的奴婢。

第三，即使是头等贵族、高级官吏和最大的富豪也因为拥有成百成千的奴婢被认为是奢淫过制，受到政府的限制。《汉书》卷十一《哀帝纪》载绥和二年六月诏曰："制节谨度，以防奢淫，为政所先，百王不易之道也。诸侯王、列侯、公主、吏二千石及豪富民，多畜奴婢，田宅亡限，与民争利，百姓失职，重困不足，其议限列。有司条奏……诸侯王奴婢二百人，列侯、公主百人，关内侯、吏民三十人，年六十以上，十岁以下，不在数中……犯者以律论，诸名田畜奴婢过品，皆没入县官。"这个诏书，一方面反映了当时贵族官僚富豪所畜奴婢，已经超过了上述的限制，同时也反映了超过上述限制的奴婢是要被没收的。在奴隶社会，对于个人拥有奴婢的数目是不会加以限制的，更不会因为过多而遭受没收的。

最后而又是最重要的，是个别的贵族官僚和富豪拥有大群的奴婢之事，不是两汉的特征，这样的情形也在于两汉以后的历史时代中。例如三国时，糜竺"童客万人"[⑦]，李严"奴婢宾客百数十人"。[⑧]西晋时，苟晞"奴婢将千人"[⑨]。东晋时，

①《后汉书》卷54《马援传》："（马援之子）防兄弟贵盛，奴婢各千人已上，资产巨亿，皆买京师膏腴美田，又大起第观，连阁临道，弥亘街路，多聚声乐，曲度比诸郊庙。"

②《后汉书》卷85《章帝八王传》，《清河孝王庆传》："及大将军窦宪诛，庆出居邸，赐奴隶三百人，与马钱帛帷帐珍宝玩好，充纫其第。"

③《后汉书》卷72《光武十王列传》，《东平宪王苍传》，"特赐（苍）宫人奴婢五百人，布二十五万匹，及珍宝服御器物"。

④《后汉书》卷72《光武十王列传》，《济南安王康传》："康遂多殖财货，大修宫室，奴婢至千四百人，殿马千二百匹，私田八百顷，奢侈恣欲，游观无节。"

⑤《后汉书》卷112上《方术传》："其先张江者，封折侯，曾孙国为郁林太守，徙广汉，因封氏焉。国生像。国有赀财二亿，家童八百人。"

⑥《后汉书》卷64《梁冀传》："冀又起别第于城西，以纳奸亡，或取良人悉为奴婢，至数千人，名曰自卖人。"

⑦《三国志·蜀志》卷8《糜竺传》：糜竺"租世货殖，童客万人，赀产巨亿。"

⑧《三国志·蜀志》卷10《李严传》注："诸葛亮又与平（严改名为平）子丰教曰：'……愿宽慰都护，勤追前阙，今虽解任，奴婢宾客百数十人。'"

⑨《晋书》卷61《苟晞传》：晞"奴婢将千人，侍妾数十。"

陶侃"家童千余"①，陶淡"童客百数"②，刁逵"奴婢数千人"③。刘宋时，沈庆之"奴童千计"④，谢混"童仆千人"⑤。萧梁时，裴之横"童属数百人"⑥。唐时，越王贞"家童胜衣甲者千余人"⑦，郭子仪"家人三千，相出入不知其居"⑧。宋时"溧阳潘氏兄弟畜童仆数百"⑨，李益"童奴数千指"⑩，龚楫、王继先奴婢各百余人⑪。明时蓝玉"家奴至于数百"⑫，郭英"家奴百五十余人"⑬。这些例子，说明了汉以后直至明代，个别的贵族官僚和富家还是拥有成百成千的奴婢，当然我们不能说明代还是奴隶社会。

三　来源问题

其次从奴婢的来源上考察这个问题。

在奴隶社会中，奴隶的最初来源是在战争中俘虏的外族人，在其以后的发展中，随着社会内部的阶级分化，也把贫穷的本族人转化为奴隶。即使把贫穷的本族人转化为奴隶，而在战争中俘虏的外族人，仍然是奴隶的主要来源。

俘虏的外族人之所以是奴隶的主要来源，是由于在当时的历史条件下，战争是取得奴隶的最廉价的方式，采取这种方式，比用钱买或依靠奴隶的自然繁殖，即养活奴隶的孩子，对奴隶主更为有利。更重要的是只有通过战争才能得到大量的奴隶的补充，而这对于当时日益发展中的农业和手工业生产是十分需要的。

关于这一点，马克思曾经说过："奴隶市场，是由战争，海上劫掠等事，来不断维持它的劳动力的供给。"⑭ 恩格斯也说过，当吸收新的劳动力是有益的事情时，

---

① 《晋书》卷 66 《陶侃传》：侃"媵妾数十，家童千余，珍奇宝货，富于天府。"
② 《晋书》卷 94 《陶淡传》：淡"家累千金，童客百数。"
③ 《晋书》卷 69 《刁逵传》：逵"以货殖为务，有田万顷，奴婢数千人。"
④ 《宋书》卷 77 《沈庆之传》：庆之"家素富厚，产业累万金，奴童千计。"
⑤ 《宋书》卷 58 《谢弘微传》：谢混"仍世宰辅，一门两封，田业十余处，童仆千人。"
⑥ 《梁书》卷 28 《裴之横传》。
⑦ 《唐会要》卷 86。
⑧ 《新唐书》卷 137 《郭子仪传》。
⑨ 《宋史》卷 247 《宗室列传》四，《彦侁传》："（溧阳）邑氏潘氏兄弟横邑中，号三虎，畜童仆数百。"
⑩ 《宋史》卷 257 《吴廷祚传》。
⑪ 《宋史》卷 452 《忠义列传》，《龚楫传》，《宋史》卷 470 《王继先传》。
⑫ 《日知录》卷 13 奴仆条："太祖数凉国公蓝玉之罪亦曰：'家奴至于数百'。"
⑬ 《明史》卷 130 《郭英传》："御史裴承祖劾英私养家奴百五十余人。"
⑭ 《资本论》第 2 卷，人民出版社 1953 年版，第 600 页。

"战争供给了他们，把俘虏变为奴隶"①。由于这样的原因，以掠夺奴隶为目的的战争，在古代世界里，曾获得广泛的发展，而战争几乎是奴隶劳动力再生产的一种特殊形式。

和奴隶社会不同，两汉官私奴婢的主要来源，不是战争中俘虏的外族人而是本族的罪犯和贫穷的人民。根据历史文献的记载，两汉王朝曾经和匈奴人、乌桓人、鲜卑人、羌人以及分布在中国东南沿海及西北山岳地带的诸部族或种族进行过不断的战争，特别是和匈奴人、羌人进行过长期的激烈的战争。但战争的主要目的，不是为了掠夺外族人以为奴隶，而是为了打通由甘肃走廊地带以达天山南北和中亚的商路，或者是为了扩大帝国的领土把其他部族或种族变成自己的属国或附庸，并迫使他们向帝国政府进贡。

在有关战争的记载中，我们可以看到杀戮和俘虏外族人的记录，如斩首若干级，首获若干人，捕虏若干人，或获生口若干人，但对被俘获的外族人如何处置，一般都没有明确的交代。只有《汉书》卷五《汲黯传》有如次的一段话：

> 匈奴浑邪王帅众来降，汉发车三万乘（迎之）……后浑邪王至，贾人与市者坐当死五百余人。黯入，请间，见高门，曰："夫匈奴攻当路塞，绝和亲，中国举兵诛之，死伤不可胜计，而费以巨万百数，臣愚以为陛下得胡人皆以为奴婢，赐从军死者家，卤获因与之，以谢天下，塞百姓之心。今纵不能，浑邪帅数万之聚来，虚府库赏赐，发良民侍养，若奉骄子，愚民安知市贾长安中而文吏绳以为阑出财物如边关乎？陛下纵不能得得匈奴之赢以谢天下，又以微文杀无知者五百余人，臣窃为陛下弗取也。"上弗许曰："吾久不闻汲黯之言，今又复妄发矣。"

这段话很明显地反映出汉对匈奴人的战争，是因为匈奴人"攻当路塞，绝和亲"，即因为抵抗匈奴人沿长城全线的进攻，而不是为了掠夺奴隶。据上文所述，在对匈奴人的战争中，"死伤不可胜计，而费以巨万百数"，人力物力消耗是很大的，假如是为掠夺奴隶，对于这些消耗就应该从战争中取得报偿，而浑邪王带来的数万匈奴降人正是最好的报偿。用不着汲黯的建议，这几万匈奴人就应该转化为奴隶。然而当时汉武帝竟把汲黯的建议当作"妄发"，不但不接受他的建议，而且据《汉书》卷二四下《食货志》云："胡降者数万人，皆得厚赏，衣食仰给县官，县官不给，天子乃损膳，解乘舆驷，出御府禁臧以澹之。（宋祁曰：澹当作赡）"，不能设想一个奴隶国王会节省自己的生活费，解下自己拖车的马，打开自己私人的钱

---

① 恩格斯：《家族私有财产及国家之起源》，三联书店 1950 年第 5 版，第 175 页。

柜来接待他今天的俘虏，明天的奴隶。

也许有人说汲黯的话中有"臣愚以为陛下得胡人皆以为奴婢"一语，因而以为汉武帝一贯以胡人为奴婢。实际上这只是汲黯"以为"应该如此处理，并不是汉武帝曾经如此处理，而且从"今纵不能"一语看来，就是汲黯也知道他的那种想法在当时已经过时了，因此他向汉武帝的建议主要的是不要过分优待匈奴降人，特别是不要"以微文杀无知者五百人"。

列宁不止一次指出"一切战争与它从而产生的政治制度是不可分离地联系着的"①。假如两汉的政权是奴隶主的政权，那么战争应该决定于奴隶制的生产方式，就应该为奴隶制度的生产方式服务，就应该成为巩固和发展奴隶主阶级统治的一种手段，即战争的目的必然是掠夺奴隶。然而两汉的战争，显然已经没有把掠夺奴隶当作自己的任务了。

两汉的对外战争不以掠夺奴隶为主要的目的，这不是说在个别的战争中就绝对没有以俘虏为奴婢之事。由于当时与两汉作战的某些部族或种族，还存在着以俘虏为奴婢的习惯，例如史载匈奴人"得人以为奴婢"②。羌人也曾掠夺汉人男女卖入南匈奴③。作为一种手段，报复、威吓或鼓励手段，在某些个别的战役中，两汉也有以俘虏为奴婢之事，例如在对羌人的战争中，曾有一次记明"悉没弱口为奴婢"④，又有一次记明"没入妻子五百余人"⑤。在对西南诸部族的战争中，也有一次记明以俘虏赏军士。⑥ 但这样的事，在两汉的战争中是很少的。只要我们不把这些个别的例子夸大成为普遍性的现象，不把手段说成目的，我们就不会作出两汉的战争是以掠夺奴隶为目的的结论。

由于同样的情况，两汉时也不是绝对没有以外族人为奴婢之事。在当时，有些部族或种族如西域诸国、乌桓、南粤的统治者曾有把自己的人民当作奴隶进贡的。⑦ 此外也有汉代的商人和官吏，在接近外族人的地区，通过土著的酋长，进行

① 《列宁全集》第 30 卷第 3 版，第 333 页，转引赫鲁斯托夫《马克思列宁主义论战争》。
② 《汉书》卷 947《匈奴传》："其攻战，斩首虏，赐一卮酒，而所得卤获，因以予之。得人以为奴婢。"
③ 《后汉书》卷 119《南匈奴传》："乃还所钞汉民男女，及羌所略转卖入匈奴中者，合万余人。"
④ 《后汉书》卷 117《西羌传》："安定降羌烧何种，胁诸羌数百人反叛，郡兵击灭之，悉没入弱口为奴婢。"
⑤ 同上书同卷："杜季贡、王信等，将其众据樗泉营，侍御史唐喜领诸郡兵讨破之，斩王信等六百余级，没入妻子五百余人，收金银彩帛一亿以上。"
⑥ 《后汉书》116《南蛮西南夷传》云："五年以卷夷大牛种封离等反叛，……益州刺史张乔，……乃遣从事杨竦，将兵至楪榆击之……乃进军与封离等战，大破之，斩首三万余级，获生口千五百人，资财四千余万，悉以赏军士。"
⑦ 《后汉书》卷 81《李恂传》："西域殷富多珍宝，诸国侍子及督使贾胡，数遣恂奴婢、宛马、金银、香罽之属，一无所受。"《后汉书》卷 120《乌桓传》："二十五年，辽西乌桓大人赦旦等九百二十二人率众向化，诣阙朝贡，献奴婢、牛、马及弓、虎豹貂皮。"《汉书》卷 95《南越王赵佗传》："吕嘉乃遂反，下令国中曰：'王年少。太后中国人，又与使者乱，专欲内属，尽持先王宝，入献天子以自媚，多从人行至长安，虏卖以为童奴。自脱一时利，亡顾赵氏社稷。'"

奴隶买卖或掠夺外族人为奴婢的事。前者如巴蜀民买卖僰人为奴婢①，后者如吏民侵盗羌人的妻子②。还有个别的外族人因为不投降而被没入为官奴婢的，如金日磾及其母弟。③

是不是因此就可以说两汉就是奴隶社会呢？我以为不能这样说。因为掠夺外族人以为奴婢之事，直到隋唐两宋，还是普遍存在。史载隋时有给僚婢驱使之事。④唐时有禁止掠夺突厥人、吐蕃人、回鹘人、新罗人为奴婢的敕令，⑤宋时邑州僚户缘逋负没妇女为奴婢者一千余人。⑥当然我们不能说唐宋还是奴隶社会。

根据历史文献的记载，两汉官私奴婢的主要来源，既不是战争中俘虏的外族人，也不是由于氏族社会的瓦解而分化出来的自由民，而是那些因为苦重的封建剥削而陷于饥寒交迫的或者是因为高利贷的盘剥而丧失了一切生存条件的贫穷的农民，和那些被封建统治阶级指为罪犯的家属。

两汉时有没入罪人家属为奴婢的法律。《吕氏春秋开春论高诱》注引《汉律》云："坐父兄没入为奴。"《魏志》卷十二《毛玠传》云："《汉律》，罪人妻子没为奴婢，黥面。"到两汉末，王莽又颁布伍人相坐的法令，把连坐的范围由罪犯的家属扩大到罪犯的邻里。依于这种带有株连性的人身收夺的法律，两汉的封建统治者把许多无罪的人民变成奴婢，在封建社会内造成一种类似奴隶社会的人身隶属关系。

籍没罪犯的家属是官奴婢的主要来源。这从两汉颁布的赦免官奴婢的诏令可以得到证明。《汉书》卷四《文帝纪》后四年诏"免官奴婢为庶人"。同书卷六《武帝纪》建元元年诏"赦吴楚七国帑输在官者"，应劭曰："吴楚七国反时，其首事者妻子没入为官奴婢，武帝哀焉，皆赦遣之也。"同书卷十一《哀帝纪》绥和二年诏"官奴婢五十以上免为庶人"。《后汉书》卷四《殇帝纪》延平元年诏："自建武之初，以至于今，八十余年，宫人岁增，房御弥广，又宗室坐事没入者，犹托名公族，甚可愍焉，今悉免遣，及掖庭宫人，皆为庶民，以抒幽隔郁滞之情。诸宫府郡国王侯家奴婢姓刘及疲癃羸老皆上其名，务令实悉。"同书卷五《安帝纪》永初四年诏"没入官为奴婢者免为庶人"。

---

① 《汉书》卷95《西南夷传》："巴蜀民或窃出商贾，取其筰马棘僰童旄牛，以此巴蜀殷富。"

② 《汉书》卷94上《匈奴传》："近西羌侯塞与汉人交通，吏民贪利，侵盗其畜产妻子。"

③ 《汉书》卷68《金日磾传》："日磾以父不降见杀，与母阏氏，弟伦，俱没入官，输黄门养马。"

④ 《隋书》卷45《文四子庶人秀传》："令给僚婢二人驱使。"同书卷62《元严传》："尝欲取僚口以为阉人。"

⑤ 《唐会要》卷86："大足元年五月三日勅西北缘边不得畜突厥奴婢。"同书同卷："大中五年敕边上诸州镇，送到投来吐蕃回鹘奴婢……并配岭外，不得隶内地。"同书同卷："长庆元年……薛苹奏，应有海贼该掠新罗良口将到当管登莱州界及缘海诸道卖为奴婢……请所在观察使严加捉搦。"

⑥ 《宋史》卷303《魏瓘传》："历知循、隋、安州、提点广南西路刑狱，邕州僚户缘负没妇女为僃者一千余人，悉奏还其家。"

这些诏令反映出两汉王朝不断地籍没罪犯家属以为官奴婢，同时也不断地予以赦免。像这样由籍没而来的官奴婢与奴隶社会的奴隶有没有共同之处呢？我以为没有共同之处。因为在这些被没入的官奴婢中，不仅是一般的人民，也有贵族。例如吴楚七国首事者的妻子，多是诸王家属。殇帝诏中所指的坐事没入的宗室，也是贵族。在奴隶社会，阶级封锁是非常严格的，阶级成分是不能改变的，正像奴隶之不能以任何功劳而升级为贵族，贵族也不能因为任何罪过而被籍没为奴隶。

非常明白，这种籍没罪人妻子以为奴婢的法律，其主要目的不是为了获得奴隶，而是封建统治者用以镇压他们所谓"大逆不道"、"谋反叛逆"者的一种惩罚手段。这种惩罚手段，不仅为两汉王朝所采用，也为两汉以后的每一个封建王朝所采用。① 一直到清代，仍推行籍没为奴的法律，② 例如很多因为文字而犯罪者的家属，还是被籍没入官，给付功臣之家为奴，或发配乌鲁木齐、伊犁、黑龙江宁古塔、吉林乌喇等地给披甲人为奴。③

两汉奴婢的主要来源，是因为饥寒而自卖或被人掠卖的贫穷人民的子女。

在历史文献中，记载着不少有关允许和赦免自卖为奴婢者的诏令。《汉书》卷二十四《食货志》："凡米石五千，人相食，死者过半，高祖乃令民得卖子就食蜀汉。"《汉书》卷一《高帝纪》五年诏："民以饥饿自卖为人奴婢者免为庶人。"《后汉书》卷一《光武帝纪》建武二年诏："民有嫁妻卖子欲归父母者恣听之，敢拘执，论如律。"这些诏令反映出自卖为奴婢之事，在两汉时代普遍存在，而其原因，则是因为饥饿，特别是因为天灾而引起的歉收年代，农民在严重的饥馑之中，被迫不得不把自己的妻子儿女作为奴婢卖给任何一个买主。同时也反映出，即使在饥荒的年代，也必须政府颁布特许的诏令，才"得卖子"，否则即不得卖子，而这在奴隶社会对于买卖人口是没有任何限制的。

在两汉时，又有一种在赘子的名义之下进行的奴婢买卖。《汉书》卷六四《严助传》云："间者数年，岁比不登，民待卖爵赘子，以接衣食。"注如淳曰："淮海俗卖子与人作奴婢，名为赘子，三年不能赎，遂为奴婢。"这种赘子与奴隶社会的债务奴隶有没有共同之处呢？我以为是没有的。《汉书》卷二四《食货志》云；"当具有者，半贾而卖。亡者取信称之息，于是有卖田宅鬻子孙以偿债者矣。"据此可知当时赘子的人，并不是氏族社会中的零落的自由民，而是封建社会中的有田有宅的农民，由于贫困，特别是为了度过饥荒年代，他们不得不以自己的儿女作为抵押品取得高利贷，结果高利贷者夺去了他们的土地房屋，最后夺

---

① 参看《晋书·刑法志》、《隋书·刑法志》、新旧《唐书·刑法志》，程树德《九朝律考》及《沈寄簃遗书》、《历代刑法分考》15。

② 参看《清朝通典》卷80《刑法》。

③ 参看《清代文字狱档案》，北平故宫博物院文献馆编。

去了他们的儿女。

两汉私奴婢的另一来源是掠夺贫穷人民的子女以为奴婢。例如西汉时栾布曾为人所掠卖，为奴于燕。① 宾广国亦曾为人所掠卖，为其主人入山作炭。② 东汉时梁冀略良人为奴婢，多至数千人。③ 侯览虏夺良人，妻略妇子。④ 这些史实说明了两汉时掠夺贫穷人民的子女以为奴婢之事是存在的。

是不是因为有掠卖奴婢之事的存在就可以说两汉是奴隶社会呢？我以为不能这样说。只要看看东汉初年的某些诏令，就会知道略贾良民以为奴婢之事在当时已经被宣布为非法的行为了，而在奴隶社会，略卖奴隶是合法的、正常的营生致富的事业。

两汉官私奴婢，还有一个共同的来源，这就是奴婢的自然繁殖。两汉时奴婢的子女，即奴产子，仍然是奴婢，甚至奴婢与良人婚配所生的子女，亦为奴婢。扬雄《方言》云："凡民男而聟婢谓之臧，女而归奴谓之获。"《文选》司马子长《报任少卿书》有"贼获婢妾"一语，李善注引韦昭说："善人以婢为妻生子曰获，奴以善人为妻生子曰臧。"两汉的统治者就以这样的习惯法，把奴婢凝固为世袭的阶层，作为官私奴婢的补充。

两汉的奴产子虽然也是奴婢，但和奴隶社会的奴产子是不同的，因为两汉时奴婢的子女是可以变成贵族的。例如卫青是奴产子，卫青同母诸姊君孺、少儿、子夫皆为奴产子，但卫青官至大将军尚平阳公主⑤，子夫做了汉武帝的皇后⑥，少儿是骠骑将军霍去病的母亲⑦，君孺为太仆公孙贺之妻⑧。像这样以奴产子而一跃为皇后、大将军之事，在奴隶社会是不可能的，也是不允许的。是的，人们可以举出以斯帖的故事，但我以为以斯帖这个俘虏的女儿之所以被加上王后的冠冕，不仅是因为她的美貌，而是因为她"未曾将籍贯宗族告诉人"⑨。

两汉官私奴婢的主要来源大概就是如此。必须指出所有这些来源，不论是自卖、掠卖或奴隶的自然繁殖，都不是两汉所独有的，而是长期地存在于两汉

---

① 《汉书》卷37《栾布传》："栾布，梁人也。彭越为家人时，尝与布游，穷困，卖庸于齐，为酒家保，数岁别去，而布为人所略卖，为奴于燕。"

② 《汉书》卷97《宾广国传》："窦后兄长君，弟广国，字少君，年四五岁时，家贫，为人所略卖，其家不知处，传十余家，至宜阳，为其主人入山作炭。"

③ 《后汉书》卷64《梁冀传》："冀又起别第于城西，以纳奸亡，或取良人悉为奴婢，至数千人，名曰自卖人。"

④ 见《后汉书》卷108《侯览传》。

⑤ 见《汉书》卷55《卫青传》。

⑥ 见《汉书》卷97上《孝武卫皇后传》。

⑦ 《汉书》卷55《霍去病传》："霍去病，大将军青姊少儿子也。"

⑧ 见《汉书》卷55《卫青传》。

⑨ 参看基督教《旧约》《以斯帖书》第2章，亦见《大英百科全书》第9卷，第796页。

以后的历史时代中。以自卖而论，不论在哪一个朝代，只要是荒年则骨肉相卖不禁，这种例子是不胜枚举的。以掠卖而论，直至唐宋依然盛行。[①] 在明代的诏令中也反映出有掠卖的事实存在。[②] 至于奴婢之子仍为奴婢一直到清代还是如此。[③] 例如宁国的"世仆"[④]，山西的"乐户"[⑤]，满洲的"包衣"[⑥]，都是世袭的奴婢。这些史实说明了两汉的官私奴婢，不是什么奴隶社会的奴隶，而是和后来的官私奴婢一样，只是残存在封建社会中的奴隶制的残余。

四　担当的工作问题

又次，从奴婢担当的工作来考察这个问题。

在奴隶社会中，奴隶是社会生产的主要担当者，即使是在家内奴隶制的社会

---

① 《唐会要》卷86元和八年诏："自岭南诸道，辄不得以良口饷遗贩易及将诸处博易，又有求利之徒以良品博马，并敕所在长吏，严加促搦。"同上书又云："太和二年敕岭南、福建、桂管、邕管、安南等道百姓禁断掠卖，饷遗良口。"同上书又云："大中九年，敕岭南诸州货卖男女，奸人乘之，倍射其利，今后无问公私土客，一切禁断。"《宋史》卷1《太祖纪》：开宝四年三月"丙申，诏广南有买人田女为奴婢，转僱利者，并放免。"又《宋史》卷27《高宗纪》四：绍兴"三年十一月甲戌禁掠卖生口入蛮夷嵠峒。"《宋史》卷31《高宗纪》八：绍兴"三十年十一月庚戌，禁掠卖生口入嵠峒。"《宋史》卷36《光宗纪》："绍熙四年秋七月癸未，禁邕州左右两江贩鬻生口。"《宋史》卷300《周湛传》："初江湖民略良人鬻岭外为奴婢，湛至，设方略搜捕，又听其自陈，得男女二千六百人，给饮食还其家。"《元史》卷163《张雄飞传》："先是荆湖行省阿里海牙以降民三千八百户没入为家奴，自置吏治之，岁责其租赋，有司莫敢言。"《元史》卷170《王利用传》："都元帅塔海，抑巫山县民数百口为奴。民屡诉不决，利用承檄覆问，尽出为民。"《元史》卷170《袁裕传》："南京总管刘克兴掠良民为奴隶，后以矫制获罪，当籍孥产之半，裕言于中书，止籍其家，奴隶得复为民者数百。"《元史》卷170《雷膺传》："江南新附，诸将市功，且利俘获，往往滥及无辜，或强籍新民以为奴隶。膺出令，得还为民者以数千计。"《续资治通鉴》卷191："至元三十年多十月辛亥，禁江南州郡，以乞养良家子，转相贩鬻，及强将平民略卖者。时北人酷爱江南技艺之人，呼曰巧儿，其价甚贵，至于妇人，贵重尤甚，每一人易银二三百两。尤爱童男童女，处处有人市，价分数等，皆南士女也。父母贪利，货于贩夫，辗转贸易，至有易数十主者，北人得之，虑其遁逃，或以药哑其口，以火烙其足，驱役若禽兽然，故特禁之。"

② 《明史》卷5《成祖纪》建文四年十月："诏从征将士掠民间子女者还其家。"

③ 《大清会典户部则例》卷3："凡汉人家奴，若家生，若印契买，若雍正十三年以前白契所买，以及投靠养育年久，或婢招配生子者，俱照八旗之例，子孙永远服役。"

④ 王先谦《东华录》："雍正五年夏四月……礼部议准安庆巡抚魏廷珍遵旨议奏江南徽宁等处向有伴当世仆名色，请嗣后绅衿之家，典买奴隶有文契可考未经赎身者，本身及其子孙俱听从伊主役使，即已赎身，本身及在主家所生子孙，仍应存主仆名分，其不在主家所生者，仍照旗人开户之例，豁免为良。至年代久远，文契无存，不受主家豢养者，概不得以世仆名之，永行严禁。从之。"

⑤ 《皇朝通考》卷19："雍正元年令……山西等省有乐户一项，其先世因明建文末不附燕兵被害，编为乐籍，世世不得自拔为良民，至是令各属禁革，俾改业为良……与编民同列。"

⑥ 郭则沄《竹轩摭录》卷6："国朝定律，逆犯收孥外，如窃盗再犯，或纠众抢夺稻谷，亦发黑龙江或三姓给披甲人为奴，其录八旗者属包籍。"《皇朝通典》卷6："至包衣汉军，皆系内务府世仆，向无出旗为民之例，与八旗汉军，又自有别，尤不应混行援引。"（雍正十一年上谕）

中，奴隶也要担当劳动生产的任务，这是人所共知的。非常明白，在奴隶制社会中，奴隶主购买奴隶，其目的是要从奴隶的劳动生产中剥削剩余劳动。

马克思说："在奴隶制度下，投下来购买劳动力的货币资本，是常作固定资本的货币形态，不过要跟着奴隶的能动的生活期间的消磨，逐渐地予以补偿。在雅典人中，奴隶所有者直接由产业地使用奴隶所得的利益，或间接将奴隶出租于其他产业使用者（例如为了矿山的劳动）所得的利益，只是常作垫支的货币资本的利息（及偿付基金），和资本主义生产内产业资本家把剩余价值一部分，连同固定资本的磨损，当作他的固定资本的利息和补偿基金来计算一样。"[1]

由此可知，奴隶社会的奴隶，对于奴隶主来说，是一笔资本，奴隶主购买奴隶是投资。用马克思的话说："奴隶所有者购买他的劳动者，是像购买他的马一样。他失了一个奴隶，就是失了一个资本，必须再投资到奴隶市场，来把它补起来。"[2]正因为购买奴隶是一种投资，因而在购买奴隶上花了钱的奴隶主，为了尽快收回他花在购买奴隶上的所付出的资本和多多益善的利息，就必须在奴隶的能动生活期间，以最野蛮最暴虐的方法迫使奴隶从事人所难堪的过量的生产劳动。和奴隶社会不同，两汉的官私奴婢，它从社会的意义来说，不但不是社会生产的主要担当者，而且变成了社会生产的障碍，变成了赘物。它从社会生产中，主要的从农业生产中被排除出来，游离于生产过程之外，日益更远地离开生产活动，变成了马克思所论的类似后来仆役阶级的只是"担任必要的服务或只充装饰的家庭奴隶"。[3]

首先说到两汉官奴婢担当的任务。根据历史文献所载，官奴婢的主要任务是分配皇家所属诸苑囿养狗马及其他禽兽。《汉书》卷五《景帝纪》如淳曰《汉仪注》："太仆牧师诸苑三十六所，分布北边西边，以郎为苑监，官奴婢三万人，赛马三十万匹。"《汉书》卷二四下《食货志》："（武帝时）其没入奴婢分诸苑掌马禽兽。"《汉书仪》卷下："武帝时使上林苑中官奴婢及天下贫民赀不满五千徙置苑中养鹿。"养马在当时是攸关国防的一种事业，因为要击退匈奴人的进攻，必须要有足够的马匹来补充骑兵队，但养狗养鹿及养其他禽兽，除了替皇帝贵族准备打猎的条件，就没有任何生产的意义了。

官奴婢的其他任务，是在宫廷和官署充当仆役。《汉旧仪》卷下："宫人择宫婢年八岁以上侍皇后以下，年三十五出嫁，乳母取宫婢。"《汉旧仪补遗》卷上："太官主饮酒，皆分丞治，太官汤官奴婢各三千人，置酒，皆缇褠蔽膝，绿帻。"《汉旧仪》卷下又云："省中侍使令者皆官婢，择年八岁以上衣绿曰宦人，

① 《资本论》第 2 卷，人民出版社 1953 年版，第 600 页。
② 《资本论》第 1 卷，人民出版社 1953 年版，第 307 页。
③ 《资本论》第 2 卷，人民出版社 1953 年版，第 600 页。

不得出省门。置都监。老者曰婢，婢教宦人给使。尚书侍中皆使官婢，不得使宦人。"同书卷上又云："丞相府官婢传漏以起居，不击鼓，官属吏不朝。"由此可知，当时的官奴婢除养狗马禽兽以外，就是配给宫廷官署充当侍女、宦人，即充当仆役。这些工作，也不带有任何生产的意义。

两汉官奴婢一般不从事生产活动，但这不是说就绝对不用于生产劳动。《汉书·食货志》载"徙奴婢众而下河漕"，又载"大农置工巧奴与从事为作田器"。这就是把奴婢用于运输和手工业生产的例子。但这种"工巧奴"在庞大的官奴婢群中是极少数，而"下河漕"则更是带有偶然性的劳动。

关于当时的官奴婢的情形，《汉书》卷七二《贡禹传》有如次的叙述："又诸官奴婢十万余人，戏游亡事，税良民以给之，岁费五六巨万，宜多为庶人，廪食，令代关东戍卒，乘北边亭塞候望。"《盐铁论》卷六《散不足》，也有类似的记载："今县官多畜奴婢，坐禀衣食，私作产业，为奸利，力作不尽，县官失实，百姓或无斗筲之储，官奴累百金，黎民昏晨不释事，奴婢垂拱邀游也。"像这样"戏游无事""垂拱邀游"或"坐禀衣食"而又可以"私作产业为奸利"以至拥有"百金"私财的官奴婢，在奴隶社会是不会有也不可能有的。

和官奴婢一样，两汉的私奴婢也不是生产的奴隶，他们主要是作为封建贵族官僚和富人家庭的装饰品而存在。贾谊描写奴婢所有者出卖奴婢时为之绣衣丝履，[①]正好说明奴婢是当作装饰品而得到买主的。不能设想买者使用这样服装奢侈的奴婢去进行生产劳动。

在两汉时，奴婢以及类似奴婢的姬妾，对于贵族来说，正像甲第、车马、帷帐等一样是不可缺少的装饰品。好像没有奴婢，就不能衬托出一个贵族的身份。也好像一个贵族之所以为贵族，不仅在于他拥有巨大的剩余的物质财富，也不仅在于他能够毫无怜惜地把他拥有的剩余的物质财富浪费在生活享乐之中，尤其在于他能够利用剩余的物质财富进行对神圣的人身自由之肆无忌惮地凌辱、践踏，用对人类尊严的肆意的侮辱以满足其卑鄙无耻的贪欲。两汉的私奴婢就是在这种意义上被保留下来的。因此他的任务，就不是替主人增殖财富，而是被打扮起来以歌童舞伎的身份，填乎绮室，列于深堂；或者以姬妾的身份纳入贵族的后房；此外则以骑奴侍童的身份，充当贵族的扈从。

关于这样的情形，《后汉书》卷七九《王符传》有如次的记述："而今京师贵戚，衣服饮食车舆庐第，奢过王制，固亦甚矣。且其徒御仆妾，皆服文组彩牒，锦绣绮纨，葛子升越，筩中女布，犀象珠玉，虎魄瑇瑁，石山隐饰，金银错镂，穷极丽美，转相夸咤。其嫁娶者，车骈数里，缇帷竞道，骑奴侍童，夹毂并引。富者竞

---

①　《汉书》卷48《贾谊传》："今民卖僮者为之绣衣丝履偏诸缘，内之闲中。"

欲相过，贫者耻其不逮。”

《后汉书》卷七九《仲长统传》亦云：“豪人之室，连栋数百，膏田满野，奴婢千群，徒附万计。船车贾贩，周于四方，废居积贮，满于都城。琦赂宝货，巨室不能容；马牛羊豕，山谷不能受。妖童美妾，填乎绮室；倡讴妓乐，列乎深堂。宾客待见而不敢去，车骑交错而不敢进，三牲之肉，臭而不可食，清醇之酎，败而不可饮。睇盼则人从其目之所视，喜怒则人随其心之所虑。此皆公侯之广乐，君长之厚实也。”

以上的记载，很生动地说明了两汉贵戚豪人的奢侈生活，也说明了奴婢以及类似奴婢的姬妾，在贵戚亲人奢侈生活中所担当的任务。我们可以举出很多的例子证明当时的奴婢被用于歌舞。例如王氏五侯，“后庭姬妾各数十人，童奴以千百数，罗钟磬，舞郑女，作倡优，狗马驰逐”①。史丹“童奴以百数，后庭妻妾数十人，内奢淫，好饮酒，极滋味声色之乐”②。马防兄弟奴婢各千人以上，“多聚声乐，曲度比诸郊庙”③。梁冀与其妻寿“共乘辇车，张羽盖，饰以金银，游观第内，多从倡伎，鸣钟吹管，酣讴竟路”。④ 不仅贵族如此，就是自谓因得罪朝廷而“田家作苦”的杨恽，也有“奴婢歌者数人”。⑤

奴婢的另一任务是扈从。在两汉时贵族出游，都有“骑奴侍童，夹毂并引”已如前述。不仅贵族如此，贵族的仆从也是如此，史载单超的仆从，“皆乘牛车而从列骑”⑥，就是一个例子。又不仅贵族的仆从如此，当时长安的“偷盗酋长”数人，也是“出从童骑”。⑦

此外两汉的私奴婢还有一个任务，即被迫参加贵族的犯罪活动，在贵族们驱使之下杀人劫货。例如济东王彭離，“昏暮私与其奴亡命少年数十人行剽杀人取财物以为好，所杀发觉者百余人，国皆知之，莫敢夜行”。⑧ 又如鄭侯获，“坐使奴杀人，减死，完为城旦”。⑨ 广川王去，使奴杀师父子。⑩ 由于长期脱离生产过程，长期生活在贵族官僚的腐败家庭之中，有些奴客，也习染了贵族官僚的作

---

① 《汉书》卷98《元后传》。

② 《汉书》卷82《史丹传》。

③ 《后汉书》卷54《马援传》。

④ 《后汉书》卷64《梁冀传》。

⑤ 《汉书》卷66《杨恽传》：“臣之得罪已三年矣，田家作苦，岁时伏腊，烹羊炰羔，斗酒自劳。家本秦也，能为秦声。妇赵女也，雅善鼓瑟。奴婢歌者数人，酒后耳热，仰天拊缶而呼乌乌。”

⑥ 《后汉书》卷108《单超传》。

⑦ 《汉书》卷76《张敞传》。

⑧ 《汉书》卷47《文三王传》。

⑨ 《汉书》卷16《高惠高后文功臣表》。

⑩ 《汉书》卷53《景十三王传》。

风。如霍光秉政时，"诸霍在平阳，奴客持刀兵入市斗变，吏不能禁"。① 窦宪的
"奴客缇骑，依倚形势，侵陵小人，强夺财货，篡取罪人，妻略妇女。商贾闭
塞，如避寇雠，有司畏懦，莫敢举奏"。② 湖阳公主"苍头白日杀人，因匿主家，
吏不能得"。③ 有些奴客，甚至仗势欺侮官吏，如班固的奴客，干洛阳令种兢的
车骑。④ 霍光的奴客与人争道，"入御史府欲踏大夫门，御史为叩头谢，乃去"。⑤
像这样的奴客，我想在奴隶社会是没有的。

　　两汉的私奴婢，不是生产的奴隶是可以肯定的，但这不是说他们就不从事家庭
杂役，也不是说在某些个别的地方或某些个别的奴婢所有者就没有驱使奴婢参加部
分的生产活动。据王褒《童约》的所载，当时蜀郡的奴婢就要从事与日常生活有
关的各种工作，其中包括饲养家畜，栽植蔬菜，乃至简单的日用器物之制造。此外
并要参加一些农业生产活动。⑥ 又据《汉书·张安世传》所载：张安世"家童七百
人，皆有手技作事，内治产业，累积织微，是以能殖其货。"《后汉书》卷六二
《樊宏传》亦云："其管理产业，物无所弃，课役童隶，各得其宜，故能上下戮力，
财利岁倍。" 这些都是把奴婢用于生产的例子。我们是不是可以根据这些个别的例
子就说两汉的奴婢是生产奴婢呢？我以为不能这样说，因为这样的情形，在两汉以
后还是存在，一直到宋代，还有"耕当问奴，织当问婢"之说。⑦

　　总之两汉私奴婢的主要任务，不是从事生产劳动而是从事于歌舞、扈从以及家
庭杂务，这样的奴婢，当然不同于奴隶社会的奴隶。固然，奴隶社会也有从事歌
舞⑧与扈从⑨的奴隶，但这样的奴隶在当时是不重要的，而且也要参加生产劳动。
奴隶社会的奴隶，主要的是被当作一种生产的投资，是要依靠他们致富；而两汉的
奴婢则是被当作一种消费的财产，准备把他们浪费掉的。把大部分的财产浪费掉，
这正是封建贵族的习惯。马克思在说明资产阶级的资本的积累时说："和旧封建贵
族的习惯（如黑格尔所适当指出的，他们是"消费现存的东西"，特别要由随从人
员的众多，来表示阔绰）相反，在资产阶级经济学看来，有决定性重要的，是把

---

　　① 《汉书》卷76《尹翁归传》。
　　② 《后汉书》卷53《窦宪传》。
　　③ 《后汉书》卷107《董宣传》。
　　④ 《后汉书》卷70下《班固传》。
　　⑤ 《汉书》卷68《霍光传》。
　　⑥ 王褒《童约》见《初学记》卷19。亦见严可均《全上古三代秦汉三国六朝文》卷42。
　　⑦ 《宋史》卷267《陈恕传》，记吕端语。亦见《宋史》卷299《李溥传》。
　　⑧ 宋洪迈《容斋三笔》北狄俘虏之苦条记金人对待歌舞奴婢的情形云："（金人）惟喜有手艺如声人绣
工之类，寻常只团坐地上，以败席或芦苇籍亲之。遇客至开筵，引能乐者使奏技，酒阑客散，各复其初，依
旧环坐刺绣，任其生死，视如草芥。"
　　⑨ 罗马诗人朱味那尔（Juvenal 公元60—140）记罗马街市夜景云："寂静的街衢突然为一阵喧哗所惊
扰，在火炬耀之下，一位披着绯红色外袍的大人物，被一长列的食客与奴隶簇拥着，从晚宴后归来。"
（S. G. Owen's Greece and Rome，p. 193）

资本的积累，宣传为每个市民的第一义务……"① 这是封建贵族和资产阶级不同的地方，而在把人类劳动力不作为生产投资而作为消费财产这一点上，又是封建贵族和奴隶贵族不同的地方。

五　待遇问题

最后，从奴婢的待遇上来考察这个问题。

在奴隶制社会，奴隶是和牛马一样完全没有人格的，他们不受法律的保障，也不受人道的保障。在当时奴隶主有权在奴隶额上打上奴隶的烙印，有权把奴隶出租、出卖，如果奴隶敢于反抗，并有权把奴隶处死。所有这一切，都不会受到法律的制裁，也不会引起舆论的非议。奴隶社会的奴隶，用斯大林的话说，"便是奴隶主所能当作牲畜来买卖、屠杀的奴隶"。②

和奴隶社会不同，两汉时的奴婢，虽然也有当作牲畜一样买卖的，但这种行为已经被宣布为非法的行为。《汉书》卷九九中《王莽传》云："又置奴婢之市，与牛马同兰，制于民臣，颛断其命，奸虐之人，因缘为利，至略卖人妻子，逆天心，悖人伦，谬于天地之性人为贵之义……今更名……奴婢曰私属，皆不得买卖。"

从这里我们可以看出把奴婢当作牲畜一样买卖和虐杀，在汉代至迟在王莽时已受到人道主义的谴责。这种人道主义的产生，不是当时的舆论忽然恢复了已经丧失了的良心，也不是王莽个人为了收买人心而假装仁慈，而是反映着一种与奴隶社会不同的道德规范，假如说在奴隶社会的道德规范对于把奴隶和牲畜同等看待认为是当然的话，那么到了汉代便认为是"逆天心，悖人伦，谬于天地之性人为贵之义"了。又假如道德规范是某一阶级的舆论的话，那么这种道德规模就不是奴隶主阶级的舆论了。

更重要的，是王莽时不仅形成了反对把奴隶和牲畜同等看待的新的道德规范，并且曾经以法令固定这种新的道德规范。假如法律是反映与表现某一社会中的财产关系，并以保护和巩固这种财产关系为目的，则王莽的废除奴隶买卖的命令所要保护的和要巩固的，便不是奴隶社会的财产关系，而是为了肃清奴隶制的残余，替封建主义开辟更广阔的前途。

两汉的奴婢不同于奴隶社会的奴隶，也从光武帝所颁布的一连串赦免奴婢的命令中反映出来。《后汉书·光武帝纪》建武七年五月诏："吏人遭饥乱及为青徐贼

---

①　《资本论》第 1 卷，人民出版社 1953 年版，第 737 页。

②　《苏联共产党历史简要读本》，人民出版社 1953 年版，第 160 页。

所略为奴婢下妻欲去留者恣听之，敢拘制不还，以卖人法从事。"十一年八月诏："敢炙灼奴婢论如律，免所炙灼者为庶民。"同年十月诏："除奴婢射伤人弃市律。"十二年三月诏："陇蜀民被略为奴婢自讼者及狱官未报，一切免为庶民。"十三年十二月诏："益州民自八年以来被略为奴婢者，皆一切免为庶民，或依托为人下妻欲去者恣听之，敢拘留者比青徐二州，以略人法从事。"十四年十二月诏："益凉二州奴婢自八年以来自讼在所官一切免为庶民，卖者无还值。"中元二年四月诏："边人道乱为内郡人妻，在己卯赦前一切遣还，恣其所乐。"

从这些诏令中我们可以看出在当时为了限制奴婢买卖，已有"卖人法"和"略人法"，可以看出在当时被卖者有权向法庭提出控诉，而且提出控诉者可以免为庶民。还可以看出在奴隶社会是合法的行为如炙灼奴隶，而在东汉时已有法律禁止，法律的内容虽不可考，但从"免所炙灼者为庶民"看来，则已被宣布为非法行为了。也可以看出用以镇压奴婢的"奴婢射伤人弃市律"，已被废除。这一切反映出一个事实，即当时的奴婢已经获得了某种程度的法律的保护，而这在奴隶社会是不可想象的。如果说汉代还是奴隶社会，则东汉王朝颁布的法令应该为奴隶制度服务，帮助奴隶制度的巩固和发展，决不会对于自己的基础漠不关心，并且加以摧毁。然而这些法令，却是以各种方式来摧毁奴隶制的残余。

和奴隶社会不同，两汉的奴婢，已经不许私自处死。大约从秦时起，处死奴婢即须事前报官，得到官府的批准，才能执行，谓之"谒杀"。《史记》卷九四《田儋传》："儋佯为缚其奴，从少年之廷，欲谒杀奴。"服虔曰："古杀奴婢，皆当告官，儋欲杀令，故诈缚奴而以谒也。"谒而后杀，其意义就是奴婢所有者已经无权自由处死他的奴婢，而这在奴隶社会也是不可想象的。

为了禁止私自处死奴婢，早在武帝时董仲舒就曾经建议。《汉书》卷二四《食货志》载董仲舒之言曰：宜"去奴婢，除专杀之威。"服虔曰："不得专杀奴婢也。"东汉时也颁布了禁止虐杀奴婢的诏令。《后汉书》卷一《光武纪》建武十一年二月诏："天地之性人为贵，共杀奴婢不得减罪。"杀奴婢究竟有多大的罪，《汉律》已逸，无从查考。但在历史文献上留下了一些因虐杀奴婢而受到处分的个别的记载。

例如史载西汉初平干缪王元因贼杀奴婢又遗令以奴婢从死，被迫胁自杀者十六人，受到"不宜立嗣"的处分。[1] 武帝时邵侯顺坐杀人及奴凡十六人，因而得罪。[2]

① 《汉书》卷53《景十三王传》："大鸿胪（王）禹奏：元前以刃贼杀奴婢，子男杀谒者，为刺史所举奏，罪名明白。病，先令，令能为乐奴婢从死，迫尝自杀者凡十六人，暴虐不道。故《春秋》之义，诛君之子不宜立，元虽未伏诛，不宜立嗣。奏可，国除。"

② 《汉书》卷15上《王子侯表》三上，邵侯顺，"天汉元年坐杀人及奴凡十六人，以捕匈奴千骑免"。

将陵侯史子回妻宜君，因绞杀侍婢四十余人，论弃市。史子回以外家故，不失侯。① 宣帝时丞相魏相，其家有婢自绞死，京兆尹赵广汉自率吏卒突入丞相府，召丞相夫人跪庭下受审。② 王莽时，其子获杀奴，莽令其自杀抵罪。③ 以上的史实，具体地说明了虐杀奴婢是犯法的，而且对诸侯王和丞相也不例外，其中有些因虐杀奴婢而被处死刑，或勒令自杀抵罪，有些因虐杀奴婢而受到"不宜立嗣"的处分，即夺爵的处分。④ 不仅虐杀奴婢可以受到夺爵的处分，甚至因略取自赎为民之婢，也要受到削夺侯爵的处分。所有这些，都有力地证明两汉的社会不是奴隶社会；两汉的政权不是奴隶主的政权。

六 结 语

根据以上的分析，我把我的意见归纳如下：

1. 两汉时存在着相当数量的官私奴婢，但他们的数量在当时总人口中所占的比例是极其微小的。虽然也有些个别的贵族官僚和富人拥有大群的奴婢，但这些为大群奴婢所环绕的个别的贵族、官僚和富人，并不是依靠剥削奴婢致富的奴隶主，而是田连阡陌的大地主，这些大地主不是昨天才产生的暴发户，而是具有悠久历史的并且成功地组成了中央集权的专制主义的封建帝国的大地主。

2. 奴婢的主要来源，不是战争中俘虏的外族人，而是本族的贫穷人民，这种贫穷人民，不是氏族社会的零落的自由民，他们是被封建地主阶级从土地上驱逐出来的破产的农民，是农民阶级中的破落分子，这些破落的农民从各种不同的道路走到饥饿线上，而以各种不同的方式沦到奴婢的地位。除破产的农民以外，在奴婢群中，也有贵族分子。

3. 不论是官奴婢或私奴婢都不是社会生产的主要担当者，他们不但不从事主要的生产，而且成为主要生产者农民的负担。封建贵族之所以把奴婢保留下来，不是因为依靠他们致富，从而把自己变成权力阶级，封建贵族之所以能拥有成群的奴婢，是因为他们已经拥有大量的土地，已经因为拥有大量的土地而使自己变成了权力阶级。他们对奴婢的支配，是对土地的支配权力之伸延。

---

① 《史记》卷20《建元以来侯者年表》。

② 《汉书》卷76《赵广汉传》："地节三年七月中，丞相傅婢有过，自绞死，广汉闻之，疑丞相夫人妒，杀之时舍……广汉即上书告丞相罪，制曰：'下京兆尹治。'广汉知事迫切，遂自将吏卒，突入丞相府，召其夫人跪庭下，受辞，此奴婢十余人去，责以杀婢事。"

③ 《汉书》卷99上《王莽传》："其中子获杀奴，莽切责获，令自杀。"

④ 《汉书》卷17《景武昭宣元成功臣表》蒲侯苏昌，"侯夷吾嗣，鸿嘉三年，坐婢自赎为民后略以为婢，免"。

4. 正像两汉的战争不替奴隶制度服务一样，两汉的法律也不替奴隶制度服务。假如在奴隶社会的法律是以绞压奴隶保护奴隶主的利益为目的，两汉的法律则是给奴婢以相对的保护，给奴婢所有者以相对的限制。

这些就是两汉官私奴婢和奴隶社会的奴隶不同的地方。

（刊于 1954 年第 4 期）

论中国封建制的形成及其法典化

侯外庐

我们知道，古代社会不但在它的缓慢解体过程中孕育着封建因素，而且在它的形成发展过程中已经具有后代社会的萌芽形态——包括经济、政治等，因而古代人在大的方面也天才地预测到很多有关自然和社会的其理，虽则说它们是素朴的。

封建制社会的降生，大抵比氏族制社会到古代奴隶制社会的转变过程要短些，而比封建制社会到资本主义社会的转变过程可能要长些。我们可以说，封建制社会的降生，除了落后民族受先进民族的影响而有特别的路径外，其典型的情况，不会少于二百年的悠久的转化过程，而真正作为分界线以区别古代和中世纪的标志，应该从固定形式的法典来着手分析。

其次，古代社会所已具有的各种形态，依不同的历史条件、民族习惯和传统，必然或此或彼、或多或少地保存于封建制社会，同时，其中可能有一系列旧的过时的生产方式以及与之相应的制度，它们在封建制生产方式主导支配之下，发生着束缚的作用；但也有若干制度沿袭了封建制社会，在一定的时期发生着进步的作用。有些古旧的传统的制度，被封建的统治阶级利用来作为巩固专制制度的工具，有些传统的精神也被进步的阶级（特别在封建制社会后期）利用来作为攻击封建制的武器，如历史上说的启蒙思想或"文艺复兴"。所以，通过中国封建制社会的历史，我们寻常看见有各种各样的"复古"。从秦汉以来，有的拿六经的先王王制作为封建皇帝"制法"的复古形式，也有的披着三代的古典衣裳，而幻想另一个世界，所谓"六经责我开生面"（王船山语）的复古形式。从思想史的发展来看，它本身都是借助于传统的思想材料，改变其形式，进而增补其内容。有的利用思想材料进行改编工作，为统治阶级说教，这就是"正宗"。有的利用思想材料，进行改造工作，反抗统治阶级，这就是所谓"异端"，他们所利用的材料可能都是经学形式，然而他们的立场观点却又可能完全相反。中国中世纪历史上的经学笺注主义就是由此而产生的，不论秦汉人的经学的谶纬化，魏晋人的经学的玄学化，唐宋以来的经学的科举以至八股化和道学化，都应该从这里去了解。

问题的关键在于具体分析：从古代的奴隶制怎样转化为中世纪的封建制，中国的封建化过程及其特殊的转化路径是采着什么形态。这个专门问题正有待于我们历史学者的创造性的研究。古代罗马世界可以作为我们的参考，而不能代替我们的分析。

作者特别注意中国历史上的秦汉之际。从大量史实来观察，秦汉的制度和后代的制度，不论从经济、政治、法律，以至意识形态哪一方面来看，都是近似的，这即是说，秦汉制度为中世纪社会奠定了基础。过去学者大都毁骂秦法，但他们异口同声说秦制是古制的对立物。顾亭林还这样肯定，“汉兴以来，承用秦法，以至今日者多矣”（《日知录》卷十三），这句话是可以从各方面来证明的。

然而直到现在，对于秦人毁灭古制这一问题，由于观点的不同，得出各种各样的理解。这里，不能作详细的辩论，只能提出我个人的一些看法。

我认为，在古代社会解体过程中，封建制因素的生长形态必须和古代社会里所存在的后代社会的（其中包括封建制的）萌芽形态，严格地区别开来，因为由前者而言，它是社会发展史的变质倾向，由后者而贯，它是古代社会的正常状态。不作这样的区别，界限是可以任意来划分的。

我又认为，个别国家或个别区域的封建因素的成长必须和全国范围内封建关系的法律化过程，严格地区别开来，因为由前者而言，它是在没有法典化以前的某些现象甚至多数是向难实现的理想，由后者而言，它是通过统治阶级的一系列的法律手续所固定起来的形式。

我把中国中世纪封建化的过程划在战国末以至秦汉之际，这不是说秦统一六国以前没有封建因素，更不是说秦代便把封建制完成了。远自秦孝公商鞅变法所谓废井田开阡陌，在个别方面就有封建因素的萌芽，至秦始皇二十六年所谓并一海内、一统皆为郡县（纪元前 221 年），中国古代社会的经济构成（Formation 一般译作“形态”）正被封建制社会的经济构成所代替，经过汉初的一系列的法制形式，如叔孙通制礼，萧何立法，张苍章程等，到了汉武帝的“法度”，封建构成才典型地完成，即封建生产方式，在古旧诸制度依然同时存在之下，作为主导倾向而统驭了社会的全性质。因此，我们必须从秦汉社会的诸编制实事求是地去具体说明其中的特征。

我们知道，秦汉在制度上是一源的，其间虽有小的变迁，而精神则是一脉相承的。史汉凡讲到汉代各种制度，从经济政治以至文化学术，必首标汉袭秦制，见于文献者如，“汉因循秦制而未改”，“汉承秦制”，“秦制汉氏因之”，“秦制汉循而未革”，“汉承秦绪”，“汉承秦业遂不改更”，“汉踵秦制”，“汉初因秦法”，“据摭秦法取其宜于时者”，以至于“汉接秦之弊”，诸如此类的词句，不胜列举。这里因循的性质，就是封建制社会的继续发展。然而，秦废“封建”，为什么又成了封建制社会呢？我的答复是：秦废封建的"封建"二字，为中国古代史的另一个术语，其内容指的是"宗子维城"的古代城市国家，这里我们所举出的封建制社会，"封建"这两个字则是立基于自然经济、以农村为出发点的封建所有制形式，译自外文 Feudalism，有人也译作封建主义。中外词汇相混，语乱天下，为时已久了，我们倒也不必在此来个正名定分，改易译法。

一　中国封建制生产方式的广阔基础

首先，我们研究一下"自然经济的统治"，这是列宁规定封建制四个条件之第一项，也是马克思恩格斯所强调的以农村为出发点的小生产制的封建制社会的经济条件。

自然经济原是古代社会老早就有的因素，但它沿袭到中世纪社会便成了统治的形式。它所表现出的主要方式是农业和家庭手工业的结合。这在中国封建制社会更有它的特点，马克思说：

> 在印度和中国，生产方式的广阔基础，是由小农业和家内工业的统一形成的。在印度，还有以土地共有为基础的村落共同体的形态；并且在中国这也是原始的形态……由农业与制造业直接结合引起的巨大经济和时间节省，在这里，对于大工业的生产物，提出了极顽强的反抗。（《资本论》第3卷，人民出版社，第412—413页）

> 那些家庭公社是奠基在家庭工业上，在手织业、手纺业和用手进行的农业底特殊的结合上，这种结合使它们都能够自给自足。……这些淳朴的村社不管外表上看起来怎样无害于人，却始终一直是东方专制制度底坚固基础。（《不列颠在印度的统治》，见《马克思论印度》中译本，第13页）

马克思、恩格斯列宁都一再阐明这一理解东方封建制社会的公式，其中明白地指出中国在内，不是如有些人说的中国为例外。因为有这样的自然经济的性质及和它适应的地租形态，"对于我们例如在亚洲可以看到的静止的社会状态，就完全适合于成为它们的基础"（《资本论》第3卷，第1039页）。这明显地指出，这一理论是针对封建制社会而讲的，不是如有些人说的，它专指的是古代社会。

在中国古代社会，虽有这种自然经济的因素，但手工业基本上是"处工就官府"（《齐语》），"工商食官"（《晋语》），"凡民七尺以土属诸三官，农攻粟，工攻器，贾攻货"（《吕氏春秋·上农篇》），不但法律上有所谓"四民不杂居"，而且工官的地位在古文献记录中是很重要的。古代的这种官手工业的制度还沿袭到后期封建制社会，成为国家土地所有制形式的附属物。然而什么时候这种农业和手工业（特别是手织业）的特殊结合成了支配形式呢？

我们在古代文献中也看到些民间的情况，例如奴隶的男女分工，有"臧"主耕，"获"主织的传说，"自庶士以下皆衣其夫"（《鲁语》）以及"男耕女织"的主张（如《墨子》，《孟子》）。但是，农业的"耕"和手织业或手纺业的"织"结合在一起，成为广阔的基础，虽然在商鞅变法中有了萌芽，所谓"耕织致粟帛多者，复其身"，然而更明显地是表现于秦汉之际的文献。例如：

> 所以务耕织者，以为本教也。是故天子亲率诸侯，耕帝籍田……以教民尊地产（嘉谷）也，后妃……蚕于郊，桑于公田，是以春秋冬夏皆有麻枲丝茧之功，以力妇教也，是故丈夫不织而衣，妇人不耕而食，男女贸功以长生（"以长生"句《亢仓子》作"资相为业"）。（《吕氏春秋·上农篇》）

男耕女织即所谓"男女贸功"，农业和手纺织业的结合即所谓"资相为业"，所以《吕氏春秋》在上文就说到这是为了使劳动力束缚于土地，"民农非徒为地利也，贵其志也。……民农则其产复（厚），其产复（厚）则重徙，重徙则死其处（居）而无二虑"。

又如经秦汉之际的人所作的《管子·轻重乙篇》说：

> 农事且作，请以"什伍"（即村落的家族公社）农夫赋耜铁，此之谓春之秋；大夏且至，丝纩之所作，此之谓夏之秋；而大秋成，五谷之所会，此之谓秋之秋；大冬营室中，女事纺绩缉缕之所作也，此之谓冬之秋。

经汉博士补为《冬官》的《考工记》说：

> 饬力以长地财，谓之农夫；治丝麻以成之，谓之妇功。

企图用以代替法典的《淮南子》的《主术训》说：

> 耕之为事也劳，织之为事也扰；扰劳之事而民不舍者，知其可以衣食也。……衣食之道必始于耕织，万民之所公见也。

上面所引的说明农业和手工业结合的话，都是带有半官或半法典的总结语气，到了汉代，就成为"一夫不耕或受之饥，一女不织或受之寒"的口头禅了。例如贾谊批判秦汉国家说，"男子力耕，不足粮饷，女子纺织，不足衣服，竭天下之资财以奉其政，犹未足以赡其欲也"。

这样看来，农业和手工业的结合，虽然它的渊源颇古，而手工业的官有形式在汉代也依然存在，但是这种传统到了秦汉时代才典型化，才成为"生产方式的广阔的基础"。我们再把汉人编制的秦代字书《急就篇》引来作证，更可以看出在这一方面秦法比东土六国的礼法表现了不同的精神。《急就篇》以类似法典的形式，在第七、第八章，详细罗列着家庭手工业的布帛类，在第九章又详细罗列着农业生产部类。这样并列的男耕女织的劳动生产物，原来就是《急就篇》说的统治阶级剥削的对象，"司农少府国之渊，授众钱谷主办均"，"籍（户口）受验证记问年"，"种树收敛赋税租"。这些农户被束缚于公社，"闾里乡县趣辟论"，如果男女农户要脱逃或暴动，那全族就受到法律制裁：

> 变斗杀伤捕"伍邻"。"游徼""亭长"共杂诊。
>
> 犯祸事危置对曹。谩诒首匿愁勿聊。缚购脱漏亡命流。
>
> 攻击劫夺槛车胶。"啬夫"假佐扶致牢。

封建制的法制化，也有转化的过程，并且它是由简陋的立法逐渐进到完备的立法的。马克思说："社会的统治阶级的利害关系，总是要使现状当作法律，成为神圣不可侵犯的，并且要把它的由习惯和传统而固定化的各种限制，当作法律的限制固定下来。……在时间的进行中，采取了有规则和有秩序的形态这个结果就会发生出来。"（《资本论》第3卷，第1035页）所谓"趋其耕耨，稽其女工"的王法，正是在历史的进程中成为四民月令的支配形式。至于法典的完成，我认为就是"食货"二字的定义，"食"指农业生产，"货"指手工业生产，"食货"即农业和家庭手工业的结合。《汉书·食货志》说：

> "食"，谓农殖嘉谷，可食之物，"货"，谓布帛可衣及金刀龟贝……

这个自然经济的法典式的定义一直延续于后代，在唐人法典中还可以找到同样的规定，《唐六典》记载着：

> 肆力耕桑者为"农"。（卷3）

钱帛之属谓之"货"。绢曰匹，布曰端，绵曰屯，丝曰绚，麻曰缤……钱曰贯。（卷20）

因此，历代的"食货志"，就显然刻上封建制的烙印，而不是一般的经济史料了。从耕织的传统习惯以至法典化，"货食"既然形成统治阶级课赋的对象，那就要服从于统治阶级的利害关系了。

前面所引马克思的公式，特别指出，封建制的地租形态，是因为有农业和手工业的结合，才成为例如亚洲的社会形态的适合的基础。接着他说："（这种实物地租的量）可以大到这样，以致劳动条件的再生产、生产资料的再生产，都严厉地受到威胁，以致生产的扩大或多或少成为不可能的，并压迫直接生产者，使他们只能得到维持肉体生存的最小限量的生活资料。"（《资本论》第3卷，1039页）我们就在汉代盛世，已经从贾谊的文章中看出了这种现象，如上面举的例，一方面男耕女织的结果，是衣食不保，另一方面耕织的资财是几乎完全奉养统治阶级，还嫌不能满足其欲望。秦汉以后的所谓"劝农桑"、"重桑梓"的内容以至各代有关郡县典章的说明，就更使我们易于理解了。

既然中国封建制社会的"生产方式的广阔基础是由农业和家庭手工业的统一形成的"，那么地租的剥削，自然就和这一基础有关联。在中国历代文献中，这种剥削形态叫做"租调"。农业和手工业的结合，通过土地所有制形式，在封建的超经济剥削关系上面也刻上烙印，所谓"租"课粟米，"调"输布帛，文献上也称"课调"。

汉初文景有名的三诏，都着重地提到"农桑"和"耕织"，晁错更提到"粟米布帛"。我们认为西汉制度的地租是以粟帛兼输的。西汉尚书郎四人，内一人主"户口垦田"，一人主"财帛兼输"。西汉既然"大农之诸官，尽笼天下之货物"，从女贡织帛来讲，其中用布帛均输，自然要如史书记载的，竟达到百万匹以至五百万匹，因而在地租之中没有布调是不可能的。左雄就指出"特选横调，纷纷不绝"，贡禹就主张"租税禄赐，皆以布帛及谷，使百姓壹意农业"。到了王莽的王田制，便更加法定下来，"以'用官'税民。凡田不耕为不殖，出三夫之税；城郭中宅不树艺者为不毛，出三夫之布；民浮游无事，出夫布一匹"。（《汉书·食货志》）

东汉的租调继承西汉制度，《后汉书·百官志》指明掌布帛钱谷的都有专职，统归大司农指挥，称布调为"调度"。明帝曾赦陇西勿收某年的租调，章帝诏以布帛为租，桓帝也会下诏免除某年的"调度"，但其初年租调的调，居然"河内一郡，尝调缣素绮谷，才八万余匹，今乃十五万匹……民多流亡，皆虚张户口"（《后汉纪》卷20《孝贤皇帝纪》）。到了灵帝时，"中御府积天下之缯，西园引司农之臧"（《后汉书·吕强传》）。再据《后汉书·朱晖传》说的"一取布帛为租，以通天下之用"看来，东汉的租调制比西汉更加普遍了。

这样看来，租调制的法律化起源于秦汉，并在汉代取得了更固定的形式，反过来更把农业和手工业的结合巩固起来。这一制度即成为后代"租"和"调"、"租、庸、调"的法律的张本。它们都利用着农村公社的组织，使耕男织女或人户匹庶尽其所能地输纳剩余生产物，因而就成为东方专制主义的基础。直到唐代，"仓库"二字的定义，在《唐律疏议》中，还沿用汉代《百官志》的法令，并且这样规定："仓，谓贮粟麦之属；库，谓贮器仗绵绢之类。""食货"的经济意义，正如马克思所指出的："在亚洲……国王和僧侣保管之下的这种贮藏货币（郭译本作"宝库"），宁可说是他们的权力的表征。"（《政治经济学批判》，人民出版社，第92页）

农业和家庭手工业的结合形式，既然是东方封建制的生产方式的条件，又是巩固东方专制政治的基础，那么从秦汉以来的皇朝"劝农桑"以增加所谓食货的诏令，就容易明白了。这种结合形式既然表现出"前资本主义生产方式内部的坚固性和结构，对于商业的分解作用是一种障碍"，那么中国的封建制度的顽固性，也要上溯于秦汉制度的渊源了。

二 秦汉的封建贵族与豪族地主

上面说明的是封建主义生产方式的广阔的基础，这里再进一步研究和这种基础相伴随的生产方式。这两个问题是相关联的。马克思指出："生产方式本身愈是适应于陈旧的传统（在农业上，传统的方式长久保持着，而在东方的农业与手工业的结合中，保持还要长久），也就是说，占有的实际过程所遭到的变化愈少，那末，陈旧的所有制形态，从而一般地集体也就愈巩固。"（参看《资本主义生产以前各形态》，人民出版社，第31页）这里所说的"所有制形态"即指经济基础，"集体"即指不同的阶级。

生产方式，依据《资本论》的定义，是特殊的生产资料和特殊的劳动力的结合关系，它决定着某一社会经济构成的倾向。《资本论》的第一句话所以比《政治经济学批判》的第一句同样的话更为完善，就在于它点明了生产方式的支配的性质（作者一直认为苏联学者用"生产力和生产关系的统一"规定生产方式，以代替马克思的定义，是值得商榷的）。因此，封建制的生产资料和劳动力的结合关系，就支配着封建主义社会的全性质。列宁关于阶级的定义，也是从生产资料的所有地位和劳动的领有关系来分析的。下面首先研究秦汉封建制的生产资料所有制形式，即怎样形成了豪族地主的占有制和国家所有制。

我以为秦人开始在法律上易器（器指国家形态），也正如西洋古代通过了隶农制的小生产，以挽救劳动力在奴隶制度下的危机。在中国秦代一开始并没有如后来的所谓"兼并"，起始仅是小生产制度的建立，例如史言"秦人尽废井田，任民所耕，不计多少，而随其所占之田以制赋"。蔡泽说："商君决裂井田，废坏阡陌，以静百姓之业，而一其志。"《文献通考》节引以上前数语，并说："夫曰静曰一，则可见周授田之制，至秦时必是扰乱无章，轻重不均矣。朱晦庵《语录》亦谓因蔡泽此语，可见周制至秦不能无弊。"按县乡亭的秦制正是以农村为出发点的封建性质。

史载秦孝公十四年初为赋。它为什么要被大书特书呢？过去学史者常笼统说，这是"舍地而税人"的开始，但对于这一问题没有什么说明。我们以为这就是"裂地名官"在法律上的必然典式；换言之，这标志着向封建财产所有制的合法形式的转变，古代社会的母胎内已经孕育下封建制社会的胚种了。

秦孝公十二年开始建立县乡亭制。《汉书·百官表》说："县令长皆秦官……万户以上为令，秩千石（所谓禄石）至六百石，减万户为长，秩五百石至三百石，镕有丞尉。"县下为乡，乡置三老，有秩，游徼之外，有啬夫一职，即职听讼收赋税。十亭一乡，十里一亭，亭有长（汉高祖刘邦就是这样的亭长出身）。《续汉书》《百官志》说"其郎小者县置啬夫一人，皆主知民善恶，为役先后，知民贫富，为赋多少。"这样看来，裂地名官，改变了氏族宗子"国"食于"鄙""野"的古代经界制，即古代制的一国不过这样裂地分官的一县而已。制赋的来历并非一件随意做的小事，因为任民所耕，占有土地，随其所"占"之田，始制租赋，这种租赋在经济学上即为"地租"（汉制，赋、租、税三名不同，但关于田租有统称为租赋或租税）。因为中世纪的公私经济不分，我们不能以狭义的"赋"字的古义如"赋以足兵"、"赋充实府库朋与之用"而为名词所拘。史称孝公制县，为开阡陌，杜佑《通典》在此条说："秦孝公用商鞅，以三晋地狭人贫，秦地广人寡，故草不尽垦，地利不尽出，于是诱三晋之人，利其田宅……而务本于内。故废井田，制阡陌，任其所耕，不限多少，数年之间，国富兵强。"这并非仅对于自然的征服，若没有财产所有制的变革，就不会有所成就，而主要在于所谓"以静百姓之业，而一共志"向"利共田宅"方面发展。生产力既有增进，新的租赋才可以增加。始皇统一以后三十一年使黔首自实田以定赋，这是指全国而言。《汉书·食货志》说："（秦）田租口赋盐铁之利，二十倍于古，或耕豪民之田，见税十五（贡贫人无田，而耕垦豪富家之田，十分之中以五输田主），汉兴，循而未改。"又说："天下既定……（高帝）轻田租，什五而税一，量吏禄，度官用，以赋于民。"以上讲的剥削事是否正确，下面详言，这里我们已经知道，百分之百的剥削被地主贵族所得。一句话讲，他们是地主阶级与封建贵族。《史记·货殖列传》说：

> 今有无秩禄之奉，爵邑之入，而乐与之比者，命曰素封。封者食租税，岁率户二百，千户之君则二十万，朝觐聘享出其中。庶民农工商贾，率亦岁万息二千，户百万之家，则二十万，而更徭租赋出其中；衣食之欲，恣所好美矣。……此其人皆与千户侯等。

这里所说的"千户之君"是封建诸侯，"百万之家"是豪族地主，下面分别论述。

第一，封建诸侯。马克思和恩格斯一再指出，军事制度是和财产所有形态相关联的，并特别说明军事编制影响了封建社会的财产所有制的形成。这在秦汉的军功爵制度上表现得十分明白。商鞅变法以宗室有军功者始得为属籍，可见氏族宗室有战功的就可做领主，史言"战得甲首者益田宅，五甲首而隶役五家"。商鞅便以功封于商，食十五邑（邑为虚名，实际上要看邑的户数），号曰商君。秦襄王时吕不韦封文信侯，食河南十万户。始皇二十六年统一皆为郡县，诸子功臣，以公赋税重赏赐之。《史记·高祖功臣侯者年表》："汉兴，功臣受封者百有余人。天下初定，故大城名都散亡，户口可得而数者十二三，是以大侯不过万家，小者五六百户。后数世，民咸归乡里，户口益息，萧曹绛灌之属或至四万，小侯自倍，富厚如之。"《后汉书·黄琼传》说："今诸侯以户邑为制，不以里数为限。萧何识高祖于泗水，霍光定倾危以兴国，皆益户增封，以显其功。"高祖袭秦之领主制（即食邑户之侯），列侯……功大者食县，小者食乡亭，得臣其所宜吏民。"（《百官志》）自天子诸侯王封君，都是大小领主，所以说一切"租税之人，自天子以至封君汤沐邑，皆各为私奉养，不领于天子之经费"（《食货志》）。汉初功臣争封，史言确凿，留侯所说的"天下游士，离亲戚，弃坟墓，去故旧，从陛下游者，徒望咫尺之地"，就指的是六国后人对小领主梦想的追求。不要以为户邑并提的财产占有形态是随意的，更不要以为领主占有是完全私有，它实质上是由固有土地的"公田"中赏赐的，特别在景武以后，法律规定，领主只能衣食租税，这就说明领主的占有权是不稳定的。

汉初郡国，其权至大，已为史家所特举。高祖十一年诏："今献未有程，吏或多赋以为献，而诸侯王尤多。民疾之。"十二年诏："列侯皆令自置吏，得赋敛。"（《汉书·高帝纪》）大领主的郡国列侯，已成为实际上割据的人君，这曾招来七国之反。景帝三年吴王反时遗诸侯书就以领主制相号召："诸王……能斩捕大将者……封万户，列将……封五十户，裨将……封二千户，二千石……封千户，千石……封五百户，昔为列侯。其以军若城邑降者，卒万人，邑万户，如得大将；人户五千，如得列将，人户三千，如得裨将；人户千，如得二千石。……共有故爵邑者，更益勿因。"（《史记·吴王濞列传》）从这里，就可以看出军事体制和封建制占有形式的关系了，占有形式的多寡是和军功编制的大小相照应的。

因为领主制的占有形式的强大，文景以来，贾谊晁错曾主张削诸侯之权。但国有土地的形式，武帝时代才达到完成的阶段，因此，武帝能够分散其权以封诸侯子弟，各国都被裂封，所谓"众建而少其力"。后汉大体上也仿领主制，但削弱了郡国的统制权，而和地主领地相差不远了。《三国志·吴志》诸葛恪说："自光武以来，诸王有制，惟得自娱宫内，不得干预政事。"后汉光武建武二年，封功臣昔为列侯，大国四县，余各有差，宗室列侯为王莽所废者，并复故国。又按汉制，皇后公主宦官外戚皆有等封，都因袭秦制。

汉初封建领主也有就食长安而不至国的，如文帝二年，以"列侯多居长安，邑远，吏卒给输费苦，令之国"，三年更因列侯不去，罪免丞相。有名义上为侯国而食邑他处的，如霍去病封冠军侯，实无"冠军"其县，以南阳等县之县乡指为食邑侯国，如霍光封博陆侯，文颖曰："博大、陆平，取其嘉名，无此县也，食邑北海河东城。"其他如关内侯，列侯出关就国，关内侯但爵耳，其有加异者，与之关内之邑，食其租税。《续汉志》说："关内侯无土，寄食在所县，民租多少，或有户数为限。"这便是中世纪占有劳动人口的真正的领主。

汉代郡国诸侯王初有政治权支配郡国，但其后逐渐失掉统治权力，仅许有领主的经济支配。《汉书·汉诸侯王表》说："景（帝）遭七国之难，抑损诸侯，减黜其官。武（帝）有衡山、淮南之谋，作左官之律（服虔曰：仕于诸侯为左官，绝不得使仕于王侯也）。设附益之法（师古曰：盖取为之聚敛而附益之义），诸侯惟得衣食税租，不与政事。至于哀平之际，皆继体苗裔，亲属疏远，生于帷墙之中，不为士民所尊，势与富室无异。"《百官表》说："诸侯王……掌治其国，有太傅辅王，内史治国民，中尉掌武职，丞相统众官，群卿大夫都官如汉朝。景帝中元五年，令诸侯王不得复治国，天子为置吏。……成帝绥和元年……更令相治民如郡太守，中尉如郡都尉。"后汉光武，更申旧法，严禁诸侯王干政，诸侯在后汉惟衣食租税，与地主阶级并无甚大差异了。然这所谓领主与地主之分别，并非绝对的。封建领主天然地便有行政权，不能与经济权分离，此不过言其削弱到不能如小汉朝廷的实权罢了；而地主阶级虽在名义上是豪富，是土地占有者，但在其性质上也有甚大的政治权力，自作私法，如《后汉书·酷吏传》序说："汉承战国余烈，多豪猾之民，其并兼者则陵横邦邑，杰健者则雄张闾里。且宰守旷远，户口殷大……"因此，就像仲长统所形容的："荣乐过于封君，势力侔于守令。"领主与地主在本质上是不能严密地区分开来的。

食邑食户的封建领主与地主，占有着土地（最主要的生产资料），这是封建生产方式的一个特殊的要素。为了实行这一财产占有的法典，赋租所依赖的"户口"是最重要的条件（奴隶社会的中国古代制的野鄙庶人无姓，难有严格的户口制）。户口制，从商鞅变法（如"令民为什伍而相司连坐"、"民有二男以上不分异者倍其赋"、"名田宅臣妾衣服，以家次"），早已有了胎种，经始皇十六年"令男子书年"，便固定下来。汉高祖入咸阳，惟萧何有远见，别人抢劫财物，他独收秦图书，以此高祖得知天下户口多少强弱的秘密。汉代以来，户口便可得详记，见于《汉书·地理志》。

不论封禅之于皇帝，自己神定所有权，或者封建之于列侯，赐赏臣下占有权，都是国有土地的形式，也是中国封建主义编制的一个特征。《白虎通义》以神权的固定形式，把这种原则用经义来法律化起来，代表了一部汉代的最高法典。"封"之古代意义，为"作邦作对"或城市与农村的分裂（国野的经界，体国经野），而"封"之中世纪意义则不同了，它是以乡村为出发点的户口（汉称名数）领有的赏赐关系，或食若干户的领主所有的等级制度。《汉书·张安世传》说："尊为公侯，食邑万户，然身衣弋绨，夫人自纺织，家童七百人，皆有手技作事，内治产业，累积纤微。"从上面所举的史实看来，我认为，领户制是汉代封建制的特征，应该专文研究。

第二，豪族地主。史称秦孝公十二年废除田里不鬻之制，任人民所耕，不限多少。商鞅变法之一项，即大小"僇力本业，耕织致粟帛多者，复其身"，此外，以战功"得甲首者益田宅，五甲首而隶役五家"。史籍表明，商鞅的变法，开始定出土地占有制，在经营上是一种小生产制，而小生产性的农户正是大土地所有制的温床。因此，到了后来土地兼并的记载就不绝地出现于史籍中。秦始皇积六世余威，统一六国，"琅邪台刻石"虽歌颂功德之作，但秦之所以自豪者，并非全是自大呓语，顾亭林也深辨此理。秦刻石说："上农除末，黔首是富，普天之下，搏心揖志，器械一量，同书文字"，由这里颇能看出秦制的特点来。依据经典作家的定义，古代贵族是以所得物之多少来计量财富，而封建地主则以土地占有的大小，特别是以劳动人口依附的多寡来计算产业，这一不同的所在，应从秦代尤其秦汉之际，划一阶段。

秦汉的豪族地主，是从六国世族转化而来的。"史""汉"所说的豪猾、豪强、豪宗、豪门、豪右、右姓、大家不是别的，正是列宁所指的"身份性的地主"，这个阶级集团从秦汉一直到后代都相当巩固。列宁说："中世纪的土地占有制底庞杂性，是在阻碍着经济的发展，身份的体制是在妨碍着商业的流转。"（《19 世纪末期俄国土地问题》，《列宁文集》第 3 册，第 80 页）他特别强调研究土地占有制的发展过程要从"身份性之转变为非身份性"（同上，第 3—4 页）着手。他更指出这种家长制的农村体制是工役制和奴役制保存长久的原因，这种豪强地主之所以有他的根基，是因为他附着在农村公社的村落自治体上面。这种公社是古代制的残余，古代叫做"乡党"，秦汉以来叫做乡曲、闾里，所谓豪强就是扬雄《法言》所说的"贼仁近乡原，贼义近乡讪"之类，在村社、桑梓的农民头上实行家长式的统治。乡县亭制或郡县制形成以后，家族的血缘关系更固定为一种地望的形式，所谓大姓、阀阅就依据这种形式，占有依附性的宾客、家兵、部曲、部曲家族、部曲宗族，从汉代起，身份性的豪族地主之所以有荫附、徒附的入户，不是偶然的。然而汉代统治阶级的偏见，却有这样的定义：

> 宗者何谓也？宗者尊也，为先祖主者，宗人之所尊也……族者何也？族者凑也，聚也，谓恩爱相流凑也，生相亲爱，死相哀痛，有会聚之道，故谓之族。（《白虎通义·宗族》）

揭破封建制乡村的温情脉脉的血族关系，从它的背景分析，却是一幅惨痛的阶级剥削图。公社或部曲的农民，从法律的规定上看来，仅次于奴隶，他们"凑聚"于一定的乡里或乡曲，生死不离，他们被血缘恩爱的自然纽带束缚起来，在原始的男耕女织、长幼提携之下，进行农业和手工业的劳动，而被豪强族长利用原始的宗教道德愚昧着、欺骗着，效死不去，其依附性之强固是不言而喻的。汉代形成的身份性地主的武装势力，或以"宗部"势力出现，或以"部曲宗族"势力出现，其渊源应溯自秦汉之际，其传统力量则延续到后世各代。

秦汉豪族的地租，大约是劳动生产物的十分之五，即百分之百的剥削率。所谓"或耕豪民之田，见税什五……汉兴循而未改"（《汉书·食货志》）。史称高祖以后列帝多有更改，或说什五而税一，或说三十而税一，此当是因灾变等事临时的法令，与临时免租同，至多仅是名义上的地租，而实质上的地租另有算法。王莽令："兼并起，贪鄙生，强者规田以千数，弱者曾无立锥之居……汉氏减轻田租，三十而税一，常有更赋，罢癃咸出，而豪民侵陵，分田劫假（按分田谓贫者无田，而取富人田耕种，共分其所收，劫假之义旧说难晓，似假公田于民，民假公田之后，劫其工作日或劳动生产物之一部分），厥名三十税一，实什税五也……富者犬马余菽粟，骄而为邪；贫者不厌糟糠，穷而为奸。"荀悦论文帝除租税说："豪强富人占田逾侈，输其赋大半……官家之惠优于三代，豪强之暴酷于亡秦，是上惠不通，威福分于豪强也。"如此，便了解汉时地租的剥削率至少在百分之百以上。

这样的剥削似近于劳役地租，或列宁指的工役制和奴役制。汉代富家多家童或童客，固然有奴隶制的遗存，而劳役地租的粗野形式，正依赖于半奴隶式的劳动来贡纳的。所谓劳役地租的劳动力挽救了奴隶劳动力再生产（人口繁殖）的危机，增加了对于生产资料的爱护，而因劳动强度的增进，却也提高了剥削率。

　　身份性的地主的土地兼并，在秦汉社会是必然的倾向。这不但在秦汉社会内部要发展起来，而且也由于皇帝消灭六国氏族的政策而有计划地促进起来。《通典》说："孝公十二年诱三晋之人，利其田宅"。《汉书·地理志》说，"秦既灭韩，徙天下不轨之徒于南阳。"《史记》说："始皇二十六年徙天下豪富于咸阳，十二万户。"《汉书·地理志》说："汉兴，立都长安，徙齐诸田楚昭屈景及诸功臣家于长陵，后世世徙吏二千石、高訾、富人及豪杰兼并之家于诸陵。"《刘敬传》说，敬进宫，"东有六国强族，一日有变，陛下亦未得高枕而卧也。臣愿陛下徙齐诸田楚昭屈景燕赵韩魏后，及豪右名家实关中……此强本弱末之术也。上曰善，乃使刘敬徙所言关中十余万口"。这在政治上谓之强本抑末，企图利用他们成为封建政权的支柱，然而客观上却使他们变为身份性的豪族地主了。高祖是亭长出身，知道地主政权，故五年灭项羽，下诏："民前或相聚保山泽，不书名数（户口），今天下已定，令各归其县，复故爵田宅。"豪族地主在一定的条件之下，是汉代立国所依据的基础。武帝以至成帝，都注意富豪与京师的关系，主父偃说武帝："天下豪杰兼并之家，乱众民，皆可徙茂陵，内实京师。"成帝时陈汤说："关东富人益众，多规良田，役使贫民，可徙初陵，以强京师。"因此后来关中富商大贾尽诸田，田啬，田兰，韦家，栗氏，安陵杜氏亦巨万。自元成迄王莽，京师富人杜陵樊嘉，茂陵挚网，平陵如氏、苴氏，为天下高訾。由此看来，汉代政权不能不依赖豪族。《汉书·地理志》关于风俗的定义，就代表了汉代统治阶级的意识，"风""俗"二字是常指制度的，《地理志》说：

　　　　凡民函五常之性，而其刚柔缓急，音声不同，系水土之风气，故谓之"风"，好恶取舍，动静亡常，随君上之情欲，故谓之"俗"。……圣王在上，统理人伦，必移其本而易其末，此混同天下，壹之乎中和，然后王教成也。

如果我们把汉代"内实京师"或"以强京师"的关中风俗，按《地理志》简述出来，就可以明白统理人伦的君上情欲所移之本在什么地方了。照《地理志》说，"关中人民好稼穑，务本业，地当九州膏腴。始皇开郑国渠，沃野千里，民以富饶，前后徙六国强宗豪富于诸陵，世家好礼文，富人则商贾为利。秦地三分天下之一，而人众不过什三，然量其富居什六"。以上所言之"风俗"，的确是豪强地主的世界。但汉人所强之本没有达到目的，因此武帝便有一场和豪族地主阶级的血战。

　　汉人如贾谊、董仲舒、司马迁、贡禹、左雄、仲长统，都同声暴露豪族的土地兼并，或主张限田名田，或主张复古井田。董仲舒说："富者田连阡陌，贫者无立锥之地……邑有人君之尊，里有公侯之富。"太史公说："役财骄溢，或至兼并，豪暴之徒，以武断于乡曲。"贡禹说："亡义而有财者显于世，欺谩而善书者尊于朝，谇逆而勇猛者贵于官……家富势足，目指气使，是为贤耳。"仲长统说："馆舍布于州郡，田亩连于方国，身无半通青纶之命，而窃三辰龙章之服；不为编户一伍之长，而有千室名邑之役，荣乐过于封君，势力侔于守令，财赂自营，犯法不坐，刺客死士，为之投命。"综上所言，汉代豪族地主阶级是怎样地威胁着汉代皇朝的政权。

三　秦汉土地国有制的形式及其法典化

现在我们再结合以上的论述进而考察土地国有制的形式。从上述看来，食封的土地和户口都是皇帝所封给的，以区别于不经法律认可而占有土地的豪强地主的"素封"。在法律意义上讲来，财产所有权应是皇帝所独有的，而地主阶级的土地只表现出占有权，农民的土地，只表现出使用权。在作为法典形式的"琅邪台刻石"（《史记·秦始皇本纪》）中最早有这样的规定：

> 维二十八年，皇帝作始。端平法度，万物之纪……应时动事，是维皇帝……忧恤"黔首"，朝夕不懈。除疑定法，咸知所辟……尊卑贵贱，不逾次行。"奸邪"不容，皆务"贞良"……六亲相保，终无寇贼。骥欣奉教，尽知法式。六合之内，皇帝之土。西涉流沙，南尽北户，东有东海，北过大夏。人迹所至，无不臣者。

秦法失佚，但我们从上面的"法度"和"法式"的精神看来，其真实性是应该特别注意的。很明显的，土地和户口都规定于皇权支配之下，这就是东方的封建社会土地国有制形式的渊源。它和中国古代奴隶制社会的土地为氏族公族所有不同，它是从统一六国以后，在全国建立郡县制的范围内，继承了古代的传统，而用一种封建法度所固定的国家土地所有制。马克思说：

> 假设他们不是隶属于土地私有者，却像在亚细亚一样，隶属于既为土地所有者同时又为主权者的国家，地租和课税就会并在一起的，或者说，不会再有和这个地租形态不同的课税了。在这种情形下，政治上和经济上的隶属关系，就是对国家的臣属关系……在这里，国家是最高的地主。在这里，主权就是全国的累积的土地所有权。在这里，没有土地私有权，不过对于土地有私人的和共同的占有权和使用权。（参看《资本论》第 3 卷，第 1032 页）

我们从秦汉以来的历史看来，这样的最高地主，就是皇权地主，也即马克思指的"国家（例如东方专制帝王）"，或"君王是主要的土地所有者"。他赐给人民的土地使用权，这就是列宁所说的"亚洲式专制政府中的官吏底意志分配于农民的旧有份地……"（《社会民主党在一九〇五至一九〇七年第一次俄国革命中的土地纲领》，莫斯科中文版，第74页）。这是古老的"亚洲式土地所有权形式"。

马克思和恩格斯也曾经提示过，自由的土地私有权的法律观念之缺乏，土地私有权的缺乏，甚至可以作为了解全东方世界的真正的关键（参看《马克思恩格斯论中国》，人民出版社，第20页），应该着重指出，这里说的是法律观念，至于事实上的情况则要和法律观念相区别开来，特别应该注意唐宋以后"非身份性"的庶族地主发展的情形。

既然东方专制帝王的土地所有制形式是了解全东方情形的关键，我们就可以知道中国自秦汉以来的中央专制的经济基础了。在欧洲，中央集权是封建主义没落以至资本主义形成时期的产物，在中国早期封建就有了中央专制，这正表明了政治史之依存于经济基础——皇权垄断的土地所有制形式。历代党争的真实根据、中国历代君主之直接利用宗教而无皇权教权的分立的根源也可以从这种经济基础上说明。这是我们研究中国封建社会史所必须解决的问题。

皇帝是最高的地主，但他为了巩固政权，必须依靠身份性的地主阶级。上面已经指出，秦汉帝王为了"强本抑末之计"，最注意豪族。六国世族，天下豪富会历次被迁至长安，置于皇帝直接监督之下，他们从最初就是不合法的占有者，因为他们在一定的条件之下是和皇族地主的土地所有制相矛盾的，当他们威胁到皇帝政权的时候，他们的财产就可能被没收。虽然汉武帝没有采纳董仲舒的"限田"疏，以期在皇族与豪族的经济对抗中保持着相互利用、彼此妥协的关系，但武帝在必要时又可以把豪族的土地没为"公田"，如元鼎三年（纪元前114年）"分遣御史、廷尉、正监、分曹往，往即治郡国缗钱，得民财物以亿计，奴婢以千万数，田、大县数百顷，小县百余顷，宅亦如之"（《史记·平准书》，参看《汉书·食货志》）。历代的这样的斗争很多，王莽的"王田"制，则是想百分之百地实行君主土地所有制，结果，他和农民在经济上对抗，又和豪族地主在经济上对抗，短命的皇帝和他的武断措施是分不开的。

豪族的土地占有权是不固定的，秦汉皇帝大都在强弱或本末之间，采取一定的优遇办法，以安定豪族地主的占有制，作为皇权与豪权的联系，因此，所谓"限"所谓"占"，是以占有若干顷的土地数目以及若干"户数"的农民，为最高限额，这是消极的规定，而不是私有制的积极的承认。汉武帝为了对付豪族地主，还有"专地盗土"的法律，一经被此条法律所干触的地主，那就要遭受重大的处罚。

《汉书》卷八十一《匡衡传》，有司奏衡"专地盗土"，衡竟坐免，事在元帝初元元年与成帝建始元年之间。匡衡封地多四百顷，司隶校尉骏，少府忠行廷尉事，劾奏"春秋之义，诸侯不得专地，所以一统，尊法制也。衡位三公……而背法制，专地盗土以自益"。又说："附下网上，擅以地附益大臣，背不道。"匡衡是元成间的人，但刘向《新序》说："孝武皇帝时重附益诸侯之法。"既然"附益"和"专地"意义相应，那么这法律可以说是武帝制定的。武帝还创立了以六条问事的科条，"科条谓所犯法律也"（《北堂书钞》引扬雄语注），这也主要是针对占田逾制的豪族地主阶级而设的，不但其第一条定罪的对象明白地指出："强宗豪右田宅逾制，以强陵弱，以众暴寡"，而且其他五条对二千石定罪的对象，也是以豪族地主阶级的占有制为主，如说，"二千石不奉诏书，遵承典制，倍公向私"；"二千石选署不平，苟阿所爱，蔽贤宠顽"；"二千石子弟恃怙荣势，请托所监"；"二千石违公下比，阿附豪强，道行货赂，割损正令"。（参看《汉书·百官公卿表》注）

　　此外也有临时的诏令，指出对土地占有权逾制的处罚，例如《哀帝纪》："诏诸侯王列侯公主二千石及豪富民多畜奴婢，田宅亡限，与民争利，（下言限制）……为吏犯者以律论，诸名田畜奴过品，皆没入县官。"

　　汉代的土地国有制，过去学者已经有注意到的，例如宋叶适说汉代"但问垦田儿亩，全不知是谁田"；明末顾亭林说："官田自汉以来有之。"按秦汉之际，垦田屯田都为政府所掌握，垦屯的土地即是官田。"秦制，凡民年二十三，附之畴官，屯边一岁，谓戍卒。"（《汉书·景帝纪》，师古注）"晁错曰，秦时……战则为人禽，屯则卒积死。"（同上，《晁错传》）"二世立，如始皇计，尽征其材士五万人，为屯卫咸阳。"（《秦始皇本纪》）屯戍是秦代开辟疆土的重要劳役。"秦地广人寡，故草不尽垦……于是诱三晋之人，利其田宅。"（《通典·食货》一）汉因秦制，垦屯更加发展，文帝武帝都动员了大量劳动力（包括罪人），从事工役制形式的剥削，元鼎元年一次就动员了六十万人戍田于西北部，这种军事体制不但影响于占有制，使汉代的陇西六郡的豪族地主有了凭借，发展起来，而且也酝酿出隶农式的"部曲家族"。后代的屯垦制不能不溯源于这里。仲长统说：

　　　今者土广民稀，中地未垦，虽然，犹当限以大家，勿令"过制"，其地有草者，尽曰官田，力堪农事，乃听受之。（《后汉书》本传）

这就是后代授田制的国有形式的张本，如果逾越制度的许可，法律外的占田"过制"，就有理由被皇帝来没收或以"专地盗土"的科条来定罪。马克思说"在封建时代，军事上诉讼上的裁判权，是土地所有权的属性"（《资本论》第1卷，第398页），就是这样的意义。

　　按汉代"公田"之名所以从武帝时代才出现于史籍，这是他为了使土地固有制成为定式，用法律形式肯定的缘故。上举的"专地盗土"和"六条问事"的科条，都是武帝所制定的。因此，土地国有制的法律形式是武帝二万六千二百七十二条法律中的主要项目，他也利用这些法律和身份性的豪族地主展开斗争，史实甚多，不须列举（可参考贺昌群著《论两汉土地占有形态的发展》，第3、第4节）。但这里应该注意，"公田"制并不是从武帝开始的，而且在武帝以后的西汉社会也没有根本动摇，不过在统治阶级内讧中有时豪族地主占些上风而已。

　　据汉代的历史记载，皇帝不但可以大量地把公田官田封给领主，在一定的限制之下，即不能逾制或逾限的条件之下，允许他们"占有"，而且为了争取"流民"（从户籍即"名数"中逃亡的农民）和贫民的劳动力，还把"公田"借给他们，所谓"假公田"给农民，当然只指"使用权"。这就是后代"授田"或"均田制"的张本。

　　随着土地国有制的确立，主要的手工业也实行国家管制。从秦代"颍川泽之利，管山林之饶"以来，汉代对于作为"农夫之生死"（《盐铁论》语）的盐铁采用了一系列的管制政策，并因此，在武帝以后成了社会经济的矛盾之一。这些财产所以要国有，正如《盐铁论·复古》所说："今意总一盐铁，非独为利入也，将以建本抑末，离朋党，禁淫侈，绝并兼之路也"。这意义就表明最高地主对付豪族地主的法律形式。其他如纺织业等手工业以及主要的公共事业的经营如河渠灌溉交通等，也实行国家管制的政策。因为公共事业的国家统制，不但强化了中央专制主义的封建统治，如马克思讲的东方专制机关的三种部门的性质，而且还利用封建权力把这些部门的劳动力大都束缚在奴役或劳役制之下（参看白寿彝等著《从秦汉到明末官手工业和封建制度的关系》一文，《历史研究》1954年第5期），使工役制的残余形式和东方的专制主义结成不可分离的关系。

　　应该指出的是，这种以土地为主而以其他产业为副的国有的财产形态，从秦汉社会发源，一直是中国封建所有制主要的形式（此一问题将在拙作《中国封建制社会的广阔的基础》一文中论）。中国的政治史、思想史和宗教史的研究，是不能不从这里出发的。

　　上面所讲的是关于封建生产方式的生产资料一要素的所有性质，物质的人格化者叫做皇权最高地主以及身份性的地主。他们的基础都依存于公社的残余。身份性的地主是"家长制的农村生活的东方野蛮制度"的豪强，最高地主是"对地方施行父权"的皇帝。统治阶级集团的地位在历史中是很强固的，他们之间是统一的又是矛盾的，这从秦代就具备了制度上的特点。一方面皇族集团怕豪族集团的势力，另一方面却尊奖这一势力，如《通典·食货一》引崔实《政论》："秦堕法度，制人之财，既无纲纪，而乃专奖并兼之人。于是巧猾之萌，遂肆其意。上家累巨亿之资，斥地伴封君之土。"这一传统，汉代以来循而未改。至于唐以来从身份性地主转化而来的非身份性的地主，即"庶族"地主，这里不拟作详细的论述。

四　汉代的劳动力和领户制

我们再进一步研究一下汉代的劳动力——生产方式的另一要素。首先，应该肯定，秦汉社会存在着大量的奴隶。古代工技之贱，蛮夷之贱，罪犯之贱，仍然相续于秦汉。例如，"礼贵者公，贱者名"，贵者有氏，贱者有名无氏（或庶人无姓），秦汉虽有法定的户口制，而据《郊祀志》载，汾阳人无锦即有名无氏的工奴，粤人勇之即蛮夷的俘奴，秦汉时征服匈奴，远筑长城，近修宫室，大量使用罪人，即犯者奴。秦灭六国以后，虽然把俘获的人口散为户数，大徙人口若干万家，移民实之（参看《秦会要·徙民》），但依然使用奴隶。汉因秦制，也是这样。据文献记载，汉代虽有解放奴隶之令（尤其在光武时，详见《廿二史札记》），而始终在法律上承认奴隶制度，我们且把史实列举于下：

> "（汉）高祖令民得卖子。""五年诏曰：民以饥饿自卖为人奴婢者，皆免为庶人。""文帝……不以民田及奴婢为限。""贾谊曰：今岁恶不入，请卖爵子。""后四年免官奴婢为庶人。"董仲舒说武帝曰："宜去奴婢，除专杀之威。""杨可告缗遍天下……得奴婢以千万数。""成帝诏：公卿列侯亲属近臣多畜奴婢……其中敕有司以渐禁之。""哀帝诏曰：诸侯王列侯公主吏二千石及豪富民多畜奴婢，其议限列……诸侯王奴婢二百人，列侯公主百人，关内侯吏民三十人。"（以上见《西汉会要》卷49）"王莽更名天下奴婢曰私属，不得买卖。"（《汉书》本纪）

东汉初光武帝发布了许多有利于奴婢之令，比西汉更富于奴婢解放之义。建武二年五月诏，"民有嫁妻卖子欲归父母者，悉听之；敢拘执论如律纪"。六年十一月诏，"王莽时吏人没入为奴婢不应旧法者，皆免为庶人"。十一年诏，"天地之性人为贵，其杀奴婢，不得减罪"。又诏，除奴婢射伤人弃市律。十二年三月诏，"陇蜀民被略为奴婢自讼者及狱官未报，一切皆免为庶民"。十三年十二月诏，"益州民自八年以来被略为奴婢者，皆一切免为庶民，或依托为人下妻欲去者悉听之，拘留者以略人法从事"。十四年十二月诏，"益凉二州奴婢，自八年以来自讼在所官，一切免为庶民，卖者无还值"。光武以后，仍间有免官奴之令（如安帝）。

据上面所举的史实看来，汉代时常发布免奴之令，但奴婢制度依然存在，甚至高祖以来买卖奴隶是合法的。见于史者有如下诸例：

秦相吕不韦家童万余人。汉贵族，如王商私奴千数，史丹童奴以千数，王氏童奴以千百数，窦氏奴婢以千数，马防兄弟奴婢各千人以上，济南安王奴婢至千四百人。汉豪强地主，如卓王孙童客八百人，程郑数百人，折像父国家童八百人，曹仁弟纯童仆人客以百数，糜竺童客万人。

此外官奴婢也盛行，武帝时没人奴婢，分与诸官。元帝时贡禹说："诸官奴婢十余万……税良民以给之。"反之，民间奴隶之子尚恒为奴，《陈胜传》有"人奴产子"之名。

汉代有"耕当问奴，织当访婢"的话，这些话到了魏晋时代还见于史籍中。由此看来，汉代奴婢从事生产，是不足为奇的。当时奴隶的职责，并不限于仆役的工作，而养奴之数至万人，也非家侍的职务所可容纳的。官奴隶的暴动也见于文献的记载。如果说秦汉是封建制，这种现象的存在是什么原因呢？

这里，我们且先说明两点。

（一）中国古代遗留下了氏族制，因而维新了的城市国家，产生奴隶家室集团的制度；要知道残余的制度，容易传习于其后的若干时代，所以马克思说"中国保存了一系列的过时的古旧诸制度"。原来，家庭、家族和奴隶在古代就联系在一起的，恩格斯在《家庭、私有制和国家的起源》一书中曾经从语源上指出家庭和奴隶是一字（参看该书第 55 页）。如果说中国的古代氏族制度和公社组织长期地延续到后代封建制社会，那么奴隶也随家族而保存于封建制社会。这不仅汉代如此，魏晋隋唐亦然，死的束缚着活的就是这一现象的说明。我们拿汉代的新名词——仅次于奴隶身份的"部曲"来解释，就更了然了。按汉代大将军营五部，部下有曲，曲下有屯（《续汉书·百官表》）。部曲是由家族屯垦产生的，平时生产，战时服役。汉时，徙齐楚富族至诸陵，以强京师，而另外的贱族则多徙边，如文帝募民徙塞下，武帝元朔元年徙朔方十万口，元狩四年徙贫民于关以西及充朔方以南七十余万口。按晁错所上移民之计，所募之贫民，以罪人奴婢为主，且以千家数。这就知道"部曲"是从家族奴婢变化而来的。到了三国时代，部曲之名大量出现，且明言"部曲家族"，如李典徙部曲宗族万三千余口居邺，如孙壹率部曲千余家归魏等即是例子。这种"部曲"，在平时生产上，我认为是过渡性的隶农，比奴隶的身份稍稍改变而已。

（二）上面史料不曰"童客"，即曰"家童"，其实在战国时代，已有"佣客"出现（见《韩非子·外储说左上》），按童客之客，和汉人用的"浮客"、"私客"、"宾客"、"奴客"之名无大差别，当即晋代"佃客"的先驱（晋武帝限制"佃客"户数为完成形态）。"客"之义与奴有别，崔实《政论》说："假令无奴，当复取客，客庸一月千。"故童客以至宾客，我们以为是隶农制的直接生产者。《后汉书·樊宏传》说："父重……营理产业，物无所弃。课役童隶，各得其宜，故能上下戮力，财利岁倍，至乃开广田土，三百余顷。"这所谓课役童隶，各得其宜者，"上下"之间分配是有比例的，即无偿的劳动日部分与必要的劳动日部分都增加了劳动强度（戮力），因为，在奴隶劳动危机时代，是不会"戮力"的。又按，童客以至宾客，是有家族奴隶的遗迹的，他们以家数来计算，宾客若干家与部曲的社会意义相同。又按"宾客"也有与主人同生死的，如岑晊以党锢被诛，"并收其宗族宾客杀二百余人"（《后汉书》本传）。这样的"客"，如马克思说的是"根据在共同组织上的，但这不再像古代一样是奴隶作为直接生产阶级……而是身为人有的小农"（《德意志意识形态》，郭译本，第150页）。

以上所说明的两点，还不能明白劳动力的支配性质在哪里。为了阐明这个问题，我们必须进一步考察秦汉时代的领户制。

如众所知，秦汉社会和前代社会不同的标志之一，在于领户制或领客制。所谓领户或领客，即封建统治者把一国土地征服之后，所要占领的劳动人户。这制度在《晋书·地理志》中请出了它的起源："古者有分土而无分民。若乃大者跨州连郡，小则十有余城，以户口为差降，略封疆之远近，所谓'分民'，自汉始也。"按古代社会有所谓"受民"，但以户口为差降的分民或领户制，的确在秦代已有雏形，而从汉代更加法律化了（后世各代在原则上都继承了这一制度，至于在细节上对于传统制度的更张，应另为专文研究）。

现在要问：究竟汉代交纳地租的劳动者是否被农奴制度所支配呢？

我们从下列三方面来研究。

第一，郡县制的经济意义，即首先使血缘的氏族，落地成为地缘的家族，所谓"人以群居为郡"，"悬而不离之谓县"，最初还是古代制的地域单位之变种；及至秦代小农的经济逐渐形成，正如《汉书》卷四十八《贾谊传》说的："故秦人家富子壮则出分，家贫子壮则出赘。……信兼并之法，遂进取之业。……囊之为秦者，合转而为汉矣，然其遗风余俗犹尚未改。"

这里所指秦人的"家"，实即"户"的意义，是一种小农家庭，是个体的，分散的，不同于氏族公社残余的成员，而是被束缚于一定的区域。这种小农家庭（户），当时在农业生产上起着积极作用。《汉书》卷四十九《晁错传》："家有一堂二内（卧室）门户之闭。"正是描写这种小农家庭。这种小农家庭"家富子壮则出分，家贫子壮则出赘"，对于家庭经济和劳动生产都是有利的，秦汉所谓"户"，是指此种新兴小农家庭而言。《汉书·食货志》引李悝、晁错的话，都说这种家庭平均一家五口，汉高祖就首先感到天下散乱之后户口不到以前的十分之三，召民归田宅。这即是马克思说的封建统治者"把土地征服之后……接着要做的，就是把人占有"（《资本论》第 3 卷，第 1032 页注）。晋安帝时刘裕还引汉为例，他说：

> 安帝义熙九年宋公刘裕缘人居土，上表曰：臣闻先王制礼，九土攸序，分境画野，各安其居，故井田之制，三代以崇。秦革其政，汉遂不改。富强兼并，于是为弊。在汉西京，大迁田景之族以实关中，即以三辅为乡间，不复系之于齐楚，九服不扰，所托成旧……及至大司马桓温，以人无定本，伤理为深，庚戌土断，以一其业，于时财阜国丰，实由于此。（《文献通考》卷 12《职役考》）

从上面史实言之，土断人户，缘人居土，是秦汉时的创例，欲财阜国丰，必须光大汉法，可见汉代使农民安土作业束缚于自然经济，实为中世纪的重要变化。即以所谓"童客"、"宾客"而言，正是和土地不能分离的田人（佃），而与古代奴隶之对土地没有居土的一定束缚关系，大有区别。马克思说："如古代是由城市与小的领域发轫，则中世纪是由乡村发轫，既存的稀薄的在一个广大的地面上零散的人口，由征服者手中没有得到多大的增殖，所以生出这样不同的出发点。所以封建的发展与希腊罗马正相反对，是开始在一个由罗马的征略与因之而招致的农耕之普及所提供的更广漠的地面之上。"（《德意志意识形态》，第 149 页）这里，应该指出，罗马的封建制和征服者有关，而中国秦汉的封建制则不是这样，其区别在于，罗马是被落后民族所征服，而秦汉社会则是向落后民族的征服。但是在征服和被征服之间，都因了军事体制的因素，在更广漠的地面之上影响于封建所有制，其方式并不完全相等同。

第二，秦汉之世，有所谓社会等级之制，和古代"刑不上大夫，礼不下庶人"之制相反。这等级制是以耕勤战力者显荣为原则。因此秦人创有爵制二十级，以赏战功。据《汉书·百官表》说：

> 爵：一级曰公士，二上造，三簪袅，四不更，五大夫，六官大夫，七公大夫，八公乘，九五大夫，十左庶长，十一右庶长，十二左更，十三中更，十四右更，十五少上造，十六大上造，十七驷车庶长，十八大庶长，十九关内侯，二十彻侯。皆秦制，以赏功劳。

现在我们要问前几级是什么意义。按汉高祖五年曾诏七大夫公乘以上应与田宅，故第八级尚有不能得田宅者甚多。第四级名不更，注云不服役使，即免役。似实际能得免役之权者，非至第九级不可。第二级名曰上造，按指有户籍之名数，言造于册而存于上也。《汉书·石庆传》说："元封四年，关东流民二百万口，无名数者四十万。"师古曰："名数若今之户籍。"故上造即已具名数之谓。第一级"公士"，颇不易解。似指士卒之类。《晁错传》说："不足，募以丁奴奴婢赎罪及输奴婢欲以拜爵者，不足乃募民之欲往者，皆赐高爵，复其家。"故赐爵乃从奴婢罪犯之解放始，即第一级所谓公士，如有罪，则"削爵为士伍"。由一级至二级得列户籍，九级以上始得占有田宅。问题的关键是这样的军爵影响了封建的所有制，如马克思说的"在日耳曼的军事组织之影响下，使封建的财产制发展了起来"（《德意志意识形态》，第150页）。因此，秦汉有军功者受上爵的制度，是一种封建制的标志，它是和垦田屯田的向外发展相关联着的。如前面所指出的，军功是和"食户"相对应的。王充曾指出了这种关系，"军功之侯，必斩兵死之头；富家之商，必夺贫室之财"。（《论衡·偶会》篇）

汉代自高祖以来，每多爵民一级之举，景武之世更著。前人多不明此义，细绎之，最下之级似为奴隶在名义上的解放，因为赐赏与赎买同可由罪奴复身，例如买爵三十级可以免死，出六百石可以至上造之类。汉初，郡国人民逃亡，户口不过前之十分之二三，须赖赐爵复身，以诱人民，故至文景之世，户口大增，如景帝时"上郡以西旱，复修卖爵令，而裁其贾（价）以招民"（《食货志》）。盖当时虽自生产而致富者不少，但或在身份上依然为无名数的奴隶。买爵就可以名副其实地解放。

我们可以说秦汉之奴隶解放，史实昭然。而等级的社会制度正是封建制的身份隶属关系。公士与上造乃社会劳动力的最大来源。等级的赏赐与赎买是基于超经济的报偿法则。由此建立了封建制社会的一套上下其手，不以商品的人格化者出现，而以贿赂的交涉者出现的官僚制度。

第三，我们特别注意秦汉社会的领民户口制的确立。秦始皇刻石特别标明男女"黔首"之重要，这即合法地在名义上规定农民被隶属的身份。秦汉上至诸侯以户邑为制，下至地主开广田宅，都基于户籍名数。萧何得秦郡县户籍，始知天下强弱之处。汉初招民回籍生产，出现了许多农民中的"中家"（非身份性的小所有者），"汉简"里特别注明这样的户口资产。昭帝承武帝征战之敝，户口减半，与民休息，百姓充实。光武诏下州郡，检核垦田顷亩及户口年纪（当时贵族占有土地，田宅逾制，利其侵渔，隐瞒户口）。到了三国时代，多纪各地领户若干万，男女口若干万以为劳动力的检核，徐幹《中论》说："迨及乱君之为政也，户口漏于国版，夫家脱于'联伍'（公社），避役者有之，弃捐者有之。于是奸心竞生，伪端并作矣。……故民数者，庶事之所自出也，莫不取正焉。以分田里，以令贡赋，以造器用，以制禄食，以起田役，以作军旅；国以之建典，家以之立度。"《货殖列传》所谓"千户之君"，"百万之家"，正是农民对于领主的封建隶属。这里，因了服役之故，课责更赋，因了行政费之故，增课口赋（人头税），更要依于户籍制，但耕战二者，耕为重要的因素。秦汉乡置啬夫一人，主知民善恶，为役先后，知民贫富，为赋多少，平其差品，这就是某层的经济组织，法律上更有所谓"户律"。汉代主簿的权力是十分大的。章实斋说："民贱故仅登户口众寡之数，卿大夫贵，则详系世之牒，理势之自然也"（《湖北通志检存稿·族望表序例》中），即指汉代以后的社会。

特别是萧何的《九章》，不论《汉书》和后代晋唐以下典籍，都一致认之为萧何承秦制而创作的。"三章之法不足以御奸，于是相国萧何摭秦法，取其宜于时者，作律九章。"（《汉书·刑法志》）"萧何承秦法，所作为律，今律经是也。"（《宣帝纪》注）"圣汉权制，而萧何造律宜也，造萧何律"（《扬雄传》），《晋书·刑法志》和《唐六典》、《唐律疏议》，都讲到萧何定律，谓之九章之律。《北堂书钞》引《风俗通》说，"萧何成九章，此关（后代）百王不易之道"。实际上汉代以下各代法律都是根据九章律而增益的。

汉高祖以至文帝景帝特别注意天下户口之散亡，有一系列的法令招流人归乡生产。最表现明白的，是"户律"这一法典。《唐律疏议》卷十二说："户婚律，汉相萧何承秦六篇律，后加厩、兴、户三篇，为九章之律。迄至后周，曾名户律，北齐以婚事附之，名为户婚律。"隋唐循而不改。按唐律的"户婚律"上中下三篇看来，上篇讲的是严禁户口脱逃法，如第一条："诸脱户者，家长徒三年，无课役者减二等，女户又减三等。"《疏议》曰："率土黔庶，皆有籍书，若一户之内，尽脱不附籍者，所由家长，合徒三年……"中篇讲的是禁止诸户占田过限和盗种公私田的法律。下篇讲的是有关家族尊卑的法律。这些都是依仿汉人的制度。汉代"户律"虽然失传，但从"居延汉简"所记的户口制度看来，劳动力名数和财产的登记制是很完整的。光武的检核田户事件，即根据着户律，所谓"是时天下垦田多不以实，又户口、年纪互有增减"（《后汉书·刘隆传》）。"度田"和"括户"是一件事的两面。因为财产所有（垦田）和劳动力（年纪）都是在法律上有定格的。汉武帝没收土地和没收奴婢是依据法律同时进行的。《后汉书·陈忠传》说，"（户口）亡逃之科，宪兵所急"，这突出地说明了劳动力的隶属关系。因此户口的登记和土地等财产的登记，《汉书》记载也很详细，它们都是以"占"律规定的。例如"占租"和流民自占。《昭帝纪》说："令民得以律占租。"师古曰："占谓自隐，度其实定其辞也，今犹狱讼之辨曰占。"因此，以律占租，指自报财产和户口的意思。如淳引律例说："诸当占租者，家长身各以其物占，占不以实，家长不身自书，皆罚金二斤，没入所不自占物及买钱（于）县官。"这当即唐律的户婚律的张本。"占"是同时对财产和劳动力而说的，《汉书·宣帝纪》载流民自占八万余口，师古曰："占者谓自隐度其户口而著名籍也。"《后汉书·明帝纪》载流人无名数欲自占。李贤注："无名数谓无文簿也，占谓自归首也。"因此，"占"律即"户律"的组成部分。

这样看来，汉世既然以名义上称为自主的良民齐民以至所谓"编户"，作诸种课税的对象，则这样自由民其名而农奴其实的有名数田人，就占了社会劳动力的支配地位。这即马克思指出的，地主阶级的权力不是在于地租摺上收入的多寡，而是在于劳动力户口占有的多寡（见《资本论》中译本第 1 卷，第 906 页）。历代最高地主和身份性的豪族地主之所以为了"户口"的荫附展开斗争，原因即在于此。

五　结　语

本文关于中国封建制的形成及其法典化问题所采取的研究方法与所提出的论点，可简单归结如下：

（一）作者认为，马克思关于中国封建制生产方式广阔基础（农业与家庭手工业的结合）的论点，是符合中国的历史实际的。这一广阔基础，在战国后期的文献中，已可窥见其萌芽形态，而在秦汉之际的文献中，更可看出明显的典型的表述，至于其法典化则在汉代"食货"的定义中得到确证，后世封建制都循着这一途径发展。因此，我个人以为中国封建制生产方式的广阔基础是从战国后期就在古代社会母胎内逐渐形成起来，特别在秦并六国的时候已推及全国范围，而到汉武帝时才完成。

中国封建制生产方式的基础既完成于汉代，则具体考察汉代的生产方式，其意义不仅在于阐明汉代社会的性质，而且还在于由此论证中国封建制的形成及其特点。

（二）汉代土地所有制的支配形式是土地国有制，皇帝是最高的土地所有者。在秦始皇时，已有"六合之内，皇帝之土"的法律形式的规定。在汉代土地国有的形态之下，握有土地占有权的是封建贵族与豪强地主，前者是在军事体制的影响下产生的，而此种制度复可溯源于秦的法令；后者是由六国旧贵族转化而来，相当于身份性地主，但他们的土地占有权是在法律上受限制的。在土地国有形态之下，人民的财产和劳动人口需要经国家来"占"的，因此，土地私有的法律观念的缺乏，是东方世界的特点。汉代"专地盗土"的科条和户口组织的法令即意味着这一形式的法典化。

（三）汉代的直接生产者主要是作为编户齐民的小农，而奴婢是残余的制度。秦时土断人户、缘人居土的郡县制的推广，意味着小农经济在逐渐形成，而秦汉社会的领民户口制的确立，则更意味着农民对于领主的封建隶属。汉代的"户律"即为此种封建隶属的更进一步的法典化，后世亦循此而未改。

以上只是就几个主要问题作概括的考察，而每一个问题都还有待于深入的研究。作者认为，关于中国封建制的形成问题，需要作广泛的综合的研究，并从经济、法律、意识形态等方面，全面地追溯历史发展的源流，如果仅研究个别问题而脱离了与整体的联系，那就会陷于片面、孤立，也就难以洞察到历史发展的规律。

（刊于 1956 年第 8 期）

再论汉代是奴隶社会

王思治

关于我国历史上奴隶制和封建制的分期问题，正是当前史学界存在着重大意见分歧的问题之一。目前为止，从已经发表的文章和已出版的书看来，基本上有三种不同的意见：（一）认为自西周开始，已经进入封建社会；（二）认为西周还是奴隶社会，封建社会的开端是春秋战国之交（或者秦汉之际）；（三）认为汉代也是奴隶社会，把奴隶制的下限定在东汉末或魏晋时代。①

我们同意最后一种主张，认为中国奴隶社会的崩溃是在东汉末。

在《历史研究》1955 年第 1 期上，我们曾经发表了《关于两汉社会性质问题的探讨》一文，一年多以来，先后有不少同志从各方面提出了对该文的意见和批评，使我们获得了不少的教益。

为了更好地阐明我们的论点，显然需要对前一篇文章作一些必要的补充。在本文里，由于照顾论证问题能够尽可能的充实一些，某些重要的史料，不能不再次运用，同时，也将对同志们对于我们的批评意见，作某些说明，请大家指正。

一　关于农业中奴隶劳动的问题

我国古代史，根据我们的看法，从殷周到春秋末以前是早期奴隶制关系占统治地位的时期，自战国到秦汉（西汉中叶以前），是向奴隶占有制发展的时期，西汉中叶则是我国奴隶制发展的全盛时期。为什么我们这样看呢？主要是由于这一时期的时间虽有千余年之久，但生产关系基本上是适合生产力的性质的；因之，生产力和整个社会经济都一直在向上发展。所以社会中虽然也充满着各种各样的矛盾，然而都不是生产关系桎梏着生产力的表现，就是秦奴隶制帝国末期，陈涉、黥布所领

---

① 《关于中国历史上奴隶制和封建制分期问题的讨论》，《人民日报》1956 年 7 月 4 日。

导的奴隶和破产小农的大起义①，仍然不是奴隶制危机的征兆；正如以后封建社会中，历代农民起义是推动封建社会的发展，而不是封建社会的危机一样，它恰好是将奴隶制经济向前大大地推进了一步，促使奴隶制关系成熟和奴隶制经济繁荣。

正因为任何一个阶级社会，都不是仅仅存在一种独一无二的生产关系，它常常保留有前一生产方式的残余和未来的更高级的生产方式的萌芽，因此，社会中经常是多种生产形式错综复杂地同时并存。马克思说："在一切社会形态中都有一定的生产决定着其他一切生产的地位和影响，因而它的关系也决定着其他一切关系的地位和影响。"② 由此可见，确切地判明某一生产形式是主导的或基本的，即决定其他一切生产形式的形式，就成为判明汉代的社会性质和关于这一问题争论的关键所在。

我们曾经说明：在两汉时代，奴隶劳动在基本生产范围内占据了统治地位。可是同志们批评我们说：引证的材料尚不够充分，尤其是农业方面就更感贫乏。由于"农业是整个古代世界的有决定意义的生产部门"③，因此，首先应该在这方面就我们所知道的作一些补叙：

> 《全汉书》卷十六贾谊《过秦论》云："陈涉瓮牖绳枢之手，甿隶之人，而迁徙之徒……""甿隶"一辞，乃是指耕奴而言。"甿"即"氓"；《孟子·滕文公》上载："有为神农之首者许行，自楚之滕，踵门而告文公曰：远方之人闻公行仁政，愿受一廛而为氓……陈良之徒陈相，与其弟辛，负耒耜而自宋之滕，曰：闻君行圣人之政，是亦圣人也，愿为圣人氓……孟子曰：许子必种粟而后食乎？曰：然。"陈相负耒耜而为"氓"，许行耕然后食，亦为"氓"，足见"氓"必须耕种，故"甿（氓）隶"一辞是为耕奴。这大概是秦末汉初对耕种奴隶的一种称谓。

《史记》卷一百《季布列传》载：

> ……季布许之，乃髡钳季布……并与其家童数十人，之鲁，朱家所卖之。朱家心知是季布，乃买而置之田。诫其子曰：田事听此奴。

---

① 《汉书》卷34，《黥布传》："黥布……姓英氏……及壮……布以论输骊山。骊山之徒数十万人，布皆与其徒长豪杰交通，乃率其曹耦，亡之江中，为群盗。"又《史记·项羽本纪》，东阳又有"异军苍头特起"。可见秦末奴隶普遍起义。同时陈涉军中亦有不少奴隶，《史记》卷48《陈涉世家》记涉死后，"陈王故绢人，将军吕臣，为苍头军起新阳"。陈涉本人是"甿隶"即耕种的奴隶。

② 《政治经济学批判》，第169页。

③ 《家庭、私有制和国家的起源》，见《马克思恩格斯文选》第2卷，第297页。

在朱家所一次成交达数十名奴隶，① 且被"置之田"，这就反映出当时存在不少的奴隶市场和购买奴隶从事农业生产的事实。这还是西汉刚建国不久的情况，此后随着西汉最初数十年生产的恢复，于是更多的土地被商人奴隶主所兼并，更多的小农在繁重的赋税和高利贷的进攻之下，通过债务关系沦为奴隶，即所谓"卖田宅，鬻子孙，以偿责者矣"。② 至汉武帝时，在广阔的田野上，已经组织起大量的奴隶劳动。

《史记》卷三十《平准书》载武帝诏曰：

> "贾人有市籍者，及其家属，皆无得籍名田，以便农。敢犯令，没入田童。司马贞"索隐"曰："若贾人更占田，则没其田及童仆，皆入之于官。"

又《汉书》卷二四《食货志》记武帝"治缗钱"云：

> 杨可告缗遍天下……乃分遣御史廷尉正监分曹往，往即治郡国缗钱。得民财物以亿计；奴婢以千万数；田、大县数百顷，小县百余顷，宅亦如之。于是商贾中家以上，大氐破。
>
> 《史记会注考证》卷三十《平准书》，"集解"注"杨可告缗遍天下"引"茂陵中书"曰："缗，田、奴婢是也。"同书载"算缗"云："及商以取利者，虽无市籍，各以其物自占，率缗钱二千而一算。"《考证》引姚鼐语曰："是时商贾以币之多变，积货逐利，所藏者非钱币，乃货也。故令其以物自占；自占者，有物若干？值钱若干？自言于官也。值二千则一算。然则缗者，犹今商贾言货本，以钱准之耳……其匿不自占，占不悉者，没入。缗钱其实物而非钱，故后言得民财物以亿计，奴仆以千万数，及田宅；此皆非钱，特以钱计耳。"

由此可知，当时计算私人财富的所谓"缗"，并非仅指货币财富而言，实际上是包括田宅、奴婢和财物的总称。我们在《关于两汉社会性质问题的探讨》一文中，曾着重地分析了"治缗钱"这一条材料，说明所没入的奴婢均系生产奴隶。

---

① "朱家所"之"所"作地方市场解，请参看《史记》卷105《仓公（淳于意）传》："济北王召（淳于）意诊脉诸侍者，至女子竖，竖无病……臣意言王曰：才人女子竖何能？王曰：是好为方，多伎能，为所是案法新，往年市之民所。……""民所"即地方市场。

② 见《汉书·食货志》。又《汉书》卷64《严助传》："……间者，数年岁比不登民待卖爵赘子，以接衣食。"如淳注曰："淮南俗卖子与人作奴婢，名为赘子，三年不能赎，遂为奴婢。"又《太平御览》卷42引刘向《孝子图》：记董永丧父，从人贷钱一万，以身作奴。又《淮南子·本经训》云："赘妻鬻子，以给上求，犹弗能赡。"

这些极有价值的材料，正好透露出当时在帝国各郡国中，奴隶劳动普遍用于农业生产的事实。同时，这些物质财富被掌握在商人手中，也说明了奴隶主、商人、高利贷者三位一体的人物，操纵着当时的生产世界。

私人财富既包括田宅奴婢，所以大奴隶主为解救亲戚朋友的穷困，对他们的赏赐和赠予，也就是田宅和奴婢了。

《汉书》卷五七《司马相如传》，记卓文君私奔相如，同归成都，而相如"家徒四壁立"，一贫如洗，不得已再回临邛，"买酒舍，乃令文君当垆，相如身自著犊鼻裈，与庸保杂作，涤器于市中"，借此以辱卓王孙，"卓王孙不得已，分与文君童百人，钱百万，及其嫁时衣被财物，文君乃与相如归成都，买田宅，为富人"。既然卓王孙分与文君奴隶和钱财，为的是解救其穷困，相如和文君当然不会买田租给他人耕种，而把一百个奴隶用作家内非生产性的役使吧？其他如《汉书》卷九十七《孝景王皇后传》载：武帝亲迎"俗在民间"的金王孙女子"长陵小市"，以"钱千百，奴婢三百人……甲第，以赐其姊（金王孙女）"；以及霍去病为其父仲孺大为"买田宅奴婢而去"。① 这些田宅与奴婢并提的赐赠，都是为解决亲属的贫困，而不是因为他们缺少"家内奴隶"，是很明显的。

此外，还有直接谈到奴隶用于农业生产，或奴婢与田并提的记载。

> 身宠而载位高，家温而食厚禄，因乘富贵之资力，以与民争利于下，民安能如之哉？是故众其奴婢，多其牛羊，广其田宅，博其产业，蓄其积委，务此而亡已，以迫蹴民。②
>
> 宣帝时，阴子方者……暴至巨富，田有七百余顷，舆马仆隶，比于邦君。③

《汉书》卷九八《元后传》：王氏"五侯群弟，争为侈奢……童奴以千百数。"五侯之一的红阳侯立，"使客因南郡太守李尚占垦草田数百顷"④。

大家所熟知的，在西汉后期，由于阶级矛盾之日趋激化，哀帝于绥和二年六月下诏，企图限制奴隶主占有奴隶和田地的数量，这条诏令虽终因奴隶主之反对，而未能实行，但消息一经传出，"时田宅奴婢，贾为减贱"⑤，引起市场的大风波。这难道不足以说明当时购买奴隶从事农业生产的普遍性？

---

① 《汉书》卷68《霍光传》。
② 《汉书》卷56《董仲舒传》。
③ 《后汉书》卷62《阴识傅附弟兴传》。
④ 《汉书》卷77《孙宝传》。
⑤ 《汉书》卷24《食货志》。

《后汉书》卷六二《樊宏传》：

> 父重字君云，世善农稼，好货殖……其（樊宏）管理产业，物无所弃，课役童隶，各得其宜，故能上下战力，财利岁倍至，乃开广田土三百余顷……

《后汉书》卷一〇六《许荆传》载其父许武与二弟分家：

> 于是共割财产以为三分，武自取肥田广宅，奴婢强者，二弟所得并悉劣少。

不言而喻，所以取"奴婢强者"，正是为了耕种"肥田"。

应劭《风俗通》卷四：

> 有薛孟尝者，与弟子共居，弟子常求分，力不能止，固乃听之。都与（疑有脱字）。
>
> 奴婢引其老者，曰：与我共事，汝不能使之；田屋取其荒坏者，曰：我少时所作买，意所恋也；器物取共久者，曰：我服食久，身口安之也。①

《太平御览》卷五百引《风俗通》：

> 南阳庞俭，少失其父，复居闾里。凿井，得钱千余万，行求老苍头，使主牛马耕种，直钱二万。

《太平寰宇记》卷一〇八，记虔州赣县：有"葛姥祠在县东北五里。《舆地志》云：葛姥者，汉末避黄巾贼，出自交趾，资财巨万，童仆数千，于此筑城为家。"葛姥能"筑城为家"，足见其占有的土地是相当可观的，而"童仆数千"当然也不会都是用于家内役使。

东汉的外戚、宦官、权臣大都是大奴隶主，如建武十六年：

> ……北地太守廖信贪污下狱，诏以信田宅奴婢钱财赐廉吏太常周泽。②

---

① 又见《后汉书》卷69"序"。
② 《东观汉记》卷17《周泽传》。又《后汉书》卷109《文苑传》，本传所记略有不同，本传记永光五年拜太常。

《后汉书》卷五三《窦融传》载："窦氏……奴婢以千数"，融孙宪，章帝时恃势"以贱直夺沁水公主园田，主逼畏不敢计。"后章帝发觉，大怒，责之曰："……今贵主尚见枉夺，何况小人哉!"可见一斑。马防"兄弟贵盛，奴婢各千人已上，资财巨亿，皆买京师膏腴美田，……又多牧马畜，赋敛羌胡"①。《后汉书》卷一〇八《张让传》：

> 让有监奴，典任家事，交通货贿……（孟）佗时诣让，后至不得进，监奴乃率诸苍头迎拜于路……京师诸郡数百万膏腴美田，皆属让等。②

至于梁冀所占田地之广，奴婢之众，甚至"取良人悉为奴婢，至数千人，名曰自卖人"，这更是为大家所熟知的。

在《史记》和两《汉书》上随处可看到田宅与奴婢并提的记载，根据《后汉书》卷七十九《仲长统传》云："豪人之室，连栋数百，膏田满野，奴婢千群……妖童美妾，填乎绮室，倡讴伎乐，列乎深堂……"在这里，截然将"膏田满野，奴婢千群"与"妖童美妾，填乎绮室，倡讴妓乐，列乎深堂"区别开来，证明了"奴婢千群"正是耕种"膏田满野"的直接劳动生产者。恰好在这种奴隶劳动的基础上，在绮丽豪华、巍峨深远的住宅里，才能充满"妖童美妾"和"倡讴伎乐"，而大奴隶主为了满足自己腐化荒淫奢侈的生活，以及其家庭奴隶和白粉奴隶所需要的消费资料也才有保障。所以说如果没有"奴婢千群"耕种"膏田满野"，剥削者的寄生性腐朽生活，是无法维持的。由此可见，在两汉史籍上，到处可以看到一定数量的奴婢与一定数量的"田"并提的记载，都说明奴隶劳动是当时农业生产的基础。

王褒《童约》更以讽刺文学的形式，刻画出当时奴隶主管理奴隶和奴隶担负多种多样繁重劳动的情形。其中与农业和园艺农业有关者，如"种姜养芋"，"种瓜作瓠，别落披葱，焚槎发芋"，"四月当披，九月当获，十月收豆，抢麦窖芋"，"种植桃李梨柿柘桑……果熟收敛"③ 等，也描绘出奴隶从事农业生产的情景。

此外，还有某人同时拥有大量奴隶和财富的记载。如：《汉书》卷八二《王商传》：

> 今（王）商宗族权势，合资巨亿计，私奴以千数。

---

① 《后汉书》卷 54《马援傅附子防传》。
② 《三国志·魏志》卷 6《董卓传》注引"魏略"。
③ 《全汉书》卷 42。

《后汉书》卷一——《李善传》：

> 李善……本同县李元苍头也，建武中疫疾，元家相继死没，唯孤儿续始生数旬，而资财千万，诸奴婢（《东观汉记》无婢字）私共计议，欲谋杀续，分其财产……

《后汉书》卷一一二《折像传》：

> 折像……其先张江者封折侯，曾孙国……国生像，国有资财二亿，家童八百人……像曰：吾门户殖财日久……

以上材料，我们虽无法判明数以千百计的奴隶是从事农业抑或手工业劳动，然而其为生产奴隶应该是没有疑问，否则我们就无法解释这些人所拥有的大量财富是如何增殖的。

至于在手工业方面，大量地使用奴隶劳动，由于没有引起更多的争论，我们就不在此赘述了。

本来分析社会的经济基础还应该分析对奴隶粗暴的人身完全占有，因为社会的经济基础是由生产关系的总和所构成，即社会发展到每一阶段上的社会经济制度，但由于这一问题牵涉到在汉代奴隶是否可以任意被屠杀的问题，因此，我们留到下面来讨论。

总之，我们认为，在汉代不论是农业和手工业，奴隶劳动都占据了主导地位。当然这一认识并不排除公社制残余和自耕农民之大量普遍的存在，而且可以说，他们同样是当时生产劳动的重要负担者。人们常常怀疑汉代奴隶的数量，在整个居民中所占的比例是否太少了一些，有人更用不可靠的方法，企图推算出汉代奴隶的数量；其实，这是不必要的。问题在于，我们根本不能依据奴隶和小生产者的比例来判断社会性质。谁都知道，小生产者总是大量的存在于多种不同的社会形态之内，然而他们却是处于从属的地位。在奴隶制条件下，小生产者与奴隶之间并没有不可逾越的鸿沟，他们不仅深受奴隶制国家的剥削，同时也处在奴隶主、商人、高利贷者三位一体的人物的残酷盘剥之下，他们自身及其子女的命运，也常常不可避免地沦为奴隶。由此可见，只有根据主导的剥削关系（当然必须与生产力密切联系起来考察）的性质，才能判断该社会的性质。

二 关于汉代生产力发展的水平问题

在两汉，奴隶制生产关系之所以占据了统治地位，正是由当时生产力发展的水平所决定的。

根据文献和出土文物证明，汉初生产力发展的水平还是比较低的，这不论在生产工具还是生产技术上都能看得出来。《淮南子》卷九《主术训》云：

> "一人跖耒而耕，不过十亩；中田之获，卒岁之收，不过亩四石。"注云："跖，踏也。"

《盐铁论》卷三《未通》篇云：

> 内郡人众，水泉荐草，不能相赡，地势温湿，不宜牛马，民跖耒而耕，负檐而行，劳罢而寡功，是以百姓贫苦而衣食不足。

可见到西汉中叶"耒"还是农业生产中普遍运用的工具，这种工具的使用是用脚踏之以发土，生产性很低，故一人能耕种的土地不过十亩，且"劳罢（疲）而寡功"。

《史记》卷一二九《货殖列传》说，武帝时江南地区还是"火耕而水耨"；《盐铁论》卷一《通有》篇载荆阳一带也是"燔菜而播粟，火耕而水耨"；又《说文》十三下，释"䅣"字云："䅣，烧种也。汉律曰：䅣田茠草。"既然火耕水耨的原始耕作方法，在当时被定以为律，这一定是在不少地区采用着。当时低劣的生产工具和生产技术，限制了人们对土地的开垦，故到武帝时，郡国还存在不少荒田[1]，甚至京师附近亦有大量荒田存在。[2] 到赵过改进了生产工具和生产技术之后，才"田多垦辟"。即使如此，西汉末，南郡地区也还存在着为数不小的未辟之草田。[3] 又《汉书·食货志》引晁错语曰：

---

[1] 《汉书》卷6《武帝纪》："元狩六年……六月，诏曰：……今遣博士褚等六人，分循行天下，……奸猾为害，野荒治苛者举奏。"师古注："野荒霄田亩不辟也。"

[2] 《汉书》卷65《东方朔传》："建元三年……乃使太中大夫吾丘寿王与侍诏能用算者二人，举籍阿城以南，盩厔以东，宜春以西，提封顷亩，及其贾值，欲除以为上林苑，属之南山。又诏：中尉左右内史，表属县草田，欲以偿鄠杜之民。"师古注："草田，谓荒田未耕垦也。"

[3] 《汉书》卷77《孙宝传》。

"今农夫五口之家，其服役者不下二人；其能耕者，不过百亩，百亩之收，不过百石。"与前引《淮南子》两相比较，每人耕种的土地在数量上虽大大增加，但收获量却成反比例下降，前者中田每亩收四石，后者未载明田之好坏，可是作为具有代表性的土地，也应该是中等土地，然而每亩收获量却只有一石。① 因此，材料所说明的，也不过是当时生产性的低下。所以不论是《淮南子》，或者《汉书·食货志》，紧接着都叙述小农在天灾、繁重的赋税、徭役和奴隶主大农业的排挤之下，不得不破产的情景，《汉书·食货志》更直接指出，小农破产后的出路是不可避免地沦为奴隶。

武帝末年，赵过改进了农业生产工具和耕作技术。《食货志》载：

> 过能为代田，一亩三圳，岁代处，故曰代田，古法也……其耕耘下种田器，皆有便巧……用耦犁，二牛三人，一岁之收，常过缦田亩一斛以上，善者倍之。

赵过开始在太常三辅地区，推行这种先进的生产工具和生产技术，但是，就连最有经验的老农夫，都需要从头学起②，由此可以想见当时生产技术发展的水平了。而且当时"民或苦少牛，亡以趋泽"，可见牛耕在当时大概还不很普遍；在这种缺乏牛力的情况下，有平都令光者，"教过以人挽犁"，于是"过奏光以为丞，教民相与庸辊犁"，即是说只好用人力来代替牛力了。赵过所发明的"耦犁"，需用"二牛三人"，牛力既用人力代替，其所需之人力就必然更多，显然，这是不适合以一家一户为生产单位的隶农和农奴进行生产的，因为以自己的工具耕种地主的土地的隶农或农奴，是不可能有这样大的经济力量投到土地的耕作上，因此，它正是适合利用多数奴隶集体耕作，故《汉书·食货志》载人多集体耕作的优越性云："率多人者田，日三十亩，少者十三亩。"

去年（1955 年）中国科学院考古研究所河南发掘队，在洛阳西郊进行了汉河南县城的发掘工作，发掘的东区"是东汉时代居民住区"，中区则是"西汉遗址所在地"。东中两区均发现两汉时代的住宅、囷仓、水井、道路、生产工具、粮食加工工具、货币等遗物。经郭宝钧先生的研究，这些东西汉的遗物的差异有如下表：

---

① 这里《淮南子》与《汉书·食货志》所载每亩单位面积可能不同。按《淮南子》成书于武帝之时。汉代每亩单位面积，在武帝时，据《盐铁论》卷3《未通》篇云："古者制田，百步为亩……先帝（武帝）哀怜百姓之愁苦……制田二百四十步而一亩。"如果二百四十步而一亩是始于武帝，则晁错所言"其能耕者不过百亩"，当是百步之亩。那么，《淮南子》与《食货志》所载每人耕种田地数量与收获量的差异，就应该是武帝时每亩单位面积扩大的结果。不过二百四十步为一亩，究竟始于何时，尚不能确定。

② 《汉书·食货志》："过使教田太常三辅，大农置工巧奴与从事，为作用器……二千石遣令长三老力田，及父老善田者受田器，学耕种养苗状。"

遗　　　存	西　　　汉	东　　　汉
房舍、水井	容积大，不用砖砌	面积小，多用砖砌
囷仓	面积小，不用砖砌	面积大，多用砖砌
一般陶器	容积小	容积特大
铁制生产工具	数量不多	普遍使用①

　　由上表我们可以看到，东西汉在生产力发展的水平上有很大的差别。在西汉铁制生产工具出土的不多，而东汉却已"普遍使用"。与此相联系，生产率和收获量也有很大的差别，这反映在用以储藏粮食的囷仓上，在西汉面积小，而且建筑也较差（不用砖砌），当然这种建筑是不能作过多过久的储藏，它正说明西汉收获量的低下，人们多余的产品并不充裕，即使有所储藏，也是为数不多、为时不久的事。因而西汉的囷仓不仅面积小，同时也没有必要建筑得坚固耐用、能够长期地保存粮食了。当然大奴隶主的设备不在此内。② 东汉囷仓的面积既大，建筑也较西汉进步，多用砖砌，陶器的情形也是一样（当时形体较大的陶器是作为储藏粮食用的）。这同样说明西汉生产力的发展水平并不算高。

　　杨伟立、魏君弟二同志在发表的《汉代是奴隶社会还是封建社会？》一文中③，一开始即是关于汉代生产力状况的论述。他们引证了不算少的材料，企图证明"汉代生产力的水平是发展到了封建社会阶段"④。按照他们的意见，即是说当时生产力的状况，已经与《苏联共产党（布）历史简明教程》四章二节中、关于封建社会生产力状况所作的概括描述完全一致；而他们对于这一问题的全部论述，也是"一步一趋"地以此为依据。其实《苏联共产党（布）历史简明教程》上的那一段文字，是指整个封建社会而言，它包括数以千年计的漫长时间，要将整个封建社会生产力发展水平的概括描述硬加在汉代，其结果就必然夸大某些现象，作出教条主义的分析。

　　例如，对于汉代冶铁技术的估计就是如此。如果杨伟立同志等能够考虑到当时的"鼓风炉"还是停留在"鼓囊吹炭"的水平，所谓"风箱"，不过是一支皮囊而已；也注意到煤（古称石炭或石墨）之用作燃料，也是到东汉末年才渐渐开始

---

① 郭宝钧：《洛阳西郊汉代居住遗迹》，《考古通讯》1956 年第 1 期。
② 《西京杂记》卷 4："元理尝从其友人陈广汉，广汉曰：吾有二囷米，忘其石数，子为吾计之。元理以食筋十余转，曰：东囷七百四十九石二升七台，又十余转，曰：西囷六百九十七石八斗。遂大署囷门。后出米，西囷六百九十七石七斗九升，中有一鼠，大堪一升，东囷不差圭合。"
③ 见《历史研究》1956 年第 2 期。
④ 同上书，第 34 页。

的事①，而且当时是否将煤用于冶铁，也无史料可证。不用煤就不能产生高温，设备简陋的皮囊也不能鼓进大量的空气，而且古代冶炼铁还不能用化学的还原方法除去铁矿中所含杂质，而仅用物理的锤炼方法，这一切就必然限制炼铁的纯度，使炼出的铁含杂质甚多，西汉时代的农具主要还是生铁冶铸的。用这种杂质很多的铁铸造的生产工具也就是很脆弱的了。

今年2月份在由科学院考古研究所主持的考古工作会议上，李文信同志所作的《辽阳三道壕西汉村落遗址》的报告证明了这一点。在他的报告中谈到发掘出的西汉铁制生产工具不少，诸如铁铧、铁铲、铁镬、铁锸、铁锄、镰刀等。可是"这些铁工具除镰刀以外，绝大多数都是生铁冶铸的，体形薄小，质量很差，根据残器看，破坏率是很高的"。

由此看来，要是杨伟立同志等能充分注意到上述一切情况，也许就不会将汉代冶铁技术估计过高，而硬将它与《苏联共产党（布）历史简明教程》上所说的封建生产力搅在一起，主观地力求一致。

还必须指出，杨同志等也引证了不少汉代出土文物中有关铁制生产工具的资料，但杨同志等所引的资料，大都未说明是属西汉还是东汉者。两汉在历史上所占时间，从公元前206年到公元后220年，长达四百余年之久，这其中运用铁器工具是有重大变化和发展的。大体上可按西东汉划分，前引郭宝钧先生的论文可以为证。到东汉时代铁器工具有着显著的进步，例如"东汉时的铁铧，如陕西宝鸡所发现的，形体甚大，长宽近三十厘米，甘肃古浪出土的铧，与今日本犁上使用的已没有太多区别，足见它的进步"②。我们想这种变化，可能与东汉初年"水排"的发明有关；而且也正是因为生产力在东汉的逐渐发展，最后才导致东汉末中国奴隶制度的崩溃。

总的说来，西汉时生产力发展的水平并不很高，但是为了满足奴隶主的奢侈生活，手工业中的某些部门，却有相当的发展。比如纺织，《西京杂记》卷一有如下的记载：

> 霍光妻遗淳于衍……散花绫二十五匹，绫出钜鹿陈宝光家，宝光妻传其法，霍显召入其第，使作之。机用一百二十镊，六十日成一匹，匹直万钱。

其次，如漆器，以四川出土最为有名，漆器多为饮器，最常见的是杯。"汉代漆器制作的盛况，在工艺史上达到了最高峰。"在朝鲜平壤附近、蒙古的诺因乌拉

---

① 陈直：《从秦汉史料中看屯田采矿铸钱三种制度》，《历史研究》1955年第6期。
② 《考古通讯》1956年第1期，第58页。

和我国多处地区，都曾发现过保存良好的遗品。"器上还常有铭文，它的内容包括制作年月、制作工官、器物名称、工匠及监工官吏的名字等"，"漆器的制作过程很复杂，分工很细密。根据铭文，知道制作漆器的工匠按其工作性质不同可分为素工、髹工、上工、黄塗工、画工、汨工、清工和造工等"，"除工人之外，在工官中还有护工卒吏、丞、掾、令史等官吏，监督着工人的生产。"[①] 所以，"物刻工名"的目的，为的是"以复其诚，功有不当，必行其罪，以穷其情。……"[②] 漆器的价格相当昂贵，一个漆杯的价格相当于十个铜杯。[③] 自然，这种高贵的漆杯和"匹直万钱"的绫，都不是普通人所能消费使用的，而仅仅是供大奴隶主贵族和统治者的寄生性的消费之用。显然这是不能作为当时社会生产力发展水平的指标的。

三　关于商品货币关系的问题

以上我们粗略地考察了汉代生产力的状况，以及与之相适应的普遍运用奴隶劳动的情景。下面我们再从当时社会经济总的状况考察，也同样可以看到发展奴隶制的特征。

我们知道："奴隶占有制经济基本上是自然经济。……但是交换逐渐起着更加显著的作用，特别是在奴隶占有制的全盛时期，在许多生产部门中，相当一部分劳动产品经常被拿到市场出售，变成商品。"[④] 这在汉代，尤其是武帝以后，同样可以看到。

我们曾说明过，奴隶主、商人、高利贷者三位一体的人物，操纵着当时的生产世界。所以尽管当时生产力还很低下，但他们以廉价的大量奴隶劳动为基础，在生产中实现了一定程度的专业化和简单协作，从而提高了劳动生产者的技能，提高了劳动生产率，使奴隶制生产成为有利可图的事。这就是张安世"家童七百人"都

---

① 《汉代物质文化略说》，《考古通讯》1956年第1期，第60—61页。

② 《全后汉书》卷46，崔寔：《政论》。

③ 《汉代物质文化略说》，《考古通讯》1956年第1期。又见《盐铁论·散不足》："……金错蜀杯，夫一文杯得铜环十。"

④ 引文见《政治经济学教科书》，第31页，重点是引者加的。又《资本论》第3卷，第410页："在古代世界，商业的影响和商人资本的发展，总是结果为奴隶制经济，或视其始点如何，结果不过把奴隶制度，由家长式的、以生产直接生活资料为目标的，转化为以生产剩余价值为目标的。"《苏联社会主义经济问题》第13页："商品生产比资本主义生产更老些。它在奴隶制度下就存在过，并且替奴隶制度服务过，然而并没有引导到资本主义。"《古代世界史大纲》，三联版，第11页："以商品生产为目的的奴隶制度。是发达的奴隶制的特征之一。"恩格斯在《家庭、私有制和国家的起源》一书中更有详细的论述。由此可知，奴隶制在其全盛时期，商品货币关系有较高程度的发展。至于为什么在奴隶制度下，商品货币关系会有较高程度的发展，我们在正文中还会一般涉及。

从事纺织业的生产，他们"皆有手技作事……是以能殖其货"①。也是经营盐铁的大奴隶主，如卓氏、程郑等能起富数千万至巨万不等的原因。

《史记·货殖列传》有如下一段记载：

> 陆地牧马二百蹄；牛蹄角千；千足羊……山居千章之材；安邑千树枣，燕秦千树栗，蜀汉江陵千树橘；淮北常山已南、河济之间千树荻，陈夏千亩漆；齐鲁千亩桑麻，渭川千亩竹；及名国万家之城，带郭千亩，亩钟之田，若千亩卮茜，千畦姜韭，此其人皆与千户侯等。

这段文字，固然说明了各地物产之不同；也有人说司马迁是在做文章游戏，故皆以"千"为数。但它同时也说明当时的确有人经营上述作物（当然不一定恰好就是千亩），因而才会有"此其人皆与千户侯等"一语。

这些土地所有者是不能看作封建主的。他们在自己的土地上种植干果、漆、桑麻、染料和城市必需的菜蔬等单一作物的生产，而司马迁又把这些人列入商人之列，正说明他们是与市场密切联系的。他们与封建大领地主则完全不同，《资本论》第 3 卷第 1026 页："在真正的自然经济内——在其内，农业生产物全然不加入流通过程，或仅有极小的部分加入流通过程，甚至代表地主所得的那部分生产物，也只是比较很小一部分加入流通过程。"② 这是早期封建社会的经济现象。但西汉社会，大农业所经营的却多是单一作物的生产，这种经济根本不可能形成"自给自足""闭关自守"的自然经济整体，它必须出卖生产物和购买必需品，史载王莽"克身自约，籴食逮给，物物卬市，日阒亡储"③。师古注："物物卬市，言其衣食所须，皆买之于市，不自营作，而不夺工商利也。"此处虽为他人对王莽歌功颂德之语，莽本人为了"沽名钓誉"，不免矫揉造作，然亦可见当时与市场联系之一斑。再配合前面所叙述的，以奴隶劳动为基础的农业和手工业相对照起来看，恰好是与早期封建社会异趣的。而这一点，又正是发达奴隶制的主要特征之一。

当然，"以商品生产为目的的奴隶制度"④，其最终目的是为了奴隶主自身腐化浪费的生活，是为了供"寄生性消费"⑤，而不是为了扩大再生产。所以，当时有所谓"素封"之家；司马迁释"素封"曰："今有无秩禄之奉，爵邑之入，而乐与

---

① 《汉书》卷 59《张汤传附子安世传》。
② 马克思所描绘的这种经济，我们在东汉末三国时，大量出现的坞壁中可以看到。
③ 《汉书》卷 99 上《王莽传》。
④ 《古代世界史大纲》，第 11 页。三联版。
⑤ 《政治经济学教科书》，第 31 页，奴隶制基本经济规律的表述。

之（封君）比者，命曰素封。"① 其乐能与封君相比者，即上引从事各种专业经营的奴隶主，所以说："此其人皆与千户侯等。"因此，"农工商贾畜长，固求富益货也"；司马迁描写当时剥削阶级的各阶层，无一不追求富厚，并认为"富者，人之情性，所不学而俱欲者也"②，于是"……商贾求利东西南北，各用智巧，好衣美食，岁有十二之利，而不出租税"③。他们追求着"……庶民农工商贾，率亦岁万，息二千，百万之家，则二十万，而更徭租赋出其中，衣食之欲，恣所好美矣。"④他们的目的是："凡编户之民，富相什则卑下之，伯则畏惮之，千则役，万则仆，物之理也。"即认为以其财富奴役童仆（奴隶）被认为是理所当然的事。

不仅一般人如此，就是"食禄之君子"也是"违于义而竞于财，大小相吞，激转相倾……"⑤ 结果是"不耻为利者满朝市，列田畜者弥郡国"⑥。甚至道貌岸然的儒生，其"往来游说，栖栖然亦为得也。故尊荣者士之愿也，富贵者士之期也"⑦。

当时真是从上到下，从朝廷到郡国，"天下攘攘，皆为利往"⑧，到处有"趋时若猛兽挚鸟之发"⑨ 的人物在钻营。这种经济现象和世俗，当然不能和资本主义制度中的追求利润混为一谈。如果不考虑"以商品生产为目的的奴隶制度"正是发展的奴隶制主要的经济现象，我们将无法理解这一切。

正是在当时大量奴隶劳动的基础上，奴隶制生产实现了一定程度的专业化和与此相联系的简单协作，因而奴隶制生产成为有利可图的事；又由于奴隶主之追求豪华的浪费生活，于是引起了帝国商品货币关系的繁荣和经济的高涨。在"通都大邑"中出现了庞大数目的商品交换，当时，"自京师东西南北，历山川，经郡国，诸殷富大都，无非街衢五通，商贾之所臻，万物之所殖者……宛周齐鲁，商遍天下，故乃万（或作商）贾之富，或累万金，追利乘羡之所致也"⑩。《三辅黄图》卷二记长安九市的盛况及其管理云：

> 庙记云："长安市有九，各方二百六十六步。六市在道西，三市在道东，凡四里为一市，致九州之人。在突门夹横桥大道南，市楼皆重屋，又曰旗亭

---

① 《史记》卷129《货殖列传》。
② 《汉书》卷72《贡禹传》。
③ 《汉书》卷91《货殖传》。
④ 《盐铁论》卷1《错币》篇。
⑤ 同上。
⑥ 《盐铁论》卷6《救匮》篇。
⑦ 《盐铁论》卷4《毁学》篇。
⑧ 《史记》卷129《货殖列传》。
⑨ 同上书，白圭语。
⑩ 《盐铁论》卷1《力耕》篇。

楼；在杜门大道南，又有当市楼，有令署，以察商贾货财买卖贸易之事，三辅都尉掌之。"又有"直市在富平津西南二十五里……物无二价，故以直市为名"。

班固《西都赋》叙九市的盛况：

> 九市开场，货别隧分，人不得顾，车不得旋，阗城溢郭，旁流百廛，红尘四合，烟云相连；于是既庶且富，娱乐无疆……①

《三辅黄图》卷一《秦汉风俗》记奴隶主在繁华的长安城中的奢侈生活云：

> 贵者崇侈靡，贱者薄仁义，富强则商贾为利，贫窭者则盗贼不禁；闾里嫁聚（娶），尤尚财货，送死过度。故汉之京辅，号为难理。

又有茂陵巨富袁广汉者"藏镪巨万，家童八九百人，于北山下筑园，东西四里，南北五里"。其中流水怪石，珍禽异兽，奇树名草，无所不有；又房屋"皆徘徊连属，重阁修廊，行之移晷，不能遍也"。后广汉有罪被诛，武帝没其苑以为官园，以其鸟兽草木充上林苑。②

这里，不仅说明了奴隶主之侈奢生活，而且也反映出奠基在残酷剥削上的浪费寄生生活，是随时都处在对抗性的矛盾中（"贫穷者盗贼不禁"）。长安是浪费腐化和阶级矛盾集中的中心，故"汉之京辅，号为难理"。

根据恩格斯的指示："……奴隶们不再是简单的助手了；如今把他们大批地驱到田野中和工场中去工作。随着生产分为农业与手工业两大主要部门，便发生了直接以交换为目的的生产，即商品生产，随后又发生了部落内部及其境界上的贸易，而且也发生了海外贸易。"③ 在汉代，尤其是武帝及其稍后，我们可以看到类似的情形。

正是在当时发达的奴隶制商品经营的盐铁、纺织等手工业和畜牧业的基础上，对边区和对外贸易的通商关系，乃成为奴隶制经济的需要。因为，在对边区和对外贸易中，都可以获得大利。例如，著名的卓氏和程郑，都是"倾滇蜀之民"或"贾椎髻之民"而发财的；又《全汉书》卷六三南越王赵佗上文帝书云："高后自

---

① 《全后汉书》卷24。
② 《三辅黄图》卷4《上林苑》；又见《西京杂记》。
③ 《马克思恩格斯文选》第2卷，第310页。

临用事，近细士，信谗臣，别异蛮夷；出令曰：毋予蛮夷外越金铁田器马牛羊。"
张骞也说："臣在大夏时，见邛竹杖蜀布。问：安得此？大夏国人曰：吾贾人往市
之身毒国，身毒在大夏东南，可数千里。"① 又《盐铁论·本议第一》有："非独
齐陶之缣，蜀汉之布"为著名，可见蜀布经商人远贩数千里，辗转至大夏等国。
地下发掘也证明："汉代丝织品主要产地在山东、河南和四川一带，它们的遗物曾
在朝鲜民主主义共和国、蒙古人民共和国和我国的西北地区被发现。"② 足见当时
广泛的对外贸易。

　　但是，当时对外贸易的目的，主要是为了满足奴隶主奢侈浪费的要求，这一点
桑弘羊曾有一段深刻的说明：

　　　　汝汉之金，纤微之贡，所有诱外国而钓胡羌之宝也。夫中国一端之缦，得
　　匈奴累金之物，而损敌国之用；是以赢驴骆驼，衔尾入塞，驒騱骡马，尽为我
　　畜，鼲鼬狐貉，采游文□，充于内府，而璧玉珊瑚琉璃咸为国之宝。是则外国
　　之物内流，而利不外泄也。异物内流，则国用饶，利不外泄，则民用给矣。③

　　这个材料明显地反映出商业活动的不等价交换的性质。同时也说明了西汉帝国
的商业政策，是兼有"损敌国之用"，使本"国用饶"、"民用给"的策略目的。
在对外贸易中，购买异族人为奴隶亦占有相当重要的地位，尤其是所谓"滇童"
的贩卖，《史记·货殖列传》、《汉书·地理志》均有记载，《汉书·西南夷传》
说："巴蜀民或窃出商贾，取其马童旄牛，以此巴蜀殷富。"《汉事会最人物志》卷
上《霍光传》也引《世语》曰："汉故渡辽将军范明友，鲜卑奴年三百五十岁。"

　　从这里，我们更可了解汉武帝及其以后诸帝，北抗匈奴、西通西域、经营西
南，有其深刻的经济原因。奴隶制生产发展的水平，决定着奴隶制国家的对外政
策，历史事实告诉我们的，正是这样。

　　商业的繁荣，是与生产力的发展和生产物的增加相适应的。在汉武帝初年，我
们看到帝国经济普遍高涨的情况，即所谓："至武帝之初，七十年间，国家亡事，
非遇水旱，则民人给家足，都鄙廪庾尽满，而府库余财，京师之钱累百万，贯朽而
不可校，太仓之粟，陈陈相因，充溢露积于外，腐败不可食。众庶街巷有马，阡陌
之间成群……守闾阎者食粱肉于是罔疏而民富。"④ 这种国库充裕，民给家足的繁
荣景象，反映出当时生产力与生产关系的性质基本上是相适应的。上引材料同时也

---

① 《汉书》卷61《张骞传》。
② 《考古通讯》1956年第1期，第59页。
③ 《盐铁论·力耕》篇。
④ 《汉书·食货志》。

反映出财富积累的非生产性，马克思曾指出：奴隶主"把一大部分的剩余产品使用于不生产的浪费上"，① 而作为奴隶制特征的浪费，在当时却被人认为是促进社会生产发展的动力，《管子·侈靡》篇载：

> 问曰："兴时化若何？莫善于侈靡。"因为"能摩故道兴，莫定国家，然后化时乎！国（城市）贫而鄙（乡村）富，美于朝市，国富而鄙贫，尽如暮市。市也者，劝也。劝者所以起本事。而末事起不侈，本事不得立"。

故浪费的主要对象是"收其春秋之财而消之"，即农产品。②

《侈靡》篇的作者主张通过商业的繁荣来促进消费，从而促进农业生产，这正是奴隶制的经济思想。因为"那时的经济基本上是自然的、消费的经济"，所以"认为以消费为目的的交换是十分自然的"。③

当然，在这种经济高涨和物质财富积累的基础上，帝国威力空前增长，适应着当时奴隶制经济的需要（已见前述），西汉帝国进行了抗击长期以来威胁北方的匈奴族的战争，并终于击败了匈奴，出现了"汉南无王庭"④ 的新局面。在击败匈奴之后，西汉帝国又先后征服了四邻的其他种族和国家，开辟了对西方及西南少数种族廉价奴隶劳动力的来源，建立了通往西域的商路，成为当时世界上头等强大的帝国。

但与此同时，伴随对外战争而俱来的，是大大加重了广大小生产者的负担，使阶级矛盾更加激化；又由于生产力的发展，也同样促使新的生产关系的出现。于是奴隶制开始了它的没落和瓦解过程。至于中国奴隶制度的没落和崩溃的问题，我们将另文仔细讨论。

四　关于几个问题的商榷

最后，我们准备就同志们对我们的批评，归纳为以下三个问题来作简单的讨论。

1. 关于汉代奴隶的社会地位问题。

---

① 《剩余价值论》，转引自《史学译丛》1955 年第 1 期，第 37 页。
② 《侈靡》篇的写作年代，据郭沫若先生研究，"它是写于西汉初年汉惠帝在位的吕后专政时代的东西，即是写作于公元前 190 年（汉惠帝五年）左右"。郭文见《历史研究》1954 年第 3 期。
③ 以上引文见《政治经济学教科书》，第 36 页。
④ 《汉书》卷 94 上《匈奴传》。

反对两汉是奴隶社会的同志们，几乎一致指出汉代的奴隶不能自由任意屠杀，他们还引证不少例子以为佐证，从而得出结论说：汉代的奴隶，只不过是一种残余形态。

我们的确曾经说过汉代的奴隶是可以自由屠杀的。虽然，同志们所引的不能任意杀害奴隶的例证，已有人作过解释，如王镜如先生在其《西汉的奴役和佣假》一文中，就指明：杜延年坐官奴婢乏食免官，一些列侯杀奴获罪，王莽子获杀奴偿命等材料，其真正原因不在于杀奴，而是因为触犯了其他法令或因其他原因所致。但是，我们认为这一问题还是值得进一步研究，目前暂不能说出最后的意见。虽然如此，不管奴隶是否能够任意自由被屠杀，也不能作为判断它是奴隶制度下的奴隶或仅是奴隶制的残余的标准。因为并不是在一切国家的奴隶制度中，奴隶都是可以自由任意被屠杀的。例如《巴比伦皇帝哈漠拉比法典》第116条就规定：

> 设若人质在受质人家中因受殴打或受其他虐待致死，则人质的原主（债务人）应告发他的达木卡尔（债权人），若被抵押的人是他人的儿子，则他（受质人）的儿子应处死。若他（人质）是他人的奴隶，则他应支付三分之一米那银子，并丧失他所贷出的一切。①

然而，我们可以确切说明的是，在汉代奴隶主对奴隶的人身占有，的确表现为极其粗暴的形态。这一点是适合奴隶制度的需要的。因为与生产资料毫无关系的奴隶，对生产劳动毫不感兴趣，马克思指出，在奴隶制条件下对劳动监督的作用，达到了它的最高点。② 只有这样奴隶主才能迫使奴隶进行劳动。

在文献中我们可以看到这一点。

为了监视奴隶劳动，奴隶主设有"监奴"。如霍光有监奴名冯子都，深得信任，常与计事，师古注："监奴，谓奴之监知家务者也。"③ 所谓"家务"，当亦包括生产，所以身为大将军的霍光，才有必要与之计事。此外还有"大奴"，《汉书》卷六三《昌邑哀王传》："（贺）过弘农，使大奴善以衣车载女子。"王先谦补注，以众奴之长释大奴，甚是。此外还有"大婢"。总之，监奴、大奴、大婢大抵都是奴隶总管，监视奴隶者。

奴隶主对奴隶用苛暴的督责，以便对奴隶进行无情的压榨，更集中反映在王褒

---

① 《巴比伦皇帝哈漠拉比法典与古巴比伦法解说》，第33页，中国人民大学版。
② 《资本论》第3卷，第482页："……一切建立在劳动者（直接生产者）和生产资料所有者间的对立地位上的生产方式，都必然有这种监督劳动会发生。其中的对立性质愈是大，这种监督所起的作用也愈大。所以，在奴隶制度下，它的作用达到最高点。"
③ 《汉书》卷68《霍光传》。

《童约》中。

《童约》首先规定："奴当从百役使，不得有二言"，即无条件服从。接着他列举了奴隶所应担负的各种繁重劳动；即使"夜半无事"也要"洗衣当白"。在这种致命的沉重劳动之下，奴隶的反抗就是必然的了。奴隶主惧怕奴隶们团结起来共同行动，所以《童约》特别规定："（奴）不得辰出夜入，交关侔偶"，"不得遨游"，"不得有奸私事，事当关白。"这些严禁奴隶随便外游，结交朋友，隐匿私事的禁条，其目的就在于有效地管理奴隶，《童约》最后还规定："奴不听教，当笞一百。"① 《后汉书》卷一一一《李善传》载：奴隶对在襁褓中的主人，"奉之不异长君"，有事都必须"长跪请白，然后行之"。再如王萌之骂阳球曰："尔前事吾父子如奴，奴敢反主乎！"② 故当时谚曰："一岁再赦，奴儿喑噁"③，意即奴隶本应俯首听命。

《童约》是一篇文学作品，它不过是将当时对奴隶经济的经营管理，以及奴隶担负的多种多样劳动集中在一人身上，因而，它是当时社会现实生活综合性的集中反映。由此我们可以窥见当时整个社会的生产及其经济管理，再配合以上的分析和叙述，我们就能较为清楚地透视出汉代的社会性质了。

在汉代奴隶是奴隶主的财富，前引武帝"治缗钱"将奴隶作为财富来没收已是证明。即使一般稍为富有的人，也无不以家有奴隶多少为其富厚的标志。所以当时社会上都以奴隶增多为祝词，西汉砖文有："牛马烦（繁），奴婢王（旺）。"④ 这与近代地主家庭的吉令条："槽头兴旺"或"六畜兴旺"，是同一意义的社会习俗。而一般人在求神问卜时，亦以购买臣妾（奴隶）牛马事为主要命辞。元成间人褚先生所补《史记·龟策列传》中，有命辞三十一条，其中间求财物，买臣妾牛马，"得"与"不得"者即有十九条，几占全部命辞的三分之二。由此可知，奴隶买卖，在当时是日常之事，且臣妾的地位与牛马相同，这就说明"奴隶不过是会说话的工具"。因之，为进行生产而购买奴隶，并非仅供家内役使亦甚明白了。哀帝绥和二年六月的诏令中，同样反映出奴隶买卖的普遍。

对奴隶的占有甚至也反映在灵魂世界中。兹举"孙成买地铅券"为证：

> 田（墓地）中若有尸死（原来埋有死人），男即当为奴，女即当为婢，皆当为孙成趋走给使。⑤

---

① 《全汉文》卷 42。
② 《后汉书》卷 107《阳球传》。
③ 《全后汉文》卷 46，崔实：《政论》。
④ 王树枬：《汉魏六朝砖文》下，1935 年商务版，第 30 页。
⑤ 黄公渚：《两汉金石文选批注》，商务印书馆发行。孙成，东汉灵帝时人。

此外，建武年间，从光武"释放"和"禁止"虐杀奴隶的诏令中，我们还可以看到两汉普遍掠夺人以为奴隶和人口贩卖（这是汉代"略人法"和"买人法"的立法根据），奴隶射伤人当处死刑（"诏除奴婢射伤人弃市律"）；又奴隶主之杀奴隶原本可以减罪（"其杀奴婢不得减罪"）；奴隶主残暴地用火烧奴隶（"敢灸灼奴婢，论如律"）等。

同时，奴隶主国家机器也充分实现其对内职能，毫不宽贷地镇压奴隶损害奴隶主财产的行为。如前引《后汉书》卷一一一《李善传》："善（奴隶）……乃潜负（李）续（奴隶主）逃亡，隐山阳瑕丘界中，亲自哺养……续年十岁，善与归本县，修理旧业，告奴婢于长吏，悉收杀之。"于是统治者大为欣赏李善出卖同伴、维护奴隶制度的行为，所以"时锺离意为瑕丘令，上书荐善行状。光武诏拜善及续并为太子舍人"；忠实于奴隶主叛卖本阶级的李善，从此高升，不久迁为日南太守。这就充分反映出汉代政权的性质。

以上材料，足以证明奴隶主对奴隶的人身占有，是具有极其粗暴的形态。

2. 关于汉代对外战争是否俘虏奴隶的问题。

对于这一问题，我们并没有什么新的意见，只是想把问题说得更清楚一点。

这一问题的实质，据我们的理解，是奴隶制条件下劳动力再生产的问题。在西方由早期奴隶制向发达奴隶制的推移，由于债务奴隶制的被废除，"旧式的残酷剥削自己同胞的方法，已经弃而不用……"① 因之，奴隶劳动力的补充来源，就不能不靠战争俘虏、掠夺和海外人口贩卖来解决。但是，在中国情况却不尽如此，债务奴隶制随着奴隶制的发展而发展，也随着它的没落而衰落。也就是说，在我国奴隶劳动力的补充来源主要是依靠内部的阶级分化，依靠小生产者之破产，并最终沦为奴隶。其情形有如崔实所概述：

> 始暴秦隳坏法度，制人之财，既无纪纲，而乃尊奖并兼之人……于是巧猾之萌，遂肆其意，上家累巨亿之赀，户地侔于封君之土；行苞苴以乱执政，养剑客以威黔首，专杀不辜，号无市死之子；死生之奉，多拟人主；故下户踦跔无以踖足，乃父子低首奴事富人，躬帅妻孥为之服役；故富者席余而日织，贫者蹑短而岁蹴，历代为虏，犹不赡于衣食，生有终身之勤，死有暴骨之忧，岁小不登，流离沟壑，嫁妻卖子……②

---

① 《马克思恩格斯文选》第2卷，第268页。
② 《全后汉文》卷46，崔实《政论》。

除此之外，在前面我们还引证了《汉书·食货志》上，有关小农嫁妻卖子、卖田宅以偿债务等材料。这些材料都反映出小农奴隶化的普遍。

但是，对外战争的俘虏，亦是奴隶劳动力的重要补充来源。汉军每次出征，捕房人口（奴隶），动辄数千数万，仅窦宪伐匈奴，一次就"斩（匈奴）名王以下万三千级，获生口马牛羊橐驼百余万头"[1]。汉代边徼的职能，亦具有掠夺奴隶和防止奴隶逃亡的责任。汉代对外战争所具有的掠夺性质，是很明显的。此外，对边区的人口贩卖，亦是奴隶劳动力的补充来源之一，这一点，在前面已经谈到了。

当然，上述各种情况，必须统一起来考察，因为它实际上是一个问题的各种现象的表现。如果这样看问题，我们想就没有必要再纠缠于汉代的对外战争是否纯粹为了俘房奴隶这样一种烦琐的争论中。

3. 关于同志们所征引来用以证明汉代是封建社会的材料的问题。

同志们在批评我们的同时，也征引了一些材料来证明汉代是封建社会。这些材料主要有三个方面：（1）汉代的"假田"是封建关系；[2]（2）两汉之际的"营保"是封建经济；[3]（3）"或耕豪民之田，见税什五"是封建租佃关系。

最后一条材料，几乎是所有主张两汉是封建社会的同志们特别重视、一定要用的材料，并据此论断武帝时封建关系的普遍性。因此，我们也就着重说明这条材料所反映的生产关系，以供讨论。

"或耕豪民之田，见税什五"，洪迈曾经解释说："董仲舒为武帝言：……或耕豪民之田，见税什五；言下户贫民自无田，而耕垦豪富家田，十分之中，以五分输本田主，今吾乡俗正如此，目为'主客分'云。"[4] 顾炎武《日知录》卷十《苏松二府田赋之重》："汉武帝时，董仲舒言：或耕豪民之田，见税什五……仲舒所言，则今之分租……"这似乎是封建的租佃关系的对分制或分成制。

其实，这里面是有值得研究的问题的。董仲舒这两句话，其中有两个问题是需要探索的。

第一，从这两句话中，可以肯定租佃关系的存在。但是否是封建地租呢？那就值得商榷了。盖因地租并不起源于封建社会，早在奴隶制下就已出现。马克思指出地租产生的条件是："地租不管属于何种特殊的形态，它的一切类型，总有这个共通点：地租的占有是土地所有权由以实现的经济形态，并且地租又总是以土地所有权……作为假定。"[5] 因此，"产生地租的经济条件，是随着土地所有权之普及于广

---

[1]　《后汉书》卷 53《窦宪传》。

[2]　见《历史研究》1956 年第 2 期《汉代是奴隶社会还是封建社会？》一文。

[3]　《历史研究》1956 年第 3 期，杨向奎《有关中国古代史分期的若干问题》。

[4]　《容斋随笔》卷 7《田租轻重》。

[5]　《资本论》第 3 卷，第 828 页。

大的可耕地而同时形成的。最初，地租是剥削奴隶的结果，它表现出在优等土地上或易于利用的土地上进行生产的奴隶制大领地的较高生产率。同时早在奴隶制度下，地租还表现在小农经济对奴隶主的各种不同形态的赋役中"①（着重点是引者加的）。恩格斯说："在亚蒂加的土地上到处都插着抵押的牌子，上面写着这一块地已以多少钱抵押给某某人了。……农民只要被允许作佃户依旧耕种原地，能得到自己劳动生产品的六分之一以维持生活，将其余六分之五以地租方式交给新主人，那他就谢天谢地了。不仅如此，倘若出卖土地所得的钱不够还债，或者债务没有抵押保证，债务者便不得不把自己的子女出卖到海外去做奴隶，以偿还债务，……要是吸血鬼还不满足，那么他可以把债务者本人出卖做奴隶。"②

这样看来，在奴隶制度下，至少有两种情况，可以产生地租：第一，"它表现在优等土地上或易于利用的土地上进行生产的奴隶制大农业的较高生产率"；第二，"地租还表现在小农经济对奴隶主的各种不同形态的赋役中"，即因债务或其他原因，而以土地抵押给奴隶主以后，小农对奴隶主的负担的一种形式。这种情况再前进一步，小生产者就会沦为奴隶。

由此可见，在董仲舒所说的话中，虽然反映出地租的存在，但仅这一点，还不足以说明它是封建地租，抑或是奴隶制条件下的地租。因之，必须将这条材料与当时整个社会经济结构联系起来考察，必须进一步考察"豪民"的身份，方能作出判断。

第二，董仲舒所说的"豪民"，当是在前述的商品货币关系发展的经济前提下，因而"役财骄溢，或至兼并，豪党之徒，以武断于乡曲……"③ 的人物，这些凭借货币财富（役财骄溢）作为手段，从事兼并，从而"武断于乡曲"的"豪党之徒"，也就是前引崔实《政论》中所说的"上家累巨亿之资，事地侔于封君之土……养剑客以威黔首，专杀不辜……"的人物，他们迫使小农"乃父子低首奴事富人，躬帅妻孥为之服役"，最后"历代为虏，犹不赡于衣食"，于是不可避免地要"流离沟壑，嫁妻卖子"，终于沦为奴隶了。

这种拥有大量货币财富的"豪民"也就是晁错所说的："此商人所以兼并农人，农人所以流亡者也"，小农由于债务关系，不得不"卖田宅，鬻子孙，以偿责者矣"。正如我们曾经指明：上述人物只不过是在我国奴隶制度发展进程中，所成长起来的奴隶主、商人、高利贷者三位一体的人物。

这种"豪民"也包含着董仲舒自己所说的"身宠而载位高……因乘富贵之资

① 苏联大百科全书选译：《地租》，人民出版社版，第1页。
② 《马克思恩格斯文选》第2卷，第263—264页。
③ 《汉书·食货志》。

力，以与民争利于下，民安能如之哉？是故众其奴婢，多其牛羊，广其田宅，博其产业……"是对当权的奴隶主的一种补充，即没有直接做官的奴隶主，这两部分人构成为当时经济上的剥削者和政治上的统治者。

由此可见，"或耕豪民之田，见税什五"，所反映的不是封建地租，而是奴隶制条件下的租佃关系，它是自由小农沦为奴隶的一种过渡形态。

由上分析，可见洪、顾二人是按照他们所处的历史阶段，来观察董仲舒所说的经济现象，如大家所知道，宋代是我国封建社会高度繁荣的时期，明末清初则是我国封建社会解体时期。因此，洪、顾二人以封建制度下的经济关系来衡量两汉社会，当然是错误的，而且他们也根本不能懂得自己的错误。

更重要的是，绝不能将某一经济现象离开具体的历史条件孤立地考察，否则根本不能说明问题。比如恩格斯说早在奴隶制度下，雇佣劳动就已经存在①；如果不将其与相联系的社会诸条件结合起来作综合分析，我们就不会说明它在一定历史条件下的地位和作用，从而也就有可能与资本主义的雇佣劳动制混淆不清，其结果就只能造成问题的混乱。

我们对这条材料的解释，是不是妥当，还希望同志们多加指正。

至于汉代的"假田"，两汉之际的"营保"，我们也同样认为是封建关系。所不同的，只是我们将上述现象看作是旧制度内部新的生产关系的出现和增长。同样地，对这些历史现象必须作具体的考察，例如"假田"，为什么在武帝以后汉政府才愈来愈广泛地采取这种措施？它和当时流民人数的激增、阶级矛盾的尖锐化又有什么关系？它与王莽所企图解决的西汉社会后期的三大矛盾：（1）奴婢问题（禁奴婢买卖），（2）土地问题（土地王有），（3）控制工商业（五均六筦），又有什么关联？等等。我们想要是能注意到上述诸社会条件，也许就能更好地说明"假田"的问题。

再如两汉之际的"营保"，也应该这样来考察。为什么秦汉之际没有出现营保呢？如果说两汉之际，当时出现的营保还是为数不多的现象，那么到东汉末、三国时，"坞壁"就成为大量的普遍的存在了，正如曹丕《典论·自叙》中所概述的："初平之元……家家思乱，人人自危……于是大兴义兵，名豪大侠，富室强族，飘扬云会，万里相赴……而山东大者连郡国，中者婴城邑，小者聚阡陌。"② 很明显，在这里我们可以看到东汉社会正在经历一个深刻的量的变化过程，封建性地方豪族的经济力量和政治力量逐渐成长，终于在东汉末以后成为代替旧制度的社会力量。

我们想，如果能够注意到"营保"或"坞壁"，在两汉之际以前没有，在此以

---

① 参看恩格斯《反杜林论》，第348页，三联版；又《马克思恩格斯文选》第2卷，第224页。
② 《全三国文》卷8。

后到三国时却大量地普遍地出现这一事实，又能注意到与此密切相关的商品货币关系到三国时呈现出决定性的衰退，曹魏适应着当时社会经济结构质的变化，魏文帝黄初二年"罢五铢钱，使百姓以谷帛为市"①，以及曹魏"户调制"的实行，等这样一些极其重要的历史现象和经济结构变化的事实，那么，也许就能更妥当地指明两汉之际的"营保"所处的历史地位了。

当然，上面这些问题，在这里是不可能详细说明我们的论点的。

这篇文章显然还存在一定的局限性，主要是对东汉社会的全面情况几乎没有涉及。这里也有客观困难所在。由于我们对东汉社会的理解是，奴隶制正处在没落和最后崩溃的历史过程中，它的另一方面就是封建因素的不断增长和扩大。社会经济结构发生了更大的变化（当然还是量的变化），反映在阶级关系上、政治关系上以及商品货币关系等诸方面，都是极其错综复杂的。显然，企图作任何简单的概括的叙述，都不可能说清楚问题。因此，我们准备最近写出有关中国奴隶社会崩溃的专文，以供大家讨论和指正。

1956 年 3 月初稿，1956 年 7 月改写。

（刊于 1956 年第 9 期）

---

① 《晋书》卷 26《食货志》。

曹袁斗争和世家大族

田余庆

　　曹操和袁绍的斗争，是我国封建社会中地主阶级内部儒法斗争的一个重要回合。袁绍继承东汉的儒家路线，在斗争中由优势变为劣势，终于彻底失败。曹操通过实践形成了一条法家路线，冲破重重障碍，由弱变强，击败了包括袁绍在内的各个敌手，统一了北方。决定曹袁胜败的，主要不是他们个人才智的高下，而是他们路线的不同。路线斗争的焦点，则是对待世家大族的态度。

一

　　曹操和袁绍是在同样的历史条件下登上政治舞台的。

　　东汉统治者推行儒家路线，极力维护大地主的利益。结果大地主兼并越来越厉害，所谓世家大族迅速形成。他们宗族强大，土地和依附农民（当然还有奴隶）众多，称霸一方。他们世代高官厚禄，还垄断舆论以保障自己的子弟进入官场。他们以某种儒家经典作为"家学"，世代传习，借以扩大和加强自己的社会影响。他们还拥有私人武装（家兵），实行地主阶级专政的镇压职能。

　　为了争夺权力和财富，外戚、宦官和以世家大族为主体的官僚士大夫，三者之间又斗争又勾结，大闹了几十年。归根到底，世家大族及其政治代表在这个过程中起着主导作用，但他们无力解决矛盾。地主阶级内部的冲突给农民带来更大的灾难。只有掀起大规模农民战争把东汉政权摧毁，把附着在东汉政权上面的蠹虫冲洗一番，才能为社会前进开辟道路。

　　伟大的黄巾起义打击了世家大族，从根本上动摇了东汉政权。但是由于分散的起义军被地主武装阻隔和被官军镇压，东汉政权暂时保存了自己的躯壳，得以苟延残喘。历史没有按直线发展，而是在曲折的道路上逡巡。

　　幸存的东汉统治者弹冠相庆，误把东汉政权的弥留之际当作好时光。他们各派互相砍杀，比过去更厉害。螳螂捕蝉，黄雀在后，当世家大族的代表袁绍等人同外戚勾结、尽杀宦官的时候，他们又被自己召来的董卓赶跑了。

在这种条件下出现的袁绍和曹操，具有镇压农民起义的共同立场，早期所走的道路也有相近的地方。

袁绍出身显贵，孟氏《易》是祖传的家学，虽然他同当时很多世族子弟一样并不读书。他颇有沽名钓誉的本领，在濮阳长的任内博得了一点"清名"。他"折节下士"，交游广阔，而又自命不凡，"不应辟命"。这也是世族子弟观察风向、待机而行的一种惯用手腕。大宦官赵忠对袁绍起了疑心，说："袁本初（袁绍字）坐作声价，不应呼召，而养死士，不知此儿欲何所为乎?"① 果然没有多久，由于黄巾起义而暂停下来的官僚士大夫同宦官的斗争，就由这个贵公子而兼名士的袁绍重新挑起。儒家路线给袁绍安排了这样一个角色，袁绍早就想充分表演一番。

而曹操呢，祖先没有给他留下一个"清白"的身世，一切都得靠自己去争取。虽然个别有地位的人给他加过"名士"的桂冠，但是"赘阉遗丑"（宦官的后代）实际上是难于挤进名士行列的。他努力向官僚士大夫靠拢，而同宦官势力疏远。他上书皇帝，替被宦官杀掉的官僚名士陈蕃、窦武（窦武又是外戚）鸣冤。他的志向是"欲为一郡守，好作政教以建立名誉，使世士明知之"②。他自述幼年"孤苦"，"既无三徙教，不闻过庭语"③，受儒家熏陶较少，更没有袁绍那样的家学招牌。不过他还是被认为"明古学"，也就是懂得儒家的学问，而这一点正是他能在朝廷做官的一个重要条件。事实说明，曹操在那时还没有也不可能摆脱儒家路线的影响。曹操有些儒家味道的诗篇，至少有一部分是这个阶段写下来的。

曹操还同袁绍一样"好为游侠"④，两人结成了一对朋友。

为什么曹操不能早一点形成法家路线呢？枯木朽株一样的东汉政权，处在无可挽救状态。虽然地主阶级的个别思想家可能发出一点清醒的呼声，可是要在保存东汉政权的条件下形成一条不同于儒家的路线以刷新政治，是根本办不到的。东汉朝廷已经完全丧失了任何自我调整的能力。黄巾起义被镇压以后，本来已揭开了的社会矛盾的大盖子，多少又被捂住。但这只是暂时的，农民起义的打击已经决定了东汉政权行将就木的命运。迟早有一天会乱到捂不住盖子，乱到东汉朝廷可以被踩到脚底下去。那时候，也只有到那时候，对症的医方才能开得出来，路线的分野才能

---

① 《三国志·魏志·袁绍传》注引《英雄记》。以下见于此《传》及注以及《后汉书·袁绍传》及注的引文，一般不再注出处。

② 《三国志·魏志·武帝纪》注引《魏武故事》。以下见于此《纪》及注的引文，不再注出处。

③ 曹操诗《善哉行》。"三徙教"，指孟母三迁，这里指母教；"过庭语"，典出《论语·季氏》，这里指父教。

④ 《世说新语·假谲》。

明朗。

毛主席教导说："离开实践的认识是不可能的。"（《实践论》）又说："**历史告诉我们，正确的政治的和军事的路线，不是自然地平安地产生和发展起来的，而是从斗争中产生和发展起来的。**"（《中国革命战争的战略问题》）。曹操的法家思想和法家路线也不例外，它不是天生的，只能在斗争实践中逐步形成。

这并不是说早年的曹操和袁绍就没有什么分歧，只是说分歧没有达到路线不同的程度。曹操居官行法不避豪强①，又在济南"禁断淫祀"②，袁绍是做不到的。袁绍杀宦官，召董卓，曹操也都表示过反对。看来曹操比较有深谋远虑，不安于东汉反动统治的现状，这就决定了曹袁分歧势必会进一步扩大。

董卓入京，东汉政权的躯壳彻底破碎。地主割据武装好像从地底下涌出来的一样。他们有的是闻名的世家大族，有的是不知名的大小土豪；有的打起州郡的旗号，有的聚族自保以观形势。他们"大者连郡国，中者婴城邑，小者聚阡陌"③，名曰讨董卓，实际上是抢地盘。他们是一伙又一伙的强盗，"饥则寇略，饱则弃余，瓦解流离，无敌自破"。斗争形势错综复杂，但世家大族仍然是举足轻重的力量。

局面如何收拾？地主阶级中各种不同的人物，都要回答这个问题。袁绍和曹操按照不同的路线，逐步地作出不同的回答。这一对过去的朋友，日益接近分道扬镳的时候了。

二

袁曹树兵的目的，都是要重建地主阶级的统治，以代替瓦解了的东汉政权。但是地主阶级的营垒并不总是统一的、固定的。他们所要建立的统治，在政治上可以是走东汉老路，也可以是有所更张；可以是指靠世家大族，也可以是削弱他们的势力。归根到底，是儒家路线和法家路线的对立。问题在于，搞儒家路线，依靠世家大族，因循守旧，根本不可能收拾四分五裂的局面，不可能实现统一。

---

① 不过曹操这时敢于打击的豪强，非宦官线上即外戚线上的人，还不是正牌的世家大族。

② 淫祀指统治者认为不应祭祀而有人加以祭祀者。济南到处祭祀城阳王刘章（汉高祖之孙，初封朱虚侯），搞迎神赛会，曹操予以禁止，是件好事。《司马芝传》说，魏明帝时曹洪的乳母和临汾公主的侍者迷信无涧神（无涧，山名，在洛阳附近），被河南尹司马芝下狱，这也是禁淫祀。但也有另一种情况。《王朗传》注引《王朗家传》："会稽旧祀秦始皇，刻木为像，与夏禹同庙。（会稽太守）朗到官，以为无德之君，不应见祀，于是除之。"这说明三国时民间还祭祀秦始皇这位杰出的法家人物，而儒家势力的代表王朗却把它当作淫祀横加禁止。

③ 《三国志·魏志·文帝纪》注引《典论》。

袁绍成为讨伐董卓的盟主，说明世家大族是把赌注押在袁绍身上的。袁绍也按照世家大族的愿望办事，大搞尊儒。他"效周公之下士"，"繁礼多仪"①，吸收了大批儒生，还想方设法把当时首屈一指的大儒郑玄弄到手里，行军作战也把他带着走。袁氏一家都是地地道道的孔孟之徒。当袁绍的儿子袁谭、袁尚火并不休时，审配劝说袁尚"克己复礼"，刘表也劝说袁谭"克己复礼"②。袁绍标榜儒学，无非是用它为自己的政治野心服务，显示自己是东汉衣钵的当然继承者。

袁绍家族是伴随着东汉政权逐渐形成的，它也和东汉政权一样，早已走向腐朽，丧失了一切进取精神。这个家族的成员"竞为骄奢"，而且由于受到掌权宦官的保护，其骄奢程度甚至没有别的世家大族可与比拟③。袁绍横行冀州的时候，河北"袁族富强，公子宽放"④。河南袁族和他们的门生宾客霸据汝南郡的各县，修造壁垒，"拥兵拒守"，达几万人的规模。⑤ 袁氏"门生故吏遍于天下"，是袁绍不费气力就占据广大地盘的重要原因。被迫向袁绍让出冀州地盘的那个冀州牧韩馥，就是袁氏的一个故吏。袁绍被世家大族推举为他们的政治代表，看来是够资格的。

袁绍按东汉的老规矩，征辟本州本郡的大族做掾属。被"委以腹心之任"、替他守护邺城的审配，是邺城所在地魏郡的一个"族大兵强"的重要人物，后来曹操攻占邺城，"籍没审配等家财物货以万数"⑥。王修说"袁氏政宽，在职势者多蓄积"，郭嘉说袁氏"以宽济宽"，都表明袁绍左右是一个十分腐朽的大地主大官僚集团。

袁绍当道，人民苦难无穷。袁绍直接统治的冀州，大族赋税要贫苦农民破产代纳。袁谭在青州，军队"草窃市并"，"掳掠田野"，为了抓丁，竟至"放兵捕索，如猎鸟兽"。一个万户的县邑，有户籍的不满数百，其余的不是被大族占夺，就是四散逃亡。执行儒家路线，势必破坏生产，袁绍就是一例。

袁绍自夸"公族子弟，生长京辇，颇闻俎豆，不习干戈"。这说明他不过是腐儒一个，不会带兵打仗，成不了什么气候。董卓入洛，只有三千人，而袁绍却怕得要死，仓皇出逃。后来他身为盟主，只盘算如何拥兵自重，如何在各路盟军间挖墙脚，耍阴谋，要他指挥作战，他既不会，又不敢。他说过要"南据河，北阻燕代，兼戎狄之众，南向以争天下"的大话，但不过是一种梦呓而已。当时中国北方不可能由袁绍来"统一"，就好像不可能恢复东汉的"统一"一样。

---

① 分见《三国志·魏志·郭嘉传》及注引《傅子》。
② 分见《三国志·魏志·袁绍传》注引《汉晋春秋》及《魏氏春秋》。
③ 《后汉书·袁安传》、《袁闳传》。
④ 《三国志·魏志·崔琰传》。
⑤ 《三国志·魏志·满宠传》。
⑥ 《三国志·魏忘·王修传》。

袁绍口头上说什么"同奖王室，翼戴天子"，实际上是想找个没有什么名分的刘姓傀儡过渡一下，通过天命符瑞的把戏，相机取而代之。

袁绍的无能和他迫不及待地要当皇帝的政治野心，甚至使他失掉不少本来是寄希望于他的世家大族的支持。这就是为什么荀彧要从袁绍那里转投曹操，而杨彪、孔融这类人物也跑到许下去了的原因。当然，杨彪、孔融并非看中了曹操，而是想靠拢汉献帝。他们丝毫没有改变世家大族的顽固立场。

历史现象真是纷繁复杂。我们看，头等的世家大族杨彪、孔融进入了曹操的翅膀底下，代表世家大族政治利益的袁绍则要求曹操杀掉他们，而曹操反而以"公义"的名义保护了他们的性命。[①] 这种现象，说明了世家大族并不是铁板一块，不能分割；也说明了在曹操和袁绍的营垒中，都是你中有我，我中有你。

世家大族内部的矛盾，提供了一个不大不小的缺口，便利了曹操战胜袁绍的斗争。不过曹操要比较明确地意识到这一点并加以利用，那还需要一个实践过程。

三

曹操的法家路线，是在同世家大族作斗争，同世家大族的政治代表袁绍作斗争中逐步形成的。

曹操起兵，在同辈人中条件很不利。他的对手，总是拿他的身世来贬损他、讽刺他、攻击他，影响地主阶级的舆论，甚至还能影响一部分人民群众。读一读曹操写的《明志令》，就知道他起兵后还没有破除对世家大族的迷信，字里行间隐寓着一股自卑感。跟他同时起兵的人，多是"众各数万"，旗鼓响亮，唯独他几经坎坷，在别人的帮助下才凑成五千人的队伍。他说本来是可以多搞一些兵的，"然常自损，不欲多之。所以然者，兵多意盛，与强敌争，倘更为祸始"。首战荥阳，这支小队伍几乎全军覆没。他跑到扬州重新募兵，也由于"本志有限"，只搞了三四千人，而且一夜之间突然叛散，剩下几百人而已。这个阶段，他兢兢业业地侧身于"飘扬云会"的"名豪大侠，富室强族"之间，还不敢独树一帜，也没有亮出什么独特的政治主张。

但是在各路盟军畏敌如虎的时候，曹操敢于同董卓打，打了败仗也不灰心，表现得颇有生气，毕竟与众不同。

曹操本来是没有地盘的。他靠镇压黑山起义军，取得东郡太守的名号和地盘；

---

① 曹操后来杀孔融、杀杨修，那是另一个阶段的具体条件下的斗争。清人王士祯用"地下愧袁公"的诗句嘲讽曹操，只能说明他自己没有历史见识。

靠镇压青州黄巾，上升为兖州牧，并掌握了黄巾三十万众。然而对于世家大族，他还没有挺起腰杆来。他必须打掉自卑感，同儒家路线决裂，才能迎接对袁绍和世家大族的恶战。

兖州之战和官渡之战，是决定曹操胜利的两大战役。关于这两大战役的军事活动方面，《三国志·武帝纪》有较多记载；而对这两大战役的政治方面，即曹操与世家大族的斗争，则没有什么说明。

兴平元年（公元194年），曹操用兵徐州。吕布趁机夺取曹操的根据地兖州。兖州郡县纷纷倒戈，甚至曹操身边的"督将大吏"都参与了这次事变的策划。没有多少时间，整个兖州形势大变，只剩下鄄城、范、东阿三县还在曹军手里。曹操回师，想拼死夺回濮阳，可是他率领的青州军并不力战，他本人也险些被烧死在濮阳城里。曹操遇到极大的困难，困难迫使他对形势重新琢磨。

为什么突然出现这种逆转？回答是陈宫、张邈叛迎吕布。但陈张二人与曹操关系较深，为什么会突然叛变？两个人叛变，又为什么会使整个兖州易手？真正的原因是曹操杀了曾做过九江太守的名士边让，得罪了世家大族。

边让这个人，与孔融齐名，是一个"心通性达，口辩词长，非礼不动，非礼不言"，够得上"颜、冉之亚"的反动儒生。孔融把他推荐给曹操①，他死守世家大族的立场，"恃才气不屈曹操，多轻侮之言"②，曹操理所当然地把他杀了。兔死狐悲，物伤其类，兖州士大夫从边让事件中深感悲哀和恐惧，于是"士林愤痛，人怨天怒，一夫奋臂，举州同声"，以致使曹操"躬破于涂方，地夺于吕布③，显然，这不是个别人兴风作浪，而是站在边让一边的世家大族向曹操发动了突然袭击。曹操面临着一场虽然是他始料所不及，但却不可避免的激烈斗争。

当曹操被吕布打得精疲力竭，失地少粮的时候，袁绍又伸出了黑手。他趁火打劫，要同曹操搞什么"连和"④，实际上是胁迫曹操屈膝投降。他还要求曹操把家属送到邺城去住，目的是把他们当作人质，扣押在自己手里。曹操剩下的只有三座孤城，万把军队，因此临事而惧，产生了动摇。程昱力陈不能屈居袁下的道理，曹操才坚定信心。他顶住袁绍的政治压力，发挥自己的军事才能，削平叛乱，收复兖州，赢得了这一场与世家大族斗争的胜利。

吃一堑，长一智。兖州的艰苦斗争教育了曹操，使他认识到要巩固自己的阵

---

① 《太平御览》691卷引《边让别传》。

② 关于边让事迹以及他与曹操的关系，见《后汉书》边让、孔融、谢甄、袁绍等传。《三国志》有关纪传略同。

③ 《后汉书·袁绍传》载陈琳为袁绍作《檄州郡文》。按曹操杀边让，《通鉴》系于兴平元年，并说兖州之变原因在此，是对的。《后汉书·边让传》说是在建安中，显然有误。

④ 这件事，《三国志·武帝纪》和《程昱传》都说是"连和"。但袁曹在此时以及以前都未交兵，"连和"之说，实际上是一种掩饰之词，意思是迫使曹操投降。

地，战胜对手，统一北方，必须敢于打击那些不愿意同自己合作的世家大族，不怕与袁绍决裂。这当然是反潮流的大事，要有很高的胆识才行。曹操的法家路线在斗争中明朗起来，曹袁之间的大搏斗，是指日可待的了。

这里，需要谈一谈汉献帝的问题。本来，东汉政权经过农民起义的摧毁性打击以后，幸存的汉天子已是一个微不足道的人物，谁取代他都可以。问题在于，在那么多军阀虎视眈眈，各不相下的条件下，取而代之只能扩大纷争，阻碍统一。这一点，曹操是看得明白，一向慎重从事的。他反对过王芬废立的密谋，反对过袁绍拟立刘虞的事。袁术僭号而不正式称帝，据说是由于"曹公尚在"，有所不敢。后来袁术让袁绍称帝，袁绍"阴然之"而未行，恐怕主要也是由于这个原因。既然觊觎帝位的野心家大有人在，那么曹操掌握住现成的皇帝以制止他们的轻举妄动，并利用他的名分以促进统一，这不能不说是策略上的妙用。曹操说"设使国家无有孤，不知当几人称帝，几人称王"，看来这并不是夸张之词。

沮授建议袁绍"迎大驾于长安"，比毛玠建议曹操"奉天子以令不臣"还早一年；但是袁绍怕天子在身边对自己不方便，没有答应。后来沮授又提出把天子从河东弄到邺城来的主张，仍然被袁绍拒绝了。等到天子到了曹操手里，袁绍才嚷着要曹操把天子带到鄄城去，企图就近控制，曹操当然不予理睬。官渡之战前夕，袁绍要实现当皇帝的梦想，叫人陈说天命。但是言者谆谆，听者藐藐，连他的部下也无人附和。袁绍称帝不敢，挟帝不成，政治上更加被动。

恩格斯对中世纪历史提出过一个有名的分析：在"**普遍的混乱状态中，王权是进步的因素**"（《论封建制度的瓦解和民族国家的产生》）。在曹袁斗争的具体条件下，体现王权的只能是曹操而不是行尸走肉的汉献帝。汉献帝本人并不是什么统一的象征，也不能说谁掌握了汉献帝谁就可以实现统一。假使汉献帝落到袁绍手里，袁绍照样统一不了，正像关中军阀不能靠挟持汉献帝而实现统一一样。统一是曹操执行法家路线的结果；不执行法家路线，也无从运用汉献帝这根政治筹码去促进统一。值得注意的是，作为世家大族的象征的汉献帝竟被世家大族的袁绍抛弃了，曹操却拥抱着汉献帝去打败世家大族。这真是一个历史的讽刺！

附带指出，曹操的法家思想和法家政策，一般都带有打击大族的特点。曹操不信天命，起了剥夺世家大族的精神武器的作用。曹操经常称道孙武、孙膑、商鞅、韩非、秦皇、汉武等法家人物，是为了给世家大族所尊奉的儒家圣贤树立对立面。屯田制具有同大地主争夺土地和劳动人手的意义。破格用人主要是针对东汉选士只"论族姓阀阅"[①]，针对垄断选举的名士清议。关中监卖食盐，是为了制止诸将招引

---

① 《意林》载仲长统《昌言》。

流民做自己的私兵。以后曹操搞租调制，也是与"重豪强兼并之法"相伴颁行的。曹操的法家政策打击了世家大族，得利的是地主阶级中的较低阶层，客观上对人民也有点好处。

四

建安五年（公元200年）的官渡之战，腐朽的袁绍一方，在军事上占绝对优势。除了地广兵强粮足以外，他还有号召力大这一政治优势，随时可以调动兖豫大族，勾结曹操东面南面的割据势力，拉曹操的后腿。袁绍自以为稳操胜算，万无一失，所以临战前夕，居然命令兵士每人携带三尺绳，只等着活捉曹操。

对于曹操说来，官渡之战既是一场打垮袁绍主力的军事斗争，更是一场战胜世家大族影响的政治斗争。

曹操"以十分居一之众，画地而守之，扼其喉而不得进"①，争取了半年的时间，作了相当的军事部署，但是不利的情况还是接二连三地发生。曹操派刘备去徐州邀击袁术，刘备占领徐州后却倒戈相向。势力很大的东海豪强昌豨也联络郡县，附和刘备。刘备拥兵数万，与袁绍沟通，成为东翼大敌。许、蔡以南郡县倒向袁绍，连许下官员和军中将领，也纷纷与袁绍通消息。关中诸将中立观望，首鼠两端。同袁绍轻兵袭许之谋相呼应，江东的孙策也想乘机突袭，劫持献帝。汉水流域的刘表虽然只是口头上答应援助袁绍，没有出动军队，但是在想方设法策反曹操的地方官员。恰恰这个时候，许下又发生了以车骑将军董承为首的阴谋政变的巨案。曹操的一个卫士也在官渡兵营中谋杀曹操。事实表明，袁绍凭借自己在地主阶级中的优势地位，动员了一切可以动员的力量，企图一举摧垮曹操。"四方瓦解，远近顾望"②，风风雨雨，黑云压城，形势真是千钧一发。特别严重的是，相当一部分人民群众，在袁绍的影响下向北流徙，甚至汝南黄巾余众也响应袁绍，反对曹操。仍保留在曹操手中的少数几个郡（主要是谯郡和颍川郡），长吏不敢向人民征收租调绵绢。曹操甚至作过撤军保卫许都的打算，荀彧用楚汉荥阳之战对比，说明"先退者势屈"的道理，才坚定了曹操的决心。

为什么忽然间又出现分崩离析的情况呢？第一，曹操辖区内郡县有兵，大族有兵，他们本来就是半公开的割据势力；第二，袁绍支配了大族的政治动向。

但是局面毕竟比兖州之战时有了很大的不同，经过兖州之战的曹操也更能指

---

① 《三国志·魏志·荀彧传》。
② 《三国志·魏志·文帝纪》注引《魏书》载黄初二年诏。

挥若定。他军事手段和政治手段双管齐下，交替使用，迅速镇压了以董承为首的政变集团，又利用袁绍多疑少断的弱点，从官渡前线抽身，亲征刘备，打垮了袁绍的一些同盟军。他充分利用能为己用而又有社会影响的人物，把他们派到各地：派投降过来不久的青徐豪强臧霸到徐州去，以稳定东方局势；用钟繇、卫觊镇抚关中，笼络诸将；把一批名士派到他的故乡谯郡作县令，以抗拒袁绍的影响。这样，曹操就逐渐控制了混乱的局势，为官渡前线后发制人、出奇制胜的战斗创造了条件。

官渡之战，不论是从消灭袁绍主力的意义说来，还是从控制辖区内割据势力的意义说来，都是曹操对世家大族的决定性胜利，是法家路线对儒家路线的决定性胜利。

官渡战后几年，形势如风扫残云。袁绍死掉了，袁绍诸子势力被消灭了，作为袁氏割据后盾的乌桓贵族被制服了，关中问题解决了，北方统一实现了。历史终于证明，以世家大族为基础的儒家路线，使袁绍失去了优势，失去了政权；敢于蔑视和打击世家大族的法家路线，使曹操得到了优势，得到了政权。

恩格斯说过："**没有一种巨大历史的灾难是没有历史的进步来作补偿的。**"（《马克思恩格斯书信选集》第 515 页）由袁绍发端并由他代表的长期的军阀大混战，的确是一场"巨大历史的灾难"，而作为补偿的，则是由于消灭了袁氏势力而使曹操的法家路线得以进一步贯彻执行。曹操在官渡战后搞"整齐风俗"，"重豪强兼并之法"，"唯才是举"，扩充屯田，禁止厚葬，以及杀孔融、杀魏讽等等，都是继续针对世家大族及其政治代表而采取的有力措施，都是"历史的进步"。

完成了这些措施以后，曹操，一个坚强的法家人物，也进入了自己的暮年。但是他没有迟暮之感，没有在安乐的铜雀台里停息下来。他一生的最后几年，大部分仍然用于带兵征战。一个叫刘廙的劝说曹操，要他仿照周文王的办法修德徕远，而不要到处奔波。他回答说："今欲使吾坐行西伯（周文王）之德，恐非其人也。"[1]曹操不肯做皇帝而又让儿子非做皇帝不可，这一点是与周文王相似的。然而把周文王打扮成坐待其成的人而要曹操照着做，这就未免太不了解曹操这个法家人物的性格了。

"英雄割据虽已矣，文采风流犹尚存。"曹操统一半个中国的业绩和天不怕、地不怕的斗争精神，同他的文采风流一样，是我们伟大祖国的历史遗产，并没有因为岁月推移而被人们忘记。

---

[1] 《三国志·魏志·刘廙传》。

五

曹袁胜败原因，历代评论甚多，曹操生前，就有杨阜、贾诩、荀彧、郭嘉等人比较系统的分析。郭嘉论曹操十胜、袁绍十败，认为袁绍凭借"世资"（即世家大族的传统势力），标榜礼治，继承东汉的腐败政治，"以宽济宽"，不可能不败；曹操依靠一大批实干的人才，提倡法治，力排东汉腐败风气，对世家大族"纠之以猛"，必然获胜。这实际上说明了曹袁之争是儒法两条路线的斗争，而斗争的焦点，在于对待世家大族的态度。

曹袁路线斗争，是地主阶级内部两个集团，两种势力之争，这种斗争，在一定条件下激化为外部对抗。但是一般说来，这两个集团、两种势力，又总是依一定条件互相渗透，甚至互相转化。历史的内容是充满着辩证法的。

袁绍营垒，本来不乏有才能的人，随着斗争的发展，其中不少人先后转入曹操一边，著名的人物如郭嘉、荀彧、崔琰等都是这样。曹操"唯才是举"，"拔出细微"，但是经常在曹操身边出谋划策的，除了郭嘉等人以外，更多的却是出身世家大族的名士之流。这看来是矛盾的现象，但历史的实际就是这样。

曹操以知人善用著称，反对他的人往往也不能抹煞这一点。例如南宋的洪迈咒骂他"为汉鬼蜮，君子所不道"，却又列举了十个例子，证明他"知人善任使，实后世之所难"①。虽然这样，曹操阵容还是不断分化。为曹操路线效力的人，他们忠实的程度，效力的多少，时间的久暂，以及受到曹操信任的大小，也各不相同。

郭嘉"有负俗之讥"②，名士陈群屡次在曹操面前攻击他"不治行检"③。但曹操不听这一套，使郭嘉得以发挥才能，帮助推行法家路线，夺取一个个胜利。敢于推行法治、打击大族的基层"事功之臣"，如许令满宠、长社令和郾令杨沛、营长司马芝、魏郡太守王修等，都得到曹操的赞许和支持。这是曹操手下基本的法家班子的一部分。他们一般出身于地主阶级的较低阶层，这个阶层是法家路线的社会基础。

相反，象杨彪、孔融、许攸、祢衡这类人物，本来是袁绍儒家路线的社会基础。他们来到曹操身边后总是"恃旧不虔"④（依仗自己的传统地位而不老老实实），起破坏捣乱的作用。所以时机一到，曹操就毫不手软地或杀或罚或逐，以剥

---

① 《容斋随笔》卷 12《曹操用人》。当然，洪迈不会懂得曹操按法家路线选拔人才的道理。
② 《三国志·魏志·荀彧传》注引《荀彧别传》。
③ 《三国志·魏志·郭嘉传》。
④ 《三国志·魏志·崔琰传》。

夺他们的影响。

　　介于这两类之间的，情况也不尽相同。崔琰是个颇有见识的人，他本是郑玄的学生，身为大族名士但没有别的名士那种浮华气习，所以能替曹操办些事情。不过大族意识和儒家思想，在他身上还时有表现。曹操打下邺城，需要整顿兵马，以利再战，崔琰却讥刺曹操不是"仁声先路"，而是"校计甲兵"。曹操作魏王，崔琰心怀不满，在给人的书信中"傲世怨谤"，"意指不逊"，自绝于曹操，走上了非死不可的道路。荀彧为曹操筹划军策，出了不少好主意，并推荐了一批有用的人才，包括出身卑微而具有法家思想的戏志才、郭嘉在内。荀彧功劳很大，又知道谦虚自守。但荀彧和曹操也有矛盾。他曾怂恿恢复儒学，还推荐过儒生。在对待已经死亡的东汉朝廷和政治僵尸汉献帝的问题上，他自觉不自觉地保留着大族名士的感情。他劝迎天子，更多地是为了"乃心王室"而不是着眼于壮大曹操势力。后来在加九锡的问题上，荀彧思想抵触，矛盾爆发，在忧郁中仰药而死。荀彧一生的政治实践，主要是跟随法家路线的，但他思想深处的一些儒家地盘，妨碍他随着形势的发展而不断前进。他在儒法两条路线、两种人格中间生活，终于避免不了悲剧的命运。李贽评论荀彧说："世间道学，好骑两头马，喜踹两脚船……卒之俱不能得而反以两失也，岂独荀令君（彧）然哉！"① 李贽的这个评论是颇为深刻的。

　　还有一些人，如陈群、何夔，本来就是以名士的资格为曹操所用的。② 何夔是袁氏亲戚，生活完全是世族名士一套，而且特别奢侈。③ 他对曹操选士"未详其本"，"时忘道德"，很表不满，提出选士要"慎德"与"兴功"并重，而且要"核之乡闾"，意即恢复汉代的乡举里选。这显然是对曹操唯才是举的法家用人路线的批评。值得注意的是，曹操居然表示赞赏这个意见。建安二十二年（公元217年），曹操最后一次颁布举贤令，基本上还是唯才是举的法家用人路线，但是把"至德之人放在民间"者与"不仁不孝而有治国用兵之术"者相提并论，这实际上就是几年前何夔提出的那个"慎德"与"兴功"的双重标准。其实早在建安八年，曹操就说到"治平尚德行，有事赏功能"。那时是"有事"的时候，强调的是"赏功能"。后来，能办到的"事"办完了，日子好像逐渐到了"治平"之世，因此"慎德"（即"尚德行"）就自然而然地提上日程了。至于陈群，前面说过，他曾多次攻击郭嘉。著名的"九品官人之法"，就是陈群在曹操刚死、曹丕还没有做皇帝的那几个月里提出来的，内容与上述何夔建议很有关系。大家知道，正是这个九

　　① 《藏书》卷25。
　　② 《三国志·魏志·何夔传》注引《魏书》："自刘备叛后，东南多变。太祖以陈群为鄢令，夔为城父令，诸县皆用名士以镇抚之，其后吏民稍定。"何夔还在长广太守任内为曹操平息了多起豪强武装叛乱。
　　③ 何夔的奢侈，在曹操的僚属中足罕见的。西晋以奢侈著名的何曾，就是他的儿子。何曾的子孙都是有名的奢侈腐化分子。

品官人之法，到后来导致了"上品无寒门，下品无势族"的结果。

从曹操同何夔、陈群的关系中，我们隐约地觉察到曹操晚年政治上向世家大族转化的某种动向。这是曹操在镇压黄巾起义以外在时代的局限性和阶级的局限性方面的又一表现。由于时代的和阶级的局限，出现曹操向反面转化的某种迹象，是不足为奇的。

世家大族作为一种社会成分在我国封建社会的某一阶段出现，是封建经济发展的结果，是历史的必然。三国时期，世家大族还在生长，还没有走完自己的路程。要把他们赶下历史舞台，还需要农民战争的反复搏斗。世家大族把尽可能多的财富和权力集中到自己手里，按家族血统一代一代地向下传。他们的经济、政治地位决定他们带有很大的腐朽性，是政治上的保守派，是破坏统一的力量。不抑制和打击他们，社会就不能前进，统一就不能实现。曹操同他们进行了胜利的斗争。但是一个一个胜仗打完了，一批一批对手消灭了，曹操发现长江和秦岭锁住了自己前进的脚步，而世家大族又悄悄地来到自己的身边。时代的和阶级的限制终归是无法超越的。"君主们……从来不能向经济条件发号施令。"（《哲学的贫困》）这并非曹操个人高低的问题。不是曹操创造历史，而是历史创造曹操。

曹操同历史上其他富有进取精神的法家人物一样，都是在反对保守势力，在反对因循守旧的斗争中成长的。他的事迹对我们很有启发。我们无意用玫瑰的颜色来描绘曹操，只是想按照一分为二的观点，试图探讨他一生历史的基本过程，看看他的法家路线是在什么条件下产生，怎样随形势的变化而发展，又怎样取得成果，并且看看它的局限性，以便汲取有益的经验教训，为无产阶级政治服务。

历史终归还是历史。前人所能达到的高度总是不如后人。剥削阶级中有作为的人，同我们自觉地为共产主义而奋斗的无产阶级战士相比，都不过是沧海一粟。

"往事越千年，魏武挥鞭，东临碣石有遗篇。萧瑟秋风今又是，换了人间！" 毛主席这一充满历史唯物主义的光辉篇章，包含了对曹操最正确的评价，是我们在批林批孔运动中重新研究曹操的最好的指导。

（刊于 1974 年第 1 期）

北魏龙城诸后考实

李　凭

一

《魏书》卷13《文成元皇后李氏传》记录了一则曲折的情感故事：

> 文成元皇后李氏，梁国蒙县人，顿丘王峻之妹也。后之生也，有异于常，父方叔恒言此女当大贵。及长，姿质美丽。世祖（太武帝）南征，永昌王仁出寿春，军至后宅，因得后。及仁镇长安，遇事诛，后与其家人送平城官。高宗（文成帝）登白楼望见，美之，谓左右曰："此妇人佳乎？"左右咸曰"然"。乃下台。后得幸于斋库中，遂有娠。常太后后问后，后云："为帝所幸，仍有娠。"时守库者亦私书壁记之。别加验问，皆相符同。及生显祖（献文帝），拜贵人。太安二年，太后令依故事，令后具条记在南兄弟及引所结宗兄洪之，悉以付托。临诀，每一称兄弟，辄拊胸恸泣，遂薨。后谥曰元皇后，葬金陵，配飨太庙。①

永昌王仁是北魏太武帝的异母弟永昌王拓跋健之子。太平真君十一年（450）九月，太武帝发兵进攻刘宋，部署诸将分道并进。永昌王仁任征西大将军，于十月间率军自洛阳南下，攻陷刘宋重镇寿春。②在此次战役中，永昌王仁占有"姿质美丽"的李氏，并带回自己的镇所长安。

南征结束不久，宦官宗爱发动政变，太武帝被杀，国都平城陷入动乱之中。③

---

①　《魏书》卷13《文成元皇后李氏传》，中华书局1974年版，第331页。

②　《魏书》卷4下《世祖纪下》，第104—105页；卷17《永昌王健附子仁传》，第415页。

③　参见拙作《论北魏正平元年事变》，《晋阳学刊》1989年第6期，第58—66页。

宦官宗爱的势力被镇压之后，太武帝的长孙文成帝于正平二年（即兴安元年，452）十月登上皇位。由于当时文成帝年龄幼小，北魏朝政被陆丽等权臣掌握，后宫则控制在太后常氏手中。[①]为控制局面，新的执政者大杀宗室诸王。兴安二年七月乙丑，永昌王仁因谋反罪被赐死于长安。[②] 永昌王仁死后，家属均被连累而徙往平城，其中就有入门约三年的李氏。李氏被送入平城宫中，某日恰巧被文成帝"望见"，于是就有上引史料中的文成帝与李氏相会的情景。

经此相会之后李氏怀孕，在宫中这是一件大喜事。常太后则持审慎的态度，认真核实李氏所怀胎儿是否为文成帝之子。幸亏李氏"得幸于斋库中"之事被守库者看到，并且写在墙壁上。守库者的记录是值得采信的证据，不过常太后仍不罢休，又采用"别加验问"的方式进行调查。李氏所怀者就是后来的献文帝拓跋弘。拓跋弘兴光元年（454）七月庚子出生[③]。按照十月怀胎计算，李氏受孕的时间不应早于兴安二年九月甲辰；假如因早产而怀胎时间缩短至七个月，则李氏受孕的时间不会迟于兴安二年十一月癸卯。[④]可见，李氏虽然原被永昌王仁占有，但是其怀孕与永昌王仁无关，因为永昌王仁已经死于兴安二年七月乙丑。

然而，在进入平城宫之前的路途中，由于李氏身份低下，所处境况复杂，并不能完全排除或与他人有染的疑点，这正是常太后要"别加验问"的理由，也是本文所要考察的问题。考察的关键则在于，兴安二年九月甲辰之前李氏是否已到平城。若李氏早于九月甲辰进入平城宫中，则其所怀确系"龙种"无疑。如果李氏晚于九月甲辰入宫，则其所怀是否"龙种"尚属两可；入宫时间越晚，可疑度便越大。换而言之，李氏入宫的日子只有在永昌王仁被赐死的七月乙丑至九月甲辰的40天之内，方可免于嫌疑。那么，李氏有无可能在不足40天里从长安来到平城呢[⑤]，这主要是由两地之间的里程和李氏一行徒步的速度决定的。

自古以来，从长安到平城，除要渡过大小河道以外，均为土路。这些土路的走向后来发展成为修筑西安与大同之间现代公路的基础。由于受到黄河渡口位置的限制，西安与大同之间的现代公路主要有五条路线：其一，西安—潼关—风陵渡—侯马—太原—山阴—大同，总长约980公里；其二，西安—韩城—河津—侯马—太原

---

① 参见拙作《北魏文成帝初年的三后之争》，载殷宪主编《北朝史研究》，商务印书馆2004年版，第65—84页。

② 《魏书》卷5《高宗纪》，第112页；卷17《永昌王健附子仁传》，第415页。

③ 《魏书》卷5《高宗纪》，第113页。

④ 怀胎足月为九个半月，超过十月者较少。怀胎不足七月者，在古代的医疗条件下成活率是很低的。据《高宗纪》兴安二年七月条和十一月条记载，文成帝七月己巳由阴山还宫，至十一月辛酉出行信都、中山。（第112、113页）则李氏怀胎即便不足七月，其受孕的时间也绝不会在十一月辛酉之后。

⑤ 本文所谓40天，包括从永昌王仁死日起至李氏等人启程日止这段时间和李氏等人从长安走到平城所花的时间。虽然永昌王仁死日和李氏等人启程日应该很接近，但不能认为这40天都属于李氏等人从长安到平城的时间，所以此处加"不足"二字。

—山阴—大同，总长约990公里；其三，西安—韩城—河津—吕梁—宁武—山阴—大同，总长约920公里；其四，西安—延安—绥德—吴堡—吕梁—宁武—山阴—大同，总长约930公里；其五，西安—延安—绥德—榆林—府谷—宁武—山阴—大同，总长约1080公里。[①]

上述五条西安与大同之间现代公路的走向，基本反映了古代长安与平城之间的土路的轨迹。在这五条路线中，第五条路线大部分在今陕西省境内，路程最长，又主要在山区行进，民间通常不取这条路线。第三、第四条路线距离较短，但也在山区行进，其中的吕梁—宁武山地在北魏时期是政府难以控制的部落民出没的地区。第一、第二条路线大部分在今山西省境内，虽然比第三、第四条路线的距离长，但主要路段位于太行与吕梁两大山脉之间的谷地中，道路平坦，沿途市镇一向较为密集，是自古以来官方和民间通常采取的路线。李氏等人当年徙往平城的路线应该是第一条或第二条路线。

时至今日，西安（长安）往大同（平城）的各条路线均有较多局部的变化，尤其是将土路修筑成公路时这种变化更加明显。因此，古代土路的距离和相应的现代公路的里程之间必然会有一定的差距。但是，上述各条路线的总体走向却变化不大。因此，在难以计算古代土路距离的情况下，现代相应的公路里程就成了最为重要的参照数据。若按现代公路里程推测，当年李氏等人从长安前往平城的土路路程应在九百至一千公里之间。按此计算，李氏等人只需每日平均徒步25公里左右，可以在不足40天内抵达平城。被押往平城的李氏等永昌王家人虽然不少是妇孺，但由于路况较好，又时值秋高气爽，这样的行进速度是可以达到的。

事实上，考证李氏究竟入宫于何日，该日是否在永昌王仁死后的40天内，如果不在此40天内又该如何甄别李氏怀孕的疑点等问题，笔者只能按照现代的距离和常规的速度作出推测。但是，对于当时控制北魏后宫的常太后而言，要查清这些问题并非难事。尤其是李氏入宫的日期，只需询问有司便可清楚。虽然常太后"验问"的对象和内容史家没有记录，但其结论是"皆相符同"。要之，常太后是在找不到确凿破绽的情况下，承认李氏所怀为文成帝之子的。

常太后对李氏所怀是否为文成帝之子进行"验问"是合乎情理的。文成帝生于太平真君元年，[②]兴安二年与李氏相会之时仅仅十四虚岁，对男女之事尚处于朦

---

①　平城位于今大同市东，参见拙作《北魏时期雁北的城邑》，河东两京历史考察队编：《晋秦豫访古》，山西人民出版社1986年版，第55页。关于长安（西安）与平城（大同）之间的路程走向，参见谭其骧主编《中国历史地图集》第4册《东晋十六国·南北朝时期》，地图出版社1982年版，图46—47、52、54—55；西安地图出版社编制《中国城乡公路网及里程地图集》，西安地图出版社2006年版，第33—35、127—129页。

②　《魏书》卷5《高宗纪》序，第111页。

胧阶段。《文成元皇后李氏传》中记载，文成帝与李氏相会之前竟曾征求随从的意见，"高宗登白楼望见（李氏），美之，谓左右曰：'此妇人佳乎？'左右咸曰'然'。乃下台"。从文成帝幼稚的言语中不难看出，男女相会之事对于文成帝尚属初试。[①]因此，常太后对李氏怀孕的事持审慎的态度是应该的。不过，常太后何必颇费周折地"验问"呢？她只需径直向文成帝询问，便可知道事情发生的时间、地点以及情节，从而作出正确的判断。

作为当事人之一的李氏，曾被常太后仔细询问过，《文成元皇后李氏传》载有李氏回答询问的原话，称"为帝所幸，仍有娠"。然而，在《魏书》中却未见同样具备当事人身份的文成帝被询问的记载。是《魏书》的作者疏漏，还是事实上文成帝的确未被询问？值得注意的是，史家特意在常太后"验问"之前用"别加"二字，可证常太后"别加验问"的对象是除两位当事人以外的人。

上述迹象令人不得不猜测，常太后的"别加验问"，并非单纯为查明李氏所怀是否真是文成帝之子，而在于常太后内心并不赞成文成帝宠幸李氏，因此她要以"别加验问"的形式给李氏和文成帝施加压力。这种猜测由后来发生的两件事得到证实。其一，在验实李氏所怀确系文成帝之子后，常太后对李氏的嫌恶依旧不减，从而迫使文成帝不得不将李氏带出平城宫，去到阴山之北分娩。[②]其二，李氏最终被常太后"令依故事"而处死。

所谓"故事"，即子贵母死之制，是指北魏开国皇帝道武帝确立的处死储君生母的制度。[③]正如业师田余庆先生指出的那样："道武帝时期国家转型，面对具有强大影响力的历史传统，乃行子贵母死加以扭转，并因此形成制度。"[④]子贵母死虽系祖宗定制，然而是否执行，与当政的皇帝或太后的意志密切相关。《文成元皇后李氏传》记载李氏被杀的年份为太安二年（456），但并未记载具体的月份。按照子贵母死制度，李氏应该死于其子拓跋弘被立为储君之前不久，拓跋弘被立为太子的时间是太安二年二月丁巳，[⑤]丁巳为该月朔日，则李氏死的时间应在当年的正月。拓跋弘是兴光元年七月庚子出生的，母亲李氏被杀时年仅一岁半，可见常太后除掉李氏真是迫不及待。

既然李氏颇受文成帝宠爱，而且又孕育其子，常太后为何要置其于死地，拙著《北魏平城时代》曾作过专门探讨，认为常太后排除李氏的目的，是为了扶持文成

---

① 文成帝虽然年幼，但并非不能生子。北魏的帝王大多早婚早育，参见拙作《北魏平城时代》第4章第1节之1《拓跋氏早育》，社会科学文献出版社2000年版，第197—200页。
② 参见拙作《北魏平城时代》第3章第3节之2《立冯氏为后》，第177—186页。
③ 参见拙作《北魏子贵母死故事考述》，《山西大学学报》1990年第1期，第69—74页。
④ 田余庆：《拓跋史探》之《北魏后宫子贵母死之制的形成和演变》，生活·读书·新知三联书店2003年版，第9页。
⑤ 《魏书》卷5《高宗纪》，第115页。

帝的另外一位贵人冯氏；正是由于常太后的扶持，贵人冯氏才登上皇后的宝座。不过，常太后除李扶冯的动机何在，由于偏离该书主旨，当时未加考证，只是将之简单地归结为，"出于长期控制文成帝的目的，对比李氏与冯氏两人的情况，常氏当然不愿选择年龄较大而又深受文成帝钟情的前者"①。这样的解释似无差错，但只是停留于表面的看法。那么，常太后除李扶冯有无宿怨旧恩方面的原因呢？

二

《魏书》卷83上《李峻传》中有关贵人李氏家族的记载：

> 李峻，字珍之，梁国蒙县人，元皇后（李氏）兄也。父方叔，刘义隆（南朝宋文帝）济阴太守。高宗遣间使谕之，峻与五弟诞、崱、雅、白、永等前后归京师。拜峻镇西将军、泾州刺史、顿丘公。雅、崱、诞等皆封公位显。②

李氏的父亲名方叔，曾在刘宋朝任济阴太守。李氏有兄弟六人，他们因文成帝的招谕而投奔北魏，并"封公位显"。联系《文成元皇后李氏传》的记载知，李家兄弟的显贵是李氏身后之事。李家早先远在南方，与常太后家必无宿怨。不过，李氏虽然出身官宦之家，但不幸被永昌王仁掳占，永昌王仁死后又沦为罪家眷属而被押解入宫。李氏是否因敌国臣民的身份和不光彩的经历引起常太后的嫌恶，才会受到排挤呢？

然而比较受常太后扶持的冯氏，上述想法被排除。《魏书》卷13《文成文明皇后冯氏传》载：

> 文成文明皇后冯氏，长乐信都人也。父朗，秦、雍二州刺史、西城郡公，母乐浪王氏。后生于长安，有神光之异。朗坐事诛，后遂入宫。③

冯氏竟然与李氏一样，也是以罪家眷属的身份没入宫中的。关于冯氏的家族，结合《魏书》卷4上《世祖纪上》延和元年（432）十二月条、卷83上《冯熙传》、卷97《冯跋传》及所附《冯文通传》等记载可知，冯氏的伯祖冯跋和祖

---

① 《北魏平城时代》第3章第3节之2《立冯氏为后》，第177—186页。
② 《魏书》卷83上《李峻传》，第1824页。
③ 《魏书》卷13《文成文明皇后冯氏传》，第328页。

父冯弘先后为北燕国王，冯氏的父亲冯朗与伯父冯崇、叔父冯邈在北燕灭亡之前投降北魏，冯邈后来参与北魏对柔然的战争，因失利而投奔柔然；冯朗于延和二年二月到达平城，被任命为秦、雍二州刺史，后获罪被诛。①看来，冯氏不仅为罪臣之女、叛臣之侄，而且是敌国君主的后裔，其身世并不强于李氏。

值得注意，身为太后的常氏原本只是文成帝的乳母。常太后事迹见《魏书》卷13《景穆恭皇后郁久闾氏传附高宗乳母常氏传》："高宗乳母常氏，本辽西人。太延中，以事入宫，世祖选乳高宗。慈和履顺，有勤劳保护之功。高宗即位，尊为保太后，寻为皇太后。"② 这位能够置后宫众妃生死沉浮的常太后，竟然也是"以事入宫"的。

关于常太后入宫以前的情况，《魏书》卷83上《常英传》中有所透露：

> 初，（常）英事宋（氏）不能谨，而（王）睹奉宋甚至。就食于和龙，无车牛，宋疲不进，睹负宋于笈。至是，宋于英等薄，不如睹之笃。谓（常）太后曰："何不王睹而黜英？"太后曰："英为长兄，门户主也，家内小小不顺，何足追计。睹虽尽力，故是他姓，奈何在英上？本州、郡公，亦足报耳。"③

常英是常太后的兄长，常家的嫡长子；常太后庶出，宋氏是她的亲生母亲；王睹是常太后的妹夫。这段文字告诉我们，常家曾经迁居和龙，那里是常太后入宫之前一度生活过的地方。

和龙又称龙城④，《通典》卷178《州郡八》营州条载："慕容皝以柳城之北、龙山之南，所谓福德之地也，乃营制宫庙，改柳城为龙城，遂迁都龙城，号新宫曰和龙宫……后燕慕容宝、北燕冯跋相继都之。至慕容云，为冯跋所灭；至冯弘，为后魏所灭也。"⑤龙城曾是前燕的国都，后成为北燕的都城。

常太后入宫于"太延中"，太延是北魏太武帝的年号，共四年，太延中当指太延二年或三年。《魏书》卷4上《世祖纪上》载，延和三年（434）六月北魏大举进攻北燕，到太延二年（436）五月攻下龙城。⑥北燕灭亡的太延二年五月与常太后入宫的"太延中"，这两个时间相合，表明《常英传》中所言常家"就食于和龙"的时间属于魏燕战争以前北燕统治时期。也就是说，常家原先是北燕的臣民而非北魏

---

① 分见《魏书》卷4、83上、97，第81、1818、2126、2127页。
② 《魏书》卷13《景穆恭皇后郁久闾氏传附高宗乳母常氏传》，第327页。
③ 《魏书》卷83上《常英传》，第1817页。
④ 龙城位于今辽宁省朝阳市境，参见王仲荦《北周地理志》附《魏书地形志营州所统郡县考证》昌黎郡龙城条，中华书局1980年版，第1132—1133页。
⑤ 杜佑：《通典》第5册，王文锦等点校，中华书局1988年版，第4716页。
⑥ 《魏书》卷4上《世祖纪上》，第84、87页。

的臣民。显然，在北燕灭亡之前，常太后以及常家很难有机会来到北魏境内。因此，从常太后入宫于北燕灭亡前后推测，她可能是被魏军从燕国迁徙到平城后进入宫中的①，这正与史家所谓"以事入宫"之意相合。

太武帝末年的政治动乱给了乳母身份的常氏发迹的机会，她在动乱之中"保护"文成帝，动乱之后便将文成帝控制在手，进而攫取北魏后宫的权势。②常氏于兴安元年十一月被尊为保太后，兴安二年三月被尊为皇太后。③常氏的身份虽然骤升至无以复加的地步，但是她微贱的出身却是无法抹掉的。④所以，以常太后这样的出身，无论对于李氏的身世，还是冯氏的身世，都不应存在嫌恶的理由。

那么，是不是冯氏个人具有十分出色之处，足以打动常太后，而非令常太后除李扶冯不可？据《文成文明皇后冯氏传》载，冯氏"年十四，高宗践极，以选为贵人，后立为皇后"⑤。冯氏被选为贵人是文成帝即位后不久的事情，时为兴安元年。冯氏于太安二年被立为皇后⑥，该年应为十八虚岁。不过，关于冯氏的年龄，《文成文明皇后冯氏传》的记载是自相矛盾的。按冯氏十四虚岁被选为贵人推算，冯氏应生于太延五年（439）。又《魏书》卷7下《高祖纪下》称，冯氏死于太和十四年（490）。⑦则冯氏享年五十二虚岁。但是，在《文成文明皇后冯氏传》中却记载冯氏享年四十九虚岁。⑧倘若按照冯氏死于太和十四年时四十九虚岁计算，她应生于太平真君三年（442）。那么，兴安元年冯氏被选为贵人时仅仅十一虚岁，太安二年冯氏被立为皇后时仅仅十五虚岁。对于上述史料中记载冯氏年龄的误差，目前尚难甄别对错。笔者姑且承认冯氏十四虚岁时立为贵人，十八虚岁时立为皇后。十四至十八虚岁的冯氏，身心尚处于渐趋成熟的阶段，即便再有心计，在长她一辈而且富有政治经验的常太后面前恐怕也难以施展影响

---

① 在延和、太延年间，北魏向北燕发动过多次进攻，伴随这些进攻发生过多次大规模的徙民。见于《世祖纪上》的记载有，延和元年九月，"徙营丘、成周、辽东、乐浪、带方、玄菟六郡民三万家于幽州，开仓以赈之"；延和二年六月，"（冯）文通守将封羽以城降，收其民三千余家"；延和三年六月，"辛亥，抚军大将军、永昌王健，司空、汝阴公长孙道生，侍中古弼，督诸军讨和龙，芟其禾稼，徙民而还"；太延元年七月，"己卯，（乐平王拓跋）丕等至于和龙，徙男女六千口而还"；此外，太延二年五月北燕灭亡，魏军也会获得一定数量的俘虏，但《世祖纪上》未载。从常太后入宫于"太延中"猜测，她可能是上述某次徙民中的一员。

② 参见拙作《北魏文成帝初年的三后之争》，第65—84页。

③ 《魏书》卷5《高宗纪》，第115页。

④ 常太后虽然攀上北魏后宫权力地位的顶峰，但在史家的眼里永远也抹不掉出身乳母的背景，所以其传虽然可以列在《皇后列传》之中，但是只能附着在北魏史上毫不出名的景穆恭皇后郁久闾氏之传的后面。

⑤ 《魏书》卷13《文成文明皇后冯氏传》，第328页。

⑥ 《魏书》卷5《高宗纪》太安二年正月乙卯条，第115页。

⑦ 《魏书》卷7下《高祖纪下》，第166页。

⑧ 《魏书》卷13《文成文明皇后冯氏传》，第330页。

力，更不要说去左右常太后的行为。常太后除李扶冯应有更深层的原因，与冯氏本身的能力与影响关系不大。

在冯氏的家族中有一个人值得重视，那就是冯氏的姑母。冯氏姑母见《冯熙传》，但记载十分简略："（冯）熙姑先入掖庭，为世祖左昭仪。"①冯熙为冯氏之兄，两人的姑母是太武帝的左昭仪。《皇后列传》记载："（道武帝）始立中宫，余妾或称夫人，多少无限，然皆有品次。世祖（太武帝）稍增左右昭仪及贵人、椒房、中式数等，后庭渐已多矣……高祖（孝文帝）改定内官，左右昭仪位视大司马……"②由这条记载知，北魏宫中定有品位，左昭仪设置于太武帝朝，地位崇高，仅次于皇后。

这位冯左昭仪的父亲是北燕国王冯弘，因避献文帝拓跋弘讳，《魏书》只称冯弘的字文通。《冯文通传》载："（冯）文通遣其尚书高颙请罪，乞以季女充掖庭，世祖许之。征其子王仁入朝，文通不遣。其散骑常侍刘训言于文通曰：'虽结婚和通，而未遣侍子……'"③从散骑常侍刘训所言"虽结婚和通"之语可以看出，冯弘虽未向北魏遣送侍子，但"以季女充掖庭"却是事实。这位季女应该是上文所谓"先入掖庭"的冯左昭仪。冯弘遣高颙向北魏请罪之事发生于延和三年闰三月辛巳④，冯氏姑母入宫时间应在此后不久，受封为左昭仪的时间则在更后。

冯左昭仪对后来以罪家眷属身份没入宫中的幼年冯氏给予很多照顾，《文成文明皇后冯氏传》载："世祖左昭仪，后之姑也，雅有母德，抚养教训。"⑤冯左昭仪在她的侄女被选为贵人和立为皇后的过程中是否发挥过作用呢，特别是受常太后乳养与控制的文成帝当上皇帝之初，由冯左昭仪"抚养教训"的冯氏便被选为贵人，而后不久又登上皇后宝座，这就不免会让笔者将冯左昭仪与常太后联想到一起。不过，经过太武帝末年激烈的宫廷斗争之后，无论是外朝还是后宫都发生了很大的人事变化⑥，因而实难猜测冯左昭仪的生死及其在文成帝朝的情况。冯左昭仪与常太后虽然同是见诸太武帝朝后宫的人物，但当时她们的地位相差悬殊，两人之间是否存在私交旧恩，由于宫廷事秘，更难探明。不过，常太后与冯左昭仪及其侄女冯氏同是出自龙城的北燕国遗民，这倒是她们与来自南方的李氏之间显著的不同处。在冷漠的宫廷生活中，对失去家族联系的宫人而言，故国故土之情是十分珍贵的，能

---

① 《魏书》卷 83 上《冯熙传》，第 1819 页。
② 《魏书》卷 13《皇后列传》，第 321 页。
③ 《魏书》卷 97《冯文通传》，第 2128 页。
④ 《魏书》卷 4 上《世祖纪上》，第 84 页。
⑤ 《魏书》卷 13《文成文明皇后冯氏传》，第 328 页。
⑥ 参见拙作《北魏文成帝初年的三后之争》，第 79—83 页。

够成为建立和维系宫人之间的情感的纽带。①那么，故国故土之情是不是常太后扶持冯氏的根源呢？

三

宫廷中生活的人颇多顾忌，常太后也不例外，但她在对自己后事的安排上，却暴露出真实的情感。《文成昭太后常氏传》载：

> （常太后）和平元年（460）崩，诏天下大临三日。谥曰昭，葬于广宁磨笄山，俗谓之鸣鸡山。太后遗志也。依惠太后故事，别立寝庙，置守陵二百家，树碑颂德。②

常太后的葬地没有附在北魏皇陵之下，也不在平城的周围，而是选择了远离魏宫的广宁磨笄山中。③文中的"依惠太后故事"一语，透露了常太后不附葬皇陵之下的理由。

惠太后是太武帝的保母，与常太后有相同经历，太武帝即位后被尊为保太后，随后被尊为皇太后。《魏书》卷13《明元密皇后杜氏传附世祖保母窦氏传》载：

> （惠太后）真君元年崩，时年六十三，谥曰惠，葬崞山，从后意也。初，后尝登崞山，顾谓左右曰："吾母养帝躬，敬神而爱人，若死而不灭，必不为贱鬼。然于先朝本无位次，不可违礼以从园陵。此山之上，可以终托。"故葬焉。别立后寝庙于崞山，建碑颂德。④

惠太后所言"于先朝本无位次，不可违礼以从园陵"，是将她别葬于崞山的正当理

---

① 在北魏后宫，宫人们常结为所谓"同火人"。《北魏平城时代》第4章第3节之4《北魏宫廷里的女官》中对"同火人"作了解释："共同的命运，共同的环境，迫使宫人们互相同情，互相帮助，从而结成所谓的'同火人'。"（第249页）在此，笔者需要补充说明，故国故土之情应该是建立和维系"同火人"的重要纽带。

② 《魏书》卷13《文成文明皇后冯氏传》，第327—328页。

③ 北魏广宁县位于今河北省涿鹿县西，参见《北周地理志》附《北魏延昌地形志北边州镇考证》"燕州广宁郡广宁"条，第1105页。

④ 《魏书》卷13《明元密皇后杜氏传附世祖保母窦氏传》，第326页。崞山位于今山西省浑源县境，见《北周地理志》附《北魏延昌地形志北边州镇考证》"恒州繁畤郡崞山"条，第1056—1060页。

由。按照此例，常太后也就有了不附葬于皇陵之下的理由。不过，北魏辖境山陵众多，常太后为何非要选定磨笄山为终托之所呢？

原来，磨笄山的得名与一则典故相关。《史记》卷43《赵世家》赵襄子元年条载："襄子姊前为代王夫人。简子既葬，未除服，北登夏屋，请代王。使厨人操铜枓以食代王及从者，行斟，阴令宰人各以枓击杀代王及从官，遂兴兵平代地。其姊闻之，泣而呼天，摩笄自杀。代人怜之，所死地名之为摩笄之山。"《正义》引《括地志》云："摩笄山一名磨笄山，亦名为（鸣鸡）山，在蔚州飞狐县东北百五十里。《魏土地记》云：'代郡东南二十五里有马头山。赵襄子既杀代王，使人迎其妇。代王夫人曰：'以弟慢夫，非仁也；以夫怨弟，非义也。''磨笄自刺而死。使者亦自杀也'。"①这则典故发生在春秋末年，描述了夹在赵国与代国激烈冲突中的代王夫人的矛盾心理与悲惨结局。冲突的双方，赵国是代王夫人的娘家，代国则是她的夫家。冲突的结果，代王被杀，代国灭亡。亡国失家的代王夫人"泣而呼天"，陷入极度的痛苦中。她既不能"以弟慢夫"，又不愿"以夫怨弟"，只得"摩笄自杀"。这则典故凄凉感人，直到北魏时仍在流传，郦道元注《水经》便有记载。②选定磨笄山为葬地的常太后，肯定知道代王夫人自杀的典故。从常太后的家世推测，她肯定会深切地同情代王夫人的遭遇，理解代王夫人的情感。《常英传》载：兴安二年，"追赠（常）英祖、父，苻坚扶风太守亥为镇西将军、辽西简公，勃海太守澄为侍中、征东大将军、太宰、辽西献王"③。常太后的祖父常亥曾在前秦苻坚朝任扶风郡太守。扶风在西汉时称为右扶风，与京兆尹、左冯翊合谓三辅，是拱卫京师的要地，苻坚时属司隶校尉，辖前秦京师长安以西的部分县。④可见，常亥在苻坚朝相当受器重。常太后的父亲常澄当过勃海郡的太守，但不知是前秦还是后燕的官职。勃海郡领南皮等十县，辖有今河北省的东南部沧州市一带。⑤要之，常家是官宦之家，常太后的祖辈前秦时曾在关中为官，父辈时东迁到黄河下游的勃海郡任职；由本文第二节的考证又知，常家在常太后的长兄常英这一辈时成为北燕国臣民，一度生活在龙城。

《常英传》称常家是因"就食"来到龙城的。在就食龙城的路途中，常太后

---

① 《史记》卷43《赵世家》，中华书局1959年版，第1793—1794页。文中"亦名为"下的"鸣鸡"二字，系点校者所加。

② 详见郦道元注、杨守敬、熊会贞疏《水经注疏》卷13《㶟水》"于延水又东"条，段熙仲点校，陈桥驿复校，江苏古籍出版社1989年版，第1181—1182页。

③ 《魏书》卷83上《常英传》，第1817页。

④ 《汉书》卷28上《地理志上》，中华书局1962年版，第1546页；《晋书》卷14《地理志上》"雍州扶风郡"条，中华书局1974年版，第430—432页。

⑤ 《晋书》卷14《地理志上》"冀州勃海郡"条，第424页；《北周地理志》卷10《河北下》"冀州渤海郡"条，第964页。

的妹夫王睹与常家生活在一起，则王睹即便不是赘婿，也是依附于常家的人。来到龙城的常家，虽然已"无车牛"，却仍然是一个大家庭。①常家后来在龙城的生活如何，已无从得知详情，但仍能窥出一点信息。常太后已经有妹夫王睹，说明常太后原本有过丈夫，因为按一般大家庭的规矩姐姐应在妹妹之前结婚。常太后既然能被选为乳母，说明她在入宫前刚生育不久，或者已经怀孕。那么，在此之前常太后是否还有亲生子女呢？在常太后发迹以后的封赐中，既没有她的丈夫，也没有她的亲生子女，他们可能早就不在人世了。常太后是"以事入宫"的，一个刚生育不久或者正在怀孕的青年妇女能够犯下何等大"事"呢？实在难以猜测。

不过，北魏出兵攻灭北燕，使常家的生活发生根本变化，迫使常太后离开故土与家庭而进入宫廷。虽然后来历史给予契机，使常太后登上北魏宫廷权力的顶峰，但她付出了离乡背井、抛夫别子的沉重代价，这是终生难忘的。

再回过来细味代王夫人自杀的典故，便不难领悟常太后选定磨笄山为葬地的用意。身在魏宫，心中却萦系着故土与亲人，她不能像代王夫人那样"泣而呼天"，只得借磨笄山的典故，含蓄地表达悲愤。②如此眷念故土与亲人的感情，应该是常太后扶持同样出身于燕国龙城冯氏的主要原因。

被常太后选中为皇后的冯氏，后来当上皇太后和太皇太后③，即是北魏历史上有名的政治家文明太后。无独有偶，文明太后在为其孙辈孝文帝选妃之时，居然也有与常太后类似的感情倾向，从而更增强了笔者的上述看法。《魏书》卷13《孝文昭皇后高氏传》载：

> 孝文昭皇后高氏，司徒公肇之妹也。父飏，母盖氏，凡四男三女，皆生于东裔。高祖（孝文帝）初，乃举室西归，达龙城镇，镇表后德色婉艳，任充官掖。及至，文明太后亲幸北部曹，见后姿貌，奇之，遂入掖庭，时年十三。④

---

① 常家是一个大家庭，还可从常太后发迹后其家受封官爵人数众多看出。据《常英传》载，常家受封官爵的人有常太后母宋氏，常太后兄常英，常太后弟常喜及子常振，常太后的三个妹妹，常太后的妹夫王睹，常太后从兄常泰；此外，还有因本传脱误而不明其与常家关系者，如常欣及子常伯夫、次子常员，常伏、常宝、常泰等，见《魏书》卷83上《常英传》，第1817页。

② 领悟常太后选定磨笄山为葬地的用意后，也就不难理解惠太后为何终托于崞山。《魏书》卷13《太武惠太后窦氏传》载："世祖保母窦氏，初以夫家坐事诛，与二女俱入宫。"（第326页）原来惠太后与其二女都是因"夫家坐事诛"而被没入宫的。看来惠太后所言"于先朝本无位次，不可违礼以从园陵"，并非她终托于崞山的真实原因。究其实，惠太后是以"不从园陵"宣泄心中愤懑之情，于是终托于崞山。

③ 冯氏于和平六年（465）五月被尊为皇太后，见《魏书》卷6《显祖纪》第125页；冯氏于承明元年（476）六月被尊为太皇太后，见《魏书》卷7上《高祖纪上》第142页。

④ 《魏书》卷13《孝文昭皇后高氏传》，第335页。

高家于孝文帝朝初年举室迁徙到龙城，此时的龙城已是北魏统治下的镇级建制单元。高氏虽然居处偏远，但是竟与孝文帝有缘，先被龙城镇挑选出来，送到平城；不久又被文明太后亲自选中，"遂入掖庭"，其原因史家归结为高氏"德色婉艳"。这样的解释看似合理，但是如果留意到高氏的年龄，就难以相信史家之言。魏宫粉黛众多，要凭相貌脱颖而出相当困难；至于所谓的"德"，则更是虚饰之词。只有十三虚岁的女童，怎么可能因"德色婉艳"令文明太后这样见多识广的人"奇之"？那么，高氏被文明太后选中的原因究竟是什么？

联系前文关于常太后扶持冯氏的讨论，自然会注意到高氏是由龙城镇选送的，而龙城正是文明太后的故国所在。看来，文明太后见高氏而"奇之"的原因，或许正与其故国情感相关。不过，《文成文明皇后冯氏传》称文明太后"生于长安"，当她出生之时其父亲冯朗已经投降北魏。那么文明太后对远方的故国是否也怀有向往之情呢，为此有必要追溯冯家与龙城的关系。《魏书》卷97《冯跋传》载：

> 海夷冯跋，字文起，小名乞直伐，本出长乐信都。慕容永僭号长子，以跋父安为将。永为垂所灭，安东徙昌黎，家于长谷……后慕容熙僭号，以跋为殿中左监，稍迁卫中郎将，后坐事逃亡。[1]

冯家原居长乐郡信都县。[2]文明太后的曾祖父冯安曾担任西燕国主慕容永的将领。西燕被慕容垂灭亡后，冯安归于后燕，后随慕容余部东迁昌黎。昌黎为西晋旧郡，先后作为前燕、后燕余部以及北燕的都城的龙城就建在昌黎境内。[3]文明太后的伯祖父冯跋曾在后燕慕容熙朝任职。《冯跋传》又载：冯跋曾协助高云诛杀慕容熙，后乘高云为左右所杀的机会于北魏永兴元年（409）自立为大燕天王；北魏神䴥二年（429），文明太后的祖父冯弘发动政变，逼死其兄冯跋，自立为王。[4]文明太后就出生在这样一个在龙城隆兴的北燕王家。

冯安东徙昌黎后，将家安在离龙城不远的长谷。《资治通鉴》卷121《宋纪》元嘉七年（430）九月条记载，燕王冯跋死后也就葬在长谷。[5]长谷位于今辽宁省朝阳市所辖北票市西北的西官营子村界。[6]1965年，在该村以东的姜家山东麓发现冯

---

① 《魏书》卷97《冯跋传》，第2126页。
② 信都位于今河北省冀县城关，《北周地理志》卷10《河北下》"冀州长乐郡信都"条，第960页。
③ 《晋书》卷14《地理志上》"平州昌黎郡"条，第427页；《北周地理志》附《魏书地形志营州所统郡县考证》"昌黎郡龙城"条，第1132—1135页。
④ 《魏书》卷97《冯跋传》，第2126—2127页。
⑤ 《资治通鉴》卷121《宋纪》元嘉七年九月条，中华书局1956年版，第3820页。
⑥ 《北周地理志》附《魏书地形志营州所统郡县考证》昌黎郡龙城"有北谷"条，第1134页。

素弗墓。①冯素弗是冯跋的长弟，辅佐冯跋立国，官至大司马，封辽西公。②冯素弗墓的发现证明文献记载的准确，说明位于龙城附近的长谷正是原北燕国主冯家的祖茔所在地。

北燕灭亡以后，国王冯弘及其眷属大多逃奔高句丽。③而文明太后的父亲冯朗、伯父冯崇、叔父冯邈以及姑母冯左昭仪等，则在北燕灭亡之前便已先后来到魏国，此后他们的遭遇已如本文第二节所述。

冯家在龙城的势力从此消亡，但是冯家后裔却没有忘记祖茔之地。文明太后在魏宫得势以后，派人寻访早年失散的亲兄冯熙。《冯熙传》载："（冯）熙生于长安，为姚氏魏母所养，妹为高宗文成帝后，即文明太后也。使人外访，知熙所在，征赴京师，拜冠军将军，赐爵肥如侯。"④肥如为县名，北魏时属平州辽西郡，系北燕旧地。⑤冯熙被赐以肥如侯爵位，与其家出自北燕有关。不久，冯熙又晋爵为昌黎王。《冯熙传》又载："（冯熙）尚恭宗女博陵长公主，拜驸马都尉。出为定州刺史，晋爵昌黎王。显祖即位，为太傅，累拜内都大官。"⑥这条史料称冯熙晋爵昌黎王是献文帝即位之前的事情。但在《魏书》卷6《显祖纪》中冯熙晋爵昌黎王事系于和平六年六月条下，而献文帝已于此前的五月甲辰即皇帝位。⑦这两条记载在时间上虽然有差异，但是事实是一致的。以昌黎王为冯熙的封号，显然是因为其家出自龙城之故。

《冯熙传》还载："世祖平辽海，熙父朗内徙，官至秦雍二州刺史、辽西郡公，坐事诛。文明太后临朝，追赠假黄钺、太宰、燕宣王，立庙长安。"⑧此处的"辽海"代指被太武帝灭亡的冯家母国北燕。冯朗身为敌国降将，后因"事"而遭诛戮；如今，文明太后却为这位降将、罪人追赠高官显爵，并且立庙祭奠。如果说冯熙受赐肥如侯和晋爵昌黎王尚属常理的话，冯朗被立庙祭奠就不能不说是过分之举了，而这种过分之举正是文明太后对亲人横遭罪戮的悲愤情感的表达。更有甚者，冯氏不但为自己父亲的王号上冠以"燕"字，而且还建立了思燕佛图。《文成文明皇后冯氏传》载："承明元年（476），尊（冯氏）曰太皇太后，复临朝听政，太后

---

①　黎瑶渤：《辽宁北票西官营子北燕冯素弗墓》，《文物》1973年第3期，第2—28页。

②　《晋书》卷125《冯跋载记》，第3127—3134页。

③　参见拙作《魏燕战争前后北魏与高句丽的交往》，载《上海师范大学报》2002年第6期，第74—79页。

④　《魏书》卷83上《冯熙传》，第1818—1819页。

⑤　肥如位于今河北省卢龙县西北，《魏书》卷106上《地形志上》，第2496页；《北周地理志》卷10《河北下》"平州北平郡条"，第1011页。

⑥　《魏书》卷83上《冯熙传》，第1819页。

⑦　《魏书》卷6《显祖纪》，第125页。

⑧　《魏书》卷83上《冯熙传》，第1818页。

立文宣王庙于长安，又立思燕佛图于龙城，皆刊石立碑。"①在北燕旧都建立思燕佛图，这是公开表示对亡于北魏的故国的哀悼。承明元年，文明太后第二次临朝听政，完全掌握了北魏朝政，所以才敢有如此作为。

上述看来，文明太后虽然出生时间在北燕灭亡以后，出生地点不在龙城，但是国恨家仇以及自己没入宫廷的遭遇，均铭刻心间。一旦发迹，她对于故国与家人的亲情便通过种种方式宣泄出来，建立思燕佛图就是最为典型的举动。思燕佛图虽然远在龙城，却萦系着文明太后心中对于家国的哀思，作为纪念故国亡家的标志性建筑，其象征意义比常太后建立在磨笄山中的坟墓要鲜明得多。

现在返回来再看高氏入宫之事，笔者就更觉得并非纯出偶然。与文明太后本无关系的高氏，竟能够被一见而"奇之"，令人不得不推想这与文明太后心中的故国情结密切相关。

要之，出自龙城的常太后扶持祖茔在龙城的冯氏，祖茔在龙城的冯氏即后来的文明太后将出自龙城镇的高氏选入掖庭，虽然两事相隔约 20 年②，却具有一致的选拔同乡故国之人的倾向。这种倾向表明，在北魏后宫中，乡土情结在人际关系上起着重要作用，而常、冯两姓亡国失家的悲怨更助燃了这样的情结。从现实出发，对身为宫内的最高统治者来说，选拔同乡故国之人也有利于巩固和发展自己的势力。特别是皇后居于制约皇帝的有利位置，这正是掌权的太后必定会费尽心思地物色合适人选之处，所以常太后除李扶冯也就在所难免。

时隔久远，情感问题已经很难说得清楚。在选拔后宫的问题上，常太后与文明太后的故土龙城情结肯定是存在的，但是究竟达到何种程度，是否起了决定性的作用，恐怕很难找到直接的证明材料。笔者姑且作出以上的推测，为学界提供一种说法，以此求证于方家。但是，不管出于偶然，还是出于刻意，常太后除李扶冯与文明太后选拔高氏，其结果竟使得北魏的后宫连续出现多位具有龙城背景的皇后与太后。

四

《魏书》卷13《皇后列传》中记载的皇后与太后（包括惠太后和常太后这两位

---

① 《魏书》卷13《文成文明皇后冯氏传》，第329页。

② 孝文帝生于皇兴元年（467）八月戊申，皇兴五年即延兴元年（471）八月丙午登帝位，该年五虚岁，时献文帝为太上皇。承明元年（476）六月辛未献文帝死，当月壬申文明太后冯氏临朝听政，该年孝文帝十虚岁。按此，文明太后选高氏入掖庭事应在承明元年六月之后，时距文明太后自己被立为贵人的兴安元年（452）24年，距文明太后被立为皇后的太安二年（456）20年。

乳母出身的太后）共有 28 位，属于北魏者共有 20 位。其中，竟有 6 位与龙城这个北燕政权的旧都曾有密切的关系，占北魏皇后与太后总数的四分之一弱。这 6 位皇后与太后是常太后、文明太后、孝文废皇后冯氏、孝文幽皇后冯氏、孝文昭皇后高氏、宣武皇后高氏，分别属于常、冯、高三个家族。由常氏到冯氏，再由冯氏到高氏，跨越北魏中期的文成、献文、孝文、宣武四朝天子。值得注意的是，这三个家族都有一个显著特征，那就是具有龙城的历史背景。为了强调这一特征，故笔者将这三家六后统称为龙城诸后。

龙城诸后均非等闲之辈。活跃于文成帝朝的常太后是龙城诸后中首位出场人物，她不仅在后宫制造除李扶冯事件，而且将权力触角伸向外朝，开创了乳母弄权的局面。随后，文明太后在献文帝朝与孝文帝朝两度临朝听政，成为北魏王朝事实上的主宰。[①]

孝文废皇后冯氏是文明太后之兄冯熙的嫡女。《魏书》卷 13《孝文废皇后冯氏传》载：

> 孝文废皇后冯氏，太师熙之女也。太和十七年（493），高祖既终丧，太尉元丕等表以长秋未建，六宫无主，请正内位。高祖从之，立后为皇后。高祖每遵典礼，后及夫、嫔以下接御皆以次进。车驾南伐，后留京师。高祖又南征，后率六宫迁洛阳。[②]

文明太后去世三年之后，冯熙的嫡女被立为皇后。废皇后冯氏是颇有能力的人，"后率六宫迁洛阳"一语说明，当北魏国都从平城迁到洛阳时，正是废皇后冯氏率领六宫粉黛完成迁徙重任，她是孝文帝实现政治改革的内助。不过，同传又载，迁都以后，孝文废皇后冯氏便日渐失宠，而最终被废为庶人。

取代废皇后冯氏的是孝文幽皇后冯氏，她是冯熙庶出之女。《魏书》卷 13《孝文幽皇后冯氏传》载：

> 孝文幽皇后，亦冯熙女。母曰常氏，本微贱，得幸于熙。熙元妃公主薨后，遂主家事。生后与北平公夙。文明太皇太后欲家世贵宠，乃简熙二女俱入掖庭，时年十四。其一早卒。后有姿媚，偏见爱幸。未几疾病，文明太后乃遣还家为尼，高祖犹留念焉。岁余而太后崩。高祖服终，颇存访之，又闻后素疹

---

① 参见拙作《北魏平城时代》第 3 章第 3 节《乳母常氏权倾内外》，第 175—193 页；第 4 章第 2 节《文明太后临朝听政》，第 208—225 页。

② 《魏书》卷 13《孝文废皇后冯氏传》，第 332 页。

瘁除，遣阉官双三念玺书劳问，遂迎赴洛阳。及至，宠爱过初，专寝当夕，宫人稀复进见。拜为左昭仪，后立为皇后。①

孝文幽皇后冯氏的经历颇为曲折，也因此而更受孝文帝的恩宠。同传还载，幽皇后冯氏不仅"专寝当夕"，后来甚至萌生出"得如文明太后辅少主称命"的念头。其实，这又未尝不是文明太后的初衷，因为文明太后将幽皇后冯氏等送入掖庭的目的，就是为了"欲家世贵宠"。据同传载，幽皇后冯氏逞威于后宫，直到孝文帝去世为止。

孝文昭皇后高氏就是前述从龙城镇选入掖庭的高氏，生前并未得到皇后的称号，直到其子宣武帝即位后才被追尊为后。②高氏倍受孝文帝的恩宠，生有二子一女，但也因此陷入宫廷斗争而遭暗算。其结果，如《孝文昭皇后高氏传》所载："遂生世宗（宣武帝），后生广平王怀，次长乐公主。及冯昭仪宠盛，密有母养世宗之意。后自代如洛阳，暴薨于汲郡之共县，或云昭仪遣人贼后也。"③

龙城诸后中最后一位是宣武皇后高氏，她是昭皇后高氏之弟高偃的女儿，于永平元年（508）七月甲午被立为皇后，其时宣武帝原先的皇后于氏"暴崩"不久。④《魏书》卷13《宣武顺皇后于氏传》载：

> 宣武顺皇后于氏，太尉烈弟劲之女也，世宗乃迎入为贵人，时年十四，甚见宠爱，立为皇后，谒于太庙。后静默宽容，性不妒忌，其后暴崩，宫禁事秘，莫能知悉，而世议归咎于高夫人。⑤

顺皇后于氏死得不明，但事主已隐约有所指向，系与高夫人有关。高夫人就是后来的宣武皇后。《魏书》卷13《宣武皇后高氏传》称，高皇后"甚见礼重。性妒忌，宫人希得进御"；又称，"世宗暮年，高后悍忌，夫人嫔御有至帝崩不蒙侍接者"⑥。高夫人当上皇后以后，争得宣武帝专宠。她敢于"悍忌"的原因是有高氏外戚的支撑，而高氏外戚的发达其实受惠于孝文昭皇后高氏的荫庇。

---

① 《魏书》卷13《孝文幽皇后冯氏传》，第332—333页。据《高祖纪下》载，孝文幽皇后被立为皇后的时间是太和二十一年（497）七月甲午，第182页。
② 《魏书》卷8《世宗纪》太和二十三年六月戊辰条，第191页。
③ 《魏书》卷13《孝文昭皇后高氏传》，第335页。
④ 《魏书》卷8《世宗纪》，第205—206页。
⑤ 《魏书》卷13《宣武顺皇后于氏传》，第336页。
⑥ 《魏书》卷13《宣武皇后高氏传》，第336—337页。

宣武帝即位以后，为了抑制宗室王势力而借助于外戚，遂使其舅家高氏骤然发迹。①《魏书》卷83下《高肇传》载："景明（500—503）初，世宗追思舅氏，征肇兄弟等。"高肇为孝文昭皇后高氏之兄，入朝不久就位居权要。同传载：

> 　　未几，肇为尚书左仆射、领吏部、冀州大中正，尚世宗姑高平公主，迁尚书令。肇出自夷土，时望轻之。及在位居要，留心百揆，孜孜无倦，世咸谓之为能。世宗初，六辅专政，后以咸阳王禧无事构逆，由是遂委信肇。肇既无亲族，颇结朋党，附之者旬月超升，背之者陷以大罪，又说世宗防卫诸王，殆同囚禁。时顺皇后暴崩，世议言肇为之。②

由于高氏外戚在外朝显赫，宣武皇后高氏遂在宫中得势。延昌四年（515），宣武帝去世，高肇被宗室王势力杀害，高皇后失去外援，随即失势。《宣武皇后高氏传》载："及肃宗即位，上尊号曰皇太后。寻为尼，居瑶光寺，非大节庆，不入宫中。"③高皇后出俗为尼的时间是延昌四年（515）三月甲辰。④至此，龙城诸后群体退出历史舞台。

在《皇后列传》的排序中，从常太后到宣武皇后高氏之间，除前已述及的文成元皇后李氏、宣武顺皇后于氏外，还穿插有献文思皇后李氏和孝文贞皇后林氏两位皇后，此二人均无龙城背景。⑤思皇后李氏是孝文帝的生母，贞皇后林氏是孝文帝的第一位太子元恂的生母，她们都是依据子贵母死故事而被当时控制后宫的文明太后处死的，而且她们的皇后称号都是死后追谥的。⑥可见，元皇后李氏等四位都是宫廷斗争的牺牲品，她们的存在并不能打破龙城诸后持续不断的格局，更没能影响龙城诸后相继操纵后宫权力的态势。

从兴安元年常氏被尊为保太后开始，到延昌四年宣武皇后高氏被迫出俗为止，历时64年之间，北魏宫廷内外受制于龙城诸后势力。从纵向看，龙城诸后由常、冯、高三大家族相继接力，连续不断地操纵着后宫。从横向看，龙城诸后均向外串联，先后建立起以后权为核心而由外戚、宦官、近侍、权臣形成的政治集团——常

---

　　① 参见拙作《从平城时代到洛阳时代》，载《黄河文化论坛》第9辑，中国戏剧出版社2003年版，第1—17页。

　　② 《魏书》卷83下《高肇传》，第1829—1830页。

　　③ 《魏书》卷13《宣武皇后高氏传》，第336页。

　　④ 《魏书》卷9《肃宗纪》，第221页。《宣武皇后高氏传》第336—337页载："神龟元年（518），太后出觐母武邑君。时天文有变，灵太后欲以后当祸，是夜暴崩，天下冤之。"宣武皇后高氏死于灵太后之手。

　　⑤ 《魏书》卷13《献文思皇后李氏传》，第331页；《孝文贞皇后林氏传》，第332页。

　　⑥ 参见拙作《北魏子贵母死故事考述》，第69—74页。

氏集团、冯氏集团与高氏集团①，进而影响或控制北魏朝政。龙城诸后活跃之际正是北魏政治充分发展的时期，是北魏历史上值得重视的群体。有关龙城诸后的形成过程和常、冯、高三家势力之间的关系，尚存在诸多问题。本文只是进行粗略的探索，希望能抛砖引玉，以求更深的理解。

（刊于 2007 年第 3 期）

---

① 关于常氏、冯氏政治集团，参见拙作《北魏平城时代》第 3 章第 3 节之 3《常氏势力》，第 186—193 页；第 4 章第 2 节之 2《冯氏势力》，第 218—225 页。关于高氏政治集团，参见拙作《从平城时代到洛阳时代》，第 13—17 页。

论　韩　愈

陈寅恪

古今论韩愈者众矣，誉之者固多，而讥之者亦不少，讥之者之言则昌黎所谓“蚍蜉撼大树，可笑不自量”者（《昌黎集》伍《调张籍诗》），不待赘辩，即誉之者亦未中肯綮。今出新意，仿僧徒诠释佛经之体，分为六门，以证明昌黎在唐代文化史上之特殊地位。至昌黎之诗文为世所习诵，故略举一二，藉以见例，无取详备也。

一曰：建立道统证明传授之渊源。

华夏学术最重传授渊源，盖非此不足以征信于人，观两汉经学传授之记载，即可知也。南北朝之旧禅学已采用阿育王经传等书，伪作《付法藏因缘传》，已证明其学说之传授。至唐代之新禅宗，特标教外别传之旨，以自矜异，故尤不得不建立一新道统，证明其渊源之所从来，以压倒同时之旧学派，此点关系吾国之佛教史，人所共知，又其事不在本文范围，是以亦可不必涉及，唯就退之有关者略言之。

《昌黎集》一一《原道》略云：

> 曰，斯道也，何道也？曰，斯吾所谓道也，非向所谓老与佛之道也，尧以是传之舜，舜以是传之禹，禹以是传之汤，汤以是传之文武周公，文武周公传之孔子，孔子传之孟轲，轲之死不得其传焉。

退之自述其道统传授渊源固由孟子卒章所启发，亦从新禅宗所自称者摹袭得来也。

《新唐书》一七六《韩愈传》略云：

> 愈生三岁而孤，随伯兄会贬官岭表。

《昌黎集》一《复志赋》略云：

> 当岁行之未复兮，从伯氏以南迁。凌大江之惊波兮，过洞庭之漫漫。至曲江而乃息兮，逾南纪之连山。嗟日月其几何兮，携孤嫠而北旋。值中原之有事兮，将就食于江之南。

同书二三《祭十二郎文》略云：

> 呜呼！吾少孤，及长，不省所怙，惟兄嫂是依，中年兄殁南方，吾与汝俱幼，从嫂归葬河阳，既又与汝就食江南，零丁孤苦，未尝一日相离也。

李汉《昌黎先生集序》略云：

> 先生生于大历戊申，幼孤，随兄播迁韶岭。

寅恪案，退之从其兄会谪居韶州，虽年颇幼小，又历时不甚久，然其所居之处为新禅宗之发祥地，复值此新学说宣传极盛之时，以退之之幼年颖悟，断不能于此新禅宗学说浓厚之环境气氛中无所接受感发，然则退之道统之说表面上虽由孟子卒章之言所启发，实际上乃因禅宗教外别传之说所造成，禅学于退之之影响亦大矣哉！宋儒仅执退之后来与大颠之关系，以为破获赃据，欲夺取其道统者，似于退之一生经历与其学说之原委犹未达一间也。

二曰：直指人伦，扫除章句之繁琐。

唐太宗崇尚儒学，以统治华夏，然其所谓儒学，亦不过承继南北朝以来正义义疏繁琐之章句学耳。又高宗武则天以后，偏重进士词科之选，明经一目仅为中材以下进取之途径，盖其所谓明经者，止限于记诵章句，绝无意义之发明，故明经之科在退之时代，已全失去政治社会上之地位矣。（详见拙著《唐代政治史述论稿》上篇）南北朝后期及隋唐之僧徒亦渐染儒生之习，诠释内典，袭用儒家正义义疏之体裁，与天竺诂解佛经之方法殊异（见拙著《杨树达论语义证序》），如禅学及禅宗最有关之三论宗大师吉藏天台宗大师智颛等之著述与贾公彦、孔颖达诸儒之书其体制适相冥会，新禅宗特提出直指人心见性成佛之旨，一扫僧徒繁琐章句之学，摧陷廓清，发聋振聩，固吾国佛教史上一大事也。退之生值其时，又居其地，睹儒家之积弊，效禅侣之先河，直指华夏之特性，扫除贾孔之繁文，《原道》一篇中心旨意实在于此，故其言曰：

传曰，古之欲明明德于天下者，先治其国，欲治其国者，先齐其家，欲齐其家者，先修其身，欲修其身者，先正其心，欲正其心者，先诚其意，然则古之所谓正心而诚意者，将以有为也。今也欲治其心，而外天下国家，灭其天常，子焉而不父其父，臣焉而不君其君，民焉而不事其事。

同书伍《寄卢仝诗》云：

《春秋》三传束高阁，独抱遗经究终始。

寅恪案，《原道》此节为吾国文化史中最有关系之文字，盖天竺佛教传入中国时，而吾国文化史已达甚高之程度，故必须改造，以蕲适合吾民族政治社会传统之特性，六朝僧徒"格义"之学（详见拙著《支愍度学说考》，载《蔡元培六十二岁纪念论文集》）即此种努力之表现，儒家书中具有系统易被利用者，则为《小戴记》之《中庸》，梁武帝已作尝试矣（《隋书》三二《经籍志》经部有梁武帝撰《中庸讲疏》一卷，又《私记制旨中庸义》五卷）。然《中庸》一篇虽可利用，以沟通儒释心性抽象之差异，而于政治社会具体上华夏天竺两种学说之冲突，尚不能求得一调和贯彻，自成体系之论点。退之首先发见《小戴记》中《大学》一篇，阐明其说，抽象之心性与具体之政治社会组织可以融会无碍，即尽量谈心说性，兼能济世安民，虽相反而实相成，天竺为体，华夏为用，退之于此以奠定后来宋代新儒学之基础，退之固是不世出之人杰，若不受新禅宗之影响，恐亦不克臻此。又观退之《寄卢仝诗》，则知此种研究经学之方法亦由退之所称奖之同辈中人发其端，与前此经诗著述大意，而开启宋代新儒学家治经之途径者也。

三曰：排斥佛老，匡救政俗之弊害。
《昌黎集》一一《原道》略云：

古之为民者四，今之为民者六，古之教者处其一，今之教者处其三，农之家一，而食粟之家六，工之家一，而用器之家六，贾之家一，而资焉之家六，奈之何民不穷且盗也。

是故君者，出令者也，臣者，行君之令而致之民者也，民者，出粟米麻丝，作器皿，通货财，以事其上者也。君不出令，则失其所以为君，臣不行君之令而致之民，民不出粟米麻丝，作器皿，通货财，以事其上，则诛。

人其人，火其书，庐其居，明先王之道以道之，鳏寡孤独废疾者有养也，其亦庶乎其可也。

同书二《送灵师诗》略云：

> 佛法入中国，尔来六百年，齐民逃赋役，高士著幽禅。官吏不之制，纷纷听其然。耕桑日失隶，朝署时遗贤。

同书一《谢自然诗》略云：

> 人生有常理，男女各有伦。寒衣及饥食，在纺绩耕耘，下以保子孙，上以奉尊亲，苟异于此道，皆为弃其身。噫乎彼寒女，永托异物群。感伤遂成诗，昧者宜书绅。

寅恪案，上引退之诗文，其所持排斥佛教之论点，此前已有之，实不足认为退之之创见，特退之所言更较精辟，胜于前人耳。《原道》之文微有语病，不必以辞害意可也。《谢自然诗》乃斥道教者，以其所持论点与斥佛教者同，故亦附录于此。今所宜注意者，乃为退之所论实具有特别时代性，即当退之时佛教徒众多，于国家财政及社会经济皆有甚大影响，观下引彭偃之言可知也。

《唐会要》四七《议释教上》（参《旧唐书》一二七《彭偃传》）略云：

> 大历十三年四月剑南东川观察使李叔明奏请澄汰佛道二教，下尚书省集议。都官员外郎彭偃献议曰，王者之政，变人心为上，因人心次之，不变不因，循常守故者为下，故非有独见之明，不能行非常之事。今陛下以维新之政，为万代法，若不革旧风，令归正道者，非也。当今道士有名无实，时俗鲜重，乱政犹轻，惟有僧尼，颇为秽杂。自西方之教被于中国，去圣日远，空门不行五浊，比邱但行粗法，爰自后汉，至于陈隋，僧之教灭，其亦数四，或至坑杀，殆无遗余，前代帝王，岂恶僧道之善，如此之深耶？盖其乱人亦已甚矣。且佛之立教清净无为，若以色见，即是邪法，开示悟入，惟有一门，所以三乘之人，比之外道，况今出家者，皆是无识下劣之流，纵其戒行高洁，在于王者，已无用矣。今叔明之心甚善，然臣恐其奸吏诋欺，而去之者未必非，留者不必是，无益于国，不能息奸，既不变人心，亦不因人心，强制力持，难致远耳。臣闻天生蒸民，必将有职，游行浮食，王制所禁，故有才者受爵禄，不肖者出租税，此古之常道也。今天下僧道不耕而食，不织而衣，广作危言险语，以惑愚者。一僧衣食，岁计约三万有余，五丁所出，不能致此，举一僧以

计天下，其费可知，陛下日旰忧勤，将去人害，此而不救，奚其为政？臣伏请僧道未满五十者，每年输绢四疋，尼及女道士未满五十者，输绢二疋，其杂色役与百姓同，有才智者，令入仕，请还俗为平人者听，但令就役输课，为僧何伤？臣窃料其所出，不下今之租赋三分之一，然则陛下之国富矣，苍生之害除矣。其年过五十者，请皆免之。夫子曰，五十而知天命，列子曰，不斑白，不知道。人年五十岁嗜欲已衰，纵不出家，心已近道，况戒律检其性情哉？臣以为此令既行，僧尼规避还俗者，固已大半，其年老精修者，必尽为人师，则道释二教益重明矣。上深嘉之。

寅恪案，彭偃为退之同时人，其所言如此，则退之之论自非剿袭前人空言，为无病之呻吟，实匡世正俗之良策，盖唐代人民担负国家直接税及劳役者为"课丁"，其得享有免除此种赋役之特权者为"不课丁"，"不课丁"为当日统治阶级及僧尼道士女冠等宗教徒，而宗教徒之中佛教徒最占多数，其有害国家财政社会经济之处在诸宗教中尤为特著，退之排斥之亦最力，要非无因也。

至道教则唐皇室以姓李之故，道教徒因缘附会。自唐初以降，即逐渐取得政治社会上之地位，至玄宗时而极盛，如以道士女冠隶属宗正寺（见《唐会要》六五宗正寺崇玄署条）尊崇老子以帝号，为之立庙，祀以祖宗之礼，除老子为《道德经》外，更名庄文列庚桑诸子为《南华》《通玄》《冲虚》《洞灵》等经，设崇玄学，以课生徒，同于国子监，道士女冠有犯，准道格处分诸端（以上均见《唐会要》五十《尊崇道教门》）皆是其例。尤可笑者，乃至提《汉书·古今人表》中之老子，自三等而升为一等，（见《唐会要》五十《尊崇道教门》）号老子妻为先天太后，作孔子像，侍老子之侧（以上二事见《唐会要》五十《尊崇道教杂记门》），荒谬幼稚之举措，类此尚多，无取详述。退之排斥道教之论点除与其排斥佛教相同者外，尚有二端，所应注意：一为老子乃唐皇室所攀认之祖宗，退之以臣民之资格，痛斥力诋，不稍讳避，其胆识已自超其侪辈矣；二为道教乃退之稍前或同时之君主宰相所特提倡者，蠹政伤俗，实是当时切要问题。据《新唐书》一百九《王屿传》（参《旧唐书》一百三十《王屿传》）略云：

玄宗在位久，推崇老子道，好神仙事，广修祠祭，靡神不祈。屿上言，请筑坛东郊，祀青帝，天子入其言，擢太常博士侍御史，为祠祭使。屿专以祠解中帝意，有所禳袚，大抵类巫觋。汉以来葬丧皆有瘗钱，后世里俗稍以纸寓钱，为鬼事，至是屿乃用之。肃宗立，累迁太常卿，又以祠祷见宠。乾元三年拜蒲同绛等州节度使，俄以中书侍郎同中书门下平章事。时大兵后，天下愿治，屿望轻，无它才，不为士识谐可，既骤得政，中外怅骇。乃奏置太一坛，劝帝身见九宫祠，帝由是专意，它议不能夺。帝常不豫，太卜建言，崇在山川，屿遣女巫乘传，分祷天下名山大川，巫皆盛服，中人护领，所至干托州县，赂遗狼藉。时有一巫美而蛊，以恶少年数十自随，尤恃姣不法，驰入黄州。刺史左震晨至馆请事，门钥不启，震怒，破钥入，取巫斩廷下，悉诛所从少年，籍其赃，得十余万，因遣还中人。既以闻，屿不能诘，帝亦不加罪，明年罢屿为刑部尚书，又出为淮南节度使，犹兼祠祭使。始屿托鬼神致位将相，当时以左道进者纷纷出焉。

《旧唐书》一百三十《李泌传》略云：

泌颇有谠直之风，而谈神仙诡道，或云尝与赤松子、王乔、安期、羡门游处，故为代所轻，虽诡道求容不为时君所重。德宗初即位，尤恶巫祝怪诞之士，初肃宗重阴阳祠祝之说，用妖人王屿为宰相。或命巫媪乘驿行郡县以为厌胜，凡有所兴造功役，动牵禁忌。而黎干用左道，位至尹京，尝内集众工编刺珠绣为御衣，既成而焚之，以为禳袯，且无虚月。德宗在中宫颇知其事，即位之后，罢集僧于内道场，除巫祝之祀，有司言，宣政内廊坏，请修缮，而太卜云，孟冬为魁冈，不利穿渠，请卜他月。帝曰，《春秋》之义启塞从时，何魁冈之有？卒命修之。又代宗山陵灵驾发引，上号送于承天门，见辒辌不当道，稍指午未间，问其故。有司对曰，陛下本命在午故不敢当道。上号泣曰，安有枉灵驾，而谋身利？卒命直午而行。及建中末寇戎内梗，桑道茂有城奉天之说，上稍以时日禁忌为意，而雅闻泌长于鬼道，故自外徵还，以至大用，时论不以为惬。

及《国史补》上李泌任虚诞条（参《太平广记》二八九《妖妄类》李泌条）云：

李相泌以虚诞自任。尝对客曰，令家人速洒扫，今夜洪崖先生来宿。有人遗美酒一榼，会有客至，乃曰，麻姑送酒来，与君同倾，倾之未毕，阍者云，某侍郎取榼子，泌命倒还之，略无怍色。

则知退之当时君相沉迷于妖妄之宗教，民间受害，不言可知，退之之力诋道教，其隐痛或有更甚于诋佛教者，特未昌言之耳。后人昧于时代性，故不知退之言有物意有指，遂不加深察，等闲以崇正辟邪之空文视之，故特为标出如此。

四曰：呵诋释迦，申明夷夏之大防。

《昌黎集》三九《论佛骨表》略云：

> 臣某言，伏以佛者，夷狄之一法耳，自后汉时流入中国，上古未尝有也。假如其身至今尚在，奉其国命，来朝京师，陛下容而接之，不过宣政一见，礼宾一设，赐衣一袭，卫而出之于境，不令惑众也。

《全唐诗》一二函韩愈十《赠译经僧》诗云：

> 万里休言道路赊，有谁教汝度流沙。只今中国方多事，不用无端更乱华。

寅恪案：退之以谏迎佛骨得罪，当时后世莫不重其品节，此不待论者也。今所欲论者，即唐代古文运动一事，实由安史之乱及藩镇割据之局所引起。安史为西胡杂种，藩镇又是胡族或胡化之汉人（详见拙著《唐代政治史述论稿》上篇），故当时特出之文士自觉或不自觉，其意识中无不具有远则周之四夷交侵，近则晋之五胡乱华之印象，"尊王攘夷"所以为古文运动中心之思想也。在退之稍先之古文家如萧颖士、李华、独孤及、梁肃等；与退之同辈之古文家如柳宗元、刘禹锡、元稹、白居易等，虽同有此种潜意识，然均不免认识未清晰，主张不彻底，是以不敢亦不能因释迦为夷狄之人，佛教为夷狄之法，抉其本根，力排痛斥，若退之之所言所行也。退之之所以得为唐代古文运动领袖者，其原因即在于是，此意已见拙著《元白诗笺证稿·新乐府章法曲篇》末，兹不备论。

五曰：改进文体，广收宣传之效用。

关于退之之文，寅恪尝详论之矣。（见拙著《元白诗笺证稿·长恨歌章》）其大旨以为退之之古文乃用先秦两汉之文体，改作唐代当时民间流行之小说，欲藉之一扫腐化僵化不适用于人生之骈体文，作此尝试而能成功者，故名虽复古，实则通今，在当时为最便宣传，甚合实际之文体也。至于退之之诗，古今论者亦多矣，兹仅举一点，以供治吾国文学史者之参考。

陈师道《后山居士诗话》云：

> 退之以文为诗，子瞻以诗为词，如教坊雷大使之舞，虽极天下之工，要非本色。今代词手唯秦七黄九尔，唐诸人不迨也。

寅恪案：退之以文为诗，诚是确论，然此为退之文学上之成功，亦吾国文学史上有趣之公案也。据《高僧传》二《译经》中《鸠摩罗什传》略云：

> 初、沙门慧睿才识高明，常随什传写。什每为睿论西方辞体，商略同异，云：天竺国俗甚重文制，其宫商体韵以入弦为善。凡觐国王，必有赞德，见佛之仪以歌叹为贵，经中偈颂皆其式也，但改梵为秦，失其藻蔚，虽得大意，殊隔文体，有似嚼饭与人，非徒失味，乃令呕哕也，什常作颂赠沙门法和云，"心山育明德，流薰万由延。哀鸾孤桐上，清音彻九天"，凡为十偈，辞喻皆尔。

盖佛经大抵兼备"长行"即散文及偈颂即诗歌两种体裁。而两体辞意又往往相符应。考"长行"之由来，多是改诗为文而成者，故"长行"乃以诗为文，而偈颂亦可视为以文为诗也。天竺偈颂音缀之多少，声调之高下，皆有一定规律，唯独不必叶韵，六朝初期四声尚未发明，与罗什共译佛经诸僧徒虽为当时才学绝伦之人，而改竺为华，以文为诗，实未能成功，惟仿偈颂音缀之有定数，勉强译为当时流行之五言诗，其他不遑顾及，故字数虽有一定，而平仄不调，音韵不叶，生吞活剥，似诗非诗，似文非文，读之作呕，此罗什所以叹恨也。如马鸣所撰《佛所行赞》，为梵文佛教文学中第一作品。寅恪昔年与钢和泰君共读此诗，取中文二译本及藏文译本比较研究，中译似尚逊于藏译，当时亦引为憾事，而无可如何者也。自东汉至退之以前，此种以文为诗之困难问题迄未有能解决者。退之虽不译经偈，但独运其天才，以文为诗，若持较华译佛偈，则退之之诗词旨声韵无不谐当，既有诗之优美，复具文之流畅，韵散同体，诗文合一，不仅空前，恐亦绝后。试观清高宗御制诸诗，即知退之为非常人，决非效颦之辈所能企及者矣。后来苏东坡、辛稼轩之词亦是以文为之，此则效法退之而能成功者也。

六曰：奖掖后进，期望学说之流传。

唐代古文家多为才学卓越之士，其作品如《唐文粹》所选者足为例证，退之一人独名高后世，远出余子之上者，必非偶然。据《旧唐书》一百六十《韩愈传》略云：

> 大历贞元之间文字多尚古学，效杨雄、董仲舒之述作，而独孤及、梁肃最称渊奥，儒林推重。愈从其徒游，锐意钻仰，欲自振于一代。

及《新唐书》一七六《韩愈传》略云：

> 愈成就后进士，往往知名，经愈指授皆称"韩门弟子"。

则知退之在当时古文运动诸健者中，特具承先启后作一大运动领袖之气魄与人格，为其他文士所不能及。退之同辈胜流如元微之、白乐天，其著作传播之广，在当日尚过于退之。退之官又低于元，寿复短于白，而身殁之后，继续其文其学者不绝于世，元白之遗风虽或尚流传，不至断绝，若与退之相较，诚不可同年而语矣。退之所以得致此者，盖亦由其平生奖掖后进，开启来学，为其他诸古文运动家所不为，或偶为之而不甚专意者，故"韩门"遂因此而建立，韩学亦更缘此而流传也。世传隋末王通讲学河汾，卒开唐代贞观之治，此固未必可信，然退之发起光大唐代古文运动，卒开后来赵宋新儒学新古文之文化运动，史证明确，则不容置疑者也。

综括言之，唐代之史可分前后两期，前期结束南北朝相承之旧局面，后期开启赵宋以降之新局面，关于政治社会经济者如此，关于文化学术者亦莫不如此。退之者，唐代文化学术史上承先启后转旧为新关捩点之人物也。其地位价值若是重要，而千年以来论退之者似尚未能窥其蕴奥，故不揣愚昧，特发新意，取证史籍，草成此文，以求当世论文治史者之教正。

（刊于 1954 年第 2 期）

唐代藩镇类型及其动乱特点

张国刚

　　关于唐代藩镇问题，以往由于缺乏分门别类的考察研究，常常笼统地把藩镇与割据等同起来，把大量的藩镇动乱一概视为割据与叛乱。这样，不仅不能将藩镇问题的研究引向深入，反而模糊了人们对唐后期政治风潮、经济变革、制度更替以至文学现象的认识和理解，从而使唐代长达一个半世纪的复杂历史变成了苍白的一页。本文试图从藩镇类型分析入手，对各类藩镇的基本状况及其与中央的关系、动乱的特点和原因作一粗浅探讨。

一

　　唐代藩镇是由开元、天宝时期的周边节度使和内地采访使，在安史之乱这一特定历史条件下演化形成的行政实体。它们演变渊源不同，在整个藩镇形势中的地位各异，因而形成了若干各具特色的类型。首先，安禄山起兵发端于河朔，战乱平息后，河北地区仍由安史旧部统领，并且出现了割据自雄的局面，迄唐亡不改，流风余韵及于河南部分地区；同时，为抗击安史叛乱，中原地区亦相继置镇，战后不仅未能罢去，反而作为与河朔抗衡的武装力量而长期存在；而战争期间，边防军悉师赴东，吐蕃、党项乘虚而入，战乱甫平，唐廷调集大批兵力驻守西北，遂成重镇，后南诏勃兴，西南边陲亦为军事要区。以上三处都是重兵集结之地，唯东南诸道，战时虽亦设镇，但因无重大军事需要，养兵不多，故成为唐王朝的财源之地。

　　关于唐代藩镇的不同类型，在当时一些著名政论家和政治家的有关论述中就已提及。如晚唐杜牧的《战论》、《罪言》曾分藩镇为四类：河北诸镇为一类，是割据的中心地带；防遏河北骄藩的中原诸镇为一类。西北边镇及东南诸藩则构成另外两种类型，所谓"咸阳西北，戎夷大屯，嚇呼膻臊，彻于帝君，周秦单师，不能排辟，于是尽铲吴越荆楚之饶，以啖兵戎"①。

杜牧描述的这种藩镇形势，在中唐名相李吉甫《元和国计簿》中亦有体现。他所说的"皆藩镇世袭"的易定、魏博、镇冀、范阳、沧景、淮西、淄青等镇，实即杜牧所言河北镇；"皆被边"的凤翔、邠坊、邠宁、振武、泾原、银夏、灵盐、河东等镇；实即杜牧所言"咸阳西北"诸镇；东南八道四十九州实即杜牧所言"吴越荆楚"等镇；此外，他未提的藩镇，则多为杜牧所言中原藩镇。②

上述带有明显地域差别的藩镇分类比较实际地体现了各类藩镇与唐朝中央的政治、军事和财政关系，也大体符合自安史之乱平定迄黄巢起义爆发这一时期的藩镇基本形势。根据这种分类，可将九世纪初叶《元和郡县志》所列四十四个藩镇分别归类如下：

（1）河朔割据型（简称河朔型）：魏博、成德、卢龙、易定、沧景、淮西、淄青。

（2）中原防遏型（简称中原型）：宣武、忠武、武宁、河阳、义成、昭义、河东、陕虢、山南东、河中、金商。

（3）边疆御边型（简称边疆型），分西北疆与西南疆两部分。西北疆有：凤翔、邠宁、邠坊、泾原、振武、天德、银夏、灵武。西南疆有：山南西、西川、东川、黔中、桂管、容管、邕管、安南、岭南。

（4）东南财源型（简称东南型）：浙东、浙西、宣歙、淮南、江西、鄂岳、福建、湖南、荆南。

应该指出，上述分类只是代表一种基本趋向，具体到某个藩镇的归属，有的可能有两重性，有的可能因藩镇的废置、并合及割据形势的变化而有所变化，但一些典型藩镇的基本特点则是明显而稳定的，因此，我们主要就这些典型藩镇的基本状况及其与中央的关系作一考察。

首先研究河朔型。在前举元和时河朔型藩镇中，除幽州（卢龙）镇为开天时缘边十镇之一外，成德、魏博、淄青、淮西皆安史之乱期间或平定后所置，易定、沧景建置更晚，约在德宗初年。其典型代表为河北平原上的魏、镇、幽三镇。元和以后，其他藩镇或灭或附，唯此三镇绝而复苏，强梁迄于唐末。

河朔藩镇有三个最基本的特征。在政治上，藩帅不由中央派遣而由本镇拥立。如魏博、成德、卢龙三镇节度使前后凡五十七人，唐廷所任者仅四人③，其余都是父死子继、兄终弟及或偏裨擅立。在财政上，赋税截留本镇而拒不上供中央。在军

①　《樊川文集》卷5。
②　《资治通鉴》卷237，元和二年十二月条及胡注。
③　岑仲勉：《隋唐史》，高等教育出版社1957年版，第268页。

事上，养蓄重兵，专恣一方，并倚之作为与中央分庭抗礼的凭借。大历、建中、贞元、元和、长庆时，唐廷皆与河朔诸镇发生过激烈的战争，无不以唐廷的屈辱告终。据《资治通鉴》记载，从广德元年到乾符元年的一百一十余年间，共发生过一百七十一起藩镇动乱，河朔凡六十五起，在四类藩镇中冠于首位；而且反叛事件多发生在河朔。

但是，我们能否因此就视河朔诸镇为"其政治、军事、财政等与长安中央政府实际上固无隶属之关系，其民间社会亦未深受汉族文化之影响，即不以长安、洛阳之周孔名教及科举仕进为其安身立命之归宿"的夷狄之邦，从而得出"当时大唐帝国版图以内实有截然不同之二分域"[①] 的结论呢？显然不能。因为这样就把河朔割据绝对化了，就抹煞了它们与中央千丝万缕的联系。

大量事实表明，唐朝的政策法令在河北地区亦有施行。比如，河北地区州县行政区划的改易和废置[②]，官吏员额的增减[③]，唐廷的敕令就起一定作用。甚至河北官员也有从中央调进或征出的。[④] 只因时人对河朔的歧视，关于这方面的情况，在一般公私记载里大都削而不载。元和末，克定两河，乌重胤针对河朔"刺史失其职，反使镇将领兵事"的情况上奏曰："所以河朔六十年能拒朝命者，只以夺刺史、县令之职，自作威福故也。"[⑤] 这从侧面反映出河朔地区的刺史县令并非都与节度使同流合污。是否因为他们的任免与中央关系密切些，值得探讨。

进士科也是河朔型藩镇文人的仕途。幽州人王仲堪大历七年举进士及第。[⑥] 卢龙节度使刘怦的儿子刘济"游学京师，第进士"[⑦]。魏州人公乘亿"以辞赋著名"[⑧]，垂三十举而及第。淄青郓州人高沐贞元中应举进士科。[⑨]《会昌五年举格节文》详载诸道州府解送应试士人员额，魏博、幽州等处的员额是"进士不得过十一人，明经不得过十五人"[⑩]。

河朔型藩镇不输王赋，但法令上仍实行两税法。建中元年（780），黜陟使洪

---

① 陈寅恪：《唐代政治史述论稿》，商务印书馆 1947 年版，第 19 页。按这种观点影响甚广，一般论著多因其说。

② 参见《太平寰宇记》卷 56 磁州，卷 68 宁边军，卷 61 镇州，卷 57 澶州，卷 54 魏州，卷 64 德州，卷 70 涿州；《唐会要》卷 71。

③ 参见《唐会要》卷 69，《州府县加减官》。

④ 参见《太平寰宇记》卷 64 德州；《新唐书》卷 151《陆长源传》，卷 157《樊泽传》；《旧唐书》卷 137《李益传》，卷 145《刘栖楚传》；《全唐文》卷 598 欧阳詹《马实墓志》，卷 614 王叔平《唐故监察御史里行太原王公墓志铭》等。

⑤ 《旧唐书》卷 161，《乌重胤传》。

⑥ 《全唐文》卷 614，王叔平：《唐故监察御史里行太原王公墓志铭》。

⑦ 《新唐书》卷 212，《刘怦附济传》。

⑧ 《唐摭言》卷 8，《忧中有喜》。

⑨ 《新唐书》卷 187 下，《高沐传》。

⑩ 《唐摭言》卷 1。

经纶在河北推行两税法期间，还曾在洺州树立碑铭①，在幽州表彰风化②，在魏博裁减官卒。③ 贞元八年（792），朝廷派秘书少监常咸往恒、冀、德、棣、深、赵等州，中书舍人奚陟往申、光、蔡等州宣慰赈给诸州遭水灾百姓，敕令其赈给予赐物"并以所在官中两税物、地税米充给"④。贞元八年（802）七月敕又云："蔡、申、光三州言：春大水，夏大旱。诏其当道两税除当军将士春冬衣赐及支用外，各供上都钱物已征及在百姓腹内，量放三年。"⑤ 这些材料都是河朔型藩镇亦按两税法征税的有力证据。

唐朝中央在各镇设有监军院，各镇在长安亦置进奏院。唐廷不能任派河朔型藩镇节度使，但诸镇藩帅的拥立，毫无例外地都要得到监军使认可，并由他们奏报中央批准。监军院与进奏院不仅构成了中央与骄藩联系的桥梁，而且也成为唐廷在割据地区施行统治和骄藩在政治上奉事朝廷的象征。⑥ 唐廷与河朔藩镇的战争多围绕着藩帅的任命、旌节的授予，建中年间如此，元和时亦然，故王夫之说："（吴）元济岂有滔天之逆志哉，待赦而得有其旌节耳。王承宗，李师道亦犹是也。"⑦ 这一事实说明河朔诸镇既企图游离于中央统治之外，又不能彻底否定中央政权。总之，如果我们把前述河朔型藩镇企图摆脱中央集权的政治倾向称为游离性的话，那么，它们的这种不否定中央统治的特点则可称之为依附性了。可见，河朔型藩镇具有游离性与依附性并存的特点，不能把它们的割据绝对化。

河朔型以外的中原、边疆、东南型藩镇都是非割据性藩镇。其中仅泽潞刘稹（中原型）、夏州杨惠琳（边疆型，西北边）、西川刘辟（边疆型，西南边）、浙西李锜（东南型）曾有短暂叛乱。总的来说，这里是"顺地"⑧，而非"反侧之地"⑨。在这一点上，它们具有一致性。然而，它们之间又有很多不同，其中尤以中原型最为复杂。下面分别讨论之。

中原型藩镇以宣武、武宁、忠武、泽潞、河阳、义成等为典型代表。这一带在安史之乱期间是厮杀最激烈的战场，这些藩镇一般是由战争期间临时所置军镇分合

① 《宝刻丛编》卷6，《洺州》引《金石录》。
② 《旧唐书》卷162，《高霞寓传》。
③ 《旧唐书》卷127，《洪经纶传》
④ 《文苑英华》卷435，《遣使赈给天下遭水灾百姓敕》；《唐大诏令集》卷116，《遣使安抚水灾诸州诏》。
⑤ 《册府元龟》卷431，《蠲复三》。
⑥ 关于唐代的监军制度和进奏院制度，分别参见拙作《唐代监军制度考论》（《中国史研究》1981年第2期），《唐代进奏院考略》（《文史》第18辑）。
⑦ 《读通鉴论》卷25，《宪宗十四》。
⑧ 李翱《李文公集》卷11，《韩公行状》："贞元季年，虽顺地节将死，多即军中取行军、副使将校以授之节。"此"顺地"即指河朔型以外藩镇。
⑨ 李绛《李相国论事集》卷3，《又上镇州事》："今镇州事势与刘辟，李锜不同。何者？剑南、浙西本非反侧之地。"

变化而来。

从地理位置上看，河朔、东南、关中犹如三角形的三个顶点，中原型藩镇正居于三角形的中心，具有控扼河朔，屏障关中，沟通江淮的重要战略地位。平时这一带"国家常宿数十万兵以守御"①，"严备常若有敌"②，战时则受唐廷调遣去征讨骄藩。故史称"唐自中世以后，收功弭乱，常倚镇兵"③。汴宋、武宁、陕虢等处在漕运干线上，"东南纲运输上都者皆由此道"④。因而它们在保护中央财源上也有重要意义。

这种客观状况势必要求中原诸镇保持强大的军事防务。由于"兵寡不足惮寇"，其兵力甚或时有所增。大历末，马燧经营河东，有"选兵三万"⑤。元和时因讨成德王承宗，"耗散甚众"，及朝廷派王锷去"缉绥训练"，一年后，"兵至五万人，马至五千匹，器械精利，仓库充实"⑥，受到表彰。贞元初，徐州一度罢镇，"地迫于寇，常困絷不支"，宰相李泌陈述利害云："东南漕自淮达诸汴，徐之埇桥为江淮计口"，徐州若失，"是失江淮也"。他建议置重镇于徐州，"夫徐地重而兵劲，若帅又贤，即淄青震矣"。这个意见被德宗采纳，"由是徐复为雄镇"⑦。这些例子充分说明了中原镇重兵驻防的现实必然性。否则，"苟不修其军政，合其大势，制其死命，则不足以辍东顾之忧"，担起"实制东夏之责"⑧。

军事上的重镇必然造成经济上的重负，中原型藩镇的情况正是这样。虽然在战争状态下，按规定朝廷要付一笔"出界粮"，但本道军费并不因此而减。⑨ 还要另加"资遣"⑩，故而耗费更巨。所以杜牧说："河东、盟津、滑台、大梁、彭城、东平尽宿厚兵"，"六郡之师，厥数三亿，低首仰给，横拱不为，则沿淮已北，循河已南，东尽海，西叩洛，经数千里赤地，尽取才能应费。"⑪ "尽取才能应费"，正是李吉甫在《元和国计簿》的中央预算中，于中原型藩镇只字不提的原因所在。

军事上财政上的这些特点，使中原型藩镇动乱具有复杂色彩。由于这里是用武之地，节度使多系武人，因而不可避免地出现一批骄悍的藩帅，如刘玄佐、韩弘、于頔、王智兴等。他们在讨伐叛镇的战争中获得帅位，乘机发展了自己的军事势

---

① 《旧唐书》卷148，《李吉甫传》。
② 《新唐书》卷147，《李芄传》。
③ 《新唐书》卷64，《方镇表一》。
④ 《资治通鉴》卷252，乾符三年五月胡注。
⑤ 《资治通鉴》卷225，大历十四年。
⑥ 《资治通鉴》卷238，元和五年十一月；《旧唐书》卷151，《王锷传》。
⑦ 《新唐书》卷158，《张建封传》。
⑧ 《全唐文》卷577，柳冕《答徐州张尚书论文武书》。
⑨ 崔致远：《桂苑笔耕集》卷5，《奉请天征军任从海衣粮状》。
⑩ 《资治通鉴》卷239，元和十年五月；《旧唐书》卷172，《李石传》。
⑪ 《樊川文集》卷5，《战论》。

力，又利用朝廷借之镇遏骄藩的需要而拥兵自重，"逢时扰攘"，"乘险蹈利"①。但它们仍不失为朝廷制遏河朔型藩镇的武力屏障。如刘玄佐在宣武，淄青"（李）纳甚惮之"②。韩弘在那里也是"镇定一方，威望甚著"③，吴少诚、李师古"皆惮之"④。王智兴在徐州，"常以徐军抗（李）纳"，于頔在襄阳，"时吴少诚张淮西，独惮頔威强"⑤。柳宗元曾一针见血地道出中原镇的复杂情形："将骄卒暴，则近忧且至，非所以和众而乂民也；将诛卒削，则外虞实生，非所以捍城而固圉也。"⑥

中原型藩镇动乱凡五十二起，仅次于河朔而居第二位，其中兵变达三十二起。

再看边疆型。边疆型藩镇的前身是开元、天宝时缘边节度使中朔方、河西、陇右、剑南、岭南等镇，故设置最早。在此我们主要以京西、京北诸镇为典型进行考察。

安史之乱以前，西北边疆就是军务繁剧之地。天宝末年，哥舒翰身兼河西、陇右二帅，统重师以镇之。战乱期间，边防军悉师东讨，吐蕃、党项步步进逼，形势十分紧张。后来一直是"边羌弩战不休"⑦。唐廷除了大力巩固这里的军镇外，又大征山东防秋兵以资守备，大历九年征以备边的幽蓟、魏博、成德、淄青、汴宋、河中及申、黄、安、息等军队达二十八万人。⑧尔后，这里的重兵集结一般在二十万人以上。⑨甚至有些方镇的兵力还时有所增。⑩西北地区遂成为唐朝军事斗争的重心。

如此庞大的武装在长安附近集结，客观上形成了对中央的军事压力和威胁。因此，唐廷一方面通过化大为小、削弱藩镇的力量来加强对这一地区的控制⑪；另一方面又扶植神策军势力以监制西北藩镇。唐神策军凡十三镇⑫，其势力遍及京西的凤翔、秦、陇、原、泾、渭；京北的邠、宁、丹、延、鄜、坊、庆、灵、盐、夏、绥、银、宥等地区⑬。它们"皆取中尉处分"，与所在节度使"相视如平交"⑭。

---

① 《旧唐书》卷156，《于頔、韩弘、王智兴传》"赞曰"、"史臣曰"。
② 《新唐书》卷214，《刘玄佐传》。
③ 《资治通鉴》卷239，元和十年九月"考异"。
④ 《资治通鉴》卷236，永贞元年二月。
⑤ 《新唐书》卷154，《李晟附宪传》。
⑥ 《柳河东集》卷22，《送杨凝郎中使还汴宋诗后序》。
⑦ 《新唐书》卷212，《李怀仙传》。
⑧ 《全唐文》卷48，《命郭子仪等备边勅》。
⑨ 《册府元龟》卷90，《赦宥九》，宪宗元和十五年二月大赦诏；《资治通鉴》卷268，乾化元年十一月"考异"。
⑩ 《册府元龟》卷431，《召募》；《金石萃编》卷103，《李元谅碑》。
⑪ 《陆宣公集》卷19，《论缘边守备事宜状》。
⑫ 《资治通鉴》卷237，元和二年四月甲子胡注；同书卷241，元和十五年十月癸未胡注。
⑬ 《资治通鉴》卷239，元和七年十一月胡注。
⑭ 《资治通鉴》卷239，元和七年十一月。

"建国威，捍非常，实天子之爪牙也。"① 神策军与西北藩镇一直摩擦很深②。

西北藩镇的节度使，几乎都是武人，并且多为出自禁军的"债帅"。所谓"自大历以来，节度使多出禁军"③，主要是指这一带。故而吴廷燮才说："并汾大镇，多畀词臣，泾、邠边藩，或为债帅。"④ 这不仅进一步巩固了宦官在京西、京北的势力，也加强了唐廷对这些方镇的控制。

西北诸镇地处边徼贫瘠之地，人口稀少，军旅众多，饷费浩大。各镇"除所在营田税亩以自供外，仰给度支者尚八、九万人"⑤。结果唐政府"以编户倾家破产之资，兼有司榷盐税酒之利，总其所入，半以事边"⑥。边疆型藩镇仰给度支的情况，一方面固然加强了其对中央的依赖；另一方面则由于供馈不足、衣粮欠缺以及"债帅"的暴敛而频频引起边军动乱。在边疆型藩镇四十二起动乱中，这类兵变即达二十九起，占全部动乱的百分之七十。

最后，谈东南型藩镇。安史之乱以前，东南诸道即为唐王朝重要财赋之地。战后，"两河宿兵，户赋不入，军国资用，取资江淮"⑦，东南诸道的赋税收入成为唐廷赖以存在的根基，所谓"唐立国于西北而置根本于东南"，屡经大难"而唐终不倾者，东南为之根本也"⑧。因此，如何控制东南藩镇，是唐后期政治中的一个重大课题。

限制东南诸道的兵力，始终是唐中央的一个基本方针。安史之乱以前，这一带既鲜设府⑨，亦少甲兵⑩。战争期间，陆续设置了防御、团练、节度诸使，但除寿春、鄂岳北部一线因逼近中原，兵力稍众外，一般兵力很少，而且旨在防御"盗贼"⑪。即便在与安史势力艰苦鏖战之秋，这里的兵力也受到严格限制。有的节度使"饬偏师，修五刃，水陆战备，以时增修"，被指为"过防骇众"⑫；而"减兵归农"者则受到褒奖⑬。故永王璘之乱、刘展之乱及袁晁起义，都是靠从中原战场抽调兵力才得以平定⑭。安史之乱以后，东南诸道一般都先后易节度为观察。元和

---

① 《读通鉴论》卷 25，《宪宗十二》。
② 《旧唐书》卷 161，《李光进附光颜传》；陈寅恪《论李怀光之叛》，《金明馆丛稿二编》。
③ 《资治通鉴》卷 243，太和元年四月。
④ 《陆宣公集》卷 11，《请减京东水运收脚价于缘边州镇储蓄军粮事宜状》。
⑤ 《唐方镇年表·叙录》。
⑥ 《陆宣公集》卷 19，《论缘边守备事宜状》。
⑦ 《唐大诏令集》卷 10，《元和十四年册尊号赦》。
⑧ 《读通鉴论》卷 26，《宣宗九》。
⑨ 参见谷霁光《府兵制度考释》，第 154—155 页。
⑩ 《全唐文》卷 430，于邵《淮南节度行军司马厅壁记》。
⑪ 《全唐文》卷 323，萧颖士《与崔中书园书》。
⑫ 《全唐文》卷 394，令狐峘《光禄大夫太子太师上柱国鲁郡开国公颜真卿墓志铭》。
⑬ 《李太白集校注》卷 29，《天长节度使鄂州刺史韦公德政碑》。
⑭ 参见宁可《唐代宗初年的江南农民起义》，《历史研究》1961 年第 3 期。

中，朝廷以这里"是赋税之地，与关右诸镇及河南、河北有重兵处体例不同"，而大量裁罢其军额，其中有江陵永平军，润州镇海军，宣州采石军、越州义胜军、洪州南昌军、福州静海军等。[①] 因此东南镇一般兵力寡弱，故吴廷燮说："并、汴大镇，皆诩十万；洪、福、潭、越，不过万人。"[②]

东南型藩帅一般很少武夫，多为"儒帅"，淮南等大镇更是宰相回翔之地[③]。其平均任期一般不超过三年，尤其是宪宗即位初年，图谋经划两河之际，东南型九镇藩帅皆曾一易或数易。[④] 这样，有效地限制了藩帅在本镇培植盘根错节的势力，保证了唐朝中央对东南型藩帅的牢牢控制。广德乾符间东南型藩镇动乱仅十二起，占这时期全部藩镇动乱的百分之七，其中仅李锜一起为短命的反叛。故史称"天下方镇，东南最宁"[⑤]。

对东南型藩镇兵力的限制还大大降低了这里的军费开支。"赋出天下而江南居十九"[⑥]，除了江南地区本身的富庶外，主要原因就是这里养兵少，军费低，因而上供数量大。其实当时东南地区真正经济发达的只是扬、楚、润、常、苏、杭、越、明等包括太湖流域附近地区的长江三角洲一带[⑦]，至于江西、福建、荆南等地，其经济开发水平并不高。

综上所述，可对唐代藩镇形势作如下申述：

第一，唐代藩镇割据主要表现在河朔，而河朔割据又集中在三镇。此外绝大多数藩镇，虽然也有重兵驻扎，也不是唐廷的赋税之地（东南型除外），也有频繁的动乱，但它们都是唐王朝控制下的地方政权，不是割据性藩镇。其节度使的调任和派遣基本上由中央决定，其动乱只是内部兵乱，不是割据叛乱。这些说明了藩镇割据的区域性。

第二，中原、边疆、东南型藩镇虽然不属割据性质，但是由于它们各自不同的地理特点及其与唐王朝的政治、财政、军事关系，深刻影响着整个藩镇割据形势的发展。具体说就是，东南型从财力上支撑朝廷，边疆型（西北）从武力上奠定了关中，中原型从军事上镇遏叛镇。河朔割据形势的变化，不光取决于河朔本身的势力消长，更大程度上取决于上述三类藩镇的动向。这一点，可以称之为藩镇割据的制约性。

第三，各类藩镇之间的总体关系，在代宗时业已形成，至元和时除淮西、淄青

---

① 《唐会要》卷78，《节度使》。

② 《唐方镇年表·旧序》。

③ 《文苑英华》卷802，《淮南监军使院厅壁记》。

④ 《旧唐书》卷14，《宪宗纪》。

⑤ 《全唐文》卷417，常衮《代杜相公让河南等道副元帅第二表》。

⑥ 《韩昌黎集》卷19，《送陆歙州诗序》。

⑦ 史念海：《隋唐时期长江下游农业的发展》，《河山集》，第226—231页。

相继肢解外，基本格局并无变化，长庆后又故态复萌，最后黄巢起义打破了这种格局：举足轻重的中原型藩镇大部分被野心勃勃的朱温吞并；李克用据有河东及西北边镇之一部而与之抗衡；西北边镇之另一部则为李茂贞等所据，并且动辄称兵犯阙；东南型藩镇也不再供给唐朝财源；"国命所制者，河西、山南、剑南、岭南西道数十州"①——主要是西南边镇，唐朝的灭亡只待时日了。但五代的历史仍然明显地受到唐代藩镇格局的影响：北方相继递嬗的五个小朝廷的激烈争夺和南方若干小王国的相对安定，实际上多多少少反映着唐代北部藩镇（河朔、中原、西北边疆型）重兵驻扎、动乱频仍和南部藩镇（东南型）驻兵寡弱、相当安定的差异。

二

通过对藩镇类型的分析，我们考察了藩镇割据的区域性与制约性以及河朔割据的游离性与依附性特点。其实，纵观唐代后期的藩镇史，可以发现，表现得最突出、最普遍而又最引人注目的主要并不是因为闹割据而反抗中央政府的斗争，而是频繁、激烈的藩镇动乱。那么，应当怎样看待这些动乱呢？一般的看法总是把它同割据与叛乱纠缠在一起，不加分别或者分辨不清。因此，对它们作一定量定性分析，弄清其特点和原因，便成为藩镇问题研究中的又一关键。

唐代藩镇动乱就其表现形式来说，一般可分为以下四种情形：第一，兵士哗变，其表现多为广大士兵因反抗暴虐或谋求赏赐而发生变乱；第二，将校作乱，其表现为少数觊觎帅位的将校杀帅谋位而以利诱其众；第三，反叛中央，其表现为与中央武装对抗；第四，藩帅杀其部下，主要表现是藩帅为除去威胁自己的骄兵悍将而发生动乱。这些不同的动乱究竟何者占主要位置呢？

先看河朔型藩镇的动乱。广德、乾符间河朔型藩镇动乱凡六十五起，其中与中央发生武装冲突或带扩张性的仅十三起，约占百分之二十。其余百分之八十的动乱不仅发生在藩镇内部，而且都是在自身矛盾斗争中得到平息，表现出藩镇动乱的封闭性。而这些动乱又以"士卒得以凌偏裨，偏裨得以凌将帅"的兵乱为主要特征，表现出藩镇动乱的凌上性。

假如考察藩镇动乱的全局，就更能证明这些特点。广德、乾符间全部藩镇动乱一百七十一起，与中央发生外部冲突的不过二十二起，仅占百分之十三；而兵变中，节帅杀部下事件仅有十四起，占百分之七。就是说，有百分之八十七的藩镇动乱表现出封闭性。百分之八十的藩镇动乱表现出以下替上的凌上性。魏博牙军、宣

---

① 《旧唐书》卷19下，《僖宗纪》光启元年三月。

武悍卒、徐州骄兵等，无一不是以在内部杀逐斗争中"变易主帅，有同儿戏"而著迹于史。所以清人赵翼感慨地说："秦汉六朝以来，有叛将而无叛兵。至唐中叶以后，则方镇兵变比比而是"，"逐帅杀帅，视为常事。"① 可见封闭性与凌上性是唐代藩镇动乱的普遍特征。

唐代藩镇动乱在形式上表现出封闭性与凌上性，而在内容上则具有反暴性和嗜利性。所谓反暴性，是指这些动乱具有反抗节度使苛虐残暴的色彩，或下级将士争取生存的反压迫性质，这类例子简直不胜枚举。如河朔型的横海军，"节度使程怀直，不恤士卒"② 为部下所逐。中原型的武宁军，"节度使康季荣，不恤士卒，部下噪而逐之"③。边疆型的振武军，"节度使李进贤，不恤士卒"，判官严澈"以刻核得幸于进贤"，亦为军士所逐。④ 大中时南方藩镇"数有不宁"，也是因为藩帅"停废将士，减削衣粮"⑤。

还有许多动乱则属于骄兵"杀其将帅以利劫"的事件。如武宁藩帅被逐，朝廷派"曾任徐州，有政声"的田牟去镇守，"于是帖安"⑥。田牟是怎样镇徐州，使军情帖安的呢？史称："田牟镇徐日，每与骄卒杂坐，酒酣抚背，时把板为之唱歌。其徒日费万计，每有宾宴，必先厌食饫酒，祁寒暑雨，厄酒盈前。然犹喧噪邀求，动谋逐帅。"⑦ 河朔魏博牙军更是"皆丰给厚赐，不胜骄宠"，"优奖小不如意，则举族被害"⑧。东南藩镇也有"指漕货激众谋乱"⑨ 的事件。总之，这些动乱的主体是被称为"嗜利者"⑩ 的骄兵，他们"利在此而此为主矣，利在彼而彼为主矣"⑪。动乱的原因则是所谓"杀帅长，大抄掠，狃于利而然也"⑫。因此，可以称之为藩镇动乱的嗜利性。其实，藩镇动乱的反暴性与嗜利性往往是孪生的，前述百分之八十以上的内部动乱，基本上都是反暴性与嗜利性相结合的产物。

藩镇动乱的这些特点说明了什么呢？封闭性，说明问题的症结主要在于藩镇内部而不是外部。凌上性，说明动乱的根源主要来自下层而不是上层。反暴性，说明某些兵士哗变具有一定程度的正义性，因而具有发展成起义的潜在可能，如咸通九

---

① 《廿二史劄记》卷20，《方镇骄兵》。
② 《资治通鉴》卷235，贞元十一年九月。
③ 《东观奏记》下。
④ 《资治通鉴》卷239，元和八年十月。
⑤ 《资治通鉴》卷249，大中十二年七月。
⑥ 《东观奏记》下。
⑦ 《旧唐书》卷19上，《懿宗纪》咸通三年七月。
⑧ 《旧唐书》卷181，《罗绍威传》。
⑨ 《新唐书》卷151，《窦易直传》。
⑩ 《新唐书》卷213，《李正己附师道传》。
⑪ 《读通鉴论》卷24，《德宗十五》。
⑫ 《新唐书》卷214，《刘玄佐传》。

年的庞勋起义、乾符二年的王郢起义等。① 而嗜利性则尤其具有左右局势的力量，它使得：第一，许多兵变往往被一些上层将校和野心家所利用，所谓"凡据军府、结众心以擅命者，皆用此术而蛊众以逞志"②，从而增加了藩镇动乱的复杂色彩；第二，有些兵变即使发展成声势颇大的起义，也易于被收买而中途夭折。③ 总而言之，唐代藩镇动乱绝大多数是发生在藩镇内部的以骄兵为主体，以反抗节度使为主要形式，以邀求赏赐、瓜分本镇赋税为指归的变乱。它们同与中央政府分庭抗礼的藩镇割据和叛乱是有重大区别的。

为什么唐代藩镇动乱会表现出这种封闭性、凌上性和反暴性、嗜利性的特点呢？其原因是极其复杂而又多方面的，主要有如下几点。

首先，唐代藩镇动乱之所以表现出封闭性而不表现为对外的扩张性，与各类藩镇之间的相互制约关系以及它们的力量对比有关。河朔型与中原型藩镇的割据与防割据的相持关系，中原型与边疆型藩镇维系内外均势的平衡关系，中原、边疆型藩镇与东南型藩镇同唐朝中央在武力和财力上的相关依赖关系，构成了一个密切联系而又互相制约的整体结构。唐王朝本身虽然没有一支强大的武装力量，但这些藩镇之间的相互制约关系及其力量对比，却使任何藩镇都不敢轻举妄动，独行其是。《宋史·尹源传》载尹源谓"弱唐者，诸侯也，既弱而久不亡者，诸侯维之也"，就包括这层意思。

其次，与藩镇割据的凭借骄兵有关。任何割据政权都要凭借军队，但唐代的骄兵却具有不同于一般军队的历史特点。第一，他们是"常虚耗衣粮，无所事"④ 的雇佣职业兵，不同于亦耕亦战的部曲家兵。他们以当兵为职业，"仰缣廪养父母妻子"⑤。因此，一旦谁损害他们的利益，必然会激起强烈反对，不惜作"忘身徇利"的斗争。这种斗争自然既带有反暴性，又具有嗜利性。第二，骄兵虽然为争取生存、谋求赏赐而"喧噪邀求，动谋逐帅"，却并不愿开疆拓土或取唐而代之，所谓"诚且愿保目前，不敢复有侥冀"⑥。节度使的好战，势必会使军士厌恶而遭到他们反对。如建中时田悦"阻兵四年"，"死者什八，士苦之，且厌兵"，及朝廷派孔巢父前往宣慰，"莫不欣然"⑦。结果田绪"因人心之摇动，遂构谋杀悦而与大将邢曹俊等禀命于巢父"⑧。这种情况便限制了骄藩悍帅不能恣意反叛朝廷，所谓"须借

---

① 张泽咸《唐五代农民战争史料汇编》曾收入这类兵变若干起，可参看。
② 《读通鉴论》卷 24，《德宗十五》。
③ 参见《全唐文》卷 87，《讨王郢诏》；《资治通鉴》卷 253，乾符四年二月。
④ 《资治通鉴》卷 224，大历三年十二月。
⑤ 《新唐书》卷 210，《田承嗣附悦传》。
⑥ 参见杨志玖《试论唐代藩镇割据的社会基础》，《历史教学》1980 年第 6 期。
⑦ 《新唐书》卷 210，《田承嗣附悦传》。
⑧ 《旧唐书》卷 154，《孔巢父传》。

朝廷官爵威命以安军情"①。第三，既然唐代的骄兵是雇佣职业兵，那么他们对主帅的关系就带有契约性，而不像农奴兵那样有很强的依附性，这是唐代农民人身依附关系减弱的反映②，凌上性，从某种意义上说，正是由于一般士卒身份提高而表现出来的历史特征。

牙兵组织也是导致藩镇内部动乱频仍的一个原因。牙兵是藩帅稳定对内统治的支柱，但反过来，节度使又被牙兵势力所包围，任其废立于掌股之间。牙兵既由藩帅的依恃发展成威胁，于是节度使又置其他亲兵、后楼兵或后院兵等，倚为与牙兵抗衡的心腹，从而更进一步加剧了内部纷争。如魏博乐从训"聚亡命五百人为亲兵，谓之子将。牙兵疑之，籍籍不安"③。镇海节度使周宝，"募亲兵千人，号后楼兵，禀给倍于镇海军，镇海军皆怨。而后楼兵浸骄不可制"，于是又引起一场纷乱④。可见牙兵的存在及其安内而非御外的职能，既是藩镇内部动乱的产物，又加剧了藩镇内部纷争和动乱。

再次，藩镇动乱之所以表现出上述特点，还与唐代财政制度方面军费开支地方化密切相关。安史之乱以前的租庸调时代，全国财赋由中央政府统一调配。天宝时缘边驻重兵四十九万，马八万，军费绢一千一百万疋，粟一百七十万石，除岭南道"轻税本镇以自给"⑤ 外，都由中央拨付。安史之乱的爆发完全打乱了唐朝的统治秩序。战乱期间，唐廷自身难保，不可能在全国范围内调拨衣粮来供应作战军队。因而至德元载朝廷下令，所在军镇"应须士马、甲仗、粮赐等，并于当路自供"⑥，从而把兵费的筹集一下子推给了地方。这时，"军国之用，仰给于度支、转运二使"，亦即从江淮转运财赋作中央政府及军队的开支；而"四方大镇"，则"自给于节度团练使"⑦。这即军费开支地方化。

安史之乱后，这一状况并未得到改变。在相当长的一个时期内，统治集团内部功臣、宦官、相权和皇权等各种势力之间错综复杂的矛盾斗争，特别是京西、京北地区异常严峻的军事形势，使唐廷未能作大规模的整顿，"边计兵食置而不议者几十年"⑧。因而大历时仍然是"率税少多，皆在牧守"⑨，"赋税、出纳、俸给皆无

---

① 《资治通鉴》卷248，会昌四年八月。

② 参见胡如雷《唐五代的藩镇割据与骄兵》，《光明日报》1963 年 7 月 3 日。

③ 《资治通鉴》卷257，文德元年二月。

④ 《资治通鉴》卷256，光启三年三月。关于方镇后院兵，可参见同书卷248，会昌四年闰七月；卷258，大顺元年五月；卷262，光化三年十月胡注。

⑤ 《旧唐书》卷38，《地理一》。

⑥ 《资治通鉴》卷218，至德元载七月；《全唐文》卷366，贾至《玄宗幸普安郡制》。

⑦ 《唐会要》卷83，《租税上》。

⑧ 《新唐书》卷51，《食货一》。

⑨ 《陆宣公奏记》卷12，《论两税之弊须有厘革》。

法，长吏得专之"①。中央政府主要靠盐铁榷利收入来支撑局面，地方节镇依然以本地租税自给。所谓"河南、山东、荆襄、剑南有重兵处，皆厚自奉养，正赋所入无几"②，不能片面地说成完全是地方拥兵自重不上供，其实它在一定程度上是安史之乱期间"四方大镇又自给于节度团练使"状况的继续。大历三年，马璘在泾原，"边土荒残，军费不给"，其解决办法并不是"以内地租税及运金帛以助之"③，而是让他"遥领郑颍二州"④。郑、颍距泾原甚远，"遥领"的目的也就是使其军费"当路自供"。又如河阳镇遏使（后为节度使）其军资无处支付，唐廷乃以河南府管下五县"割属河阳三城使。其租赋色役，尽归河阳，河南府但总管名额而已"⑤。这也体现出了当道自筹军费的原则。

建中元年的两税法改革，整顿了安史之乱以来混乱的财税制度。它根据"量出以为入，定额以给资"的原则⑥，在法令上革除"率税少多，皆在牧守"的做法；并且通过上贡、留使、留州的三分制将中央政府所需要的财政开支钱一千余万贯，粟四百余万石，以上供的形式派定下来，从而保证了中央机器的正常运转。但是，两税法不仅没有改变军费开支地方化的状态，而且把这种权宜之法固定化、制度化了。尽管它以"定额"的形式，在原则上限定地方征税，但是，这个"定额"乃以不削减地方开支，"但令本道本州各依旧额征税"为前提⑦。而据"量出以制入"的精神，"当道或增戍旅，又许量事取资"⑧，更加强了地方财政的独立状态。因此，有人说，两税法的关键乃在于"它实际上是中央财政当局与地方之间缔结的协定：为征取诸道两税的一定比例额，中央给予诸道以征税方法和经费使用上的自由"⑨。

军费开支地方化使得财权由藩镇节度使掌握，这种情况一方面巩固了藩帅的权势和藩镇的地位；另一方面，也意味着兵士与藩帅在本镇财赋分割上处于尖锐对立状态。换言之，也就是在经济上与兵士发生冲突的，不再是中央朝廷，而是藩帅本身。因此，兵士在为维护自己的经济利益或为邀求赏赐而掀起动乱时，其矛头所向必然是本镇节度使，而不是中央政府。因而这种动乱也就多表现在藩镇内部而不是外部，表现为杀逐藩帅而不是反抗唐朝中央了。

---

① 《资治通鉴》卷 226，建中元年九月。
② 《册府元龟》卷 488，《经费》。
③ 《资治通鉴》卷 224，大历三年十一月。
④ 《新唐书》卷 64，《方镇表》。
⑤ 《旧唐书》卷 38，《地理一》。
⑥ 《元氏长庆集》卷 34，《钱货议状》。
⑦ 《陆宣公奏议》卷 12，《论两税之弊须有厘革》。
⑧ 同上。
⑨ D. トヰヲエット（Denis Twitchett），《唐末藩镇と中央财政》，载日本《史学杂志》第 74 编第 8 号（1965 年），第 2 页。

通过以上对唐代藩镇类型的研究及其动乱特点的考察，我认为，唐代藩镇割据具有区域性与制约性统一的特点，不能简单地把藩镇与中央的关系一概视为割据；而河朔区域的割据又具有游离性与依附性并存的特点，不能把割据绝对化。当然，唐代藩镇权力相对来说比较大，不像宋代那样中央对地方统得很死，宋人和明人都有不少讨论唐宋时中央与地方关系得失的言论，值得我们重视并加以研究，而廓清在唐代藩镇问题上的一些迷雾，正是这种研究的第一步。

（刊于 1983 年第 4 期）

宋代文化的高度发展与
宋王朝的文化政策[*]

邓广铭

一

宋代的文化，在中国封建社会历史时期之内，截至明清之际西学东渐的时期为止，可以说，已经达到了登峰造极的高度。历史不能割断，论述宋代文化自然也须如此。单以隋唐为上限，宋代文化发展的基因之从这两代传承而来者就难以枚举。姑举几件重要性较大的来说：

1. 士族地主势力之消逝，庶族地主之繁兴，以及与此密切相关的农业生产的大发展，交通运输工具的日益完备，商品经济的日益发达，等等。

2. 刻版印书事业之由创始而渐盛行，造纸技术日益普及、提高，这都使得书籍的流通量得以增广扩大。到宋初，大部头的儒书和佛道典籍都能结集刊行，则一般乡塾所用的启蒙通俗读物的大量印行流传自可想见。（唐政府禁止私人印制历书，可以为证）

3. 开始于隋唐之际的科举制度，一般读书人可以"怀牒自列于州县"，这不仅使"天下英雄"都入此"彀中"，使政府得以从中选拔大量行政官员，而其影响所及，在那些中选的"英雄"之外，还育成了大量著名诗人，产生了大量的传世诗篇，成为中华民族文化中一种极特殊、极丰富的瑰宝。

4. 唐朝还通行一种不成文的规定，举子在应试之前，先须向主司投献所业以求得赞扬。叫做"行卷"，也叫做"温卷"，所进献的文章，大都是举子们的"力作"，可以表见其"史才"、"诗笔"和"议论"的，例如《幽怪录传奇》^①之类的

---

* 此文系作者为陈植锷博士论文《北宋文化史述论稿》所作的序引，本刊发表时略有删节。——编者
① 见赵彦卫《云麓漫钞》卷8。

作品。举子们既多从事于此，便又不期然而然地对古文的复兴起了催化的作用。

　　以上举述的种种条件（当然还有未被列入的其他许多条件），到北宋期内，交错杂糅，相互影响，经常地产生着一些综合性的良性循环作用，这种综合性的良性循环作用随处可见，而宋代的科举制度更是集中体现这种作用的部门之一。

二

　　科举制度在唐代即已显示出了上文所举述的那些社会效益，也就是说，它已突破了唐王朝的最高统治者们所期望它的那种笼络文人学士和选拔官员的狭隘效果。到了宋代，对于科场考试的一些法规虽比唐朝更严格了一些，例如，行卷、温卷的做法在宋代即不再允许，而且还禁止主考官与中选的进士结成座主和门生的关系，等等。然而，这其实都是能发生积极作用的一些政令。因为，当时庶族地主阶层的数量和实力在社会上已占绝对优势，商品经济的发展使大量原居社会下层的人群有较多活动机会，以致宋王朝的当政者们，只经常提及重农的原则，却很少人（甚至可以说没有人）再呼喊抑商的口号了。这自然也应作为当时综合性良性循环的有机组织的一部分。这种种因素的具备，遂使国内的每一个丰衣足食的小康之家，都要令其子弟去读书应考，争取科名。科名虽只有小部分人能够争取得到，但在这种动力之下，全社会却有日益增多的人群的文化素质得到大大的提高。因此，我们可以说，科举制度在两宋时期内所发挥出来的进步作用，所收取到的社会效益，都是远非唐代之所可比拟的。

三

　　在唐代，释道两家的教义和学说都盛行于世，其声势且都骎骎凌驾于儒家之上。这一事实，从唐代后期以来已促使知识分子群中的许多人萌生了一种意识：要把儒家独尊的地位重新恢复起来。于是，有人从儒家经典著作中选出了《大学》和《中庸》，就前者阐明治学和治国经邦的程序，就后者吸取其抽象的义理以与释道相对抗；也有人专为维护儒家学说的正统地位，把释道都作为异端而加以排斥；更有人致力于释道二家以及法家学说的钻研，然后援法入儒，援佛入儒或援道入儒。经过长时期的相互抵排、交斗和交融，从而在北宋初叶以后一些以儒家面目出现的学者，例如胡瑗、杨亿、范仲淹、欧阳修、王安石，等等，固然已经大异于由汉到唐的那些拘守章句训诂之学的儒家学者，却也绝对不是春秋战国时期内儒家学术的再版。就他们所致力的学术领域的界限来说,已非复孔门四科和六艺(射、御二者除外)之所能涵盖;就其义理的深奥精密来说,也非复由先秦到唐代的儒家学者之所能企及。对于这样一些先后辈出的学者,对于这样一些先后被开拓的广阔学术研究领域,只有一个最为适合的概括称号,那就是"宋学"。

四

从秦始皇建立专制主义中央集权的封建王朝之始,就在试行文化专制主义,所以有焚书坑儒之举。到汉武帝,则又采纳董仲舒的建议,要罢黜百家,独尊儒术(虽然并未真正做到)。北魏、北周、晚唐、五代期内所发生的"三武"、"一宗"的毁灭佛法的事件,不论其各次的历史背景如何,总之都是要对文化实行专制主义。但北宋王朝自建立以来,就把最大的注意力分别集中在:如何消除存在于各地的割据势力;如何防范文武大臣篡夺之祸;如何抵御北方强大敌国契丹王朝的侵袭;如何禁制百官间或士大夫间凭藉种种因缘而结为朋党,构成专制政权的一种分割力量,等等。这种种错综复杂的问题,使得北宋最高统治者们实在没有余力再去对文化事业的各方面实行其专制主义。因此,他们对于儒释道三家无所轻重于其间,对于思想、学术、文学、艺术领域的各个流派,也一概采取兼容并包的态度。

在科场考试方面,不但在考官们命题时并不以儒书为限,多杂出于老庄之书,致使"先儒传注一切废不用"的情况,早在王安石成名成家之前便已开其端倪;对于应考人士的答卷,不论在形式上或内容上也都不做任何规定和限制。司马光在宋神宗初年所上的《论风俗札子》[①] 中就已说道:

> 今之举人,发口秉笔,先论性命,乃至流荡忘返,遂入老庄。纵虚无之谈,骋荒唐之辞,以此欺惑考官,猎取名第。禄利所在,众心所趋,如水赴壑,不可禁遏。

既然已经形成了一种"不可禁遏"的趋向,可见已经是"非一朝一夕之故",而是"其所由来者渐矣"了。司马光本人虽未入于老庄,然而他和稍早于他的江西李觏却都有怀疑和非难《孟子》的著作;欧阳修则公然倡言《周易》中的《系辞》非孔子所作。这样一些言论,并不曾被北宋王朝或当时的学者目为非圣无法。

至于宋神宗一度试图用《三经新义》统一举子们的论点,那也仍然不成其为

---

① 《温公文集》卷46。

文化专制，因为《三经义》的本身，就已把释道和先秦诸子书中"合乎义理"的言论采摭于其中了。元祐党争也只限于统治阶级上层人物的派系斗争，整个社会文化事业发展却并未有所阻遏。

上述种种，既表明了北宋的最高统治者们没有对文化实行专制主义，也确实证明了这一政策（尽管不是他们有意识地制定的）对当时士大夫们的思想的相对解放起了很好的作用。宋学之所以昌盛，不能不推此为其最重要的原因之一。

五

自来的论史者大都认为，宋代文化之兴盛，主要应归功于宋王朝的重文轻武政策，还有人更具体地落实到宋初几个皇帝的"右文"政策上。我则以为，"重文轻武"只不过是一种表面现象。实际上，北宋建都于四战之区的开封，建国之初则为了削平十国割据的残局，其后则有北方的劲敌契丹和继起于西北地区的西夏，无一不需要用武力去对付。所以，从北宋政权一开始就注定了"国倚兵而立"（宋人语）的局势，如何能够制定轻武的政策呢？既不能轻武，而宋太祖本就是以掌握军权而夺取了政权的人，深知高级将帅的篡夺之祸必须加以防范，所以在他即位后不久，就解除了与他同辈分的几个将帅的兵权。到宋太宗时，则又实行"将从中御"的办法，使得"将在外"也必须严遵君命；至其所以把文臣的地位摆在同等级的武臣之上，则只是希望藉此使其能够发生牵制的作用。这才是问题的实质所在。至于所谓的"右文"，无非指扩大科举名额以及大量刻印书籍等类事体，我以为这也都是顺应当时社会发展所已经具备的条件，因势利便而做出来的，并非真有什么右文政策。即使北宋王朝的上述种种举措，对其时文化的发展也不无其某些好处，但与当时全然由客观环境关系而被动施行的在文化上的兼容并包政策所起的作用相较，则是显然微小的。

与明朝的统治稍作比对，就可知文化专制主义之施行与否，对文化事业的发展和衰落有密切关系。

朱元璋是一个没有文化的人，在他取得政权之后，采行了极其横暴的极权专制主义。他在文化事业方面所推行的专制主义则集中体现在各级科场的"制艺"亦即所谓的八股文上。自从元朝于英宗至治三年（1323）恢复科举制度以来，所定《考试程式》虽然已规定了必须从《四书》中出题，答卷则必须用朱熹的《章句》和《集注》，且还规定了字数，其后并有人作出《书义矜式》（即以其本人所作经义之文作为举子的范本），遂而成为八股文的滥觞。朱元璋对这种考试规定极为赞赏（他与朱熹同姓，也是重要原因之一），专力推行，八股文的体式遂被固定下来

（而且一直推行到清王朝的末期）。这样一来，科举制度在唐宋两代所能起的推动文化发展的作用便一概消失，转变为禁锢和僵化读书应试生员思想的桎梏。近今还常常有土八股、洋八股和党八股的出现，可见其毒害至今尚未清除净尽。因而在明朝统治的二百六十多年内所培育出来的真正有贡献的学者，为数实在不多。只有那些不肯入此牢笼的，如李时珍、徐霞客等，才真能在学术文化领域内做出度越前人的成绩来。在两宋期内居于全世界领先地位的中国文化，硬是被明朝的文化专制主义给断送了。明末清初的顾亭林曾说八股文的祸害甚于秦之焚书，这确实是一句切中要害的至理名言。

六

尽管如前所论述，宋代文化的发展，在中国封建社会历史时期之内达于顶峰，不但超越了前代，也为其后的元明之所不能及，然而近年来，不论是论述中外文化交流的，或专论中国传统文化的，对于宋代的文化，大都只是作一般性的概述，而没有人作过全面、系统、深入的研究和探讨。因此，我们在此就且不妨说，有之，自陈植锷同志的这篇《北宋文化史论述稿》始。虽然他所论述的，在时间上还只限于北宋而未及南宋，而在这一时限之内，又还只论述了属于精神文化的各个方面，而未涉及科学技术方面的诸多发现、进展、创造和发明。

陈植锷同志这篇论文，取材广泛，思路畅达，所发议论比较鲜明、新颖，文字表达能力也强，所以，不但具有学术价值而且颇有可读性。

既然这篇论文具有开创性，既然就中随处可以发现作者的独到之见，在其中便难免有不能立即获得公认者。例如，王安石因撰《三经新义》而除左仆射时，他在所进《谢表》中有云：

> 孔氏以羁臣而与未丧之文，孟子以游士而承既殁之圣，异端虽作，精义尚存。逮更煨烬之灾，遂失源流之正；章句之文胜质，传注之博溺心，此淫辞诐行之所由昌，而妙道至言之所为隐。

作者把这段文字引入论文当中，但在这段引文之前，他先已引用了程颐论当时学术界有三弊的一段话：

> 今之学者有三弊：一溺于文章，二牵于训诂，三蔽于异端。苟无此三者，则将何归？必趋于道矣。

然后他把王、程二人的话加以比并牵合，说道："传注之博溺心"，即批评训诂之学，"章句之文胜质"，则批评文章之学；"淫辞诐行"，指佛老等异端。把传注等同于训诂或无问题；把章句等同于文章似乎就不甚切合；王安石对佛老的态度与二程是大不相同的，因而把王文中的"淫辞诐行"与程文中的"异端"都直指为佛老，那就更有商榷的余地了。再如作者把北宋的儒学分为义理之学和性理之学两个阶段，且是论文中一个着力论述的部分，这在答辩的当场，便已有学者提出了异议。当然，这些不过是属于见仁见智的不同，是值得进行深入商榷，而不能遽断其孰是孰非的问题。或者更可以说，作者在这里又提出了一些发人深思的问题，而这对于这一课题的深入研究，是更会发生一些有益的作用的。

曾经有人把清代的学术文化与欧洲的文艺复兴相比拟，也曾有人把宋代的学术文化称之为中国的文艺复兴时期。我则以为，欧洲文艺复兴时期的文化发展趋向，不论与宋代或清代相比，都有其大不相同之处，因而不必牵强加以比附。但实事求是地说来，宋代文化的发展，既超越了居于它之前的唐代，也为居于它之后的元明两代之所不能及，这却是无可争辩的事实。因此，我热切希望，陈植锷同志如能继此论文之后，再把他论述的时限延伸而及于南宋，更把它所论述的课题，由儒学、理学、文学等精神文化而扩及由两宋人士所创造、发明或发展、改进了的物质文化诸方面，使读者藉此能窥得宋学的全貌，那就将是对于中国学术文化史的一桩更大的贡献了。

宋学之所以繁荣昌盛，作者在论文的开端便已有所论述，但他很快就进入本题，对于宋代文化发展的渊源及其与当时政治的关系，都没有展开论述。我所写的这篇序引，从第一节到第五节，粗看似乎离题稍远，实际上，我是想要就这一课题的社会历史背景的一个侧面，作一些鸟瞰式的补充，而且要使它成为与这篇论文有内部联系的一个组成部分。但愿作者和读者们读后所得的印象，能与我的这一意愿相符合，因再赘数语于此。

1989 年 9 月 4 日写于北京大学之朗润园

（刊于 1990 年第 1 期）

宋代籍帐制度探析

——以户口统计为中心

戴建国

中国古代籍帐制度源远流长，是历代王朝赖以存在和发展的基本制度之一。在经历安史之乱的重创后，唐代租庸调制迅速瓦解，中国古代的籍帐制度发生重要变化。随着以土地财产税为中心的两税法的实施，"以丁中男为对象的，均一的租调役来征税的理念下的计帐，完全转变为异质而复杂化的帐簿体制"①，从而开启了唐后期至宋新的籍帐制度。

长期以来，围绕宋代户口统计问题，国内外众多学者进行了深入细致的研究。在户口研究的推动下，宋代籍帐制度的研究取得了可观的成果②，在一些重要问题上取得了比较接近的看法。然而，由于传世文献记载不明，加之宋代制度的复杂多变，以至有学者认为，宋代户籍制度最突出的特点就是没有任何明确、一贯的官方规定和缺乏统一性。③ 迄今为止，宋代户口统计籍帐制度仍有一些问题未能搞清，有必要进一步深入探讨。宋代的户口统计籍帐，主要涉及五等丁产簿、丁帐、税租簿帐、保甲簿和赈济户口统计帐五种，其中又以五等丁产簿、丁帐和税帐最具代表性。本文试以这三种籍帐为主要对象，围绕户口统计，在学界已有成果的基础上，对宋代籍帐制度研究中的一些问题作进一步探讨，以便正确认识唐中叶以降中国古代籍帐制度的变化。一管之见，有待方家指正。

---

① 池田温：《中国古代籍帐研究》，龚泽铣译，中华书局1984年版，第17页注释2。

② 参见苏基朗《宋代的户多口少现象》、《宋代一户两口之谜》，载《唐宋法制史研究》，香港中文大学出版社1996年版；穆朝庆《两宋户籍制度问题》，《历史研究》1982年第1期，第147—157页；何忠礼《宋代户部人口统计考察》，《历史研究》1999年第4期，第83—98页；吴松弟《宋代户口调查统计制度史研究述评》，载包伟民主编《宋代制度史研究百年》，商务印书馆2004年版，第295—327页；吴松弟《中国人口史》第3卷，复旦大学出版社2000年版。这些研究成果中，以吴松弟的成果最为完备，代表了目前最高研究水平。吴松弟经过充分详尽的论证，提出宋代在户口调查统计各系统之外还存在着户口的汇总发布系统，对我们正确认识宋代户口籍帐制度有重要的参考价值。

③ 参见何炳棣《宋金时代中国人口总数的估计》，《中国史研究动态》1980年第5期，第26页。

一　五等丁产簿始设年代考辨

　　宋五等丁产簿又称五等版簿。论述五等丁产簿，不能不涉及五等户籍制。关于宋代五等户籍制的确立时间，国内外学者多有论述，然分歧较大。日本学者柳田节子认为明道二年（1033）的仁宗诏书始确立五等户籍制度。[①] 中国学者梁太济则认为五等户籍制的颁行时间在大中祥符七年（1014）至乾兴元年（1022）这 9 年间，明道二年诏书规定的第二年，即景祐元年（1034）为首次执行撰造五等丁产簿的年份。[②] 这一问题牵涉到宋代五等丁产簿的始设年代，不可不辨。

　　在探讨宋代五等户籍制时，首先应该考虑户籍制的历史继承性问题，关注唐代，特别是唐后期制度对宋代户籍制度的影响。其次应当重视当时的法律规定。法典文献是籍帐制度研究最重要的资料。法律有时不一定能得到很好的贯彻，但它毕竟是社会活动的基本规范。

　　在入宋以后相当长的一段时间，唐律、令、格、式仍是当时有效的法律形式。《宋会要辑稿·刑法》1 之 1 载："国初，用唐律、令、格、式外，又有《元和删定格后敕》、《太和新编［格］后敕》、《开成详定刑法总要格敕》、后唐《同光刑律统类》、《清泰编敕》、《天福编敕》、周《广顺续编敕》、《显德刑统》皆参用焉。"[③] 上述众多法典都在宋初行用之列。建隆四年（963）修成《宋刑统》后，仍然参用唐式、令。窦仪在《进〈宋刑统〉表》中云："请与式、令及新编敕兼行。"[④] 其所云式、令，就是唐开元二十五年（737）所订。即使到了天圣时期，"令文尚依唐制"[⑤]。既然北宋前期用唐令唐制，我们在研究北宋户口统计制度时就不应忽略唐令唐制的参考价值。1998 年在宁波天一阁发现了原以为失传的修撰于天圣七年（1029）的宋代令典《天圣令》。《天圣令》今存后十卷，其记载户口统计制度的《户令》已佚缺。然而存世的《田令》、《赋役令》、《杂令》有关条文却给我们以重要启迪，如《天圣令》卷 22《赋役令》载宋令第 9 条：

　　　　诸县令须亲知所部富贫、丁中多少、人身强弱。每因外（升）降户口，即

　　① 参见柳田节子《宋代乡村的户等制》，载《日本学者研究中国史论著选译》，中华书局 1993 年版，第 5 册，第 196 页。
　　② 参见梁太济《两宋阶级关系的若干问题》，河北大学出版社 1998 年版，第 45—46 页。
　　③ 《宋会要辑稿·刑法》1 之 1，中华书局 1957 年版，第 6462 页。
　　④ 窦仪等：《宋刑统》，中华书局 1984 年版，第 6 页。
　　⑤ 王应麟：《玉海》卷 66《天圣新修令》，光绪浙江书局本，第 28 页；《宋会要辑稿·刑法》1 之 4，第 6463 页。

作五等定簿，连署印记。若遭灾蝗旱涝之处，任随贫富为等级。差科、赋役，皆据此簿。凡差科，先富强，后贫弱；先多丁，后少丁（凡丁分番上役者，家有兼丁者要月；家贫单身者闲月）。其赋役轻重、送纳远近，皆以此为等差，豫为次第，务令均济。簿定以后，依此差科。若有增减，随即注记。里正唯得依符催督，不得干豫差科。若县令不在，佐官亦准此法。①

这条令文为我们了解宋初五等户籍制提供了重要信息。关于《天圣令》的编撰，"凡取唐令为本，先举见行者，因其旧文参以新制定之，其今不行者，亦随存焉"②。换言之，在修订《天圣令》时，将业已行用的五等户籍制修入新令文中。因此可以断定，五等户籍制并不始于天圣七年。《天圣令》卷21《田令》载宋令第2条曰：

> 诸每年课种桑枣树木，以五等分户，第一等一百根，第二等八十根，第三等六十根，第四等四十根，第五等二十根，各以桑枣杂木相半，乡土不宜者，任以所宜树充。

此条田令所规定的以五等分户课种树木制，也并非是天圣七年新定，乃是承袭了建隆二年诏书的规定。早在建隆二年春，太祖曾"诏申明周显德三年之令，课民种植，每县定民籍为五等"③，开宝五年（972）《沿河州县课民种榆柳及所宜之木诏》又曰"仍按户籍高卑，定为五等"④，从中可以看出宋五等分户制是一以贯之的。早有学者指出，户分五等五代后晋时就已出现。⑤晋高祖天福七年（942）十一月，"以所在禁法，抵犯者众，逐开盐禁，许通商，令州郡配征人户食盐钱，上户千文，下户二百，分为五等"⑥。后周也曾实施户分五等制。作为新建立的政权，宋代的户籍制不可能完全摆脱前朝的影响。

《长编》卷1"建隆元年十月壬申"条载："有司请据诸道所具版籍之数，升降天下县望……仍请三年一责户口之籍，别定升降。从之。""仍请三年一责户口

---

①　天一阁博物馆、中国社会科学院历史研究所天圣令整理课题组：《天一阁藏明抄本天圣令校证》，中华书局2006年版，下册，第390页。本文以下所引《天圣令》录文皆本此。"每因外降户口"，据《续资治通鉴长编》（以下简称《长编》，卷1"建隆元年十月壬申"条所载当作"升降户口"。）（中华书局2004年版，第26页）宋制，三年一推排户口财产，升降等第。

②　《宋会要辑稿·刑法》1之4，第6463页。

③　《长编》卷2"建隆二年春"条，第43页。

④　《宋大诏令集》卷182《政事》，中华书局1962年版，第658页。

⑤　参见张泽咸《唐代阶级结构研究》，中州古籍出版社1996年版，第19页。

⑥　《旧五代史》卷81《少帝纪》，中华书局1976年版，第1073页。

之籍"，显然是承袭了五代的户籍旧制。问题是究竟用唐九等制还是后周五等制，必须做出选择。宋太祖采用了五等制，户籍仍定为五等，以家资财产多寡分高下。《长编》卷4"乾德元年十月庚辰"条载："诏诸州版簿、户帖、户钞，委本州判官、录事掌之，旧无者创造。"此诏规定诸州的版簿等文书由判官和录事参军掌管，如果原无版簿等文书，则造之。"版，户籍也者，汉之户籍，皆以版书之。"① 可知"版簿"乃沿旧称，实即户籍簿。综上所述，宋初沿用唐制，三年一造户籍，户籍簿制度早已存在，有些州可能由于五代战乱等原因致户籍簿散失佚亡。五等分户制从建隆元年起就作为宋代主户的户籍制度而存在。建隆二年太祖诏令课民种植，不过是重申了后周显德时期的定制。

虽然宋最初五等分户的目的主要是课民种树，但是户分等级高下有着多种作用，差科征税仅是其中部分功能。宋初五等分户制有一个逐渐发展的过程②，当时唐九等制还有一定的影响，在差科方面，尚未完全按五等制分差徭役。太平兴国五年（980）程能建议以九等分户来行徭役③，正是唐九等制影响在宋初的反映，同时也表明当时五等分户制尚未能渗入徭役这一领域。宋五等户制的功能是从课民种树逐渐延伸到其他方面的，然而这并不妨碍五等户籍簿的撰造和存在。

《天圣令》卷30《杂令》载宋令第40条云："诸道士、女冠、僧尼，州县三年一造籍，具言出家年月、夏腊、学业，随处印署。案留州县，帐申尚书祠部。其身死及数有增减者，每年录名及增减因由，状申祠部，具入帐。"此杂令乃是在唐令基础上修改而成。《唐六典》卷4"祠部郎中员外郎"条所载唐令作"诸道士、女冠、僧尼之簿籍，亦三年一造（原注：其籍一本送祠部，一本送鸿胪，一本留州县）"。以唐令为蓝本的日本《养老令·杂令》亦有与此相似的规定："凡僧尼、京国官司，每六年造籍三通，各显出家年月、夏腊、德业，依式印之。一通留职国，此外申送太政官，一通送中书，一通送治部。所须调度，并令寺准人数出物。"④ 参考《唐六典》及《养老令》，可知《天圣令》基本保留了唐令的内容，承袭了唐制三年一造籍的规定，只是增加了每年报僧、道增减统计数至祠部的内容。至道二年（996），祠部员外郎、主判都省郎官事王炳上言：

> 盖自唐末以来，乱离相继，急于经营，不遑治教。故金谷之政，主于三司，尚书六曹，名虽存而其实亡矣……今职司久废，载籍散亡，惟吏部四司官曹小

① 魏了翁：《鹤山先生大全集》卷106，《周礼折衷》，四部丛刊初编缩本，商务印书馆1936年版，第267册，第905页。
② 参见王曾瑜《从北朝的九等户到宋朝的五等户》，《中国史研究》1980年第2期，第49—63页。
③ 参见《长编》卷21"太平兴国五年二月丙午"条，第472页。
④ 新订增补国史大系本《令义解》，东京：吉川弘文馆1962年版，第341页。

具，祠部有诸州僧道文帐，职方有诸州闰年图经，刑部有详覆诸州已决大辟案牍及旬禁奏状，此外多无旧式。①

北宋前期三司主财政，户口帐籍归三司之户部掌管，尚书省户部职掌被削夺。尚书职司由此多废，档案载籍散失不存。然而祠部却存有诸州上报的僧道文帐，职方存有诸州上贡的闰年图经。这表明《唐令》规定的僧道籍帐三年一造并报祠部的制度北宋初期是实行的。由此联想到《唐令·户令》所定户籍制度，在宋代也应留有其痕迹。

唐均田制崩溃后，赋役制也发生很大变化，这必然引起籍帐制度的变化，不过有些基本制度不会变动太大。张泽咸先生指出："编制户籍和三年一定户等的原则，在两税法时期是大体上沿袭了下来。"② 这一看法对于我们研究实施两税法的宋代户籍编撰制度不无参考价值。前文曾提到唐僧道三年一造帐并报祠部的制度，仍为宋代所沿用，而唐户籍制"天下户为九等，三年一造户籍，凡三本，一本留县，一送州，一送户部"③。应当说，宋政权建立之初，除户分九等制被五等制替代外，唐三年一造簿的制度仍在沿用，后来才改为逢闰年造五等丁产簿。三年一造与闰年一造仅是撰造时间上的区别，但五等户制本身却并没有变。笔者以为五等丁产簿由三年一造改为逢闰年一造，与宋代闰年造闰年图有关。《长编》卷18"太平兴国二年闰七月丁巳"条载："有司上诸州所贡闰年图。故事，每三年一令天下贡地图，与版籍皆上尚书省。国初以闰为限，所以周知山川之险易，户口之众寡也。""故事"者，乃指前朝之制。唐制："凡地图委州府三年一造，与版籍偕上省。"④ 为节约成本，宋代五等丁产簿的撰造时间此后逐渐与闰年造闰年图的时间同步。

明道二年，诏"天下闰年造五等版簿，自今先录户产、丁推及所更色役榜示之，不实者听民自言"⑤。这是我们见到的宋代文献中关于闰年造五等丁产簿的最早记载。有学者据此认为五等户籍制确立于明道二年。然而正如前面所论，闰年造五等丁产簿并不自明道二年始。我们不能因明道二年诏书首次出现"闰年造五等丁产簿"，就断定五等制确立于明道二年。《作邑自箴》载："造五等簿，将乡书手、耆户长隔在三处，不得相见，各给印由子，逐户开坐家业……仍须一年前出榜

---

① 《长编》卷39"至道二年二月壬申"条，第829页，据《历代名臣奏议》卷159《建官》补正（四库全书本，第437册，第391页）。

② 张泽咸：《唐五代赋役史草》，中华书局1986年版，第292页。

③ 杜佑：《通典》卷3《食货·乡党》，中华书局1988年版，第64页。

④ 《唐六典》卷5"职方郎中员外郎"条，中华书局1992年版，第162页。

⑤ 《长编》卷113"明道二年十月庚子"条，第2637页。

约束人户各推，令名下税数着脚。次年正月已后更不得旋来推割。"①"着脚"即著脚，是指在户籍上注录有关数据。②据此段史料，知各县在正式造簿的前一年，须出榜告示民众，令民户将该推割税产的手续办定，并于各自旧籍下注明税产。来年正式造簿时不得再办理推割事宜。换言之，户籍登记的家业财产乃是造籍前一年的财产状况。并以此为准确定户等级别，张榜公布。这一做法是为正式造户籍做准备，涉及造籍之程序。

《唐六典》卷3"户部郎中员外郎"条载："凡天下之户，量其资产，定为九等。每定户以仲年（原注：子、卯、午、酉），造籍以季年（原注：丑、辰、未、戌）。"唐规定每三年一造户籍，造籍的第二年即为下一轮的造籍定户之年。登录田产户口，是一项琐碎而繁杂的工作。笔者以为宋造五等户籍亦沿用此制，三年一造（后定为闰年一造）。仁宗景祐元年为闰年，在此前一年的明道二年下诏书，实际上是要求做好闰年造籍前一年的"定户"准备工作，以便来年正式造籍。此诏书所言与《作邑自箴》记载的造五等丁产簿前出榜约束人户的规定可以互证，证明宋代闰年造五等户籍，亦仿唐制；定户在闰年前一年，待各户户口财产数据登记公示无误后，至来年（闰年）才正式造户籍。

二 丁帐、丁籍考辨

宋代丁帐又称丁口帐。景祐元年中书门下言："《编敕》节文：诸州县造五等丁产簿并丁口帐，勒村耆大户就门抄上人丁。"③关于丁帐，学界有不同看法，主要为丁帐的始设年代，客户与丁籍的关系，上报户部的丁帐统计对象，非闰年期间朝廷公布的主客户数据来源，丁帐与升降帐、桑功帐的关系等问题。以下分别作一辨析。

在探讨丁帐诸问题之前，有必要先讨论丁籍。在宋代的文献记载中，除丁帐外，还有丁籍，丁帐和丁籍有何区别？学术界对此尚未予以注意。

在宋代，丁帐有广义、狭义之分。广义上的丁帐包括丁籍在内；狭义之丁帐，则单指申报朝廷的丁口数据汇总文书。从狭义的角度来说，帐与籍（簿）是有区别的，是不同类型的文书。丁籍专指用于征役催税的簿籍而言，又称丁

---

① 李元弼：《作邑自箴》卷4《处事》，四部丛刊续编本，第18页。
② 其法源于唐户籍制度。王溥：《唐会要》卷85《籍帐》载开元十八年敕："其户每以造籍年预定为九等，便注籍脚，有析生新附者，于旧户后以次编附。"（中华书局1955年版，第1559页）
③ 《宋会要辑稿·食货》11之13，第4999页。

簿。但学者往往用丁帐取代丁籍，或将丁籍视作丁帐①，也有学者把丁籍混同于五等户籍②，从而影响了对宋代户口统计制度的正确理解。地方基层登录每家每户原始材料的文书，通常称簿或籍，如五等丁产簿、丁簿、纳税租簿等。绍兴二十六年（1156）诏曰："诸州专令知、通取索逐县丁簿，稽考岁数，依年格收附销落。"③ 乾道二年（1166）五月，有臣僚奏言："两浙路去年百姓以疾疫死亡，以饥饿流移者至多，州县丁籍自应亏减，窃闻州县按籍而催，尚仍故目。"④ 这两条材料中的丁簿（籍）是指保存在州县，作为催科征税的具有法律意义的文书，不能换称为丁帐。除丁簿外，五等丁产簿也属此类簿书。《天圣令》卷22《赋役令》载："诸县令须亲知所部富贫、丁中多少、人身强弱，每因升降户口，即作五等定簿，连署印记。若遭灾蝗旱涝之处，任随贫富为等级，差科赋役，皆据此簿。"这表明五等丁产簿是基层征税差科的依据，留县并不上缴，而是仅录副本送州存档。"应诸县造乡村、坊郭丁产等第簿，并录副本送州印缝，于州县（院）架阁。"⑤ 即使是副本也是存档备查的，不是上报朝廷的统计汇总文书。前引《天圣令》卷30《杂令》载宋令第40条的史料也说明所造僧道籍，经审核后留存州县，另外再造帐申报中央。籍和帐的使用区分得很清楚。《长编》卷131"庆历元年二月戊戌"条载，睦州通判张方平奏言，当时睦州管内主户户籍"有升降帐，有桑功帐，并岁上于户部"，"州县赋役，各有五等户版簿，常所据用"。这些户籍各自户口统计数据不一，作用不尽相同。其中只有五等版簿是主户最基本的户口统计依据。然各州县官员在点差由主户承担的弓手时，拘泥于敕文规定的"须见管帐籍"之"帐籍"二字，以致舍五等版簿不用，而造成"点差异同"。可见帐与簿不能混为一谈。

《作邑自箴》卷5《规矩》记载有县级政府奏帐制度："年终帐状限次年正月二十日，半年帐状限次半年孟月十五日，每季帐状限次季孟月初十日，月帐状限次月初五日，旬申帐状限次旬二日，夏秋税管额帐当年五月一日，纳毕、单状税满限四十日：并要申发讫呈检。"可知县每年上报的帐有年终帐、半年帐、季帐、月帐、旬帐、管额帐、纳毕帐等，但却未提到上报的有簿、籍。《宋史》载，南宋宁宗嘉定年间，婺州实施经界法，丈量清理土地，重定税额，"于是向之上户析为贫下之户，实田隐为逃绝之田者，灿然可考。凡结甲册、户产簿、丁口簿、鱼鳞图、

① 参见穆朝庆《两宋户籍制度问题》，《历史研究》1982年第1期，第154页；王育民《宋代户口稽疑》，《上海师范大学学报》1985年第1期，第110页。

② 参见李宝柱《宋代人口统计问题研究》，《北京大学学报》1982年第4期，第69页。

③ 《宋会要辑稿·食货》12之11，第5013页。

④ 《宋会要辑稿·食货》12之16，第5015页。

⑤ 《宋会要辑稿·食货》11之14，第4999页。

类姓簿二十三万九千有奇，创库匮以藏之"①。所云各类簿册，皆为与土地、赋税相关的重要文书，其中也不见有以"帐"为名的文书。上述例证说明簿与帐性质不同。

综上所论，丁籍是地方州县催科征税的依据簿书，保留在州县，并不上缴朝廷；丁帐则是指依据丁籍制成的报呈上级的丁口统计文书。开宝五年，"罢两京缘河诸州每岁春秋丁帐，止令夏以六月、冬以十二月申"②。从这一史料来看，当时两京及黄河沿边诸州夫役繁重，需征发大量劳动力，朝廷为了掌握丁口总数，统筹调配，以至于一年要两次申报丁帐。我们只有把丁籍和丁帐统计的对象和范围区分开来，才能进一步了解宋代的籍帐统计制度。

（一）丁帐始设年代及太祖乾德诏书的史料意义

关于丁帐的始设年代，学者们大都以《长编》卷4"乾德元年十月庚辰"条所载"始令诸州岁所奏户帐，其丁口，男夫二十为丁，六十为老，女口不须通勘"，作为宋代丁帐制度始设时间的证据。然而细细推敲，其中并没有说自乾德元年（963）始奏户帐，而是说从这年开始，规定成丁的年龄界限为20岁至59岁。"始令诸州岁所奏户帐"中的"所"字，是一个助词，用在本句中，表示中心词是"户帐"，而不是"奏"这一动词。"始"字是针对下文丁口的年龄规定而言的，意思是从今开始，诸州每年所奏报的户帐，其统计的丁口的成丁年龄为20岁，60岁入老，女子不计入内。关于此条文献记载，《文献通考》作："乾德元年，令诸州岁奏男夫，二十为丁，六十为老，女口不预。"③ 根本没有提及始令诸州岁奏户帐之事。马端临将此理解为乾德元年规定诸州岁奏（帐）的对象以20岁至59岁的成丁为限，妇女不计，也表明岁奏户帐制不始于乾德元年。后梁开平三年（909）三月户部奏云："请诏天下州府，准旧章申送户口帐籍。"④ 可见五代时申报户口帐籍已成为一种制度，宋只是承袭了这一定制。

关于乾德元年诏书中"户帐"所指，学者们看法不一，以日本加藤繁为代表的学者认为是指丁帐⑤，苏基朗却认为是指升降帐和桑功帐，不是三年一造的户籍。⑥ 此诏书所载内容，《宋史》卷174《食货志上》亦作："诸州岁奏户帐，具载

---

① 《宋史》卷173《食货志上》，中华书局1977年版，第4179页。

② 《长编》卷13"开宝五年三月乙酉"条，第282页。

③ 马端临：《文献通考》卷11《户口考二》，中华书局1986年版，第113页。

④ 王溥：《五代会要》卷25《帐籍》，中华书局1998年版，第309页。

⑤ 参见加藤繁《宋代的人口统计》，吴杰译，《中国经济史考证》第2卷，商务印书馆1963年版，第260页；李宝柱《宋代人口统计问题研究》，《北京大学学报》1982年第4期，第69页；吴松弟《中国人口史》第3卷，第26页。

⑥ 参见苏基朗《宋代的户多口少现象》，载《唐宋法制史研究》，第100页。

其丁口，男夫二十为丁，六十为老。"《宋史·食货志》本于宋之国史。① 可见
"户帐"二字，并非李焘随意之笔，也非古书传刻之误。笔者以为"户帐"乃"户
口帐籍"之省称，用以泛指地方每年所奏的所有户口帐籍，其中既有苏基朗认定
的升降帐、桑功帐，同时也包括了丁帐。乾德诏书的旨意是，这些帐籍中的丁口年
龄，不管是主户，还是客户，统一规定为男口以 20 岁至 59 岁为成丁，女口不计。
如果仅云丁帐，则升降帐、桑功帐中的丁口将会排除在外，这显然不是太祖乾德颁
诏的本意。

关于乾德元年诏书的颁布，学者们作了不同的解释。袁祖亮认为"是针对徭
役而发，是划分应役年龄的诏令"。穆朝庆认为"其实质是明确了赋役对象和国家
的重点控制对象"②。笔者以为，乾德元年始规定成丁的年龄界限，旨在更改《宋
刑统》的相关法律条款。在此之前，宋代是以 25 岁成丁，55 岁入老。乾德元年七
月颁布的第一部法典《宋刑统》，其卷 12《户婚律》"脱漏增减户口门"规定：

> 准户令：诸男女三岁以下为黄，十五以下为小，二十以下为中。其男年二
> 十一为丁，六十为老……
> 准唐天宝十三载十二月二十五日制节文：自今以后，天下百姓宜以十八已
> 上为中，男二十三已上成丁。
> 准唐广德元年七月二十二日敕：天下男子宜令二十五成丁，五十五入
> 老。③

《宋刑统》记载了三种唐不同时期规定的不同的成丁年龄界限，其中"户令"
是指开元二十五年所修令。这三条法令规定的年龄界限各不相同，究竟以哪条为
准？考《宋刑统》卷 30《断狱律》断罪引律令格式："准唐长庆三年十二月二十
三日敕节文，御史台奏，伏缘后敕，合破前格。自今以后，两司检详文法，一切取
最向后敕为定。敕旨宜依。"依据此法律规定的从新不从旧的适用原则，宋在乾德
元年十月之前应是沿用唐广德元年（763）规定，男子 25 岁成丁，55 岁入老。④

---

① 参见梁太济、包伟民《宋史食货志补正》，杭州大学出版社 1994 年版，第 2 页。
② 袁祖亮：《宋代户口之我见》，《中国史研究》1987 年第 3 期，第 113—115 页。穆朝庆：《两宋户籍
制度与人口再探讨》，《中州学刊》1988 年第 6 期，第 103 页。
③ "天宝十三载"为"天宝三载"之误。详见《旧唐书》卷 9《玄宗纪》，中华书局 1975 年版，第 218
页；《通典》卷 7《食货》，第 155 页；《唐会要》卷 85《团貌》，第 1555 页。
④ 既然以广德元年规定为准，《宋刑统》为何还要收载开元户令和天宝三载制节文呢？这牵涉到宋代法
典的编纂体例，这样做是为便于今后立法官修改律律时作参考。例如天一阁藏宋《天圣令》，其编纂体例亦
是如此："凡取唐令为本，先举见行者，因其旧文参以新制定之。其今不行者亦随存焉。"（《宋会要辑稿·刑
法》1 之 4，第 6463 页）不用的唐令即附录于后。参见戴建国《天一阁藏明抄本〈官品令〉考》，《历史研
究》1999 年第 3 期，第 71—86 页。

　　然而宋建立之初，积极准备统一全国的战争，急需劳动力，广德元年规定成丁年龄在时限上偏晚，不适应当时形势的需要。于是宋太祖在乾德元年十月颁布诏令，更改《宋刑统》的规定，调整成丁的年龄界限。由于女子不在夫役征发之列，故不用统计。因此，乾德元年诏书"始令"成丁以 20 岁至 59 岁为限，应是针对《宋刑统》的规定而作的修改。

　　必须指出，乾德元年的规定最初适用范围在于岁所奏户帐统计，以便征发徭役。这并不意味着从此以后，成丁以下的中、小男以及女口不再纳入宋代其他簿籍的统计范围。《天圣令》卷 22《赋役令》宋令第 9 条载："诸县令须亲知所部富贫、丁中多少、人身强弱，每因升降户口，即作五等定簿，连署印记。"其中明确说到县令的职责包括须掌知丁、中数额，并据此制定五等版簿。又熙宁三年（1070）司农寺定畿县保甲条制，"凡选一家两丁以上，通主客为之，谓之保丁。十五以上皆充"①。15 岁以上皆充，显然是包括中男在内。② 而中男无论主客户，都必须登录于簿籍。又宋赋役令规定："诸女户寡居，第三等以上，虽有男子，年十五以下，其税租应支移者，免全户之半。"③ 宋名例敕曰："诸缘坐应编管而年六十以上、十五以下……并免。"④ 这些法令规定年 15 岁以下男子可享有一定的赋税及司法减免权。换言之，15 岁以上至 19 岁（南宋至 20 岁）的男子与成年男丁一样，须承担一定的义务。他们在户籍簿上当然也应有登录。

　　上述材料都说明乾德元年诏书规定的男夫 20 岁为丁，60 岁为老，适用于岁所奏户帐统计。在其他场合，仍然须统计成丁以下的男口。乾德元年诏书规定的原则，是我们正确认识宋代户部户口统计制度的关键所在。

　　（二）客户与丁籍的关系

　　宋朝将全国人口依据土地财产的有无划分为主户和客户。⑤ "天下户籍，均为五等"⑥，此乃指拥有土地的主户而言。主户之外，尚有大量的客户存在。客户也

---

　　① 杨仲良：《续资治通鉴长编纪事本末》卷 71《保甲》，光绪十九年（1893）广雅书局本，第 1 页。"十五以上皆充"，《长编》卷 218 作"推以上皆充"，"推"为"稚"的避讳字。

　　② 唐宋法律在计算"以上"、"以下"时，是包括本数在内的。如《唐律》卷 17《贼盗律》："诸谋反及大逆者，皆斩。父子年十六以上皆绞，十五以下及母女、妻妾（原注：子妻妾亦同）、祖孙、兄弟、姊妹若部曲、资财、田宅并没官。"其中 16 岁以上与 15 岁以下是可以上下衔接的。据建隆四年制定的《宋刑统》卷 12《户婚律》规定，宋以 18 岁以上为中，亦即 17 岁以下为小。至天圣七年制定《天圣令·户令》，可能对宋代的中的年龄时限作过调整，以 15 岁以上为中。到了南宋，以 21 岁成丁，相应地，中的年龄也顺延一年，以 16 岁以上为中。《庆元条法事类》卷 75《侍丁·户令》条仅规定成丁年龄，省略了老和中的年龄内容，这是由宋代条法事类体法典编纂体例所决定的，并非没有对老和中的年龄作规定。

　　③ 谢深甫：《庆元条法事类》卷 48《赋役门·支移折变》，黑龙江人民出版社 2002 年版，第 658 页。

　　④ 《庆元条法事类》卷 75《刑狱门·侍丁》，第 790 页。

　　⑤ 王曾瑜：《宋朝阶级结构》，河北教育出版社 1996 年版，第 12 页。

　　⑥ 《长编》卷 224"熙宁四年六月庚申"条，第 5446 页。

应有自己的户籍。但是宋代有多种帐籍涉及客户统计，如丁帐、税帐、保甲簿。[1]
其中究竟哪一种帐籍是登录管理客户的基本帐籍？换言之，即客户归属于哪种籍帐
管理？他们又是如何编籍的？对此，传世文献所言不明，学术界尚缺乏足够的讨
论。有些学者认为客户没有独立户籍，而是登记在五等丁产簿的主户之下，是附籍
于五等丁产簿。[2]但证据并不充分，似乎未被学界所接受。吴松弟在《宋代户口调
查统计制度问题答客问》一文中就"客户应入五等丁产簿"观点提出了否定意
见[3]，所论是正确的，但没有就客户的户籍归属问题进一步展开讨论。

由于没有土地等固定财产，"客户往来不常"[4]，"转徙不定"[5]，流动性较大，
给户口登记管理带来很大困难，但这不等于客户没有户籍管理。《宋刑统》卷12
《户婚律》脱漏增减户口载曰："率土黔庶，皆有籍书，若一户之内，尽脱漏不附
籍者，所由家长，合徒三年……纵一身亦为一户，不附即依脱户，合徒三年。"这
虽然是唐制，亦为宋所沿袭。按此法律规定，每一个人都应登录于一定的籍书，即
使是孤身一人，在户口籍上亦应为一户。这一点对于我们正确认识宋代丁籍、丁帐
撰造申报制度十分重要。

景德四年（1007）真宗诏"诸路所供降升户口，自今招到及创居户委的开落
得帐上荒税，合该升降，即拨入主户供申，内分烟析生不增税赋，及新收不纳税浮
居客户，不得虚计在内"[6]。既云"新收"客户，那一定是已登录在某种帐籍中，
只不过不能算作主户而已。熙宁三年考课院奏言："准诏定到知县、县令考课
法……一任之中，主、客户比旧籍稍有增衍。"[7]考课法将客户数是否增长也纳入
县官的考课范围。如果客户没有户籍予以登录，如何考知他们是否增长呢？

早在唐代，就有收客户编籍的记载。唐柳芳云："人逃役者多浮寄于闾里，县
收其名，谓之客户。"[8]开元九年（721），唐以宇文融充使，"括逃移户口及籍外
田，所获巧伪甚众"。唐规定"其新附客户，免六年赋调"[9]。《唐会要》卷85《逃
户》载："天下所检客户，除两州计会归本贯已外，便令所在编附。"吐鲁番出土

① 参见苏基朗《宋代的户多口少现象》，载《唐宋法制史研究》，第102页；吴松弟《中国人口史》第
3卷，第13—52页。苏基朗和吴松弟都曾正确指出客户纳入丁帐统计范围。不过丁帐与本文讨论的作为客户
基本户籍的丁籍，具体说来还是有所区别的。

② 陈乐素：《宋代的客户与士大夫》，《求是集》，广东人民出版社1984年版，第186页；葛金芳、顾
蓉：《北宋五等版簿考辨》，《武汉师范学院学报》1983年第3期，第52页；王育民：《宋代户口稽疑》，《上
海师范大学学报》1985年第1期，第108页。

③ 参见吴松弟《中国人口史》第3卷，第63—70页。

④ 洪迈：《盘州文集》卷49《荆门军奏便民五事状》，四部丛刊初编缩本，第249册，第328页。

⑤ 吕祖谦：《宋文鉴》卷106《民议》，四部丛刊初编缩本，第418册，第1091页。

⑥ 《宋会要辑稿·食货》12之2，第5008页。

⑦ 章如愚：《山堂群书考索》后集卷15《官制门·考课类》，四库全书本，第937册，第207页。

⑧ 李昉等：《文苑英华》卷747《食货论》，中华书局1966年版，第5册，第3907页。

⑨ 《资治通鉴》卷212"开元九年正月丁亥"条，中华书局1956年版，第6744页。

文书《唐开元二十一年西州都督府案卷为勘给过所事》有一条检括出的浮客蒋化明籍为百姓的史料：

　　102 化明辩：被问先是何州县人，得共郭林驱驴？仰答。但化明

　　103 先是京兆府云阳县嵯峨乡人，从凉府与郭元暕驱驮至北庭。括

　　104 客，乃附户为金满县百姓。为饥贫，与郭林驱驴伊州纳和籴。

　　108　　　　　　　　　　　　开元廿一年正月　日①

蒋化明是没有土地的浮客，附户后成为有独立户籍的百姓。玄宗天宝敕有"客户终年者编籍"的规定②，客户因无田土而常流移不定，故天宝敕要求客户于当地居住满一年者置籍加以管理，纳入差科范围。

　　唐制，"每一岁一造计帐，三年一造户籍"③。唐所谓计帐，是关于下一年度课役征调的预算文书，由户口统计和课役预算两部分组成。④ 自唐后期行两税法后，原先的计帐制度发生变化，原租庸调并入两税，"州县常存丁额，准式申报"⑤。力役据丁征调。唐建中元年（780），京兆府"发丁夫数千，杂六军之士，筑奉天城"⑥。入宋以后，旧之计帐制度虽已不存，但却制定有丁籍、丁帐制，宋据丁籍征夫役。编制丁籍成为宋实施赋役制度的重要内容。

　　北宋法律规定，即使是被强制执行流徙于他乡并服苦役的流刑罪犯，"居作一年，即听附籍"⑦。又南宋《庆元条法事类》卷75《编配流役·户令》规定："诸缘坐编管、羁管人永不放还者，编管、羁管处及六年，给公凭，从户口例附籍，愿于他州附籍者，许牒送。"关于"附籍"，有学者认为是附于主户之下。⑧ 其实"附籍"，即登录于户籍之意，不作"依附"解。前引《唐开元二十一年西州都督府案卷》所载浮客蒋化明附户成为有独立户籍的百姓即一佐证。《名公书判清明集》卷7《立继有据不为户绝》载："准法，异姓三岁以下，并听收养，即从其

　　① 《吐鲁番出土文书》第9册，文物出版社1990年版，第61—62页。关于蒋化明的身份，唐长孺先生指出是浮游在外以驱驮为业的客户，括附为百姓后，并未受田，依然为驱驮。见唐长孺《唐代的客户》，朱雷、唐刚卯选编《唐长孺文存》，上海古籍出版社2006年版，第529—530页。

　　② 《山堂群书考索》后集卷56《赋役门·役类》，第784页。

　　③ 《唐六典》卷3"户部郎中员外郎"条，第74页。

　　④ 参见宋家钰《唐代的手实、户籍与计帐》，《历史研究》1981年第6期，第13—28页。

　　⑤ 《唐会要》卷83《租税上》，第1535页。

　　⑥ 《资治通鉴》卷226"建中元年六月辛丑"条，第7282页。

　　⑦ 《长编》卷214"熙宁三年八月戊寅"条。关于此条材料所言"居作"，从上下文意看，乃专指法律之服刑役而言，关于刑罚之居作，详见《通典》卷165《刑制下》及《宋刑统》卷2《名例》、卷30《断狱》缘坐应没官不没官门。不少学者未能细审，误认为是定居营作。

　　⑧ 参见王育民《宋代户口稽疑》，《上海师范大学学报》1985年第1期，第108页。

姓，听养子之家申官附籍，依亲子孙法。虽不经除附，而官司勘验得实者，依法。"所谓"除附"，乃是宋代户口管理制度。宋人云："此谓人家养同宗子，两户各有人户，甲户无子，养乙户之子以为子，则除乙户子名籍，而附之于甲户，所以谓之除附。"① 可见"附籍"，是相对于"除籍"（注销户籍）而言的登录户籍之制。法律规定犯人服役刑满或流徙远地六年后，可以在当地落户入籍。这些罪犯被强制流徙他乡，刑满后附籍，如果没有土地财产，身份当属客户，所入户籍不可能是五等户籍，应为丁籍无疑。

论者常引《作邑自箴》中"如系客户，即去（云）系某人客户"②，来强调客户依附于主户之籍，附载于五等丁产簿。然而宋代客户除了租种地主的土地外，还广泛租种官田。③ 按照前述客户租种地主的地，即附籍于地主之户的说法，那么租种官田的客户又如何依附编籍？ 也有学者以唐代奴婢部曲依附于主人户籍为例，认为宋代客户也是附籍于主户的。④ 然而宋之于唐，时代毕竟不同了，宋代客户虽然没有土地财产，但他们不是地主的私属。北宋人此山贯冶子《唐律释文》就部曲、奴婢释曰："此等并同畜产，自幼无归，投身衣饭，其主以奴畜之。及其长成，因娶妻。此等之人，随主属贯，又别无户籍，若此之类，名为部曲。婢经放为良，并出妻者，名为客女。二面断约年月，赁人指使为随身。"⑤ 此山贯冶子谈到了部曲、奴婢依附其主生活，籍随主人，其主以奴畜之。然奴婢经放良，成为雇佣劳动者，与雇主签订契约，身份上是良人。笔者认为应自有户籍。宋人胡宏曰"主户之于客户皆齐民"⑥，即客户和主户都是国家的编户齐民。客户与地主以契约为纽带，结成租佃关系。客户在法律上具有独立的良人身份，在户籍管理上有自己的专属户籍。因此，那种客户依附于主户之籍的观点不具说服力。

北宋仁宗时，滁州遭旱灾发生饥荒，朝廷命开官仓赈灾，而当地主管官吏未能及时照办，新任通判姚仲孙"既至州，立劾主吏，夜索丁籍尽给之"⑦。值得注意

① 《名公书判清明集》卷8《夫亡而有子不得谓之户绝》，中华书局1987年版，第273页。
② 《作邑自箴》卷6《劝谕民庶榜·状式》，第34页。
③ 参见曾琼碧《宋代佃耕官田的农民及其地位》，载邓广铭、徐规主编《宋史研究论文集》，浙江人民出版社1987年版，第65页。
④ 参见高桥芳郎《宋代中国的法制与社会》第1章第2部分"五等簿上的主户客户"，东京：汲古书院2002年版，第16—18页。关于宋代客户属籍问题，还有一些日本学者的成果亦涉及之。然限于条件，未能寓目。
⑤ 此山贯冶子撰、王元亮重编：《唐律释文》卷22，日本文化三年东京御书物所刻本，校以丛书集成本《唐律疏议》所附释文。关于此释文，通常认为是元朝人王元亮所作。实际上是北宋人此山贯冶子为《宋刑统》所作，后来王元亮将其编入《唐律疏议》。详见戴建国《"主仆名分"与宋代奴婢的法律地位》，《历史研究》2004年第4期，第61页。
⑥ 胡宏：《五峰集》卷2《与刘信叔书五首》，四库全书本，第1137册，第128页。参见郭东旭《宋代法制研究》，河北大学出版社2000年版，第391页。
⑦ 《宋史》卷300《姚仲孙传》，第9971页。

的是，由于州县丁籍登录了主客户人口资料，故赈灾之粮可依据丁籍来发放。如果五等丁产簿确如有些学者所说附载有客户的话，姚仲孙为何不直接取五等丁产簿赈灾呢？原因很简单，五等丁产簿并没有登录客户。

《长编》卷374"元祐元年四月辛卯"条载司马光赈济之奏，建议"据乡村五等人户，逐户计口出给历头"，实施救济，而不是要求据丁籍救济。据五等户籍救济，则显然排除了客户。难道客户不需救济了么？抑或客户是附于主户之籍？然而细细解读司马光整篇奏文，不难发现司马光此奏是要求朝廷重视主户，认为他们"比于余民，尤宜存恤"，希望宋政府在各地未发生民众流移之前，做好主户的安抚存恤事宜，使他们不至失业。故建议朝廷据五等户籍赈济。其赈济的对象原本就不包括客户。皇祐三年（1051），仁宗曾诏："漳州、泉［州］、兴化军，自伪命以来，计丁出米甚重，贫者或不能输，朕甚悯之。自今泉州、兴化军旧纳七斗五升者，主户予减二斗五升，客户减四斗五升。"[①] 据皇祐诏书，身丁税的蠲减应是按照户籍区分主客户来实施的。五等丁产簿只登录主户数据，因此客户另有自己的户籍。

北宋毕仲游在《耀州理会赈济奏状》中云："勘会本州七县，据籍，主客户共十一万三千五十户，计二十八万四千八百五十口。据诸县元抄录末等无营运阙食之人，共四万六千三百三十八户，计一十七万九千五百三十四口。"[②] 此奏中提到的两种数据来自不同的统计系统，后一种是赈济系统，统计的对象是全体男女人口。[③] 这里，后一种数据暂且不论，单看前一种包含主客户在内的户口数据。毕仲游所云"据籍"当是据户口系统之籍，而载有客户统计资料的户口系统之籍，除赈济统计帐籍外，有丁籍、保甲簿。保甲簿乃神宗熙宁年间才出现[④]，时距宋政权建立已有一百多年。如果说只有保甲簿才是唯一登录客户的基本户籍，那就意味着，在熙宁之前的一百多年里，客户一直没有自己的归口户籍，这显然说不通。因此，从宋初以来制度的连贯性来看，毕仲游所言之籍应该就是丁籍。

综上所述，宋代客户有自己独立的户籍，那就是丁籍。如果说唐代的户籍以人丁为主兼及土地，那么宋代的五等户籍则是以土地财产为主兼及人丁。这从客户不入五等户籍制之规定反映出来。丁籍是脱离了地籍的独立的户口籍。五等户籍制尚没有做到户口统计的单一化，宋代只有丁籍才是具有完整意义的户口籍。

（三）上报户部的丁帐统计对象是否包括所有男口和户数

宋初编制丁籍、丁帐，主要是为了征发夫役，只统计户口，不计财产。《长

① 《宋会要辑稿·食货》70之166，第6453页。
② 毕仲游：《西台集》卷1，四库全书本，第1122册，第10页。
③ 参见吴松弟《中国人口史》第3卷，第54页。
④ 参见穆朝庆《两宋户籍制度问题》，《历史研究》1982年第1期，第147—157页。

编》卷 12 "开宝四年七月己酉"条载："令河南府及京东、河北四十七军州，各委本州判官互往别部同令佐点阅丁口，具列于籍，以备明年河堤之役。如敢隐落，许民以实告，坐官吏罪。先是诏京畿十六县重括丁籍，独开封所上增倍旧额，它悉不如诏。上疑官吏失职，使豪猾蒙幸，贫弱重困，故申警之。"关于此次清点丁口对象，《宋会要辑稿·食货》12 之 1 记载说是"不计主户、牛客、小客，尽底通抄。差遣之时，所贵共分力役"。牛客、小客属客户。① 客户也是宋代夫役的承担者，故清点不分主户、客户，俱登录于丁籍，目的是为第二年的河堤之役做准备。所造丁籍，明显具有差科簿书的性质，夫役也并不局限于修浚河道，《天圣令》卷 22《赋役令》共计 23 条宋令，其中有 10 条是关于丁匠役使管理制度的。② 例如宋令第 10 条云："诸丁匠上役，除程外，各准役日，给公粮赴作。"丁匠属承担夫役的劳动者。这些令文反映出北宋前期大量役使丁夫，其中自然包括客户在内。又如乾道二年五月臣僚言："两浙路去年百姓以疾疫死亡，以饥饿流移者至多，州县丁籍自应亏减，窃闻州县按籍而催，尚仍故目。"③ 孝宗时蔡洸奏言："镇江共管三邑，而输丁各异。有所谓税户，有所谓客户。税户者，有常产之人也，客户则无产而侨寓者也。税户、客户，惟丹徒并输丁，而丹阳、金坛二邑有税则无丁，其输丁者，客户而已。"④ 这些都说明当时丁籍是用来催科征税的，不分主、客户。

丁籍登录对象是主、客户，以全体男性为统计范围，登记每户男口姓名、年龄。不少学者认为，县和州两级的丁帐都以全体男性为统计范围，登记每户男口姓名、年龄。⑤ 这一看法实际上是将丁籍统计的对象误认为丁帐统计的对象。事实上，只是丁籍才登记全体男性数据。关于这个问题再补充几条相关资料：

其一，淳熙二年（1175）孝宗庆寿大赦云："应人户有祖父母、父母年八十以上，与免户下一名身丁钱物。"⑥ 这一政策对客户来说，也应有效。减身丁钱物，是以户为基本单位来计算的，80 岁以上的老人如果没有登记入丁籍，便无法计算蠲减。

其二，淳熙八年有臣僚奏言："饥馑之时，遗弃小儿为人收养者，于法不在取认之限，听养子之家申官附籍，依亲子孙法。"⑦

其三，《事物纪原》载："《周礼》：司民掌登万民之数，自生齿已上皆书于版，

---

① 关于牛客、小客的客户身份，参见王曾瑜《宋朝阶级结构》，第 31 页；梁太济《两宋阶级关系的若干问题》，第 116—117 页。

② 参见戴建国《天一阁藏天圣令·赋役令初探》，《文史》第 53 辑，2000 年，第 143—153 页。

③ 《宋会要辑稿·食货》12 之 16，第 5015 页。

④ 《宋会要辑稿·食货》12 之 19—20，第 5017 页。

⑤ 详见前引穆朝庆、苏基朗、吴松弟等论著。

⑥ 《宋会要辑稿·食货》66 之 15，第 6215 页。

⑦ 《文献通考》卷 11《户口考二》，第 116 页。

太宰听闻以版图，今州县有丁口版簿即此，盖始于周也。"①

　　其四，宋封赠令规定："诸士庶遇恩应官封者……下厢耆邻保次第勘验，本处取丁籍，再行审验年甲。"②

　　这些史料都证明丁籍不分老小登录全体男口。州县丁籍登录有全体男口的资料，那么每年上报户部的丁帐，是否也将所有男口资料一并供上，或只报成丁数？对此学术界有争论。③ 这一问题可以在乾德元年诏书里找到答案。诏书规定诸州所奏户帐，"男夫二十为丁，六十为老。女口不须通勘"④。其中仅规定成丁的年龄，这就意味着包括丁帐在内的户帐只报成丁数。如果说另外还包括中、小丁，那理应将中、小丁的年龄界限一并作规定。据前引《宋刑统》卷12《户婚律》"脱漏增减户口门"载唐以来丁、中、小、老年龄界限的沿革，唐开元令规定中的年龄界限为16—20岁，其中有5年的跨度；天宝制规定中为18—22岁，其中也有5年的跨度；广德敕规定中为18—24岁，其中有7年的跨度。依据法律从新适用之原则，宋初期中的年龄界限为18—24岁。我们假定乾德诏书只更改成丁年龄，中、小丁年龄不变，依然有效，然而由于乾德诏书更订了成丁的年龄结构，上限从25岁降至20岁，这就使得中丁的年龄跨度减小到18—19岁，只有两年。与以往制度相比，显得非常不协调。因此，笔者以为乾德诏书只规定成丁年龄，表明中、小等幼丁并不在州每年申报的丁帐、升降帐等户籍统计申报范围之内。高宗绍兴二十六年诏曰：

　　　　诸州专令知、通取索逐县丁簿，稽考岁数，依年格收附销落。如辄敢将未成丁之人先次拘催，及老丁不为即时销落，许经本州申诉，依条根治施行。⑤

诏书所谓"年格"之"格"是一种法律规范，宋代的法律形式有敕、律、令、格、式，年格的法律规定就是"民年二十一为丁，六十为老"⑥。知州、通判取索的县丁簿，应是上一年县制作的旧丁簿。这与州稽考县税租簿的方式相同。宋法："诸县税租夏秋造簿，于起纳百日前，通旧簿并干照文书，送州申磨点检。"⑦ 丁簿上

　　① 高承：《事物纪原》卷1《版簿》，中华书局1989年版，第42页。
　　② 《庆元条法事类》卷12《封赠》，第253页。
　　③ 穆朝庆认为丁帐统计的是全部男口（《两宋户籍制度问题》，《历史研究》1982年第1期，第154页）；苏基朗则认为丁帐报男丁总数给朝廷，所谓男丁是指丁（《宋代的户多口少现象》，载《唐宋法制史研究》，第103、104页）；吴松弟也认为上报到户部的只是成丁（《中国人口史》第3卷，第33页）。
　　④ 《长编》卷4"乾德元年十月庚辰"条，第106—107页。
　　⑤ 《宋会要辑稿·食货》12之11，第5013页。
　　⑥ 《宋会要辑稿·食货》66之16，第6215页。北宋则为20岁成丁。
　　⑦ 《庆元条法事类》卷48《簿帐欺弊·赋役令》，第652页。

因注有每户主户和客户的所有男口状况、年龄，知县、通判将新旧簿籍予以对照，可稽考年龄，凡达到成丁年龄，或入老者，皆应予以收附或注销。淳熙十二年刑部尚书萧燧奏曰："在法，民年二十一为丁，六十为老，官司按籍计年，将进丁或入老、疾，应收免课役者，皆县令亲貌颜状注籍。通、知取索丁簿，稽考岁数，收附销落。"① 这些材料都强调州长官亲自审核丁籍，稽考丁口岁数，保证成丁的实际年龄，严禁用未成丁及已入老之人充数。淳熙五年有臣僚奏言："今欲县委县丞，如均税事体，置丁税一司……每岁入务限前，以籍实丁名数关报本县催理。"② 宋代丁之称谓，通常专指成年男子。南宋户令云："诸男年二十一为丁。"③ 如是别指老人或未成年人，则在丁之前冠以"老"或"幼"字。如成年男子与老丁、幼丁并称时，则云"成丁"，以示区别。④ 上述例证表明，只有成丁才是州县丁籍最终要稽考的对象，总计成丁实数，据以征收身丁税。丁籍的基本作用就是用来催税和征役。

笔者以为，州上报朝廷的丁口统计文书，只是根据丁籍编制成的丁帐，而不是丁籍本身。而丁帐统计的对象只是户数与成丁数，不包括其他男口。高宗绍兴七年，比部员外郎薛徽言："欲望明饬有司，稽考州县丁帐，核正文籍，死亡生长，以时书落。岁终县以丁之数上州，州以县之数上漕，漕以州之数上之户部，户部合天下之数上之朝廷。"⑤ 所谓"死亡生长，以时书落"，笔者以为是针对成丁的登录而言的，即成丁中死亡的和入老的人，都应从丁籍中及时予以注销，以便把准确的成丁统计数呈报给上级部门。丁帐是逐级上报给上级部门的统计文书，应将其与"关报本县催理"丁税的丁籍区分开来。

我们知道，申报丁帐的目的最初是征发力役，宋"以两税输谷帛，以丁口供力役"⑥。承担力役的人应是成丁之人。北宋统一南方后，丁籍又成为科派身丁钱的依据，但依然以成丁为科派对象，"年二十成丁，六十入老，其未成丁、已入老者，及身有废疾并与放免"⑦。南宋承袭这一定制，"二十岁以上则输，六十则止，

---

① 《宋会要辑稿·食货》66 之 16，第 6215 页。

② 《宋会要辑稿·食货》69 之 31—32，第 6345 页。

③ 《庆元条法事类》卷 75《侍丁》，第 790 页。

④ 例如陈襄《州县提纲》卷 2《户口保伍》载："县道，户口保伍最为要急……如一甲五家，必载其家老丁几人，名某，年若干；成丁几人，名某，年若干；幼丁几人，名某，年若干。"（丛书集成初编本，第 932 册，第 23 页）又如洪迈《盘州文集》卷 49《荆门军奏便民五事状》载："如家有一丁，则岁受茶三斤，其丁多及老小者，以次增减。"其所云丁即指成丁。

⑤ 《宋会要辑稿·食货》11 之 17，第 5001 页。

⑥ 《长编》卷 277 "熙宁九年九月辛巳"条，第 6787 页。

⑦ 钱若水：《宋太宗实录》卷 31 "太平兴国九年十一月丁卯"条，甘肃人民出版社 2005 年版，第 60 页。

残疾者以疾丁而免，二十以下者，以幼丁而免"①。宋代的中男和小男，已不再承担徭役。《天圣令·杂令》所附不用之唐令，其中有许多由中男、小男充任役使的规定。《天圣令》弃之不用，至少表明宋代的夫役实行成丁充任制。因此，尽管县级丁籍统计所有男口资料，但是上报户部的丁帐只统计户数及成丁数。

既然只报成丁数到户部，那么为何县级丁籍还要统计所有男口资料呢？丁籍登录主客户所有男口，是为了便于稽考岁数，正确实施进丁入老的措施，防止作弊。以便做到合理承担力役和摊派身丁钱，减少社会不均现象，缓和阶级矛盾。

吴松弟认为"丁帐上报到户部的只是丁口，没有户数"②。然考《景德农田敕》："诸州每年申奏丁口文帐，仰旨挥诸县差本村三大户长就门通抄。每年造帐，本县据户数收落，仍春季终闻奏。"③ 丁帐以丁籍为基础制定而成。敕文所云"据户数收落"，就是说据户别一户一户登记成丁，以户为基本单位统计丁数，造丁帐报户部。既然以户为单位登录丁口，上报户部的丁帐，也就不可能省略户数不报。这一点，从宋政府公布的户口数据也可得到验证。宋政府公布的户口数据，通常丁（口）数和户数是对应的，有丁（口）数，一般就有户数。因此，上报户部的丁帐应该统计有户数。

（四）非闰年期间朝廷公布的主客户数据来源

由于宋五等丁产簿只登录主户资料，客户不在统计之列，吴松弟指出，宋政府公布的全国户口数字并不是来自地方上报的五等户籍资料，而州县丁帐统计有全部主客户男口资料，"北宋初期闰年图的户口只能得自丁帐"，从而构成北宋初期地方闰年所贡闰年图的资料来源。他认为全国性户口数"并非直接来自户部的数据，而是主要来自保存在兵部职方的闰年图"④。然而闰年图为闰年上贡，在非闰年期间，宋政府公布的包括客户在内的户口数是如何统计出来的呢？例如开宝九年并非闰年，宋政府公布的这年的数据包含有客户在内，"太祖开宝九年，天下主客户三百九万五百四"⑤。虽然在两个造置闰年图的间隔期，各地每年申报有丁帐和户口增减帐（户口升降帐），但据文献记载，无论是丁帐还是升降帐，每年申报到户部而非掌图经的兵部职方。⑥ 而升降帐记载的仅是主户户口的变动数；税租帐虽载有客户的数据，且定有每年申报制度，但税租帐制度的建立是在后来的太宗至道元年。因此，这些都不是解开开宝九年户口数据来源之谜的答案。

① 《宋会要辑稿·食货》69 之 31，第 6345 页。
② 吴松弟：《中国人口史》第 3 卷，第 71 页。
③ 梁克家：《淳熙三山志》卷 10《版籍类·户口》，四库全书本，第 484 册，第 211 页。
④ 吴松弟：《中国人口史》第 3 卷，第 85、72 页。
⑤ 《宋会要辑稿·食货》11 之 26，第 5005 页。
⑥ 参见张方平《乐全集》卷 21《论天下州县新添弓手事宜》，四库全书本，第 1104 册，第 204 页；《宋会要辑稿·食货》11 之 17，第 5001 页。

由于州掌握有主客户数和全体男口的数据，宋地方每逢闰年申报闰年图时，这些数据也一并予以供报。庆历三年（1043），范仲淹在《答手诏条陈十事》疏中云："臣又观《西京图经》，唐会昌中，河南府有户一十九万四千七百余户，置二十县。今河南府主客户七万五千九百余户，仍置一十九县（主户五万七百，客户二万五千二百）。"①范仲淹所言《西京图经》，当是西京河南府闰年所贡闰年图经。《玉海》卷14《祥符州县图经》载："真宗因览《西京图经》有所未备，诏诸路州府军监以图经校勘……又诏重修定大小图经，令职方牒诸州谨其藏，每闰依本录进。"《西京图经》中的客户数据显然是来源于地方的丁籍统计系统。除此之外，州每年还以丁帐形式向户部申报户口统计数据，其中除了成丁数（不包括成丁以外的男口数）外，还包括了主、客户数。然后由"户部合天下之数上之朝廷"②，朝廷最后予以公布。搞清了这一点，才能解开非闰年时期，朝廷公布的主客户数据来源之谜。这个问题，是我们研究宋代户口统计制度时不应忽视的。

宋代统计主客户数据的有税帐、保甲簿。然而税帐制度的设立是在太宗至道元年，时距宋政权的建立已有35年。保甲簿的出现则更晚。从文献记载来看，在这段时期内，宋代事实上早已存在一个全国户口统计制度。而州上报到户部的丁帐则是这户口统计数据的最基本的来源。当然，诚如吴松弟指出的，"宋代在户口调查统计各系统之外还存在着户口的汇总发布系统"③。两者毕竟是有区别的。

（五）丁帐与升降帐、桑功帐的关系

北宋仁宗时，据睦州通判张方平言，当时州县主户户籍有升降帐、桑功帐和五等丁产簿，作用不尽相同：

> 敕文，其弓手须见管帐籍主户差点者。只如臣州管内户籍，有升降帐，有桑功帐，并岁上于户部。升降帐所管主户二万二千三百有余，此盖官吏受俸约此户口数也。桑功帐所管主户三万七千六百有余，此乃州县户口岁有增益之数也。州县赋役，各有五等户版簿，常所据用，窃虑逐处拘于"帐籍"二字，致有点差异同，欲乞明降处分，州县止以见用五等版簿见管主户数为准，则天下之役均焉。④

张方平云五等版簿与升降帐、桑功帐所登记的户口数各有差异，故奏请以五等版簿为准。它们之间究竟有何差异？这里以升降帐为例作一比较。升降帐全称为

① 范仲淹：《范文正公集·范文正公政府奏议》卷上，四部丛刊初编缩本，第177册，第181页。
② 《宋会要辑稿·食货》11之17，第5001页。
③ 吴松弟：《宋代户口调查统计制度史研究述评》，载包伟民主编《宋代制度史研究百年》，第317页。
④ 《长编》卷131"庆历元年二月戊戌"条，第3105页。

"户口升降管额文帐"，每年一报户部。① 景德四年九月真宗诏曰："诸路所供升降户口，自今招到及创居户，委的开落得帐上荒、税，合该升降，即拨入主户供申。内分烟析生，不增税赋，及新收不纳税浮居客户，并不得虚计在内。"② 根据诏书的意思，升降帐所统计的主户是以能增纳赋税为原则的。以此推论，即使主户分家，由一户析为二户或三户，但因其原承担的税赋总量没有增加，不符合奖励原则，故不能计入升降帐的主户数申报。此外，倘若有客户因购买土地而成为新主户，但从升降户口制的原则来看，从某人手里购得土地，仅仅是从某税户手里分摊到一部分纳税义务，从宋政府角度来看，并没有增加新的税赋，故也不能计入升降帐。真宗大中祥符四年诏曰："诸州县自今招来户口，及创居入中开垦荒田者，许依格式申入户籍，无得以客户增数。旧制，县吏能招增户口，县即申等，乃加其俸缗，至有析客户者，虽登于籍而赋税无所增入，故条约之。"③ 然而揆之常理，那些因分家或购买土地而增加的主户户数在闰年制定五等丁产簿时却是不能不统计的，于是就造成了升降帐的现管户数和五等版簿现管户数的差异。

升降帐是以在一个规定时段内能增加赋税的主户为统计对象的。此帐主要起激励县官的作用，是地方官吏加俸升等的主要依据。而五等版簿只要是主户一概予以登记，主要是用来征税差科。然而上述每年新增加而不能入升降帐的新主户，要等到下一轮五等丁产簿写造时，才能纳入簿册。至于桑功帐的户数，按照张方平的说法，乃"州县户口岁有增益之数也"，是基于升降帐统计出来的，与五等丁产簿的户数差异亦是显而易见的。于是宋代每年的户口统计就产生了一个缺口。这一缺口如果没有其他相应的户口统计予以弥补，势必影响宋代户部统计的准确性。丁帐则起了填补这一统计缺口的作用。无论主客户或新旧户，"就门通抄"，全部予以登记上报。从这点来看，宋代只有丁籍才是具有完整意义的户口籍。

三　税租簿帐考辨

税租簿帐，又称二税版籍，包括税租簿和税租帐。关于宋代的税租簿帐，已有不少研究成果，但仍存在一些问题。苏基朗认为税帐有两种形式，"一种叫管额帐或空行簿，另一种叫纳毕帐"，税帐每年分夏、秋两造之。④ 吴松弟认为，"税租簿

① 《宋会要辑稿·食货》11 之 16，第 5000 页。
② 《宋会要辑稿·食货》12 之 2，第 5008 页。
③ 同上。
④ 苏基朗：《宋代的户多口少现象》，载《唐宋法制史研究》，第 101 页。

又称实行簿,由各县每三年(逢闰年)造一次,上报到州复核后留州存档"①。此外,对于监司申报户部的《夏秋税管额帐》是否列有所有男口资料,学界亦有不同观点。以下就这些问题试作分析探讨。

(一)税租簿与空行簿、实行簿的关系

宋代税帐制度正式形成于太宗至道元年(995),《长编》卷38"至道元年六月己卯"条载:

> 诏重造州县二税版籍,颁其式于天下。凡一县所管几户、夏秋二税、苗亩桑功正税及缘科物,用大纸作长卷,排行实写,为帐一本,送州覆校定,以州印印缝,于长吏厅侧置库,作版柜藏贮封锁。自今每岁二税将起纳前,并令本县先如式造帐一本送州,本县纳税版簿,亦以州印印缝,给付令佐。

这一诏令分前后两个部分,分别就税租帐和纳税版簿的申造作了规定。纳税版簿即税租簿,其撰造之规定,诏令所言过略。《宋会要辑稿·食货》11之12对此记载较为详细,为便于说明问题,一并抄录如下:

> (天圣)三年七月京西路劝农使言:点检夏秋税簿,多头尾不全……今乞候每年写造夏秋税簿之时,置木条印,一雕年分、典押、书手姓名,令、佐押字。候写毕,勒典押将版簿及归逃簿,典卖、析居、割移税簿逐一勘同。即令、佐亲写押字,用印记讫,当面毁弃木印。其版簿以青布或油纸亲背津般,上州请印。本州干系官吏,更切勘会,委判、勾官点检,每十户一计处,亲书勘同押字讫,封付本县勾销……事下三司,三司检会《农田敕》:"应逐县夏秋税版簿,并先桩本县元额管纳户口、税物都数,次开说见纳、见逃数,及逐村甲名税数。官典勘对,送本州请印讫,更令本州官勘对,朱凿勘同官典姓名,书字结罪,勒勾院点勘。如无差伪,使州印讫,付本县收掌勾销。"今请依所乞造置簿印施行。从之。

所谓《农田敕》应是景德三年所修《景德农田编敕》。敕文所云经州审定后由本县收掌的夏秋税簿,即至道元年诏书规定的请州印印讫,给付本县令、佐的纳税版簿。关于县造夏秋税租簿,南宋《庆元条法事类》卷47《税租簿·赋役令》亦有法律规定:"诸县税租,夏秋造簿,于起纳百日前同旧簿并干照文书送州申磨点检,书印讫,起纳前四十日付县。"这一规定应该说是承袭了北宋《景德农

---

① 吴松弟:《中国人口史》第3卷,第44页。

田编敕》的规定。关于木条印，是用于各纳税户之税簿的印记，以防作假。自天圣三年下令置造后，遂成为定制。① 县税租簿应是在户纳税簿基础上制定出来的。《庆元条法事类》卷47《税租簿·赋役式》载县《夏秋税租簿》格式如下：

> 　　某县某乡，某年夏或秋税租，元管户若干……新收：户若干；正税……开阁减免……见纳：正税……某人（原注：谓见纳或新收人户姓名，仍于逐色并纸末量留空纸，以待折变、割移）：正税……
> 　　余户依此开
> 　　以上三十户计（原注：每三十户依此计）：正税……
> 　　簿后年月、官吏系书依常式②

税租簿以乡为单位，首载原管户数，次列祖额税收数、新收户及税租额、开阁减免户及税租额、现纳数额，并开列了现纳每一户户主姓名、应纳税租额。税租簿以三十户为一统计单位，开列总纳税租额。据此不难判断，《夏秋税租簿》乃合若干纳税统计单位为一乡税租簿，合若干乡税租簿为一县税租簿。此税租簿以三十户为一统计单位，与上述天圣三年规定的"每十户一计"的统计方式是一致的。③

　　至此，县造税租簿的作用和功能应该比较清楚，它是一种具有预算性质的纳税统计簿，与唐代县级计帐颇为相似。④ 所不同的是，唐代县级计帐是预计下一年赋税征纳的帐簿，而宋税租簿乃预计当年税收，登载一县应纳赋税数额。它是宋代赋税帐籍系统中最原始的赋税征收记录簿，经州府审核认定后，成为向民户征收赋税的凭据。税租簿就其预算性质而言，不属于上报上级机构的汇总帐。例如在前述《夏秋税租簿》格式末尾，没有"谨具申州"的结款。而这样的结款，在宋代呈送上级籍帐格式中通常是必具的。绍兴十六年规定："诸典卖田宅，应推收税租，乡书手于人户契书、户帖及税租簿内并亲书推收税租数目、并乡书手姓名，税租簿以朱书，令佐书押。"⑤ 可见，税租簿作为乡里推收税租和差科的依据是不上缴州的。

----

① 《庆元条法事类》卷47《税租簿·赋役令》云："诸税租等第产业簿，以木长印每页横印，印讫，当职官躬临毁之。"木长印应是钤于户纳税簿之上的。因每户纳税额据户等高下而定，故户纳税簿又称"税租等第产业簿"。

② 流行的《庆元条法事类》诸本所载税租簿格式，因错简而存讹误，今黑龙江人民出版社点校本已纠正。又，为行文方便，对原税租簿排版格式作了调整。

③ 天圣三年规定的"每十户一计"，似为"每三十户一计"之讹。《作邑自箴》卷4《处事》："逐一户长各具所管户口及都催税赋数，须先开户头、所纳大数。"（原注：谓三十户为计者）其中即云三十户为一统计单位。

④ 参见宋家钰《唐代的手实、户籍与计帐》，《历史研究》1981年第6期，第13—28页。

⑤ 《宋会要辑稿·食货》11之18，第5001页。

道理很简单，民间百姓典卖田宅的时间并不固定，税租簿上报，如何登记税租的推收手续呢？

有关税租簿就是实行簿并三年（闰年）一造的看法，可能源于天圣元年的一项规定："凡赋入，州县有籍，岁一置，谓之空行簿，以待岁中催科。闰年别置，谓之实行簿，以藏有司。"① 何谓空行簿？欧阳修在《论按察官吏札子》中曰："今请令进奏院，各录一州官吏姓名，为空行簿以授之。使至州县，遍见官吏，其公廉才干，明著实状，及老病不材，显有不治之迹者，皆以朱书于姓名之下。"② 据此，空行簿是一种为落实某项政策措施而预制的簿书。而实行簿，顾名思义，当是与之对应的一种簿书，记录政策措施实际落实完成情况。例如，欧阳修所言进奏院所执空行簿，等到记满了按察信息后，自然成为实行簿。

置空行簿，乃"以待岁中催科"，"待"者，有尚未完成之意。换言之，空行簿是用以催征税收的凭据。县每年于夏秋纳税之前所造税租簿，是一种预制性质的簿书，应是"以待岁中催科"的空行簿。《夏秋税租簿》于"某人"一栏注云"仍与逐色并纸末量留空纸，以待折变、割移"。据此注文，可知在征税过程中，税租簿随时记注上实际纳税状况，已纳者则勾销，未纳或未完纳者亦于注录。待夏秋税征收完毕，原先的空行簿因就簿记录或增添了实际征收数据，自然变成了实行簿。县造税租簿事实上承担了两种功能，只因税前税后不同而分称空行簿和实行簿。

但是仅有一种簿书，一旦毁失，就会造成很大混乱，所以景祐二年侍御史韩渎奏言："天下赋役之繁，但存催科一簿，一有散亡，则登耗之数无从钩考。"要求恢复被中止的别置实行簿制度。仁宗采纳了韩渎建议，诏每两闰一造之。③ 笔者以为闰年别置的税租实行簿，实际上是县赋税征收情况的原始记录簿的副本。宋在州存放重要文件的架阁库中，就有此税租实行簿副本，其全称为"实行丁产等第税租簿副本"，属于宋《文书令》规定的"重害文书"。④ 实行簿在景祐以后又进一步恢复了一闰一造制。南宋时赋役令载："诸税租簿，每三年别录实行副本，保明送州。"⑤

综上所述，县每年于二税起纳前造送州审核的税租簿，带有预算性质，以待征税，故又称空行簿。等到征税后，因其登录了征税的实况，便成为实行簿。而县造税租簿应是一年分夏、秋两次撰造。天圣三年京西路劝农使奏言云"每年写造夏

---

① 《长编》卷101"天圣元年十一月戊申"条，第2342页。
② 《欧阳修全集》卷98《奏议》，中华书局2001年版，第1506页。
③ 《长编》卷116"景祐二年正月丙午"条，第2719页。
④ 详见《庆元条法事类》卷17《文书门·架阁》，第357页。
⑤ 《庆元条法事类》卷47《税租簿》，第635页。

秋税租簿"①，以及《赋役令》规定"诸县岁造税簿"②，都是确凿的佐证。至于管
额帐即空行簿的观点，显然是把宋代簿与帐这两种不同作用的文书混淆起来了。

宋代二税征收完成后，依法必须申报《夏秋税纳毕帐》，纳毕帐与税租实行簿
有何区别？《庆元条法事类》卷48《税租帐》载有州、漕《夏秋税纳毕帐》，其栏
目有"见催"、"新收"、"开阁检放"、"实纳"。可知纳毕帐是一种汇总帐，而税
租实行簿只是征税实况的原始记录簿。两者登录的对象、范围也不尽相同，如税租
簿登载有户口情况，纳毕帐则无户口数据。

（二）税租帐的申报制度

至道元年诏书规定县每岁造帐一本送州。此帐为税租帐，性质与交付县使用的
税租簿性质不同。在《庆元条法事类》里，税租帐与税租簿分列于两个不同的类
别，这也表明二者是有区别的。

至道诏书所云"颁其式于天下"，所谓"式"，是一种法律形式，并非一般意
义上的样式。宋初期用唐律令格式，式"以轨物程事"③。换言之，宋至道所颁两
税帐式是一种必须遵行的法律规范。神宗元丰改革法制，始规定"有体制模楷者
皆为式"④。所定式与唐式不同。至道诏书所颁式的具体文字内容，传世文献已无
可考，但南宋《庆元条法事类》卷48《赋役门·税租帐》载有《诸州申夏秋税管
额帐》，其以县为统计单位，统计栏目有"某县主客户丁"、"税租"、"新收"、
"开阁"、"应管"、"今帐实催"等。此《管额帐》，是否即宋至道所颁两税帐式？
《作邑自箴》卷5《规矩》记云："年终帐状，限次年正月二十日；半年帐状，限
次半年孟月十五日……《夏秋税管额帐》，当年五月一日；《纳毕》、《单状》，税
满限四十日，并要申发讫呈检。"《作邑自箴》是一部县级官员理政须知，其中所
言《夏秋税管额帐》，即为县报州之税帐。由此可以断定，至道元年诏书规定的县
每岁上奏给州的税帐，实际上就是这种《夏秋税管额帐》，是一种汇总性质的统计
帐。

县造税帐，每年一报州，这一制度似乎没有什么疑问，然《庆元条法事类》
卷48《赋役门·税租帐》载仓库令云："诸《夏秋税管额帐》，每三年一供全帐，
余年有收支或开阁者，供刺帐，无，即供单状。"关于这条法律规定，学者尚未注
意。据此规定，《夏秋税管额帐》主要有全帐和刺帐两种形式（单状因不登录数
据，可以忽略）。全帐，应是一种内容详备的帐，《庆元条法事类》卷48所载《夏
秋税管额帐》即其样式。而刺帐，据该书同卷所载，为某单项数据统计表，内容

① 《宋会要辑稿·食货》11之12，第4998页。
② 《庆元条法事类》卷47《税租簿》，第634页。
③ 《唐六典》卷6"刑部郎中员外郎"条，第185页。
④ 《长编》卷344"元丰七年三月乙巳"条注，第8254页。

较为单一简练。刺帐可能是南宋时形成的称谓。《庆元条法事类》卷51《道释门·供帐》载道释令:"诸僧道及童行帐三年一供,每一供全帐,三供刺帐,周而复始。"换言之,三年供一次详细的全帐,其余时间每年供报一次较为简单的刺帐。这表明全帐与刺帐相结合的供报制是宋代普遍适用的制度。关于《僧道帐》,北宋《天圣令·杂令》亦有规定曰:"诸道士、女冠、僧尼,州县三年一造籍……案留州县,帐申尚书祠部。其身死及数有增减者,每年录名及增减因由,状申祠部,具入帐。"《天圣令》云三年申报一次《僧道帐》,此外每年还得申报增减数,却没有提到刺帐。北宋虽不用刺帐之名,但类似帐早已出现。开宝五年宋规定"诸州科纳,止令县具单帐供州,不得令逐乡造夹细帐,以致烦扰"①。细审其意,所谓单帐实即后来之刺帐,而夹细帐即后来之全帐。

税帐可细分为夏税帐和秋税帐,皆一年一申。太宗至道元年诏书规定县造税帐每年一报州,说得比较笼统。事实上每年一报州的只是单帐(刺帐),此外尚有三年一报全帐的制度。南宋赋役令规定:"《诸州夏秋税管额帐》,夏自正月一日,秋自四月一日,各限四十五日(原注:刺帐、单状同)……造申转运司。"②赋役令规定了《管额帐》、刺帐、单状相同的申报时间与时限,说明刺帐、单状与《管额帐》的申报是交叉进行的,报了全帐,不报刺帐。至道元年所颁帐式是全帐形式还是单帐形式,缺乏记载。笔者以为其制也应是遵循三年一供全帐,每年一供单帐(刺帐)的原则,可能既有全帐格式,也有单帐格式,以便各地依式造帐。这与《僧道帐》三年一供全帐,余年供刺帐的原则是一致的。

(三)转运司供报的《夏秋税管额计帐》是否统计全体男口

《庆元条法事类》卷48收录有州、漕两级《夏秋税管额帐》式样,这两件帐式有繁简之别。在州向转运司供申的《管额帐》"主客户丁"一栏的注文里,详细开列有包括丁、中、小、老、残疾人数在内的所有男口的分类统计项目。然在转运司向尚书省供申的《管额计帐》"主客户丁"一栏里,却没有中、小、老、残疾人的分类统计项目。究竟是转运司《管额计帐》因州税帐格式已有详注故而无须再作说明,予以省略了呢?还是本身就不统计这些成丁之外的男口?这一问题牵涉到宋代户口统计制度。对此,学者们看法不一。③

关于《夏秋税管额帐》,转运司的那份称《夏秋税管额计帐》,州的那份则无"计"字,另《庆元条法事类》同卷所载《夏秋税纳毕帐》,以及卷37《给

---

① 《长编》卷13"开宝五年三月乙酉"条,第282页。

② 《庆元条法事类》卷48《税租帐》,第643页。

③ 如何忠礼认为不报全体男口,穆朝庆、吴松弟则认为报全体男口。参见何忠礼《宋代户部人口统计问题的再探讨》,《宋史论集》,中州书画社1983年版,第50页;穆朝庆《两宋户籍制度与人口再探讨》,《中州学刊》1988年第6期,第106—107页;吴松弟《中国人口史》第3卷,第45—46页。

纳》所载《钱帛帐》和《粮草帐》亦莫不如是。这反映出漕、州管额帐统计的范围、对象有所不同，有着繁简之别。何谓"计帐"？苏辙曾上奏称：元丰三年朝廷规定，"使州郡应申省帐，皆申转运司。内钱帛，粮草，酒曲，商税，房园，夏秋税管额、纳毕、盐帐，水脚，铸钱物料，稻糯帐，本司别造计帐申省……盖谓钱帛等帐，三司总领国计，须知其多少虚实，故帐虽归转运司，而又令别造计帐申省"①。据此可知，计帐是转运司"别造的"不同于州帐的特有文帐。

再从转运司《夏秋税管额计帐》格式看，只有"实催"和"户口人丁"两大栏目，省去了"旧管"、"新收"、"开阁"及"田产"等诸多栏项，且把"户口人丁"改置于"实催"栏之后。这也与《诸州夏秋税管额帐》的排列次序不同。宋代转运司负有监管一路财政的重任，代表朝廷对州申报的帐籍进行稽考磨勘。宋规定，"县、镇、仓场、库务帐，本州勘勾；诸州帐，转运司勘勾"②。因此，州上报的《夏秋税管额帐》数据自然繁杂详备，有"旧管"、"新收"、"开阁"等详细数据，以供转运司比对稽考。而转运司上报的《夏秋税管额计帐》，只是使户部"知其多少虚实"，所以无须统计"旧管"、"新收"、"开阁"等项目数据。如果说州、转运司申报的《夏秋税管额帐》内容是相同的，那么，《庆元条法事类》就没有必要分别详细规定两种《夏秋税管额帐》的格式内容。因此，诸州申报的《夏秋税管额帐》所载中、小、老、残疾人的分类统计数据，主要是供转运司稽考磨勘之用，而不上报尚书省。

关于下级申报上级的税帐，《庆元条法事类》卷48载，除了《夏秋税管额帐》外，尚有《比较税租帐》和《夏秋税纳毕帐》，通过其他税帐之间的差异比勘，或许也能说明一些问题。宋州、漕都有《比较税租帐》，在《诸州比较税租帐》内，开列了一州当年与上一年的税收数额，以此来比较当年实际征收数额。其中"析生、归业、请典等"一栏下，列有"以下项逃绝析［生］外，实收若干"文字。在《转运司比较税租帐》内，同样的"析生、归业、请典等"栏目下，"以下项逃绝析［生］外，实收若干"的文字被省略了，却有注文曰"准州式"。也就是说，此栏目须按《诸州比较税租帐》格式填写。又如在同样的"某年应管"栏目下，州、漕两帐都注云"谓前一年"，漕帐并不因州帐已有细注而予省略。这些说明，转运司和州的帐式，彼此都有严格的规定。转运司的奏帐与州的同类奏帐，不存在因精简文字而相承简化格式的问题。

综上所述，转运司申报尚书省的《夏秋税管额计帐》并非因格式简化而省略

① 苏辙：《栾城集》卷40《论户部乞收诸路帐状》，上海古籍出版社1987年版，第884页。
② 《长编》卷309"元丰三年闰九月庚子"条，第7495页。

了主客户丁中、小、老及残疾人等统计项的注释文字，应该是这一《夏秋税管额计帐》原本就不上报这些统计内容。换言之，上报到户部的户口数据只统计主、客户数和成丁数。

（刊于 2007 年第 3 期）

文化整合与吐蕃崛兴

王小甫

标志着藏族古代勃兴并统一青藏高原的吐蕃王朝（629—846）①，其创立者在敦煌出土古藏文历史文书和汉文史籍中称弃宗弄赞（Khri srong rtsan，? —650），在传世藏文史籍中均称之为松赞干布（Srong btsan sgam po）。然而，在后世撰成的藏史记载中，松赞干布以前的吐蕃早期王统世系，追溯到最早的聂墀赞普还有三十二代。②果真如此，人们不禁要问，为什么经历三十二代赞普，却没有一个建立起像吐蕃王朝这样对藏族历史文化造成深远影响的统治政权呢？而且松赞干布又凭什么能够立下这样的盖世奇功呢？人们需要了解吐蕃王朝建立者非同一般、超越前人的原因。本文拟从域外宗教传入的时间、空间以及松赞干布时代政治文化的性质三方面对这一问题进行探讨。管窥蠡测之处，敬请方家批评指正。

一　本教传入的时间

在吐蕃王朝前期的政治文化中，本教居于主导地位；而且学界普遍认为，本教是来自波斯并整合了西藏当地原有信仰的一种宗教。③那么，这一情况是何时怎样发生的呢？我认为，既然吐蕃王朝的兴起与本教的形成密切相关，那么该教从域外传入就应当在此前不久。

专门的研究表明，本教在宇宙的起源、世界的构成等基本教义方面都受到波斯

---

①　本文吐蕃王朝的起止年代据《中国大百科全书·中国历史》隋唐五代史分册"吐蕃"条，中国大百科全书出版社 1988 年版，第 388—389 页。

②　参见王尧、陈践践译注《敦煌本吐蕃历史文书》（增订本），民族出版社 1992 年版，第 211 页。敦煌出土《赞普世系表》（P. T. 1286）这一段只有三十一代，即缺了第五代 Mer khri btsan po，未知何故。

③　参见陈庆英、高淑芬主编《西藏通史》，中州古籍出版社 2003 年版，第 68—69 页。

宗教特有的二元论的影响。①本教认为，在那混沌之初、鸿蒙未判之时，有一位南喀东丹却松大帝，拥有五种本原的基质，赤杰曲巴祖师从他那里把它们收集起来，放入他的体内，轻轻地"哈"了一声，于是便起风了。当风如光轮般飞快旋转时就产生了火。风吹得越猛，火烧得越旺。火的炽热和风的凉气产生了露珠。露珠上聚集着微粒。这些微粒随即被风吹动，空中到处乱飞，从而积少成多，堆积如山。世界就是这样被赤杰曲巴（又名恩卓杰波）祖师创造出来的。五种本原的精华则产生出一个光明的卵和一个黑暗的卵。光卵是立方体，像一头牦牛那么大。黑卵呈角锥形，有一头公牛般大小。祖师用一个光轮打破光卵。在轮和卵的撞击中产生的火花散向空中形成了众托塞神（众散射神），向下照射的光线形成了众达塞神（众箭神）。从卵的中心现出了斯巴桑波奔赤——一个长青绿色头发的白人，他就是现实世界的国王。格巴墨本那波（他与赤杰曲巴祖师作对）使黑卵在黑暗的王国爆炸，黑光上升，产生了无知和困惑，黑光向下，产生了迟钝和疯狂。从黑卵中心跳出来一个黑漆透光的人，他叫做闷巴塞登那波，是幽冥世界的国王。这两个国王分别是众神与群魔的始祖。②

　　在本教这些教义中，我们看到对天宇（空间，即南喀东丹却松）、③对本原物质、对大气、风、光与火的崇拜，这些也是波斯宗教教义的基本内容。④当然，从波斯到西藏，宗教本身已经发生巨大变化，神和恶魔的数量及作用几乎完全不同。但是可以肯定，本教是受波斯宗教特有的二元论的影响。赤杰曲巴与墨本那波、光明与黑暗、白与黑、善与恶、众神与群魔、现实世界与幽冥世界、创造与毁灭这些二重性构成了本教教义的基本内容之一。应当肯定，本教的基础还是青藏高原本土的原始信仰，它的许多仪轨实际上属于土生的自然崇拜与精灵崇拜。⑤因此，本教只是在发展到一定阶段以后才开始受到波斯宗教的影响，所谓先饶米沃（Gshen rabmi bo）生于 Stag gzig 和本教传自 Stag gzig 的说法⑥，部分反映了本教发展的这段

---

　　①　托卡列夫认为，"二元论如此引人注目，堪称伊朗宗教几乎有异于世界一切宗教的特征。"（托卡列夫：《世界各民族历史上的宗教》，魏庆征译，中国社会科学出版社1988年版，第374页）图齐、海西希：《西藏和蒙古的宗教》，耿昇译、王尧校订，天津古籍出版社1989年版，第267—270页。

　　②　Ref . Samten G. Karmay, "A General Introduction to the History and Doctrines of Bon", *MRD TB*, no. 33, 1975, pp. 191 – 192.

　　③　Ref . Samten G. Karmay , "A General Introduction to the History and Doctrines of Bon", p. 194.

　　④　参见托卡列夫《世界各民族历史上的宗教》，第373—374页。

　　⑤　参见霍夫曼《西藏的宗教》，李有义译，中国科学院民族研究所，1965年，第2—3页；图齐、海西希《西藏和蒙古的宗教》，第265页；R. A. 石泰安《西藏的文明》，耿昇译，西藏社会科学院西藏学汉文文献编辑室，1985年，第245—246页；谢继胜《藏族萨满教的三界宇宙结构与灵魂观念的发展》，《中国藏学》1988年第4期。

　　⑥　参见夏察·札西坚《本教发展概况》，索南才让译，《西藏研究》1989年第1期，第65—66、68页；Samten G. Karmay , "A General Introduction to the History and Doctrines of Bon", pp . 171 – 176；石泰安《西藏的文明》，第246页。

历史。很可能，先饶米沃就是把波斯宗教因素带进本教从而使青藏高原上这一古老宗教开始系统化的主要人物。从现在研究的情况看，本教历史上的这一重大变化应当发生在土观《宗教源流》所谓的"恰本"（'khyar bon）时期①，尤其是吐蕃王朝建立前后。德国藏学家霍夫曼指出："西藏人还保存了一种传说，在松赞前五代，拉陀陀日王时代，当时还是统治着雅隆一带的一个小国，就从天上降下了百拜忏悔经、佛塔、佛像等。但这仅仅是一种传说，很可能是接受了一个本教的传说，因为本教的传统是一切都来自天上，对天非常崇敬。"②本教学者噶尔美认为："也许公元七世纪本教已在采纳外来因素。"③这表明波斯宗教传入青藏高原与它传入中原内地和北方草原差不多同时。④

《新唐书·吐蕃传》追述吐蕃祖先的起源时说："吐蕃本西羌属，盖百有五十种，散处河、湟、江、岷间；有发羌、唐旄等，然未始与中国通。居析支水西。祖曰鹘提勃悉野，健武多智，稍并诸羌，据其地。蕃、发声近，故其子孙曰吐蕃，而姓勃窣野。"⑤发羌之名，最早见于《后汉书·西羌传》：东汉和帝永元十三年（101），金城太守侯霸以诸郡兵及羌、胡人马破迷唐羌，"迷唐遂弱，其种众不满千人，远逾赐支河首，依发羌居"。赐支即析支⑥，其地应在今青海省久治县和四川省阿坝县一带。据《后汉书·西羌传》记载：秦献公（前384—前362）时，有羌酋卬"畏秦之威，将其种人附落而南，出赐支河曲西数千里，与众羌绝远，不复交通。其后子孙分别，各自为种，任随所之，或为牦牛种，越嶲羌是也"；同传又说："发羌、唐旄等绝远，未尝往来"⑦，这些与《新唐书·吐蕃传》的记载是一致的。然而，吐蕃距《后汉书》记载东汉的发羌已经五百多年了，秦献公时更在近千年以前，很难想象如果吐蕃那时就已形成了确定的族群，而长达千年却无所作为，甚至"未尝往来"。《新唐书》"未始与中国通"，显然是抄袭前史旧文。所以，所谓"蕃、发声近，故其子孙曰吐蕃"的说法，只能理解为发羌属于吐蕃的先民之一，吐蕃却是后来才凝聚起来的族群，二者不能直接等同。鹘提勃悉野，据《通典》卷190吐蕃条、《旧唐书·吐蕃传》，当作鹘提悉补（勃）野。敦煌本吐蕃

----

① 参见石泰安《西藏的文明》，第242页；格勒、祝启源《藏文本教的起源与发展问题探讨》，《世界宗教研究》1986年第2期，第128—130页。

② 霍夫曼：《西藏的宗教》，第20—21页。

③ See Samten G. Karmay，"A General Introduction to the History and Doctrines of Bon"，p. 182.

④ 参见麦克唐纳（婚变后改名斯巴尼安）《敦煌吐蕃历史文书考释》，耿昇译，青海人民出版社1991年版，第22、24页。亦见拙文《"弓月"名义考》，载《季羡林教授八十华诞纪念论文集》，江西人民出版社1991年版，第352页以下；《拜火教与突厥兴衰——以古代突厥斗战神研究为中心》（以下简称《拜火教与突厥兴衰》），《历史研究》2007年第1期。

⑤ 《新唐书》卷216《吐蕃传》，中华书局1974年版，第6071页。

⑥ 参见陈桥驿复校《水经注疏》，江苏古籍出版社1989年版，第124页。

⑦ 《后汉书》卷87《西羌传》，中华书局1965年版，第2876、2898页。

历史文书《赞普传记》在记述松赞干布祖、父辈的统一活动时多次提到"赞普悉补野氏"（btsan po spu rgyal）①；《长庆唐蕃会盟碑》背面第 5 行称赞普为"圣神赞普鹘提悉补野"（'phrul gyi lha btsan po'Olde spu rgyal）②，这些都证实了汉文史料的记载，即悉补野是吐蕃赞普王族的部落。敦煌本吐蕃历史文书《赞普世系表》记载的吐蕃早期王统始自聂墀赞普（Khri nyag khri btsan po 或 Lde nyag khri btsan po），说他是天神之子，降临雅砻地方，来做"吐蕃六牦牛部之主宰"（bod ka gyag drug gi rjer）。③有研究者认为，雅砻的悉补野部本为吐蕃六牦牛部之一，从聂墀赞普开始，悉补野部落的首领同时成了六牦牛部组成的部落联盟的首领，所以"鹘提悉补野"在古藏文史料中又作"悉补野吐蕃"（Spu rgyal bod）。④然而，其事既涉聂墀赞普，又及松赞干布，这该如何理解呢？

首先应该看到，如意大利藏学家图齐所说："吐蕃赞普的所有正统世系都具有非常明显的不连贯特点。这里肯定是指一种在编写时从中加入了其他王朝和家族世系的名表，他们另外来自不同的发源地（娘布、工布和雅砻），但被巧妙地结合在一起了"；"吐蕃曾同时存在许多世系，其世系的数目与强大家族一样多。在本情况下，实际上是指一般被归于松赞干布的一批相当古老的混合物的根源，从敦煌文书（巴科：1940 年书）中一种不能认为是原始的世系牒就已经看到了这一点。其编纂者很可能是力图在新的世系谱中加入一些与该赞普家联姻，但后来又由于在政治较量中被排斥的原始家族的名表。这一做法的结果是使君主王朝成了一个错综复杂情节之过程的终结和圆满完成，从而成为一种以神仙先祖和神圣先祖的大山为基础的神圣物"⑤。

其次，在藏史文献中，聂墀赞普和悉补野经常都是可以互换的两个名词，稍微比较就可以发现，二者都和一些同样的事情有关⑥，例如自天而降、统一六牦牛部⑦、战胜十二个小王国等。⑧因而有学者指出："吐蕃王家世系的这两位先祖似乎具有共同的起源。就此意义而言，他们本来都是上天之神，但实际上可能是

① 王尧、陈践践译注：《敦煌本吐蕃历史文书》（增订本），第 161 页。

② 王尧编：《吐蕃金石录》，文物出版社 1982 年版，第 30 页。

③ 王尧、陈践践译注：《敦煌本吐蕃历史文书》（增订本），第 173 页。

④ 《藏族简史》（中国少数民族简史丛书），西藏人民出版社 1986 年版，第 16 页。

⑤ 参见图齐、海西希《西藏和蒙古的宗教》，第 283—284 页。法国藏学家斯巴尼安女史也表达了类似的意见，参见麦克唐纳《敦煌吐蕃历史文书考释》，第 159 页。

⑥ 斯巴尼安女史已经明确提出："如果把这种观点同五世达赖喇嘛的看法互相比较一下，那就似乎觉得它实际上意味着鹘提悉补野和聂赤赞普两位都是天神，他们都曾起过相类似的作用。"（麦克唐纳：《敦煌吐蕃历史文书考释》，第 14 页）

⑦ 参见王尧、陈践践译注《敦煌本吐蕃历史文书》（增订本），第 173 页；麦克唐纳《敦煌吐蕃历史文书考释》，第 38—39 页。

⑧ 参见麦克唐纳《敦煌吐蕃历史文书考释》，第 13、27、41 页。

一种传说，也可能是他们居住的地方不同。"①很有可能鹘提悉补野本来是六牦牛部共同的传说始祖，他来自天上（意为难以追溯到更早）；聂墀赞普则是松赞家族借助传入外来宗教想象的始祖，他当然也来自天上（本教传统），因而很容易与鹘提悉补野整合，从而改造六牦牛部的历史记忆（天父六君之子，三兄三弟②），实现族群认同。统一以后，聂墀就成了赞普的父系传说，悉补野则是母系传说。③

据敦煌出土《赞普传记》的说法，拉萨以东的岩波④征服其西北的延葛川（Nyen kar）⑤以后，贵族娘氏与韦氏因对国王森波杰不满，决定投靠琼瓦国王达布聂西（松赞干布的祖父），"因为后者不仅是人，而且还是天子，为人诚实正直"，于是他们"背叛了森波杰，并且向悉补野赞普（这里指达布聂西）宣誓效忠和结盟"；"但就在兴师讨伐森波杰的时候，达布聂西却突然亡故了"，这是（拉萨东、西）"两个小王国与琼瓦合并的最早阶段"。以后，达布聂西的儿子继承了由其父开创的事业，"以他们自己的名义重新订立了与岩波森波杰的六位倒戈者们的盟约"，战争胜利之后，"墀论赞赞普（即达布之子、松赞之父）决定将他新征服来的岩波地区易名，从此之后称之为'彭域'"，"然后，原岩波王国的人，从韦义曹开始，都称墀论赞为南日（Gnam ri，意为'天'和'山'）论赞，'因为其帝国比天还高，其盔甲（指其势力）比山还大'"。通观斯巴尼安女史系统全面深入的研究，我认为，藏史所谓六牦牛部就是投奔松赞之父的六位倒戈者，而所谓"彭域"就是蕃域（后来称为吐蕃＝大蕃）的异称。⑥

如斯巴尼安女史所说："至于使用'彭'这一地名来指在 7 世纪之前由琼瓦国王们所控制的王国，它在很大程度上尚处于假设阶段。第 1047 号写卷实际上没有

---

① 参见麦克唐纳《敦煌吐蕃历史文书考释》，第 16 页。

② 敦煌出土《赞普世系表》一开始就说："天神自天空降世，在天空降神之处上面，有天父六君之子，三兄三弟，连同墀顿祉共为七人。墀顿祉之子即为墀聂墀赞也。"据同件文书可知，墀聂墀赞普"即岱·聂墀赞普，来作雅砻大地之主，降临雅砻地方，天神之子作人间之王"。［王尧、陈践践译注：《敦煌本吐蕃历史文书》（增订本），第 173—174 页］这种说法很可能受了波斯拜火教"七位一体"（heptad）神观念的影响，cf. Mary Boyce，*Zoroastrians. Their Religious Beliefs and Practices*，London and New York：Routledge & Kegan Paul，1987，pp. 12，21 – 24；Mary Boyce（ed.），*Textual Sources for the Study of Zoroastrianism*，The University of Chicago Press，1999，p. 13.

③ 参见麦克唐纳《敦煌吐蕃历史文书考释》，第 186—187 页。据《赞普传记·三》的说法，当岩波贵族"娘氏、韦氏、农氏三姓以蔡邦纳森为使者向悉补野达布输诚，赞普曰：'吾虽有一妹嫁在森波杰之侧，但吾愿从诸君之言。'"［王尧、陈践践译注：《敦煌本吐蕃历史文书》（增订本），第 161 页］参见于史载这样的婚姻关系还很多，例如来松赞干布之妹嫁与象雄国王李聂秀，等等，都成了政治整合的前奏。这些事实对于正确理解祖先神话传说中的父母关系以及所谓历史记忆都有提示作用。

④ 指雅鲁藏布江北岸从拉萨到工布之间的地带，参见麦克唐纳《敦煌吐蕃历史文书考释》，第 59 页。

⑤ 关于此地名的汉译，参见拙著《唐、吐蕃、大食政治关系史》，北京大学出版社 1992 年版，第 104 页注 88；其中心地在今拉萨西北墨垅至楚布一带，参见麦克唐纳《敦煌吐蕃历史文书考释》，第 58—59 页。

⑥ 参见麦克唐纳《敦煌吐蕃历史文书考释》，第 61—62、64—76、77、183、187 页。

提到藏博这片领土的名称，但是却在琼瓦和琼垅之间进行了比较，并且只用它们各自的首都名称表指象雄和吐蕃"；"在藏文中，吐蕃并不是始终都被称为 Bod。尽管第 1038 和 1286·3 号写卷把第一位赞普到达的地方确定在博噶雅珠（六牦牛蕃部），但我们只能将此看作是一种由作者故意制造的时代错误，因为他们希望把被称做'吐蕃'的这一王国的存在时代追溯到最为遥远的过去。因此，这一时代错误与把'十二个小王国'的相继征服时间推移到同一个神话时代的做法则是同出一辙的。"据斯巴尼安本人考证，"十二个小王国"之一的象雄（琼垅）被征服是松赞干布在位期间 643—644 年的事，所以，"当有人把'十二个小王国'的图式与有关第一位王家先祖的传说或其继任者们的统治时代联系起来的时候，它却具有明显的政治特点"[①]。真实情况可能如《大臣遗教》所说：所谓"聂墀诞生"的时代，吐蕃犹如一盘散沙分成许多小王国，难以与威胁其生存的四邻国王相抗衡；吐蕃六部的代表当时正在寻求一位国王入主朝政[②]，松赞家族就这样应运而生。悉补野统一蕃域（彭域）诸部的事业实际是从松赞干布的父祖开始，由松赞干布完成的[③]，所谓"聂墀"、"悉补野"及其关系，不过是统一过程中为凝聚族群而进行主观认同的一套说辞。

由此可见，在吐蕃王朝崛兴进行统一之前并无蕃域之名，当然也无所谓本教（就其作为一种外来宗教实现本地化而言）。在统一事业进行中为强化族群凝聚，抚平战争伤痕，统治者需要把政治整合美化成顺天应人，赞普是天人合一，兼并诸部也是天作之合。在这种情况下，对本教的推崇乃至以之为国教（国家意识形态指南）就非常必要了。所以本教系统化的完成只能是松赞干布时期的事[④]，其传入也不会在此之前。《赞普世系表》的赞普母系从拉陀陀日王之母开始才有连续的记载[⑤]，很可能表明那正是域外宗教传入、本教产生和族群认同开始的时期，也显示了二者之间的密切联系。松赞之父南日（天、山）之名应当反映了当时政治对宗教的利用。

---

① 麦克唐纳：《敦煌吐蕃历史文书考释》，第 187—188、165 页。

② 参见麦克唐纳《敦煌吐蕃历史文书考释》，第 28、38—39 页。

③ 例如关于鹘提悉补野征服十二个小王国，法国藏学家石泰安在其名作《西藏的文明》中就认为："小王子及其堡塞肯定为公元六世纪时代的，但在西藏传说中却将之追溯到有关第一位天神赞普的神话时代。"参见该书耿昇译本，第 48 页。并请参见麦克唐纳《敦煌吐蕃历史文书考释》，第 17—18、157—163 页。

④ 斯巴尼安认为："可以肯定，第 1047 号写卷反映了吐蕃历史中的一个时期，当时政界特别重视崇拜本命神，而这一时期又属于一个由'吐蕃古代宗教'信仰所支配的时代。这一资料既加强了那种认为该写本作于松赞干布临朝时代的假设，又肯定了那种认为在 640 年左右，吐蕃的古老宗教是吐蕃所实行的唯一宗教的观点。"（麦克唐纳：《敦煌吐蕃历史文书考释》，第 153—154 页，并参见第 243 页）

⑤ 参见王尧、陈践践译注《敦煌本吐蕃历史文书》（增订本），第 174 等页。

二　松赞干布时代的政治文化

藏史所谓吐蕃始祖统一六牦牛部其实只是松赞干布父祖的业绩，战胜十二个小王国也是松赞干布本人才最后完成的事。那份将赞普家族一直追溯到始祖由天神下凡的《赞普世系表》，"无疑是在松赞干布基本上统一了吐蕃的时代编制的"。如前所述，本教的传统是一切都来自天上，对天非常崇敬。聂墀赞普作为吐蕃（Bod）之主而来自天上，这应该也是一个本教（Bon）的传说。①这种所谓的"历史记忆"（包括整个早期王统）显然属于为了凝聚族群而进行的主观认同。②吐蕃王朝的创建者需要把自身的世系传统与本教的神统整合起来，以提高和强化新建政权的政治法统。《赞普世系表》的编写适应了吐蕃王朝建立和早期扩张统治、巩固政权的需要。③

根据国际藏学界的研究，尤其是对敦煌出土吐蕃历史文书的深入考释，可以认为流传至今的吐蕃先祖神话和王朝成立前的历史，几乎都是松赞干布时代编写或借助本教进行改造的产物。④改编的目的就是要神化赞普，从而强化族群认同。例如，吐蕃王权观念最重要的特点就是天神下凡，既非世选，也非世袭。⑤据斯巴尼安女史研究："赞普掌权的原因首先就在于他是一位天神，人们把这尊天神考证为吐蕃第一位先祖"，"每一位活着的赞普都会再现自天界下凡的第一位先祖的人格和行为"；"吐蕃的所有赞普，从该王朝的第一位赞普到最后一位佛教赞普墀祖德赞，他们都是神，即天子。"因此，神化先祖就等于神化自己，所谓吐蕃第一位赞普聂墀

① 参见麦克唐纳《敦煌吐蕃历史文书考释》，第163、278、23、40—41页。
② 参见本尼迪克特·安德森《想象的共同体：民族主义的起源与散布》第10章"记忆与遗忘"，吴叡人译，上海人民出版社2003年版，"导读"第9—10、14、17页，正文第225—229、233—234页；王明珂《华夏边缘：历史记忆与族群认同》，台北：允晨文化实业股份有限公司1997年版，第10—12、47、410、416、421、423页。
③ 斯巴尼安女史早就指出："对降临到吐蕃的第一位赞普的说法不可能具有太大的史料价值，它似乎是对七一九世纪吐蕃王权开始时代的再现，其主要意义仅在于提供了当时所流行的有关吐蕃第一位赞普神性起源观念的资料。"（麦克唐纳：《敦煌吐蕃历史文书考释》，第8、13、18、153—154、257—258页及第243页以下）这种说法在王权开始时代流行，其作用不言而喻。
④ 例如，对于敦煌出土的《赞普世系表》，意大利藏学家图齐明确指出："该名表在松赞干布时代达到了其顶峰。由于这种继承顺序无疑是在松赞干布基本上统一了吐蕃的时代编制的，这一世系谱当然不会不经过详细研究就令人接受。"（参见图齐、海西希《西藏和蒙古的宗教》，第278页）对于敦煌出土的"历代赞普传记"，斯巴尼安女史也指出："这些段落是各自独立撰写的，其中所提到的事实是在事过之后很久才汇编起来，以至于使编纂者可以按照一定的顺序进行分类"，等。［麦克唐纳：《敦煌吐蕃历史文书考释》，第156页；王尧、陈践践译注：《敦煌本吐蕃历史文书》（增订本），第150页］
⑤ 参见麦克唐纳《敦煌吐蕃历史文书考释》，第33页。

的神话就有这样的作用。如前所述，这一观念正是松赞干布时代创立的。斯巴尼安在其研究中就表达了这样一种意见："不可否认的是，古代传说在聂赤赞普及支贡继任者之间曾进行过比较。现在还很难说是否应该仅仅将其看作是一种奇怪的表达方式，即在每一位新赞普执政初期便开始对王权观念重新进行解释，而这种观念主要是以第一位赞普即位为中心的。藏地的一个大王国大败琼瓦小王国，后者随后又得以复国，最后又吞并了娘若香波的领土。是否应该将此事看作是导致松赞干布于7世纪建立吐蕃王国的琼瓦达则君主们扩张的开始呢？"①换言之，迄今所知吐蕃前史中最重要的聂墀和支贡继任者两段事迹，很可能是松赞时代经过改造编织出来为当时统一活动作正当性辩护的一套话语。②

吐蕃王朝的发祥地在今西藏山南地区雅砻河流域的泽当、琼结一带。到6世纪时，雅砻政权已由酋邦演进为集权国家，君王称赞普（btsan po），辅臣称大论（blon chen）、小论（blon chung）。③我们已经看到，松赞干布的祖父达布聂西（Stag bu snya gzigs）和父亲南日论赞（Nam ri srong bt san）两代时，已逐渐将势力扩展到拉萨河流域。629年，松赞干布继位为赞普④，此后不久，就把政治中心从山南迁到了位于雅鲁藏布江北面支流畿曲（拉萨河下流）的逻些（今拉萨）。逻些谷地气候宜人、物产丰富，在地理形势和自然条件方面都更有利于吐蕃社会的发展。随着生产力的发展和军事实力的增长，在吐蕃王朝成立前后，松赞干布逐步兼并了苏毗、羊同等部，并用传统的盟誓方法与之确定领属关系，从而结束了西藏高原分散落后的局面。633年左右，在大臣禄东赞的协助下，松赞干布正式在逻些建立起集权制的吐蕃王朝。⑤

目前学界大都认为，吐蕃（Bod）王朝的名称就来源于本教（Bon）的名称。⑥这也就是说，吐蕃王朝的建立者是由本教立国，只有这样，他们才会以其所奉宗教作为自己建立的国家名称。为什么会是这样呢？当代社会人类学的族群理论认为：

---

① 麦克唐纳：《敦煌吐蕃历史文书考释》，第192、193、51页。

② 敦煌出土的《赞普世系表》是从聂墀赞普开始的，但"历代赞普传记"第一段却从第七代赞普支贡/止贡（Dri gum）及其继任者开始，而且接下来的赞普传记就是松赞干布的祖父达布聂西（Stag bu snya gzigs），即已经是第三十代赞普。（参见王尧、陈践践译注《敦煌本吐蕃历史文书》增订本，第173—174、157—160页）如斯巴尼安所说："这种情况恐怕很难用"文献中只字未提的那些赞普所起的作用肯定有限"来解释。（参见麦克唐纳《敦煌吐蕃历史文书考释》，第54—55、58页）也就是说，无论那些赞普起什么作用甚至是否有过，都与松赞时代的造神运动关系不大，所以在编织神话改造历史记忆时就作了选择性遗忘。

③ 参见陈庆英《试论赞普王权和吐蕃官制》，《西藏民族学院学报》1982年第4期，第53—54页。

④ 关于弃宗弄赞的生年和继位年代有多种说法。本书取多数藏史的说法，参见《中国大百科全书·中国历史》隋唐五代史分册，第325页。

⑤ 参见王辅仁、索文清《藏族史要》，四川民族出版社1982年版，第15页。

⑥ 吐蕃意为大蕃；"蕃"Bod名的来源和含义学界虽有不同说法，但多数认为这一名称就是本教的"本"（Bon，bod、bon），两字的写法在古藏文中可以互通。参见陈庆英、高淑芬主编《西藏通史》，第1—2页。

族群从而国家是一个想象（主观认同）的共同体，其时空范围由历史记忆来界定，而历史记忆是可以改变的。① 可以认为，松赞干布之所以要利用本教制造祖先神化的传说，一方面是要神化赞普家族，显示自己统治的合法性；另一方面就是要以此改变政治整合群体的历史记忆，由宗教神话规范主观认同，强化族群凝聚从而巩固政权。如图齐所说："宇宙起源论或一个家族下界到大地上的故事本身并不是目的，这种事件也可以是以想象的方式叙述的，也就是从事把神话改造成仪轨，这样就激发了一些有效的魔力"；"宗教仪式之任务就是设法使先祖下界到山上的最早时刻重新出现，以请求他们帮助和保护出自他们的社会并确保这一社会长此以往。诵读有关起源的神话也具有一种恢复固有状态的意义，我们应把有关社会以及统治它们的家族的力量之增长归于对这一起源的追述"②。

当然政治化宗教的作用并不只是编织祖先神话，更重要的还在于直接神化赞普本人，增加赞普的光环，抬高赞普的权威，为政治统治提供观念范畴甚至组织制度。如斯巴尼安女史所指出："这些理论已由佛教徒们所批驳的事实明显证明，它们属于佛教之前整套巫教信仰中的不可分割的组成部分。'祖拉'的宗教具有许多不同的组成部分——尤其是本教或本教徒们的信仰，无论其中哪部分是被作为王权理论的范畴和一直作为整个悉补野王朝的官方宗教，它总是以一种结构严密的体系出现的，而且肯定也是佛教传入吐蕃并在那里传播之前形成的。如果说我们现在还无法追述其各组成部分的起源，但我们似乎相当有可能确定把它奉为王家宗教的时间。"③ 例如，"有一种理论认为，吐蕃赞普是一尊恰神，是大命之神法的特别代表者，即'祖'。他正是由于这一原因才使四方的诸王国归附于自己的权力之下，并把十二个小王国都置于自己的宗主权保护之中"，而"'十二个小王国'的图式似乎是在松赞干布于643—644年间征服象雄之后而确定的"；"根据第1047号写本的记载，我们已经知道'祖'的主要神是本命神，这种神在当时吐蕃宫廷中占有非常重要的地位"；"《赞普传记》中第12节中的第2部分已经告诉我们，赞普在实行'天山恰神体系'中得到了巨大权力。这一节中介绍了该赞普执政年间的许多善行恩惠"④，"这段文字中对松赞干布执政年间的描述与王家理论的原则是相吻合

---

① 参见安德森《想象的共同体：民族主义的起源与散布》，"导读"第9、14、17、18—19页，第2版"自序"第28—29页，第10章"记忆与遗忘"第228—229页；塞缪尔·亨廷顿《我们是谁——美国国家特性面临的挑战》，程克雄译，新华出版社2005年版，第98页；王明珂《华夏边缘：历史记忆与族群认同》，第12—33、45、47、50—51、410、416、418、423页。

② 图齐、海西希：《西藏和蒙古的宗教》，第292页。

③ 麦克唐纳：《敦煌吐蕃历史文书考释》，第243页。

④ 斯巴尼安根据内容对相关文书重新作了分节，这里指的是《赞普传记·八》的倒数第二段，可参见王尧、陈践践译注《敦煌本吐蕃历史文书》（增订本），第169页。与斯巴尼安所译的文意略有不同，这里转引她的研究意见，别不具论。

的，文中称颂松赞干布使各社会等级变得平等起来了，这是'祖拉'信仰者的基本道德"①。

据敦煌本吐蕃历史文书《赞普传记·八》的说法："吐蕃古昔并无文字，乃于此王之时出现也。吐蕃典籍律例诏册，论、相品级官阶，权势大小，职位高低，为善者予以奖赏，作恶者予以惩治；农田耦耕一天之亩数，牧场一件皮褐所需之皮张数；笼区长度均作统一划定，乃至升、合、斤等一切量度，举凡吐蕃之一切纯良风俗，贤明政事，均为此弃宗弄赞王者之时出现也。一切民庶感此王之恩德，乃上尊号曰'松赞干布'。"②其意为严正沉毅。③斯巴尼安女史认为："因此，松赞干布的'善法'包括一些吐蕃国家立法和行政方面的条例，实际上形成了一部大型典章，即吐蕃的'祖拉'（经典）"；"所以，据《赞普传记》记载，松赞干布赞普首次编纂了一套国家典章。他确定了吐蕃王国的国体和组织，并且纳入了国家典库之中，吐蕃根据由恰神创立的世界秩序而建立了自己的一套典章"，"这两种表达方式在这些文献中具有一种法律和行政意义，但也丝毫不能排除其宗教意义"，"因此，吐蕃王权理论正式列入了'祖拉'的宗教系统，也就是恰神的'世界秩序系统'。"④

我完全同意斯巴尼安女史的这些看法，以上所引成果无愧于学界对她的赞誉："超越了历史范畴，对吐蕃佛教之前的宗教具有全新的看法。"然而，她在这之后试图把"祖拉"即善法的建立归之于唐朝制度和汉法（儒学、道）的影响⑤，恐怕就很勉强了。中原传统有"天子"观念，但制度设计上却是天无二日、唯我独尊。换言之，在中华文化的历史官僚体制中，其合法的政治中心或者说正统只能在中原地区。所以，接受这种观念的族群，或者是"龙飞朔野，雄步中原"——问鼎、逐鹿、入主，或者是散在四裔，接受羁縻，总之必须进入帝国的政治体系，理论上不允许并世而立。因此，这种观念不可能为周边族群提供自身认同的思想工具，但其制度形式却为各族群获取资源和参与分享提供了现实空间。无论如何，"小中华"之类的体制论只是某些现代学者才能想出来的一套说辞，并不是古代东亚历史的社会实况。好在斯巴尼安女史的"高论"并没有得到学界太多的响应，作为一说可以留待另行讨论。

既然本教在松赞干布时代已经形成了系统的宗教，如果就其主要特点与其渊源由来的波斯拜火宗教作些比较或许更切合实际。例如，波斯萨珊王朝（226—651）

---

① 麦克唐纳：《敦煌吐蕃历史文书考释》，第243—244页。
② 王尧、陈践践译注：《敦煌本吐蕃历史文书》（增订本），第169页。
③ 参见《格西曲札藏文词典（附汉文注释）》，民族出版社1990年版，第183、926页。
④ 麦克唐纳：《敦煌吐蕃历史文书考释》，第245—246页。
⑤ 参见麦克唐纳《敦煌吐蕃历史文书考释》，"译者前言"、第246页以下。

已经形成有发达的帝国政治体系①，且以拜火教为国教，那么，由波斯宗教本地化形成的吐蕃本教，其善法准则"祖拉"②，更有可能来自拜火教的 Asha"正道"。拜火教之所以向火礼拜，正因为火是 Asha 即大神本原之光的象征，"如同道教里的'道'，Asha 是《伽萨》（Ghatas）里的关键概念并贯穿经文始终。Asha 也和'道'一样，内涵很复杂，难以用一个单独的术语来转述翻译。其较常见的定义有：真理，公正，世界秩序，永恒法则，适度等"③。Asha 观念也随着拜火教传入了北部草原，古突厥人把自己所竖碑石称为"正道碑"（如《布古特碑》所见），也是法则、典范之意。④

吐蕃君主尊称"圣神赞普"应该也是受波斯宗教影响形成的观念。在拜火教神话中，灵光神（Xvarnah/ Khvarenah）是王者、显贵的福运象征，它伴随着君主、英雄、先知等正直、诚实、公正的领袖人物，一旦他们对正道（Asha）作假，神就立刻弃离他，所以被称为"王者灵光"；灵光神化身是形为隼雀的 Vareghna 鸟，同时也是斗战神（Verethraghna/ Warahrān/ Bahram）的化身之一；斗战神有 10 种不同的化身，在拜火教里象征着最高级圣火和战无不胜。⑤在东伊朗文化世界，灵光神和斗战神关系非常密切，王者显贵往往宣称二者兼具，其艺术形象则二位一体。⑥下面我们可以看到，吐蕃君主的"圣神赞普"的名号从而其王权观念也是如此。

据斯巴尼安女史的研究，在吐蕃人的观念中："所有赞普，从该王朝的第一位赞普到最后一位佛教赞普墀祖德赞，他们都是神，即天子"；"所有的官方文书，无论是它们把吐蕃王朝的起源追溯到聂墀赞普还是鹘提悉补野，都认为吐蕃的第一位赞普由于其父之关系而应该被称为恰神"；"然而，在伯希和敦煌藏文写卷第 100 号中，该赞普又叫作'法王，上天恰神之弟'。稍后不远又提到'国王，天子，其权力来自恰神'。因此，该王朝的最后一位佛教赞普正如第一位先祖一般，也是恰神的儿子和兄弟。"这些观念显示，赞普的神性表现在他们同时具有两种超凡魅力：神力和加持力，因而"圣神赞普"一称是所有赞普名号中的组成部分。我们注意到，通常译为"圣"或"加持力"的这个词 vphrul，指的是所有魔力，尤其是沟通往返天地的能力⑦，又可释为"幻化，如精灵之化现与幻术"⑧。这种"热情和

---

① 参见 S. N. 艾森斯塔得《帝国的政治体系》，阎步克译，贵州人民出版社 1992 年版，第 13 页以下。

② 参见麦克唐纳《敦煌吐蕃历史文书考释》，第 215—220 页。

③ http：// www. avesta. org/ dhalla/ dhalla1. htm # asha，2008 年 7 月 4 日。

④ 参见拙文《拜火教与突厥兴衰》，《历史研究》2007 年第 1 期，第 35、25—26 页。

⑤ 同上。

⑥ Ref. G. Gnoli，"Bahram，in Old and Middle Iranian Texts"，in Ehsan Yarshater（ed.），*Encyclopaedial arnica*，vol. III，London and New York：Routledge & Kegan Paul，1989，p. 513a. 并请参见拙文《拜火教与突厥兴衰》，《历史研究》2007 年第 1 期，第 31 页。

⑦ 参见麦克唐纳《敦煌吐蕃历史文书考释》，第 193—194 页。

⑧《格西曲札藏文词典（附汉文注释）》，第 549 页右栏。

不可战胜之力量的加持力"，"它是赞普们战争力量的源泉。这是一种神的'天赋'、'光彩'或'光芒'，可以辐射他们身体的热流并能确保他们战胜自己的敌人。第一位拥有加持力的人如同拥有神力的人一样，明显也就是吐蕃的第一位先祖鹘提悉补野"①。

"无论如何，从君主理论中所得出的第一项原则就是赞普们都是一些恰神，与第一位先祖的情况完全一样。例如，所有赞普都如同他一样也是自天而降，每一代赞普都模仿了最早的一任统治者。他们都与先祖一样也具有神性，也就是说是一种与身体变化能力不同的智力形式，从而使他们具有了宇宙才智和加持力，后者是一种可以确保他们战胜自己敌人的超自然的战斗力。"②我想这些已经可以说明问题。考虑到本教源于波斯宗教的背景，说吐蕃"圣神赞普"观念相当于拜火教里的灵光神加斗战神，应该不会有太大的差错。这里还可稍微做点儿补充的是，吐蕃也有源自波斯的那种鹘冠。③图齐明确说：吐蕃赞普"头巾上贴有一只鹏的图像，这是一种属于苍鹰类的著名神秘鸟，它代表着吉祥的造物，传说中认为它是金翅大鹏的敌人"；"大鹏（大鹰）肯定在古代吐蕃宗教中占有实质性的重要性，但我们已经讲过，不排除这种头饰也受萨珊王朝国王王冠的影响"④。据笔者考证，鹘冠或者萨珊王冠上的鸟并非大鹏，而是形为隼雀的 Vareghna，那就是灵光神和斗战神共有的化身。⑤图齐认为："很明显，在修造松赞墓葬九室的后面，肯定是想使陵墓具有一种人世间巫术反映之意图"；"我们可以把王陵视作根据本教仪轨思想建起的一座建筑物的最著名的例证，尤其是松赞干布的王陵，其轮廓线和布局都为人所熟知"；"当赞普被埋葬时，同样也可以用小麦陪葬。从其他文献中也可以看出，死者可以确保民众的幸福、食物和饮料的富裕及丰收年成"⑥。而据研究，拜火教的陵墓尤其是王陵，正是"王者灵光"观念的反映：以为既然还留在他的陵墓里，就可以继续眷顾他的继承者和广大民众。⑦

西藏民间宗教有战神，这是指那些据认为是专门保护其崇拜者免受敌人伤害，并能帮助他们增加财富的一类神灵，其中最著名的是白哈尔（Pe har）神，又被称为"众男子之战神"，或简称"大战神白哈尔"，也称"战神大王乃琼"。⑧宁玛派

---

① 麦克唐纳：《敦煌吐蕃历史文书考释》，第 196 页。
② 同上书，第 197 页。
③ 参见拙文《拜火教与突厥兴衰》，《历史研究》2007 年第 1 期，第 25—27、30 页。
④ 图齐、海西希：《西藏和蒙古的宗教》，第 297、307 页。
⑤ 参见拙文《拜火教与突厥兴衰》，《历史研究》2007 年第 1 期，第 25—27、30 页。
⑥ 图齐、海西希：《西藏和蒙古的宗教》，第 281、307、310 页。
⑦ 参见拙文《拜火教与突厥兴衰》，《历史研究》2007 年第 1 期，第 25—27、30 页。
⑧ 参见勒内·德·内贝斯基·沃杰科维茨《西藏的神灵与鬼怪》，谢继胜译，西藏人民出版社 2000 年版，第 381 页。

认为："白哈尔及其伴神最初是源于外国的神灵，虽然他们与念青唐拉和女神尼玛旬奴占据了同等的席位（三联神？），但是，后面两位神灵还是占有优势，因为他们是纯粹的藏地土著神灵。"无论这里说的是否与拜火教三联神（triad）的观念有关，白哈尔是外来神祇无疑。"依据苯波教徒的信仰，白哈尔有时被称作象雄护法神，根据苯波的教义，象雄是苯波教起源的地区之一。"① 这里的苯波即本教。还有说白哈尔曾是突厥部落的神灵；或说被莲花生大师降服后，白哈尔骑了一只镶嵌珍珠的木鸟在众多天神的陪伴下来到了雪域之地，等等；也有说白哈尔曾化身为一只漂亮的白鸽。②而据笔者研究，突厥是以拜火教凝聚起来的族群③，形体灵巧的Vareghna 鸟是斗战神和灵光神共有的化身。

"根据西藏人的信仰，白哈尔为了更圆满有效地完成佑护佛法的责任，为了克服雪域各地可能出现的魔障，就要把自己分成若干个化身，再由化身分裂出众多第二个化身，即'化身之化身'。根据这一观念，白哈尔的伴神、明妃（即配偶、伴偶）、大臣，或其他所有伴属从神，都可以将他们看作是白哈尔自身的变化，是从他身体发射出的光芒中所生。"④如前所述，拜火教的斗战神也有 10 种不同的化身。⑤可是西藏的战神白哈尔已经经过了民间宗教、本教、佛教各派千余年的吸收改造，现在很难把他的化身和拜火教斗战神的化身直接进行比定勘同。不过我用搜索引擎在网上搜到的三幅白哈尔图像⑥，其形象都是头戴盔或帽，一手持狭长物（宝剑、伞幢或金刚杵），另一手持容器。据笔者研究，这些都是拜火教斗战神艺术形象的基本特征。⑦ 我这里想说的是，关于"白哈尔"这个名字的来源和意义，虽然有过一些讨论意见，但似乎都未得要领。⑧其实，如果接受白哈尔很可能源自拜火教斗战神的看法，那么，可以考虑其名字 Pe har 也是斗战神波斯原名Warahrān/ Bahram 的音讹。⑨

国际学界对吐蕃古老宗教——本教及西藏民间宗教与波斯宗教关系的研究成果

---

① 沃杰科维茨：《西藏的神灵与鬼怪》，第 111—112、114、131 页。

② 参见沃杰科维茨《西藏的神灵与鬼怪》，第 120、124 页。

③ 参见拙文《拜火教与突厥兴衰》，《历史研究》2007 年第 1 期，第 33 页以下。

④ 沃杰科维茨：《西藏的神灵与鬼怪》，第 111—112、114、131 页。

⑤ Cf. G. Gnoli, "Bahram, in Old and Middle Iranian Texts", p. 511a.

⑥ 其中一幅是西藏拉萨乃穷寺西门的白哈尔神像，参见 http：//duojichilie. blog. sohu. com/72610407. html，2008 年 7 月 6 日。乃穷寺建于 7 世纪，是西藏最大的世间护法神白哈尔的代言神巫乃穷护法神（即著名的乃东神汉之一）居住的寺庙，参见沃杰科维茨《西藏的神灵与鬼怪》，第 123—126 页。

⑦ 参见拙文《由草原突厥石人看东西文化交流》，载袁行霈主编《国学研究》第 23 卷（待刊）。

⑧ 参见沃杰科维茨《西藏的神灵与鬼怪》，第 126 页。

⑨ 斗战神一名在《阿维斯塔》语里作 Verethraghna，婆罗钵语（中古波斯语）作 Warahrān，新波斯语作 Bahram，从其语音演进轨迹观察，进入藏语讹变为 Pe har 是很有可能的。

还很多，我们这里不必都作讨论。[①]与本节的主题相关，我这里想简单谈一下藏文的创立问题。社会人类学理论依据现代民族经验认为："民族"这个"想象的共同体"最初而且最主要是通过文字（阅读）来想象的；而以个别的印刷方言为基础形成的特殊的方言——世俗语言共同体，就是后来"民族"的原型；认识论与社会结构上的条件，酝酿了民族共同体的原型。[②]尽管现代"民族"（nation）的意义等同于"国家"（country），但我觉得这个观点对于我们理解古代族群认同的认知过程还是有启发的。据前引敦煌本吐蕃历史文书《赞普传记·八》可知："吐蕃古昔并无文字，乃于此王之时出现也。"松赞干布之所以要让人创立藏文，当然是为了有效操控语言这个人际最重要的思想交流工具，以规范出共同的祖先神话，并便于选择编织适合的历史记忆。这里的认识论基础就是文字的创立和本教的系统化，而社会结构条件就是吐蕃诸部的政治统一。有学者认为：藏文起源于吐蕃西部的象雄文，"目前看来，象雄文是跟藏文关系最密切的语言。它起源于象雄，随着本教的发展传到了吐蕃，对其产生了深远的影响"[③]。用其宗教而改其文字，这清楚表明了松赞干布创立藏文的意图，当然，象雄很快也作为松赞干布的统一对象而进入了吐蕃共同体。斯巴尼安女史在她的研究中用大量篇幅对松赞干布征服象雄的时间进行了深入细致的考证，确证了所谓象雄国王"李迷夏"与李聂秀同属一人，松赞干布征服象雄的时间在643—644年。[④]这一事实对于敦煌吐蕃历史文书正确断代，乃至其内容的理解和性质的把握，尤其是松赞时代政治文化的揭示都非常关键，值得有关学人认真研读思考。

三　本教传入吐蕃的路线问题

上一节我们通过具体内容及其性质的研究比定，肯定了本教是由来自波斯的宗教整合西藏当地原有信仰形成的，其系统化完成是在松赞干布时代。然而仅有这些还不够，作为历史研究，还应该尽可能揭示历史事件和现象得以发生的空间平台，

---

① 例如还有国内学者近年也有所讨论的死后行程，奈何桥（the Chinwad bridge，本意为"分离之桥"）及灵魂审判、末日审判，等等，请参见拙文《拜火教与突厥兴衰》及图齐、海西希《西藏和蒙古的宗教》，第242—245页。如前节所述，我甚至觉得有关聂墀赞普父辈为七兄弟的传说（参见麦克唐纳《敦煌吐蕃历史文书考释》，第25—26页）很有可能也与拜火教创世神话的圣七位一体（heptad）有关，参见 Mary Boyce，*Zoroastrians. Their Religious Beliefs and Practices*，pp. 21 - 22.

② 安德森：《想象的共同体：民族主义的起源与散布》，"导读"第10页。

③ 才让太：《藏文起源新探》，参见 http：／／ info. tibet . cn／ newzt／ xyzz／ cairangtai／ zyzp／ hwlw／ t20051215 - 78361. html，2008 年 7 月 7 日。

④ 参见麦克唐纳《敦煌吐蕃历史文书考释》，第 65 页以下、74 页以下、81 页以下、93 页以下、97—109 页、116 页以下、130—132 页、154 页以下、156—157 页。

这就是本节的任务。

我们已经看到，藏文源于象雄文，后者是随本教的发展东传吐蕃的。据研究，"象雄"这一地理名词一般是指吐蕃西部，但同样也用作指从该地区由西向北和东延伸的一块其宽度极不均匀的地区之名称；辽阔边陲的象雄地区不仅有志于改变它自己的宗教思想，而且也传播外来思想的反响。①本教传说中还有另一个重要的地区 Stag gzig②，传说为其祖师先饶米沃的诞生地。Stag gzig 在藏文文献中多半是指西藏西方或西北方广大地区③，国内常有学者将其直接译为汉文"大食"，未必妥当。汉文史料中的"大食"一名通常指的是公元 7 世纪初叶兴起的阿拉伯帝国，与本教发展的历史不合。考虑到汉文"大食"一名实际上来自波斯人对邻近的阿拉伯部落的称呼 Tāzīk，而且早在 8 世纪上半叶的古突厥文碑铭中就被用来泛指信仰伊斯兰教的波斯人（Tajik）④，本教的某些教义明显受到波斯宗教的影响，由于 7 世纪中叶波斯已亡于"大食"，而传世本教经典多为本教"后弘期"（11 世纪以后）的产物，有可能将后来的知识掺入从前的历史⑤，所以我认为本教史上的 Stag gzig，十有八九是指波斯而不是阿拉伯。⑥

问题是，地近南亚的象雄与位处西亚的波斯两地间是如何沟通的呢？意大利藏学家图齐认为：在拉达克首府列城附近发现的一批墓葬，"最引人注目的是许多物品都与来自伊朗卢里斯坦的那些物品具有惊人的相似性。这就允许我们得出结论认为，在西藏文明与受伊朗影响的民族之间具有非常古老的关系，这种接触是由于牧人的游牧以及横穿巴达赫尚、吉尔吉特、拉达克和吐蕃西部的贸易关系而实现的"⑦。这意思是说，吐蕃一开始就是经克什米尔由南亚沟通波斯的。这种看法显然受到了当时学术发展的局限。我后来专门研究过早期青藏高原与外部的交通，发

---

①　参见图齐、海西希《西藏和蒙古的宗教》，第 266—267 页。

②　参见夏察·札西坚《本教发展概况》，《西藏研究》1989 年第 1 期，第 65—66、68 页；Samten G. Karmay，"A General Introduction to the History and Doctrines of Bon"，pp. 171 – 176；石泰安《西藏的文明》，第 246 页。

③　朵桑旦贝尖参在《世界地理概说》中认为 Stag gzig 是"瞻部洲西北方向所有的地域"（参见才让太《古老象雄文明》，《西藏研究》1985 年第 2 期，第 99 页所引）。参见麦克唐纳夫人《"四天子理论"在吐蕃的传播》，罗汝译，《国外藏学研究译文集》第 2 辑，西藏人民出版社 1987 年版；冯承钧《西域南海史地考证译丛》第 3 编，商务印书馆 1962 年版，第 84 页以下。

④　参见《中国大百科全书·中国历史》隋唐五代史分册，第 130 页。

⑤　Ref . Samten G. Karmay，"A General Introduction to the History and Doctrines of Bon"，p. 187et seq. 参见帕·克瓦尔耐《西藏苯教徒的丧葬仪式》，俊杰译，《国外藏学研究译文集》第 5 辑，西藏人民出版社 1989 年版，第 124—126 页；格勒、祝启源《藏族本教的起源与发展问题探讨》，《世界宗教研究》1986 年第 2 期，第 132 页。

⑥　参见 Samten G. Karmay，"A General Introduction to the History and Doctrines of Bon"，p. 174et seq；才让太《古老象雄文明》，《西藏研究》1985 年第 2 期，第 99 页；石泰安《西藏的文明》，第 48 页。

⑦　图齐、海西希：《西藏和蒙古的宗教》，第 308 页。

现吐蕃最初进入西域之路并不是直接向西，而是向西北同中亚的突厥诸部沟通，我称之为吐蕃中道或"食盐之路"①，其中纵贯西突厥诸部的路段在史料中称为"五俟斤路"②。最新的研究显示，突厥就是铁勒诸部中那些以拜火教与粟特人认同凝聚起来的族群③，因此，吐蕃与突厥沟通，拜火教于是从西域传入也是顺理成章的事。以下谈谈我最近对此路研究的一些收获。

萨迦·索南坚赞在《王统世系明鉴》第 8 章中说：松赞干布的父亲南日论赞"战胜了汉人和突厥，从北方得到了食盐"④。南日论赞的事迹还有很多传说成分⑤，比如这里提到他战胜了汉人和突厥，肯定是把后人的事情加到了他的身上。因为南日论赞时，悉补野吐蕃尚未将周围的部落完全统一起来，不可能到青藏高原以外去进行征服。但是，撇开传说成分我们可以发现一件事实：南日论赞是从北方的突厥人那里得到食盐的。有的传说说南日论赞是"从北方的拉措湖（Bla mtso）取得食盐，从此开始了食盐的习俗；还自汉地得到了历算和医药"⑥。可以肯定盐不是从汉地得来的。"拉措"藏语意为魂魄湖⑦或龙池⑧。我在近年通过科学考察发现的、面积在一平方公里以上的青藏高原所有重要盐湖的名单中，只找到一个"拉木错"⑨发音与此相近。该湖位于革吉县东北（东经82°04′，北纬33°05′），面积只有 13 平方公里，其盐类沉积情况至今没有调查过。显然，拉措湖不是一个现实的地理名称。拉措湖这个名称表明它很可能出自一个古老本教的传说，因为本教认为魂魄 Bla 居于天界，而天界就在北方。⑩ 噶尔美认为："四重天以及群魔的居处位于北方，这又是附会波斯宗教的观念。群魔居于北方的这种观念在《格萨尔传》

① 吐蕃进入西域的中道是相对于经由勃律（今巴基斯坦所领克什米尔）的西道和经由青海的东道而言的，参见拙著《唐、吐蕃、大食政治关系史》第 1 章第 3 节"吐蕃最初进入西域之路"，第 20 页以下；拙文《七、八世纪之交吐蕃入西域之路》，收在田余庆主编《庆祝邓广铭教授九十华诞论文集》，河北教育出版社 1997 年版，第 74—85 页；拙文《七至十世纪西藏高原通其西北之路——联合国教科文组织（UNESCO）"平山郁夫丝绸之路研究奖学金"资助考察报告》，收入《春史卞麟锡教授停年纪念论丛》，釜山：图书出版公司 2000 年 12 月版，第 305—321 页。

② 俟斤为西突厥右厢（南部）弩失毕部长官称号，弩失毕有五部，故统称五大俟斤。《通典》卷 190《边防》六《吐蕃》条引大论钦陵之语："崔知辨从五俟斤路趁我间隙，疮痍我众，驱掠牛羊盖中万计。"（王文锦等点校，中华书局 1988 年版，第 5175 页）。参见拙著《唐、吐蕃、大食政治关系史》，第 30—31 页。

③ 参见拙文《拜火教与突厥兴衰》，《历史研究》2007 年第 1 期，第 33 页。

④ 萨迦·索南坚赞：《王统世系明鉴》，陈庆英、仁庆扎西译注，辽宁人民出版社 1985 年版，第 49 页。

⑤ 参见石泰安《西藏的文明》，第 40—41 页。

⑥ 《藏族简史》，第 20 页引述《法王松赞干布遗训》，第 82 页。

⑦ 张怡荪主编：《藏汉大辞典》，民族出版社 1985 年版，第 1915 页。

⑧ 《格西曲札藏文词典（附汉文注释）》，第 583 页。

⑨ 参见郑喜玉等《西藏盐湖》（青藏高原科学考察丛书），科学出版社 1988 年版，第 18—22 页，"表 1—6，青藏高原主要盐湖"，第 104 号。

⑩ 参见谢继胜《藏族萨满教的三界宇宙结构与灵魂观念的发展》，《中国藏学》1988 年第 4 期，第 96—100 页；Samten G. Karmay，"A General Introduction to the History and Doctrines of Bon"，p . 195.

中也有反映。"① 因此，所有这些传说都表明，南日论赞时才被吐蕃人采用的食盐并非产于西藏高原，而是来自遥远的北方。也许，就是那些把波斯宗教因素带给当地信仰的人，同时把北方的食盐带进了西藏。如我们在上一节所说，拜火教内容也应是在吐蕃王朝建立前后传入西藏的。而且有迹象表明，古老本教中的某些拜火教因素，如祭火、拜天以及天葬习俗等，并非直接传自波斯，而是传自中亚。② 果真如此，我们就有理由相信，波斯宗教传入西藏同它在东方其他地区的传播一样，主要是通过中亚操东伊朗语的粟特商胡来进行的。③

近年的藏区考古在西藏西部发现了许多岩画，"制作手法以凿刻为主，有少量的赭色涂绘，岩画的表现题材和艺术风格更接近我国北方岩画传统。西部又以日土县境内的岩画点最为密集：任姆栋、鲁日朗卡、阿垄沟、塔康巴、曲嘎尔羌、那布龙、多玛等岩画点主要分布在西藏—新疆的公路附近。这一带自古以来就是西藏高原连接克什米尔、中亚以及我国西域地区的重要通道。日土岩画在内容与表现风格上的多元性似乎也反映出这一带曾有过不同族群的活动。日土任姆栋的一组豹逐鹿图是西藏岩画中很少见到的华丽风格。美丽的鹿角透着浓厚的装饰性，躯体上的倒 S 纹或涡旋纹，挺拔俏丽的体态，流畅的线条，显示出与北方欧亚草原民族艺术的相似性：当然，西部岩画的绝大部分还是本土特色浓郁的高原岩画，大型的本教血祭岩画（任姆栋岩画点）、忙于商贸运输（或迁徙）的大队人马（塔康巴岩画点）、浑身长毛或头插羽毛的巫师活动（鲁日朗卡岩画点等）、有组织的狩猎或放牧生活、程序严格的祭祀仪轨，等等，都在向我们传达着这样的信息——西部早期在相当长的一段历史时期内曾经有过超乎今人想象的繁荣昌盛，而这个文明时期很可能与传说中西部古老的象雄文明相关，西部岩画虽然有早晚期之分，但它们大致集中在历史上某一个特殊时段——西部象雄古国文明的繁荣期"④。

刻有忙于商贸运输（或迁徙）的大队人马形象的塔康巴岩画点，位于日土县班公湖的东北边乌江山沟里。⑤ 有一幅岩画人物分为上、下两组：上组一人为侧面形象，背负行囊、手拄棍作行走状，其前（右侧）有三羊并排；下组四人均为侧面形象，一人较大，三人略小，均背负行囊，拄棍，作行走状；两组人物行走方向一致，表现了赶着牲群远行的场面。另一幅岩画上端有一骑者，周围有牦牛数头，似

①　See Samten G. Karmay , "A General Introduction to the History and Doctrines of Bon", p. 195.

②　参见谢继胜《藏族萨满教的三界宇宙结构与灵魂观念的发展》，《中国藏学》1988 年第 4 期，第102—103 页；霍巍《西藏天葬风俗起源辨析》，《民族研究》1990 年第 5 期，第 44 页。

③　参见拙文《拜火教与突厥兴衰》（《历史研究》2007 年第 1 期）以及《由草原突厥石人看东西文化交流》（《国学研究》第 23 卷）；张广达《唐代六胡州等地的昭武九姓》，《北京大学学报》1986 年第 2 期，第77 页。

④　参见 http : / / xz. people. com. cn/ GB/ 138902/ 139219/ 8394655. html , 2009 年 6 月 28 日。

⑤　《日土岩画》，http : / / www. mipang. com/ blog/ 964. 822fb985a0. html , 2008 年 7 月 10 日。

为牧人；其下是一排行走人物，计有二十余人，均背负行囊；下端左侧有戴面具的人物，体形稍大，头饰一长长的羽毛，左手持一物件。还有一幅岩画上端右侧有一行走的人物，一手持长矛扛在肩上，一手似执有圆形盾牌，其身后有一牦牛；牦牛之下为相对而立的两个武士，均一手执刀，一手持方形盾牌；其下为一列行走人物，均背负行囊，一条曲线连贯队列的下部，似表现出山路的漫长；队列以下还有一稍大的人物，亦作背负行囊行走状，手拄棍。又有一幅岩画为一排行走人物近二十人，其下共有五排行走人物，均背负行囊，有的拄棍，行走方向相同，队列之间有太阳等符号及动物形象；右下角有一人物正驱赶牦牛及羊，似为牧者；左下角则有一头饰羽毛的人物，身着长袍，上体呈圆形，两臂张开立于一垫物之上，其左侧有一小人。另一幅岩画则表现了行走方向相反的两支队伍在图中相遇的场面。[①]在岩画群中有个别画着太阳的，有少数近乎"田"字形的单独画面，是否是本教的雍仲符号卍，有待作进一步考证。[②]

有学者认为日土岩画大致断代应在吐蕃建立以前，其下限不晚于吐蕃王朝建立时期，主要理由是："佛教传入西藏大约为吐蕃王朝时期。佛教的传入在西藏是件大事，但是在日土岩画中未见到任何踪迹。相反，岩画反映的大量宗教内容是西藏的原始宗教——本教。如本教的'雍仲'符号，杀牲祭祀场面等。"[③]据此，我以为，说"日土县乌江岩画群，至迟在吐蕃王朝时期以前或吐蕃王朝初期，由一些具备艺术匠心的先民们陆续敲刻创作而成"[④]，是可以接受的。

岩画里描绘的商贸运输队伍很可能和古代亚洲内陆一样，就是粟特商胡的队伍。商队里那些祭司般的人物，据研究通常就是队商首领。[⑤]更重要的是，就在班公湖的西岸，在今天印度所领克什米尔的拉达克境内距班公湖 25 公里左右的地方，曾经发现过一批粟特文摩崖题铭，大多为一些零散单独的人名、地名，其中较完整的一条内容为："210 年，我康祖怛罗（c'ytr'sm'rknδc）被派与僧诺槃（nwšprn）一道往聘吐蕃赞普（twp'yt x'γn）。"[⑥]英国伊朗学家 Nicholas Sims‐Williams 的研究意见是："无论如何，凭 sm'rknδc 这个词以为这条铭文的作者或作者们一定来自中亚康国（Samarkand）就错了，众所周知，这种族称定语在中国西域（Chinese Turke‐

---

① 本段有关塔康巴岩画的描述，参见西藏自治区文管会编《西藏岩画艺术》，四川人民出版社 1994 年版，图 62、66、67、73、74。

② 《日土岩画》，http：// www. mipang. com/ blog/ 964. 822fb985a0. html，2008 年 7 月 10 日。

③ 参见侯石柱《西藏考古大纲》，西藏人民出版社 1991 年版，第 128—129 页。

④ 《日土岩画》，http：// www. mipang. com/ blog/ 964. 822fb985a0. html，2008 年 7 月 10 日。

⑤ 参见拙文《拜火教与突厥兴衰》，《历史研究》2007 年第 1 期，第 28 页。

⑥ See Nicholas Sims‐Williams，"The Sogdian Inscriptions of Ladakh"，in Karl Jettmar（ed.），*Antiquities of Northern Pakistan*，*Reports and Studies*，vol. 2，Mainz：Verlag Philipp von Zabern，1993，p. 155.

stan）被粟特人用作姓氏。① 实际上，如果我有关康祖怛罗和诺槃为佛教徒的推测是对的，那他们更像是生活在中国西域而不是在穆斯林的康国。因此，看来再没有必要反对恒宁（W. B. Henning）关于拉达克铭文属于伊嗣俟历②210 年即公元841—842 年的论断，并且同意他的尝试性推测：铭文的作者很可能是由回鹘可汗派往吐蕃朝廷的使者，派遣者迫切需要援助，因为上一年（840）黠戛斯人攻陷了他在嗢昆河边的牙帐。"③ 无论如何，这些铭文表明，沟通西藏和新疆的吐蕃中道也一直为粟特人所利用。我甚至想，日土的那些岩画里很可能也有粟特铭文，只是还没有被学者们识别出来罢了，我们有理由作乐观的期盼。

其实，拉达克粟特铭文里还有其他一些材料也有助于说明这些粟特人利用的主要是吐蕃中道。第 5 条铭文的作者很可能是一个景教徒："我，郁垒达干（wry trx'n）到了这里，以主的名义。"同样的片语"以主的名义"亦见于第 10 条铭文，这句祷词意味着这是个一神教徒：基督教，或者是伊斯兰教，而不是佛教，摩尼教或者拜火教。郁垒达干这个名字亦见于第 8 条铭文（"达干"一词另外单独见于第 6 条铭文），Sims-Williams 认为："这肯定是个突厥语名字，可是他用粟特语而不是突厥语书写这一事实提示，他至少是半个粟特人。"④ 现在看来，所谓半个粟特人是古突厥族群的一个普遍现象，如前所述，据笔者研究，所谓突厥就是铁勒诸部中那些以拜火教与粟特人认同凝聚起来的族群。而这种情况在中亚的突厥化和伊斯兰化于 10 世纪开始以前，主要存在于北部草原而不是中亚绿洲。而且，郁垒达干显然不是一个穆斯林名称。

Sims-Williams 研究的结果表明："拉达克粟特铭文验证了我们从吐鲁番和敦煌粟特文书所得知的所有三种宗教：佛教、基督教和摩尼教，而这些在印度河上游的粟特铭文中明显证据不足。"⑤可以对此作点补充的是，在巴基斯坦境内所谓"乌仗那国故地"奇拉斯（Chilas）一带的印度河上游谷地发现过多种文字包括汉文的岩刻题铭，但却没有发现过任何藏文铭文。⑥我想这些都有助于我们理解吐蕃时期西藏与西域乃至波斯的交通情况和途径，可以认为，早期经济和文化交流显然是往来西域多而联系南亚少。

早在突厥汗国兴起以前，居住青海的吐谷浑人已经利用过于阗（今新疆和田）

---

① Sims-Williams 原注：在吉田丰和森安孝夫 1988 年研究的一份新疆出土粟特文出卖女奴契约里，四个证人分别姓米、康、石、何，这表明他们的家族分别源自粟特城市米国（Māymurgh）、康国（Samarkand）、石国（Nūjkath）及何国（Kushānīya）。

② 指萨珊波斯时期的历法。

③ See Nicholas Sims-Williams，"The Sogdian Inscriptions of Ladakh"，pp. 156 – 157.

④ See Nicholas Sims-Williams，"The Sogdian Inscriptions of Ladakh"，p. 157.

⑤ See Nicholas Sims-Williams，"The Sogdian Inscriptions of Ladakh"，p . 158.

⑥ Cf . Ahmad Hasan Dani，*Chilas*，*the City of Nanga Parvat*（*Dyamar*），Islamabad，1983，p. 132.

和女国（今西藏西北及拉达克一带）间的交通即"食盐之路"，当时这条道路可能已经与波斯宗教的传播有关。《北史·吐谷浑传》：450 年，北魏遣征西将军讨吐谷浑，其王"慕利延遂入于阗国，杀其王，死者数万人。南征罽宾。遣使通宋求援，献乌丸帽、女国金酒器、胡王金钏等物，宋文帝赐以牵车。七年，遂还旧土"[1]。此事在突厥兴起前一百余年。南北朝时期的罽宾，一般认为就是今天的克什米尔地区。两唐书《于阗传》说于阗事祆神、崇佛教，但《北史》本传却无其事祆的记载。查《梁书·滑国传》略云："元魏之居桑干也，滑犹为小国，属芮芮。后稍强大，征其旁国波斯、盘盘、罽宾、焉耆、龟兹、疏勒、姑墨、于阗、句盘等国，开地千余里……无城郭，毡屋为居，东向开户。其王坐金床，随太岁转，与妻并坐接客。无文字，以木为契。与旁国通，则使旁国胡为胡书，羊皮为纸。无职官。事天神、火神，每日则出户祀神而后食……其言语待河南人译然后通。"[2]滑国即嚈哒，《北史·嚈哒传》说其"风俗与突厥略同"乃史家以后来见闻作比，可以理解为其俗"事天神、火神"即突厥所信奉之拜火教。作为宗主的嚈哒事祆拜火，其属国很难不受影响，两《唐书》记载于阗、疏勒俗事祆神应该就是这种遗迹。吐谷浑王慕利延占领于阗七年，完全有可能接触了解拜火教的习俗和文物。

值得注意的是，上引《梁书·滑国传》说"其言语待河南人译然后通"，据研究，这里所谓"河南人"即吐谷浑国人[3]，可见吐谷浑其实对滑国即嚈哒的国情、文化非常熟悉。近年在青海都兰热水乡血渭草场吐谷浑故地发现大批墓群，其间颇有具中亚粟特及波斯特点的文物，很多带明显宗教色彩，学界对此作过很多有益的探讨。[4]例如在这批墓葬出土的丝绸中，有一种织锦图案为含绶鸟，从有关文章提供的资料来看[5]，很可能就是本文前面多次提到的拜火教灵光神（Xvarnah/ Khvarenah，即著名的"王者灵光"）的化身 Varaghna/ Vareghna 鸟。我这里只想对 1 号大墓封堆 2 号陪葬墓出土的"红地云珠吉昌太阳神锦"图案提一点儿看法。据专家介绍："整个图案由卷云连珠圈构成簇四骨架，并在经向的骨架连接处用兽面形作纽，而在纬向的连接处则以八出小花作纽。推测该锦全幅图案应由三个圆圈连

---

① 《北史》卷 96《吐谷浑传》，中华书局 1974 年版，第 3183 页。

② 《梁书》卷 54《滑国传》，中华书局 1973 年版，第 812 页。

③ 参见唐长孺《南北朝期间西域与南朝的陆道交通》，《魏晋南北朝史论拾遗》，中华书局 1983 年版，第 168 页以下。

④ 如：许新国《都兰吐蕃墓中镀金银器属粟特系统的推定》，《中国藏学》1994 年第 4 期；杨清凡《从服饰图例试析吐蕃与粟特关系》（上、下），《西藏研究》2001 年第 3、4 期；霍巍《论青海都兰吐蕃时期墓地考古发掘的文化史意义——兼评阿米·海勒〈青海都兰的吐蕃时期墓葬〉》，《青海民族学院学报》2003 年第 3 期；北京大学考古文博学院等编《都兰吐蕃墓》，科学出版社 2005 年版；杨铭《唐代吐蕃与粟特关系考述》，《西藏研究》2008 年第 2 期，等等。

⑤ 参见许新国《都兰吐蕃墓出土含绶鸟织锦研究》，《中国藏学》1996 年第 1 期，第 9、14、19—21 页。

接而成。其中作为母题纹样的太阳神圈应居中，人兽搏斗或狩战圈在太阳神圈一边，而另一边的圆圈已残损，估计两边的圈内纹样应该一致，亦应该是狩战题材。太阳神圈中的纹样基本清晰完整。这是一组六马拉车的群像。六匹有翼的神马分成两组列于车体两旁，各组三三相背而驰，共同系驾车体。车体前窄后宽，上有用于遮挡的栏杆。车轮清晰，可见放射状车轮。车上置有莲花形宝座，太阳神手持定印，头戴菩萨宝冠，身穿尖领窄袖紧身上衣，交脚坐于莲花宝座之上。"①

有关这件文物上的太阳神和人兽搏斗图像及其文化属性，专家已经分别撰文进行了详细考证和讨论。②不过，图案经向的骨架连接处作纽用兽面形好像还没有更详细的说明。我仔细观察后认为，所谓"兽面形"实际是一个露出獠牙的野猪头部正面③，诚如是，则对织锦图案的定性应该是有帮助的。因为在拜火教神话中，"公野猪是斗战神特有的化身形象，在伊朗人中以其凶猛的勇气而闻名；因此，在《阿维斯塔》对密特拉（Mithra）的颂歌里（Yt 10）公野猪被描绘成：在主公（the Ahura④）的先头向前奔突，龇牙咧嘴，孔武有力，随时准备粉碎背信弃义者"⑤，在早期古代波斯，没有关于阿胡拉·马兹达象征的记载；似乎从居鲁士大帝开始到大流士三世时期，习惯用白马拉一辆空的战车随波斯军队出征；这辆战车被神话成宙斯（Zeus）即阿胡拉·马兹达，他无疑是被祈求冥冥中亲自站在那辆车里。⑥太阳神密特拉也被想象成白马牵引战车的乘坐者。无论白马战车的象征意义如何，对拜火教徒而言，密特拉和大神阿胡拉·马兹达关系密切非同寻常，他俩和阿娜希塔（Anahita）女神一起在古代波斯被尊为三联神（triad），即所谓"三位一体"，跟斗战神一道成为普遍供奉的主要对象⑦，降至突厥汗国后期还能见到这种迹象。⑧ Mary Boyce 甚至说：由于拜火教徒每天都对着火或者太阳向阿胡拉·马兹达祈祷，"以至于在和阗—塞语里把太阳也叫做 urmazde。在现存伊朗语的 Yidga 和 Munjī 方言里，太阳仍然被称作 ormozd"⑨。因此，我倾向于肯定这件文物上的太阳神是波斯

① 参见许新国《都兰出土织锦——"人兽搏斗"图像及其文化属性》，《青海社会科学》2007 年第 2 期，第 73 页。

② 参见许新国《都兰出土织锦——"人兽搏斗"图像及其文化属性》，《青海社会科学》2007 年第 2 期；《青海都兰吐蕃墓出土太阳神图案织锦考》，《中国藏学》1997 年第 3 期。

③ 参见许新国《都兰热水血渭吐蕃大墓》，《中华人民共和国重大考古发现》，文物出版社 1999 年版，第 423 页彩图"红地云珠日天锦"。

④ 此处指 Mithra，Cf Mary Boyce，*Zoroast rians. Their Religious Beliefs and Practices*，pp . 9 – 10.

⑤ See Mary Boyce, *Zoroastrians. Their Religious Beliefs and Practices*, pp . 10 – 11. Cf Ilya Gershevitch，*The Avestan Hymn to Mithra*，Cambridge ：Cambridge University Press，1967，pp . 107 – 108.

⑥ See M. Boyce，"Ahura Mazda"，*Encyclopaedia Iranica*，vol. I，ed. Ehsan Yarshater，London，Bostonand Henley ：Routledge & Kegan Paul，1985，p . 686b.

⑦ See Mary Boyce，*Zoroastrians. Their Religious Beliefs and Practices*，pp . 10、61 – 62、90、106.

⑧ 参见拙文《拜火教与突厥兴衰》，《历史研究》2007 年第 1 期，第 37—38 页。

⑨ See M. Boyce，"Ahura Mazda"，*Encyclopaedia Iranica*，vol. I，p. 687a.

拜火教的 Mithra 而不是其他宗教的神祇。

专家鉴定意见认为：这幅织锦"带有汉字'吉'、'昌'，与新疆吐鲁番所出'牵驼纹胡王字锦'、'吉字纹锦'在织物上织出汉字这一特点也相同，而新疆的这两件织锦年代为高昌时期，为此，我们将 B 型锦（以这幅"红地云珠吉昌太阳神锦"为代表——引者注）的年代也断在北朝晚期至隋这一阶段，相当于 6 世纪末"[①]。这提示我们，拜火教传播进藏还有另一条可能的途径，即"河南道"通西域的另一条路线——吐谷浑和高昌（今吐鲁番）间的交通。高昌如同敦煌，都是传统丝绸之路上的重镇和交通枢纽，同时也都是胡汉杂居并形成了粟特商胡的聚居地，这些都无须赘言。有意思的是，前人已经拈出吐谷浑、高昌间道路为柔然沟通南朝所利用事[②]，而柔然与高昌及西域诸国之密切交往更为近年吐鲁番新出《阚氏高昌永康九年、十年（474、475）送使出人、出马条记文书》等所证实。[③]近年太原出土的《虞弘墓志》表明，早在突厥汗国建立（552）以前，拜火教已被活动在北方部族如柔然等治下的中亚移民聚落如虞弘家族等带到了草原上，从而给突厥人提供了机会。[④]现在我想，柔然在西域的这些积极活动，当然也有利于类似虞弘家族的粟特商胡的活动，传播他们的宗教，从而给吐谷浑、象雄、吐蕃人提供机会。

《北史·于阗传》："献文末，蠕蠕（即柔然——引者注）寇于阗。于阗患之，遣使素目伽上表曰：'西方诸国，今皆已属蠕蠕。奴世奉大国，至今无异。今蠕蠕军马到城下，奴聚兵自固，故遣使奉献，遥望救援。'帝诏公卿议之。公卿奏曰：'于阗去京师几万里，蠕蠕之性，唯习野掠，不能攻城。若为害，当时已旋矣，虽欲遣师，势无所及。'帝以公卿议示其使者，亦以为然……先是，朝廷遣使者韩羊皮使波斯，波斯王遣使献驯象及珍物。经于阗，于阗中于王秋仁辄留之，假言虑有寇不达。羊皮言状，帝怒，又遣羊皮奉诏责让之，自后每使朝贡。"[⑤]在如此活跃的交通网络状况下，于阗、吐谷浑都有很多机会接触波斯宗教，再进一步将其传到象雄从而吐蕃也是可能的。不过，就后一种情况而言，路线似乎和西域一样，并非只有一条。

据两唐书《吐蕃传》记载，贞观八年（634），松赞干布首先遣使与唐朝通好，唐朝即派使臣冯德遐入蕃回访。这是汉藏两族发生直接关系并见于正式记载之始。松赞因此得知突厥、吐谷浑都曾娶汉地公主，于是派专使携礼品随冯德遐入朝

---

① 参见许新国《青海都兰吐蕃墓出土太阳神图案织锦考》，《中国藏学》1997 年第 3 期，第 71 页。

② 参见唐长孺《南北朝期间西域与南朝的陆道交通》，《魏晋南北朝史论拾遗》，第 179 页以下。

③ 参见荣新江等《新获吐鲁番出土文献概说》，载荣新江等主编《新获吐鲁番出土文献》，中华书局 2008 年版；并请参见荣新江《阚氏高昌王国与柔然、西域的关系》，《历史研究》2007 年第 2 期，第 4—14 页。

④ 参见拙文《拜火教与突厥兴衰》，《历史研究》2007 年第 1 期，第 31—33 页。

⑤ 《北史》卷 97《于阗传》，第 3210 页。

求婚。后因请婚受阻，遂于638年与羊同连兵掠吐谷浑青海以南民畜，吞并党项、白兰，兵逼唐朝松州（今四川松潘）。松赞后在唐军反击下退兵，仍坚持求婚，唐朝终于同意了他的请求。641年，唐以宗室女文成公主出嫁吐蕃，松赞到河源王之国（吐谷浑都城，今青海共和恰卜恰镇）亲迎回逻些。如前所述，这些都发生在吐蕃征服象雄（643—644）之前。有意思的是，有关专家认为："根据都兰的发现，可以说含绶鸟是最受吐蕃人欢迎的西方织锦品种。值得注意的是，唐阎立本《步辇图》，绘贞观十五年前往唐都长安迎娶文成公主入藏的吐蕃使者禄东赞，身上穿着的即红地连珠团窠含绶鸟锦袍。据此还可知，至迟到唐贞观年间，居住在青藏高原的吐蕃人已输入了这类粟特锦或波斯锦。"① 如前所述，我们认为这种织锦图案中的含绶鸟很可能就是拜火教灵光神的化身 Varaghna/ Vareghna 鸟。这是怎么来的呢？

　　当然，单就一种物品而言，吐蕃人可以通过商业贸易或战争掠夺等多种途径从吐谷浑那里得到这种织锦。但是，禄东赞作为吐蕃赞普的婚使面见唐朝皇帝，身着礼服带有如此明显突出的宗教象征，无论如何应该视作有信仰宣示的意义。我们知道，吐蕃人有关波斯宗教的系统观念都来自象雄，这一传播途径有没有可能更为直接地与北方吐谷浑故地出土文物上显示的宗教观念联系起来呢？现在看来，这种可能性并非完全不可考虑，这就涉及意大利藏学家伯戴克（Luciano Petech）提出的所谓"北象雄"问题。

　　据两唐书《吐蕃传》记载，松赞第一次向唐朝求婚不成，遂与羊同连兵攻掠吐谷浑。斯巴尼安女史说："为了扫清赞普向北推进的道路，必须先使苏毗人归附，娘尚囊在松赞执政初年就已经完成这项大业，同时也须要使象雄以北的羊同也置于吐蕃人控制之下。然而，据印度事务部图书馆所藏斯坦因敦煌藏文写卷第716号记载，为赞普赢得了这一次战功的却是邦色苏则，我们前文已经指出过其战略意义。因为北部的象雄只能是指大小羊同的部分领土，其具体位置颇难稽考。它们'可能是联结吐蕃东西两端的枢纽'。但伯戴克在《敦煌纪年注释》中更为具体地考证了这一地区的位置，他认为羊同就是象雄，但却小心谨慎地把此地同吐蕃西部的另一个象雄区别开了，后者包括古格地区。因此，这是指邦色苏则所征服的'北象雄'。他认为北象雄'位于中部吐蕃的北—东北方向，沿着由《唐书》所描述的那条交通要道②延伸，而这条大道自古以来就把拉萨和西宁联系在一起'（第252页）。伯戴克先生还补充说，这次征服是吐蕃'降服吐谷浑所绝对必要的先决

---

① 参见许新国《都兰吐蕃墓出土含绶鸟织锦研究》，《中国藏学》1996年第1期，第22页。
② 即所谓"唐蕃古道"，参见《新唐书》卷40《地理志四》"鄯州西平郡鄯城县"条下注，第1041—1042页。

条件'。"①如果接受这个说法，即在吐蕃北边与吐谷浑之间也有一个地方叫象雄，无论它和西部后来被松赞亲自征服的那个象雄关系如何，以往关于本教从象雄传到吐蕃的说法有可能被重新考虑。波斯宗教的有些内容可能早先就是直接从吐谷浑经（北）象雄传入吐蕃的，这是禄东赞出使唐廷身着"红地连珠团窠含绶鸟锦袍"礼服的由来。

流传至今的吐蕃先祖神话和王朝成立前的历史，几乎都是松赞干布时代编写或借助本教进行改造的产物。松赞家族自其父祖开始统一事业，至松赞本人建立强大的君主集权，迫切需要树立政治正统，进行文化整合，强化族群认同，波斯宗教传入与本地信仰结合形成系统化的本教，适应了吐蕃社会的这种要求。然而，松赞干布制造的圣神赞普理论"这种世界观基本上是与佛教的世界观和仪轨不相调和的"，一旦改宗佛教"不可避免地要引起对'祖'的原则和利益的抛弃，首先是由摒弃本命神的崇拜开始，墀松德赞在《丹珠尔》一篇译经的序言中清楚地提到了这一点"。②吐蕃王朝后来的佛、本之争已经属于藏史的常识，此不赘言。

不过，松赞时代政治文化的历史意义在吐蕃王朝灭亡及以后的社会背景下显得更为突出，斯巴尼安女史对此的学术性表述虽有些曲折仍相当明白："悉补野王朝的垮台无疑是由我们还不太了解的许多原因所造成，但肯定也是由于佛教赞普们并没有依靠由松赞干布所组织的其政权的合法原则（即君主集权——引者注）行使政权的结果。因此，'祖拉'对人类的预言仅有一部分得以实施，也就是说放弃修习'祖'和对古老宗教的疏远导致该王朝的垮台和王国的分崩离析。随后，吐蕃王国再也没有在与王权时代那种政治独立和军事实力相同条件下重新获得统一"；"令人非常奇怪的是作为吐蕃帝国建国之基础的那种政治—宗教制度的名字本身在近一千年来不仅从一般藏族人的记忆中消失了，而且甚至也从那些最为了解该地区历史的大师们的记忆中消失得无影无踪了。这无疑是一件怪事，但并不是不可解释的或事出偶然。实际上，我们在西藏古老和晚期传说之间的不连贯问题中再加入如此重要的遗漏，大量史料都说明这是一种系统和协调工作的结果。这种做法的目的就在于最彻底地消除对君主时代官方宗教的所有记忆，而使该王朝尚遗留的一些威望因素变得有利于佛教"；"应该试图理解吐蕃掘藏师和印度班智达协调努力的全部意义，他们以一种不可否认的才能和成就而实现了把吐蕃'祖拉'的伟大法典编纂者松赞干布赞普变成了观世音菩萨的化身和佛教的传播者。"③

松赞干布对历史作了选择性记忆，他的后人却对之作了选择性遗忘，显然，王

---

① 参见麦克唐纳《敦煌吐蕃历史文书考释》，第84—85页。
② 麦克唐纳：《敦煌吐蕃历史文书考释》，第255—256页。
③ 同上书，第257—258页。

权时代已经过去，绝不会再来，因为他们自己也不希望它再来。众所周知，从藏传佛教进入后弘期开始的藏区各地政治分立，是萨迦法王引来蒙元中央政权的统治之后才结束的。

（刊于 2009 年第 4 期）

明初社会生产力的发展

吴 晗

一 农业生产的恢复和发展

"地主阶级对于农民的残酷的经济剥削和政治压迫，迫使农民多次举行起义，以反抗地主阶级的统治。从秦朝的陈胜、吴广、项羽、刘邦起，中经汉朝的新市、平林、赤眉、铜马和黄巾，隋朝的李密、窦建德，唐朝的王仙芝、黄巢，宋朝的宋江、方腊，元朝的朱元璋，明朝的李自成，直至清朝的太平天国，总计大小数百次的起义，都是农民的反抗运动，都是农民的革命战争。中国历史上的农民起义和农民战争的规模之大，是世界历史上所仅见的。在中国封建社会里，只有这种农民的阶级斗争、农民的起义和农民的战争，才是历史发展的真正动力。因为每一次较大的农民起义和农民战争的结果，都打击了当时的封建统治，因而也就多少推动了社会生产力的发展。"[1]

明初的社会生产力的发展是元末农民起义的结果，它首先表现在农业生产的恢复和发展方面。

经过二十年长期战争的破坏，人口减少、土地荒芜，是明朝初年的普遍现象。例如唐宋以来的交通要道，繁华胜地的扬州，为青军（又名一片瓦、长枪军，是地主军队）元帅张明鉴所据，军队搞不到粮食，每天杀城里的老百姓吃。龙凤三年朱元璋部将缪大亨攻克扬州，张明鉴投降，城中居民仅余十八家。新任知府以旧城虚旷难守，只好截西南一隅筑而守之。[2] 如颍州，从元末韩咬儿在此起义以后，长期战乱，民多逃亡，城野空虚。[3] 特别是山东河南地区，受战争破坏最重，"多

---

① 《毛泽东选集》卷 2，第 595 页。
② 《明太祖实录》卷 5。
③ 《明太祖实录》卷 33。

是无人之地"①。洪武元年闰七月大将军徐达率师发汴梁，狗取河北州县，时兵革连年，道路皆榛塞，人烟断绝。② 有的地方，积骸成丘，居民鲜少。③ 洪武三年，济南府知府陈修和司农官报告：北方郡县近城之地多荒芜。④ 到洪武十五年晋府长史致仕桂彦良还说："中原为天下腹心，号膏腴之地，因人力不至，久致荒芜。"二十一年河北诸处，还是田多荒芜，居民鲜少。三十年常德、武陵等十县土旷人稀，耕种者少，荒芜者多。⑤ 名城开封，以户粮数少，由上府降为下府。⑥ 洪武十年，以河南、四川等布政司所属州县，户粮多不及数，凡州改县者十二，县并者六十。十七年令凡民户不满三千户的州改为县者三十七。⑦

针对这种情况，朱元璋于吴元年五月下令凡徐、宿、濠、泗、寿、邳、东海、襄阳、安陆等郡县及今后新附土地人民，桑麻谷粟税粮徭役，尽行蠲免三年，让老百姓喘一口气，把力量投入生产。⑧ 集中力量，振兴农业，用移民屯田、开垦荒地的办法调剂人力的不足。兴修水利、种植桑棉，增加农业生产的收入。官给耕牛种子，垦荒地减免三年租税，遇灾荒优免租粮等措施，解决农民的困难。此外，还设立预备仓，养济院等救济机关。

他常说："四民之中，莫劳于农，观其终岁勤劳，少得休息。时和岁丰，数口之家犹可足食，不幸水旱，年谷不登，则举家饥困……百姓足而后国富，百姓逸而后国安，未有民困穷而国独富安者。"⑨ 又说："夫农勤四体，务五谷，身不离畎亩，手不释耒耜，终岁勤动，不得休息。其所居不过茅茨草榻，所服不过练裳布衣，所饮食不过菜羹粝饭，而国家经费皆其所出……凡一居处服用之间，必念农之劳，取之有制，用之有节，使之不致于饥寒，方尽为上之道。若复加之横敛，则民不胜其苦矣。"⑩ 政府收入主要来自农村，粮食布帛棉花、人力都靠农民供给，农业生产如不恢复和发展，这个政权是支持不下去的。

移民的原则是把农民从窄乡移到宽乡，从人多田少的地方移到人少地广的地方。洪武三年六月，徙苏州、松江、嘉兴、湖州、杭州无业农民四千多户到濠州种田，给牛具种子，三年不征其税。又移江南民十四万户于凤阳。九年十月徙山西及真定民无产者于凤阳屯田。十五年九月迁广东、番禺、东莞、增城降民二万四千四

① 顾炎武：《日知录》卷10《开垦荒地》。
② 《明太祖实录》卷29。
③ 《明太祖实录》卷176。
④ 《明太祖实录》卷53。
⑤ 《明太祖实录》卷148、250。
⑥ 《明太祖实录》卷96、193。
⑦ 《明太祖实录》卷112、164。
⑧ 《明太祖实录》卷18。
⑨ 《明太祖实录》卷250。
⑩ 《明太祖实录》卷22。

百余人于泗州屯田。十六年迁广东清远徭民一千三百七十人于泗州屯田，以上皆为繁荣起义根据地及其附近的措置。二十一年八月以山东山西人口日繁，迁山西泽、潞二州民之无田者往彰德、真定、临清、归德、太康诸处闲矿之地，置屯耕种。二十二年以两浙民众地狭，务本者少而事末者多，命杭、湖、温、台、苏、松诸郡民无田者许令往淮河迤南滁、和等处起耕。山西贫民徙居大名、广平、东昌三府者，凡给田二万六千七十二顷。二十五年徙山东登、莱二府贫民五千六百三十五户就耕于东昌。二十七年迁苏州府崇明县无田民五百余户于昆山开种荒田。二十八年青、兖、登、莱、济南五府民五丁以上及小民无田可耕者起东昌，编籍屯种，凡一千五十一户，四千六百六十六口。到二十八年十一月东昌三府屯田迁民共五万八千一百二十四户，政府收租三百二十二万五千九百八十余石，棉花二百四十八万斤。彰德等四府屯田凡三百八十一处，屯田租二百三十三万三千三百一十九石，棉花五百零二万五千五百余斤。[①] 凡移民垦田都由政府给予耕牛种子路费。洪武三年定制，北方郡县荒芜田地，召乡民无田者垦辟，户给十五亩；又给地二亩种蔬菜，有余力的不限顷亩，皆免三年租税。其马驿巡检查司急递铺应役者，各于本处开垦，无牛者官给之。若王国所在，近城存留五里以备练兵牧马，余处悉令开耕。[②] 又令凡开垦荒田，各处人民先因兵燹遗下田土，他人开垦成熟者听为己业。业主已还，有司于附近荒田拨补。复业人民现在丁少而原来田多者，不许依前占护，止许尽力耕垦为业。见今丁多而原来田少者，有司于附近荒田验丁拨付。[③] 洪武二十四年令公侯大官以及民人，不问何处，惟犁到熟田，方许为主。但是荒田，俱系在官之数。若有余力，听其再开。又令山东槩管农民，务见丁著役，限定田亩，著令耕种。敢有荒芜田地流移者，全家迁发化外充军。二十八年令，二十七年以后新垦田地，不论多寡，俱不起科（收田租），若地方官增科扰害者治罪。鼓励人民大力开垦。[④]

也有从少数民族地区移民到内地屯垦的，如徐达平沙漠，徙北平山后民三万五千八百余户散处诸府卫，充军的给衣粮，为民的给田土。又以沙漠遗民三万二千八百多户屯田北平，置屯二百五十四，开地一千三百四十三顷。

此外，吴元年十月徙苏州富民到濠州居住，因为他们帮着张士诚抵抗，还不断说张王好话的缘故。[⑤] 洪武十五年命犯笞杖罪的犯人都送到滁州种苜蓿。[⑥] 二十二年命户部起山东流民居京师，人赐钞二十锭，俾营生业。[⑦] 二十八年徙直隶浙江民

① 《明太祖实录》卷223、236、243。《明史》卷77《食货志一》。
② 《明太祖实录》卷53。
③ 《大明会典》卷17《户部田土》。
④ 《大明会典》卷17《户部田土》。《明太祖实录》卷243。
⑤ 《明太祖实录》卷21。
⑥ 《明太祖实录》卷143。
⑦ 《明太祖实录》卷196。

二万户于京师，充仓脚夫。①

　　江南苏、松、杭、嘉、湖一带十四万户富民被强迫迁住凤阳，离开了原来的乡里田舍，还不许私自回去。这举动对于当时东南地主阶级是极大的打击。旧社会的旧统治阶级离开了原来占有的土地，同时也就丧失了社会地位和政治上的作用。相对的以朱元璋为首的新统治阶级却加强了对这一地区人民的控制。这十几万家富户从此以后，虽然不敢公开回到原籍，却伪装成乞丐，以逃荒为名，成群结队，老幼男妇，散入江南诸郡村落乞食，到家扫墓探亲，第二年二三月间又回到凤阳。年代久了，也就成为习惯。五六百年来凤阳花鼓在东南一带是妇孺皆知的民间艺术。歌词是：

　　　　家住庐州并凤阳，凤阳原是好地方，
　　　　自从出了朱皇帝，十年倒有九年荒。②

　　朱元璋在克集庆后，便注意水利。到建国以后，越发重视，用全国的财力人力进行大规模的水利工程建设。洪武元年修江南和州、铜城堰闸，周回二百余里。四年修治广西兴安县灵渠，可以溉田万顷。六年开上海胡家港，从海口到漕泾千二百余丈，以通海船。八年开山东登州蓬莱阁河，浚陕西泾阳县洪渠堰，溉泾阳、三原、醴泉、高陵、临潼田二百余里。九年修四川彭州都江堰。十二年修陕西西安府甜水渠，引龙首渠水入城，居民从此才有甜水可吃。十四年筑海盐海塘，浚扬州府官河。十七年筑河南磁州漳河决堤。决荆州岳山坝以通水利，每年增官田租四千三百余石。修江南江都县深港坝河道。十八年修筑黄河、沁河、漳河、卫河、沙河堤岸。十九年筑福建长乐海堤。二十三年修江南崇明海门决堤二万三千九百余丈，役夫二十五万人。疏四川永宁所辖水道。二十四年修浙江临海横山岭水闸、宁海奉化海堤四千三百余丈，筑上虞海堤四千丈，改建石闸。浚定海鄞二县东钱湖，灌田数万顷。二十五年凿江南溧阳银墅东坝河道四千三百余丈，役夫四十万人。二十七年浚江南山阳支家河。凿通广西郁林州相隔二十多里的南北二江，设石陡诸闸。二十九年修筑河南洛堤。三十一年修治洪渠堰，浚渠十万三千余丈。这些规模巨大用人力到几十万人的工程，没有统一的安定的全国力量的支持，是不可能设想的。除此以外，元璋还要全国各地地方官，凡是老百姓对水利的建议，必须即时报告。洪武二十七年又特别嘱咐工部工员，凡是陂塘湖堰可以蓄水泄水防备旱灾涝灾的，都要根据地势一一修治。并派国子生和人才到全国各地督修水利。二十八年综计全国郡

　　① 《明太祖实录》卷243。《明史》卷77《食货志一》。
　　② 赵翼：《陔余丛考》卷41《凤阳丐者》。

县开塘堰四万九百八十七处①，河四千一百六十二处，陂渠堤岸五千四十八处。②

移民屯田、开垦荒地、兴修水利是增加谷物产量、增加国家租税的主要措施。也就是经过革命斗争后，政府不得不稍为对农民让步的具体表现。此外，元璋还特别着重经济作物的增产，主要的是桑麻木棉和枣柿栗胡桃等。龙凤十一年六月下令凡农民有田五亩到十亩的，栽桑麻木棉各半亩，十亩以上的加倍，田多的照比例递加。地方官亲自督视，不执行命令的处罚。不种桑的使出绢一匹，不种麻和木棉的出麻布或棉布一匹。③洪武元年把这制度推广到全国，并规定科征之额，麻每亩科八两，木棉每亩四两，栽桑的四年以后再征租。二十四年于南京朝阳门钟山之麓，种桐、棕、漆树五千余万株，岁收桐油棕漆，为修建海船之用。④二十五年令凤阳、滁州、庐州、和州每户种桑二百株、枣二百株、柿二百株。令天下卫所屯田军士每人种桑百株，随地宜种柿栗胡桃等物，以备岁歉。二十七年令户部教天下百姓务要多种桑枣和棉花，并教以种植之法。每一户初年种桑枣二百株，次年四百株，三年六百株。栽种过数目造册回奏，违者全家发遣充军。执行的情况，如湖广布政司二十八年的报告，所属郡县已种果木八千四百三十九万株。全国估计，在十亿株以上。二十九年以湖广诸郡宜于种桑，而种之者少，命于淮安府及徐州取桑种二十石，派人送到辰、沅、靖、全、道、永、宝庆、衡州等处（今湖南及广西北部一带），各给一石，使其民种之。发展这一地区蚕丝生产和丝织工业。⑤为了保证命令的贯彻执行，下诏指出农桑为衣食之本，全国地方官考课，一定要报告农桑的成绩，并规定二十六年以后栽种桑枣果树，不论多少，都免征赋。⑥作为官吏考绩的主要内容，违者降罚。又设置老人击鼓劝农，每村置鼓一面，凡遇农种时月，五更挝鼓，众人闻鼓下田，该管老人点闸（名）。若有懒惰不下田的，许老人责决，务要严切督并，见丁著业（每人都做活），毋容惰夫游食。若是老人不肯劝督，农民穷窘，为非犯法到官，本乡老人有罪。平时老人每月六次手持木铎，游行宣讲勤农务本的道理。⑦颁发教民榜文说：

> 今天下太平，百姓除粮差之外，别无差遣，各宜用心生理，以足衣食，如法栽种桑麻枣柿棉花，每岁养蚕，所得丝绵，可供衣服，枣柿丰年可以卖钞，

---

① 《明太祖实录》。《明史》卷88《河渠六·直省水利》。
② 《明太祖实录》卷243。顾炎武：《日知录》卷12《水利》。
③ 《明太祖实录》卷15。《明史》卷138《杨思义传》。
④ 《明太祖实录》卷27、207。查继佐：《罪惟录》，《明太祖本纪一》。
⑤ 《明太祖实录》卷215、222、232、243、246。《明会典》，朱国桢：《太政记》、《明通纪》。
⑥ 《明太祖实录》卷77、243。
⑦ 《明太祖实录》卷255。谷应泰：《明文纪事本末》卷14《开国规模》。

俭年可当粮食。里老尝督，违者治罪。①

洪武元年下诏田器不得征税。② 四年、二十五年遣官往广东、湖广、江西买耕牛以给中原屯种之民。③ 二十八年命乡里小民或二十家或四五十家团为一社，每遇农急之时有疾病，则一社助其耕耘，庶田不荒芜，民无饥窘。户部以此意广泛晓谕。④ 各地报告修城垣、建营房、浚河道、造王宫等工程，都反复告以兴作不违农时的道理，等秋收农隙时兴工。⑤ 对农业增产有成绩的地方官，加以擢升。如太平知府范常积极鼓励农民耕作，贷民种子数千石，到秋成大丰收，官民都庾廪充实。接着兴学校，延师儒，百姓很喜欢。召为侍仪。⑥ 陶安知饶州，田野开辟，百姓日子过得好，离任时，百姓拿他初来时情况比较，歌颂他："千里榛芜，侯来之初；万姓耕辟，侯去之日。"南丰百姓也歌唱典史冯坚："山市晴，山鸟鸣，商旅行，农夫耕，老瓦盆中洌酒盈，呼嚣躐突不闻声。"⑦ 农村里呈现出一片繁荣欢乐的气象。

对贪官污吏，用严刑惩治。洪武二年二月元璋告谕群臣说："尝思昔在民间时，见州县官吏多不恤民，往往贪财好色，饮酒废事，凡民疾苦，视之漠然，心实恨之。故今严法禁，但遇官吏贪污蠹害吾民者，罪之不恕。"⑧ 四年十一月立法凡官吏犯赃罪的不赦。下决心肃清贪污，说："此弊不革，欲成善政，终不可得。"二十五年又编《醒贪简要录》，颁布中外。⑨ 官吏贪赃到钞六十两以上的枭首示众，仍处以剥皮之刑。府州县衙门左首的土地庙，就是剥皮的刑场，也叫皮场庙。有的衙门公座旁摆人皮，里面是稻草，叫做官的触目惊心，不敢做坏事。⑩ 地方官上任赏给路费，家属赐衣料。来朝时又特别诰诫以："天下新定，百姓财力俱困，如鸟初飞，木初植，勿拔其羽，勿撼其根。"⑪ 违法的按法惩办。从开国以来，两浙、江西、两广、福建的地方官，因贪赃被法办，很少人做到任满。⑫

苏松嘉湖田租特别重，洪武十三年下诏减削。⑬ 凡各地闹水旱灾荒歉收的，蠲

---

① 《古今图书集成》农桑部。
② 《明太祖实录》卷30。
③ 《明太祖实录》卷61、2230。
④ 《明太祖实录》卷236。
⑤ 《明太祖实录》卷112、118、153、159、163。
⑥ 《明太祖实录》卷27。
⑦ 朱彝尊：《明诗综》卷100。
⑧ 《明太祖实录》卷38。
⑨ 《明太祖实录》卷69、220，
⑩ 赵翼：《二十二史劄记》卷33《重惩贪吏》。
⑪ 《明史》卷281《循吏传序》。
⑫ 《大诰续诰》。
⑬ 《明太祖实录》卷130。

免租税。丰年无灾荒，也择地瘠民贫的地方特别优免。灾重的免交二税之外，还由官府贷米，或赈米和布、钞。各地设预备仓，由地方耆老经管，存贮粮食以备救灾。设惠民药局，凡军民之贫病者，给以医药。设养济院，贫民不能生活的许入院赡养，月给米三斗，薪三十斤，冬夏布一匹，小口给三分之二。灾伤州县，如地方官不报告的，特许耆民申诉，处地方官以死刑。二十六年又令户部，授权给地方官在饥荒年头，得先发库存米粮赈济，事后呈报，立为永制。三十多年来，赏赐民间布、钞数百万，米百多万石，蠲免租税无数。①

几十年的安定生活，休养生息，积极鼓励生产的结果，社会生产力不但恢复，而且大大发展了。

第一表现在垦田数目的增加，以洪武元年到十三年的逐年增加的垦田数目来作例：

洪武元年　七百七十余顷

　　二年　八百九十八顷

　　三年　二千一百三十五顷（山东、河南、江西的数字）

　　四年　十万六千六百六十二顷

　　六年　三十五万三千九百八十顷

　　七年　九十二万一千一百二十四顷

　　八年　六万二千三百八顷

　　九年　二万七千五百六十四顷

　　十年　一千五百十三顷

　　十二年　二十七万三千一百四顷

　　十三年　五万三千九百三十一顷

十三年中增加的垦田数字为一百八十万三千一百七十一顷。到洪武十四年全国官民田总数为三百六十六万七千七百一十五顷。增垦面积的数字占十四年全国官民田数字的二分之一。由此可知洪武元年的全国已垦田面积不过一百八十多万顷（不包括东北、西北未定地方和夏的领土四川和云贵等地）。再过十年，二十四年的数字为三百八十七万四千七百四十六顷②。经过多年的垦辟和大规模全面的丈量，二十六年的数字为八百五十万七千六百二十三顷，③比十四年又增加了四百八十四万顷，比洪武元年增加了六百七十万顷。

第二表现在本色税粮收入的增加，洪武十八年全国收入麦米豆谷二千八十八万

---

①　《明太祖实录》卷53、202、211、231。朱健：《古今治平略》。《明史》卷78《食货志二》。

②　《明太祖实录》卷140、214。

③　《明史》卷77《食货志一·田制》。

九千六百一十七石①，二十三年为三千一百六十万七千六百石②，二十四年为三千二百二十七万八千九百八十三石③，二十六年为三千二百七十八万九千八百石④。二十六年比十八年增加了三分之一的收入。和元代全国岁入粮数一千二百十一万四千七百余石相比，增加了差不多两倍。⑤历史家记述这时期生产发展的情况说："是时宇内富庶，赋入盈羡，米粟自输京师数百万石外，府县仓廪蓄积甚丰，至红腐不可食。岁歉，有司往往先发粟赈贷，然后以闻。"⑥

第三表现在人口数字的增加，洪武十四年统计，全国有户一千六十五万四千三百六十二，口五千九百八十七万三千三百五十⑦，二十六年的数字为户一千六百五万二千八百六十，口六千五十四万五千八百十二。⑧ 比之元朝极盛时期，元世祖时代的户口：户一千一百六十三万三千二百八十一，口五千三百六十五万四千三百三十七⑨；户增加了三百四十万，口增加了七百万。

第四表现在府县的升格，明制以税粮多少定府县等级：县分上中下三等，标准为田赋十万石、六万石、三万石以下。府也分三等，标准为田赋二十万石以上、二十万石以下、十万石以下。⑩从洪武八年起，因为各地方经济的恢复和发展，垦田和户口的增加，田赋收入增加了，不断地把府县升格，例如开封原为下府，因为税粮数超过三十八万石，八年正月升为上府。河南怀庆府税粮增加到十五万石，陕西平凉府户口田赋都有增加，三月升为中府。十二月以太原凤阳河南西安岁收粮增加，升为上府，扬州巩昌庆阳升为中府，明州之鄞县升为上县。山东莱州税粮不及，降为中府。⑪扬州残破最重，经过八年时间，已经恢复到收田赋二十万石下的中府了，从这个名城的恢复，可以推知全国各地社会生产力的恢复和发展的情况。

第五由于粮食的增产，特别是桑麻棉花和果木的普遍种植，农民的收入增加了，生活改善了，购买力提高了。农业生产的恢复和发展，一方面为纺织工业提供了原料，另一方面农民所增加的购买力又促进、刺激了商业市场的繁荣，出现了许

---

① 《明太祖实录》卷 176。

② 《明太祖实录》卷 206。

③ 《明太祖实录》卷 214。

④ 《明太祖实录》卷 230。《明史食货志》："赋役作夏秋二税，收麦四百七十余万石，米二千四百七十余万石。"

⑤ 《元史》卷 93《食货志·税粮》。

⑥ 《明史》卷 78《食货志》二《赋役》。《明太祖实录》卷 241："山东济南府广储广丰二仓，粮七十五万七千石，蓄积既多，岁久红腐。"

⑦ 《明太祖实录》卷 140；卷 214："二十四年为户一千零六十八万四千四百三十五，口五千六百七十七万四千五百六十一。"口数比十四年少三百万，是不应该的，可能传写有错误，今不取。

⑧ 《明史》卷 77《食货志》一《户口》。

⑨ 《元史》卷 93《食货志》。

⑩ 《明史》卷 78《食货志》二《赋役》。

⑪ 《明太祖实录》卷 96、98、102。

多新的以纺织工业为中心和批发绸缎棉布行号的城市。

二　棉花的普遍种植和工商业

棉布传入中国很早，南北朝时从南洋诸国输入，称为吉贝、白叠。[①] 国内西北高昌（今新疆吐鲁番）产棉，唐灭高昌，置西州交河郡，土贡毡布。毡布就是白叠。[②] 宋元间已有许多地区种棉，但是在全国规模内普遍种植和纺织技术的提高，则是明朝初年的事情。[③]

在明代以前，平民穿布衣，布衣指的是麻布的衣服。[④] 冬衣南方多用丝绵作袍，北方多用毛皮作裘。虽然也有用棉布做衣服卧具的，但因为"不自本土所产，不能足用"[⑤]。唐元稹诗："木绵温软当棉衣"。元太祖、世祖遗衣皆缣素木绵，动加补缀。[⑥] 宋谢枋得诗："洁白如雪积，丽密过锦纯，羔缝不足贵，狐腋难比伦……剪裁为大裘，穷冬胜三春。"[⑦] 可见棉布到宋末还是很珍贵的物品。

宋代福建、广东种植棉花的日多[⑧]，琼州是纺织中心之一，妇女以吉贝织为衣衾，是当地黎族的主要副业生产。[⑨] 元代从西域输入种子，种于陕西，捻织毛丝，或棉装衣服，特为轻媛。[⑩] 元灭南宋后，浙东、江东、江西、湖广诸地区也推广棉花的种植，生产量增加，棉布成为商品，服用的人日多。[⑪] 至元二十六年（公元1289年）四月置浙东、江东、江西、湖广福建木绵提举司，责令当地人民每年输

---

　　①　张勃：《吴录地理志》；《南史·呵罗单传、干陀利传、婆利传、中天竺传、渴盘陀传》；《北史·真腊传》；《梁书·林邑传》；《唐书·环王传》。

　　②　《南史·高昌传》，《唐书·地理志》。

　　③　（明）丘濬：《大学衍义补》："至我国朝，其种乃遍布于天下，地无南北皆宜之，人无贫富皆赖之，其利视丝枲盖百倍焉。故表出之，使天下后世，知卉服之利，始盛于今代。"

　　④　孔鲋：《小尔雅》："麻纻葛曰布。"桓宽：《盐铁论》："古者庶人耋老而后衣丝，其余则仅麻枲，故曰布衣。"《陈书·姚察传》："门生送麻布一端，谓之曰：'吾所衣者，止是麻布。'"

　　⑤　（元）王桢：《木绵图谱序》引《诸番杂志》。

　　⑥　《元史·英宗本纪》。

　　⑦　《古今图书集成》木棉部。

　　⑧　周去非：《领外待答》卷6。赵汝适：《诸蕃志》下。方勺：《泊宅编》："闽广多种木绵。"彭乘：《续墨客挥犀》上："闽岭以南多木棉，土人竞植之，有至数千株者，采其花为布，号吉贝布。"《通鉴》卷159胡三省注"木棉江南多有之。……织以为布，闽广来者尤为丽密"。丘濬：《大学衍义补》："宋元之间始传其种入中国，关陕闽广首得其利，盖此物出外夷，闽广通海舶，关陕壤接西域故也。"李时珍《本草纲目》："此种出南番，宋末始入江南。"

　　⑨　《宋史·崔与之传》。

　　⑩　《农桑辑要》。

　　⑪　王桢：《木绵图谱序》："木绵产自海南，诸种艺制作之法，骎骎北来。江淮川蜀，既获其利。至南北混一之后，商贩于此，被服渐广，名曰吉布，又曰棉布。"

纳木绵十万匹，以都提举司总之。二十八年五月罢江南六提举司岁输木棉。① 成宗元贞二年（公元 1296 年）始定江南夏税输以木绵布绢丝绵等物。②

由于种棉面积的增加，种植和纺织的技术需要总结和交流，元世祖至元十年司农司编印《农桑辑要》，以专门篇幅记棉花的种植方法。③ 纺织的工具和技术由于各地方劳动人民的创造和交流，日益进步。据 12 世纪 80 年代间的记载，雷化、廉州、南海、黎峒的少数民族，采集棉花后，"取其茸絮，以铁筋辗去其子，即以手握茸就纺"④。稍后的记载提到去子后，"徐以小弓，弹令纷起，然后纺织为布"⑤。到 13 世纪中期，诗人描写长江流域纺织情形说："车转轻雷秋纺雪，弓湾半月夜弹云。"⑥ 已经有纺车、弹弓和织机了。江南地区的织工，"以铁铤辗去其核，取如绵者，以竹为小弓，长尺四五寸许，牵弦以弹绵，令其匀细，卷为小箅，就车纺之，自然抽绪如缲丝状"。但是所织的布，不如闽广出产的丽密。⑦ 琼州黎族人民所织的巾，上出细字，杂花卉，尤为工巧。⑧ 黄河流域主要陕西地区的纺织工具和技术比较简陋，只有辗去棉子的铁杖和木板，棉花的用途只是撚织粗棉线和装制冬衣。⑨ 一直到 13 世纪末，松江乌泥泾的人民，因为当地土地硗瘠，粮食不够，搞副业生产，从闽广输入棉花种子，还没有蹈车椎弓这些工具，用手剖去棉子，用线弦竹弧弹制，工具和技术都很简陋，产品质量不高，人民生活还是很艰苦。⑩

元成宗元贞间（公元 1295—1296 年）乌泥泾人黄道婆从琼州附海舶回来，她从小就在琼州旅居，带回来琼州黎族人民的先进纺织工具和技术，教会家乡妇女以做造、捍、弹、纺、织之具，和错纱、配色、综线、挈花的技术，织成被褥带帨，其上折技、团凤、棋局、字样，粲然若写。一时乌泥泾所制之被成为畅销商品，名扬远近，当地人民生活水平提高，靠纺织生活的有一千多家。⑪ 诗人歌咏她："厓州布被五色缫，组雾纲云粲花草，片帆鲸海得风回，千柚乌泾夺天造。"⑫ 当地妇女参加纺织生产的情形，诗人描写："乌泾妇女攻纺织，木绵布经三百尺，一身主宰身窝低，十口勤劳指头直。"⑬ 到了明朝初年，不但江南地区的农村妇女普遍参

---

① 《元史》卷 1《世祖本纪》。
② 《元史》卷 93《食货志·税粮》。
③ 《农桑辑要》卷 2。
④ 赵汝适：《诸蕃志》下。周去非：《岭外代答》卷 6。
⑤ 方勺：《泊宅编》中。
⑥ 陆心源：《宋诗纪事补》卷 75。艾可叔：《木棉诗》。
⑦ 《资治通鉴》卷 159 胡三省注。
⑧ 方勺：《泊宅编》中。
⑨ 《农桑辑要》。
⑩ 陶宗仪：《辍耕录》卷 24《黄道婆》。
⑪ 王逢：《梧溪集》卷 3《黄道婆祠》。
⑫ 同上。
⑬ 王逢：《梧溪集》卷 7《半古歌》。

加纺织劳动，连有些地主家庭的妇女，也纺纱织布，以给一岁衣资之用了。① 松江从此成为明代出产棉布的中心，"其布之丽密，他方莫并"②，"衣被天下"③。松江税粮宋绍兴时只有十八万石，到明朝增加到九十七万石，其他杂费又相当于正赋，负担特别重，主要是依靠纺织工业的收入，"上供赋税，下给俯仰"④。

黄道婆传入琼州制棉工具和技术之后的二十年，王祯所著《农书》，列举制棉工具有搅车即蹈车，是去棉子用的。二弹弓，长四尺许，弓身以竹为之，弦用绳子。三卷筳，用无节竹条扦棉花成筒。四纺车。五拨车，棉纱加浆后稍干拨于车上。六轩车，用以分络棉线。七线架。到元末又有了檀木制的椎子，用以击绂。⑤ 生产工具更加完备和提高了，为明代纺织工业的发展准备了技术条件。

朱元璋起事的地区，正是元代的棉业中心之一。灭东吴后，又取得当时全国纺织业中心的松江，原料和技术都有了基础，使他深信推广植棉是增加农民收入和财政收入的有效措施。龙凤十一年下令每户农民必须种木棉半亩，田多的加倍。洪武元年又把这一法令推广到全国。棉花的普遍种植和纺织技术的不断提高，明代中叶以后，棉布成为全国流通的商品，成为人民普遍服用的服装原料，不论贵贱，不论南北，都以棉布御寒，百人之中，只有一人用茧绵，其余都用棉布。过去时代人穿的缊袍，用旧絮装的冬衣，完全被用木棉装的胖袄所代替了。⑥ 就全国而论，北方河南河北气候宜于植棉，地广人稀，种植棉花的面积最大，是原料的供给中心。南方特别是长江三角洲一带，苏州、松江、杭州等地人民纺织技术高，是纺织工业的中心。这样又形成原料和成品的交流情况，原棉由北而南，棉布由南而北。⑦ 从经济上把南方和北方更紧密地联系起来了。

明初松江之外，另一纺织工业中心是杭州，由于简单商品经济的发展，出现了置备生产工具和原料的大作坊资本家，和除双手以外一无所有出卖劳动力的手工业工人。资本家雇用工人，每天工作到夜二鼓，计日给工资。这种新的剥削制度的出现，正表示着社会内部新的阶级的形成，除封建地主对农民的剥削以外，又产生了大作坊资本家对手工业工人的剥削关系。明初曾经做过杭州府学教授徐一夔所作的《织工对》，典型地记述了这种新现象：

---

① 郑涛：《旌义编》二："诸妇每岁公堂（公共所有）于九月俵散木棉，使成布匹，限以次年八月交收，卖钱物，以给一岁衣资之用。"郑涛是浙江浦江著名大族地主郑义门的族长，《旌义编》有洪武十一年宋濂序。

② 《群芳谱》。

③ 《梧浔杂佩》。

④ 徐光启：《农政全书》卷35《木棉》。

⑤ 参看俞正燮《癸巳类稿》卷14《木棉考》。冯家升：《我国纺织家黄道婆对于棉织业的伟大贡献》，《历史教学》1954年第4期。

⑥ 宋应星：《天工开物》卷上《乃服》。

⑦ 王象晋：《木棉谱序》。徐光启：《农政全书》卷35《木棉》。

钱塘相安里有饶于财者，率居工以织，每夜至二鼓。老屋将压，杼机四五具南北向，列工十数人，手提足蹴，皆苍然无神色。日佣为钱二百，衣食于主人。以日之所入，养父母妻子，虽食无甘美而亦不甚饥寒。于凡织作，咸极精致，为时所尚。故主之聚易以售，而佣之直亦易以入。

有同业者庸于他家，受直略相似。久之，乃曰：吾艺固过于人，而受直与众工等，当求倍直者而为之佣。已而他家果倍其直。佣之主者阅其织果异于人，他工见其艺精，亦颇推之。主者退自喜曰：得一工胜十工，倍其直不吝也。①

由此可见明初大作坊的一般情况，值得注意的是：在同一里巷，有若干同一性质的大作坊；大作坊主人同时也是棉布商人；从个体的生产到大作坊的集体生产，有了单纯协作，出品精致畅销；经营这种大作坊有利可图，资本家很赚钱，作坊也多了。资本家付给技术高的工人工资，虽为一般工人工资的两倍，但仍可得到五倍的剩余价值。

棉花棉布的生产量大大增加，政府的税收也增加了，以税收形式缴给国库的棉花棉布，成为供给军队的主要物资，和必要时交换其他军需物资的货币代用品。洪武四年七月诏中书省："自今凡赏赐军士，无妻子者给战袄一袭；有妻子者给棉布二匹。"② 每年例赏，如洪武二年六月以木棉战袄十一万赐北征军士③，四年七月，赐长淮卫军士棉布人二匹，在京军士十九万四百余人棉布人二匹④。十二年给陕西都指挥使司并护卫兵十九万六千七百余人棉布五十四万余匹，棉花十万三千三百余斤。⑤ 北平都指挥使司卫所士卒十万五千六百余人布二十七万八千余匹，棉花五万四千六百余斤。⑥ 十三年赐辽东诸卫士卒士十万二千一百二十八人，棉布四十三万四百余匹，棉花十七万斤。十六年给四川等都司所属士卒五十二万四千余人，棉布九十六万一千四百余匹，棉花三十六万七千余斤。⑦ 十八年给辽东军士棉布二十万匹，北平燕山等卫棉布四十四万三千匹，太原诸卫士卒棉布四十八万匹，等等。⑧ 平均每年只赏赐军衣一项已在百万匹上下，用作交换物资的如洪武四年七月以北平

①　《始丰稿》卷1。徐一夔天台人，《明史》卷285有传。
②　《明太祖实录》卷67。
③　《明太祖实录》卷42。
④　《明太祖实录》卷67。
⑤　《明太祖实录》卷125。
⑥　《明太祖实录》卷128。
⑦　《明太祖实录》卷150、156。
⑧　《明太祖实录》卷172、174。

山西运粮困难，以白金三十万两，棉布十万匹，就附近郡县易米，以给将士。又以辽东军卫缺马，发山东棉布买马给之。① 十三年十月，以四川白渡纳溪的盐换棉布，遣使入西羌买马。② 十七年七月诏户部以棉布往贵州换马，得马一千三百匹。三十年以棉布九万九千匹往"西番"换马一千五百六十匹。③皇族每年供给，洪武九年规定亲王冬夏布各一千匹，郡王冬夏布各一百匹。④ 在特殊需要的情况下，临时命令以秋粮改折棉布，如六年九月诏直隶府州和浙江江西二行省，今年秋粮以棉布代输，以给边戍。⑤

＊　　　　　　　＊　　　　　　　＊

　　和鼓励普遍植棉政策相反，朱元璋对矿冶国营采取消极的方针。往往听任人民自由开采。磁州临水镇产铁，元时尝于此置铁冶，炉丁万五千户，每年收铁百余万斤。洪武十五年有人建议重新开采，元璋以为利不在官则在民，民得其利则利源通而有利于官，官专其利则利源塞而必损于民。而且各冶铁数尚多，军需不缺，若再开采，必然扰民。把他打了一顿，流放海外。⑥ 济南青州莱州三府每年役民二千六百六十户，采铅三十二万三千多斤，以凿山深而得铅少，也命罢采。⑦ 十八年以劳民罢各布政司煎炼铁冶。二十五年重设各处铁冶，到二十八年内库贮铁三千七百四十三万斤，后备物资已经十分充足，又命罢各处铁冶。并允许人民自由采炼，岁输课程，每三十分取其二。三十一年以内库所贮铁有限，而营造所费甚多，又命重开铁冶。⑧ 综计洪武时代设置的铁冶所：江西进贤、新喻、分宜，湖广兴国、黄梅，山东莱芜，广东阳山，陕西巩昌，山西交城、吉州、太原、泽、潞各一所共十三所。此外还有河南均州、折安，四川蒲江，湖南茶陵等冶，每年输铁一千八百四十余万斤。⑨

＊　　　　　　　＊　　　　　　　＊

　　宫廷和军队所需的一切物品，都由匠户制造。匠户是元明两代的一种特殊制度，把有技艺的工匠征调编为匠户，子孙世袭。分为民匠军匠二种。明初匠户的户籍，完全依据元代的旧籍，不许变动。⑩洪武二十六年定每三年或二年轮班到京役

　　① 《明太祖实录》卷67。
　　② 《明太祖实录》卷134。
　　③ 《明太祖实录》卷163、252。
　　④ 《明太祖实录》卷14。
　　⑤ 《明太祖实录》卷85。
　　⑥ 《明太祖实录》卷145。
　　⑦ 《明太祖实录》卷150。
　　⑧ 《明太祖实录》卷176、242、256。
　　⑨ 参见《明史》卷81《食货志》铁冶所。《大明会典》。
　　⑩ 《大明会典》卷19《户口》。

作的匠户名额为二十三万二千八十九名①，由工部管辖。固定做工的叫住坐匠户，由内府内官监管辖。军匠大部分分属于各地卫所，一部分属于内府兵仗局、军器局和工部的盔甲厂。② 属各地卫所的军匠总数二万六千户。③ 每户正匠做工，得免杂差，仍免家内一丁以帮贴应役。余丁每名每年出办缴纳工食银三钱，以备各衙门因公务取役雇觅之用。正匠每月工作十天，月粮由官家支给。④

轮班匠户包括六十二行匠人。后来又细分为一百八十八种行业，从笺纸、表背、刷印、刊字、铁匠、销金、木、瓦、油、漆、象牙、纺棉花，到神箭、火药，等等，每种人数由一人到八百七十五人不等。内廷有织染局、神帛房，和后湖（今南京玄武湖）织造局，四川山西诸行省和浙江绍兴织染局，规模都较大。留在地方的匠户除执役于本地织染局的以外，如永平府就有银、铁、铸铁、锡、钉铰、穿甲等二十二行。⑤

匠户人数多，分工细，凡是宫廷和军队所需用的手工业制造品，都由匠户执役的官手工业工场的各局制造供给。这种封建制度的生产，使得宫廷和军队的需要，不需倚靠市场，便可得到满足；同时它所生产的成品，亦不在市场流通，这样，就直接对社会上的私人手工业作坊的扩大生产起了束缚和阻碍的作用。官手工业工场的生产是不须计较成本的，因为劳力和原料都可以向人民无代价征发或由全国各地贡品的方式供给，不受任何限制，官营手工业工场的产品即使有部分作为商品而流入市场，私人手工业作坊的产品也不能和它竞争。在另一面，自元代以来就把技术最好的工人签发为匠户，子孙世袭，连技术也被垄断了，私人手工业作坊所能雇佣的只是一般工人，技术提高受了一定的限制。明初把匠户分作住坐、轮班两种，轮班的除分班定期轮流应役以外，其余的时间归自己支配，制成的产品可以在市场出售，对于技术的钻研及其改进发生一定的刺激作用，所以轮班制对于社会生产力的发展是比较上为害略小的。但是总而言之，这种无偿的强制的劳役，不能不引起匠户的反抗，逃亡之外，唯一可以采取的手段是怠工和故意把成品质量降低。因此，匠户制度虽然曾经在个别情况下对生产技术的改进起了作用，推进了社会生产力的发展，但就其全面而说，则是束缚和阻碍生产技术的不断提高；妨碍私人手工业工场的发展；隔绝商品的流通；对社会生产力的发展和原始资本积累都起着扼制、停滞的消极作用。

＊　　　　　＊　　　　　＊

---

① 《大明会典》卷189。《明史·严震直传》。

② 《大明会典》卷188。

③ 《明史》卷157《张本传》。

④ 《大明会典》卷189。

⑤ 吴晗：《元明两代之"匠户"》，《云南大学学报》。

朱元璋对商业采轻税政策，凡商税三十分取一，过此者以违令论。税收机构在京为宣课司，府县为通课司。洪武元年诏中书省，命在京兵马指挥司并管市司，三日一次校勘街市斛斗秤尺，稽考牙侩姓名，规定物价。在外府州谷城门兵马，一体兼管市司。① 十三年谕户部，自今军民娶嫁丧葬之物，舟车丝布之类都不征税。并大量裁减税课司局三百六十四处。南京人口密集，军民住宅都是公家修建，连廊栉比，没有空地。商人货物到京无处存放，有的停在船上，有的寄放城外，牙侩从中把持价格，商人极以为苦。元璋了解这种情况以后，就叫人在三山门等门外盖几十座房子，叫作场坊，专放商货，上了税后听其自相贸易。② 为了繁荣市面，二十七年命工部建十五座楼房于江东诸门之外，令民设酒肆其间，以接四方宾客，名为鹤鸣、醉仙、讴歌、鼓腹、来宾、重译，等等。修好后还拿出一笔钱，让文武百官大宴于醉仙楼，庆祝天下太平，与民同乐。③

棉花的普遍种植，棉布质量的提高，工资制手工业作坊的产生，新的蚕丝纺织工业区的开辟，轮班匠的技术和产品的投入市场，等等，加上税收机构的减缩和轻税政策的刺激，商业市场大大活跃了，不但联系了南方和北方，也联系了城市和乡村以及全国的边远地区，繁荣了经济，改善、提高了人民生活，进一步地加强了国家的统一。

商品的生产和吐纳的中心，手工业作坊和批发行号的所在地，集中着数量相当巨大的后备工人和小商摊贩，城市人口剧烈地增加了。明初的工商业城市有南京、北平、苏州、松江、镇江、淮安、常州、扬州、仪真、杭州、嘉兴、湖州、福州、建宁、武昌、荆州、南昌、吉安、临江、清江、广州、开封、济南、济宁、德州、临清、桂林、太原、平阳、蒲州、成都、重庆、泸州等地。④

＊ 　　　　＊ 　　　　＊

随着生产的恢复和发展，工商业的活跃，作为贸易媒介的全国统一货币的需要是愈来愈迫切了。

在朱元璋称王以前，元代的不兑现纸币中统交钞发行过多；军储供给，赏赐犒劳，每日印造，不可数计，舟车装运，轴轳相接，京师用钞十锭（一锭为钞五十贯，一贯钞的法定价格原为铜钱一千文）换不到一斗米。⑤ 至正十六年中统交钞已为民间所拒用，交易都不用钞，所在郡县都以物货相交易。⑥ 十七年铸至正之宝大

① 《明太祖实录》卷34。
② 《明太祖实录》卷211。《明史》卷81《食货志·商税》。
③ 《明太祖实录》卷234。
④ 《明宣宗实录》卷50。
⑤ 《元史》卷97《食货志·钞法》。
⑥ 孔齐：《至正直记》卷1。《元史》卷97《食货志·钞法》。

钱五品称为权钞，以硬币代替纸币，结果纸币也罢，大钱代钞也罢，人民一概不要。人民嘲笑权钞的歌谣中说："人吃人，钞买钞，何曾见？"

朱元璋占应天后，首先铸大中通宝钱，以四百文为一贯，四十文为一两，四文为一钱。平陈友谅后，命江西行省置货泉局。即帝位后，发行洪武通宝钱，分五等：当十、当五、当三、当二、当一。当十钱重一两，当一钱重一钱。应天置宝源局，各行省都设宝泉局专管铸钱，严禁私铸。洪武四年改铸大中洪武通宝大钱为小钱。虽然有了统一的货币，但是铜钱分量重，价值低，不便于数量较大的交易，也不便于远地转运，并且，商人用钞已经有了长期的历史，成为习惯了，用钱感觉不方便，很有意见。①

铜钱不便于贸易，决定发行纸币。七年设宝钞提举司，下设抄纸、印钞二局，宝钞、行用二库。八年命中书省造"大明宝钞"，以桑穰为纸料，纸质青色，高一尺，广六寸，外为龙文花栏，上横额题"大明通行宝钞"，其内上栏之两旁各篆文四字：右旁篆"大明宝钞"，左旁篆"天下通行"。其中图绘钱贯形状，以十串为贯，标明币值壹贯，下栏是："中书省（十三年后改为户部）奏准印造大明宝钞，与铜钱通行使用，伪造者斩，告捕者赏银二十五两。（十三年后改为赏银二百五十两）仍给犯人财产。洪武年 月 日。"背和面都加盖硃印。边沿标记字号一贯的画钱十串，五百文的画钱五串，以下是四百文，三百文，二百文，一百文，共六种。规定每钞一贯准钱千文，银一两。四贯准黄金一两。二十一年加造从十文到五十文的小钞。②

为了保证宝钞的流通，在发行时就以法律禁止民间不得以金银物货交易，违者治罪，告发者就以其物给赏。人民只准以金银向政府调换宝钞。并规定商税钱钞兼收，比例为收钱十分之三，收钞十分之七，一百文以下的止收铜钱。③ 在外卫所军士每月食盐给钞，各盐场给工本钞。十八年命户部凡天下官禄米以钞代给，每米一石支付钞二贯五百文。④

宝钞的发行是适合当时人民需要的，对商业的繁荣起了作用。但是朱元璋抄袭元朝的钞法，只学了后期崩溃的办法，没有懂得元代前期钞法之所以通行，受到广大人民喜爱的道理。原来元初行钞，第一，有金银和丝为钞本准备金，各路无钞本的不发新钞；第二，印造有定额，计算全国商税收入的金银和烂钞兑换数量作为发行额数；第三，政府有收有放，丁赋和商税都收钞；第四，可以兑换金银，人民持钞可以向钞库换取金银。相反，元代钞法之所以崩溃，是因为把钞本动用光了；无

① 《明史》卷81《食货志·钞法》。
② 《大明会典》卷31《钞法》。《明史》卷81《食货志·钞法》。
③ 《大明会典》卷31《钞法》。
④ 《明太祖实录》卷176。

限制滥发造成恶性膨胀；只发行不收回；不能兑换金银；烂钞不能换新钞。① 洪武钞法以元代后期钞法作依据，因之，虽然初行的几年，由于行用方便和习惯，还能保持和物价的一定比例，但是，由于回收受限制，发行量没有限制，发行过多，收回很少，不兑现纸币充斥于市场，币值便不能维持了。

宝钞发行的情况，以洪武十八年二月二十五日到十二月止为例，宝钞提举司钞匠五百八十名所造钞共九百九十四万六千五百九十九锭。② 明代以钞五贯为一锭，这一年的发行额约为五千万贯，合银五千万两。明初每年国库银的收入，不过几万两，一年的发行额竟相当于银的收入一千倍左右，加上以前历年所发，数量就更大了。更由于印制的简陋，容易作假，伪钞大量投入市场③，币值就越发低落了。二十三年两浙市民以钞一贯折钱二百五十文④，二十七年降到折钱一百六十文⑤。到三十年杭州诸郡商贾，不论货物贵贱，一以金银定价，索性不用宝钞了。⑥ 元璋很着急，三番五次地申明：钞一贯应折钱一千文，旧钞可以换新钞，禁用铜钱，禁用金银交易等办法，还是不济事，钞值还是日益低落，不被人民所欢迎。到成化时（公元 1465—1487 年）洪武钱民间全不通行，宝钞只是官府在用，一贯仅值银三厘，或钱二文，跌到原定法价的千分之二。⑦

大约百年以后由于对外贸易的发展，银子流入国内的一天天增多了。这样，在官府和市场就同时使用两种货币，官府支出用价值极低的纸币，收入却要银子，市场出入都用银子。银子终于逐渐代替了宝钞成为全国通行的通货。

三 人民的义务

红军起义的目的，就民族解放战争而说，洪武元年解放大都，蒙古统治集团北走，民族压迫的政权被推翻，这一历史任务是光辉地完成了。但是，另一个目的，解除阶级压迫的任务，却不可能完成。一部分旧的地主参加了新政权，出身农民的红军将领也由于取得政权而转化成新的地主阶级了，其中朱元璋和他的家族便是新

---

① 参看《中国社会科学集刊》7 卷 2 期，吴晗：《元史食货志钞法补》，《人文科学学报》2 卷 1 期，吴晗：《记大明通行宝钞》二文。

② 《大诰续诰》，《钞库作弊》第 32。

③ 《大诰》，《伪钞》第 48："宝钞通行天下，便民交易。其两浙江东西民有伪造者，句容县民杨馒头本人起意，县民合谋者数多，银匠密脩锡板，文理分明，印纸马之户同谋刷印，捕获到官。自京至于句容，所枭之尸相望。"

④ 《明太祖实录》卷 205。

⑤ 《明太祖实录》卷 234。

⑥ 《明太祖实录》卷 251。

⑦ 陆容：《菽园杂志·摘钞》卷 5。

地主阶级的代表人物。

元末红军起义对旧地主阶级发生了淘汰的作用，一部分地主被战争所消灭了，一部分地主却由于战争而巩固和上升了他们的地位。

元末的农民，大部分参加了革命战争。他们破坏了旧秩序和压迫人民的统治机构。地主们正好相反，他们要保全自己的生命财产，就不能不维护旧秩序，就不能不拥护旧政权，阶级利益决定了农民和地主分别站在敌对的阵营。在战争爆发之后，地主们用全力组织武装力量，称为"民"军或"义"军，建立堡砦，抵抗农民军的进攻。现任和退休的官吏，乡绅、儒生和军人是地主军的将领，他们受过教育，有文化，有组织能力，在地方上有威望，有势力。虽然各地方的地主军人各自为战，没有统一指挥和作战计划，军事力量也有大小强弱的不同，但因为数量多，分布广，作战顽强，就成为反对红军的主要的敌人了。经过二十年的战争，长江南北的钜族右姓，有的死于战争，有的流亡到外地[1]，参加扩廓帖木儿、孛罗帖木儿两支地主军的湖湘关陕鲁豫等地的地主，也随着这两支军队的消灭而消灭了。一部分地主为战争所消灭，另一部分地主如刘基、宋濂、叶琛、章溢等则积极参加了红军，共同建立新政权，成为大明帝国新统治集团的组成部分，和由农民起义转化的新地主们一起，继续对广大农民进行压迫和剥削。

朱元璋和他的将领都是农民出身的，过去曾亲身经受过地主的压迫和剥削。但在革命战争过程中，本身的武装力量不够强大，为了壮大自己、孤立敌人，又非争取地主们参加不可，浙东这几家大族的合作，是他所以取得胜利的基本条件之一。到了他自己和将领们都转化成为大地主以后，和旧地主们的阶级利益一致了，但又发生了新的矛盾，各地地主用隐瞒土地面积、荫庇漏籍人口等手段和皇家统治集团争夺土地和人力，直接危害到帝国的财政税收，地主阶级内部矛盾的深化，促成了帝国赋役制度的整顿和改革。

元璋于龙凤四年取金华后，选用宁越（金华）七县富民子弟充宿卫，名为御中军。[2] 照当时的军事形势看来，这是很重要的军事措施，因为把地主们的子弟征发为禁卫军人，随军征战，等于作质，就不必担心这些地区地主的军事反抗了。洪武十九年选取直隶、应天诸府州县富民子弟赴京补吏，凡一千四百六十人[3]，也是一样作用。对地主本身，洪武三年作的调查，以田税多少比较，浙西的大地主数量最多，以苏州一府为例，每年纳粮一百石以上到四百石的四百九十户，五百石到一千石的五十六户，一千石到二千石的六户，二千石到三千八百石的二户，共五百五

---

① 贝琼：《清江集》卷8《送王子渊序》。
② 《明太祖实录》卷6。
③ 《明太祖实录》卷179。

十四户，每年纳粮十五万一百八十四石。① 三十年又作了一次调查，除云南、两广、四川以外，浙江等九布政司，直隶应天十八府州，地主们田在七顷以上的共一万四千三百四十一户。编了花名册，把名册藏于内府印绶监，按名册以次召来，量才选用。②

对地主的政策，双管齐下：一是任为官吏或粮长；一是迁到京师。在科举法未定之前，选用地主做官，叫作税户人才，有做知县、知州、知府的，有做布政使以至朝廷的九卿的。③ 又以地主为粮长，以为地方官都是外地人，不熟悉本地情况，吏胥土豪作弊，任意尅削百姓。不如用有声望的地主来征收地方赋税，负责运到京师，可以减少弊病。④ 洪武四年九月命户部计算土旧租税，以纳粮一万石为一区，选占有大量田地纳粮最多的地主为粮长，负责督收和运交税粮。⑤ 如浙江行省人口一百四十八万七千一百四十六户，每年纳粮九十三万三千二百六十八石，设粮长一百三十四人。⑥ 粮长下设知数一人，斗级二十人，运粮夫千人。⑦ 并规定对粮长的优待办法，凡粮长犯杂犯死罪和徒流刑的可以纳钞赎罪。⑧ 三十年又命天下郡县每区设正副粮长三名，编定次序，输流应役，周而复始。⑨ 凡粮长按时运粮到京师的，元璋亲自召见，合意的往往留下做官。⑩ 元璋把征粮和运粮的权力交给地主，以为"此以良民治良民，必无侵渔之患矣"⑪。"免有司科扰之弊，于民甚便"⑫。事实上恰好相反，地主做了粮长以后，在原来对农民剥削的基础上，更加上了国家赋予的权力，如虎添翼，农民的痛苦更深更重了。如粮长邾阿乃起立名色，科扰民户，收舡水脚米、斛面米、装粮饭米、车脚钱、脱夫米、造册钱、粮局知房钱、看米样中米，等等，通计苛敛米三万二千石，钞一万一千一百贯。正米止该一万，邾阿乃个人剥削部分竟达米二万二千石，钞一万一千一百贯。农民交纳不起，强迫以房屋准折，揭屋瓦，变卖牲口以及衣服、段匹、布帛、锅、缊水车、农具，等等。⑬ 又如嘉定县粮长金仲芳等三名巧立名色征粮附加到十八种。⑭ 农民吃够了苦

---

① 《明太祖实录》卷49。
② 《明太祖实录》卷252、254。
③ 吴宽：《匏翁家藏集》卷75《施孝先墓表》。
④ 宋濂：《朝京稿》卷5《上海夏君新圹铭》。吴宽：《匏翁家藏稿》卷52《恭题粮长敕谕》。
⑤ 《明太祖实录》卷68。
⑥ 《明太祖实录》卷70。
⑦ 《明太祖实录》卷85。
⑧ 《明太祖实录》卷102。
⑨ 《明太祖实录》卷254。
⑩ 《明史·食货志二·赋税》。吴宽：《匏翁家藏稿》卷43《尚书严公流芳录序》。
⑪ 《明太祖实录》卷68。
⑫ 《明太祖实录》卷102。
⑬ 《大诰续诰》卷47。
⑭ 《大诰续诰》卷21。

头，无处控诉。① 朱元璋也发觉粮长之弊，用严刑制裁，尽管杀了一些人，粮长的作恶，农民的被额外剥削，依然如故。②

除任用地主做官收粮以外，同时还采用汉高祖徙天下豪富于关中的政策，洪武二十四年徙天下富户五千三百户于南京。③ 三十年又徙富民一万四千三百余户于南京，称为富户。元璋告诉工部官员说："昔汉高祖徙天下豪富于关中，朕初不取，今思之，京师天下根本，乃知事有当然，不得不尔。"④

地主们对做官做粮长当然很高兴，感激和支持这个维护本阶级利益的政权。但同时也不肯放弃增加占领田土和人力的机会，用尽一切手段逃避对国家的赋税和徭役，两浙地主所用的方法，把自己田产诡托（假写在）亲邻佃仆名下，叫作铁脚诡寄。普遍成为风气，乡里欺骗州县，州县欺骗府，奸弊百出，叫作通天诡寄。⑤此外，还有洒派、包荒、移坵换段等手段。元璋在处罚这些地主以后，气忿地指出：

> 民间洒派、包荒、诡寄、移坵换段，这等都是奸顽豪富之家，将次没福受用财赋田产，以自己科差洒派细民；境内本无积年荒田，此等豪猾买嘱贪官污吏及造册书算人等，其贪官污吏受豪猾之财，当科粮之际，作包荒名色征纳小户，书算手受财，将田洒派、移坵换段，作诡寄名色，以此靠损小民。⑥

地主把负担转嫁给贫民，结果是富的更富，穷的更穷。⑦ 地主阶级侵占了皇家统治集团应得的租税和人力，农民加重了负担，一方面国家田赋和徭役的收入、供应减少，另一方面农民更加穷困饥饿，动摇了侵蚀了统治集团的经济基础，阶级内部发生矛盾，斗争展开了。

经过元末二十年的战争，土地簿籍多数丧失，保存下来的一部分，也因为户口变换，实际的情况和簿籍不相符合。大部分土地没有簿籍可查，逃避了国家赋役；有簿籍的土地，登记的面积和负担又轻重不一，极不公平。朱元璋抓住这中心问题，向地主进行斗争。方法是普遍丈量土地和调查登记人口。

洪武元年正月派周铸等一百六十四人往浙西核实田亩，定其赋税。⑧ 五年六月

① 黄省曾：《吴风录》。
② 宋濂：《朝京稿》卷5《上海夏君新圹铭》。
③ 《明太祖实录》卷20。
④ 《明太祖实录》，《明史》卷77《食货志一》。
⑤ 《明太祖实录》卷180。
⑥ 《大诰续诰》第45《靠损小民》。
⑦ 《明太祖实录》卷180。
⑧ 《明太祖实录》卷29。

派使臣到四川丈量田亩。① 十四年命全国郡县编赋役黄册。二十年命国子生武淳等分行州县，编制鱼鳞图册。② 前后一共用了二十年的时间，才办好这两件事。

丈量土地所用的方法，是派使臣往各处，随其税粮多少，定为几区，每区设粮长四人，会集里甲耆民，量度每块田亩的方圆，作成简图编次字号，登记田主姓名和田地丈尺四至，编类各图成册，以所绘的田亩形状像鱼鳞，名为鱼鳞图册。

人口普查的结果，编定了赋役黄册。把户口编成里甲，以一百一十户为一里，推丁粮多的地主十户作里长，余百户为十甲。每甲十户，设一甲首。每年以里长一人，甲首一人，管一里一甲之事。先后次序根据丁粮多少，每甲输值一年。十甲在十年内先后轮流为国家服义务劳役，一甲服役一年，有九年的休息。在城中的里叫坊，近城的叫厢，乡都的皆叫作里。每里编为一册，里中有鳏寡孤独不能应役的，带管于一百一十户之外，名曰畸零。每隔十年，地方官以丁粮增减重新编定服役的次序，因为册面用黄纸，所以叫作黄册。

鱼鳞图册是确定地权的所有权的根据，赋税黄册是征收赋役的根据，通过土地和人户的普查，制定了这两种簿籍，颁布了租税和徭役制度。不但大量漏落的土田人口被登记固定了，国家增加了物力和人力，稳定、巩固了统治的经济基础，同时，也有力地打击了一部分地主阶级，从他们手中夺回对一部分土地和人口的控制，从而大大增强了皇家统治集团的权力，更进一步走向高度的集中、专制。朱元璋的政权，比过去任何一个时代，都更加强大、集中、稳定、完备了。

对城乡人民，经过全国规模的土地丈量，定了租税，在册上详细记载土地的情况，原坂坟衍下湿沃瘠沙卤的区别，并规定凡置买田地，必须到官府登记及过割税粮，免掉贫民产去税存的弊端，同时也保证了政府的税收；十年一次的劳役，使人民有轮流休息的机会，这些措施，确实减轻了人民的负担，鼓舞了农民的生产情绪，对于社会生产力的推进，起了显著的作用。

对破坏农业生产的吏役，用法律加以制裁，例如"松江一府坊厢中不务生理，交结官府者一千三百五十名，苏州坊厢一千五百二十一名，皆是市井之徒，不知农民艰苦，帮闲在官，自名曰小牢子、野牢子、直司、主文、小官、帮虎，其名凡六。不问农民急务之时，生事下乡，搅扰农业。芒种之时，栽种在手，农务无隙，此等赍执批文，抵农所在，或就水车上锁人下车者有之，或就手内去其秧苗锁人出田者有之……纷然于城市乡村扰害人民。"③ 元璋下令加以清理，除正牢子合应正役以外，其他一概革除，如松江府就革除了小牢子野牢子等九百余名。④ 一个地方

① 《明太祖实录》卷174。
② 《明太祖实录》卷135、180。
③ 《大诰续诰》，《罪隙监役》第74。
④ 《大诰续诰》，《松江逸民为害》第2。

减少了四分之三为害农民的吏役，这对于农民进行正常生产有很大好处。

朱元璋虽然对一部分地主进行了斗争，对广大农民作了让步，一部分地主力量削弱了，农民生产增加了。但是，这个政权毕竟是地主阶级的政权，首先为地主阶级服务，即使对农民采取了一些让步的措施，其目的也还是巩固和强化整个地主阶级的统治权。还是查田定租，还是编户定役，执行丈量的是地主，负责征收粮米的还是地主，当里长甲首的依然是地主，在地方和朝廷做官的更非地主不可，从下而上、从上而下的重重地主统治：地主首先要照顾的是自己家族和亲友的利益，决不会照顾到小自耕农和佃农。由于凭借职权的方便，剥削舞弊可以通过国家治权来进行，披上合法的外衣，农民的痛苦越发无可申诉，而且，愈是大地主，愈有机会让子弟受到教育，通过科举和税户人才等成为官僚绅士。官僚绅士享有合法的免役权，洪武十年朱元璋告诉中书省官员："食禄之家，与庶民贵贱有等，趋事执役以奉上者，庶民之事也。若贤人君子，既贵其家，而复役其身，则君子野人无所分别，非劝士待贤之道。自今百司见任官员之家有田土者，输租税外，悉免其徭役，著为令。"十二年又下令："自今内外官致仕还乡者，复其家终身无所与。"[①] 连乡绅也享有免役权了，在学的学生，除本身免役外，户内还优免二丁差役。[②] 这样，现任官、乡绅、生员都豁免差役，有办法逃避租税，完粮当差的义务，便完全落在自耕农和贫农身上了。自耕农和贫农不但要出自己的一份，其实官僚绅士地主的一份，亦何尝不由农民实际负担，官僚地主不交的那一份，他们也得一并承当下来。官僚绅士越多的地方，人民的负担就越重。

人民的负担用朱元璋的话叫作"分"，即应尽的义务。洪武十五年他叫户部出榜晓谕两浙江西之民说："为吾民者当知其分，田赋力役出以供上者，乃其分也。能安其分，则保父母妻子，家昌身裕，为忠孝仁义之民。"不然呢？则"不但国法不容，天道亦不容矣！"应该像"中原之民……惟知应役输租，无负官府"。只有如此，才能"上下相安，风俗淳美，共享太平之福"。[③]

朱元璋要求人民尽应役输税的义务，定下制度，要官吏奉公守法，严惩贪污，手令面谕，告诫谆谆，期望上下相安，共享太平之福。但是官吏并不肯照他的话办事，地主做官只是管百姓，并不想替百姓办事，结果许多制度命令都成为空文，官僚政治的恶果当时便有人明确地指出：

　　　　今之守令，以户口钱粮狱讼为急务，至于农桑学校，王政之本，乃视为虚

① 《明太祖实录》卷111、126。
② 张居正：《太岳集》卷39《请申旧章节学政以振兴人才疏》。
③ 《明太祖实录》卷150。

文而置之，将何以教养斯民哉！

以农桑言之，方春，州县下一白帖，里甲回申文状而已，守令未尝亲视种艺次第，旱涝戒备之道也。

官吏办的是公文，公文上办的事应有尽有，和实际情况全不相干。上官按临地方检查的也是公文，上下都以公文办事，"法出而奸生，令下而诈起"。这是洪武九年的情形。① 十二年后，解缙奉诏上万言书，也说：

臣观地有盛衰，物有盈虚，而商税之征，率皆定额，是使其或盈也奸黠得以侵欺，其歉也良善困于补纳。

夏税一也，而茶椒有粮，菓丝有税，既税于所产之地，又税于所过之津，何其夺民之利至于如此之密也。且多贫下之家，不免抛荒之咎。今日之土地无前日之生植，而今日之征聚有前日之税粮，或卖产以供税，产去而税存；或赔办以当役，役重而民困。土田之高下不均，起科之轻重无别，膏腴而税反轻，瘠卤而税反重。②

道理也清楚得很，正因为是"贫下之家"，才被迫抛荒，地主负担特别轻，不但不曾抛荒，而且尽力兼并。膏腴之田是地主的，瘠卤之田是贫民的，地主阶级自己定的税额，当然是膏腴轻而瘠卤重。

严惩贪污，贪污还是不能根绝，用朱元璋自己的话来证明吧，他说：

浙西所在有司，凡征收，害民之奸，甚如虎狼。且如折收秋粮，府州县官发放，每米一石，官折钞二贯，巧立名色，取要水脚钱一百文，车脚钱三百文，口食钱一百文。库子又要办验钱一百文，蒲篓钱一百文，竹篓钱一百文，沿江神佛钱一百文。害民如比，罪可宥乎！③

折粮原来是便民的措施，浙西运粮一石到南京，要化四石运费，百姓困苦不堪。④ 改折为钞，可以减轻浙西农民五分之四的负担。钞是用不着很大运费和蒲竹篓包装的，但地方官还是照运粮的办法苛敛，用种种名色加征至九百文，约合折价的百分之五十。急得朱元璋只是跺脚，说："我欲除贪赃官吏，奈何朝杀而暮犯！

---

① 《明史》卷 139《叶伯巨传》。

② 《明史》卷 147《解缙传》。

③ 《大诰》，《折粮科敛》第 41。

④ 宋濂：《芝园续集》卷 4《故歧宁卫轻历熊府君墓铭》。

今后犯赃者，不分轻重皆诛之！"①

洪武一朝，"无几时不变之法，无一日无过之人"②。是历史上封建政权对贪污进行斗争最激烈的时期，杀戮贪官污吏最多的时期。虽然随杀随犯，不可能根本消除贪污，但是朱元璋下定决心，随犯随杀，甚至严厉到不分轻重都杀，对贪污的减少是起了作用的，对人民有好处，人民是感谢他、支持他的。

1955 年 4 月 14 日

（刊于 1955 年第 3 期）

---

① 刘辰：《国初事迹》。
② 《明史》卷 147《解缙传》。

关于中国封建社会后期经济发展的
若干问题的考察

傅衣凌

中国封建社会的经济规律，近来已渐引起同志们的重视。下面，我拟就中国后期封建社会的经济发展规律及其他有关问题，谈一谈拙见，并以就正于史学界的同志们。

中国封建社会是以地主经济为基础的大一统的专制主义国家，在漫长的年代里，它的发展是合乎封建社会发展的一般规律的。可是，如何正确地估计中国封建经济发展各个不同阶段的不同特点，我国史学界有着不同的意见，特别在中国封建社会的后期，自 16 世纪至鸦片战争以前这个时期，中国封建经济究竟处于怎样的一种情况，争论最多。我认为，这一时期中国商品经济的发展，已孕育着资本主义的萌芽。中国历史的发展，是符合于人类社会发展的共同的基本规律的，但又具有这个国家和民族自己的特点。尤其处于新旧交替的后期阶段，旧东西的衰亡和新东西的生成纠缠在一起，充满着非常矛盾、复杂的现象，再由于条件、地点、时间的不同，其所表现的形式和所走的道路，便有差别。目前大家在研究中国封建经济时，都承认中国的地主经济和欧洲的领主经济有所区别，带有中国的色彩。那么，我们研究中国后期封建经济，诸如市场问题、行会制问题、雇佣劳动问题，也必须考虑到中国历史的特点。在中国这个领土辽阔、人口众多的国家里，各个地区之间为生活和生产所需，彼此间早就需要交换，在他们的经济活动之中，既具有自然性的一面，也含有商品性的一面。尤其在 16 世纪以后，自然经济与商品经济的斗争，日在激烈进行中，出现了新的开始萌芽、旧的仍占支配地位的局面。当然，在估计这些问题时，不能过分强调某一点，可是如果看不出这些变化，也难以说明历史的真相。因此，对于后期封建经济的分析，必须把中国资本主义萌芽和中国封建社会长期迟滞的现象一起研究，两者缺一不可。对前者主要看它新生的、发展的因素，而对后者主要看它迟滞的、落后的一面。萌芽状态与成熟状态不同，两者又不可等同起来，因而作为衡量的标准，也应该有所区别。总之，对于这些问题的研究，既要具体分析，又当实事求是，通过反复的思考，以求逐渐得到解决。

首先，我们从明清之际的雇佣劳动谈起。

关于明清之际的雇佣劳动，作为全面的估计，其性质仍属于封建制的范畴，大多数的农民依然受着严重的封建压迫，束缚于土地上面，明代所严厉执行的人户以籍为定，也可以说是一种变相的农奴法。但是中国农民又不同于欧洲庄园制的农奴，由于长期而激烈的阶级斗争的结果，农民具有相对的离土自由；同时，又由于明代中叶以后，农业生产力的提高，商品货币经济的冲击，这样，就影响到明清时代的雇佣劳动产生某种程度的变化。我的主要论点，是这样的：明代中叶以后，"在手工业方面……例如机户机工的关系，则是带有资本主义性质的雇佣劳动，有的则只具有资本主义性质的雇佣劳动的萌芽。其在农村的长工、忙工、短工等，则只是具有自由雇佣的若干特点，并且他们之间还有不同程度的区别。……其中，最值得重视者，则是短工"[1]。我认为这比较符合于中国历史的实际。近读罗耀九同志《再论明朝万历年间雇佣劳动的性质》一文[2]，对上述论点提出不同意见，说："中国什么时候出现了自由雇佣劳动者？较妥当的看法，是在清朝前期。清朝前期的农业雇佣长工有不少材料言明并无主仆名分，或言明平等相称。……这些材料说明在农业中已经有部分长工解除了主雇之间的人身隶属关系，成为自由劳动者了。……在清初的纺织业、染踹业中，我们也可以看到自由劳动者。"本文不拟讨论罗文中所有论点，而只就雇佣劳动方面，再叙述一些不成熟的拙见。但为便于深入探讨，在进行讨论之前，有必要对于明清时代的社会经济作个全面的总考察。

我们认为一切事物的发展过程，彼此之间都是互相联系和具有内部规律的，所以，它又是一定的历史阶段的必然产物。明代中叶以后，中国各地曾稀疏地出现带有资本主义性质的雇佣劳动的萌芽，然而它又绝不是一种偶发的现象。明清时代商品货币经济的发展，已有相当的程度，这一个客观的社会条件，会使明代的农业生产水平，较之宋元时代远为进步，这首先表现于粮食生产的增长及其地域的分工，从所谓"江浙熟，天下足"发展到"湖广熟，天下足"等谚语，说明了粮食生产的提高，会为工业原料和粮食生产的分工创造条件，也推动了农工业的进一步的分工，于是江浙蚕丝区所需的粮食，有很大部分取给于湖广地区。明末江浙两省的粮食，曾因湖广闭籴，深受影响[3]。明代中叶以后，全国各地粮食都在流动中，嘉靖《河间府志》曾记，"共有售粟于京师者，青县、沧州、故城、兴济、东光、交河、景州、献县等处，皆漕挽，河间、肃宁、阜城、任丘等处，皆陆运，间亦以舟运

---

①　参见拙稿《我对于明代中叶以后雇佣劳动的再认识》，《历史研究》1961 年第 3 期。

②　《历史研究》1962 年第 4 期，本文所引罗同志论点，均据此文。

③　参考祁彪佳《祁忠敏公日记》；《小球录》。

之"①；明末河南开封的粮食，亦自郑州、辉县、光州、固始等处运来②。到了清代，流通范围更加扩大，所谓"天下米粮，出产于东南各省居多，平日借客商贩易流通，偶有荒歉之岁，所资借于邻省倍为紧要，即如福建之米取给于台湾、浙江；广东之米取给于广西、江西、湖广；而江浙之米，皆取给于江西、湖广"③。不仅东南各省为然，北方亦系如此："临清为四方辐辏之区，地产麦谷，不敷用，犹取资于商贩。从上河泛舟东下者，豫省为多。秫粱则自天津溯流而至。其有从汶河来者，济宁一带之粮米也。"④ 粮食生产量的增长及其流通范围的扩大，这是明代中叶以后手工业、商业及其他一切社会生产的繁盛的物质基础。马克思说：

> 因为生活资料的生产，是他们的生存与一切生产一般最先决的条件，所以使用在这种生产上的劳动，经济学上最广义的农业劳动，必须是充分丰沃的，使全部可以利用的劳动时间不致在直接生产者的生活资料的生产上被吸去；那就是，使农业剩余劳动，从而农业剩余生产物成为可能的。更加推广来说，就是社会上一部分人的全部农业劳动——必要劳动与剩余劳动——已经够为全社会，那就是，也够为那些不从事农业的劳动者生产必要生活资料，以致农业与工业间的这种大分工是可能的；并且生产生活资料的农业与生产原料的农业间的大分工也是可能的。⑤

明代中叶以后，中国的工业原料生产与粮食生产分工逐渐明显，出现有些地区专种经济作物，而另一些地区则以粮食生产为主，因而各地区之间的经济交流，不仅有消费品的交流，也有工业原料的交流，郭子章的《蚕论》所云："东南之机，三吴、越、闽最夥，取给于湖茧；西北之机，潞最工，取给于阆茧"⑥，是一个例子。徐光启《农政全书》又是另一个例子，他说："今北土之吉贝贱而布贵，南方反是。吉贝则泛舟而鬻诸南，布则泛舟而鬻诸北。"⑦ 像这一种工业原料品的交流，应为这时代的一个特征。

由于农业生产的增长，明代中叶以后，开矿业发展起来了。万历年间的全国开矿热，固是统治阶级残暴地掠夺人民财富的一个手段，没有任何积极的意义，然而这也反映了当时人们对于生活资料和生产资料的需求，开矿事业较能获利，而社会

---

① 嘉靖《河间府志》卷7，"风俗"。

② 缺名著《如梦录》。

③ 《雍正硃批谕旨》，雍正四年七月二十日。

④ 乾隆《临清直隶州志》卷2，"市街"。

⑤ 马克思：《资本论》第3卷，人民出版社1954年版，第829—830页。

⑥ 郭子章：《郭青螺公遗书》卷20。

⑦ 徐光启：《农政全书》卷35，"蚕桑广类"。

上也有条件使一部分人离开土地，从事于农业以外的生产。此外，纺织业、染色业的相继发展，不仅为满足国内市场，也有供应对外贸易的需要，所以丝织业的中心，在江浙之外，其他地区亦在形成中。山西的潞绸，福州的改机缎，漳州的漳绒，广州的广纱等，都成为南北市场上的普通商品，其购买丝织品者，有贵族、有官僚，也有一般的市民①。棉布业向推苏松两府，此时则河北的肃宁、长江中游的湖广地区，亦渐兴起。福建沿海盐区的"细白布，通商贾，辇货之境外，几遍天下"②。其他手工业品亦日在增长中。这即是明代中叶以后社会生产总量增加的证明。

产品的增多，自然会唤起商业资本的活动。这样，凡是农产品、工业原料、工业制品都成为商人争夺的对象，有不少的商人在承担这一种商品流通的业务。明代中叶各地都出现有不少的商人，如晋贾、徽商③，等等，他们活动范围之广，经营项目之多，那是宋元时代所不能比拟的。宋元时代最活跃的商人，如绢商、丝商、金银商、茶商、盐商以及斡脱商人等的活动，大部分为封建地主阶级服务，成为国家财政的一种补充工具。明中叶以后的商人固然仍为封建地主阶级服务，也不能离开国家财政政策的影响，他们的商品主要仍是由地主官僚、王公勋戚之流，为满足他们的奢侈生活而购买的。然而我们必须注意到另一种情况，即商人的服务对象，除了上述地主官僚，王公勋戚之外，尚有一部分劳动人民和商人、手工业者，他们所购买的，有的是工业原料，有的是生活用品。福建邵武所产的姜黄，"客商多贩往汴梁、南京，以供染及和诸香作线香"④。江西赣州"城南人种蓝作淀，西北大贾，岁一至，泛舟而下，州人颇食其利"⑤。山东东昌出产棉花，"商人贸于四方，其利甚博"⑥。而郓城的木棉，"贾人转鬻江南，为市肆居焉"⑦。徽商方景真"贾齐鲁，载木棉二艘，舟羲武进三河口"⑧。商人为收购工业原料，曾深入于全国各

① 关于万历时代的国内丝织品市场，兹撮引当时地方志记载如下：

"今则彭段，潞绸纺丝，人人而著。"（万历《惠安续志》卷1，"风俗"）。

"长老传云，闾阎服饰，忿而好美。益僭褴。……男子冠巾丝履，妇女珠翠金宝，绮縠锦绣罗纨，但有财尽能索耳。此皆五十年所无也。"（万历《滕县志》卷3《风俗志》）

"今俗僭滥，希音商贾，贩夫里胥，金铛耳珠，绌绫选样。舆隶厮养，一期筐无，则轻縠宝钏，一夕祸作，则鬻女妻无偿。"（万历《颍州府志》卷6，"礼乐"）

这里，亦充分反映了此时的国内市场，出现有一些新的商品购买者，他们逐渐排除身份制的束缚，但有财尽能索，而却又处于非常不稳定的状态中，以见中国资本主义萌芽的脆弱性。

② 嘉靖《惠安县志》卷4，"风俗"。

③ 详见拙著《明清时代商人及商业资本》，人民出版社1956年版。

④ 天启《邵武府志》卷9。

⑤ 天启《赣州府志》卷3。

⑥ 万历《山东通志》卷8，"物产"。

⑦ 万历《兖州府志》卷4，"风土志"。

⑧ 汪道昆：《太函集》卷40，"儒侠传"。

地的穷乡僻壤。江西靖安的龙丘，为一山区，也为徽商插足。"隙地种竹，竹钜而茂，其巨者，剖之可为篾，歙人贸以通舟楫所不及。其次者，用以为箸。"① 此时，还见到有些商人已和生产事业有所联系，因而起家，如：徽州歙县的郑天镇"少服贾，以铁冶起建安"②。休宁的吴有容，"挟赀游闽及江右间，货楮山中，尝年先以米钞给诸造户，而征其息"③。

商品交换的普遍，使一部分生产者，也从事商人的活动，如苏州潘氏，"起机房织手，至名守谦者始大富，至百万"④。这种情况，反映在海外贸易商方面，尤其明显，早在嘉靖年间，即有"浙直丝客，江西陶人"⑤ 参加海外贸易的活动。到了万历年间，其由手工业者直接给本，提供商品，参加海上贸易的活动，则有杭州的赵子明，系"向织造蛤蜊班段匹等货"⑥ 的人，这正是手工业者变为商人的道路。

至于从事日常生活资料的交换，尤为各地商人所乐趋。明隆庆时，有一徽州商人黄汴曾记其所亲见的苏州市场，说："苏州聚货段匹外，难以尽述，凡人一身诸行日用物件，从其所欲"⑦。这说明了凡是日常生活上所需要的东西，都可以从市场上购得，这样，自会渐渐促使商人的经济活动，超出本地区的限制，而趋向于全国规模的发展。当时商人所称为都会者，已有"大之而两京、江、浙、闽、广诸省，次之而为苏、松、淮、扬诸府，临清、济宁诸州，仪真、芜湖诸县，瓜州、景德诸镇"⑧。在这些府、州、县、镇中，有不少系属于外来的工商业者，他们靠着工商业的收入，以维持生活。明末闽西山区清流县的庙会，便有京、浙、江、广等处客商参加："每岁八月二十八日，樊公诞辰，邑人迎神赛愿，先期，京、浙、江、广各处客商，俱齐土货，集县贸易，周月方散。"⑨ 在这种市场里，商人的服务对象已有所改变，他们商品的购买者不一定都是封建地主阶级，也含有一部分手工业者对于生产资料的需求，这正符合于资本主义萌芽时期的历史特点，难道不可以说这已形成为国内市场的初步萌芽吗？

是以论证中国封建社会后期的国内市场，不能不注意到明清时代全国各地手工业的发达这一个因素。这个成分的逐步扩大，自为资本主义萌芽时期国内市场的发

① 《古今图书集成》，《方舆汇编》，《职方典》卷 853，南昌府部。熊文举：《梦游龙丘记》。
② 汪道昆：《太函集》卷 46，《明故处士郑次公墓志铭》。
③ 天启《新安休宁名族志》卷 3。
④ 沈德符：《万历野获编》卷 28。
⑤ 顾炎武：《天下郡国利病书》卷 96，福建六。傅元初：《请开洋禁疏》。
⑥ 详见拙稿：《从一篇史料看十七世纪中国海上贸易商性质》，上海《文汇报》1962 年 11 月 2 日。
⑦ 黄汴：《一统路程图记》，《江南水路》卷 7。
⑧ 万历《歙志》卷 10，"货殖"。
⑨ 崇祯《汀州府志》卷 1，"街市"。

展提供了有利的条件。也许有人会说：这一种购买关系，明代以前早已有之。诚然，明代以前有手工业，有商业，也有城市，但要注意它的数量、品种，有没有超过以前的范围。我们知道，在明代，中国的封建市场，开始了某种程度的分化：它有着地方性的市场，也有着全国性的市场，有和边区少数民族互市的场所，也有面向外国的贸易港口，有官市，也有私市。其中，有着国内经济发展的因素，而自16—17世纪以后，还有国际早期资本主义经济势力的影响，那是以前所不会有过的，只是此时农村工业还牢固存在，而不被破坏，所以这一种发展极不平衡，其较有规模的全国性市场仅限于几个经济较为进步的地方，而广大地区仍以自给自足的自然经济占着支配的地位。但是，我们也必须看到，在商品货币经济的推动下，有些作为封建经济的典型代表，也不能不开始动摇，出现某些新变化。自然，这一个变化，只是细小的变化，部分的质变，没有达到根本的质变，然而它总是封建农奴制的对立物，在由小变大的过程中，尽管它的力量尚微不足道，没有取得支配的地位，但终会给封建性打开一个缺口。下面拟就女红、山区经济、地主经济等方面进行分析，用以反证这时商品经济的发展程度。

女红是农业与手工业结合的一种形式，也是封建主所赖以维持自然经济的统治工具之一，所以它是封建经济的特征之一，它的自然性，无疑地，是非常显然的。但是我们还需要理解列宁对于这个问题所提出的一种看法，即"'农业同手工业结合'的形式是多种多样的，有的表现为自然经济占统治地位的最原始的经济结构；有的表现出资本主义的高度发展；有的是这两者之间的许多过渡阶段"[1]。同样地，在中国封建社会里，随着社会经济发展的不同，这一种农业与手工业的结合也在起着变化。是以对于女红的认识，不宜只强调它自然性的一面，也应看到商品性的一面。就明清时代而论，女红一直作为自然经济的代表者，信如马克思所说的："在以小农经济与家庭手工业为核心的当前中国社会经济制度下，谈不上什么大宗进口外国货。"[2] 然而在封建社会后期，由于商品经济的发展，也曾使以自给自足为目的的女红，开始有一部分的分化。兹拟引用明代温州地区的一些实例，作为证明。

> 其女红不事剪绣，勤于纺织，虽六七十岁老妪亦然，贫家无棉花、苎、麻者，或为人分纺分绩，日不肯暇。其女工巧拙，视布之粗细为差。[3]

又云：

---

① 列宁：《俄国资本主义的发展》，《列宁全集》第3卷，人民出版社1960年版，第339页。
② 马克思：《英中条约》，《马克思恩格斯全集》第12卷，人民出版社1962年版，第605页。
③ 弘治《温州府志》卷1，"风俗"。

　　　　女红不事剪绣，勤于纺织，虽六七十岁老妪亦然，旧传有夜浣纱而且成布
　　者，谓之鸡鸣布。若永之双线布，乐之斜文布，独为他郡最，或有出男子所织
　　者。①

按照上文所举，这女红应是典型的农业与手工业的直接结合，可是我们尚须分析这
班妇女虽仍在自己家里工作，然而他们的生产原料，如棉、苎、麻等皆由别人所供
给，而代为分纺分织，提供制成品，实际上，这些妇女已成为供给原料者的工资劳
动者，只是披着女红的外衣而已，而其中有"出男子所织者"，则表现得更明显
了。所以这场合的女红，当含有一定程度的商品性。此外，明代有些地区的女红，
颇和海外贸易结有密切的关系。海澄"商人贸迁，多以巨舶兴贷，获厚利，妇女
务女工"②，即是漳州女工所产商品，有一部分已卷入国际商品流通之中。是以这
种由农业与手工业结合所构成的乡村，明代中叶以后会逐渐发展为手工业的专门市
镇，这在江南地区，为数颇多。

　　　　绫绸之业，至明成、弘以后，土人亦有精其业者，相沿成俗。于是盛泽、
　　黄溪四五十里间，居民乃尽逐绫绸之利，有力者雇人织挽，贫者皆自织，而令
　　其童稚挽花，女工不事纺织，日夕治丝。③

在这些市镇中，可以看出封建社会后期，中国农村手工业的发展，已逐渐从以生产
自己需要为目的的农村副业，缓慢地发展为独立的手工业；而其中的有力者，且能
雇佣工人进行生产，形成为中国乡村手工业的支柱。再以明代浙江嘉善的魏塘纱为
例："穷民无本不能成布，日卖纱数两以给食。故谚云：'买不尽松江布，收不尽
魏塘纱。'"④ 这说明当时女红的商品性，已成为一个极明显的现象，影响了女红的
内部构成，这是我们所必须再认识的一个问题。
　　其次，论及中国封建社会后期的山区经济，也有同样的情况。一般地说，山区
因为交通不便，土地硗瘠等原因，一向是落后的，也更富于自然性的一面，然而山
区人民为着克服不利的自然条件，使全年劳动得到合理的安排，每采取了多种经营
的形式，以解决他们生活的困难。兹举太行山下的河南林县之例，看山区农民是怎
样从事农作物种植的。

---

① 　万历《温州府志》卷2，"风俗"。
② 　万历《潭州府志》卷26。
③ 　乾隆《吴江县志》卷38，"生业"。
④ 　万历《嘉善县志》，据《浙江通志》卷102，物产二转引。

县属居民专务稼穑，惟北乡山后，沙石荦确，无地可耕，故其民别以种植为生计，多收果核，即属有年，不以禾黍丰凶为利病也。山所宜木非一，惟柿果、核桃、花椒三物，其利独博。……柿之属有三：长者曰盖柿，作饼为上；小者曰棉柿，作饼次之；扁者曰水柿，不堪为饼也。三柿咸熟，多可谷量，既肉干而作饼，亦液溢而成霜，可充馆粮，尤为市利。核桃……厥有二种，其一曰：绵核桃……其次曰：夹核桃。……花椒……厥有三种，其一曰：大红袍……其次曰：小椒……其劣者曰：狗椒，颇臭，贾竖以伪杂真，则取之。县属，每至秋冬以后，东出水冶，南出六岭，驼运日夜不绝，皆椒、桃、柿饼三物也。……太行深处，亦产药草……其他诸木之中，有槲可饲山蚕作茧，诸草之中，有蓝可作大靛染衣，皆利民用焉。①

根据上引资料，在林县山区，农民的生产品，有木材，有柿，有核桃，有花椒，有药草，有槲，有蓝，又有经过加工的柿饼等，这些产品，虽亦供农家生活的需要，但大多数都不是农家本身所消费得了的，有的或为工业原料，而皆需要出售，所谓"驼运日夜不绝"。在这种情况下，一向闭塞的山区经济，却具有商品性较大的特征。我国有不少商人，即出现于山区里，河南的武安商人，系在太行山下。福建的建宁、将乐、永定、连城，江西的金谿、南城、瑞金、雩都、吉安等地都有不少的商人，他们皆在闽赣山区之中②。

山区经济还有一个特点，即因为自然条件的关系，梯田居多，农业受到限制，却予手工业的发展与成长以一个极有利的条件。清代中叶川陕鄂三省毗邻地带的山区，其中，如木、笋、纸、木耳、香菰、铁、炭、金之广，为数甚多。有的为农产品的加工，有的为矿产品的精造，并具有一定的生产规模。以纸厂为例言之，"定远西乡巴山林甚多……西乡纸厂二十余座，定远纸厂逾百，近日洋县亦有小纸厂二十余座。厂大者，匠作雇工必得百数十人，小者亦得四五十人"③。这样，山区又成为手工业的一个集中地，并受着商业资本的支配。川陕鄂边区的大圆木厂，即系如此。

开厂出资本商人，住西安、盩厔、汉中城，其总理总管之人，曰掌柜，曰当家；挂记帐目，经管包揽承货字据，曰书办；水次揽运头人，曰领岸；水陆领夫之人，曰包头。计大圆木厂，匠作水陆挽运之人，不下三五千，其开伐以

---

① 乾隆《林县志》卷5，"风土志"。
② 详见拙稿《关于中国资本主义萌芽的若干问题的商榷》一文，上海《交汇报》1961年12月21日。
③ 严如煜：《三省边防备览》卷10，"山货"。

渐而进，平时进止，皆有号令，号曰营，与行军同。①

其他纸、铁、耳菌等厂，无不皆然。于是就使得居住于山区内的农民或手工业者的生活来源，有一部分已和商品生产结不解之缘，他们生活的盈缩，在一定程度内曾依存于市场的兴衰。但又由于地主经济与商品生产之间有着深刻的矛盾，因而他们所受到地主阶级的压迫，较为严重。特别明清时代，由于手工业生产的发展，开矿业的进步，经济作物种植的普遍，引起地主阶级的嫉视，自嘉靖以至清代前期，我们在福建、江西、浙江、广东、湖南的山区，经常见有"麻寇"、"菁客"、"蓝寇"、"靛寇"、"蓬贼"的起义②，广东从化也有"蓝徒"、"炭党"（开山种蓝烧炭者）的起义③。他们的起义，是由于他们所生产的商品卖不出去，无法生活而引起的。明末浙东的菁民，即以"江北兵荒，青布不行，靛贱谷贵，此辈无以自存；遂出掠山旁村落"④。这说明山区经济已和商品生产密切联系起来了。另一方面，山区经济一般都处于僻远的内地，那里虽能避免行会制度的干涉，然而封建势力是牢固地存在着，其中，有专制政府，也有代表地方地主的乡族势力，在他们的压迫下，山区经济商品性的发展，仍是有限度的。这里，我们不可夸大山区经济的作用，可是如果不承认其间的变化，亦不符合于历史的事实。

再则明清时代的地主经济，始终系以自足自给的自然经济为主，但其内部之间，工商业的发展，人口分业的存在，都已有悠久的历史，这样，就不能不对地主经济有所影响。所谓"山息、田息及懋迁货殖"⑤皆列为封建经济计算之中，这反映了后期封建经济的维持，不纯靠农业的收入。所以，他们提出"养民之政，莫急于通商……大抵足佐耕桑之半焉"⑥。在这一历史条件之下，明清时代地主经济的商品性的一面，也日在增长中。是以明代有一部分地主，会注意于开矿经商之事。霍渭崖在其《家训》中，曾说：

> 居家生理，食货为急。聚百口以联居，仰赘于人，岂可也。冠婚丧祭，义礼供需，非货财不给。……凡石湾窑冶，佛山炭铁，登州木植，可以便民同利者，司货者掌之。年一人司窑冶，一人司炭铁，一人司木植。岁入利市，报于司货者。司货者岁终咨禀家长，以知功最。窑冶者，犹兼治田，非谓只可窑冶

---

① 严如熤：《三省边防备览》卷10，"山货"。
② 参考明《隆庆实录》卷26以及上引各省地方志。
③ 顾炎武：《天下郡国利病书》卷98，广东二。
④ 熊人荣：《南荣集》卷11，《防菁民议》。
⑤ 光绪《抚州府志》卷12，"风俗"。
⑥ 光绪《江西通志》卷81，"建置"。曹鼎望：《铅江桥记》。

　　而已。盖本可以兼末，事末不可废本故也。司木、司铁亦然。①

地主阶级在其家族之内，重视工商货殖之事，这是封建社会后期地主经济的经营原则的一个变化。有的同志也许以为地主重视工商货殖，不自此始，商品生产和资本主义生产两者有很大的区别。可是我们还是把它提出来，理由是：地主阶级的从事经商开矿，有着他们自己的打算，如果窑冶、炭铁多了，他终究是需要出卖的，是会满足人们对于生活资料和生产资料的需求，这样，由小变大的积累，难道还和早期封建社会的自然经济一样，没有些小的变化？霍渭崖的目的，完全没有改变地主经济的意图，然而事物的发展，不以人们的意志为转移，这一点也应值得考虑。

　　由于商品经济的发展，阶级斗争的激烈，我们又在明清时代的地主经济中，发现有货币地租的萌芽。这种货币地租的萌芽不是偶然的，是和明清时代封建经济的发展结合在一起的。只是它尚处在萌芽的初期，地区既有限制，而数量亦极微小，形式也不完整。我前曾举明代徽州的租山之例，证明明代中叶以后，中国已出现有货币地租的萌芽。这种萌芽还可以在长江流域得到印证。明万历间湖北汉川县曾发生一个讼案，说到邑庠生萧尧采的仆人萧效用，为其田主"征租于其田……诘旦，效用方提征租五十金以归，租例半粟也，而悉代以金"②。这里，说明了汉川县的租例，半系实物，半系货币。假如没有商业，城市产业，商品生产一般，及货币流通已有显著发展这一件事为前提，没有以生产物有一个市场价格，并以多少接近价值的售卖作为前提，在这乡村中，能够在短期内换得白银五十两，是不可能的。同时，我们还要看到实物、货币各半的地租形态，正是说明中国资本主义萌芽正处于低级阶段，但此时地主对农民的剥削，由于银纳之故，可以减轻农民搬运地租的负担，这虽是很不完备的，然而已把农民和商品生产联系起来，有利于生产的发展。并且万历时代，长江流域之出现有从实物向货币过渡的地租形态，绝不是偶然的现象，亦是社会经济发展的结果。明末湖广地区的粮食曾大量外销，加强了商品化，这就替货币地租的出现创造有利的条件，因而不根据历史条件，而说这时货币地租和唐代相同，殊难使人同意。我们在商品经济较为发达地区还发现有这样一个事例，即江苏的植棉区，地主对于农民的榨取，曾采取这样一种办法：

　　　　锄棉者功次极细密。昔有人佣力锄者，密埋钱于苗根，锄者贪觅钱，深细
　　爬梳，棉则大熟。③

---

　　①　霍韬：《霍渭崖家训》，《涵芬楼秘笈》本。
　　②　据安野省三《明末清初扬子江中游大土地所有的一个考察》转引万历《汉阳府志》卷6，"艺文志"，见《东洋学报》第44卷第3号。
　　③　徐光启：《农政全书》卷25，蚕桑广类。

这一节记事很值得注意，他告诉了明代中叶以后农业生产关系的变化，有着深远的历史根源。

关于明代中叶以后，中国有没有出现带有资本主义性质的雇佣劳动的萌芽，我以为在分析这个问题时，必须从中国的历史条件出发。自然，马克思所说的"两重自由"，是我们论述雇佣劳动所应遵循的一个准则，惟在资本主义的萌芽期和在资本主义时期，其中应有一定程度的区别，而不宜等同起来，这是我和罗同志在研究这个问题时所以出现分歧的一个原因。那么，我们将如何处理明清时代的雇佣劳动呢？我的意见，在中国的历史条件下，既应注意这时有没有出现有购买劳动力和出卖劳动力的两重自由，还要注意这两重自由的表现形式又是怎样。最近我看到清乾隆初年台湾糖廊的招募工人，先要工人出十两银子作定，如云：

> 台湾俗例，要在糖廊佣工的，先给廊主银子十两作定，随后仍陆续还明。[1]

又云：

> 台湾糖廊佣工人多，若有定钱，才许入廊，不至混争。所以在廊佣工的人，先要定银，然后陆续将定银给还。[2]

根据上引两节文字，说明在中国后期封建社会里，工场主的购买劳动力是很自由的，其出卖劳动力者，已是能付出十两定银的身份，而不是不自由的农民。在一般封建社会里，由于领主的严格控制农奴，对于工场主来说，获得购买劳动力的自由，将是发展生产的一个最关键的条件。可是在中国的历史条件下，由于长期不断的农民起义，以及中国的地主经济，食土而不临民，经济权与政治权有一定的分裂，农民获得了相对的离土自由，是以中国工场主对于获得购买劳动力的自由，不似欧洲封建末期工场主在发展工业时所遇到的那么困难，这就为中国资本主义萌芽的发展，提供了一个可能的有利的条件。因此，测量明清时代的雇佣劳动者，既要看到雇佣劳动本身的变化，也要看到外界条件的变化。我们承认两重自由，也承认中国的历史特点，这两重自由，在资本主义萌芽时期，不可能是很完整的、严格的。主要的，要看劳动力在整个阶级关系中的地位是怎样的，出卖劳动力是为了封

---

[1]　《明清史料》，乙编第 10 本，福建巡抚刘揭帖，乾隆八年。
[2]　同上。

建消费的要求还是为了广大市场的需要。关于万历年间苏州的机户、机工及其和当时市场的关系，前文已说得很多，其中有封建性的一面，也有非封建性的另一面，必须进行具体分析。中国封建社会的手工业生产，一直存在着"官""民"两大系统，跟着社会经济的发展，在封建社会的后期，民营系统逐渐提高其地位，矿冶业如此，织造亦系如此。明清时代的织造，从组织形式言之，无疑地，具有浓厚的封建性，可是其中有一部分机户，系属于民机体系，也有一部分不隶属于匠籍而由无业流民所组成的机工，依靠出卖其唯一财产——劳动力，以维持生活。他们进行严格的分工，而其生产的目的，亦不单纯为着上供，而系为着市场而生产，甚至还有国外市场的需要。在长时间内，商品生产的发展，难道不会使他们之间的关系发生微细的变化吗？同样地，我们不是看到近代官办军需工业也曾产生了中国的早期无产阶级吗？

像这一种为满足商品经济的需要，一方出资本，一方出劳力所建立起来的手工业，我们又在浙江崇德石门镇榨油业中找到一个典型。

> 崇（德）为吾郡上游，当孔道，号剧难治，而石门镇为甚。镇饶米菽丝纩，商贾辐辏，浮于邑。……镇油坊可二十家，杵油须壮有力者，夜作晓罢，即丁夫不能日操杵，坊须数十人，间日而作。镇民少，辄募旁邑为佣，其就募者类赤身亡赖，或故髡钳而匿名逃罪者，二十家合之八百余人，一夕作，佣直二铢而赢。……千百为群，即坊主人亦畏之。①

这里，从事榨油业的坊主，他们的获得劳动力，显然不是依靠封建特权，而是货币的力量。从其就募者，"类赤身亡赖"，和清代前期苏州踹匠的"孑身赤汉，一无携带"，正复相同。我们注意到这时的雇佣劳动已带有资本主义性质的萌芽，还注意到有其他社会条件的配合。例如，由于当时社会生产力的发展，明末广东的铁冶业，从开矿、炼铁到鼓铸，曾组成为一系列的作业程序，具备手工工场的初步雏形。

> 炉之状如瓶，其口上出口广丈许，底厚三丈五尺，崇半之，身厚二尺有奇。……炉后有口，口外为一土墙，墙有门二扇，高五六尺，广四尺，以四人持门，一阖一开，以作风势，其二口皆镶水石。……下铁矿时，与坚炭相杂，卒以机车从山上飞掷以入炉，其焰烛天，黑浊之气，数十里不散。铁矿既溶，液流至于方池，液铁一版，取之以大木杠搅炉，铁水注倾，复成一版，凡

---

① 康熙《石门县志》卷7，《纪文》。贺灿然：《石门县彰宪亭碑记》。

十二时。一时须出一版，重可十钧，一时而出二版，是曰双钧。……凡一炉场，环而居者三百家，司炉者二百余人，掘铁丬者三百余，汲者、烧炭者二百有余，驮者牛二百头，载者舟五十艘，计一铁场之费，不止万金，日得铁二十余版，则利赢；八九版则缩。……佛山俗善鼓铸，其为镬，大者曰糖围，深七深六，牛一牛二，小者曰：牛三牛四牛五，以五为一连曰五口，三为一连曰三口。……时凡铸有耳者，不得铸无耳者；铸无耳者，不得铸有耳者，兼铸之必讼。……其炒铁则以生铁团之入炉，火烧透红，乃出而置砧上，一人钳之，二三人锤之，旁十余童子扇之，童子必唱歌不辍，然后可以炼熟而为铄也。计炒铁之肆有数十，人有数千，一肆数十砧，一砧有十余人，是为小炉。炉有大小，以铁有生有熟也。故夫冶生铁者，大炉之事也，冶熟铁者，小炉之事也。①

从以上的记载，可见明末冶铁业的生产规模，是巨大的，他们在一个主人的命令之下，使用原始的机械，进行详细的分工，自数十人、数百人以至千余人。他们生产的目的，在于赢利，获得利润，所谓"得铁二十余版，则利赢；八九版则缩"。这里，非常明显地看出阶级地位的不同，一方具有万金设备的生产资料，另一方则系空无所有，而受佣于人。固然，在这个地方，行会制仍在工业生产上起着作用，又是新工业产生过程中的随伴物，可是它已影响到生产力的进步。以前我在论证福建政和的铁冶生产时，曾说："此时铁的冶炼技术也有相应的进步，从竖炉冶炼，发展成为鼓风炉型的炉，走着与西欧相同的发展过程。"② 对此论据，罗同志则说"事实并非如此"。其实，我所谓鼓风炉型的炉，亦称熔矿炉，即是高炉。政和县的铁炉和上述广东的铁炉，都属于这一类型的高炉。如果不是望文生义的话，这种高炉，怎能和公元前六七世纪的鼓风箱等同起来呢？古代的冶炼，那只在地上安置简单的火炉，利用牛马等兽皮或内脏腔做成简单的风箱，送风冶炼，它的生产量，是很小的。而此时的炉型，则规模巨大，能拥有几百个劳动力，日产六千斤的铁版，这样的生产量，远非公元前六七世纪的鼓风箱所能比拟。中国封建社会虽系长期迟滞，但绝非停滞不进，以明代而论，生产技术有着显著的变化。固然，我们不能过分夸大这时的生产技术的进步，因为它毕竟还是以手工劳动为基础的；同样地，我们也不能片面强调这时劳动力已是很完整的自由劳动者，因为这些劳动力本身仍带有浓厚的封建性，只在某些部分已和封建的农奴式劳动有所不同，出现了部分的质变，具有资本主义性质的雇佣劳动的萌芽，他们从严格的封建农奴制中前进

---

① 屈大钧：《广东新语》卷15《货语》。
② 参见拙稿《我对于明代中叶以后雇佣劳动的再认识》，《历史研究》1961年第3期。

了一大步。尽管这还是很个别的现象，然已不能不引起人们的注意。这皆须大胆地予以肯定，否则，将很难说明以后历史的发展，至于其发展是否成熟，那又是另外的一个问题。

最后，还附带地就罗同志所提出的一些具体问题进行商榷，兹为不把问题扯得很远，将争论的焦点，集中在明清之际，大约前后不及一百年，或者稍多一些时间的材料，论述江南地区纺织业的变化。据罗同志说：清初苏州机户、机工的关系和万历时代有着本质的区别，一是封建的，一是资本主义的——按罗同志说——是"彻底地脱离了生产资料的自由劳动者"。关于苏州机工和机户的关系，是近来史学界正在争论的一个问题，兹拟别论。只是罗同志根据雍正十二年永禁机匠叫歇碑等资料，论证出"康熙九年（1670）苏州的踹匠，雍正十二年（1734）苏州的机户、机工的关系，都是自由劳动者"。其获得出这个结论的过程，殊值怀疑。为什么呢？罗同志在他的文章里，引用很多史料，证明万历年间及其以前的雇佣劳动，前后有几千年之久，没有任何变化。奇怪的是，到了七十年后的清初，却起了本质的变化。从万历二十九年到康熙九年相距不过七十年，至雍正十二年也不过一百三十多年，中间虽然经历了明末农民大起义，然而这一次农民大起义，仍然和汉、唐、宋、元时代的农民起义一样，以失败为告终。同在封建社会落后生产力的制约之下，社会生产总量在几年或几十年内，是很少变化的，我们很难相信从万历到康熙短短的几十年间，能使生产力发展影响到生产关系起了本质的变化，从封建的雇佣劳动者转变为彻底地脱离了生产资料的自由劳动者，得出这一个很突然的结论。至于罗同志所指摘的"机户名隶官籍"，受着织造衙门的支配，则明清两代并无异致，为什么前后待遇竟如此悬殊，这是我的第一个疑点。

其次，罗同志在他的文章里，反复论述明中叶流亡的农民不是形成了"可能的自由劳动者"。最后说，"不能把流民都看作是资本主义生产的后备军。明代流民丧失土地的原因是和以前历代一样，它不是由于资本主义生产对自由劳动者的而出现的生产者与生产资料的分离"。可是我们要问，清代前期苏州踹匠、机工从何而来呢？罗同志一再说："万历时期没有出现'可能的自由劳动者'产生的前提，所以逃亡的农民不是可能的自由劳动者"。这个论点，假如能够成立，那么，在历史条件没有多大改变，即地主对于农民的支配没有改变的前提下，为什么到了清代前期，前后相距不过七十年，也许还短些，同在苏州地区，那时封建地主经济制度已处于解体状态中？流民已是资本主义生产的后备军？具备"可能的自由劳动者"产生的前提？不但此也，按罗同志的话，他们已是"彻底地脱离了生产资料"，"人身隶属关系已解除"的自由劳动者。这样，轻易地、简单地把明代贴上封建的标签，把清代贴上自由劳动者的标签，皆非实事求是的态度，而在事实上、理论上殊难令人信服。实际上，中国农民早具有相对的离土自由，其本身有形成"可能的自由劳动者"的某些前提，他们之带有或不带有资本主义性质的萌芽，不完全决定于他的本身，而决定于整个社会经济的发展程度，取决于劳动力购买者，把这些劳动力用为封建贵族的消费或其他的消耗，抑或为着市场的需要。就这一点说，明清时代的手工业显与宋元以前的手工业有所差别，那么，这批流民，在特定的历史条件下，是有条件成为"可能的自由劳动者"。然而他还只是可能的自由劳动者，而不是自由劳动者。

再次，罗同志提出清代前期苏州踹匠的人身隶属关系业已解除的标志，是"他们敢于齐行增价，停工观望"，组织踹匠会馆，我也认为这应是人身隶属关系业已解除的表征之一，可是这不是清代前期才有的现象，而系明代中叶，"早已有之"。这里，我不准备博引上下数千年，西自敦煌，南至韶关的不同时间、不同地区、不同行业的材料，以否认明代中叶出现带有资本主义性质的雇佣劳动的萌芽，而只引用一节时间相差不过几十年，万历时人周晖的《金陵琐事剩录》所记南京丝织业的事情，以资商榷。

> 甚至工人之贫也，时钱贱物价贵，工人倡为齐行，所争者微，所聚者众。最可恨招安二字，人心不安分，此一特端也。①

如果罗同志仍相信他的说法，敢于齐行增价，停工观望，是清代前期苏州踹匠的人身隶属关系业已解除的标识，那么，中国什么时候出现了自由劳动者？较妥当的看法，将不是清代前期，而在明代中叶以后。

从以上几点，可见罗同志对于万历年间苏州织工性质估计很低，却又承认几十年后苏州的踹匠、机匠，已是"彻底的自由劳动者"，给予过高的评价。至于农业雇佣劳动，他不同意我所说明清之际的短工，具有自由劳动者的若干特点，而又说清代前期的长工，已是"彻底的自由劳动者"，按一般说，短工较长工为自由些，难道"主者得工，雇者得值"的短工，反不比仅无主仆名分，平等相称的长工为进步吗？这皆是令人费解之处。其所以如此，正由于考虑问题，没有从一切事物皆以条件、地点、时间为转移这一马列主义原理出发，进行具体地分析，而只抓住经典作家的某些词句，或欧洲某些国家所有过的某些事例，生搬硬套，东拼西凑，因而难以取得科学的定论。

总之，从以上的典型例子，证明明代中叶以后封建经济的发展，由于小生产者有可能走向资本主义的自发倾向，因而在中国的个别地区、个别行业之出现资本主义生产的萌芽，那是合乎规律的。这种情况，在明代思想界也得到反映，如知识的

---

① 　周晖：《金陵琐事剩录》卷4。

占有者已不完全是地主阶级和士大夫分子，有许多思想家出身于灶丁、商贩、瓦匠、樵夫、农民、佣工，即黄宗羲所谓非名教中人①，亦足以反证当时社会已处于变化之中。

尽管中国后期封建经济里，出现有某些进步的因素，但这时期的经济发展也存在着极端矛盾、反常和不平衡的现象。首先要注意中国多民族的中央集权制的大一统封建帝国，以及地主经济的特性，纵在封建社会的后期，地主阶级对于农民的压迫，仍极残酷。明代各地的庄仆、世佃制度，这种属于农奴制类型的农民，既为地主担任苛重的力役，提供收获物半数以上的地租，还有其他的种种额外负担，如所谓冬牲、豆粿、年肉、糍粑，等等②，只要在农民能够容受剥削的程度内，地主阶级无不任情地使其承担。明末清初东南各省前后绵延近百年的佃农反抗运动和"奴变"运动，即针对这成为生产力发展桎梏的农奴制。在这农民的隶属化下，势不能不影响到这一时期的封建经济、手工业或农业的雇佣劳动者，一直到了鸦片战争前夕的 19 世纪中叶，农业雇佣劳动者还只能是具有雇佣劳动的若干特点，而不可能是"彻底的自由劳动者"。再次，我们应承认中国后期封建经济，其商品生产的发展程度，极不平衡，不仅内地如此，就是沿海经济较为进步的地区，亦何莫不然。拿明代浙江的秀水县为例言之，这是一个丝织业的中心，商品生产较为发达，然据地方志的记载，则其发展殊为矛盾，有如濮院镇、新城镇各万余家，王江泾可七千余家，陡门镇有二百余家，然其地之民"男耕桑，女纺织"，还没有可能从农业中独立出来，至其邻近诸乡，则半属纯朴的乡村，和外界没有发生什么联系③。至于江西、湖南等地区，则这一种经济发展的不平衡现象，尤为突出。是以我们论述中国后期封建经济时，亦必须作出正确的分析。其三，前面提到封建社会后期，中国农业与手工业的结合，出现有某些变化，然而这只是个别地区的现象，必不可以将其作为一般的现象去处理，马克思曾引述 19 世纪中叶有些欧洲人对于中国情况的报道，如说："福建的农民不单单是一个农民，他是庄稼汉又兼工业工作者。他生产这样的布匹，除原料的成本外，简直不费分文。如前所说，他是在自己的家里经自己的妻女和佣工的手而生产这种布匹的，既不要额外的劳力，又不费特别的时间。在他的庄稼正在生长时，在收获完毕之后，以及在无法进行户外劳动的雨天，他就使他手下的人们纺纱织布。总之，一年到头一有可利用的空余时间，这个勤于家庭劳动的人就去从事他的副业，生产一些有用的东西。"④ 所以广大农村仍然是农业和手工业密切结合，独立手工业仍属于次要地位，这绝不容我们有丝毫的

---

① 黄宗羲：《明儒学案》卷 32《泰州学派》。
② 参考拙著《明清农村社会经济》一书，生活·读书·新知三联书店 1961 年版。
③ 参考万历《秀水县志》卷 1，"舆地志"。
④ 马克思：《对华贸易》，《马克思恩格斯全集》第 13 卷，人民出版社 1962 年版，第 604 页。

混淆。

　　根据上述，在中国封建社会的后期，已出现有资本主义萌芽的因素。那么，为什么它不能够向前推进一步呢？为什么中国后期封建经济会出现这种矛盾、反常、不平衡的现象呢？为什么地主阶级能够长期地、牢固地压迫农民呢？为什么有在中国封建经济里落后与进步的两种因素能够并存、互相牵制的现象？对于这一系列的问题，我认为都应从中国封建经济结构本身找到解释。

　　中国是一个中央集权制的多民族的封建大帝国，为保护封建土地所有制，镇压国内人民的反抗，防止外国侵略者的入侵等任务，中国封建统治阶级在长期间曾积累有丰富的统治经验，形成了"公"与"私"的两个体系，用以统治中国人民。这"公"的系统是指政权，而"私"的系统，则为政权以外的族权、神权、夫权等，也可以说是地主的权力，"这四种权力——政权、族权、神权、夫权，代表了全部封建宗法的思想和制度，是束缚中国人民特别是农民的四条极大的绳索"①。由于各地区经济发展的不平衡，以及自然经济的特性，这"公"与"私"的两大系统之间既有矛盾，又有统一，既相互独立，又相互补充，相辅而行，组成一个极完整、极牢固的封建社会经济结构，强压在中国人民的头上。下面拟先论述中国封建统治者是怎样通过"公"的体系的政权，以统治中国人民。毛主席已经说过，中国封建社会有一套完整的"一国、一省、一县以至乡的国家系统（政权）"，当中，国家机器所直接统辖的军队和法律，自然起着主要的作用，但由于中国的地主经济，食土而不临民，这一个政权又和官僚制结合在一起，表现得非常错综复杂，其对于灾民的统治，自商鞅的什伍法，王安石的保甲法，元代的村社制，明代的里甲制，一直到了王守仁的十家牌法等，这一套完整体系，紧紧地束缚住中国封建经济的发展，长期地保留着依附农的状态。在保甲法下，中国农民的自由转业受到限制，兵有军籍，匠有匠籍，商有商籍，农民也有固定户籍。王守仁的十家牌法的各家牌式②，即按民户、军户、匠户、匠客户等分类编列，以达到"防奸革弊、保安良善"的目的。这里，封建政府不仅掌握了广大的劳动人口，使其提供封建地租，并含有军事镇压的意义在内。明代政府所不断执行的清军勾匠，也都为着控制这部分劳动人口。而清代还曾在手工工人当中推行过一种保甲法，以统治江南的染纺工人，如苏州：

　　　　每作用管帐一人，专责稽查，名曰坊长。凡有踹匠投坊佣趁，必须坊长识
　　　认来历，方许容留。然坊长之责，必自包头，即将包头立于居民之外，每十二

① 《毛泽东选集》第1卷，第34页。
② 王守仁：《王文成公全书》卷16，别录8，"公移"。

家编为一甲，每月轮值甲长，每岁周而复始，各给循环印簿，开明某月甲长某人，查填踹匠姓名，仍于众包头中，择一老诚练达者，举充坊总，颁给团牌，管押各甲踹匠，五人连环互保，取结册报，一人犯事，四人同罪。[①]

在这种情况下，中国农民和手工业者都不易摆脱政府的束缚，而得有转业的自由。这又证实了清初踹匠的性质，他们所有的一切生产资料和封建制度所给予他们生存上的一切保证，远远没有被剥夺干净，所以，他们只能是具有资本主义性质的雇佣劳动的萌芽，而不是自由劳动者。

此外，中国专制政府还直接干涉人民的经济生活，通过盐铁国营等形式，非但把许多有利可图的生产事业都归中央政府直接管理，使得商人和手工业者无从插足经营，而且在这些官营工业中，生产者要摆脱封建官府的束缚，尤为不易。中央政府为着限制工商业的活动，保护封建土地所有制的稳定，常采取种种对策，在盐铁国营之外，诸如重农抑末，商贾律、告缗令、平准、均输等，都是中国地主阶级对于商人进行斗争的一些工具。但在封建社会里，商人势力的发展又是客观存在的，并且有其一定的必要性，于是地主阶级对于商人又采取另外一种较隐蔽的控制办法，这即是中国史上的入粟卖官、捐纳制度等，努力于把商人转为封建地主中的一个组成部分。这是封建政府对商人的让步，也是间接控制商人的手段。在这场合里，商人要直接参加生产事业的活动，便不是那么简单而容易。就是产业家要扩大商品流通，参加商业活动，也每遭政府的干涉。前引明代浙江有些缎业制造商参加海上贸易，便受到政府的处分[②]，即其明证。中国封建时代生产事业所受专制政府的压迫有时还大于行会的干涉。当明嘉靖间，淮南制盐业的小业主——富灶，"家置三五锅者有之，家置十锅者有之"[③]。本来富灶是不能置办这种生产工具的，如按照行会的规定，也不允许成员自由置办生产工具。现在他们购置生产工具了，而且富灶与贫灶之间的贫富分化，也很激烈。有不少富灶雇佣贫灶，为其工作。这一种自发的资本主义生产的萌芽因素，能够逃避行会制的束缚，却立即受到专制政府的压迫，于此，亦可见出中国行会制发展得不够完整有力。封建政府不仅对于民间生产事业采取这种压迫的方针，还常无偿地直接掠夺商人的财富。万历时代为中国封建经济较为发展时期，然而封建政府对于商人的摧残，亦以此时为最甚。矿监、税监之外，万历二十八年有武英殿带俸中书程守训奉密旨访各处富商，搜求天下异宝，"首有朱红金字钦命牌二

①　《江苏省明清以来碑刻资料选集》，《长吴二县踹匠条约碑》，康熙五十九年七月。

②　详见拙稿《从一篇史料看十七世纪中国海上贸易商性质》，《文汇报》1962 年 11 月 2 日。

③　《明经世文编》卷 157，庞尚鹏：《清理盐法疏》。

面，继有二牌，一书凡告富商巨室，违法致富者，随此牌进，一书凡告官民人等怀藏珍宝者，随此牌进"①。这是较大规模的掠夺。至于各地的商贩和铺行，亦不能免此。傅振商于万历末年会见河北各县"衙内买办诸物，时值百文，止给六七十文"②，"又索王典银二百两，绒单五十条，珠子十八两"③。又如"日用米谷蔬菜等物，俱差皂隶……报票取用，值十文者，止给一文，行户禀讨，即加怒责。阖县行户怨詈"④。明清两代对于江南富户又曾采取"籍没"、"移徙"和"拔富"等方式，随便掠夺人民财产，不仅妨碍商人财富的集中，使得资本主义萌芽经常一冒头就立刻被封建政权压了下去。甚至使地主亦无法进行资本财富的积累，"千年田，八百主"，百年以上的富室很少，这又说明了中国封建地主经济之脆弱的另一面。

其次，在封建政权之外，中国封建统治者对于中国农民的压迫，又通过一条"私"的体系，集中了族权、神权、夫权等诸种力量，并巧妙地利用原始公社制和奴隶制的残余来进行统治，它为束缚农民的极重要的绳索之一，是封建政权的补充工具，也是中国地主经济的一种特殊表现形式。它有的表现为一乡一姓或一乡多姓制，有的为五代同居或号称义门，亦有采取义田、义仓、社仓、族田、尝田、公堂等形式，在这组织中，都通过连带责任、相互扶助以及利用原有土俗惯例，组成一套完整的"私"的体系。我们从地方志以及其他的文献，经常接触到中国封建时代的社会生活中，有所谓义渡、义集、义井、私集、私斗、私税、私牙、家法、家规、族规、乡例、乡约、土俗、私谥、私祭，甚至还有私兵、家兵、私刑，等等，似于国家政权体系之外，另有一种统治中国农民的权力。这些私的权力的赐予，从表面上说，有出于阖乡的公议或"会同族党乡邻，歃血严禁"，好像为保护农民的利益，实际上，则已被利用为束缚中国农民的行动。中国地主阶级之所以最凶恶、最残暴，而又装着伪善的面孔，即凭借着这一套外衣，强制地把劳动力隶属于土地上面，以保证封建地租、课税的缴纳，并以亲邻优先购买权，防止财产权的外移；其对敢于进行反抗封建统治的叛乱者，则整乡、整族、整家遭到夷灭的危险。中国史上的诛及九族，即系如此。是以中国地主阶级为保护住严格的自然经济，干涉农民的各项社会经济活动，便利用乡例、土俗等条款，或以合乡公议的形式，进行禁止。明清时代的百科全书以及方志、族谱中皆保存有不少此类的乡约、族规、禁约，等等，均可为证。明末出版的《云锦书笺》，其中的地方禁约，便系地主阶级通过"置酒会立条"，"特会乡众，

---

① 《神宗万历实录》卷347，南京国学图书馆影印本。
② 傅振商：《恒南稿》卷4。
③ 傅振商：《恒南稿》卷5。
④ 同上。

歃血立盟"，议立坟山禁约、田禾禁约、蔬果禁约，严禁不许上山划草伐木，亦不许入山拾叶扳枝；或纵牛马践踏，或许鸡鹅噪食①。此外，尚有禁盗鸡犬约、偷盗笋竹约，等等②，皆有关农业生产诸方面。据湖南《上东义举志要》的树畜条约，则规定得尤为详尽，兹引用如下：

> 第一条　各村各户山林竹木，互相照料，贫民拾取干桠，以及竹毛茅草，应随其便。其有带刀砍伐正杂竹木者，估价着赔。

> 第二条　竹山纸笋，全在畜禁，各月不准挖笋伤根，其春笋须小满后，方能齐砍，谷雨后十日，方准他人挖取黄笋。……（高山笋迟，有立夏前三日方准挖取黄笋者，又有以人杂难防，山主合议，即本家亦不准挖黄笋者，因地制宜，不能一律，此始就平原村谷言之）。

> 第四条　油茶须俟霜降后十日，方准入山检脚，其本家未摘者，仍不准检。③

对这油茶山场，江西萍乡曾有专门名为保护油茶的茶会④。其在山东菏泽亦有类似的看茶会和看棉花会⑤，这种会社组织一直到了解放前夕，都还有存在。我们并不忽视这些会社在生产上有其积极的作用，但绝大部分是成为地主阶级干涉农民生产的工具，特别是为保证封建地租的缴纳，每提出禁种谷物以外的作物。明清时代由于商品经济的发展，烟、茶的种植曾成为农民获得货币的手段，地主阶级便通过这些公约进行禁止；上述萍乡的茶会，便远远地干涉到农民生产的各方面。中国城市手工业的不易发达，亦和工业原料的提供有所联系。在中国封建社会里，又有些商业市场、道路、桥梁、船渡、茶亭等并不一定都由政府直接举办，而由某些地方的"义民"或"乡众"修筑，或由他们捐地、捐资而兴建的。这样，地主阶级便掌握交通运输的大权，也控制了市场。特别是全国各地的族有市场和义集，又大都操在地主阶级手中，他们只在于如何保护本地方的利益，维持地方单行的度量衡制和商业习惯，或设立私牙、私税，具有严重的封建割据性，这便对商品经济的发展有着一定的束缚。当欧洲封建社会的后期，资本主义生产开始萌芽之时，许多新技术的发源地都在乡村，为的可以不受行会制的干涉。然在中国，这新的生产技术的使用，却受到地方乡族势力的严重压迫。明清时代水碓的应用，已相当普遍，许多地

---

① 据仁井田升《中国法制史研究》、《家族村落法》转引。
② 同上。
③ 同上。
④ 《民商事习惯调查录》第1编，第2章，第3节。
⑤ 同上引，第1编，第6章，第8节。

方曾用以造纸、制香、治曲、纺织，具有原始的机械生产的特点。可是这一种新的生产技术的使用，便时遭地主阶级的反对，他们或以风水为借口，或以妨碍农田灌溉为理由，限制使用时间或实行禁止。如皖南黟县，"俗有公约，三时灌田，冬日归碓"。福建、江西的地方志中，也有勒石禁毁船碓的碑刻①。这样就阻碍了新技术的使用，使产业革命不可能发生。同时，宋元以后所普遍推行的义田、社仓制度，表面上，这似为乡族内部的相互扶助，实际上则反对资本积累、财富集中，使农民过着不生不死的生活，并成为防止农民起义的一个安全瓣。此外，在中国封建社会里，又出现有族商、族工的现象，整个家族从事某种商业或工业，如徽州多举族为商，他们的贾人祭酒，一面为族长，一面又是商界的领袖，这也对资本积累起阻碍作用，造成平均发展。而又使得中国的工商业者有好多没有和农村脱离关系，并且还以农村为基地发展到城市中去，这又造成了中国市民等级的不易成长。在他们的严密包围下，更使得农业与手工业不易分化，而长久地维持自然经济的统治。同时，地主阶级还时常将中央政府的一套压迫办法施诸农民身上，如朱元璋对臣下有许多戒谕、犯谕，明代徽州地主与农民订立文约时，也有许多戒约。最近，我读江西的《抚州府志》，见到宜黄的神权组织，极堪注意。即宜黄北隅的显佑庙，他们亦按国家所施行的排年之法，把同隅之三人组织起来。如云："排年之法，三姓为排，排以十，周而复始。凡祭赛之事，以岁轮值，排年之绪为排甲，甲总以图，姓各分一甲，丁粮出入皆汇之，他姓不得而侵。其徙而来者，则标又甲以示别。隅有保、甲有长，皆值年之姓，举公正而能者充焉。"② 我们分析这里的神权组织，已不仅仅限于祭祀之事，而实为阶级压迫的另一种工具，因为排年还有"催劝逋负，举察不类，创惩淫博"的任务，这就是中国地主阶级之能长期地、牢固地压迫农民，而又系中国封建制最具有坚韧性的历史秘密。因此，在整个封建社会的后期，中国资本主义因素有所萌芽，却遭受"公"与"私"体系的双重压迫，而不能前进一步。尽管如此，又必须看到这时的地主经济，已非非常完整的自然经济，生产力始终是最活动的因素，永不以人们意志为转移。所以其间的经济发展，虽然束缚重重，但商品生产，雇佣劳动仍有一定程度的进展，那亦不容怀疑。

最后，我认为中国资本主义萌芽过程，与欧洲国家亦有所不同，而具有中国的历史特点。据我的分析，它的地区性与不平衡性，是非常突出的，在强大的封建势力的压迫下，经常处于夭折或中断的境遇③。可是生产力还是曲折地前进。即使在鸦片战争后中国资本主义的萌芽因素受到阻碍、中断，而不能获得正常的发展，但

---

① 均详见拙稿《论乡族势力对于中国封建经济的干涉》，《厦门大学学报》1961 年第 3 期。
② 光绪《抚州府志》卷 17，建置，坛庙。熊秉说：《宜黄重星佑庙记》。
③ 详见拙稿《关于中国资本主义萌芽的若干问题的商榷》，《文汇报》1961 年 12 月 21 日。

仍有继承关系，如果对于鸦片战争后中国资产阶级的谱系进行研究，不难看出中国有一部分资产阶级的起家，早在鸦片战争以前即已开始育成，上海如此①，内地尤其如此②。

（刊于 1963 年第 4 期）

---

①　据我们所见资料，近代上海一些有名的资产阶级，如镇海方家，则清嘉庆年间，已在上海经营糖行和丝号。镇海李家，在上海开港以前，已从事于沙船业的经营。慈溪董家，早在一百五六十年前，往来东北、上海，采办参药，后为沙船商。洞庭山严家，则在鸦片战争以前，早以富称。可见中国资本主义萌芽因素，在外国资本侵入之后，有的中断了，有的仍然继承下来，且有所发展。

②　拙著：《明清时代河南武安商人考略》，曾论证鸦片战争以后到抗日战争之前，武安商人在东北、华北、西北各省，非常活跃，并从贩运药材走上制造药材的道路前进。其作为武安商人的奠基者，则可溯及明代，而以乾嘉两朝为一关键时期。

论 康 熙

刘大年

> 凡是有便于英俊人物发挥其才能的社会条件的时候和地方，总会有英俊人物出现的。
>
> ——普列汉诺夫

东方和西方在 17、18 世纪里出现过几位著名君主，如果他们活动于同一个时间里是偶然巧合，而在某一个国家出现，必然是由于那里有适合于这些人物发挥才能的社会条件。

清朝的玄烨——康熙帝是当时著名的君主之一。康熙是清朝第二个皇帝，自 1662 年至 1722 年，君临天下 61 年。封建文人描写讴歌的康熙—乾隆"升平盛世"是这时开创的，有清二百余年的统治也是这六十几年里最后奠定的。他与法国波旁王朝的路易十四（1661 年至 1715 年）和俄国罗曼诺夫王朝的彼得大帝（1682 年至 1725 年）正是同时，也同样引起人们的重视。

资产阶级保守思想和反动思想的宣传者一致赞扬康熙，推崇备至。白晋的《康熙帝传》，白克好司、濮兰德的《清官秘录》，西本白川的《康熙大帝》等都属于这一类，他们有的把康熙时代比做欧洲文艺复兴时代，有的美化康熙的修明的治绩，颂扬他在战争中和围猎中的英勇机智，他的渊博的学识以及"爱民如子的仁爱胸怀"，等等。中国腐朽的资产阶级思想的鼓吹者钱穆、萧一山等人的历史撰述也都赞扬康熙，不过他们不限于重复外国人的观点，而是加上些复古主义思想，赞美康熙是和汉文帝、唐太宗相媲美的圣人。资产阶级革命派的评论则根本相反。康熙是被他们一笔骂倒的。同盟会时代的资产阶级评论家一致把康熙看做十足的专制暴君，以至于比秦始皇、路易十四有过之而无不及。《民报》十三号"法国革命史论"上就是把康熙比做路易十四的。"史论"作者写道：

> 路易一代雄主，战胜攻取，杀敌之余，威行其下。尝曰，"国家朕也"。

盖惟枭雄怪杰，思据一国而长有之。蠢蠢黔首，至不足畏。……吾尝以为路易
十四之世，与清康熙最相类。康熙内平三藩，外著噶尔丹之役，武绩之相类
也。路易十四，已不知文学，惟宠被知名之士，结其欢心。玄烨号称能文，而
偶作诗歌，令人气绝。至若"字典""韵府"，拉杂失伦，自谓旷代伟编，适
弥见其浅陋耳。然其用心，则欲举一世之聪明才力，埋没于断烂时艺之间，正
路易十四之俦也。而一时文人学士，坠溺陷穽，甄廉灭耻，忘其天职，习为谀
颂之词，隐销敌忾之气，又复东西今古，若验符节。虽然，以言其后，何其
僢驰与！法自路易十四薨后，学界之生面一变，哲人如星，周布四围，吐耀
以烛万物。而法国长夜之境，终由微曙而达光明。反观己国，伤已。非无一二
睿智特达之流，作为文辞，仅及言志，未尝敢明辨夷夏，指责朝政也。然且首
斩藁街，身投绝塞，焚书之祸，烈于秦火，讲学之党，填于黄河，摘瓜抱蔓，
为痛靡涯焉。

著名的同盟会理论家和宣传家章太炎所写的《不加赋难》、《哀清史》、《驳康有为
政见书》等一系列文章，都持有相同观点。日本后藤末雄的《康熙大帝与路易十
四》里也拿康熙与路易十四相比，认为"从康熙帝之爱好学问与艺术观之，则其
与路易十四无有二致"。①　不过他的主要意思不是贬抑康熙，而是讽谕路易十四对
中国的勃勃野心和他遭到的失败。

　　中国和外国资产阶级作家的评论唱着迥然不同的调子，是由于他们不可能遵
循，并且也没有一个客观的标准。他们无非是各自按照自己的需要，舞文弄墨，褒
贬是非。即使反满革命派的作者从政治斗争的需要出发，对封建思想采取了批判的
态度，这在当时是必须的和有进步意义的，但与历史唯物主义观点也是远不相合
的。我们必须拨开资产阶级思想的重重云雾，批判地看待以往的各种评论，才能正
确对待事实，还康熙其人以本来面目。

一　康熙统治时期的历史地位问题

　　康熙统治下中国的历史地位，实际上也是整个清代前期的历史地位。历史不是
由帝王将相决定的，历史是由人民群众、物质资料生产者决定的。但是帝王将相的
活动可以在一定范围里对物质资料生产、生产力水平起促进或阻碍的作用。因此，
只有根据他们的行动在这方面产生的实际结果判定这个人物是应当肯定还是应当否

---

① 《人文月刊》第 7 卷第 6 期。

定。其他标准是没有的。康熙和清代前期的统治是提高了生产力水平和促进了社会经济发展，还是与此相反；是推动了历史前进的车轮，还是阻碍了历史的前进，这是需要首先回答的最主要的问题。

资产阶级不可能正确解决这个问题。近几年我们出版的若干历史书在这个问题上也还表现出了一些陈旧的观点。那些历史书上把清政府的统治看做外国对中国的征服；认为清初的统治破坏了中国社会生产力，阻滞了社会经济的发展；并且发动残酷的征服战争，狂热扩张领土，如此等等。许多方面都讲了，就是没有讲到清初的统治起过什么进步作用，有哪些历史功绩。显然，这是对康熙统治下的历史地位采取否定态度的，是不承认它的进步作用的。尚钺同志主编的《中国历史纲要》和他写的研究中国资本主义发生的论著里就在这方面讲得很多。照这样叙述清代前期的历史，并不能让人们正确理解当时国内的阶级斗争和中国反对外国侵略的斗争。革命的实践大踏步前进了，而在这个问题上仍然只是简单重复许多年前的观点，说明我们的认识往往要落在实际斗争的后面。

康熙统治下的中国历史地位，照我想和上面那些评论应当是相反的。康熙在国内和对国外的斗争都为中国历史写下了有声有色和值得珍视的篇页。在国内，康熙统治期间，中国形成了一个疆域辽阔，民族众多，相当坚强统一的封建国家；封建的经济文化在这个条件下，发展到了一个新的顶点。

中国广大版图的边疆地区在清代前期得到了进一步的稳定，而这主要是在康熙时期完成的。康熙亲政不久，吴三桂等"三藩"的反清势力割据着西南数省。郑成功留下的抗清力量尚驻守于台湾。清政府还没有在西藏、新疆、漠北地区建立起巩固的权力。康熙为削平割据分立，统一地主阶级国家的权力，稳定中国的广大版图，从事了一系列的斗争。1681年平定"三藩"统一西南各省。1683年降服郑克塽，统一台湾地区。1690—1697年，三次击败噶尔丹，统一漠北地区。1720年进军西藏，驱逐准噶尔，重新统一西藏地区。1722年进军乌鲁木齐。后来至1795年最后戡定新疆。与统一国内同时，1689年康熙与俄国在平等的基础上订立"尼布楚条约"，划定东北边界。从此我国疆域，东至太平洋，南达南海团沙群岛，西跨葱岭，北连西伯利亚。清代以前的封建王朝，从来没有在这样广袤的版图上长期有效地统一过。

疆域辽阔、国家统一是合乎人民根本利益的。中国境内各民族在经济、文化上的悠久联系，进一步在政治上加强起来，这是发展的必然结局。由于政治上的统一，减少了某些民族的统治阶级为争夺权力，煽动民族情绪而发动战争的机会。政治上的统一，多少打破了些封建割据和人为的障碍，某些少数民族地区的生产、生活状况因此有所改进。全国的封建经济因此获得发展。各族人民之间的团结合作，又是共同抵御外国侵入的重要条件。把康熙统一全国说成是扩张领土，或对其他民族的征服，那只会符合于资产阶级地方民族主义观点或是容易陷入那种观点的泥坑里。清朝建立的统治，和明朝一样是中国地主阶级的统治。满族是中国的一个民族，和汉族相比，只是一个人口少、经济落后的民族。清朝政权的性质绝不是由满族人做皇帝规定的，而是由地主阶级掌握政权规定的。满洲贵族占有特殊地位，并不改变清政权是地主阶级镇压农民的工具这种实质。后来从鸦片战争到辛亥革命，满洲贵族的特殊地位并没有改变，而清政府却由地主阶级专政的工具变成了外国资产阶级奴役中国人民的工具。如果只看满族的特殊地位，不管外国资产阶级的侵入，就怎么也无法理解这种实质的变化，把清政权的统治看做是外国对中国的征服，这并非从阶级分析出发，而是从汉族与非汉族出发，那只会符合于资产阶级大汉族主义观点，或者是容易陷入这种观点的泥坑里。

非常明显，康熙和清代前期的统治，使中国境内以汉族为主体的各民族融合在它的漫长过程里达到了一个新的境地。列宁告诉我们："反对一切民族压迫是绝对正确的。拥护一切民族发展，拥护一般'民族文化'是绝对不正确的。""无产阶级不能赞同任何巩固民族主义的做法，相反地，它赞同一切帮助消除民族差别、打破民族壁垒的东西，赞同一切促使各民族之间的联系日益紧密和促使各民族融合的东西。"① 全国建立起统治特权的过程也是以暴力实行民族压迫的过程，反对这种压迫的斗争是必要的和正当的。但是清政权在全国的统治既经确立，满族与国内其他各民族的壁垒，首先是汉族与满族的壁垒便趋向瓦解，直至彼此融合，这对中国历史的发展具有更深刻、更长远的影响。必须承认这是康熙和清代前期的统治一项重要的贡献。

全国政治上的统一，人民生活比较安定，为社会生产力恢复发展提供了条件。康熙后期到乾隆中叶，封建经济出现了繁荣景象。

和历史上每逢经过严重战争，社会经济遭到破坏的情形一样，清初经过了一个逐渐恢复的过程。这并不是清初的统治阻碍了中国社会经济的发展。1618 年和1628 年，先后开始的满洲部落与明王朝的战争和全国农民大起义，反对封建统治的战争，至 1662 年交叉进行了四十多年。社会生产遭受极大的破坏。长江流域各省和两广的富庶地区一变而为萧瑟荒凉。照当时人形容是"沃壤鞠为茂草"、"庐舍尽付灰烬"。清政权入关前二十年左右至康熙继位前的这三十多年里，全国人口锐减。土地荒芜、人口减少，标志着封建经济的下降。康熙的统治不是加剧了这种趋势，而是采取措施扭转了这种趋势。废止"圈田令"以缓和土地集中的矛盾、兴修水利、奖励垦植、蠲免赋税、节省开支、提倡节约，等等，都是康熙恢复社会经济的重要措施。康熙年间，屡兴黄河大工，岁费三百余万两。1671 年再订劝垦

---

① 《列宁全集》第 20 卷，第 18—19 页。

章程。1677 年起，陆续兴修南方水利工程。1662—1705 年零星蠲免钱粮九千余万两。1712 年规定各省分别免钱粮一年，"免业主七分，佃户三分"。1713 年宣布滋生人丁，永不加赋。据《清实录》、《大清会典》等书记载，1661 年全国田亩总数是五百四十九万三千余顷，人丁一千九百余万口。至 1724 年全国有土地六百八十三万七千余顷，人丁二千五百余万口。即田亩增加了近一百四十万顷，人丁增加了六百万。① 康熙中期以后国库充裕。每岁计收地丁、盐课、关税共三千四百余万两，支出二千七百余万两。四十八年以后户部库存银由原先的一二千万两增至五千余万两，五十四年因太仓贮粮有余，以陈粟四百三十余万石散给官兵。所有田亩加多，人口增长，库有余银，物资比较丰富，都是农业、手工业发展的结果，都是表示社会经济的繁荣活跃。自康熙六十一年到乾隆六年，只有短短二十年，人口一跃而为一万万四千三百余万，乾隆末年更激增至三万万以上。康熙以来长期的休养生息，就是这些好似从地底下呼唤上来的人口的来源。

当然这里讲生产力水平提高，社会经济呈现繁荣景象，只是就封建社会本身而言。谁要设想那里有什么理想的王国，会是其愚不可及也。残酷的阶级剥削、压迫，农民无止境的贫困生活，是和封建社会难舍难分的。后面还有机会着重讲到这一点。

伴随封建经济的发展，封建文化在清代前期攀登上了一个新的顶峰。自顺治至嘉庆，明哲辈出，济济洋洋。把汤斌、李光地之流的理学家除外，深有造诣的最主要的思想家、科学家、经学家、史学家、文学家可以举出大约五十人。在这五十人里，只有方以智等三人是康熙即位以后、亲政以前死去的。有戴震、纪昀、段玉裁、章学诚、王念孙、王引之等十五人是雍正、乾隆时出生的。其他三十二人都活动在康熙当政的时期里。其中包括王锡阐、梅文鼎、黄宗羲、顾炎武、王夫之、唐甄、颜元、阎若璩、万斯同、李塨、方苞、惠栋、全祖望，等等。他们是封建文化的一批闪耀光芒的群星。即是后来由戴段二王达到全盛的乾嘉考据学派，和以前的发展也有不可分割的联系。康熙的提倡文学、优容文人，有直接影响，他请梅文鼎指正《律吕正义》的错误；方苞牵连入戴名世狱，特准获释；顾炎武等拒绝征召，置之不问。关于纂修明史，他主张要有"公论"，不敢轻定是非，允许文人讲些历史真实。

一定的文化是一定社会的政治和经济在观念形态上的反映。康熙时代一些多才多艺的人物正是从不同的角度在观念形态上反映出了那个特定时期里的封建经济和封建政治，尽管他们的观点有各种分歧和对立。就是康熙本人的态度也是反映了那时政治、经济生活的状况和需要。

---

① 《清实录》、《大清会典》等书记载的人丁数字很有出入，此处据《清实录》。

对国外，康熙统治期间，中国成为一个统一繁盛的国家屹立于亚洲东部，这使正在把触角伸向中国的西方早期殖民势力受到遏制，并且对于亚洲邻近国家抵制西方侵略势力也有其影响。

16、17世纪，正是欧洲资本主义原始积累时期。马克思说："美洲金银产地的发现，土著居民被剿灭，被奴隶化，被埋于矿坑，正在开始的东印度的征服与劫掠，非洲被转化为商业性黑人猎夺场所，都表示了资本主义生产时代的曙光。这些牧歌式的过程，是原始积累的主要要素。"① 中国自1516年第一批葡萄牙人到达起，开始遭受西方早期殖民主义势力的侵扰。从那以后，先是葡萄牙、西班牙、荷兰，接着是法国、英国，凭着大炮、商品、传教士几种武器，使它们的势力愈来愈多地渗入中国。封建国家在对外关系上面临一种新的局面，碰到了资本主义这个素不相识的新的对手。能不能抵抗西方资本主义势力，敢不敢和这种势力作斗争，成了对地主统治阶级的严重考验。

明政权的衰败统治，无力抵御外患，早期殖民势力得以猖獗一时。在康熙统治下中国扭转了那种不利的局势。

明朝末年，西方殖民势力开始蚕食中国领土，耶稣会有一定影响，甚至外国的武装力量也直接卷入中国的内战。1557年葡萄牙占据澳门。1603年、1622年荷兰两次占领澎湖。1624年荷兰占领台湾南部地区。1626年西班牙侵入台湾。1635年英国冒险家第一次到达中国海面。外国教会势力自1583年利玛窦进入中国后日渐滋长。崇祯末年教传十三省，有教徒十五六万人。南明许多人都依靠教会和传教士的帮助维持反清斗争的残局。朱由榔（教名许多默）一家，包括皇太后（教名亚纳）、皇后（教名赫肋纳）、太子慈恒（教名公司当定）全入教受洗。拥护朱由榔起兵的广西巡抚瞿式耜、两广总督丁魁楚均为耶教信徒。永历四年朱由榔并派教士卜弥格至罗马向教皇请求援助。早在天启年间，葡萄牙就派武官各尔迭、代尔加波带领本国兵丁四百余人从澳门北上援助明军抵御清军，因受阻未达目的地。永历元年，教士毕方济领洋兵三百在桂林与清军作战。顺治时期，清军与郑成功作战也有荷兰兵船参加。形势是很明显的：明王朝的统治如果苟延残喘继续下去或者清初的统治很孱弱，早期殖民势力的渗入必定更深更广，直接破坏中国的社会生活。康熙在全国建立的统治权有力地阻止了这种形势的发展，在一个相当时间里西方殖民势力被迫敛迹，不敢轻于尝试。

同西方这个素昧平生的敌手打交道，康熙不止是有力量的，态度也是坚决的。与教皇格勒门第十一的斗争表明了这一点。

罗马教皇格勒门第十一在康熙四十四年、五十九年两次派使节来华要求禁中国

---

① 《资本论》第1卷，第948—949页。

教徒崇拜祖先。这种宗教的繁文缛节背后隐藏着对中国内部生活的干涉。康熙一开始就坚持耶稣会传教士必须遵守中国政令习俗，否则不许在中国留住。有些传教士企图抗拒，康熙毫不妥协，断然加以处置。第一次来使多罗解至澳门，囚死狱中。第二次使臣嘉乐驱逐出境。在这个过程中有些教士被监禁、严审，有的几乎判处死刑。最后下令禁止天主教在中国流传。陈垣同志辑释的《康熙与罗马使节关系文书影印本》汇集了这方面的可贵材料，从中可以看出康熙对传教士反复开导而又反对外人干涉中国内政的坚决态度。康熙在这里绝不是像教会的辩护士说的，是专制帝王找到了"表演绝对权威的机会"，发泄个人意气。① 耶稣会士活动的危害已经引起人们的担忧。一些地主阶级知识分子的议论反映了这种忧虑，要求有以防范。直接与耶稣会士斗争的杨光先，和稍后一点的全祖望写的作品里都表现得很突出。无论康熙主观上是如何看待外国干涉的，其本质是反映了人们抵制外患的要求，是对早期殖民主义的斗争。此后一百多年里，中国从这一道防线上堵住了欧洲资本主义势力的渗入。雍正、乾隆各朝对天主教或严或宽，但禁令终未撤销。直到鸦片战争英国大炮摧毁了这个禁令，情势才完全改变。

耶稣会的性质和耶稣会士在中国起的恶毒作用，现在已经看得十分清楚。恩格斯说："每一统治阶级都利用与自己相合式的宗教：贵族地主利用天主教的耶稣会或新教正统派；自由和急进资产者则利用唯理教。"② 天主教耶稣会士东来，归根到底是为欧洲资本主义原始积累所推动，是为早期殖民主义服务的。16世纪的海上霸权掌握在葡萄牙、西班牙人手里。那时来中国的耶稣会士主要是葡、西殖民势力的工具。一些当事人的报告、回忆录和后人根据教会档案写出的作品，很可以帮助我们了解个中真相。康熙时期，葡、西两国势力已经衰落，法国在路易十四的专制统治下，利用荷兰在与英国斗争中的削弱以及英国在斯图亚特王朝复辟期暂时的低沉，在17世纪后半期取得西欧的统治地位，并极力追求世界霸权。法国船只乘风破浪，航行于世界各大洋，在印度、北美等地掠夺殖民地。路易十四对天主教耶稣会不惜与全欧洲为敌加以卵翼、支持。来到中国的传教士都是由法国政府精心选择、直接派遣的。他们的任务是要辅冀路易十四的"圣业"，实现其所谓雄图大略。法国传教士白晋写给路易十四的题为《康熙帝传》的报告里对这些情节都有叙述。应当说，康熙与西方的斗争，直接对手虽是教皇格勒门第十一，而真正的对手却是那位欧洲霸主路易十四。

中国作为一个统一繁盛的大国，它的政治动向必然要对亚洲邻近国家产生影响。上面引的白晋的报告里也讲到康熙"现在不但在其国内享有绝对的尊严……

---

① 裴化行著，王昌社译：《利玛窦司铎和当代中国社会》第2册，第261页。

② 《费尔巴哈与德国古典哲学的终结》，人民出版社1957年第3版，第47页。

而且在亚洲各地负有赫赫的盛誉，受到邻近各国人民的尊敬和颂仰"。他甚至幻想只要这位皇帝改信天主教，就会导致广大中国人民改信天主教；"并进而促使向来就崇拜中国文化，追随中国风习的亚洲各国人民，也竞相仿效而皈依于天主教"①。康熙的活动，中国的文化风习既然受到邻近国家人民注意，中国反对西方的斗争必然更有影响，后来事实的发展也是这样的：早期殖民势力在中国遭受打击，延缓了它对若干邻近国家发动进攻的岁月。与中国相隔遥远，关系较少的亚洲国家有的在16、17世纪就沦入了西方殖民地的地位，离中国较近而又关系密切的亚洲国家直到19世纪才受到西方资本主义的侵袭。

综观前面所述，如何看待康熙统治时期的中国历史地位，实际上也是整个清代前期的历史地位的问题，摆在我们面前的结论只能是：第一，康熙的统治促进了中国封建经济的发展，他的进一步统一全国，抵制西方早期殖民势力的斗争，都是富有进步意义的。因此，第二，康熙统治时期和整个清代前期的历史车轮是向前进的，是应当充分肯定的；采取否定态度是与马克思主义不合的陈旧的观点。

自然，当我们作出这样的结论时，只是举出了基本的事实根据，并未阐明由此可能产生的一些重要问题。举例说：既然康熙的统治和清代前期的历史地位应当肯定，那么贯穿整个清代历史上的以汉族为主体，反对清朝统治的民族斗争又该怎么解释？也就是说反满的民族斗争是有革命性还是没有革命性呢？既然康熙的对外斗争具有反殖民主义性质，那么清代前期的闭关政策又该怎么解释？即所谓闭关自守到底是有利于中国的前进还是阻碍了中国的前进呢？正确说明这些问题，将支持我们肯定康熙统治时期历史地位的结论。

关于反满民族斗争的性质，应当作具体分析。马克思主义的经典作家从来没有把一切民族运动看做都是进步的运动。马克思主义要求用阶级原则作为理解民族问题的历史的依据。民族斗争在不同的时代服务于不同的阶级利益，具有不同的色彩。民族感情从来也不是离开阶级斗争而独立存在的东西。列宁驳米海诺夫斯基的所谓唯物主义没有消除"民族自尊和民族恶感的魔鬼"这个反马克思主义论点时指出："这种断语只是证明批评者全然不懂得如下一件事实：工商业资产阶级很实际的利益是这种恶感底主要基础，而把民族情感当做独立因素来说，就不过是抹煞问题实质而已。"②

全部清代历史上的反满运动，是和当时的主要阶级矛盾、阶级斗争紧相联系的。阶级斗争形势的变化发展，决定着反满运动性质的变化发展。清政权入关使地主阶级内部的矛盾，即反满派地主与拥满地主的争夺成为非常突出的矛盾。地主阶

<hr />

① 白晋著，后藤末雄译：《康熙帝传》，日本东京生活社版，第239页。
② 《列宁全集》第1卷，第135页。译文照两卷集，卷1，第113页。

级中的一派勾结满族势力打败农民起义以后，阶级斗争的形势陡然一变。地主阶级两派间的战争代替了全国范围内农民反对地主的战争。反满派地主斗争的特点是它在表面上和反对民族压迫的斗争是一致的。这个斗争从清初入关进入高潮到清政府统一台湾以后趋向低落。但是反满派地主的反抗并未从此停止。反抗的一种形式是一部分地主知识分子利用儒家学说，特别是发挥"夷夏之防"的种族大义宣传反满思想。反抗的另一种形式是一部分人操纵民间秘密结社武装起事，长期流行的"反清复明"口号就是发源于这里。反满运动这时是从属于地主阶级内部斗争的。18世纪末19世纪初，中国封建社会在清政府统治下再度走向衰落。封建社会的根本矛盾——农民与地主阶级的矛盾重新尖锐化。嘉庆年间白莲教暴动是一个标志。鸦片战争以后太平天国农民战争更发展到了一个新的顶点。"反满"这面旗帜从此成了农民战争号召群众的旗帜。20世纪开头至辛亥革命，历史进到了资产阶级发动革命，走向高潮的时期。过去农民自发、分散的斗争已经让位于资产阶级领导的民主革命。资产阶级革命派揭橥民族、民权、民生三大主义，实际上反复宣传和发挥得最有声色的是以反满为目标的民族主义。反满与否，是资产阶级革命派与改良派斗争的焦点，也是革命与反革命的分界线。非常明显，伴随着农民战争、资产阶级革命的反满斗争是有革命性的，是进步的运动。因为这些斗争打击了封建统治和力求推翻封建统治，推动了历史的前进。在这以前，当地主阶级把它们的内部矛盾变为国内的民族斗争，或者说在民族矛盾的旗子下进行统治阶级内部斗争的时候，反满运动就不是一种革命运动。因为地主阶级的反满斗争不是什么打击封建统治、推翻封建统治的问题，而是谁来做皇帝、哪一派地主阶级当权以维护封建统治，压迫农民的问题。如果这种斗争还有它的意义，那就是反抗的一方为了削弱处于统治地位的一方，在一定范围里揭露了封建社会内部的矛盾，揭露了农民与地主阶级的阶级对立。并且正是由于反满这个现实斗争，有些人不自觉地要在思想上走得更远，表现得更为激进；从他们之中产生了唯物主义倾向的哲学思想和民主主义倾向的政治思想。反满派的斗争一直博得了人们的某种同情，是因为他们站在反抗压迫的一面，反抗了地主阶级当权势力的压迫。

因此，事情并不是这样的逻辑关系：肯定了康熙的统治和清代前期的历史地位，就应当一律否定清代历史上的反满运动；或者是相反，反满运动既有革命性，康熙的统治、清代前期的历史就是倒退的，应一概否定之。

关于"闭关政策"，也不能笼统地讲它是否有利于中国前进。对外闭关如果是指清朝的统治使中国照旧保持封建经济的落后状态，孤立于正在兴起的资本主义世界之外，当然事实就是如此。但通常讲闭关自守，主要是指清政府对西方采取了排斥的态度，是一种指责。其实正是这一点上它具有积极的意义。清朝统治初期，中国本不是一个对外闭关的国家。第一，对外通商口岸是开放的。最初三四十年里，清政府没有巩固控制闽粤沿海地区，禁止人民入海。统一台湾以后，1685 年开海禁，设闽粤江浙四关，定澳门、漳州、宁波、云台山为对外贸易港口。1757 年起才限令广州一口通商。如果以这为所谓闭关时期的起点，到 1842 年鸦片战争结束，只有八十几年。前面四口通商的时期却占七十多年。第二，准许外人进入内地。那时欧洲人进入中国的有俄国商队和留学生，有为数不少的西欧各国的传教士，后来清政府的态度一反从前，显然是欧洲殖民势力长期在海上活动，并日渐增长的结果。马克思指出中国人厌恶外国人的态度说："自远古以来，中国人就是用这样态度看待一切从海上来到他们国家的外国人的。中国沿海好像曾经受到过海盗式冒险家所骚扰，他们把一切从海上来的外国人和海盗式的冒险家等量齐观，不是全无理由的。"[1] 清朝统治者自然也惧怕外国人支持国内的反对势力，要防范臣民与外人接触。但这主要是它的统治势力日渐衰落以后的事。

有人以为是所谓闭关政策妨害了中国吸收西方先进的科学技术知识，那是想当然的说法。欧洲传教士进入中国，带来了些天文、历算、地理方面的知识。中国人开始打开眼界，认识世界。过去把中国以外的世界传说大都当做荒唐无稽，这种观念有了改变。早期传教士带来的科学技术知识主要的就是如此，康熙以后的传教士没有带来更多的东西，特别是没有带来当时自然科学方面的进步的科学思想。哥白尼、布鲁诺、培根、伽利略、开普勒、维哈等人的著作传教士都拒绝介绍或很少介绍。耶稣会士讲的是由经院哲学支配的科学。其目的是为神学服务的。利玛窦、阳玛诺等在讲解地球、天文知识的时候都乘机宣传地狱天堂之说。耶稣会士利用科学知识开辟中国传教门路，也利用自然科学论证其反动的天主教义。对外闭关并不就是造成中国科学技术相对落后的原因，相反地，对于一个处在封建时代的国家，西方资本主义物质文化和精神文化的输入，如马克思、恩格斯在《共产党宣言》上所说的，只能是西方资产阶级按照自己的面貌用恐怖的方法改造世界，其他结局是没有的。蒋廷黻之流的买办资产阶级代言人在这个问题上散播过许多荒谬论点，现在是彻底清除的时候了。

二 康熙统治时期的社会经济特点问题

论证康熙统治时期的历史是应当肯定的，只是讲了一个主要问题。康熙是处在资本主义因素普遍存在、中国社会发生显著变化的时期，这是处在封建牢固统治的时期，他提高的是地主阶级国家，还是其他什么国家？这是评论康熙必须回答的另

---

[1] 《马克思恩格斯论中国》，人民出版社 1957 年版，第 58 页。

一个主要的问题。只有把康熙放在一定的社会背景里去考察，才能说明这位历史人物所起的作用的范围和他对当时社会经济给予的影响。

封建土地所有制在清代前期是占统治地位的所有制，封建经济在清代前期是占统治地位的经济，现在不需要就这个问题来详细论证。问题是在于封建社会内部的资本主义萌芽在清代前期究竟大到了何种程度？尚钺同志写的《中国资本主义关系发生及其演变的初步研究》里断定资本主义关系在清代前期普遍存在，使中国社会起了"本质"的变化，而其他作者则不同意那种论断。争论尽管可以继续下去，事实总归就是那样。

粗略描述一下康熙时期的情况，商品经济是这时社会生活的一个重要组成部分。商品经济的发展，无疑地使封建经济内部的资本主义萌芽发展到了更高的水平。独立手工业的分工细密，技术卓越，城市人口密集，交通运输频繁活跃，都超过前代。中国在清代形成幅员空前广阔、政治统一的封建国家，本身就是社会经济进一步发展的重要标志。一个经济力量低下、技术薄弱的国家机关很难在这么辽阔的活动范围里有效地发挥作用。只是因为封建经济还处于牢固的统治地位，使那些商品生产和独立手工业还没有能够迅速滋长起资本主义因素，大踏步推动中国社会走向蜕变。换句话说，商品经济和独立的手工业虽有相当高的水平，封建土地制度和自然经济的势力却更加强大得多。封建经济是一株参天老树，资本主义因素则还只是大树覆盖下的一棵幼苗。

封建经济统治下的社会阶级，主要是地主和农民两个对立的阶级。商业、独立手工业、交通运输业的发展，小手工业主、作坊师匠、手工业与交通运输工人等都相应增加，并且他们的不同利益必然表现为不同的矛盾趋向。但是这些成员主要是封建压迫、封建统治的对象，他们和农民一样，在地主阶级政权里根本没有立锥之地。康熙当政的几十年里，下过无数次诏令，发表过许多宣扬唯心主义哲学思想的议论。把这些都归结起来，只是一个基本内容，他的统治是只保护地主阶级的利益的，是不保护其他阶级的利益的，他控制的国家只是地主阶级专政的机器，不是其他阶级专政的机器。

明末大学士钱士升和康熙都直接讲到过他们的国家代表谁的利益的问题，可以把这些话引来比较一下。钱士升的话是在崇祯九年为驳斥武生李琎请令江南富家报名助饷而讲的，原文是：

> 比者借端幸进，实繁有徒。而李琎者，乃倡为缙绅豪右报名输官，欲行手实籍没之法。此皆衰世乱政，而敢陈于圣人之前，小人无忌惮一至于此！且所恶于富者兼并小民耳，郡邑之有富家，亦贫民衣食之源也。以兵荒之故，归罪富家，而籍没之，此秦始皇所不行于巴清，汉武帝所不行于卜式者也。此议一

倡，亡命无赖之徒，相率而与富家为难，大难自此始矣。①

康熙的话是在这以后八十年为责备张伯行"苛刻富民"而发，内容是：

> 张伯行为巡抚时，每苛刻富民，如富民家堆积米粟，张伯行必勒行贱卖，否则治罪。此事虽穷民一时感激，要非正道。亦只为米价翔贵，欲自掩饰耳。地方多殷实之家，是最好事。彼家资皆从贸易积聚，并非为官贪婪所致，何必刻剥之，以取悦穷民乎！……又赈荒一事，苟非地方官实心奉行，往往生事。盖聚饥寒之人于一乡，势必争夺。明时流贼，亦以散粮而起，此不可不慎也。……朕于天下事无不洞悉。然知之而即发，亦非大体。总之，为政以中正诚敬为本，中正则能公，诚敬则能去私。朕日读性理诸书，见得道理如此。②

简直可以说，康熙与钱士升表达的地主阶级当权派的观点和他们实行的政策毫无二致。照康熙的看法，地主富商是社会栋梁、国之根本。有了他们，贫民才有寄托，国家才能安定，因此要严格保护地主富商的财产不受侵犯，不能允许牺牲一点富民利益，来让贫苦群众得到些好处。虽然他深信自己为减轻"小民"痛苦做过某些事情，并且对自己统治地位的巩固具有信心，但是仍然警惕农民起来进行反抗斗争。特别对于明末的农民起义深深引为教训。一个开国君主和一个亡国学士唱着同样的调子，这不表示别的，正是表示明末清初封建王朝虽有更替，封建统治的国家实质并没有改变，康熙建立统治权的阶级基础，本质上就是明王朝建立统治权的阶级基础，没有新的内容、科技成果新的基础。唯一的区别，是钱士升正值明末农民起义高潮，他的话更多反映了地主阶级对农民革命风暴的恐惧神情；而康熙是在那里从容论道，并且把问题提到唯心主义哲学的理论高度，为地主阶级的利益说教。

康熙时期的经济政策，仍然是传统的重本抑末政策。农业和家庭手工业受到重视，独立手工业和商业的地位低下。打击旧地主势力，兴修水利，奖励蚕桑纺织，体现了康熙发展农业和家庭手工业的政策。独立手工业中的采矿业往往遭受禁止，唯有采铜由于鼓铸钱币的需要，限制较少。在一个时期里，对外贸易受到奖励。其目的在于进口，不在于出口。姜宸英的《大清一统志海防总论》上说，那时"商舶交于四省……缓耳雕脚之伦，贯领横裙之众，莫不累释款关叩贡，蒲

---

①　《明季北略》卷12。
②　康熙朝《清实录》卷266，第516页。

伏请命下吏。凡藏山隐谷，方物环宝可效之珍，毕至阙下，输积于内府。"① 剥去粉饰的词句，可以知道，进口除了为征收关税，还是为输入方物环宝，满足贵族奢侈生活的需要。中国起初输出的大部分是茶叶大黄等物，丝绸等手工业品出口有限制，铜铁等制造品出口更有严格限制。不论手工业和商业，在国内很活跃，而从清政府对外贸易政策上表现出来的却是一幅消极、保守的图景。与同一个时期里欧洲的工场手工业迅速集中于英国，其他国家则采取新的关税政策加以抵制，并开办自己的大工业，展开激烈竞争的局势，恰好成为鲜明的对照。康熙统治的时期，加速了封建经济的发展，但是并没有突破封建经济的关口，为资本主义关系增长创造新的条件。

既然康熙所加强的只是地主阶级国家，地主的势力必定要继续伸张。旧有的大地主富商也不会都被削弱，必定要有不同的变化。《啸亭续录》、《钮琇觚賸》等书对当时的大地主富商并有记载。北京祝氏，宛平查氏、盛氏，怀柔郝氏，江南泰兴季氏，山西平阳亢氏等最著盛名。大地主富商的生活，无不豪华排场、穷奢极欲。有的"膏腴万顷，一日之餐，费至十余万"。有的"屋宇至千余间，园亭环丽，游十日未竟"。有的"家有女乐三部，悉称音姿妙选。……一妓之费，千金具焉"。广大农民和其他劳动群众则因遭受残酷的封建剥削、压迫，生活极端困苦。一面是地主阶级日趋富有，一面是农民日益贫困，这就是当时社会生活的鲜明画面。

讲到康熙时代的人民生活，还应当多说几句。资产阶级学者每论及"康乾之治"，照例粉饰一番。封建统治的重重黑暗与贫穷，在他们的笔下跑得无影无踪了。乾隆统治之世，封建朝代周期性的各种矛盾正迅速加剧，社会生活江河日下，在此不去涉及。康熙统治下的极盛之世，劳动人民的处境实在也很悲惨。有些当代的思想家、著作家对社会阶级矛盾、人民艰难困苦的生活有很尖锐的评论。一一列举是不可能的，下面请读读唐甄《潜书》里的几段罢！

> 唐子曰：天地之道故平，平则万物各得其所。及其不平也，此厚则彼薄，此乐则彼忧。为高台者必有洿池，为安乘者必有茧足。王公之家，一宴之味，费上农一岁之获，犹食之而不甘。吴西之民，非凶岁为麋粥，杂以荍秆之灰，无食者见之，以为是天下之美味也。（《大命篇》）

> 夫盗不尽人，寇不尽世，而民之毒于贪吏者，无所逃于天地之间。是以数十年来，富室空虚，中产沦亡。穷民无所为赖，妻去其夫，子离其父，常叹其生之不犬马若也。（《富民篇》）

---

① 《姜先生全集·湛园未定稿》卷1，第12页。

清兴五十余年矣！四海之内，日益困穷，农空、工空、市空、仕空。谷贱而艰于食，布帛贱而艰于衣。舟转市集而货折赀，居官者去官而无以为家，是四空也。金钱所以通有无也，中产之家，尝旬日不睹一金，不见缗钱。无以通之，故农民冻馁，百货皆死。丰年如凶，良贾无算。行于都市，列肆焜耀，冠服华朊；入其家室，朝则煨无烟，寒则蜷体不申。吴中之民，多鬻男女于远方，男之美者为优，恶者为奴，女之美者为妾，恶者为婢，遍满海内矣！穷困如是，虽年谷屡丰，而无生之乐。（《存言篇》）

唐甄的评述，可以看做康熙统治下的"升平盛世"写真。资产阶级学者却把那里说成不只是地主阶级的，而且也是所有人的极乐世界，不啻一片梦呓。

道理很简单，康熙为了加强多民族的统一的国家，提高地主阶级的地位，发展封建的经济文化，都只有依靠剥削广大的农民来进行，只有把这些活动建筑在广大农民和手工业者深受压迫、剥削的基础之上。不这样是不可能的。新的剥削阶级没有出现，也没有新的可供剥削的阶级。唯有广大农民和手工业者的辛勤劳动，他们从事物质财富的生产，是清代前期封建国家比以往更为强大的基石。康熙之所以杰出，不在他是否大大减轻了农民遭受的压迫剥削，在封建社会里农民的遭受剥削是难于减轻的。康熙的杰出，是他的剥削压迫农民，不是使社会生产力走向了衰落，而是利用阶级斗争造成的局势，促进社会生产力发展，推动了历史的前进，并且在这方面接近了他能够到达的顶点。

综观以上所述，对于康熙所处的时代和他提高的是什么样的国家，结论是很明显的：第一，康熙是处于中国封建经济占统治地位的旧的时代，不是资本主义因素普遍存在的时代。第二，康熙所提高的只是地主阶级国家，他的统治是封建统治，没有为资本主义降临创造条件、开辟道路。

三　康熙与彼得

《民报》上把康熙当做路易十四，不论从哪方面说，都有点比拟不伦。无论是看推动了历史的前进，还是看个人才能，康熙与彼得均相仿佛。封建文人的记载称赞康熙好学敏求，通晓多种语文和自然科学知识，勤于政事，宽于御下和崇尚节俭，等等，都有相当根据，很有意思的是康熙晚年对自己的一生作的评论，他虽不免要为封建统治者作些辩护，但对自己的诩可并不算过于夸张，他说：

历观史册……如朕在位之久者甚少。朕临御至二十年时，不敢逆料至三十年，三十年时，不敢逆料至四十年。今已六十一年矣。……念自御极以来，虽不敢自谓能移风易俗，家给人足，上拟三代明圣之主；而欲致海宇升平，人民乐业，孜孜汲汲，小心谨慎，夙夜不遑，未尝稍懈。数十年来，殚心竭力，有如一日，此岂仅劳苦二字所能概括耶！前代帝王，或享年不永，史论概以为酒色所致。此皆书生好为讥评，虽纯全尽美之君，亦必抉摘瑕疵。朕今为前代帝王剖白言之：盖由天下事繁，不胜劳惫之所致也。诸葛亮云，鞠躬尽瘁，死而后已。为人臣者，惟诸葛亮能如此耳。若帝王仔肩甚重，无可旁诿，岂臣下所可比拟……

朕自幼读书，于古今道理，粗能通晓。又年力盛时，能挽十五力弓，发十三把箭，用兵临戎之事，皆所优为。然平生未尝妄杀一人。平定三藩，扫清漠北，皆出一心运筹。户部帑金，非用师赈饥，未敢妄费，谓此皆小民脂膏故也。所有巡狩行宫，不施采绘，每处所费，不过一二万金。较之河工岁费三百余万，尚不及百分之一。……①

康熙与彼得，都称得起天资英武、雄才大略。他们都为提高、巩固地主商人的国家做过许多事情。康熙和彼得都在很年轻的时候就表现出了非凡的才能。他们取得权力的手段甚至是戏剧性地相似。康熙十六岁指挥"布库戏"小儿擒权臣鳌拜，实际掌握权力。彼得十七岁靠他训练的"娃娃兵"夺取政权，幽禁索非亚。他们走的道路远近有别，但都是走着一条具有坚忍一贯、发奋为雄特色的道路。自然，康熙毕竟不是彼得。斯大林说："彼得大帝接触了西方较发达的国家以后，就狂热地建立工厂来供应军队和加强国防，这也就是想跳出落后圈子的一种独特的尝试。"② 康熙始终没有使中国越过封建国家雷池一步，始终没有表现出某种使中国跳出落后状态的独特尝试。并且从那以后，旧中国与旧俄国在近代工业和科学水平上，在将近两个世纪里一直保持相当距离。

看来好奇怪！康熙在把中国建立为一个相当坚强统一的国家、发展封建的经济文化上能够取得迈越历代"创业英雄"的成就，却不能像彼得在俄国那样，为中国进入近代国家多少作一点贡献，原因在哪里呢？在个人的才能性格上自然是无法解释的。任何改造环境的政治的经济的斗争，重要人物都必须具有一定的才能。至于在这种斗争中是像康熙那样颁发些劝勉农桑的御制诗文之类，还是像彼得那样发布些建立军事工厂指示之类，并不需要有不同的才能性格才能做到；这不同于要求像达芬奇一样的天才画家改行成为像莎士比亚一样的戏剧作家那

① 康熙朝《清实录》卷300，第8页。
② 《斯大林全集》卷11，第215页。

样，要在天才、性格方面发生困难。中国距欧洲遥远，康熙没有较多与西方进步的国家接触当然很重要，但绝不是主要的。归根结底，关键还在于当时的社会经济条件，即在于当时生产力与生产关系矛盾或适合的状况，在于这种状况造成的阶级斗争形势。

彼得和康熙面临的社会条件，斗争形势各有特点。他们都是忙于打扫自己门前雪，对社会生活、斗争形势提出来的摆在面前的任务给了某种解决。

康熙的统治，如前面所说，是建筑在封建经济基础上的。清初和明朝统治的区别，是在于它们代表的新旧地主势力有区别。清初旧日的大地主大商人遭受明末农民战争的打击，破产没落。接踵而起的反明拥满的地主经历尚短，中小者居多。清朝的统治起初就是受到这些新兴地主或中小地主的支持而建立起来的。康熙和以后一个时期里，清政府也一直采取打击一部分旧地主、扶植一批新地主的政策。康熙时期，阶级斗争中的两种倾向表明，封建的生产力与生产关系在经过一场矛盾的剧烈爆发以后又走向新的暂时的适合。阶级斗争的一种倾向，是农民与地主的根本矛盾趋向缓和。农民与地主在土地问题上的紧张关系，由于旧的地主没落，明朝皇庄制度的消灭，废止明藩王土地以后出现大量的"更名地"和清政府被迫停止圈田令等而局部减轻。封建经济的恢复使部分农民在多少改善了的条件下去劳动、生活。新的地主势力还处在成长、上升过程里。农民遭受大起义失败未久，不可能很快发动新的巨大的斗争。这些因素，决定农民与地主的阶级斗争转向隐蔽的形式，表面上保持比较平静的状态。这种形势自然不能维持长久。要使农民安定下来，巩固地主阶级的统治，必须恢复、发展社会生产力，改进社会经济状况。全国范围内更密切的经济交往，全国有一个稳定的便于人们和平生活、劳动的秩序，是生产力水平提高的必要条件。阶级斗争的再一种倾向，是地主阶级内部新旧地主势力之间争夺统治权的矛盾在打垮农民起义以后猛烈增加了。清政府在大部分地区建立统治权以后，以拥明反满相号召的和既反明又反满的不同地主集团，在南方各地对抗了四十年，敌对的政权消灭以后，旧的地主反对势力秘密地反满宣传和反抗活动在政治上仍然是对清政府的威胁。地主阶级内部新旧地主势力之间的斗争，同样也是提出了如何使社会经济生活发展得比前代更高些和在全国范围加强国家统治权力的问题。因为只有实际证明这个统治是既合乎需要而又是比前代远为强有力的，清政府才能取得地主阶级更广泛的支持。还有，农民与地主的矛盾趋向缓和，也使地主阶级当权势力有可能不单靠镇压手段来维持并发展它的统治利益。康熙的活动，就是顺应这种形势，对社会生活、阶级斗争提到议事日程上来的问题，提供出解决途径，满足了一定的需要。而彼得在俄国碰到的情况则与此有别。彼得时期的俄国是只有某些资本主义成分的封建国家。只有在 18 世纪最后若干年份里手工工场才有增加，开始影响到封建的、农奴制的基础。单讲资本主义因素发达的程度，彼得时代的俄国与同一个时间里的中国几乎是相差不多的。但俄国毕竟只是半个亚洲国家。在政治上、经济上俄国都与欧洲国家有不可分割的联系。由封建制度进到资本主义的过程，不可避免地要受到资本主义策源地西欧的直接影响。特别是17世纪以后西欧展开的资本主义工业的激烈竞争，正引起欧洲各国内部新的阶级斗争，引起各国统治阶级之间的剧烈的政治与军事斗争。甘愿削弱本国地主商人的地位，对竞争袖手旁观，还是掌握自己的命运、急起直追？问题就是这样摆在俄国统治者的面前。彼得正是顺应这种形势，来从事自己的活动的。社会经济条件，阶级斗争形势给康熙与彼得的安排是如此不同，因而产生的要求和他们能够执行的任务也就有别。康熙之所以不是彼得，不如彼得，最后根源是在这里。

生产力与生产关系矛盾或适合的状况造成的阶级斗争形势有它的客观规律，是不以人们的意志为转移的。

普列汉诺夫在《论个人在历史上的作用》里有许多非常精辟的分析。他在本文起首引过的那句话以后接着写道："每一个真正显出了本领的英俊人物，即每一个成了社会力量的英俊人物，都是社会关系底产物。但由此就可看出，英俊人物，正如我们所说过的，只能改变当时事变底个别外貌，却不能改变当时事变底一般趋势；他们自己是完全顺应着这种趋势出现的；没有这种趋势，他们是永远也跨不过由可能进到现实的门槛的。"① 这对于说明康熙与彼得的不同也完全适用。

当然，如果谁以为从此就应当得出结论：杰出人物对社会命运并不产生重要的影响，那就极其荒谬了。当生产关系与生产力基本相适合的时候，人物不论具有怎样的特点，也不能改变现存的生产关系。可是一个人物的活动，究竟在什么程度上满足生产力与生产关系的矛盾或适合而引起的社会需要或者是阻碍这种满足，则要由个人特点来决定。如果认为各个事变的局部状况、特点都要由一般法则来决定，与重要历史人物无关，丝毫不会因为历史人物的改变而有所改变，那只会得出宿命论的结论。中国在17世纪后半期，封建生产关系与生产力基本上相适合。假定福临不是盛年死去，大概也会执行康熙后来担负的那些任务。但是照他那懦怯无所作为，甚至消极厌世的性格特点，清代的统一强盛将难于达到后来的境地。假定康熙更英明一点，当然也可以使中国封建社会的长夜之境露出一线曙光。比如由利用南怀仁等铸造洋炮技术进而兴办新型军事工业，由招致传教士进讲自然科学进而招致技术人员讲求某些工艺制造等，在当时这都有现实的可能。改造客观环境不但必须有人们的干预，改变是不会自行发生的，而且改造客观环境的斗争特别表现出人的主观能动性。英俊人物也就是最能帮助改造环境的人物。英俊人物愈富有才能，其

---

① 《论个人在历史上的作用》，莫斯科外国文书籍出版局1950年版，第38页。

活动可能对历史进程产生愈大的影响。历史唯物主义观点不同于历史唯心主义观点的是：个人的才能性格只有在当时当地社会关系容许的范围里才成为社会发展的活动力量，不是在任何条件下都能成为社会发展的活动力量。正是依照这个观点，我们说康熙是位英明君主，是位应当肯定的历史人物。

马克思、恩格斯在《德意志意识形态》上指出："人创造环境，同样环境也创造人。"对康熙的地位、环境和他活动结局的论述，又一次证明这个原理是正确的。需要补充一句，那就是我们应当从历史发展的观点来理解这个原理，而不是把它看做历史循环论的某种公式。

（刊于 1961 年第 3 期）

元代的海外贸易

陈高华

元代，随着历史上规模空前的统一多民族的中央集权国家的出现，我国人民与亚、非各国人民的政治、经济、文化各方面的联系，比起前代来，都有很大的发展。

国际贸易是各国人民之间经济交流的一种重要方式。元代的国际贸易，包括海道贸易和陆路贸易两个方面，而以海道贸易占主要地位。本文准备对元代海外贸易的情况作一些初步的考察，目的在于从一个侧面来阐明当时我国与亚、非各国的友好关系。

一

我国通过海道与其他国家进行贸易，从汉代起，就有明确的记载。到了宋代，海外贸易规模之大，远远超过了前代。

元朝政府在消灭南宋政权、统一全国的同时，立即着手组织海外贸易。元世祖至元十四年（1277），当元军取得浙、闽等地后，元朝政府就沿袭南宋制度，在泉州、庆元（浙江宁波）、上海、澉浦四地，设立市舶司，招降并重用原南宋主管泉州市舶的官员蒲寿庚。至元十五年（1278）八月，忽必烈命福建行省向外国商船宣布："其往来互市，各从所欲。"[1] 由于政府的积极提倡，海外贸易在改朝换代之际，不但没有受到影响，而且有所发展。

在忽必烈统治的末年，一度"禁商泛海"。但成宗即位（1294），立即取消了这一禁令。大德七年（1303），又"禁商下海"，取消市舶机构。武宗至大元年（1308）恢复。至大四年（1311），再次革罢市舶机构。仁宗延祐元年（1314）复

---

[1] 《元史》卷10，《世祖纪七》。

立。延祐七年（1320），又"罢市舶司，禁贾人下番"。但到英宗至治二年（1322），"复置市舶提举司于泉州、庆元、广东三路"。① 前后四禁四开。自此以后，一直到元朝灭亡，没有再发生变动。元朝政府屡次取缔，主要出于政治上的暂时需要；而每次取缔后不久就被迫重开，说明海外贸易已成为国民经济中相当重要的组成部分。

有元一代，经由中央政府先后指定开放的对外贸易港口，最多时有泉州、庆元、广州、上海、澉浦、温州、杭州七处，但兴废不常。到元末，仅有泉州、广州、庆元三处。在这些港口，元朝政府设置市舶提举司（简称市舶司），管理市舶即海外贸易事宜。最初，市舶司由中央政府指定有关行省的高级官员负责。后来，一度与盐运司合并，成立都转运司。不久，又将二者分开，以市舶司隶泉府司（院）和致用院。最后，改隶行省。

元朝关于市舶的制度，"大抵皆因宋旧制，而为之法焉"②。至元三十年（1293），在原南宋市舶官员参与下，正式制订了市舶法则二十二条③。延祐元年（1314），重颁市舶法则二十二条④。二者内容基本相同，主要包括：市舶抽分抽税办法，舶船出海手续，禁运物资种类，市舶司职责范围，以及外国商船的管理办法，等等。这些法则的主要精神，是使海外贸易处于元朝政府的严密控制之下。

根据市舶法则的规定，出海贸易的船只、人员、货物，都要经市舶司审核批准，发给公验、公凭，方能成行。开船时，市舶官员还要"检视""有无违禁之物"（金银、兵器、粮食等都禁止出口）。舶船出海，只许往原申请前往的地区贸易，"不许越过他国"⑤。出海贸易均须在规定期限内返回。返航时，"止赴原请验、凭发船舶司抽分，不许越投他处"，更严禁中途"渗泄作弊"。舶船返航途中，市舶官员提前到"年例停泊去处"，"封堵坐押赴元发市舶司"，如庆元、上海等处的市舶官员往往赶到温州甚至潮州海面去"封海舶"。⑥ 待舶船进港靠岸时，"又行差官监般入库，检空船只，搜检在船人等，怀空方始放令上岸"。所有舶船货物均须抽分。抽分时，"省官亲临，具有定制"。⑦ 开始时细货（珍宝、香料等高级商品）十分抽一，粗货（一般商品）十五分抽一。延祐元年（1314）改为细货十分抽二，粗货十五分抽二，加了一倍。抽分之后，还要交舶税，三十抽一。完成上述手续

① 以上见《元史》各有关《本纪》。
② 《元史》卷94，《食货二·市舶》。
③ 《元典章》卷22，《户部八·市舶》。
④ 《通制条格》卷18，《关市·市舶》。
⑤ 越过原申请地区，到其他国家贸易，称为"拗蕃"，"例藉其货"。见《元史》卷184，《王克敬传》。
⑥ 危素：《彭君墓志铭》，《危太朴文续集》卷5。许有壬：《李公神道碑铭》，《至正集》卷61。
⑦ 程端礼：《监抽庆元市舶右丞资德约苏穆尔公去思碑》，《畏斋集》卷5。

后，才允许"舶商发卖与贩客人"。违反上述任何一项规定的，轻则没入船货，重则处罪判刑。

对于"番船"（外国商船）所载货物和中国舶船"夹带南番人将带舶货者"，也"照数依例抽解"，然后由市舶司差人"发卖其应卖物货"。"番船"回还本国时，也由市舶司发给公凭、公验，并在公验内"附写将去物货，不许夹带违法之物"①。

上述办法主要适用于自行造船出海贸易的商人和"番船"。此外，元朝政府还实行过"官本船"的办法，即由政府"具船给本，选人入番贸易诸货，其所获之息，以十分为率，官取其七，所易人得其三"②。最初实行这个办法是在至元二十二年（1285）。元朝政府想用这种办法垄断海外贸易，不许"别箇民户做买卖的"下海，为此拨出了十万定钞做经费③。后来不许私商下海之法没有行通，但"官本船"一直存在。例如，大德五年（1301）杨枢"浮海至西洋"，就是乘的"官本船"④。元代后期，市舶司在一度取消后重新恢复时，泉州曾"买旧有之船，以付舶商"，这些船当然也成了"官本船"⑤。拿国家本钱从事海外贸易的商人，叫做"斡脱"⑥。元朝政府设置的发放高利贷机构斡脱总管府发放给"海蕃市诸蕃者"贷款的利息为八厘，比起一般来要轻四分之三⑦。

在元代的对外贸易港中，以泉州、广州、庆元三处较为重要，其中尤以泉州占首位。泉州以"刺桐"一名著称，为当时世界各国商人、旅客所熟知。大旅行家马可·孛罗、伊本·拔图塔等，都对这个海港的规模和繁荣情况称赞不已，认为是世界最大的海港之一。马可·孛罗说："印度一切船舶运载香料及其他一切贵重货物咸莅此港。"⑧摩洛哥人拔图塔曾在此港看见大舶百数，小船不可胜计⑨。当时我国的记载也称它为"番货、远物、异宝、奇玩之所渊薮，殊方别域富商巨贾之所窟宅，号为天下最"⑩。广州自唐、宋以来，一直是海外贸易的重要港口。元代，与之发生贸易关系的国家和地区"视昔有加焉"，"而珍宝之盛，亦倍于前志之所

① 上述引文凡未注明出处者均见《市舶法则》。
② 《元史》卷94，《食货二·市舶》；卷205，《卢世荣传》。
③ 《元典章》卷22，《户部八·市舶》。
④ 黄晋：《海运千户杨君墓志铭》，《金华黄先生文集》卷35。
⑤ 《元史》卷192，《王艮传》。
⑥ 《元典章》卷22，《户部八·杂课》。按，"斡脱"原系阿拉伯语"商队"之意。元代凡用官本从事高利贷或其他活动的，概称"斡脱"。
⑦ 姚燧：《高昌忠惠王神道碑铭》，《牧庵集》卷13。
⑧ 《马可·孛罗游记》，玉尔（H. Yule）英译本，1903年，第2—23页。
⑨ 《伊本·拔图塔亚非旅行记》，吉朋（H. Gibb）英文节译本，1929年，第287页。
⑩ 吴澄：《送姜曼卿赴泉州路录事序》，《吴文正公集》卷16。

书者"①。这两个港口，主要从事对东、西洋的贸易（东、西洋见本文第二部分）。浙东的庆元，则是我国对日本和高丽贸易的主要港口，同时也有部分从事东、西洋贸易的船舶由此进出，"是邦控'岛夷'，走集聚商舸，珠香杂犀象，税入何其多!"②

　　杭州、温州也是历史悠久的贸易港。南宋后期，废弃了杭州、温州的市舶务，使这两个港口的对外贸易一度中断。到了元代，又重新繁荣起来。杭州"旁连诸蕃，椎结卉裳"③。温州有专供商舶使用的码头④。13世纪末周达观前往真腊（柬埔寨），便是"自温州港口开洋"的⑤。此外，澉浦则在南宋后期创立"市舶场"的基础上，发展成为一个具有相当规模的港口，"远涉诸番，近通福、广，商贾往来"，被称为"冲要之地"⑥。上海原是松江府华亭县的一部分，至元二十七年（1290）始正式建县，不久又设市舶司。上海及其附近的昆山、嘉定一带，"数十年来，习始变，舟楫极蛮岛，奇货善物，往往充上国"⑦。昆山原来本是墟落，"居民鲜少"。元代兴起，被称为六国码头，"番、汉间处，闽广混居"，"海外诸番，亦俱集此贸易"⑧。元末，尽管这里的市舶司取消了，但中、外商舶仍常由这里进出。澉浦和上海的兴起，正说明了元代海外贸易在前代基础上有了新的发展。

　　元朝政府每年从市舶获得巨额收入。抽分所得的实物，除一部分上供最高统治集团挥霍外，其余都由市舶司就地出售，"将民间必用并不系急用物色，验分数互相搭配，须要一并通行发卖，作钞解纳"⑨。发卖抽分和市舶税所得物货的收入，在元代中期每年达数十万定钞之多⑩。无怪当时人们说："此军国之所资"了⑪。

---

　　① 陈大震：《南海志·舶货》，见《永乐大典》卷1907。
　　② 张翥：《送黄中玉之庆元市舶》，《元音》卷9。
　　③ 黄晋：《江浙行中书省题名记》，《金华先生文集》卷8。
　　④ 黄晋：《永嘉县重修海塘记》，《金华先生文集》卷9。
　　⑤ 《真腊风土记》。
　　⑥ 《元典章》卷59，《工部二·造作》。
　　⑦ 袁桷：《乐善堂记》，《清容居士集》卷19。
　　⑧ 杨惠：《（至正）昆山郡志》卷1，《风俗》。顾祖禹：《读史方舆纪要》卷24，《江南六·太仓州》。按，当时市舶司设在上海，但主要海港码头则是昆山的刘家港，海运漕粮和商舶均由此进出，如延祐时，有"上都国师亦取道兹境"附商舶去阇婆国，见《江苏通志稿·金石》卷20，《昆山州重建海宁禅寺碑》。
　　⑨ 《通制条格》卷18，《关市·市舶》。
　　⑩ 《元史》卷26，《仁宗纪三》。
　　⑪ 《元史》卷169，《贾昔剌传》。

二

　　元代从事海外贸易的商人，称为舶商，在国家户籍上，专成一类，称为舶户，或舶商户。

　　舶商户中有不少自己拥有船只和雄厚资金的大商人。以嘉定一地为例，元代中期这里有"赀巨万"的海商朱、管二姓①。朱、管二家因互相争霸被元朝政府籍没后，又有"下番致巨富"的沈氏②。此外，还有许多中、小商人，他们无力自备船只，只能充当有船大商人的"人伴"，"结为壹甲，互相作保"，下海贸易；或是在舶船上充任各种职务或"搭客"，捎带货物，出海买卖③。

　　元代的贵族官僚，也常常经营海外贸易，牟取暴利。最有名的是元代前期的朱清、张瑄。他们以经营海道漕运得到元世祖的赏识，高官厚禄，利用职权，"巨艘大舶帆交番夷中"④。

　　元代海上航行的商船称为舶船。当时的记载说："尝观富人之舶，挂十丈之竿，建八翼之橹，长年顿指南车坐浮庋上，百夫建鼓番休整如官府令。柂碇必良，绋纤必精，载必异国绝产。"⑤ 这些"挂十丈之竿，建八翼之橹"的海舶，大概是载重一二千料的船⑥。宋代修造二千料海舶已很普通，大的有达五六千料者⑦，元代相去不远。

　　"料"的确切含义不清楚⑧，但由元代记载可知千料船载重千石⑨。据此，则二千料船载重应在二千石左右。元制，一石重一百二十斤，按此计算，二千料船载重约为一百二十吨左右，若五千料船，载重应在三百吨左右。根据元代记载，贩卖私盐的"在海大船"，载盐少者数百引，"多者千余引"⑩。元制盐一引四百斤，若千引则为二百吨，若千五百引则为三百吨，可知当时海船载重二三百吨已不罕见。这样规模的海舶，在当时世界上实居首位，无怪当时外国旅行家对中国海舶都感到惊

---

　　① 宋濂：《汪先生神道碑》，《宋文宪公全集》卷5。
　　② 陶宗仪：《辍耕录》卷27，《金甲》。
　　③ 《通制条格》卷18，《关市·市舶》。
　　④ 《辍耕录》卷5，《朱张》。
　　⑤ 任士林：《送叶伯几序》，《松乡先生文集》卷4。
　　⑥ 据宋代徐兢《宣和奉使高丽图经》所载，载重二千斛的海舟"大樯高十丈"，"每舟十橹"。二者形制颇为相近。
　　⑦ 吴自牧：《梦梁录》卷12，《江海船舰》。
　　⑧ "料"可能是船舶容量的计算单位，也可能是造船用木量的计算单位。有待进一步研究。
　　⑨ 《经世大典·海运》，见《永乐大典》卷15949。
　　⑩ 《南台备要·建言盐法》，见《永乐大典》卷2611。

异，大为赞赏。

　　根据马可·孛罗等外国旅行家记载，当时中国海船大都以松木制成，船底二或三层（有的说四层）。普通四桅，也有五桅或六桅。每船分隔成十余舱或数十舱。附带小船，供碇泊时上岸采柴汲水之用。元代一些记载，也提供了关于海船构造的若干资料。海舶两旁都用"大竹帮夹"，和宋代海舶一样，目的是保持稳定，便于破浪航行①。舵杆普遍用铁梨木（或作铁棱木）。"铁梨之木世莫比"，"来自桂林、日本东"，这种木材坚固耐用，价值甚贵，造船时往往"不惜千金置"②。铁锚大者重数百斤，下有四爪③。还有木制的碇，也就是马可·孛罗所说的木锚。

　　元代我国劳动人民的航海技术也达到了很高的水平。指南针已成为海舶必备之物。当时有关海上航行的文献中常有"行丁未针"、"行坤申针"等记载，即是根据指南针在罗盘上的位置以定方向，这就是所谓"针路"④。在海上航行的水手和商人，都把"子午针"看成是"人之命脉所系"，"针迷舵失"，是对海舶的致命威胁⑤。海上季节风（信风）的规律早已为我国水手熟练掌握。元代去东、西洋诸国，"遇冬汛北风发舶"，利用东北风启航，一般是在"次年夏汛南风回帆"⑥。去高丽则正好相反，去乘南风，夏季发船，冬季乘北风回帆。风顺时三、五天可到。去日本，一般在夏天，利用西南季节风，回国多在春、秋二季，利用东北季节风。顺风时十天左右。

　　舶船内部有严密的组织。每条舶船上都有纲首、直库、杂事、部领、火长、舵工、梢工、碇手等职务分工。他们是船上的技术人员和水手，都是由商人招募来的。纲首即船长，直库负责管理武器。杂事、部领的具体职责不详，杂事大概负责日常杂务，部领也许就是水手长。火长就是领航员，掌管指南针。舵工或称大翁（大工），又称长年，负责掌舵。"大工驾柁如驾马，数人左右拽长牵，万钧气力在我手，任渠雪浪来滔天。"⑦碇手负责碇、锚，"碇手在船功最多，一人唱歌百人和；何事深浅偏记得，惯曾海上看风波"⑧。梢工则是一般水手。管理樯、桅的水手称为亚班。

　　由于元代我国海舶制造和航海技术都居于世界先进之列，再加上全国统一以后，农业、手工业都得到一定的恢复和发展，能够为海外贸易提供丰富的物资。因

---

①　《海运新考·成造船式》。

②　李士瞻：《坏舵歌》，《经济文集》卷6。

③　周密：《癸辛杂识》续集卷上《海蛆》。

④　周达观：《真腊风土记》。

⑤　汪大渊：《岛夷志略》。子、午是罗盘上正南、正北的标志。

⑥　《通制条格》卷18，《关市·市舶》。

⑦　贡师泰：《海歌十首》，《玩斋集》卷5。

⑧　同上。

此，我国商舶东起高丽、日本，西抵非洲海岸，十分活跃。

根据元成宗大德八年（1304）刊印的《南海志》中有关市舶的记载①，当时与广州发生贸易关系的国家和地区，已达一百四十处以上。这些国家和地区，东起菲律宾诸岛，中经印尼诸岛、印度次大陆，直到波斯湾沿岸地区、阿拉伯半岛和非洲沿海地区。其中有相当一部分地名，不见于其他记载。这份资料，充分说明了元代贸易活动的范围远远超过了前代。不仅如此，它还将所有这些国家和地区，划分为大东洋、小东洋、小西洋等几个区域。从元代其他记载看来，东、西洋的名称已经广泛应用②。明、清两代都沿用这些名称。和前代将这些国家和地区统称为"南海诸国"相比较，这种区域划分显然进了一大步。它说明由于海外贸易的开展，我国人民的海外地理知识不断增长。

元朝末年大旅行家汪大渊撰写的《岛夷志略》一书，是关于这一时期我国海外贸易活动的另一份珍贵文献。汪大渊先后两次"附舶以浮于海"，回国后将自己的见闻记录下来，全书包括九十余个国家和地区，"皆身以游览，耳目所亲见"③。根据他的记载，我们可以知道，元朝商舶遍及东、西洋各地，经常出入于波斯湾的波斯离（今巴士拉）、层拔罗（桑给巴尔）等处。宋代，从中国到故临（元代的俱蓝，印度西南部）都乘坐中国船，再往西去，就要换乘大食（阿拉伯人——引者）的船只④。到了元代，情况显然发生了很大变化，中国商船已成为波斯湾和非洲各大海港的常客了。

元代的官方文书里也常说舶船前往"回回田地里"和"忻都田地里"⑤。前者指的是阿拉伯半岛、波斯湾沿岸和非洲东北部广大地区。后者指的就是印度次大陆。

外国的记载也证明了元代商舶在亚、非地区有很大影响。交阯（越南北部）的贸易港云屯，"其俗以商贩为生业，饮食衣服，皆仰北客（中国商人——引者）"⑥。印度的马剌八儿，商品大部运往中国，西运者不及东运的十分之一⑦。伊本·拔图塔说，由印度到中国航行，只能乘坐中国商船。他在印度港口古里佛（加尔各答）曾看到同时停泊着十三艘中国商船⑧。

---

① 此书系广州的地方志，陈大震辑。原书早已散佚，但在《永乐大典》卷11907广字部中保存了下来。有关市舶部分史料价值很高，值得很好研究。

② 如《岛夷志略》、黄晋《海运千户杨君墓志铭》（见前）等。

③ 《岛夷志略》后序。

④ 周去非：《岭外代答》卷2，《外国门上》。

⑤ 《通制条格》卷27，《杂令》。

⑥ 《大越史记全书》卷5，《陈纪一》。

⑦ 《马可·孛罗游记》，玉尔英译本，第Ⅱ—390页。

⑧ 《伊本·拔图塔亚非旅行记》，吉朋英文节译本，第235页。

三

元代我国通过海道向亚、非各国输出的商品，可以分为农产品和手工业产品两大类，而以手工业产品为主。

农产品主要是谷米。至元二十五年（1288）的一份官方文书中提到，广州商人于乡村籴米百石、千石甚至万石，搬运到"海外占城诸番出粜"①。但因元朝政府屡加禁止，所以总的来说它在对外贸易中不占重要地位。

手工业产品又可分为如下几类：

（一）纺织品。包括苏、杭五色缎、绸、布（花布、青布）等。丝也是重要出口物资。纺织品是我国历史悠久的传统出口物资，享有极高声誉，深受亚、非各国人民欢迎。

（二）瓷器、陶器。包括青白花碗、瓦瓮、粗碗、水埕、罐、壶、瓶等。至今西南亚地区伊朗、土耳其等不少国家的博物馆中都保存有元代青花瓷器，非洲不少地区也有元代瓷器遗物出土。伊本·拔图塔说，中国瓷器品质最佳，远销印度和其他国家，直到他的家乡摩洛哥②。

（三）金属和金属器皿。金、银都是禁止出口的东西，但实际上仍有不少泄漏出去。此外，出口的金属器皿有铁条、铁块等半成品和锡器、铜器（鼎、锅）、铁器（碗、锅）等物。

（四）日常生活用品。如木梳、漆器、雨伞、席、针、帘子等。

（五）文化用品。包括各种书籍、文具和乐器。书籍和文具主要对高丽和日本出口。

（六）经过加工的副食品。如酒、盐、糖等③。

大体说来，上述各种商品的大多数在宋代甚至更早已成为我国的出口商品，但是元代质量有所改进（如青花瓷器），数量也有所增加。这些商品除了一部分系供各国统治阶级消费之外，很大一部分都是人民生活和生产所必需的物资。例如，周达观在真腊看到，当地人民"盛饭用中国瓦盘或铜盘"，"地下所铺者，明州（宁波——引者）之草席"④。还值得指出的是，当时我国若干手工业产品的出口，对于有些亚非国家手工业技术的发展，起了一定的作用。如埃及的工人就仿制中国的

① 《通制条格》卷18，《关市·下番》。
② 《伊本·拔图塔亚非文旅行记》，吉朋英文节译本，第283页。
③ 上述出口物资种类，主要根据《岛夷志略》，同时也参考了其他记载。
④ 《真腊风土记》。

青花瓷器，瓷胎用本地出产的陶土，瓷器上常有阿拉伯工人的名字。高丽原买中国的琉璃瓦，后自行燔制，"品色愈于南商（指由海道去的中国南方商人——引者）所卖者"①。

元代我国从亚、非各地进口的商品，种类极多。《南海志》记载有七十余种，主要是从东、西洋进口的。《（至正）四明续志》所载市舶物货达二百二十余种，既有来自东、西洋的货物，也包括自日本、高丽进口的商品②。将二者汇总，去掉重复，可知当时进口商品不下二百五十种。

将这些商品加以简单分类就会发现，珍宝（象牙、犀角、真珠、珊瑚等）和香料（沉香、速香、檀香等，总数在四十种以上）占了很大一部分。这些商品主要满足统治阶级奢侈生活的需要，但香料中有些可作药材。另一类重要物资是药材，《南海志》登录了二十四种，《（至正）田明续志》所记更多，除了从东、西洋进口的没药、阿魏、血竭等药物外，还从高丽大量输入茯苓、红花等物。进口的其他物资包括布匹（白番布、花番布、剪绒单、毛驼布等）、器皿（高丽出产的青器和铜器，东、西洋诸国出产的藤席、椰簟等）以及皮货、木材（包括船上用的铁梨木）、漆等物。日本出产的木材受到我国人民欢迎，是建筑和造船的极好材料。高丽出产的新罗漆，质量很高，最适于饰蜡器。

《南海志》说：元代"珍货之盛"，"倍于前志之所书者"。可惜，宋代广州进口物品缺乏详细记载，难以比较。但是，庆元地区宋、元两代都有记载，可资比较。据南宋《（宝庆）四明志》所载，市舶物货共一百六十余种③。而元代《（至正）四明续志》所载则为二百二十余种。这两个数字，雄辩地说明了元代海外贸易比起前代来有更大的规模。

我国从事海外贸易的商船，不仅与亚、非各国直接贸易，而且在各国之间转贩各种商品，如将西洋诸国出产的布匹贩运到东洋各国出售，将北溜（马尔代夫群岛）出产的𧴩子（即贝壳，东、西洋某些地区以此作货币，元代我国云南地区亦以此作为货币，与金银、纸钞同时流通）运到乌爹（印度西部乌代浦尔）等处换米，贩占城（越南南部）布到吉兰丹（马来亚南部）等。对于促进这些国家和地区的经济交流，起了积极的作用④。

元代我国商舶与亚、非各国的贸易，有的采取以物易物的方式，如灵山（越南燕子岬）出产的藤杖，一花斗锡可换一条，"粗大而纹疏粗者"则可易三条。巴南巴西（印度西部）的细棉布，"舶人以锡易之"。有的则用金、银作交换手段，

---

① 《高丽史》卷28，《忠烈王世家一》。
② 《南海志》卷5，《土产·市舶物货》。
③ 《（宝庆）四明志》卷6，《叙赋下·市舶》。
④ 《岛夷志略》。

如龙涎屿（苏门答腊西北巴拉斯岛）出产的香料，"货以金、银之属博之"。值得注意的是，由于与中国商舶贸易往来频繁，不少国家、地区的货币已与元代纸钞之间，建立了一定的汇兑比例关系。交阯铜钱"民间以六十七钱折中统银（钞）壹两，官用止七十为率"。罗斛（泰国南部）用贝子作货币，"每一万准中统钞二十四两，甚便民"。乌爹等处行用银钱和贝子，每个银钱"准中统钞一十两，易贝子计一万一千五百二十余"①。

除了贸易活动外，中国商人和水手还积极向各国各地区人民介绍我国的生产技术。火药是中国人民一大发明，元末传到高丽，介绍火药技术的便是一个"江南商客"②。真腊原来席地而卧，新置矮桌、矮床，"往往皆唐人制作也"。原来当地无鹅，"近有舟人自中国携去，故得其种"③。

和平友好的贸易关系，大大加深了中国与亚、非各国人民之间的友谊。当时东、西洋各国都称中国人为唐人，中国商舶为唐舶。文老古（摩鹿加群岛）人民"每岁望唐舶贩其地"；浡泥（加里曼丹岛）人"尤敬爱唐人，醉则扶之以归歇处"；麻逸（菲律宾明多罗岛）的商人将中国商舶的货物"议价领去，博易土货，然后准价［偿］舶商，守信终始，不爽约也"④。

四

上面我们简略叙述了元代海外贸易的情况。最后，还想指出的是：

（一）海外贸易虽然是在元朝政府和大商人控制和组织下进行的，但是，如果没有农民和手工业者创造了大量可资海外贸易之用的物资，没有造船工人修造了可供海上航行之用的船舶，没有许多船员和水手不畏风险，驾驶船舶，那么，海上贸易是无法进行的。通过海外贸易，促进了我国与亚、非各国人民之间的经济、文化交流，加深了彼此之间的友谊，这是统治阶级所不曾意料到的。这是广大劳动人民的历史功绩，而不应该记在统治阶级的帐上。

（二）元朝统治者出于剥削阶级贪婪的本性，曾经与某些邻近的国家发生过冲突。但是，从整个元代来看，这些冲突不过是历史长河中的小小逆流，友好的交往始终是我国和亚、非各国之间关系的主流。这一点是任何人也否认不了的。

（三）元朝统治者和大商人从事海外贸易的目的，是满足自己奢侈生活的需

---

① 《岛夷志略》。
② 《李朝太祖实录》卷7。
③ 《真腊风土记》。
④ 《岛夷志略》。

要，海外贸易的成果绝大部分也为他们所侵吞。在当时的历史条件下，海外贸易的发展有很大的局限性，我国人民与各国人民的交往也受到很大限制。只有在社会主义的今天，在人民当家做主的条件下，我国的海外贸易才有可能蓬勃发展，我国人民也才有可能充分发展同各国人民的友好关系，对人类作出较大的贡献。

（刊于 1978 年第 3 期）

论清代前期我国国内市场

吴承明

马克思说："商品流通是资本的起点。商品生产和发达的商品流通，即贸易，是资本产生的历史前提。"[①] 在欧洲，由于日耳曼人的征服和城市的破坏，进入封建社会后，商业大大衰落了，封建领地变成彼此孤立的庄园。到 16 世纪以后，民族市场和世界市场形成，才成为向资本主义过渡的重要条件。在我国，由于较早地废除领主制割据和实现国家统一，商业一向比较发达。但是，我国资本主义生产关系的产生不是较早，而是萌芽较迟、发展甚慢。这是什么原因呢？

我国资本主义生产关系发展迟缓问题，也是我国封建社会长期延续的问题。我以为，这主要应该从生产力和生产关系上去寻找原因；同时，也有流通本身上的原因。在封建社会，不是所有的流通都能促进生产的发展和生产关系的变化，而要看它能否为扩大再生产准备市场，能否为生产积累货币资本，在中国这样的非海上贸易国家，还要看它是否有助于改变农村的自然经济。

一 我国封建社会的各级市场

我国的封建商业，宋代有了飞跃的发展。它打破了坊市制，形成各级市场。下面就按照各级市场，考察一下流通的作用。

第一，地方小市场，即墟集贸易。这是我国封建社会中普遍存在的一种交易形式。宋代的墟集、草市已颇具规模，其税收额几占全部商税之半。但是，这主要是小生产者之间的品种调剂和余缺调剂，是属于自然经济范畴内的交换。这种交换，虽也经商人之手，仍是使用价值的交换，不能成为资本的前提。只是在资本主义流通出现后，有些地方小市场才逐渐变成大宗商品的集散地，转化为真正的初级

[①] 《资本论》第 1 卷，第 167 页。

市场。

第二，城市市场。这是我国封建社会最发达的一种市场。宋代的汴京和临安，如《东京梦华录》、《梦粱录》等所记述，已达高度繁荣。和中世纪欧洲不同，我国的封建城市原是各级政治军事中心，集中了大量消费人口。城市市场上，主要不是生产者之间的商品交换，而是政府、贵族、官僚、士绅（以及他们的匠役、士兵、奴仆）以货币收入来购买商品，而他们的收入，基本上不外是封建地租的转化形态，即农民的剩余产品①。所以，我国城市市场的繁荣，主要是反映封建经济的成长和成熟（地租量扩大），并不代表商品经济的发展。在这种交易中，农村流入城市的产品，尽管是商人贩运来的，但大半是赋租的担当物，农村并没有从城市得到回头货来补偿。这种没有交换的商品，不是真正的商品。

城市市场的这种消费性特点，又使它特别发展了零售商业、铺坊加工业、饮食业和服务业，如《清明上河图》所示。在现代消费社会兴起以前，城市零售商业并不是执行流通任务的职能商人资本（饮食、服务业当然更不是了），而是一种"不执行职能或半执行职能"的"杂种"②。它们也就甚少起促进生产和生产关系变化的作用了。

明清以来，随着贩运贸易的发展，出现一批新兴的商业城市，以及手工业品交易中心的镇市，这才真正反映了商品经济的发展。

第三，区域市场，如通常"岭南"、"淮北"这些概念和一般省区范围内的市场。它们是由同一自然地理条件和共同生活习惯形成的，一般不反映生产的地区分工。所以，区域内的流通可视为自然经济的延伸，其促进生产关系发展的作用也是不大的。

但是，区域内的流通有一部分已是城乡交换，即工农业产品的交换，这是应予特别重视的。这里，重农学派的"工农业产品交换形成市场"这一古老概念，对我们的研究甚为有用，因为这种交换代表真正的社会分工，反映手工业从农业中分离出来，因而也是自然经济瓦解的前兆。据我们考察，城市手艺人向小商品生产者的转化，在明后期才见明显，区域市场的重要性也自此始。但是，直到清代，城市手工业的生产仍主要是供本城市消费，这就又限制了城乡交流的作用。

第四，突破区域范围的大市场，亦可称为全国性市场，相当于欧洲的民族市场。这种大市场和在这种市场上的流通，即长距离贩运贸易，才是产生资本主义生产关系的最重要的历史前提，也是我们考察的重点。

---

① "在亚洲各社会中，君主是国内剩余产品的唯一所有者，他用他的收入同自由人手（斯图亚特的用语）相交换，结果出现了一批城市。"马克思：《政治经济学批判》，《马克思恩格斯全集》第46卷上册，第466页。

② 马克思：《资本论》第3卷，第320、347页。

我国很早就发展了长距离贩运贸易。但在宋以前，除官营贸易外，主要是珍奇宝货等奢侈品贸易和土贡式的土特产贸易，这两种贸易所经营的都是已生产出来的东西，交换的对象又是贵族、士绅们的收入，根本不是生产者之间的交换。所以尽管琳琅满目，对变化生产关系的作用却甚微。

我国又早就有盐、铁以及渔、猎产品的长距离贸易。这种贸易是自然经济必有的补充，试想，如无盐铁，也就谈不上自给自足，因此，它是自然经济题中应有之义。从生产上看，盐民、坑户、渔猎户等都可说是小商品生产者。但他们这种地位纯粹是自然条件决定的，所谓"只缘海角不生物，无可奈何来收卤"[1]。他们是因盐铁不能当饭吃才进入交换的，所以，我宁愿称他们为靠山吃山、靠水吃水的自然经济，而不是真正的商品生产。

大约从明后期起，民生用品代替奢侈品和土特产品，成为长距离贸易的主要内容。我国国内市场也从这时起，有了真正的扩大。

二　鸦片战争前国内市场的分析

作者曾有文考察明代的国内市场。[2] 明代史料太少，还不能对整个市场作出量的分析，我是从四个方面来观察流通的发展的：（1）货运路线（主要是水运）的延长和增辟；（2）新的商业城市和手工业镇市的兴起；（3）大商人资本的出现；（4）长距离运销的发展。到清中叶，据我考察，内河商业航程已达五万公里，沿海航线约一万公里，已具有近代的规模；大商业城市如新兴的汉口镇，年贸易额达一亿两左右；大商人资本已由明代的五十至一百万两级进入一千万两级。不过，为了节约篇幅，本文将这三个方面的考察都略去了，而利用可能的资料，对鸦片战争前（以1840年为基期）国内市场的商品量和商品值作一估计，以进行量的分析。然后，再考察某些重要商品的长距离运销，来评价市场的作用。

事实上，这时我国并无社会经济调查和统计，下面（表一，见下页）的估计，主要是用间接方法求得的，这当然很粗糙。但它总可以给我们一个比较全面的印象，反映大致不差的比例关系，比那种单用概念来论证的办法要好。

表列虽只七种商品，足以代表整个市场结构。其余商品，最大宗者为瓷器和铁。民国初，瓷器产值不到一千万两；铁包括进口钢铁约五百四十万担，按土铁价格不过八百八十万两；若折合鸦片战争前银价都不足五百万两。此外，恐怕不会有

---

① 林正清：《小海盐场新志》。
② 《论明代商品流通和商人资本》，载《中国社会科学院经济研究所集刊》第5集。

超过一百万两的了。如当时朝野十分重视的滇铜，年产值不过六十万两。

上表商品值是消费市场价格，一般是批发价，不是生产者所得价格。依表，流通总额年约三亿八千七百万两，人均近一两，已经不算小了。

对于这个数值，还应作些调整，才好分析其交换内容。如上所说，农村每年都

表一　　　　　　　　　　　鸦片战争前主要商品市场估计①

| | 商品量 | 商品值 | | 品量占产量（%） |
		银（万两）	比重（%）	
粮食	245.0 亿斤	16333.3	42.14	10.5
棉花	255.5 万担	1277.5	3.30	26.3
棉布	31517.7 万匹	9455.3	24.39	52.8
丝	7.1 万担	1202.3	3.10	92.2
丝织品	4.9 万担	1455.0	3.75	
茶	260.5 万担	3186.1	8.22	
盐	32.2 亿斤	5852.9	15.10	
合计		38762.4		

说明：棉布按标准土布计，即每匹重20两，合3.633平方码。

有净进口棉花60.5万担，净进口棉布（折标准土布）267.3万匹，未计入。

出口丝1.1万担、出口茶（折干毛茶）60.5万担，包括在内。

―――――――――――

①　此表的估计方法比较复杂，将专文载入即将出版的《中国资本主义发展史》第1卷第四章（中国社会科学院经济研究所编），这里仅作简介。

粮食：产量依传统办法按四亿人口计，人均占有量五百八十斤。商品量：非农业人口二千万人，人均五百斤；经济作物专业区五千万人，人均二百五十斤；酿造、上浆用粮二十亿斤。价格主要据《漏网喁鱼集》及《一斑录》，并按"米一谷二"折原粮，每石一两。

棉花及棉布：产量采用徐新吾同志及《江南土布史》估计，是参照近代产棉量，调查人均棉布和絮棉消费量，调查纺织户比重，计算自给部分与商品部分，再用进出口记录修正。棉价，主要据《一斑录》，评为每担五两。布价，主要据海关及英商记载，评为每匹三钱。

丝、丝织品和茶：产量据徐新吾同志及《江南丝织工业史》、《上海华商国际贸易业史》的估计。丝是根据江南织户、织机估算纺织用丝，根据广州出口记录估算外销丝，产量即销量。价格是以出口丝价每关担三百五十元为基数，内销丝评为每关担二百四十五元，绸缎价评为每关担五百元。茶按人均消费量半斤计（比传统估计为低），出口按广州及俄国记录，销量即产量。价格以上海出口价为基数（广州太高），每担二十两七钱，内销价评为十两三钱。

盐：官盐采用简锐同志的估计，系根据十一个产区户部额定引数，按不同配盐数计算销量，销量即产量。价格按各销盐区发售价，均据各区《盐法志》。私盐产量按四川、两淮情况，估为官盐的三分之一，价格为官盐平均价的三分之二。

这几项估计总商品值为三亿八千七百万两，比过去有人按厘金推算数（不到一亿两）大得多，比最近美国珀金斯氏按海关土产转口统计推算数（六至七亿两）又小。厘金、海关统计均为1870年或1880年以后之事。

《江南土布史》、《江南丝织工业史》、《上海华商国际贸易业史》均为上海社会科学院经济研究所编，将陆续出版。

有相当数量的农产品单向运出，而没有回头货与之交换。造成这种情况的主要因素有三：（1）政府的征课；（2）城居地主引入城镇的地租；（3）商业、高利贷资本得自农村的利润和利息。后两项无法计量。第（1）项即政府征课占最大数量。清代的征课大都已折色，生产者将赋额（农产品）卖给商人运出，而实际并非商品。我们也仅就这一项来进行调整。

清政府的征课，最大项目是田赋，占岁入四分之三以上，鸦片战争前实收约三千二百万两，棉田、桑田、茶山的地丁在内。此数约合表一粮、棉、丝、茶商品值的百分之十四点六，而地方实征还多些。应将表中四项商品值各减百分之十五，作为调整数。

征课的另一大项是盐课，鸦片战争前已缺额，实收不到五百万两。盐课由盐商缴纳，原属商品流通税性质，但盐场也有课。且盐为专卖品，表一是按各销区批价（每斤一分二厘至三分不等），偏高。因无出场价，只好将该项商品值减除五百万两，作为调整数。

其他征课如常关税、海关税、牙税、茶课等，均属商品流通税性质，不再调整。但应加入进出口因素，以修正流通总额。调整结果如表二。

表二　　　　　　　　鸦片战争前主要商品流通额（调整）

	国产商品流通额		净进口（＋）、净出口（－）
	银（万两）	比重（%）	
粮食	13883.3	39.71	
棉花	1085.9	3.11	＋302.5
棉布	9455.3	27.04	＋80.2
丝	1022.0	2.92	－225.2
丝织品	1455.0	4.16	－已计入丝中
茶	2708.2	7.75	－1126.1
盐	5352.9	15.31	
合计	34962.6		

这些商品之间怎样流通和交换，是很复杂的。但从主要流向看，大体是粮农出售粮食，换取布和盐；而经济作物区棉、丝、茶等生产者除换取布和盐外，还要同粮农换取部分粮食。因此，可将这些商品分为三大类，其相互交换关系如图（见下页）。图中略去了丝织品、进口棉布和出口部分的丝、茶，因为这些商品是城市

消费或出口国外，不参与图中的流通。这部分的总值，不过占全部流通额的百分之八。

从图解中可以看出：

三大类主要商品的流通

单位：银（万两）

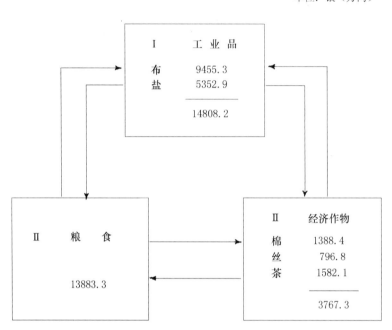

第一，百分之八十以上的市场交易是在Ⅰ类与Ⅱ类之间进行的。尤其是粮与布，是市场上最大量的两项商品，市场上最大量的交换也就是粮与布的直接或间接交换。其次是粮与盐的交换。

第二，布和盐虽属工业品，但实际都是农村生产的。这时的商品布，基本上还是农民家庭生产；盐民也是农民。因此，绝大部分市场交易，实际是农民小生产者之间的交换，不过是通过商人和地主之手而已（商品粮多来自地主的租谷）。

第三，Ⅰ类的布盐，若减除城市人口（约占全人口百分之五）的消费，几乎与Ⅱ类平衡了。这说明，商品粮之销往城市是很少的（一百八十四万两即不足二百万石），城市用粮主要是由上述农村向城市的单向输出（超过二千万石）来解决，这是没有交换的。Ⅲ类中的丝、茶主要是销往城市，但也不过二千余万两。这就是说，城乡之间的交换不大。也说明，鸦片战争前，虽然城市手工业（包括丝织业）已有一定的发展，但其产品主要是供城市消费，很少与农村进行交换。

这三个特征，构成了鸦片战争前我国市场结构的基本模式。它是一种以粮食为基础、以布（以及盐）为主要对象的小生产者之间交换的市场模式。

下面进一步考察一下粮、布这两项主要商品的流通。

（一）粮食的流通

在上述市场结构中，差不多所有商品都是直接或间接与粮食相交换。因而，在一定意义上，农村有多少粮食可以运出，就成为市场大小的一个界限，也是经济作物和手工业能有多大发展的一个界限。同时，农村出售多少粮食，也直接改变着农民的生活方式。所以粮食商品率又可作为农村自然经济解体的一个指标。

然而，众所周知，市场上的粮食一般并不是作为商品来生产的，而是农民已生产出来的东西，由于商人资本的运动而变成商品。商人收购的粮食，又主要不是直接生产者的余粮，而多半是地主出售的，即作为地租形态的粮食。这又是以粮食来观察市场变化的局限性。

粮食反映商品经济的发展，不是它在地方小市场上的交易，也主要不是它在区域内市场上的流通，而是指长距离贩运贸易。这种贸易，基本上都是与手工业品或经济作物相交换的。

明代，据作者前文考察，粮食的输出区主要只有安徽、江西两省，长距离贩运限于长江中下游和福建、广东，年约一千万石；除漕米（非商品）外，当时尚毋需南粮北调。清代情况就有很大不同了。河北、山东已有部分地区缺粮，山西、陕西也缺粮，都非本区域可以调剂。广东原有余粮，这时则缺粮严重。同时，余粮地区也增多了，尤其是四川、湖南的开发，东北的放垦，台湾的经营，都成为粮食基地。因而，调运频繁，路程也加长，由北而南，总计有十条主要路线：（1）米麦经大运河北运京畿、山西、陕西。南方六省漕粮，实际多在江苏采办，连同河南、山东赋额及耗羡，年在五百万石以上。官漕私带和商人贩运的，也是"由江淮溯[运]河而北，聚集豫省之河南、怀庆二府。由怀庆之清化镇进太行山口，运入山西。由河南府之三门砥柱运入潼关"，[①] 供应陕西。官商两项，总计由大运河北运者，可估为六百万石。（2）奉天麦豆海运天津、山东。运往天津，始于乾隆初，"以前不过十数艘，渐增至今，已数百艘"。[②] 这种海船每艘能装五百至一千石，共约数十万石。运山东者，乾隆十三年，除领票商人"照数装运外，尚有余粮二十万石"，亦令装去。[③] 故两地共可估为一百万石。（3）奉天豆麦海运上海。这是清代的一项大宗贸易，即北洋航线的沙船贸易。奉天来豆麦，据包世臣说，每年

①　朱轼：《辀车杂录》下，康熙六十年序。
②　同治《续天津县志》卷6。
③　《高宗实录》卷329，乾隆十四年四月乙未。

"千余万石"①。（4）河南、天津麦粱运山东临清。麦谷以"豫省为多"，"秫粱则自天津溯流而至"②。数未详。（5）汉口麦谷经汉水运陕西。据说雍正十一年有粮船一千五百只③。河船载重三百至五百石，共约六十万石。（6）安徽、江西米运江苏、浙江。这是明代的老粮路，清代犹然，芜湖、九江均为米市。数未详，照明代推算，年约五百万石。（7）四川、湖南米经长江运江苏。这是清代又一大宗贸易。全汉升先生估算雍正时"湖广"米运江苏者年约一千万石④，其后当不止此数。四川米数量无考，惟川米皆在汉口落岸，所谓"江浙粮米历来仰给于湖广，湖广又仰给于四川"⑤；所以，川米已包括在上述一千万石内了。其米多集中于苏州枫桥，再运销浙江、福建。（8）江浙米由上海运福建。雍正五年，福建官、商到苏州买米，至四月十一日"已经搬运三万余石"⑥，照此全年只十余万石，似太少。苏米运闽史料屡见，为数当不止此。（9）台湾米海运福建。雍正初官运年额八万三千石，商运四十至五十万石⑦，其后未详。近代，福建缺米约二百万石。估计清前期，连同上项苏米，运往福建者共约一百万石。（10）广西米经西江运广东。雍正时有人说，广东"即丰收而乞籴于〔广〕西省者犹不下一二百万石"⑧，似有夸张。又，由江西经赣江去广东一路，也"运去谷米甚多"⑨；由湖南经湘江去广东一路，可能也有米运去。总看广东由外省调来米粮，有二百万石也就够了。总计以上十路，年约三千六百万石，除去漕粮，亦在三千万石以上，与明代的长距离运销比，已三倍之。

但是，在粮食的总商品量中，长距离运销所占比重仍属有限。以三千万石计，合四十五亿斤，占表二调整后商品粮（二百零八亿二千五百万斤）的百分之二十一点六，这还未包括墟集贸易的调剂。并且，这种长距离运销，并不都是为了与手工业品或经济作物相交换。例如，由于北方缺粮，需要南粮北调，但北方甚少工艺品供应南方，以致粮船回空。由于东南缺粮，东北有大批豆麦海运上海，而回头货即东南的布、茶、糖等，却常不满载，需以泥压舱。川、湘每年有大量粮米接济江、浙，后者以盐、布、广杂货等作为补偿。但这些工业品在长江上游并无多大市场，后来川、湘来米少了，淮盐也滞销。就是说，这种长距离运销，主要是由于某

---

① 《海运南漕议》，《安吴四种》卷1。

② 乾隆《临清直隶州志》卷2。

③ 引自 D. H. Perkins, Agricultural Development in China, 1969 年，第148页，称系据湖广总督报告。

④ 全汉升：《中国经济史论丛》第2册，1972年版，第573页。

⑤ 《硃批谕旨》，雍正二年八月二十日四川巡抚王景灏奏。

⑥ 《硃批谕旨》，雍正五年四月十一日苏州巡抚陈时夏奏。

⑦ 《硃批谕旨》，雍正四年七月二十六日闽浙总督高其倬奏。连璜：《台湾通史》上册第44页引雍正七年诏书。

⑧ 《硃批谕旨》，雍正八年四月二十日闽广总督鄂尔泰奏。

⑨ 《硃批谕旨》，雍正四年六月初四日江西巡抚裴𢖍度奏。

些地区的缺粮引起的，而不是因手工业扩大商品生产引起的。这就反映了当时市场的狭隘性。

（二）棉布的流通

粮食虽然重要，但在市场上起主导作用的不是粮食，而是工业品。正因工业（这时是手工业）一个个从农业中分离出来，市场商品量才能摆脱自然条件的限削，无限扩大。工业的部门结构，决定市场的结构；工业的布局，决定商品的流向。货币资本的积累，也主要是靠工业品的贸易，明清以来的大商人资本如徽商、西商、粤商等，都是靠盐、茶、布、丝等起家，没有经营粮食起家的。有多少工业品流通，是衡量市场最重要的量度。

在明代以前，大约市场上最大量值的工业品是盐，其次是丝织、铁器等。到清代，棉布代替盐在市场上占主导地位，这是一个进步。因为盐的产销，仅决定于人口数量；布，则与社会经济的发展密切相关。

这时，布还是农民家庭生产的，所谓"男耕女织"。但并非家家织布，据《江南土布史》编写组调查，大约织布户最多时（1860 年左右），也不过占全国总农户的百分之四十五，鸦片战争前，有些地区还是基本上不织布的。所以，布的商品率是很高的，经常占产量一半左右（表一）。但是，市场上的商品布，绝大部分是农家自用有余的布，只有在棉布的集中产区，才有为市场而生产的织户，也只有这种商品布，才有一定的规格品种，才能进入长距离运销。

在明代，还只有一个这样的棉布集中产区，即江苏省的松江一带，主要品种是标布和梭布（后称稀布），进入长距离运销的，年约一千五百万至二千万匹。（另如福建的北镇布、湖北的咸宁布，也有远销，但为数甚小。）到清代，这个产区扩大了，包括松江布、常熟布、无锡布，统称苏松产区。另外，在北方和华中又出现几个小的集中产区。布的长距离运销增多了，总括起来，也有十路：

（1）松江布。北销东北及河北，南销福建、广东并出口南洋。有人说："松之为郡，售布于秋，日十五万焉。"[①] 据《江南土布史》考证，十五万匹超过该地区织机设备能力，参考近代调查，大约最多日十万匹。秋，布旺季，一百八十日，得一千八百万匹，全年最多三千万匹。

（2）常熟布。"常、昭［文］两邑，岁产布匹，计值五百万贯。通商贩鬻，北至淮、扬，及于山东；南至浙江，及于福建。"[②] 此时（道光二十年左右）银价每

---

① 钦善：《松问》，《皇朝经世文编》卷 28。
② 郑光祖：《一斑录·杂述》卷 7。

两约一千五百文，五百万贯合银三百三十余万两，布价每匹银三钱，合一千余万匹。

（3）无锡布。"坐贾收之，梱载而贸于淮、扬、高［邮］、宝［应］等处。一岁交易，不下数十百万。"① 所称数十百万，似亦指银两，以百万计，约有三百万匹。此外还有太仓、嘉定一带和浙江嘉兴，都属苏松布产区，惟量未详。苏州为染布中心，胚布主要来自松江、常熟，仅少量自织；主销北方，并销汉口。总计苏松地区年产布约四千五百万匹，其进入长距离运销的总也有四千万匹。

（4）直隶滦州、乐亭布。滦州布，"用于居人者十之二三，运于他乡者十之七八"②。乐亭"地近边关，邑之经商者多出口贸易"，"布则乐为聚数，本地所需一二，而运出他乡者八九"③。是该产区布主销关外，惟数不详。

（5）直隶元氏、南宫布。元氏"郡近秦垅，地既宜棉，男女多事织作，晋贾集焉"④。南宫，清初有"湖广商黄姓，以数千金市布"⑤。又较晚记载："其输出，西自顺德以达泽潞，东自鲁南以达徐州"；县有建成村，所产布"西达太原，北至张家口，而郝家屯布店尤多，自古北口输出内外蒙古"⑥。其布是以销西北为主。

（6）山东历城、齐东、蒲台布。历城布"有平机、阔布、小布三种"。"平机棉线所织，人所常服。小布较阔布稍短，边塞所市。阔布较平机稍粗而宽，解京戍衣所需。"⑦ 齐东，"民皆抱布以期准集市场，月凡五六至焉，交易而退，谓之布市。通子关东，终岁且以数十万计"⑧。蒲台"布有数种……商贩转售，南赴沂水，北往关东"⑨，说明这一带的布也是大量销往东北。仅知齐东是数十万匹。

（7）河南孟县布。"孟布驰名，自陕甘以至边墙一带，远商云集。"⑩ 销于西北。

（8）河南正阳布。这是豫南布，又名陡布，产陡沟店者最出名，"商贾至者每挟数千金。……东达颖毫，西达山陕"⑪。也销西北。

（9）湖北布。产区在中部汉阳、孝感、应城一带。汉阳布，"四方来贸者，辄

① 黄印：《锡金识小录》卷1。
② 嘉庆《滦州县志》卷1。
③ 乾隆《乐亭县志》卷5。
④ 光绪《元氏县志》卷1，引乾隆《正定府志》。
⑤ 道光《南宫县志》卷10。
⑥ 民国《南宫县志》卷3。
⑦ 乾隆《历城县志》卷5。
⑧ 嘉庆《齐东县志续》。
⑨ 乾隆《曹州府志》卷7。
⑩ 乾隆《孟县志》卷4。
⑪ 嘉庆《正阳县志》卷9。

盈千累百"①；较晚记载云："远者秦、晋、滇、黔贾人争市焉。"② 孝感布，"西贾所收也"③。应城布，"行北路者曰山庄，行南路者名水庄"④。又云梦，"凡西客来楚货布，必经云城捆载出疆……故西商于云立店号数十处"⑤。大约这个布产区，行销西北者以云梦为集中地，捆载北去，行销西南者以汉阳为中心，溯江而上。又湖北南端的监利，产布也销西南，"蜀客贾布者相接踵"⑥，后扩大销区，"西走蜀黔，南走百粤，厥利甚饶"⑦。

（10）湖南布。湖南布产区在巴陵，质较粗糙，称都布。"吴客在长沙、湘潭、益阳者，来鹿角市之。……岁会钱可二十万缗"⑧。鹿角在巴陵南洞庭湖畔，吴客所贩似沿湘江运广西。二十万缗，当有四十万至五十万匹。

此外，山西榆次、四川新津等也有布外销。二省皆缺布，外销恐少。

以上十路，除苏松四千万匹外，多无数据。直隶东西二区，山东沿黄河三地，河南南北二区，大体均可估一百万匹，湖北当亦不下一百万匹。这样，进入长距离运销的布共约四千五百万匹。与明代比，约增加一倍半。

然而，四千五百万匹只占表一布的商品量的百分之十四点三。就是说，到清代，布虽已是占第二位的商品，也已有了全国性市场和出口，但长距离运销还是很有限的，布的市场还是狭隘的。

问题还不在此。如前所述，商品布绝大部分是农家自用有余的布，拿来和不织布户换取口粮。这是属于自然经济中有无调剂的性质，实际是小农业和家庭手工业结合的另一种形式，难说是商品经济。即使在集中产区，为市场而生产的织户，也还未从农业中分离出来，他们也是为买而卖，以换取粮食、日用品，或缴租还债。即在苏松地区，织户亦是"仅足糊口"，"赖此营生"。靠织布发家致富者，尚属罕见。所以，尽管有了较大市场，并未能促进生产关系的改变。

但是，布的运销，对棉布加工业即染纺业和踹坊业，却有作用。青蓝布几乎是苏、松二地垄断，这两地的染坊、踹坊，也都有了资本主义萌芽。

表一中其他商品，都有长距离运销。到清中叶，茶市场迅速扩大，并大量出口；丝和丝织品也比明代有所发展；棉则不超过明代规模；盐因人口剧增而增加。表中未列的商品，主要是手工业品，市场也是扩大的。

---

① 乾隆《汉阳府志》卷28。
② 同治《续辑汉阳县志》卷9。
③ 光绪《孝感县志》卷5，引顺治旧志。
④ 光绪《应城县志》卷1，引康熙旧志。
⑤ 道光《云梦县志》卷1。
⑥ 光绪《荆州府志》卷6，引乾隆旧志。
⑦ 同治《监利县志》卷8。
⑧ 吴敏树：《巴陵土产说》，《柈湖文集》。

总之，由明到清，国内市场显著扩大了。这表现在：（1）商运路线增长，商业城镇增多，大商人资本量增大；（2）长距离贩运贸易活跃；（3）布代替盐，成为市场上占主导地位的工业品。市场扩大，尤其是长距离贩运贸易的作用，是不容否定的。据我们考察，到鸦片战争前，已在二十个手工业行业中有资本主义生产关系的萌芽出现，它们的产品，差不多都有长距离运销。

但应看到，直到鸦片战争前，我国国内市场，还是一种以粮食为基础、以布（以及盐）为主要对象的小生产者之间交换的市场结构。在这种市场模式中：（1）主要商品，即粮和布，还都是农民家庭生产的，城乡之间的交流很小；（2）粮和布的长距离运销在整个商品量中还只占较小比重，粮的长距离运销又主要是由于某些地区缺粮引起的；（3）农村还基本上处于自然经济状态。这就造成了市场的狭隘性和长距离贸易的局限性。这种市场的狭隘性和局限性，又是资本主义生产关系发展迟缓的原因之一。

（刊于 1983 年第 1 期）

元和明前期南北差异的博弈与整合发展

李治安

2003 年，史乐民（Paul Jakov Smith）、万志英（Richard von Glahn）等美国学者提出，在唐宋变革和晚明、清繁盛之间存在所谓"宋元明过渡"，但其编著的论文集内又含有以江南为中心连续探讨中唐至明清社会演进等不同看法。[①]近年，笔者也曾撰写文章[②]，论述了类似问题。萧启庆教授、王瑞来教授也发表讨论近古南、北发展歧异及统合变迁的文章。[③]以上诸文，各自立足于不同的视阈或角度，探索争鸣，不断深化了对相关问题的认识。"宋元明过渡"说究竟能否成立？南、北地域发展差异与宋元明历史进程之间究竟存在何种联系？唐宋变革和晚明、清繁盛之间社会发展的真实状况又如何？这些问题相当复杂，恐非一己一文所能论说明白。笔者重点聚焦于南、北地域差别及社会关系的变异，再做如下尝试性探研。

一　元朝的北制本位与北制因素的诸表现

继辽、金、西夏等北方少数民族政权之后，蒙古铁骑南下，建立了统一南北的元王朝。在元世祖采用汉法的同时，也构建起蒙、汉二元复合体制。这也是君临南、北不同质文明的适应性产物。因军事征服时间先后，反映地域差异的北制及南

---

①　Paul Jakov Smith and Richard von Glahn（ed.），*The Song - Yuan - Ming Transition in Chinese History*，Cambridge，Mass：Harvard University Press，2003. 参见张祎《"中国历史上的宋元明过渡"简介》，《宋史研究通讯》2003 年第 2 期，第 8—13 页。

②　李治安：《元代及明前期社会变动初探》，《中国史研究》中国社会科学院历史研究所建所 50 周年增刊，2005 年；《两个南北朝与中古以来的历史发展线索》，《文史哲》2009 年第 6 期。

③　萧启庆：《中国近世前期南北发展的歧异与统合——以南宋金元时期的经济社会文化为中心》，《清华历史讲堂初编》，三联书店 2007 年版，第 198—222 页；王瑞来：《科举停废的历史：立足于元代的考察》，《科举制的终结与科举学的兴起》，华中师范大学出版社 2006 年版，第 155—166 页。

制（或因素），还相对呈现为前、后两种形态。元朝建立之际的北制及南制，应分别指蒙古草原旧制（包括契丹、女真旧俗遗留）和原金朝统治区的中原汉法。两者在忽必烈即位后的十余年间已大抵完成整合融汇，共同构成了元朝的基本制度。平定南宋统一全国以后，则呈现新的北制与南制（或因素）的并存。此时的北制，即为承袭蒙古草原制度、金朝后期汉法制度以及若干契丹、女真旧俗遗留的混合体；南制指反映江南社会经济状况的原南宋体制。本文所讨论的北制及南制，主要是指平定南宋统一全国的后一种形态。

根据萧启庆教授的研究，元统一以前的南宋与金朝、南宋与蒙元对峙的 150 年间，南方与北方的地域差异突出，"经济、人口的逆退及南北不平衡的扩大都是金、元统治的后果。在社会方面，金、元统治不仅造成中古、近世质素并陈的现象，也扩大了南、北区域社会的差异"[①]。吸收萧教授等前贤的研究成果，笔者进而认为，元统一后南方与北方的地域差异依然存在，甚至在国家制度或体制层面亦呈现南、北制因素并存博弈的状况。

姑且不论蒙古草原旧俗被大量保留并在较多领域居核心主导，即使统一南北以后，承袭金朝后期汉法制度与蒙古草原制度混合体的第二种"北制"，更是始终充当元帝国广袤国土的制度本位，在政治、经济、社会、文化各领域长期发挥着支配作用。除政治方面的贵族会议、军官世袭、滥行赏赐、民族等级、行省等"北制"形态外，相对于江南南制因素的北制，在社会经济关系等领域又有如下较突出表现：

（一）职业户计制与全民服役

经历唐宋变革，秦汉确立的编户齐民秩序出现松动，宋代以主户、客户附籍，租佃关系亦纳入国家户籍。官府税收和差役，只征及主户，劳役则大大减少。元代职业户计制率先实行于北方。从蒙古早期单一游牧民到诸色户计，似带有社会分工的进步趋向，但又大量蕴含游牧贵族主从奴役惯例；诸色户计大多来自被征服百姓的强制编组供役，不可避免地夹带着草原游牧民至上和其他职业户仆从的色彩，其征服奴役属性显而易见。民户、军户、站户、灶户、匠户以及打捕鹰房、也里可温（景教徒）、和尚（僧人）、先生（道士）、答失蛮（穆斯林）、儒户、医户，等等，都必须按照户计名色为官府或贵族提供劳役。[②]元诸色户计与秦汉"编户齐民"在全民当差上有所相通，但又不同。秦汉"编户齐民"多是有民爵的平民，有民

① 萧启庆：《中国近世前期南北发展的歧异与统合——以南宋金元时期的经济社会文化为中心》，《清华历史讲堂初编》，第 221 页。

② 参见黄清连《元代户计的划分及其政治经济地位》，《"国立"台湾大学历史系学报》1975 年第 2 期。

爵者即享减免刑罚等权利①；元诸色户计没有民爵，甚至没有唐均田民享封的"勋官"②，对官府或贵族的从属性较强，当差服役的强制色彩亦较突出。元人郑介夫云："普天率土，尽是皇帝之怯怜口。"③ 大体正确。百姓按诸色户计世袭当差服役，与唐宋时期"农民脱离贵族或国家的束缚"的趋势格格不入④，也意味着对官府的人身依附再度强化。

（二）贵族分封与驱奴私属制

元代蒙古诸王及功臣分封制度又重新盛行，北方尤为严重。贵族议政、巨额赏赐等也长期遗留。驱奴又较多存在，实为蒙元征服掠奴与金驱口旧制相混合所致。⑤所有被征服者都被泛泛视作黄金家族的奴仆。于是，有关"奴告主"、"籍没"、"藏亡"等北俗又较多渗入元代法律中。⑥私属民专为使长劳役，不受官府控制，在蒙古人及汉人中同样比较普遍。尽管不断吸收汉法，分封制与驱奴私属制得到部分改造或限制，但两者的较多保留，毕竟与唐宋变革中"官私贱民依附关系的蜕变"（前揭张广达文）背道而驰。

（三）官营手工业重新繁荣与匠户世袭制

肇始于成吉思汗征服的官营手工业局院，规模大，役使工匠多，机构繁杂，效益低下。尤其是使用驱奴和匠户，生产关系陈腐。尽管某些匠户"应役之暇"亦可还家工作⑦，但官府局院强行侵占人力和市场，对民间手工业和商品经济颇多妨碍牵制，显然是唐宋时期业已发达的民间手工业的倒退。

（四）自耕农略多的土地占有与税粮计丁及劳役恢复

由于金猛安谋克户南徙和屯田军计口赐田等影响，元代北方耕"百亩之田"的自耕农及中小地主居多。北方民户税粮，也模仿唐租庸调法，计丁征收。⑧杂泛

---

① [日]西嶋定生：《中国古代帝国的形成与结构——二十等爵制研究》，武尚清译，中华书局2004年版，第321页。

② 傅玫：《唐代的勋官》，《祝贺杨志玖教授八十诞辰中国史论丛》，天津古籍出版社1994年版，第99、104页。

③ 郑介夫：《上奏一纲二十目·怯薛》，《元代奏议集录》（下），邱树森、何兆吉辑点，浙江古籍出版社1998年版，第109页。

④ 张广达：《内藤湖南的唐宋变革说及其影响》，邓小南、荣新江主编：《唐研究》第11卷，北京大学出版社2005年版，第5—71页。

⑤ 《金史》卷44《兵志》，中华书局1975年版，第994页。陶宗仪：《南村辍耕录》卷17《奴婢》，中华书局1959年版，第208页。

⑥ 武波：《元代法律诸问题研究》，博士学位论文，南开大学历史系，2010年。

⑦ 郑介夫：《上奏一纲二十目·户计》，《元代奏议集录》（下），第104页。

⑧ 《元史》卷93《食货志一·税粮》，中华书局1976年版，第2357页。

力役还没有唐每丁 20 天的限制。贵由、忽必烈修筑和林、大都曾役使上千民户。[①]
汴梁路总管张庭珍修黄河堤防"大发数县民","直役一月,逃罚作倍"[②]。成宗初
皇太后修建五台山寺,"工匠夫役,不下数万"[③]。表明北方杂泛力役,前后相承,
且与丁税共同构成赋役领域的北制因素。

概言之,元职业户计制、分封、驱奴私属、官手工业及"计丁征派"的赋税
劳役等,或部分承袭辽、金,或主要来自蒙古旧俗。其形态各异,但无例外体现百
姓对官府或贵族的主从依附。此乃元朝北制因素本位的基本内容。诚如萧启庆教授
所云,金元北方汉地的一些制度"近似中古"[④],尚停留在唐朝旧制形态。有必要
补充的是,金元,特别是元朝北方汉地制度,实乃唐旧制与蒙古及契丹、女真旧俗
的混合体,大抵退回到北方唐宋变革以前的状况了。

二 元统一后北制向江南的推广与南、北制因素的博弈整合

元朝统一中国,结束了南北分裂,也给经济文化交流提供了更多的便利。元朝
社会经济整体上的发展进步,唐宋变革成果在元明的延伸,都有赖于国家统一条件
下南、北制因素的融会互动、博弈整合。然而,由于种种原因,元统一后上述博弈
整合并非简单的先进带动落后,它呈现为北制向江南的推广、南制因素遗留及部分
上升且影响全国等较复杂的互动过程。

(一)北制向江南的推广

首先是行省制与主奴从属俗的移植。平定南宋后,效仿陕西、云南等行省模
式,相继设立了四川、江浙、江西、湖广及河南五行省。元行省可直接溯源于金行
尚书省和蒙古燕京等三行断事官,行省制在江南的推行及其对最高政区建置的改
造,同样凸显其北制属性。还用北方式的宣慰司、路、府、州、县及录事司体制替
代南宋路监司和州县。又在江南推行投下食邑及户钞制。达鲁花赤,群官圆署及匠

---

① 《元史》卷 3《宪宗纪》,宪宗元年六月,第 45 页;卷 6《世祖纪三》,至元五年十一月癸酉,第 120
页。

② 姚燧:《牧庵集》卷 28《南京路总管张公墓志铭》,《四部丛刊初编》,商务印书馆 1919 年版,第
1432 册,第 5a—b 页。

③ 《元史》卷 176《李元礼传》,第 4002 页。苏天爵:《滋溪文稿》卷 23《元故参知政事王宪穆公行
状》,陈高华、孟繁清点校,中华书局 1997 年版,第 381 页。

④ 萧启庆:《中国近世前期南北发展的歧异与统合——以南宋金元时期的经济社会文化为中心》,《清华
历史讲堂初编》,第 219 页。

官、站官、打捕鹰房官等诸色户计管辖机构等也推广于江南。

忽必烈等将草原主奴从属俗带入君臣关系及官场秩序。至元十六年（1279）九月，忽必烈诏谕："凡有官守不勤于职者，勿问汉人、回回，皆论诛之，且没其家。"①在忽必烈看来，宰相等臣僚，都是奴仆，应该勤于职守，效犬马之劳；否则一概诛杀籍没。仁宗加封答剌罕、御史大夫脱欢散官的圣旨说："他是老奴婢根脚有，台里在意行来。"②按草原习俗，奴仆与近贵又混合难分。主子既可对奴仆随意殴杀，又可给予富贵或重任，一概依主子意志为转移。基于此种惯例，世祖朝王文统、卢世荣、桑哥、郭佑等正副宰相，一度权势颇重，但终难逃被诛厄运。元顺帝又步其后尘，被他杀掉的一品大臣据说有 500 余人。③捶击笞责官员臣僚，更司空见惯。如真金太子曾用弓击打权相阿合马的头，"把他的脸打破了"。权相对下属官员责打，也颇常见，且推行于南方士人中。世祖朝桑哥柄政，因"至元钞法滞涩"，特派礼部尚书刘宣等，"乘传至江南"，"径笞"行省左右司及诸路官。兵部郎中赵孟頫亦因赴官署迟到，被断事官拉去受笞。④顺帝时还有虞集因拟写文宗诏书伤害妥懽帖木儿而被"以皮绳拴腰，马尾缝眼，夹两马间，逮至大都"，"两目由是丧明"的传言。⑤传言或不太可信，但应说明此类刑罚已施于南人士大夫之身。上述捶击笞责官员，虽然不及明廷杖那么残酷，但在侵辱士大夫人身肉体方面则如出一辙。

其次是诸色户计制的移植推广。《至顺镇江志》卷3《户口》云：

> 润为东南重镇……北南混一，兹郡实先内附，兵不血刃，市不辍肆。故至元庚寅籍民之数，与嘉定等。
>
> 土著，户一十万六十五。民八万四千八十三，儒七百三十七，医三百，马站二千九百五十五，水站七百六十一，递运站三十一，急递铺二百四，弓手二百九十二，财赋四千四百八十五，海道梢水三百七十四，匠三千五百八十六，军二千一百六十五，乐人九十，龙华会善友二。
>
> 侨寓，三千八百四十五。蒙古二十九，畏吾儿一十四，回回五十九，也里

---

① 《元史》卷10《世祖纪七》，第215页。

② 赵承禧等编撰：《宪台通纪》，《加脱欢答剌罕大夫散官》，王晓欣点校，浙江古籍出版社2002年版，第63—64页。

③ 权衡著，任崇岳笺证：《庚申外史》卷下，中州古籍出版社1991年版，第156页。此500余人数字或有夸张，尚待进一步核实。

④ 赵孟頫：《松雪斋集》附《大元故翰林学士承旨荣禄大夫知制诰兼修国史赵公行状》，《海王邨古籍丛刊》本，中国书店1991年版，第4a—b、7b页；《元史》卷130《彻里传》，第3162页；拉施德等，余大钧、周建奇译：《史集》第2卷，商务印书馆1985年版，第340—341页。

⑤ 姚之骃：《元明事类钞》卷28《身体门·目》，"马尾缝眼"，《影印文渊阁四库全书》，上海古籍出版社1987年版，第884册，第450页。

可温二十三，河西三，契丹二十一，女真二十五，汉人三千六百七十一；民
□，儒八，医五，阴阳一，站二十六，急递铺二，打捕一十四，匠一十八，军
三千三百六十七，怯怜口二十三，□九，乐人四。

客，户五千七百五十三。民五千一百六十九，儒九十二，医二，马站七，
□□，□□，财赋九，梢水一，匠一十九，军二百一，乐人二。①

镇江路原属宋两浙西路，地处长江南岸。上述记载可窥见诸色户计推行江南的真实
情况：

其一，所载"侨寓"、"客"两类，当主要是指蒙古人、色目人和中原汉人移
居镇江路的。据清刘文淇《校勘记》，"侨寓"是指"久居其地而有恒产者"，
"客"是指"暂居其地而无恒产者"。②无论"侨寓"和"客"，都含民、儒、医、
阴阳、站、急递铺、打捕、匠、军、怯怜口、乐人等职业名色。"侨寓"类另特有
蒙古、畏兀儿、回回、也里可温、河西、契丹、女真、汉人等种族名色。这和前四
汗"乙未年""抄数"、"壬子年""再行抄数"和世祖至元八年抄籍中的诸色种
族、职业户计等③，大同小异，或可以说是前述北方诸色户计的翻版。鉴于此，
《至顺镇江志》所载"侨寓"、"客"类中职业户计名色及种族户计名色，当是随
蒙古、色目、汉人等"北人"寓居镇江路而直接移植来的。这些"侨寓"、"客"
类，合计9598户，大约相当于"土著"、"单贫"、"僧"、"道"类户总数的9%，
部分改变了镇江路原有的族群成分。

其二，所载"土著"、"单贫"、"僧"、"道"四类，应是本地"南人"。四类
户籍同样出现民、儒、医、马站、水站等十六七种名色。其中，有些是照搬北方户
计名色，如民、儒、医、匠、军、乐人、僧、道、驱等。而"军"应指谓新附军
及通事军等。④诸如马站、水站、递运站、急递铺等，是依据江南驿道水、旱混存
等，把站户一分为四⑤；弓手、财赋、海道梢水三名色，又来自原捕盗差役、江淮
财赋府官佃户和运粮船户等特殊规定；龙华会善友则是指白莲教徒。这些户计名
色，虽在北方多未曾见到，但依职业定户计的原则又一脉相承。

其三，前揭土著、侨寓、客、单贫等类共含驱口4427人，其中，随北人移入
的驱口计4189人，土著等南人占有驱口238人，侨寓内含怯怜口23户。与同书转

---

① 俞希鲁：《至顺镇江志》卷3《户口》，江苏古籍出版社1990年版，第83—84、86—88、90—92、
94—95页。
② 同上书，第109页。
③ 《通制条格》卷2《户令·户例》，黄时鉴点校，浙江古籍出版社1986年版，第4—13页。
④ 张铉：《至正金陵新志》卷8《民俗志·户口》，《宋元方志丛刊》，中华书局1990年版，第6册，第
5642—5646页。
⑤ 《郑思肖集·大义略叙》，上海古籍出版社1991年版，第185页。

载的宋理宗朝镇江府户籍比较，已不再以主、客户反映租佃关系，倒是充分折射出驱奴习俗、职业户计服役和族群等级。

类似情况，在《至正金陵新志》、《大德昌国州图志》和《至元嘉禾志》中，也有较多的反映，还增加了"土土哈户"、"哈剌赤户"、"平章养老户"等投下户及"淘金户"、"贵（赤）户"等。① 表明当时北方诸色户计制向江南移植推行并不限于镇江路一隅，而是比较普遍的。

匠户等在江南的推行，比较特殊。元廷曾于至元十七年十一月"诏江淮行中书省括巧匠"。至元二十四年五月，又"括江南诸路匠户"。②南宋遗民郑思肖说："诸州置机房，抑买江南丝，白役机匠，鞭挞别色技艺人，亦学攀花织造段匹，期限甚严。……北人深叹讶江南技艺之人，呼曰巧儿。"③《通志条格·户令·搔扰工匠》、《至顺镇江志·赋税·造作》、《至正金陵新志》卷6等记述详赡，几乎像是为其做诠释说明。此种北来的官府手工业和匠户制，与南宋私人手工业截然不同。尽管不太可能把江南手工业者全部纳入官营局院，但一概编入匠户籍册，被迫提供匠户劳役是毫无疑问的。郑思肖称其"白役机匠"，可谓一语破的。

第三是劳役制、籍没制和儒户制的推行。在诸色户计制移植江南的同时，杂泛力役也接踵而来。昔里哈剌"（至元）二十五年除太中大夫、杭州路达鲁花赤。杭州，故宋之旧都，民欲惰而好侈，逐末而忘本，不闲于政令，不任于力役。公抚绥而教戒之，弗革者惩之，其民安焉"。④ 所云"欲惰而好侈，逐末而忘本"，符合元初杭州工商业繁荣和城市经济发达的实情。"不闲于政令，不任于力役"等句则披露：江南百姓早已告别官府"力役"，此时慑于官府"抚绥"、"教戒"及惩治，又不得不重新承受北来的力役。诸多史实证明：江南的确推行了杂泛力役。如世祖末镇南王再征交趾，海北道19州"担负远向者，无虑千万夫"。⑤成宗朝刘国杰讨八百媳妇，"大起丁夫，运送军粮"，"其正夫与担负自己粮食者，通计二十余万"。⑥汉水岸之象鼻嘴"官筑仓于上，岁役民数千人修完之，民不胜扰"。⑦ 湖州

---

① 张铉：《至正金陵新志》卷8《民俗志·户口》，《宋元方志丛刊》，第6册，第5642—5646页。冯福京：《大德昌国州图志》卷3《叙赋·户口》，《宋元方志丛刊》，第6册，第6078页。单庆：《至元嘉禾志》卷6《户口》，《宋元方志丛刊》，第5册，第4452页。

② 《元史》卷11《世祖纪八》，第227页；卷14《世祖纪十一》，第298页。

③ 《郑思肖集·大义略叙》，第185、187页。

④ 虞集：《道园类稿》卷42《昔里哈剌襄靖公神道碑》，《元人文集珍本丛刊》，台北新文丰出版公司1985年版，第6册，第277页。

⑤ 姚燧：《牧庵集》卷21《少中大夫静江路总管王公神道碑》，《四部丛刊初编》第1432册，第13a页。

⑥ 《元史》卷168《陈祐传附陈天祥传》，第3948页。吴澄：《吴文正公集》卷42《元故荣禄大夫江西等处行中书省平章政事李公墓志铭》，《元人文集珍本丛刊》第4册，第22页。

⑦ 苏天爵：《滋溪文稿》卷17《元故正议大夫金宣徽院事周侯神道碑》，第284页。中兴路在江北，因原属南宋，故一并论列。

路长兴县尹梁琮"发民筑防，延数十里，高袤及丈，日急其程，如水朝夕至者"。① 征发力役多是野蛮强制，甚至"聚数百人于庭，鞭笞拷掠，责其成于一二日之间"。② 正如平宋初长兴县尹梁琮为纠正溺男婴俗檄文所言："若新国也，未知吾元为律，倚市门子犹不敢弃，况兹天民长赖给上力役者。"③ "给上力役"乃"吾元为律"之法度，江南"新国"亦须遵循。

籍没，通常是指官府登记没收罪犯的家属、奴婢、财产等。秦汉籍没颇盛。唐籍没缩小为"反逆相坐"。④ 宋太宗后多改"配隶边远州郡"，南宋弃而不用。⑤ 元代籍没却推行天下，适用于谋逆、妖言聚众、隐藏玄像图谶、私藏兵器、贪污受贿、私贩榷盐、伪造宝钞等罪。⑥ 籍没也较多移植于江南。如大德元年（1297）温州路平阳州陈空崖坐禅说法，"妖言惑众"，中书省奏准"将陈空崖为头来的四个人敲了，断没媳妇、孩儿、家产"⑦，是为谋反作乱之籍没。至元十六年正月，南宋降臣李谅讼王立杀其妻子，忽必烈曾"诏杀立，籍其家赀偿还谅"⑧，是为诉讼补偿受害者之籍没。元末上海县"豪民朱、管坐戮死，籍其家"⑨，是为土著豪民之籍没。至元十六年二月，饶州路达鲁花赤玉古伦擅用羡余粮4400石，"杖之，仍没其家"；桑哥被诛后，其江浙行省党羽杨琏真加、沙不丁、乌马儿等妻室亦籍没，"并遣诣京师"⑩，是为蒙古、色目人在江南做官犯罪之籍没。大德七年正月，"命御史台宗正府委官遣发朱清张瑄妻子来京师，仍封籍其家赀"⑪，是为南人官员犯罪之籍没。元籍没与民间"奴或致富，主利其财，则俟少有过犯，杖而锢之，席卷而去"的"抄估"惯例⑫，颇多相似。实质上是驱奴仆从役使在国家层面的延伸。⑬北来的籍没制度，对租佃雇佣及商品经济相当发达的江南，负面影响是深

　① 姚燧：《牧庵集》卷25《奉训大夫知龙阳州孝子梁公神道碑》，《四部丛刊初编》第1432册，第13b页。

　② 吴海：《闻过斋集》卷1《美监郡编役叙》，嘉业堂丛书本，第8a页。

　③ 姚燧：《牧庵集》卷25《奉训大夫知龙阳州孝子梁公神道碑》，《四部丛刊初编》第1432册，第13a页。

　④ 《唐六典》卷6《刑部·都官郎中》，三秦出版社1991年版，第149页。

　⑤ 参见戴建国《主仆名分与宋代奴婢的法律地位——唐宋变革时期阶级结构研究之一》，《历史研究》2004年第4期。

　⑥ 参见武波《元代法律诸问题研究》第5章，第77—113页。

　⑦ 《元典章》卷41《刑部三》，"谋叛·典刑作耗草贼"，中国广播电视出版社影印元刊本，1998年，第1531页；"大逆·伪造国号妖说天兵"，第1529页。《通制条格》卷20《赏令·告获谋反》，第249页。

　⑧ 《元史》卷10《世祖纪七》，第208页。

　⑨ 郑元祐：《侨吴集》卷12《白云漫士陶君墓碣》，《北京图书馆古籍珍本丛刊》，书目文献出版社2000年版，第95册，第827页。

　⑩ 《元史》卷10《世祖纪七》，第209页；卷16《世祖纪十三》，至元二十八年十月己丑，第352页。

　⑪ 《元史》卷21《成宗纪四》，大德七年正月乙卯，第447页。

　⑫ 陶宗仪：《南村辍耕录》卷17《奴婢》，第208页。

　⑬ 参见武波《元代法律问题研究》，第77—113页。

重的。

再说移植于江南的儒户制。从诸色户计制出发，我们对元代儒户，可以有一些较新的理解与诠释。正如《元史》卷8《世祖纪五》至元十年四月丁酉载："敕南儒为人掠卖者官赎为民"。卷9《世祖纪六》至元十三年三月戊寅"敕诸路儒户通文学者三千八百九十，并免其徭役；其富实以儒户避役者为民，贫乏者五百户隶太常寺"。蒙元儒户，源于甄别陷于流离或奴籍之儒人的"戊戌之试"，被掳儒人等是否解脱，是否入选儒户，抑或富者收系民户当差，贫者拨隶太常寺礼乐户当差，完全取决于官府验试和皇帝一道敕令。所谓拨隶太常寺者，即礼乐户，简称乐户，汉魏以来就属于备受歧视的贱民。入元，礼乐户亦为诸色户计之一，"子孙犹世籍"。因怯怜口、驱口等大量存在，元礼乐户的卑微似不十分突出，但仍称"乐工贱伎"。[①]从儒户起初多来自被掳儒人及部分拣充太常寺礼乐户的层面看，郑思肖"九儒十丐"之说，并非完全的空穴来风。儒户先天带有受大汗保护或恩典的性质。元统治者对待儒学和儒户，主要是释奴、免役之类的保护或恩典。儒户制作为诸色户计及全民当差体制的组成部分，意味着儒士以学儒读经而与僧侣等同伍，借此和大元皇帝建立起保护与被保护、君主与臣仆间的主从关系。儒户在受到保护和享受赋役等优待的同时，也随之带有部分仆从的色彩。拉施德《史集》曾如是说："（成吉思汗）在其在位之初，就在最高真理的佑助下，使所有这些部落都听从他的号令，使（他们）全都作了他的奴隶和士兵。"[②]这也可以称得上蒙元全民当差、全民奴仆的法理源头。前揭郑介夫所云"普天率土，尽是皇帝之怯怜口"，则是对此种法理进行诠释的汉人"版本"。这种政治文化环境下的儒士地位，自然与宋代"与士大夫共治天下"不能同日而语。显然，儒户制起初就属于蒙元"北制"的范畴，其在江南的推行移植，尽管因免除劳役而能发挥保护儒学文化功用，但又把保护与被保护、君主与仆从间的主从关系渗透到江南士人中来了。

（二）南制因素遗留与南、北制博弈

诸多研究表明，蒙古平宋战争以招降为主，较少杀戮，江南先进农业、原有的土地、租佃、赋税、繁荣的手工业、商贸及海运、理学、科举等制，遂得以基本保留或延续发展。这些又构成与前述北方制度有异的南制因素。

江南农业、手工业及租佃制的持续发展。元代江南农业在南宋的基础上得到一定的发展。尤其是浙西一带的圩田及沙塗田等常能获取高于一般田地十倍的收益。

---

① 吴莱：《渊颖集》卷8《张氏大乐玄机赋论后题》，《四部丛刊初编》第1456册，第7a页。危素：《说学斋稿》卷2《赈□乐户记》，《影印文渊阁四库全书》第1226册，第681页。戴良：《九灵山房集》卷29《题倪乐工琼花灯诗卷》，《四部丛刊初编》第1480册，第8b页。

② 拉施德：《史集》，余大钧、周建奇译，第1卷第1分册，第323页；第1卷第2分册，第382页。

仅平江路圩田"共计八千八百二十九围"。①江南农业13—14世纪仍在持续发展，缓慢增长。②江浙继续充任全国主要粮仓和财赋地区。元末杭州丝织业等还出现了少量的自由雇佣劳动。③

大土地占用和租佃关系在江南依然发展。譬如延祐间，松江下砂场瞿某"括田定役，榜示其家，出等上户，有当役民田二千七百顷，并佃官田共及万顷。浙西有田之家，无出其右者"。④ 二税制及差役亦在保留沿用，"延祐经理"承南宋"经界法"余绪，虽大抵失败，但其"自实出隐漏官民田土"，或被当做日后征收租税的依据。⑤

海外贸易及海运。元代海外贸易的海港、贸易伙伴、中外海船的来往、基本贸易制度等，都承袭南宋。这是南制因素在商贸领域内最为活跃且影响全局的突出表现。后又增添两个特别的因素：宫廷"中买"珠宝和权贵代理人斡脱商介入，既有扩充财政收入的刺激，还有蒙古贵族的利益驱使。元朝大规模的漕粮海运，大规模的海外征伐，均为中国历史上前所未有。⑥漕粮海运亦由江南朱清、张瑄倡导主持，海外征伐的军士、船只及技术同样主要来自江南。故此三者算是南方航海技术、人力、财力等为元统治者所用的"典范"。日本京都大学杉山正明教授认为，海外征伐和鼓励海外贸易，给蒙元帝国已有的游牧国家与农耕国家混合体带来海洋帝国的性质。⑦以忽必烈为首的元朝统治者酝酿和部分实施过海洋帝国的美梦，曾经破天荒地在漕运、军事和贸易三领域大踏步地向海洋扩张发展。尤其是元代海运和海外贸易的高度繁荣及其向东海、南海的开拓发展过程中，南制因素厥功甚伟，还持续影响了明清外贸顺差及白银流入等。

儒学与科举。儒学与科举是保留南制因素最多，并在南、北制因素博弈中最能体现南制优长的方面。因北宋末中原士大夫精英南渡，江南在文化上处于绝对优势，理学北上及官方化，朱熹之学正统地位确立，超族群士人文化圈的形成⑧，北人率多学于南方，或就地贡举，或回乡应试⑨，等等，都是南制在文化上影响渐重

① 王祯：《农书》卷11《农器图谱集一·田制门》，《影印文渊阁四库全书》第730册，第416页。洪武：《苏州府志》卷10《田亩》，《中国方志丛刊》，台北成文出版有限公司1983年版，第432册，第424页。

② 参见李伯重《有无13、14世纪的转折：宋至明江南农业的变化》，《多视角看江南经济史（1250—1850）》，生活·读书·新知三联书店2003年版，第21—96页。

③ 郑天挺：《关于徐一夔〈织工对〉》，《清史探微》，北京大学出版社1999年版，第254—270页。

④ 杨瑀：《山居新话》卷4，余大钧点校，中华书局2006年版，第233页。

⑤ 俞希鲁：《至顺镇江志》卷6《宽赋》，第262页。

⑥ 详细情况可参见高荣盛《元代海外贸易研究》，四川人民出版社1998年版，第11、18—20页；《元代海运试析》，《元史浅识》，凤凰出版社2010年版，第285—324页。

⑦ 参见杉山正明《遊牧民から見た世界史》，日経ビジネス人文库2003年版，第333—334页。

⑧ 参见萧启庆《元代的族群文化与科举》，台北联经出版事业公司2008年版，第62—68页。

⑨ 参见李治安《元代乡试新探》，《元代政治制度研究》，人民出版社2003年版，第614页。

的表征。南方儒士藉北游京师、充任家庭教师等方式，亲近蒙古贵族，在谋求利禄的同时又对蒙古贵族施加先进文化的影响。[①] 而仁宗恢复科举，应是南制因素滋长并冲破蒙古旧俗束缚，得以上升为全国文官选举通行制度的突出成绩。

书院的半官学化，又是南、北制因素融会交织演变的一个典型。书院原本是朱熹等自由讲学，弘扬义理的私学场所，亦是宋学最富有生命力的地方。入元以后，它却在元朝积极兴办地方儒学和推行儒户制的大背景下，被改造为半官学。经此改造，江南及北方的书院数量增多，形式上得到了发展，但私学传统逐渐被扼杀，由北方儒户制携带来的保护与被保护的主从关系亦渗入其中，故元代书院已非南宋朱熹时代之书院，实质上已蜕变到与州县儒学大同小异的半官学形态。[②]

元统一等重要政治变化之后，原有的南、北方政权各自制度相对于国家整体制度而言，遂转换为南、北制因素，又很快出现南、北制因素或差异的兼容与初步整合。据萧启庆教授的研究，元朝统一后南、北方的整合成果主要表现在：全国交通驿站网、统一货币和度量衡促进了全国市场的形成，贸易的发达导致南北经济的互补，道学北传与剧曲南流则是南北文化统合的最大收获。[③]经过上述兼容与初次整合，南北方之间的交流、沟通愈来愈频繁，相互依赖和彼此密不可分，更是大势所趋。元中叶以后，科举制恢复，超族群儒学文化圈的逐步形成，大都等城市粮食财赋上对东南海运的极度依赖，等等，都是这方面的丰硕成果。由于元政权北制因素的势力过分强大，初次整合的结果，前述户计、官手工业、劳役、籍没、分封驱奴、君臣关系、行省等，都发生过不同程度自北而南的移植延伸，总体上北制因素往往占上风，南制因素依旧居从属。这与明前期的整合走势相似，而与明中叶以后的那次整合截然不同。

三　明前期承袭北制颇多与南、北制因素的两次整合

朱元璋曾以"驱逐胡虏，恢复中华"作为北伐和翦灭元朝的旗号，明朝建立后，也采取过定都南京、惩元末权臣和贪赃之弊、废中书省和丞相、以三司取代行省、创建卫所取代部族兵制以及"黄册"和"鱼鳞册"等新制度，力图较多摆脱蒙元旧制，使国家体制恢复到汉地传统王朝的固有形态上来。但不容忽视的是，朱

---

① 参见宋濂《宋文宪公全集》卷41《故集贤大学士荣禄大夫吴公行状》，中华书局1936年版，第10b页。
② 参见徐梓《元代书院研究》，社会科学文献出版社2000年版，第128—134页。
③ 参见萧启庆《中国近世前期南北发展的歧异与统合——以南宋金元时期的经济社会文化为中心》，《清华历史讲堂初编》，第216—221页。

明王朝自觉不自觉地继承了颇多的元朝制度。这与朱元璋、朱棣父子带有个性色彩的南、北政策以及朱棣迁都燕京都有密切关联，客观上更是元朝覆灭后所遗留的社会关系、文化意识等潜在影响使然。

朱元璋的旧部大都集中在濠、泗、汝、颍、寿春、定远等淮西贫瘠区域，地跨淮水南北岸，"习勤苦，不知奢侈，非若江南耽逸乐者比"。[①]该地曾经是宋金及宋蒙边境，早在乃马真皇后称制后期即开始受到蒙古军攻略，蒙哥汗四年（1254）起，已有部分蒙古汉军屯戍该地。而后，有名的张柔亳州万户等即以亳州为据点，长期在泗州一带攻略。[②]该地世祖末划归河南行省，区划上开始和江南三行省相隔离。就元明之际的情况看，无论是行政区划抑或风土习俗，朱元璋及旧部起家于南、北方交界之处，文化习性上半南半北，多半像北方人，也往往不被江南人认同为南人。又兼元末多数苏松"大户"士人党附张士诚，朱元璋始终没有把江南和江南士人当做可信赖的依靠力量，尽管他在某种程度上亦任用刘基、宋濂等部分浙东士人。总的来说，朱元璋与江南士人一直是合作、对抗相参，有时甚至是对抗多于合作，还以重赋及粮长制等，打击苏松"大户"及士人。对北方士人，朱元璋则较多属意或眷顾，晚年曾以科举偏祖南士的罪名处死南人主考官白信蹈等，还特意策问擢61名北士及第，这就是有名的"南北榜"。由此，还形成了分南、北取士的制度，与元朝科举相近。[③]

建文帝则重用齐泰、黄子澄、方孝孺等江南士人，主张宽刑和均平江浙田赋，放弃朱元璋的猛政峻法和苏松重赋政策，坚持的显然是与乃祖迥异的南方本位及"仁政"。

朱棣"靖难"起兵燕京，其军事上的依赖力量之一是元朝降将张玉、火真（蒙古人）以及骁勇善战的蒙古朵颜三卫，北直隶又充当其军力和财赋的后方。燕京及大漠南北还是朱棣戍守征战的功业所在。直到明朝中后期，保定、大同一带长期驻扎着1500人左右的降明蒙古、女真、回回兵卒等组成的"达官军"，后易名"忠顺营"。[④]朱棣最后迁都燕京，又残酷打击包括江南士人在内的建文帝势力，他奉行的无疑是比朱元璋更为明朗的北方本位。[⑤]

郑克晟教授关于明朝南方地主与北方地主的研究，日本学者檀上宽关于明朝专

---

① 谈迁：《国榷》卷2，上海古籍出版社1958年版，第342页。

② 《元史》卷2《太宗纪》，乙巳年秋，第38页；卷3《宪宗纪》，四年，第48页；卷147《张柔传》，第3475—3477页。

③ 《明史》卷137《刘三吾传》，中华书局1974年版，第3942页；卷70《选举志二》，第1697页。

④ 《明史》卷145《张玉传》，第4082—4084页；《火真传》，第4091页。彭勇：《明代忠顺营史实初识》，达力扎布主编：《中国边疆民族研究》第2辑，中央民族大学出版社2009年版，第11—18页。

⑤ 参见牟复礼、崔瑞德编，陈学霖撰《剑桥中国明代史》第4章，中国社会科学出版社1992年版，第199页。

制政体历史结构的探讨①，对笔者的启发良多。洪武"南北榜"，仁宗朝"南北卷"，朱元璋制造空印案、胡惟庸之狱、郭桓案、李善长之狱、蓝玉之狱和朱棣"靖难"后残酷镇压建文帝阵营的南人集团以及最终迁都北京，等等，都是以打击江南地主，突破明初定都南京后"南方政权"的狭隘局限，建立朱氏南北统一王朝为最高目标的。而朱元璋—朱允炆—朱棣三帝南、北政策的摇摆变动，包含着明统治者在南、北方略上带有个人好恶的摸索与调整，其结果则加剧了明前期与元朝相似的南、北方，南、北人间的对立。正如谈迁所云："地有南北，人亦因之。……此矛彼盾，大抵议论政事，俱视相臣为转移。"②武宗时内阁大学士焦芳，河南沁阳人，"深恶南人，每退一南人，辄喜。虽论古人，亦必诋南而誉北，尝作《南人不可为相图》进（刘）瑾"。③郑克晟指出：南方地主与北方地主的矛盾，始终反映在明廷内部的一些政策中。这种斗争几与明王朝相始终。④更应注意的是，南、北方差异对立，实乃6世纪前后开始的中国经济重心南移，特别是北宋与辽到元与南宋长达317年的隔绝对峙在元、明统一条件下政治的、文化的惯性持续。其直观表征是：区域上的南方、北方的差异或对立，族群上的南人、北人差异或对立。明朝南、北士人的纷争对立，承袭元代南人、北方汉人间的隔膜分野，很大程度上又是以当时南、北社会文化差异博弈或冲突为基本动因的。

　　需要补充说明的是，明成祖曾多次率铁骑亲征漠北蒙古，在武力剿灭北元贵族势力的同时，又不可避免地受到草原野蛮剽悍习俗和蒙古主从关系的影响。藩王时期的朱棣曾奉命征讨蒙古乃儿不花，"倍道趋迤都山，获其全部而还"。⑤即皇位后，又相继于永乐八年（1410）、十二年、二十年、二十一年和二十二年，"亲征漠北，驾凡五出，年垂二纪"。⑥即使不论朱棣生母是否为蒙古弘吉剌氏⑦，朱棣本人无意中受到的草原习俗熏染影响，对他实行比乃父更为明朗的北方本位政策，显然是有助力的。

　　如果说朱元璋实行的是半南半北的政策，眷顾中原北地的倾向尚带有偶然或不稳定性，以建立南北统一王朝为最高政治目标，朱棣就与乃父显著不同了。除了前

　　①　郑克晟：《明代政争探源》第1、2编，天津古籍出版社1988年版，第1—283页。［日］檀上宽：《明朝専制支配の史的構造》，東京汲古書院1995年版，第435—503頁。

　　②　谈迁：《国榷》卷79，第4913页。

　　③　《明史》卷306《阉党传》，第7836页。

　　④　参见郑克晟《明代政争探源》，第81页。另可参见同书第1编。

　　⑤　《明史》卷5《成祖纪一》，第69页。

　　⑥　《明史》卷6《成祖纪二》，第87页；卷7《成祖纪三》，第93、101、103、104页。谷应泰：《明史纪事本末》卷26《太子监国》，"谷应泰曰"，中华书局1977年版，第1册，第398页。

　　⑦　关于朱棣母亲身份的争论，参见傅斯年《明成祖生母记疑》，《"中央研究院"历史语言研究所集刊》第3本第4分，1932年；吴晗《明成祖生母考》，《清华学报》第10卷第3期，1935年；朱希祖《明成祖生母记疑辨》，《中山大学文史研究所月刊》第2卷第1期，1933年。

述"靖难",以燕京和北直隶充当根据地,以蒙古朵颜三卫等为军旅精锐,还应注意他残酷打击镇压建文帝势力,自然容易站在建文帝南方本位的对立面,遂导致"欲定都北京,思得北士用之"等政策①,导致其封爵燕王,肇兴且起兵燕邸,最终迁都燕京等以燕京北地为基业所在的新体制。又兼他亲征大漠蒙古时所受草原习俗及主从关系等影响。其结果,朱棣实行北方本位政策,就形成了主、客观综合支撑等较为成熟、稳定的态势。

朱棣受北方习俗影响和迁都燕京以及更为明朗的北方本位政策,无意中造成明前期继承元朝或北方的因素较多。明朝的军户制,"配户当差"的户役法,官府手工业和匠籍制,行省三司制,宗室分封及诛杀功臣士大夫,等等,都可以看到元制或北制的影子,都是被朱元璋率先保留或变通,后又被朱棣等略加改造而长期沿袭下来。

军户世袭制。明初变通元千户和侍卫亲军制,创立卫所制,但依沿用元军户世袭制。"靖难之役"与大规模对蒙古用兵,也造成沿用军户制签取军士的急迫需求。卫所军士另立军籍,与民籍分离。军户世袭,一人被垛为军,进入军籍,一家人世代充军。其身份、法律及经济地位,比较低下。既无4顷赡军田免税的优待,又常与"谪发"罪犯为伍,故逃亡严重。②

"配户当差"的户役法。明初沿袭元全民服役旧制,实行"配户当差",分编为若干役种户籍,主要有民户、军户、匠户、灶户四大户计,前期还有油户、酒户、羊户等80余种专业户计。统一实施役皆永充,役因籍异,役有役田,以户供丁的户役法。田赋不仅是土地税,也是役。无论赋与役,都是建立在朱明皇帝对全国土地和人口领属占有的基础之上。田是皇田,民是皇民,各色人丁必须收籍当差。③朱棣营建北京等重大工程,也带来徭役的扩大化。这与元全民服役秩序,几乎亦步亦趋。

官手工业与匠籍制。明前期沿袭元朝官手工业制度,官手工业长期是手工业的主体。还实行工匠世袭的匠籍制,一旦进入匠籍,就必须世役永充,以轮班、住坐两种方式,为官府局院无偿服役。④

我们应高度重视朱棣迁都燕京的重要作用。如果建文帝继续执政,如果朱棣"靖难"后不迁都燕京,明朝南、北制因素复合并存的局面,肯定会比较短暂,以

---

① 《明史》卷177《王翱传》,第4679页。尽管朱棣任用的几名大学士解缙、黄淮、胡俨、胡广、杨荣、杨士奇和金幼孜,都是南方文士。

② 《明史》卷90《兵志二·卫所》,第2193—2196页;卷92《兵志四·清理军伍》,第2255—2258页。

③ 参见王毓铨《明朝的配户当差制》,《中国史研究》1991年第1期;白寿彝总主编,王毓铨主编《中国通史》第9卷《中古时代·明时期》上册,上海人民出版社2004年版,第691—698页。

④ 参见方楫《明代手工业发展的趋势》,《历史教学问题》1958年第4期。

江南为主导的南、北制因素的整合，肯定会大大加快，南制或南方化的步伐也会大大加快。遗憾的是，历史没有如此发展，偏偏走上了朱棣迁都燕京的路子。而迁都燕京，应当在明前期政策本位自南而北或南、北整合基本以北制为主导的过程中具有关键意义。换言之，朱元璋、朱棣父子，特别是朱棣个人经历和政治文化心态等偶然因素，严重地影响了明前期南、北制因素的整合及走向，致使此番整合再次以北制占优势。于是，明朝南、北制因素的整合遂被分为前期和中叶两阶段，前期是北制占优势，中叶才是南制占优势。

或许有人会以朱元璋等惩元末权臣当国和法纪废弛等弊端、实行严刑"重典"惩治贪官、屡兴大狱处置触犯皇权的宰相和士大夫等政策，认为明代制度独立自成一体，承袭元制无多。我们承认，在上述几方面，明朝确有自身特殊性。但刑罚宽严，只是王朝政策一个方面，而不是全部。正如秦、西汉法度一严一宽，泾渭分明，并不妨碍在基本体制上的汉承秦制。元、明两代刑罚宽严，与秦汉类似，只是发生了秦严汉宽和元宽明严的位置颠倒而已。社会关系和基本制度往往会跨越王朝界限，在相连王朝之间前后因袭。秦汉、隋唐、明清都如此，元明亦难例外。我们也承认，朱元璋的独裁专制和虐待士大夫，并非单纯是元旧制使然，相当程度上又是以朱元璋个人"乞丐和尚"卑微出身所萌生的猜疑病态心理以及效仿刘邦等为另一根源的。然而，抛开病态心理等偶然性，剥离由此派生的严酷虐待臣僚等个性政策，与元代亦有共通或相近处：那就是全民当差服役和臣僚奴仆化。这恰恰是明朝继承元制颇多的基本方面。否则，从宋代"不抑兼并"的主、客户制到明代全民当差服役，从宋代"与士大夫共治天下"到明代严刑峻法处置士大夫等，都会出现历史的和逻辑的断裂、空白。

明中叶以后较前期明显改变，南、北制因素开始实施另一次的整合，而且是改以南制占优势或为重心。主要表现在军户制、"配户当差"的户役法、官府手工业和匠籍制等相继被南制或南方的相关形态所代替，继承唐宋变革基本成果的南制因素逐渐上升为主流。

募兵制替代军户制。从英宗正统末开始，朝廷派官员四方募兵，入伍后按日发饷，军饷来自朝廷财税。募兵，起初主要是补充京军和北方九边兵员，后来因东南抗倭用兵而组建起来的"戚家军"、"俞家军"等也属募兵。[1]明后期的募兵，与唐神策军、宋禁军一脉相承，都是职业兵制。募兵的复兴和比重加大，意味着明代军制的基础逐渐回归到代表唐宋变革成果的南方体制方面。

"一条鞭法"取代"配户当差"户役法。户役法松动，可追溯至正统中田赋折货币的"金花银"。而后是正役改革，以宣德中"均耗折征"起步，推行核实土地

---

① 参见肖立军《明代省镇营兵制与地方秩序》，天津古籍出版社2010年版，第81—92页。

而平其税粮，还实行固定役额、缩短轮役时间的里甲正役改革。另一方面是徭役改革，重点是银差渐多、计丁验粮轮当、定期审编的"均徭法"，又辅以"十段册法"。最终是张居正推行"一条鞭法"，融入中叶赋役改革成果，合并赋役项目且能折银，部分徭役摊入田亩。①这又意味着明后期赋役制同样回归到南制方面。

民营纳税淘汰匠役制。明中叶以后，匠籍制和轮班住坐，陆续变化。一是景泰五年（1454）将原五班轮流，改为四年一班，以减轻负担；二是成化二十一年（1485）实施班匠征银免役。②官府手工业和匠籍制逐渐趋于瓦解，改而施行民营为主和重在征税。这也大体恢复到中唐两宋的轨道。

总之，明后期，尤其是万历九年（1581）的"一条鞭法"，应该是南、北体制因素再整合的关键。核心内容当为税粮与徭役"通融科派"。③某种意义上，重在革除徭役的"一条鞭法"，亦是南制因素压倒北制的"里程碑"。

令人奇怪的是，张居正推行"一条鞭法"前，江西、南直隶、浙江等地已于嘉靖和隆庆年间率先实施④，但北方实行较晚，阻力颇大。如万历五年正月户部给事中光懋上奏弹劾："其法在江南犹有称其便者，而最不宜于江北，如近日东阿知县白栋行之山东，人心惊惶，欲变地产以避之。"⑤ 东阿籍进士、官至礼部尚书的于慎行亦撰文批评"一条鞭法"在北方未必便利和"宜民"。⑥山东德平籍进士、历官河南巡抚和户部尚书的葛守礼，隆庆初亦奏言："近乃定为一条鞭法，计亩征银，不论仓口，不问石数，吏书夤缘为奸，增减洒派，弊端百出"，竭力强调"愿敕所司，酌复旧规"。⑦ 从张居正所拟圣旨和致山东巡抚李世达书信"法贵宜民，何为南北？""民苟宜之，何分南北？"⑧ 等措辞中，亦能窥知北方、南方吏民对"一条鞭法"毁誉不一，争议颇大。北方官员士大夫对"一条鞭法"颇有微词，这不仅仅是北方士人和南方士人营垒对立的缘故，更深刻的根源在于"一条鞭法"

---

① 参见白寿彝总主编，王毓铨主编《中国通史》第9卷《中古时代·明时期》上册，第699—708、727—752页。

② 同上书，第800—802页。

③ 《明世宗实录》卷123，嘉靖十年三月己酉，台北"中央研究院"历史语言研究所校印本，第2971页。

④ 参见白寿彝总主编，王毓铨主编《中国通史》第9卷《中古时代·明时期》上册，第750页。孙承泽：《春明梦余录》卷35《户部一·一条鞭》载，庞尚鹏嘉隆之际在浙江奏行一条鞭。（《影印文渊阁四库全书》第868册，第498页）

⑤ 刘於义等监修：《陕西通志》卷60《人物六·明》引《延绥志》，《影印文渊阁四库全书》第554册，第670页。《明神宗实录》卷58，万历五年正月辛亥，第1338页。

⑥ 于慎行：《穀城山馆文集》卷13《平阴姚侯役法记》，《四库全书存目丛书》，齐鲁书社1997年版，集部第147册，第462—463页。

⑦ 《明史》卷214《葛守礼传》，第5667页。

⑧ 《明神宗实录》卷58，万历五年正月辛亥，第1339页。张居正：《张太岳文集》卷29《答总宪李渐庵言驿递条编任怨》，《四库全书存目丛书》集部第113册，第672页。

主要符合江南社会经济发展及社会关系的需要，而在北方自耕农占多数的情况下，劳动力不值钱，获取、积累白银困难，丁徭旧法等则简单易行，便于征集。自隋唐以来的近千年间，北方实行计丁收税及徭役制的时间长达 650 年左右，实行两税法却只有 350 年左右，无论是官府还是百姓对全民当差服役的丁徭旧法，都已习以为常；反倒是对计亩征税派役，有些不太适应了。

另外，晚明商品经济和城市商业化的发展较快，东南沿海城镇市民社会或有雏形，儒士世俗化非常明显，思想禁锢大大减少，等等，某种意义上可以视为南宋后期城镇社会的延续与发展。人们在综观 10—15 世纪的历史之余，常常会有这样的朦胧感受：明后期与南宋非常相似，万历以后很像是对南宋社会状况的"跨代连接"。其奥秘或许可以从前述南、北制因素的并存、整合、再整合及回归之中去探寻。诚然，"跨代连接"或回归，只是就脉络方向而言，经上述博弈整合，还在新的条件下滋生或升华出新的发展热点。尤其是在南宋、元朝基础上入超颇丰的海外贸易长足发展所带来的大量白银流入，取代元和明前期的纸钞，长城"九边"防御体制所造成官府采购对东南工商业的有力刺激，伴随漕运发展起来的运河城镇经济繁荣等。[①]这三者应该是宋元所未曾有过的，某种意义上又是自明中叶南、北制因素的博弈整合、融会互动之后的新发展和新进步。

然而，在某些领域内北制因素，或改变无多，或依然如故。主要是伴当仆从隶属，籍没制及贱民遗留，内朝官及宦官沿用怯薛家臣制，君主独裁与臣僚奴化等。四者持续通行于元明两代，对明代朝野的影响普遍而深刻。

（一）伴当仆从隶属

《蒙古秘史》中，伴当为蒙古语"那可儿"（nükür～nöker）的汉译，起先多表示同伴、朋友之义，1206 年成吉思汗组建万人怯薛之际，伴当已含有"随从"等衍生义了。[②]是时伴当对使长的主从依附隶属，已显著增强。成吉思汗曾以"这等人如何教他做伴？"为由，毅然杀掉背叛使长的桑昆之伴当阔阔出，西征时又诛杀钦察部告主之奴。[③]元代奴婢私属通常不敢侵犯使长，或与成吉思汗上述严厉举措，有一定因果联系。入元以后，或许受蒙古"门户奴隶"、"既是奴隶，又是伴当"习俗的影响[④]，"伴当"亦逐渐偏向仆从、随从。如元杂剧杨显之《临江驿潇

①　参见牟复礼、崔瑞德编，威廉·阿特威尔撰《剑桥中国明代史》第 8 章，第 385—390 页。

②　《蒙古秘史》，额尔登泰、乌云达赉校勘，内蒙古人民出版社 1980 年版，第 76 节，第 936 页；第 224 节，第 1022 页。

③　《蒙古秘史》第 188 节，第 998 页。《元史》卷 121《速不台传》，第 2976 页。

④　亦邻真：《成吉思汗与蒙古民族共同体的形成》，《亦邻真蒙古学文集》，内蒙古人民出版社 2001 年版，第 401 页。

湘秋夜雨》第四折驿丞坐场诗曰："管待钦差犹自可，倒是亲随伴当没人情。"① 此处"钦差"的"亲随伴当"，肯定是意为仆从、随从了。傅衣凌教授《伴当小考》指出："关于伴当的起源及其使用的年代……当知其在于元明两代。……他和随从、家仆、梯己百姓、奴婢以及部曲户、乐户等，同为元代社会中的不自由贱民。"②明代军官占用和役使"军伴"，非常普遍且长期合法，明廷曾多次颁布"镇守总兵、分守、守备内外官员"合法占用役使"军伴"60 名至 1 名不等的规则。③万历中仍有江西南昌卫等军官"滥捉余丁，充役奴隶"，"由祖及孙，世属其奴隶"。④ 至清雍正朝，江南徽州、宁国二府依然有"伴当"、"世仆"等残余。⑤傅衣凌曾把元明伴当普遍使用的原因，归结于避免重税和经商便宜或体现政治压迫。需要补充的是，元代率先实施于北方而后又移植江南的驱口和"怯怜口"役使，也应是元明伴当普遍使用的另一重要背景。

（二）籍没制及贱民遗留

元代籍没的沉渣泛起，不仅移植于江南，也影响到明代。朱元璋兴胡、蓝之狱，连坐族诛功臣及其亲属 4 万余人。⑥朱棣诛杀建文帝余党，又滥用株连籍没。齐泰、黄子澄、方孝孺等被株连九族、十族，或称"瓜蔓抄"。⑦当时率先使用了《逆臣录》、《昭示奸党录》等，还由此形成籍没"律止是三条：谋反、叛逆、奸党"。⑧万历年间，才限定于"谋反及大逆"。⑨朱元璋《大诰》直言不讳："寰中士夫不为君用，是外其教者，诛其身而没其家。"⑩又欲将籍没滥用于不愿为其所用的士大夫身上。永乐中，翰林学士解缙下诏狱处死，"籍其家，妻子宗族徙辽东"；忠诚伯，兵部尚书茹瑺子、茹铨等 27 人及田庐亦被籍没。⑪此后，诸如大臣

---

① 张月中、王钢主编：《全元曲》（上），中州古籍出版社 1996 年版，第 760 页。

② 傅衣凌：《明清社会经济论文集》，《傅衣凌著作集》，中华书局 2008 年版，第 306—307 页。

③ 《明英宗实录》卷 224，景泰三年十二月甲午，第 4863 页；《明宪宗实录》卷 177，成化十四年四月丁未，第 3196—3197 页。

④ 陈有年：《陈恭介公文集》卷 2《酌议军余丁差以苏疲累事疏》，《续修四库全书》，上海古籍出版社 2002 年版，第 1352 册，第 634—638 页。

⑤ 《清世宗实录》卷 56，五年四月癸丑条，中华书局 1985 年版，第 863 页。

⑥ 《明史》卷 132《蓝玉传》，第 3866 页；卷 308《胡惟庸传》，第 7908 页。

⑦ 《清朝通志》卷 53《谥略六》，乾隆四十三年十一月谕旨，《影印文渊阁四库全书》第 2456 册，第 666 页。

⑧ 王世贞：《弇山堂别集》卷 99《中官考十》，嘉靖十年十二月，魏连科点校，中华书局 1985 年版，第 1889 页。

⑨ 万历《大明会典》卷 168《刑部十·律例九·谋反大逆》，《续修四库全书》第 792 册，第 56 页。

⑩ 朱元璋：《御制大诰三编·苏州人才第十三》，《续修四库全书》第 862 册，第 332 页。

⑪ 《明史》卷 147《解缙传》，第 4122 页；卷 151《茹瑺传》，第 4174 页。《明宣宗实录》卷 3，洪熙元年七月，第 89 页。

显宦于谦、严世蕃、张居正①，佞幸江彬、钱宁，宦官王振、汪直、刘瑾、谷大用、冯保、魏忠贤、王体乾等，皆遭籍家之祸。②阉党、东林党之争中亦有被籍没者。③民间反叛贼寇"不分首从，律斩枭首示众"，家属也籍没为奴。④被籍没者一是"俱发功臣家为奴"，一是充官奴"谪戍"边疆。⑤ 三百年后，清雍正朝批准出贱为良的山西、陕西等处乐户，即是永乐时被没入教坊司的建文帝余党亲属，长期沦为官妓乐人，永在贱籍。⑥

（三）内朝官及宦官沿用怯薛家臣制

一般认为，元代的怯薛宿卫与明代宦官，属于不同朝代、不同性质的宫廷组织或势力。需要注意的是，两者在具有诸多本质差异的同时，亦存在一些类似之处。其一，宫廷内外职司，特别是执掌内朝相近。其二，与皇帝的主从或主奴关系格外牢固。

无论元代怯薛宿卫抑或明代宦官，其职司大抵能够分为掌管宫廷机务、掌管环卫宫禁、生活服侍和掌管皇帝产业四大类。它们皆组成"内朝"，协助皇帝实施最高决策并处理机务。与元怯薛比较，明代内阁和宦官组合成的"内朝"，有如下三点值得注意：

第一，元代的"内朝"，基本上是四怯薛长及怯薛亲近执事组成，仅夹入个别宠信的宦官（如朴不花）；明代则是"内阁"票拟与司礼太监"批红"的组合，"批红"的宦官在内朝常居主导，且导致宦官专权。

第二，元世祖以后的中书省等朝廷枢要机构，是基于蒙古国时期汗廷大断事官和必阇赤长，吸收汉法宰相制度而逐渐发展起来的，它与怯薛长及执事等"内朝"之间此消彼长，大体上处于逐步发展、逐步上升的状态。元末还形成了兼掌侍卫亲军等的权相当国。⑦明代则与此相反，中书省和丞相等明初即退出政治舞台，从而导致宦官与内阁首辅相勾结而权重，导致皇帝对宦官主导的"内朝"的极度依赖。正如明熹宗的自我强辩："如不用妇寺，何人答应？便著吏部等衙门尚书等官进内

---

① 《明史》卷170《于谦传》，第4550页；卷213《张居正传》，第5651页；卷308《严嵩传》，第7921页。

② 《明史》卷307《江彬传》，第7889页，《钱宁传》，第7892页；卷304《王振传》，第7773页，《汪直传》，第7781页，《刘瑾传》，第7791页，《谷大用传》，第7794页；卷305《冯保传》，第7803页，《魏忠贤传》，第7824页，《王体乾传》，第7825页。

③ 《明史》卷306《张綵传》，第7841页。

④ 《明孝宗实录》卷26，弘治二年五月庚午，第584页。

⑤ 《明史》卷307《江彬传》，第7889页，《钱宁传》，第7892页。

⑥ 阮葵生：《茶余客语》卷2，雍正元年御史宋熙奏，《续修四库全书》第1138册，第60页；萧奭：《永宪录》卷2上，中华书局1959年版，第102—103页。

⑦ 陶宗仪：《南村辍耕录》卷2《权臣擅政》，第29页。

侍奉？"①

　　第三，明宦官和元怯薛近侍不仅均是"内朝"的主导势力，而且在皇帝家奴身份方面有较多的相似之处。明宦官的皇帝家奴身份，自不待言，元代怯薛近侍与大汗之间，原本就基于草原贵族君主与那可儿（伴当）、使长与"门户奴隶"间的主从隶属关系。元末，脱脱15岁担任"皇太子怯怜口怯薛官"，后位居右丞相，但仍尊称顺帝为"郎主"而自谓"奴婢"。②世祖朝近侍符宝郎董文忠的家内奴婢角色，最为彰显。姚燧《董文忠神道碑》载：董文忠常侍御榻，世祖皇帝视之为螟蛉养子，甚至能够"夜杂妃嫔候侍休寝榻下"，毫不回避。③像董文忠等替代宦官负责内廷生活服侍的怯薛近侍，为数不少，且未见其淫乱后宫。究其根源，估计是他们与皇帝后妃间不可动摇的主奴关系使然。明宦官不仅沿用了元代怯薛近侍诸职能和"内朝"体制，还在与皇帝的主奴关系格外牢固方面，与元怯薛近侍大同小异。明后期，万历皇帝居然称太监冯保为"大伴"，意即大伴当。④此时在皇宫内伴当与家奴，似可画等号。或者可以说，元怯薛近侍和明宦官在"家臣治国"方面⑤，如出一辙。如果说仰仗皇帝对家奴的信赖及秉笔"批红"操控"内朝"，是明宦官突破朱元璋"内臣不得干预政事，预者斩"的铁牌圣谕而逾制专权的法宝，明宦官内部"各家私臣"和层层奴化的秩序⑥，或是受到元宫廷怯薛组织内的"门户奴隶"主尊奴卑⑦及"重台"、"人奴之奴"等习俗的较多影响。⑧后者又可能是明代宦祸最烈，却没有像汉唐宦官废立皇帝如同儿戏的深刻根源之一。⑨

（四）君主独裁与臣僚奴化

　　元朝北制虽不能简单地和君主独裁专制画等号，北制中尚含有贵族特权和宰相"委任责成"模式及权臣当国等因素⑩，但官僚臣仆化等又带有劣根特质。如郑思

---

①　叶向高：《蓬编》卷12，台北伟文图书公司1977年版，第376页。

②　《元史》卷138《脱脱传》，第3341页。权衡：《庚申外史》，第52、28页。

③　姚燧：《牧庵集》卷15，《四部丛刊初编》第1432册，第24b页。

④　《明史》卷305《冯保传》，第7801页。侯震旸：《门军法纪全弛疏》天启元年载："又有大伴当，各内相下占军一百一十四名。"（《御选明臣奏议》卷36，《影印文渊阁四库全书》第445册，第609页。）

⑤　参见张帆：《元代宰相制度研究》，北京大学出版社1997年版，第216页。

⑥　白钢主编，杜婉言、方志远著：《中国政治制度通史》第9卷《明代》，人民出版社1996年版，第54、56页。

⑦　《元史》卷125《布鲁海牙传》载：元初，"奴有罪者，主得专杀"（第3071页）；卷121《速不台传》载，成吉思汗曾曰："奴不忠其主，肯出他人乎？"（第2976页）

⑧　陶宗仪《南村辍耕录》卷10《重台》云："凡婢役于婢者，俗谓之重台。"（第129页）；《元史》卷14《世祖纪十一》，至元二十三年夏四月己未，第289页。

⑨　另外，明代调兵权集于皇帝及兵部，宦官内部亦有厂卫等掣肘，同样影响到宦官难演弑君废君的闹剧。

⑩　参见张帆《元代宰相制度研究》，第216页。

肖所说："诸酋称虏主曰'郎主'，在郎主傍素不识'臣'，唯称曰'鳛奴婢'。'鳛'者至微至贱之谓"。"受虏爵人，甲可挞乙，乙可挞丙，以次相制，至于伪丞相亦然。挞毕，仍坐同治事，例不为辱。"① 元末叶子奇亦云："尝读《酉阳杂俎》书，见其记汉礼，天子临朝……尚犹存此等体貌大臣之礼。后世之待大臣，直奴仆耳，直牛羊尔。"② 可谓洞见底里。

前揭朱元璋"寰中士夫不为君用，是外其教者，诛其身而没其家"之言和忽必烈"凡有官守不勤于职者，勿问汉人、回回，皆论诛之，且没其家"的诏谕，大同小异，惟妙惟肖。朱元璋直接诋毁宋儒等有关道统高于君统的学说，编造出一套"君主即名教"的说法，充当镇压诛杀士大夫的理论依据。由此，君臣关系经元入明，步入最黑暗的时代。元代及以前，士大夫尚能普遍遵奉"出处进退必有道"的信条，③ 君主有道，君臣相得，士人可以出而仕；君主无道，君臣不相得，士人可以退而隐。包括元朝在内的历朝历代都有一批名儒士人退而隐居。而隐居山野的名儒士人是否被君主以礼招用，还长期被奉为君主有道与否的重要尺度。然而，朱元璋《大诰》面世后，士大夫退而隐居山林的权利或自由，也被剥夺。谁敢隐居"不为君用"，就是大逆不道，就要招致杀身籍没之祸。这是专门打击士大夫的文化专制主义，是对宋代"与士大夫共治天下"的彻底背叛，而且流毒甚远甚广。难怪《明史·隐逸传》所载张介福、倪瓒等12位隐逸之士，7人是由元入明的，其余不仅人数少，诸如刘闵等力辞官职之际，必须由知府"请遂其志"，得到朝廷批准才能合法隐居。此乃"后置不为君用之罚"的淫威所致。朱元璋滥杀功臣，对不为所用的士大夫，大开杀戒，好像是学汉高祖刘邦，但从体制上承袭元朝的几率应是比较高的。可以说，元仁宗、文宗等从理学为代表的江南文化中学到了相当多的仁和、儒雅、柔弱之风，而明初朱元璋、朱棣父子却从北方蒙古贵族那里学到许多野蛮、专横习气。后者和朱元璋"乞丐和尚"的出身所萌生的对"开国勋臣"及"读书人"的猜疑等病态心理相杂糅，又和朱棣残暴镇压建文帝势力等报复心理相杂糅。尽管明代的科举学校都得到长足的发展，但士大夫一直受到皇权强有力的压制，一直处于被朱明皇帝任意惩处的奴仆地位。廷杖作为"国粹"和法外刑，"杀人至惨，而不丽于法"，从明初一直打到明末亡国，明末还形成某种固定程序。④在朱明皇帝独裁专制的淫威下，臣僚的"致君行道"，多数只能是伏阙死谏，以尽臣节。

给人的初步印象是，经过元朝和明前期君主独裁与臣僚奴化的"洗礼"，"与

---

① 《郑思肖集·大义略叙》，第182页。
② 叶子奇：《草木子》卷3下《杂制篇》，中华书局1959年版，第60页。
③ 吴澄：《吴文正公集》卷7《复董中丞书》，《元人文集珍本丛刊》第3册，第171页。
④ 《明史》卷95《刑法志三》，第2329—2331页。参见徐春燕《明代廷杖探析》，未刊稿。

士大夫共治天下"的黄金时代早已一去不复返了。元明士大夫仍然不乏追求道与道统的勇敢执着,但和宋儒相比,主体意识和自为精神多显著退化,只是在方孝孺、解缙和李贽等个别非主流和悲剧性人物身上,还能看到宋儒精神的回归弘扬及其对独裁专制淫威的努力抗争。

两宋的皇权虽有所加强,但它属于唐宋变革中的"君权相权互动之下的君主专制化"(前揭张广达文)。元明承接了第二个北朝"家臣治国"和臣僚奴化的野蛮旧制,清代在某种意义上也与此相似。明清废掉宰相和相权,进而取消了士大夫官僚体制内制约皇权的代表性力量,取消了"君权相权互动"的机制,为皇帝独裁专制的非正规性或随意性大开"绿灯"。仅保留的丧失宰相名分及权力的"内朝"御用秘书班子,还始终与北朝"家臣治国"及臣僚奴化的野蛮旧俗掺和混杂在一起。吴晗先生曾概言,元明清三代君臣关系转变为主奴化[①],可谓独具慧眼。这段时期皇帝独裁专制,随意性和非正规性的成分增多,在贵族政治削弱的情势下反而得到了前所未有的膨胀发展。皇帝独裁专制以臣僚奴化为代价来强化自身,恰是元明清皇帝独裁专制与两宋君主专制的差异所在。我们应该注重北朝"家臣治国"和臣僚奴化旧制所构成的"长时段"社会文化规范在助长元明清皇帝独裁专制过程中的特殊效用,注重这种情势下君臣关系的文化构架和士大夫的认同是否发生较大的变化。正是上述渗透着主从隶属色彩的社会基本关系,构成了广泛而深厚的文化土壤或社会氛围。

四 结 语

多方面的探究考察昭示,由于中古社会经济与民族融合的混合作用,元朝统一以后南方与北方的地域差异依然显著存在,导致国家制度或体制层面亦呈现南、北因素的并存博弈。元政权北制因素的势力过分强大,北方制度向江南的推广移植明显多于南制因素的保留及北上影响,初次博弈整合的结果,北制因素稳居上风。元明鼎革,明前期继承元朝制度颇多,南、北制因素复合并存还在继续。朱元璋、朱棣个人因素与社会关系的顽固力量等,致使明前期南、北制因素的那次整合仍然是北制多占优势。明中叶以后南、北制因素或体制开始实施另一次整合,且改为南制占主导。先后经历元朝、明前期以北制为主导和明中叶以后南制为主导的三次整合,明后期才重新回归到代表唐宋变革成果的南制方面且得以升华发展。此乃元明二朝因南、北差异而展现的社会整合发展的基本脉络和走势。

———————

① 吴晗:《论绅权》,吴晗、费孝通:《皇权与绅权》,天津人民出版社 1988 年版,第 54 页。

　　我们承认史乐民、万志英的"宋元明过渡说"比起伊懋可"倒退消沉黑暗"说，有了明显的进步。实际上，从唐宋变革到晚明、清繁盛的数百年间，南方和北方差异很大，南方大体承袭唐宋变革而延续发展，北方则出现断裂或"倒退消沉黑暗"。在实现南北统一后，又借元、明三次南、北制因素的博弈整合、融会互动，迎来了全国范围内新的发展高潮。其中，博弈与整合的机制，尤为显著，很大程度上是为全国规模的新发展或新升华提供了基本动力与路径。又兼，南宋始终坚持和发展唐宋变革的成果，将其列入"过渡"，似乎欠妥。明后期是社会经济发展新高潮的开始，将其归入"过渡"，也不太适宜。鉴于此，将史乐民、万志英等所谓"宋元明过渡"描述为"元和明前期整合与发展"，似乎更为确切。无独有偶，唐宋变革某种意义上亦涵容着隋唐统一后南朝、北朝二因素的博弈整合且演化升华的意思。

　　谈到元明南制、北制因素的本质差异，情况比较复杂，似难用几句话说得清楚。就社会形态的核心——社会关系而言，主从隶属依附，大抵是北制的要害；租佃雇佣，大抵是南制的真谛。前者偏重于超经济的人身强制，后者偏重于经济的契约强制。前、后两者，恰又反映着唐宋变革的核心对象与成果。以驱口奴婢为例，郑介夫说"南北之风俗不同，北方以买来者谓之驱口，南方以受役者即为奴婢"。郑思肖亦云"被鬻男女曰'驱口'，即江南之奴婢，皆绝卖，死乃已"。[1] 这里北方"买来者"或"皆绝卖"，即《辍耕录》所云"红契买到者"。因元制良贱界限森严且禁止"买良为奴"，故此"买来者"原本就是元初军前掳掠，后由"元主转卖于人"。其主奴隶属牢固，"所生子孙，永为奴婢"，人身强制可超越或主宰经济强制，还出现"奴或致富，主利其财，则俟其少有过犯，杖而锢之，席卷而去，名曰抄估"等奇特情况。[2]"受役者"，应指两宋及元代江南流行的"典身"或"雇身"奴婢，即良人因穷困借贷，以人身作抵押，藉典雇契约与使主结成的役使依附关系。至于前述普通百姓的诸色户计制和配户当差，亦可凸显国家对百姓超经济的人身强制。元明盛行的籍没制、"家臣治国"和臣僚奴化，同样贯穿着主从隶属的人身强制。换句话说，前述贯穿通行于元明的伴当仆从隶属、籍没制及贱民遗留、内朝官及宦官袭用怯薛家臣制、君主独裁与臣僚奴化等四者，尽管表现层面或侧重有异，其共同的内核却都是主从隶属依附。而两宋主户、客户制和两税法、明一条鞭法等，其契约等经济强制的性质，又昭然若揭。两宋"与士大夫共治天下"及"学得文武艺，货于帝王家"，则颇能体现君臣关系层面的雇佣或"致君行道"

　　① 郑介夫：《上奏一纲二十目·厚俗》，《元代奏议集录》（下），第76页。《郑思肖集·大义略叙》，第182页。

　　② 陶宗仪：《南村辍耕录》卷17《奴婢》，第208页。

色彩。概言之，北制式的社会关系，大抵停留在隋唐均田民及部曲等阶段；南制式的社会关系，则主要体现为唐宋变革后的主户、客户等租佃经济关系。本文论述的"南北差异的博弈与整合发展"，核心亦着眼于社会关系层面。因为唯有主要从社会关系的"窗口"去观察，"元和明前期南北差异的博弈与整合发展"才能论说得清楚、探究得明白。

经过元、明南北差异的三次博弈整合，百姓身份及君民关系的进步显著，"一条鞭"等改革，致使诸色户计制和配户当差等制度解体，百姓与官府的关系，比较彻底地回归到唐宋变革"两税法"的轨道且有所前进。然而，君臣关系及籍没制等依然保留较多臣僚奴化的北制色彩。原因是多方面的，其后清朝统治者再次带入八旗、包衣等旧俗，也值得注意。

元人胡祗遹说：

> 法之不立，其原在于南不能从北，北不能从南。然则何时而定乎？莫若南自南，而北自北，则法自立矣。以南从北，则不可。以北从南，则尤不可。南方事繁，事繁则法繁。北方事简，事简则法简。以繁从简，则不能为治。以简从繁，则人厌苦之。设或南北相关者，各从其重者定。[1]

应该承认：由于疆域过大、经济重心南移及北方游牧文明与中原农耕文明间的复杂联系，中近古乃至现代，我国经济发展、社会结构、文化水平等方面的南北地域不平衡长期存在。胡氏承认南北差异，正视南北不平衡，主张依据实际情势制定相应政策的看法，是很有见地的。但胡氏只说对了一半，需要补充说明的另一半是，南制因素大体是唐宋变革成果的发展趋势，北制因素的核心则是北方民族频繁带入的主从隶属。像元明的军户世袭、"配户当差"户役法和籍没法以及臣僚奴化等，无不渗透着北制因素。后者对元明清社会和官僚秩序等都产生了多种负面的影响。[2]代表唐宋变革成果的南制因素，则是先进的，引领潮流的，理应得到肯定和支持。诸如诸色户计"配户当差"与主、客户租佃制之间，臣僚奴化"廷杖"和赵宋"与士大夫共治天下"之间，野蛮与开明、落后与进步的差别，洞若观火，泾渭分明。只有在承认和支持南制因素先进性的前提下，兼顾北方，鼓励推动南制因素主导下的南、北整合发展，"南北相关者，各从其重者定"，才能顺乎潮流，才是理性的和有益的。

---

① 胡祗遹：《紫山大全集》卷21《论治法》，《影印文渊阁四库全书》第1196册，第366页。
② 诚然，北方王朝及其北制的性格，并不完全是落后因素，经常表现为多面特征。有些场合下，北制亦可带入一定的新鲜、有活力的因素。如行省分寄式中央集权和直接治理边疆政策等。在一定的条件下，北制鲜活因素与南制的融合，又能带来新的提升和发展。

　　元和明前期南北差异博弈整合的探讨，还能给予我们一些有益的启迪与思考：数十年来，受"大一统"观念的影响，用单一范式命题去描述全国的体制、社会关系和社会发展，几乎习以为常。其实，"大一统"本身，不仅和经济发展、民族文化等发生制约、互动，同时也和地域差异等发生制约、互动等联系。由于中国幅员辽阔，民族众多，特别是因北方民族多次入主中原而直接导致的经济、文化重心南移及社会精英群体南渡，单一或整体一元化的思维范式和命题描述，往往不够周全，容易给揭示古代社会发展真相造成一定的障碍或困惑。就中国古代的实际情况而言，社会经济及民族交融，固然是历史发展的基础或主线，其作用也大体是关键性的。但是，中国的地域毕竟太大，社会经济及民族交融等往往是和南北地域差异混合在一起，共同影响制约着历史发展进程，尤其是东晋和南宋两次南渡以及随之而来的两百年左右的南北分裂对峙，以及10世纪以来长江中下游文明地带崛起及其与黄河古老文明地带、大漠草原文明等并存。于是导致以淮河、秦岭为界的南方、北方，长期构成社会经济发展水平、民族文化及区域文明等颇有差异的两大地域板块。以上历史时期的社会经济及民族交融等主线因素，遂经常是以南、北地域为载体，来施展或表现。南、北地域等不平衡发展的"累积性影响和连续的相互作用导致了社会几乎所有方面的根本性变化"。[①]在这个意义上，唐宋变革抑或元明整合发展，都隐含着南、北地域差异博弈整合的内容。换言之，考察中国古代历史，在通常关注社会经济及民族交融等主线的同时，应格外重视南、北地域关系的视角，格外重视前者藉后者为载体来施展表现的情势或机制。唯有如此，才能准确全面地把握古代历史发展的真相与全貌。

　　附识：承蒙三位匿名审稿专家的中肯批评与指教，谨此致以谢忱！

（刊于 2011 年第 5 期）

---

　　① Robert M. Hartwell, "Demographic, Political, and Social Transformations of China, 750 – 1550", *Harvard Journal of Asiatic Studies*, vol. 42, no. 2 (Dec. 1982), pp. 365、426.

中国近代历史的分期问题

胡　绳

中国近代历史的分期问题是指从鸦片战争到五四运动约八十年间的历史应如何细分为若干阶段，若干时期的问题。

本文中对于这个问题的建议是把中国近代史分成七个阶段：在太平天国起义发动前为第一个阶段，太平天国革命运动时期为第二个阶段，此后直到中日战争为第三个阶段，中日战争后到义和团的起义与八国联军之役为第四个阶段，第五个阶段是同盟会成立前的几年，由同盟会成立到辛亥革命是第六个阶段，最后在辛亥革命与五四运动间就是第七个阶段。

为什么要进行分期？为什么要这样分期？以下将提出一些说明。这些说明和这个建议本身是否恰当，都希望能得到大家的指教。

问题的提出

我所看到的较早出版的一部近代历史教科书[1]把辛亥革命以前的历史按照皇位的更迭而分成"道光时代"、"咸丰时代"、"同治时代"等，对于辛亥以后的历史也同样依照北洋军阀的当权者的更换来划分时期。——当然，这样的分期是毫无意义的，并不能说明任何问题。

也有别的书用另外的办法来分期。例如有一种旧的教科书[2]把鸦片战争到戊戌维新前称为"积弱时期"，把戊戌维新到辛亥革命称为"变政时期"，而把辛亥革命以后称为"共和时期"。这种分期方法也是不足取的。这样地划分时期，并没有反映出社会历史发展中的本质的东西。

---

[1]　李泰棻：《新著中国近百年史》，1924 年。
[2]　孟世杰：《中国最近世史》，1926 年。

　　用资产阶级的观点和方法不能正确地说明近代历史，往往只是看到历史发展中的某一片面，而忽略了许多带有重大意义的历史现象。例如上述的那种把鸦片战争至戊戌维新前的时期称为"积弱时期"的看法，很分明地，是把发生于这一期间的太平天国革命运动和资本主义经济因素的成长等看作是不关重要的事情。

　　许多关于中国近代史的书（包括企图用马克思主义的阶级分析的方法来说明历史的书在内）放弃了分期的办法。它们逐一地叙述中国近代史中的若干突出的主要大事件，而在叙述每一大事时，附带述及与之有关的前后各方面的事情。这种叙述方法大致上可说是类似于"纪事本末体"的方法。

　　不进行分期，而采取这种类似"纪事本末体"的叙述方法，往往会错乱了各个历史事件的先后次序，拆散了许多本来是互相关联的历史现象，并使历史发展中的基本线索模糊不清。

　　例如，有不少书只是为叙述方便而将鸦片战争和英法联军之役（第二次鸦片战争）合在一起叙述①，这样写虽然表示出了这两次战争间的关联，但却几乎完全没有表明第二次鸦片战争和太平天国革命的关系。在两次鸦片战争之间，中国内部已发生了惊天动地的农民大革命，而第二次鸦片战争发生时，正是革命与反革命的斗争十分激烈的时候，关于这点，不给以足够的注意是不对的。

　　从华岗同志的著作②和范文澜同志的著作③中也可看到类似的缺点。例如华岗同志的著作在第五章"中法战争与甲午战争"中有"甲午战争前中日经济政治状况与两国的外交关系"一节，在这一节中述及了中国在甲午战争前工业开始萌芽的状况，到了第六章"戊戌政变与义和团运动"，为叙述"维新变法运动的产生和发展"才又附带叙述到甲午战争前带有资产阶级倾向的变法维新思想的发展。甲午战争前中国资本主义的初步萌芽和当时资产阶级倾向的思想的发展，很明显地是密切关联的，把二者分拆开来说并没有什么好处。同样的，范文澜同志的著作也把这二者分别在第五章和第七章中叙述：在标题为"洋务派的'自强'与第一次割地狂潮"的第五章中述及了当时的工业发展的状况，到了以"戊戌变法"为主题的第七章中才又退溯到"甲午战前改良思想的酝酿"。

　　在近代史中，政治史内容占了极大的比重，而关于社会生活、经济生活和文化的叙述分量很小，不能得到适当的地位，这种缺点的产生虽有种种其他原因，但与类似于"纪事本末体"的体裁也是有关系的。因为在近代史中，如果只选取突出的大事件来做叙述的主题，就会很容易弄到眼前只看见某一些政治事件。

---

①　如曹伯韩：《中国近百年史十讲》（1942 年）。
②　华岗：《中国民族解放运动史》第一卷增订本，1915 年。
③　范文澜：《中国近代史》上编第一分册，1947 年。

当然，中国近代史教科书的内容结构方面的各个问题，不会因分期问题的解决而全部解决。但是正确地解决了分期问题就是从中国近代历史的复杂的事实中找到了一条线索，循此线索即可按照发展程序把各方面的历史现象根据其本身的逻辑而串连起来，因此分期问题可以看做是解决结构问题的关键。

中国近代史中划分时期的标准

要解决分期的问题必先确定划分时期的标准。这也就要确定，我们在叙述中国近代史时，主要的任务是在说明什么，以什么来做基本的线索。

可否拿帝国主义的侵略的形态做划分时期的标准呢？例如说，拿西欧各国尚未进入帝国主义阶段时作一个时期，而在进入帝国主义后作为另一时期？——这样做是不恰当的。诚然，在半殖民地半封建的中国，外国帝国主义的侵略对于中国社会历史进程起了很大的作用，但是当我们考察中国社会历史的发展时不仅要注意外国势力怎样来侵略，而且更重要的是注意中国民族对于外国势力的侵略表现了怎样的反应。几乎只看到侵略的那一面，而看不到或不重视对侵略的反应这一面，正是历来资产阶级观点的近代史著作中的主要缺点之一。

可否单纯用社会经济生活的变化来做划分时期的标准呢？那样也是不完全恰当的。中国近代历史中，随着生产力方面的变化，生产关系是发生了一系列的变化，这种变化是当时社会发展的基础。但是上层建筑的变化并不是亦步亦趋地随着基础的变化。特别因为半殖民地半封建社会是一种过渡性的社会，上层建筑的某些方面的变化要比基础的变化更为激烈一些。因而如果我们不是全面地考察当时社会的基础与上层建筑，我们就不可能恰当地进行分期。

苏联历史学界曾对于俄国封建时代的历史和资本主义时代历史中的分期问题进行过长久的讨论，其收获可以供我们参考。这个讨论结束于 1951 年 3 月间，当时《历史问题》编辑部所作的讨论总结①中说："参加讨论的人一致反对根据纯然经济性、基础性的现象来在社会经济形态以内划分时期的企图，本志编辑部认为这是讨论本问题时所得到的最重要的成绩。把历史分期建基在纯经济性的现象上，便必然会走到经济唯物论的立场上去。"

《历史问题》的结论中又说："德鲁任林把预示着社会经济关系方面各项变化的阶级斗争之最重要表现，视作封建时代及资本主义时代分期的主要标志，这项建议为大多数参加讨论的人所支持。阶级斗争乃是'历史的真正动力'（列宁）。它

---

① 中译本见石父辑译《苏联历史分期问题讨论》，中华书局版。这里的引文见该书第 8—10 页。

的诸阶段和它的长足进展，它的高涨和它的爆发，系反映着整个生产力和生产方式的变化，无疑地正构成每一阶级社会形态内部历史过程的最重要标志，没有这种标志则马克思主义的历史分期即无从着手。"

"但历史家们切不可把阶级斗争的表现视作社会经济形态内部历史过程之唯一的和普遍的界标。——《历史问题》编辑部接着说，——在本国史进程中，在其各种不同阶段中，生产力和生产关系的发展有其各种不同的具体表现。有时其表现是阶级斗争的高涨和爆发；有时则是这斗争的结果被巩固于国家形态、法律和宪法之中；有时则是社会经济诸过程在人们意识中的反映。"

由于我们现在所处理的也是在同一个社会经济形态内的划分时期的问题，所以苏联历史学界的讨论所达到的上述结论是对我们很有益的。

要为中国近代史分期，就需具体地考察中国近代历史的特征，当时社会生产力与生产关系的发展的具体表现主要是在哪一方面。

毛泽东同志关于中国近代历史曾有这样的说明："自从一八四〇年的鸦片战争以后，中国一步一步地变成了一个半殖民地半封建的社会。""帝国主义和中国封建主义相结合，把中国变为半殖民地和殖民地的过程，也就是中国人民反抗帝国主义及其走狗的过程。"[①]

中国近代史是充满了阶级斗争的历史。中国从封建社会一步一步地变成半殖民地半封建社会，这不仅是说，外国帝国主义侵略势力成为中国社会内部生活中的一个恶毒的因素，而且表示中国社会内部渐渐产生了新的阶级（资产阶级和无产阶级），引起了中国社会力量的重新配备，在中国社会各阶级相互间以及它们和外国帝国主义侵略势力间出现了错综复杂的关系，并由于中国人民反抗帝国主义及其走狗而出现了激烈的和复杂的阶级斗争（反帝国主义斗争本身也是一种阶级斗争）。

这样说来，中国近代史著作的基本任务就是要通过具体历史事实的分析来证明在外国帝国主义侵略中国的条件下，中国社会内部怎样产生了新的阶级，各个阶级间的关系发生了些什么变化，阶级斗争的形势是怎样地发展的。

如果在历史教科书中，把近代史中每一次战争作了极详尽的叙述，不漏掉任何一个发生小的战役的地名，但是并不能使读者清楚地看到阶级关系的变化和阶级斗争形势的发展，不能承认这样的历史教科书是足够地给了人以有意义的历史知识。

马克思主义对中国近代史研究的要求不是在于给各个事变、各个人物一一简单地标上这个阶级或那个阶级、进步或革命的符号。如果在一本近代史著作中不过是复述资产阶级观点的书中的材料，只是多了这一些符号，那并不就是完成了马克思

---

① 见《毛泽东选集》第 2 卷，第 620、626 页。

主义研究的任务。要使历史研究真正渗透着马克思主义的思想力量，就要善于通过
经济政治和文化现象而表明在中国近代历史舞台上的各种社会力量的面貌和实质，
它们的来历，他们的相互关系和相互斗争，它们的发展趋势。

由此可见，按照中国近代史的具体特征，我们可以在基本上用阶级斗争的表现
来做划分时期的标志。

中国近代史中的三次革命运动的高涨

如果用阶级斗争为标志来划分时期，那就要注意到中国近代史中三个革命运动
高涨的时期。革命运动高涨的时期乃是社会力量的新的配备通过激烈的阶级斗争而
充分地表露出来的时期。

太平天国的革命运动是中国近代史中第一次革命运动的高涨。

在太平天国革命中，地主阶级和农民阶级的矛盾展开为巨大的爆发。太平天国
起义的发动上距鸦片战争八年。由于半殖民地半封建社会是逐步地形成的，在这时
中国社会内部还没有形成资本主义的生产关系，所以历史的推动力量仍只能是农民
这一个阶级。

但是因为历时十五年的太平天国运动正是处于半殖民地半封建社会的逐步形成
的过程中，所以环绕着太平天国运动的各种社会力量的配备已不同于以往在封建时
代的历次农民战争。

为反对太平天国革命，外国资本主义侵略者和中国封建势力通过一次新的战争
（第二次鸦片战争）而进一步结合起来了。

革命的农民队伍中有人企图用模糊的资产阶级理想来代替农民群众中的朴素的
平均主义的理想。

开始初步接受资本主义思想的个别知识分子对农民革命表示了微弱的同情并表
现出利用农民革命的企图。

但农民不可能自发地接受资本主义的政治理想，而利用农民革命以实现这种理
想的意图在当时中国还没有比较强的社会基础。

结果是太平天国的失败，这个革命没有能挽救中国免于坠入半殖民地半封建的
深坑。地主阶级统治集团中有一部分人趋向于更密切地和外国资本主义势力建立经
济和政治的联系，他们在不损害封建统治势力的范围内接受某一些资本主义的
外壳。

这些就是近代史中第一次革命运动高涨时期的特征。

在甲午战争（1894 年至 1895 年的中日战争）以后出现了中国近代史中第二次

革命运动的高涨。

如果把第二次革命运动的高涨仅看作是 1899 年到 1900 年的义和团的发动是不完全的。义和团的发动乃是甲午战争以后在全国范围内高涨起来的革命危机的爆发。

在第二次革命运动高涨期间，欧美资本主义已经开始进入帝国主义阶段，中国国内已有一部分商人、地主和官僚投资于新式工业。

封建关系下的地主与农民的矛盾并未解除，而且农民群众，特别是在沿海沿江各省，直接感受到帝国主义的压力。城市手工业者及各种城乡贫民也都同样感受到这种压力。因此，在受到中日战争中失败的刺激后，立即在全国许多地区都从社会底层群众中出现了骚动不安的严重状况。这种群众的自发斗争和太平天国运动初期不同，其锋芒主要针对着外国侵略者。

外国帝国主义者曾企图利用这种革命危机来加强对中国的控制，他们要满清的中央政府和各地方政府接受他们在军事上和经济上的种种支援。

这时，不但已经有资产阶级倾向的思想，而且有了资产阶级倾向的政治运动，这种政治运动的社会基础是地主阶级中的一部分走资产阶级道路的力量。民族资产阶级的独立的政治力量这时还没有。受到革命危机的震动，这种资产阶级倾向的政治运动甚至表现得很激烈，但其实质则是用从上到下的改良办法来抵制农民革命。

农民革命——这是中国社会当时主要的革命力量；资本主义思想——这是中国社会当时的带有进步性的理想。二者在第二次革命高涨期间虽然都存在着，但二者是完全各不相关的。追求资本主义理想的改良主义运动表现为短命的"戊戌维新"。以农民群众为主的自发的斗争则在悲惨地失败了的义和团运动中取得歪曲的表现。

这些就是近代史中第二次革命运动高涨时期的特征。

义和团失败后五年，开始了第三次革命运动的高涨。这一次革命运动的高涨归结为辛亥革命。

把 1905 年作为这一次革命运动的高涨的开始，不仅因为以孙中山为首的同盟会在这一年成立，而且因为资产阶级民主革命派与资产阶级君主立宪派的分裂是在这时开始确定的。俄国 1905 年革命的影响也是应该估计到的。

毛泽东同志曾指出，在 19 世纪末年和 20 世纪初年，"中国民族资本主义便开始了初步的发展"。① 这是形成资产阶级民主革命派的基础。大量的城市小资产阶级知识分子参加民主革命派，成为革命派中激进的一翼。

资产阶级革命派一般地缺乏彻底的反帝国主义反封建主义的纲领，表现了它的

---

① 见《毛泽东选集》第 2 卷，第 621 页。

先天的软弱性，但它当时不但提出了资本主义的革命理想，而且为实行革命，在一定程度内进行了对工人农民力量的发动。因此历史发展的动力在这时期是集中到了资产阶级革命派手里。

这时中国已有无产阶级，但它"还没有当作一个觉悟了的独立的阶级力量登上政治的舞台，还是当作小资产阶级和资产阶级的追随者参加了革命"①。外国帝国主义利用资产阶级革命派的弱点，竭力使这个革命限制在不损伤中国既存的半殖民地半封建秩序的范围内，并促使革命的结果只是这种秩序的重建。

资产阶级君主立宪派（代表资产阶级化的地主阶级）不但曾以在野派的身份起了阻挠革命的作用，而且在革命发展中混入革命，篡得领导权，成为外国帝国主义及其走狗——中国的大地主大资产阶级的有力的同盟军。

民主革命派的小资产阶级知识分子在发动武装起义中表现了很大的积极性，但他们没有能力建立和保持革命的政权。革命派中的民族资产阶级则在起义一开始后就为企图迅速结束革命以建立"安定的秩序"而与君主立宪派混成一片。

因此，1911年到1912年的革命（辛亥革命）的结局就是小资产阶级革命分子给自由资产阶级牵着走，自由资产阶级又让自己为资产阶级化的地主阶级所同化，而后者则把革命带到了向大地主大资产阶级及其后台——外国帝国主义投降的路上去。

为这次革命而付出很大的热情、希望与力量的下层人民群众没有能从这次革命中得到任何东西。

这就是在资产阶级领导下的这一次革命运动的基本形势。

中国近代史可以划做七个时期

根据以上的简单叙述，可以看到，在中国近代史中这三次革命高潮中阶级力量的配备和关系是各不相同的。这正是中国近代社会经济结构的发展过程中的各个不同阶段的集中反映。也正因此，虽然自鸦片战争后中国人民的革命斗争可以说是一天也没有中止过，但我们有必要特别提出这三次革命运动高涨的时期。

中国革命中的阶级力量的配备到了十月革命和五四运动后起了一个大的变化。无产阶级作为一个独立的自觉的力量登上历史舞台并成为革命的领导力量，这就给中国革命打开了一个新的局面，从此开始了新民主主义革命的时期。

把中国现代史和中国近代史划分开来，就是以这点为根据。我们对现代史中的

---

① 见《毛泽东选集》第2卷，第665页。

分期也是以在无产阶级领导下的新民主主义革命的各个阶段为根据的。

以中国近代史中三次革命运动的高涨来做划分时期的标准，我们就可以把中国近代历史，即从鸦片战争到五四运动，细分为这样的七个时期或七个阶段。

一、从1840年（道光二十年）到1850年（道光三十年），即从鸦片战争到太平天国起义前。这是中国由封建社会开始转变为半殖民地半封建社会的时期。在这时期的主要历史内容是鸦片战争与"五口通商"，广东人民的反英斗争，买办商人的出现，知识分子开始寻求有关资本主义世界的知识。

二、从1851年（咸丰元年）到1864年（同治三年），即太平天国革命运动从金田起义到南京陷落。环绕着太平天国革命的各种斗争是这一期间的主要历史内容，第二次鸦片战争属于这一时期。

三、从1864年（同治三年）到1895年（光绪二十一年），即从太平天国失败到甲午中日战争。这是半殖民地半封建的社会和政治形成的时期。在这期间，中法战争和中日战争先后发生。主要的历史内容是：外国资本主义在中国的经济势力和政治势力的各方面的发展，中国的一部分商人、地主，官僚开始投资新式工业，此伏彼起的反对外国教会的群众自发斗争，资产阶级倾向的改良主义思想的发展。

四、从1895年（光绪二十一年）到1900年（光绪二十六年），即从中日战争后到义和团的失败。这就是上述中国近代史中第二个革命运动高涨的时期。中日战争在中国社会中引起的强烈反应，帝国主义列强瓜分中国的危机和美帝国主义的恶毒的"门户开放政策"，私营企业的初步发展——这些就是这一次革命高涨形势的背景。百日维新和义和团运动在这种形势中出现。

五、从1901年（光绪二十七年）到1905年（光绪三十一年），即从《辛丑条约》订立到同盟会成立前。这是资产阶级的民主革命派渐次成立的时期。在这期间，外国帝国主义和中国封建统治政权进一步结合，小资产阶级知识分子渐渐趋向革命，孙中山的革命活动开始。

六、从1905年（光绪三十一年）到1912（民国元年），即从同盟会成立到辛亥革命中产生的南京政权让渡于袁世凯。这就是上述中国近代史中第三次革命高潮的时期。同盟会成立后革命派向立宪派进行了划清界限的论战，连续地组织了多次的武装起义，当时在各种小资产阶级群众中相当广泛地展开了爱国的运动和思想解放的热潮，也在一定程度内影响到了工人和农民。这是一方面。另一方面是满清政府的假立宪，资产阶级君主立宪派的宪法运动，外国帝国主义为争夺中国进行激烈的斗争。——终于是辛亥革命的爆发。在武昌起义后五个月，1912年3月10日，袁世凯接受了南京政府所授予的大总统职，标志着这一次革命以失败而结束。

七、从1912年到1919年，即从辛亥革命失败后到五四运动。这是由资产阶级领导的革命过渡到无产阶级领导的革命的时期。孙中山在袁世凯统治下发动的反袁的斗争和在段祺瑞政权下进行的所谓护法运动不过是更加证明了旧民主主义革命的绝望。随着帝国主义大战期间中国民族工业的发展，中国无产阶级有了大的发展，伟大的十月社会主义革命给予中国以巨大影响，科学的社会主义思想开始在中国传播，反对帝国主义和封建主义的政治运动和文化运动表现了从未有过的彻底性。这样，旧民主主义革命时代不能不结束，新民主主义时代不能不开始。

这就是本文所建议的对中国近代史的分期。

在此要附带说明两点：

一、历史的分期并不等于历史教科书中的分章分节。因此这里提出中国近代史的分期的建议，并不是主张中国近代历史教科书必须这样地分成若干章。

二、把近代历史看作是从鸦片战争开始，并不是认为，中国社会在鸦片战争前一直是停滞不变的封建社会，只因为外来的侵略势力，才开始发生变化。为了说明中国近代历史的发展，很有必要对鸦片战争前相当久以来即在中国社会内部酝酿着的资本主义萌芽做专门的研究。毛泽东同志关于这点的指示是值得注意的。毛泽东同志说："中国封建社会内的商品经济的发展，已经孕育着资本主义的萌芽，如果没有外国资本主义的影响，中国也将缓慢地发展到资本主义社会。外国资本主义的侵入，促进了这种发展。"[①]

（刊于 1954 年第 1 期）

---

① 见《毛泽东选集》第 2 卷，第 620 页。

关于中国资本主义萌芽问题的考察

黎　澍

毛泽东同志在《中国革命和中国共产党》一文中指出，"中国封建社会内的商品经济的发展，已经孕育着资本主义的萌芽，如果没有外国资本主义的影响，中国也将缓慢地发展到资本主义社会"。[①] 这句话很好地驳斥了为帝国主义在中国的殖民事业辩护的资产阶级学者，他们歌颂殖民地冒险家，认为中国如果没有这些冒险家的"开发"，就会永远停滞下去。然而这句话也应当使我们的历史家了解到，在中国封建社会内的商品经济中孕育着的还只是资本主义的萌芽，它的发展是缓慢的。

目前有好几位历史家却正在从事于一项很吃力的工作，企图证明我国在明朝即14—17世纪或明朝末叶即16—17世纪，已经不仅有资本主义的萌芽，而且它的发展，特别是在苏州、松江、杭州、湖州、常州一带的发展，不是缓慢的而是"迅速惊人"的。他们报道说，明朝或明朝末叶是中国历史的一个新时期，资本主义生产的大量存在是它的特点。

这种报道立即唤起了一种把明朝的中国历史近代化的倾向，有人断言资本主义生产在明朝已经成为把汉族联系为民族的纽带，有人把农民暴动解释为"市民"运动，有人在上层建筑的许多部分上面一一贴上"市民意识"的标签，等等。但是，这些标签实在贴得太早了。因为有许多关于资本主义的萌芽的论文脱离了资本主义发展所需要的条件，把非商品生产和商品生产混淆起来，把农奴式劳动当作雇佣劳动，把农村副业和行会手工业当作工场手工业，从商业资本引出工业资本主义，表现了显著的片面性，贴标签的基础并不稳固。

何以见得？下面是对于历史家们所持的几项主要论据的一些考察。

---

①　《毛泽东选集》第2卷，第596页。

一　关于非商品生产和商品生产

非商品生产和商品生产被混淆在一起，在关于丝织业的论述中表现得最为明显。几乎所有的论文都只对丝织业作了一个简单的分类：一部分属于政府的织染局，这是从事非商品生产的手工业；一部分是机户，这是从事商品生产的手工业。在弄不清究竟是非商品生产或商品生产的地方，就一律看作商品生产，并且断言在这里存在着手工工场，存在着资本主义生产关系。

但是事实并不如此简单。这里先从一个材料说起。

在徐光启所著《农政全书》中摘录的郭子章《蚕论》的一段话里面有这么几句："今天下蚕事疏阔矣。东南之机，三吴、越、闽最伙，取给于湖茧；西北之机，潞最工，取给于阆茧。"①

尚钺同志得出结论说，这足以表明"商业资本的活跃"。②

杨则俊同志得出结论说，这足以表明"原料生产和加工过程间的分工的发展以及区域分工的发展"，是"国内市场形成的起点"。③

张正明同志得出结论说，这足以表明"一定程度的区域分工"。④

事实上，有了"今天下蚕事疏阔矣"一句就可以看到下面几句话是说明养蚕业和丝织业在明朝末年的衰败状况的。试想一想罢，三吴、越、闽之机取给于湖茧，还不算太困难，至于潞安机户取给于阆茧，那就不仅在明朝的交通条件下而且在近代的交通条件下也是违反资本主义利润原则的。那么，当时何以必须不顾这些严重的困难来继续维持丝织业呢？原因就在于这种丝织业不是生产商品的，而是为皇家生产贡品的。从顺治、康熙和乾隆《潞安府志》所载的一些文件中可以看到，潞安本来没有丝织业，自从明初成为朱元璋第二十一个儿子的封地以后，才由外地征集几千机户来这里住坐，并且在这里植桑八万株，开始织造一种叫做"潞绸"的粗绸，作为进贡之用。这些机户不是集中在政府设立的工场中工作，而是散处在潞安府所辖的长治、高平、潞州三个县里。按照《明会典》所载的规定，这些机户必须在当地附籍，种田纳粮。⑤ 他们是由政府发了登记牌的特别户口，有生产贡品的义务。当时各地物产凡是进贡的，都被看作是最好

---

① 徐光启：《农政全书》卷31。
② 《历史研究》1955 年第 3 期，第 108 页。
③ 《教学与研究》1955 年第 6 期，第 51 页。
④ 《历史研究》1955 年第 4 期，第 105 页。
⑤ 《明会典》卷19。

的，所以潞绸成了一种很有名的产品。除了山西本省的衙门以外，其他各省的衙门都派差官差役前来定货。本来，如果生产贡品和官方订货同生产一般商品一样，是有利润的，那么，在当地丝织业中发展资本主义经营也是可能的。但是事实完全相反。生产贡品和官方订货即使给价与一般商品相同，也必然要因为官吏和差役的残暴勒索而失去任何利润。于公允在《条议潞绸详》中记述生产贡品的情形说：

> 每岁织造之令一至，比户惊慌。本地无丝可买，远走江浙买办湖丝。打线染色，改机挑花，顾工募匠，其难其慎。既惧浆粉，复恐溃澂。沿途差解、槅箱、雨具，百费运盘。到部投收，例有铺垫。上司深恐浮冒，驳查驳减不休，穷民割髓。支吾引领，望允何日？南北奔驰，经年累月，饥弗得贪，劳弗得息，地不能种，口不能馈，咸为此也。①

可见在潞安丝织业中虽然也有"顾工募匠"的现象，但显然是一种为了赶任务找来的临时工，而业主竟是"口不能馈"的。生产官方订货也并不比生产贡品好些。王霈《请抚恤机户疏》写道：

> 独苦本省衙门之取用以及别省差官差役织造者一岁之中殆无虚日，虽各请发价，而催绸有费，验绸有费，纳绸有费，所得些须尽入狡役积书之腹，化为乌有矣。机户终岁勤苦，夜以继日，妇子供作，俱置勿论，若线若色，尽取囊中，日赔月累，其何能继？②

于公允和王霈所记述的潞安丝织业的困苦显然是继续明朝而来的。因为明朝初年潞安丝织业除了生产贡品和官方订货以外还生产商品，到了明末，当地桑树已不剩一株，养蚕业完全没落，机户大量逃亡，丝织业已经到了末路。可是当地生产贡品和官方订货的义务仍旧存在，那些没有逃亡的机户因为不能脱离匠籍，必须从河北、山东、江苏，甚至从自古以对外交通困难著名的四川运蚕丝来交差，以致陷入了"支价赔累，荡产破家"的悲惨境地。所以，如果从潞安机户取给于阊蚩便得出商业资本活跃或区域分工的结论，如果不区别非商品生产和商品生产，那是完全错误的。

潞安丝织业的状况对其他几个地区的丝织业，例如，对宁国府和泉州府的丝织

---

① 《乾隆潞安府志》卷34。
② 同上。

业的状况具有说明意义，因为这些地区也是不出产蚕丝而政府规定有进贡丝织品的义务并设有织造官的。

但是江南地区丝织业的状况与潞安有很大的不同。这里的丝织品的市场较大，明朝规定各地方政府的解绢任务有许多是派人在这里买了来完成的，而这里的农民因为担负着全国最重的赋役，必须从事副业生产才能维持生活，所以丝织业的小生产普遍地散布在好几个府县的乡村和城市里面。但是丝织业和其他手工业一样，是由政府管理，并且首先要为宫廷服役的。明朝在南京设有内织染局，而在苏州和杭州只派了一个织造官，没有设立政府的工场。顺治三年织造侍郎陈有明《建织造总局记》说：

> 行次虎林（即杭州），查按总织局业为设法营造，已成一巨模，而姑苏讵可缺然？且向来机设散处民居，无监督典事之人，率以浇薄赝货塞责报命，上积弛而下积玩，织染之流弊浸淫已极。皆由无总织局以汇集群工，此明季之所以坐废也。①

这就是说，明朝派在苏州和杭州的织造官所管理的机户是"散处民居"的。所谓"民居"是否城市和乡村的都包括在内，缺乏详细的材料。不过可以确定地说，城市机户是由织造官管理的。下面是一个为许多人所引证过的记载：

> 东城之民，多习机业。机户名隶官籍。佣工之人计日受值，各有常主。其无主者，黎明立桥以待唤。缎工立花桥，纱工立广化寺桥。又有以车纺丝者曰车匠，立濂溪坊。什百为群，粥后始散。②

又《苏州府志》的同一记载有如下的补充：

> 若机房工作减，此辈衣食无所矣。每桥有行头分遣，今织造府禁革，以其左右为利也。③

这个记载可能是从明朝的旧志上抄下来的，因为"机户名隶官籍"是明朝的制度，清朝在顺治二年就已经把它废除了。所有引证这个记载的人一致认为，它说

---

①　《乾隆苏州府志》卷21。
②　《乾隆元和县志》卷10《风俗》。
③　《古今图书集成·经济编·考工典》卷10《织工部》。

明了资本主义生产关系的显著存在，可是，既然"机户名隶官籍"，织造官对他们的管理又是很严格的，那么，所生产的究竟是商品或非商品，就很难说了。朝廷对江南丝织品的需要量是很大的，除了规定的"岁办之供"以外，还有"额外坐派之供"和"不时坐派之供"，据《明史·食货志》所载，额外坐派的彩缎在天顺四年为七千匹，正德元年为一万七千余匹，到万历中达到每年十五万匹，并且"相沿日久，遂以为常"，而彩缎绫罗的织造每天所能达到的进度很小①，可能那些"名隶官籍"的机户因为必须有很多的时间为朝廷服役，实际上完全为政府所控制。

同时雇佣劳动的存在也不足以证明这里有大量的丝织工场。因为丝织木机与棉织木机不同。棉织木机只需织工一人。而丝织木机，素纱机须有织工二人，一人为织匠，一人为纬绒匠；花机须有织工三人，一人为织匠，一人为挽花匠，一人为纬绒匠。假定机户有织机一张，如果自己家里只有织工一人或二人，还须雇工一人或二人。机户既多，雇佣劳动的市场便随着出现了。

当然，江苏和浙江是养蚕业和丝织业最发达的地区。这里机户多，除了在官厅登记的以外，可能还有新增加的和没有登记的。他们供应宫廷的需要有余，生产商品的可能性比较潞安机户大得多。因此，在这里个别地出现有织机四五张的机户，如徐一夔《始丰稿》卷一《织工对》所记；个别地出现有织机多至二十张以上的机户，如张瀚《松窗梦语》卷七《异闻记》所记；甚至个别地出现有"其家织帛工及挽丝俑各数十人"的作坊，如陆粲《庚已编》卷四《郑灏》所记，是可能的。但是要确定这些机户是资本主义的手工工场，还必须能够说明：第一，这些机户中的雇佣劳动的性质；第二，丝织业中是否有行会制度的支配。这种考察之所以必要，原因就在于中国封建社会中的所谓"雇"、"佣"与资本主义的自由雇佣劳动往往有着很大的甚至是本质的不同，而行会制度在中国是很早就产生并有广泛发展的，上引《苏州府志》已经表明在待雇的工匠中"有行头分遣"，在机户中是否同样有行会支配？以一般情形而论，绸和绢的织造比较简单，可能为行会支配所不及，其他如彩缎绫罗的织造都需要有高超的技术，那就难于判断了。

---

① 《明神宗万历实录》卷361："陕西抚按言：每岁御用袍服以四千匹为额，自二十八年九月进贡后起织，至九年四月已织完者共三千二百匹。乃于本月内始奉新命改织盘梭，又奉钦降柘黄，暗花二式，每绒一匹各长五丈八尺，每机日可织一寸七分，二机合织，计半年方织完一匹。今改织盘梭，采粧及剜样暗花等绒每机日止织一寸二分，二机合织，八月余方成一匹。"这是织羊绒的进度。织彩缎如何呢？不久以前，北京历史博物馆装置了一张织机，织工三人在紧张地进行工作的情况下，装经纱费时一个月，装好以后织就宽约二尺的黄团花大红缎三尺左右，据说每日进度为五寸。

二 关于农奴式劳动和雇佣劳动

如果从字面上看，雇佣劳动在中国可说很早就已经存在了。特别是在明朝和清朝的记载中，人们很容易就可以遇到它。几乎很少人怀疑它同马克思表述的资本主义雇佣劳动有什么不同，所以有很多文章大量地把有"雇"、"佣"一类字眼的材料摘引下来，以证明资本主义在中国存在的古老性。

然而这种摘引是不是一件有意义的事情，是很可怀疑的。

马克思指出，货币所有者要在市场上发现当作商品的劳动力，有种种条件必须具备。其中最重要一个条件是，"商品交换自身只包含从商品本身性质发生的从属关系。在这个前提下，劳动力能在市场上表现为商品，是因为它的所有者（有劳动力的人），把它当作商品来让渡或出卖，且以此为限。但它的所有者要把它当作商品来卖，他就必须能够处分它，必须成为他的劳动力，他的人身自由的所有者。他和货币所有者问题相遇在市场上，彼此以平等的商品所有者的资格发生关系，不过一个是卖者，一个是买者，所以是法律上平等的人。这种关系的继续，需要劳动力的所有者只出卖劳动力的一定时间；因为要是一次卖尽，卖绝了，那就等于出卖自己，把自己从自由人变为奴隶，从一个商品所有者变为一个商品。他，当作一个人，必须不断地把自己的劳动力，看作是自己的所有物，是自己的商品。要能做到这样，他就只能在一定时限内，任买者支配它，使用它，并在让渡时，不放弃他对于劳动力的所有权"。[①]

可是中国封建社会中的所谓"雇"、"佣"却具有很特别的性质。以采矿业为例。劳动力的所有者即沙丁在把他的劳动力卖出以前，他是自由的。他能够处理他的劳动力。所以出卖劳动力的劳动者在市场上的出现，"来如潮涌，去如星散。机之将旺，麾之不去。势之将衰，招之不来"。[②] 同时他还可以按照最小的比例分取实物或得到雇价。当然，他所分取的实物或得到的雇价很难认为是像马克思所说的，"够在正常生活状态下，把劳动的个人，当作劳动的个人予以维持"[③]，并且包含劳动力补充员——劳动者的儿女的生活资料。[④] 但是他所卖掉的不仅是他的劳动力，而且包括他的整个人身和人格。所以他一经受雇便在野蛮的封建管理制度之下丧失了他的全部自由，只能从事农奴式的劳动。王崧《矿厂采炼篇》写道：

---

① 马克思：《资本论》第1卷，第177页。
② 吴其濬：《滇南矿厂图略》丁第九。
③ 马克思：《资本论》第1卷，第181页。
④ 同上书，第182页。

　　一厂之碏硐多者四五十，少者二三十，计其数曰口。其管事又各置司事之人，工头以督力作，监班以比较背堆之多寡。其刑有笞、有缚，其笞以荆，曰条子；其缚以篊，曰揎，絷两拇悬之梁栋。其法严，其体肃。[1]

尽管管事人说，"人无尊卑"，把沙丁叫做"弟兄"，但在冒险事业上，沙丁的使用却真好像是沙子一样的：

　　直攻、横攻、仰攻、俯攻各因其势。依线攻入，一人掘土凿石，数人负而出之。……攻者不得出，常闷死或数人，多至数十百。……死于碏硐，即委之死所，不敢以出。[2]

　　然而这还是官督商办的大矿，（王菘《矿厂采炼篇》："凡厂之初辟也……有成效乃白于官司，申请大府饬官吏按验得实，专令一官主之，称为厂主，听其治，下其讼，税其所采炼者入于金府。府以一人掌其出纳，吏一人掌官文书，胥二人供徭伺之役，游徼其不法者，巡察其漏逸者，举其货，罚其人。厂主所居曰官房。"）那些私营的小矿是不是更好一些呢？由于缺乏关于明朝的这种小矿的雇佣劳动状况的详细记载，让我们采用摩尔根研究古代社会的方法，从现代旧式采矿的遗留来看看旧式矿山管理的细部罢。下面是国民党政府经济部资源委员会专员黄开禄所作《云南个旧锡矿劳工调查报告》的有关部分的摘录，调查时间为 1939 年 6—7 月。

　　私营矿厂因规模甚小，故其矿工管理多以厂房为单位。多数之私营矿厂，其厂房不止为管理人食宿办公及存砂之处，亦即为其全部工人食宿游息之处。老厂区之全部私营矿厂，可说每厂只有一厂房，俗名"伙房"。此伙房为管理之单位。食宿于一伙房内之工人，皆由该伙房之管理人（俗名先生）管理之。
　　管理人多为出资办厂者（俗云供头）雇用之人，实质颇似旧式商业组织之"账房"，以其兼有劳工管理及业务管理也。普通一经营洞尖之私营矿厂约雇有五六十名矿工，多只设有一伙房于矿区之中心。三年前各伙房管理人之权力几为无上，矿工之生命及自由多系其手中。
　　个旧矿厂招工之事概非自办。除极少数矿工自投自荐外，招工事多由工头（镶头）主持。大凡冬至之后，矿山上缺乏雨水洗砂，工作较少，各矿工多结

---

[1]　吴其濬：《滇南矿厂图略》。
[2]　同上。

算该年应得工资回籍过年，同时各矿主或管理人即供给其至少镶头以相当盘费，使离矿赶各县招工，以备次年之采矿。最普通之情形为各镶头回籍招募其亲朋或同乡。

各矿工来矿之旅费例由矿厂供给，到矿之后矿主例须付给各镶头以一种酬劳费，平均招得一名沙丁须付酬劳国币三元。因此沙丁与矿主间之劳资关系颇为复杂：因双方事前并未接头，谈不到任何种明文规定之雇佣契约；依劳方方面看，若本人未预支安家费，则可随时中止工作；但自费方方面看，则厂方已在劳方身上用去相当旅费及酬劳费，依习惯至少须在矿内工作一年始能脱离。因此，厂方对于矿工中途之脱离，视为"赖债"，名之为"逃走"。处罚之苛，在二年前常至枪杀。今虽未能证实仍有此事，然鞭打则仍不免。厂方为预防"逃走"，二年前常加镣于各做工之脚上，今则滇省府已有明文禁止。调查时亦未遇见带镣之矿工。惟闻僻处深山之矿洞有加镣事，但未能证实。然为预防逃走事，厂方对矿工之管理多取监视态度，因此矿工之自由极受束缚。拟调查所见，有私营矿厂于矿工每日工作之后即不许其离开伙房，常致全部矿工皆伏居于伙房之内，厂主于门外尚派有巡查者焉。

矿工工资之给付，在私营矿厂为每年一清。一年一清之制度弊端百出，矿工终年血汗应得之工资常为剥削净尽，盖矿工多童龄无知，即知有弊，亦多未能维护其应得之权利。一年一清之制度于年终清账时厂主间有以营业不佳为由乃不付给各矿工以应得之工资者，亦间有继续拖欠工资之全部或一部以牵制各矿工使次年仍回原矿工作以省招工之费用者。矿工对此因多不知诉苦之途，弱者（砂）多任其剥削，而强者（镶头）尝起仇杀之意。

决不能设想在明朝或清朝的旧式矿管理比较这个报告里面所叙述的更文明一些。但是就在这个报告里面我们仍旧可以看到农奴式劳动的显著存在。

采矿业如此，其他简单协作的性质如何呢？严如熤《三省边防备览》写道：

山内营生之计，开荒之外有铁厂、木厂、纸厂、瓦厂各项。一厂多者恒数百人，少者亦数十人。贼匪滋事之始，有议以各厂人多，恐被贼裹诱，当严行驱散者，是大不然。凡开厂之商，必有资本足以养活厂内之人，必有力量足以驱使厂内之人，工作利其资值，帖然为用。各商护其资本，侦探贼踪，往往较官府为真。[1]

_____

[1]　严如熤：《三省边防备览》卷12，第21页。

很显然，这种劳动者的性质同砂丁是一样的，他们的主人不但有资本，而且有比资本更神奇的力量足以驱使他们。他们被雇佣，被养活，但也因此失去了自由。他们与农奴不同，仅在于他们还没有被规定可以出卖给别的主人。由此可见，中国封建社会中的所谓"雇""佣"与资本主义所谓雇佣劳动的性质是何等的不同。在中国，主人支付给劳动者的一定工作时间的工资即是支付给他的一定时间的身价；在此时间里面，劳动者不仅劳动力属于主人，而且人身和人格整个属于主人，在穷乡僻壤尤其如此，因为那里是最适于保存农奴式劳动组织的地方。可能在城市里面，在其他的行业中，情形不同一些，但是以丝织业而言，据徐一夔《织工对》一文所述，织工"日佣为钱二百缗"，然而织工和主人的关系并不止这一点，还要"衣食于主人"，工作"每夜至二鼓……苍然无神色"①，卖掉的和得到的都与自由劳动者不同。② 可见就在城市手工业中，所谓雇佣的性质是否与穷乡僻壤有根本的不同，还是一个需要进一步证明的问题。

三　关于奴役制度和行会制度对于手工业生产的阻碍

尚钺同志在他的论文中曾经提到奴役制度对于手工业生产的阻碍，并对马哥孛罗关于杭州手工业的记载注意到行会制度的考察，但是他在论及明朝景德镇瓷业的时候，完全没有作这种考察，并且认为资本主义的萌芽在这里"表现的就更其明显"。③《试论汉民族的形成》一文的作者张正明同志说得更果断一些："景德镇是'周围十方里之大工业地也，人口近百万，窑约三千，昼间白烟掩盖天空，夜则红焰烧天'。这类城市，已经不再像马克思所说的'亚细亚城市'了，它们的存在和繁荣，已经不再是'完全是由政府的地方性支出生起的'了。"④

好，我们现在就来考察一下明朝景德镇瓷业的状况罢。

上述张正明所引"人口近百万，窑约三千"的记载是当时一个到过景德镇的法国教士留下的。他的报道大约同马哥孛罗的一样，只是走马看花得到的印象，并且有意鼓励西方的商人到东方来，所以同中国历史文献的记载有很大的距离。先看《浮梁县志》所载该县在明朝的几个户口统计数字：

---

① 徐一夔：《始丰稿》卷 1。
② 关于这一点，侯外庐同志在《论明清之际的社会阶级关系和启蒙思潮的特点》一文中曾经指出，但认为这是明初的状况，万历时代不同了。万历时代有何不同？他所举出的例证是不够明白的。
③ 《历史研究》1955 年第 3 期，第 93 页。
④ 《历史研究》1944 年第 4 期，第 106 页。

洪武辛未（1391）户：一万八千七百三十一；口：一十万四千九百七十；

永乐壬辰（1412）户：一万五千九百四十一；口：九万二千五百九十二；

天顺壬午（1462）户：一万七千五百七十七；口：九万七千一百八十三；

弘治壬戌（1502）户：一万七千六百六十；口：九万九千七百二十一；

正德壬申（1512）户：一万七千二十；口：九万九千八百六十五；

嘉靖壬午（1522）户：一万七千六十；口：十万二十九；

嘉靖壬辰（1532）户：一万六千六百九十一；口：十万三十七；

万历癸卯（1603）户：一万六千一百一十；口：十万一百九十二。

这个统计直到崇祯年间没有变化。景德镇是浮梁县的一个镇，地面只有十三里，不论人口怎么多，也多不过全县。当然，这个统计也可能是不正确的。那么，我们再看清朝的统计罢。《江西通志》载浮梁县人口统计如下：

乾隆四十七年（1782）户：五万五千八百九十六；口：二十五万二百九十；

嘉庆七年（1802）户：五万八千七百九十二；口：二十八万一千四百七十七；

道光元年（1821）户：五万九千六百六；口：二十八万八千二百二十。

即使清朝的统计同样不正确，我们仍旧很难相信景德镇人口在明朝已经达到"数十万"或"近百万"。再说，景德镇如果是一个人口数十万或近百万的大城市，政府必然要在这里设立相当的管理机关。但是，据《浮梁县志》载，明朝在景德镇只设有一个巡检司，下辖弓兵十六名。另陶厂除管厂官以外，听事人役有门子一名，库子二名，听事吏二名，书手二名，阴阳生一名，里长十三名，机兵十六名，铺兵一名，禁子一名，皂隶八名，轿伞夫五名，吹鼓手六名，常川接应往来使客十三名，每日巡逻守衙地方夫二十名。这个编制与镇相当，与一个大城市的需要相距太远了。

然则景德镇瓷业规模到底有多大呢？官窑，据《浮梁县志》载，在洪武年间为二十座，在宣德年间为五十八座（内缸窑三十二座，余为青窑和有色窑。后因青窑数少，缸窑空闲，将缸窑十六座改为青窑，仍存缸窑十六座）。民窑，据《浮梁县志》载，在嘉靖年间有青窑约二十余座。民窑数目与元朝蒋祈《陶记》所说"景德镇陶昔三百余座"，及清朝雍正督陶使者唐英《陶冶图说》所说"民窑二三百区"相差很远，但是，我以为是合乎事实的。因为明朝政府烧造特别多，可能有许多民窑都被迫停歇或改为官窑服役了。同时这个数目与官窑合计起来也与隆庆五年江西巡按刘思问奏折中所说的情况相符，即当时全镇"大小工匠约有五百，奔走力役之人不下千计，日费百斛"[1]。从这个数目之小，可见一般所谓景德镇瓷业繁荣的时代大约即是朝廷在岁造之外大量派造的时代。例如，宣德八年派造四十四万三千五百件[2]，隆庆五年派造十万五千七百七十桌[3]、个、对[4]，万历十年派造九万六千六百二十四个、副、对、枝、口、把[5]，万历十九年派造十五万九千件，追加八万件[6]，都是极大的劳役。每次大量派造都不仅必须竭全镇民力，而且必须使上饶府所辖各县为之骚动才能完成，唐英《浮梁县志序》记他访问当地父老所了解的情况说：

> 前明遣官督造，间及中涓，擅威福，张声势，以鱼肉斯民。一逢巨作，功不易成，致重臣数临，邮驿骚动，令疲于奔走，民苦于捶楚。卒之大耗帑藏之金，重困闾阎之力，而于巨作迄无成。遂使饶郡数邑供应不遑，而浮邑之吏民更不堪命。是害在陶，而实害在浮矣。[7]

这就是景德镇的繁荣。

可是瓷器产量并不大。据《浮梁县志》说，官窑中的缸窑"前宽六尺，后如前饶五寸，入身（即高）六尺，顶圆。鱼缸大样二样者止烧一口，瓷缸三样者一窑给砌二台，则烧二口。溜火（即小火）七日夜……紧火二日夜……止火封门，又十日窑冷方开"；有色窑"制员而狭，每座止容烧小器三百余件，用柴八九十扛"；青窑"前宽五尺，后五尺五寸，入身四尺五寸，每座烧盘碟中样器止烧二百多件，稍大者一百五十六件，大碗二十四件，尺碗三十件，大坛生烧十六七件，小酒杯五六百种，溜火对日，紧火一日夜……火住封门则去顶，故窑易冷，首尾五日可出器。每窑用柴六十扛。若系大碗、大坛、拜砖等大器须量加柴十扛，或遇久雨窑湿又宜加十扛"；民间青窑多出粗瓷，所以"制长阔大，每座容烧小器千余件，用柴八九十扛，多者不过百扛"。冬季水冰土冻不能工作，雨季不能烧窑，只有秋季才是最适宜造坯烧窑的时间。因为有这样许多限制，隆庆五年派造的十万五千七

①　《浮梁县志》卷5。

②　《明会典》卷194。

③　桌器的数量是不一定的。以嘉靖二十三年为例，每桌为二十七件；以嘉靖三十六年为例，每桌为五十三件。

④　《浮梁县志》卷5。按隆庆初即位时，曾下令停止烧造，工匠因此多迁别业。官窑工匠平时为三百余，此时更少。故"约有五百"和"不下千计"之数，当系合全镇而言。

⑤　《明会典》卷194。

⑥　《明史·食货志》。

⑦　《浮梁县志》卷1。

百七十桌、个、对，据都御史徐栻估计，除这年九月可起解一运，十二月可起解一运以外，其余八运只能每年造解一运①，共须九年才能造解完毕。万历十九年派造的十五万九千件及追加的八万件，据《明史·食货志》说，直到万历三十八年，即过了十九年，还没有造解完毕。②

朝廷的经常和大量的派造迫使民窑服从官窑的需要。据《浮梁县志》卷五载，官匠约三百余，民匠必须在编役（开报民户，占籍在官）、雇役和上班等名义下为官窑服役。班匠"遇蒙烧造，拘集各厂上工，自备工食"，而且服役时间很长，在正德和嘉靖间有二十余年未得停止。编役几乎同班匠没有什么不同，自正德年间"三十余年庸作与官匠同，而无分毫雇值"。只有雇役是有工钱的，"画役令各作募人，日给工食银二分五厘；各窑募役，龙缸大匠、敲青匠日给银三分五厘"。此外，官窑还用尽方法榨取民窑。《浮梁县志》写道："今遇烧造，官窑户辄布置民窑，而民窑且不克事也，斯官匠独习其制，悬高价以市之（即民窑转雇官匠代作），而民窑益困矣。"

在这样的奴役和剥削制度下产生资本主义经营，已经是很困难的了。但是瓷业所受到的束缚还不止这些。首先，它还没有脱离农业。据隆庆五年江西巡按刘思问的奏折说："营作之劳，实必资于民力之裕。乃民遭时艰，畎亩陆沉，颗粒罔措，俯仰无资。"③ 可见当时景德镇窑户还必须自己种田，如果不自己种田，也就做不出瓷器。

行会制度是与资本主义经营相反的制度。只有在资本主义发展的时期，才可能被突破，并使得在它控制下的手工工场成为资本主义的，然而这个制度正是景德镇瓷业早已存在和最难突破的内在束缚。唐英《陶政示谕稿自序》写道：

> 窑之高卑阔狭，大小深浅，暨夫火堂、火栈、火眼、火尾之规制，种种不一。精其工而供其役者为景镇魏氏，专其业而得其传，元明以来无异也。故砂土无常工，而群窑之结砌补葺，则业有专属，他族无与也。④

这还只是指砌窑一行。其他各行各业，凡是需要技术的，无不有它们自己的业务秘

---

① 《浮梁县志》卷5。

② 有许多历史书，包括中国的、苏联的和日本的，都说1591年即明神宗万历十九年景德镇曾经出产瓷器十五万九千件。如果《明史·食货志》的记载没有错误的话，那么，这些历史书的记载便一齐错了。又，《明史·食货志》原文仅为"十五万九千"和"八万"没有说明单位。这里的"件"字以及其他几个"件"字都是照着一般的说法加上去的，实际上可能也还是桌、个、对、副、枝、口、把，各种单位都有，所以数量不止十五万九千件和八万件。

③ 《浮梁县志》卷5。

④ 同上。

密。徐珂《清稗类钞》说："景德镇烧瓷，其用油、造胚、画花各有专行，而秘不示人。"① 这种现象一直到现代仍旧继续存在。黄炎培《考察教育日记》写道：

> 至学校（陶业学校）所以离景德设饶州之故，因由煤产余干，瓷土产星子、乐平，均去饶较近。而最大原因，实由景德为瓷工势力范围，已则守成法不肯改，而复怵于一经改良，将立被淘汰，而无所啖饭，势且出乎合群抵制之一途，故迁地以避之。

这种"秘不示人"的专行，"守成法不肯改"和反对扩大经营的思想在明朝当然不会更开通一些。既然如此，那么，我们可以断言，景德镇瓷业的资本主义经营在明朝和清朝是不存在的。但是景德镇常常被称为出产瓷器的中心，是不是全国各地都用这里的瓷器呢？不是的。全国出产瓷器的地方，除了景德镇以外，还有很多，仅仅傅振伦同志《中国伟大的发明——瓷器》一书所列举的明朝重要产瓷区就有如下各处：

河北省：曲阳县涧磁村和灵川镇，磁县彭城镇，武清县，唐山；

山西省：阳曲县，榆次县，太谷县洪善村，晋城县，永济县，长治县，平定县，阳成县；

陕两省：铜川县陈钐镇，雒南县景村；

甘肃省：华亭县，武威县；

山东省：博山县，溜川县，邹县，峄县，磁阳县，临清县；

安徽省：祁门县；宣城县；

江苏省：萧县，江都县瓜州镇，仪真县，吴县，宜兴县蜀山镇和鼎山镇；

浙江省：龙泉县，庆元县，富阳县；

福建省：建阳县，德化县祖龙宫和十排岭，龙溪县石码，连江县，晋江县，邵武县，同安县，泰宁县；

河南省：禹县，登封县，宜阳县，汝宁县，开封县，陕县，许昌县，沁阳县；

湖南省：醴陵县，龙山县；

江西省：横峰县，弋阳县太平乡，九江县；

广东省：南海县佛山镇石湾，阳春县，新兴县，潮安县，连县；

广西省：合浦县，钦县，南宁；

四川省：成都，泸县，荣昌县烧酒坊，巴县磁器口。

所有这些都是在当地经济中具有重要意义的产瓷区，其中如浙江省的处州窑，

---

① 徐珂：《清稗类抄》第17册，工艺类。

福建省的德化窑，广东省的石湾窑，山西省的泽州窑，江苏省的宜兴窑，都很有名。至于日用粗瓷，几乎到处都有出产。可见由景德镇销售到远方去的瓷器只能是其中的精品，亦即官窑出品。这从现存的明代瓷器，包括展览的，旧货摊上出售的以及流传在外国的，多属官窑出品一点可以看得出来。而精品，除了使景德镇获得它的声名以外，并不能使它在全国市场上与其他地方形成分工，成为真正意义上的瓷业中心，那是很明白的。

四 关于把农村副业和家庭手工业当作资本主义工场手工业

吴晗同志的《明初社会生产力的发展》一文说，在明初已经"出现了许多新的以纺织工业为中心和批发绸缎棉布行号的城市"。[①] 这许多以纺织工业为中心的城市，见于他的论文里面的有两个：一是杭州，一是松江。其中，杭州是以丝织业著名的地方，是否棉纺织工业的中心城市呢？吴晗同志举出来的唯一证据是徐一夔《织工对》一文中所记述的相安里的一个有"杼机四五具，织工十数人"的机户。但原文并未说明织的是棉布，而且看来多半还是织丝绸，因为四五具织棉布的织机用不着同时有十数人工作，只有织丝绸的织机才需要每具有二至三个织工照料，文中加于织物的形容词如"精致"和"精"等，一般也是用于丝织物的。除了徐一夔《织工对》以外，我们很难找到类似的材料。退一步说，即使徐一夔所访问的织工是织棉布的，也不能据以判定杭州为棉纺织业的中心城市。

至于松江为棉纺织业的中心城市，其他历史家也有相同的判断，似乎是没有争论的。

可是事实上松江也不是棉纺织业的中心城市。一般文字记载中提到的松江所指并不是一座城市，而是指松江府，在明朝下辖华亭县、上海县和青浦县。这里棉纺织业较为发达，当然，首先是因为当地人民非此不能生活，同时也因为纺织技术在元初传到这里，经过元明两朝，已经普遍地为农村妇女所熟悉，而且比较其他许多地方进步，是一种很方便的谋生手段。《乾隆上海县志》："纺织之法，他邑止用两指撚一纱（名手车）。吾邑一手三纱，以足运输（名脚车），人劳而工敏。农暇之时，所出布匹日以万计。游手之徒，有资妇女养生者。"[②] 可见在松江府各县，作为商品而生产的棉布相当多，但纺织仍旧是一种农村副业。关于这种农村副业，我们

[①] 《历史研究》1955 年第 3 期，第 63 页。
[②] 《乾隆上海县志》卷 1。

从英国植物学家复庆 1844 年在上海近郊看到的情形可以得到一些比较具体的了解：

> 各小农户，各乡居人家，都保留他自家田地所产棉花的一部分以备家用。妇女家居，清（轧？）之纺之，织之成布。我国古时所习见而今日已被机器所代替的纺车和小手织机，遍布此地各乡村，随处可见。此等织机，都由妻女操作，有时不能作田野工作的老夫幼童也帮助工作，如果家庭人口众多，且善于生产，除自家服用外，还能余布很多，便将剩余布匹送至上海或近郊市镇出卖。本城（上海）各门，每天都有集市，便是此辈聚集出售小捆布匹的所在。[①]

正因为大量的布匹是在乡村生产的，所以雇公燮《消夏闲记摘抄》说："前明数百家布号皆在松江枫泾、洙泾乐业，而染坊、踹房商贾悉随之。"[②] 枫泾和洙泾都是乡村市镇的名称，前者在松江府城西南五十四里，后者在松江府城西南三十六里。布号设在这些村镇上，而不设在城内，显然是为了直接向农民收买布匹的便利。还有一点值得指出，就是枫泾距离嘉善只有十八里，布号设在这里，当然不仅因为松江出产棉布，而且因为嘉善出产棉布。

从染坊和踹布坊也跟着设在村镇上，更可知棉纺织业的生产是在农村中进行的。松江作为一个城市，不但不是生产中心，甚至还不是集散和加工的中心，在棉纺织业发展中并不起什么作用。如果说松江是一个棉纺织业中心城市，那就把农村副业错作工场手工业，不免要作出一连串不正确的判断了。

松江农村纺织业发达，也与明朝政府推广植棉并规定征收棉布，可是植棉和纺织的技术还没有真正推广有关。《明史·食货志》说："太祖初立国，即下令凡民田五亩至十亩者栽桑、麻、木棉各半亩……不种桑，出绢一匹；不种麻及木棉，出麻布、棉布各一匹。"这些规定是对人民的严重压力。但是否全国任何地方都适宜植棉，显然是有问题的。当时人的记载表明，不适宜种植的地方必须向外地购进棉花，结果有几处适宜植棉的地方的产品便取得了它的市场。从徐光启《农政全书》关于棉种的介绍可以看出棉花市场的大概：

> 江花出楚中，棉不甚重，二十而得五，性强紧；北花出畿辅、山东，柔细中纺织，棉稍轻，二十而得四，或得五；浙花出余姚，中纺织，棉稍重，二十而得七，吴下种大都类是，更有数种稍异者：一曰黄蒂穰，蒂有黄色如粟米

---

① 复庆：《在中国漫游的三年》，第 251—252 页，译文转引严中平著《中国棉纺织史稿》，第 34 页。
② 顾公燮：《消夏闲记摘抄》卷中《芙蓉塘》。

大，棉重；一曰青核，核色青，细于他种，棉重；一曰黑核，核亦细，纯黑色，棉重；一曰宽大衣，核白而穰浮，棉重；此四者皆二十而得九。①

由此可以推断：江花主要解决了中南地区的需要，北花主要解决了华北地区的需要，江苏和浙江的棉花主要解决了华东地区和广东的需要。但是在北方因为做官的人多，还有一个细布市场。松江棉布主要是满足这个市场的。但是这个市场不大，并有缩小的趋势。徐光启《农政全书》写道：

> 松江志又言，绫布二物，衣被天下，原此中之布，实不如西洋之丽密，曾见浙中一种细布，亦此中所未见者，徒以家纺户织，远近通流，遂以为壤奠，为利源也。第事势推移，无数百年不变者。元人称关陕而外，诸郡土地不宜吉贝。识者非之，今之艺吉贝者所在而是焉。何树艺之独然，而织纴之独不然也耶？安能禁他郡邑之人不为黄姬耶？今北土之吉贝贱而布贵，南方反是。吉贝则汛舟而鬻诸南，布则汛舟而鬻诸北。此皆事之不可解者。若以北之棉，教南之织，岂不反贱为贵，反贵为贱？余居恒谓北方之人必有从事者。若云彼土风高，不能抽引，此语诚然。顾岂无善巧之法，而总料其不然，亦未免为悠悠之论。故常惴度后此数十年，松之布当无所泄。无所泄，即无以上共赋税，下给俯仰，宜当早为计者，人情多未以为然也。而数年来，肃宁一邑所出布匹，足当吾松十分之一矣。初犹莽莽，今之细密，几与松之中品埒矣。其价值仅当十之六七，则向所云吉贝贱故也。夫以一邑，渐及之他邑何难？既能其一，进之其十何难？由下品而中，由中品而上何难？吾欲利而能谓人己耶？北土既尔，他方复然，则后此数十年，松之布竟何所泄哉？②

正是因为当时还有别的地方棉纺织业不如松江发达，所以在这里便出现了许多随带成千上万银两的大商人。傅筑夫和李竞能同志在所著《中国封建社会内资本主义因素的萌芽》一书中认为，"标布"和"中机"一类规格的棉布是适应市场需要生产的，所以这些大商人即是包买主；又因为《木棉谱》作者褚华自述他的六世祖为居停在他家里的秦晋布商"设肆收买，俟其将戒行李时始估银与布捆载而去；其利甚厚，以故富甲一邑"，而把这位褚老先生称为包买主。③ 这种忖测是没有根据的。事实上，这些外地商人当时除在本地设有坐庄的以外，都不直接与生产者发

---

① 徐光启：《农政全书》卷35。
② 同上。
③ 傅筑夫、李竞能：《中国封建社会内资本主义因素的萌芽》，第36—37页。

生关系，甚至并不直接与本地布商发生关系，而是经过牙行向本地布号收买布匹，所以叶梦珠说，"牙行奉布商如王侯，而争布商如对垒"。① 那位褚老先生，不过是个兼代布商收买布匹的客店老板而已，他赚了本来应为本地布商和牙行所得的利润，所以"其利甚厚"。至于真正意义上的棉纺织业包买主，我相信严中平同志的判断是谨慎和可信的，这就是，在文献里，"还没有发现"。②

五　关于明朝社会经济的一般状况的估计

从上面的考察已经可以概见明朝手工业的一般状况。现在我们进一步考察一下明朝整个社会经济的状况罢。

侯外庐同志在《论明清之际的社会阶级关系和启蒙思潮的特点》一文中认为，中国资本主义的萌芽以明朝嘉靖到万历年间即 16 世纪中叶至 17 世纪初叶为转折点。他对于这个时期的社会经济状况的估计如下：

> 资本的形成是从商人的和高利贷的财富出发的，然而问题却以自由劳动者从农业的分离为前提。这样的分离过程，依据列宁的分析，有三个阶段：第一阶段是农业劳动和手工业劳动在农村市镇中的分离；第二阶段是城市手工工场业的独立形成；第三阶段是城市的大工业的出现。相应着这样的阶段，逐渐形成着以至建立着国内市场，逐渐由资产阶级前身的市民发展而为近代资本家，逐渐由农村分离的手工业无产者发展而为近代的自由劳动者。我们的研究，认为十六、七世纪的中国社会，正是居于由第一阶段向第二阶段的发展时期，更正确地讲来，因了国内经济的不平衡，某些地区居于第一阶段，某些地区正走进第二阶段，某些地区依然没有走进第一阶段。③

究竟居于哪一阶段的地区占多数呢？既然"认为十六、七世纪的中国社会，正是居于由第一阶段向第二阶段的发展时期"，那么，当然也就是说，居于这个发展阶段的地区占多数。目前一般论者还只是夸说江南地区手工业的资本主义经营，侯外庐同志比他们进了一步，把江南地区个别行业中的现象当作全国性的普遍现象了。

事实完全相反。在自然经济并没有什么改变的条件下，明朝社会经济的基本特

① 叶梦珠：《阅世篇》卷 7。
② 《中国棉纺织史稿》，第 41 页。
③ 《新建设》1955 年 5 月号，第 29 页。

征仍旧是农业和家庭手工业的统一而不是它们的分离，更不是城市工场手工业的独立形成。自然经济决定了人民的生活方式，也决定了皇室和地主阶级的剥削方式。人民必须依靠农业和家庭手工业的统一才能生存，皇室和地主阶级也只有从这个统一中才能榨取到自己的利益。其结果是农民愈益贫穷，愈益离不开手工业。明朝的暴政对于维持甚至巩固农业和家庭手工业的统一起着显著的作用。

明朝是中央集权的极端专制的王朝。比较以前的朝代，明朝的赋税是最重的，力役是最繁的，额外征收是最多的。以苏州和松江的田赋为例，宋末苏州税额不过三十万石，松江税额不过二十万石；元朝延祐间（1314—1320）苏州增至八十万石，松江增至七十万石；元末张士诚统治时期，苏州增至一百万石；到明朝，苏州增至二百八十万九千石，松江增至一百二十万九千石。当然，明朝税额是轻重不等的，例如真定只有十六万六千石，河间只有六万一千石，而登州则为二十三万六千石，凤阳因为是朱元璋的故乡而赋税特别轻，而南昌、袁州、瑞州等地又特别加重征收。其他力役和杂派按田亩分摊。这种暴政曾经使得一部分有钱人对于土地的兴趣为之减低，说是"将钱买田，不如穷汉晏眠"，"有田膺户门，因田成祸门"。可是这种人大约都是经商致富的，至于那些大地主的兴趣并未稍减，因为他们可以用种种办法把田赋转嫁给小地主和农民，而毫不影响他们从农民取得地租。顾炎武《天下郡国利病书》所辑录的浙江《田赋书》对于这些大地主的恶毒行为有如下的生动的描写：

> 自洪武以来，凡几造黄册矣。然今之粮昔洪武初年之粮，而今日之田则什二三耗，非洪武初矣。……又况猾民作奸，乃有飞洒、诡寄、虚悬之弊，故无田之家而册乃有田，有田之家而册乃无田，而轻重多寡皆非的数。名为黄册，其实伪册也。

> 何言乎飞洒？富人多田，患苦重役。乃以货啗奸书，某户洒田若干亩，某户洒田若干分厘，某户洒粮若干升斗，某户洒粮若干合勺，积数户可洒田以亩计，洒粮以斗计；积数十户，可洒田以十计，洒粮以石计，而书手则岁收其粮差之算。其被洒之家必其昧不谙事，或朴懦不狎官府者也。甚有家无立锥之业，而户有田亩粮差之需，至岁佣其身以输，犹恐不治，孰知而闵之乎？

> 何言乎诡寄？多田之家，或诡入于乡官、举监，或诡入于生员、吏承，或诡入于坊长、里长，或诡入于灶户、贫家，或以文职立寄庄，或以军职立寄庄，或以军人立寄庄，夫乡官于各乡占产寄庄犹可言也，而本县寄庄何为者哉？军官占产寄庄犹可言也，而军人寄庄何为者哉？率不过巧为花分，以邻国为壑耳。

> 何言乎虚悬？赵甲有田而开与钱乙，钱乙复开与孙丙，孙丙复开于李丁，

李丁复开于赵甲，李丁有开，赵甲不收，则并田与粮而没之矣。

　　然飞洒者，损人以裕己者也；诡寄者，避重而就轻者也；至虚悬则一切欺隐以负国课耳。又有弊者，则专货书手，悉以田归书手，粮户亦随之。书手仍往豁其田，而粮则分十年之中，岁洒合勺于一里百户之田，惭以消豁，此以影射为奸者也。又有根存而田不称，则捏官田，以一埋十，此以那移为奸者也。又有买田十而止开其八九，仍遗一二于原户者，又或收田而不收粮，俾卖主受其害，而己得减输，此以买户为奸者也。又有田本轻则而开作重则，田本八九而多开为十，以归于人，因得轻税之田，此以卖户为奸者也。又有买户已收其田矣，而于卖户则不为除，使一田而两户粮差，此以干没为奸者也。或欲加之粮，则不加其户之田亩，而以重则移轻则，或岁为之飞洒，见其粮之增也，则反诬为虚悬，此以欺罔为奸者也。凡此神妖鬼怪，不可殚述。①

类似的弊端，各地都有。例如江西，嘉靖时人唐龙《均田役疏》写道：

　　江西有等巨室，平时置买田产。遇造册时，贿行里书，有飞洒见在人户者，名为活洒；有暗藏逃绝户内者，名为死寄；有花分子户、不落户限者，名为畸零带管；有留在卖户，全不过割者，有过割一二，名为包纳者；有全过割者，不归本户；有推无收，有总无撒，名为悬挂拘回者；有暗袭京官方面，进士举人脚色，捏作寄庄者，在册不遇纸上之捏，在户尤皆空中之影，以致图之虚以数十计，都之虚以数百计，县之虚以数千万计。递年派粮编差，无所归者，俱令小户赔偿。②

除田赋以外，还有各种力役。在这一点上，明朝和以前的朝代并没有什么区别，因为它们都是用地主管理田庄的办法来管理国家的。政府规定人民进行无偿劳动，并直接向农民征收各种物品。洪武时人王叔英《资治策疏》写道：

　　今天下有司，役民无度，四时不息，由其不能省事故也。至于民稀州县，人丁应役不给，丁丁当差。男丁有故，役及妇人。……民稠州县，虽不尽其力，亦夺其时；民稀州县，既夺其力，又夺其时。③

----

① 顾炎武：《天下郡国利病书》，第12册《浙江》下，第79—80页。
② 《昭代经济言》卷3。
③ 《昭代经济言》卷1。

到了嘉靖年间，力役、捐税和杂派达到了极端繁重的地步。何瑭《民财空虚疏》写道：

> 国朝使民之法，除里甲正办外，如粮长、解户、马头、船夫、馆夫、水夫、马夫、祗候、弓兵、皂隶、门禁、厨斗之数，无所不役，固已多矣；近年以来，常役之外，杂派纷纷而出，如砍柴、抬柴、修河、修仓、运料、接递、站夫、铺夫、闸夫、浅夫之类因事编佥，盖有不可胜数者。国朝取民之法，除田土税粮外，如盐课、茶课、金银课、铁课、鱼课税、商船钞、户口、食盐、皮角、翎毛、油漆、竹木之类无所不取，固已重矣；近年以来，额征之外，杂派物料又纷纷而出，如供用库物料，甲丁库颜料，光禄寺厨料，太常寺牲口料，南京则又供用器皿物料，随时坐派，盖有不可胜数者。①

后来改行一条鞭法，规定田赋和各种差役统一征银。这个办法减少了征收的名目，节省了征收的时间，具有进步意义。但是征银不自一条鞭始，征实也不因一条鞭的实行而停止。万历年间又在一条鞭以外，以矿税为名，增加了大量的杂派。凤阳巡抚李三才《请停矿税疏》写道：

> 自矿税繁兴，万民失业。陛下为斯民主，不惟不衣之，且并其衣而夺之；不惟不食之，且并其食而夺之。征榷之使急如星火，搜括之令密如牛毛。②

繁重的赋役早在宣德年间就已经开始引起了农民的大量逃亡。江南巡抚周忱《与行在户部诸公书》写道：

> 以太仓一城之户口考之，洪武年间，见丁授田十六亩。二十四年黄册，原额六十七里，八千九百八十六户。今宣德七年造册，止有一十里，一千五百六十九户。覈实又止有见户七百三十八户，其余又皆逃绝虚报之数，户虽耗，而原授之田俱在。夫以七百三十八户而当洪武年间八千九百八十六户之税粮，欲望其输纳足备，而不逃去，其可得乎？③

苏州和松江赋税最重，逃亡农民最多。其他各地赋税较轻，逃亡可能较少。苏州和

① 《昭代经济言》卷4。
② 《明史纪事本末》卷65。
③ 《昭代经济书》卷2。

松江的逃亡农民，据周忱说，出路有七：

一、大户苞荫："其豪富之家，或以私债准折人丁，或以威力强夺人子，赐之姓而目为义男者有之，更其名而命为仆隶者有之。凡此之人，既得为其役属，不复更其粮差，甘心倚附，莫敢谁何。"

二、豪匠冒合："苏松人匠丛聚两京，乡里之逃避粮差者，往往携其家眷，相依同住。或创造房居，或开张铺店，冒作义男女婿，代与领牌上工。在南京者，应天府不知其名；在北京者，顺天府亦无其籍。粉笔题监局之名，木牌称高手之作。一户当匠而冒合数户者有之，一人上工而隐蔽数人者有之。"

三、船居浮荡："流移之人，挈家于舟，以买卖办课为名，冒给邻境文引及河泊由帖，往来于南北二京，湖广、河南、淮安等处停泊，脱免粮差。"

四、军囚牵引："苏松奇技工巧者多，所至之处，屠沽贩卖，莫不能之。故其为事之人充军于中外卫所者，辄诱乡里贫民为之余丁，摆站于各处河岸者又招乡里之小户为之使唤。作富户于北京者，一家有数处之开张；为民种田于河间等处者，一人有数丁之子侄。且如淮安二卫，苏州充军者不过数名，今者填街塞巷，开铺买卖，督军人之家属矣。仪真一驿，苏州摆钵者不过数家，今者连拼接栋，造楼居住者，皆囚人之户丁矣。"

五、屯营隐占："太仓、镇海、金山等卫，青村、南汇、吴松江等所，棋列于苏松之境，皆为边海城池。官旗犯罪，例不调伍，因有所恃，愈肆豪强。遂使避役奸氓，转相依附，或入屯堡而为之布种，或入军营而给其使令，或窜名而冒顶军伍，或更姓而假作余丁，遗下粮差，负累乡里。为有司者常欲挨究矣，文书数数行移，卫所坚然不答。为里甲者常欲根寻矣，足迹稍稍及门，已遭官旗之毒手。"

六、邻境蔽匿："蚩蚩之民流移转徙，居东乡而藏于西乡者有焉，在彼县而匿于此县者有焉；畏粮重者必就无粮之乡，畏差勤必役无差之处；舍瘠土而就膏腴者有之，营新居而弃旧业者有之；倏往倏来，无有定志。"

七、僧道招诱："苏松之僧道，弥满于四海。有名器者因保举而为住持，初出家者因游方而称挂衲，名山巨刹，在处有之，故其乡里游惰之民，率皆相依而为之执役。眉目清秀者称为行童，年纪强壮者称为善友，假服缁黄，伪持锡钵，或合伴而建斋醮，或沿街而化缘财物。南北二京及各处镇市，如此等辈莫非苏松之人。以一人住持，而为之服役者常有数十人；以一人出家，而与之帮闲者常有三五辈。"[①]

从上面列举的出路看来，逃亡农民蔽匿邻境的可能较多，因为当时还没有大城市，在城市里面也还没有从事大生产的工场，能为他们提供的出路非常狭仄。大量的农民从这里逃到那里，最后还是不能不继续被束缚在土地上。既然必须继续被束

① 《昭代经济言》卷2。

缚在土地上,那么,农民的问题还是老问题:无法摆脱地主和官吏的压迫和剥削。为了缴纳地租和赋税或在缴纳地租和赋税以外还能生存下去,农民便不能不兼营手工业。试看松江农民在宋朝已经有人开始植棉,在元朝已经有人学得了当时最先进的纺织技术,但是直到明朝才普遍地把它当作增加收入的重要方法,就可以了解地租和赋税的加重对于农村副业的发展起着何等有力的推动作用。徐光启《农政全书》写道:

> (松江)壤地广袤不过百里而遥,农亩之入,非能有加于他郡邑也,所縣共百万之赋,三百年而尚存视息者,全赖此一机一杼而已。非独松也,苏、杭、常、镇之币帛枲纻,嘉、湖之丝纩,皆恃此女红末业以上共赋税,下给俯仰。若求诸田亩之收,则必不可办。[①]

江南农民兼营工业的历史对于全国其他各地农民的兼营手工业具有很大的说明意义。从这里我们可以看到,小农业和家庭手工业的统一的难于打破,虽然可能还有其他原因,但主要原因是城市经济的不发达和地租和赋税的繁重。本来城市经济不发达是农业和家庭手工业统一的结果,但是当农民被迫逃亡,不能在城市落业以致必须转移到其他农村的时候,又是保持农业和家庭手工业统一的原因。无路可走的不能不继续负担繁重赋税的农民不可能单独依靠农业而生存,也极少可能脱离农业转变为独立手工业者。因为如果这种手工业是其他农民所兼营的,势必不容许独立存在;反过来,如果这种手工业不是其他农民所兼营的,它的产品势必不是人们大量和经常需要的,在农村中独立存在也很困难。

这样,明朝手工业的发达便突出地表现为个体农民的普遍兼营副业,在有些地区,例如,在江南地区,并表现为简单商品生产的发达。

个体农民的普遍兼营副业使城市手工工场的发展受到了极大地限制。城市手工工场只有在它所生产的不是农民的消费品或在技术上不是农民所能竞争的条件下才能存在。苏州、常州、吴江的丝织业中个别地出现有略具规模的手工工场,正是因为所生产的不是农民的消费品,在技术上特别是在织造锦缎绫罗的技术上也不是所有的农民都能竞争的。反之,在松江的棉纺织业中之所以没有出现手工工场,也正是因为产品不可能在农民中受到欢迎,而在技术上则是农民所能竞争的。当然,此外也可能还有其他的手工工场,例如,铁工场和漂染工场,等等。这种手工场是以农业和农村副业为基础的,在农业获得发展和副业脱离农业以前,它们的发展是困难的。

---

① 《农政全书》卷35。

在明朝出现的手工工场，即使不是行会老板的，也是资本主义的，按照当时的历史条件，也正好像马克思在《资本论》中一再引用的伊壁鸠鲁的名言所说的，是住在世界的缝隙里面的神。可是手工工场在封建主义生产中所占有的缝隙还不同于伊壁鸠鲁的神所居住的，它常常要合拢起来，把生存里面的手工工场吞灭，因为工场主在发展致富以后往往并不继续扩大生产，而把资本投在土地上，变为资本主义的对立物。我们试听一听一个拾得两锭银子的小业主在心里是怎样盘算着的罢：

> 如今家中见开这张机，尽够日用了。有了这银子，再添上一张机，一月出得多少绌，有许多利息。这项银子，譬如没得，再不要动他。积上一年，共该若干，到来年再添上一张。一年又有多少利息，算到十年之外，便有千金之富。那时造什么房子，买多少田产。①

张瀚《松窗梦语》说："余先世亦以机杼起。"② "起"的意义当然不是起为资本家，而是起为地主。这种现象的存在，是当时手工工场还没有独立形成的显著表现。因此，手工工场也就不可能是明朝或明末成为一个新的历史时期的标志。

有些历史家认为从明朝的商业特别是贩运贸易的发达可以看出商品生产的发达，可以想见必有不少的商品出自手工工场。是的，从许多记载看来，明朝的商业特别是贩运贸易是很发达的。但是按照马克思的意见，贩运贸易的发达正是社会经济不发达的表现。试从明朝贩运商所贩运的货物品种来看，贩运最远的是奢侈品，诸如珍珠、玳瑁、象牙、苏木、沉香、贵重药材和丝织品等；一般地在一个区域里面贩运的是日用品，诸如瓷器、铁器、纸张、布匹等；所有这些商品，几乎都是农村的副业产品。这些商品的产量在各个产地都不可能是很大的。它们在城市中之所以能够集中为一个巨大的数量，主要是因为有大大小小的贩运商的辗转贩运。正是这些数量不大的来自各地农村的副业产品妨碍了城市手工工场的发展，而另一方面商业对于旧的生产方式的分解作用，在产地来说，并不显著。由此可见，从贩运贸易和汇集在大城市中的商品数量来推测生产力的发展状况，未必是正确的。

手工工场的不发达使中国城市的性质不同于欧洲城市的性质。在中世纪，欧洲已经有些城市因为它们在经济上的重要性而成为中心，可是中国城市的兴起，多数依靠政府的地方性支出，少数依靠转运商业（如广州、扬州、泉州）或某些手工业（如苏州），较大的是消费所，较小的是收购站，它们集中财富而不生产或很少生产财富，吸收农产品而不供给或很少供给农村以自己的产品。在那些较大的城市

---

① 冯梦龙编：《醒世恒言》卷18。
② 张瀚：《松窗梦语》。

里，居住着官吏和富豪，他们过着越来越奢侈的生活，是丝织品和其他农村产品的主要消费者。请问官吏和富豪的奢侈生活是建筑在什么上面的？嘉靖时人何瑭《民财空虚疏》写道：

> 今承平既久，风俗日侈，起自贵近之臣，延及富豪之民，一切皆以奢侈相尚。上下之分，荡然不知。……殊不知风俗奢侈，不止耗民之财，且可乱民之志。盖风俗既以奢僭相诤，则官吏俸禄之所入，小民（按：应即指富豪之民）农桑（按：应即指地租）之所获，各亦不多，岂能足用？故官吏则务为贪饕，小民则务为期夺。[1]

官吏和富豪的奢侈生活扩大了商品的需要，而农民则被迫着用更多的劳动来进行生产或甚至把自己的必需品拿出来供给这种需要[2]，以抵偿债务或应付官吏和富豪的勒索。这是明朝中叶以后商业日趋繁荣的根本原因。但是经商致富的人并不把他们的资本用来经营商品生产，而是到农村中兼并土地，造成更多的农民的破产和失业。所以当时人从商业的繁荣看到的不是社会经济的发展，而是农民暴动大爆发和明朝统治全面崩溃的日益临近。顾炎武《天下郡国利病书》所辑录的《歙志风土论》写道：

> 国家厚泽深仁，重熙累洽，至于弘治，盖綦隆矣。于时家给人足，居则有室，佃则有田，薪则有山，艺则有圃，催科不扰，盗贼不生，婚媾依时，闾阎安堵，妇人纺绩，男子桑蓬，臧获服劳，比邻敦睦。……诈伪未萌，讦争未起，芬华未染，靡汰未臻。……
>
> 寻至正德末嘉靖初则稍异矣。出贾既多，土田不重；操资交捷，起落不常。能者方成，拙者乃毁。东家已富，西家自贫。高下失均，锱铢共竞，互相凌夺，各自张皇。于是诈伪萌矣，讦争起矣，芬华染矣，靡汰臻矣。……
>
> 迨至嘉靖末隆庆间则尤异矣。末富居多，本富尽少。富者愈富，贫者愈贫。起者独雄，落者辟易。资爱有属，产自无恒。贸易纷纭，诛求刻覈。奸豪变乱，巨猾侵牟。于是诈伪有鬼蜮矣，讦争有戈矛矣，芬华有波流矣，靡汰有丘壑矣。……
>
> 迄今三十余年，则夐异矣。富者百人而一，贫者十人而九。贫者既不能敌

---

① 《昭代经济言》卷4。

② 《古今图书集成·经济编·食货典》卷314，明徐献忠《布赋》："夫广储丰积出自农夫之耕，一丝寸缕皆从匹妇之手，然而茧丝告成蚕不问；耕犁之丰，于牛何有？是固天下之同风，惟江南之丛数，晦锺之地税升从什，泥途之末路升斗，是以手不停机而终岁无衣，穷年仡仡而不赡其口。"

富，少者反可以制多。金令司天，钱神卓地。贪婪罔极，受享于身，不堪暴殄。因人作报，靡有落毛。于是鬼蜮则匿影矣，戈矛则连兵矣，波流则襄陵矣，丘壑则陆海矣。……①

这个评论很好地描述了地主变商人又由商人变为地主的后果。它说明商业和商业资本对于封建阶级确有一种腐蚀的作用，使许多地主不安于土地剥削，走上了可能动摇封建制度的道路。但是由于当时新的生产力还没有发展起来，所以商业和商业资本的腐蚀作用并不归结为用新的生产方式代替旧的生产方式，而是旧的生产方式的继续延长。我想，如果我们这样来理解发生在明末的社会的严重动荡，比较把它当作资本主义萌芽的新时期可能更接近事实一些。

六　关于中国资本主义萌芽问题的基本估计

然则我们对于中国封建社会内资本主义生产方式的萌芽究竟应当怎样估计呢？根据我们现在所能接触到的材料，我以为清朝社会经济的发展比较明朝更显著一些。尚钺同志在《中国资本主义生产因素的萌芽及其增长》一文中认为朱元璋在建立明朝政权的时候，"解放了蒙元帝国统治下的农奴和工奴"，② 事实上元朝的世袭工匠制度在明朝并没有废除，不过做工的办法改成了轮班，不轮班的时候便顶着匠籍就地住坐，可以从事商品生产，也可能随时被征调到其他地方去住坐或轮班。这就是说，明朝对于在籍的工匠仍旧同元朝一样，保有无限的支配权。工匠在没有什么重大工程之时轮班为朝廷做工或输纳班银，一遇大役就无所谓轮班不轮班，必须把工作完才能回家住坐。景德镇瓷业班匠服役时间有长达二十余年未得停止的，编役有三十余年庸作与官匠而无分毫雇值的，便是一个显明的例证。这种世袭工匠制度，前面已经说过，清朝在入关以后就宣布取消了。只有灶丁仍旧保留匠籍，并且是世袭的。据《清朝文献通考》说：

我朝政平事简，与民休息。鼛鼓之征，公旬之召，几于直无其事。不独公家营造，一瓦一木不肯徒使用民力，甚至修城浚池以及河工兴筑诸务，凡所以为民卫者，莫不按日计工，人予之直，殆实未尝役一民也。③

① 《天下郡国利病书》第 9 册，第 76 页。
② 《历史研究》1955 年第 3 期，第 88 页。
③ 《清朝文献通考》卷 21，《职役考》。

这些话虽然是歌功颂德的，但是也可以看出，清朝已经比较正式地实行一种使用民力的新的制度，即计工给值的制度。当然，如果认为这种制度就是雇佣劳动制度，那是错误的。因为这是给朝廷做工，计工给值并不等于受雇者有不受雇的自由，顶多不过是一种有工值的服役制度而已。这种制度的实行可以看作是当时民间雇工习惯已经广泛流行的反映。此外，清朝织造限于苏、杭、南京三处的官方手工工场，已不像明朝凡稍有丝织业的地方都规定有织造的任务了；清朝的田赋和税制也有一些改变，雍正年间并且发表一项法令，宣布士农工商四民"平等"，至少在表面上已给予工商以社会地位。应当承认，这些改变多少是有进步意义的。

尽管中国本部地区在清朝进行征服战争时期曾经遭受到极大的破坏，但是由于人民的辛勤劳动，仍旧在一个不太长的时间里面得到了恢复和发展。在明朝的记载中，我们还只能在江南地区的丝织业中偶然看到有个别手工工场的出现；而在清朝的记载中，我们就不仅在江南地区的丝织业中，并且在其他地区的其他行业中，都可以看到有个别的类似手工工场生产组织的出现。在明朝的记载中，我们还只能看到朝廷有利用商人拨兑边地驻军粮饷的个别现象；在清朝，我们已经可以看到如像山西票号这样的汇兑和储蓄机关的出现。当然，关于清朝手工工场的生产关系的具体状况仍旧缺乏详细的材料；山西票号也仍旧只是封建的高利贷资本和商业资本活动的一种组织形式，始终没有与手工业的商品生产联系起来，更重要的是，某些手工工场即使是资本主义的，也仍旧常常转变为资本主义的对立物。但是，尽管有这些现象存在，清朝社会经济已经比较明朝向前推移了一步，而且这一步并没有在乾隆年间停止下来，我以为是可以肯定的。

清朝是工场手工业独立形成的时期。所谓工场手工业独立形成，是就资本主义生产取得进一步的统治地位而言。这样的时期，在中国历史上从来没有出现过。我们说，清朝社会经济比明朝发达，见于记载的手工工场比较明朝多一些，但是这并不等于说，它已经达到这样一种程度，即足以标志一个新的发展时期。在清朝，农业和家庭手工业的分离还是非常个别的和非常轻微的现象，中国社会经济的基本结构仍旧是农业和家庭手工业的统一。正是因为中国社会经济的基本结构仍旧是农业和家庭手工业的统一，正是因为中国社会经济的这个基本结构是如此的牢固，所以到19世纪中叶外国大工业生产品才在中国遭遇到只有印度才能比拟的顽强的抵抗。1852年英国驻广州代办米特切尔在他的报告中关于这种出乎意料的抵抗的描写可以给予我们以非常鲜明的印象：

> 收获完结的时候，务农家的一切工作人，小的老的都去梳理棉花、纺纱、织布；这种家庭制造的、重笨而结实的、能够经受两三年内粗糙穿用的土布，中国人就用来缝制自己的衣服，而把剩余的土布拿到近城去出卖，城市商贩就

购买这种剩余土布去供给城市居民及内河船夫底需要。此地的居民，十个有九个是穿着这种土布制成的衣服的。布料底质量，从最粗的印度布到最细的大布都有，这种土布都是在农民小屋内织成的，生产者所费的简直只是原料底价值，确切些说，只是他用土布换来的那种糖底价值，而这种土布却是他自己的产品。我们的厂主，只要稍微考察一下这个制度底这种骇人听闻的节省性，考察一下这种制度与种田人的其他经济过程之联络关系，那么他们立刻就会相信：如果讲到比较粗糙的制造品，那么他们就没有任何希望与这种制度竞争。①

马克思说，这种小的经济共同体的内部坚固性和结构对于商业的分解作用是一种障碍。英国人在印度曾经作为统治者和土地所有者同时运用政治权力和经济权力来破坏这个共同体，但是即使如此，它的分解过程仍旧是极其缓慢地进行的。马克思指出："在中国，因为没有直接的政治权力加进来帮助，所以程度还是更小。"②在1858年10月8日给恩格斯的一封信里，马克思并且预言要铲除中国的小农业制度，"就将需要很长的时间"。③ 这是指中国在外国资本主义影响的条件下的发展速度。至于没有外国资本主义的影响，那么，我们可以说，由于商品生产中的资本主义萌芽现象的存在和它的逐渐增长，中国也将发展到资本主义社会，但是，这个发展是缓慢的。如果说，这个发展甚至在明朝和清朝就是很快的，并且在上层建筑的许多部分如此灵敏地反映出来，如像有几个历史家所说的一样，那就未免言之过甚，连近代史的许多问题都要因此而成为难于说明的了。

（刊于 1956 年第 4 期）

---

① 转引马克思《对华贸易》的引文，见《马克思恩格斯论中国》，解放社版，第 167—168 页。
② 《资本论》第 3 卷，第 1413 页。
③ 《马克思恩格斯论中国》，第 187 页。

五四新文化运动[*]

丁守和　殷叙彝

　　五四运动不但是彻底反帝反封建的政治运动，也是彻底反帝反封建的思想运动，即新文化运动；而且正是这个文化启蒙运动，为伟大的"五四"爱国运动作了思想的准备。新文化运动向中国传统的旧礼教旧道德进行了勇猛的攻击，削弱了人们头脑中的封建主义思想，促进了思想解放，为接受十月革命的影响和马克思主义思想造成了有利的条件。十月革命给中国人民带来极大的鼓舞，使中国的新文化运动带上某种程度的社会主义倾向。新文化运动向前发展了，它的影响扩大了、深入了，终于和封建的保守复古主义发生了冲突，展开了激烈的斗争，并且使反封建思想的斗争和反军阀的政治斗争结合起来。巴黎和会的召开，暴露了帝国主义的真面目，而十月革命影响的深入，则使更多的人增强了民族解放的希望，因而对帝国主义的幻想破灭，便转而同情俄国革命和趋向社会主义，使新文化运动由主要是以反对封建主义为目标的运动发展成为反帝反封建相结合的思想潮流。十月革命以及世界无产阶级革命运动和殖民地民族解放运动的高涨，显示了人民群众的伟大力量，从而改变了先进知识分子对人民群众和群众运动的看法，认识到把文化思想运动和群众运动结合的必要。正因为在"五四"运动的酝酿过程中，新文化运动作了这些思想的准备，就促使这个反帝反封建的伟大爱国运动达到了最坚决最彻底的程度，并发展成为全国范围的群众性的革命运动；而群众性的爱国政治运动，反过来又把新文化运动推到了一个更新的阶段，展开了中国历史上的第一次马克思主义思想运动。

---

　　[*] 编者按：今年正满"五四"运动四十周年，本文是丁守和同志和殷叙彝同志所写的"五四时期的马克思主义思想运动"一书第二章的一部分。文中对"五四"运动的酝酿，由反对封建思想开始，发展到实际政治上的反对封建军阀统治，并把反帝和反封建相结合，最后由文化思想运动发展成为群众性的革命运动的过程，有扼要的论述。原稿的这一章，还有"打倒孔家店"和"文学革命的兴起"两节，因全稿较长，这里没有刊载。

新旧思潮之大激战——反封建斗争的深入

　　从文化领域中的反对封建思想，发展到实际政治上的反对封建军阀，"五四"时期的反对封建主义的斗争才进入了高潮；而新旧思潮的你死我活的斗争，也正是在这时才激烈展开的。思想斗争和政治斗争的结合，就使新文化运动前进了一大步，同时也为"五四"革命的风暴作了直接的准备。

　　自从袁世凯称帝失败而像癞狗一样地死去之后，实际掌握所谓"中央政权"的是北洋军阀的头子之一——后来的皖系首领段祺瑞。段祺瑞为了进一步投靠日美帝国主义，于1917年宣布对德作战；俄国十月革命后，又和日本帝国主义签订《中日共同防敌军事协定》，参加了帝国主义对苏俄的武装干涉。段派军阀依靠日本帝国主义的经济和军事援助，积极编练军队，扩张势力，进行内战，企图用武力统一中国。军阀的对外卖国求荣、对内武力专政的狰狞面目已暴露无遗，而依附军阀的政客们的最后一点廉耻也丧尽了，人们对他们的愤恨已达于极点，日本帝国主义也成了中国人民切齿痛恨的对象。在这种情况下，由几年来的新文化运动所激发起来的中国人民的民主主义觉悟开始形成一种要求民主、反对卖国的强大的力量，并在1918年5月北京大学学生为抗议《中日共同防敌军事协定》而举行的大规模的请愿运动中，开始表现为政治行动。尤其重要的是：这时十月革命对中国的伟大影响已逐渐显露出来，最初的共产主义知识分子已经出现，并开始传播马克思主义，从而为中国的民主主义革命注入了新的思想因素，使新文化运动所展开的思想斗争和政治斗争结合起来。由于政治斗争的加强，是与十月革命的影响和马克思主义宣传的出现紧密联系着而开始的，这就大大地加强了中国人民反帝反封建的革命斗争的坚决性和彻底性。

　　伟大的十月社会主义革命在人类历史上开辟了一个新的纪元，也给中国革命带来了决定性的影响。中国人民最初听到十月革命的消息是通过帝国主义国家的通讯社的歪曲报道而来的。中国的统治阶级和反动政府追随着帝国主义，污蔑十月革命和布尔什维克党为"暴乱"、"过激派"、"洪水猛兽"，等等。他们异常害怕十月革命对中国发生影响，因而采取种种措施来阻止人民了解十月革命的真相，并加强对国内思想、言论自由的压制。但是，帝国主义和国内反动派的阻挠并没有割断中国人民对十月革命的关怀和注视，迫切追求革命真理的中国人民终于冲破谎言和污蔑的重重浓雾而逐渐认识了十月革命的真实情况，并且迅速地吸取了十月革命的经验。

　　正如毛泽东同志所指出的："中国有许多事情和十月革命以前的俄国相同，或者近似。封建主义的压迫，这是相同的。经济和文化落后，这是近似的，两个国家都落后，中国则更落后。"① 中国的封建主义压迫不仅有很长的历史，而且到了近代它还和帝国主义相结合，从而严重地阻碍了中国经济、文化的发展，给中国带来了深重的民族危机。帝国主义和封建主义的残酷统治，使得中国先进人物按照西方资产阶级国家的榜样来改造中国的企图成为一种不可能实现的梦想。多年的失败教训，加上第一次世界大战爆发后资本主义社会的矛盾和危机的更加尖锐化、表面化，使得急进的民主主义知识分子中有少数人开始产生了对中国走资本主义道路的怀疑和失望。他们在号召人们向封建的文化思想进行彻底斗争的同时，不再把资产阶级共和国当作最高的理想，而努力寻找新的根本出路；但是一时又不知新的出路是什么。这种情况正像鲁迅后来回忆时所说的："先前，旧社会的腐败，我是觉到了的，我希望着新的社会的起来，但不知道这'新的'该是什么，而且也不知道'新的'起来以后，是否一定就好。"② 十月革命回答了中国先进知识分子的问题，消除了他们的怀疑和困惑。十月革命不但彻底铲除了封建主义的残余，而且打碎了套在俄国各民族头上的帝国主义枷锁，在国内建立了平等、互助的新的民族关系，对外则提出了列宁主义的和平政策和援助被压迫民族的政策。这就使中国先进知识分子看到，在中国按照资产阶级国家的办法长期不能解决的问题，在俄国经过十月革命已获得了迅速、彻底的解决。因此，十月革命对他们就显得是如此的亲切和易于理解，使得他们从十月革命和世界革命的高涨中很快地看到，资本主义已经是没落的、走向死亡的东西，代替它的是无产阶级社会主义；世界已进入社会主义革命的时代，一切被压迫民族和被剥削阶级都必然要起来争取独立和解放。于是，他们便根据这种新的觉悟来重新考虑中国的问题。走俄国人的路，这就是结论。李大钊在 1918—1919 年间发表的几篇论文，如《庶民的胜利》、《布尔什维主义的胜利》、《青年与农村》等，便代表了中国先进知识分子的这种新的觉悟和根据俄国十月革命的经验来重新考虑中国问题的倾向。李大钊认为 20 世纪是无产阶级革命的世纪，大势所趋，无可抗拒。他号召革命知识分子努力改造自己，成为劳动者，与工人农民相结合，不辞辛苦地在他们中间进行工作，创造革命的力量。

李大钊的这些论文一方面表明了中国先进知识分子在十月革命影响下的新觉悟，另一方面也是对帝国主义和国内反动统治者的直接攻击，因此马克思主义宣传的最初效果，就直接表现在新文化运动和当前的政治斗争的结合。在这以前，新文化运动的战士们虽然高举起了反封建主义的大旗，主张实现民主政治，反对帝制复辟，但是和当时人民群众反对军阀的现实斗争要求却并没有什么联系，他们不从事

---

① 毛泽东：《论人民民主专政》，第 3 页。
② 鲁迅：《答国际文学社问》，《且介亭杂文》。

直接的政治斗争。《新青年》从一出版便宣称："批评时政，非其旨也。"① 而李大钊宣传十月革命的意义却直接起到了反对军阀卖国政府的作用。李大钊最早的一篇歌颂十月革命的论文，是 1918 年 7 月发表的《法俄革命之比较观》。当时正是卖国军阀段祺瑞把我国拉入反苏干涉战争的罪恶活动遭到人民反对，反动派为了制止人民反抗而大肆污蔑十月革命和"过激派"，为他们的罪恶活动寻找借口的时候，李大钊的论文正确地指出了十月革命的性质，宣传了十月革命的伟大意义，从而对反动军阀的反苏煽动给了一个直接的反击。同年 11 月，正当帝国主义及其走狗把协约国对德国的胜利当作"人道"和"公理"的胜利来大肆宣扬庆祝的时候，李大钊又发表了《庶民的胜利》和《布尔什维主义的胜利》这两篇著名的论文，竭力赞扬十月革命，热烈欢呼社会主义的胜利。他依据初步的马克思主义观点，正确地分析了第一次世界大战的帝国主义性质，回答了这次战争结束究竟是谁的胜利这个问题。他坚决驳斥了美英日等协约帝国主义利用德帝国主义的失败，侈谈"公理战胜强权"，来愚弄人们的阴谋诡计，并特别揭露和嘲笑了段派军阀借此"夸功耀武"，以增强自己的政治资本的无耻企图。他明确地指出：欧战的结果，绝不是帝国主义的胜利，而是标志着世界的"民主主义"反对"军国主义"的胜利，"是社会主义的胜利，是布尔什维主义的胜利，是赤旗的胜利，是世界劳工阶级的胜利，是二十世纪新潮的胜利"。他看到了当时弥漫欧洲的革命高潮，指出德国、匈牙利、奥地利、保加利亚"革命的情形和俄国大抵相同，赤色旗到处翻飞，劳工会纷纷成立，可以说完全是俄罗斯式的革命，可以说是二十世纪的革命。像这般滔滔滚滚的潮流，实非现在资本家的政府所能防遏得住的"。因而他满怀信心地向中国人民宣告："俄国革命不过是使天下惊秋的一片桐叶罢了"，"试看将来的环球，必是赤旗的世界！"② 这样，李大钊对十月革命的歌颂，便一方面打击了帝国主义及其走狗们的反动阴谋；同时也进行了马克思主义思想的宣传，为中国人民指出了正确的道路。

正是从这时起，新文化运动无论在思想上还是政治上都向前迈进了一大步。在思想上，它已开始带上了不同于旧民主主义的性质，即某种程度的社会主义倾向；在政治上，由于欧战的结束和世界革命运动的高涨，促使中国人民也迫切地希望政治局势有必要的转变，开始从辛亥革命以来的怀疑和苦闷中看到了出路，而使沉寂了一时的政治斗争又积极起来。反军阀的斗争已成了迫切的任务，可是，作为新文化运动的旗手的《新青年》，一方面它的编辑部中的右翼分子胡适之流仍企图阻挠它从事政治鼓动；另一方面，这个大型月刊也不便于密切配合政治斗争进行实际的

---

① 《新青年》1 卷 1 号。

② 李大钊：《布尔什维主义的胜利》，《新青年》5 卷 5 号。

宣传，因此在 1918 年 12 月 22 日，李大钊和陈独秀便另行创办了报纸型的周刊——《每周评论》，主要用来反映和评论当前迫切的政治问题。《每周评论》的创刊正说明了随着阶级斗争形势的发展，革命知识分子进一步力图把反封建的思想斗争和反军阀的政治斗争结合起来。它与着重宣传新思想的《新青年》互相补充，在"五四"运动的思想准备方面起了重要的作用。

《每周评论》的两个发起者和编者是李大钊和陈独秀；从该刊的内容看，实际担任编辑的是陈独秀（指 25 期以前）。这两个人也正代表着当时革命知识分子的两个不同的觉悟水平。陈独秀当时在知识分子中有广大的影响。他还是一个急进民主主义者，在实际政治问题上曾发表过一些妥协主义的主张。不久前曾和梁启超一道极力赞成段祺瑞对德宣战，实际上受了段祺瑞及其政客帮凶们的利用。但这时他已知道为段祺瑞帮凶是一个大错，开始从事基本上是反对北洋军阀的活动了。尽管十月革命已经一年多，但是他对苏俄仍抱着观望和怀疑的态度，而没有接受共产主义的影响。欧战的结束和威尔逊的"十四点"鼓舞了他，使他也跟着协约帝国主义大叫起"公理战胜强权"，并且在由他执笔的《每周评论》发刊词中，把"主张公理，反对强权"规定为刊物的宗旨。他在解释"公理"和"强权"这两个概念时说："简单说起来，凡合乎平等自由的，就是公理。倚仗自家强力，侵害他人平等自由的，就是强权。"① 反对强权，对外就是不许各国拿强权来侵害他国的平等自由，对内就是不许政府拿强权来侵害百姓的平等自由。他就是根据这个信念来评判政治舞台上的一切人物和事件，进行反对军阀的斗争的。李大钊这时已和陈独秀有着本质的区别，他已经是一个具有初步共产主义思想的知识分子，肯定中国应该走俄国革命的道路。他是从这个观点出发来进行反对北洋军阀卖国的活动的，因而他的言论比陈独秀彻底得多，并且带有明显的社会主义倾向。他在《每周评论》第三号社论栏里发表的未署名的《新纪元》一文，是继《布尔什维主义的胜利》之后的又一篇社会主义革命的赞歌。他宣称："现在的时代是人类生活的新纪元"，这个新纪元是由 1917 年的俄国革命、1918 年德国革命以及整个世界革命的高潮所创造的。他欢呼中国已受到了这个无产阶级世界革命的激荡，鼓励人们为迎接这个新纪元而工作。他把十月革命看作是一颗照亮新人生道路的明星，号召中国人民乘着这一线光明去打碎黑暗的、死寂的牢笼，为创造人类新的生活而奋斗。在他的其他一些短文和随感录中更直接对反动军阀势力进行了具体的猛烈的抨击。就这样，陈独秀和李大钊便从不同的思想立场和觉悟水平出发，在反对封建军阀政府、要求民主和民族独立上达到了一个共同的一致点，因而使《每周评论》具有强烈的政治性，并在一定程度上带有社会主义的色彩。《每周评论》的其他撰稿人的言论一

---

① 《发刊词》，《每周评论》第 1 号，1918 年 12 月 22 日。

般也是站在反对军阀和日本帝国主义的立场上的。其中高一涵的态度较温和，喜欢从资产阶级法学观点谈问题。王光祈的思想则有着明显的无政府主义倾向和空想的色彩。胡适在这一时期发表的东西以文学译作为主，一般不涉及政治问题，也不占主要地位。但从这里也表现了《每周评论》的统一战线性质，因而后来新文化运动统一战线的分裂首先发生在这个政治性很强的刊物并不是偶然的。

《每周评论》出版时，人民群众的反军阀斗争已开始增长，军阀集团内部的矛盾也日益加深，因而迫使当时的北京"中央政府"不得不与广东的"军政府"举行所谓南北和议。但是，这个"和平会议"是根本不可能给国家带来真正和平的。因为一方面段祺瑞虽然这时第三次被赶下内阁总理的宝座，但仍掌握着参战督办的名义，在日本帝国主义支持下继续编练"参战军"（欧战结束后改为"国防军"）的活动，依然是北洋军阀中的一个实力派，是一个明显的好战集团；另一方面所谓和平会议的双方也都不过是军阀，北方代表着北洋军阀自不待言，南方虽仍然持着"护法"的大旗，却也刚刚改组了军政府，实际上排除了孙中山的领导，更加暴露了它受桂系军阀操纵的性质。在这种情况下，人民的利益要求一方面揭穿帝国主义利用军阀在中国进行内战的阴谋，一方面暴露所谓南北和会的军阀间争权夺利的真面目，从而继续鼓舞已经开始觉醒的人民准备反帝反封建的发动。《每周评论》在这方面的宣传，应该说在一定程度上是起了这个作用的。它对南北和议一开始就表示不信任，在第一篇报道中便指出北方代表"不过是听受国务院指挥的委员罢了。托政府委员去议论国家根本问题，是这回和平会议的根本错误"①。同时也揭露双方所以要和谈是因为"一方觉得打不下去了，对内对外，都没有了办法，却故意说海话，要和平统一啦，心里的鬼胎是七上八下。那一方也是困难的不得了，明知道这海话是没有底，因为和平是两个好字，不赞成又不行，于是将计就计，也拿着鬼胎来迎"②。它更进一步指出，和会所议的问题，"不外'地盘'、'势力范围'、'位置'、'军费'、'借款'、'分摊'……等事。若解剖出来，'地盘'、'势力范围'、'位置'是一个权字的基础；'军费'、'借款'、'分摊'是一个利字的化身。归根一句话，不外乎权利两个大字罢了。关门会议也好，闭户会议也好，横竖是没有代小百姓说话的"③。于是，《每周评论》便对这般祸国殃民的反动军阀进行了猛烈的指斥，它认为欧战后中国人民对内应有的最重要的觉悟就是"抛弃军国主义，不许军阀把持政权"，指出军人是中国的第一大敌，扩军备战是中国民穷财尽的根本原因，"武断政治"是"人民自由发展的障碍，终究要引起社会的不平"④。对

---

① 《和平会议的代表》，《每周评论》第1号，1918年12月22日。
② 《南京通讯》，《每周评论》第4号，1919年。
③ 《上海和议的情形》，《每周评论》第18号，1919年4月20日。
④ 《欧战后东洋民族之觉悟及要求》，《每周评论》第2号。

于以"参战督办"段祺瑞为首的当政的皖系军阀,《每周评论》尤其深恶痛绝,用种种方法揭露他们以"国防军"名义扩充"家防军"的阴谋,暴露他们的背后是日本帝国主义,用的金钱、武器和重要参谋训练人员都是来自日本的,所谓国防军实质上是《中日共同防敌军事协定的余毒》,是"中日两国军阀的结托",是日本参陆两部的"出张所"(即派出所),"倘若不取消,在内政上在外交上都是破坏和平的危险物"①。自然,当时还没有提出彻底推翻军阀的反动统治,而只是不断重复着"裁军"的口号,但是这种彻底的揭露和抨击却是反映了当时正在高涨中的人民群众反对军阀的情绪的。在攻击军阀的同时,《每周评论》也连带触及官僚、政客,把他们与军人同列为三害,认为如不除去,政治便不能有清宁的日子,并且提出对这三害"要有相当的示威"。这样,《每周评论》就向封建统治势力全面宣战了。

新文化运动影响的深入和反军阀宣传的逐渐展开,广泛地引起了青年知识分子追求新知识的热潮;因而介绍新思想、新知识的刊物增多了,新文化运动的范围扩大了。在这些刊物中影响较大而且比较有代表性的是继《每周评论》之后于1919年1月出版的《国民》和《新潮》。《新潮》是北京大学一部分学生所创办的,它一开始就举起了"文艺复兴"的大旗,主张"去遗传的科举思想,进于现世的科学思想;去主观的武断思想,进于客观的怀疑思想"②;表示对于封建主义的"恶人模型,思想厉鬼"深恶痛绝,进行了反对封建文化思想的宣传。在这一点上,它是和《新青年》相呼应的。李大钊、鲁迅都曾为它写稿,给予支持。《新潮》以其反对吃人的封建礼教,反对腐朽的士大夫文学,提倡个性解放、妇女解放和文学革命的论文、评论以及大量的新文艺作品,在新文化运动中起了广泛的影响,赢得了很高的声誉。但是,从创刊时起,它就表现了政治上的改良主义和思想上的绝对崇拜西方的资本主义文化的倾向。它强调中国思想界的固步自封"皆缘不辨西土文化之美隆"③,认为"极端的崇外,却未尝不可"④,典型地表现了这个时期中的资产阶级形式主义的缺点;并强调学术救国的历史唯心主义的思想。正因如此,《新潮》后来成了反动的实用主义的讲坛,而它的早期主持人罗家伦、傅斯年之流则成了新文化运动中的右派。如果说《新潮》是以提倡"文学革命"和"伦理革命"而出名,那么与它同时出版的《国民》则是以反对日本帝国主义的宣传为主要内容。《国民》与1918年因抗议段祺瑞和日本订立的《中日共同防敌军事协定》而组织的"学生救国会"有密切的关系,实际上可说是该会的机关刊物。李大钊

①　《我的国内和平意见》(四),《每周评论》第10号,1919年2月23日。
②　《发刊旨趣书》,《新潮》1卷1号,1919年1月。
③　同上。
④　《通信》,《新潮》1卷3号,1919年3月。

对《国民》的创办曾给予积极帮助，而后来成为共产党员的邓中夏、黄日葵曾是国民杂志社的重要成员。《国民》有着比较明显的反帝爱国的色彩，它对当时中国最凶恶的敌人日本帝国主义进行了猛烈的抨击，揭露了它所提倡的"大亚细亚主义"的侵略本质，历数它侵略中国的各种罪恶活动，并痛斥中国官僚政客昏庸麻木，号召人民起来救亡。在反对封建思想的斗争方面，《国民》是不及《新潮》的，虽然它也发表了某些激烈攻击旧思想旧制度的言论，如说"居今日而欲言改革，非以大刀阔斧，破坏旧日社会上遗传之信条，大声疾呼，直捣其受病之处"①，使之赤裸裸地暴露于光天化日之下不可；但总的来说新旧调和的味道是比较浓的，而且几乎所有的文章都是用文言文写的，直到"五四"以后它才克服了这个严重的缺点，同时也开始进行若干马克思主义宣传，从形式到内容有了很大的改进。这两个刊物出版时，正是世界革命的高潮已经出现，在中国李大钊歌颂十月革命的文章已经发表，因此它们也不能不有所反映。《新潮》创刊号发表的《今日之世界新潮》一文就曾称颂十月革命，对十月革命后所出现的世界革命的潮流作了极为生动的描绘，然而作者并不是真正拥护十月革命，他不仅把社会主义和资产阶级民主主义混为一谈，而且公开声言要"预先筹备应付这潮流的法子"②。《国民》一卷二号上发表的《国民思想与世界新潮》一文对世界革命的潮流也有过这样的描写："彼澎湃浩荡之新思潮，方且发源于俄罗斯，汹涌于德意志，而波遍于大西洋、太平洋，直侵我亚洲大陆矣。"在谈到俄德革命时，作者又发出了这样的感慨："今俄德且颠复其不事事之官僚，而代以劳动政府矣。若英、若法、若美、若意，无不有劳工会之组织，行见二十世纪之新世界，劳动政府将布满于全球矣！"作者对于十月革命后所涌现出来的不可抗拒的世界革命潮流是敏锐地感觉到了，但是作者在文末又加了一个声明说，他所以作如上的介绍，是因为"感于国内武人之专政，士大夫之泄沓，欲借此以警告：非于问题本身有所置议也"③。可见作者的基本态度只不过是拿这种不可抗拒的世界潮流去吓唬军阀而已，对于这个潮流的本身并不是完全欢迎的。但是，这毕竟反映了十月革命所引起的广泛的思想震动。

在这些宣传新文化新思想的刊物出版的同时，也出现了对抗这种趋势的《国故》月刊，以"倡明中国固有之学术"为号召，客观上起了阻碍民主主义思想传播的作用。这两类刊物的对立，正体现了新旧两种思潮的对立和斗争。

另一方面，随着反封建斗争的展开和统治集团内部矛盾的加深，资产阶级改良派的报刊也起了变化。1918年段祺瑞派的"安福国会"成立之后，以梁启超、汤

---

① 《改革之手段》，《国民》1卷4号。
② 《今日之世界新潮》，《新潮》1卷1号。
③ 《国民思想与世界新潮》，《国民》1卷2号。

化龙为首的资产阶级改良派政团研究系（这个集团也有封建买办性，它的前身即袁世凯当政时的进步党）在政治上就处于失势的地位，与当权的段派安福系发生了冲突，因而这一派的报纸的态度有了转变。这一年在北京有八家报纸因刊载段祺瑞向日本大借款的消息而被封闭，其中也包括研究系的《晨钟报》和《国民公报》。同年 12 月，《晨钟报》改组为《晨报》继续出版。次年 2 月，在李大钊的帮助下，《晨报》宣布将它的第七版（即副刊）大加改革，增加了介绍"新修养、新知识、新思想"的"自由论坛"和"译丛"两栏①，从而使这一版变成了参加新文化运动和宣传社会主义思想的园地。改革的第一天就发表了李大钊所写的《战后的世界潮流——有血的社会革命和无血的社会革命》一文，这篇文章虽然有一些缺点，但明确地指出当时的世界潮流就是俄德等国的无产阶级革命，表示相信"这种社会革命的潮流虽然发轫于俄德，蔓延于中欧，将来必然弥漫于全世界"②。接着，李大钊又发表了多篇重要论文，如《青年与农村》、《现代青年活动的方向》等，在革命风暴即将来临的前夜，给革命青年指出了努力的方向，在思想界和青年中发生了重大影响。另外它还发表了几篇报道性的材料，比较正确地介绍了俄国革命的真实情况。与此同时，采取类似态度的还有属于研究系的北京《国民公报》和上海的《时事新报》。《国民公报》在复刊以后也进行了某些改革，增设了"世界革命潮流"、"星期讲坛"、"科学丛谈"等栏，"主张自由的思想"，介绍新思想和科学知识，讨论文学的改革问题，并经常评论战后的国际形势，因而在青年中也有一定的影响。《时事新报》从 1918 年便创办了《学灯》副刊，《晨报》改进第七版的副刊之后，它也宣布扩充篇幅，增加了"讲坛"、"学校指南"、"青年俱乐部"、"科学丛谈"、"译述"、"新文艺"等栏目。提倡"教育主义"、"人格主义"，"对于学风，主张改造活泼朴实之学风"，"对于原有文化，主张以科学解剖之"，"对于西方文化，主张以科学与哲学调和而一并输入之"③，进行了传播资产阶级教育、文化和科学思想的工作，因而成为当时的著名副刊之一。但是，《学灯》和《时事新报》一样，一开始就表现了它的反动倾向，它所宣扬的大部分是资产阶级改良主义的东西，明显地属于新文化运动的右翼。

这样，随着新刊物的增多，新文化运动就日益深入了、发展了，新文化运动统一战线也扩大了。新文化运动本来从《新青年》提倡"打倒孔家店"和"文学革命"时起，就形成了一条以该刊编辑部为中心的统一战线。在那时参加这个统一战线的一般还是资产阶级和小资产阶级知识分子，所反对的主要是封建主义的文化

---

① 《本报改良豫报》，《晨报》1919 年 1 月 31 日。
② 《战后的世界潮流》，《战报》1919 年 2 月 7 日。
③ 《本栏之扩大》，《时事新报》副刊《学灯》，1919 年 2 月 4 日。

思想，所宣传的也主要是资产阶级的文化思想。因此，在反对封建文化思想方面，虽然急进民主主义者表现了坚决的彻底性，而资产阶级右翼知识分子胡适之流则表现了改良主义的倾向，但因大家都未能超出资产阶级文化思想的范围，所以当时统一战线内部的矛盾和斗争并未显露。但到这时，情况已有所不同了。伟大的十月社会主义革命已经胜利，以李大钊为代表的少数最先进的知识分子已接受了十月革命的影响，成为具有初步共产主义思想的知识分子，并开始进行马克思主义宣传，这就使新文化运动统一战线的思想基础有了本质上不同的因素。因此，这时新文化统一战线虽然还未公开分裂，但它的内部矛盾已明显了，实际上斗争也开始了。如果说在胡适提倡"文学改良"时还是间接宣扬主观唯心主义的实用主义哲学，那末在李大钊发表了《布尔什维主义的胜利》之后不久，在他发表的《不朽》和《实用主义》[①] 两文中便公开贩运起实用主义思想，企图用这种反动的帝国主义思想来与马克思主义争取群众。《时事新报》的主编张东荪更连续发表了《过激主义之预防策》和《世界共同之一问题》[②]，公开主张防止十月革命的影响和马克思主义的传播。这样，从胡适到张东荪就构成了新文化运动的右翼，而共产主义知识分子李大钊则是它的左翼的著名代表。由于当时马克思主义的宣传还刚刚开始，而运动又还未成为直接的行动，因此资产阶级右翼知识分子还未公开与反动势力妥协，站到敌人方面去，但新文化统一战线的分裂已是势不可免的了。

新文化运动的范围扩大了，它的影响深入了，并且由文化领域中的反封建思想斗争开始发展到在实际政治上的反军阀斗争，伟大十月革命的影响和马克思主义宣传已经出现，人民群众的觉悟也迅速提高，所有这些就引起了北洋军阀和整个封建势力的极大恐惧，于是对新文化运动的攻击和迫害便接踵而至。这种攻击和迫害自然首先指向一直高举着民主和科学的大旗并开始进行了马克思主义宣传的《新青年》。因此，1919 年 1 月，《新青年》六卷一期发表了《本志罪案之答辩书》，回答了整个封建势力对新文化思想的群起而攻之的非难，表示了反对封建主义的无畏的决心。它写道："他们所非难本志的，无非是破坏孔教，破坏礼法，破坏国粹，破坏贞节，破坏旧伦理（忠孝节义），破坏旧艺术（中国戏），破坏旧宗教（鬼神），破坏旧文学，破坏旧政治（特权人治），这几条罪案。这几条罪案，本社同人当然直认不讳。但是追本溯源，本志同人本来无罪，只因拥护那德莫克拉西（按：即民主）和赛因斯（按：即科学）两位先生，才犯了这几条滔天的大罪。要拥护那德先生，便不得不反对孔教，礼法，贞节，旧伦理，旧政治；要拥护那赛先生，便不得不反对旧艺术，旧宗教；要拥护德先生又拥护赛先生，便不得不反对国

---

① 《不朽》，见《新青年》6 卷 2 号，《实用主义》6 卷 4 号。
② 见《时事新报》1919 年 1 月 15 日、1 月 23 日。

粹和旧文学。"因此它宣称:"我们现在认定只有这两位先生,可以救治中国政治上、道德上、学术上、思想上一切的黑暗。若因为拥护这两位先生,一切政府的压迫,社会的攻击笑骂,就是断头流血,都不推辞。"虽然这个"答辩书"仍未超出资产阶级民主主义的范围,但这种誓词般的声音体现了革命知识分子在反封建主义斗争中的坚强的战斗性。

文化思想领域中的革命斗争是政治斗争的先导,而政治斗争激烈时,也必然会反过来加剧思想斗争的尖锐性。配合着封建势力对人民和民主主义文化运动的迫害,反动的旧文人开始对新文化运动进行疯狂的反扑。1919 年 2、3 月间,桐城派的遗老林琴南(即林纾)先后在上海《新申报》和北京《公言报》发表了文言小说《荆生》和《致蔡鹤卿太史书》,污蔑新文化运动的宣传是"人头兽鸣","禽兽自语,与人胡涉";并且假托一个卫道的"伟丈夫"荆生,表示了想借武人政治的威权来禁压这种宣传的企图。为了发动群众进行反击,《每周评论》特地在第十二期上转载了这篇毒草,在按语中指出它是"代表这种武力压制的政策的",并且连续发表文章痛加驳斥;《新青年》也辑录了林纾、叶德辉等的一些谬论,刊于篇末"什么话"一栏,树立起攻击的箭靶子。这样"新旧思潮之激战"就猛烈地展开了。这时,北京政府一方面通过反动报纸散布北京大学驱逐进步教授的谣言,一方面利用御用议员在"国会"提出所谓"弹劾"北大校长的议案,直接对这个新文化运动的中心施加压力;林纾更趁机猖狂起来,公开表示要"拼我残生,极力卫道"。蔡元培当时是北大校长,是著名的资产阶级自由主义教育家,他在《复林琴南书》中虽然对封建文化思想表现了调和妥协的态度,但他公开声称"循思想自由原则,采兼容并包主义",在当时的条件下,无疑对新思潮的发展起了保护的进步作用,因而遭到反动保守势力的嫉视。这一新旧思想的大交锋在社会上引起了强烈的反应,北京和上海等地的许多报纸纷纷发表评论,一般都根据思想言论自由的资产阶级民主原则立论,反对这种压制进步思想的暴行,并且指出这是和政治上的进一步反动的联系。《每周评论》曾在十七、十九两期各出"对于新旧思潮的舆论"特别附录一张,集中刊载了各报的言论来表示反抗。从这些言论的质和量上可以看出新文化运动到了这时已经带有广泛的群众性,并且愈来愈和政治斗争密切结合了。

在这一新旧思潮的大激战中,共产主义知识分子李大钊的作用是很突出的,他不但表现了坚定的革命立场和勇敢的战斗精神,对反动势力进行了严厉的谴责和警告,而且公开为"过激派"辩护。由于这一激烈的斗争是在十月革命的影响日益深入和马克思主义的传播已经开始的情况下展开的,因而尽管陈独秀在《本志罪案之答辩书》中把问题归结为"德、赛二先生",但反动派却一直猖猖然大骂"过激派"。所以 1919 年 3 月 4 日,李大钊在《每周评论》上以《过激派的引线》为题，正面回答了这个问题，并对那班反动家伙的丑恶面目和破坏活动痛加揭发和驳斥。他说："前几天听见几个与政府有关系的人，看了几篇思想新一点，议论希奇一点的文字，他们就动色相戒的说道：'你们不看见过激主义已经到我们国来了吗？'实在讲起来，现在我们国内最新的议论，不晓得跟过激主义还差几千里呢?！再进一步说，他们这些怕过激主义的人，何尝知道过激主义是什么一回事呢？"因此，他主张"为了开通这一班人起见，倒不可不译几本过激派的著作来给他们看，这种书果然弹出，看得见的就不止那几位怕过激主义的人了"①。接着，李大钊又在《晨报》上发表了《新旧思潮之激战》一文，进一步揭发那班顽固守旧分子"鬼鬼祟祟的，想用道理以外的势力，来铲除这刚一萌芽的新机"的企图。他痛骂那一班人要维持自己的生存，依靠反动势力摧残新思潮的阴谋，是最可耻的，并以坚定的信念警告他们，新的思潮和新的革命精神是任何暴政都摧残不了的。李大钊写道："我正告那些顽固鬼祟抱着腐败思想的人：你们应该本着你们所信的道理，光明磊落的出来同这新派思想家辩驳讨论。公众比一个人的聪明质量广、方面多，总可以判断出谁是谁非。你们若是对于公众失败，那就当真有个自觉才是，若是公众祖佑你们，那个能够推倒你们？你们若是不知道这个道理，总是隐在人家的背后，想抱着那位'伟丈夫'的大腿，拿强暴的势力压倒你们所反对的人，替你们出出气，或是作篇鬼话妄想的小说快快口，造段谣言宽宽心，那真是极无聊的举动。须知中国今日如果有真正觉醒的青年，断不怕你们那伟丈夫的摧残；你们的伟丈夫，也断不能摧残这些青年的精神。"李大钊还援引俄国革命的实例，警告反动政府和那些妄想阻挡历史发展车轮的人说："当年俄罗斯的暴虐政府，也不知用尽多少残忍心性，杀戮多少青年的志士，那知道这些青年牺牲的血，都是培植革命自由花的肥料。那些暗沉沉的监狱，都是这些青年运动奔劳的休息所。那暴横政府的压制，却为他们增加一层革命的新趣味。直到今日，这样滔滔滚滚的新潮，一决不可复遏，不知道那些当年摧残青年、压制思想的伟丈夫那里去了！"② 这种无情的揭露和大胆的警告，给了那班顽固的反动派以迎头痛击，而对于人民群众和革命青年却是极大的鼓舞，在"五四"前夕那种"山雨欲来风满楼"的时机，显然起了发动群众的作用。事实上也正是从这时起，反封建的新文化运动才引起了广泛的影响，而终于积成了大规模的群众运动。

总之，从1918年下半年起，新文化运动就日益深入、发展了，其影响也逐渐扩大了，并且反封建思想的斗争和反军阀政治斗争相结合起来，而终于在1919年初爆发了新旧思潮的大激战，进一步推动了运动的开展。但是，这时反封建思想和

① 《过激派的引线》，《每周评论》第11号，1919年3月2日。
② 《新旧思潮之激战》，《晨报》第7版，1919年3月4、5日，另3月9日《每周评论》曾转载。

反军阀的宣传也不是没有缺点的。因为在这时，问题已经不只是要摆脱封建思想的束缚和反对军阀的内战阴谋，而且在于在这以后究竟要把中国指向哪里去，究竟怎样推翻封建军阀的反动统治。对于这个更加重要的问题，以评论政治问题为中心的《每周评论》等的答复，是不能令人满意的。当时，以李大钊为代表的少数先驱者诚然已从十月革命的范例中大体上领会到了这个问题的答案，但以陈独秀为代表的多数人却还没有看到清楚的道路。在有些文章中，陈独秀虽然也懂得了"要有相当的示威运动"，要"组织依赖国民为后援的政党"①，但还没有找到具体实行的办法，甚至在彷徨无计的苦闷中，竟发出类似"用最后手段请外国干涉也未始不可"的话，表现了对帝国主义国家的幻想；而当存在这种幻想时，反封建主义的斗争也是无法真正进行到底的。中国社会的半殖民地半封建性质，规定了五四运动应当是一个彻底反帝反封建的革命运动；要进行彻底的反帝反封建斗争就需要人民群众同时还有反帝的觉悟，就需要把反封建斗争和反帝国主义的斗争结合起来。

反帝爱国思想的发展

中国人民的反封建斗争和反帝斗争是紧密联系着的。饱受帝国主义欺凌的中国人民只有当看清一切统治阶级都是直接或间接的"卖国贼"以后，才能激起更大的愤怒，反封建战线才能取得最广泛的群众基础；另一方面，只有彻底揭露帝国主义的侵略本质，断绝对帝国主义的一切幻想，而懂得在反对国内封建势力的同时必须打倒国外的敌人时，中国人民的革命斗争才能达到最坚决、最彻底和毫不妥协的程度。正因为在五四运动的酝酿过程中，中国人民的先进阶层经历了这一个重要的思想变化，才使得它带着辛亥革命不曾有的姿态，即彻底地不妥协地反帝国主义和彻底地不妥协地反封建主义，而成为新民主主义革命的起点。但是，如果说，要先进知识分子抛弃对军阀的幻想，几乎是轻而易举的话，那么，对于某些帝国主义国家的幻想的破灭过程就要困难、复杂和曲折得多。这一方面固然说明虚伪的资产阶级民主在中国知识分子中的影响是如此之深；另一方面却也表明帝国主义是用了如何狡猾、阴险的手段来掩盖自己的真面目！因此可以说，半殖民地半封建的中国的先进知识分子是在彻底认清了帝国主义的真面目，根绝了对帝国主义国家的一切幻想之后才走上马克思主义道路的。而中国人民的反帝反封建的革命斗争，也只有在无产阶级的马克思主义思想指导之下，才能达到最坚决、最彻底的程度。

在辛亥革命以后，特别是第一次世界大战爆发之后，日本帝国主义利用西方列

---

① 《除三害》，《每周评论》第 5 号，1919 年 1 月 19 日。

强忙于欧战而无暇东顾的机会，乘隙向中国肆意侵略，企图实现独霸中国的野心。1914 年欧战爆发不久，日本便借对德宣战之名，从德国人手里夺去了我国的青岛及胶济路，并直接威逼济南，1915 年利用窃国大盗袁世凯的帝制欲望，又向我国提出了亡国灭种的"二十一条"，1918 年和卖国贼段祺瑞签订了《中日共同防敌军事协定》，把中国绑在帝国主义的反苏战车上，因而实际上控制了中国的政治、经济、军事大权，成了中国反动政府的太上皇，同时也成了中国人民的死敌。日本帝国主义这种野蛮的侵略行动；一开始就遭到中国人民的坚决反对。当"二十一条"事件透露之后，立刻引起全国人民的激烈抗议；使得卖国成性的袁世凯也不得不踌躇好久，不敢立即答应。为了抗议《中日共同防敌军事协定》，留日爱国学生曾全体罢课归国，并组织学生救国团，进行反日宣传；而北京各大专学校的全体学生更展开了一个大规模的请愿示威运动，要求废止这一卖国协定，全国各地商民亦纷起响应，从而形成"五四"运动的先声，并由此而使新文化运动由主要是反封建思想的斗争，发展到与反军阀的政治斗争结合起来，同时增加了反对日本帝国主义的内容。

由于铁的事实的教训，不但中国人民，就是一般的资产阶级知识分子也看清了明目张胆地进行侵略的日本帝国主义是中国的大敌。但是，很多人对于美英法帝国主义却存在着许多错误的看法，误认它们为"民主国家"，而怀抱着很大的希望和幻想。1918 年 1 月，美国总统威尔逊宣布了堂堂皇皇的和平条件"十四点"，民主自由，民族自决，应有尽有；欧战结束后，协约帝国主义更大肆宣扬庆祝，什么"公理战胜强权"，又是什么"公理"、"正义"、"人道"，等等，喊得轰天震地，就像迷魂阵一样，简直把人弄得头昏目眩。然而人类社会毕竟已进入无产阶级社会主义革命时代，在我们的北方邻国俄罗斯就飘扬着社会主义的红旗。于是，就发生了这样的情况：在中国的知识分子中，以李大钊为代表的极少数最先进的知识分子在欢呼十月革命胜利的同时，就基本上达到了彻底反对帝国主义的认识；而大多数的资产阶级和小资产阶级知识分子则对协约帝国主义抱着极大的幻想。而且不难看出，正是由于前者的观点在不断发展，其影响在不断扩大，而后者的幻想在不断破灭，才有了"五四"运动的彻底反帝斗争。

在中国的先进知识分子从革命民主主义转向共产主义的过程中，李大钊之所以成为最早并具有代表性的一人，除了他在反封建思想斗争中所表现的革命乐观主义和朴素的辩证观点以及他的热烈追求进步的精神等因素之外，还由于他具有强烈的爱国主义思想和民族革命观点。早在日本留学的时候，他就曾和陈独秀发生过一次争论。1914 年陈独秀在《甲寅》杂志一卷四号上发表了《爱国心与自觉心》一文，表现了对国内政治局面的极大伤感，他在痛诋国内黑暗政治之余，竟发出了这样的声音："吾民何辜，遭此荼毒？俟我后，后来其苏，海外之师至，吾民必且有垂涕而迎之者矣。"① 这就是说，他是欢迎帝国主义入侵的，因为他认为帝国主义独占下的朝鲜、印度，据说已"百政俱兴"，比起中国的混乱局面来反而似乎是值得欣羡的。这当然是一种激愤之词，但本质地说，它的确也反映了当时资产阶级知识分子已不能成为积极反对帝国主义的战士的品质。接着，李大钊便在一卷八号发表了《厌世心与自觉心》，批评了陈独秀的这种错误的论调。当时他虽然也还没有摆脱资产阶级民主主义的影响，不能指出帝国主义的实质，但是他坚决反对步朝鲜、印度后尘的亡国主张，要求积极"致国家于善良可爱之域而怡然爱之"②，表现了深厚的爱国主义思想。1915 年 5 月，袁世凯与日本订立了"二十一条"之后，李大钊又连续发表了《国民之薪胆》和《告全国父老兄弟姐妹书》，这两篇重要的文献，真是语重心长，悲愤交集，慷慨激昂，是极为激动人心的。他一方面大声疾呼，国家已处于生死存亡的关头，号召人民起来救亡；另一方面，又谆谆告诫国民，在国家处于这种深重的内忧外患之秋，"勿灰心，勿短气"，而要蕴蓄"智勇、深沉、刚毅、果敢之精神"，磨炼"坚忍不拔、百折不挠的志气"，奋勇站起，誓报国仇，誓雪国恨③。尤其值得注意的是，他在这些文章中不但愤怒地谴责了日本帝国主义的侵略罪行和国内反动政府的卖国勾当，而且揭露了欧美帝国主义的强盗行为。他指出，中国之所以未被列强完全瓜分、成为纯粹的殖民地，是由于各帝国主义国家的矛盾而暂时形成了"均势"：美帝国主义的所谓"门户开放、机会均等主义"，看起来是调和这种矛盾，实则是想谋更大的利益，他认为日本帝国主义借欧战之机，趁火打劫，企图独占中国，但欧战后西方帝国主义又必东来，那时中国亦将成为列强在东方的争夺战场，因而不管是日本独占或是列强分割，总之，是亡我国家，灭我民族，遭殃的总是中国人民。所以他振臂高呼：四万万黄炎的子孙，"痛自振励，起未死之人心、挽狂澜于未倒，则今日欧洲莽怪之风云，宁非千载一时睡狮决醒之机，以报累代之深仇，以收已失之土地"，从此，中国之国徽，"将亦璀灿于世界"④。这是反帝的民族革命主义精神的初步的，但也是明确的表现。在殖民地半殖民地的国家中，没有这种高度的爱国思想，不断绝对帝国主义的幻想，就不会有马克思主义。正因为当时李大钊已具有了比较明确的民族革命的思想，而伟大的十月社会主义革命又给了他极大的鼓舞，使他看到了民族解放的希望，所以，他在热烈欢呼十月革命的同时，也达到了彻底反对帝国主义的认识，并由此而初步转向共产主义的立场。在 1918 年 11 月，他在《布尔什维主义的胜利》一文中便正确地指出：第一次世界大战的结束并不是美、英、法等协约帝国主义的

---

① 陈独秀：《爱国心与自觉心》，《甲寅》1 卷 4 号。
② 李大钊：《厌世心与自觉心》，《甲寅》1 卷 8 号。
③ 《国民之薪胆》，《国耻纪念录》序言，1915 年 6 月出版。
④ 《告全国父老兄弟姐妹书》，油印原件，1915 年 6 月。

胜利，不仅不是他们的胜利，就是"他们的政治命运，也怕不久和德国的军国主义同归消亡"。这就实质上指明他们本是一丘之貉，因而他们的政治命运也将是共同的。他认为欧战的结果，是民主主义的胜利，是社会主义的胜利，是布尔什维主义的胜利，是全世界无产阶级的胜利；这件功劳，与其说是威尔逊等的功劳，毋宁说是列宁的功劳，李卜克内西的功劳，马克思的功劳，他并且预见了共产主义必将在全世界取得胜利。1919 年 2 月，他发表《大亚西亚主义与新亚西亚主义》一文①，明确地提出了拿"民族解放主义作基础根本改造"世界的方针；他所提到的"世界联邦"等思想虽然还有浓厚的空想性，但也表现了他主张一切民族在平等的基础上联合起来的朴素的理想。在他同时间发表的另一篇文章中则更明确地指出："现在的时代，是解放的时代"，"现代政治或社会里边所起的运动，都是解放的运动"，在这个解放运动中，不但有"工人对于资本家的解放"，"农民对于地主的解放"，而且有"殖民地对于本国（按指宗主国即帝国主义国家）的解放，弱小民族对于强大民族要求解放"②。李大钊的这些言论，代表了中国最先进的知识分子在十月革命影响下所达到的新认识。在五四运动的酝酿过程中，灌注了这样全新的因素，这就准备了彻底反帝的思想基础。

但是，"五四"运动是一个群众性的运动，如果资产阶级知识分子特别是广大的小资产阶级知识分子，仍然对帝国主义抱着很大的希望和幻想，那么，运动还是不能广泛展开的。而这些人抛弃对帝国主义的幻想，却是需要经过一番事实的教训的。当时的很多资产阶级和小资产阶级知识分子，因为受到欧战结束的鼓舞，蒙受了威尔逊的欺骗宣传，也跟在协约帝国主义后面大喊起"公理战胜强权"，以为中国真的可以轻而易举地从所谓"国际联盟"和巴黎和会上挽回已经丧失的独立地位，从此获得真正的民族解放和"民族自决"了。这一方面说明了旧中国的知识分子由于长期向西方资本主义国家寻找真理，也就或多或少地匍匐于这些国家的面前，忘记了正是它们是中国自由解放的死敌；另一方面也表明了他们奢望在所谓资本主义制度下各民族可以和平共存和平等的市侩式的民族幻想。

这种情况在当时的思想、舆论界表现得是很明显的，资产阶级革命派、改良派以及一些鼓吹反对封建主义的进步刊物都在不同程度上表现出这种倾向。1919 年 1 月，资产阶级革命派的《民国日报》发表的一篇文章中说："协约国及美国之大战成功，今之国中无论何党何派，前此赞成者反对者，至今靡不欢欣鼓舞，各自庆幸者也，考其庆幸之由，约有二端：一即破世界之军国主义，进而为民治民权主义，使国防全无之中国，后此免于军备之苦，亦得以立国东亚，而国中之军阀武断者，

---

① 《大亚西亚主义与新亚西亚主义》，《国民》1 卷 2 号。
② 《联治主义与世界组织》，《新潮》1 卷 2 号。

亦稍感觉悟，知今后为威尔逊之新纪元，民治民权为自然之潮流，非军力所能抗阻；一即对德奥宣战之责任，自今解除，使中国再无因宣战而发生危险，并可于和平大会（按指巴黎和会）时稍挽百十年国际上之失败"，以使中国"能与英法美并驾齐驱"。① 资产阶级改良派的上海《时事新报》在一篇社论中也说："欧战告终，和会开始，凡为弱小之国，莫不思借威尔逊之宣言，力求国际之平等，如民族自决、外交公开，国际弥兵等项，其尤著者也。而在我国尤有特别之感想，互市以来所饱受之痛苦，备历之艰辛，为他国所未有，值此强权消灭公理大伸之日，大可仰首伸眉，沥诉身受之苦，所谓千载一时之遇，殆在此欤。幸而列强援手，举昔日不平等之待遇，一旦毅然废除之，固为我国之大幸，不然，此种希望，纵未必能一蹴而几，我国在国际之地位，此后逐渐改善，亦可差强人意。"② 在其他报刊上也有不少类似的言论，有些人甚至煞费苦心地提出诸如民族平等，裁减军备，关税自主，取消治外法权和领事裁判权之类的方案、建议，希望中国代表带去。总之，是充满了对巴黎和会和国际联盟以及威尔逊"大总统"的空想与迷梦，表现了对帝国主义的崇拜和幻想。

《每周评论》在这方面的言论表现得更为突出，而影响也较大。这个刊物是为进行反封建的政治鼓动而创办的，因而它对封建思想和反动军阀的态度比较明确而坚决，但由于它的撰稿人绝大多数还是站在资产阶级立场，他们对帝国主义的本质不可能有清楚的了解，往往只是根据一些表面的、一时的现象和言论来下判断。因此，在他们的眼中，张牙舞爪的日本帝国主义虽然毫无疑问地被列为"强权"，老奸巨猾的英美帝国主义，特别是一向以比较隐蔽的方式侵略中国的美帝国主义，却成了"公理"的化身，似乎大半个世纪以来英美海盗对中国人民欠下的血债，只消几句漂亮的演词或宣言就可以轻轻抹掉了。《每周评论》早期的言论就陷于这样的矛盾里：一方面痛斥支持段派军阀的日本，另一方面又表示欢迎外国出钱帮助中国裁兵；一方面指摘中国的政治是两团——军阀们的督军团和外国驻华使节的外交团——政治，"外交团比督军团还要利害"，③ 似乎已看出帝国主义是军阀的后台老板，另一方面又不止一次地说出像"（中国的）恶疮恐怕不经洋先生们下刀子，终究是割不动的"，④ "国事被武人败坏到这步田地，国民既不能起来解决，除了希望外国干涉，还有什么法子呢？"⑤ 这类引狼入室的话。这当然绝不能代表劳动人民的看法，而是资产阶级知识分子的幻想。但是，如果比较进步的知识分子还严重地

---

① 《告梁启超》，上海《民国日报》1919 年 1 月 5 日。
② 《警告政府》，《时事新报》1919 年 2 月 11 日。
③ 《两团政治》，《每周评论》第 1 号《随感录》，1918 年 12 月 22 日。
④ 《南京通讯》，《每周评论》第 4 号，1919 年 1 月 12 日。
⑤ 《希望各国干涉》，《每周评论》第 14 号，1912 年 3 月 23 日。

沉醉在这种幻想里的话，他们就将把它传染给人民，从而束缚住人民的手脚，更谈不到对人民群众进行反帝的宣传鼓动了。

《每周评论》的这种倾向，是与当时它的主要编辑人陈独秀的思想分不开的。在五四运动前，陈独秀一直是一个法国式革命和资产阶级民主的崇拜者，对帝国主义抱有很大的幻想。如前所说，早在1914年，由于他痛恨国内的黑暗政治，甚至不惜欢迎外国入侵。他这方面的思想错误，一直保留到五四前夕，在他反对军阀纷争时，又不止一次地提到诸如"欢迎外国干涉"、"欢迎英美舰队"之类的主张①，显示了他对英美帝国主义的认识还没有什么改变。不仅如此，由于陈独秀对第一次世界大战的性质认识不清，错误地把协约国战胜德国看作是"公理战胜强权"，因而对于帝国主义的代言人威尔逊几乎佩服得五体投地，在他为《每周评论》写的《发刊词》中就把威尔逊捧为"现在世界上的第一个大好人"。后来又在"国外大事述评"中不断报道他的活动，一再引用他的演说，誉为"光明正大"，"高尚的议论"，"精湛之语'，"他的目的是在将来世界的和平同幸福，不在一国的目前利益"，等等。在陈独秀的影响下，《每周评论》为将来的世界和中国描绘了一幅战争和侵略永远绝迹的美丽的图景，例如说："这次协约大胜，大家都知道是公理战胜强权，将来的世界上，弱国小国可以出头了。已亡的波兰，可以恢复了。巴尔干小民族，可以自主了。况且美国要组织一个世界大联盟，不准强大的国欺侮弱小的国。中国以后若不像义和团那样胡闹，便没有什么外患了"；② 又说："大同盟（按指国际联盟）果然成立，那秘密条约，不正当的借款，过分的军备，强国的跋扈，都不能够存在的。列强果能赞成这个大同盟，从此以后，人道有了光明，民治可以普遍了。"③ 可以说，陈独秀等人的小资产阶级市侩式的民族平等的幻想在这时达到了最高峰。陈独秀主张东洋各国联合在巴黎和会上提出"人类平等一概不得歧视"的意见，认为"此案倘能通过，这种欧美各国对亚洲人不平等的待遇和各种不平等的条约，便自然从根消灭了"④。《每周评论》对巴黎和会寄予很大的奢望，要求和会通过取消中国过去被迫与外国订立的丧权辱国的密约，承认中国收回青岛，等等。

对威尔逊的崇拜，对英美帝国主义的幻想，在当时的一些青年学生中也同样强烈地存在着。《新潮》不待说是完全拜倒在资产阶级的德莫克拉西的面前，对威尔逊是倍加赞扬的。它发表的《德莫克拉西之四面观》一文中就曾宣称："政治的'德莫克拉西'者，以法国巴黎为中心"，"经济的'德莫克拉西'者，当以英国

①　见《每周评论》第12、14号。
②　《去兵后之内乱外患问题》，《每周评论》第3号，1919年1月5日。
③　《和平会议及国际同盟》，《每周评论》第5号，1919年1月19日。
④　《欧战后东洋民族之觉悟与要求》，《每周评论》第2号，1919年12月29日。

本邦最具有此特色","精神的'德莫克拉西'者,今日当以美国现任大总统威尔逊氏所高唱之人道主义为代表",因此,它要求中国人"步文明先进国之后尘,于共和国体之下,发挥社会的'德莫克拉西'之真精神"①。以反对日本帝国主义为主要内容的《国民》也这样认为:"欧战告终,和平将启,武力才能之主义从此可以绝迹于二十世纪之光明世界,吾人虽不幸而遭前此之大劫,或犹可以回翔苏息于自由幸福之舞台。"又说:"今美总统且有世界将以公义化武力之宜言矣,是后或可暂屈强权。"②

但是,事实的教训,很快粉碎了这些近乎荒唐的妄想和虚幻的迷梦。巴黎分赃会议一开始,就暴露了帝国主义的狰狞面目,它的议事程序规定只有美、英、法、意、日五国有讨论全世界各大问题的资格,而在战争中损失很大的比利时和人口众多的中国等都被排斥于外。有些人虽然起初还不在意,还以带着民族自卑感的口吻说:"要知道现在所谓大国不在人多地大,却在他政治组织的能力和所贡献于世界之成绩。试问我们中国有什么呢?"③ 但终究起了怀疑,原来对巴黎和会抱有很大希望的《每周评论》,就发出了"公理何在"、"难道公理战胜强权的解说,就是按国力强弱分配权利吗?"④ 这样的叹息;同时指出"如今那海洋自由问题,国际联盟问题,巴尔干问题,殖民地占领问题,都是五个强国在秘密包办。至于弱小国的权力问题,缩小军备问题,民族自决问题,更是影儿没有。我们希望这公理战胜强权的假面,别让主张强权的德意志人揭破才好"⑤。事实上,假面已经由帝国主义者自己揭破了。几个月来的分赃活动,已足够使陈独秀得出"两个和会都无用"的结论了(按:指国内南北军阀的上海和会和巴黎和会),他说:"巴黎的和会,各国都重在本国的权利,什么公理,什么永久和平,什么威尔逊总统十四条宣言,都成了一文不值的空话";他把和会直截了当地称为"分赃会议",表示"我看这两个分赃会议,与世界永久和平,人类真正幸福,隔得不止十万八千里,非全世界的人民直接起来解决不可。若是靠着分赃会议里那几个政治家外交家,在那里关门弄鬼,定然没有好结果。"⑥《国民》也看出了巴黎和会的欺骗性和协约帝国主义的侵略本质,指出所谓和会,"不知其优于柏林会议、神圣同盟者几何,而去其所谓征服、压迫、分赃、打击之野蛮名词者又几何"⑦,协约国虽然"竞标公理战胜之旗帜……实则何尝因此稍戢其侵略之野心",日本不用说是正在大作其"东亚帝

---

① 《德莫克拉西之四面观》,《新潮》卷5号,1919年5月。
② 《吾所望于今后之国民者》,《国民》1卷1号,1919年1月。
③ 《平和会议之消息一束》,《每周评论》第6号,1919年1月26日。
④ 《公理战胜强权》,《每周评论》第7号,1919年2月2日。
⑤ 《揭开假面》,《每周评论》第6号,1919年2月2日。
⑥ 《两个和会都无用》,《每周评论》第20号,1919年5月4日。
⑦ 《人道与和平》,《国民》1卷4号。

国"之好梦,英、法、意也是野心勃勃,美国竭力扩充海军,"令人莫测","五强"把持和会,"弱小诸国,莫能抗争",为维持和平必要的"限制军备,废止征兵"等项,都根本没有贯彻,可见"虽口唱和平,时言正义,一日利益冲突,驰于极端;脱去假面具,现出真庐山,以兵戎相见,盖意中事耳"①。

就这样,随着巴黎和会的实际进展,很快地便粉碎了人们对帝国主义所抱的幻想,欧美强盗的狰狞面目完全暴露了,他们不但没有帮助中国收回失去的土地和权益,反而压制中国承认日本帝国主义所侵占的青岛及山东的主权。这就引起了中国人民极大的愤怒,于是爆发了伟大的五四爱国运动。五四运动向全国人民揭露了帝国主义的侵略和欺骗的真面目,使中国人民认识了帝国主义所标榜的"公理"、"正义"、"人道"、"民族自决"等完全是骗人的假招牌,所有帝国主义,无论它是东方的或西方的,都是一样不讲"公理"的强盗。李大钊当时在《秘密外交与强盗世界》一文中就曾明确地指出,"这回欧战完了,我们可曾做梦,说什么人道、和平得到了胜利,以后的世界或许不是强盗世界了,或者有点人的世界的彩色了,谁知道这些名词,都是强盗政府的假招牌。我们且看巴黎和会所议决的事,那一件有一丝一毫的人道、正义、和平、光明的影子!那一件不是拿着弱小民族的自由、权利,作几个大强盗国家的牺牲!"② 李大钊特别嘲笑了美国总统威尔逊玩弄的所谓和平纲领"十四条"的把戏,指出日本所以能够横行中国,就是因为"现在的世界还是强盗世界"。因此,他告诉中国人民不但要反对日本帝国主义,而且要推翻整个帝国主义的"强盗世界"。这是彻底的反对帝国主义的呼唤,它有力地鼓舞了人们的革命斗志,推动了爱国主义运动的发展。

山东问题的教训,极大地提高了广大知识分子对帝国主义的认识,使得他们懂得了向帝国主义乞取中国的独立、自由是根本不可能实现的迷梦。《民国日报》在"五四"运动当中发表的一篇评论说:"唉,我到了现在,才知道这公理两字,是为着强国制造出来的,象我们这种弱国。竟没有享用这两个字的权利,这岂不是现在的世界,还是黑暗时代么?"③《国民》发表的一篇文章曾具体地描绘了从欧战结束到山东问题的爆发,人们由蒙受帝国主义的欺骗到认识帝国主义的本质的这一思想变化的过程,它写道:"自从德国打了败仗,巴黎和平会议开会,一般受不住战争惨祸而渴望和平的人,以为打倒了强权,伸张了公理,推翻了暴力,扶植了正义,世界上从此安宁,不会有什么杀人放火抢劫侵占的事情发生。更有那威尔逊十四个条件,做和平的保障,什么外交公开、缩小军备、废除密约、归还侵占的领

---

① 《国家主义与中国》,《国民》1 卷 4 号。
② 《秘密外交与强盗世界》,《每周评论》第 22 号,1919 年 5 月 18 日。
③ 《鸣呼公理》,《民国日报》1919 年 5 月 19 日。

土、恢复领土主权与那民族自决、殖民地开放，种种道义的呼声。可怜的伙计们，以前都没见过天日，听说有这种慈悲的大话，便丢了正经事不干，来欢呼正义，盼待和平。那晓得没等几久，比利时以一个仗义而牺牲最大的国家，他在和会上的地位，转不及阴谋诡诈丝毫没尽力的日本，那公理声中，就稍稍露点强权的影子。又没等几久，意大利为争富姆问题拿退出和会为要挟，那正义声中，又带了十分暴力的色彩。更近则胶州一案，因为伦敦密约的关系，各人有自身的利害，就拿山东的权利，大大方方的送给日本。……什么强权哪！暴力哪！这些好名词我都不愿赐他，简单几句话，就是强盗分赃，花脸打抢，把那些无用的小孩子们哄在一块，凑凑热闹，摇旗呐喊，供供他们玩意儿罢了。"① 因此，从事实的教训中，人们觉悟到：巴黎和会"事实上就是强国的会议……所标榜的'自由'，'正义'、'人道'、'民族自决'，都是虚伪的宣示，那些强国政治家的观念，仍旧不外'强权即正义'。这样看来，靠'国际联盟'来改造世界，竟变作一种空想"②。对列强的认识的改变，使得许多小资产阶级知识分子和某些资产阶级知识分子开始丢掉那种向帝国主义去讨取独立和自由的幻想，并在共产主义知识分子的影响和鼓舞下，走上坚决反对帝国主义的道路。

列宁在分析民族和殖民地问题时写道："1914—1918 年的帝国主义战争，在一切民族和全世界被压迫阶级面前，特别清楚地揭露了资产阶级民主词句的虚伪性，事实表明了臭名远扬的'西方民主'的凡尔赛条约是比德国容克和德皇的布列斯特—里托夫斯克条约更加野蛮、更加卑劣地加于弱小民族的暴行。国际联盟和协约国战后的全部政策更清楚更尖锐地揭露了这个真理；并且到处加强了先进国无产阶级和殖民地附属国的一切劳动群众的革命斗争，加速了所谓在资本主义制度下各民族能够和平共存和一律平等的小市民民族幻想的破灭。"③ 对帝国主义幻想的破灭，使人们更加感到民族危机的严重，同时由于看到中国的独立和自由不可能向帝国主义去取得，帝国主义正是中国的敌人，因而人们就转过来把目光注视到十月革命和社会主义的苏俄。

俄国革命和它引起的世界革命的连锁反应的影响，是促成中国人民反帝觉醒的一个极重要的因素。可以说，中国人民逐步唾弃帝国主义的过程，同时也就是日益靠拢苏俄和世界社会主义革命力量的过程。如前所述，早在 1918 年当协约国大肆庆祝欧战胜利的时候，李大钊就预言一切帝国主义必将死亡，共产主义必将在全世界胜利；在《每周评论》创刊不久，他又发表了《新纪元》一文，热烈赞扬社会

①　《五四运动与青年的觉悟》，《国民》2 卷 1 号。
②　《拒绝签字》，《星期评论》第 5 号，1915 年 7 月 6 日。
③　参看《民族和殖民地问题提纲初稿》，《列宁斯大林论中国》，第 73—74 页；《列宁全集》第 31 卷，第 125—126 页。

主义革命，在《晨报》上他也发表了一些宣传社会主义思想的论文。但是，当时大部分资产阶级和小资产阶级知识分子，包括一些倡导新文化运动的急进民主主义者，却对十月革命抱着疑惧的心理。主张资产阶级改良主义的《时事新报》和《东方杂志》等，不待言，是企图抵制十月革命的影响的。《新青年》除发表了李大钊的几篇歌颂十月革命和宣传马克思主义的文章外，当时也几乎没有刊载其他介绍十月革命的材料。《每周评论》由于编辑实权掌握在陈独秀手里，而陈独秀又仍未接受十月革命的影响。因此除李大钊的文章外，最初该刊在对待俄德等国的无产阶级革命的态度方面，表现了一种在帝国主义的宣传面前无所适从的现象，不少时候还跟在协约国的宣传后面称布尔什维克党为"过激派"，并发表了一些错误、糊涂的观点，如希望布尔什维克和俄国的反革命势力"捐除意见"，一同拥护高尔察克政府①；说什么"马克思的社会主义，今日已没有根据了"，所以李卜克内西在德国国会中的势力也逐渐减少，"过激一派想不能得到胜利了"②等，并且还从超阶级的所谓人道和平的观点出发。反对革命与反革命的任何一方"残杀"另一方，认为过激派不应该"用平民压制中等社会，残杀贵族及反对者"，也希望"反对过激派的千万不用中等社会压制平民、残杀平民才是"。③但是，这种观望和怀疑的态度随着帝国主义面目的揭露，也逐渐改变了。《每周评论》在报道匈牙利革命时，就很强调"协约国有吞并他们土地、破坏他们独立的意思。匈牙利为保全自己起见，所以就同俄国布尔什维克党联盟，来抵止协约国"。④在报道德国巴伐利亚苏维埃政权建立的消息时，指出"他们想把资本主义和军国主义一齐打消，把旧政府旧社会一齐废掉，设立劳农所组织的新政府，同俄匈两国政府联合起来"。⑤并且还进一步指出了十月革命的意义："自俄国布尔札维克主义战胜后，欧洲劳农两界，忽生最大的觉悟，人人出力和资本家决斗，他们的势力，已经征服了好几国……这种革命，在政治史上算得顶有价值的实体。"⑥北京《晨报》从1919年3月起，就陆续发表文章驳斥和嘲笑帝国主义和国内反动派对十月革命的污蔑和诽谤。3月1日发表的《俄罗斯之研究》一文便猛烈地斥责了上海某报污蔑苏俄的所谓"妇人国有之奇闻"的谬论，并且指出中国有关俄国革命的报道，"大概都取材于路透电、日本报纸、上海英文报及数家通信社，其中以翻译日本报纸为拿手好戏。列位想想，这素抱帝国主义的日本人口中的过激派，已非真正的过激派，我们

---

① 《俄罗斯之混沌状态》，《每周评论》第3号，1919年1月5日。
② 《德国内乱之纷扰》，《每周评论》第2号，1918年12月29日。
③ 《俄国包围过激派之运动》，《每周评论》第4号，1919年1月12日。
④ 《匈牙利的情形》，《每周评论》第16号，1919年4月6日。
⑤ 《各国劳动界的势力》，《每周评论》第18号，1919年4月20日。
⑥ 同上。

根据这种消息断定过激主义的行为，未免牛头不对马嘴了"。① 在 4 月 13 日发表的一篇时评中则更直接揭露了英美帝国主义的欺骗宣传，它说："自列宁政府成立以来，各国资产阶级的人，反对他们很利害，现在世界所有的报纸、杂志、通信机关以及国家机关，都是在资产阶级手里，所有世间所传的消息，都是攻击列宁政府的，其实英美法各国表同情于'布尔什维克派'的人确是不少，不过他们没有发表他们主张的机会，所以世间人不大知道"②，作者并讽刺某些中国人"对于过激主义并没有什么研究，听说英美各国不大赞成，他们也就闭着眼睛跟着人家走，你说这不是一个大笑话吗！"接着，该报便连续刊载了《劳农政府治下之俄国》（副标题是社会共产主义之俄国真象）的长文，从劳动政府的教育方针、土地国有、行政组织、选举法、宣传运动、产业政策、失业保险、财政状况、军事组织、男女平权、银行国有、国债废弃以及布尔什维主义等方面作了比较详细的介绍；尽管其中还有某些失实之处和错误的看法，但基本上反映了苏俄的真实情况。作者并且在作了这些详细的介绍之后还告诉读者说："诸君，我们中国人有骂劳农政府的资格吗？我们民国成立了七年，究竟做了什么东西出来？到如今南北还在那儿争地盘，争不了还要打起仗来。你说我们惭愧不惭愧呢？""所以我们不宜学欧美资本家的口吻去谩骂他们，也不宜学官僚军阀的脑筋去仇视他们。他们的主张、他们的行为我们是要细心的研究。"③《新青年》六卷四号上发表的一篇文章也反映了十月革命的影响日益深入的情况，他说："自从俄国的布尔什维克直接行动以来，这布尔什维克主义也就成了中国新闻记者、政治家、教育家所注意的一个问题。不爱读书如我这样的人，也觉得都市中、乡村里所见所闻的，都含有许多危机，仿佛有布尔什维克紧跟着似的。"④

这时，由于对帝国主义幻想的破灭，陈独秀的态度也有了转变。他在《每周评论》第八号上发表两条随感录，一条题为《威大炮》，直呼威尔逊为威大炮，由"第一个好人"下降为"大炮"，认识上是一个进步；另一条是《公理何在》，他说："过激派的行为，纵或有不是的地方，但是协约国把他们破坏俄德两大专制的功劳，一笔抹杀，又试问公理何在？德皇未败以前，反对战争始终不屈的，只有李普克尼希一派，从前附和德皇的人，如今却逼迫李普克尼希，而且加害他的生命，又试问公理何在？"⑤ 原来认为"公理"在协约国方面，现在看到协约国不是公理而是强权，并对俄德"过激派"表示同情，这在认识上又是一个进步。接着他也

① 《俄罗斯之研究》，《晨报》1919 年 3 月 1、2 日。
② 《各国要承认列宁政府了》，《晨报》1919 年 4 月 13 日。
③ 《劳农政府治下之俄国》，《晨报》1919 年 4 月 10—26 日。上海《民国日报》亦曾刊载此文。
④ 《工作与人生》，《新青年》6 卷 4 号。
⑤ 《公理何在》，《每周评论》第 8 号，1919 年 2 月 9 日。

变成了一个俄国式革命的拥护者，宣称"十八世纪法兰西的政治革命，二十世纪俄罗斯的社会革命，当时的人都对着他们极口痛骂，但是后来的历史家，都要把他们当做人类社会变动和进化的大关键"。① 这样，陈独秀在断绝对帝国主义幻想的同时，便也承认了俄德等国无产阶级革命是必要的，由此开始逐渐转上社会主义立场的趋势。陈独秀是新文化运动的主将，是著名的急进民主派，因此他的立场的转变是有一定代表性的，这说明一部分急进民主主义知识分子在"五四"运动前夕已开始接受十月革命的影响，从而决定了"五四"运动的彻底反帝反封建的性质。

这样，由新文化运动所展开的反封建思想斗争发展到反军阀的政治斗争而达到高潮，对帝国主义的认识也随着巴黎和会的教训而逐渐清楚，"公理"的迷梦醒了，真理的光辉这才进一步发扬起来。中国人民从辛亥革命失败以来便在怀疑和找出路，但是直到十月革命之后，才找到了马克思主义这个放之四海而皆准的真理。这种思想首先在反军阀斗争的高涨中为以李大钊为代表的少数先驱者所掌握，这时又因巴黎和会在多数知识分子中打消了对帝国主义的幻想而进一步传播开来。进步的民主主义知识分子曾不断向西方国家寻找救国真理，但是"很奇怪，为什么先生老是侵略学生呢？中国人向西方学得很不少，但是行不通，理想总是不能实现"。② 人们曾在这个问题上受到了多次教训，一直到巴黎和会因山东问题交涉的失败，才使他们最后想通了；对帝国主义的幻想破灭了，于是先进知识分子群起而把目光转向社会主义的苏俄，学习社会主义思潮才带上了广泛的群众性。人们消除对帝国主义的希望和幻想的过程，也就是十月革命的影响在我国日益深入和马克思主义在我国传播的过程，而正是在十月革命的伟大号召下和在无产阶级的马克思主义思想的影响下，"五四"反帝反封建的革命斗争才达到最坚决、最彻底和毫不妥协的程度。

先进知识分子对人民群众看法的转变
——从文化运动到群众运动

人民的反帝反封建的觉悟达到了高潮，社会主义传播开始带上群众性，这就是五四运动的思想背景，这也证实了"五四"运动是由无产阶级思想领导的这个真理。同时，在"五四"运动的酝酿过程中，由于先进知识分子在十月革命影响下开始改变了对人民群众和群众运动的看法，懂得了发动群众和与群众在一起进行斗

---

① 《二十世纪俄罗斯的革命》，《每周评论》第 18 号，1919 年 4 月 20 日。
② 毛泽东：《论人民民主专政》，第 4 页。

争的重要性，学习了十月革命的群众斗争的方法，从而使这一伟大的革命斗争不仅达到了最坚决、最彻底的程度，而且具有了最广泛的群众性。新文化运动从反对封建思想的斗争开始，经过反军阀的鼓吹和反帝的宣传，终于由文化运动发展成为直接行动的群众政治运动。先进知识分子改变了过去轻视人民群众的看法，懂得了发动群众，和人民群众结合在一起进行革命斗争的重要性，这在中国历史上是一个巨大的进步。

在中国近代革命史上，曾发生过多次伟大的革命斗争，但是这些革命斗争都有一个重大的缺点，就是缺乏先进分子和先进思想同人民群众革命运动的结合。一方面先进知识分子热心地但是孤立地去寻找救中国的真理，由于他们不能和人民大众相结合，不能深入地体会人民的意愿，而只是幻想走西方资本主义的道路，因此他们多次的奋斗必然落空；另一方面人民大众的革命运动得不到先进思想的指导，当时马克思主义的科学社会主义虽然早已在欧洲产生，但一直不能被中国人民所知道，因此不能形成先进的工人运动作为全体人民的前驱，而无数次的农民起义也必然无法战胜帝国主义和封建主义的统治。所以，这些革命斗争虽然都或多或少地给国内统治者和国外侵略者以打击，但终没有获得最后的胜利。

中国的先进分子一向认为革命是和广大群众无关的少数英雄人物的事业，他们不敢或不懂得发动和依靠人民群众的力量。把皇帝的权力当作唯一依靠的资产阶级立宪派（即改良派）是完全站在和农民革命相对立的立场固不待言，即使资产阶级革命派在革命活动中所依靠的主要力量也不是广大人民，虽然他们当中有少数人曾在群众中做过某些工作，但并没有使群众成为真正的觉悟者，群众相信他们而不相信自己。新文化运动中的先进知识分子看到了人民群众的觉悟对于取得革命胜利的重要意义，但是他们却把人民看作是无知、落后的一群，而自居为站在群众之上来教导群众的"先知先觉"者。他们倡导思想革命，进行启蒙运动，这是有很大积极意义的；然而他们过分夸大人民的落后和无知，而没有看到中国人民的伟大革命传统，同时又没有看到人民之所以落后是由于几千年来的残酷的封建压迫和近百年来帝国主义的奴役所造成的，反而错误地把这种落后说成是什么中国的"国民性"或"民族性"。因此，他们虽然在启发人民的觉醒、扫除人们头脑中的封建愚昧方面做了很多有益的工作，但他们并没有对劳动人民所遭受的贫困和悲惨的奴隶般的生活表示深切的同情，没有并且也不可能深入群众，提出积极的主张来反映人民群众的意志，发动人民进行直接的革命斗争。所以，长期以来，先进分子总是处在和广大人民群众互相脱离的状态。

这种情况在十月革命的影响下开始发生了变化。伟大的十月社会主义革命的胜利以及由它所引起的世界革命的高潮，空前地显示了工农劳动人民的伟大的革命威力，表明了劳动群众才是历史的真正创造者。俄国的和世界的无产阶级那种翻天覆地的行动，惊醒了正在寻求出路的中国先进知识分子，使他们看到了历史发展的方向，找到了可以依靠的真正伟大的革命力量。因而他们在接受社会主义思想的同时，也就开始改变了对人民群众的看法，从而逐渐认识到要真正改变中国社会的现状，就必须依靠广大的工农群众，推动群众的革命斗争。这在中国先进知识分子的代表李大钊在"五四"前所发表的《庶民的胜利》、《布尔什维主义的胜利》、《新纪元》、《劳动教育问题》、《战后之妇人问题》、《青年与农村》、《唐山煤厂的工人生活》、《现代青年活动的方向》等一系列的论文中，已明显地表现出来。

李大钊在这些论文中首先分析了第一次世界大战后由十月革命所引起的世界无产阶级革命的高潮，指出了在这一高潮中所表现的群众运动的伟大意义，他热情地写道："在这世界的群众运动的中间，历史上残余的东西，——什么皇帝咧，贵族咧，军阀咧，官僚咧，军国主义咧，资本主义咧，——凡可以障碍这新运动的进路的，必挟雷霆万钧的力量摧拉他们。他们遇见这种不可挡的潮流，都象枯黄的树叶遇见凛冽的秋风一般，一个一个的飞落在地。"① 他把劳工阶级战胜资本家和贵族的革命，看作是"二十世纪的世界潮流"，告诉人们对于这个潮流是只能迎不能拒的。他认为今后社会发展的前景将是"劳工的世界"，劳工阶级战胜贵族、资本家的统治是必然的。他说："从今以后，生产制度起一种绝大的变动。劳工阶级要联合他们全世界的同胞，作一个合理的生产者的结合，去打破国界，打倒全世界资本的阶级。"于是，"人类都得一个机会同去作工，那些种种的悲惨穷困疾疫争夺，自然都可以消灭"。② 由于认识到了劳动群众特别是工人阶级对于革命的伟大作用，先进知识分子便第一次提出了改造自己，同劳动群众相结合的思想。李大钊在1918 年发表的一篇文章中便号召人们"快去作工"，他说："须知今后的世界，变成劳工的世界"，"我们要想在世界上当一个庶民，应当在世界上当一个工人"。③他在《青年与农村》一文中更具体地要求知识青年学习俄罗斯青年的榜样，和工人农民打成一片，在他们中间进行宣传和组织工作，以培植革命力量。先进知识分子的这些言论中虽然有着俄国民粹派的口号——"到民间去"的色彩，而且对十月革命也有某些误解，但它不是为了抵制工人运动和科学社会主义思想，而相反的是为了推进中国的工人运动和革命斗争，为了传播马克思主义思想。因此，它在当时是有重大革命意义的。

李大钊深入地揭露了中国社会的黑暗和不合理的状态，指出了工人、农民和

---

① 《布尔什维主义的胜利》，《新青年》5 卷 5 号。

② 《新纪元》，《每周评论》第 3 号，1919 年 1 月。

③ 《庶民的胜利》，《新青年》5 卷 5 号。

劳动妇女所遭受的残酷的压迫、掠夺和侮辱，并对他们的悲惨痛苦的生活表示了深切的同情。他所写的唐山煤矿工人生活的短文，实际上已指出中国工人阶级遭受着帝国主义者、资本家、封建包工的三重压迫，工人的处境简直如同地狱一般，工人的生活和生命连骡马都不如。因此，他不但对工人的悲痛生活和由于这种生活的折磨所造成的不正常的精神状态表示极大的同情，而且实际上也提出了组织工人团体的必要性。他生长在农村，对于农村状况有着较深的了解。在谈到农民生活时，他对农村的野蛮统治表示出极大的愤怒和不满："中国农村的黑暗，算是达于极点。那些赃官、污吏、恶绅、劣董，专靠差役、土棍，作他们的爪牙，去鱼肉那些老百姓。"它并且看出农民问题在中国的严重意义，认为农民占中国人口的绝大多数，要彻底改造中国社会，使人民大众获得解放，就必须去教育和发动农民群众。他说："我们中国是一个农国，大多数的劳工阶级就是那些农民。他们若不解放，就是我们国民全体不解放；他们的苦痛，就是我们国民全体的苦痛；他们的愚暗，就是我们国民全体的愚暗；他们生活的利病，就是我们政治全体的利病。"① 所以，他认为必须去开发他们，使他们知道"要求解放、陈说痛苦、脱去愚昧"的道理。当时在反封建思想的斗争中，妇女解放的呼声也是很高的，但李大钊与众不同的就是他已超出资产阶级女权运动的范围，而试着用无产阶级的观点来分析这一问题。他把妇女解放和劳工运动联系在一起，认为只有劳动人民的解放，妇女才能获得真正的解放；而"中产阶级妇人的权力伸张，不能说是妇人全体的解放"。因此，妇女问题的彻底解决的根本方法，就是"要合世界无产阶级妇人的力量去打破那有产阶级（包有男女）专断的社会制度"②。正由于他对工人、农民及劳动妇女问题有了这些比较明确的认识，因而他得出了要改造中国社会，"非把知识阶级同劳动阶级打成一气不可"，③ 这样正确的结论，初步提出了革命知识分子同劳动群众相结合的思想。他鼓舞青年要投入实际活动，要采取"尊劳主义"，到最受压迫、生活最痛苦的劳动群众中去；他指出那里虽然最黑暗、悲惨、寂寞，但"黑暗寂寞所含的，都是发生，都是创造，都是光明"。他教导青年说：现在世界上最苦痛最悲惨的人就是那些劳动的人，"所以我们要打起精神来，寻找那苦痛悲惨的声音走。我们要晓得痛苦的人，是些什么人？痛苦的事，是些什么事？痛苦的原因，在什么地方？要想解脱他们的苦痛，应该用什么方法？"然后"大家一齐消灭这苦痛的原因"。④ 他向青年们大声疾呼："新世纪的曙光现了！新世纪的晨钟响了！我们有热情的青年

---

① 《青年与农村》，《晨报》第 7 版，1919 年 2 月 20—23 日。
② 《战后之妇人问题》，《新青年》6 卷 2 号。
③ 《青年与农村》。
④ 《现代青年活动的方向》，《晨报》第 7 版，1919 年 2 月 14—16 日。

呵，快快起来！努力去作人的活动！努力去作人的活动！"① 在这里，李大钊虽然没有直接提出推翻帝国主义和封建主义的统治，但这些言论实际上起了鼓舞青年走向直接革命斗争的号角的作用。

此外，李大钊在抨击现存的"不良社会制度"的同时，还指出那些"像牛马一样"的苦工"终岁勤劳"，不得温饱，更得不到学习的机会，因此他主张："必须多设补助教育机关，使一般劳作的人，有了休息的工夫，也能就近得个适当的机会，去满足他们知识的要求。"② 他认为举办这种补助教育的办法，也是知识青年接近劳动群众的一个途径，在他的影响和帮助下，当时还是北京大学学生的邓康即邓中夏，在1919年4月便发起组织了"平民教育讲演团"，开始去接近劳动群众，用通俗的语言向群众宣传爱国思想，讲解新的知识，而"五四"以后，更组织了"劳动补习学校"，向工人进行启蒙教育，灌输社会主义思想。平民教育讲演团在开始虽然并没有超出民主主义的范围，其成员也是相当复杂的，但它却表现了革命知识分子努力走向与劳动人民相结合的趋向。

十月革命的这种影响也波及资产阶级和小资产阶级知识分子中间。1918年3月在中国出现了第一个以《劳动》命名的杂志，它提出要"尊重劳动，提倡劳动主义，培植劳动者之道德，灌输劳动者以世界知识，纪述世界劳动者之行动，以明社会问题的真相，促进我国劳动者与世界劳动者一致解决社会问题"。这个杂志虽然带有无政府主义倾向，但它较早地，而且也是以欢迎的态度介绍了苏俄的情况。例如它就刊载过这样的话："世界惊人的欧战，已打了好几年。俄罗斯惊人的革命，也闹得轰天震地。世界人士莫不瞩目关心，打听他的消息，研究他的结果。做官做宦的，恐怕他们乱子闹大了，把自己的利禄势位，也保不住；大地主大富翁，又恐怕他们乱子闹大了，共产世界一旦实行，把自己欺诈剥夺所得的私产，化为乌有。所以都是栗栗危惧，然又大势所趋，莫可如何。只有那些不幸的劳动家，天天盼望他们的革命，早早成功，早早普及，好大众共享平等的幸福，同过自由的日子。"③ 该刊对各国工人在停止第一次世界大战中的作用估价很高，认为他们"势力已足以左右国家，推挽政府，牵连国际，操纵政客，向之仅参预内政者，近已执行外交，骎骎乎有压倒秉政者起而自我为政之势。甚言之，震天撼地之大战争，恐亦将待解决于劳动者，而后此纠纷之局乃得收拾"。④ 著名的资产阶级自由主义教育家蔡元培看到，由于旅欧华工的参战，给中国赢来"战胜国"的"光荣"，有所感触，因而于1918年11月在天安门举行的庆祝欧

---

① 《现代青年活动的方向》，《晨报》第7版，1919年2月14—16日。
② 《劳改教育问题》，《晨报》1919年2月14—15日。
③ 《俄国过激派施行之政略》，《劳动》第2号，1918年4月。
④ 《欧战与劳动者》，《劳动》第1号，1918年3月。

战胜利的集会上发表的演说中高呼："劳工神圣"。这个口号实际上反映了中国一般知识分子在当时世界革命高潮影响下对劳动人民的一种新认识，因而很快在知识分子特别是青年学生中流传开来，也成为很多报刊的"时髦"的用语。正如后来有人所说的：蔡元培的短短的演说，"居然把'劳工神圣'底标语，深印在觉悟者的脑筋中，这难道是认蔡元培作偶像，才把'劳工神圣'深入人心？——想来蔡元培一个人，哪里能够凭实造出'劳工神圣'这句话，他不过将众人脑筋里深深地藏着的'劳工神圣'，一声叫破了出来，于是众人都被他喊着，就回答一声'劳工神圣'"①。当然，在"五四"以前，知识分子对劳工神圣的理解还是抽象的、模糊的：他们所说的"劳工"，也并不是严格地指工人阶级，而是包括了各阶级的知识分子在内的，如有人就说："我所说的劳动者，不是专指身的劳动者而言，心的劳动者当然也在这个范围以内。"②但这个口号却表明，甚至在极端脱离人民、一向抱着"万般皆下品，唯有读书高"和"劳心者治人，劳力者治于人"的传统观念的资产阶级知识分子中，也有一些人在对劳动人民的看法上开始有了转变。同时也有人提出，不要单纯停留在口号上，而要亲身到劳动群众中去，同他们站在一起。例如《晨报》发表的《学生与劳动》一文就曾指出："与其在劳动界以外高声大喊，不如加入劳动界中，实行改革。因立在劳动界以外，自己所想象之劳动利益，未必即是劳动利益。若亲身加入劳动界中，才知道劳动界的真正甘苦。"③

在李大钊的影响和帮助下，《晨报》副刊（即第 7 版）在 1919 年 5 月 1 日出了"劳动节纪念"专号，这是中国报纸上第一次纪念这个全世界劳动人民的伟大节日。李大钊写了一篇短文《五一杂感》，扼要说明了"五一节"的由来，并预测了中国工人运动的发展。他提到"听说俄京莫斯科的去年今日，格外热闹，格外欢喜，因为即日正是马克思的纪念碑除幕的日子。我们中国今年今日，注意这纪念日的人还少。可是明年以后的今日，或者有些不同了！或者大不相同了！"事情的发展果然如此，1920 年北京和上海的进步知识分子和劳动人民就第一次举行了劳动节纪念大会，1921 年在中国共产党人邓中夏等的领导下，长辛店的一千多工人举行了示威游行，并成立了工人群众自己的组织——工人俱乐部。"纪念号"的其他文章也从不同的方面指出了资本主义制度的不合理状况和中国社会的黑暗，说明了劳动阶级与资本剥削阶级的对立，甚至提到只有实行无产阶级的社会革命，才能推翻这不合理的社会制度。这些文章尽管还有不少缺点，但当时在报纸上出专号整

① 《"劳工神圣"的意义》，上海《民国日报》副刊《觉悟》，1920 年 10 月 26 日。
② 《人类三大基本权利》，《晨报》第 7 版，1919 年 5 月 1 日。
③ 《学生与劳动》，《晨报》第 7 版，1919 年 2 月 25—28 日。

版发表这些材料还是有很大影响的。在《每周评论》上也创辟"国内劳动状况"的专栏，发表了一些有关工人、农民、人力车夫生活的报道和"有饭大家吃，有工大家做"这样的文章，从某些方面揭露了社会的不合理状态，并斥责了那些不劳而食的剥削者，把那些"靠领干薪"过日子和营私舞弊、争权夺利的官僚政客，甚至总理总统直斥为强盗。

随着国家危机的日趋严重，当时在新文化运动中已有一部分人感到要摆脱被压迫的悲惨生活和拯救国家的危亡，必须由广大人民自己起来采取直接的行动。1918 年 12 月《新青年》发表的一篇文章写道："七年以来的民国，是没有人民的民国，因为人民没有声息，没有动转，没有对执政者说：'我们在这里看着你了'……现在七年将尽，转瞬就是新岁，我们人民岂不可以跳到政治舞台上各人都发挥政治的生命，成有组织的活动，使八岁的民国变成人民的国家，民治的国家么？"① 在同一时间《每周评论》发表的《国际社会之改造》一文也指出："须知道我们大多数平民的生活，是我们大多数平民自己可以改造的，并不是天生就的，亦不是贵族给我们的。""要想谋世界永久的和平、人类切实的幸福，就应该动起手来，胆子不要太小了。"② 陈独秀是一向看不起人民群众，也不注意群众性的革命运动的，但他这时也懂得了发动群众进行直接斗争的必要性。他在 1919 年初发表的《除三害》一文中大声疾呼，号召国民起来，去同危国害民的军阀、官僚、政客进行斗争，指出"若想除这三害，第一，一般国民要有参预政治的觉悟，对于这三害，要有相当的示威运动；第二，社会中坚分子，应该挺身出头，组织有政见的有良心的依赖国民为后援的政党，来扫落无政见的无良心的依赖特殊势力为后援的狗党。"③《每周评论》的其他某些文章也强调人民要自己当家作主，不但反对官僚政客盗窃民意，狼狈为奸，也反对所谓社会名流包办代替，例如在谈"国民大会"的问题时，反对由官方指定官僚政客，利用"名流"组成徒有其名的"国民大会"来"代表民众去解决政治问题"，主张"叫民众亲自解决政治问题"④。政治上比较敏感的青年学生，这时也认识到救国不能单靠学生，而要"唤醒同胞"。

总之，在十月革命的影响下，共产主义知识分子已认识到人民群众的伟大力量和群众运动的重要性，一部分小资产阶级和资产阶级知识分子对劳动群众的看法也开始有了转变，虽然他们对群众力量的认识还很肤浅，但它却推动了中国人民走向直接的革命斗争。而十月革命和当时在十月革命影响下不断爆发的各国革命运动，

---

① 《我们政治的生命》，《新青年》5 卷 6 号。
② 《国际社会之改造》，《每周评论》第 1 号，1918 年 12 月 22 日。
③ 《除三害》，《每周评论》第 5 号，1919 年 1 月 19 日。
④ 《真真费解的"国民大会"》，《每周评论》第 6 号，1919 年 1 月 26 日。

更以大规模的游行示威、同盟罢工和起义等群众革命斗争的方式，日益强烈地吸引和感染着中国人民。1919 年 3 月爆发的朝鲜人民反抗日本帝国主义压迫、争取民族独立的革命运动，对中国人民产生了特别亲切的感觉和影响，许多报刊用很大的篇幅报道这一事件，发表评论同情和支持朝鲜人民的正义斗争。在这种形势下，中国人民受到极大的鼓舞，中国人民反帝反封建的觉悟已达到了高潮，人们深切地感到悲惨、屈辱的生活不能再过下去，丑恶的现状必须打破，广大人民联合起来自己解决自己的问题的时候到了。

就在这时，巴黎和会上丧权辱国的消息传来，人们掩不住的心头愤怒像火山一样迸发出来，在五月四日爆发了伟大的群众爱国运动。在五四运动中起着先锋号角作用的青年学生，走出课堂，举行了公开的大规模的群众性的示威游行，他们凭着赤手空拳同破坏游行的警察进行搏斗。反动政府在北京逮捕学生，对运动施加严厉的镇压，并没有使学生屈服。全国学生一致用罢课来抗议政府的迫害，并组织街头讲演队，对各阶层人民进行公开的广泛的宣传，控诉和揭露帝国主义的侵略和军阀政府的卖国罪行，号召人民起来参加斗争。学生的游行示威和政治鼓动极大地吸引和教育了广大的群众，因而很快地得到各阶层人民的同情和支持。统治者的震慑人们的武器变成了唤醒人们的武器，昨天的好奇者、旁观者今天变成了运动的参加者。随着反动政府的镇压，运动很快地向前发展了。在六月三日，反动政府对学生实行大逮捕之后，许多城市的商人宣布罢市；接着在六月五日开始，上海的六七万工厂工人和沪宁铁路的工人实行大罢工，长辛店、唐山的工人举行示威游行，天津的工人也酝酿着罢工；全国各地纷纷举行市民群众大会，响应和支持运动所提出的要求。这时五四运动就由开头的只有知识分子参加的革命运动，发展成为有广大无产阶级、小资产阶级和资产阶级参加的全国范围的革命运动了。

正如毛泽东同志所指出的："五四运动的杰出的历史意义，在于它带着为辛亥革命还不曾有的姿态，这就是彻底地不妥协地反帝国主义和彻底地不妥协地反封建主义。"在五四运动中，中国工人阶级以中国历史上的第一次大罢工走上了政治舞台，显示出伟大的革命力量。中国工业无产阶级身受外国帝国主义、本国资本主义和封建主义三重压迫，具有最彻底的革命性；它虽然人数不多，但却很集中，有坚强的战斗力；并且在十月革命和世界无产阶级革命高潮的影响下迅速地提高了政治觉悟。因此，工人阶级的参加斗争，对运动的胜利起了决定性的作用。同时在五四运动中，城市小资产阶级和资产阶级同工人阶级一起在全国范围内向帝国主义和军阀政府进行战斗，这就使运动具有空前广泛的规模。五四运动采取了全国性的罢课、罢市、罢工和政治示威游行这些新型的革命斗争方式，表现出前所未有的雄伟的面貌。正是这些过去资产阶级领导的旧民主主义革命所没有的特色，使得五四运动成为一个空前彻底的反帝反封建的民主革命运动。五四运动表明，在十月革命影响下，中国反帝反封建的资产阶级民主革命开始发展到一个新阶段，工人阶级已成为革命的主力，马克思主义也逐渐成为革命的指导思想。

但是，在运动过程中，并不是没有斗争的。除了反动政府的野蛮镇压和迫害以外在参加运动的各个阶级中也存在着两条道路的尖锐斗争。资产阶级参加运动，显然是从他们的狭隘的阶级利益出发的。因此，他们不敢向整个封建统治进攻，而只是力图把斗争的锋芒限制在曹、陆、章身上，一等政府把这三个人免职时，就想草草收兵；对外他们也只是反对日本的经济侵略，没有向帝国主义公开宣战的决心，特别是不敢得罪日、英、美帝国主义，而只想利用群众的力量，维持一个长期的抵制日货和提倡国货的运动，为资本主义的发展创造比较有利的条件。所以，他们唯恐群众运动越出和平、合法的范围，反对长期的罢课、罢市，特别是反对罢工，并提出什么"幸勿暴动"的口号。代表大资产阶级利益的上海总商会在五四北京学生运动一发生就表示反对，以后又多次破坏上海的罢市，因而遭到人民群众和进步舆论的反对。资产阶级右翼知识分子的代表胡适在五四运动不久，即公开出来反对学生运动，并大为美帝国主义粉饰和辩护。另一方面，参加工人阶级革命的小资产阶级及他们的知识分子则在运动中提高了觉悟，意识到不仅反对曹、陆、章，而且反对整个反动军阀的统治。《每周评论》当时就曾尖锐地责问："试问拿军事协定和济顺、高徐的合同，去换军械军费杀南方的百姓，也是日本用军力迫胁的吗？参战借款和济顺、高徐的垫款，都不过因为区区日金二千万，便把重要兵权和山东权利轻轻送与日本，这是什么勾当？此外还有许多铁路、矿山、电话、森林，都用贱价卖给日本，到底是何人支持？是何人经手？……甘心把本国重大的权利财产，向日本换军械军费来杀戮本国人，这是什么罪恶？造成这些罪恶的到底是些什么人？"[①] 这样，先进知识分子便把反对的锋芒指向了整个军阀统治。在国际问题上，先进知识分子同样指出中国人民所反对的不单是日本帝国主义，而是整个帝国主义的"强盗世界"。李大钊就首先向曾迷惑了很多人的美国总统威尔逊进行了挑战，他义正词严地质问："威尔逊君！你不是反对秘密外交吗？为什么他们解决山东问题，还是根据某年月日的伦敦密约，还是根据某年月日某某军阀的秘密协定……象这样的和平会议，那有丝毫价值！……你自己的主张计划如今全是大炮空声，全是昙花幻梦了。"[②] 他明确指出："日本所以还能拿侵略主义在世界上横行的原故，全因为现在的世界还是强盗世界。那么不止夺取山东的是我们的仇敌，这强盗世界中

---

① 《日外交的根本错误》，《每周评论》第 21 号，1919 年 5 月 11 日。

② 《秘密外交与强盗世界》，《每周评论》第 22 号，1919 年 5 月 18 日。

的一切强盗团体、秘密外交这一类的一切强盗行为，都是我们的仇敌啊！"① 这样，共产主义知识分子又把反对的锋芒指向了包括英美法在内的所有帝国主义强盗，并且提出了改造世界的问题。

革命的实际行动大大地提高了人们的政治觉悟，他们更加懂得了形式上民主政治的无用，并从而达到了对资产阶级民主主义的否定。他们指出资产阶级的政权是少数人执掌的："现在号称平民政治的国家，没有不是采用代议政治的，代议政治就是政党政治，政党政治就是两三个党魁的政治。各国的政客，一方面是独占政权的贵族，一方面又是拿人家血汗作乐的资本家。"② 他们一针见血地指出了资产阶级民主政治的虚假实质："若是国民诉之政治，政治是秘密而不公开的。若是国民诉之法律，法律是只论形式没有灵气的。政治法律都穷了，国民的武器便是示威运动。"③ 他们已经懂得了"公理是不能够自己发挥，是要用强力拥护的"。在五四运动爆发后的三星期后出版的《每周评论》刊载的《山东问题与国民之觉悟》一文指出：断送"国民的生存权利"的卖国行为，"不但现在的政府当局不能免，若让少数人垄断政权，就是再换一班人来组织政府，也是半斤八两"。"根本救济的方法，只有'平民征服政府'，让多数的平民——学界、商界、农民团体、劳工团体——用强力发挥民主政治的精神"。④ 在五四运动中，北京的一些先进分子还向市民散发传单，号召他们起来"推翻卖国政府"，作"直接行动，图根本之改造"⑤。随着运动的发展，这种认识和影响愈来愈扩大了。如天津出版的一个刊物上就发表了一系列激烈的言论，号召人民积极干预政治，打倒军阀特殊势力，甚至提出"另起炉灶"，"组织合民意的政府"。它说："各种团体都避干涉政治嫌疑，实际不通。国民是国家主人，政治是国家一切应办的事……国民不特干涉政治没有嫌疑，而并且是极其正当。"又说："干涉政治的法子也有几个，有厉害的，有和缓的。厉害的就是大家起来推翻不顺民意的政府，另组织合民意的政府。和缓的就是逼着政府去顺从民意。你不要怕政府有兵，有武力。政府任他如何强，总是少数，人民如何弱，总是多数。不要怕，只要有干涉政治的决心，不怕政府不顺从民意。"⑥ 它认为："我国国民既有见政府之不足恃而反累矣，则宜乘此最良之时机，鼓起勇迈无前之气，壮果不挠之志，以组织一实行监督政府之民意机关，以收回我主人资格之权利。举一切腐朽欺

---

① 《秘密外交与强盗世界》，《每周评论》第 22 号，1919 年 5 月 18 日。
② 《市民运动的研究》，《晨报》1919 年 5 月。
③ 《时事杂感》，《每周评论》第 21 号，1919 年 5 月 11 日。
④ 《山东问题与国民之觉悟》，《每周评论》第 23 号，1919 年 5 月 26 日。
⑤ 参看北京革命博物馆所存照片和《申报》1919 年 6 月 14 日。
⑥ 《干涉政治》，《南开日刊》第 36 号。

诈、卖国害民之新旧官僚扫而空之，另起炉灶，以建将来民国不拔之基。"① 同时该刊还进一步指出："我敢说中国全国的人民都自觉了，南方的人民已经不信任南方的政府。北方的人民不信任北方的政府。……我劝南方的人民推倒南方特殊的势力，北方的人民推倒北方的特殊势力，全国人民做一个大结合，办我们国民应办的事，那班'狗党'、'废物'自然消灭了。"②

由于五四运动空前地显示了人民的力量，使广大人民通过亲身的体验亲切地了解和相信，只有自己起来进行斗争，才能取得胜利。《民国日报》在五四运动当中发表的一篇文章说："这学生的力量和工人的力量总和起……一般国民，齐心并力，学着他们做去，便是解决山东问题的真力量。我们不要自己看轻了，这种力量是神圣不可侵犯的。我们对于这种问题（按指山东问题等），（一）不要靠卖国括地皮的做官人；（二）不要靠拿日本的金钱和武力来打百姓的军人；（三）不要靠北京非法国会用钱买来的议员（以上三种人是离开了日本人活不了的）；（四）不要靠欧美各强国。我们工人，我们学生，我们一般从今自奋的国民，努力打成一片，要认定自己是有真力量的。"③ 正像这篇文章所写的，经过五四运动，人们发现改进中国的真正力量，不是到什么别的地方去寻找，它就存在于眼前的千千万万个普通人的身上，就存在于自己的身上。这种认识大大地提高了革命知识分子和人民群众的觉悟，从而更加强了他们斗争的勇气和决心。

所有这些，较之过去的一般民主主义的宣传已大大前进了一步。尽管这时人们对革命还没有明确的系统的理解，但是却已经从实际经验中得出某些革命的结论来了。这是与当时革命知识分子在本国经验之外，更考虑了俄德等国的无产阶级革命的经验分不开的。当时已开始接受了十月革命的影响，具有某种社会主义倾向的急进民主主义者的陈独秀就曾指出："譬如俄德两国的皇帝都是强横不讲公理，若没有社会党用强力将他们打倒，他们不仍旧是雄纠纠的在那里逞武力，结密约，说什么国权国威，对于国民和邻邦称强称霸吗？……现在中日两国的军阀，不都是公理的仇敌吗？两国的平民若不用强力将他们打倒，任凭你怎样天天把公理挂在嘴上喊叫，他们照旧逆着公理做去，你把他们怎样？"④ 这样，革命知识分子就实际上向人民发出了学习俄国和德国无产阶级革命的榜样来进行打倒军阀斗争的号召。在对外方面，如上所述，共产主义知识分子李大钊在五四运动中就彻底揭露了威尔逊的欺骗宣传和帝国主义的侵略本质，指出资本主义世界是"强盗世界"，要挽救中国的危害，就必须彻底反对帝国主义。他斩钉截铁地说：

---

① 《今后国民的责任》，《南开日刊》37 号。
② 《自觉与自决》，《南开日刊》第 52 号。
③ 《解决山东问题真力量》，《民国日报》1919 年 5 月 19 日。
④ 《山东问题与国民之觉悟》，《每周评论》第 23 号。

帝国主义的"强盗政府们要根据着秘密外交拿人类正当生活的地方、当作他们私相授受的礼物，或送给那一个强盗国家强盗政府，作扩张他那强盗势力的根据，无论是山东，是山北，是世界上的什么地方，我们都不承认，都要抗拒的"①。由于具有了明确的反帝思想，先进知识分子所感到的甚至已经不只是"民族自决"的问题，而且是"世界改造"的问题，从而实际上发出了打倒国际帝国主义的呼声。由马克思主义传入而带来的无产阶级国际主义精神已经开始萌芽了。在1919年7月，中国人民的伟大领袖毛泽东同志便向全国人民发出了彻底反帝反封建的号召，他在《民众的大联合》一文中生动地说明了广大的有组织的人民群众是能够打倒一切反动统治阶级的伟大力量，并号召工人、农民、学生和各阶层人民广泛而又严密地组织起来。他根据十月革命和五四运动的经验鲜明地指出，拯救祖国、改造社会的根本方法就是有组织的"民众大联合"。毛泽东同志的这篇文章体现了当时中国先进知识分子的最新的认识。在五四运动以后，先进的知识分子在马克思列宁主义思想的引导下，就坚决地走到工农劳动人民中间去，投入到了实际的革命运动中来。

从以上的分析中，我们可以看出，五四运动在它的酝酿过程中，由反对封建思想开始，发展到在实际政治上的反对卖国军阀，并把反封建和反帝相结合，最后由文化思想运动发展成为群众性的革命运动，这一不断前进、不断深入的过程，正是反映了伟大的十月社会主义革命和世界无产阶级革命的影响的日益深入和扩大；同时也反映了中国人民的日益觉醒和提高。因此，这就证明，毛泽东同志所指出的"五四运动是在当时世界革命号召之下，是在俄国革命号召之下，是在列宁号召之下发生的。五四运动是当时无产阶级世界革命的一部分"这样的论断，完全是根据当时的实际情况所得出的科学结论。五四运动时期虽然还没有中国共产党，但是已经有了大批的赞成俄国革命的具有初步共产主义思想的知识分子，并且从五四运动的实际进程中不难看出，它正是在共产主义知识分子的直接推动和领导下展开的；而在运动发展过程中，则工人阶级成为运动的主力。非常清楚如果没有十月革命的伟大影响，没有具有初步共产主义思想的知识分子的领导，运动便不会达到那样的水平，而没有工人阶级的参加斗争，也不会达到那样的基本的胜利和进一步发展。正因为如此，从五四运动开始，由于共产主义知识分子的倡导，便逐步展开了中国历史上第一次马克思主义思想运动，并使马克思主义思想与中国工人运动结合起来，从而准备了中国共产党的成立，为中国反帝反封建的斗争展开了一个新的阶段。

伟大的列宁在1919年写道："东方的人民群众，作为独立斗争的参加者，作为

---

① 《秘密外交与强盗世界》，《每周评论》第 22 号。

新生活的创造者，在那里正抬起头来"，"东方各族人民正在觉醒，他们要求实际行动起来，要求每一民族人民都能干预全人类的命运问题"。① 事实正是这样。由于十月革命的影响，中国人民认清了自己的力量，从而极力地提高了政治觉悟和革命积极性。他们以新的方式和新的规模向帝国主义和封建势力展开了坚决、彻底的斗争。这个斗争在马克思列宁主义的指导下同推翻国际资本主义的世界无产阶级社会主义革命汇合在一起，向着祖国的独立和自由，向着全人类彻底解放的道路前进。

（刊于 1959 年第 4 期）

---

① 列宁在《在东方各族人民共产主义组织第二次全俄代表大会上的报告》，见《列宁斯大林论中国》，第 66—67 页。《列宁全集》第 30 卷，第 137—138 页。

辛亥革命时期帝国主义列强的侵华政策

佘绳武

此文写于五十年前的辛亥革命，一举推翻帝国主义走狗清朝的统治，摧毁了延续两千多年的封建帝制，在人民群众中散播了民主共和国思想的种子。这是近代中国民主革命时期一次具有重大历史意义的革命运动。

帝国主义列强为着阻止中国资本主义的发展和保存半殖民地、半封建的统治秩序，为着继续保持和扩大它们在中国的侵略权益，对辛亥革命进行了恶毒的干涉。它们利用当时革命党人幼稚软弱的缺点，在革命过程中一手举着"中立"的旗帜，借以欺骗中国人民，躲避革命洪流的冲击，另一手则紧密勾结以袁世凯为代表的中国封建买办势力，采用各种形式的压迫手段（政治阴谋、经济压力和军事威胁）来破坏革命运动，胁迫革命党人向反动势力屈服。当时的资产阶级革命派由于本身的弱点，没有一个彻底的反帝反封建的纲领，没有广泛地发动和组织人民大众的力量，这是辛亥革命不能取得彻底胜利的根本原因。但是帝国主义列强的干涉破坏，也是造成这次革命最终失败的一个极重要的因素。1939 年，毛泽东同志在《青年运动的方向》一文中分析前此中国革命（包括辛亥革命在内）遭遇失败的原因时说："中国革命干了几十年，为什么至今尚未达到目的呢？原因在于什么地方呢？我以为原因在两个地方：第一是敌人的力量太强；第二是自己的力量太弱。"[①] 毛泽东同志在这里所指的敌人，首先而且最主要的正是国际帝国主义。在《新民主主义论》这一著作中，毛泽东同志更明确地指出："历来中国革命的失败，都是被帝国主义绞杀的。"[②]

在一些帝国主义分子和国内买办文人所写的书中，例如瑞德的《清室逊位与列强》，濮兰德的《最近时局与现行对华政策》，辛浦生的《建立中华民国的斗争》，张忠绂的《中华民国外交史》，李田意的《威尔逊的对华政策》，等等，都把

---

① 《毛泽东选集》第 2 卷，1952 年北京第一版，第 528 页。
② 同上书，第 651 页。

帝国主义对辛亥革命的干涉写成"中立",把侵略写成"友谊",力图粉饰帝国主义的罪恶和麻痹中国人民的斗争意志。但是,客观历史毕竟是篡改不了的。这些帝国主义的辩护士妄图歪曲历史的面目,结果只不过在真实的历史面前暴露了他们自己的丑恶嘴脸。

一

早在辛亥革命前两三年,个别比较熟悉中国政治气候的帝国主义分子,已经感觉到革命风暴正在日益逼近。当时日本统治集团中一些有影响的人物如伊藤博文、桂太郎和小村寿太郎等,面对这种山雨欲来的形势尤其感到坐卧不宁,伊藤在1909 年 5 月会见英国大使窦纳乐时,曾忧心忡忡地推测:"中国在三年内必将发生革命。"[1] 10 月 10 日的武昌起义,对于外国侵略者也并非完全突如其来的事变。英国驻华公使朱尔典事后曾明确地提到,根据武昌美国教会的情报,他于 9 月底已得悉当地新军正在密谋起事[2]。但是总的说来,帝国主义事前对于中国人民的觉悟和这次革命的严重意义并没有足够的估计,同时武昌起义来势迅猛,革命党一夜工夫便占领全城,两天后又相继攻克汉阳和汉口,取得前此历次起义所未有的胜利,这些更不是帝国主义者始料所及。1911 年底,上海的美侨"中国协会"执行委员会在年度报告中说:"中国人民对于政府情况的日益增长的不满,是所有观察家几年来一直看得很清楚的,但是没有人能够料到,这种不满情绪竟会如此迅速地变成了一个对朝廷公开作战的军事组织。"[3] 这种对辛亥革命的发生缺少思想准备的情况,在外国侵略者当中是具有普遍性的。所以,武汉的枪声一响,确使在中国作威作福的帝国主义分子,特别是北京东交民巷的外国"绅士"们一度惊骇万状,受到极大的震动。美国财团驻华代表司戴德的妻子在 10 月 12 日信中,曾这样描述她目睹的情景:

> 全北京现在都因汉口的革命而处于人心惶惶的状态。……此间的外交家们吓得要死。整天有人来看维拉(即司戴德——引者注),并对他说,革命要蔓延开了,另一次义和团要闹起来了,清朝要被推翻了。昨天,伦敦《泰晤士报》的著名记者莫理循在东交民巷骑着马跑来跑去,说是清朝的末日已经临

① 加立皮林:《英日同盟》,第 262 页。
② 《蓝皮书》,中国第 1 号 (1912 年),cd. 6148,第 21 页。
③ 《北华捷报》(字林西报周刊),1912 年 1 月 6 日。

头了。总的来说，目前人都战战兢兢。①

这封信的内容表明：外国侵略者不但担心他们的走狗清朝将遭覆灭，而且更直接担心他们自己的命运，担心十年前的义和团反帝运动将会重演。他们虽然一时还不了解辛亥革命的详情，但凭着反动阶级的本能和丰富的侵略经验，明知它绝不是外国强盗的福音，例如司戴德和法国财团驻华代表贾斯纳在当时就都认为："革命决不会使我们得到任何好处。"②《字林西报》更直截了当地宣称："就某种意义说，这一事件是反对我们自己的。"这家代表在华英商利益的很有势力的外国报纸，从武昌起义之初就站在敌视革命的立场上，连篇累牍地对革命党人进行攻击，并且公然表示希望清朝政府能将革命的火焰扑灭下去。10 月 14 日该报在题为《武昌叛乱》的社论中说："最好是皇朝能最终取得胜利。不然就会出现拖延很长的斗争和不可想象的大屠杀，而且最后建立起来的政府，肯定不会比以前任何一次革命所建立的政府更稳固一些。"同月 28 日在题为《革命还是改良？》的社论中说："我们相信，这次革命后将有一个较好的政府，但它将是经过改良的旧政府，而不会是革命的新牌产品。"11 月 11 日在题为《民众的疯狂》的社论中又说："清朝政府虽然公认不好，但它至少还算统一了这个帝国。它的敌人却仅仅靠着共同的仇恨才结合在一起，这只会产生更深的仇恨，而肯定不能作为一个健全的国家的基础。"③ 这种敌视和恐惧辛亥革命的心理，正是一切帝国主义分子所共有的。

特别是美国帝国主义，对于这个革命运动表现了疯狂的仇视。美国资产阶级历史家拉铁摩尔在《亚洲的决策》一书中说："辛亥革命时，大多数美国专家（当然也有欧洲人在内）强烈主张共和政府绝对不适宜于中国人。中国人只知道皇帝。他们所要的，无非是一个稳定的政府——一种家长制的政府，法律，秩序与合理的捐税而已。北洋军阀袁世凯被这般人描写为正是中国需要，中国人所能理解的一个有力人物，孙中山则不过是一个……不务实际的理想主义者，不然便是一个轻举妄动的幻想家。"当时有许多美国资产阶级报纸，如《纽约世界报》、《纽约太阳报》、《纽约论坛报》、《大西洋日报》等，对辛亥革命进行了恶毒的诽谤，诬蔑这一革命"极端愚蠢"，"荒谬绝伦"，说"中国人根本不配自己管理自己"④。革命党人在当时有一种相当普遍的看法，认为美国也是共和政体，因此推想它对中国革命必定抱着真实的同情。这种天真的幻想，在冷酷的现实面前一次又一次地归于破灭。孙中山本人在武昌起义后不久，曾专程赴华盛顿求见美国国务卿诺克斯，要求美政府对

---

① 克罗莱：《司戴德传》，第 412 页。
② 同上书，第 417 页。
③ 《北华捷报》1911 年 10 月 21 日，10 月 28 日，11 月 11 日。
④ 杜列斯：《中国与美国》，第 139 页。

清朝不作财政上的援助，但竟被诺克斯拒绝接见。① 11 月 15 日，伍廷芳要求美国报业巨头赫斯特转请各国承认共和政府，又遭拒绝。同月 18 日，王正廷代表湖北军政府趋访美国驻汉口总领事格林，要求承认革命党为交战团体，并希望美国首先承认共和政府，但格林立即答以"无法考虑"②。

辛亥革命发生后，帝国主义最先想到并实际用来对付革命的手段，就是它们自鸦片战争以来惯用的"炮舰政策"。早在 10 月 3 日，英国驻汉口总领事葛福便根据前述美国教会的情报，要求随时准备增派英舰前来武汉，此项意见当即受到英国驻华海军当局的重视。10 月 10 日武昌起义发动后，清总督瑞澂仓皇逃上一艘紧紧依附在英国炮舰尾后的清朝兵船。当瑞澂进一步"请求英船阻止叛军渡江赴汉口"时，英国公使朱尔典立刻商请英驻华海军总司令"给以他力所能及的一切援助"③。与此同时，其他帝国主义国家驻远东的舰队也纷纷驶往长江中游一带，截至 10 月 16 日，集中武汉江面的外国军舰共达 13 艘（英舰五，美舰三，日舰二，德舰二，法舰一），到同月 20 日更增至 16 艘。它们在"保护"外侨的借口下，虎视眈眈地监视着革命党的一举一动，其中德国军舰并一度公开站在清朝方面向武昌革命军进行了武装挑衅。

在武昌起义爆发之初，汉口的帝国主义领事团甚至曾经正式开会讨论武装干涉问题，但因各国意见不一而未得到结果。从当前的军事形势来看，革命党显然占有很大的优势。武汉三镇已全在他们的掌握之中。帝国主义在这里的侵略据点——汉口租界实际已成孤岛。这一情况终于迫使当地各国领事不得不在 10 月 17 日声明"严守中立"，借以逃避革命风暴的直接打击。可是后来的事实证明，这种"中立"实际纯粹是用以麻痹革命党人的欺骗手法。仅从各国政府公开发表的外交文件中即可看出，在辛亥革命全部过程中，自称"严守中立"的外国侵略者从未放弃干涉的打算和中止对革命党人使用各种压迫手段。

首先，帝国主义看到南方各省财政困难，因此力图用劫夺各省军政府的关税收入的办法，从经济上来扼杀革命。按照往例，这些被帝国主义指定充作清政府所借外债和对外赔款担保品的税款，在征收后向来是在中国的银行中存储的，帝国主义从未向清政府提出异议。但是当南方的一些口岸被革命军占领后，帝国主义突然一反惯例，提出了由外国人来直接掌握关税的无理要求。英公使朱尔典在 11 月 23 日给本国外交大臣的报告中写道："一当某一条约口岸的管理权从清政府落到革命党手中时，征收到的款项就处在后者的支配之下，因而存在着一种严重的危险，即可

① 瑞德：《清室逊位与列强》，第 403 页，注 57。
② 李田意：《美国与承认中华民国问题》，第 1 页。
③ 《蓝皮书》，中国第 1 号，第 1 页。

能被他们用来充作军费，或供满足叛党政府的其他急需之用"，① 十分清楚地说明了帝国主义这时所以要直接掌握海关税收的狠毒用心。10 月下旬，长沙英国领事在英公使直接指使下首先采取了劫夺关税的横蛮措施，朱尔典并指示他，在交涉中要向革命党人提出警告："这项收入实际是外国债权人的财产，如果它被革命党人所据有，那就会同外国发生纠纷。"继长沙之后，汉口、上海、汕头、广州、厦门、烟台等埠的海关税收，也先后被当地洋税务司直接扣留，存入英国的汇丰银行。不久，北京外交团更指定由汇丰银行、德华银行和华俄道胜银行联合组成一个非常委员会，专门负责中国关税的分赃事宜。这样，帝国主义强盗就从革命党人手中夺走了一笔巨额的收入，在很大程度上加深了革命党人的财政困难。

在经济十分拮据的情况下，革命党人为了应付各方面的必要支出，不得不力求通过一切途径举借外债。但是事实证明，这也是一种不切实际的幻想。当时在对华贷款事业中势力最大的国际垄断组织——四国银行团根本否认革命党人有借款的资格，固不必说；就连一般较小的洋商，在各该国政府的影响与制控下，对于革命党人的借款要求也是应者寥寥。这种情况，与同一时期帝国主义列强积极从财政上支援中国反革命势力的情况适成尖锐对照。日本资本家当时在对南方的贷款活动中表现异常积极，这要算是唯一的例外，但他们绝非由于对辛亥革命有所同情，而是因为日本帝国主义的经济实力薄弱，在经济侵略方面向来落于西方国家之后，因此它急欲通过对革命党人贷款的途径，在长江流域趁机攫夺渴望已久的重大经济利益，从而打破英国在这里的优势地位。这些借款中，比较重要的一是招商局抵押借款，总额银一千万两，以招商局产业为担保，阴谋通过这一借款独占中国的航运事业。但后来由于招商局股东的反对和其他帝国主义国家的嫉视，结果未能实现。一是汉冶萍抵押借款，总额为 1200 万日元（当时实际仅支付 300 万日元），条件是汉冶萍公司归中日合办，阴谋借此攫夺华中一带重要的煤铁资源。一是苏路借款，总额300 万日元，以江苏铁路收入及股票为担保。从上重述借款规定的担保品及所附条件来看，日本帝国主义的野心是昭然若揭的。革命党人在如此苛刻的条件下，仍不愿放弃借款机会，足以说明他们在帝国主义列强的经济压力下，财政方面陷入了怎样的窘境。当时孙中山曾有函致张謇，解释抵押汉冶萍的原因说："铁矿合办诚有如所示之利害。惟度支困难，而民军待哺，日有哗溃之虞，譬犹寒天解衣裳付质库，急不能择也。"② 这些话是反映了实际情况的。

帝国主义列强不但对革命党人施加经济压力，而且还对他们采取了军事的压迫手段。当 10 月下旬帝国主义在汉口和长沙初次采取强行扣留关税的无理措施时，

---

① 《蓝皮书》，中国第 1 号，第 107 页。
② 《辛亥革命》第 8 卷，《中国近代史资料丛刊》，第 55 页。

他们即曾利用军事力量来对革命党施加恫吓。事后朱尔典曾经洋洋得意地报告英国外交大臣格雷说，汉口海关洋员在这一横蛮交涉中"无疑地获得了停泊在江中的强大外国海军的帮助。在长沙虽然只有一艘德国小炮艇，但是也产生了一种精神上的影响，这种影响是那些从未在中国内地住过的人所难以理解的"①。另据当时俄国报纸报道，侵入中国领水和领海的外国军舰在11月中旬时共达51艘之多，舰上人员共达1.9万人。在各口岸的租界和北京使馆界内，帝国主义的驻军也较平时陡增，其中仅上海一地即有3000余人。

不仅如此，外国干涉者当时在中国还直接采取了武装占领交通据点的极端措施。在11月3日上海起义的当天，帝国主义即以所谓"义勇队"的名义一度侵占沪宁路车站，企图在维持该路"中立"的荒谬借口下，剥夺革命党人使用这条铁路的正当权利。在北方，帝国主义更援引《辛丑和约》第九款规定，以维持北方与海口间的交通为借口，将京奉铁路北京至山海关段全部派兵占领，企图通过这种手段来阻遏华北一带革命势力的发展。根据12月15日英国陆军武官的报告，当时直隶境内计有英、美、日、俄、德、法、意、奥、荷、比等国驻军7021名，分别侵驻北京、天津、塘沽、唐山、秦皇岛及山海关等地②。

在帝国主义列强中，对实行武装干涉最为急切的首推日本，因为日本在远东拥有最大的兵力，在其他强国未驻重兵的情况下，对中国的武装干涉势必主要依靠日军来进行，这就会使它得到比其他帝国主义国家更多的掠夺机会，从而大大加强日本在华的侵略阵地。当时东京政府采取了多边的干涉政策，它一方面派遣大批浪人（著名者如犬养毅、头山满、内田良平等）伪装"同情"辛亥革命，打进革命队伍内部，从各方面加强对革命党人的影响和控制；他们表面上以"私人"身份进行活动，但实际上与日本政府有紧密的联系，例如犬养毅在赴华之前，即曾与外相会面，就日本的侵华政策详细交换意见。另一方面，日本朝野自始即考虑利用维护清朝的名义，在中国采取军事行动，阴谋通过武力干涉造成南北长期分裂的局面，将革命势力限制在长江以南，并在华北，至少东三省南部和内蒙古一带仍旧保存帝制的形式，使清朝成为日本卵翼下的一个傀儡政权。据詹逊的《日本人与孙中山》一书记载，当时日人川岛等曾在军部的秘密指使下，在满蒙一带实际进行建立傀儡政权的阴谋活动③。当时内田良平并写过一本叫做《中国之改组》的小册子，公开宣传成立"满洲帝国"的主张。在辛亥革命过程中，西园寺内阁曾不止一次就武装干涉中国问题向英、美等国进行试探，指望获得它们的支持，同时并由军事官僚

① 《蓝皮书》，中国第1号，第107页。
② 《蓝皮书》，中国第3号（1912年），cd. 6447，第23—24页。
③ 詹逊：《日本人与孙中山》，第139页。

集团的首领桂太郎和陆相石本等人出面，与沙俄驻日外交代表进行了关于共同干涉中国的谈判。11 月 3 日俄国驻日使馆顾问曾在密电中写道："现在在桂太郎邸中用早餐，显然他仍旧非常积极参加政务，他对我说，北京的情况已如此恶劣，满洲皇朝已处于这样危险的地位，应当准备应付万一；据他的意见，两个最关心中华帝国命运的邻国——俄国和日本——最好取得一致行动。……明天将再见桂太郎，还有外务大臣。我的头一个印象是日本……每一时刻都准备出头，希望把我国拖着与它一起行动。"[①] 日本急欲联合沙俄在中国实行干涉的企图，在这封密电中提供了有力的说明。

从上面列举的事实可以看出，在帝国主义列强对于辛亥革命的干涉活动中，非武力的手段是与武力的手段紧密配合的。武力是帝国主义外交手套中的铁拳，是它们在"中立"的伪装下进行一切阴谋活动时所紧紧依靠的后盾。

当然在另一方面也应该看到，整个说来，帝国主义在辛亥革命时期所采取的干涉形式较之十年前义和团运动时期确有很大的不同。在义和团运动中，帝国主义列强主要采取侵略战争和血腥的镇压手段来对付革命人民，而在辛亥革命过程中，帝国主义虽然如前所述对革命党人从未停止实行武力威胁，但它们在当时并没有能够随心所欲地、大规模地采用这种干涉形式。其所以有此区别，原因之一是在辛亥革命爆发时，第一次帝国主义世界大战已经迫近，几个主要的欧洲强国都在加紧备战（英、德之间以建造"无畏舰"为中心的疯狂军备竞赛，就是这一备战活动的集中表现）；同时，列强在争夺非洲殖民地方面的矛盾，也正因摩洛哥问题而日趋尖锐，德国和英、法之间的关系一时非常紧张，因此它们实际上没有可能在中国进行有力的武装干涉。

另一方面，辛亥革命的中心地区长江流域，恰恰是当时主要侵华国家英国的"势力范围"，英国在这里有着巨大的经济利益，因此它不敢冒着丧失重大侵略利益的危险，公开地站在清朝方面同革命党人为敌。

同样，大规模的武装干涉，对于太平洋彼岸的美国也是不利的，因为美国当时在远东的兵力既不及英国，更不及日本，它不可能从武装干涉中讨到很多的便宜。不但如此，在华盛顿当局看来，大规模的武力干涉还可能导致其他帝国主义国家（例如日本）在华"势力范围"的继续扩大和加强，这更与美国独占中国的侵略野心不能相容。由于这些原因，所以美国政府认为只有在革命势力威胁到帝国主义的根本利益的情况下，才需要采取武装干涉手段，同时即使出现这样的情况，也应由列强联合进行干涉，而不应容许任何一国采取单独的军事干涉行动。

日本虽有实行武力干涉的强烈欲望，但这一企图受到了主要来自英美方面的严

---

① 张蓉初：《红档杂志有关中国交涉史料选译》，第 347 页。

重阻力。辛亥革命过程中,英国政府为了防止日本趁机谋取独占性的侵略利益,曾三番五次警告东京当局,不得在中国采取单独的干涉行动。特别是日本在英国"势力范围"——长江流域所进行的阴谋活动,引起了英国人的强烈反对。同时,美国也在德国支持下提出列强在华"一致行动"的原则来牵制日本。当时日本帝国主义羽毛还未丰满,无论在财政上或国际政治上都还处处需要依赖西方国家、首先是英国的支持,与美国也有着密切的经济联系,尤其是刚刚缔结的第三次英日同盟条约,对于加强日本在远东的地位具有重要作用,因此它绝不敢因为在中国的冒险事业而轻易触怒这两个国家。法国忙于准备欧洲方面行将开始的厮杀,也希望在远东方面保持原来的"均势"。当时唯有沙俄在中国问题上同日本的观点比较接近。11 月 18 日俄国代理外交大臣尼拉托夫上奏沙皇说:"我敢表示,由我国利益的观点看来,现在的中华帝国的解体在各方面都是合意的。在中国各部分之间,即令它们彼此不是完全独立的关系,无疑会有竞争,足以将它们削弱。我们可以利用情况以便完成我国移民事业及巩固我国的边疆,我们在这些地方的自由行动可能比现在大得多……"① 由于这一打算,沙俄政府一度曾有意同日本携手合作②。但俄国毕竟只是半个亚洲国家,它不能不首先考虑欧洲的政局。为了不致搞坏同法、英两国的关系,它实际上不可能在中国采取公然违反它们意愿的行动。俄国驻华公使当时在寄往彼得堡的报告书中即曾写道:"一系列头等重要的政治问题将我们同法国和英国联系在一起,我们不可能与这两个友好国家的愿望背道而驰。"③ 这样,由于帝国主义列强间的钩心斗角和相互牵制,终使日本的打算一时无法实现。

再一个原因是革命形势发展异常迅速,使帝国主义认识到武力镇压手段实际已无成功可能。英国驻华武官奥特巴雷在 11 月 2 日报告中即已指出:当时滦州、沈阳、长春等地的清军已在酝酿起义,驻守太原的混成协已经举事,"陆军中很大一部分人的忠诚未可逆料",武汉、宜昌、长沙、重庆、成都、昆明、滕越、南昌、九江、安庆、广州、汕头、西安等地"或已公开起事,或已陷入极端混乱的状态"。根据这些情况,他深信"从战略观点来看,清政府现在似已没有希望"。④ 朱尔典在同月 6 日给格雷的报告中更明确地说:"这个运动的广泛蔓延的性质,以及它到处获得成功的事实,已使一切用武力来挽救这个国家的企图失去了可能性。"⑤

① 张蓉初:《红档杂志有关中国交涉史料选译》,第 351 页。

② 1911 年 10 月 21 日俄国代理外交大臣尼托夫上奏沙皇:"我认为,在目前情况下,为我国利益起见,应尽可能与东京内阁交换意见,以便不错过加强我国在中国地位的适当时机。"尼古拉二世在该件下面批道:"赞成您所述理由。……我常有这种见解,即俄国在远东方面应与日本携手。"张蓉初:《红档杂志有关中国交涉史料选译》,第 337 页。

③ 贝洛夫:《1917—1918 年的中国革命》,第 62—63 页。

④ 《蓝皮书》,中国第 1 号,第 55 页。

⑤ 《蓝皮书》,中国第 1 号,第 58 页。

综上所述，当时无论是国际形势或中国国内的斗争形势，都迫使帝国主义无法对辛亥革命采取大规模的武装干涉行动。更重要的是，辛亥革命虽具有深刻的反帝性质，但所采取的毕竟是国内战争而不是民族战争的形式，内部矛盾在当时表现特别尖锐。同时，资产阶级革命党人自始就对帝国主义抱着妥协的态度，幻想因此获得它们对于革命政权的"同情"和"帮助"。10 月 12 日湖北军政府在致汉口领事团照会中明确承认："所有清国前此与各国缔结之条约，皆继续有效"，"赔偿外债，照旧担任，仍由各省按期如数摊还"，"所有各国之既得权利，亦一体保护"。以后南京临时政府又在所谓《宣告各友邦书》中，向帝国主义作了类似的声明。这些表现充分暴露了革命党的软弱性，使帝国主义感觉到可以采用间接的方式而不必采用直接进行武力干涉的方式来达到破坏革命的目的。因此，在这样的情况下，另一种更恶毒的侧重于政治阴谋活动的干涉形式便愈来愈为帝国主义所重视，并且实际上成为它们用以破坏辛亥革命的主要手段，这就是利用革命党人的幼稚和软弱，在"中立"的幕布后面加紧扶植袁世凯上台，并通过它们精心策划的"和平"谈判，诱使革命党人向袁世凯（也就是向帝国主义）交出已经得到的斗争果实。10 月 21 日《字林西报》社论说："武昌方面无疑是一只很不易夹碎的硬壳果，但是用武力做不到的事情，用计谋却能做到。"[1] 赤裸裸地暴露了帝国主义这一阴险狡诈的企图。

二

以义和团反帝运动作为分界线，帝国主义侵略中国的方式在 19 世纪末和 20 世纪初前后有显著不同。义和团运动以前五六年间，世界领土已经被分割完毕，中国变成帝国主义列强争夺最烈的宰割对象，瓜分危机一时达到空前严重的程度。而在义和团运动以后，由于中国人民在这次民族战争中所表现的不可屈服的反抗精神，同时也由于列强之间因争夺中国而产生的尖锐矛盾，终于迫使帝国主义抛弃了直接瓜分中国领土的狂妄打算，转而着重采取间接统治的手段，即在形式上保持清帝国的"独立"地位，利用清朝政权作为它们压迫中国人民和扩大侵略势力（首先是经济侵略势力）的工具。辛亥革命前十年中，帝国主义通过它们的走狗清政府之手，在借款、设厂、筑路、开矿等方面，从中国攫夺了一批又一批新的侵略权益。这种间接统治的形式，实际上正是典型的半殖民地统治形式，而美帝国主义在第二次门户开放宣言中所提出的"尊重中国领土与行政完整"的诺言，正是在中国实

---

[1] 《北华捷报》1911 年 10 月 21 日。

行半殖民地统治的同义语。为了有效地在中国维持上述的半殖民地统治，帝国主义列强对它们的走狗清朝进行了多方面的积极支持。

但是，历史的发展道路并不取决于帝国主义的意向。距离义和团运动的失败不过十年，在中国土地上又一次掀起了反对帝国主义及其走狗的斗争风暴——辛亥革命。腐朽至于极点的清朝政权经不起革命浪潮的冲击，马上呈现摇摇欲倒的趋势。早在 10 月 16 日，朱尔典即在报告中悲观地表示："清朝面临的前途，实属暗淡。" 18 日俄国公使库罗斯托维支在紧急报告中也沮丧地说："南方的事变清楚地表明了清政府的……极端无能、软弱和不得民心"。[①] 这表明在帝国主义的心目中，清朝政府作为它们的走狗此时已显得不中用了。为了继续维持半殖民地的统治秩序和保障它们的侵略权益，首先是为了破坏当前的革命运动，帝国主义迫切需要在中国物色一个在它们看来能够应付这一危局的人物。它们很快地选中了袁世凯。

作为帝国主义死心塌地的奴才，袁世凯得到外国人的赏识是并非偶然的。民国初年的名记者黄远庸曾经指出：

> 袁公之有外交上之令闻也，有二原因。第一则庚子时代，力主剿杀拳匪，为西人所感，教士等之归自中国者，莫不颂述其恩。第二则为外务部尚书时，承诸人因循延岩，积为外人所厌之后，袁公乃以爽快出之，故使馆人大感佩。又以其时威权赫奕，敢作敢为，遭清廷斥逐；摄政时代之晚政尤敝，内外遂益思项城，其声闻益高。[②]

这段话很中肯地说明，远在辛亥革命以前，袁世凯即已凭借其镇压革命运动的坚决和出卖民族利益的"慷慨"，博得了帝国主义列强的宠幸。当然，由于旧中国是一个受国际帝国主义共同统治的半殖民地，各国在争夺中国问题上存在着尖锐复杂的矛盾，因此袁世凯同这许多主子的关系，在亲疏程度上不可能是一律相同的。从历史上看，袁在辛亥以前的所作所为，例如参加"东南自保"，镇压抵制美货运动，积极为美国在东三省（日俄"势力范围"）的侵略活动效劳，赞助"中美德同盟"计划，支持英国在长江流域的路权要求，等等，这些都表明他主要是西方国家，特别是英美两国的走狗，也正因如此，所以对袁世凯最加赏识的不是别人，正是英国和美国。

帝国主义所以看中袁世凯，不但因为他过去在镇压革命和出卖主权方面历有表现，而且因为他是在清朝军队中有很大潜在势力的"实力派"人物。辛亥革命发

---

① 《红档选译》，第 335 页。
② 《远生遗著》第 1 卷。

生后，清军起义的消息时有所闻，这是帝国主义所最不能放心的。它们指望袁世凯能够通过他同北洋军队的特殊关系，牢牢地掌握这支反革命武装力量，从而利用它来抵抗革命浪潮和继续保存为帝国主义所需要的反动统治。

武昌起义爆发后，美国驻华公使嘉乐恒头一个正式提出起用袁世凯的主张。关于此事经过，当时俄国《新生活报》有过一则很可注意的报道：

> 美国驻北京公使首先在外交团的会议上提出，在中国目前的艰难时刻，袁世凯可能对这个国家有很大用处，把它引上生活的常轨。当时除日本代表以外，大多数国家的代表均表示愿意看到袁氏出来掌政。于是美国代表就在入宫觐见时提出了起用袁世凯的想法，但不是任用他作一个寻常的高级官吏，而是作为朝廷的顾问兼皇权执行者。①

10 月 14 日，清廷在帝国主义的授意下起用袁世凯为湖广总督，"兼办剿抚事宜"。当天朱尔典特别就此事向伦敦发出一个专电，并强调说明："此项任命或能使北方军队的忠诚得到保证（这一点在过去是可疑的），并将大大增强政府应付此一危机的力量。"② 但是，清政府仅仅向袁世凯让出一部分权力，这并不能满足袁的欲望，同时也不完全符合帝国主义的初意。司戴德在同月 28 日即曾写道："大家都觉得，同时我也认为，如果政府授予袁世凯以他所要求的那种权力，即组织内阁和成立责任政府之权，则南方的革命必将失败……"③ 明明白白地反映出帝国主义的观点和要求。另一方面，这时革命的火焰正在继续不断地扩大，愈来愈多的行省脱离清朝，宣告独立。清政府处在四面楚歌的形势下，已不得不完全倚赖袁世凯出来支撑危局，因而再三向他表示退让，最后在 11 月 2 日终于完全按照帝国主义的意图和袁世凯的要求，任命他为内阁总理大臣，实际上向他交出了一切军政大权。同月 13 日袁世凯入京组阁。前此一日，英公使朱尔典即怀着兴奋的心情电告外交大臣格雷说："袁世凯可望于明日清晨抵京，这件事情已在此间产生一种安定人心的效果。……清朝是否有望，现在全要看袁世凯的能力而定……"15 日格雷复电："我们对袁世凯怀着极友好的感情和尊敬。我们希望看到，中国在革命后将建立一个足够强健的政府，它能够公正地处理对外关系，并能维持国内秩序及为发展贸易创造有利的条件。这样的政府将会得到我们能够给予它的一切外交上的支持。"④ 帝国主义对于袁世凯所怀的信任和期望，在这两

---

① 贝洛夫：《1917—1918 年的中国革命》，第 60 页。
② 《蓝皮书》，中国第 1 号，第 3 页。
③ 《司戴德传》，第 418 页。
④ 《蓝皮书》，中国第 1 号，第 38、40 页。

封电报中说得再明白不过了。

但是对于袁世凯来说，此时有一件事情未免美中不足，即在他之上还有一个监国摄政王载沣；此人虽已实际上已丧失权力，仅存虚位，但到底还有点碍手碍脚。为了帮助袁世凯拔去这个眼中钉，美国公使在 11 月 23 日的公使团会议上，进一步提出了"保障袁世凯的地位并给以便宜行事的机会"的建议。与会各国公使当即表示赞同，并委托公使团团长朱尔典"以私人方式同袁世凯交换意见，讨论如何采取更好的行动方法"。① 在帝国主义的帮助下，不久袁世凯果然顺利地把载沣赶下台去。

袁世凯的出山，不但得力于帝国主义在政治上的支持，而且还得力于它们在财政上的援助。英帝国主义分子濮兰德在《最近时局与现行对华政策》一书中毫不隐讳地承认，袁世凯在上台以前，曾经从"他的外国朋友"那里获得关于供应军费的可靠保证。美、英、法、德四国财团的代表都对他抱着"同情的态度"，同时有好几个外国使馆"非正式地"答应在金钱上给予援助。濮兰德十分肯定地断言："可以有把握地说，如果袁不是对金钱的来源感到可以放心的话，他是决不会接受……这一困难而危险的职任的。袁特别对英国充满信心，相信不论有何种政治影响可能妨碍其他强国提供正式的财政援助，但……英国政府万不会在此紧要关头把他置之于危险境地。"②

自袁世凯出任总理大臣以后，四国银行团均极力主张立即对他进行借款。11 月 18 日，美国国务卿诺克斯也表示赞成对袁世凯进行所谓"具有严格中立性质"的短期借款。特别在 12 月 6 日清摄政王被追退位以后，袁世凯大权独揽的地位得到进一步巩固，因此帝国主义更加紧从财政上给予援助。德国驻华公使哈豪森当时在致柏林外交部的电报中说："四国银行团正提议借款三百万两给中国政府，以华北铁路为担保。我赞同借款，因为我认为，行动的时间已经到了，如果列强不欲担负使北京政府瘫痪的后果。袁世凯必须得到支持，因为只有他是稳定的保障。我的美国同僚，正象我的英国同僚一样，已向其政府建议借款。法国同僚也赞成。"③ 美公使嘉乐恒在同月 11 日更公然主张美国政府应不惜抛开"中立"的伪装，立刻支持银行团对袁支付上述借款。他极其露骨地报告诺克斯说："我很重视中立，……但是他（指袁世凯——引者注）一文莫名，他的政府随时可能垮台。向私人借款是根本不可能的。继续保持中立，就无异坐视袁世凯失败，让事情发展到非用武力干涉不可的地步。"④ 嘉乐恒这一主张，得到了诺克斯的充分支持。与此

① 贝洛夫：《1917—1918 年中国革命》，第 63 页。
② 濮兰德：《最近时局与现行对华政策》，第 154 页。
③ 孙瑞芹：《德国外交文件有关中国交涉史料选译》，第 3 卷，第 208 页。
④ 《美国对外关系文件》，1912 年，第 104—105 页。

同时，英外交大臣格雷也力促各国政府积极支持对袁借款。

随着袁世凯的出山，帝国主义的中心策略就是和他勾结起来加紧进行策划已久的"和平"阴谋，蓄意经过"议和"的途径来迫使革命党人妥协，从而实现破坏辛亥革命的恶毒目的。早在10月下旬，美国驻华代办威廉斯即在致国务院的报告中强调说："除非能够达成和解，否则眼看将出现帝国分裂或清朝完全覆灭的局面。"[1] 朱尔典格外明显地透露了这一企图，他说："袁世凯的威望，或许使他能够安排某种……妥协。革命运动已蔓延如此之广，象袁世凯这样的人；根据他的常识，大约是不会认为武装镇压有成功之望的。"[2] 帝国主义的希望并没有落空，因为袁世凯所持的观点恰与他们完全一致，并且在10月末和11月初的时候，事实上他已多次派人向武昌方面进行了初步的"和平"试探。11月26日，朱尔典和袁世凯经过密商，决定改由英国驻汉口总领事葛福出面，"采取非正式的口头传话方式"再向湖北军政府提出关于停战议和的建议。与此同时，他们并授意冯国璋加紧武力进攻，企图用施加军事压力的办法迫使武昌方面更快地接受和谈。27日北洋军队拼死命攻陷汉阳，朱尔典这时马上劝告袁世凯中止进一步的军事冒险，不要继续渡江攻打武昌[3]，以便利用这个一时一地的表面"胜利"，在有利的条件下进行"和平"谈判。这种软硬兼施的手法，果然把软弱的革命党人诱进了他们布置的圈套。双方首先实现了武汉的局部停战，接着更着手准备全面的和谈。英国此时仍继续扮演主要"调停人"的角色，并由上海的英国资本家李特以"私人"身份出面，在中国的革命派和反动派之间继续积极奔走，拉拢撮合。他甚至主动地提议以自己在"戈登路"的一所住宅作为双方谈判的场所。以后袁世凯的代表唐绍仪来上海时，就住在李特的家里。[4] 同时，朱尔典主张邀请日本也来参加"调停"，他认为日本的加入"可以加强我们（指英国——引者注）的声势"，使革命党人知道"别的国家也同我们站在一起"[5]。此项意见当即获得外交大臣格雷的赞同。美国驻汉口总领事格林一心想与英国争夺干涉中国革命的领导权，极力鼓吹美国也来出面"调停"，但这一主张没有得到公使馆和国务院的支持，因为它们担心此举会加深其他强国对美国的怀疑和嫉视。嘉乐恒后来在报告中曾经坦白承认：当时"所有的强国都或多或少地对美国人存有疑虑。它们似乎认为，在我们心里藏着某种排他性的或单独的打算，我们历次的利他主义的表白仅仅是一种障眼法，我们正在指望或力图通过某种方式，

---

① 《美国对外关系文件》，1912年，第52页。
② 《蓝皮书》，中国第1号，第44页。
③ 瑞德：《清室逊位与列强（1908—1912）》，第259页。
④ 《北华捷报》1911年12月9日。
⑤ 瑞德：《清室逊位与列强（1908—1912）》，第266页。

在提高威信方面或在物质方面取得其他国家没有份的利益"①。正是由于这个缘故，所以诺克斯和嘉乐恒尽管对于干涉中国革命十分积极，但他们都认为表面上还是让英国带头更为有利。

12月15日，北京公使团为了进一步影响即将在上海举行的"和谈"，使这一谈判能够按照帝国主义的意旨顺利进行，采纳了俄国公使提出的一项建议，决定由英、美、日、俄、德、法六国共同出面，在取得各该国政府同意后向南北双方代表发出如下的同文照会："X国政府认为中国目前斗争之继续存在，不惟足使中国本身抑且足使外人生命财产遭受严重危险。X国政府向持绝对中立态度，认为有义务非正式唤起双方代表注意尽速成立和解，停止现行冲突之必要。"同月20日，即和议开始后第三天，六国驻上海总领事受命将上述照会向伍廷芳和唐绍仪分别提出。显而易见，这一充满威胁口吻的文件表面上是对南北双方而发，但实际上分明专为恐吓革命党人，因为"和议"本身就是中外反动派共同安排的一个阴谋，帝国主义在这件事情上和袁世凯合作尚且不暇，因而没有也不可能有对他实行威胁的需要和意图。六国照会的性质是如此明显，以致某些稍具客观态度的外国观察者，也不能不承认这是对于中国革命的粗暴干涉，例如俄国《新生活报》记者当时即曾指出：列强"在上海的这一行动乃是外国干涉的开端"②。连《字林西报》也做贼心虚地说："这个照会……可能在某些革命党人当中引起一种模模糊糊的不信任态度，对于外国中立的真实性发生怀疑。"③尽管帝国主义在照会中假仁假义地故意标出"绝对中立"的字样，尽管它们特别声明这一照会是"非正式"的，但所有这些欺骗手法丝毫也不能掩盖事情的实质。

帝国主义列强一方面由于在反对中国革命这一点上利害相同，因而可能采取一时的联合行动，但是另一方面，它们彼此之间又因争夺中国而存在着深刻的矛盾和各不相同的打算。在南北和谈过程中，英国的中心目的是要经过这条途径在中国建立一个由袁世凯专政的"统一"政权，至于这个政权的构成形式，它认为是一个比较次要的问题，在必要时可以为了实现上述中心目的而表示某些"让步"。12月26日格雷在给朱尔典的训令中冠冕堂皇地指出："我们切盼看见一个强大、统一的中国，无论它采取何种政体，悉听中国人民自愿"，④明白地说出了英国的阴谋所在。相反，日本当时则直接针对革命党人作为谈判基础而提出的关于承认共和的条件，坚持要继续保留君主制度，蓄意借此促成谈判的决裂，为实行武力干涉制造借口。就在上述六国照会提出的当天，日驻美大使即向诺克斯

①《美国对外关系文件》，1912年，第64—65页。

②贝洛夫：《1917—1918年的中国革命》，第65页。

③《北华捷报》1911年12月23日。

④《蓝皮书》，中国第1号，第120页。

表示："日本政府的意见是，象中国这样的国家，采用共和政体将有极多的困难。即使果被采用，日本政府也不相信中国人民已有运用这种政治制度的充分准备。"① 两天以后，日驻华公使伊集院彦吉又向袁世凯正式声明，日本政府在清朝一旦被推翻的情况下准备实行干涉。当时日本许多报纸如《国民新闻》等，并假借英国的名义，大肆宣传英日意见"一致"，说两国均主张在中国"维持君主立宪政体"，以致路透社竟不得不特别发表辟谣的声明。12月24日，日本的元老和内阁举行会议，一方面表示"日本愿意继续与英国合作"，另一方面则认为"英国的态度并不与日本所了解的完全相同"，明显地暴露了英日之间在中国问题上的意见分歧。② 与此同时，东京方面更实际着手进行秘密的军事动员。据德国驻日武官从可靠方面探悉，当时日本除计划以第五师团占领东三省南部外，还积极准备将第二师团运往中国大陆，蓄意趁机采取单独的军事侵略行动。这一套阴谋计划马上引起了其他侵华国家的嫉视和不安。英国政府为此送向日本提出劝告，同时美国政府也在德国的积极怂恿下，于2月6日以答复德国询问的形式发表声明说：迄今为止，美国尚未感到有对中国实行武力干涉的必要。"但是，如果出于一切意料之外，进一步的步骤证明为必要的话，则本政府坚信，列强间尽量磋商后采取的协调行动政策将仍应并仍会维持下去，俾开始就排除一切可能的误会。"③ 这个声明表面上只字未提日本，但骨子里的目的显然是欲迫使日本放弃单独的干涉行动。声明发表后，各国先后对此表示赞同，日本政府迫于形势，也不得不勉强表示愿意尊重列强在华一致行动的原则。

值得注意的是：上述声明不但暴露了美、日之间的深刻矛盾，而且清楚地暴露了美国在南北和议一旦破裂的情况下准备联合其他强国实行集体干涉的卑鄙企图。当时沙俄驻华公使在给本国外交大臣的报告中即曾意味深长地指出：此项声明中"有关干涉部分的双重含义，是很可注意的"，他又说："如果将美国的声明同最近法国政府给本国公使的一般性指示比较一下，则情况尤为明显。后者认为：在帝制派与共和派尚未达成关于成立双方均能承认的政府的协议以前，中立是必需的……如果事情的结果与此相反，双方已无妥协之望，则需要实行集体干涉。"④

在帝国主义的威胁压迫下，资产阶级革命党人在和议过程中自始即采取了调和妥协的态度。他们的代表在表面上似乎颇为强硬，坚决表示不达共和不止，但其实所争的仅限于政体即统治形式问题；反之在革命的根本问题——国家政权或实际的

① 瑞德：《清室逊位与列强（1908—1912）》，第267—268页。
② 《北华捷报》1911年12月23日、12月30日。
③ 《德国外交文件选译》，第3卷，第247页。
④ 贝洛夫：《1917—1918年的中国革命》，第66页。

统治权力问题上，他们却向反革命势力作了最大的让步。革命党首领之一黄兴在和谈开始时即有电向袁世凯提出保证："若能赞成共和，必可举为总统。"日后终于堕落为民族叛徒的汪精卫，当时也以长电致袁克定，奴颜婢膝地表示："项城雄视天下，物望所归，元首匪异人任。"① 12月下旬孙中山自海外归国，② 起初很不以这种妥协方案为然，但左右的人都以"袁世凯得外国朋友的信任、能统一全国和确保民国巩固"的"理由"来说服他，迫使他不得不向这种在当时有着很大支配势力的意见表示让步。③

　　但是，革命党人愈是表示退让，帝国主义和袁世凯的态度也愈是凶横。特别是在1912年初孙中山就任临时大总统以后，袁世凯大失所望，马上造成谈判决裂的形势来对南方实行恫吓，同时帝国主义也加强了对革命派的攻讦和压迫。外国报纸颠倒黑白地攻击革命党人"过于专横，不许异己党派自由表其政见"，又说"此次和议，伍廷芳提议各节，复太不近人情"，"和议破裂，伍与其党徒，实尸其咎"，说"各公使均赞袁之公平正直，且称袁之所提议者，皆系十分牵就"，④ 如此等等。12月29日南京代表会选举孙中山为临时总统，第二天《字林西报》即发表社论，攻击革命政府"独裁"，"远非一个民有、民治、民享的政府"，诬蔑它"仍然是几乎与清政府一样的寡头政治"。⑤ 美国国内的资产阶级报纸这时也对中国革命再次发出恶毒的叫嚣。《纽约太阳报》竟说："孙中山和他的朋友们非常缺乏管理国家的经验，他们没有维持中国领土完整和恢复和平的能力。"《纽约时报》也说："中国人最好还是保存帝国，并慢慢地实行政治改良。"《纽约先驱报》报道："国务院将严格地遵守中立，但对于革命党人急急忙忙企图建立一个共和国的行动感到某种忧虑。"⑥ 南京临时政府于1月11日、17日、19日接连三次天真地要求列强予以承认，但均无一字答复。与此同时，当同月11日袁世凯提出在北方另组临时政府的阴谋计划来向英国公使征求意见时，后者竟毫不犹豫地表示赞同，并保证袁世凯"拥有各国的信任"。⑦ 美国公使也极

---

　　① 《辛亥革命》第8卷，《中国近代史资料丛刊》，第117—118页。

　　② 当时美帝国主义分子李何默（Homer Lea）亦以"军事顾问"身份随同孙中山来华。途经香港时，当地美领事安德逊曾向国务院报告，谓李对孙中山影响颇大，并说此种影响可能及于革命党人的对外关系方面。见詹逊《日本人与孙中山》，第143页。又11月25日《北华捷报》亦曾报导，谓孙中山返国后，"他的第一件事将为在美国李何默将军指导下建立政府"。这些都说明当时美帝国主义存有控制孙中山的企图。孙中山同李何默返国后，引起了日本人的忌妒，当时甚至有日人在"亲西方"的孙中山和革命党其他领袖之间进行挑拨离间活动。但李何默来华后不久即在南京病死，美帝国主义的希望因而落空。

　　③ 《孙中山选集》上卷，第435页。

　　④ 《辛亥革命》第8卷，《近代史资料丛刊》，第500页。

　　⑤ 《北华捷报》1912年1月6日。

　　⑥ 《北华捷报》1912年1月13日。

　　⑦ 《蓝皮书》，中国第3号，第42页。

力给袁世凯打气，赞许他是"中国当代最有才干的人物。"① 法国外交部长普恩加赉在当时甚至向列强发出了一份照会，公然主张由帝国主义国家直接提名，推举袁世凯为中国总统的候选人！②

针对着袁世凯企图使南京临时政府和清政府同时取消，并在天津另组"临时政府"的阴谋，南京方面于 1 月 19 日决定向袁世凯提出四项条件，要求：一、清室退位；二、清帝不得干预临时政府组织之事；三、临时政府须设在南京；四、孙中山须俟各国承认临时政府，和平确立后方行辞职；袁世凯在孙总统辞职前不得干预临时政府一切事务。不料这些条件刚一提出，便遭到帝国主义"舆论"的猛烈攻击。1 月 23 日《字林西报》发表社论说："正当退位诏书已在实际着手草拟的时候，民党全然出人意料地发出一个最后通牒，使得整个的协议根本动摇。……如果袁世凯的势力果被摒除，民党究有什么办法能够使北方平静呢？但尤其严重的是事情的道义方面。……如果他们还多少知道尊重国际舆论，或希望跻于有外交信用的国家之列，那么，他们就应该切实当心这种只能认为是不守信义的值得遗憾的行为。"值得注意的是，对于《字林西报》这种气焰嚣张的、公开干涉中国内政的言论，软弱的资产阶级革命党人竟未有一字抗议，而仅由伍廷芳在该报刊登了一则启事，声明向袁世凯提出的并非"最后通牒"，而是一条"反建议"。当时伦敦《泰晤士报》也诋毁南京临时政府所提出的条件是"不智的"、"可耻的"、"不可原谅的"，并以威胁的口吻宣称："这一行动破坏了通过和平途径达到革命目的的机会，无论在内外各方面都使国家陷入了极严重的危险处境。"③

在这样的空气下，软弱的革命党人被迫继续一步步退让，终于达成中外反革命势力所企盼的和局。2 月 12 日清室下诏退位，13 日孙中山提出辞职，并举袁自代。15 日参议院选举袁世凯为临时大总统。只有这一次，帝国主义列强才对南京方面感到真心的"满意"。2 月 16 日《字林西报》发表题为《总统的更换》的社论说："可以毫不夸张地说，这是对民党信用的一次最高的考验，现在这一考验已经以结果大大提高南京方面威信的方式获得通过。"④ 帝国主义的这种"夸奖"，侮辱革命党人可谓莫此为甚了。

袁世凯窃取国家权力的成功，博得了帝国主义列强的热烈喝彩。早在 2 月 13 日，即孙中山辞去临时大总统职务的同一天，美国驻华公使便奉国务院之命通知袁世凯，说中国从此进入了"形成阶段"，中国驻美公使可用"临时外交代表"的名义照旧履行职务。袁世凯"当选"临时总统后，美、英、法、德等国驻华公使马

---

① 《美国对外关系文件》，1912 年，第 61—62 页。
② 茹科夫：《远东国际关系史》，中译本，第 234 页。
③ 《北华捷报》1912 年 1 月 27 日。
④ 《北华捷报》1912 年 2 月 17 日。

上相继登门拜访，表示祝贺。美国众议院更于 2 月 29 日为此通过一项议案，以令人作呕的伪善口吻宣称："美国国会参众两院议决：中国人民业已获得自己管理自己的权力，并担当起这方面的义务和责任，美利坚合众国特此表示祝贺。美国切盼中国人民采纳共和政体之后，其权利、自由及幸福将愈益增进，并将保证国家之不断进步。"接着美助理国务卿亨廷顿·威尔逊复于 3 月 2 日电告嘉乐恒，嘱其转令驻中国各地的美国领事将这一议案广为宣传，说如此将"有助于美国的利益"①。在财政上，帝国主义银行团的援助此时也源源而来，它们一方面积极着手同袁世凯进行关于"善后大借款"的谈判，另一方面不断地先行垫款，以应袁政府急需之用。据不完全统计，仅在 1912 年上半年，这样的垫款即有五次，计 2 月 28 日垫付 200 万两，3 月 9 日垫付 110 万两，5 月 17 日垫付 300 万两，6 月 12 日垫付 300 万两，6 月 18 日垫付 300 万两，五次共支付袁政府银 1210 万两②。（德商瑞记洋行在更早一些时候借给袁世凯的 30 万英镑，还没有计算在内）

孙中山在辞职荐袁的时候，本来有过一种打算，希望一方面用定都南京的办法把袁世凯调离北京的巢穴，以便切断他与旧势力的联系，另一方面再用一部临时约法来约束他的行动。但这一计划刚刚付诸实行，便又遭到了帝国主义的百般阻挠。英国驻南京总领事威尔逊立即向南京政府外交总长王宠惠蛮横地表示：迁都南京在外国公使看来是一种"过分的要求"，因为一则临时政府的首都只是临时的，二则在南京"没有适合公使馆用的房屋设备"！③ 2 月 28 日晚，袁世凯在北京策动兵变，用以恐吓南京派来的迎袁专使。接着，他更于 3 月 2 日派人请求外交团配合行动，立即采取"保护"北京的措施。当天下午外交团立应袁世凯之请召集会议，决定"以强有力的外国部队每天在通衢大道担任巡逻"④。同时，日、英、俄、德纷纷从旅顺、香港、哈尔滨、青岛等地增调军队入京"护卫"，总数约达 3000 人之多。在帝国主义和袁世凯的武力恐吓下，革命党人终于被迫打消了定都南京的计划。3 月 10 日，袁世凯如愿以偿地在北京宣誓就任临时大总统职，袁记"民国"至此正式产生。正如北京俄国东正教会的一个教士在当时所描述的，这个"民国"的"行政、法庭、税收、警察一切都仍照旧……固然，现在采用了总统、副总统之类的堂皇称号，人人口里都讲着自治、宪法和共和，但是在新瓶子里装的仍是旧酒"⑤。

---

① 《美国对外关系文件》，1912 年，第 71 页。

② 李田意：《威尔逊的对华政策》，第 27—28 页。

③ 《蓝皮书》，中国第 3 号，第 205 页。

④ 同上书，第 171 页。

⑤ 贝洛夫：《1917—1918 年的中国革命》，第 81 页。

三

帝国主义列强破坏辛亥革命的历史再一次从反面教育中国人民：在外国帝国主义面前，任何时候都不可以表示丝毫的怯懦或存有丝毫的幻想。帝国主义终究是帝国主义。为了侵略的需要，帝国主义总是千方百计地在殖民地、半殖民地国家中支持和扶植最反动的社会势力，打击和镇压一切真正代表进步的社会力量。即使像辛亥革命时期的中国资产阶级革命派，虽然他们并没有提出任何明确的反帝国主义的斗争口号，而且相反地对帝国主义采取了极端妥协让步的政策，但结果还是遭到了帝国主义列强的恶毒干涉。固然，由于各个历史时期的客观形势的不同，帝国主义采取的干涉方式和手段也往往有所改变，但不论是直接的方式还是间接的方式，不论是"和平"欺骗的手段还是武力威胁的手段，都丝毫没有改变事情的实质。革命的人民必须保持清醒的头脑，认清帝国主义豺狼的本性，任何时候都既不相信它们的"好话"，也不害怕它们的威胁。

辛亥革命的英雄们由于阶级的和时代的局限性，对于帝国主义没有也不可能有深刻的认识，在这一方面，我们今天不应苛求于前人。相反地应该看到，他们的成功经验和失败经验，都是中国人民在长期革命斗争中所积累的丰富历史经验的组成部分，为我们提供了有益的借鉴。

辛亥革命虽然由于帝国主义列强的干涉和敌我力量的过分悬殊而遭遇失败，但却在中国的土地上更广泛地播下了革命斗争的火种。1913年，列宁在《马克思学说的历史命运》一文中曾经满怀信心地指出："不管各种'文明'豺狼切齿痛恨的伟大的中华民国命运如何，但是，世界上任何力量也不能在亚洲恢复旧的农奴制度，也不能铲除亚洲国家和半亚洲国家人民群众的英勇的民主精神。"[①] 半世纪以来的历史进程，完全证实了列宁的这一伟大的预见。

（刊于 1961 年第 5 期）

---

① 《列宁全集》第 18 卷，第 583 页。

民族运动与中国近代史的基本线索

章开沅

近几年来，中国近代史的基本线索问题又复引起注意和讨论，这对于本门学科的进一步发展是非常必要和有益的。因为，自从1954年胡绳同志倡导中国近代史分期问题讨论以来，时间已经过去了将近30年。理应根据理论学习新的收获、科学研究新的成就，以及我们自身由于社会、政治阅历增长而有所提高的史识，对中国近代史全过程重新作一番总体考察。底下，也谈谈我个人的粗浅看法，以求教于关心这一问题的同志们。

一

尽管出现了种种争论，但有一根本之点至今仍然为绝大多数同志所坚信不疑，即：包括中国近代史在内的一切阶级社会的历史，都是以作为真正动力的阶级斗争为基本线索。为了澄清某些对于阶级斗争片面的、狭隘的误解，或许应该重温一下恩格斯在1885年为《路易·波拿巴的雾月十八日》第三版所作序言中的一段话："正是马克思最先发现了伟大的历史运动规律，根据这个规律，一切历史上的斗争，无论是在政治、宗教、哲学的领域中进行的，还是在任何其他意识形态中进行的，实际上只是各社会阶级的斗争或多或少明显的表现，而这些阶级的存在以及它们之间的冲突，又为它们的经济状况的发展程度、生产的性质和方式以及由生产所决定的交换的性质和方式所制约。这个规律对于历史，同能量转化定律对于自然科学具有同样的意义，它在这里也是马克思用以理解法兰西第二共和国历史的钥匙。在这部著作中，他用这段历史检验了他的这个规律；即使已经经过了33年，我们还是应该承认，这个检验获得了辉煌的成果。"时隔一个世纪，恩格斯这段话更加令人信服，因为已经有成千上万马克思主义学者，用世界各国从古到今的各种文明史检验了这个规律，而且获得了许许多多辉煌的科学成果。

　　但是，共性总是寓于个性。作为基本线索的阶级斗争，在各个国家各个阶段的历史中又各自有其千差万别的具体特点和表现形式。史学工作者的任务，绝非简单地重复阶级斗争是基本线索这一人所共知的结论，而是应该着重探索阶级斗争在各个国家、各个阶段的具体表现。

　　如果说，奴隶社会历史的基本线索是奴隶与奴隶主的斗争，封建社会历史的基本线索是农奴与地主的斗争，资本主义社会历史的基本线索是工人与资本家的斗争，那么，中国近代社会历史的基本线索就很难作出这样简单明了的概括。这是由于外国资本主义的侵略，使近代中国社会的发展偏离了正常的轨道，它既不同于封建社会又不同于资本主义社会，而是属于过渡型的半殖民地半封建社会。在这种社会里，各种因素新旧杂陈，流变不居，民族关系与阶级关系错综复杂，因而大大增加了辨析条理基本线索的难度。但是绝不能说，我们的前辈在这方面没有做过大量富有成效的工作。譬如，大家经常引用的毛泽东同志在《中国革命和中国共产党》一文中的论断："帝国主义和中国封建主义相结合，把中国变为半殖民地和殖民地的过程，也就是中国人民反抗帝国主义及其走狗的过程。"这便可以作为我们据以探究近代中国历史基本线索的基点。当然，毛泽东同志对于中国近代历史发展过程也有其他的论述，如从经济上谈及资本主义的发展及其障碍，从政治思想上谈及向西方学习的几代人物，以及对近代社会主要矛盾发展变化的精辟分析，等等。但相较之下，我总觉得不如有关"两个过程"概括得那么全面与精练，而且它还可以把后面那些内容涵盖其中。当然，由于《中国革命和中国共产党》一书写于抗日战争前期，上述"两个过程"又主要是为了强调我们民族英勇不屈的反抗精神，所以作为近代史基本线索的表述似乎还有未尽之意。我想，如果把上述"两个过程"的文字改为"帝国主义和中国封建主义相结合，把中国变为半殖民地和殖民地的过程，也就是中国人民反抗帝国主义及其走狗，为建立一个独立、民主、富强的新中国而奋斗的过程"，也许会使人感到更为完整一些。

　　一提阶级斗争或"两个过程"是中国近代史的基本线索，有些同志就唯恐漏掉经济与文化，唯恐出现简单与片面的毛病。这种担心似有所据，但理解则未必准确。因为，过去中国近代史教学与研究中之所以出现简单片面的毛病，主要是由于"左"的干扰，所谓"突出政治"、"抓纲上线"有时达到无以复加的地步。同时，由于我们自己研究进展的局限，也容易产生对于"两个过程"比较狭隘的理解。总之，问题并不在于客观存在的阶级斗争本身，或者"两个过程"的提法是否不妥。我认为，历史的基本线索在表述上只能是本质性的高度提炼概括，它决不可能将各个时期社会历史内容的各个方面缕陈无遗。作为阶级社会历史基本线索的阶级斗争，就其社会根源和在各个领域的表现而言，自然可以包容政治、经济、文化等许多方面。本文从一开始便特地引用恩格斯那段论述，就是为了强调需要对阶级斗争这一概念作完整的理解，不能把它看成是游离于经济、文化之外的仅仅是涉及政治的暴力行动。

对于"两个过程"也应作如是观。"两个过程"作为阶级斗争在中国近代史中的具体体现，它也包含着多方面的内容。"帝国主义和中国封建主义相结合，把中国变为半殖民地和殖民地的过程"，自然是大量政治、经济、文化史事的理论概括，"中国人民反抗帝国主义及其走狗的过程"，何尝又只限于群众自发斗争、民族战争和革命运动，它同样也包容着经济、文化诸方面的斗争。"两个过程"不是主观臆想的产物，它是客观存在的历史实际，是中国近代历史全过程的主干，因而也就理所当然地被人们理解为贯穿始终的基本线索。很难设想，如果撇开"两个过程"，抽掉这个基本线索，怎么可能客观、准确、深刻地叙述和说明半殖民地半封建社会的历史。

当然，我们也不应该停留于前人已有的结论，而需要不断发展和深化我们对中国近代史的认识（包括对基本线索的理解）。认识永无止境。即令是业经历史发展和革命实践证明为正确的前人结论，也需要从不同角度、不同侧面反复进行新的探索、剖析、验证，这样才可以不断丰富我们的思想和学科内容。

由于学力和精力两方面的限制，本文仅从民族运动的角度对中国近代史基本线索问题略作阐明，或可当作我对于中国近代史发展过程的再认识。

二

纵观世界，几乎每个国家进入近代都曾经历过一次或大或小、或显或晦的民族运动。有些是近代民族的形成过程与建立独立的民族国家的过程相一致，有些是在某个先进的民族建立了统一的多民族国家以后又产生了国内若干"被排挤民族"起而反抗统治民族的民族运动，还有的则是范围更为广泛的殖民地半殖民地人民把反对外国资本主义侵略与反对本国前资本主义落后统治结合起来的民族运动，一般称之为民族解放运动。中国近代民族运动属于第三种类型。

列宁说："在全世界上，资本主义彻底战胜封建主义的时代，是同民族运动联系在一起的。"① 所谓"彻底战胜"，自然是就世界全体和整个时代而言，并非说任何国家、任何阶段的民族运动都能完成"彻底战胜封建主义"的历史任务。譬如在中国，彻底战胜封建主义的历史任务，就是由无产阶级代替资产阶级完成的，而且完成得比一般资本主义民族国家更为彻底。因此，无论是就中国近代史整体着

① 《论民族自决权》，《列宁选集》第 2 卷，第 508 页。

眼，或是仅仅就中国近代民族运动着眼，西方模式都不能简单地搬用于东方。中国和亚洲、非洲、拉丁美洲其他落后国家的民族运动，都各自具有其特殊的社会历史风貌，当然这也丝毫无损于上述列宁论断的普遍指导意义。

说近代中国历史发展过程是一种民族运动，并不意味着以另一线索取代"两个过程"而作为基本线索。因为，民族运动是中国社会主要矛盾的产物，因而也就体现了"两个过程"的主要内容。从鸦片战争开始的外国资本主义的侵入，不可避免地激起了中国人民的反抗，也不可避免地在客观上刺激了中国资本主义的产生，并引起与此相应的阶级结构和政治、文化诸方面的变化，从而使中国的民族运动逐步具有近代的特征，当然，从帝国主义本性而言，它不会心甘情愿地充当促使中华民族实现近代化的"历史的不自觉的工具"。帝国主义在中国的主体行动还是与封建主义相互结合起来，一步一步地把中国变为半殖民地半封建社会。而我们民族的每一点进步，都得经历多少次严酷的斗争，都得付出沉重的血的代价。正如马克思所说的"像可怕的异教神像那样，只有用人头做酒杯才能喝下甜美的酒浆"。[①]何况这酒浆中还混杂着那么多苦涩的味道。在近代中国，不仅每一次民族战争，而且每一次农民战争，每一次革新和革命，都自觉地或不自觉地与反帝相联系，并且作为西方殖民主义统治的对立物而存在。如果离开这个特点，简单地把中国近代史纳入英、法等国那种独立的资本主义产生、发展、衰亡的框架，是不可能如实反映历史本来面目的。

近代中国的民族运动，以1900年为界标，大体上可以分为两个阶段。1900年以前，由于民族资本主义的发展极为有限，这个运动的主要社会基础是农民，而运动中比较活跃的力量是地主阶级当中的抵抗派和革新派，以及一部分从封建士大夫营垒中分化出来的具有资产阶级倾向的知识分子，毋庸讳言，这一阶段的民族运动带有较多封建落后的因素。1900年以后的民族运动则具有更为明显的近代特征，尽管农民仍然是主要的社会基础，但随着民族资本主义的初步发展，民族资产阶级和日渐增多的资产阶级、小资产阶级知识分子开始成为运动中最为活跃的力量，起了指导以至领导的作用。运动不仅包含更多近代内容，而且采取更多近代形式。

鸦片战争是中国近代民族运动的发端。虽然它是由地主阶级抵抗派领导的，而且主要限于沿海地区，但作为一次粗具规模的民族战争则是显而易见的。它不同于以往历次国内民族纷争，而是古老的中华民族抗御外国资本主义的侵略，并且开始卷入风涛险恶而又奔腾向前的时代潮流。恩格斯早已说过："最好承认这是保卫社稷和家园的战争……虽然你可以说，这个战争带有这个民族的一切傲慢的偏见、蠢

---

① 《不列颠在印度统治的未来结果》，《马克思恩格斯选集》第2卷，第75页。

笨的行动，饱学的愚昧和迂腐的蛮气，可是它终究是人民战争。"① 他还从中国南方人民反侵略斗争中看到"整个亚洲新纪元的曙光"②。恩格斯是从世界全局、时代潮流和历史本质的角度来评析中国人民反抗英国鸦片侵略的正义斗争的。我们在探究中国近代史基本线索问题时，正应该以此为榜样。

需要指出一点，古老中华帝国的与世隔绝和落后状态，毕竟不像以往某些西方学者所描述的那样绝对。中国不仅已经建立了悠久而且高度发达的封建文明，而且与近代西方文明也有过两百多年有限的接触。特别是像康熙那样雄才大略的皇帝对新知的热切追求，以及经世致用社会思潮的逐步兴起，都必然要在学界以至政界产生不同程度的影响。鸦片战争把已经进入衰世的封建帝国的腐败彻底暴露于世界，但是并非所有的中国人都对外面的世界采取闭目塞听、麻木不仁的顽固态度。从林则徐的《四州志》、魏源的《海国图志》到徐继畬的《瀛环志略》，都表现出有识之士要求了解外在世界并在新的历史条件下寻求新的救危图存之道的强烈愿望。应该承认，"师夷之长技以制夷"是当时所能提出的最为光辉的命题。对于外国资本主义侵略者，既要反对它，又要学习它，只有学习它的一切先进的东西，才能有效地抗御以至战胜它。从某种意义上来说，一部中国近代史就是围绕这个大题目做文章，扣紧这个题目必见成效，背离这个题目或缺少正确的章法则一定遭受挫折和失败。当然，魏源等人只能代表我们民族从朦胧中开始觉醒，他们对西方的认识是有限的，他们的国家民族观念也未能突破华夷之辨、宗庙社稷的传统格局。

太平天国是鸦片战争的产物。如果我理解得不错，这本来是马克思的观点。他说："中国的连绵不断的起义已延续了十年之久，现在已经汇合成一个强大的革命，不管引起这些起义的社会原因是什么，也不管这些原因是通过宗教的、王朝的还是民族的形式表现出来，推动了这次大爆炸的毫无疑问是英国的大炮，英国用大炮强迫中国输入名叫鸦片的麻醉剂。"③ 正因为如此，太平天国不同于既往的历次农民战争，它不是简单地反映地主阶级与农民阶级的矛盾，而是反映了由于外国资本主义侵入而迅速激化的封建主义与城乡人民群众的矛盾。我把太平天国看作一次以农民为主体而且由农民自己发动的大规模民族运动，其根据正在于此。

由于没有先进阶级的领导，太平天国未能突破和改变旧式农民战争的范型和命运，但它在新的历史条件下却承担着新的历史使命。太平天国不仅需要同地主阶级搏斗，而且还要同西方殖民主义者打交道。因此，他们也面临着"师夷制夷"即学习西方以抗御外侮这样严峻而又复杂的新课题。如果说，洪秀全早先还只限于从

① 《波斯和中国》，《马克思恩格斯选集》第 2 卷，第 20 页。
② 同上书，第 22 页。
③ 《中国革命和欧洲革命》，《马克思恩格斯选集》第 2 卷，第 1—2 页。

基督教义中借取精神武器，那么洪仁玕的《资政新篇》则反映了通过国家政权仿行西方先进经济和某些社会制度的主观意愿。所谓"新天新地新世界"，"因有自新之学，用以新民新世"云云，不能单纯作为宗教语言来理解，它确实蕴涵着这次农民战争中处于萌芽状态的新的趋向。马克思和恩格斯早在《国际述评》（一）中即已说过当时的中国"已经处于社会变革的前夕"，这一判断的敏锐和准确真是令人心折。

太平天国的主要历史功勋并不在于建设新制度，而是在于破坏旧制度，破坏旧制度就是为新制度的产生开辟道路。尽管"反满"（"讨胡"）不是太平天国农民战歌的主旋律，但是太平军以国内战争的形式公开而广泛地声讨清朝贵族统治的罪恶，并在所到之处扫荡其各级官僚机构。清王朝虽然借助外国侵略者的援助扑灭了农民战争的烈火，但是它再也不能恢复原有的相对稳定的政治态势，"外重内轻"已成必然的趋向。如果说，1525 年德国农民战争的主要受益者是各地诸侯，那么太平天国运动的主要受益者则是地主阶级的地方实力派。湘军、淮军的崛起及各派洋务集团的产生，都说明封建专制主义"大一统"的局面已经暗藏着分崩离析的危机。

在历史上，中国各民族都曾为祖国作出自己的贡献。满州贵族入主中原，给古老的封建社会带来新的活力，促使中国出现了令人欣羡的强盛和繁荣。然而整个封建制度毕竟已经日薄西山，这股活力经过两百多年岁月已经消耗殆尽。从鸦片战争到太平天国，都说明爱新觉罗的皇统已经不再可能在中华民族前进的道路上发挥积极作用，他们甚至已经不能有效地行使自己的政治权力。清王朝既然主要是依赖汉族地方官绅的支持来延续自身的生存，它就不再能够完全掌握自己的命运。当然，汉族地方官绅在镇压农民起义和革命运动的时候，又需要乞求帝国主义的施舍与帮助，他们也不能完全掌握自己的命运。统治的危机促成统治阶级的分化，在新的阶级力量没有出现之前，具有紧迫感，变革要求并或多或少顺应历史潮流的，往往首先是统治阶级中分化出来的某些开明分子，于是就出现了维新思潮和洋务运动。

太平天国之后的 30 年，是洋务运动的 30 年。由"夷务"而改称"洋务"，说明中国人对世界的认识已经前进了一大步。应该承认，洋务运动是"师夷之长技以制夷"这一命题的继续与发展，它也是围绕学习西方以抗御外来侵略这个大题目做文章。但是，19 世纪 60 年代以后中国的社会情况较诸鸦片战争时期要复杂得多，阶级关系和政治派别都有所变化而又不甚清晰。正如所谓洋务缺乏明确的含义一样，所谓洋务派也很难说是一个面貌清晰的明确政治派别。如果仅就兴办近代企业和引进西方科学技术而言，无论其动机如何都比顽固守旧有所进步，而且确实伴生了民族资本主义和民族资产阶级。我在《"排满"与民族运动》一文中曾经指出："广义地说，从鸦片战争到辛亥革命，其间一切民族战争、农民起义、政治革新、企业兴办、改良运动与革命斗争，都是近代中国民族运动的组成部分。"① 实际上就是把洋务活动中的积极因素也看作民族运动的组成部分，因为不管其主持者的成分与主观愿望如何，它毕竟在一定程度上顺应了历史的潮流。何况当时并没有形成严格意义上的官僚资产阶级，洋务官僚与以后以四大家族为代表的官僚资产阶级是不能混为一谈的。

但如果因此就把洋务活动仅仅理解为："兴办近代企业 + 创建新式学堂 = 发展资本主义"，或干脆简单地称之为学习西方运动，则又不符合历史实际。因为在当时人们的心目中，洋务是一个具有广泛含义的概念，几乎凡是直接或间接涉及外国的事务均可称之为洋务。至于主持洋务的高级官员（通常称之为洋务派），则是封建国家的各级政府首脑，他们是代表国家并且作为国务活动来举办洋务事业的。因此，不能把他们的经济、文化活动与政治活动割裂开来，更不能无视他们所依附的阶级和效忠的朝廷已经更加腐朽，并且日益屈从于西方殖民主义者这一严峻的客观事实。他们之中的某些人物，可能在这一时期或那一时期，这一活动或那一活动中，办过一些维护民族权益、有利经济发展的事情；但如果就这个政治势力的整体，或就他们的全部国务活动的主干而言，他们没有也不可能代表社会前进的方向。他们的封建性过于浓厚，并且日益趋于买办化，加上资本主义经济又太幼弱，因而李鸿章之流就不可能成为俾斯麦那样的铁血宰相。洋务派自然比粗犷的德国容克儒雅得多，但儒雅岂不正好表明他们的封建包袱太重，因而更加难以实现向资产阶级的转化么？洋务活动之所以失败，原因正在于此。

早期的维新思想家大多依附于洋务派，并且曾对洋务活动寄予不切实际的希望。经过中法战争的失败，他们逐渐从洋务的营垒中分化出来，而且还出现了一批由封建士大夫转化而成的具有资产阶级倾向的知识分子成为他们的同道。维新派已不满足于"商战"、"工战"之类口号，他们初步接受了西方的进化论和近代社会政治学说，并且以在野的身份对洋务派逐步加强了抨击。他们认为没有政治革新作为保证，经济和文化方面的革新就不可能完全成功。异军突起的维新运动终于使洋务活动黯然失色，维新志士堪称 19 世纪末年的时代骄子。甲午中日战后的三年是维新变法的三年，为时虽然短促但其影响则一直延续到 20 世纪初叶。今日的学者可以对当时资产阶级的发展程度提出种种不同的看法，但维新运动的资产阶级性质则是显而易见的，它已经作为初步具有近代格局的民族运动出现于历史舞台。维新派扬弃了洋务派"中学为体，西学为用"的口号，他们毫不讳言要以日本明治维新等外国模式来改造旧中国，变法的筹划和鼓吹触及社会生活的各个领域，强烈的民族忧患意识使维新志士的宣传语言具有感人肺腑的力量，救亡图存与政治革新的

① 见《近代史研究》1981 年第 3 期。

结合促成一次较大的思想解放，所有这些都说明中国的民族运动在甲午战后正在走向一个新的阶段。

戊戌变法的失败，与其归咎于主持者决策的失误，不如说它还缺少足够的经济基础与阶级基础。由于根深蒂固的封建势力得到帝国主义列强的支持，维新派的弱小力量显然不是顽固派的对手。封建顽固势力不仅绞杀了挽救民族危亡的维新变法，而且还把反抗帝国主义瓜分狂潮的义和团运动引入歧途。有的同志从学习西方的角度强调义和团是对于戊戌变法的反动。但是，如果我们从更广阔的视野来看，义和团也是近代中国民族运动的重要组成部分，尽管它具有浓厚的落后与粗野色彩。恩格斯早就说过："对于起义民族在人民战争中所采取的手段，不应当根据公认的正规作战方法或者任何别的抽象标准来衡量，而应当根据这个起义民族所已达到的文明程度来衡量。"[1] 甚至连 20 世纪初年的中国资产阶级革命派都认为义和团属于亚洲民族主义的"胚胎时代"[2]，我们又有什么理由不承认义和团是中国民族解放运动的前驱？或许可以这样来表述 19 世纪末中国的历史状况：甲午战后的瓜分狂潮引起了民族运动两股潮流，一是具有资产阶级倾向的爱国知识分子发起的维新运动，一是以农民为主体且有部分地主、官僚以至贵族王公介入的义和团运动。前者缺乏力量，后者缺乏方向，而二者又不可能结合起来，这说明中国社会经济仍然极端落后，新的阶级力量仍然极端幼弱，民族运动仍然未能完全摆脱古老传统的羁绊。

"人事有代谢，往来成古今"。历史的发展总是前后连续的。辛亥革命从太平天国那里继承了反清传统，从义和团运动中看到人民群众蕴蓄的战斗力量，并且跨过前辈的足迹，运用新的斗争形式推动了历史的前进。同时辛亥革命也从戊戌维新那里继承了学习西方以挽救危亡的进步事业，并且以法、美民主共和模式取代日本君主立宪模式，把民族运动推进到资产阶级革命的新阶段。民族解放当然需要力量，需要战斗，但同时也需要思考，需要理性。也许思考和理性本身就是一种强大的力量、有效的战斗。辛亥革命的历史功绩，就在于把甲午战后兴起的民族运动两股潮流汇合起来，使维新运动补充了人民的力量，把下层群众的自发反抗纳入了民主革命的轨道。20 世纪初年为辛亥革命做了大量准备工作的新的一代先进中国人，他们敢于正视和揭露旧中国的腐败落后，敢于公开宣称自己是为中国的新生战斗，而不是为保卫旧中国的腐败落后做无谓牺牲。他们摒弃了笼统排外的狂热情绪，冷静地研究了西方的历史和现状，探索了流行于资本主义世界的各种思潮，不仅向往资产阶级的先进文明，而且也多少看到一些这种文明背后的阴暗面。列宁曾经说

① 《波斯和中国》，《马克思恩格斯选集》第 2 卷，第 20 页。
② 见《民族主义论》，载《浙江潮》第 2 期，第 20 页。

过："建立最能满足现代资本主义这些要求的民族国家，是一切民族运动的趋势（趋向）"，① 以孙中山的三民主义为旗帜的辛亥革命，其终极目的当然是建立这样的民族国家，而所谓"平均地权"无非反映于既想发展资本主义又想避免它可能发生弊端的矛盾心理。

辛亥革命的失败，并非由于领导这次革命的先进中国人的聪明才智不及他们的西方前辈，而主要是由于当时的时代背景、国际环境和国内阶级结构使旧式的民主主义革命不再可能取得胜利。孙中山在临时大总统就职宣言中曾经一口气讲了五个统一，即"民族之统一"、"领土之统一"、"军政之统一"、"内治之统一"、"财政之统一"，然而一切却"统一"到代表地主买办阶级的袁世凯手里。满族王公亲贵虽然失去了统治地位，中国民族资产阶级也未能建立最能满足资本主义发展要求的民族国家，并且不再能够继续充当民族解放运动的领导者。第一次世界大战以后，特别是俄国十月革命以后，这一伟大使命历史地落在中国无产阶级的肩上。"五四"以后，这一运动属于新民主主义革命历史范畴，成为世界无产阶级革命的一部分，并且有可能越过资本主义发展阶段而直接过渡到社会主义社会。这些道理早已为人们所熟知，本文毋需赘言。

三

综上所述，可以把我的意见归纳为以下几点。

第一，半殖民地半封建社会是一种过渡性的特殊社会形态，因此不能机械搬用近代史即资本主义发生、发展和衰败的历史之类的现成公式。应该从历史实际出发，根据客观存在的历史内容来把握历史的基本线索。譬如，中国民族近代工业主要是在外国资本主义侵入以后创建的，很难说在此以前曾经历一个工场手工业阶段。同时，中国资本主义从来没有得到比较充分的发展，资产阶级力量也一直比较弱小，并且不敢发动和依靠广大农民群众，因而在社会经济、政治生活中都不可能起左右一切的决定作用。如果片面地强调或不适当地夸大资本主义、资产阶级的地位和作用，则容易忽略"中国人民反抗帝国主义及其走狗"的其他方面的丰富内容，特别是容易忽略农民和土地问题这样重要的社会内容。至少两次鸦片战争、太平天国和义和团的历史就很难纳入"洋务—维新—革命"这样的简单框架之中。

第二，应该充分重视中国近代史上存在着民族运动这一客观事实。作为民族运动，特别是作为殖民地半殖民地的民族解放运动，它具有自己的若干历史特点。其

---

① 《论民族自决权》，《列宁选集》第 2 卷，第 508—509 页。

一，人民大众与帝国主义的矛盾是社会的主要矛盾，反对帝国主义的斗争与反对封建主义的斗争一样是历史的主题，甚至是更为重要的主题。近代中国的民族运动，是一种兼具民族独立和社会革新双重要求的混合型运动。中国人民，特别是先进阶级的先进分子，常常是在严重民族危机的刺激下并且通过民族战争获得新的觉醒。因此，对民族战争的地位与作用应该给予科学的评价，不能只看见失败的结局而忽视其蕴含的进步因素，更不能把它们排除在历史前进的途程之外。我认为，中国近代史的基本线索，必须能够概括从鸦片战争到义和团运动历次民族战争的实质，任何把民族战争排除在外的基本线索必然是忽视了中国近代史的这一部分重要内容。其二，还应该看到，民族运动本身的内容也是很丰富的，民族战争只是它的一个方面，它还包括经济、文化等其他方面。只要是抵御外侮、奋发图强的种种作为，诸如兴办企业、发展教育以至革新、革命等，都构成近代民族运动的历史内容。同时，民族运动的参加成分又极为广泛而驳杂。在民族矛盾上升的情况下，各个阶级、阶层、政派、集团（除投降外来侵略者的成分以外），都会带着各自不同的动机并且以不同方式投入运动，因此我们要特别重视运动的复杂性，尤其是在它的前一阶段（1900 年以前），由于新的经济、新的阶级、新的思想发展极不充分，阶级关系和政治营垒的界限很不清晰，我们不能以尔后比较明朗的阶级分野和政治派别为依据来推论当时的人物和事件。譬如，早期的维新人物大多曾经厕身洋务阵营，官督商办企业包含着民族资本主义因素和发展趋向，有的屠杀起义农民的将领在民族战争中成为保疆卫土的英雄，等等。即使像义和团那样落后而又庞杂的运动，我们也需要从当时的国际形势和社会环境出发，细心辨别其合理和正义的性质，并且从历史全局论断其地位和作用，不能因为它有王公贵族混杂其间并且排斥先进事物就任意贬低以至否定。其三，由于当时国内也存在着民族歧视与民族压迫，所以民族运动也包含着被统治民族逐步觉醒并反对统治民族这方面的内容，而"反满"即是其集中反映。但与反对帝国主义、反对封建主义的主题相比较，这毕竟是一个次要的、从属的课题。清朝之所以受到人民大众的反对，主要还是由于它代表腐朽落后的封建主义生产关系，实行残暴的君主专制统治，并且日益堕落成为帝国主义的走狗。说到底，"反满"志士也是围绕着学习西方先进文明以抗御帝国主义这个总题目做文章。把清朝当作"洋人的朝廷"来反对，这可以说是中国近代民族形成和觉醒的重要标志之一。南京临时政府成立以后，革命派即抛开"反满"旗帜，转而提倡五族共和，这说明他们对于民族运动的内外主次关系看得是比较清楚的。

第三，从民族运动的角度看"五四"以前的中国近代史，可以把这 80 年概括为"两个阶段，三次高涨"，即以 1900 年为界标，把中国近代民族运动区分为前后两个阶段。在第一阶段经历了太平天国和甲午战后的戊戌维新、义和团这两次民族运动的高涨，在第二阶段又经历了辛亥革命这次更为具有近代特征的民族运动的高涨。所谓高涨，不仅指参加人数的众多，而且指近代民族形成和觉醒的程度，正是后者的差异显示了三次高涨的不同层次。民族运动的三次高涨，是近代中国历史客观存在的发展整体态势，是由于中国人民反抗帝国主义及其走狗的斗争的兴起与低落而自然形成的波涛式曲线，它体现了中国近代史的基本线索和发展规律。

至于是否可以把这三次民族运动高涨称为三次革命高潮，过去我一直持肯定意见。因为革命一词本来有广义和狭义两种理解，而在毛泽东同志的著作中则常常作广义使用。譬如在《中国革命和中国共产党》第二章第一节中，就有这样的说法："中国人民的民族革命斗争，从一八四〇年的鸦片战争算起，已经有了整整一百年的历史了，从一九一一年的辛亥革命算起，也有了三十年的历史了。"在《新民主主义论》一书中，他又把改变半殖民地半封建社会形态并使之成为独立的民主主义社会的历次斗争统称为中国革命的第一步。并且明确指出这个第一步的准备阶段是从鸦片战争开始的，而其后许多个别的阶段，"从某一点上说来，都是实行这第一步……为了完成第一个革命而斗争"。当然，从严格的含义来说，我并不认为太平天国和义和团都是革命，而一直视之为旧式农民战争。1958 年发表于《理论战线》第 2 期的拙作《有关太平天国革命性质的几个问题》，已经就此作过说明。现在史学界围绕着三次革命高潮问题又产生了意见分歧，我认为这主要是由于革命一词本来有广狭两种理解使然，当然也还涉及对于若干历史事件（如洋务活动，义和团运动）有不同的评价。争论似乎更多地集中于第二次革命高潮，但我觉得并无必要费力在戊戌变法与义和团中间寻找某种密切的联系，因为它们本来就是分隔的两种不同类型的运动，而如果按照毛泽东同志"民主主义革命准备阶段"的提法则又一概可统称为革命。经过多方面权衡得失，我认为三次革命高潮一词还是以不用为好。因为它不仅容易引起概念理解上的歧异，而且容易使人联想到新民主主义革命史三次国内革命战争的提法。三次国内革命战争都属于同一性质和类型，而三次革命高潮之间的差异则未免太大。如果把中国近代史作为完整的半殖民地半封建社会历史来看待，则旧民主主义革命和新民主主义革命两大历史时期的分期体例也缺乏前后协调的合理根据。与此相对而言，民族运动或民族解放运动的含义本来就比较广泛，所谓高涨又往往以不同的运动形式表现出来，至少不会在概念上引起枝节的争执。我之所以提出中国近代民族运动有两个阶段、三次高涨的设想，用意无非如此。

上述这些想法，远非深思熟虑的定见，我期待着通过进一步讨论得到必要的校正。

（刊于 1984 年第 3 期）

近代中国文化结构的变化

龚书铎

中国近代文化史的研究正在起步，要探讨的问题很多，本文仅就"文化"一词的近代含义，近代文化的结构、发展谈一点不成熟的意见。

一

"文化"、"文明"，都是中国古老的词汇。"文明"一词，在《尚书·舜典》中就已出现，所谓"睿哲文明，温恭永塞"。"文化"作为一个词组使用，则较"文明"为晚。《易·贲卦》的《彖》虽有"观乎天文，以察时变；观乎人文，以化成天下"之说，但已是秦汉时儒生对《贲卦》的附会，且还没有构成一个整词。倒是西汉的刘向在《说苑·指武》中把"文"与"化"连用："圣人之治天下也，先文德而后武力，孔武之兴，为不服也，文化不改，然后加诛。夫下愚不移，纯德之所不能化，而后武力加焉。"不过刘向所说的"文化"，并不是整体词，而是各有独立义，"文"指文德（与"武力"相对），"化"指教化，即以文德来教化、感化。尽管如此，却也反映"文化"一词的衍变过程。此后，如晋人束哲、南齐王融的诗文中曾有"文化"一词。束哲的《补亡诗》有"文化内辑，武功外悠"句，王融在《曲水诗序》中说，"设神理以景俗，敷文化以柔远"。显然，他们已把"文化"作为一个词汇使用。这里所说的文化，其含义包括文治、教化和礼乐典章制度。

语言是一种社会现象，也是一种历史现象。它既有稳定性，又随着社会生活的变化而发生变异。鸦片战争以后的近代社会，由于西方资本主义文明的影响和中国社会本身的变动，语言词汇也发生了明显的变化。新词的创造或外来语的借用，只是语言词汇的一种变化。词汇的另一种变化，是旧词被赋予新义。"经济"、"社会"等都是中国固有的旧词，但在近代它们的含义变了。"文化"一词，也是如此。

"文化"这个词具有近代新义，大约是在19世纪末20世纪初。当时的报刊，谭嗣同、黄遵宪、梁启超、严复、王国维、鲁迅等人的撰述中，都出现过"文化"一词。鲁迅专门写了一篇《文化偏至论》来论述文化问题，发表在1908年的《河南》杂志。不过比较起来，当时报刊使用"文明"这个词要比使用"文化"一词多。

就当时发表的撰述中对于使用"文化"一词的含义，归纳起来，有以下几种：

1. 与文明同义。例一，谭嗣同《赠梁莲涧先生序》："濒海有山焉，曰崖山。自宋以后，颇著称于时。……惜为地球之半圆弧面所隐，使削其弧而弦以径之，将直见文化早辟，几乎《春秋》之太平，《礼运》之大同。"① 例二，《湘报》第92号《学会汇纂》："泰西有文化之国，其战必守公法者，彼非乐于守之，恐己不守，将致人之仇，怒人之报复耳！……楚本蛮野，宋襄公以文化之国待之，故大败。"例三，匪石《浙风篇》："吾中国国民，非同一统系于黄帝者呼？虽然二千年前文化未开焉。凡文化未开时之住民，常被治于天然之感化力。"②

这些例子中所说的"文化"，都是与"野蛮"相对而言。所谓"文化早辟"、"文化之国"、"文化未开"，均与"文明"同义，可以用"文明"一词代替。事实上在当时人的一些撰述中，往往有互用的情况，没有严格的区分。

2. 广义的，包括精神和物质。例如《中国民族之过去及未来》："伏羲、神农之时，民智渐启，中国文明之滥觞，实始于斯时。燧人氏作火食，有巢氏作巢法，伏羲氏画八卦、教佃渔、造书契、作甲历，神农氏艺五谷、制医药、立商廛，盖当时文化甲于诸族。"③

这里撇开这些古代传说的可信程度如何不论，就作者的论述而言，可以说是对中国文化起源的探讨，涉及饮食、居住、农耕、渔牧、交换和文字、历法、医药等诸多方面，显然包括物质文化和精神文化在内。

3. 狭义的，单指意识形态而言。例一，梁启超《论教育当定宗旨》："雅典人所自负者，欲全希腊文化之中心点集于其国也，故务使国民有高尚之理想，有严重之品格，有该博之科学。"④ 例二，别士《小说原理》："今值学界展宽，士大夫正日不暇给之时，不必再以小说耗其目力。惟妇女与粗人无书可读，欲求输入文化，除小说更无他途。"⑤ 例三，《支那教育问题》："其学术之程度，日本以吸取泰西

---

① 《谭嗣同全集》（增订本）上册，第291页。
② 《浙江潮》第4期。
③ 《江苏》第4期。
④ 《新民丛报》第1号。
⑤ 《绣像小说》第3期。

之文化，程度较高。"①

这里的"文化"指的是思想品德、学术、科学、文艺等，都属于意识形态领域。

当时对文化并没有下定义，也没有对什么是文化进行过讨论，他们受西方和日本的影响，根据各自的理解和需要来使用"文化"一词，因而其含义就较为广泛。但是，不论作者们作何种理解，从上述三种情况来看，文化的含义已不完全是中国古代所指的文治、教化和礼乐典章制度，而是具有近代西方的词义了。

二

"文化"词义的变化，以及使用频率的增多，从一个方面反映了社会思潮的变化，反映了文化本身结构的变化。

在中国古代历史的发展过程中，由于很早形成了统一的中央集权国家和严密的宗法制度，封建制度具有特别的稳固性。与此相适应，在意识形态领域里占据统治地位的是儒学。在漫长的封建社会里，儒学既是文化的指导思想，又是文化构成的主干，而它的核心则是忠孝节义的纲常伦理。封建的纲常伦理如"日月经天，江河行地"，是"万古不易之常经"，是"万事之根本，百川之源头"。这种以纲常伦理为核心的文化体系，具有单一性、凝聚性、稳定性，对于外来文化，或是抵拒排斥，或是吸收消融。因此，虽有几次较大的外来文化的输入，但始终没有突破、改变传统的文化体系和结构，而只是儒学文化体系自身的衍变和发展。

鸦片战争以后，情况发生了变化。西方资本主义国家用大炮打开了中国的大门，随之而来的是西方文化的传播。衰落的清封建皇朝没有力量抵挡西方的"坚船利炮"，同样，在文化上，封建的儒学文化体系也因无力守住阵脚而败下阵来。西方文化逐渐在中国传播开来。当然这不能简单地归之于是西方传教士和中国有识之士传播的结果，利玛窦、徐光启们并没有能够使西方文化在中国发生重大的影响。这是因为人们的愿望和活动，"丝毫不能改变这样一个事实：历史进程是受内在的一般规律支配的"②。西方文化之所以能在中国传播，并在社会生活中产生愈来愈大的影响，根源在于近代中国已经不是完全的封建社会，而是有了资本主义经济和资产阶级，有了资产阶级的政治运动。正是在这个基础上，中国才产生了资本主义的新文化，西方文化才能被吸收并变成为中国的新文化。然而输入中国的西方

---

① 《新民丛报》第 24 号。
② 《马克思恩格斯选集》第 4 卷，第 243 页。

文化，并不都是有益的、积极的，其中也包含奴化思想的反动文化。它是反映帝国主义在政治上、经济上统治或半统治中国的东西，是帝国主义文化。不论是资产阶级民主主义文化，还是帝国主义文化，都冲击着传统的文化，改变了传统的文化体系和结构。

近代文化结构的变化是复杂的，多方面的。

首先是文化构成的变化。如上所述，在鸦片战争以前的封建社会，中国文化是单一的封建文化。在鸦片战争以后的半殖民地半封建社会，除去封建文化之外，还有帝国主义文化，有新文化。中国的新文化，在旧民主主义革命时期是资产阶级的民主主义文化，在新民主主义革命时期是无产阶级文化。而封建文化和帝国主义文化是"非常亲热的两兄弟，它们结成文化上的反动同盟，反对中国的新文化"。①

其次是文化内在结构的变化。指出鸦片战争后中国的文化成分由单一的封建文化变为包括封建文化、帝国主义文化和资产阶级文化的多样文化的特点，无疑十分重要。但是，如果对近代文化问题作进一步探讨，仅是指出这种变化就不够了，还需要对文化本体的内在变化进行研究，才能更好地阐明近代中国文化的特点。

以儒学的伦理纲常为核心的封建文化，在漫长的封建社会里也有发展变化。即如儒学本身，宋明时期以儒学融合释、道而成的理学，就是以新儒学的面貌出现的。但是，这种变化并不是根本性的变化，只是纲常伦理的体系化和严密化，从而在封建社会里形成了一个儒学文化体系。纲常伦理作为这个文化体系的核心，支配或影响着文化的各个部门。在欧洲，"中世纪只知道一种意识形态，即宗教和神学"，"中世纪把意识形态的其他一切形式——哲学、政治、法学，都合并到神学中，使它们成为神学中的科目"。② 而在中国封建时代，宗教和神学没有取得统治的地位，占据统治地位的是儒学。哲学、法学、政治理论、教育、史学、文艺……都直接或间接地成为儒学的从属科目。纲常伦理贯穿在文化的各个领域，成为它们的指导思想。意识形态的其他一切领域，都是为了"挟持名教，砥砺气节"。

在中国士大夫的观念中，纲常伦理既是最美好的，又是最根本的，直到鸦片战争以后，西方文化已经在中国传播，中国已经产生了新的文化，他们仍然固守这种观点，鼓吹"五伦之要，百行之原，相传数千年，更无异义。圣人所以为圣人，中国所以为中国，实在于此"。③ 甚且认为"礼义纲常之盛，甲于地球诸国"，④ 因而在纲常伦理受到西方文化的冲击时，就不能不使士大夫们忧心忡忡，忧虑彼教"夺吾尧舜孔孟之席"，担心"孔子之道将废"，他们殚精竭虑地保卫圣道，同时又

---

① 《毛泽东选集》第 2 卷，第 655 页。
② 《马克思恩格斯选集》第 4 卷，第 251 页。
③ 张之洞：《劝学篇·明纲》。
④ 薛福成：《庸盦全集·文编》卷 2。

不无自信地认为儒学必将自东往西，盛行于西方各国，而"大变其陋俗"。对于一种学说的崇信，如果到了迷信的程度，往往会变得无知和荒唐。中国的这些士大夫们也半是迷信半是无知。中国已经在西方资本主义国家的侵略下沦为半殖民地半封建社会，这些士大夫却还在说梦话似地津津乐道什么"仁之至，义之尽，天理人情之极则"的圣道如果不行于西方，西方人将终古沦于异类，幸好"今此通商诸国，天假其智慧，创火轮舟车以速其至，此圣教将行于泰西之大机括也。……尧舜孔孟之教，当遍行于天地所覆载之区，特自今日为始，造物岂无意哉！"①

幻想毕竟不是现实。幻想虽可以自我安慰，而现实却是无情的。士大夫们梦想的"用夏变夷"，到头来也没有实现，越来越严酷的现实倒是"用夷变夏"、"用夏变夷"和"用夷变夏"的问题，实际上就成为近代中国长期存在的中学和西学之争的问题，也就是如何对待中国传统文化和西方资产阶级文化的问题。

中国近代历史发展的进程中，也出现一批头脑清醒、有胆识的先进人物。他们在历史的大变局面前敢于正视现实，承认中国文化有不如西方文化之处，而致力于从西方资产阶级文化中去寻求、探索。从近代史的整个过程来看，这种寻求和探索，概括地说，就是民主和科学。

在西方资产阶级文化传播过程中，中国人对科学主要是自然科学的接受，相对地要容易一些，而对于民主思想的吸收，则要经历较为漫长的岁月。大体说来，是由对它的了解、介绍，进而称赞、接受，到以之批判封建纲常伦理。维新志士们从西方借取了"天赋人权"的思想武器，针对中国"历古无民主"的情况，尖锐地批判君权，批判纲常名教，指出"三纲五伦之惨祸烈毒"，必须"冲决伦常之网罗"，主张"兴民权"，"君末民本"，鼓吹"人人平等，权权平等"的自由、平等思想。以资产阶级的民权、平等观来反对封建的纲常伦理，正是当时新旧文化斗争的焦点。顽固守旧势力所极力卫护的是纲常伦理，"舍名教纲常别无立足之地，除忠孝节义亦岂有教人之方"，所痛心疾首、大肆攻击的是民权、平等。在他们看来，再没有比提倡民权、平等更荒谬绝伦的了："权既下移，国谁与治，民可自主，君亦何为？是率天下而乱也。平等之说，蔑视人伦，真悖谬之尤也。"② 民权、平等思想与封建纲常伦理的斗争，直至五四新文化运动时，仍然是一个核心问题。

民权、平等思想的提倡和传播，蔑视了封建纲常伦理的权威，削弱了它支配意识形态一切领域的地位，使中国文化结构的核心发生了变化。尽管封建纲常伦理观念还浓厚地存在着，但资产阶级的民权、平等思想却越来越产生广泛而深刻的影响。哲学、法学、政治理论、教育、史学、文艺、习俗，等等，逐渐地以民权、平

---

① 李元度：《答友人论异教书》，《皇朝经世文续编》卷一。
② 《翼教丛编》卷五。

等为指导思想，并为宣传这种思想服务。文化内在结构的这一质的变化，是近代文化不同于古代文化的一个根本点。

再次是文化的部门结构的变化。部门文化的变化，也是近代文化结构变化的一个重要方面。中国封建社会是农业和手工业相结合的自然经济，文化思想在这个基础上产生而又与之相适应，文化的部门分类较粗而简。而在近代社会，不仅文化思潮发生变化，文化的部门分类也发生了变化。文化部门分类的变化大致有两种情况，一是原有学科内容、体系的变革，一是新领域、新学科的兴起和发展。下面分门别类就变化的情况作概略的叙述。

哲学。进化论的传播是对传统儒学的一大冲击。尼采、叔本华、康德等的哲学也陆续在介绍、传播。而对中外哲学史、思想史的研究是新的探索和扩展。人们不仅用进化论的观点来论述中国哲学思想的历史变迁，而且已经系统地介绍西方哲学史，如《希腊古代哲学史概论》。值得注意的是有关哲学理论的著述也已出现，侯生编撰的《哲学概论》就是这样一部作品。书中的阐述今天看来难免会感到浮浅以至谬误，但在清末出现诸如认识论、实在论等概念和探讨一些重要哲学原理都是很新颖的。

法学。在民权、平等思潮的影响下，清末对西方资产阶级法学的介绍和研究掀起了一个热潮，从法律定义、法学源流、世界五大法系到国际法、刑法、民法、行政法等进行了多方面的探讨。而沈家本则试图以资产阶级法律来改革中国的封建法律，成为近代法理学的启蒙思想家。

政治学。天赋人权、国家概念、民族主义、政体、宪政、地方自治等西方资产阶级政治学中的一系列重要问题，都是人们所热心探讨的。1906 年商务印书馆出版了严复的《政治讲义》，是中国人自编的一部资产阶级政治学的著作。

教育。鸦片战争以后，西方资产阶级教育思想的传播，不断地冲击着中国的封建教育思想和制度。至清末则废科举、兴学校，建立了新的教育制度。军国民教育、国民教育、实利教育、美感教育等资产阶级教育思想和新的教学方法、教科书的编印，都表现了教育领域的根本变革。《教育学》、《教育通论》一类著述的发表，则标志着资产阶级教育理论的开始建立。

史学。由于中国的闭关局面被打破，要求了解西方、学习西方的思潮在发展，从而引起了对外国历史的介绍和论述，突破了传统史学的狭隘性，开阔了史学研究的领域。不过只是从理论上和体系上批判了封建史学、建立了资产阶级新史学后，才使史学领域发生深刻的变化。梁启超撰写的《中国史叙论》和《新史学》，提出反对史学为一家一姓的封建帝王争王统，而要"叙述人群进化之现象，而求得其公理公例"的主张，成为"史界革命"的开端。用这种观点来编写中国历史的第一部著作，是 1904 年出版的夏曾佑的《中学中国历史教科书》（后改名《中国古代史》）。

文艺。首先是文艺理论受到西方的强烈影响，对于文艺的特点、社会作用、创作方法等重要理论问题都有所论述。鲁迅对外国文学作了精辟的评介。而应用西方的哲学和美学理论来研究中国文艺最有成绩的要算王国维，他对小说、戏曲和词的研究是开创性的。文艺创作也发生了变化，领域有新的开拓。即以新领域而言，翻译小说的繁荣，话剧的兴起，电影的放映以至摄制，油画的介绍，漫画成为独立的画种，西洋乐器的应用和学堂乐歌的传播，大大丰富了文艺文化。

语言学。鸦片战争以后外来词汇和创造新词的大量增加，使汉语构成起了很大的变化。19 世纪末以后出现的切音、简字、注音字母、白话文运动，是要求改革中国文字，统一小国语言，使言文一致。而语法学的建立，是语言文化的一个新兴部门。马建忠应用西洋语法学来研究汉语语法，著《马氏文通》，成为中国第一部系统地研究汉语语法的专著，为汉语语法学奠定了基础。

自然科学。中国古代社会科学技术曾有光辉成就，但近代意义的科学技术，却是鸦片战争后从西方输入并日渐传播的。声、光、化、电、医、算等科学技术的各个门类，几乎都有所介绍或研究。李善兰、徐寿、华蘅芳、詹天佑等，是近代中国一批有成就的科学家。在科学技术的流传和发展过程中，分类也趋向专门化。如地理这一领域，除自然地理、绘图等外，还有地质学、地文学，而地文学实际上包含政治地理学和文化地理学。西医学也有较细的学科分类，除医、药外，还有关于卫生保健和卫生行政管理的卫生学以及看护学。

至于报刊、出版、图书馆、博物馆……有的已经盛行，有的也开始举办。社会习俗方面，从衣食住行到礼仪婚姻，都受到西方文明的影响，发生了程度不等的变化。

从以上列举的粗略情况可以看出，由于西方文化的广泛影响，近代文化的各个专门领域都发生了变化。资产阶级思想和研究方法在改变着传统的文化领域，新领域的开拓、新学科的建立，使近代文化变得丰富而复杂，这是古代文化所不能比拟的。应该说，这是历史的发展和进步。

三

以上所述，是从横的方面探讨近代文化的变化，还有必要从纵的方面来考察它的发展变化的过程。

中国近代文化兴起和发展的历程与欧洲不同。欧洲是在 14 世纪后"以封建制度普遍解体和城市兴起为基础"发生了文艺复兴，它以理性、人文主义和科学击破了教会的精神独裁，掀起了"人类从来没有经历过的最伟大的、进步的变革"，①为资产阶级文化的发展奠定了基础。然而中国并没有在封建社会末期产生这样一次运动，从而萌发出近代的文化，而是在中国逐步沦为半殖民地半封建社会的情况下，把近代文化从西方移植过来的。当西方文化传入时，中国正被儒学体系的封建文化所支配，对于传统文化中的封建糟粕，并没有经过批判、剔除，而是在原有的基础上吸取了西方文化。这种不同于欧洲的发展道路，决定了中国近代文化所具有的特殊性。

鸦片战争引起了中国社会的转折，也引起了中国文化的转折。"清王朝的声威一遇到不列颠的枪炮就扫地以尽，天朝帝国万世长存的迷信受到了致命的打击，野蛮的、闭关自守的、与文明世界隔绝的状态被打破了。"② 这是中国"三千年一大变局"，却是"变之骤至，圣人所不能防"的。士大夫们在剧变面前表现了惊惶、忧虑。有些人从"天朝大国"的盲目虚骄的幻梦中逐渐清醒起来，面对现实，反躬自省，鼓起勇气承认中国有不如西洋的地方，甚而摒弃士大夫所遵奉的"春秋攘夷之说"，主张"师夷"，要"夺彼所长，益吾之短"。显然"师夷长技"的开始，是由于外患与内忧所迫，是出于在变局面前要使清王朝能继续统治下去的考虑。人们从所见到的和实际的需要出发，首先是从西方文化中学习"坚船利炮"——兵器。言者如此，行者亦如斯，洋务事业最先办起来的是军事工业。这就把西学局限在实利的和应用技术的范围内，还没有能引起文化的更多的重大变革。

随着时间的推移，由主要是学习军事技术进而吸取西洋的器数之学，用机器以殖财养民。当时人们已认识到，兵法、造船、制器以及农渔牧矿诸务，"皆导源于汽学、光学、电学、化学"。也就是说，近代生产及其技术的发展，都是以自然科学的发展为根本，要求强求富就不能只局限于军事技术，也不能只着眼于造船制器，而必须从自然科学入手。江南制造总局附设译书局，翻译了一百几十部自然科学方面的书籍；而李善兰、徐寿父子、华蘅芳则在自然科学的研究上做出了杰出的成绩。19 世纪六七十年代至 90 年代，中国文化的突出变化是在自然科学和技术方面。

从着眼于军事技术和制器上升到对科学的认识，无疑是前进了。但它仍然没有摆脱经验科学的局限，事实上则是把西方的自然科学和中国的纲常伦理结合起来。还在 1861 年冯桂芬撰的《校邠庐抗议》主张"采西学"、"制洋器"时，就提出了一条基本宗旨，即"以中国之伦常名教为原本，辅以诸国富强之术"。其意显

---

① 《马克思恩格斯选集》第 3 卷，第 445 页。
② 《马克思恩格斯选集》第 2 卷，第 2 页。

然，即是中国文化的伦常名教是根本，西方文化的科学技术为辅助，用中国的纲常伦理来包含西方的科学技术。这与19世纪中叶日本的洋学家所主张的"东洋道德，西洋艺术"如出一辙。这种汲取西方文化的观点，虽有对形势变化的认识，所谓"设令炎帝轩辕复生乎今世，其不能不从事于舟车、枪炮、机器者，自然之势也"，也有对务虚名、空谈的批判，而趋向崇实学、实践。但从理论上来考察，则是源于中国传统文化中的道器、体用、本末观。

在主张采西学的士大夫的心目中，中国文化和西方文化有根本的差别，而这种差别从本源上就存在，所谓"中国之洪荒，以圣人制度文物辟之；外因之洪荒，以火轮舟车，机器、电报辟之"。这就是说，中国文化的本质是圣人的道，而西方文化的本质是器物技艺。薛福成把它归结为道与器，他说："尝谓自有天地以来，所以弥纶于不敝者，道与器二者而已。……中国所尚者道为重，而西方所精者器为多。"因此，"欲求驭外之术，惟有力图自治，修明前圣制度，勿使有名无实，而于外人所长，亦勿设藩篱以自隘。斯乃道器兼备，不难合四海为一家。盖中国人民之众，物产之丰，才力聪明，礼义纲常之盛，甲于地球诸国，既为天地精灵所聚，则诸国之络绎而来合者，亦理之固然"。① 这些言论，是薛福成在代李鸿章答彭孝廉的信中说的。李鸿章阅后大加赞赏，评为"精凿不磨之作"。李鸿章是这个时期很有影响的洋务人物，可见这种中西文化道器观是具有代表性的，足以反映当时的基调。薛福成这封信写于光绪二年（1876），越三年，即光绪五年（1879），他撰《筹洋刍议》这部名著时，主张"取西人器数之学，以卫吾尧舜禹汤文武周孔之道，俾西人不敢蔑视中华。吾知尧舜禹汤文武周孔复生，未始不有事乎此，而其道亦必渐被乎八荒，是乃所谓用夏变夷者也"。这里所说，不仅是取外人所长的器，而且要以西方的器来卫护中国的道，进而使中国的道传被西方，让西方也为圣道所教化，达到"用夏变夷"的目的。

"中道西器"论与"中体西用"论实际上是一样的。"中体西用"论的代表人物张之洞在光绪二十四年（1898）的奏折中说："以中学为体，以西学为用，既免迂陋无用之讥，亦杜离经叛道之弊。"这虽然是稍晚说的，但实可概括他从开始办洋务到死的不变宗旨，中学为本，西学为末，讲西学是为了保存中学，为了卫护纲常名教。辜鸿铭在《张文襄公幕府纪闻》中说："文襄之效西法，非慕欧化也；文襄之图富强，志不在富强也，盖欲借富强以保中国，保中国即可以保名教。""中体西用"论者也在以西方的科学技术来卫护中国的纲常伦理。

"中道西器"（或"中体西用"）论者与顽固守旧者显然是不同的，他们比较开明，能因时而变，敢于采西洋器数之学，仿用机器，不像顽固守旧论者那样迂陋拘

---

① 《庸盦全集·文编》卷2。

虚，冥顽愚昧，说出"以忠信为甲胄，以礼义为干橹"那样荒唐可笑的话来。然而，礼义忠信本身却是"中道西器"论者所同样拳拳服膺的。他们的理论和实践虽然使中国文化的结构发生了某种程度的变化，但没有能触动它的核心，相反，是卫护这个核心。由此可见，正是在儒学世界观这个根本问题上，他们不仅没有发生变化，而且是固守不变的。"中体西用"论者张之洞，在戊戌维新变法时，可以推行一部分新政，而在核心问题上、在世界观上则与维新派不两立，根本分歧就在这里。

这种情况，在丁日昌身上也表现得很典型。丁日昌被顽固派称为"丁鬼奴"，与郭嵩焘、李鸿章被时人并称为对洋务最有考求的少数几个人。但他在江苏藩司、巡抚任内，为"端风化而正人心"，一方面"尊崇正学"，"通饬所属宣讲《圣谕》，并颁发《小学》各书，饬令认真劝解，俾城乡士民得以目染耳濡，纳身轨物"；一方面"力黜邪言"，查禁《水浒》、《红楼梦》、《西厢记》、《牡丹亭》等小说、戏曲，唱本271一种，并严禁城乡内外开设戏馆。① 他的思想有接受、仿效西方制器的一面，但从根本上说，是陈腐的封建儒学世界观。

总之，在19世纪六七十年代到九十年代，文化领域的基本特征是：器唯求新，道唯求旧。尽管科学技术在冲击着传统文化，在改变着传统文化的结构，但传统文化没有发生根本性的变化。吸取西方的科学技术是从保卫圣道出发，是从属于圣道的。当然，这样说并不意味着这个时期仅仅吸取了西方的科学技术，没有受西方文化其他方面的影响，而是就其主导方面而言。

1894年爆发的中日战争，是中国近代史上的一大转折。正如梁启超所说："吾国四千年大梦之唤醒，实自甲午战败割台湾，偿二百兆始。"② 清政府在甲午战争中惨败于日本，是中国的奇耻大辱，随之而来的是亡国灭种之祸迫在眉睫。极大的社会动荡和刺激，促使人去思考，去探索，蔡锷在1902年写的《军国民篇》回顾说，"甲午一役以后，中国人士不欲为亡国之民者，群起以呼啸叫号，发鼓击钲，声撼大地。或主张变法自强之议，或吹煽开智之说，或立危词以警国民之心，或故自尊大以鼓舞国民之志，未几而薄海内外，风靡响应"。③ 康有为呼号"救亡图存"，孙中山揭橥"振兴中华"，成为这个时期的政治潮流。

一定的文化是一定社会的政治和经济的反映。政治的浪潮影响、推进了文化的发展。甲午战争也成为中国近代文化史上的一个转折点。

甲午战争后，随着救亡图存，振兴中华的爱国运动的蓬勃开展，一个新的文化

---

① 《抚吴公牍》卷1、2。

② 《戊戌政变记》。

③ 毛注青等编：《蔡锷集》，第19页。

运动也在兴起和发展。"文学救国"、"教育救国"、"科学救国"等口号，一个接一个地被人们提了出来。文化的地位和作用受到前所未有的重视，以致把它强调到不适当的地步，直到"五四"前夕的新文化运动，仍然是把文化作为解决中国问题的根本途径提出的。不论这里存在何种缺点和错误，对于文化的发展无疑是起了积极的推动作用的。"诗界革命"、"文界革命"、"小说界革命"、"戏剧界革命"、"史界革命"，军国民教育思潮以及白话文运动等接踵而起，至"五四"时期则以反对旧道德提倡新道德、反对旧文学提倡新文学，为文化革命的两大旗帜。文化的各个领域，出现了空前活跃、繁荣的局面。

严格地说，中国的资产阶级文化运动是在甲午战争以后才开展起来的，在这之前只是它的准备阶段。这个文化运动，到"五四"前夕达到了高潮。之所以说在甲午战争以后才有较完备的资产阶级文化，不仅是由于它的活跃和繁荣，更重要的还因为有了质的变化。如前所述，甲午战前虽然汲取了西方文化的某些成分，但支配文化各个领域的思想武器还是传统的儒学，是纲常伦理。战后情况发生了变化，人们从西方资产阶级革命时代的武器库中学来了进化论和民权、平等等项思想武器，用它来批判传统的儒学，批判封建纲常伦理。进化论和民权、平等思想成为文化各个领域的指导思想，而文化的各个领域也为宣传民权、自由、平等服务。直到"五四"前夕的新文化运动，仍然是以民权、平等来反对纲常伦理，并被认为是最根本的问题。事实上在 19 世纪末以后，在知识界里有一部分人的恩怨主要方面已不是儒学世界观，更不是要用西方的器去保卫中国的圣道，而是资产阶级民权、平等的世界观，并以之与封建文化作斗争。这样，在中国大地上也就破天荒地出现并逐渐形成一个新的知识分子群——资产阶级知识分子群。正是这个资产阶级知识分子群，在推进资产阶级新文化的发展。

甲午战争以后，中国资产阶级文化较为迅速地形成了一个比较完备的体系。前面谈到文化的部门结构的变化时，曾分别对各个部门的变化作了概略叙述，不再赘言。这里只想指出一点，从前面的概述里可以看出，文化的许多部门的突破性变化是发生于 19 世纪末 20 世纪初，哲学、文艺、史学、教育、习俗等尤为明显。被誉为"中国西学第一"的严译《天演论》出版后风靡一时，传统的"变易"思想让位于进化论。效法欧美和日本的文艺，建设中国的新文艺的要求，则冲破了旧的文艺思想的束缚，开辟了一条新的道路。而"文明"成了社会上时髦的词汇，诸如"文明结婚"、"文明脚"、"文明戏"……都要冠以"文明"二字，反映了一时的社会心理和风尚。正是由于文化各个部门向近代化的方向发展，才有可能形成一个比较完备的资产阶级文化体系。

对文化问题的研究和认识，也比战前有了进一步的发展和加深。在一些人的论述中，已经注意探讨文化与地理、植物、商业等有关方面的关系。如太孟在《商业发达论》一文中就对文化与商业的关系提出了看法，他说："且流览三千余年泰东西之历史，其典章文物完具整备者，其商业必繁盛。远古至今，其揆若一。希腊握地中海之商业之特权，其文学、美术亦达于极点，意大利法制、美术之进步，则在帝国时代以后，商业极盛之时。封建以后，北欧文学之勃兴则在和兰诸国海上贸易发达之际。英之政治、学术放特殊之异彩，为文明诸国之先导者，亦由商业之盛兴。若夫是商业之子国力之消长，文化之进退，其关系盖至切也。"① 上述论断表明作者企图揭示作为观念形态的文化的发展规律，阐明文化之所以发达进步，是由于商业经济繁盛的结果。尽管在今天看来这种论点并不确切，但在当时却是新颖的见解。

撰写专文从社会文化思潮的高度来论述文化问题的是鲁迅。他在《文化偏至论》这篇文章中阐述了欧洲从古代至 20 世纪文化思潮的发展变化，指出文化总是向深远发展的，20 世纪的文明必然是深刻庄严的，以致和 19 世纪的文明人不相同。因而他批评当时有些人毫不注意 19 世纪末叶的思潮，就急于要从西方输入文化，实际上所吸取的却是西方物质文化中最虚伪最偏颇的东西。鲁迅主张"去其偏颇，得其神明"就是"必尊个性而张神明"。

曾经被人们所激烈争论的"用夷变夏"、"中体西用"的问题，虽然还有人在絮叨不休，但已经不那么入时了。一些有见识的知识分子所注视和关心的，是对中西文化进行比较研究，探讨它们之间的异同。1895 年严复在《论世变之亟》一文中就对中西文化作了对比，指出，"中国最重三纲，而西人首明平等；中国亲亲，而西人尚贤；中国以孝治天下，而西人以公治天下；中国尊主，而西人隆民；中国贵一道而同风，而西人喜党居而州处；中国多忌讳，而西人众讥评。其于财用也，中国重节流，而西人重开源；中国追淳朴，而西人求欢虞。其接物也，中国美谦屈，而西人务发舒；中国尚节文，而西人乐简易。其于为学也，中国夸多识，而西人尊新知。其于祸灾也，中国委天数，而西人恃人力。"严复虽然声明"未敢遽分其优绌"，实际上是抨击以儒学伦理纲常为核心的封建旧文化，赞扬西方资产阶级的新文化。

民国年间，李大钊、陈独秀等都曾对东西文化作了比较研究。李大钊认为东西文明的根本不同点，是"东洋文明主静，西洋文明主动"。把东西文化的根本差异概括为静和动虽不科学，然而是作了有益的探讨。尤其是他能比较客观地评价东西文化，反对"挟种族之偏见以自高而卑人"，主张"东西文明互有长短，不宜妄为轩轾于其间"，二者"必须时时调和，时时融会，以创造新生命而演进于无疆"。②

---

① 《江苏》第 3 期。
② 《东西文明根本之异点》，《言治季刊》1918 年 7 月。

李大钊对中西文化的态度不同于"中体西用"论者,"中体西用"论是固守封建文化的根本,并企图用西方的技艺来卫护它,而李大钊则认为中西文化互有长短,二者必须调和融会以创造新文化。这是对中西文化认识的进展,是值得肯定的。也就在新文化运动时,另一种文化思潮也出现了。这就是"全盘欧化"论。"全盘欧化"论是对"中体"论和封建复古主义的反动,尽管它是民族虚无主义的文化观,但对封建文化起着冲击作用。这些文化思潮,到五四运动以后的岁月里,仍然成为人们争论的问题,而且直到现在还有影响。

从甲午战争到五四运动的二十多年间,概括来说,文化的基本情况是资产阶级新体系的形成,并同封建旧文化进行了激烈的反复斗争,文化本身的问题也已被作为对象来加以探研比较,不同的文化观和派别也先后出现。比起以前,这是近代文化活跃、繁荣、丰富的时期,为五四运动以后中国文化的发展打下了基础。

近代中国文化的发展从一开始就跟政治密切联系在一起。正是激烈的政治斗争和急剧变化的政治风潮,推动了近代文化的发展变化,而文化也反过来为一定的政治服务。反帝反封建是近代政治的主题,从而要求独立和民主也就成为近代文化所抒发的主要内容。因此,在旧民主主义革命时期,文化的主流始终贯穿着爱国主义精神。这是近代文化的精髓,我们要认真加以总结,继承和发扬这一优良传统。

（刊于 2008 年第 1 期）

中国近代社会、近代资产阶级和
资产阶级革命

汪敬虞

　　孙中山领导的中国革命的历史意义，作为一个学术问题进行探讨，海外学者直到现在还存在不同的看法。在大陆学术界中，对于这一革命的资产阶级民主革命性质，似乎早已取得一致的意见。但是在问题的分析上，也存在差别。本文是在前人研究的基础上，就这个问题提出自己的一点粗浅的见解，对当前学术界存在的分歧，贡献一点刍荛之见。

　　对于这个问题的研究，个人认为应该有三个层次：一是中国的近代社会，一是中国的近代资产阶级，一是中国的资产阶级革命。要研究中国的资产阶级革命，必先研究中国的近代资产阶级，而要研究中国的近代资产阶级，又必先研究中国的近代社会。以下就按这三个层次的顺序，略陈己见。

一　中国的近代社会

　　近代中国社会是一个半殖民地半封建社会，这是一个在概念上没有争议然而在认识上并不一致的命题。在有关中国近代社会性质的著作中，对半殖民地的性质的阐述，还比较容易取得一致。但是对于半封建的含义的解释，实际上存在重大的分歧。远的不说，姑举最近一例。

　　在20世纪80年代初，李时岳同志提出了一个值得重视的见解，他在1981年和1984年发表的文章中，两次指出："近代中国社会的发展，实际上存在着两个而不是一个趋向：一是从独立国家变为半殖民地（半独立）并向殖民地演化的趋向，一是从封建社会变为半封建（半资本主义）并向资本主义演化的趋向。""前者是个向下沉沦的趋向，后者是个向上发展的趋向。"所谓"陷入半殖民地半封建深渊"提法，在作者看来，是不能成立的。因为它没有注意到"在这个整体运动中还存在着向上发展的因素"。① 根据作者的论证，人们可以得出这样的结论，那就是，中国近代社会，既可以说是半殖民地半封建，也可以说是半殖民地半资本主义。因为半封建＝半资本主义。

一个社会在它的历史发展的某一阶段上，可以处在一种社会形态向另一种社会形态转变的过渡时期。在世界历史上，16 世纪以后的英国，就是这种情况。那里"封建特征与资本主义特征错综交杂在一起，形成一个既非封建又非资本主义的整个社会"。② 它是处在 1540—1640 年第一次产业革命和 1760 年以后第二次产业革命的间隙期。③ 封建经济开始趋于分解，资本主义还没有完全确立。把它称为半封建半资本主义，也许还讲得过去。但是，把半资本主义的概念应用于 1840 年以后的中国，至少有两个方面值得研究。

一是新的资本主义的产生。近代中国出现了资本主义，这是不容否认的。鸦片战争以后，中国不再是一个完整的封建社会，出现了代表新生产力的资本主义经济。但是，最先在中国出现的资本主义现代企业，是从哪里来的呢？它是从入侵中国的外国资本主义中开始的。它是先于中国资本主义现代企业的产生而存在的。外国在华的第一家修造船舶的工厂——广州柯拜船坞，成立于 1845 年，先于中国自制轮船的江南制造局 20 年。外国在中国内河的第一家轮船公司——旗昌轮船公司，成立于 1862 年，先于中国轮船招商局 10 年。外国在华的第一条铁路——上海吴淞铁路，建成于 1876 年，先于中国自建的唐胥铁路 5 年。而外国在华的第一家银行——丽如银行，1845 年即始设分行于广州，先于中国通商银行 52 年。外国在华最早的保险公司，可以上溯到鸦片战争以前的于仁、谏当两保险行，先于中国的保险招商局，都在 40 年以上。④

外国资本主义企业不但在时间上先于中国资本主义企业而产生，而且在实力上也优于中国资本主义企业而存在。在许多工业、交通和金融部门中，外国资本占有压倒性优势。在 20 世纪 30 年代的上半期，外国资本控制的企业，占中国生铁产量的 95％以上，机械采煤量的 65％以上，发电量的 55％以上。棉布产量中，外厂所占最高达到 65％，卷烟产量中，外厂所占最高达到 58％。而且外国工厂的生产，又是带有垄断性的大规模生产。如美商上海电力公司的发电量，相当于全国各华厂发电量的总和，英商颐中烟草公司的产量，超过所有华商烟厂的产量。⑤ 当中国商

---

① 以上引自李时岳《中国近代史主要线索及其标志之我见》，《历史研究》1984 年第 2 期；《近代中国社会的演化和辛亥革命》，《纪念辛亥革命七十周年学术讨论会论文集》，1983 年版，上册。

② A. L. Morton（莫尔顿）：*A People's History of England*（《人民的英国史》），1979 年版，第 165 页，译文据谢琏造等人译本，第 130 页，略有改动。

③ 同上书，第 165 页，中译本，第 129 页。

④ 以上参阅拙著《十九世纪西方资本主义对中国的经济侵略》，1983 年版。

⑤ 严中平等编：《中国近代经济史统计资料选辑》，1955 年版，第 124、128、130—131、113 页。

办船厂制造第一艘轮船的时候，外国船厂至少已经出厂 56 艘大小轮船；当外国船厂已经开始制造载重两千吨轮船的时候，中国商办船厂制造最大的轮船，不过 115 吨。[①] 同样，在 20 世纪 30 年代的交通运输业中，外国资本也占很大的比重。30 年代中期，中国铁路是由外国直接经营和间接控制的，分别为 47% 和 44%，航行长江的三大外国轮船公司——怡和、太古和日清所支配的船舶吨位，为中国轮船招商局的 3.5 倍。[②] 在金融业中，外国在华银行，拥有雄厚的资本和可以运用的资金。20 世纪之初，外国银元和外商银行发行的纸币，估计约在 14 亿元以上，超过了中国银元、银辅币、铜元、制钱和中国钞票流通量的总和。[③] 20 世纪 30 年代中期，所有外国银行的资本，包括总行在外国和设在中国的，折合成当时的中国货币共达 12 亿元，相当于中国银行资本的 4.4 倍。[④] 作为可以运用的资金的存款，仅 17 家主要外国银行就达到 14.1 亿元[⑤]，而当时 25 家中国主要民营银行的存款额为 13.6 亿元[⑥]，后者反居前者之下。外国银行还经手对中国的贷款，在中国政府的全部外债中，占最主要的份额，具有左右中国资本市场的力量。而中国对外贸易的金融周转，早期完全为外国银行所掌握，直到 20 世纪 30 年代，它还握有 90%。[⑦] 由于外国银行的雄厚实力，包括外汇、金银市场在内的上海金融市场的控制权，实际上是操纵在以汇丰银行为首的外国银行手中。

对比之下，中国资本主义现代企业的发展就非常微弱。一直到 20 世纪 30 年代，它在整个国民经济中仍然不占主导的地位。以资本主义的主要部分现代工业而言，它在 30 年代所达到的水平，仍然是很有限的。包括所有雇工在 30 人以上，使用机器的小厂在内，全国新式工厂，一共不过 3100 余家，产值只相当于手工业的 1/4。在整个国民经济中，所占比重不足 10%。[⑧] 也就是说，不计算外国在华资本，单纯计算本国自有的资本，中国至多只有 10% 的资本主义，还谈不上是半资本主义。

这样一种单纯根据计量的提法，也许是荒谬的。我们决不想以 10% 的资本主义替代半资本主义。我们的意思是：谈到中国境内的资本主义，不区别外国资本和中国资本，把它们笼统称为中国资本主义，固然是不恰当的，但是在谈到中

---

① 参阅拙著《十九世纪外国资本主义对中国的经济侵略》，第 293 页。

② 严中平等编：《中国近代经济史统计资料选辑》，第 190、248 页。

③ 千家驹、郭彦岗：《中国货币发展简史和表解》，1982 年版，第 99 页。

④ 巫宝三主编：《中国国民所得》，1947 年版，上册，第 111 页。

⑤ 根据日本东亚研究所调查，参阅《诸外国之对支投资》，1942 年版，第 1 编，第 2 页，原单位为美元，按当时汇价换算。

⑥ 据中国人民银行上海市分行金融研究室整理《金城银行史料》，1983 年版，第 348 页。

⑦ C. C. Allen 等：*Western Enterprises in Far Eastern Economic Development*，1954 年版，第 110 页；杉村广藏：《列国对支投资概要》，1943 年版，第 78 页。

⑧ 巫宝三主编：《中国国民所得》上册，第 12、64—66 页。

国本国的资本主义时，不结合外国在中国的资本主义加以考察，恐怕也未必恰当。而一旦把两者结合起来加以考察，那么，这样一种资本主义的格局，显然不能代表中国"向上发展的因素"。相反，它正是中国"陷入半殖民地半封建深渊"的一个标志，是中国资本主义之所以区别于正常的资本主义的重要标志之一。

另一个需要研究的方面是原有封建经济的变化。封建经济中资本主义成分的出现，主要是农村中富农所代表的经济关系。鸦片战争以后，特别是甲午战争以后，伴随着通商口岸的增设，内河轮运的扩大、铁路的兴建、新式工业的兴起以及出口贸易的增长，中国农产品的国内外市场和农产品的商品化，有一定程度的扩大。伴随着农产品商品化和商业性农业的扩大，是封建经济与商品经济联系的加强，农民两极分化的加剧和富农经济的增长。这是一个全国性的现象。到了 20 世纪，全国富农户数约占全国总农户的 6%。[①]

但是，中国的富农经营，一般规模很小，经营的方式也很落后。富农虽然也租进土地，但占有的耕地面积，一般大于他所经营的面积。很多富农把土地分散租给贫农耕种，收取苛重的地租，并且通过商业高利贷剥削贫苦农民。中国富农虽然也雇用工人，但存在于他们之间的雇佣关系，并不纯粹是资本主义的雇佣关系。很多雇工遭受高利贷的剥削和封建宗法关系的束缚。总起来看，中国富农经济，带有很大的封建性。它是在封建轨道上行进的富农经济，很容易向地主经济倒退，而难于走向资本主义农场发展的道路。与此同时，入侵的资本帝国主义，也不是来促进中国农村的资本主义化。它的经济侵略，一方面部分地分解了中国的自然经济，一方面又尽量保持资本主义前期的一切剥削形式，以便利其榨取广大的中国农民。以为帝国主义的经济侵略促进了中国农业资本主义的发展，甚至说中国农村经济已经半资本主义化，这是不符合事实的。整个中国近代农村经济仍然是一个"向下沉沦"的局面。

总起来说，近代中国由封建社会向半殖民地半封建社会的转变，这是历史的沉沦，不是时代的进步。半殖民地半封建，这是一个不可分割的整体。中国这一东方巨人的近代苦难，也是一个完整的历程。当他的一只脚踏进半殖民地社会，另一只脚必然进入半封建社会，而不是什么半资本主义社会。用半殖民地半资本主义的提法取代半殖民地半封建的提法，以之为中国的近代社会定性，那既没有如实反映近代中国的历史现实，也不能正确指明中国未来的发展方向。君临近代中国的，不是取代封建主义的中国资本主义，而是在封建主义之外，又加上入侵中国的外国资本

---

① 何均：《旧中国农村中的几种经济关系》，《近代史研究》1983 年第 2 期。

帝国主义。帝国主义和封建主义是"同官斯土"的。① 中国人民只有推翻帝国主义，封建主义以及后来作为帝国主义附庸出现的官僚资本主义，才能得到彻底的自由和解放，才能有真正的光明远大前途。只有充分理解这一点，才能真正认识到：孙中山提出的民族革命、政治革命和社会革命，亦即后来的民族、民权、民生三大主义的光辉思想，出现在 80 年前的中国，具有多么伟大的历史意义。

二　中国的近代资产阶级

中国近代社会的特点，规定着中国近代资本主义和资产阶级产生的特点，规定着中国资产阶级的特点。

关于半殖民地半封建社会条件下，中国资本主义的产生，学术界也有不同的意见。早在 20 世纪 60 年代的前半期，樊百川同志和戴逸同志就发表了两种不同的看法。樊百川同志认为："十九世纪中叶以前，中国手工业在封建主义制度下的发展，产生了资本主义的萌芽，但并没有成长为资本主义的工场手工业。"外国资本主义的入侵，使中国手工业中发生的资本主义萌芽"失掉了生长的基础，从而也就失去了成长为资本主义工场手工业和由此过渡到大机器工业的可能"。中国的资本主义大机器工业，是"由于外国机器工业的刺激，一部分从封建势力控制下的官办军事工业逐步演变而来，一部分在托庇于外国资本主义势力之下而逐渐发展起来的"。"而它的独立发展的正常道路，则从此被永远截断。"②

和樊百川同志相对，戴逸同志认为："中国封建社会末期社会经济和手工业生产所达到的水平，是中国近代机器工业由以产生的出发点和内在根据。离开了这个出发点和内在根据，近代机器工业的出现就会成为不可理解的事情。外国的侵略可以改变中国经济发展进程的方向和速度，但是不可能一刀斩断这个进程。中国近代机器工业某些特点的形成，可以而且必须从以往经济发展的情况找到解释。"③

戴逸同志的提法，是比较委婉而含蓄的。他说，"外国的侵略可以改变中国经济发展进程的方向"，但不能"斩断这个进程"。究竟"改变进程的方向"和"斩断这个进程"这两个概念是怎样区别的？或者说，"进程"的内容究竟指的是什

---

① 这是 19 世纪 80 年代中国上海道台给英国驻上海总领事的信中的一句话。原话是："本道与贵总领事同官斯土。"这句话反映了当时中国统治者和外国侵略者的关系，反映了整个近代中国的现实，见 1884 年 7 月 9 日《字林沪报》。

② 樊百川：《中国手工业在外国资本主义侵入后的遭遇和命运》，原载《历史研究》1962 年第 3 期。1985 年收入黄逸平编《中国近代经济史论文选》时，作者作了个别订正。

③ 戴逸：《中国近代工业和旧式手工业的关系》，《人民日报》1965 年 8 月 20 日。

么？人们是不容易弄清楚的。他说，"中国近代机器工业某些特点的形成，可以而且必须从以往经济发展的情况找到解释"，这些特点中，包括不包括中国资本主义机器工业本身产生的特点呢？这也不是很明确的。

对于这个问题，吴承明同志的意见，就明确多了。他说："在中国，也有些同志认为，明清以来的资本主义萌芽，由于帝国主义的入侵，中断了。鸦片战争后近代工业的建立是另起炉灶，与原来的资本主义萌芽并无继承和发展关系。这可称为'中断论'。而中断论也自然导致外铄论。"什么是外铄论？吴承明同志说："外铄论和移植论，都是一种无视事物发展内因的纯外因论。他们否定中国封建社会内部的任何能动因素。这种反历史、反辩证法的观点是完全错误的，但绝非是孤立的。"①

吴承明同志的论点是针对中国的托派所宣传的"理论"。托派的错误，在于否定中国近代社会的半殖民地半封建性质，在于把帝国主义的入侵说成使中国"发展到资本主义国家"的推动力量，在于取消了反帝反封建的中国民主革命的任务，从根本上否定了中国共产党领导的中国革命的道路。这和我们现在的讨论，完全是两回事情。

承认帝国主义的入侵，使封建主义的中国成为半殖民地半封建的中国而不是资本主义的中国，这是根据中国内部条件，运用马克思主义的理论与中国的实际所得的结论。同样，承认在半殖民地半封建社会条件下产生的中国资本主义不可能像资本主义国家那样通过手工业→工场手工业→大机器工业而产生，也是运用马克思主义理论于中国内部社会条件所作的分析。这里并没有违反历史，也没有违反辩证法，更非什么外铄论。相反，一方面承认中国近代以进入半殖民地半封建社会而开始；另一方面，却又把半殖民地半封建社会条件下中国资本主义的产生，说得和正常的资本主义一模一样，这倒是有些近于孤立的比附。中国资本主义的产生，不是或主要不是由手工业→工场手工业→大机器工业而来，而主要是由一部分和手工业没有联系的官僚、地主和商人对新式工业的创办而来。这不是什么外铄论，这是中国历史的必然。封建地主官僚和包括一部分依附外国势力的买办在内的商人之成为中国资本主义现代企业的创建者，这一客观事实在一定程度上规定着中国民族资本主义得不到真正的发展，规定着中国民族资产阶级的软弱。

半殖民地半封建社会中资产阶级力量的软弱，这是已有的一致结论。然而观察的角度，却可以多种多样。黎澍同志在分析辛亥革命中革命党人何以不能保持政权的时候，引用马克思反复强调过的一个观点，即"资产阶级实行统治的经济条件，

---

① 吴承明：《中国资本主义的萌芽概论》，载《中国资本主义与国内市场》，1985 年版，第 178、176 页。

没有充分成熟"。这是完全恰当的。资产阶级缺乏实行统治的经济条件，这正是资产阶级软弱的表现。黎澍同志接着从以下三个方面展开论证：第一，从资本主义企业的数量看，截至 1911 年，中国还只有近代厂矿企业 562 家，资本一亿三千二百余万元。"比照我国的土地人口及庞大而又原始的封建农业经济来看，仍不能不认为数量甚微。"第二，从资产阶级的贡赋在国家财政收入中所占的比重来看，情况也是如此。作为清末资产阶级的主要贡赋——厘金在 1910 年清政府的财政预算中所占的份额最多不过 9.43%。第三，从资产阶级在全国人口中的比重看，1908 年全国有商会组织 262 处，包括会董、议董在内，全体会员估计有 7784 人[1]，不及当时成年男子人口的万分之一。"为数实在太少。"[2]

　　中国资产阶级数量上不够壮大，这是事实。从以上三个方面进行论证，似乎也能给人以中国资产阶级之所以软弱的答案。但是，把这些数字所反映的状况和正常的资本主义国家比较，人们又会得出相反的印象。就拿商会组织来说，英国的商会最早出现于 19 世纪初叶。例如最早的伯明翰和曼彻斯特商会，分别成立于 1813 年和 1820 年[3]，其他的城市，还要更晚一些。如果说，中国在辛亥革命之前三年，已有商会组织 262 处，那么，英国的资产阶级商会组织，却出现在资产阶级革命一百多年之后。黎澍同志以中国资产阶级的人口还占不到全国成年男子人口的万分之一，证明"他们的作用终不能不因数量太少而受限制"。然而，在 18 世纪的英国，这种限制也是有目共睹的。"在 1803 年制定的一个 18 世纪英国名人表里，人们找不到一个工厂主或发明家的名字。"[4] 相反，中国清末各地商会的纷纷出现，恰恰被许多学者"看作是中国资产阶级已经形成一支独立的阶级队伍的重要标志"。[5]其次，再拿工厂的设立来看。如果说，在辛亥革命以前，中国自办的现代工厂，已经有了将近四十年的历史；那么，在英国资产阶级革命的时候，英国的现代工厂，还没有开始发动。一直到一百多年以后的 1785 年，蒸汽机才第一次用来发动纺纱机。[6] 如果说，中国在辛亥革命之时，已有现代工矿企业 562 家，那么，沙俄在改

---

　　[1] 据徐鼎新同志新近的研究，截至 1908 年，全国各省、市、县、乡、镇商务总会、分会数目为 348 处，全体会员为 99454 人（参阅《中国社会经济史研究》1983 年第 1 期），分别比黎澍同志的估计高出 33% 和 12 倍。

　　[2] 黎澍：《辛亥革命几个问题的再认识》，原载《中国社会科学》1981 年第 5 期。收入《纪念辛亥革命七十周年学术讨论会论文集》时作了修改补充。

　　[3] J. H. Clapham（克拉潘）：*An Economic History of Modern Britain*（《现代英国经济史》）上卷，姚曾廙译本，1964 年版，第 387 页。

　　[4] P. Manroux（芒图）：*La Revolution Industrielle au XVIII siecle*（《18 世纪产业革命》），杨人楩等译本，1983 年版，第 322 页。

　　[5] 章开沅：《就辛亥革命性质答台北学者》，《近代史研究》1983 年第 1 期。并参阅《纪念辛亥革命七十周年学术讨论会论文集》中章开沅、丁日初、皮明庥、邱捷等同志的论文。

　　[6] 莫尔顿，上引书，中文版，第 275 页。

革之后五年（1866），使用蒸汽机的工厂，还只有 307 家。① 可见，无论是同先进的英国还是落后的沙俄比较，中国的资产阶级，还是略胜一筹的。至于工商税收的数额，我们可以拿中国的情形和日本比较。日本在明治维新以后 10 年，商工税收仍只占国家全部税收的 3.1%，土地税仍占 80.5%②，则辛亥革命时期中国资产阶级对财政的贡献，相当于日本的 3 倍以上，应该说这个数目是不算小的。

这种孤立的、机械的比较，也许并不能否定黎澍同志的论证。但是，有一点大概可以肯定，中国资产阶级之所以软弱，除了黎澍同志的论证以外，还应该加上一条重要的补充，那就是中国资本主义和资产阶级产生的历史环境。这一点，黎澍同志事实上也注意到。他说，"中国的资产阶级很少是由手工工场主发展起来的，而主要是由官僚、买办、地主和商人转化来的。这些人转化为资产阶级，长久地保持着他们原来所从属的那个阶级或阶层的思想和心理特征。而且即在经济上也没有割断同封建经济的联系"。事实上，中国的资产阶级，从它产生的第一天起，也未能割断它同帝国主义经济的联系。在这方面，章开沅同志有一个比较全面的论证。他指出："辛亥革命一个极其重要的特点，就是它发生在欧美和日本等国家已经进入垄断资本主义的时代。工业迅速发展的帝国主义不仅是外界的客观存在，而且已经侵入中国达半个世纪以上，并且无可避免地刺激了中国资本主义的发展。因此，中国资本主义可以直接从国外引进机器设备，不必重复西欧经由工场手工业阶段然后再进入产业革命那样的历史常规。但是，问题还有另外一面。自从 19 世纪中叶以来，中国已经逐渐丧失独立和主权，沦为半殖民地，帝国主义以封建主义为支柱奴役中国，严重地阻碍和摧残刚刚有所发展的中国资本主义。在这样的社会环境里，由于与封建主义有千丝万缕的联系，并且在资金、设备、技术以至市场等方面受外国资本控制，中国资本主义和资产阶级较诸西欧前辈更为稚弱。辛亥革命就是在这样不成熟的经济、阶级基础上发生的，而它面临的敌人——帝国主义与封建主义的反动联盟，却又较诸西欧封建势力更为强大和根深蒂固，因此它难以取得如同英、法资产阶级革命那样辉煌的成就。"③ 应该说，半殖民地上的中国资本主义，不但"不必"，而且不可能像西欧那样有一个手工业→工场手工业→大机器工业的真正产业革命，因此中国的资产阶级才"较诸西欧前辈更为稚弱"。"半殖民地的政治和经济的主要特点之一，就是民族资产阶级的软弱性。"④

---

① Л. И. ЛЯЩЕНКО（梁士琴科）：*Истоия Народного хозяйс Тьа СССР*（《苏联国民经济史》），李延栋等译本，1954 年版，第 128 页。

② ［日］野吕荣太郎：《日本资本主义发展史》，张廷铮译本，1953 年版，第 155 页，参阅 T. C. Smith, *Politieal Change and Industllal Development in Japan Government Enterprise*，1955 年版，第 69 页。

③ 章开沅：《就辛亥革命性质答台北学者》，《近代史研究》1983 年第 1 期。

④ 《毛泽东选集》1964 年合订本，第 142 页。

这里正见出孙中山的伟大。他的伟大就在于：在这样一种环境中，能高举民族、民权、民生三大主义的旗帜，坚持真正的资产阶级民主革命。他的悲剧也在于此：中国的资产阶级是那样的软弱，以至于他所领导的革命，不可能取得彻底的成功，更不要说有英、法资产阶级革命那样辉煌的成就。

三　中国的资产阶级革命

孙中山领导的中国革命的性质，这是当前中国海峡两岸学者意见分歧的焦点。不久以前，华中学者章开沅同志和台北学者张玉法先生对这个问题展开了全面讨论。分歧的实质是：一方认为它是资产阶级民主革命，另一方认为不是资产阶级革命而是全民革命。

持全民革命见解的张玉法先生有一个重要理由是："研究辛亥革命的性质究竟为何时，必须要对当时中国社会中资产阶级人口究竟有多少比例？辛亥革命是不是由资产阶级所发起？又有多少资产阶级参加了辛亥革命等问题，先要做正确的厘清。"[①] 确定一个革命运动的性质，这一点当然必须考虑到。在 17 世纪英国资产阶级革命中，作为战斗主力的骑兵，"是从自由农和比较富裕的工匠中吸收来的"。[②] 在中国，以前有人调查兴中会成员的成分，现在也还有人试图调查在同盟会与辛亥革命时期武汉的革命家中，有哪些是资本家，调查资产阶级的成员对这场革命的态度及研究湖北新军的成分等，这种工作，只要通过正确的分析，对说明孙中山领导的革命的性质，都是有价值的。

章开沅同志突出辛亥革命的历史使命。革命的性质，决定于革命者所肩负的社会任务，他是为了哪个阶级的社会利益。这个观点，我认为是必须坚持的。张玉法先生说："参加辛亥革命的人，可以说是来自各个阶级，革命的许多领导者甚至还是出身贫寒之家，而且当时革命即或得到资本家的经费支持，但这也绝不是为了资产阶级的利益。"参加者"来自各个阶级"，也就是说，参加到革命阵营中来的，有各种不同成分的人，这并不是中国的资产阶级革命所独有的现象。英国、法国以及许多国家的资产阶级革命，亦莫不皆然，这是人所共知的。至于所谓"不是为了资产阶级的利益"，那就需要对"阶级的利益"作科学的理解。辛亥革命之所以说是资产阶级革命，乃是因为"历史客观进程所提出的重要课题，就是反对帝国主义和封建主义，谋求中国的独立、进步和富强"。而在当时的历史条件下，"解

---

① 台北"《中国时报》"1982 年 4 月 4 日，转见章开沅上引文。
② 莫尔顿，上引书，第 240—241 页，中译本，第 192 页。

决这个课题的最先进的方案就是建立资产阶级共和国和发展民族资本主义"。① 这当然是中国资产阶级的阶级利益所在。但是它也符合张玉法先生所坚持的全民利益，这也是毫无疑问的。

的确，孙中山自己也说过，他的革命是"平民革命"②。他甚至在组织革命的资产阶级政党同盟会时，还不承认中国有资本家，认为"中国现在资本家还没有出世"。③ 这一点也不奇怪。章开沅同志说："正如法国大革命时期一些最伟大的革命家那样，孙中山和他的战友也是真心诚意为祖国和民族的利益而奋斗的，他们在主观上都是以整个民族即'全民'的代表自居。"主观上是如此，客观上更是如此。因为在当时的历史条件下，孙中山的革命纲领，就是指导整个中华民族前进的纲领，就是最符合中国全民利益的纲领。

从这一点看，中国海峡两岸学者之间，并没有任何分歧，在这一点上，大家有着共同的语言。

张玉法先生还说："中共史学家经常强调孙中山先生是'社会主义革命的先驱者'，如果此说确实被中共史学家承认的话，那么中山先生便是社会主义趋向的一位革命家，而不是资本主义趋向的革命家，此为中共史学家自相矛盾之处。"断言中共史学家强调孙中山是"社会主义革命的先驱者"，这当然是一种误解。对于孙中山先生，中国共产党和包括史学家在内的中国人民历来都把他看作民主革命的先行者，并没有说他是社会主义的先驱。但是，孙中山四十年的革命实践，使他晚年的革命思想，有一个大的飞跃，"使革命的三民主义同中国共产党的最低纲领——新民主主义在若干原则上达到基本上的一致"④，这种三民主义"和中国共产党在民主革命阶段中的政纲，即其最低纲领，基本上相同"。⑤ 张玉法先生所指摘的，如果是这一点，那不但不是"中共史学家自相矛盾之处"，却正是孙中山作为中国近代一位杰出的革命先行者的伟大之处。

众所周知，孙中山的革命思想有一个形成和发展的过程。在1894年上书李鸿章之前，他所能提出的，"还只是一种资产阶级的地方自治的思想"。⑥ 这在1890年他给洋务派的一位重要官员郑藻如的信中，反映得非常清晰。在那封信里，他毛遂自荐，"欲以平时所学，小以试之一邑"，而所试的东西，则是奖励蚕桑、禁戒鸦片和提倡教育三大项。在此以前，他还上书给香山知县李征庸，请求对他在自己

---

① 章开沅，上引文。
② 《民报周年纪念大会上的演说》，见《孙中山选集》，1981年版，第83页。
③ 《孙中山选集》，第85页。
④ 宋庆龄：《回忆孙中山》，见《宋庆龄选集》，1966年版，
⑤ 毛泽东：《新民主主义论》，见《毛泽东选集》，1964年一卷本，第686页。
⑥ 金冲及、胡绳武：《论孙中山革命思想的形成和兴中会的成立》，《历史研究》1960年第5期。

家乡翠亨村发起修路之举，给予支持。① 应该说，这时的孙中山，还只是要求在一定范围内，实行社会改良。金冲及和胡绳武两同志都认为："这种思想，在封建社会里，自然有着叛逆性，可是并没有带着鲜明的革命性。"② 两位同志的后一句话，当然是完全正确的。至于前一句所说的"叛逆性"，至少在致郑藻如的信中，并不那么鲜明。由上书给李征庸、郑藻如到上书给李鸿章，受书者在全国的影响扩大了，但孙中山的社会改良思想，基本上没有变化。正如黄彦同志所说：这几年中，"孙中山要求统治者采纳他的主张以实行社会改良的范围是逐步扩大的，起初着眼于改良乡政，继而在一县作试验，成功后逐步推广到各地；再就是给李鸿章设计一个改造中国的总蓝图，以备清朝当局在全国范围内施行，而当这一场努力成为泡影时，他就抛弃对清朝统治者的幻想，决意走向革命"。③

当改良的幻想宣告破灭之后，孙中山不仅自觉地顺应时代潮流不断前进，由社会改良走向社会革命，而且在革命的过程中，也是"适乎世界之潮流，合乎人群之需要"，走在同时代人的前面。由兴中会的《盟书》到同盟会的《总章》，在二者之间表现出来的前进足迹，是人所共见的。把同盟会《总章》中的"驱除鞑虏、恢复中华、创立民国、平均地权"和同时期的光复会的誓词"光复汉族、还我河山、以身许国、功成身退"相比较，虽然彼此"宗旨并不相悖"，但二者之间，不仅在范围上有广狭之差别，④ 而且在目标上也有高下之悬殊。

这是孙中山革命思想和革命实践的伟大之处。他虽然没有超出他所处的时代给予他的限制，但他总是站在时代的最前列。正是由于他所领导的革命，是发生在欧、美和日本等国家已经进入矛盾尖锐的垄断资本主义的时代，他已经从西方国家的经验中看到资本主义的不良后果。他在 1905 年就提出警告："近时志士舌敝唇枯，惟企强中国以比欧美。然而欧美强矣，其民实困，观大同盟罢工与无政府党、社会党之日炽，社会革命其将不远。"⑤ 辛亥革命后，他又说："今日共和告成，措施自由，产业勃兴，盖可预卜。然不可不防一种流弊，则资本家将乘此以出是也。"⑥ 虽然他提出的预防办法，并不能消弭资本主义的祸害，但这仍不失为在历史提供给他的特定舞台上，把革命活动发挥到了极致。他的晚年由旧三民主义向新三民主义的转变，是当时中国资产阶级民主革命所能达到的最高峰。分析这一思想的升华，最初发自资产阶级改良主义的地方自治，丝毫无损于孙中山在中国近代革

---

① 参阅黄彦《介绍孙中山〈致郑藻如书〉》，《历史研究》1980 年第 6 期。

② 金冲及、胡绳武，上引文。

③ 黄彦，上引文。当然，孙中山思想的发展过程，并非一条直线，还大有讨论和研究的余地。

④ 金冲及、胡绳武：《同盟会与光复会关系考实》，《纪念辛亥革命七十周年学术讨论会论文集》，上册。

⑤ 《〈民报〉发刊词》，见《孙中山选集》，第 76 页。

⑥ 《在南京同盟会员饯别会的演说》，见《孙中山选集》，第 97—98 页。

命史上的崇高地位，丝毫无损于他在中国全体人民中的光辉形象。相反，人们从这里可以清晰地听到时代进步的足音。孙中山在不断前进，中国也在不断前进。正如刘大年同志所指出："洋务运动没有给中国找到出路，所以有维新运动。同样地，维新运动也没有给中国找到出路，所以有辛亥革命。"① 在辛亥革命之前，中国正处在山雨欲来的大变革浪潮中。各种势力，风起云涌。泥沙俱下，鱼龙混杂。有不断的融合，也有不断的分化。正因为洋务运动没有给中国找到出路，所以洋务运动中可以分化出维新运动中的改良主义者。正因为维新运动同样也没有给中国找到出路，所以君主立宪的维新运动中也可以分化出推翻清朝的民主革命派。这一切，对中国资产阶级革命的研究来说，都是要求人们重新正视的问题。

（刊于 1986 年第 6 期）

---

① 刘大年：《孙中山——伟大的爱国主义者和民主主义者》，《近代史研究》1981 年第 3 期。

孙中山让位于袁世凯的历史环境

胡绳武

孙中山将临时大总统的席位让给袁世凯，是近代史上重大的历史事件。近几年来，学术界有人曾就此问题撰文进行讨论。讨论涉及孙中山"让位"的原因是什么？应该怎样看待孙中山的"让位"？孙中山的"让位"造成了怎样的后果与影响等问题。学术界对这些问题的看法是有分歧的，有些看法甚至截然相反。这种分歧，表示着对这一问题研究的日益深入。可是，也需要指出，过去一段时间对这个问题的讨论，未免较多地注意孙中山在"让位"问题上的正确与错误，功过与得失上面。而对于孙中山究竟是在怎样的历史环境下"让位"的，这种历史环境究竟是怎样形成的，这种历史环境对孙中山当时的思想状况和斗争策略产生了怎样的影响等问题则不免缺乏具体的论述。就笔者所接触到的材料来看，袁世凯之所以会被推上临时大总统的宝座，首先是因为武昌起义后，由于种种的原因，在当时资产阶级革命党人、海外华侨和留学生中，较普遍地形成一种如袁世凯能反正，借袁之力以推翻清廷建立民国最为有利的心理状态。正是因为有这样一种心理状态，所以武昌起义后不久，在南方各省中就出现了鼓励袁世凯反正，宣传袁世凯如能反正"归顺"民国，就可举为大总统的舆论。以黎元洪为代表的南方已独立各省，并很快地确立了如袁反正即举为总统的方针。正是由于这种环境，袁世凯窃取革命果实的反革命野心才得以实现。描述这种历史环境的形成，剖析形成这种历史环境的诸因素，论述孙中山之所以不得不接受并推行袁世凯如反正即举为大总统的方针，是本文的目的所在。

一

袁世凯适于做大总统的舆论，究竟是谁在什么时候第一次公开提出来的？1911年10月21日的《民立报》第一页以《欧洲关于中国革命之电报》为题的新闻报道中说："《每日镜》（*Daily Mirror*）、《伦敦晚报》（*London Evening News*）及其他各报宣言孙逸仙已选袁世凯为第一总统。此间舆论极赞成袁世凯联合革命党，并望孙勿念旧日之恨，袁当有以助其成功，云云。"这是目前笔者所看到的公开提出让袁世凯做大总统的最早的宣传。英国报纸之所以如此宣传，绝非偶然，而是急切地推出它在中国的新的代理人以维护其在中国的侵略权益，免遭革命损害的表现。

英国当时在中国是拥有最大侵略权益的国家。它在中国的贸易总额，包括香港在内超过其他各资本主义国家在华贸易的总和。[①] 而被革命席卷了的长江流域，恰好又是英国的势力范围，它的在华投资四分之三在这个地区。因此，英国在武昌起义爆发后，急于希望局势尽快地恢复平静。但是，怎样才能使被革命打乱了的旧秩序迅速地恢复呢？根据当时的形势，它认识到直接出兵干涉意味着向中国人民宣战，这会危害到它的臣民在华的生命和财产。在英国政府看来，最好的办法是让袁世凯出来收拾局面。因为它认为，袁世凯在当时的中国是最有能力维护旧秩序的强有力的人物。早在 1911 年 2 月，英国外交大臣格雷（E. Grey）在与日本公使加藤讨论中国的局势时就说："我认为，中国有一个更好的政府是可取的。目前的内阁是软弱的，优柔寡断的。这个内阁以不现实的政策将自己推向深渊。它的活动可能给自己招致国内革命。很可惜，袁世凯及其拥护者，如唐绍仪等人，没有担任国家公职。"[②] 这说明，早在辛亥革命爆发前八个月，英国政府就希望袁世凯出来秉政了。弄清楚了英国政府的这种意愿，我们对于《每日镜》、《伦敦晚报》等英国报纸竟然无中生有地做出上述那种宣传也就不会感到惊异了。

在国内究竟是谁首先公开表示如果袁世凯赞成共和就可以做大总统的？有一个湖北人，得知袁世凯被任命为湖广总督的消息后，用"鄂人"的名义给袁世凯写信说："近闻海上各报，皆谓阁下已受满虏简为鄂督，偕厉昌前来，心窃怪之。嗟乎！阁下非汉人乎？胡一旦昧心至此也"。"为阁下计，何不以迅雷之势，建不世之业，汉族之华盛顿，唯阁下是望。"[③] 按：袁世凯被任命为湖广总督的日期是 10 月 14 日，如果写这封信的"鄂人"是住在武汉的，根据当时沪汉二地通邮情况，一看到报上刊登袁任"鄂督"的消息就写这封信，则写信的日期当在 10 月 20 日左右，那么，它很可能就是最早表示袁如反正，就可以拥为总统的一封信了。很可惜，这位"鄂人"的信既未署名亦未注明写信的日期，所以尚难作出准确的判断。在革命党人方面，明确公开表示袁如反正就可被举为总统有确切日期可查的是 1911 年 10 月 28 日的《民立报》。该报在这一天以《敬告袁项城》为题的"短评"

---

① 吴相湘主编：《中国现代史丛刊》第 6 册，第 5 页。

② P. 洛：《英国与日本（1911—1915 年），英国远东政策研究》，转引自《国外中国近代史研究》第 1 辑，第 91 页。

③ 《鄂人致袁世凯书》，《满清外史》第八编。

说："今幸天诱其衷，清廷属治兵柄，此诚千载一时之嘉会也。人心归汉，公不宜妄自菲薄，致辜物望。""虽今日世界不能容有子孙帝王万世之观念，但以渺然之躬，代表四万万众，为第一期之大政长，与环球总统、君主相周旋于玉帛坛坫之上，抑最快意也。公其勉之！"

袁世凯是 10 月 30 日正式接受清廷委任的钦差大臣，离开彰德南下视师的。10 月 28 日《民立报》发表上述"短评"的时候，袁尚在彰德，这说明袁尚未"出山"，革命党人就以第一期大政长相勉了。在这篇"短评"之前，我们还没有看到立宪派人公开发表过这样的言论。所以，尽管立宪派人在武昌起义后的第五天就开始搞起所谓"惜阴堂策划"，力图使袁世凯登上总统的宝座，但看来，首先公开鼓励袁世凯争取做大总统的是革命党人而不是立宪派人。

继上述"短评"以后，公开鼓吹袁世凯可做大总统的是旅居欧、美的一些华侨和留学生。《神州日报》在 1911 年 11 月 2 日这天，刊登了伦敦华侨、留德学生和芝加哥旅美学、商全体等三封鼓吹争取袁世凯做总统的电报。这三封电报是：

> 伦敦华侨致全国同胞电："全国同胞公鉴：救亡之策，惟泯汉满，和革党，调新旧，速建联邦共和大国，优养废帝后，不可迟疑失时。……务乞亿兆同胞，军民一心，速迎天机，各守公法，速建共和立宪国。袁世凯资格，适于总统，外论亦协，万不可折入满洲，存帝自扰。即为满人计，亦宜如此。……华侨泣血布各报。"
>
> 留德学生电："各报馆鉴：主张自开国民会议，废满帝建共和，袁助民党中外欢迎，已电咨政院。留德学生。"
>
> 旅美芝加哥华侨电："各报馆鉴：项城宜于汉族总统，勿任满洲利用以延虏祚。如果甘为满奴，誓为三百九五兆人寸磔此汉奸，以谢同胞，旅美学商全体一致。旅美芝加哥华侨公电。"

此后，《神州日报》又分别于 11 月 4 日和 6 日，先后用《忠告袁世凯与东南各督抚官吏》、《再告袁世凯》为题，发表了两篇社论。在《再告袁世凯》中说："满人知其覆亡在即，乃师以往诸酋之故智，令公视师，欲公出为曾国藩第二，殊不知时事既移，曾氏已为天下所唾骂。今日为中国前途计，为万民生命计，乃至为公个人计、声誉计、身家性命计，惟有联合鄂军，卷旗北向，以如虎之新军，扫黄龙之残局，然后黄袍加身，为中国共和国初开幕之第一任大总统，则国人感公，外人慕公。天下岂有到手之华盛顿弃而不为，而甘心效法梅特涅者？"

该报又于 11 月 15 日，以"社论"形式发表沈朵山、孙星如二人来稿——

《新国家建设之谋划》（续），该文说："仆等之愚，以谓今日满汉相持，其向背足为中外所重者，当推袁世凯。……为今之计，惟有联合已告独立各省，公举夙负名望之人为代表，造袁往请，更宜乘袁氏未北行之前，背道而行，如袁行至北庭则事又多一周折矣。且今日无论袁之人格与共和政府相容与否，顾彼为名誉计，一时必自感受。吾中华民国能纳袁氏则可杜外人干涉，速满族之灭亡，免生灵之涂炭，目前之至计最要法著也。"

这篇文章从其内容看，是写于袁世凯到北京之前。袁是 11 月 13 日到北京的，此文写作的最晚日期当在 10 日左右。《民立报》和《神州日报》，当时都是革命党人掌握的报纸，在不到两周的时间内竟然发表了这么多鼓吹争取袁世凯做第一任大总统的言论，这就说明了当时在革命党人中确实存在一种认为争取袁世凯反正，举袁为总统对革命最为有利的心理状态。黄兴在 11 月 9 日，以战时总司令的名义写信给袁世凯说："兴思人才原有高下之分，起义断无先后之别，明公之才能，高出兴等万万，以拿破仑、华盛顿之资格，出而建拿破仑、华盛顿之事功，直捣黄龙，灭此而朝食，非但湘鄂人民戴明公为拿破仑、华盛顿，即南北各省当亦无有不拱手听命者。苍生霖雨，群仰明公，千载一时，祈勿坐失。"也是这种心理状态的表现。

早在黄兴写这封信以前，湖北军政府和已独立的南方其他各省军政府，已经确立了只要袁世凯赞成共和，就举袁做第一任大总统的方针。江海关税务司苏古敦（A. H. Sugden）11 月 9 日致总税务司安格联（F. A. Aglen）的报告说："黎元洪宣称，他已通电各都督，有七省都督已经同意成立一个共和国，推举袁世凯为第一任大总统。"[①] 日本驻汉口总领事馆情报第二十七报于九日上午的报告："传说黎元洪曾对某外国人谈，现在中国各地革命军之五个司令官均已同意函请袁世凯担任中华民国第一任大总统云。"[②] 正是因为确定了这个方针，所以，11 月 11 日，黎元洪等人代表湖北军政府与袁世凯的代表刘承恩、蔡廷干谈判时，黎对刘、蔡说："予为项城计，即令返旆北征，克复汴冀，则汴冀都督非项城而谁？以项城之威望，将来大功告成，选举总统，当推首选。"[③] 当时，《神州日报》也公开报道："黎元洪以中国共和第一任总统许袁世凯，现袁对此事之答复，犹豫未决。"[④] "袁世凯逗留不肯赴北京，闻已受黎元洪言愿为共和领袖，以冀彼举为第一总统。"[⑤] 过去，不少辛亥革命史的论著，多把袁世凯如反正即举为总统的方针的制定归之于当时像黎元

① 《帝国主义与中国海关》（第十三编），中华书局 1964 年版，第 26 页。
② 《近代史资料》，1961 年第 1 号，第 563 页。
③ 《辛亥革命》（丛刊本）（八），第 66 页。
④ 《北京电》，《神州日报》1911 年 11 月 12 日。
⑤ 《汉口电芜湖转》，《神州日报》1911 年 11 月 13 日。

洪、汤化龙这样的一些旧官僚和立宪派人挤进革命阵营所产生的影响。现在看来，这种看法，并不符合实际。一些旧官僚和立宪派人渗入各个革命的军政府，他们对这种"举袁"方针的制定有影响是事实，但并不是主要的。11月初，南方各军政府确立这个"举袁"的方针时，离武昌起义尚不到一个月，事实上，当时在各个军政府内部的旧官僚和立宪派人的发言权并不大。上述《民立报》和《神州日报》上所发表的言论，足以说明：袁世凯如果反正即举为大总统的方针的确定，起主要作用的并非黎元洪、汤化龙这样一些人，而是当时在革命党中较普遍地存在一种认为袁世凯如能反正，借袁之力推翻清廷，以建民国最为有利的心理状态。"举袁"方针的确定，应该说，正是这种心理状态的集中反映。这种方针的确定，为各种支持袁世凯上台的社会势力（包括帝国主义的势力）的预谋得以实现提供了极为有利的条件。

袁世凯如反正即举为总统的这个方针，自从11月初由黎元洪代表南方各省军政府提出，经12月2日各省都督府代表联合会在汉口开会时，以决议的形式通过后，一直为革命党人所奉行贯彻。南京光复后，黄兴于12月9日给汪精卫的复电说："项城雄才大略，素负全国重望，能顾全大局，与民军为一致之行动，迅速推倒满清政府，令全国大势早定，外人早日承认，此全国人人所仰望。中华民国大统领一位，断推举项城无疑。"① 南北议和开始的前二天，即12月16日，《民立报》在以《告唐绍仪》为题的社论中说："吾深有待于唐绍仪之婉转陈述，俾袁氏迫令满虏以退让为能，则民国之建，无以为梗。吾族健儿必乐予满虏以特别之优待，而总统之席，袁世凯终有当选。千载以后，铜象巍峨，不啻唐绍仪贶之。袁氏之感谢，及于子孙。"② 12月18日，南北议和在上海正式开始，五天以后，即12月23日，黎元洪、伍廷芳二人，又分别向《大公报》公开声明，只要袁世凯"不再迟延承认共和政体，必可选为共和国总统"。③ 12月29日，孙中山当选为临时大总统后，也分别于12月31日和1912年1月2日，二次致电袁世凯，表示临时大总统一席，他只是"暂时承乏"，只要袁世凯拥护共和，他一定"让位"。

由上可见，自从11月初，黎元洪提出袁世凯如反正即举为大总统的方针，直到孙中山当选为临时大总统以后，革命一方所发表的公开声明，从未改变。即使在南北议和期间，许多革命党人一再批评议和的错误，并揭露袁的反革命野心，但很少有人从根本上否定袁如反正即举他为大总统的这一方针。究竟是什么原因使革命党人产生拥袁以建共和的心理，这是一个值得进一步探讨的问题。

① 《黄兴集》，中华书局1981年版，第94页。
② 《告唐绍仪》，《民立报》1911年12月16日。
③ 《革命中之西报观察》，《神州日报》1911年12月25日。

二

武昌起义后，革命党人一再宣传只要袁世凯反正即举为大总统，难道他们对袁世凯的反动本质毫无认识么？也不是。事实上，就在宣传袁最适于做总统的同时，也有人不断揭露他是"帝制自为"，决不可信赖的奸雄。甚至在同一份报纸上，短短的几天内，既登拥袁的稿件，又登反袁的稿件。如《神州日报》在 11 月 15 日的社论中提出迎袁出来做大总统为当今最要之法著的次日，又发表题为《论过信袁世凯者之误》的"社论"，指出袁有"操莽之遗风"，在"汲汲收揽兵权"，"欲其身享无帝王之名而有帝王之实"，"吾人决不能以无数鲜血，亿兆无量之牺牲，而供袁一人坐享之利，为富贵之资"。[①] 其后，随着袁世凯并不是痛快地接受拥戴，而是在残酷镇压革命的同时，大肆玩弄停战、议和的花招，别有用心地主张君主立宪、反对共和的时候，人们对他的反革命伎俩的揭露也就更加痛快淋漓。

如何解释革命党人对袁世凯的反动本质并非毫无认识，而又推行只要袁世凯反正即举为大总统的方针？这一问题，只要对他们当时所提出的"拥袁"理由作一番研究，即可以得到清楚的回答。

总括当时"拥袁"言论，其所持理由约可归纳为三个方面。（1）"今日满汉相持，其向背为中外所重者，当推袁世凯"，袁为汉人，"袁世凯之资格，宜于汉族总统"；（2）外国舆论主张举袁为总统，举袁可以"杜外人干涉"；（3）举袁可以"速满族之灭亡，免生灵之涂炭"。当时的革命党人为什么会形成这样的认识？应该说，这既有历史的，亦有现实的根源，既有认识问题，也有力量对比问题。

资产阶级革命党人是在民族危机的严重关头，理论准备十分不足的情况下走上革命道路的。自 20 世纪初开始，他们所宣传的内容，主要不外民族的危亡和排满革命两个方面。他们认为，严重的亡国灭种危机，是清朝的反动卖国造成的。清廷为什么会放手卖国，根本的原因就在于它是一个"异族"的朝廷，所以对汉族祖先艰苦创业留下来的家财才毫不吝惜地大量出卖。清廷不仅放手卖国，而且对内实行残酷的封建专制统治和种族歧视政策。因此，要挽救民族的危亡，革除封建统治，就必须推翻清朝政府，建立民主共和国。鉴于这种认识，他们提出了"排满"革命的口号，并加以广泛的宣传。这一口号，实质上包含对外反对帝国主义的侵略、挽救民族危亡，对内反对封建压迫和种族歧视内容的战斗口号。因此，它能够迅速为广大群众所接受，对推动革命运动向前发展起了积极的作用。但是，这个口

---

① 《神州日报》1911 年 11 月 16 日。

号有一个很大的缺点，就是它没有把所包含的内容明确地表达出来。胡汉民后来总结经验时说："同盟会未尝深植其基础于民众，民众所接受者，仅三民主义中之狭义的民族主义耳。正惟'排满'二字之口号，亟简明切要，易于普遍全国，而弱点亦在于此。民众以为清室退位，即天下事大定，所谓'民国共和'则仅取得从来未有之名词而已。至其实质如何都非所问。"① 胡汉民这里所说的"民众"，事实上应该把众多的革命党人都包括在内。武昌起义后，不仅很多一般的革命党人，以为只要清帝退位，共和政府成立，汉人做了大总统，就算是革命成功了，就连孙中山、黄兴这样的革命领袖亦不能例外。武昌起义后，许多人继续强调满汉矛盾，接受甚至拥戴清朝的督抚宣布独立，正是这种思想指导下的结果。"举袁"方针的提出，自然是与这种指导思想分不开的，袁世凯既为汉人，只要他站到反满的行列中来，他就可以"离仇雠之地位而复为兄弟"。从这一点来讲，当时提出只要袁反正即可举为大总统，不仅不足为怪，而且也是合乎逻辑的。当然，是袁世凯而不是其他的汉族大官僚为革命党人所拥戴，一个重要的原因是因为袁为"中外所重"。黄兴在给袁世凯和汪精卫信中所说的"明公之才能，高出兴等万万"，②"项城雄才英略，素负全国重望"，③ 并非全是客套话，而确是在某种程度上反映了一些人的看法。当时在人们心目中的袁世凯的形象，并非他后来成为窃国大盗的形象，而是一个在清廷中开明的颇有作为的汉族的封疆大吏的形象。这与袁世凯在清末积极推行"新政"，支持立宪，主张成立责任内阁，欺骗了不少人，在上层社会特别在立宪派人中有相当的影响，是分不开的。黄兴在给袁世凯的信中所说的"以明公人言之，满廷之内政、外交，稍有起色者，皆明公之力"，当系指此而言。革命党之所以"举袁"更为重要的原因，还在于武昌起义后，他迅速地攫取了清廷的军政大权，只要他赞成共和，即可迫清帝退位，建立共和政体。所谓如袁世凯"能顾全大局与民军为一致之行动，迅速推倒满清政府，全国大势早定，外人早日承认，此全国人人所仰望"④，正明白地道出了革命党人拥袁的用意所在。

至于不少革命党人虽已看出了袁世凯的反动本质，但没有从根本上反对袁如反正即举为总统的这个方针，这是与他们把资产阶级的共和制度理想化有关。在他们看来，尽管袁世凯有"欲其身享无帝王之名而有帝王之实"的反动野心，但他在共和制度之下，将会受到限制，不可能为所欲为，搞专制独裁。当时革命党人中激进的人物之一何海鸣的下面一段话，正反映了他们的这种错误认识。他说："记者当日亦颇惑于共和二字，以为共和之国，国即政府，政府即国民，绝无相冲突之

①　《胡汉民自传》。
②　《黄兴集》，第 82 页。
③　同上书，第 94 页。
④　《复汪精卫电》（1911 年 12 月 9 日），《黄兴集》，第 94 页。

虞。故对于选黎元洪为都督也,视黎元洪虽无用,然鄂军政府,非都督之私有,乃国民所公有,监督之,扶持之,虽如黎元洪未始不能坐镇,于是亦随众人附和而赞同之。及后对于举袁世凯为临时总统也,虽知袁氏之为人反复,然亦自解慰曰:如许头颅生命购来之共和,终不致任袁氏破坏之。政府者国民之政府,决不致为袁氏所把持,于是亦坐视众人赞同之。洎乎今日袁氏、黎氏之罪状,日不绝书于本报。惊武昌之杀气,叹燕京之妖氛,设使当日有见及此者,窃知我国民虽肝脑涂地,亦不愿革命之事如此草草了结,贻后无穷之祸也。"① 这一段话很生动地表现出当时许多革命党人对共和的幻想,也反映了他们在政治上的幼稚。

担心革命战争的延长引起帝国主义的干涉是促使革命党人形成借袁世凯的力量推翻清廷以建民国心理的又一个重要的因素。1911 年 10 月 28 日《时报》在社论《望外人始终严守中立》中说:"今日吾国民之心理,其希望革命之成功者,固已占其多数,中心之惴惴莫释者,只惟外人之干涉是虑。"② 他们害怕革命会因帝国主义的干涉而遭受太平天国那样的失败。这种害怕列强干涉的心理,不仅在一般的革命党人中存在着,即使革命的领袖也同样存在着。黄兴于 1911 年 12 月 9 日复电汪精卫,请其促袁世凯与民军一致行动说:"此时民军已肃清十余行省,所未下者才二三省耳。北京不早日戡定,恐招外人干涉。"又说:"东南人民希望项城之心,无非欲早日恢复完全土地,免生外人意外之干涉。"③ 孙中山在美国得武昌起义的消息后,不是立即回国来领导这场革命战争,而是绕道欧洲进行外交活动。孙中山到达伦敦后的第三天,即 11 月 14 日,英国外交大臣格雷就要人转告孙,英国政府对袁世凯将给予尊敬,并说,"所有外国人以及反满的团体都可能给予袁世凯以总统职位——如果他能驱逐满清并赞成共和"。④ 孙中山是把对英国外交的成败,看成"可以举足轻重为我成败存亡所系"的,英国外交大臣公开表示支持袁世凯做大总统,自然使他不能不加以郑重考虑。所以,当孙中山接到上海已有议会的组织,将举黎元洪或袁世凯做大总统时,即于 11 月 16 日致电民国军政府说:"今闻已有上海议会之组织,欣慰。总统自当推定黎君,闻黎有推袁之说,合宜亦善。总之,随宜推定,但求早固国基。"⑤ 这封电报表明,孙中山由于受到帝国主义声明支持袁世凯做大总统的压力,早在归国以前,就已接受了国内确定的袁世凯如反正即举为大总统的方针了。孙中山为什么会接受这样一种方针?12 月 20 日,他归国途中经香港与胡汉民谈话时曾说:"革命军骤起,有不可向迩之势,列强仓卒,无

① 海鸣:《治内篇》,《民权报》1912 年 10 月 8—10 日。
② 《时报》社论 1911 年 10 月 28 日。
③ 《黄兴集》,第 94 页。
④ 吴相湘:《孙逸仙先生传》下册,远东图书公司印行,第 984 页。
⑤ 《孙中山全集》第 1 卷,第 547 页。

以为计，故只得守向来局外中立之惯例，不事干涉。然若我方形势顿挫，则此事正未可深恃。戈登、白齐文之于太平天国，此等手段正多，胡可不虑？谓袁世凯不可信诚然，但我因而利用之，使推翻二百六十余年贵族专制之满洲，则贤于用兵十万。纵其欲继满洲以为恶，而其基础已远不如，覆之自易，故今日可先成一圆满之段落。"[①]孙中山的这段话表明：他之所以采用"举袁"的方针，就是因为害怕革命战争的延长会引起帝国主义的干涉，从而导致革命像太平天国那样的失败。

害怕帝国主义的干涉，是促使革命党人确定"举袁"方针的最重要的因素，还可从其他革命党领导人的言论中得到证明。在 1911 年 12 月 26 日至 12 月 30 日的《神州日报》上，陈其美、钮永建、马君武、胡瑛、汪兆铭、王宠惠、于右任等革命党领导人曾和立宪派人张謇、赵凤昌等人，以"共和统一会"的名义，发表了一份名曰《共和统一会意见书》。这份意见书认为，武昌起义后，帝国主义列强之所以尚未进行干涉，一则是因为"战乱之为日浅也，久乱则干涉继之矣"；再则是"列强利害相权，尚在观望，步调未齐，计划未整，一旦权利均衡，终议判决，则棼然并起矣。并说，"夫干涉事绝非可预为宣告刻日而进者……一旦干涉提出而军国之步调乱矣。时假令为和平之干涉，提出尚有踌躇计划之余地，倘使若三国还辽之役，强制服从悬一标的，继以兵力出师与提案并进，当应以如何之方策斯则国人所当日夕思维不容漠置不容自讳者也。夫欲免列强之干涉，莫利于速期革命之成功，欲使革命成功莫急于破旧政府之中央机关"。怎样才能破坏旧政府的中央机关，使革命迅速成功以避免"久乱"而引起列强的干涉呢？这很自然地就会得出鼓励袁世凯反正，迫清帝退位，以建民国，实为最简便的途径的结论来。

综上所述，可以看出：武昌起义后，革命党人之所以提出袁世凯如反正即举为总统的方针，最重要的因素是由于害怕帝国主义的干涉。

值得进一步讨论的问题是："举袁"方针提出后，袁世凯并不接受，而是在帝国主义和立宪派人的暗中支持下，大肆玩弄停战、议和的花招，在南方实行停战，在北方残酷镇压各省的革命力量以巩固地盘。袁世凯的行径，使许多革命党人更加看清楚了他的反革命野心。许多革命军人和激进分子纷纷揭露袁的种种阴谋，反对议和，主张迅速出兵北伐。而孙中山在反对妥协力量的影响和袁世凯阴险狡诈伎俩的反面教育下，也从赞成妥协转变为"始终不愿妥协"[②]。可是，在公开场合，孙中山则从没有表示反对议和。尽管在整个议和过程中，斗争复杂曲折，但从根本上来看，孙中山并没有抛弃袁如反正即举为大总统的方针。他所始终坚持的只是清帝必须退位，民主共和制度一定要代替封建君主专制制度，袁世凯必须公开声明拥护

①　《孙中山全集》第 1 卷，第 569 页。
②　《胡汉民自传》。

共和才能被选为大总统。要说明这个问题，还必须进一步考察当时的历史环境。

<h1 style="text-align:center">三</h1>

南京临时政府成立后，帝国主义拒绝承认，并一再声明只有让袁世凯做总统才能得到它们的承认，看来是迫使孙中山不能不继续实行"举袁"方针的重要原因。

武昌起义后，帝国主义列强看到清廷已不可能恢复它的统治，于是一面协调其内部矛盾，增强其在华兵力，实行武装"中立"，一面制造"非袁不能收拾"的舆论，并协同袁世凯策划议和阴谋，支持袁窃取革命果实，已为人们所周知，但较少有人注意到，南京临时政府成立后，帝国主义利用孙中山急于要求列强承认的机会，对他继续施加压力。

急切地希望得到列强的承认，是当时许多革命党人的共同心理。南京临时政府成立后，曾于1月11日、17日、19日接连三次要求列强予以承认，但却没得到任何答复。为什么得不到承认？英国《泰晤士报》驻北京记者莫理循（Morrison G. E.）"告诫上海的共和领袖们，指望对中国国情一无所知的孙逸仙去争取外国列强对中国的尽早承认是痴心妄想。他说，只有袁世凯才能得到外国的信任，革命党的领导人向莫保证，他们一定推戴袁为首届总统"。①

莫理循的这番话，是在什么时候向上海的那些共和领袖们讲的，一时难以确定。但是，孙中山在南京临时政府成立后，继续推行袁如赞成共和即举为总统的方针，显然与帝国主义的表态有关。孙中山一再提出以各国承认中华民国作为他辞职、参议院公举袁世凯为大总统的条件，可以说明这一点。他后来也回忆说："我所完全信赖的一些朋友们，在当时对中国内部关系有更确切的知识，他们以袁世凯得到外国列强的信任，能统一全国和确保民国的巩固来说服我。"②

南京临时政府的严重财政困难，是孙中山不能改变"举袁"方针的又一重要因素。历史上很少有一个新生的政权在财政问题上碰到的困难像南京临时政府那样严重。临时政府成立伊始，便有这样的传闻："可供行政管理费用的税收，甚至不够交付各部总长的薪金。"③ 临时政府成立时，便向上海的广东商人广、潮两帮借开办费银40余万两（议订月息7厘）。民国元年1月26日，临时政府又通过沪军都督府的财政部长朱葆三，要求吴兴人刘锦藻将其英租界中的二处房产向英商永年

---

① Cyril Pearl：《在北京的莫理循》（英文版），第235页。
② 《孙中山选集》，人民出版社1981年版，第503页。
③ 《英国蓝皮书有关辛亥革命资料选译》下册，第454页。

人寿公司抵押银 15 万两，然后凑足 20 万两，以 8 厘行息（限六个月内本利偿还），借与临时政府使用。① 这些情况表明，临时政府的财政确是十分紧迫的。

南京临时政府一开始就陷入严重的困难中，原因是多方面的，而帝国主义在武昌起义后截夺中国海关全部税款则为重要原因。中国海关税收虽早被帝国主义指定为偿付外债和赔款，但税款的保管和支付，完全由清政府委任的海关道或海关监督全权负责。外籍税务司的权力，仅限于征收关税。武昌起义爆发后，帝国主义为了维护它们在中国的侵略利益和完全控制中国的海关，立即开始攫取中国海关税款的活动。10 月 15 日，总务税司安格联（F. A. Aglen）叫喊"让税款跑到革命党的库里去是不行的"。他下令江汉关税务司苏古敦（A. H. Sugden）："将税款设法付入汇丰银行我的账内。"② 后来，经朱尔典提议，外国公使团竟决议"把全部海关岁入置于总税务司的控制下"，由帝国主义列强在上海组织专门机构负责接收这些税款。③

对帝国主义这种掠夺中国各地海关税款的行为，各地的革命党人虽都先后进行了抗争，但由于害怕帝国主义的武装干涉，最后都以妥协告终。这样，武昌起义后，凡爆发革命的各通商口岸的海关税收，无一例外地都为帝国主义所攫取。12 月 27 日，安格联在一份电报中声称："各地革命政府都已确认自己的义务，把关税全部汇解总税务司账内"④，每星期汇交上海分存汇丰、德华、道胜三行，为归还外债、赔款之用。

为了解决财政上的困难，临时政府决定发行一亿元的公债，利息 8 厘。"据宣布，这笔公债的收入除满足政府的需要外，将用来建立一种金本位的新货币。"⑤可是虽多方劝求，临时政府"直接募得之款，不过五百万元"。⑥ 其中大部分是南洋华侨购买的。接着临时政府又发行 100 万元的军用钞票，但市场信用很低，遭到人们的冷遇，商店多不肯受，出现"钱业、米店相率停市"⑦ 的尴尬局面。这样，就迫使临时政府将解决财政困难的希望，主要寄托在外国的财政贷款上。

取得外国的贷款，一直是孙中山所希望的。武昌起义后，尚在美国的孙中山即把财政问题视为革命的成败关键。他从美国到伦敦和巴黎活动的目的之一，即为争取贷款。可是，均遭拒绝。但孙中山并未因此放弃从列强取得贷款的幻想，因为他相信法国东方汇理银行总裁向他所说的"一旦民军建立起一个为全国所接受，为

---

① 《中华民国史档案资料汇编》第 2 辑，第 319、334、335 页。
② 《中国海关与辛亥革命》，中华书局 1983 年版，第 8 页。
③ 《英国蓝皮书有关辛亥革命资料选译》上册，第 153—158 页。
④ 《中国海关与辛亥革命》，第 269 页。
⑤ 《英国蓝皮书有关辛亥革命资料选译》下册，第 454 页。
⑥ 千家驹：《旧中国公债史资料》，中华书局 1984 年版，第 4 页。
⑦ 《中华民国史档案资料汇编》第 2 辑，第 389 页。

列强所承认之正规政府时，他们对于在财政上帮助革命党，将不表反对"。① 为此，在筹组临时政府考虑财政总长人选时，孙中山也从有利于取得外国借款的角度出发，以陈锦涛"曾为清廷订币制，借款于国际，有信用"②，决定选用陈锦涛。陈上任后，被授予募筹款项以应财政紧迫需要的重大任务，前去上海谋求外国的贷款。可是，迟迟没有进展。但孙中山仍没放弃向外国贷款的幻想。据李书城回忆，当时，军需甚急，黄兴焦虑不安。"某晚，黄先生约我同见孙先生，询问向英、美借款事有无头绪。孙先生当时正看外国报纸，他放下报纸回答说：外国人曾向我说过，只要中国革命党得到政权，组织了政府，他们就可同中国革命党的政府商谈借款。我就职以后，曾向他们要求借款，并已电催过几次，昨天还曾发电催问，请他们实践诺言。但今天是星期六，明日是星期日，外国人在休假日是照例不办公的，明日不会有复电，后天可能有复电来，我再告诉你。"而实际上，"以后又过了几个星期，一直到总统府取消，外国借款还是杳无回音"。③

财政问题中，军饷是最为紧迫的问题。有的军官扬言："军队乏饷即溃，到那时只好自由行动，莫怪对不住地方。"④ 黄兴为军饷问题，急得走投无路。各省军政府亦同样存在军饷问题，有的军政府为此还向临时政府伸手。据胡汉民说："一日，安徽都督孙毓筠以专使来，言需饷奇急，求济于政府，先生（按：指孙中山）即拨给二十万，余奉命至财政部，则金库仅存十洋。"⑤

严重的财政危机，迫使孙中山不得不放弃原拟采取的"若新政府借外债，则一不失主权，二不抵押，三利息轻"⑥ 的立场，考虑由私人企业出面，接受条件极为苛刻且有损民族利益的外国贷款。如拟将轮船招商局为抵押和同意中日合办汉冶萍煤铁公司，以换取日本垄断资本提供的大笔贷款，结果遭到舆论的激烈反对，只好废除了原已达成的初步协议。临时政府的这种举动，虽出于万不得已，但其声名却不能不受到损害。孙中山在致章太炎的信中说："此事（按：指汉冶萍借款事），弟非不知利权有外溢之处，其不敢爱惜声名，冒不韪而为之者，犹之天寒解衣付质，疗饥为急。先生等盖未知南京军队之现状也。每日到陆军部取饷者数十起。""无论和战如何，军人无术使之枵腹。前敌之士，犹时有哗溃之势。弟坐视克兄（按：指黄兴）之困，而环视各省，又无一钱供给。""至于急不择荫之实情，无有隐饰，则祈达人之我谅。"⑦ 孙中山的这封信，十分清楚地表现了他当时在财政方

---

① 《孙中山全集》第 1 卷，第 563 页。

② 《胡汉民自传》。

③ 《辛亥革命回忆录》（一），第 198 页。

④ 《黄兴集》，第 100 页。

⑤ 《胡汉民自传》。

⑥ 《孙中山全集》第 1 卷，第 568 页。

⑦ 《孙中山全集》第 2 卷，第 85、86 页。

面所处的困境。

由于财政危机始终无法解脱，临时政府的一些重要决策，不能不受到很大的限制，最明显的是北伐的夭折。孙中山在领教了袁世凯的狡猾手段后，一度主战。他指示伍廷芳说："和局至此，万无展期之理，民国将士决意开战。"① 他一再强调财政问题是北伐成败的关键。他给陈炯明等人的电报说："和议难恃，战端将开，胜负之机，操于借款。"② 黄兴谈到北伐由于财政困难受到阻碍的情形，更加具体。他说："援滦兵即日出发，惟苦无饷无械不能多派"；"遣军舰去烟台与援滦同一事"，"派人去天津之说，亦是要事，刻惟苦无款耳"。③ 伍廷芳曾向英国驻沪总领事透露临时政府由于无款支付军饷，极为希望议和早日取得"一项结果"。④

由上可见，财政困难的严重压力，显然是导致孙中山不能改变"举袁"方针的一个重要原因。

孙中山不能改变"举袁"的方针，还由于他所领导的同盟会这时已经解体，内部矛盾尖锐，其上层领导人"举袁"以实现共和已成为一种潮流。

中国同盟会在领导辛亥革命运动中有着伟大的历史功绩，可是，它本身确也存在政治上的软弱、组织上的松散、认识上的分歧等弱点。武昌起义后，革命党人竟然提出并确定了"举袁"以实现共和的方针，这本身就是它政治上软弱的集中表现。在组织上，同盟会从一开始就没有形成一个坚强的领导核心，也没有建立起一套严密的组织制度。在东京虽然成立了同盟会的总部，但并没有对各地的支部进行有计划的领导。武昌起义前，章太炎、陶成章等人另树光复会的旗帜，表明同盟会早已开始分裂。在思想上，同盟会刚成立时已有人对民生主义有所异议，其后则出现了政见纷歧、争执不断的情况。武昌起义后，一些党人争夺权力地位的思想膨胀，内部矛盾日趋尖锐。1911 年 12 月 14 日，《民立报》在《泣血之言》的社论中已指出革命党人中"牟私利之人多"，"内部时有龃龉"，"各存意见"。再加立宪派人从中拉拢、分化，更加深了同盟会内部的矛盾。12 月 4 日，章太炎公开提出"革命军起，革命党消"的口号。接着，12 月 8 日刘揆一又发表了同盟会、宪政公会、宪友会、辛亥俱乐部一律取消的主张。⑤ 这就更加速了同盟会的解体。南京临时政府成立前后，革命党人内部的矛盾达到十分尖锐的程度。胡汉民说："国内同志以先生（指孙中山）既归，乃共谋建立政府，举先生为总统。时章炳麟、宋教仁先已在沪。章倡言，若举总统，以功则黄兴，以才则宋教仁，以德则汪精

---

① 《孙中山全集》第 2 卷，第 43 页。
② 同上书，第 41—42 页。
③ 《黄兴集》，第 99—100 页。
④ 《英国蓝皮书有关辛亥革命资料选译》下册，第 383 页。
⑤ 刘揆一：《布告政党请取消从前党会名义书》，《神州日报》1911 年 12 月 8 日。

卫，同志多病其妄"。"江、浙立宪派人，如张謇、赵凤昌、汤寿潜之属，阴逢迎之、章喜，辄为他人操戈，实已叛党。钝初居日本，颇习政党纵横之术，内挟克强自重，外亦与赵（凤昌）、张（謇）、汤化龙、熊希龄相接纳，立宪派人因乐之以进，宋之声誉乃骤起，故章炳麟才之。"① 于右任说："当南京政府时，本党中一种人挟旧日之恨，拼命攻击，声言非驱逐宋（按：指宋教仁）出同盟会不可。竟因反宋，废去国务总理。自宋内务总长未通过后，弟见中山，谓政府初成立，何苦先使同盟会分裂，中山谓，我当调和。及其后宋作法制局长，亦岌岌不能自存，复因宋系社中人，遂及于我。"②

在武昌起义后不久，文学社、共进会二团体的矛盾日趋尖锐。孙武、刘成禺等人因在临时政府中未得安排，忿而返鄂大肆攻击孙、黄。不久，孙武、刘成禺、张振武、时功玖等纠合一批旧官僚和立宪派人组织"民社"，推戴黎元洪为总理，专门与南京临时政府作对。这在客观上增加了袁世凯反革命的力量，对南京临时政府极为不利。所谓"就客观环境而言，则鄂省实已与袁讲解，北方得集中力量向南京"。③ 就是指这方面讲的。

革命党人内部虽矛盾甚多，但他们在举袁以实现共和这一点上则是一致的。如果说，在武昌起义后的最初阶段，借袁之力推翻清廷以建民国最为有利还是人们的一种潜在心理，那末，经过了两个多月的酝酿与宣传，到南京临时政府成立后，在许多革命党人特别是上层领导人物的心目中已成为无可怀疑的定论了。亲身参加过辛亥革命、在武昌起义后办过《民国报》（旬刊）的李剑农描写南京临时政府成立时的内部情况说："总括一句：当临时政府组织时，一般人的心理，已注定南北和议的成功，已注定清朝皇帝的命运全操在袁世凯的手里，已准备俟清皇位推翻后把临时大总统的位置作袁世凯的酬劳品，已准备在袁作总统的时候，便得到共和立宪政治。所以在南北和议尚未成功时，新产生的中华民国的命脉已落到袁世凯的手里去了。"④ 一种社会心理的形成，往往要经过一个特定的历史阶段，并包含各种因素。但它一经形成，要改变它就不是一件容易的事情。

"举袁"以实现共和的方针，虽然不是孙中山提出来的，但在当时的历史环境下，他也认为不失为达到实现共和的策略。由于孙中山在思想上并没有认识到这个"举袁"的方针从根本上来说是错误的，所以在他的政治实践中也就没有自觉地去努力改变这个方针。孙中山在南京临时政府成立后，所以产生"不愿妥协"的思想，并不是来源于认识"举袁"方针的错误，而是由于袁拖延承认共和，大肆玩

① 《胡汉民自传》。
② 《于右任与某君书》，1912 年 9 月 13—17 日《民立报》。
③ 《胡汉民自传》。
④ 李剑农：《戊戌以后三十年中国政治史》，第 124 页。

弄反革命伎俩，力图破坏革命和革命党内部反对妥协力量的影响。这样，在当时的历史环境下，孙中山终于将临时大总统的位置让给袁世凯，也就不足为怪了。

总括上述，可以看出：武昌起义后，资产阶级革命党人从鼓励袁世凯反正，到确立袁如反正即举为大总统的方针，直到孙中山的"让位"，是由当时的历史环境所决定的。这个历史环境，是由各种因素所构成，并有一个形成和发展过程。在各种因素中最主要的是帝国主义对袁世凯的支持，革命党人极为害怕帝国主义的武力干涉，认为"举袁"可以"杜外人干涉"，顺利地建成民主共和国，并尽快取得列强的承认。

最后，还应该指出的是，在形成孙中山终于"让位"给袁世凯的这一历史环境中，有许多不利的条件，是由于革命党人主观认识上的错误，思想上、组织上准备不足和缺乏实践经验造成的。因此，其中有丰富的经验教训可以总结。从武昌起义到孙中山"让位"这段历史为时不到半年，但它的内容却极为丰富。我们甚至可以说，这段历史已经基本上将中国取得民族民主革命胜利所必须具备的主观条件显示出来了，只不过以孙中山为首的革命党人限于主观条件不能认识罢了。

（刊于 1987 年第 1 期）

清末灾荒与辛亥革命

当辛亥革命尚在进行的过程中，这一伟大历史事变的参加者或目击者，就颇有一些人注意并强调了灾荒同这个运动之间的密切联系。武昌起义后三天，当地的革命者在一份告全国各省人民的檄文中，谈到了"不可不急起革命"的三条缘由，最后一条就是"全国饥民，数逾千万，迫饥寒而死者。道路相望"，而清政府却"从未闻有一粟一粒之施"。[①] 20 天后，严复在致《泰晤士报》驻北京记者莫理循的一封信里，把"这场起义的远因和近因"归纳为四点，末一点则是"近几年来长江流域饥荒频仍，以及商业危机引起的恐慌和各个口岸的信贷紧缩"。[②] 显而易见，频繁而普遍的自然灾害被认为是辛亥革命运动发生的一个直接诱因。

既然如此，较为具体地考察一下辛亥革命时期的灾荒状况，并且从自然现象与社会现象交互作用的角度，努力探究当时的灾荒对这场革命产生了一些什么影响，自然是不无益处的。

灾荒的频发与革命形势的渐趋成熟

革命不能随心所欲地制造。只有当革命形势业已成熟，即统治者已不能照旧统治、人民群众也无法照旧生活下去的时候，被压迫阶级才可能在革命政党的领导下行动起来，革命才会到来。

人们通常把 20 世纪的最初十年看作辛亥革命的酝酿和准备时期，实际上，这也正是国内外各种政治冲突和社会矛盾日益激化，革命形势逐步形成的一个历史阶段。在促使革命形势渐趋成熟的诸种因素中，灾荒无疑是不能不加以注意的因素

---

① 《湖北革命实录长编》，见《武昌起义档案资料选编》下卷，湖北人民出版社 1983 年版，第 634 页。
② 《清末民初政情内幕》上册，上海知识出版社 1986 年版，第 782 页。

之一。

我们不妨先把辛亥革命前十年间在中国大地上发生的重要灾荒作一个极为概略的叙述：

1901 年（光绪二十七年）——据上谕称，"东南滨江数省，皆被水患"。[①] 其中最严重的是安徽，许多地方"一片汪洋，几与大江无所区别"，"各属遭水穷民，统计不下数十万"。江苏"水灾实为数十年所未有"，"各县圩埂，冲决至一千数百处"。江西 40 余州县"猝遭水灾"，"凡被水田亩均已颗粒无收"。湖北夏间"暴雨连朝，江汉并涨，田庐禾稼，大半淹没"，入秋，又"两泽稀少，干旱成灾"。此外，湖南、浙江、福建全省及广东、云南、东北局部地区，也都被水成灾。直隶、河南则先旱后潦，河南的兰考和山东的章丘、惠民并先后发生黄河漫决。山西、陕西部分地区旱象严重，"饥民甚多，田荒不治，凋敝可伤"。

1902 年（光绪二十八年）——除山东境内发生黄河决口外，全国主要灾情是旱灾和瘟疫。最严重的是四川，发生了该省历史上罕见的大旱奇荒，持续"首尾年余之久"，灾区"遍九十余州县"，"市廛寥落，闾巷无烟，徒死之余，孑遗无几"。广东、广西、湖北夏间遭水，秋季遭旱，"数月不雨，赤地千里"。江苏南部、湖南辰州等地、顺直地区、黑龙江瑷珲一带瘟疫流行，"死人无算"。

1903 年（光绪二十九年）——全国灾情较轻，一般省份大抵只有局部的水旱偏灾。稍重者为直隶，春夏苦旱，"麦苗尽枯"，7 月间又遭水患；浙江先潦后旱，灾歉几遍全省；广西有较严重的旱灾，由于收成大减，而且"饥荒已连绵多年"，发生了人吃人的惨象，山东利津黄河决口，周围州县为洪水浸淹。

1904 年（光绪三十年）——黄河再次在利津两度漫决，山东被淹地区甚广。四川又一次发生大旱荒，川东北 6 府 2 州 59 县亢旱无雨，"郊原坼裂，草木焦卷"，"几有赤地千里之状"。直隶夏雨过多，永定等河决口，滨河州县被水成灾。云南、福建、广东、浙江、湖南、湖北、甘肃部分地区遭暴雨侵袭，"田庐漂没，受灾甚重"。河南先旱后潦，"收成歉薄"。

1905 年（光绪三十一年）——除一般省份有轻重不等之水、旱、雹、风、蝗、震等局部偏灾外，重灾地区为：云南大水灾，昆明水灌入城，"水势汹涌，深及丈余"，广达 11 州县的灾区"民房田亩，概没漂没，灾情奇重"。贵州镇远等三厅县，淫雨成灾，"秋收失望"，其余州县亦收成歉薄。江苏沿海地方 9 月初风潮肆虐，"淹毙人命以万计"。

1906 年（光绪三十二年）——全国灾情颇重，不少省份发生特大洪灾，少数

① 光绪二十七年十一月二十二日上谕。转引自《近代中国灾荒纪年》，湖南教育出版社 1990 年版，第675 页。本节中有关灾荒状况的原始资料，均引自该书，不再一一注明。

地区又亢旱异常。广东自春及夏,大雨滂沱,江水暴涨,广州、肇庆、高州、钦州等地泛滥成灾,秋间部分地区又遭飓风袭击。两湖地区春夏间连降大雨,江、汉、湘水同时并涨,"积水横决","沿岸纵横上下,各居民之生命财产付之一洗,数百里间,汪洋一片",仅被淹罹难者即达三四万人之多。江苏"水灾之区,遍及八府一州,而江北徐、海、淮安各属灾情最重,难民尤多","粮食颗粒无收,百姓流离失所,惨不忍睹"。安徽于春夏之交,淫雨60余日,山洪暴发,淮、泗、沙、汝、淝等河同时并涨,平地水深数尺,"上下千余里,尽成泽国","饥民饿毙者,日凡四五十人,有阖家男妇投河自尽者,有转徙出境沿途倒毙者,道殣相望,惨不忍闻"。浙江8月间狂风暴雨,江流涨溢,湖水倒灌,水灾范围极广,湖州府属灾情尤重。此外,广西、四川、河南、江西、福建、甘肃、山东、陕西等省,也有轻重不等的水灾。但云南则发生了"情形之重为历来所未有"的大旱荒,"蔓延数十州县","迤东、迤南各府赤地千里,耕百获一","饿莩相望,易子而食"。绥远一带也亢旱异常,且蝗害严重,百姓"四乡流亡觅食,络绎于道"。

1907年(光绪三十三年)——虽没有发生大祲奇灾,但歉收地区颇广。直隶近畿州县春旱,至夏秋又连降大雨,永定河及北运河等决口,"收成大减"。湖南、湖北大部地区遭淹,高阜之区则"间受干旱"。四川"初苦于旱,继困于水",成都等地8月中"先后雨暴风烈",平地水深数尺,"以致田园、庐舍、城郭、桥梁都被冲毁"。福建部分州县夏间"大雨倾盆,溪河暴涨,洪水奔腾","饥民待抚众多"。江苏、山东、黑龙江等亦先旱后潦,收成歉薄。此外,全省晴雨不均,分别发生水、旱、风、虫、雹、震灾害的地区还有安徽、浙江、广东、云南、山西、陕西、江西、甘肃、奉天、吉林、台湾等。

1908年(光绪三十四年)——除一般灾情略似上年外,广东、湖北、黑龙江的水灾颇为严重。广东春季亢旱,6、8、10月间,又迭遭大雨飓风袭击,江潮暴涨,造成"倒塌房屋,伤毙人口,并有沉船、决围、坍城、淹田等事",灾民们"生者鹄面立,死者鱼腹殓",而且"被水之区甚广,实为数十年来未有之巨灾"。湖北夏间"淫潦为灾","武汉三属湖乡颗粒无收,城内居民多处积水之中",灾区遍及29州县,黄冈、麻城、黄安、潜江、黄陂等重灾地区,"大半均成泽国,淹毙人口无算,灾黎遍野",由于连续五年遭灾,百姓困苦不堪言状。黑龙江入秋以后连降大雨,"嫩江水势暴涨,沿江居民田禾多被淹没"。

1909年(宣统元年)——甘肃连续多年干旱,至该年夏间,旱情发展到顶峰,持续995天不雨,发生了特大旱灾。"今岁全省皆未得雨,旱干更甚,麦秋已至,不独无粮,且更无水,竟有人食人之慨","粒谷皆无,且饮水亦至枯竭,今竟呈析骸相食之现象";夏秋以后,又复连降暴雨,黄河猛涨,沿岸居民淹没大半。浙江则正好与此相反,春夏之交,迭遭淫雨,积潦成灾,杭、嘉、湖、绍、严5府田地被淹，有的田中积水逾丈，7 月后，又连旱数十日，"田皆龟裂"，农民"有向田痛哭者，有闭户自尽者"，当时报纸认为浙灾可与"甘陇之奇荒"相比。与此同时，一些省份发生了相当严重的水灾。湖北连续六年遭受水灾，且灾情较往年更甚，"此次水患延袤六府一丁州"，"鄂省各属，凡滨临江河湖港者，无不淹没，秋收业已绝望，灾区甚广，饥民不计其数"。湖南也因夏季雨水过多，"沅、酉、资、澧诸水并涨"，荆江决口 400 余丈，滨江滨湖各州县田禾概遭淹没，"均罹巨灾"；流离转徙各地的数十万饥民，"靠剥树皮、挖草根，勉强过活"。吉林省于 7 月初旬暴雨倾盆，松花江洪流陡涨，奔腾倾泻，省城被水灌注，低洼之处，一片汪洋，周围数百里沿河各村屯，全数淹没。广东春夏间风雨为灾、许多地方为水浸淹，"水退之后，轻者尚有收获，或补种杂粮，重者淹没无存"。此外，江苏、安徽及黑龙江瑗珲等地春旱夏涝，新疆、福建、云南、奉天、广西等局部地区大水，直隶、山东、陕西、山西等省则水、旱、风、雹兼具，加上台湾连续三次发生地震，这一年在全国范围来说，是受灾较重的年份。

1910 年（宣统二年）——一些重要省份，继续发生严重水灾。湖北连续第七年遭洪水侵袭，灾区遍及 28 州县，"禾损屋倒，人畜漂流"，"民情之苦，较上年尤甚"。湖南入夏后连日狂风暴雨，加以"朔风冻雪"，造成较罕见的"奇灾"，"官堤民坝溃决无算，田宅冲没，畜产流失，受害甚巨"；同湖北一样，湖南水灾也已持续七年，所以米珠薪桂，饥民遍野，人民生活处于极端艰难之中。江苏自春至秋，始则雨雪交加，继而连降大雨，江湖泛滥成灾；苏北地区灾情尤重，"无分高下，一片汪洋，墙倒屋塌，弥望皆是"。与江苏毗连的安徽，也是暴雨成灾，尤其皖北一带，"秋禾全数悉被淹没"，"人畜漂没，房屋崩坍者，不计其数"。据有人调查后称，皖北、苏北"凡灾重之区，村庄庐舍多荡为墟，流亡者十逾五六，每行数里、十数里罕见人烟。或围蔽席于野中，或牵破舟于水次，稚男弱女蜷伏其间，所餐则荞花、芋叶，杂以野菜和煮为糜，日不再食。甚则夫弃其妇，母弃其子，贩鬻及于非类，孑遗无以自存"。浙江的水灾，灾情略似苏皖。东北的黑龙江、吉林、奉天三省，也因夏秋之际，淫雨连绵，造成江河暴涨，泛滥成灾。黄河在山东寿张决口，加上夏初亢旱，后又连绵阴雨，使山东受灾面积达 90 州县。此外，局部地区遭受水、旱、风、雹灾害的还有河南、云南、江西、直隶、新疆、山西、陕西、广西、甘肃等省，台湾这一年共地震六次，云南、直隶、新疆等地也有地震发生。

从上面极为简略的叙述中可以看出，辛亥革命前十年间，连绵不绝的自然灾害，始终笼罩在早已因帝国主义和封建主义的钳制压榨弄得精疲力尽的中国人民头上，使他们本已竭蹶困顿的生活更加面临绝境。

这种情况，不能不对当时的政治生活和社会生活发生深刻的影响。

首先，灾荒使人民的生命财产受到巨大损失，造成了普遍的人心浮动和剧烈的社会震荡。在每一次较为重大的自然灾害之后，不论是旱灾的"赤地千里"或水灾的"悉成泽国"，随之而来的都是生产的破坏与凋敝；大量本来就挣扎在死亡线上的贫苦农民和城镇贫民或者冻馁而亡，或者惨遭灭顶，幸存下来的则成为"饥民"、"流民"。这是一个巨大而惊人的数字，例如：前面提到的1902年四川大旱，"灾民数千万"；1905年云南大水，仅昆明附近就有"数万户灾黎仓卒逃生"；1906年几个省同时发生大水灾，湖南有饥民近40万，长沙附近一次就"淹毙人不下三万"；江苏灾民达730余万人，聚集在清江、沐阳等地的饥民，"每日饿毙二三百人"，1908年广东大水灾，"灾黎几及百万"，1909年湖南大水，"统计各处灾民不下百余万人"；江苏大水，海州逃荒流民27万余，沭阴11万余，赣榆8万余，全省可以想见；1910年安徽大水灾，"人民被灾而无衣食者，约有二百万"。这里只列举几个大体的数字，至于在"饥民遍野"、"饿殍塞途"等笼统描写中所包含的悲惨事实，就无法用数字来反映了。这么多饥民、流民的存在，本身就是对封建统治的严重威胁。从某种意义上说，这些风餐露宿、衣食无着的饥民、流民，无异于堆积在反动统治殿堂脚下的无数火药桶，只要有一点火星，就可以发生毁灭性的爆炸。这一点，封建统治者是看得清清楚楚的。1902年6月，湖南巡抚俞廉三指出："流民愈多，匪类混杂，民气更加浮动。"[①] 1906年末，一个名叫王宝田的小官僚在奏折中说："东省荒歉，细民无以糊口，思乱者十室而九。"[②] 1910年6月，安徽巡抚朱家宝在奏折中强调，"各属灾荒叠告，人心浮动"，"皖北素称强悍，连年复苦荒歉，伏莽时虞，自非思患预防，层节部署，不足以绸缪未雨，定变仓猝"。[③] 封建统治者的这些忧心忡忡的议论，既不是杞人忧天，也不是无病呻吟，它恰恰是现实生活中的尖锐矛盾在他们头脑中的反映。

其次，接连不断的灾荒，使一向反对现存统治秩序的自发斗争，更加扩大了规模，增强了声势。例如，以"灭清、剿洋、兴汉"为口号的四川义和拳斗争，其高潮恰好发生在前面提到的该省两次大旱灾期间，这一方面固然可以看作全国义和团运动的一种滞后现象，但另一方面显然同大灾荒造成的大饥馑有着直接的关系。御史高枬认为这次事件是"盗贼、饥民、会匪、义和拳，分之为四，合之为一"，当时的四川总督奎俊也强调川省"拳乱"之起，除群众仇教外，"加以岁旱民饥，灾黎多被裹胁"；后来接任川督的锡良则指出，"川省人心浮动，加以旱灾、闹荒、仇教，各处响应，蹂躏必宽"；御史王乃征说得就更直截了当："川中全省旱灾，

---

① 《辛亥革命前十年间民变档案史料》上册，中华书局1985年版，第392页。
② 同上书，第158页。
③ 同上书，第261页。

至今半年，不闻赈恤之法，何怪匪乱日炽？"① 又如，发生在 20 世纪初、延续数年之久、清政府动员了广西及两湖云贵各省军队、"糜饷以千百万计"才勉强镇压下去的著名广西农民大起义，也与灾荒有着极为密切的关系。1902 年秋后，广西"赤地千里，旱灾已遍"。1903 年 6 月，一位住在香港的外国人在信中谈道："我们为关于广西饥荒的可怕消息而感到非常忧愁，那里的人民由于没有东西吃，实际上已经被逼迫到人吃人的地步。"② 正是在这样的背景下，广西各地"抢劫之案"，"无县无之，无日无之"；后来，群众自发地形成无数武装队伍，"大者千余为一股，小者数十为一股，匪巢匪首奚止百千。加以比岁不登，饥民为匪裹胁及甘心从匪侥幸一日之生者，所在皆是"。这里其实已说得很清楚，被封建统治者称之为"匪"者，绝大多数不过是求"侥幸一日之生"的饥民而已；所以署两广总督岑春煊也不得不承认："小民先被灾荒，继遭匪害，困已极矣！"③ 封建统治者从切身经验中深切地了解灾荒与"民变"的关系，对防范灾民闹事抱着极高的警惕。下面一个上谕，十分生动地反映了统治者的心态："光绪三十二年十一月十五日内阁奉上谕：从来治国之道，惟以保民为先。方今时局多艰，民生重困，本年两广、两湖、江西、安徽等省，屡告偏灾，近日江苏淮、徐、海一带，被灾尤重。……哀我黎民，颠连穷困，岂可胜言。其不逞者，又或迫于饥寒，流为盗贼，扰及乡里，贻害善良。"谕旨要求"地方文武各官"对饥民"加意抚绥"，以便"防患未然"。④

再次，由于灾荒而大量产生的衣食无着的饥民，为着解决眼前的温饱，求得生存的权利，纷纷起来直接进行"抗粮"、"抗捐"、"闹漕"、"抢米"等斗争，这种斗争愈是临近辛亥革命愈益发展，已成为暴风雨即将来临的明显征兆。据统计，1906 年全国发生抗捐、抢米及饥民暴动等反抗斗争约 199 起，⑤ 其中一些规模和影响较大的事件，主要发生在浙江、江苏、安徽、湖北、江西、广东数省。如前所述，这一年，这些省份几乎无一例外地遭洪潦灾害，而且大都灾情颇重。1907、1908 两年，抢米风潮曾稍见沉寂，这同这一时期自然灾害相对较轻是完全一致的。到 1909 年，全国下层群众的自发反抗斗争约 149 起，其中几次规模较大的抢米风潮和饥民暴动，恰恰发生在灾情最重的甘肃和浙江两省。1910 年，随着灾荒形势的恶化，抗捐、抢米等风潮进一步发展，陡然上升到 266 起。其中的抢米风潮，几乎全部发生在长江中下游的湖北、湖南、安徽、江苏、江西 5 省，而这里正是连成

① 《辛亥革命前十年间民变档案史料》下册，第 733、734、742、759 页。

② 《清末民初政情内幕》上册，第 261 页。

③ 《辛亥革命前十年间民变档案史料》下册，第 511，535、604 页。

④ 《辛亥革命前十年间民变档案史料》上册，第 58 页。

⑤ 本节关于辛亥革命前各地抗捐、抢米等风潮的数字，均参阅金冲及、胡绳武《辛亥革命史稿》第 2 卷，上海人民出版社 1980 年版。

一片的广袤的重水灾区，这一年的长沙抢米风潮，是震动全国的重大事件，这个事件的背景，就是湖南因灾而致"树皮草根剥食殆尽，间有食谷壳、食观音土，因哽噎腹胀，竟至毙命者"；长沙城里"老弱者横卧街巷，风吹雨淋，冻饿以死者，每日数十人"。人们无法生活，只能铤而走险。

最后，在辛亥革命的酝酿时期，资产阶级革命派曾发动或参与组织过多次武装斗争，有一些武装起义，革命派曾有意地利用了灾荒造成的社会动荡形势，并注意吸引饥民群众的参加。如同盟会成立后不久，于1906年底发动的萍浏醴起义，就是一个明显的例子。这次起义迅速发展到数万人，虽然前后只活动了半个多月，却给清朝反动统治以极大的震动。《丙午萍醴起义记》在谈到这次起义的动因时说："其起事之动机，则因是年中国中部凶荒，江西南部，湖北西部，湖南北部，及四川东南部，即扬子江上流沿岸，皆陷于饥馑。该地工人因受米贵减工之打击，遂由萍乡矿工首先发难，四虎徒党起而应之。"[1] 起义发生后，有人在《汉帜》第一号上发表文章，号召各省革命党"响应湘赣革命军"，其中说："至天时地利，尤为此次最得机势者。……今者，虏廷日日苛税，省省摊派，民不聊生，大乱以作，重以今岁沦雨弥月，洪荒千里，饿殍填沟，十数省哀鸿，汹汹欲动。饥民者，历代英雄起事之材料也。如此之赋烦岁凶……各省民皆饥困，已富有被动之性质，倘有人振臂一声，必从者如流。"[2] 这样的议论，颇为典型地反映了革命派力图利用灾荒以扩展革命的心理，也表明了灾荒的频发确实为革命派的活动提供了一个很好的客观条件。

革命派怎样通过灾荒揭露封建统治？

要推翻一个政权，总要先造成舆论。辛亥革命时期的资产阶级革命派也是这样，他们在追求共和制度、埋葬封建君主专制主义的伟大斗争中，也大声疾呼地歌颂未来新制度的优越性，抨击清朝反动统治的落后与黑暗。在涉及各个方面的无情揭露中，灾荒问题是谈得较多的一个话题。

革命派尽情描绘了灾荒带给人民巨大祸害的悲惨现实，反映了他们对劳动群众特别是贫苦农民的深切同情。1907年的《民报》增刊《天讨》上的一篇文章说："虽年谷屡丰，小民犹多废食（每逢春间有剥榆皮、拾桑葚者）。一有水旱，道殣相望。水深火热，二百年如一日"，"每遇一县，城郭崩颓，烟村寥落，川泽汙潴，

---

[1] 《辛亥革命》（二），上海人民出版社1957年版，第463页。

[2] 铁郎：《论各省宜速响应湘赣革命军》，见《辛亥革命》（二），第531页。

道路芜秽。自远郊以至县城，恶草淫潦，弥望皆是。夏秋之间，邻县几不通往来，饥民遍野，盗贼公行，无十年之盖藏，无三月之戒备"。① 另一篇文章说："水旱偏灾，犬羊官吏，坐视而不能救；无告之民，靡所得食，乃扶老携幼，聚族数百，相率而为流氓，过都越邑，乞食于途。"② 同年《民报》的一篇文章也说：农夫"顾当夏日，犁田播种，行伏赤日中，泥汗过膝，而或新雨之后，水为日曝，酷热如汤，水虫含毒，时来啮肤，手足坼裂，疑灼龟背，偶值凶年，至于析骸易子"。③ 类似这样的内容不仅屡见于革命派的宣传品及文章中，而且也反映在他们的文艺作品里，如1906年江苏大水灾时，同盟会员、南社诗人周实就有感而赋诗："江南塞北路茫茫，一听嗷嗷一断肠，无限哀鸿飞不尽，月明如水满天霜。"④

对于这种现象，革命派作出的头一个直觉性的反映，是把它说成清朝反动统治"天运将终"的先兆。有一篇文章说，"是以彼苍亦为不平，凶灾层见，兵刀水火，无日无之"。⑤ 武昌起义后不久，湖北的革命党人在《致满清政府电》中也说，清朝政府已经"人神同嫉，天地不容。以致水旱迭臻，彗星示警，祸乱无已，盗贼纵横，天人之向背，不待智者而后辨也"。⑥ 这种解释还没有脱出"天象示警"的传统灾荒观的藩篱。

不过，革命派在大多数场合，并没有停留在这样的认识水平上，而是透过灾荒，进一步寻求和揭示与灾荒相关联的种种政治因素，从而得出正是反动统治的"人祸"导致了或加深了"天灾"的正确结论。革命派认为，灾荒的根源，与其说首先是自然的原因，不如说更主要是社会的原因、政治的原因；自然灾害发生得如此频繁，难以抗拒，从根本上来说，是腐朽的封建政治造成的。这一点，孙中山讲得最为鲜明与深刻。他在《中国的现在和未来》一文中指出："中国所有一切的灾难只有一个原因，那就是普遍的又是有系统的贪污。这种贪污是产生饥荒、水灾、疫病的主要原因"，"官吏贪污和疫病、粮食缺乏、洪水横流等等自然灾害间的关系，可能不是明显的，但是它很实在，确有因果关系。这些事情决不是中国的自然状况或气候性质的产物，也不是群众懒惰和无知的后果。坚持这说法，绝不过分。这些事情主要是官吏贪污的结果。"⑦ 在孙中山以前，中国历史上还从来没有哪一

① 观鲁：《山东省讨满洲檄》，见《辛亥革命》（二），第344页。
② 退思：《广东人对于光复前途之责任》，见《辛亥革命》（二），第349页。
③ 寄生：《革命今势论》，见《辛亥革命前十年间时论选集》第2卷（下册），三联书店1963年版，第797页。
④ 《辛亥革命诗词选》，长江文艺出版社1980年版，第197页。
⑤ 《义和团有功于中国说》，见《辛亥革命前十年间时论选集》第1卷（上册），三联书店1960年版，第60页。
⑥ 《辛亥革命》（五），第151页。
⑦ 《孙中山全集》第1卷，中华书局1981年版，第89页。

个人以如此敏锐的目光、如此深邃的思维和如此清晰的语言来分析和说明灾荒问题。革命党人在后来发表的一些文章中，实际上为孙中山的这个说法提供了具体的论证。例如，有两篇谈到黄河之患的文章，就指出："黄河北徙（按：指咸丰五年铜瓦厢决口后的黄河大改道），每一漂没，数十州县无墟落。虏廷吝财，委其事于疆吏，疆吏遂藉为吞款邀功之地，动以河工括民财"。"虏清之治河，则驱逐农民，动辄数千万，以供官吏之指挥，急则湮之，缓则弛之。剜肉补疮，卒靡所益，费民财以万计，曾不能一年之安。"① 辛亥前一年发表的《论革命之趋势》一文，具体揭露了某些封疆大吏怎样贪污赈款，草菅人命；"江北巨灾，集赈款五百万，虏帅端方侵蚀三百万，又虑饥民为变，遣军队弹压之，示以稍反侧即立尽，于是饥民皆枕藉就死，无敢有蠢动者。陕、甘旱荒，至人相食，虏帅升允漠然不顾，十室九空，积尸成疫"。"专制之淫威"使"人命贱于鸡犬"，"天灾流行，饥馑洊臻，民之死于无告者，其数尤伙"。② 这种声泪俱下的控诉，有力地揭示了封建政治的吃人本质。

封建统治者常喜欢宣扬他们如何"深仁厚泽，沦浃寰区"，一遇灾荒，就蠲免钱粮，发帑赈济，似乎一片慈爱心肠。革命派对此针锋相对地指出，这完全是彻头彻尾的欺骗！1903 年的一篇文章写道："钳束之酷，聚敛之惨，而尤为世界所稀有。山西之食人肉，河南之贩人头，此二年前回銮时之真象也。……汝今犹曰：'自其祖宗以来，深仁厚泽，各直省地方，遇有水旱，无不立沛恩施'者，自欺欤？欺人欤？"③ 一些文章从不同的角度揭露了清政府赈灾的欺骗性，或者，统治者对灾荒根本无动于衷，不予置理："淫妇那拉氏南面垂帘，百般剥削，以供其游乐宴饮之资。拨海军费以修颐和，移大赔款以供庆寿，而于我民之水旱馑饥，毫不为之轸念。"④ "倒行逆施，残民以逞，驯致饥馑旱干之罔恤，呼号怨怼之弗闻，声色狗马之是娱，土木兵戎之继起。"⑤ 或者，象征性地拿出一点赈款来，聊以点缀门面："去岁（按：指 1909 年）粤省水灾，灾民流离，哀鸿遍野，再电乞赈，清廷仅饬部拨款十万。及西藏达赖喇嘛入京，每日飨其缁徒万四千两，十日之食，即足以抵一省之赈灾而有余。"⑥ 那些少得可怜的赈款，也大多为官吏所侵渔："不幸遇岁之凶，流离于道路，物故者十八九。朝廷发帑藏，恒充奸吏之橐，然犹号之曰赈恤之善政。"⑦ 总之，所谓赈恤，不过是封建统治者"邀弋美名"的一种手段，

① 均见《辛亥革命》（二），第 346、332 页。
② 《辛亥革命前十年间时论选集》第 3 卷，三联书店 1977 年版，第 531 页。
③ 《辛亥革命前十年间时论选集》第 1 卷（下册），第 686—687 页。
④ 《辛亥革命前十年间时论选集》第 2 卷（下册），第 866 页。
⑤ 《彭荫祥历史》，见《武昌起义档案资料选编》（下卷），第 245 页。
⑥ 《辛亥革命前十年间时论选集》第 3 卷，第 553 页。
⑦ 《辛亥革命前十年间时论选集》第 2 卷（下册），第 786 页。

"而于贫者，未尝有澹足之益"。

不仅如此，封建官僚与地主豪绅们还常常趁火打劫，利用灾荒作为升官发财的绝好时机。前面提到的贪污赈灾款项，只不过是花样繁多的发"灾荒财"的手段之一。革命派曾揭露说，受"黄灾"最厉害的山东省，那些"谋差营保"的官僚们，常聚在一处议论说："黄河何不福我而决口乎？"因为黄河一决口，他们就可以借办河工，既私吞工款，又谋取保举，为此，他们甚至不惜偷偷地破坏老百姓自筑的堤防，人为地制造灾荒。所以山东有"开归道"之称，意思是黄河一"开"，不少人就可以借此"保归道班"了。① 封建政治的特点之一，就是往往在冠冕堂皇的表面文章下掩盖着见不得人的黑幕。按照清朝的"定制"，只要勘定了灾荒，政府就要根据灾情轻重，确定对灾区的地亩钱粮加以减征、缓征或免征。但实际上，封建官僚还是可以通过各种办法，使百姓"照例完纳田粮"②。1908 年末出版的《江西》杂志就发表文章谈到这种情况："中国虽地大物博，迩者天灾流行，湖南之水害，广东之水害，重以各地蝗虫，歉收者众。民不堪命，转徙流亡，赈恤且患不周，加之以苛征，是为丛驱爵、为渊驱鱼。"③ 而且，纳税时还要加上种种附加，"一纳赋也，加以火耗，加以钱价，加以库平，一两之税，非五六两不能完，务使其鬻妻典子而后已"。所以邹容在《革命军》中悲愤地说："若皇仁之谓，则是盗贼之用心杀人而曰救人也。"④ 政府是这样，作为封建统治的阶级基础的地主豪绅，自然也上行下效，一齐向灾民们伸出罪恶之手。"岁五六月之间，民则有饥患，勿问前年之丰凶。前年丰，富人虑谷无良贾，乃写输于他需谷之地，所余于仓者少，至夏秋之交亦必腾贵。先岁凶，乃闭其仓廪以待贾，未中程，弗雠也。饥亟而祈勿死，则听富人所索，或萃而劫之，牵联入于刑者，又踵相逮也。"⑤

上一节提到的 1909 年甘肃大旱灾发生时，曾经是同盟会员和南社发起人的高旭写了《甘肃大旱灾感赋》，其中一首差不多可以看作资产阶级革命派在灾荒问题上所作的政治讨伐的艺术概括："天既灾于前，官复厄于后。贪官与污吏，无地而蔑有。歌舞太平年，粉饰相沿久。匿灾梗不报，谬冀功不朽。一人果肥矣，其奈万家瘦！官心狠豺狼，民命贱鸡狗。屠之复戮之，逆来须顺受。况当赈灾日，更复上下手；中饱贮私囊，居功辞其咎；甲则累累印，乙则若若绶。四看饿殍余，百不存八九。彼独何肺肝，亦曾一念否？"⑥

① 观鲁：《山东省讨满州檄》，见《辛亥革命》（二），第 346 页。
② 参阅《近代中国灾荒纪年》序言。
③ 《辛亥革命前十年间时论选集》，第 422 页。
④ 《辛亥革命》（一），第 341 页。
⑤ 《辛亥革命前十年间时论选集》第 2 卷（下册），第 789 页。
⑥ 《辛亥革命诗词选》，第 215 页。

在天灾人祸交相煎迫之下，老百姓要想生存下去，确实除了铤而走险之外，是别无出路的了。但这立即就会被封建统治者目为"盗贼"、"乱民"、"匪类"而大张挞伐："皖北有灾，槁项黄馘者背相望，海上有疫，前仆后僵者踵相接⋯⋯其或民不聊生，起为图存之计，则又目之为乱民，为匪徒，召兵遣将，流血成渠。"①"耕种则雨水不均，无利器以补救之，水旱交乘，则饿殍盈野。强有力者，铤而走险，以夺衣食于素丰之家，而政府目之为寇盗，捕而刑之，或处之于死。"② 灾民们还是俎上之肉，任人宰割屠戮而已。

资产阶级革命派仅仅在灾荒问题上对封建统治所做的揭露，也已经足以让人们逻辑地得出结论：像这样腐朽而又暴虐的反动政权，除了坚决推翻它之外，难道还能有任何别的选择吗？

沿江、沿海各省大水灾与辛亥革命的发生、发展

1911 年（宣统三年），又发生了面积更大、灾情更重的大水灾，灾区几乎包括了沿江、沿海的所有主要省份。以武昌起义为肇端的辛亥革命运动，就是在这样的背景下爆发并迅速席卷全国的。

武昌起义之前，中外政界人士就对当年的严重灾荒及其可能产生的政治后果给予了极大的关注。5 月下旬，张謇代表沪、津、汉、穗四处总商会，赴京办事，受到摄政王载沣的接见。当载沣征询张謇对于时局的意见时，张謇谈了"内政三大要事"，头一条就是"外省灾患迭见，民生困苦"。9 月 12 日，莫理循在一封信里写道："中国长江流域各省的前景非常黯淡。⋯⋯人民将会成千上万地死去，难民营里出现霍乱和斑疹伤寒。一位知名的中国人昨天对我说，前景从来没有这样糟糕，因为中国从来没有受到这样大的水灾和饥馑的威胁。"③ 待到四川保路运动起来之后，一些封建官僚更是惊恐万状，生怕在灾荒遍地的情况下，形成一发而不可收之势。——他们的话简直成了后来事态发展的颇为准确的预言。如御史陈善同在武昌起义前一个月上奏说："现在湘粤争路余波尚未大熄，而雨水为灾几近十省，盗匪成群，流亡遍野，若川省小有风鹤之警，恐由滇藏以至沿江沿海，必有起而应之者，其为患又岂止于路不能收而已。"④ 御史麦秩严在武昌起义前约半个月上折

---

① 《对于政府之民心》，见《辛亥革命前十年间时论选集》第 3 卷，第 828 页。
② 民：《金钱》，见《辛亥革命前十年间时论选集》第 2 卷（下册），第 991 页。
③ 《清末民初政情内幕》上册，第 752 页。
④ 《辛亥革命》（四），第 469 页。

称："方今时事日棘，灾祲迭臻，岁饥民流，盗贼四起，中原大势岌岌可虞。"①

那么，封建统治者为之谈虎色变的辛亥年大水灾，具体情况究竟如何呢？

从长江上游往下数，首先是湖北，于6—7月间风狂雨骤，襄水陡涨二丈余，一下子将去年坍溃后费时近半年才新筑成的大堤冲决130余丈，"人皆措手不及，逃走溺毙者不可数计"②。附近州县"一片汪洋，数里不见烟火，灾民有生食野兽之肉者，有握泥果腹致毙者，有挖树皮草根以济急者，惨状令人不忍目睹"。武汉三镇滨临江湾住户，因被淹纷纷迁避。所有武昌临江的一些工厂，汉阳的兵工厂、铁厂、炮船厂，以及汉口的租界等，"一切低洼之所，均有其鱼之叹"；"水势浩大，茫茫无际，登高一望，四围皆成泽国"。湖南自春至夏，雨多晴少，夏末又暴雨连朝，造成湖江水势骤涨，水淹长沙、常德、岳州等府属地方，"灾区之广，为从来所未有"；受灾地区，"最低处水深丈余，较高处水亦六、七尺不等"，不但禾稼"悉数付诸泽国"，而且或房倒屋塌，或人畜漂没，损失惨重。"当仓卒水至之时，居民或缘登屋顶，或升附树巅，四野呼号，惨难尽述。"由于湘鄂洪水暴涨，使"沿江之水陡长至一丈数尺之高"，江西浔阳、九江一带濒临长江，周围"淹没田禾甚多"；加之入夏后连日淫雨，南昌、鄱阳等地平地水深数尺，"街道上皆可乘船"，余干县境"水涨至二丈有奇"；抚州、瑞州等地，"低洼之田禾既被浸去十之五六，即高原处亦受损不少"。安徽因上年已是大祲之年，所以春荒即极其严重，仅宿州一地，春间即有灾民27万余口。入夏后，又"大雨时行，江潮暴发，皖省滨江沿河各属，灾情奇重"。"当涂等五州县，周围六七百里，皆成巨河，村镇倾圮，庐舍漂荡"。尤以长江之滨的无为州，"灾尤惨酷，露饿待毙无算"，"上下九连各圩一片汪洋，高及树巅，村落庐舍全归巨浸"。皖南各州县"淹没田禾，十失其九"；皖北涡、蒙、灵、宿等县，也被灾极重，往往数十里炊烟断绝。而且灾情持续甚久，直至8月底，还发生了一场暴风雨，使铜陵、庐州、宿松等10余州县冲塌圩地不少，"约计淹田不下百七十余万亩"。位于长江末梢的江苏省，灾情与安徽不相上下，同样是一方面江潮涌涨，一方面暴雨不绝，使全省各地洪水泛滥。南京城内高处水深没胫，洼处过腹及胸，"行人绝迹，商店闭门停市，萧条景象，目不忍睹，间有小舟来往装运行人以达干土"。张廷骧《不远斋见闻杂志》描画了一幅惨绝人寰的图景："宣统三年春，江苏淮海及安徽凤颖等属，因屡被水灾，闾阎困苦，惨不忍闻。……自去秋至今，饥毙人数多时每日至五六千人；自秋徂春至二月底，江皖二十余州县灾民三百万人，已饿死者约七八十万人，奄奄待毙

---

① 《辛亥革命》（七），第269页。

② 《大公报》1911年6月30日。见《近代中国灾荒纪年》，第792页。本节有关灾荒情况之原始资料，均转引自该书，不再一一注明。

者约四五十万人。……饥民至饥不能忍之际，酿成吃人肉之惨剧……寻觅倒卧路旁将死未气绝之人，拉至土坑内，刮其臂腿臀肉，上架泥锅，窃棺板为柴，杂以砻糠，群聚大嚼，日以为常。"

从江苏往南，浙江的杭、嘉、湖、绍4府被淹成灾，"早禾既受摧残，晚苗又被淹没"，"家屋人畜，漂失无算"；杭州城内"平地水深没踝"。福建也有部分地区发生"冲决堤岸，淤塞河道，坍塌房屋，淹毙人口"之事，尤其是省城福州，"城内外积水四五尺不等，衙署营房民舍，倒塌无数，并有压毙人口情事"。广东的灾区主要集中在潮州府属地方，那里因连降大雨，江流陡涨，"淹没田亩无算"，"淹毙人口不可胜数"。

从江苏往北，山东在春季即雨雪纷飞，经月不息。入夏后，又大雨成灾，济南及东西路各州县，均遭水淹；胶州、高密、即墨一带，"房屋尽倾，溺毙人畜无算"；峄县"河水漫溢，以致沿河秋稼，尽数淹没。延袤数十里，远近数十庄，人民庐舍漂荡无存，一片汪洋，几如海中小岛。居民风餐露宿，困苦异常"。直隶则是先旱后涝，起初"雨泽愆期"，后又"阴雨连绵，河水涨发，以致滨临各河洼地禾稼。均多被水"；此外，还有一些地方有雹、虫灾害。奉天新民府等属亦罹大水，由于柳河洪峰突发，堤口溃决，河水冲灌新民府城，居民猝不及防，"顷刻人声鼎沸，屋巅树梢相继揉升呼号待救"；"城乡周围四十余里全被水淹，计被淹地亩一万七千余亩，沉没官民房屋七千七百余间，商号存粮均被淹没，粮价飞涨，人心惶惧"。吉林省在夏秋之际，不仅雨水过多，且兼遭雹灾。黑龙江省于6月末及9月间两次连续降雨，使嫩江、松花江、坤河等水势暴涨，各处泛滥成灾，"嫩江府、西布特哈、龙江府、大赉厅、肇州厅、甘井子、杜旗等处，沿江民房田禾均被淹没，为灾甚巨"。这一年，东北三省还发生鼠疫流行，死亡人数为五六万人。

不言而喻，这是一个任何从事历史活动的政治派别不能不认真对待的特殊而严峻的社会环境。

有记载说，武昌起义前夕，武汉的革命党人曾开会研究在四川保路运动蓬勃发展的情况下，应不应该立即举行武装起义？会上有"缓期"与"急进"两种主张，最后一种主张被接受，其中很重要一条理由就是"近数年来，灾异迭见，民不聊生"，"天时"对革命显然有利。[①] 这说明了严重灾荒的存在，对革命党人的战略决策产生了何等重大的影响。

但是，人们也许会发现一个多少有点令人感到奇怪的现象：在各省"独立"或曰"光复"的过程中，几乎很少看到灾民、饥民直接参加运动的历史记录。其实，这并不难理解。这是同辛亥革命的下述特点相联系的：除了极少数地区以外，

---

① 佚名：《戈承元革命历史》，《武昌起义档案资料选编》中卷，第199页。

绝大多数省份，新旧政权的交替更迭并没有经过较长时期的两军对垒的武装冲突。也就是说，还没有来得及等到社会上大量存在的灾民、饥民涌入革命队伍，旧政权就已经纷纷垮台，辛亥革命表面上成功了。

但这决不是意味着辛亥革命的迅速发展，同灾荒没有重大的关系。只要看一看武昌起义后封建统治者的一些议论，就可以清楚，革命所以能在如此短的时期里像燎原烈火燃遍全国，灾荒的普遍存在是一个十分强有力的因素。武昌起义六天之后，热河都统溥颐、山东巡抚孙宝琦、江苏巡抚程德全在一个奏疏中说："窃自川乱未平，鄂难继作，将士携贰，官吏逃亡，鹤唳风声，警闻四播……而民之讹言，日甚一日，或谓某处兵变，或谓某处匪作，其故由于沿江枭盗本多，加之本年水灾，横连数省，失所之民，穷而思乱，止无可止，防不胜防，沸羹之势将成，曲突之谋已晚。"① 次日，大学堂总监督刘廷琛也上奏说："今年各省大水，饥民遍地，在在堪虞。革党踞长江之上游，诡救民之义举，设使闻风响应，大局立有溃烂之忧。"② 又过了三天，御史陈善同奏称："本年雨水为灾，共十余省，而以湘鄂苏皖浙为最甚。各该处流亡遍野，抢掠时闻。……（革命党）势必裹胁饥民，号召群凶，横决四出，为患方长。现虽被灾各处亦多妥筹赈恤，而涓滴之泉，沾润无几，乱源所伏，不可不先事防维。"③ 武昌起义半个月后，翰林院侍讲程械林在奏折中说："重以天灾流行，处处饥馑，此即无所煽诱，固将群起为盗。况革党又为之倡乎！不速作转计，鹿铤鱼烂，即在目前。"④ 这些奏疏，合乎实际地反映了普遍的灾荒怎样为革命的发展提供了条件。

甚至，灾荒还影响了帝国主义对辛亥革命运动的态度。武昌起义后第六天，英国驻华公使朱尔典在给英国外交大臣格雷的电报中，表示了对清朝政府的失望，认为"满清王朝所面临的前景是黯淡的。它在本国人民中间，很不得人心"。为了加强论据，他特别强调了当年遍及全国大多数省份的大水灾："谷物歉收威胁到大半个帝国，扬子江流域到处充满了无家可归和嗷嗷待哺的人群。"⑤ 稍后，日本驻华盛顿代办在致美国国务卿的一个照会中，认为"清廷之无能，已无可讳言"，很难"恢复威权"；另一方面，"革党亦派别纷歧，显无真正领袖"，"加之本年洪水为灾，饥民溃兵，交相为乱。在此情况下，革党绝少维持占领区域治安之望"。⑥ 因此，主张对双方暂取观望态度，这显然是帝国主义在一段时期中采取"中立"姿

---

① 这个奏折实际上是由张謇起草的，见《辛亥革命》（四），第48页。
② 《辛亥革命》（五），第418页。
③ 同上书，第438页。
④ 同上书，第461页。
⑤ 《英国蓝皮书有关辛亥革命资料选集》上册，中华书局1984年版，第37页。
⑥ 《辛亥革命》（八），第489页。

态的依据之一。

革命派短暂掌握政权时期的灾荒对策

1912 年 1 月 1 日，中华民国临时政府成立，孙中山就任临时大总统。在一个十分短暂的时间里，革命派曾一度成为中央和一些省份的主要执政者。于是，情况发生了戏剧性的变化，本来为革命发展提供了机会和条件的严重灾荒，一下子成为摆在执政的革命党人面前的一个必须解决的紧迫问题。

由于新旧政治势力斗争的尖锐复杂，由于革命形势的捉摸不定，更由于反动势力的反扑，使革命派掌握政权的时间瞬息即逝，革命派几乎没有可能利用政权来施展他们的政治抱负。即使如此，也仍然可以从他们的一些举措中窥见其灾荒对策的大致轮廓。

1912 年 3 月初，孙中山连续在几个有关赈济安徽、江苏灾荒的文件上作了批示。当时，安徽都督孙毓筠报告说：安徽灾情严重，要求临时政府拨款以救燃眉之急；财政总长陈锦涛也具呈称该省"灾情万急，如十日内无大宗赈款，恐灾民坐毙日以千数"。江北都督蒋雁行则连续急电，疾呼"现在清淮一带，饥民麇集，饿尸载道"，"当此野无青草之时，实有朝不保夕之势；觇死亡之枕藉，诚疾首而痛心"，并称："半月内无大宗赈款来浦接济，则饥民死者将过半。"孙中山一面令财政部在经费万分拮据的情况下"即行拨款救济"，一方面同意向四国银行团借款160 万两，用于赈救皖灾，要求参议院"赶日复议，以便施行"，并强调"事关民命，幸勿迟误"。孙中山此举与袁世凯的态度恰好形成鲜明的对比。当已经确定由袁世凯接任总统、孙中山即将下野的时候，皖督也给袁世凯发了一份要求赈灾的电报，袁接电后，给孙中山回电："此时外款尚未借定，京库支绌万分。当俟筹定，再行电闻。如遵处暂能设法，尚希卓裁办理。"[①] 充分反映了这个老奸巨猾的官僚对于人民疾苦令人愤慨的冷漠。

在卸任临时大总统的前三天，孙中山专门发布了《命各省都督酌放急赈令》，指出："矧当连年水旱之余，益切满目疮痍之感。……本总统每一念及我同胞流离颠沛之惨象，未尝不为之疾首痛心寝食俱废也。兹者大局已定，抚慰宜先。为此电令贵都督等，从速设法劝办赈捐，仍一面酌筹的款，先放急赈，以济灾黎而谋善后。"[②] 这个命令反映了资产阶级革命派与人民疾苦息息相关的高尚情操。

---

① 《近代史资料》1961 年第 1 号，第 328 页。
② 《孙中山全集》第 2 卷，第 289 页。

在临时政府时期，南京还出现过一个名为"救灾义勇军"的组织。这个组织以孙中山为"义勇军正长"，陆军总长黄兴为"副长"。组织的缘起，是因为"江皖两省……连年水患频仍，偏灾时遇。迨至去秋，淫雨连绵，江湖暴发，箍江大岸，冲决无算。上自皖南各府，下逮镇扬苏常，衮延千余里，淹没百余处，汪洋一片，遍地哀鸿"，为了动员军队参加"修筑千里长堤"工程，由军人自愿报名参加而成的。组织"救灾义勇军"的启事和章程，刊登在《南京临时政府公报》第40号，显然事先得到了孙中山的赞同和支持。

即使在戎马倥偬、局势动荡的情况下，有些掌握了地方军政大权的革命党人，也仍然采取积极的措施，从事兴修水利的工作。如江西都督李烈钧，就职后不久即召集各方人士"讨论治赣办法"，其中决定的一条就是为了解决南昌、新建二县"每年必苦水患"的问题，在"辛亥光复，库帑动用一空"的情况下，想方设法"拨款四十万元修筑圩堤"。据称，"堤工数月而成，嗣后两县人民乃不为水灾所苦"①——这个说法也许不无溢美之处，但如果考虑到当时面临的复杂局面，那么，决定拨款筑堤就已值得称道了。又如担任"安、襄、郧、荆招讨使"的季雨霖，在行军途中见"沿河一带地方，汪洋浩瀚，纵横无际，田园村落，漂为泽国，颓檐破壁中，寂无人烟"，便在占领荆州之后，兴筑沙洋堤工。据材料说，这段堤工关系到湖北的荆门、江陵、潜江、沔阳、监利五县人民的生命财产，清政府曾"耗款百万，讫无成功。受害各处，田庐尽没，饥民遍野，老幼委填，盗贼充斥"。② 季雨霖等一面向沙市、沙洋两地商会借银20万两，一面向湖北军政府申请拨款8万两，另外还发行"堤工公债"20万元，通过以工代赈的办法，招募民夫，动工兴筑，被称为"民国第一次大工程"。虽然对季雨霖的一些作为，有不同的评价，但即使对他稍有微词的人，也不能抹煞他在这件事情上的功劳。此外，根据灾民周耀汉等的呈请而修筑的樊口堤工，修成后改善了武昌、黄冈等六县的抗灾条件，改变了这一带过去"无岁不水，无水不灾，无灾不重"的悲惨状况，也是值得一提的。

正像在其他问题上不免存在这样那样的失误一样，资产阶级革命派在灾荒问题上，也并非一切处置都是完美无缺的。他们的最大一个失误，是似乎已经忘记了革命前对清政府把无衣无食的饥民"目之为乱民，为匪徒"的抨击，有些地方对灾民采取了戒备和防范的态度，有时竟视之为建立正常秩序的一种障碍。武昌起义后，以"中华民国军政府"名义发布的一个《通告城镇乡自治会职员电》中说："唯念东南各省，叠遭水旱之灾。吾同胞流离颠沛，犹未能自复其生机。若义旗一

① 《李烈钧自传》，见《辛亥革命》（六），第393页。
② 高仲和：《北征纪略》，见《武昌起义档案资料选编》上卷，第154页。

举，则饥寒无告之民，必有乘机窃发，一施其抢劫之技者。而本军政府当军事旁午之际，势不能并谋兼顾，为吾乡僻同胞尽完全保护之责"。因此，他们要求"各城镇乡自治团体，速筹自保之计，赶办旧练，守卫乡里"。① 类似的文告在其他省份也有出现。很显然，其矛头所向，是针对"流离颠沛"的"饥寒无告之民"的。在这样一种思想的指导下，无怪乎有些地方会发生由革命党人掌握的新政权的武装去镇压饥民"闹事"的事件了。如江苏无锡，军政分府都督秦毓鎏曾两次派军队镇压"民变"。一次是由于常熟王庄的富室须氏，不顾"岁歉"，硬要逼租，佃农们在孙二的率领下，"聚毁其家"，并"竖旗"起事；另一次是本县新安乡的"巨室张氏"，平时收租就很苛刻，"民怨已久"；恰逢这一年"岁已歉，张氏犹不肯少贷，索益急"，甚至把还不起租的佃户"锢诸室，鞭诸"，引起群众激愤，数百人不期而集，"哄闹张氏家"，将其室付之一炬。秦毓鎏派出军队，在前一事件中抓走20余人，后一事件中竟枪杀37名群众（包括一名妇女），终于引起了人们的"诟厉"与不满。出现这一类政治性的错误，不能不说是同资产阶级革命派只是同情群众，却并不懂得组织群众与依靠群众的根本弱点有着本质的联系。

（刊于 1991 年第 5 期）

---

① 《辛亥革命》（五），第 140 页。

抗战前夜中共中央战略决策的形成

金冲及

从中央红军抵达陕北到抗日战争爆发，在短短的一年多时间内，中国共产党实现了一次战略性的大转变：由国内土地革命战争转到实现第二次国共合作，形成抗日民族统一战线，为全民族抗日战争打下了基础。

经历了十年内战以后，要实现这样的大转变谈何容易。在十年岁月中，中国共产党人积累的创痛和仇恨是很难淡忘的。国民党对抗日的态度一时又令人难以捉摸，并且在很长时间内依然一心想消灭共产党。这样两个党要实现和解与合作，结成抗日民族统一战线，不能不经过一段艰难而曲折的旅程。

看起来似乎难以想象的事情，最后终于变成事实。对这个问题，许多学者已从不同角度作过细致的论述。[①] 本文想着重从中共中央高层决策过程的视角，作一点探讨。

一 中央红军到达陕北

历史是无法割断的。如果要全面论述这个问题，应该从更早说起。为了节省篇幅，本文选择 1935 年 10 月中央红军到达陕北，作为考察的起点。

为什么选择 1935 年最后几个月作为考察的起点？那时，日本军国主义者正加紧对中国的侵略，特别是要把华北纳入它的直接控制之下，"中华民族到了最危险的时候"的沉痛呼声便是在这时喊出来的；在民族危机空前深重的刺激下，以"一二·九"运动为起点，中国社会各阶层的抗日救亡浪潮蓬勃兴起，民众

---

① 有关抗战前后国共关系研究的著作可参考胡绳主编《中国共产党的七十年》，中共党史出版社 1991 年版；黄修荣《中国关系七十年》，广东教育出版社 1998 年版；程中原《张闻天传》，当代中国出版社 2000 年版；杨奎松《西安事变新探——张学良与中共关系之研究》，台北：东大图书公司 1995 年版。

广泛觉醒，"停止内战，一致抗日"成为人们的强烈要求；国民党当局由于自身统治遭受严重威胁，开始酝酿改变对日政策；共产国际七大结束不久，提出要建立反法西斯统一战线的策略方针，中共驻共产国际代表团起草的《八一宣言》已经发表。这些构成一幅波澜壮阔的历史画面。离开这个大背景，什么问题都无法说清楚。

本文准备着重考察的是中共中央战略决策的演变，自然不能不先来看一看中共中央当时的具体处境。

结束长征，到达陕北，建立起新的根据地，对中国共产党来说，是一件非同小可的事情。长征开始后，中央红军一直遭受着处于优势地位的国民党军队的前堵后追，多次从千钧一发的险境中冲出来。它所面对的首先是自身的生存问题，如果不能生存，其他一切都无从谈起。这时，它同外界的联系又几乎全被切断，能够得到的国内外信息很少。在这种状况下，中共中央没有可能把建立抗日民族统一战线立刻提到重要的实际工作日程上来。

中央红军同红四方面军会合后，曾先后在两河口会议、沙窝会议、毛儿盖会议上确定北上建立川陕甘苏区根据地的战略方针。这是一个正确的方针。但是，张国焘的分裂活动使局势陡然发生逆转。1935年9月9日，中共中央被迫率领右路军中的红一、红三军和军委纵队组成陕甘支队，人数只有不多的几千人，先行北上。下一步到哪里去才能站稳脚跟，一时并没有把握。12日，中央政治局在甘肃南部的俄界召开扩大会议。毛泽东在会上说："我们可以首先在苏联边境创造一个根据地，来向东发展。"他说："目前战略方针，川陕甘计划是有变更，因一、四方面军分开，张国焘南下，使中国革命受到相当严重损失。""所以应该明确地指出这个问题，经过游击战争，打通国际联系，得到国际的指示与帮助，整顿休养兵力，扩大队伍。"① 党内负总责的张闻天在会上也说：在川陕甘建立根据地，建立全国革命中心，在目前较少可能。"因为一、四方面军分开，我们的力量削弱了，所以我们的战略方针不能不有变更。"②

俄界会议这个决定很值得注意。变更原定在川陕甘建立根据地的战略方针，准备"首先在苏联边境创造一个根据地来向东发展"，当然是万不得已的事情，可以看出当时情势是多么险恶。

但出乎意外，情况很快发生了变化。9月17日，陕甘支队先头部队乘虚抢占天险腊子口，突入甘南开阔地带。18日，红军到达宕昌县。在这里，收集到一批天津《大公报》和《山西日报》等，得知在陕北已有徐海东、刘志丹等很有战斗

---

① 《中国工农红军第四方面军战史资料选编·长征时期》，解放军出版社1992年版，第151、152页。
② 《张闻天文集》（1），中共党史出版社1995年版，第565、566页。

力的红军和大片比较巩固的根据地。这是中央红军长征出发以来不曾遇到过的。事情需要作新的考虑。27 日，陕甘支队继续前进到通渭县榜罗镇。第二天，中共中央政治局在这里举行常委会议，改变俄界会议的决定，把落脚点确定在陕北。毛泽东在二十多天后举行的政治局会议上说："榜罗镇的会议（由常委同志参加）改变了俄界会议的决定。改变了，因为那里得到了新的材料，知道陕北有这样大的苏区与红军，所以改变决定，在陕北保卫与扩大苏区。在俄界会议上想会合后带到接近苏联的地区去，那时保卫与扩大陕北苏区的观点是没有的，现我们应批准榜罗镇会议的改变，以陕北苏区来领导全国革命。"①

毛泽东曾称赞徐海东是"对中国革命有大功的人"，② 既是对徐海东的赞扬，也是对整个陕北红军和根据地的赞扬，他们在这个重大历史关头立下的，确实是"大功"。

10 月 19 日，北上的陕甘支队到达保安县吴起镇，随后同陕北红军会合。这两支红军合组后，恢复了第一方面军番号。22 日，中共中央在这里召开政治局会议。这次会议最重要的内容有两点：一是宣告中央红军主力的长征胜利结束，二是提出了抗日民族战争的新口号。张闻天在会上说："长途行军中间所决定的任务已经最后完成。到达某一苏区，长途行军就是完结了。现在新的任务是保卫与扩大这一苏区。""应使同志们了解，现在保卫苏区要变为直接的民族革命战争，要把土地革命与反帝直接结合起来。"③毛泽东在会上的报告中说："现在形势环境均已改变，我们应接受新的形势来工作。""到达这地区的任务已完成了，敌人对我们追击堵击不得不告一段落。现在是敌人围剿，而我们保卫与扩大陕北苏区。"他又说："日本帝国（主义）独占华北，反帝运动高涨。昨日捉到东北军俘虏，发二元钱回家，（他）说东三省、热河失去，回什么家！于学忠发宣言，声明退出东三省是上级命令。反帝革命是在全国酝酿，陕北群众急需革命，这是粉碎围（剿）的客观条件。"④

中央红军主力到达陕北，一个大变化是重新有了可以立足的根据地。有这样一个根据地和没有这样一个根据地是大不一样的。如果连生存都没有保障，其他自然都顾不上。而他们能在这时提出抗日民族战争的新口号，又同他们来到接近抗日前线的北方地区、能得到更多信息直接有关。从此，"一个历史时期已经完结，一个新的历史时期开始了"。

---

① 毛泽东在中共中央政治局会议上的报告记录，1935 年 10 月 22 日。
② 《忆徐海东》，河南人民出版社 1981 年版，第 2 页。
③ 《张闻天文集》（2），第 1 页。
④ 毛泽东在中共中央政治局会议上的报告记录，1935 年 10 月 22 日。

二 瓦窑堡会议

1935 年最后两个月，对中共中央的战略决策产生重大影响的有两件事：一件是随着日本军国主义者对加紧侵略华北又跨出新的重大步伐，国难更加深重；另一件是参加共产国际七大的张浩回国，向中共中央口头传达了这次大会的精神。

日本军国主义者企图独占华北，蓄谋已久，早已采取一系列实际行动，深深刺痛着中国人的心。1935 年 11 月中旬，一个更加令人震惊的消息传来：日本军方导演的所谓"华北自治运动"公开出台。谁都明白，所谓"自治"其实就是要使华北五省二市脱离中央政府，建立亲日政府，处在日本的直接控制之下。日本关东军司令官南次郎派特务机关长土肥原贤二到北平，向兼任平津卫戍司令的第二十九军军长宋哲元提出最后通牒式的警告：限他在 11 月 20 日前宣布"自治"，否则日军将武力攻占河北和山东。宋哲元等在 19 日密电蒋介石报告："北方情势，已甚明显，似非少数日本军人自由之行动。日来应付极感困难，彼方要求，必须华北脱离中央，另成局面。迭经拒绝，相逼益紧。"① 24 日，土肥原策动成立"冀东防共自治委员会"（两天后改称"冀东防共自治政府"），公开宣称"自本日起，脱离中央，宣布自治"。②华北上空阴云密布，仿佛又重现九一八事变前夜那种浓烈的战争气氛。

民族生存比什么都重要。人们对国民党当局一再对日屈服退让极为不满。北平学生的"一二·九"爱国运动，便是在这种背景下爆发的。它像燎原的烈火那样，得到社会各阶层的普遍同情和支持，迅猛地向全国各地展开。民众的觉醒和行动引起中共中央的极大重视，抗日救亡的任务自然地被提到越来越突出的地位。

张浩是代表中华全国总工会到苏联参加赤色职工国际工作的，也是中共驻共产国际代表团的成员。1935 年 7 月 25 日至 8 月 20 日，共产国际第七次代表大会在莫斯科举行。张浩和中共代表团其他成员出席了这次大会。针对德、意、日法西斯势力在东西方日益猖獗，严重威胁世界的和平与安全，大会提出建立反法西斯统一战线的方针。这次大会着重讨论的是欧洲问题，但共产国际总书记季米特洛夫在报告中也说道：中国共产党要"同中国一切决心真正救国救民的有组织的力量结成反对日本帝国主义及其走狗的广泛的反帝统一战线"。③为了尽快恢复共产国际同中

---

① 《中华民国重要史料初编——对日抗战时期》第 6 编，傀儡政权（2），台北：中国国民党"中央"党史委员会 1981 年，第 81 页。

② 同上书，第 186 页。

③ 《共产国际有关中国革命的文献资料》第 2 辑，中国社会科学出版社 1982 年版，第 392 页。

共中央之间在红军长征期间中断的联系，不等会议结束，共产国际和中共代表团就派张浩回国。他经过长途跋涉，在 11 月 18 日或 19 日到达瓦窑堡，凭记忆向中共中央传达了共产国际七大的精神。共产国际的意见，对中共中央产生重大影响。它同中共中央在实际生活中强烈感受到的必须团结抗日、救亡图存的要求是一致的。

中共中央机关 11 月 7 日从吴起镇迁到瓦窑堡。13 日，中共中央发出《为日本帝国主义并吞华北及蒋介石出卖中国宣言》（以下简称《宣言》），这时张浩还没有到达瓦窑堡。中共中央在《宣言》中提出："一切抗日反蒋的中国人民与武装队伍，不论他们的党派、信仰、性别、职业、年龄有如何的不同，都应该联合起来，为打倒日本帝国主义与蒋介石国民党而血战！"《宣言》还写道："不反对日本帝国主义，我们无法打倒蒋介石国民党，不打倒蒋介石国民党，我们也无法停止日本帝国主义的侵略，推翻日本在中国的统治！抗日反蒋是全中国民众救国图存的唯一出路！"①《宣言》虽没有明确地提出建立抗日民族统一战线的主张，但要求各种力量"联合起来"，显然已包含这个意思，因为这是中国实际情况所要求的。

29 日，中共中央举行政治局会议。毛泽东、周恩来因为在前线指挥直罗镇战役刚刚结束，没有能回来参加这次会议。张浩已来到瓦窑堡。张闻天在会上的报告中，根据共产国际七大的精神和中国面对的现实，着重谈了抗日民族统一战线问题，说："日本对中国的侵略更加紧了。""在目前形势下，反对日本侵略者的，不仅有工农群众、大学教授以及某些派别的资本家，就是在军阀中间也有人对日本侵略不满意。广大阶层参加到民族战线中，许多人持同情态度或守善意中立，反日的基本力量更加广泛。"他强调："甚至对上层统一战线，我们都要争取。"过去，中国共产党看重的只是"下层统一战线"，这时提出对"上层统一战线"也要争取，是一个重要变化。在结论中，张闻天对建立上层统一战线的问题作了更多的阐述，说："今天提出统一战线，与过去有很大不同。一九二七年大革命失败后，反革命团结起来向革命进攻，小资产阶级消极或同情反革命，我们的力量散了些。在这些条件下，只能搞下层统一战线，我们的工作集中于工农群众中团结和巩固自己的力量。现在情形不同，整个小资产阶级动摇及同情我们，在军阀中也有分化，有的动摇、中立或对我们同情，我们有坚强的苏维埃、红军及广大的群众拥护，党的力量也比以前加强了。在全国提出的两条道路问题更清楚的提到群众的前面。这样，就更迫切的提出了实行统一战线策略的任务。这个策略是可以实现的，抗日反蒋必须很好的运用这一策略。"②刘少奇在会上说："统一战线问题，我们没有能发动广大群众运动是犯了严重的关门主义，上层领导同志甚至都犯了。""日本帝国主义在

---

① 《中共中央文件选集》第 10 册，中共中央党校出版社 1991 年版，第 574、575 页。

② 《张闻天文集》（2），第 16、18、20 页。

侵略中国,中国群众反日运动在高涨,党应去领导和组织这一运动,因此必须反对关门主义。"①

12月13日,毛泽东、周恩来回到瓦窑堡。从17日至25日,中共中央连续举行政治局会议。这是一次讨论中国共产党战略决策的十分重要的会议,后来被称为瓦窑堡会议。会议开始后,先由张闻天作政治形势和策略问题的报告,张浩作关于共产国际七大精神的传达报告。会议通过张闻天起草的《中央关于目前政治形势与党的任务决议》。决议指出:"目前政治形势已经起了一个基本上的变化","党的策略路线,是在发动、团聚与组织全中国全民族一切革命力量去反对当前主要的敌人:日本帝国主义与卖国贼头子蒋介石。"②

23日,政治局会议着重讨论军事问题,由负责军事工作的毛泽东作报告。他在报告中提出的战略方针是:"在以坚决的民族战争反抗日本帝国主义进攻总任务之下,首先须在一切政治的军事的号召与实际行动上,确定'把国内战争同民族战争结合起来'的方针。""土地革命在民族战争的口号与策略之下执行。"行动上,他主张分三个步骤:第一步是在陕西,包括扩大红军、完成渡河准备等;第二步是在山西,准备用六个月(2—7月),依情况延长或缩短之;第三步在绥远,时机看战争情况及日本对绥远进攻情形决定。③

为什么在建立抗日民族统一战线已成为放在中国共产党面前突出课题的时候,要讨论东征的军事行动?那是现实的需要。第一,它是巩固和发展根据地的需要。直罗镇战役的胜利,虽然已为中共中央把全国革命大本营放在陕北举行了一个奠基礼,但陕北面积狭小,人口稀少,土地瘠薄,经济落后,粮食和工业品缺乏,又遭受国民党重兵的封锁和围困,如果不积极向外发展,只是消极地坐待应付国民党军队的围剿,很容易陷入难以持久的不利处境。要向外发展,山西阎锡山部队的战斗力比驻在陕北以南的张学良部东北军弱,打起来较有把握;山西人口稠密,物产丰饶,比陕北以西和以北都要富裕,便于红军的发展;晋绥部队还有一部分已进驻陕北的吴堡、葭县、绥德、清涧一带,进攻山西可以迫使阎锡山将这部分军队调回山西,扩大并巩固陕北苏区。第二,它又便于红军投入抗日的实际行动。那时日本已在河北增兵,并策动伪蒙军向绥远侵袭。东征山西,可以东入河北或北转绥远,"对日直接作战"。张闻天在讨论时说:"我同意先向山西方向发展。""我们到了山西,就能组织更广大的群众到我们领导之下,以便来组织抗日的民族战争。山西环境与陕北亦有不同,更能取得广大群众的同情。我们高举抗日旗帜,肯定会取得群

---

① 刘少奇在中共中央政治局会议上的发言记录,1935年11月29日。

② 《中共中央文件选集》第10册,第598、604、618页。

③ 《毛泽东军事文集》第1卷,军事科学出版社、中央文献出版社1993年版,第413、415页。

众的同情与拥护，群众更会走到我们的领导之下。"①

12月27日，毛泽东在党的活动分子会议上作《论反对日本帝国主义的策略》的报告。他在报告一开始就指出：目前形势的基本特点，就是日本帝国主义要变中国为它的殖民地，威胁到了全国人民的生存。"这种情形，就给中国一切阶级和一切政治派别提出了'怎么办'的问题。反抗呢？还是投降呢？或者游移于两者之间呢？"他指出：在这种时候，敌人的营垒是会发生破裂的，而和民族资产阶级有重新建立统一战线的可能性。他进一步分析道："我们说，时局的特点，是新的民族革命高潮的到来，中国处在新的全国大革命的前夜，这是现时革命形势的特点。这是事实，这是一方面的事实。现在我们又说，帝国主义还是一个严重的力量，革命力量的不平衡状态是一个严重的缺点，要打倒敌人必须准备作持久战，这是现时革命形势的又一个特点。这也是事实，这是又一方面的事实。这两种特点，这两种事实，都一齐跑来教训我们，要求我们适应情况，改变策略，改变我们调动队伍进行战斗的方式。目前的时局，要求我们勇敢地抛弃关门主义，采取广泛的统一战线，防止冒险主义。"②

这篇讲话，更透辟地阐述了瓦窑堡会议的精神，指明党的基本策略任务是建立广泛的抗日民族革命统一战线；同时指出中国革命的长期性，预见反对日本帝国主义的斗争"必须准备作持久战"。还需要提到，它又是遵义会议的继续和发展。遵义会议是在红军长征途中召开的，只能对当时最迫切的军事问题和中央领导机构问题作出决定。只有到了这时，才有可能进一步系统地说明党的政治策略。

中共中央到达陕北还只有两个多月。在这样短的时间内，不仅打破了国民党军队对陕北的第三次围剿，巩固并发展了陕北革命根据地，开始了东征山西的部署和准备；并且对全国的政治形势作出通盘分析，提出建立广泛的抗日民族统一战线，特别强调发展上层统一战线的必要性和可能性，反对关门主义，在政治策略上实现了大转变。这是一个重大突破，是极不容易的。

自然也要看到，中共中央当时所要建立的抗日民族统一战线，甚至上层统一战线，都没有把蒋介石包括在内，主要的口号是"抗日反蒋"，把蒋介石称为"卖国贼头子"。这并不奇怪，且不说十年来国共之间的生死搏斗留下的深重伤痕难以在短期内消除；而且在此前他们看到国民党政府从九一八事变，到放弃热河和签订塘沽协定，再到所谓"何梅协定"和"秦土协定"，对日本侵略者一直是步步屈辱退让，而看不到国民党有改变"攘外必先安内"的方针、奋起抗日的决心；蒋介石又正在继续调集重兵，要把中国共产党和工农红军一举消灭在陕北一隅。在这种情况

---

① 《红军东征》（上），中共党史出版社1997年版，第44、45页。
② 《毛泽东选集》第1卷，人民出版社1991年版，第143、153页。

下，如果就能提出"联蒋"的口号倒是一件奇怪的事情。这些问题，从双方来看，都需要再经历一段艰难而曲折的过程才能得到解决。

三　东征和晋西会议

1936 年 2 月 20 日，红一方面军主力按照瓦窑堡会议的决定，突然强渡黄河，进入山西。中共中央主要负责人张闻天、毛泽东和彭德怀、凯丰、张浩等都随军东征，周恩来、博古、邓发、王稼祥等留在陕北，负责后方工作。东征红军进入山西后取得重大胜利。他们使用中国人民抗日先锋军的名义发表布告："本军东行抗日。一切爱国志士、革命仁人，不分新旧，不分派别，不分出身，凡属同情于反抗日本帝国主义者，本军均愿与之联合，共同进行民族革命之伟大事业。"①这也是抗日民族统一战线主张的体现。

在这期间，整个局势进一步变化，民族危机更加深重，国内各种政治力量之间的关系也出现重要而微妙的变动。

日本军国主义者加紧对华侵略，力图把华北从中国分割出去。1936 年 1 月 13 日，日本对中国驻屯军司令官提出《第一次北支（华北）处理要纲》，宣称："自治的区域，以华北五省为目标"，"先求逐步完成冀察两省及平津两市的自治，进而使其他三省自然地与之合流"。②2 月 26 日，日本部分少壮军人在东京发动兵变，事后由广田弘毅担任首相，蛮横而不可一世的军部牢牢控制了日本中央政府，战争气氛更加浓重。

全国范围内的爱国救亡运动蓬勃高涨，群情日趋激昂，上海和许多城市相继成立各界救国联合会。国民党上层的政治态度也在发生变化，使中国共产党争取建立"上层统一战线"有了更多可能。

驻军陕西关中地区的张学良部东北军的中下级军官和士兵，因为家乡沦陷，强烈地要求停止内战，一致抗日。英国记者詹姆斯·贝特兰当时访问东北军后得到的印象是："他们对于逼迫他们打自己同胞的命令，日益不满，而打回老家的决心也日益加强，至少也得为自己所信仰的主义战斗到死。"一个四十多岁的团长对他说："当我们全体都希望打日本的时候，我们为什么还要打红军呢？"③这种情绪对张学良和东北军高级将领产生了影响。中共中央在实际接触中逐渐看清了这一点，

---

① 《红军东征》（上），第 123 页。
② 《日本帝国主义对外侵略史料选编（1931—1945）》，上海人民出版社 1975 年版，第 191 页。
③ 詹姆斯·贝特兰：《中国的新生》，林淡秋译，新华出版社 1986 年版，第 219—220 页。

便把"上层统一战线"的重点首先放在张学良和东北军身上。他们让被俘的东北军团长高福源回去说明中国共产党的政治主张,又派联络局局长李克农两次去见张学良秘密商谈合作,取得很好的效果。驻在关中地区的杨虎城部同中国共产党也早有联系。

这时,蒋介石的态度同样在悄悄地发生变化。日本侵略者的胃口实在太大,已超出南京国民党政府所能容忍的程度,直接威胁到它的生存。正如蒋介石不久后所说:华北一旦成为东北第二,南京又何尝不可以变成北平?社会各阶层强烈要求抗日,也对他形成巨大压力。正是在这种情况下,南京政府不得不开始考虑调整它的对日政策。蒋介石以后有一段话,把他这种内心变化刻画得十分清楚:"广田内阁成立之后,把他们侵华的计划,综合为'善邻友好、共同防共与经济合作'的三原则,向国民政府提出交涉。当时的情势是很明白的,我们拒绝他的原则,就是战争;我们接受他的要求,就是灭亡。""中日战争既已无法避免,国民政府乃一面着手对苏交涉,一面着手中共问题的解决。我对于中共问题所持的方针,是中共武装必先解除,而后对他的党的问题才可作为政治问题,以政治方法来解决。"①

正是在这种心态下,蒋介石在继续"剿共"的同时,开始伸出一些触角进行政治试探。他加强同苏联的接触,在国内也通过多种渠道设法找寻中共的关系。陈立夫的亲信曾养甫先后找到同中共北方局有联系的吕振羽和上海地下党派出的张子华会晤,但他们都不能代表中共中央进行谈判。因此,国民党当局仍希望能同中共中央直接取得联系。最早将这个信息直接送给中共中央的是宋庆龄。1936年1月,宋庆龄在上海找到有着牧师身份的秘密共产党员董健吾,要他送一封信到陕北交给毛泽东、周恩来,还给他一张由孔祥熙签名委董为"西北经济专员"的委任状,这显然是得到南京政府同意的。张子华与董同行。2月27日,董、张两人到达瓦窑堡,会见博古。3月4日,在山西前线的张闻天、毛泽东、彭德怀复电博古转董健吾,表示:"弟等十分欢迎南京当局觉悟与明智的表示,为联合全国力量抗日救国,弟等愿与南京当局开始具体实际之谈判。"电报中向南京政府提出五点要求:"一、停止一切内战,全国武装不分红白,一致抗日;二、组织国防政府与抗日联军;三、容许全国主力红军迅速集中河北,首先抵御日寇迈进;四、释放政治犯,容许人民政治自由;五、内政与经济上实行初步与必要的改革。"②第二天,董健吾带着这个密件离开瓦窑堡,回宋庆龄处复命。国共两党高层间中断八年多的联系,终于在宋庆龄推动下接通了。当然,这种联系只是初步的,双方都在相互试探,彼此都还不清楚对方的底细。

①　蒋中正:《苏俄在中国》,台北:中央文物供应社1992年版,第59、62页。
②　洛甫、毛泽东、彭德怀致博古转周继吾(董健吾)的电报,1936年3月4日。

3 月，共产国际七大的正式文件由刘长胜带回国内，送交中共中央。董健吾返回南京后，张子华随博古到山西前线向中共中央报告同南京当局接触中的重要情况。这两件事都是牵动战略全局的大事，需要中共中央领导集体认真研究，及时作出决断。

3 月 20—27 日，中共中央接连举行六次政治局会议，被称为晋西会议。会议有两项议事日程：一是结合中国实际情况讨论共产国际第七次大会决议，二是研究目前战略方针。值得注意的是：第一，这些会议是在紧张的行军过程中进行的，几乎每次会议都要更换地点：20 日在交口县大枣郊上贤村，23 日在隰县石口，24、25 日在罗村，26 日在四江村，27 日在石楼附近。第二，参加会议的，除在山西前线的中共中央领导人张闻天、毛泽东等外，原来留在陕北负责后方工作的周恩来、博古等也赶来参加。从这两点，可以看出这次会议是多么重要。

前三次会议讨论共产国际七大决议。首先由张闻天作报告。根据共产国际七大精神，他在报告中说："中国共产党的任务是，准备开展大规模的民族革命战争，反对日本帝国主义的侵略。目前的关键，是建立统一战线——抗日的人民统一战线。"①这就把那次政治局会议的主题点明白了。

讨论中，大家同意这个报告。毛泽东发言中表示：瓦窑堡会议决议是符合共产国际七大决议的。他说："要提出停止内战"，"'争取对日作战的时机'应改为'争取直接对日作战'"。在革命策略上，"我们的任务，利用每一分钟来争取最多数"。"我们要谨防扒手，但第一是应开大门。""政权问题，主张苏维埃当然是对的，但（哪一个）对全国更好，就用那一个。在华北，一般的用抗日政府较好。"谈到"联俄问题"时，他说："中国人的事要自己干，相信自己。故（一）相信自己。（二）不要朋友是不对的。"②张浩说：瓦窑堡会议时，政治局并没有因为我传达不充分而对共产国际七大的精神不了解，反而能具体讨论了问题，与国际决议精神符合。谈到统一战线问题时，他主张："集中一切力量反对主要敌人。过去'打倒一切帝国主义、一切军阀'，好听而做不到。只打一个，就使主要敌人孤立。"③彭德怀说："十二月决议在现在事实证明正确。未过黄河之前，对山西群众的估计不如现在。这里比（中央苏区的）广昌、石城之间还好。学生运动之激烈，刊物之左倾，表示中国革命形势猛烈开展着。""怎样促成抗日反卖国贼统一战线的实现？要定出具体口号，站在领导地位。统一战线的成功，首先要分裂统治阶级的力量。统治者有一部分同情我们，一部分反对我们，要分裂他们，才能促成统一战线。"④

①　《张闻天文集》（2），第 83 页。
②　毛泽东在中共中央政治局会议上的发言记录，1936 年 3 月 23 日。
③　张浩在中共中央政治局会议上的发言记录，1936 年 3 月 23 日。
④　彭德怀在中共中央政治局会议上的发言记录，1936 年 3 月 24 日。

可以看出，随着国内外局势的发展，中国共产党的抗日民族统一战线主张已更趋明朗化和具体化，"停止内战"的口号已经提出，对南京国民党政府内部各种力量开始按照是否赞同抗日而区别对待，原来的苏维埃政权也可考虑改称抗日政府。

在这次会议上，有两个问题没有完全解决，说明党的战略决策仍处在逐步形成的过渡阶段。

第一个问题是，抗日民族统一战线是否包括蒋介石。尽管蒋介石通过多种渠道在寻找中国共产党的关系，进行政治试探，董健吾、张子华还拿着南京政府的证件来到瓦窑堡，但这毕竟只是接触的开始，对南京政府的真实意图究竟是什么并不清楚。何况蒋介石又在3月24日委派陈诚为太原绥靖公署第一路总指挥，率领关麟征、汤恩伯等部重兵进入山西协助阎锡山作战，企图围歼红一方面军主力于黄河以东。因此，这次会议自然不可能把蒋介石立刻列入联合对象之内。会上"抗日的人民统一战线"的提法，特别标出"人民"二字，也表明这种保留态度。但会议没有提"抗日反蒋"，而是提"抗日反卖国贼"，包含一层意思：如果蒋介石决心抗日，那就不是"卖国贼"了，不再是反对的对象；如果他采取相反的态度，"反卖国贼"自然也成为"反蒋"的同义语。张浩在讲要"集中一切力量反对主要敌人"后又说了一句："打蒋介石，现改为'打卖国贼'"，表明这里是有意识地留有余地的，从一个侧面反映同董、张接触后在口号上的调整。张闻天在作结论时说："有反动派来谈判，我们应说你抗起日来，苏联会帮助。全中国群众看到苏联是好的。故恩来说讲此问题时，要他们表示抗日诚意，这是对的。"[1]这也说明此时中共中央对待蒋介石的态度如何，关键是看他究竟有没有真正的"抗日诚意"，他的下一步行动如何。

第二个问题是，实行抗日统一战线是否要改变土地革命的政策。十年内战时期中共的主要口号是土地革命，它涉及同广大农民的关系，因此，中共中央在这个问题上不容易很快下决心是很自然的。特别是当全国抗日民族统一战线还没有真正形成时，更不可能轻言改变。张闻天在报告中笼统地谈道："土地革命与抗日斗争联系起来的方式应随环境而异。这种联系也不是公式，是要根据环境而采取的。"讨论中，许多人都对这个问题发表意见。大家更多地倾向于不宜改变土地革命的政策，以免脱离农民群众。博古说："土地问题的解决不违背民族统一战线。是否土地革命服从民族革命？如了解为'低一点'则不对的、不适合的。""有人以为'着重土（地）革（命），将使我们与反帝群众脱离'。他未想'群众'是谁。我们恰恰是在群众中依照民众的程度与力量，领导土地革命。当然土革不是在任何地

---

① 张闻天在中共中央政治局会议上结论的记录，1936年3月24日。

方简单化，但我们的立场应坚持。"①周恩来说："现在土地革命的开展，正是加强统一战线的力量。农民总是要走上土革，是否推迟之使会利于民族革命？党不是勉强制造，亦不是做尾巴。我们的统一战线不是要地主资本家全部而不要农民。对于抗日地主可以优待，而不是不动其土地。"②王稼祥说："不发动土地革命，主要人口之农民不能吸收到抗日的战线上去。"③会议并没有对这个问题作出结论。

大革命失败时，"八七"会议确定的总方针是，土地革命和武装反抗国民党。十年内战中，中国共产党始终坚持这个总方针，一切行动都是为了实行土地革命和推翻国民党的统治。人们的思想总容易有惯性。因此，新形势下，在处理如何对待蒋介石和如何对待土地革命这两个问题上实行大的转变格外慎重，是可以理解的。

晋西会议的接着两次会，是讨论目前战略方针，由毛泽东作报告。他说："经营山陕，主要是山西，是对日作战必要与重要的步骤。"方针应该是："以发展求巩固，反对巩固的向前发展。""现在应进攻，围剿来时则防御，围剿打破则应进攻，李德则取消进攻。"④他批评李德，因为李德不久前写了一个《意见书》（以下简称《意见书》），里面说："转到战略的进攻，我们还非常之弱。我们的转入进攻是过早的，且在将来行动区域中的政治准备不充分，应当注意这两点。"《意见书》还提出："我们应当从我们的战略计划取消向绥远先机接迎外蒙的条文"，他担心的是"（苏日）战争未发生以前，在我们方面应当避免能够引起苏日冲突的行动"。⑤讨论中，与会者都同意毛泽东的报告。周恩来说："发展问题：迅速直接作战之下规定计划，以华北为抗日战场，现在进行山西第一时期的计划。以后计划看形势来定，现在是进行山西作战。"他也批评李德的《意见书》："其整个估计，右倾出发。过去错误根源的未认识，及对红军此次行动政治任务与军事上进攻不认识，是保守主义。这不但是单纯防御，而且丧失进攻机会，引到失败，必须批评之。"⑥

晋西会议最后一天，讨论外交（统一战线）问题，仍由毛泽东作报告。他对情况的估计，第一条就是"国民党破裂"：民族反革命派，以蒋介石为代表，"坚持大革命失败时起的反动路线，现在与将来暂不改变"（说"暂不改变"，多少留了余地）；民族革命派又分为左右两翼，右翼是"昨天的民族反革命，而由于日本之压迫与民众的压迫，开始变成民族改良主义"，左翼如宋庆龄、中小工商业、中小

---

① 博古在中共中央政治局会议上的发言记录，1936 年 3 月 23 日。
② 周恩来在中共中央政治局会议上的发言记录，1936 年 3 月 23 日。
③ 王稼祥在中共中央政治局会议上的发言记录，1936 年 3 月 24 日。
④ 毛泽东在中共中央政治局会议上的报告记录，1936 年 3 月 25 日。
⑤ 李德：《关于红军渡过黄河后的行动方针问题的意见书》，1936 年 1 月 27 日。
⑥ 周恩来在中共中央政治局会议上的发言记录，1936 年 3 月 26 日。

资产阶级、《大众生活》等，"诚意联俄联共，自信能打日本，在我们领导下可以坚决走上革命"。他特别指出东北军的特点："失掉土地，因此其抗日情绪高，愿与我们合作。其策略：借助我们与苏联回东三省去。这种情形将来向两极分化。"报告提出的方针："不但要把'民改'与'民反'区别，在外交进行中亦应区别。而且要把'民改'之左右派区别。"对报告中几次提到的"民族改良主义"，中共中央曾有一个解释："民族改良主义就是和帝国主义妥协的主义"，"在某种情况下，民族资产阶级得到相当的让步与利益，或斗争更进一步深入时，他们就会动摇，妥协以至投降叛变，这就是民族改良主义的实质"。①

晋西会议后，4月9日，毛泽东、彭德怀致电已回瓦窑堡的张闻天，提出：目前不应发布讨蒋令，而应发布告人民书与通电。我们的旗帜是讨日令，在停止内战旗帜下实行一致抗日。10日，周恩来到延安同张学良会谈，取得良好的效果。

5月2日，因为国民党军队在山西对红军大举进攻，为了避免发生大规模内战，红一方面军主力开始西渡黄河，至5日全部渡完，结束了历时75天的东征。

四　对两广事变和国民党五届二中全会的反应

红军结束东征返回陕北后，又发动了西征。为什么要发动西征？只要看一看陕甘革命根据地四周的形势，就可以明白。那时，陕甘革命根据地需要巩固和发展。在它的南面，中国共产党同驻防陕西关中地区的张学良部东北军和杨虎城部十七路军的关系发展得很快，已建立起比较密切的秘密联系，两部官兵都不愿同红军作战；东面的阎锡山同蒋介石之间也存在矛盾，不再以大量兵力进入陕北"剿共"；因此，这两个方向的战线比较稳定，而西面和北面是国民党军队兵力较为薄弱的方向。5月18日，中共西北军委领导人毛泽东、周恩来、彭德怀下达西征战役的命令，由彭德怀率领红军1.13万多人，组成西方野战军，向西北方向的陕甘宁三省边界地区进攻。发动这次战役的目的，一是巩固并扩大陕甘抗日根据地，二是争取向北打通同苏联、蒙古的联系，三是策应红四方面军和二、六军团北上。但和东征不同，中共中央没有随西征军行动。

这时，国内政治局势发展中最令人触目惊心的是两件事：第一，日本对华北的侵略采取了新的严重步骤，一是增兵，二是走私。他们"借口保侨，增兵华北。于5月1日宣布以田代皖一郎为日本驻屯军新任司令官，增加兵额约六千名，连同原有驻军达八千余众，于沿平津铁路之杨村、马厂等地分建营房，并设旅团司令部

---

①　中央宣传部关于目前形势与党的策略路线的问答，1936年2月3日。

于北平，违反'辛丑条约'限制驻军员额之规定，严重侵犯我国之主权"。①在日军控制冀东地区后，走私活动日趋猖獗。从 1935 年 8 月至 1936 年 4 月间，中国关税损失达 2500 万元以上；而 1936 年 4 月一个月的损失就达 800 万元，相当于全国关税收入的 1/3。华北风云更加险恶。南京政府除令驻日大使许世英向日本提出交涉，并由外交部提出抗议外，并没有采取任何有力措施。第二，南京政府再度准备对陕甘根据地发动大规模军事进攻，他们把红军西渡黄河视为已"遭受重创"，可以乘势"进剿"。中央红军主力又已出动西征。5 月 26 日，蒋介石任命陈诚为晋陕甘宁边区"剿匪"总指挥。28 日，中央军关麟征、汤恩伯等部由山西渡河，进入陕北的清涧、绥德，准备大举进扑中共中央所在的陕甘根据地，一时险象环生。这也是中共中央一时难以下决心把蒋介石列入抗日民族统一战线之内的一个重要原因。

挽救更加危急的民族危机，打破南京政府企图用武力消灭中国共产党的图谋，成为放在中共中央面前的两个最紧迫的问题。

正在这个时刻，爆发了以陈济棠、李宗仁为首打起"抗日"旗号的两广事变。6 月 2 日，他们用国民党中央执行委员会西南执行部和国民政府西南政务委员会的名义突然发出通电称："时危势亟，敝部等认为非立即对日抗战，国家必无以求生。"②4 日，陈、李等通电"北上抗日"，桂军四个师开入湖南境内，矛头实际上对着蒋介石和南京政府。

两广事变的发生很突然，远在陕北的中共中央所掌握的信息更十分有限，但局势却要求它必须很快作出反应。两广事变的旗号是"北上抗日"。在南京政府正准备对陕北大举进攻的时候，两广事变迫使它不能不分兵南顾，这多少减轻了陕北的压力，自然容易得到中国共产党的好感。起初，中国共产党对两广事变曾作出比较乐观的估计，抱有较大的希望。6 月 12 日，中共中央召开政治局会议，由周恩来作关于西南问题的报告。他说："陈济棠自己称抗日革命军，并电蒋北上抗日，总的口号表现抗日的、革命的，这是我们应有之估计。""全国抗日运动将因此而推动，可以利用这次事变将运动推动到广大范围及更彻底道路上去。"③毛泽东说："西北是抗日大本营，西南发动对西北起了大作用。""前途：蒋是否能战胜两广？在政治、军事上不能压倒广东，这次内战带若干革命性质，但两广压倒蒋，暂时亦难做到。"博古说："广东事变是日本更进一步并吞华北所引起人民抗日的一个标志，表现人民抗日运动的高涨。"张闻天说："两广是人民武装抗日的开端，左倾

---

① 《总统蒋公大事长篇初稿》卷 3，台北：中国国民党"中央"党史委员会 1978 年版，第 293 页。
② 《一周国内外大事述要》，《国闻周报》第 13 卷第 23 期，1936 年 6 月 15 日。
③ 周恩来在中共中央政治局会议上的报告记录，1936 年 6 月 12 日。

分子到两广是人民阵线的开端。"但政治局会议也多少注意到两广事变的消极方面。王稼祥说："西南行动政纲我们不清楚，但内部有左的及右的，同两广要联合，但也要善意批评及建议。"张闻天说："两广事件发动有很大弱点，弱点在发动领袖。"①周恩来在作结论时也讲道："西南事件是抗日民族统一战线最广泛的发端，但运动不发展扩大，有可能妥协软弱下去。"②同一天，以毛泽东、朱德的名义公开发表《中华苏维埃人民共和国中央政府、中国人民红军革命军事委员会为两广出师北上抗日宣言》，对两广事变作了充分肯定。③

两天后，中共中央举行政治局常委会时，态度更冷静一些。毛泽东在报告中说："西南事变，发动是抗日革命军，故系进步的。第二，它因受帝国主义之操纵及阻止群众斗争，我们立场应该是以进步的革命的建议批评，使他们成为真正抗日的力量。"④也就是说，已经多少觉察到对两广事变还不能作过高的估计，不能把它看作已"真正抗日的力量"。

随着国内政治局势的发展，加上共产国际对两广事变并不肯定，中共中央对这个问题又有新的估计，并且把原来的态度作为教训来总结。9月15日的中共中央政治局扩大会议上，张闻天在报告中说："对蒋（向陕北）的进攻，我们应站在自卫的立场上来反对进攻。对西南问题，他发表抗日宣言，我们拥护是对的；但在他挑拨内战上并没有严厉的批评是不对的；对于他没有在广东、在军队中发动群众，我们也没有严厉的批评，也是不对的。因此，我们好象袒护了西南，丧失了我们的立场。在发动西北抗日战争上，我们应接受这一教训。"⑤

这里所说引起中共中央态度变化的"国内政治局势的发展"，最重要的是指国民党五届二中全会的召开，蒋介石公开表明对日政策有明显转变。

这次国民党中央全会是蒋介石在两广事变发生后决定召开的。召开的原因，一是日本在华北大举增兵等事实直接威胁蒋介石在中国的统治，更使他感到难以容忍，觉得需要加紧应对的准备；二是两广事变反映国内以至国民党内部对他的对日政策的强烈不满，民众的抗日呼声更加高涨，在国民党内也需要统一认识。蒋介石在中央纪念周上表示："应该采取何种方法来应付当前的事势"，是"一个国家根本大计的决定"，"不但我们任何个人不敢将国家民族生死存亡的大事随便决定，就是中央常会所有负责的同志也不敢随便来断定"，所以需要召开中央第二次全体会议，"对以后的方针有一个决定和指示。在此困难严重的时期，这个会议关系国

① 毛泽东、博古、张闻天、王稼祥在中共中央政治局会议上的发言记录，1936年6月12日。
② 周恩来在中共中央政治局会议上的结论记录，1936年6月12日。
③ 《中共中央文件选集》第11册，第25页。
④ 毛泽东在中共中央政治局常委会上的报告记录，1936年6月14日。
⑤ 《张闻天文集》（2），第147、148页。

家前途甚为重要"。①可见，蒋介石对这次全会相当看重。

本来，1935 年 11 月的国民党五大宣言中曾提出："在和平未至完全绝望之时，决不放弃和平，如国家已至非牺牲不可之时，自必决然牺牲，抱定最后牺牲之决心，对和平为最大之努力。"②这里已表露出南京政府对日政策的某些变化，但话毕竟说得很笼统，可以从完全不同的角度来解释。隔了半年多，到 1936 年 7 月，国民党五届二中全会在南京召开。蒋介石的话就说得明白多了。他在会议第一天讲话，表示要把"所谓最低限度的解决明白说明一下"。他说："中央对外交所抱的最低限度，就是保持领土主权的完整。任何国家要来侵扰我们领土主权，我们绝对不能容忍，我们绝对不订立任何侵害我们领土主权的协定，并绝对不容忍任何侵害我们领土主权的事实。再明白些说，假如有人强迫我们欲订承认伪国等损害领土主权的时候，就是我们不能容忍的时候，就是我们最后牺牲的时候。这是一点。其次，从去年 11 月全国代表大会以后，我们如遇有领土主权再被人侵害，如果用尽政治外交方法而仍不能排除这个侵害，就是要危害到我们国家民族之根本的生存，这就是为我们不能容忍的时候。到这时候，我们一定作最后之牺牲，所谓我们的最低限度，就是如此。"③日本对中国实在欺侮得太狠了。像这样的硬话，蒋介石以前从来没有说过，更没有在如此重要场合公开说过，不能不引起各方面的极大关注，感到蒋介石有可能参加抗日民族统一战线，这是时局发展中的一个重要关节点，是中共中央稍后作出《关于逼蒋抗日问题的指示》的重要由来。

五　中共中央关于逼蒋抗日的指示

但真要把一直被称为"卖国贼头子"的蒋介石列为抗日民族统一战线的争取对象，对中国共产党来说，这个决心仍不好下，有些事情一时还没有完全看清楚，何况国民党当局仍在策划对陕甘根据地的进攻，用武力阻止红二、四方面军北上，有极大可能在解决西南问题后，腾出手来，又大举进攻陕北，并且一直强调抗日的先决条件是实行军政军令的统一，也就是以强势姿态要迫使国内一切政治力量和社会力量听从他的指挥，稍不小心就会跌入他设下的陷阱。但总的趋势确实已发生明显变化。为此，中共中央进行了多次讨论。

8 月 10 日，也就是国民党五届二中全会结束后不到一个月，中共中央召开政

① 《一周国内外大事述要》，《国闻周报》第 13 卷第 23 期。
② 《中华民国史档案资料汇编》第 5 辑第 1 编政治（2），江苏古籍出版社 2000 年版，第 490 页。
③ 《总统蒋公大事长编初稿》卷 3，第 304、305 页。

治局会议。这是中国共产党开始确定从"抗日反蒋"向"逼蒋抗日"转变的一次重要会议。

毛泽东在会上作军事、外交两个报告。他首先提出蒋介石的对日态度在看起来基本战略没有变中正在发生的微妙变化："准备抗日、国防会议以至局部的对日作战等战术大部变了。然而战术既大变，将来革命发展更大，将来影响他的战略动摇，也有可能。""关于南京往来，对我们提出五条件，他们第一种答复说我们分散力量，再对恩来同志的来信，要我们出去，领袖到南京，改组国民政府，促进联俄，从此可看出蒋有动摇的可能。还有一件事，蒋在苏联大使馆谈话，表示还好。"毛泽东着重指出："明显可以看出蒋的策略：过去是让出东三省等，尽量镇压全国革命，现在总方针变了，现在是巩固他的统治；从前和我们无往来，现在有些改变了，现在他也来谈统一战线；他可能改成国防政府，但要他统一指挥，使群众对他改变态度，使日本退步。他想利用这一民族运动，不愿站在敌对地位。在今天，我们该承认南京是一种民族运动的大的力量。我们为要达到真正的抗日，必须经过这种中间的过程。我们可以和他谈判，但我们唯一的要求是真正的抗日。"他强调：在新形势下，当前党的各项任务中，"统一战线应放在第一位"。①

毛泽东报告后，列席会议的潘汉年（潘刚由中共驻共产国际代表团派回国内不久）报告了在苏联同国民党方面的邓文仪、回国后同曾养甫和张冲接触的情况。讨论中，周恩来说："过去抗日必先反蒋的口号，现在不适合，现在应以抗日联合战线为中心，抗日联俄联红为中心。""与南京谈判应提出实际问题：一、停止内战；二、抗日民主，发动抗日战争。"张闻天说："从南京方面所提出四个条件，虽然我们不能满意，但从他容纳各派一点，共产党从此有取得公开活动的可能；从他集中全国人才一点，可说我们可以到南京去。所以我们说，可以与南京谈判。""我们不一定先抗日后统一，这样不能得到群众拥护，我们应该在抗日原则下来统一。"他还谈到一直有争议的土地革命问题，说："现在民族革命是第一，土地革命的策略的改变，主要是适合民族革命。"②

毛泽东在作结论时说："对南京问题，现在民主的抗日已冲破蒋的压迫，但并没有冲破蒋的最高界限。他同我们的往来，我们是有半公开活动的可能。我们为什么与他们来往，重心是争取群众。先抗日后统一问题，蒋总说先统一后抗日，我们要他先给抗日的民主，只要看他做到怎样程度，我们就同他讲统一。抗日必须反蒋，不适合。""对苏维埃形式，红军形式，土地政策等应有新的变动。这是为得

---

① 毛泽东在中共中央政治局会议上的报告记录，1936 年 8 月 10 日。
② 周恩来、张闻天在中共中央政治局会议上的发言记录，1936 年 8 月 10 日。

争取群众，是有利的。我们应公开宣言，专门送一封信给南京。"① 这里说到的那些变动，都是党的战略决策上的重大变动。

这次政治局会议决定发表一个公开宣言，发一个秘密指示。公开宣言就是《中国共产党致中国国民党书》。秘密指示就是《中央关于逼蒋抗日问题的指示》。会后半个多月，中共中央书记处收到共产国际执委会8月15日发来的电报。电报说："得悉你们1935年12月25日决议与电报内容后，我们基本同意你们通过的建立抗日民族统一战线的方针。""我们同意你们的看法，即为了建立抗日民族统一战线，党应该对过去的经济政策作一些重大改变：停止不必要的没收，特别是不再没收出租土地的小土地所有者的土地，不再没收积极参加抗日的官兵的土地，允许自由贸易。""我们认为，把蒋介石与日本侵略者相提并论是不对的。""在现阶段，一切都应服从于对日本帝国主义的斗争。"②它的基本精神同这次政治局会议的看法是一致的，也使中共中央的一些提法比原来更明确了。

《中国共产党致中国国民党书》在8月25日发出，是毛泽东写的。信中一开始就强烈呼吁："现在是亡国灭种的紧急关头了。"信中提到蒋介石时都称为"蒋委员长"，这在中共以往文件中从来没有过。对蒋介石在国民党五届二中全会上就"最低限度所作的解释"，信中说："我们承认蒋委员长的这种解释，较之过去是有了若干进步，我们诚恳地欢迎这种进步。"同时，对蒋介石接着所说"半年来外交的形势，大家相信并未到达和平绝望的时期"提出了批评。信中对蒋介石把"集中统一"说成抗日的"先决条件"称为"本末倒置"。信中郑重宣言："我们赞助建立全中国统一的民主共和国，赞助召集由普选权选举出来的国会，拥护全国人民和抗日军队的抗日救国代表大会，拥护全国统一的国防政府。我们宣布：在全中国统一的民主共和国建立之时，苏维埃区域即可成为全中国统一的民主共和国的一个组成部分，苏区人民的代表将参加全中国的国会，并在苏区实行与全中国一样的民主制度。"信中最后呼吁："只有国共的重新合作以及同全国各党各派的总合作，才能真正的救亡图存。"③这里正式提出了"国共合作"的主张，并且公开发表，是一个引人注目的突破。

9月1日，中共中央发出张闻天起草的秘密文件《关于逼蒋抗日问题的指示》，明确提出："目前中国的主要敌人，是日帝。所以把日帝与蒋介石同等看待是错误的，'抗日反蒋'的口号，也是不适当的。""在日帝继续进攻，全国民族革命运动继续发展的条件之下蒋军全部或其大部有参加抗日的可能。我们的总方针，应是逼

① 毛泽东在中共中央政治局会议上的结论记录，1936年8月10日。
② 《共产国际有关中国革命的文献资料》第3辑，中国社会科学出版社1990年版，第7—9页。
③ 《毛泽东文集》第1卷，人民出版社1993年版，第424—433页。

蒋抗日。""在全国人民前面，我们应表现出我们是'停止内战一致抗日'的坚决主张者，是全国各党各派（蒋介石国民党也在内）抗日统一战线的组织者与领导者。"①从"抗日反蒋"到"逼蒋抗日"，确实是抗战前夜中国共产党战略决策的重大转变，从而开始了中国共产党推进抗日民族统一战线形成的新阶段。

为了落实"逼蒋抗日"的方针，中共中央在9月15、16日举行政治局扩大会议。这次会议的规模很大，参加者有34人，这在以往很少有。

会议一开始，由张闻天作题为《目前政治形势与一年来民族统一战线问题》的报告。他说："现在全国一致要求抗日，停止内战是全国人民的共同要求。""蒋介石正在动摇走到抗日方面来。"报告中最值得注意的是第三部分"修改我们的部分口号"。他说：我们的基本口号是联合全民族的统一战线，这是十二月决议提出来的，但根据目前的形势，部分口号应有修改。"第一，从前是把抗日反蒋并提的，这是错误的；过去我们对南京政府的估计，说他完全是与冀察政权一样的，这也是错误的；说蒋的力量削弱了，但没有估计蒋仍是抗日的大的力量，这也是错误的。""第二，我们所主张的是'停止一切内战，一致抗日'。我们应反对反蒋战争，不应如从前给上海指示信所说的同情反蒋战争。"这里，自然不包括当蒋介石发动进攻时被迫进行的自卫战争。"第三，我们还主张建立'和平统一的国家'。因为全国人民要求的是一个全国统一的民主共和国。这个共和国目前还是资产阶级的民主共和国。过去说国防政府是各阶级的联盟，但现在看来还是不够的。我们应赞成建立民主共和国，应宣布苏维埃愿成为它组成的一部分。"②

会上的讨论十分活跃，对报告中一些问题的认识又深化和发展了。毛泽东说："民族资产阶级动摇性，怕帝国主义，又怕民众，表现在国民党方面很明显。""只有共产党有力量来领导，但是这样的领导，还是要争取。""现在问题，国民党说要纳三民主义与共产主义于轨道，虽然没有明说要取消红军，但要改编红军。我们要保持独立，不在乎名义上，主要在政治上的独立。""我们现在要用各种办法，逼蒋抗日，抗日统一战线是一条统一战线，不是两条统一战线。对统一战线工作，我们指出自九一八以来是提出了，然而我们是犯了错误的，我们没有实际进行。在与十九路军虽做了些，但仍是有错误。我们应老实承认这一错误。"周恩来引人注目地提出了"联蒋抗日"的问题。他说："联蒋抗日是具有重要意义的。""对南京是否全部或大部可参加到抗日方面来，我们应有正确的估计。过去把蒋所代表的力量除外是不对的，我们现在要改变过来。""过去蒋是投降的，但自五全大会后是有变动的，近半年来有更多的变动。蒋对帝国主义关系上，认蒋是完全投日的，也

① 《中共中央文件选集》第11册，第89—90页。
② 《张闻天文集》（2），第145—148页。

是不对的。实际，英美对南京是支持的，英美与日是有矛盾的，蒋是利用这一矛盾来与日讲价钱的。""蒋的本身，如果完全投到日本是不利的。事实因为蒋还没有完全降日，所以他还能维持他的统治，他的本身力量是加强了，这就是由于他没有公开投日，并且利用一些以前不敢用的口号，如停止内战等。不管他的欺骗作用怎样，都说明他在动摇着。察看向着哪个方向动摇，是倾向抗日方面的。但是要实现走到抗日，还是要从斗争中来使它实现。"周恩来对蒋介石的这些分析是很实在的、切合实际的。他还谈到一个需要考虑的问题："广大群众已起来抗日，但未接受土地革命。"毛泽东在第二次发言中说："联蒋问题，我们一方面要联，现在还没有实行联。我们的警戒是不能放松的。他和我们联合是可能的，但哪天可实现联合，是说不定的。我们的方针应如此，那方面的事情要由他自己去决定。"①

会后，中共中央起草了国共两党抗日救国草案。张闻天、毛泽东在一份电报中说："此草案是我方起草，准备恩来带往谈判，彼方所能容纳之最后限制尚不详知。"②由于希望谈判能取得成果，先派潘汉年作为初步谈判代表，到上海同陈立夫、张冲会谈，但国民党方面提出的却完全是收编条件，同时又调胡宗南等部进逼陕甘根据地，企图形成城下之盟。毛泽东在给潘汉年的电报中说："条件使红军无法接受，恩来出去也无益。近日蒋先生猛力进攻，不能不使红军将领生疑。"③这样，周恩来就无法前去谈判。陈立夫晚年在回忆录中说周恩来曾到南京同他进行谈判，④并非事实，可能是他年老记忆有误。

从"逼蒋抗日"到实现"联蒋抗日"，这一步实在相当艰难。在日本军国主义者企图独吞中国的狼子野心和步步紧逼面前，从1935年下半年起，蒋介石逐渐下决心加紧准备抵抗日本的侵略，这是事实。中国要实现全民族的抗日战争，确实离不开蒋介石这个掌握着全国政权、主要军事力量并受到国际承认的最大的政治力量。联蒋抗日是必需的，为此而作出某些重大让步也是必需的。但另一方面，蒋介石对共产党的疑忌实在太深。尽管他派人同共产党联系和谈判，只要有可能，他还是希望先用武力来消灭中国共产党，再来抗日，继续以很大力量来作这种准备和部署。他对包括救国会在内的民众运动同样十分疑忌，仍采取压制的态度，不久还逮捕了救国会"七君子"。而且他的抗日决心并不是不再存在摇摆。这些也是事实。事情就是那样复杂，这两个方面同时都在起作用。蒋介石和国民党这种两面性，给中共中央出了相当大的难题：既要力争同它联合，又要对它保持高度警戒；既要看到实现联合的可能性，又要做好应对一切不测事件的准备。必须以两手来对付对方

① 毛泽东、周恩来在中共中央政治局扩大会议上的发言记录，1936年9月15、16日。
② 《中共中央抗日民族统一战线文件选编》（中），档案出版社1985年版，第287页。
③ 毛泽东致潘汉年电，1936年11月12日。
④ 陈立夫：《成败之鉴》，台北：正中书局1994年版，第194—195页。

的两手，其中还有许多变数。这样，局势只能在一波三折中前进，不可能那样直捷和顺当。

10 月 22 日，三大主力红军胜利会师，结束了长征。对中国共产党来说，这确是一件了不起的大事：如果自身没有足够的力量，别人就容易轻视你，难以团结和带领方方面面的力量形成强大的抗日民族统一战线；有了这样一个"坚强的支柱"，中国的民族民主革命便有可能很快打开一个新的局面。

11 月 9 日，毛泽东、周恩来致电正在同国民党方面接触的张子华："甲，请告陈委员、曾市长（指陈立夫、曾养甫——引者注），日本新的大举进攻，迫在目前，我方切望南京当局坚持民族立场，立即准备抗战，我方愿以全力赞助，万不可作任何丧失领土主权之让步，再使全国失望，以符蒋介石先生七月间对全国人民宣示之诺言。乙，当此国难严重关头，我方正式宣言只要国民党方面不拦阻红军抗日去路，不侵犯红军抗日后方，红军愿首先实行停止向国民党军队攻击。以此作为我方停止内战、一致抗日的诚意表示，静待南京当局回答，仅在国民党军队向我方攻击时，我方才在不得已的防御方式下给以必要的回击。"①

11 月 13 日，中共中央举行政治局会议，讨论在新形势下党的战略方针。毛泽东作了红军行动方向和外交问题的报告，他对张学良和蒋介石的态度都作了冷静而中肯的分析，提出明确的方针，说："张的改变，不完全是表面上的，而是带有根本性的而有内容的改变。我们的方针应更争取他根本改变。""对蒋的问题，现在还没有把握。他是要签字才作算的。我们应用很大的力量，要群众的力量。""张学良向蒋说与红军联合，杨虎城亦讲了，都碰了钉子。阎亦来西安要问蒋，蒋不给他讲话的机会。然而蒋不一定始终是不变的。根据情况的变迁，有可能逼他走到与我们联合。现在与南京妥协的范围缩小到红军怎样处理问题，焦点在这里。最近他要我们照广西的样，要服从中央，除红军叫国民革命军，这与国防政府、抗日联军在表面上是不同的。但是表面得不到，我们应准备重实际，应该承认他，这在政治上是胜利的。虽然穿件白军衣服，但更便于进行与白军接洽，便于改白为红。"②周恩来作了长篇发言。他说："我们的战略基础应在促成统一战线的成功，不管所遇的困难怎样，每个行动都要在这个基础出发。""我们应估计蒋有可能利用形势，利用抗日力量控制在他手里，有与我们一面妥协，一方面利用可能向我们进攻。蒋是代表资产阶级，即使参加到民族统一战线，他是始终是动摇的。""两广事件妥协后，他就积极派兵来，他是要封锁黄河，阻止我们抗日，逼我们就范，剥夺我们的政治资本。""他对我们的妥协，现在主要是军队问题，想把红军控制在他的下

① 毛泽东、周恩来致张子华电，1936 年 11 月 9 日。
② 毛泽东在中共中央政治局会议上的报告记录，1936 年 11 月 13 日。

面。逼蒋抗日，是要有很大的力量的，现在力量还不大，他现在只能控制，我们应使他控制不住。""停战运动生了效力，红军的胜利更要推动全国力量。假使我们与全国见面，我们的影响更扩大。红军改名字是不要紧的，是更有利的，不仅包括主力，应包括全国各地红军与游击队。这四种力量（指英美、群众、南京统治集团的其他各派力量、红军的力量——引者注）的范围，是使蒋走到抗日方面来的重要条件，应在这一前途上来实现我们的战略计划。"①

这是西安事变爆发前夜中共中央的一次重要会议。由于各方面的情况已逐渐明朗，中共中央充分估计到局势发展中多种可能的复杂性，特别是充分估计到蒋介石政治态度的两面性，甚至还会"利用可能向我们进攻"，但仍判断在各方面压力下，蒋有走到抗日方面来的可能。因此，中共中央已考虑就红军改编为国民革命军等重大让步达成协议，以求得停止内战、一致抗日。可以清楚地看出，中国共产党稍后主张和平解决西安事变，绝不是出于一时的决断，也不是主要因为共产国际因素的影响，而是基于对国内外政治局势的冷静分析，经过一年多对战略决策的深思熟虑和逐步演变的必然结果。

六　西安事变前后

12 月 12 日，震惊中外的西安事变爆发了。蒋介石去西安，是为了督责张学良、杨虎城所部全力"进剿"陕甘红军。为什么蒋介石一方面已开始同中国共产党接触和谈判，一方面仍要坚持"剿共"？这种矛盾的现象该怎样解释？其实，蒋介石原来所提"以政治方法来解决"中共问题，不过是要中共向他投诚，受他收编，这自然是办不到的。因此，如果能用武力来强行解决，在他看来依然是"上策"，还想要试一试。他在动身去西安前的 12 月 2 日的日记中写道："本月局势，察北匪伪未退，倭寇交涉将裂，而陕甘边区残匪企图渡河西窜，局势甚不清也。且东北军之兵心，为察绥战争而动摇，而剿赤之举，几将功亏一篑，此实为国家安危最后之关键，故余不可不进驻西安，以资震慑，而挽危局，盖余个人之生死，早置诸度外矣。"②他带了大批高级将领如陈诚、卫立煌、蒋鼎文、朱绍良、陈调元、万耀煌等同去，显然准备取张、杨而代之。张、杨向他进言，要求停止内战，一致抗日，苦谏不从，最后只得出以"兵谏"。

关于西安事变的研究成果已经很多很多，这里不复赘言，只准备集中考察一下

① 周恩来在中共中央政治局会议上的发言记录，1936 年 11 月 13 日。
② 《总统蒋公大事长编初稿》卷 3，第 360 页。

中共中央高层的决策过程，着重看看在这个时期举行的三次中央政治局会议。

西安事变的发动，中国共产党事先并未与闻。张学良扣留蒋介石后，在当天寅时致电毛泽东、周恩来称：吾等为中华民族及抗日利益计，不顾一切，今已将蒋等扣留，迫其释放爱国分子，改组联合政府，兄等有何高见，速复。毛、周亥时复电，除对军事部署提出建议外，并称：恩来拟来兄处协商大计。

第二天，中共中央召开政治局会议。因为西安事变发生得很突然，内外各方面的情况还不很清楚，有待进一步了解和观察，会上对许多重大问题只是交换意见，需要在进一步弄清情况后才能作出决断。当时最急迫要求立刻回答的问题是毛泽东在会议开始时所说："我们对这一事变的态度怎样，应该拥护，还是中立，或反对？应该明白确定，是不容犹豫的。"由于苏联对张学良一向持怀疑态度，中国共产党更需要表明自己的看法。毛泽东提出明确的主张："这次事变是有革命意义的，是抗日反卖国贼的。他的行动，他的纲领，都有积极的意义，就是在他们自己的出发点上也是革命的。""蒋最近的立场虽是中间的立场，然在剿共一点上还是站在日本方面的，这一立场对他的部下是有很多矛盾的，所以他是被这样的矛盾葬送了。"他把西安事变同两广事变作了比较，指出："这次事变与西南事变是显然不同的，因为他没有任何帝国主义的背景，而且他完全站（在）反对剿匪立场上的。同时，他同我们的友好是公开的。""我们对西安事变说明是革命，但不是共产党干的，是他们自己的英勇。这对于争取蒋的内部与资产阶级是有利的。我们暂不即发宣言，但在实际行动上应积极做。我们应以西安为中心来领导全国，控制南京，以西北为抗日前线，影响全国，形成抗日战线的中心，并且这一地区又很巩固，应抓紧这一环去做。""我们的政治口号：召集救国大会。其他口号都是附属在这一口号下，这是中心的一环。"① 周恩来接着说："在西北的联合是三个力量（指东北军、十七路军和红军——引者注），应使它更巩固，更成为抗日的中心力量，我们应有相当的努力，给他以帮助。在全国力量团结上，首先要注意的是阎锡山，援绥应成为政治的宣传中心。"② 这里说的"援绥"，是指日本指使伪蒙军侵入绥远东部，傅作义部晋绥军奇袭百灵庙，取得重大胜利，在全国民众中产生重大影响，应当对它声援。

在这次政治局会议上，由于多年来坚持"剿共"的蒋介石突然被扣，很多人都很兴奋。而发言表现得最激烈的是张国焘。他提出的具体主张是："我们以西安为抗日中心，就包含了以西安为政权中心的意义。""在反对独裁上，亦要联系到南京政府存在问题。""在西安事件意义上，第一是抗日，第二是反蒋。""内乱问

---

① 毛泽东在中共中央政治局会议上的报告记录，1936 年 12 月 13 日。
② 周恩来在中共中央政治局会议上的发言记录，1936 年 12 月 13 日。

题是不是可免？这是不可免的，只是大小的问题。""以抗日的政府代替妥协的政府。因此，打倒南京政府，建立抗日政府，应该讨论怎样来实现。"讨论中，没有人同意张国焘的主张。周恩来说："在政治上不采取与南京对立，但在实际上应取领导作用，用团结名义，如抗日救国会等，不取发号施令形式。欢迎各方面派代表来参加。"张闻天说："我们不采取与南京对立的方针，不组织与南京对立方式，实际是政权形式，把西安抓的很紧，发动群众，威逼南京。改组南京政府口号并不坏，尽量争取南京政府正统，联合非蒋系队伍。"博古说："我们对西安事件，应看成是抗日的旗帜，而不是抗日反蒋的旗帜。"①毛泽东在作结论时说："为的要争取群众，我们发言要不轻易的。我们不是正面的反蒋，而是具体的指出蒋的个人的错误。我们对这一事变要领导，又要反蒋又不反蒋，不把反蒋与抗日并立。"②

14 日，毛泽东等 10 人致电张学良、杨虎城，主张组成西北抗日援绥联军，由张任总司令，下编 3 个集团军，以张、杨和朱德分任总司令，并主张在联军三部分中提出 10 个口号，这 10 个口号没有提到反对蒋介石。15 日，毛泽东等 15 人又致电南京国民党、国民政府诸负责人，说明中共一直"谋国共之合作，化敌为友，共赴国仇"，要求他们："宜立下决心，接受张、杨二氏主张，停止正在发动之内战，罢免蒋氏，交付国人裁判，联合各党、各派、各界、各军，组织统一战线政府，放弃蒋氏爱摆之集权、统一、纲纪等等索然无味之官僚架子，老老实实与民更始，开放言论自由，启封爱国刊物，释放爱国人犯，举内战之全军，立即开赴晋绥，抗御日寇，化黑暗为光明，变不祥为大庆。"③17 日，到达西安并已同张学良进行会谈的周恩来致电中共中央，通报他所了解的内外各方面情况，报告"张同意以西北三角团结成推动全中国"，并提出："答应保蒋是可以的，但声明如南京兵挑起内战则蒋安全无望。"次日，又续电报告："蒋态度开始强硬，现在亦转取调和。"④18 日，中共中央致电国民党中央执行委员会，提出停止一切内战，一致抗日，召集全国各党各派各界各军的抗日救国代表大会，决定对日抗战，组织国防政府、抗日联军等要求，并明白提出："本党相信，如贵党能实现上项全国人民的迫切要求，不但国家民族从此得救，即蒋氏的安全自由当亦不成问题。"⑤

12 月 19 日，中共中央召开西安事变发生后的第二次政治局会议。由于对西安和全国的情况比以前更清楚了，这次政治局会议对如何处理西安事变就能提出更明确的方针，那就是和平解决。毛泽东在会上作报告。他说："西安事变发生后，南

---

① 张国焘、周恩来、张闻天、博古在中共中央政治局会议上的发言记录，1936 年 12 月 13 日。
② 毛泽东在中共中央政治局会议上的结论记录，1936 年 12 月 13 日。
③ 《毛泽东文集》第 1 卷，第 469 页。
④ 周恩来致毛泽东并中共中央电，1936 年 12 月 17、18 日。
⑤ 中国共产党中央委员会致南京国民党中央执行委员会电，1936 年 12 月 18 日。

京的一切注意力都集中在捉蒋介石问题上，动员一切力量来对付西安，把张、杨一切抗日主张都置而不问，更动员所有部队讨伐张、杨，这是西安事变发生后所引起的黑暗方面的表现。这是对于抗日不利的，客观上是有利于日本帝国主义。我们必须揭破这是日本帝国主义的阴谋，指出目前问题主要是抗日问题，不是对蒋个人的问题。""西安事变后，对于内战的发生与延长是不利的，我们主要是要消弭内战与不使内战延长。"当时苏联报纸上毫无根据地指责西安事变是日本人策动的，不承认它的革命意义。毛泽东不同意这种看法，说："苏联《真理报》两次的评论，对西安事变认为等于两广事变一样。日本说苏联造成，苏联说日本造成，双方对事实的实质都有抹煞。"①博古说："这一事变有两个前途，一方面是一些蒋的部下在日本帝国主义的挑拨下而进行更大的内战，一方面是成为抗日战争的起点，我们应争取成为抗日战争的前途，我们应反对转为内战。"张闻天说："一、这次事变的前途，一是全国抗日的发动，一是内战的扩大。我们的方针应确定争取成为全国性的抗日，坚持停止内战、一致抗日的方针。这一立场得到全国的同情，这是完全正确的。二、不站在反蒋的立场上，不站在恢复反蒋的立场，因为这一立场可以使蒋的部下对立，是不好的。我们应把抗日为中心，对于要求把蒋交人民公审的口号是不妥的。"张国焘也改变了说法，称："这几天事变与消息，我们应采取停止内战、一致抗日的立场是对的。"②毛泽东在结论中说："我们应变国内战争为抗日的战争。""内战的前途一定要结束，才能抗日。现在应估计到这次是有可能使内战结束。"③

　　毛泽东在这次会上还讲道："我们准备根据这样的立场发表通电。国际指示还未到，或者要停两天再发。"本来，中共中央在西安事变当天中午就把事变的情况电告共产国际书记处，以后几天又连续多次将情况的发展电告国际，但国际在16日才给中共中央发来一个电报，又因密码差错，无法译出。中共中央在18日去电要求重发。因此，毛泽东在19日的会上说："国际指示还未到。"原来他讲通电"或者要停两天再发"，由于局势紧急，需要中共立刻表明态度，领导层内部又已取得一致意见，所以仍在19日由中华苏维埃中央政府和中共中央公开发出通电，并由中共中央在内部发出《关于西安事变及我们的任务的指示》。公开发出的通电要求由南京召开和平会议，西安、中共等各方参加，团结全国，反对一切内战，一致抗日。内部指示中更明确地说："反对新的内战，主张南京及西安间在团结抗日的基础上，和平解决"，并且指出事变发展有两个前途："或者由于这一发动使内

---

①　毛泽东在中共中央政治局会议上的报告记录，1936年12月19日。
②　博古、张闻天、张国焘在中共中央政治局会议上的发言记录，1936年12月19日。
③　毛泽东在中共中央政治局会议上的结论记录，1936年12月19日。

战爆发，使南京中派（民族改良派）一部或大部主观上与客观上走向亲日，削弱全国抗日力量，推迟全国抗战的发动，以致造成了日寇侵略的顺利条件"；"或者由于这一发动结束了'剿共'的内战，使停止内战一致抗日反而得到早日的实现，使全国的抗日救亡的统一战线反而更迅速的实际建立起来"。①同一天，毛泽东致电潘汉年："请向南京接洽和平解决西安事变之可能性，及其最低限度条件，避免亡国惨祸。"②这很清楚，中共中央和平解决西安事变的方针在 19 日这一天已正式确定下来，并且依此同南京政府接洽。第二天，也就是 20 日，共产国际的来电也到了，电报中说："主张用和平方法解决这一冲突。"中共中央当天把共产国际的电报全文立刻电告在西安的周恩来，它同中共中央的决定是一致的。

周恩来到西安后，和张、杨同蒋介石以及随后到西安的宋美龄、宋子文之间的谈判紧张地进行着，其中经过多次反复。最近在海外公布的宋子文 12 月 22 日日记中记录了当晚蒋介石同他的谈话："委员长说，我必须要求周（恩来）同意废除：（一）中国苏维埃政府；（二）取消红军名义；（三）阶级斗争；（四）愿意接受委员长之领导。去告知周，他无时无刻不在思考重组国民党的必要性。如果需要，他会要求蒋夫人签订保证书，保证在三个月内召开国民大会。但在此之前，他必须要求国民党大会把权力交给人民。国民党重组后，他将：（一）同意国共联合——假如共产党愿意服从他，正如同他们服从总理；（二）抗日，容共，联俄；（三）同时他愿意给汉卿（即张学良——引者注）收编共产党的手令，而收编进来的伙伴都会配备良好的武器。"宋子文 25 日的日记又记载，周恩来会见了蒋介石，对蒋说："共产党过去一年来为保存国力，曾试图避免打仗。他们并没有利用西安事变，而且建议的措施也同几个月前提出来的一样。"他要蒋保证："（一）停止剿共；（二）容共抗日；（三）允许派遣代表前往南京向委员长解释。""委员长回应说，共产党向北推进抵抗日本一直是他的希望，果如周所言，共产党愿意停止一切共产主义宣传活动，并服从他的领导，他将像对待自己子弟兵一样看待他们；虽然剿共之事常萦绕于心，但是大部分共产党领导人都是他以前的部下，如果他能以宽大胸怀对待广西，当然也能以宽容态度对待他们。他已经把纳编的共产党军队委托张学良。如果他们对他是忠诚的，他将像对待胡宗南的军队一样对待他们。委员长要周，休息够了，也针对相关问题详细讨论之后，亲自去南京。"宋子文还对周恩来说：身为委员长的旧部属，应该知道委员长是重然诺之人。③

当天下午，张学良没有同周恩来商量，就送蒋介石回南京，并且自己陪去。蒋

---

① 《中共中央文件选集》第 11 册，第 127—128 页。
② 毛泽东致潘汉年电，1936 年 12 月 19 日。
③ 《宋子文西安事变日记》，《近代中国》季刊第 157 期，2004 年 6 月 30 日。

介石在机场对张、杨说:"今天以前发生内战,你们负责;今天以后发生内战,我负责。今后我绝不剿共。我有错,我承认;你们有错,你们亦须承认。"①他还把答应的条件重申了一遍。蒋介石一离西安,态度就发生变化,扣留了张学良,调集中央军直逼西安,并对东北军和十七路军进行分化。但"剿共"的内战毕竟停止了下来,这是很不容易的。国共两党走向第二次合作。

27 日,中共中央举行政治局扩大会议。毛泽东在报告中对西安事变的意义,用斩钉截铁的肯定语言,作出高度评价。他说:"西安事变成为国民党转变的关键。没有西安事变,转变时期也许会延长,因为一定要一种力量逼着他来转变。西安事变的力量使国民党结束了十年的错误政策,这是客观上包含了这一意义。就内战来说,十年的内战,什么来结束内战?就是西安事变。西安事变结束了内战,也就是抗战的开始。国共合作虽然说了很久,尚未实现,联俄问题,亦在动摇中。西安事变促进了国共合作,结束了他的动摇。西安事变,开始了这些任务的完成。"②在张学良送蒋介石回南京刚两天、政治局势还显得有些扑朔迷离的时候,对西安事变的意义和历史地位就说得这样明白和肯定,真是难得。

为什么西安事变能促成这个转变的实现?毛泽东接着指出:"西安事变这样的收获不是偶然的,因为国民党已开始动摇,酝酿了很久。他们内部矛盾发展到最高度。所以西安事变便解决了这个矛盾,这是酝酿成熟、时局转变的焦点。西安事变是划时代转变新阶段的开始。"③也就是说:在日本侵略者咄咄逼人地进攻和全国汹涌澎湃的民众抗日救国热潮的压力下,蒋介石已着手准备抵抗日本侵略的战争。对转变政策、团结国内各方面力量共同抗日,"国民党已开始动摇,酝酿了很久",但这个决心一时仍下不了,"一定要一种力量逼着他来转变"。继福建事变和两广事变之后,东北军和十七路军在西安事变中竟采取如此激烈的"兵谏"手段,不能不给蒋介石留下极深的印象,感到自己阵营内部的抗日要求也已很难压抑得住,这就"结束了他的动摇"。周恩来同蒋介石直接接触,使他多少感受到中共的诚意。事实也使他看到中共力量不是在短期内能够消灭的。这一切推动并促使他终于下了决心。历史就是在这样充满矛盾的运动中前进的。

在中共中央政治局讨论毛泽东的报告时,林伯渠在发言中说:"党对这次事变的处置,所采取的策略路线完全是正确的。""国民党十年错误政策的转变,我同意毛(所说)是由于内部矛盾的发展。"他又说:"国际对西安事件总的分析是对的,但有些没有顾到中国实际情形,应多多供给他们实际材料。"在党的政治

---

① 《周恩来选集》上卷,人民出版社 1980 年版,第 73 页。
② 毛泽东在中共中央政治局扩大会议上的报告记录,1936 年 12 月 27 日。
③ 同上。

局扩大会议上能这样说，而且出于林伯渠这样的长者之口，可见共产国际的意见虽仍受到尊重，但已不再都被看作金科玉律。张闻天说："现在一般的说，结束内战的前途是占了优势，但是我们应估计到这中间一些可能发生的障碍。我们应争取把中派的动摇最后的结束。"①毛泽东在作结论时说："关于内战是否结束？我们应该说基本上是结束了。至于前途，不是内战或是抗日的问题，而是抗日迅速与迟缓问题。"②

这三次政治局会议，清楚地表明中共中央对西安事变的决策过程。在局势仿佛仍在千变万化的进程中，能如此当机立断地作出正确的判断和决策，实属不易。

为了调整政策，国民党决定在 1937 年 2 月召开五届三中全会。这是西安事变后举行的第一次国民党中央全会。1 月 24 日，中共中央在刚接管的延安召开政治局常委会议。毛泽东报告谈判问题。他说："自从释蒋后，我们总的方针是和平"，"现在已一般的趋向和平了"，"现在困难问题，就是怕和平没有保障"。③张闻天说："照现在看，蒋一般的是想和平的，蒋开始结束他的动摇。"他提出："关于三中全会，还有二十天要开，这是国民党转变的关键。我们的方针应争取国民党彻底的转变。我们不能希望他立刻宣布对日作战，但停止内战是可能做到的。""我们要发表宣言：第一要表白我们在西安事变和平的决心。第二，要坚决拥护和平统一，拥护能够和平统一的中央政府。第三，应表示我们愿意改变红军的番号与苏维埃名称，红军应改什么名称，可以考虑。我们表示忠于和平统一。在苏维埃区域可以实现普选的制度。我们要声明停止没收豪绅地主。"朱德说："我们过去如果条件苛刻，我们就觉得有些投降的样子。现在看清楚只要于抗日有利，无论条件怎样都好的，因为真要抗日，群众和我们是一定要发展的。"张浩说："在国际国内的情势上，我们在某些地方让步，在别的地方获得胜利是策略上需要的。我们愿意改变红军番号，改苏区为特别区域，多给面子与蒋。"他又说："我们与国际指示有一点不同，就是逼蒋抗日。国际也是主张用群众的逼，但我们还主张利用张、杨、陈、李、白、刘（湘）逼他。这在中国封建社会环境下，这种方法也未尝不对。"从共产国际归来的张浩这样说，再次表明中共中央已不只是亦步亦趋地按照共产国际的指示去做，而是努力按照中国的实际情况办事了。毛泽东再次发言说："对三中全会，应有表示。这次表示应有新问题。""我们并不主张成立西北国防政府，我们要张学良去与蒋介石说和，但蒋不要他去，蒋要派兵来消灭我们，要说我们是汉奸。当时我们对内是动员抵抗，但对外还是积极表示和平的。至于蒋扣留起来，

---

① 林伯渠、张闻天在中共中央政治局扩大会议上的发言记录，1936 年 12 月 27 日。
② 毛泽东在中共中央政治局扩大会议上的结论记录，1936 年 12 月 27 日。
③ 毛泽东在中共中央政治局常委会上的报告记录，1937 年 1 月 24 日。

我们还是主张和平。至于放了蒋，我们开去，还是为着和平。"他坦率地指出在这过程中的一点教训："西安事变后，那宣言上交人民裁判是不对的。"张闻天最后说："关于和平谈判，是表示双方让步，实际上所说到的，我们是大的胜利。"①

2 月 9 日，中共中央政治局常委会通过对国民党五届三中全会的通电。通电在第二天发出，提出著名的"五项要求"和"四点保证"，②奠定了第二次国共合作的基础。11 日，毛泽东在政治局会议上说："我们的通电，是大的让步，是带原则性的让步，是对工人农民以外的小资产阶级等的让步。因为为着一个大的问题。就是为着现阶段的革命，为着抗日问题。对于土地问题在大阶段说，是不放松的，但在目前阶段是应停止的。苏维埃过去十年斗争是对的，现在改变是对的，应从理论上说清楚这个问题。"③事实确实如此：中国的土地属于日本还是属于中国，比它属于地主还是属于农民更加重要。当时要团结一切有爱国心的中国人一起抗日，只能限制地主的剥削，还不能完全解决土地问题。这样，晋西会议上没有解决的怎样对待蒋介石和土地革命这两大问题都得到了解决。

3 月 23 日，毛泽东在政治局扩大会议的发言中提出一条极为重要的原则："中日矛盾是基本矛盾，国内矛盾放在次要地位。在早我已提出，在十二月决议上还没有明显的规定。"④也就是说：在现阶段，中日之间的民族矛盾是中国社会的主要矛盾，阶级矛盾应该处在次要和服从的地位。这便把党在战略决策上的大转变，"从理论上说清楚"了。从而，使中国共产党在整个抗日战争时期处理各种复杂问题时，始终有一条明确的指导原则，不致因某些一时或局部的现象偏离大的方向。

正确的战略决策，来自主观认识能符合不断变动着的客观实际。经过一年多在实践中的艰难探索，包括过程中的若干反复和曲折，抗战前夜中共中央的战略决策和中国的抗日民族统一战线已经大体形成，开始进入实际准备抗日的阶段。尽管前进中仍不断遇到这样那样的障碍，总的发展趋势已不可逆转。再过三个多月，中国历史上空前规模的全民族抗日战争便开始了，中华民族的历史揭开了新的一页。

（刊于 2005 年第 4 期）

---

①　张闻天、朱德、张浩、毛泽东在中共中央政治局常委会议上的发言记录，1937 年 1 月 24 日。
②　《中共中央文件选集》第 11 册，第 157、158 页。
③　毛泽东在中共中央政治局会议上的发言记录，1937 年 2 月 11 日。
④　毛泽东在中共中央政治局扩大会议上的发言记录，1937 年 3 月 23 日。

晚清华北乡村：历史与规模

王庆成

华北是中国文明的发源地。根据磁山新石器时代遗址，七千多年前，今河北地区就有聚落。聚落之称为"村"，似始自三国时，《三国志·魏书·郑浑传》有"入魏郡界，村落齐整如一"语。

华北在中国古代曾是中心地区，分布有比较密集的村落。但当近代学者进行社会调查和研究时，却常发现华北村落的历史只能追溯到明朝初年。李景汉先生在其著名的《定县社会概况调查》中，论及东亭乡62村的起源，说只有故城和霍城两村有比较久远的历史，其他各村在明朝以前的情况已无可考究；除极小部分外，都说是五百年前"燕王扫北"后从山西洪洞县迁来的。"燕王扫北"，应即是燕王朱棣与其侄建文帝为争夺帝位而在河北山东等地进行的长达四年的战争。所谓扫北，实是征南。李先生说，民间称燕兵衣饰红色，将人民被杀称为"被红虫吃了"。这一说法虽于史无证，但历来的战争造成人稀地旷，所谓"淮以北鞠为茂草"的荒芜局面，确是事实。朱棣夺帝位得手的当年，就命户部将山西太原、汾阳二府及泽、潞、辽、沁、汾五州的丁多田少及无田之家，移民北平各府州县，永乐二年（1404）、三年、十四年、十五年都有类似的措置。移民来自山西各地以及其他地区，山西洪洞县大槐树成为明初向河北及河南、山东移民之象征，其历史依据就在于此。当然明代移民充实北方荒芜地区，并不始自永乐；从朱元璋开创明朝之始就已实行。其原因在于，华北自汉末以至明初的一千多年间，由于经常的大规模战乱和落后民族的掠夺统治，社会经济停滞，甚至衰退，河北人口在元代已大幅度下降，故朱元璋建立明朝之初，从洪武四年（1371）起就几次从山西泽州、潞州、沁州等地组织移民到北平、大兴、宛平、固安、真定、大名等府州县。

历史上人民所受灾害和明初移民充实北方，在地方志中有许多反映和记载。万历《保定府志》颇值得重视，其卷2《地理图志》记清苑县云：清苑当"金、元用兵之际，举城罹锋刃，老幼无孑遗"。涞水县旧志云："金贞祐元年十二月七日，保州陷，尽杀老少，惟技艺得免。"先杀老人，两天后再下令"无老幼尽杀"；有一田孝子因有技艺而得以逃脱，埋葬其父。"自是郡城榛莽者十七年。"战祸杀戮之惨竟使一座府城变为荒野达十七年。《保定府志》修于明朝万历年间，对金、元之祸自不讳言，距永乐时期的内战亦为时已远，所以也敢提到"燕王扫北"造成的灾难："靖难师兴，远近转战者数年，燕民之凋残亦不少矣。"府志记满城县在洪武初编户二十里，永乐中并为十一里，"土民八，迁民三"，"俱永乐中徙山西羡户填实畿辅者"。又记府属博野县，编里社二十一，迁民有三社，"乃永乐中迁山西民以实其地"。容城县里社六，迁民居其一。完县里社十八，迁民亦一。蠡县里社二十九，迁民有三。高阳县里社十四，迁民有二。光绪直隶《南乐县志》卷10"晋民内徙"条云：元明之际，河北遗民略尽，永乐二三年间，两诏徙山西民实京畿。今境内居民迁来者十之八九，大抵出平阳诸府。迁时皆自平阳府洪洞县分发，今人多言老家在山西洪洞县大槐树老鸦窝底下，盖相传之语皆言自某处来而反忘其本籍所在也。对于迁民多来自洪洞县之说，这不失为一个可能的解释。这些都是山西移民组成保定府各县里社的明确记载。

光绪直隶《定兴县志》赋税志户口记："明永乐二年移大宁民实畿内，定兴民半出小兴州。"朱棣得位后，即放弃大宁都司，以其地畀兀良哈，人民移居内地数逾数十万，这是朱棣除"扫北"以外造成的又一类移民。大宁都司旧有兴州各卫，故定兴县民有半出小兴州之说。

光绪直隶《乐亭县志》记屯社云：京东州县有社有屯，土著曰社，迁民曰屯。盖因明永乐初靖难兵起，郡邑残破，因召南方殷实户与土人相错而居，遂以名焉，其制与在民曰社在军曰屯异。城东有社二、屯二。城南、城北各社一、屯一。城东南社二、屯一。城西南社五、屯一。城西北社二、屯三。光绪《丰润县志》引旧志亦云：明永乐二年始编社屯，以土民编社，迁民编屯。光绪《滦州志》纪事：永乐元年迁南民来屯；二年编社屯，时州民残破，至是土民复业，迁民亦至，土民编社四十一，迁民编屯二十六。所记大略相同。

光绪直隶《巨鹿县志》记里社，城东南有称为"移民社"之社，村庄十三；并据旧志云："永乐初，京师草创，乃迁山西洪洞县五百余家开垦荒地，是谓迁民。"光绪直隶《故城县志》记劝屯乡亦云："劝农屯乡俗呼劝屯，为邑东境。明承元末，民稀土芜，后迁江西、山西民填实附籍，任力垦田，曾设劝农主簿以领之。"这里的移民不仅另立乡里，而且曾设专官以治。吴汝纶《深州风土记》"赋役"：深州北十屯乃民屯，洪武时迁山西泽、潞民分垦河北诸州县田，谓之民屯；土人以社分里甲，迁民则以屯分里甲。吴的记述与上述县志所记略同。

不仅直隶，山东亦然。道光山东《长清县志·地舆志》：洪武中所置里甲，多元末土著，永乐间诏徙直隶川陕等处民占籍清邑，分隶各仓里屯。光绪《菏泽乡土志》"氏族"记大姓十四家，其中郭、何二氏，均原籍山西洪洞，明初迁来；光绪三十四年（1908）《肥城县乡土志》记王尹朱阴安董六族，均于明初自山西洪洞迁入。光绪末《高唐州乡土志》云：本境自前明永乐年间南北用兵，百里之内几无人烟，诸姓皆自明中叶迁来。《陵县乡土志》"氏族"：康、石、许、李、窦诸姓多于明永乐、成化等年迁来。

志书上记有很多移民家庭的小史。吴汝纶前书记明以来的人谱，有：深州枣科村张氏，其始祖张成于永乐二年自山西洪洞迁深之康家庄，其子荣徙枣科村。深州西阳台村张氏、起奉庄赵氏、礼门寺村李氏、润家庄李氏、大寺庄高氏、白宋庄郭氏等，先世都于永乐年间自山西洪洞县迁来。光绪重修直隶《新乐县志》卷3"义行"记明朝四人，其中两人其先人都是永乐年间移民新乐，又一人原籍凤阳，从常遇春北征，因伤留于新乐而为土著。光绪末年山东高唐州、恩县、陵县等州县乡土志都称：前明永乐年间，本境适当其冲，百里内几无人烟，诸姓有自洪武、永乐或明中叶自直隶玉田、枣强和河南及山东其他州县迁入者。光绪《良乡县志》据碑记、墓志，称有张姓杨姓，均永乐间从龙北上，分从江南武进及山西潞城移居良乡，并称"吾乡土著，多系明成祖迁徙之户"。民国山东《临朐续志》对县内233个姓氏的来历和始居地做了调查，除人数较少的姓氏外，其较大的45姓都确定为外地迁民，迁入时间自宋元以至清朝顺治、康熙、雍正、乾隆、道光、咸丰、同治、光绪年间都有，而以明朝洪武、永乐较多，亦有迁于明朝宣德、万历、天启时期者。其迁出地以山西或山西洪洞为多，亦有辽东、直隶枣强、江苏下邳、安徽青阳、浙江山阴等地，并颇有迁自本省其他州县或本县其他村镇者。

由迁民组成的社屯，自必形成许多大小不等的村落。这些村落是新创的，历史自然只能追溯到明初。但从以上摘引的一些州县志来看，迁民组成的社屯数量在一个县中并不占多数。至于单个的移民家庭，记载虽然很多，但不一定都会形成村落，他们可能成为迁民社屯中的一分子，也可能融入土民里社中的村落。许多移民者的族谱，使我们了解到当时移民的广泛和数量众多，但难以由此而确知增加了多少移民的村落。一类情况是，如临朐李氏，初祖于南宋时自山西洪洞迁朐城西南李家桑村，林氏于明初由西河郡迁朐城东南林家庄，高氏于明洪武二年由安徽青阳迁朐北关及高家庄，薛氏于洪武初由山西平阳府河津县迁朐城东北薛家庙子等，从村名似可推想这些迁民建立了新村落。另一类是，上述深州大寺庄高氏于永乐二年自洪洞迁来；而据光绪年间的《深州村图》，大寺庄此时已有222户，在生员、耆老等栏目中，有文生三人，二人高姓，武生二人，均高姓，耆老三人，一高姓；但此外至少还有张、朱、吴、曹、刘、马诸姓。该村是否高氏迁入时始建村，记载不明确。深州李氏先人墓碑称李氏系出山西，永乐二年始迁州之利仁村，七世后卜居李村。利仁村据说始建于唐朝，是早已存在的村庄，李村则可能是李氏七世后人所拓。又如上述永乐二年从洪洞迁深州起奉村的赵氏，此前该村名谷家庄，自元代起即已立村。所以，以移民之多而附会为绝大多数村落和所有这些移民始迁的村落，都始建于明初，甚至说都建于永乐二年，是缺少根据的。

明初移民是历史的一部分，需要重视和研究；明初移民以前就已存在的村庄，更是先人创造历史的遗产，尤其值得发掘。今深州之唐凤村是一古村。《深州风土记》记古迹："明成化年法宝寺碑云：昔人有得唐墓志者，墓志中即名此村为唐凤。今在州西北二十五里。"虽唐凤之居民有明朝洪武中自南方迁入者，但村是古村，由此确定无疑。宋天禧五年静安东岳庙碑记有当时的乡里村庄及村官之名，其碑首云："南庞村、大赵村、小赵村、唐坊、李家庄六村社众特起东岳庙"云云；又有"静安县魏公乡舍人村大伯郝文，社官二伯刘和，社录赵用诚，东魏村杜家庄社长杜诚，二伯张绪，社录杨元结"，"和乐寺村社长康隐，社政直维从，社录李颢"等名称；又记有安平县乐安乡角丘村，静安县孝仁乡刘广文村、禅院村、司马庄少府村、刘家口村；这些村至明清仍旧。静安为元朝深州州治所在。天禧是北宋真宗年号，天禧五年为 1021 年，则这些村已有近千年的历史了。又有延祐七年魏公乡小赵村重修东岳庙碑，碑阴记有杜家庄，该庄明清时在州城西八里；又有康家庄、南康庄、庄科头、杜林、北张、中庵、南佐、北佐、中佐、悟因寺等 11 村，并见于上碑。延祐是元武宗年号，该年为 1314 年，则这些村也已有至少六七百年历史。

村落悠久的历史或移民建村的事迹，都需要确切的根据，否则只可暂置不论。《栾城县志》于"村镇"项下除列举各村人文地理外，并综说各村的分布和历史，何村前朝已有，何村本朝始建，虽未列举根据，尚可参考。至于民间之传说，虽很宝贵，应该搜集，但在利用为历史资料时，其真实性应予验证。深州有一名为"护驾迟"的村庄，本名傅家池。《元史·百官志一》记河仓就有傅家池仓，而民间讹传为刘秀在此被王莽追赶遇险，大将马武护驾来迟，故名村为护驾迟。如果没有历史文献记载，"护驾迟"就是一个动听的故事了。同样，如果没有对一些古碑记录和文字历史的考察，有些千年古村也可能湮没或者被加上何种传说甚至故事了。

传统中国的大地，除京师和省府州县治所所在地以有城墙为特征的"城"以外，就是广大乡村地域，而在乡村地域中自然形成的基本单位就是"村"。"落"即是"聚"。自魏晋南北朝隋唐逐渐形成以"村"称乡间聚落以来，乡间的大小聚居地，通常都可称为"村落"，或称为"村庄"。在地理上，村落可能是指一个集结居住的区域，或指若干个居住点，或几个散落的农庄（即西方所称的 homestead）的中心点。19 世纪末西方人估计印度四分之三人口住在 50 多万个村庄中，认为中国的村庄数不会少于印度。中国的人口数超过印度，实际上，当时中国村庄的数目也可能超过印度。20 世纪 90 年代有学者估计中国农村人口为 8 亿人，居住在 500

万个以上的村落中，这样的居住点平均人口为 160 人，约 30 余户。①此前一个多世纪即 19 世纪后期的晚清中国，乡村人口究竟有多少，没有确切资料；姑以 3 亿—4 亿人计，每一自然村庄平均如为 160 人，则应有 200 万个村庄以上。即使认为村均 160 人的数字偏低，把它升高 1 倍，说 19 世纪末中国有上百万个村庄，大概不致有大的错误。

曾有学者指出中国南北部的地理特征有明显区别，比较干旱的华北地区，即包括今河北、山东、河南、山西以至陕西等北方诸省区，可作为一个地理单元。其实，在一定意义上，这也可以作为中华文化范围内的一个文化单元。这一地区的村庄有着不少值得研究的特点。在历史上，华北是中国文明的发源地之一。北京周口店遗址显示了古人类的活动；同样，华北也有最早的古代聚落遗址。据考古资料和研究，河北武安县磁山的新石器时代遗址，是距今七千多年前的房屋和聚落遗迹。最初的居点出现在山区，以后逐渐发展到丘陵和平原；四五千年前华北平原就开始有聚落的分布。村落的出现和形成固然已有久远的历史，但由于自然和人为条件的作用，村落的兴废却有很多变化。从西周到秦汉，中国古代经济文化的发展中心在华北。秦汉时期的州郡、人口，大部分集中于华北，但从汉末到明初的一千余年间，由于战乱等原因，华北经济文化大为衰落，人口大减，14 世纪元代灭亡时，华北大部分地方地旷人稀，一片荒凉。这是我们研究晚清时期北方村落的大背景。

历史遗存虽然仍可证明不少村落确在唐宋时期甚或更早时期就已存在，但其具体的历史已少有记录，20 世纪对华北若干地区的调查显示，许多村落的历史只能朦胧地追溯到明朝初年。根据西方学者甘布尔在 20 世纪 30 年代调查研究的结果，河北村庄的第一位住民是 15 世纪初从山西来的逃荒难民。②明清以降，幸还有不少中西记载，使我们对晚清以来的村落的认识，得到不少曙光。其中需要特别提到的是几种约在光绪初年即 19 世纪七八十年代形成的《深州村图》和《青县村图》，以及晚清时期写成的记武清县各村概况的《城乡总册》，它们和晚清时期众多的地方志以及西文记叙，使我们对华北乡村的研究具备了较有利的条件。

华北平原是宜农地区。经过两百年相对和平的环境，到 19 世纪中叶，已经有了密集的村庄和相当成熟的农业。19 世纪五六十年代，一名西方入侵者描述道：从大沽到天津的最初 30 里路上，有数不清的村落，一个挨着一个，村落间的土地，大都是经精心照料的果园，村庄和村中的房屋都建得不错，不少房子是砖砌的。又报道：张家湾是一个有城墙的古老城镇，现已破旧，城内大部分是空地或菜园；但

①　Jin Qiming and Li Wei，"Chinap's Rural Settlement Patterns"，in Ronald G. Knapp（ed.），*Chinese Landscapes：The Village as Place*，University of Hawaii Press，1992，p. 19.

②　Sidney D. Gamble，*North China Villages：Social，Political，and Economic Activities before 1933*，Berkeley：University of California Press，1963，p. 12.

在这座凋敝的城镇周围，密布着建得很不错的村庄。①19世纪欧洲人对华北平原的印象，都认为这是一个人口多、村庄密的农业区。当时人描写："当我沿运河岸边步行时，看到的是一望无际的种着冬小麦和烟草的土地。走近村庄，总有一片片菜园，里面种着大白菜、胡萝卜、大头菜、葱和其他食物。"②又有人报道：在北京附近的地区，"很难碰到人口比这里更密集的平原，到处可以看到大大小小的村庄"。③

华北平原的近海地区虽然发展稍迟，但19世纪70年代时也早已分布着许多大小不一的村落。从河北渤海湾岐口到沧州的道路上，一个名叫仔村的小村只有10户，还有只有3户的小村。一个名为马营的村共25户，外观不错，户外有些牛和小马在活动。一个名为辛庄的大村，有300户，房舍和村民的穿着都较好，耕作地面较广，在好年景，粮食自给有余。又有400户的大村名王墟祠，环绕有4尺多高的护堤，以防洪涝。在北京去天津的路上，沿白河岸的北仓，是一大村，建有砖砌的房屋，贮存着漕米。④

19世纪末，有住在山东的外国人做了一番研究：选择一个半径为10里的区域，调查出这一圆圈内有64个村，共12040户，约60200人；最小的村有30户，而最大的村有千户以上，平均每村有188户。他们选择的调查区在直隶州所属的临清县，比较富庶，村落较大，人口较密。他们认为，河北中部和南部、河南北部及山东西部的乡村，即广大的华北平原地区，和他们选择做调查的上述区域乡村的密度相近。⑤

但临清是一个水陆交通便利的富庶地区，以临清地的情况而推广做更广泛的观察，不会都符合实际；临清难以作为村落规模的代表。以下试选择比较一般的可能有更大代表性的若干地区，以考察村落、户口规模等情况。

清京师东路同知所管辖之武清县，是一较大的平原县；大小村镇约492个。据《武清城乡总册》，⑥晚清光绪年间，县属最大的王庆坨村有2500户之多，但也有三五户的小村，全县约24835户。以该县村镇数平均，每村镇约50.47户。全县不同规模的村镇分类统计如表1所示。

①　G. J. Wolseley, *Narrative of the War with China in 1860*, 1862, pp. 152, 183.

②　Alexander Williamson , *Journey in North China*, 1870, pp . 199—200.

③　坎倍尔的旅行报告，转引自马若望《中国农民经济》，史建云译，江苏人民出版社1999年版，第309页。

④　Major Mark Bell , China , 1884, 转引自 Kung-Chuan Hsiao, *Rural China ：Imperial Control in the Nineteenth Century*, Seattle ：University of Washington Press , 1960，第一章，注26—28。

⑤　Arthur H. Smith , *Village Life in China ：A Study in Sociology*, 1899, p . 19.

⑥　《武清城乡总册》，写本，国家图书馆藏。

表1 晚清武清县村庄户口规模分类

村庄规模	村数	占总村数百分比（％）
19 户及以下	113	23.0
20—49 户	227	46.1
50—99 户	94	19.1
100—199 户	43	8.7
200—299 户	7	1.5
300—399 户	3	0.6
400—499 户	2	0.4
500 户以上	3	0.6

说明：武清县 500 户以上 3 村中，本城村 640 户，王庆坨村 2500 户，义光村 830 户。总的看，武清县 50 户以下村约占总村数的 70%，百户以下村则约占总村数的 90%。

直隶正定府栾城县是一中等县份，处于华北平原中心。据同治《栾城县志》，栾城县包括县城及四关在内，共有 151 个村镇。以与武清县同样的标准区划村庄，各类村庄占总村数百分比，如表 2 所示。

表2 晚清栾城县村庄户口规模分类

村庄规模	村数	占总村数百分比（％）
19 户及以下	2	1.32
20—49 户	51	33.77
50—99 户	67	44.37
100—199 户	18	11.92
200—299 户	9	5.96
300—499 户	3	1.99
500 户以上	1	0.67

栾城县 50 户以下村占 35%，百户以下村约占 80%。

与栾城相邻不远的青县，留下了大体属于同一时期的较详细的村落调查资料《青县村图》。这是属于天津府的一个平原县，县城在内，共 435 村镇，村落的规模、分布及各类村庄占总村数的百分比，如表 3 所示。

表3　　　　　　　　　　　　晚清青县村庄户口规模分类

村庄规模	村数	占总村数百分比（％）
19 户及以下	51	11.73
20—49 户	170	39.08
50—99 户	150	34.48
100—199 户	54	12.41
200—299 户	7	1.61
300—499 户	1	0.23
500—699 户	1	0.23
700 户以上	1	0.23

与武清、栾城相比，青县百户以下村约占85％，大于栾城，小于武清。

望都也是直隶省的一个平原县。据光绪三十一年《望都县乡土图说》，县城在内，115 村镇的规模，如表4所示。

表4　　　　　　　　　　　　晚清望都县村庄户口规模分类

村庄规模	村数	占总村数百分比（％）
19 户及以下	5	4.35
20—49 户	22	19.13
50—99 户	41	35.65
100—199 户	34	29.56
200—299 户	9	7.83
300—499 户	4	3.48

说明：《望都县乡土图说》共115 村记有户口田亩数，但颇多记作"十余"、"百余"者，今统以"13"作"十余"、"110"作"百余"计算。又有一些村有口数无户数，另一些村缺记。今据民国《望都县志》卷2 "历代户口表"中光绪五年户数、人数所得之户均人数4.27 人补计。

望都县百户以下村不足60％，远少于上述各县。

同样留下晚清光绪初年较详村落资料的，有深州。深州在清代的行政地位为直隶州，但村落资料只包括州的本境，也就是等于一个县的资料。笔者目前手边有的是《深州村图》的西南、西北、东南三路284 村的资料，据以制成以下之表5。

表 5 晚清深州本境村庄户口规模分类

村庄规模	村数	占总村数百分比（%）
19 户及以下	12	4.23
20—49 户	52	18.31
50—99 户	103	36.27
100—199 户	84	29.58
200—299 户	21	7.39
300—499 户	10	3.52
500—699 户	1	0.35
700 户以上	1	0.35

深州本境百户以下村数不足 60%，百户以上的较大村达 40% 以上。本文所举十余州县例证中，大村以深州为多。

清代时期，直隶定州为直隶州，与深州相同。据道光三十年（1850）《定州志》，州城包括东西南北大街和东南西三关，但州城户口资料与四街三关之和略有不符，今以州志中"州城"一目所载之户数计入。定州本境有明确户口资料的共412 村。其规模情况如表 6 所示。

表 6 晚清定州本境村庄户口规模分类

村庄规模	村数	占总村数百分比（%）
19 户及以下	35	8.50
20—49 户	125	30.34
50—99 户	128	31.08
100—199 户	98	23.78
200—299 户	20	4.85
300—499 户	4	0.97
500—699 户	1	0.24
700 户以上	1	0.24

定州百户以下村数近 70%；较大村数量不及深州多。

正定是华北平原大县，为正定府和全省首县，曾是巡抚驻地。光绪《正定县志》载县城户口繁盛，达 2591 户，而全县 12 社分领 214 村，记有户数的 210 村，连县城共 211 村。其户口规模如表 7 所示。

表7　　　　　　　　　　　　晚清正定县村庄户口规模分类

村庄规模	村数	占总村数百分比（%）
19 户及以下	14	6. 64
20—49 户	60	28. 44
50—99 户	69	32. 70
100—199 户	52	24. 64
200—299 户	11	5. 22
300—499 户	4	1. 89
2000 户以上	1	0. 47

正定百户以下村不足七成，相对地，百户以上的较大村数近似定州。

太行山东麓与燕山南麓的冲积平原是华北人口最密集的地带，20 世纪学者对之有不少研究。有的著作认为，华北平原的村庄规模较大，晚清时期今河北省境内村落的规模大多超过百户或平均约百户，深、定等地尤多巨村云云。但从以上各平原州县的村落规模来看，19 户及以下的小村，数量较少，只青县、定州稍多，各有 10% 左右，但武清县则达 20% 以上。99 户以下的中小村落，在七州县都占多数——青县 85%，栾城 80%，定州 70%，正定 68%，深州、望都均约 59%，武清县甚至近 90%。百户以上较大的村，深州、望都占 40% 以上，正定约 32%，定州约 30%，栾城约 20%，青县最少，不到 15%。300 户以上的大村，各州县都只有少数几村。可以说，在华北平原，百户左右及百户以上的村庄虽不少见，但不占多数。

直隶唐县是半平原半山区的县。据光绪《唐县志》，其"县境山居十之五，水居十之二，平原仅十之三四"，包括城关，有户口可稽的村镇 264 个。另有 80 余村属于邻村代管，大都无户口资料，仅倒马关代管的 10 余村，据记其中一村有 40 户，一村 30 户，一村 13 户，一村 10 户，其他都是一二户、三四户的小村。以此推测，被代管的村可能大都是小村；将这 80 余小村略去不计，以 264 村的户口资料来分析唐县的村落规模，其结果可能稍稍偏大，但影响应是轻微的。这 264 村的规模如表 8 所示。

表8 晚清唐县村庄户口规模分类

村庄规模	村数	占总村数百分比（%）
19 户及以下	17	6.44
20—49 户	50	18.94
50—99 户	115	43.56
100—199 户	67	25.38
200—299 户	11	4.17
300—499 户	3	1.14
500—699 户	1	0.37

这一个半山半平原区，99 户以下的中小村约占 69%，而 100 户以上的较大村占 31%，与定州、正定规模相仿。如考虑到被略去不计的 80 余小村，唐县百户以上较大村庄的比例实际应在 25% 以下。

晚清时期的滦州包括今唐山市，境内有燕山余脉，有丘陵，有滦河冲积平原，人口繁富。据光绪《滦州志》，州本境 75697 户，561607 人，包括州城共 1346 村。其规模如表 9 所示。

表9 晚清滦州本境村庄户口规模分类

村庄规模	村数	占总村数百分比（%）
19 户及以下	177	13.15
20—49 户	586	43.54
50—99 户	427	31.72
100—199 户	136	10.10
200—299 户	15	1.11
300—499 户	4	0.30
500 户以上	—	10.08

这一有 50 余万人口、一千数百村镇的大州县，百户以上之较大村却不足 12%。

再看基本是山陵地区的延庆州的村落。据光绪州志，延庆州在光绪初年包括州城 599 户、3352 人在内，有户数可稽者共 221 村镇。其概况如表 10 所示。

表 10　　　　　　　　　　晚清延庆州村庄户口规模分类

村庄规模	村数	占总村数百分比（%）
19 户及以下	19	8.61
20—49 户	122	55.20
50—99 户	68	30.77
100—199 户	6	2.71
200—299 户	3	1.35
300—499 户	1	0.45
500—699 户	2	0.91

可见延庆州的村落以小村为主，绝大部分是 20—99 户村，特别是 20—49 户的小村，占半数以上，其村落的规模明显小于平原地区。它有一处 500 户以上的大村——永宁城，原是永宁县治所，撤县归并于延庆州后，县城成为州所属的一个村镇。这与青县相似。青县以中小村为主而有一个孤立的 700 户以上村，是由于顺治年间并入青县的兴济县，其县城成为青县之一镇，而兴济镇是兴旺的手工织物市集，全镇有 800 余户。

从以上十余州县的资料来看，各县的绝大多数村是中小村庄。如取这些县村庄的平均户数，情况如下：深州（三路），284 村，31132 户，村均 109.60 户；正定，211 村，22247 户，村均 105.44 户；望都，115 村，11303 户，村均 99.44 户；唐县 264 村，22967 户，村均 86.99 户；定州，412 村，34836 户，村均 84.55 户；栾城县，151 村，12121 户，村均 80.27 户；青县，435 村，27643 户，村均 63.55户；滦州，1346 村，75697 户，村均 56.24 户；延庆，221 村，11915 户，村均53.91 户。

各州县中只有深州、正定的村庄平均达百户略多；望都近百户，其他州县，村均 50 余户者三，60 余户者一，80 余户者三。这样的平均数大多包括各州县的州县"城"在内，如除去州县"城"的户口不计，单纯以"村"论，村均户数还要下降不少。如正定县，若不包括"城"，村均户数不及百户，只有 93160 户。

1915 年，有直隶省的"视学"对各县风土做调查，出版有《直隶风土调查录》。① 据记：保定县仅 36 村，大村不过百余户，其余为小村；宛平县，383 村，百户以上者 74 村，50 户以上者 110 村，50 户以下者 198 村；平谷县，72 村，达300 户者 45 村，余皆数十户；怀柔县，110 余村，大村两百余户，小村则二三十户、四五十户；雄县是小县，过 500 户者 1 村，过百户者 23 村，百户以下 80 余

① 《直隶风土调查录》，上海：商务印书馆，1915 年。

村；南宫县，400村，过百户者十之三，不及者十之七；卢龙县，420村，大村约三分之一；平山县，580村，满百家者数十村，其余村或数十家或数家；定兴县，252村，百户以上及以下各百余村；阜平县，247村，大少小多，大者不过百家，小者数十家或十余家或三五家；怀安县，村落近300处，平均每村不及百家。亦有记大小村各若干而无具体户数者。其时去晚清不远，村落的规模不可能有大变化，所记应可参考。结合这位"视学"的调查，更可说明，如以直隶为例，晚清华北实际是中小村落居多。这对于研究华北的社会经济和历史，是有基础意义的。

（刊于2007年第2期）

中共建党与近代上海社会[*]

苏智良　江文君

1921 年 7 月，中国的先进知识分子在上海缔造了一个崭新的政党——中国共产党。中国共产党诞生于作为国际大都会的上海，此一事实构成马克思主义理论与中国社会相结合的本土根源。作为当时中国的首位城市，上海的工业化、现代化和国际化，为中共的成立提供了最适宜的地理环境。由于帝国主义侵入以及中华社会应对这种侵入而激发出来的各种因素，上海的现代性得以发展。综合了本土的社会影响力以及来自西方的外部影响力。这种现代性汇集和包容各类新生事物，集中体现在新的生产力与生产关系以及新社会阶级（如工人阶级）的萌生与成长，从而为历史注入新的动力。由此产生的变革观念，直接催生了中国共产党的创建。建党史研究向来是史家旨趣之所在。[①]中共何以在上海创立，是哪些因素促成了在上海建党？本文拟在学界研究的基础上，进行较为系统的探究。

一　上海成长：现代化、城市化和国际化

1843 年 11 月 17 日，上海正式对外开埠。1845 年，由上海道台与英国领事共

* 本文为教育部中国共产党建党 90 周年专项项目（10JDJND189）、上海市高校人文社科重点研究基地上海师范大学中国近代社会研究中心规划项目（SJ0703）成果。

① 国内相关研究，可参见杨奎松《从共产国际档案看中共上海发起组建立史实》，《中共党史研究》1996 年第 4 期；金立人《中共上海发起组成立前后若干史实考》，《党的文献》1997 年第 6 期；田子渝《也谈中共上海发起组与上海"革命局"》，《近代史研究》2001 年第 2 期；李丹阳、刘建一《"革命局"辨析》，《史学集刊》2004 年第 3 期等。国外研究成果，可参见石川祯浩《中国共产党成立史》，袁广泉译，中国社会科学出版社 2006 年版；Hans J. van de Ven, *From Friend to Comrade：The Founding of the Chinese Communist Party, 1920 - 1927*, Berkeley：University of California Press, 1991；Alexander Pantsov, *The Bolsheviks and the Chinese Revolution, 1919 - 1927*, Honolulu：University of Hawaii Press, 2000；Wen - hsin Yeh, *Provincial Passages：Culture, Space, and the Origins of Chinese Communism*, Berkeley：University of California Press, 1996，等。

同商定的《土地章程》出台。①同年，英国人以此为法理依据设立英租界；1848 年美租界建立，英、美租界于 1863 年正式合并为公共租界。法租界也于 1849 年宣告建立。两大租界在 19 世纪下半叶不断越界筑路、渗透扩张，完善各自的市政管理机构。这样，上海出现"一城三市（政府）"的格局，沦为一个半殖民地化的口岸城市。开埠前的上海在中国城市中排名仅第 12 位，人口 20 来万。而到 20 世纪 20 年代，上海人口已达 200 多万，一跃成为世界第六大都市。上海城市受外来经济、社会及文化冲击，最明显反映是租界的存在——它充当了中国现代化的"历史的不自觉的工具"：②租界既是中国受制于帝国主义的耻辱象征，又是中国人民获取现代经验、走向独立的开端。生活在租界里的华人既得到二等公民待遇，又得以在外国势力庇荫下免受军阀或专制政府的骚扰，并躲避连绵不断的天灾人祸、外侵内乱，是中西文明共存、竞争、融合、多元的世界性大都会。

作为中国近代最繁华的都市，上海对整个近代国家的发展具有重大意义。在外国势力掌控下，上海迅速由一座江南县城一跃而成为中国的经济首都。1865—1936 年，上海占全国对外贸易的 45%—65%。到 20 世纪 30 年代，大约有 46% 的外国直接投资集中在上海，36% 集中在东北地区，剩下的 18% 散布在中国其他地区。中国的关内出口总额中，上海占 46%，天津和广州分别占 15% 和 7%。③

伴随外资进入，外国的企业、商业观念和商业模式亦不断输入，催生上海产生一系列新的现代产业部门。首先是制造业的发展。开埠不久，即有外资在上海兴办近代工业。1843—1859 年，共开办 18 家外资工厂。1860 年以后发展迅速，到 1864 年达 38 家，门类扩展到 10 个。④ 1860 年初英商率先创建拥有 100 部西式丝织机的怡和纺丝局，紧接着法、美、意等国商人也纷纷在沪投资设厂。⑤到 1913 年，外资企业在上海的总资本额达 6346 万元，比 1894 年的 975 万元增长 5.5 倍，平均年增长率为 10.34%。⑥

中国人自办的现代企业也逐渐发端。1865 年，江南制造总局创办，此后轮船招商局、上海机器织布局等洋务企业纷纷设立。效仿外资企业的民族工业也蓬勃发展。据统计，1895—1911 年上海新建的民族工业企业为 112 家，占全国总数的

① 相关内容及土地章程的历史沿革可参见 Land *Regulations and Bye-laws for the Foreign Settlement of Shanghai*, *1845 - 1930*，U1 - 1 - 1050，上海市档案馆藏。

② 《马克思恩格斯选集》第 2 卷，人民出版社 1972 年版，第 68 页。

③ 麦迪森：《中国经济的长期表现：公元 960—2030 年》，伍晓鹰、马德斌译，上海人民出版社版 2008 年版，第 50 页。

④ 熊月之主编：《上海通史》第 4 卷，上海人民出版社 1999 年版，第 193 页。

⑤ 徐新吾、黄汉民主编：《上海近代工业史》，上海社会科学院出版社 1998 年版，第 15 页。

⑥ 张仲礼主编：《近代上海城市研究》，上海人民出版社 1990 年版，第 334 页。

1/4，资本额为 2799.1 万元，占全国的近 30%。[1]尤其是第一次世界大战期间，外国资本势力因世界大战严重受挫，上海资产阶级乘机迅速崛起。以新开设工厂为例，辛亥革命当年上海新开设工厂只有 9 家，1914 年新增 26 家，到 1921 年新增工厂达 90 家。[2]以机器工业为例，甲午战前，中外资本设立的船舶与机器修造工厂共有 18 家，到 1920 年止，仅民族资本所设工厂就高达 114 家。[3]以华人资本于 1914—1922 年创办的纱厂而言，上海有 16 家，天津 6 家，此外，无锡、武汉各 2 家，芜湖、济南等各 1 家，这期间在上海开办的纱厂，超过全国的一半。[4]

伴随现代制造业在上海的产生，新的产业类别也层出迭现。早期出现船舶修造业、印刷业等多个新型的工业门类。1895 年后，又涌现 11 个新的工业门类。1911—1922 年，上海近代工业门类从 22 个增加到 32 个。[5]这说明现代产业部门正在向纵深发展，上海日渐摆脱单纯的以港兴市的贸易城市格局，进入工业化的早期阶段。

上海的银行、保险、证券等金融产业也在外资引导下逐渐产生、发展、壮大。到民国初期，上海已成为全国的金融中心。以外资银行为例，到 1922 年，上海共有外资银行（包括中外合资银行）30 余家。[6]据 1936 年资料，在沪外资银行达 20 余家，其主营业务有国外汇兑、存款、放款、抵押放款、套汇、现货与期货金银交易、外汇与黄金套利交易、经营债券本息、投机买卖等。[7]同时，中国本土的钱庄与银行业也因借鉴外国银行的管理经验而有所发展。1911 年华商银行存款总额尚不足 1 亿元，而到 1921 年，存款总额已近 5 亿元。[8]在金融业带动下，证券市场亦渐趋发达。1914 年 12 月，《证券交易所法》经北洋政府颁布实施。1920 年 7 月 1 日，上海证券物品交易所开业。翌年 5 月，原上海股票商业公会改组成上海华商证券交易所正式开业。[9]

随着经济发展，城市格局变化巨大。1912 年，华洋分界的城墙被拆除，代之以环城马路。1914 年，分隔公共租界与法租界的洋泾浜被填平。嗣后，随着公共租界和法租界西扩，都市面积急剧膨胀。到 1921 年，上海城区面积比开埠

① 唐振常：《上海史》，上海人民出版社 1989 年版，第 527 页。

② 罗志如：《统计表之上海》，中央研究院社会科学研究所 1932 年版，第 63 页。

③ 上海市工商行政管理局、上海市第一机电工业局机器工业史料组编：《上海民族机器工业》上册，中华书局 1979 年版，第 304 页。

④ 张玉法：《中华民国史社会志（初稿）》上册，台北："国史馆"1998 年版，第 414—415 页。

⑤ 龚骏：《中国都市工业化程度之统计分析》，商务印书馆 1931 年版，第 30—32 页。

⑥ 李一翔：《外资银行与近代上海远东金融中心地位的确立》，《档案与史学》2002 年第 5 期。

⑦ 《旧中国外商银行调查资料》，《档案与史学》2003 年第 6 期。

⑧ 中国银行总管理处经济研究室编：《中国重要银行最近十年营业概况研究》，中国银行总管理处经济研究室 1933 年版，第 298 页。

⑨ 张一凡、潘文安：《财政金融大词典》，世界书局 1937 年版，第 53 页。

时扩大 10 倍。公共交通也有了重大进步。1914 年，无轨电车被引入，"该项电车式样系本埠电车公司工程师所特制"，"可容有二十六人之多"，且"虽最狭之街道，该车亦能通行无碍，且该车停顿之处并无一定，乘客上下可随地为之"。①

在西方文化影响下，公园、电影院等新型公共空间应运而生。不断涌入的移民，以及包括新社会群体在内的城市居民共同分享着这些开放的都市新景观。在都市空间内，逐渐产生一套现代生活方式。城市上层以及中产阶级的衣着、语言和社会行为也随西风起舞，展现一个与传统乡村截然不同的城市世界。百货公司、影戏院、小家庭以及新创的社会阶级专用名词等，均反映 20 世纪 20 年代一种混杂的政治、社会和文化面向。与亮光闪闪的现代生活相伴随的是阴暗，诸如贫富分化、社会混乱，等等。

总之，上海经济之发展是中国现代化的第一次尝试。一方面，外国资本主义的侵入，让中国人见识一种崭新的经济样式，打开了一扇新的机遇之窗。另一方面，上海的不均衡发展，凸显这一发展模式本身产生于不平等的中心/边缘的依附关系之中，由此而产生一个现代与传统分立的二元格局。自 19 世纪末以来，西方帝国主义的全球化扩张，是一个把各个区域编织进等级化、不平等的结构之中的过程。这意味着，传统社会的延续状态被打破，不彻底的资本主义现代性，即半殖民地半封建状态的现代性便成型了，从而构筑了畸变的现代性叙述。

二　新阶层应运而生

伴随城市化与工业化，上海人口亦快速增长。据统计，1910—1915 年，上海新增人口达 71.72 万，平均每年增加约 14 万。此后直到 20 世纪 20 年代初，每年仍新增 10 万人左右。②到 1920 年，上海人口已达 229 万，成为中国的第一大城市。而中国第二大城市天津的人口为 77.5 万，尚不足上海一半。③工业化与城市化的深入发展，导致近代上海的社会结构出现分化，新的城市社会阶级逐渐崛起。

近代上海工商经济的勃兴，造就包括买办阶层与民族资产阶级的资本家集团。上海的工业资本家群体是由工业化本身所孕育的。譬如，上海纱厂承办人的出身背

---

① 《记上海之无轨电车》，《协和报》1914 年第 4 卷第 36 期。
② 邹依仁：《旧上海人口变迁的研究》，上海人民出版社 1980 年版，第 90—91 页。
③ 李竞能主编：《天津人口史》，南开大学出版社 1990 年版，第 82 页。

景与其他城市（如天津）有着显著差别。①上海的资本家更多来自绅商家庭。其中卓有成就者，多半是曾接受新式教育的高学历人士，比如留洋的穆藕初，圣约翰大学的高才生刘鸿生，以及金融界的陈光甫等，因此具有较强烈的民间色彩。而天津等地的资本家，往往官僚家庭背景浓重，导致天津的工业有着较为明显的官僚主导型特点。代表中国资产阶级的上海新兴企业家，年富力强且大多出洋留过学，他们对于世界的发展状况有比较清晰的了解，因而也更容易摆脱传统的束缚。②他们与城市其他精英阶层亦有较为密切的联系，成为一种较有活力的社会力量，这既指他们在捍卫自己权益方面，也指他们在对待较大公共议题方面。资产阶级本身依附性的政治地位，决定他们在很大程度上屈从于军阀政府与帝国主义。

上海是中国工人阶级的发祥地，生机勃勃的工业无产阶级随着工业化的深入而发展壮大。1920 年，全国工人发展到 194.60 万人，其中上海有近 51.38 万人，占全国工人总数 1/4 强。③可以说，上海是中国工人阶级最集中的城市。"工业无产阶级人数虽不多，却是中国新的生产力的代表者，是近代中国最进步的阶级，做了革命运动的领导力量。"④ 处在城市底层的产业工人超负荷地工作着，收入却非常微薄。1917 年圣约翰大学学生对曹家渡工人聚居区的社会调查显示："工人支持五口之家月须 15 元"，而当地"常见男工谋 10 元、8 元，女子做丝厂每月所入亦如此"，结论是此类工人家庭"非有一人以上在外谋生不可，仅靠男工赚钱的家庭，在曹家渡甚罕"。⑤1920 年《星期评论》指出，"上海工厂劳动者的工银，平均差不多只得二角五分至三角，月收不过九十角。至少要假定有两天缺工的损失，月收就只有八十四角"。⑥作为无产者，工人阶级具有革命性。

1919 年 6 月 5 日，北京大规模逮捕学生的消息传到上海，上海工人阶级立即开始行动，举行大规模罢工斗争。首日罢工工人就达 2 万之多。⑦除邮政工人声明"各地救国团体相互联系"之需要而不罢工外，全市纱厂、钢铁、运输、印刷、土木、油漆行业和马车夫等都参加了罢工，涉及行业之广、行动之快前所未有。他们

---

① 1920 年上海有华商纱厂 19 家，有资料可查的负责人 18 人，其中，除 1 人出身背景不明外，出身实业界的 2 人，官宦之家的 3 人，商人家庭的 8 人，另 4 人具有多重身份。（参见张玉法《中华民国史社会志（初稿）》上册，第 414—415 页）

② 以上海总商会董事会成员的年龄结构为例，1920 年改组前后，有明显的差异，改组后，50 岁以下的会董 30 名，在董事会占 85.3%。（参见张玉法《中华民国史社会志（初稿）》上册，第 419 页）

③ 《上海劳动状况》，《新青年》1920 年第 7 卷第 6 号。事实上，这一时期上海新生的工人阶级构成相当复杂，按照英国学者史密斯的研究，上海产业工人被地缘、性别、秘密社会体系等诸多因素划分为复杂的社会网络。（参见 Stephen Anthony Smith, *Like Cattle and Horses*: *Nationalism and Labor in Shanghai*, *1895 - 1927*, Durham，NC：Duke University Press，2002。）

④ 《毛泽东选集》第 1 卷，人民出版社 1991 年版，第 8 页。

⑤ 《曹家渡调查》，《约翰年刊》1921 年。

⑥ 戴季陶：《关于劳动问题的杂感》，《星期评论》1920 年 5 月劳动纪念号。

⑦ 《沪上商界空前之举动》，《申报》1919 年 6 月 6 日第 11 版。

公开宣称政治诉求："吾辈数十万工人，愿牺牲生命，为学界商界后援，与野蛮的强权战。"[1]罢工目的是为了"不要我们的国家变成朝鲜第二"，[2]为了"格政府之心，救灭亡之祸"。[3]参加罢工的产业工人不下 11 万人，连同店员、手工业工人 7 万多人，共 18 万人。紧接着就是学生罢课、商人罢市，开始"三罢"斗争。五四运动的中心由此从北京移到上海，运动达到高潮。上海产业工人阶级意识的萌生，为中国早已复杂万端的社会环境增添新的内容。

当时的有识之士被工人阶级的政治潜力所震撼。诚如陈独秀在沪所言："北方文化运动，以学界为前驱，普通社会，似有足为后盾者。然不能令人满意之处，实至不鲜。其最可痛心，为北京市民之不能醒觉。以二十世纪政治眼光观之，北京市不能谓为有一市民（此意为缺乏具有近代意识的市民——引者注）。仅有学界运动，其力实嫌薄弱，此至足太息者也。"[4] 陈独秀已意识到上海工人阶级的集团性力量。他在上海寻找到充满自信的、行动的无产阶级。

受过新式教育的知识分子则是上海又一大群体。据统计，在 20 世纪 10 年代的上海，有 500 多所新式中小学。[5]文化繁荣与自由的上海成为新型文化人的向往之地。出生绍兴的邵力子 20 岁中举后，放弃考进士的念头，来上海求西学，赴日留学后，再返上海主持《民国日报》。1920 年 3 月，在北京参加工农互助团的施存统，因内讧而失望，与俞秀松来到上海，原本打算去福建漳州投奔有"社会主义将军"之称的陈炯明，但在《星期评论》与上海知识分子交流后，决定"投靠军队，不如投身工厂"，成为《星期评论》社的辅助人员。[6]而五四运动后的北京，政治气氛压抑，先是北大校长蔡元培秘密离京，后是陈独秀被捕，出狱后南迁上海，1921 年又发生军警殴打北大教授事件，这一系列事件导致北方文化人纷纷南下上海。诚如鲁迅所言："北京虽然是'五四运动'的策源地，但自从支持着《新青年》和《新潮》的人们，风流云散以来，一九二零至二二这三年间，倒显着寂寞荒凉的古战场的情景。"[7] 相形之下，上海的政治、文化环境要宽松得多，加上文化事业发达，中外联系广泛，自然成为先进知识分子的集聚中心。

---

① 中国科学院历史研究所第三所近代史资料编辑组编：《五四爱国运动资料》，科学出版社 1959 年版，第 459 页。

② 《字林西报》1919 年 6 月 12 日，转引自上海社会科学院历史研究所编《五四运动在上海史料选辑》，上海人民出版社 1980 年版，第 309 页。

③ 《求新机器厂工人全体罢工》，《新闻报》1919 年 6 月 7 日，转引自中共中央党校党史教研室选编《中共党史参考资料（一）：党的创立时期》，人民出版社 1979 年版，第 95 页。

④ 《陈独秀过沪之谈片》，《申报》1920 年 2 月 23 日，第 14 版。

⑤ Mary Louise Ninde Gamewell, *The Gateway to China: Pictures of Shanghai* (1916), Taibei: Cheng Wen-Publishing Co., 1972, pp. 106 – 107.

⑥ 参见《中国共产党创建史研究文集 1990—2002》，上海人民出版社 2003 年版，第 408 页。

⑦ 鲁迅：《现代小说导论（二）》，《中国新文学大系导论集》，良友图书公司 1945 年版，第 132 页。

然而，现代知识分子却面临传统士人与现代职业人双重认同的困惑乃至不安。曼海姆（Karl Mannheim）曾将其称作"在社会上无所依附的知识分子"。[1]由于处于相对不发达的经济体制中，人们对技术性专家的需求极其有限，"无所依附的人"处境尴尬，许多读书人内心有着不小的压力。这些知识分子不能接受工具理性的统治，放弃文化理想，将自己的智识降低到技术层面。受过教育且"无所依附"的读书人，努力在变动的社会中寻找自己的角色和位置。在此情势下，读书人中最活跃的一部分脱出旧轨，成为最有热情推动社会变革的行动者。而恰在此时，革命为"无所依附"的知识阶层提供了一项历史使命，契合了知识分子对角色的追求。

三 上海建党的文化起源：思想、主义、新文化

上海是中国现代新文化的中心，也是中西文化交汇的窗口。新思潮、新文化源源不断通过上海传入中国，一大批现代文化机构亦借此应运而生。全国最大的出版机构商务印书馆业务欣欣向荣，1911—1920 年，总计出书 2657 种，其中占首位的社会科学类为 801 种。[2]而 1912—1926 年，上海出版的图书占全国的 70%。[3]福州路从清末起已发展成为著名的"文化街"，聚集着 300 家大小不等的出版公司和书店。[4]报纸、杂志、书籍如雨后春笋，销量颇大。这些现代文化传媒组织构成芮哲非所指称的"印刷资本主义"。[5]文化的"工业化"初步奠定上海的中国文化与舆论中心地位，通过廉价的普及版书籍，迅速制造出人数可观的阅读公众群体。

值得注意的是，上海的新型文化事业依循市场原则来运作。譬如，《新青年》的发行机构即是民办的群益书社。1915 年 9 月 15 日，陈独秀主编的《青年杂志》由上海群益书社出版；从 1916 年 9 月 1 日 2 卷 1 号起，该刊改名为《新青年》。在

---

① 参见 Karl Mannheim, Louis Wirth, Bryan S. Turner, *Ideology and Utopia：An Introduction to the Sociology of Knowledge*, London：Routledge, 1991, p. 127。

② 商务印书馆编：《商务印书馆九十五年》，商务印书馆 1992 年版，第 775 页。

③ "国史馆"中华民国史文化志编纂委员会编：《中华民国史文化志（初稿）》，台北"国史馆"，1997 年版，第 166 页。

④ Christopher A. Reed, *Gutenberg in Shanghai：Chinese Print Capitalism, 1876 - 1937*, Vancouver：University of British Columbia Press, 2004, p. 17.

⑤ 印刷资本主义（print capitalism）是美国学者本尼迪克特·安德森（Benedict Anderson）在《想象的共同体》一书中提出的概念。安德森说，印刷资本主义的产生为欧洲的宗教改革运动及其随后的民族主义意识形态的传播提供了必要的技术手段。美国学者芮哲非（Christopher A. Reed）则将这一概念运用到对近代上海文化传媒工业的分析中，指出以上海为中心的印刷资本主义（如"文化街"）对塑造近代中国思想和精神形式有巨大作用。（参见 Christopher A. Reed, *Gutenberg in Shanghai：Chinese PrintCapitalism, 1876 - 1937*。）

创刊号上，陈独秀发表《敬告青年》一文，开宗明义指明建设新文化的基石：科学与人权（民主）。他号召青年们须有世界视野，声言："各国之制度文物，形式虽不必尽同，但不思驱共国于危亡者，共遵循共同原则之精神，渐趋一致，潮流所及，莫之能违。于此而执特别历史国情之说，以冀抗此潮流，是犹有锁国之精神，而无世界之智识。国民而无世界智识，共国将何以图存于世界之中？"①《新青年》杂志旗帜鲜明地宣扬求知识于世界，反映了五四时期的一种普遍趋向，即自觉将中国之命运与世界大势联系在一起，探寻中国问题的解决。对五四一代而言，比起国家来，有更高的世界主义标准。"以一国比于世界，则亦为较小之群"，"所谓国民者，亦同时为全世界人类之一分子……勿提倡利己的国家主义"。②依托上海作为全国文化中心和舆论市场的优势地位，《新青年》将思想启蒙的理念逐渐传布神州大地。譬如，《青年杂志》从第 1 卷第 2 号开始列出"各埠代派处"，计 49 个省市的76 家书局。③ 到 1917 年，《新青年》的发行量已由最初每期 1000 份增加到 16000份。④可以说，《新青年》杂志的创刊，揭开了新文化运动的序幕。在《新青年》等杂志的引领下，思想解放的浪潮席卷全国。

此后一大批从西方留学归国的文化精英会聚上海。新的思想和智识风气往往首先在这里得以译介和流布。事实上，早在 19 世纪末的上海，由西洋传教士主持的《万国公报》就首次介绍了马克思的主张，广学会的李提摩太誉之为"安民新学"，"试稽近世学派，有讲求安民新学之一派，为德国之马克思，主于资本者也"。⑤1917 年 11 月 7 日，俄国十月革命爆发。在革命胜利的第三天，上海《民国日报》第一个报道了这个重要消息，宣布"彼得格勒戍军与劳动社会已推倒克伦斯基政府"，"临时政府已推翻，美克齐美党占据都城，新政府即将提出公正之和议"，并指出"主谋者为里林（列宁）"。⑥

俄国十月革命的爆发，给彷徨无助的中国知识分子带来新的希望与视野，知识人从中找到方向感、认同感与归宿感，"坚冰已经打破，航路已经开通，道路已经指明"。⑦在新文化运动的早期阶段，西方被热切地当成一个绝对的、不容置疑、唯一可能的行为标准来接受。然而，第一次世界大战中欧洲战场的屠杀，使西洋文明

---

① 陈独秀：《敬告青年》，《青年杂志》1915 年第 1 卷第 1 号。陈独秀本人深受法国文化的影响。《青年》杂志封面上印着"La Jeunesse"，即法文"青年"的意思。

② 蔡元培：《国民杂志序》，《国民》1919 年第 1 卷第 1 期。

③ 《各埠代派处》，《青年杂志》1915 年第 1 卷第 2 号。

④ 汪原放：《回忆亚东图书馆》，学林出版社 1983 年版，第 32 页。

⑤ 《大同学第三章：相争相进之理》，《万国公报》1899 年第 123 期。

⑥ 《突如其来之俄国大政变》，《民国日报》（上海）1917 年 11 月 10 日第 1 版。

⑦ 《列宁全集》第 33 卷，人民出版社 1957 年版，第 38 页。

顿失光泽，以致陈独秀失望地声称："现在还是强盗世界。"①而源自西方的马克思主义则被当作"一面寻找未来方向的镜子"。先进的知识分子们日益相信马克思主义的理想——一个以人类和谐为特征的世界性的共产主义社会。

值得注意的是，在五四前后最早介绍宣传诸种社会主义思潮（包括马克思主义）的刊物，主要是陈独秀主编的《新青年》、邵力子主编的《民国日报》副刊《觉悟》、张东荪主持的《时事新报》副刊《学灯》、戴季陶主编的《星期评论》。其中，除《新青年》编辑部一度在北京（发行部则在上海）外，其余三种都是上海的刊物。据曹聚仁回忆，"邵力子主编《觉悟》态度最为积极，和《新青年》桴鼓相应，最为青年学生所爱好。那时上海《民国日报》受了政府干涉，邮寄颇成问题，就靠日本邮局在转送，居然一纸风行。经常替《觉悟》写稿的，如陈望道、刘大白、沈定一、杨贤江、张闻天、瞿秋白，后来都是社会革命的激进者"，"张东荪主持上海《时事新报》，其副刊《学灯》创刊于 1918 年 3 月间，研究学术，介绍新知。也是《新青年》的同路人"。②而后人评价"宣传新文化运动最早，和最有力的报纸，是上海《时事新报》"。③ 五四时期的其他名刊如《太平洋》（上海）、《每周评论》（北京）、《国民》（北京）、《新潮》（北京）、《新教育》（上海）、《少年中国》（上海）、《解放与改造》（上海）、《科学》（上海）等，也多半位于上海。俄共代表费奥多尔报告上海之行时亦赞誉，"上海是中国社会主义者的活动中心，那里可以公开从事宣传活动。那里有许多社会主义性质的组织，出版 300 多种出版物（报纸、杂志和书籍），都带有社会主义色彩"。④

五四时期，《星期评论》、《时事新报》、《觉悟》等上海报刊，与一度在京的《新青年》南北呼应，可称之为新文化运动的同路人。近代上海发达的媒介为马克思主义的早期传播提供了便利条件。马克思主义的理论文本经由《新青年》和五四时期其他刊物（大多在上海）传入中国。而《新青年》杂志复归上海，既标志着新文化运动本身的转向，亦意味着上海成为马克思主义学说在中国引介和传播的主要中心。诚如美国学者格里德尔所评价的，《新青年》"一旦置于陈独秀的独断控制之下，它就成了中国第一个主要的马克思主义杂志。从《新青年》的历史和几个早期撰稿人的思想中，似乎可以看到新文化时期中国知识分子探索的大部分历史"。⑤通过上海的印刷出版网络，源自西方的马克思主义思想更加深入地在各地传

---

① 陈独秀：《为山东问题敬告各方面》，《每周评论》1919 年第 22 号。
② 曹聚仁：《文坛五十年》，东方出版中心 2006 年版，第 165—166 页。
③ 曾虚白主编：《中国新闻史》，台北"国立"政治大学新闻研究所 1969 年版，第 324 页。
④ 《刘江给俄共（布）阿穆尔州委的报告》（1920 年 10 月 5 日），中共中央党史研究室第一研究部编《联共（布）共产国际与中国国民革命运动（1920—1925）》，北京图书馆出版社 1997 年版，第 45 页。
⑤ 杰罗姆·B. 格里德尔：《知识分子与现代中国》，单正平译，南开大学出版社 2002 年版，第 259 页。

播开来，由此培育出中国的马克思主义者。

四　共产国际与共产党上海发起组

　　具有初步马克思主义信仰的知识分子希望能创建一个全国性政党。1919 年 9 月，李汉俊在《民国日报》副刊《觉悟》上，提出在中国建立具有无产阶级政党性质的"革命党"的设想。[①]另有作者指出，"希望各国的国际社会党，及我们中国的国际社会党，先将这国际的强权推倒，这就是我主张国际革命的意思"。[②] 1920 年 2 月中旬，在李大钊等人帮助下，陈独秀离京出走上海，"途中则计划组织中国共产党事"。[③]此次迁移意义重大，"实开后来十余年的政治与思想的分野"。[④]

　　来到上海的陈独秀，"乃转向工农劳苦人民方面"。[⑤]他到中华工业协会、中华工会总会等劳工团体进行调查，深入了解小沙渡和码头工人的罢工情况。5 月，陈独秀推出《新青年》的《劳动节纪念号》专刊，专论工人问题。蔡和森对此盛赞道："中国第一个五一节，宣传很大，《新青年》发行数目多达一万份，所以当时影响是很大的，并且已普遍全国了。"[⑥]英国驻沪领事馆的情报显示，"上海电器工界联合会、工商友谊会和上海船务栈房工界联合会，它们似乎或多或少处于陈独秀的影响之下"。[⑦]另一份文件亦指出，"陈独秀在上海工商友谊会的组建上发挥了重要作用，并担任该会出版的《上海伙友》周刊的编辑。他还同上海船务栈房工界联合会有联系。由于其布尔什维克倾向，如果陈成功地确立起对这些劳工组织的支配地位的话，那么就非常可能会给当局制造很大麻烦"。[⑧]松沪护军使更致电北洋政

---

　　① 李汉俊：《世界思潮之方向——我有几句话要说》，《民国日报》（上海）副刊《觉悟》1919 年 9 月 7 日。

　　② 若愚：《国际的革命》，《每周评论》1919 年第 10 号。

　　③ 高一涵：《李守常先生事略》，《民国日报》（汉口）1927 年 5 月 24 日，第 3 版。

　　④ 胡适：《致汤尔和》（1935 年 12 月 22 日），《胡适文集》第 7 卷，人民文学出版社 1998 年版，第 143 页。胡适（他明确将《新青年》群体归于自由主义）在此信中对新文化运动的分化与转向唏嘘不已，认为"独秀离开北大之后，渐渐脱离自由主义者的立场，就更左倾了"。沈雁冰则认为，早在陈独秀出走上海前，他已与北大的自由派教授意见分歧，以致"陈独秀一怒之下，说《新青年》本来是他创办的，他要带到上海去"。（参见吴少京主编《亲历者忆——建党风云》，中央文献出版社 2001 年版，第 176 页）可见，陈独秀与北大的自由派友人分道扬镳后，作为一个初步具有马克思主义信仰的知识分子，来到上海寻找革命同人，并着手将新文化运动转化为走向行动的社会革命。

　　⑤ 《辩诉状》（1933 年），《陈独秀著作选》第 3 卷，上海人民出版社 1993 年版，第 315 页。

　　⑥ 中国社会科学院现代史研究室、中国革命博物馆党史研究室选编：《"一大"前后：中国共产党第一次代表大会前后资料选编》（三），人民出版社 1984 年版，第 61 页。

　　⑦ *Dispatch no. 35 dated 4th February 1921 from the British consulate-general at Shanghai to the British Legation in Peking, forwarding the Shanghai Intelligence Report for the three months ending 31st December 1920*，FO 228/3291.

　　⑧ *Dossier 120C Shanghai Intelligence Bureau Minutes of Meeting, October* 1920，FO 228/3214.

府，称"社会党陈独秀来沪，勾结俄党与刘鹤林在租界组织机器工会，并刊发杂志，鼓吹社会主义，已饬军警严禁"。[①] 显然，陈独秀在上海卓有成效地组织劳工运动，使得英国当局认定他已是享有很高声望、国际知名的社会主义者，并对上海的劳工运动有着举足轻重的影响力。

同时，陈独秀着手重组《新青年》杂志，以陈望道、李汉俊等倾心马克思主义的文化人为基础，组成编辑《新青年》的上海同人群体。[②]在这一过程中，他与主编《星期评论》的戴季陶、主编《民国日报》的邵力子等人建立密切联系，[③]并以之为基础成立同人沙龙性质的马克思主义研究会，频繁宣传马克思主义与苏俄经验。他的寓所兼《新青年》编辑部——环龙路老渔阳里 2 号（今南昌路 100 弄 2 号），也成了革命者的中心场所。胡适在晚年曾自述，"在上海陈氏又碰到了一批搞政治的朋友——那一批后来中国共产党的发起人"，"自 1920 年 1 月以后，陈独秀是离开我们北京大学这个社团了。他离开了我们'新青年'团体里的一些老朋友；在上海他又交上了那批有志于搞政治而倾向于马列主义的新朋友"。[④]通过这样一个人际网络的构建，以《新青年》杂志（包括其他新文化运动的同路人刊物）为中心，陈独秀周围初步形成一个倾心马克思主义的上海知识分子同人群体，从而为共产党的建立奠定成员基础。

而苏俄与共产国际亦开始在中国大力开展工作。1919 年 3 月，俄共（布）第二次西伯利亚代表会议决定，在"远东建立西伯利亚区委情报宣传局"，职责为"与东方和美国的共产党人建立联系，组织交换情报工作，进行口头和书面宣传"等。6 月 18 日，俄共（布）西伯利亚区委的负责人加蓬考虑到在东方开展革命运动的需要，提议在区委下"设一个有远东各国人民（包括中国）的代表参加的东方局"，主要任务是"与远东各国的革命力量建立密切的联系和帮助这些国家建立共产党组织"。1920 年 1 月，俄共（布）远东地区领导人在给俄共（布）中央的报告中也称"他们打算与中国的革命者建立经常联系"。[⑤]

①　《淞沪护军使向北洋政府发电指责陈独秀组织机器工会》，《申报》1920 年 10 月 16 日，第 6 版。此处的"淞沪护军使"一职在政府公报中明确为"松沪护军使"。

②　有关《新青年》上海同人之政治倾向，参见《关于〈新青年〉问题的几封信》之二，张静庐辑注《中国现代出版史料》甲编，中华书局 1954 年版，第 8 页；《钱玄同致胡适》（1921 年 1 月 29 日），中国社会科学院近代史研究所民国史研究室编《胡适来往书信选》上册，中华书局 1979 年版，第 122 页；《关于〈新青年〉杂志的通信》（四），《陈望道文集》第 1 卷，上海人民出版社 1979 年版，第 557 页。

③　关于陈独秀与戴季陶、李汉俊等上海文化人的交往，参见吴少京主编《亲历者忆——建党风云》，第 87、168—169 页。荷兰学者方德万（Hans J. van de Ven）亦认为，以陈独秀为中心聚起了一个对马克思主义深感兴趣的上海知识分子小圈子，后来的上海发起组即从这个知识分子小群体中产生。（参见 Hans J. van de Ven，*From Friend to Comrade: The Founding of the Chinese Communist Party, 1920 – 1927*, p. 59）

④　唐德刚注译：《胡适口述自传》，安徽教育出版社 2005 年版，第 201、211 页。

⑤　中国社会科学院现代史研究室、中国革命博物馆党史研究室选编：《"一大"前后：中国共产党第一次代表大会前后资料编选》（三），第 153—154 页。

随后，苏俄方面数次向中国派遣使者，试图与具有初步马克思主义信仰的中国知识分子进行接触。这些使者先后有布尔特曼、波波夫、阿格辽夫、波塔波夫等人。[①]共产国际频繁遣使来华，既反映莫斯科对东方问题的重视，亦表明从事东方工作的各个组织在行动上不一致、不协调和互不通气。[②]在这种背景下，1920 年 4 月，共产国际同意由俄共（布）远东局符拉迪沃斯托克（海参崴）分局所派遣维经斯基一行 5 人到中国，同中国进步人士建立联系，同时考察可否在上海建立共产国际东亚书记处。

1920 年 5 月，维经斯基携带着李大钊的介绍信，赴上海会见陈独秀。双方达成合作意向，由共产国际提供资助，在上海正式展开建党大业。随后经陈独秀介绍，维经斯基和戴季陶、李汉俊、张东荪等一起商谈苏俄革命和中国社会的改造问题。与会者提议将《新青年》、《星期评论》、《时事新报》结合起来，建立一个全新的革命联盟。诚如维经斯基在该年 6 月的信函中所述："我们主要从事的工作是把各革命团体联合起来组织成一个中心组织。'群益书店'可以作为一个核心把这些革命团体团结在它的周围"，"当地的一位享有很高声望和有很大影响的教授（陈独秀），现写信给各个城市的革命者，以确定会议的议题以及会议的地点和时间"。[③]显然，维经斯基的到来，给予了已初具马克思主义信仰的中国知识分子不可或缺的外部帮助和支持，使建党大业成为现实。维经斯基利用东方民族部提供的活动经费，在沪成功展开工作，包括"在上海成立了革命局，由 5 人组成（4 名中国革命者和我），下设三个部，即出版部、宣传报道部和组织部"。[④]

1920 年 6 月中旬，中国共产党上海发起组在《新青年》编辑部正式成立，这应当是中国大地上出现的第一个共产主义组织。最初只有 5 名成员：陈独秀、李汉俊、俞秀松、施存统、陈公培。陈望道、沈玄庐、李达、杨明斋、沈雁冰、邵力子、李启汉、沈泽民、袁振英、林伯渠、李中、周佛海等后来参入。他们都不是土生土长的上海人，而是来自全国各地的先进知识分子，这反映了上海都市的开放性与移民性特点。对于此事之经过，俞秀松在自传中写道："1920 年春，我们曾想成立中国共产党，但在第一次会议上我们之间未达成一致的意见，这第一次努力未能

① 石川祯浩：《中国共产党成立史》，第 74—76 页。

② 参见《关于俄共（布）中央西伯利亚局东方民族处的机构和工作问题给共产国际执委会的报告（摘录）》（1920 年 12 月 21 日），中共中央党史研究室第一研究部编《联共（布）共产国际与中国国民革命运动（1920—1925）》，第 56 页。据近年来俄国学者的考证，围绕对华工作的主导权，苏俄内部各机构有着复杂的权力斗争。参见 M. Persits，"A New Collection of Documents on Soviet Policy in the Far East in 1920 – 1922"，*Far Eastern Affairs*，1997，No. 5。

③ 《维经斯基给某人的信》（1920 年 6 月），中共中央党史研究室第一研究部《联共（布）共产国际与中国国民革命运动（1920—1925）》，第 28 页。

④ 《维经斯基给俄共（布）中央西伯利亚东方民族处的信》（1920 年 8 月 17 日），中共中央党史研究室第一研究部编《联共（布）共产国际与中国国民革命运动（1920—1925）》，第 31 页。

成功。过了一段时间，在第二次会议上，我们宣布了我们党的存在（当然我们党正式存在是在 1921 年第一次代表大会以后的事情），并选举陈独秀为临时书记。"①作为早期成员之一，俞在自传中确认中共发起组与先前由陈独秀所构建的、以《新青年》杂志为中心群聚的上海知识分子同人网络的渊源与关系。正如共产国际代表利金所指出，"上海小组具有领导作用，不仅因为它是中心组，而且也因为有陈独秀同志参加"。②李达认为，"上海的组织事实上成为一个总部，而各地的组织是支部了"。③马林也高度肯定上海发起组的中心地位："维经斯基同志在上海工作期间，在陈独秀同志领导下组成一个中国共产党人小组。陈几年来一直编辑《新青年》杂志。这个小组划分为 7—8 个中心，在全国的人数也不过 50—60 人。"④在上海发起组成立的同时，共产国际为了在中、朝、日等东亚国家直接进行实际活动，于 1920 年 5 月在上海成立东亚书记处。该处所设"中国科"的主要任务之一，即是"成立共产主义组织，在中国进行党的建设工作"。⑤

中共上海发起组成立后，开启了马克思主义中国化的进程。首先便是通过《星期评论》杂志社，邀请陈望道翻译《共产党宣言》。1920 年 5 月中旬，陈望道携翻译完稿的《共产党宣言》，应邀到上海任《星期评论》社编辑。6 月 28 日，陈望道委托俞秀松把《共产党宣言》中文译稿交给陈独秀。是年 8 月，《共产党宣言》中文全译本付梓出版。

上海发起组充分意识到大众传媒在现代政治中所扮演的重要角色。1920 年 8 月，创办宣传马克思主义、推广工人运动经验的《劳动界》周刊。嗣后，《新青年》杂志脱离群益书社，另成立新青年社，从 8 卷 1 号开始独立发行，仍由陈独秀主编，主要讨论社会主义问题。陈独秀在该期《新青年》上发表《谈政治》一文，以示与胡适等北京同人异趣，是《新青年》上海编辑部思想转向的一个信号。自此，作为新文化运动核心刊物的《新青年》便改为中共上海发起组的中央机关刊物。随后，上海发起组又创办半公开的刊物《共产党》，介绍马克思主义常识，推

① 中共浙江省委党史研究室编纂：《俞秀松纪念文集》，当代中国出版社 1999 年版，第 230—231 页。关于上海发起组成立时间及其性质，仍有较大的争议。参见杨奎松《从共产国际档案看中共上海发起组建立史实》，《中共党史研究》1996 年第 4 期；金立人《中共上海发起组成立前后若干史实考》，《党的文献》1997 年第 6 期；田子渝《也谈中共上海发起组与上海"革命局"》，《近代史研究》2001 年第 2 期；石川祯浩《中国共产党成立史》；李丹阳、刘建一《"革命局"辨析》，《史学集刊》2004 年第 3 期。

② 《利金就在华工作情况给共产国际执委会远东部的报告（摘录）》（1922 年 5 月 20 日），中共中央党史研究室第一研究部编《联共（布）共产国际与中国国民革命运动（1920—1925）》，第 88 页。

③ 《李达自传（节录）》，中国革命博物馆党史研究室编《党史研究资料》第 2 辑，四川人民出版社 1981 年版，第 2 页。

④ 《向共产国际执行委员会的报告》（1922 年 7 月 11 日），中共中央党史研究室第一研究部编《共产国际、联共（布）与中国革命文献资料选辑（1917—1925）》，北京图书馆出版社 1997 年版，第 226 页。

⑤ 《维连斯基—西比里亚科夫就国外东亚人民工作给共产国际执委会的报告（摘录）》（1920 年 9 月），中共中央党史研究室第一研究部编《联共（布）共产国际与中国国民革命运动（1920—1925）》，第 39 页。

动建党工作。张国焘日后总结道，"上海小组办了劳动周刊（4000 份 35 期），伙友（2000 份），共产党（6 期）"。①依托上海发达的文化网络以及便捷的交通条件，《新青年》、《劳动界》等影响日众，迅速传遍神州大地。譬如，1920 年 9 月至 1921 年 3 月间，地处内陆的长沙文化书社共计销售杂志 40 余种，其中销量最大的分别是《劳动界》周刊（5000 本）和《新青年》（2000 本）。在其读者中，"如'劳动界'等小册子销于劳动者间的也不少"。②维经斯基亦指出，"上海是中国共产主义出版事业的主要中心。在这里，东亚书记处拥有许多报刊，我们有《上海生活》，中文报纸《周报》、《社会日报》，杂志《新青年》（是月刊，由北京大学教授陈独秀博士出版）"。③ 共产主义印刷品的广泛传播，使得租界当局备感焦虑，英国情报文件就显示，"根据法租界巡捕房提供的信息，法租界巡捕于（1921 年）2 月 1 日搜查了公馆马路 283 号的一家书房，查获宣传社会主义的书籍和小册子，这些书籍据信是在法租界内印刷的，包括《社会主义史》、《到自由之路》、《阶级争斗》、《工团主义》等"。④

为团结、教育、培养进步青年，上海发起组决定建立社会主义青年团。1920 年 8 月 22 日，该组织在霞飞路新渔阳里 6 号成立。不久，上海发起组于 9 月在新渔阳里 6 号创办外国语学社，这是中共第一所干部学校，培养了一大批干部。9 月 28 日，上海《民国日报》首次刊登外国语学社招生广告："本学社拟分设英、法、德、俄、日本语各班，现已成立英、俄、日本语 3 班……名额无多，有志学习外国语者，请速向法界霞飞路新渔阳里 6 号本社报名。"⑤在杨明斋校长的领导下，刘少奇、任弼时、罗亦农等在此学习过。⑥

11 月，陈独秀已明确提出中国劳动者要"跟着俄国的共产党一同试验新的生

---

① K. B. 舍维廖夫提供：《张国焘关于中共成立前后情况的讲稿》（手稿本），《百年潮》2002 年第 2 期。

② 《文化书社社务报告》第 2 期，中国革命博物馆编《新民学会资料》，人民出版社 1980 年版，第 283—293 页。

③ 《维连斯基－西比里亚科夫就国外东亚人民工作给共产国际执委会的报告（摘录）》（1920 年 9 月），中共中央党史研究室第一研究部编《联共（布）共产国际与中国国民革命运动（1920—1925）》，第 41 页。

④ *Dispatch no.* 236 *dated 6th July 1921 from the British Legation in Peking to Lord Curzon at the Foreign Office in London*，*forwarding the Shanghai Intelligence Report for the three months ending 31st March 1921*，FO 371/6634，1921：F2200/309/10. 此处被查抄的书房即新青年社。沈雁冰曾证实被查抄的地点还有承印《新青年》的又新印刷所。（参见吴少京主编《亲历者忆——建党风云》，第 183 页）关于新青年社所印书籍，毛泽东回忆，"有三本书特别深深地铭刻在我的心中，建立起我对马克思主义的信仰。……这三本书是：《共产党宣言》，陈望道译，这是用中文出版的第一本马克思主义的书；《阶级争斗》，考茨基著；《社会主义史》，柯卡普著"。（参见斯诺《西行漫记》，董乐山译，三联书店 1979 年版，第 131 页）周恩来对此亦有所回忆。（参见中国社会科学院近代史研究所编《五四运动回忆录》（上），中国社会科学出版社 1979 年版，第 17 页）

⑤ 《民国日报》（上海）1920 年 9 月 28 日，第 1 版。新渔阳里 6 号是当时上海发起组的主要活动地点，在 1920 年 10 月至 1921 年 6 月的工部局警务日报中，有大量关于该处活动的情报记载。

⑥ 王荣华主编：《上海大辞典》（上册），上海辞书出版社 2007 年版，第 131 页。

产方法"，"用阶级斗争的手段"，"夺来政权"，"建设劳动者的国家"。①他与战友们正式制定中共第一个章程草案——《中国共产党宣言》，正文分三个部分：（1）共产主义者的理想。（2）共产主义者的目的。（3）阶级斗争的最近状态。宣言明确昭示中国共产党人的奋斗目标："用强力打倒资本家的国家"，"铲除现存的资本制度"，"按照共产主义者的理想，创造一个新的社会。这个理想社会的实现，第一步就得铲除现在的资本制度"，"无产阶级专政还要造出一条到共产主义的道路"。②

上海发起组在陈独秀的领导下，通过写信联系、派人指导或具体组织等方式，推动建立各地的共产党组织，是名副其实的"临时中央"，"是中国共产主义组织中央局"。③陈独秀对建党工作颇为重视，指出："我们不必做中国的马克思和恩格斯，一开始就发表一个《共产党宣言》，我们只是要做边学边干的马克思主义的学生。现在可以先将中国共产党组织起来。"④ 他亲自负责武汉、广州、长沙和济南的建党工作。1920 年 6 月，毛泽东率驱张请愿团到沪，陈独秀与他谈论了马克思主义，8 月即请毛泽东在湖南建党。包惠僧忆及武汉小组是在上海临时中央的直接资助下建立的，并强调"我们同上海的关系较为频繁，密切"。⑤从 1920 年秋到 1921 年上半年，北京、武汉、长沙、济南、广州等地陆续成立共产主义小组，并在日本和法国的中国留学生和侨民中建立组织。各地小组以上海为中心，保持着密切联系。根据张国焘的说法，在一大召开前，"计算（全国）六个小组共有 57 同志"。而且，"一次大会以前经费是自筹的，上海新青年社原来有 2000 元，营业赢利计 4000 元，汉俊设法筹措一些，湖南等处，每月由中央津贴二三十元。（广东不在内）北京因与俄同志接近，募了一些捐款。一次大会以后，中央则由国际津贴"。⑥可见，此时共产党之经费主要为自筹，经济来源主

---

① 陈独秀：《短言》，《共产党》创刊号，1920 年 11 月。

② 中国社会科学院现代史研究室、中国革命博物馆党史研究室选编：《"一大"前后：中国共产党第一次代表大会前后资料选编》（一），人民出版社 1980 年版，第 1—2 页。

③ 《利金就在华工作情况给共产国际执委会远东部的报告（摘录）》（1922 年 5 月 20 日），中共中央党史研究室第一研究部编《联共（布）共产国际与中国国民革命运动（1920—1925）》，第 86 页。

④ 中国社会科学院现代史研究室、中国革命博物馆党史研究室选编：《"一大"前后：中国共产党第一次代表大会前后资料选编》（二），人民出版社 1980 年版，第 136 页。

⑤ 包惠僧：《回忆武汉共产主义小组》，中国革命博物馆党史研究室编《党史研究资料》第 1 辑，四川人民出版社 1980 年版，第 69 页。

⑥ 张国焘曾提及"在 1920（年）冬汉俊曾写了一本小册卖给商务书馆，得了 300 元"。（参见 K. B. 舍维廖夫提供《张国焘关于中共成立前后情况的讲稿》（手稿本），《百年潮》2002 年第 2 期）此可旁证陈望道、李达等人回忆上海发起组的经费主要依靠上海的党员卖文维持这一说法确系实情。另外，新青年社原有（股本）资金 2000 元的来源颇可深究。譬如，1920 年 7 月 2 日，正在为新青年社独立发行而招股的陈独秀致函高一涵，言辞恳切地称"兴文社已收到的股款只有一千元，招股的事，请你特别出点力才好"。（参见欧阳哲生《〈新青年〉编辑演变之历史考辨——以 1920—1921 年同人书信为中心的探讨》，《历史研究》2009 年第 3 期）可见新青年社之原始股本金中，有一半系由招外股所得，尚余 1000 元股款之来源因史料缺乏存疑。

要依靠上海发起组开办的新青年社创收所得。陈独秀亦颇为重视独立自主地进行革命，他多次表示："革命是我们自己的事，有人帮助固然好，没有人帮助我们还是要干，靠别人拿钱来革命是要不得的。"① "要靠中国人自己组织党，中国革命靠中国人自己干，要一面工作，一面革命。"②

在各地共产党小组相继成立的基础上，建立全国性政党的构想已在上海发起组中逐渐酝酿。陈独秀与其他同志讨论了建立全国党组织及通知共产国际代表事宜。③共产国际代表索科洛夫—斯特拉霍夫在 1921 年 4 月的报告中陈述："我从上海动身前，中国共产党人在积极筹备召开共产党全国代表大会，会上要选举产生中央委员会。迄今党的实际领导权还在中央机关刊物《新青年》杂志编辑部手里。这个杂志是由我们资助在上海用中文出版的，主编是陈独秀教授，当地人称他是'中国的卢那察尔斯基'，即天才的政论家和善于发动群众的宣传员。"④ 5 月，上海发起组委托包惠僧到广州找陈独秀，请他回沪或将上海发起组迁往广州，但陈独秀认为广州到处是无政府主义，政治环境不利，地理位置也不适合，不便于各地联系，因此仍属意上海。6 月初，上海发起组与刚抵沪的共产国际代表尼柯尔斯基、马林商谈后，认为建党的条件业已成熟，应及早召开全国代表大会，宣告中国共产党的成立。上海发起组在与陈独秀、李大钊商议以后，发函给各地共产主义小组，请每地派两位代表赴上海开会。⑤

需指出的是，具有宽松、自由社会环境的法租界成为一大召开的合宜地点。由于不受中国政府直接管制，思想自由、言论自由能在此得到一定程度的保障，法租界客观上给革命者提供了方便。1917—1921 年，孙中山等人将法租界（新区）作为国民党的活动基地，国民党党部即设在环龙路 44 号。孙中山的活动得到法租界当局的默许和保护，他寓所门口甚至有巡捕站岗。⑥巡捕头目黄金荣曾长期关照孙中山。无独有偶，1919 年成立的大韩民国临时政府也在法租界长期开展活动。此外，法租界还有 5000 名俄侨，这为维经斯基等人在上海的活动提供了方便，无形

---

① 包惠僧：《包惠僧回忆录》，人民出版社 1983 年版，第 7 页。

② 中国社会科学院现代史研究室、中国革命博物馆党史研究室选编：《"一大"前后：中国共产党第一次代表大会前后资料选编》（二），第 39 页。

③ 张国焘：《我的回忆》第 1 册，东方出版社 1998 年版，第 101 页。

④ 《索科洛夫－斯特拉霍夫关于广州政府的报告》（1921 年 4 月 21 日），中共中央党史研究室第一研究部编《联共（布）共产国际与中国国民革命运动（1920—1925）》，第 59 页。

⑤ 包惠僧回忆，路费由马林提供，"钱由马林拿出来，张国焘用"，参见中国社会科学院现代史研究室、中国革命博物馆党史研究室选编《"一大"前后：中国共产党第一次代表大会前后资料选编》（二），第 377 页。

⑥ 孙中山：《在上海招待新闻记者的演说》，《孙中山全集》第 11 卷，中华书局 1986 年版，第 334 页。

中起到掩护作用。更重要的是，上海发起组成员拥有或使用的房产多在法租界。①
美国学者叶文心（Wen - hsin Yeh）也认为，直到 1922 年底，中共上海组织的活动
几乎都在法租界运作。尽管巡捕房始终未曾放松对共产党的监控，但与上海租界外
中国其他地区严酷的政治环境相比，法租界仍然是个较为开放、自由、讲究法治理
念、能"提供政治避难"的区域。1921 年 10 月陈独秀曾被法租界拘捕，最后判决
亦不过是罚洋 100 元，驱逐出法租界了事即是明证。这也是上海为何能成为中国共
产党创始地的原因之一。②

　　1921 年 7 月 23 日，在法租界望志路 106 号（今兴业路 76 号），中国共产党的
第一次代表大会召开，中国共产党正式成立。

五　结　语

　　20 世纪初的上海，是一个正在经历早期工业化的国际大都会，变革的伟力横
扫陈旧的传统模式，新的社会阶级重整了传统社群。在工业化引导下，现代社会的
两大主要阶级：资产阶级和无产阶级，逐渐在上海等沿海城市产生。马克思所论述
的资本主义社会的主要矛盾——劳动与资本的矛盾，亦开始在这些工业城市呈现。
作为中国最大的工业城市，上海聚集着最广大的工人阶级队伍。工业社会的诸种矛
盾与紧张，也以阶级斗争的形式直接在上海表现出来。正如列宁所预言："由于在
中国将出现更多的上海，中国无产阶级也将日益成长起来。它一定会建立这样或那
样的中国社会民主工党。"③随着以上海工人为主体的中国工人阶级的壮大和阶级觉
悟的提高，阶级斗争形势亦表现得愈加尖锐，这样一种阶级状况，是中国共产党在
上海创建的社会基础。

　　与之同时，依托日趋发达的都市文明和大众社会，上海出现了最早的现代知
识分子群体。新型文化人逐渐在学校、出版、工商企业等现代组织中安身立命，
他们自成一类，是新兴的社会力量。20 世纪初的新式知识分子和新文化运动参
与者们，把整个社会的、文化的和政治的现代性现象看作一个整体来研究，而且
毫无保留地把意见贡献给这些广阔得令人惊讶的问题领域。透过这样一个舆论场

---

　　① 如《新青年》杂志编辑部位于老渔阳里 2 号，《星期评论》编辑部就在白尔路三益里 17 号李汉俊家
里；一大会场亦是李汉俊胞兄李书城的寓所（望志路 106、108 号，即今兴业路 76、78 号），此楼 1920 年夏
建成，属贝勒路树德里的一部分（今黄陂南路 374 弄），楼南当时尚存农田，环境颇为幽僻。

　　② Wen - hsin Yeh, *Provincial Passages*：*Culture*，*Space*，*and the Origins of Chinese Communism*, pp. 212 -
214.

　　③ 《列宁选集》第 2 卷，人民出版社 1995 年版，第 296 页。

域，声势浩大的新文化运动自上海发端席卷全国，形成一个风起云涌的局面。就这一层面而言，思想革命是社会变革的先导，这为中国共产党的创立奠定思想文化上的准备。

恰在此时，俄国十月革命爆发，给中国送来马克思主义。先进知识分子受到这一缕现代之光的照耀，进而在中国问题中看到世界命运的影子。对新文化运动的播种者而言，马克思主义的愿景主要是社会方面的，与整个国家对社会变革的渴望相一致，能够与更广泛的社会集团建立联系，并为他们提供一种全新意义的团结。马克思主义借由与历史必然性的主张产生关联，对人类历史提出普遍性的解释，对社会的公正结构提出一种规范观点。中国知识分子对于这种西方的先进思想推崇备至，进而认定共产主义是未来的历史潮流。这种集体认知的背后，揭示了一个新观念的浮现——一个超越国家、种族乃至阶级的"理想社会"，逐渐出现在人们的意识层面，越来越清晰。

作为全国文化与舆论中心，上海是宣传社会主义思潮的主要阵地，并成为先进知识分子的集聚中心。正如共产国际代表所指出的，上海是中国"社会主义者活动的主要中心"，"共产主义出版事业的主要中心"。[①]作为新文化运动的发源地，上海的诸多报刊与《新青年》相呼应，不遗余力地介绍、宣传马克思主义理论。依托上海发达的印刷资本主义网络，马克思主义的思想文本得以译介，广泛影响为数庞大的阅读公众，进而造成一种进步的公共舆论。周有光1923年进入圣约翰大学求学时，也从图书馆借阅了英文版《资本论》，尽管他还一知半解。[②]而次年郭沫若由日返沪，从东方图书馆借来英文版《资本论》，并制订5年翻译计划。[③]此外，随着城市间交通的改良，近代上海凭借其沿江、沿海的优越地理位置以及中国最大经济中心的辐射力，为马克思主义向中国其他城市的传播和扩散提供了条件。

上海都市的国际性特征也为建党大业提供良好条件。凭借着近代中国面积最大、历史最久的两个租界所提供的政治庇护以及宽松、自由的舆论环境，先进知识分子可以从事革命宣传。再加上租界里的外国人来自世界各地，这种四海一家的世界性特征方便共产国际使者与中国知识分子交流，共商建党伟业。而且，上海地处长江口，通信和交通便捷，工商金融服务设施优良，这些都为共产国际遣使来华联络乃至为中共建党实施经济资助，提供了便利条件。

可以说，中国共产党在上海的成立是上海近代化的结果，而中国共产党的成立

---

① 《刘江给俄共（布）阿穆尔州委的报告》（1920年10月5日），中共中央党史研究室第一研究部编《联共（布）共产国际与中国国民革命运动（1920—1925）》，第45页。
② 周有光：《拾贝集》，世界图书出版公司2011年版，第10页。
③ 王训昭编：《郭沫若研究资料》（上），中国社会科学出版社1986年版，第25页。

及初期的有声有色的活动（中央长期在上海活动），也构成上海历史的华彩乐章。中国共产党人从上海集聚和出发，上演了一幕幕波澜壮阔、排山倒海的改造中国的时代剧。

（刊于 2011 年第 3 期）

从中世纪前期西欧的法律和君权
说到日耳曼马克公社的残存

吴于廑

本文的目的在于阐述中世纪前期西欧封建国家法律和君权的若干特点，指出这些特点是日耳曼人部族时代的历史遗留，并进而说明这些遗留和马克公社在西欧封建国家中长期残存的关系。文章的第一节述法律，第二节述君权，第三节论日耳曼部族时代若干相应的历史遗留及其与马克公社残存的关系。

一

罗马皇帝马克·奥理略（Marcus Aurelius）在他的沉思录里曾经涉及一个有共同法律的国家理想。[①] 就罗马帝国时期的情形说，这个有共同法律的想法倒并非无据的空谈，因为在罗马帝国的盛世，的确已形成一套有系统的和普遍实施的法律。但当日耳曼诸族入侵和建国以后，情况就迥然不同了。那时的西欧一带，不论是在帝国的旧壤或原来不属帝国的地区，都已和马克·奥理略的这点想法有很大的距离。9世纪前半里昂的主教阿戈巴特（Agobard）曾经论及当时的法律。他说法律繁复的情形"不仅见于某些地区或村镇，而且也见于很多的家宅之中"；甚至"五人同席，往往没有一个人的法律和另一人的相同"[②]。可见日耳曼诸族在西欧建国很久以后，还没有形成国家统一的法律。在大迁徙时期，日耳曼人的习惯法是因部族而不同的。后来虽然定居于新征服的领土，并且建立了国家，但是他们的法律依然因地而异：几乎有一个法庭，就有一种法律。在19世纪西方法理学中形成一个流派的奥斯丁（J. Austin），曾说法律乃是国家的命令。

---

① M. Aurelius，I. 14. G. Long 把这一理想译作 "the ideal of a polity in which there is the same law for all"，J. Jackson 译作 "the idea of a constitutional state"，马克·奥理略服膺斯多亚噶学派，他的政治思想自有渊源。本文只是从他的这点想法说起，他所说的 "共同法律" 和下文所论并没有什么关系。

② Adversus legem Gundobadi，c. 4，C. H. McIlwain，*The Growth of Political Tought in the West*，p. 169.

这种说法显然不能适用于中世纪前期西欧的各国。如果说当时的法律是国家的命令，则这种命令未免太不统一，太没有全国性的意义了。事实上，中世纪前期西欧各国的法律，并不是由于国家的制定。它成长于特定的历史条件之下，在许多根本观念上保留着部族时代的特点。国家立法的观念，在当时人们的头脑中是不存在的。在本文所涉及的这个时期里，一般也不曾有过由立法者或立法机关制定的通行于全国的法典。

　　中世前期西欧各国的法律，大抵是不成文的习惯法。西欧法律史上的各种蛮族法典（leges barbarorum）如撒利法（Lex Salica）、布艮底法（Lex Gundobada）、里布里亚法（Lex Ripuria）、阿雷曼法（Paetus Alemannorum，8 世纪后出的再订本称为 Lex Alemannorum）等，都不能视为制定的成文法。严格地说，也不宜称之为法典。11 世纪以后出现的各种法律书如《诺曼底的远古风习》（Tres Ancien Coutumier de Normandie）、《亨利一世法》（Leges Henrici Primi）、《撒克逊法鉴》（Sachsenspiegel）、《波维习惯》（Coutumes de Beauvasis）等又大抵出于私家的著录，和后世所说的成文法绝不是同一的东西。① 所有这类的法典或法律书，其实都是法律记载或辑录的性质。它们之所以被辑录或记载了下来，据 11 世纪格兰维尔（Glanville）的说法，是因为"对于很多人大有用处，在帮助记忆上是很必需的"②。梅恩（H. Maine）在论早期法制史时，曾说爱尔兰的法律和诗相同。③日耳曼各国的早期法律记载亦复如此。它们的文字省略，常取韵文的形式，看起来往往像简练的格言。从这种文字上的形式，可以看出它们的目的是为了便于记诵。因此我们不能以有《蛮族法典》或其他法律书的存在，就怀疑当时法律所具有的习惯法的性质。④

　　在中世纪前期，人们对于习惯的看法，和罗马帝国时代的已经大不相同。4 世纪初罗马皇帝君士坦丁曾说，除非习惯与理性或法律相违，就不应忽视它的权威。到了 12 世纪，撰述《采邑书》（Libri Feudorum）的佚名的作者，却把君士坦丁的说法完全倒转了过来。他说罗马法的权威是不应忽视的，除非它违背了旧习。⑤ 在当时人的心目中，法律和传统的旧习是不可分割的。这种和传统旧习不可分割的法

---

　　① 参看 E. Jenks, *Law and Politics in the Middle Ages*, pp. 7 - 9, 46 - 47；同一作者, *A Short History of English Law*, pp. 18 - 19；C. H. McIlwain, 前揭书, p. 185；J. H. Wigmore, *Continental Legal History*, 第四部分（H. Brunner 所写）, p. 318。

　　② Glanville, *Tractatus de Legibus et Consuetudinibus Regni Angliae*, J. Beames 译本, 序言, p. XXXIX。

　　③ H. Maine, *Elrly History of Institutions*, p. 33.

　　④ 一个较重要的例外是 7 世纪的西哥特王里塞斯文特（Reccesvind, 652—672）在《罗马法》影响下所颁布的法典。但是即使在这样一个法典之中，其绝大部分（约十分之七）也是属于哥特的古老习惯的陈述。参看 M. Smith, *The Development of European Law*, p. 96。

　　⑤ C. H. McIlwain, 前揭书, p. 171, 引 Lehmann, *Das langobardische Jehnrecht*。

律，被认为是"正确的、公平的、合理的"；它和所谓神意法、自然法、伦理法可以在理论上互相贯通，成为浑然的一体。① 因之不但格兰维尔、布莱克顿（Bracton）等封建法学家把社会的习惯视为法律，② 就连当时习于成文法的《罗马法》学家也同样承认习惯具有法律的效力。13 世纪的阿梭（Azo，1150—1230）曾说习惯就是不成文法。③ 他的门徒奥多弗里德（Odofridus）甚至说民间的习惯可以废止皇帝所定的法律。④ 在有些文献里面，虽然也把法律和习惯加以概念上的区别，然而这种区别并不贬低习惯的地位。7 世纪的圣·伊息杜尔（St. Isidore）曾说："法律是一种成文的法令，习惯是从其古老性而经认可的风俗。"可是他又说："法律……应当……从天，从国家的习惯，时地两宜……"⑤ 这就是说，法律和习惯虽有不同，但是成文的法令还当以习惯为依据。13 世纪诺曼底的《法律汇编》（Summa de Legibus）则把通常解为法律的"lex"一词看作国君为了决定某种特殊案件而颁发的法令，而法律的实质原理还须求之于自古以来的习惯之中。因之这部《汇编》说："习惯是我们从中运用法律的规范。"⑥ 从这些说法来看，习惯的地位不但不低于成文的法令，而且还有更高的权威。

从上所说，可见西欧中世纪前期的法律无疑是属于习惯法的性质。既然是习惯法，则构成法律的必然是相沿已久的社会风俗。由于法律是相沿已久的社会风俗，所以他就必然具有如下的特点：其一，法律必须是旧有的法律，自古已然的法律。法律的古老性是它所以具有权威的重要根源。其二，法律必须是社会在累世实践中凝固起来的法律，它存于民间，而非出自官府。这两点本来是密切相连的，分开来说不过是为了阐述的方便。在下文中，我们将就这两点来说明西欧封建国家前期占主导地位的法律观念。

关于法律是自古已然的问题，法制史家曾经从西欧中世纪的文字来加以考察。在古日耳曼语里面，相当于"法律"一词的字是"ê"。对于这个字的训义，有两

---

① F. Kern, *Recht und Verfassung im Mittelalter*，此文构成 S. B. Chrimes 英译本 Kingship and Law 的第二部分，参看英译本，p. 153。本文第一、二两节对法律和君权的阐述，其中主要论点是根据 Kern 以及 McIlwain、Carlyle、Jenks 等的有关论著。

② 格兰维尔说，"英国的法律虽然没有被写了下来，但是应当无疑地称为法律……"见 Glanville，前揭书，序言，p. XXXIX。Bracton 也有类似的说法，见 R. W. & A. J. Carlyle, *Mediaeval Political Theory in the West*，卷 3，p. 42，注 1 引 De Legibus et Consuetudinibus Angliae。

③ Carlyle，前揭书，卷 2，p. 54。

④ 同上书，卷 5，第 48—49 页。

⑤ 同上书，卷 2，第 96—97 页，注 2 引 St. Isidore, Etyn ologies，卷五，章 XXI。"……secundum naturam, secundum consuetudinem patriae, loco temporique conveniens……""从天"的"天"字原文为"自然"。中世纪的神学家认为自然乃本于天，故此处径译"从天"。

⑥ C. H. McIlwain，前揭书，pp. 186 - 187。引 Summa de Legibus，并加评疏。Summa de Legibus 又称 Grand Coutumier de Normandie，可见"legibus"和"coutumier"两字是可以互用的。

种不同的意见。有的认为"ê"字和"aegnus"一字有关，义为"公平"；有的认为和"aevus"一字有关，义为"长久"①。在盎格鲁·撒克逊语中，也有相当于"法律"一词的"æ"字。这个字传为英文的"ay"或"aye"，义为"长久"或"久已存在"②。从上面的两个例子来看，"法律"一字的本身就含有"自古已然"的意义。在尊重传统的时代，凡是古老的也就被认为是合理的；因此说"ê"字有"长久"之义，并不排斥它同时具有"公平"之义。语言学者对这个字的不同解释，其实也不一定互相矛盾。寇恩（F. Kern）说得好："在中世纪人的意识之中，这两个意义几乎是同一的；因为凡是久已存在的就是公平的，凡是公平的也必可回溯到久已存在的事物的秩序。"③ 所以在中世纪的前期，人们确实把"自古已然"看作法律的必备的条件。所谓法律就是指从不可记忆的时候起已经存在的旧法。法律越古老，就越有不可摇撼的权威。

由于法律是自古已然的法律，所以近代意义的"立法"在中世纪前期的西欧是不存在的。近代意义的"立法"是制定新的法律。在中世纪的前期，如果要说新的法律，就等于和法律的定义矛盾；因为法律既是自古已然，就无所谓新的法律。有人从很广泛的意义上把西欧中世纪前期的那些颁布成文法令或下令编纂所谓"法典"的国君称为"立法者"。但是在"绝大多数的情况下"，这种立法者"只是宣布前已存在的法律或习惯"④。当时所用"法令"或"法规"一类的字眼，常常是指那些用以确定在实际上已经存在的法律文件。所谓"法令"或"法规"，无异是法律记录。⑤ 因此如果说中世纪也有所谓"立法"的话，这种"立法"也只是述而不作。席罗特尔（R. Schroder）对于中世纪日耳曼的法律曾经下过很警策的按语。他说那时的"法律不是被制定的，而是被证实的"⑥。按照这样的说法，则前文所说的《蛮族法典》和各种法律书等，都不过是用以证实法律的存在而已。890 年左右委撒克斯（Wessex）国王阿佛里特（Alfred）的法律序言，曾经明白指出那次写定的法律是"汇集"起来的。⑦ 既然说法律是"汇集"起来的，就必然不

---

　① F. Kern，前揭书，p. 151。

　② F. Pollock & F. W. Maitland, *History of English Law*，卷一，p. 12，注 1。

　③ F. Kern，前揭书，页 151。在等级森严的封建国家里，"法律"和"公平"已经是不能相互统一的概念，它们所以在字义上混同了起来，当然有其历史的原因。这在本文第三节中将要申论。

　④ H. Maine, *Early History of Institutions*，p. 26.

　⑤ C. H. McIlwain, "Magna Carta and Common Law", *Constitutionalism in the Changing World*, pp. 143 - 144, 147 - 148.

　⑥ C. H. McIlwain, *The Growth of Political Thought in the West*, p. 151 引 R. Schroder, *Lehrbuch der deutschen Rechtsgeschichte*.

　⑦ W. Stubbs, *Select Charters*，第九版，p. 70。

是出于立法者的制定。①

关于法律不由官府制定的问题，还可以从中世纪所习用的如何明确法律的方式来加以论证。在中世纪前期的西欧国家里，每当法律不明、需要把法律加以确定的时候，一个常用的方式不是制定明确的条文，而是向民间去询风问俗。这个方式称为"inquisitio"。我们不妨译之为"采风"。著名的《撒利法》，在编定以前，曾经由专人采访，并且经过各地人士的探讨。② 690 年左右委撒克斯王伊涅（Ine）的法律序言，说国王在确定该项法律的时候，曾经咨询了所有的"长老"（ealdormen）、最知名的"贤达"（witan），以及众多的"上帝的臣仆"（God's servants）等。③ 诺曼底公爵威廉在征服英国以后，曾从每郡征召十二人，向他们询问英国的法律。④ 在日耳曼，很多记载下来的《庄园法》，也是从庄园会议（halimot）的成员中询问而来。⑤ 至于为了个别的案件而征询有关的法律，则更习以为常。例如 1065 年关于洛林（Lorraine）的一个寺院案件的审判，就曾询问当地最老的居民，要求他们举出闻之于先代的风俗。⑥ 当然，在这一类的"采风"之中，被询问的人不可能包括某一地区的全体居民。一般被询问的人总是所谓"长老"或"贤达"（witan, sapientes 或 prud'hommes）。他们之所以被询问，不仅是由于他们具有一定的地位，而是由于他们年龄大，阅世深，因而具有丰富的关于社会古老风习的知识。按照当时的想法，法律的整体并不存在于所谓"法典"之中，而是存在于社会的记忆之中。作为法律记载并用以帮助记忆的《法典》，既不包括法律的全部，也不被认为是包括了法律的全部。因之每遇阙疑，就必须询及"耆贤"；而这些"耆贤"的知识，也就被看作是代表社会所记忆的古老的风习。盎格鲁·撒克逊文中的"法律"一字，也作"witod"，有"知识"或"智慧"之义。⑦ 从这个字上，我们似可得到一隙的微光，更能看清当时法律的特点。这个特点就是法律乃存于民间，而非出自官府。唯其如此，所以对于法律，才只有知道或不知道的问题，不会有制定或未经制定的问题。"采风"这个

---

① 当加罗林王朝的时期，法兰克王曾经颁布各种的诏令（capitula）。但严格地说，这些诏令也还不能视为立法。大多数的诏令是行政性质的指示，有些诏令是"法律补遗"（Legibus Addenda），有些是从民间采集而来的法律。据费席尔（H. Fisher）说，加罗林诸王很注意诏令和法律的区别，颁布诏令不等于是立法活动。甄克思（E. Jenks）曾说 797 年的撒克逊诏令（Capitulare Saxonicum）含有制定新法的意义，但他也说这种"方法"的出现，好像"从温房里培植出来的花草"，是早熟的东西。参看 H. Fisher, The Medieval Empire, 卷一, pp. 158 – 159; E. Jenks, *Law and Politics in the Middle Ages*, pp. 18 – 20。

② E. Jenks, 前揭书，页 8。

③ W. Stubbs, 前揭书，页 67。

④ W. S. Holdsworth, *History of English Law*，卷二，p. 154。

⑤ J. H. Wigmore, 前揭书，第四部分，第 326 页。

⑥ P. Vinogradoff, "*Customary Law*"，载 C. G. Crump & E. F. Jacob 编, *The Legacy of the Middle Ages*, p. 290, 引 Grimm, Rechtsalterthumer.

⑦ M. Smith, 前揭书，p. 66。

方式的本身，就已说明法律不是由于官府的制定。

　　说到这里，人们也许会发生这样的疑问：在中世纪的前期，西欧的封建国家曾经多次地颁布过法律。这和法律是自古已然、不由官府制定的说法是否矛盾？关于这点，是不难说明的。西欧早期封建国家对法律的颁布，不等于是对法律的制定。凡是由国家颁布的法律，一般都不能离开两项重要的根据。在法律的实质方面，它必须根据社会已有的习惯；在颁布的程序方面，它必须根据社会的认可（consensus）。① 所谓"认可"在这里并不意味着赋予法律以效力，而是意味着承认本已有效的法律的存在。所以经过官府颁布的法律并非制定的法律。那些对颁布法律表示认可的会议，不管是由权贵、长老和贤知组成的，或是由更广泛的成员组成的，都没有近代意义的立法权力。法兰克王国加罗林时代的权贵会议，除具有军事的和政治的性质而外，同时是一个高级的法庭，但不是一个立法的机构。② 英国的早期国会也同样不是制定法律的机关，它一面供国王咨询，一面构成一个高级法院。③ 在这种性质的会议里，国家可以宣布业已存在的法律，却不能制定新的法律。每当认可和颁布一种法律的时候，不论是国君或会议，也都不以为拥有立法的权力。他们往往宣称新被认可和颁布的法律是自古已然的法律。④ 英国国王亨利二世曾经在一次包括教俗两界权贵的会议上颁布《克拉里顿法规》（the Constitution of Claredon，1164）。这个《法规》的序言和结语都声称它是已有习惯和权利的记载。⑤ 因此虽然中世纪前期的某些法律是由国君经过一定的程序颁布的，但是按当时对于法律的观念来讲，我们仍然不能说法律是出于官府的制定。

　　然而在演变中的社会，不管它的演变是怎样缓慢，总不能不出现反映新的现实的法律。事实上，中世纪也在"毁掉坏的法律并颁布新的法律"⑥。但是这种新的法律往往被掩饰在旧法之下，被认为是对旧法的补正。13 世纪的英王爱德华一世实际上有过很显然的立法活动，但他却讳言立法。据 1278 年《格罗斯忒法令》（the Statute of Gloucester）的《序言》，他说他之所以制定这个法令，是为了"……

---

　　① 例如盎格鲁·撒克逊诸王所颁布的法律，一方面是以习惯为根据，一方面也是经过臣属、贤知、长老等在会议中的咨询和认可。F. Pollock & F. W. Maitland, 前揭书，卷 1，第 26—27 页。

　　② J. Brissand, *A History of French Public Law*（J. W. Garner 译），p. 82。

　　③ 参看 C. H. McIlwain, *The High Court of Parliament and Its Supremacy*。此书的一个主要论点即英国国会在早期是一个高级法院，它的立法权力是在后来逐渐成长起来的。

　　④ E. Jenks, 前揭书，第 59 页。Jenks 说，"这些会议既非……立法的，或行政的……而仅仅是宣示[法律]的"。"宣示"原文作"declaratory"。[ ] 号中"法律"两字系作者所注。

　　⑤ C. Stephenson & F. G. Marcham, *Sources of English Constitutional History*, pp. 73，76. 参看 F. Pollock & F. W. Maitland, 前揭书，卷 1，第 137 页。

　　⑥ P. Kern, 前揭书，p. 165，引 Saxo Grammaticus。

更完满地宣示法律"（……pat plus plenere exhibicion de dreit）①。所谓"宣示"就意味着法律本已存在，只是使它更为明白而已。从这种说法里，我们可以看到问题的两面。一面是统治者利用旧的形式和旧的观念来在事实上制定有利于自己的新的法律；一面是习惯法的观念是如此地深入人心，使统治者不得不托古掩护。所以寇恩曾经指出，每当中世纪有所立法的时候，总认为这是匡正偏失，使真正的旧有的法律回到正轨。例如在英国，则托词恢复了笃信者爱德华（Edward the Confessor）的法律；在法国和德国，则托词恢复了查理曼的法律。② 总之，即有新法，也必说它是旧有之法或先王之法。这固然是不合事实的托词，但加深了法律本已存在和不由制定的这一典型的中世纪前期的法律观念。正因法律是古老的、不由制定的，所以它也是不可更易的。它在理论上的权威凌驾于一切人之上。

二

上文关于西欧中世纪前期法律的说明，很有助于我们对同一时期封建君权的了解。如前所说，当时的法律不是制定法，法律被认为是自古就已存在的、不可更易的客观秩序。在英国，从诺曼征服的时代起，君权就已经开始强大了；然而直到15世纪，那时《罗马法》的法源于君的理论久已影响着西欧，法学家伏尔特斯克（J. Fortesque）却仍然说："英国的国王不能随意对国家的法律作任何的更改。"③类似的原则也见于法国的历史。法国加罗林时代的王权在早期中世纪是比较强大的，但是除非会有例外的情形，法兰克的国王不能更改国家的习惯。④ 13世纪的法学家波曼努亚（P. Beaumanoir）也说，即使是国君，也必须遵守习惯。⑤ 可见在中世纪前期的西欧封建国家里，君权并不能越出法律范围之外。换句话说，国君的地位不是在法律之上，而是在法律之下。在实际上，虽然这个原则不一定能够有效地限制国君的违法，然而对于这一原则的存在，就连国君自己也不能否认。851年的迈尔森（Mersen）之会，东、西法兰克王路易（Louis the German）和查理（Charles the Bald）以及承袭帝位的罗泰尔（Lothair）都曾宣布过他们将按法律行

---

① W. Stubbs, 前揭书, p. 449。C. Stephenson & F. G. Marcham 译为 "fuller administration of justice"（见 Sources, p. 169），似与原文有出入。参看 C. H. McIlwain, *The High Court of Parliament and Its Supremacy*, p. 48 关于爱德华一世立法活动的论述。

② F. Kern, 前揭书, pp. 165 – 166。

③ Fortesque, De Laudibus Legem Angliae, Amos 订, p. 26。

④ J. Brissand, 前揭书, p. 81。

⑤ Carlyle, 前揭书, 卷 3, p. 42。

事，不违反法律和正义。① 在各国国君的即位大典上，新君所作的誓词也都包含类似的许诺。

被认为居于法律之下的国君，他的责任自然在于维护既有的法定秩序。就他和法律的关系而论，国君是法律的执行者，而不是法律的制定者。因此我们可以说，当时的君权是法官与国君的合一，而非立法者与国君的合一。在 16 世纪波丹（Bodin）的主权论出现以前，中世纪的西欧一般不曾有过以立法权力为主权的观念。波曼努亚虽曾使用过"主权者"（souverain）这个名词，但他所说的主权，主要是指司法管辖权而言。② 关于这点，尽管各国国君在事实上的司法管辖权因王权的强弱而有所不同，但在法理上，许多封建法学家都有与波曼努亚相同的看法。《撒克逊法鉴》的编者艾克·冯·里普果（Eike von Repgowe）说："国君是一切人的共同法官。"③ 诺曼底的《法律汇编》也说，在诺曼底公国中，只有公爵才握有"全部的司法权力"（plena jurisdictio）④ 在布莱克顿和布列敦（Britton）的著述里，也有类似的见解。布莱克顿说："审判、宣布判决以及维护法定的秩序都是属于国君的事情"，国君"有在他国内的一切人之上的司法权力……"⑤ 布列敦的书里也说："对于一切的重罪、侵害罪、契约行为……［国君］都有权作出或使之作出相应于案情的判决，不须任何其他的手续。"⑥ 封建法学家的这些说明，都反映当时的国君负有国家最高法官的职责。由于国君被认为是最高的法官，所以他的责任是根据已有的法律，在他的属境之内行使最高的司法权力。在英法两国王权集中的过程中，一个主要的问题也就是把国君的司法管辖权尽可能地扩张到全国。正因国君对于法律的权力是司法的性质而非立法的性质，所以他在理论上不可能具有居于法律之上的地位。

在中世纪的西欧，不但君权的本身受着自古已然的法律的制约，而且君权的取得也必须根据传统的、具有宪法意义的原则。这些传统的原则不外以下的三点，即：一、世袭，二、教会授位（consecratio），三、选举（electio）。在各国君位传授和立君的历史上，世袭和教会授位的原则是很显然的。君位一般都是世代相承。凡在正常情况下登祚践位的国君，必须具有王家血属的权利（sanguis regis 或 genus purpurtum）。同时，按照基督教会的神学，地上的王国（ctvitas terrena）是原于天上的王国（civitas Dei），君权是出于神权；因之每当国君登位，必须经过教会的授

---

① Carlyle，前揭书，卷 1，p. 230。

② Carlyle，卷 3，p. 84。

③ Carlyle，卷 3，p. 81 引 Sachsenspiegel，iii，26，1。

④ 同上书，卷 3，p. 82；C. H. Haskins，Norman Institutions，p. 2。

⑤ 同上书，卷 3，pp. 84 – 85 引 Bracton。

⑥ Britton，*Summa de Legibus Angliae*，F. M. Nicholas 订，p. 3。［　］号中的"国君"两字系作者所加。

位。缺少了这个程序，国君就不能被认为是完全合法的国君。关于这些，事实显然，这里可以不必深论。应当略加说明的，是选举的原则。在许多情况下，选举的原则是比较隐藏的，但是这个原则的存在，却是无可置疑的事实。877 年结舌路易（Louis the Stammerer）即位为王，就自号为"上帝恩赐和人民选举的合法之王"（Miscordia Domini et electione populi rex Constitutus）①。据奥多里克·维托利斯（Ordericus Vitalis，1075—c. 1142）的记载，987 年休·加贝（Hugh Capet）的即位，是由于"法兰克、布艮底和亚奎丹诸王子在一起集会，选举王子休为他们的国君"。② 此外，盎格鲁·撒克逊的国王，是由"贤知会议"从王室的成员中选举的；③ 日耳曼的王位则一向要通过选举来决定。1077 年伏契赫模会议（Council of Forchheim）的记录曾经说：君权不能依世袭传授，即使是国君的儿子，也必须经过选举才能继位。④ 这个记录固然是过分地强调了选举的原则，但选举之不以世袭和教会授位的原则而遂丧失其意义则是很显然的。在中世纪，选举和教会授位及世袭都不是不能统一的矛盾。由选举决定的国君，在理论上可以认为是由于上帝的委任；选举据说就是上帝借以启示他的意旨的手段。⑤ 所以当选的国君，也就应该得到教会的授位。在选举和世袭之间，看来好像两不相容，但在事实上却往往交织在一起。在日耳曼，君位世袭的原则是不很固定的，然而君位的选举却很少不取决于候选者的王室血属的权利。许多国君在生前就从他的子裔或血属中确定君位继承人，新君的选举实质上是对于世袭权的承认。⑥ 在世袭原则比较固定的国家里，虽然选举已经没有实际的意义，但它仍然以"欢呼"（laudatio）或"拥戴"（acclamatio）的形式在立君的宪法程序中作为一个组成的部分。⑦ 一个按世袭原则继位的国君，向例须经过臣民的"欢呼"。"欢呼"在这里是表示对新君继位的认可。因之它是一种隐藏的、仪注性质的选举，它并不因有世袭的原则而被废弃。

上面所说的取得君位的原则，不论是世袭、教会授位或选举，都不影响国君和法律的关系。在中世纪的前期，世袭的原则并不赋予国君以超越法律的权力。一个国君按世袭原则所继承的君权，本身就受着自古已然的、不可移易的法律的限制。世袭原则只决定君位的继承，却不能改变君权的大小。把世袭原则作为君权无限的根据，那是 16 世纪以后的事情。在本文所讨论的这个时期里，世袭原则和君主专

---

① J. Brissand，前揭书，p. 72。

② E. Jenks，前揭书，p. 86，引 Ordericus Vitalis，Historia Ecclesiastica，卷 1。

③ A. B. Keith，*Anson's Law and Custom of the Constitution*，卷 2，第一部分，p. 22。

④ Carlyle，前揭书，卷 3，p. 151 引 Bruno，De Bello Saxonico。

⑤ Richer，Historiarum Libri Ⅳ，卷 4 载大主教 Adalbero 的演词。见 F. A. Ogg，*Source Book of Mediaeval History* 转载，p. 178。

⑥ G. Barraclough，*Mediaeval Germany*，卷 1，p. 52。

⑦ Carlyle，前揭书，卷 3，pp. 150 – 151。

制的理论并没有必然的联系。所以即位的新君和他的先王一样，对已有的法律没有随意更改的权力；他必须遵守在先王之时就已存在的成规。在 10 世纪日耳曼国君的即位典礼上，主持授位的大主教循例要询问新君："你愿不愿意按照祖先的正义来治理和保卫由上帝恩赐给你的国家？"新君照式回答："我立誓要在一切事情上笃实履行。"① 新君的回答就是即位的誓词，这个誓词说明他必须笃守先王的旧法。同样的，教会授位的原则也不赋予国君以居于法律之上为权力。中世纪的神学认为君位必须受"神意法"的限制，而一切法律又以"神意法"为张本。国君既不能违反"神意法"，也就不能违反基于"神意法"的任何法律。布莱克顿曾说："由于国君是上帝的使者和代表，他在世上不能做任何违背法律的事情。"② 因此中世纪前期的君权神授说，并不包含君权绝对的观念。詹姆士一世以神权来论证君权的无上，是远在 16 世纪以后才出现的思想。

在立君大典中由臣民表示对君位认可的"欢呼"或"选举"，也丝毫不意味着被认可的君权就是高居法律之上的君权。在中世纪的法律观念里，这种对君位的认可不同于某些罗马法学家所说的"最高权力的让与"（translatio imperii），国君并不能根据这种认可而取得制定和废止法律的权力。在国君登位的宪法程序之中，臣民的"欢呼"不是无条件的。接受"欢呼"的条件是新君宣誓遵守国家既有的法律。③ 按封建法的原则，封臣对封主的效忠，包含"取"和"与"两个方面。封臣"与"封主以忠诚，也从封主"取得"对他合法权利的承认。在国君登位大典中的"欢呼"，同样也包含这两个方面。臣民"与"国君以君位的认可，同时也从国君"取得"维护既有法律秩序的宣誓。撒克逊国王的加冕誓词，就列举了国君对臣民的许诺。第一是让教会和人民享有真正的安宁，第二是禁止对各色人等的不法行动，第三是保证在一切审判中履行正义和仁慈。④ 这些许诺的内容，无一不是指维护法定的秩序。使我们特别感到兴趣的，是在这些许诺之中，即位的新君并没有以允许制定新的良好的法律来示好于臣民。12 世纪英国国王史蒂芬（Stephen，1135—1154）在即位的时候，也曾向臣民宣誓遵守"亨利王（按指亨利一世）所颁布的一切权利和善良的法律以及爱德华王（按指笃信者爱德华）时期的……一切善良的法律和风俗"⑤。这和前文所引述的 10 世纪日耳曼国王即位典礼中大主教

---

① F. Kern，前揭书，p. 76。

② C. H. McIlwain，前揭书，p. 195 引 Bracton。

③ P. Kern，前揭书，p. 77。

④ G. B. Adams，*English Constitutional History*，p. 14. 这个誓词的格式在诺曼征服后沿用了二百多年。

⑤ F. Pollock & F. W. Maitland，前揭书，卷一，p. 96。（ ）号中的按语系作者所加。誓词中所说遵守"善良的"法律云云，并不意味着凡不善良的法律就不必遵守。在中世纪人的心目中，凡旧有的法律也就是善良的法律。法律无有不旧，因而也无有不善良。所以史蒂芬的誓词并非假"善良"两字来限制他遵守旧法的范围。F. Kern 论中世纪旧法即善法之意甚精，见前揭书，pp. 149 – 156。

和新君的问答具有同样的意义。所以中世纪前期的君位选举虽然已经流为仪注上的
"欢呼",但是这个仪注仍然有它先决的条件。为了获得臣民的"欢呼",国君必须
宣誓遵守旧有的法律。

根据上文的讨论,君在法下显然是当时的一个确立不移的原则。然而仅仅从概
念上承认这样的原则,并不能保证国君不发生违法的或越出法律的行为。强悍有力
的国君,往往在事实上实行专制的统治。对于他们,法律本身并不能发生限制的作
用。可以制止国君违法行为的,是臣民因不满而可能发生的反抗。因此关于臣民反
抗的问题,在当时的法律观念中也得到反映。《撒克逊法鉴》的作者说,"一个人
必须抵抗行为不轨的国君和法官,而且必须以一切方式来对他抵制……"[1] 布莱克
顿也说,"如果国君撤开了羁约,也就是说,如果他撤开了法律,那末他们(按指
国君的臣属)就应当对他加以羁约。否则他们自己将和他一样,也撤开了羁约"[2]。
这就是说,如果臣属不抵制违法的国君,他们自己也等于抛弃了法律。因此抵抗国
君的违法行为是履行对于法律的责任,目的是为了维护自古就已存在的、不可移易
的法律。1215 年英国封建诸侯反抗约翰王的行动,放下其他方面的意义不论,如
果仅从它所根据的法律观念而言,则是为了强制一个违法的国君回到法律的正轨,
并从而恢复国家古老的法律。[3] 由这次反抗行动而产生的《大宪章》,也不是一项
新制定的法律,而是由臣属同意的对于古老法律的肯定。[4] 所以在臣属对国君的反
抗活动之中,被强调的往往是维护既有的法律。[5] 正因被强调的是在于这一方面,
所以也就支持了旧法无上和国君必须遵守旧法的原则。

<h1 style="text-align:center">三</h1>

我们在前文所作的说明,主要是关于中世纪前期西欧法律和君权的特点以及两
者之间的关系。综括以上的说明,可以得到如下的几点:一、法律是不成文的习惯
法,它不是由国家制定的,国家也没有制定法律的立法者;它被认为是古老的,公
平的(它有不可移易的权威)。二、法律可以得之于"采风";颁布法律只是宣告
本已存在的法律,这种宣告应该经过咨询和同意。三、国君是执法者而不是立法

---

① F. Kern,前揭书,p. 84 引。

② C H. McIlwain,前揭书,p. 196 引。( )号中按语系作者所加。

③ J. E. A. Joliffe, Constitutional History of Mediaeval England, pp. 252 – 253;P. M. Powicke, Stephen Langton, p. 122.

④ Magna Carta,序言,C. Stephenson & F. G. Marcham,前揭书,p. 115。参看 C. H. McIlwain, Constitutionalism in the Changing World, p. 172。

⑤ F. Kern,前揭书,论《反抗权》全节。

者；作为执法者，他的权力是处于法律之下的，他受法律的限制。四、国君根据世袭、教会授位和"选举"的原则取得君位，这些原则都不赋予国君以超越法律的权力。这几点是当时法律和君权的一些很基本的观念，前人的研究成果已经可以允许我们作这样的看法。在下文中，我们将围绕这些观念来讨论本文题目所标示的后一部分的问题。

中世纪前期西欧法律和君权的观念，自然是和日耳曼人早期封建国家的现实情况相适应的。当时封建经济的自然性和停滞性，以及与这些性质相伴随的社会生产过程和社会关系的单纯重复，就使各个地区的风俗习惯凝固而为世代相沿的传统，而这种传统又被认为是不由制定的和不可移易的法律。同时，封建政治的割据性也严重地限制着君权的发展。国君不可能在他的全部封疆之内行使君权，他也不可能使并不受他直接统辖的各个地区的法律归于一致。这就使君权有限的观念和君在法下的观念能够流传和持续。关于这些，可以说是没有疑义的。但如我们从日耳曼人早期封建国家直接因袭的历史背景来看，则这些关于法律和君权的观念以及它们所相适应的社会经济现实的本身都还有更悠久的渊源。日耳曼人在形成封建制的社会以前，不曾经历过奴隶制的社会。他们是由原始社会的末期直接进入封建社会的，这已经是人所熟知的事情。因之日耳曼人早期封建国家的历史和他们在前国家时期的历史有着千丝万缕的联系。他们在建立封建国家后的经济社会制度以及与之相适应的观念，尽管内容越来越变化，还可以追溯到阶级社会以前的时期。前文所说的关于法律和君权的一些基本的观念，在这一意义上，也绝不是例外。

我们将从法律是自古相传的习惯这点说起。远在日耳曼人建立封建国家以前，他们已经有了习惯法。塔西佗（Tacitus）的《日耳曼纪》，明明载着酋长和全部族会议都受理对犯罪者的控告。那时没有成文的法律，审判和定罪自然是依据公认的习惯。塔西佗也曾记下一些重要的刑罚：如"叛徒和逃亡者在树下吊死，畏怯不前，欺罔规避（按当指作战时的犯罪）以及特殊邪恶的，在泥塘里溺死，覆以疏篱"[1]。他也提到对较轻微的犯罪只科以牲畜若干，一半归于受害者的亲属，一半归于代表部族的酋长。[2] 这和大家所熟知的撒利法关于罚金的规定是同一的道理。撒利法第六十二条规定偿命的罚金一半归于受害者的儿子，一半归于最近的血亲，如无血亲，就归于国王的财库。[3] 不过塔西佗时代的日耳曼人还没有通行的货币制度，所以罚的是牲畜而不是金钱，这些有关刑罚的记载，以及其他关于继承制度、土地制度等的记载[4]，无疑是塔西佗时代日耳曼人部族习惯法的一部分。这种习惯

① Tacitus, Germania, 12.
② 同上。
③ Lex Salica, LXII, F. A. Ogg. 前揭书, p. 67 转载。
④ 关于继承制，见 Tacitus, Germania, 20；关于土地制度，见同书, 26。

法的起源，当然是从社会实践中形成起来的不知始于何时的传统。它不是由于任何人或任何机构的制定，其内容也必然有赖于社会的记忆。在塔西佗的书里，没有关于用"采风"方式来明确社会习惯的记载。但他提到每一个裁决诉讼的酋长都有一百个从一般人民中抽拔出来的亲随，这些人的责任就是供酋长咨询，使他所宣布的判决更有分量、更有让人信服的权威。[①] 所以日耳曼部族的酋长并不是按他个人的意旨来处理诉讼纠纷的，他需要向许多出身于一般部族成员的人咨询，依靠他们的记忆和知识，明确社会上所公认的习惯。这些被咨询的人，相当于前文所说的中世纪的"贤知"和"长老"。这两种人虽为时代所分隔，他们的社会身份也不可能一样，但是在明确习惯法这点上，却起着相似的作用。中世纪前期的封建法庭里，还有所谓"知法者"（doomsman），其责任为根据所知的法律向法庭建议关于案件的判决。不论是"知法者"也好，或是"贤知"和"长老"也好，这类人物的前身，都可以回溯到塔西佗的时代。

日耳曼人在建立封建国家以后的习惯法，当然不和他们在部族时代的习惯法一样。封建国家的习惯法已经成为维护阶级利益的工具，封建主凭借法律享有特权，被农奴化的人民则按法律而负担沉重的义务。对于社会大多数的成员，客观的法律和主观的权利已经不是互相统一的东西。日耳曼人在形成对抗性阶级社会以前的习惯法，倒是"为了整个集体利益而建立的规则"，它不是代表统治阶级的意志——那时还没有统治阶级，而是"代表整个社会的意志"。[②] 因此对于构成社会集体的全部成员来说，客观法则的遵守就是主观权利的保障，法律和权利是完全合一的。在日耳曼人进入封建社会以后，这种原始性的法律和权利的合一，当然已经不符合社会的现实。然而在概念上，这个历史的遗留却一直传给中世纪的西欧。中世纪人所用的"法律"（jus）一词，一般含有两种意义：一是客观的法定秩序，一是主观的权利。[③] 在西欧许多国家的文字里，"法律"这个字同时也训为"权利"。法文中的"droit"，德文中的"Recht"，意大利文中的"diritto"，西班牙文中的"derecho"，正如法制史家魏努格拉朵夫（P. Vinogradoff）所指出的，都是一词两解，既指一个人所必须遵守的法定秩序，也指一个人所应当享有的法定权利。[④] 这一语言上的现象，显然不能单纯地作为一种巧合来了解。在这现象的后面，还有着深隐的原因；而这个原因的所在，则必须求之于前阶级社会的历史。在中世纪的西欧，这个从日耳曼原始部族生活中所遗留下来的观念，也并非一个毫无生息的幽灵。农

---

① Tacitus, Germania, 12.

② 苏联科学院法学研究所编：《马克思列宁主义关于国家法权理论教程》，中译本，中国人民大学 1956 年版，第 78 页。

③ P. Vinogradoff, *Roman Law in Mediaeval Europe*, p. 107.

④ P. Vinogradoff, *Common Sense in Law*, p. 61；F. Kern, 前揭书，pp. 155 – 156 注文引。

奴在封建的庄园法庭里借以维护其仅有权利的根据，便是被视为法律的古老的习惯。违反了习惯上的权利，也就是违反了法律。对于封建主无厌的贪求，这个观念多少起了一些抵制的、虽然不是完全可靠的作用。

在君权问题上，我们也同样看到日耳曼人部族时代的观念在中世纪前期西欧封建国家中的遗留。恺撒的《高卢战纪》和塔西佗的《日耳曼纪》中所说的日耳曼人的"王"，其实都是军事民主制下的首领，他们都只有很有限的权力。在他们有限的权力之中，战时的军事权和平时的司法权是主要的两个方面。恺撒在《高卢战纪》中说，只有在对外作战的时候，日耳曼人才选出主持战争的共同首领；"在平时，没有共同的首领，只由各地区的酋长审判案件，裁决其人民中的纠纷"。[①]塔西佗的《日耳曼纪》也有类似的记载。他写道："在大会中选举酋长，他们在各区各村中裁决诉讼。……"[②] 可见当时酋长在部族习惯法上的权力是一种审判权，两种记载都没有说他可以制定法律。恩格斯在论及日耳曼原始时代时已经注意到这一特点，他说那时的"全部的公共权力是统统属于司法一方面的"。[③] 既然酋长的权力是属于司法方面的，对于已成的习惯法，他就不能不受其约束。他必须经常向熟知旧习的长老会议咨询；在重大问题上，还必须得到全部族的认可或同意。[④] 所以塔西佗说得很清楚，日耳曼人的"王"权是"并非绝对或擅专的"。[⑤] 这种所谓"王"权，正是中世纪前期西欧封建国家君权的前身，两者的距离也并不太远。如果我们复按前文，就可看出西欧封建前期的君权还没有完全蜕去原始部族时代的面貌。

上文所引恺撒和塔西佗的记载，已经涉及酋长是出于选举的问题。被选为军事领袖的，必须有服众的才能，但是高贵的出身已经是当选为"王"的条件。[⑥] 所以日耳曼人部族的酋长既是世袭的，也是选举的。选举要根据被选者的能力，但选举的范围还得限于高贵的家族。这就是后来的"王家血属权"的种子，它一般都在选举中得到承认。这种世袭和选举交织的现象，正是中世纪前期西欧各国君位嬗递问题的特点。在中世纪，虽然世袭的原则已经是决定君位的最重要的根据，但是在这个原则的内容上，仍可看出含有立君择能的因素。中世纪早期的君位继承，不一定是限于前君之子。有的固然是长子继承，但也有的是最长的亲属继承（seniorat）或同辈的最长亲属继承（majorat）。这几种世袭性的继承方式都重视"长"这个条

---

① Caesar, De Bello Gallico, vi, 23.

② Tacitus, Germania , 12.

③ 恩格斯：《玛尔克》，《世界通史参考资料》第1辑，中国人民大学印，第75页。

④ Tacitus, 前揭书，11。

⑤ 同上书，7。

⑥ 同上。

件。"长"之所以被重视，就是为了考虑到继位者的能力问题。如果一个继位者过于幼弱，就不是一个很适当的国君。所以既在世袭的原则之中，也仍然有选其能者而立之的意义。

由于世袭和选举两个原则的交织，日耳曼人原始的选举制就在中世纪也没有完全销声匿迹。在前文中，我们曾说中世纪的君位选举一般已经流为"欢呼"的形式。但在某些情况之下，选举就不仅是一种例行的仪式，而是决定君位的重要的依据。在历史上，这种情况当然是不多见的。但每当发生这种情况的时候，那个古老的选立贤能的原则就被封建统治者用来支持和粉饰某一继位的人了。法兰克王国加贝王朝的建立者就是以这一原则为根据而选上王位的。里姆（Rheims）大主教在987年休·加贝选立大会上的演说词，很有力地说明选举新国君的理由。他说："王位不是由世袭权利获得的，如果没有高贵的身世和杰出的才能，就不能让他居于国家之首。"[①] 当这位大主教推荐休·加贝为王的时候，又列举他在品格、家世和军事力量等方面的条件。看了这些条件，我们仿佛重温塔西佗关于日耳曼人选举部族酋长的记载。同样的，751年矮子丕平（Pepin the Short）向教皇沙加里亚（Zacharias）提出的关于君位应当谁属的问题以及教皇所作的答复，[②] 似也可以从这个角度来加以考察。我们不能把这一事件单纯地看做是传统的世袭原则对现实权力的屈服。矮子丕平所提出的问题，其实也就是唯能者始能有位的问题。这也是一个古老的原则。正因它是古老的，所以它才能在一个尊重传统的时代用来作为废立旧君和选举新君的有力的、虽然同时也是欺人的依据。在选立矮子丕平为王的梭阿宋（Soissons）大会上，参与选举的法兰克贵族们大概可以问心无愧，因为他们并没有在历史上创立什么不好的先例，他们可以自称是在笃守祖宗的成规。

从上所说，中世纪前期西欧封建国家关于君权的观念也和关于法律的观念一样，都可以从日耳曼人原始部族的时代找到它们最初的踪影。然而必须指出，我们这样说，只是从日耳曼人由原始的部族直接进入封建国家的这一特殊的历史过程来看某些上层建筑前后嬗递的关系，这种嬗递的关系也正是这一特殊历史过程的反映。我们并不是说，中世纪前期西欧各国封建的君权可以和日耳曼人部族的酋长相提并论。如果作这样的看法，就必将导致谬误的类比。事实上，不仅封建的国君是封建统治阶级的代表，不同于部族酋长是全部族的首领，而且和这点根本的不同相适应，凡选举国君、限制君权、供国君咨询、对国君的重要措施表示认可或同意，以及纠正国君违法行为的社会力量，也已完全不同于在部族生活中起相应作用的社

---

① Richer, *Historiarum Libri* Ⅳ，卷四，F. A. Ogg，前揭书，p. 179 转载。
② 关于矮子丕平向教皇征询君位应当谁属的问题，参看 Annales Laurissenses Minores，F. A. Ogg，前揭书，pp. 106 – 107 转载。

会力量。日耳曼各族在建立封建国家以后，前国家时期的全部族会议就已经不再存在了。恩格斯曾经指出过："族长议事会，即使不老早消灭，也已不能召集了，它很快就为国王底固定亲信所代替；旧的人民大会为了做样子，还继续存在着，但是也逐渐地变成了只是下级军官及新兴的贵族底会议。"[1] 墨洛温王朝和加罗林王朝时期的"三月大会"或"五月大会"，都是这种已经变了质的东西。盎格鲁·撒克逊时期的"贤知会议"，也已经成为封建化的贵族会议。因此在封建国家中，能够行使选举国君之权的只是封建的诸侯，普通人民的作用不过是"欢呼"如仪而已。至于限制君权、认可国君的措施、抵制国君违法行为等，也只有大封建主才能为力；而大封建主之所以如此，则是为了他们自身的利益。1215 年伦尼米特（Runymede）之变，迫令约翰王遵守旧法的几乎全是由于大封建主的发动；那份《大宪章》的内容，就其在当时的意义来说，也很少涉及普通人民的权利。关于这些重要的、由社会性质而产生的差异，我们认为是无可争辩的，而且也无意漠视它们的存在。但在本文之中，要想达到的只是一个有限的目的。我们只想说明中世纪前期西欧封建君权和法律的若干特点，并由此论及日耳曼人原始部族时期若干相应的观念在西欧封建国家中的遗留。对于其他有关的问题，我们不可能在这里一一讨论。

　　前文所说的历史遗留的现象，很早就吸引西方史学家，特别是法制史家的注意。前一世纪西方史学界日耳曼派和罗马派的论争，就是对这一问题注意的具体表现。沙文主义的史学家曾经把遗留在西欧封建国家里的一些日耳曼部族生活中的观念和制度看做是日耳曼民族的特点，体现着自由的日耳曼人的精神。对于这种基于种族优越论的看法，恩格斯早已作过扼要的批评。[2] 我们在这里似乎也没有重加申论的必要。本文所一再引用的寇恩的著作，有人认为是晚近关于中世纪宪法史的比较精当的论述。但是根据克里模斯（S. B. Chrimes）在英译本中所作的长篇《序言》，他对中世纪日耳曼君权和法律的研究，是从这些问题的"概念环境"（conceptual environment）着眼的；他从"精神史"（Geistesgeschichte）或"世界观史"（Weltanchauung）和法制史之间的"接壤地区"获得他研究的成果。[3] 克里模斯的这番话，原来是用以称道寇恩的。但从我们看来，这种称道不啻是对寇恩的批评。因为很显然，寇恩是从概念来寻绎他所研究的问题的。我们虽然利用寇恩的著作，但在这一根本问题上不能和他抱同一的观点。我们认为要正确地理解中世纪前期西欧封建君权和法律的某些从过去历史因袭而来的特点，既不能求之于日耳曼人与生

---

①　恩格斯：《家庭、私有制和国家的起源》，人民出版社 1955 年版，第 147 页。
②　同上书，第 150 页。
③　P. Kern，前揭书，译者序言，p. xvi。

俱来的"民族精神",也不能求之于中世纪的"世界观",而是应该求之于残存在西欧封建社会的日耳曼人马克公社的制度。日耳曼人在前国家时代的关于首领和习惯法的一些观念之所以遗留了下来,主要是因为他们在前国家时代的马克公社的制度也遗留了下来。

恩格斯曾经不止一次地指出马克公社在西欧封建社会中的长期遗留。在《法兰克时代》一文中,他说:"马克制度,一直到中世纪末叶,都是日耳曼民族几乎所有全部生活的基础。这种制度在继续存在了一千五百年之后,终于,由于纯粹的经济原因而逐渐没落下去了。"① 在《家庭、私有制和国家的起源》里,他也提到在法兰西北部,在英吉利,在德意志和在斯堪的那维亚各国保持了马克公社。② 他所写的《玛尔克》一文,则是更详细地分析马克公社从原始时代到中世纪末的演变。恩格斯的说法是迄今为史学界所承认的事实。西欧封建时代的庄园,除了有些部分受罗马晚期大田庄制的影响而外,在很大程度上是脱胎于日耳曼人原始平等的马克公社。因此残存的、变了质的马克公社成为西欧许多封建国家经济上最基本的单元。这些国家封建经济的自然性和停滞性,以及附属于其上的封建政治的割据性,也都植根在这种单元的里面。在西欧封建国家形成的过程之中,逐步分化出来的分散的封建主,一方面需要利用残存的公社进行封建性的剥削,一方面也不可能有足够的力量全部推翻它。同时,被农奴化的农民虽然抗拒不了新兴封建主的剥削和统治,但是对于可以维护他们残余权利的公社制度,都保持着强固的执着的力量。当时生产力的水平,也还不能对残存的公社起瓦解的作用。恩格斯在《法兰克时代》中所说的最后破坏马克公社的"纯粹经济的原因",在西欧封建的前期也根本没有出现;所以对于生产力的发展,残存的公社还留有一定的余地。这样,由于现实的需要、封建主和农奴之间阶级力量的对比,以及和当时生产力水平的适应,日耳曼人马克公社的制度,就有必要、也有可能继续地残存。既然有了马克公社这一经济基础的残存,必然会随之以若干相应的上层建筑的残存。封建主可以利用这些残存的东西进行剥削和统治,封建臣属和农奴也可以利用它们维护其一定的权利。在长时期的嬗变之中,残存的公社传统和逐渐形成的封建传统互相纠结,不论是封建主、封建臣属和农奴,在当时的历史条件下,都有利于这些相互纠结的传统习惯的遵守。于是习惯法不可移易并且具有无上权威的观念成为被普遍承认的观念,由部族时代沿袭下来的许多成规和制度,也被保留到封建的时代。恩格斯在论马克公社民众法庭的时候,曾说这种法庭"长久维持它们的典范的地位,甚至在中古时代的封建法庭里还向它们取法。在后来的封建法庭里,封建主也只是把案件

---

① 恩格斯:《法兰克时代》,《史学译丛》1956 年第 3 期,第 1 页。
② 恩格斯:《家庭、私有制和国家的起源》,第 146 页。

的症结所在明确地提出来，而判决则是臣仆们自己作出来的"。① 这种情况之所以成为可能，自然是由于"古老的玛尔克组织还是维持了下去"② 的缘故。当然，这里所说的保留或维持，不是、也不可能是原封不动的。自由的马克公社里已经有了剥削者的领主，也有了被剥削者的农奴，继续存在的是公社的一些固有的形式，例如公有地、份地、耕作的制度、公社会议的制度，等等。和这种现象相适应，原始部族的酋长或族长已经变为封建的国君或领主，代表社会全体意志的部族习惯法也已变为代表统治阶级意志的习惯法；继续存在的是关于部族酋长权力的性质和限度、关于习惯法的来源以及法律和权利合一等观念。这就是说，保留下来的东西已经是适应封建性阶级社会的东西，但是阶级的烙印还没有模糊我们对其原有面貌的认识。日耳曼人部族时代的关于首领和法律的观念在封建西欧的长期遗留，无疑地是由于马克公社的制度在同时期残余存在的影响。

这些继续存在的东西并不是历史的化石。它们在实际生活中还起着一定的作用。在前文中，我们已经涉及这一点。恩格斯在论到马克公社在中世纪西欧继续存在的时候，也说："它仍保存了自己的天然形成的为全部氏族制度所特有的民主性质，甚至在它后来被迫蜕变的时候，还留存它的残余，这无异给被压迫者手中留下一种武器，一直到近代还是虎虎有生气的。"③ 关于这一点，是毫无疑问的，但问题还有另外的一面。中世纪各霸一方的封建诸侯也利用了这些东西，来限制君权的集中和增长，从而保持封建主地方自主的权力。对于西欧各国历史的发展，在一定阶段上，这也起了巩固封建诸侯割据势力的作用。所以这一由前阶级社会遗留下来的武器，如果掌握在封建主的手里，也可借以维护封建主的利益。因之不论对于封建主或农民，这些历史的遗留在当时的社会里都不是僵化的、对实际生活毫无意义的东西。

近年以来，由于讨论我国历史的分期，国内史学界也时时涉及农村公社在阶级社会中残余存在的问题。这当然是必要的。在这里，我们想附带指出：农村公社的残余存在，恐怕不能呆板地看做是东方国家历史独有的特点。在西欧许多国家的封建时代，马克公社的残存是很显著的现象。④ 这种残存的公社当然已经改变了性质，但在东方国家中，残存于阶级社会的农村公社恐怕也不能不改变它们的性质。在中世纪的西欧，由于马克公社的残存，我们还可大体看出相应的上层建筑的残存。如果我们在谈东方国家农村公社残存的时候，也从上层建筑方面来加以某种考

---

① 恩格斯：《玛尔克》，《世界通史参考资料》第一辑，中国人民大学印，第75页。

② 同上书，第79页。

③ 恩格斯：《家庭、私有制和国家的起源》，人民出版社1955年版，第146页。

④ 在斯拉夫人的封建国家中，也有类似的现象。我们认为这个现象是世界史的问题，不能把它局限为东方国家的特点。深入地研究这个问题对于解释历史发展的规律有重要的意义。

察，可能对于明确像这样重要的问题会产生一些有益的影响。由于我们在外国史方面资料条件的限制，本文在许多问题上还只能凭借某些外国法制史家的成果；作者也不敢说能够提出什么重要的、新颖的看法。但如本文能够引起对我国农村公社残存问题的某些方面的注意，则它多少也不是无意义的了。

（刊于 1957 年第 6 期）

史诗《吉尔伽美什和阿伽》与军事民主制问题

大家知道，"军事民主制"这一术语，最初是由摩尔根于 1877 年在《古代社会》一书中提出①，而后经马克思于 1880—1881 年在《摩尔根〈古代社会〉一书摘要》②、恩格斯于 1884 年在《家庭、私有制和国家的起源》③ 中科学地加以确定了的。马克思对摩尔根作品所作的"摘要"，绝不仅仅是原书的简单的摘录。他在自己的手稿中严肃而认真地采择古典作家的资料、选录他们的原句，经过分析批判，而后创造性地作出有关军事民主制的论断。在马克思所选取的古典作家的原句中，有的是摩尔根未曾涉及而具有十分重要的内容的。例如，关于人民大会（或按希腊原文 agora），马克思写道④：

> Agora 在英雄时代⑤早已存在，即人民大会（到人民大会去和作战去。荷马关于愤怒的阿喀琉斯说道："他既不前往那使男子们感到荣耀的人民大会，也绝不参与战争"——"伊利亚特"，1. 490—491）。

这里引用的简单的两行史诗已经充分地点出了军事民主制的本质：民主的（到人民大会去）和军事的（作战去）。

在处理古典的材料时，马克思和恩格斯谨严的态度又远远超过了摩尔根的原著。例如关于军事首长⑥，英国资产阶级著名的希腊史家格罗脱，根据荷马史诗

---

① 摩尔根：《古代社会》，中译本，三联书店，第 239、281 页等。

② К. Маркс. Конспект книги Льюиса Г. Моргана : Древнее общестао，这是一部手稿，俄译本载. Архив Маркса н Энголвса，IX，1941，关于军事民主制问题，见此书第 142—147 页等。

③ 恩格斯：《家庭、私有制和国家的起源》，人民出版社，第 100 页以下。

④ "Архив Маркса н Энголвса"，LX，第 143 页。

⑤ 即所谓"荷马时代"。

⑥ 《古代社会》，中译本作"巴赛勒斯"。

《伊利亚特》第二卷中的几行诗句，把他看成"君主"；摩尔根驳斥了格罗脱的观点，认为这几行诗中所提及的"头"（"科依来罗斯"，$Koíρανος$）和"王"（"巴赛勒斯"，$βασιλεύς$），都不是"君主"，而是在前线的军事指挥官。① 马克思不限于此，他写道：

> 至于著名的《伊利亚特》第 2 卷第 203—206 行的片断（格罗脱以此为根据，提出自己的"忠君主义"的观点），
>
> 我们亚加亚人不可能在这里个个当王。
>
> 多头是不好的；应该一个头，
>
> 一个王，那狡猾的克洛诺斯之子曾授以
>
> （权标和律法，使他可以统治我们），
>
> 那么，首先应当指出，奥德赛在上引片断中为之说好话的阿伽美农，在《伊利亚特》中只是作为在围城前指挥军队的一个最高统帅。上面所引的放在括号内的诗句，在许多稿本中，例如在攸斯塔提乌斯②的注释中，是被删去的③。

在这里，马克思不仅提出了自己的论断，而且对古典材料下了一番考订的功夫。后来恩格斯在论述这一问题时，更直接指出，"尚有人人爱诵的叙述王权的一节诗，系后来附加的"④。

更重要的是马克思和恩格斯对于军事民主制的本质和特征所作的科学的经典的论断。按马克思恩格斯的论点，以希腊的英雄时代和罗马的王政时代为例，军事民主制存在于原始公社制或氏族制正在解体的时期，那时"古代的氏族组织还是完全存在着的，不过同时我们也看到，它的瓦解已经开始"，家长制确立了，奴隶制发生了，私有财产、贫富分化、军事掠夺等阶级社会前夕的现象也都出现了。⑤ 军事民主制的特点在于它具有军事首长、议事会和人民大会等机关，而这些便是"由氏族制度中发展起来的军事民主主义底机关。所以称为军事的，因为战争及进

---

① 摩尔根：《古代社会》，中译本，第 277—279 页。

② 攸斯塔提乌斯（Eustathius）是公元 12 世纪的古典注释家。

③ "Архив Маркса и Энгольса"，LX，第 144 页。

④ 恩格斯：《家庭、私有制和国家的起源》，第 102 页。就我们现在所知道的，上引马克思所引的"伊利亚特" Ⅱ. 206 行末字 $βασιλεύη$（又为"统治"，to rule），宜订正为 $βουλεύησι$（又为"商议"，to bake counsel）。这一行可能是由第 9 卷第 99 行混来的（参见 D. B. Monoro. Iliad Ⅱ. 206 行注，及 Loeb 古典丛书本，同书 Ⅱ 206 行注）。

⑤ 《家庭、私有制和国家的起源》，第 103—104 页。

行战争的组织现在成了人民生活底正常的职能了"①。

应当指出，按照马克思主义经典作家的指示，军事民主制只是氏族制解体时期的一种上层建筑，它不应该也不必要成为某一社会发展阶段或某一历史时代的名目。②

研究军事民主制问题的意义，首先在于它涉及氏族制机关向国家过渡的问题，易言之，涉及国家起源的问题。如列宁所指出的，"国家问题是一个最复杂最困难的问题，可以说，也是一个被资产阶级的学者、作家和哲学家弄得最混乱的问题"③。如果要把国家问题弄清楚，必然要追溯到国家的起源问题；如果研究某一具体国家的起源问题，必然会牵涉这一国家发生前夕的军事民主制问题。

困难在于研究这一问题的资料。一般来说，当氏族制正在解体时，往往还没有文字或者文字刚刚发生，因此，军事民主制的同时代的文献往往无征，研究者不得不依靠后来的记载，甚至从存在于阶级社会初期的残迹，来穷源究委，探索军事民主制的历史事实。然而，我们知道，并不是每一个古代国家都像希腊那样，留下了像《荷马史诗》那么丰富的材料，告诉我们有关军事民主制的真相。古代历史的学者受了这些条件的限制，所以必须慎重行事，过去很少在古代希腊史或希腊罗马史以外，在其他古代国家史上使用军事民主制这个名目。④

这样就引起一个问题：军事民主制这一制度是单独存在于古典古代的特殊现象呢？还是普遍存在于一切古代国家在其由氏族制向国家过渡时期的一般现象呢？

半个世纪多以来，越来越多的新史料逐渐在回答这个问题。特别值得提出的是苏美尔史诗《吉尔伽美什和阿伽》。这篇史诗在我们国内过去还未曾介绍过。

苏美尔史诗《吉尔伽美什和阿伽》原文由 11 块泥板复原而得。泥板年代属于公元前 2000 年代初期，但内容所反映的是公元前 3000 年代初期关于苏美尔著名英雄吉尔伽美什的故事。史诗的部分译文早在 1936 年和 1942 年已经分别发表，但全文到 1949 年才由美国亚述学者克拉米尔（Samuel Noah Kramer）在《美国考古学杂志》（*American Jounal of Archaeology*）第 53 卷第 1 期中予以公布。原文除图版、

---

① 恩格斯：《家庭、私有制和国家的起源》，第 158 页。"军事的"，在各种中译本中往往作"军事民主义的"或"军事民主制的"，这大概是据英译本，按德文本原文，仅应有"军事的"（参见柏林，1953 年版，第 163 页）。

② 关于军事民主制应否作为一个历史阶段的问题，各家意见不一，本文不准备讨论这个问题，可参见柯斯文《关于原始历史的分期问题》（《民族问题译丛》1955 年第 1 期）；柯斯文《原始文化史纲》（人民出版社 1955 年版），第 12、234 页；阿·伊·彼尔希次《论军事民主主义》（《民族问题译丛》1956 年第 3 期）。

③ 列宁：《论国家》，《列宁全集》卷 29，人民出版社，第 428 页。

④ 在《苏联大百科全书》第 8 卷（1951）和《苏联小百科全书》第 2 卷（1958）中，"军事民主制"条的内容也都不过简单地特指古代希腊的这一制度而言。

音译和英译外，还附有雅各布生（*Thorkild Jacobsen*）的重要评注。①

史诗《吉尔伽美什和阿伽》原文并不很长（共115行），而保存比较完好，其内容有一个十分重要的特点，即没有什么神话的味道，自始至终是历史的，是人的而不是神的。这篇史诗的另一个特点是：它十分清楚地反映出古代苏美尔一定时期的军事民主制；这里有军事首长或所谓"王"（en，或 lugal），有长老会议（ab-ha uru），有人民大会或民众会（gurus uru）——三个完整的军事民主制的机关。

这是一件最古老的有关军事民主制的文献，它的内容所反映的时代比之《荷马史诗》所反映的要早约2000年左右。克拉米尔和雅各布生说它记载了人们至今为止所知道的最古老的两种政治会议。②

故事的经过是这样的：基什的王阿伽遣使至埃勒克（乌鲁克）王吉尔伽美什处，有所要求（其内容不详），吉尔伽美什召开城市长老会议，以决定降服或战斗。长老会议居然选择前者，吉尔伽美什不满意，又召集全城民众会议（这里民众即所谓"古鲁什"Gurus，当时是生产者和战士），民众会决定作战。正当吉尔伽美什告诉他的仆人思奇都如何备战时，基什王阿伽的队伍已经包围了埃勒克。随后是埃勒克的英勇斗士比尔胡尔图里和沙巴尔狄布努伽二人的活动。最后，在吉尔伽美什登上城墙之后，他胜利了。他和阿伽晤面，双方又言归于好。末后几行是赞歌。

下面是史诗的译文。③

1. 恩米巴拉格西之子阿伽派遣使者
   从基什往见住埃勒克的吉尔伽美什。
   首领吉尔伽美什在他的城市的长老之前
   说出事由，觅取（他们的）答话：
   "完成诸井，完成境内所有的井④，
   完成诸井（和）境内的小容器，
   挖掘诸井，完成那系紧的绳索：
   我们不要向基什的家族投降，我们要用武器打它。"
   那已经召开的他的城市的长老会议

10. 答复吉尔伽美什：

---

① 克拉米尔的英译全文可见《古代近东文献》（*Ancient Near Eastern Texts*，*edited by J. B. Pritchard*. 1955年版，第14—47页），但雅各布生的评注仅见《美国考古学杂志》第53卷第1期，第16—18页。

② 《美国考古学杂志》第53卷第1期，第4页。

③ 译文据克拉米尔《美国考古学杂志》第53卷第1期，参见雅各布生的评注。

④ 5—7行重见于下文11—13行及20—22行，不易解释。雅各布生认为这是阿伽的使者召集埃勒克人民前往服役的言辞，其事与农业有关，如掘井等。苏联 B. B. 斯特鲁威院士认为这是基什王阿伽要求埃勒克人挖掘水池，其结果将使他们实际上变成不自由的人。《世界通史》第1卷，第256页。

"完成诸井，完成境内所有的井，

完成诸井（和）境内的小容器，

挖掘诸井，完成那系紧的绳索，

我们要向基什的家族投降，我们不要用武器打它。"

库拉布①的首领吉尔伽美什，

他正在为伊兰娜②干一番英雄事业，

并不把他的城市长老的话考虑在心。

第二次，库拉布的首领吉尔伽美什，

在他的城市的民众面前，说出事由，觅取他们的答话：

20.　"完成所有的井，完成境内所有的井，

完成诸井（和）境内的小容器，

挖掘诸井，完成那系紧的绳索，

不要向基什的家族投降，我们要用武器打它。"

那已经召开的他的城市的民众会答复吉尔伽美什：

"啊，您们站着的，啊，您们坐着的③，

啊，您们和王子们一齐起来的，

啊，您们赶着驴腿子的，

任何支持它的④生命的人，

不要向基什的家族投降，我们要用武器打它。

30.　埃勒克，群神的手制品，

埃安那⑤，天降之家——

是诸大神构成它的各部分——

它的巨大的垣墙上接云霄，

它的高贵的居地为安努所建，

你已经在管理，你是王（和）英雄，

头颅的击碎者，安努所爱的王子⑥，

他们多么怕他的到来！

---

① 库拉布是埃勒克的邻近的地区，它和埃勒克二地当相提并论。

② 伊兰娜女神，地位仅次于大神安努，为埃勒克的主神，即塞姆语的伊丝达。

③ 25—28行大概是分别对与会的各阶层人说的，其中有长老贵族，也有普通人民。

④ "它的"大概是指"埃勒克的"。

⑤ 埃安那是埃勒克的首要神庙，直译为"安努之家"。

⑥ 36—39行译文据雅各布生的评注。

⑦ 指敌人。

他们的队伍在缩小，从后方消散①，

他们的人不能面对着他。"

40. 于是——吉尔伽美什，库拉布的首领——

听他的城市民众的话，他的衷心愉悦，他的精神振奋；

他告诉他的仆人恩奇都：

"因此，为了猛烈的战斗，且把苏卡拉②工具放在一边，

让战斗的武器回到你们的身旁，

使它发生惊惧（和）恐怖。

至于他③，待他来时，真的我将令他大惊惧，

真的他的判断就会迷乱，真的他的言辞就会无方。"

还不到五日，还不到十天④，

恩米巴拉格西之子阿伽包围了埃勒克；

50. 埃勒克——它的判断迷乱了。

库拉布的首领吉尔伽美什，

告诉它的英雄们：

"愁眉苦脸的我的英雄们，

谁有心，就请他站起来，我将派他去见阿伽。"

比尔胡尔图里⑤，他的头……人，

向他的王表示敬意：

"我要去见阿伽，

真的他的判断就会迷乱，真的他的言辞就会无方。"

比尔胡尔图里从城门出去了。

60. 正当比尔胡尔图里走出城的时刻，

他们⑥就城门的进口处捕获了他，

比尔胡尔图里——他们殴打他的皮肉；

他被带到阿伽面前了，

他便对阿伽说话。

---

① 意即逃亡。

② 苏卡拉大概是一种农具。

③ "他"大概是指阿伽。

④ 这是苏美尔的成语，意谓历时短暂。

⑤ 是沙巴尔狄布努伽的仆人，犹如上文恩奇都是吉尔伽美什的仆人一样；沙巴尔狄布努伽见下文（此说据雅各布生）。

⑥ "他们"大概是指阿伽的队伍。

他的话还没有说完（时），沙巴尔狄布努伽①已登上城墙；

他由城上俯瞰，

阿伽看见了他②。

比尔胡尔图里喊着他③。

"奴仆，你的主人是授谷者吗？"④

70.　"我的主人不是授谷者⑤，

虽则我的主人（也）可能是授谷者，

虽则那（也）可能是他的愤怒的额头，

虽则那（也）可能是他的野牛的脸孔，

虽则那（也）可能是他的蓝黑色的胡须，

虽则那（也）可能是他的美丽的手指。"

群众并不丧气，群众也不起来⑥，

群众没有堆上尘土，

所有外国的（人民）也没有被压服，

境内（人民）的口也没有堆上灰尘，

80.　马古鲁船的船首也没有被砍下，

基什的王阿伽也不曾遏止他的好战的心情。

他们继续打他，他们继续殴他⑦，

比尔胡尔图里——他们殴打他的皮肉。

继沙巴尔狄布努伽之后，吉尔伽美什登上了城墙，

库拉布的老少都感到惊惧，

埃勒克的民众执着他们的武器在他们身旁，

城门的门路——他们自己就驻在它的进口处，

恩奇都走出，向着城门。

吉尔伽美什由城上俯瞰，

90.　阿伽看见了他，

---

①　原作"沙巴尔……伽"，据雅各布生的评注补全。

②　指沙巴尔狄布努伽。

③　亦指沙巴尔狄布努伽，即比尔胡尔图里的主人。

④　据雅各布生的意见，这一行是阿伽问比尔胡尔图里。阿伽大概以为站在城上的是吉尔伽美什。"授谷者"即是"主人"，发给口粮的人，问者意指吉尔伽美什。

⑤　70—75 行是比尔胡尔图里回答阿伽。

⑥　以下六行（76—81）文意不明，大概是指阿伽方面的情形，很可能的，比尔胡尔图里的任务在于说服阿伽，但他的话并未见效，围城形势如故。又，此次围攻系水陆并进。

⑦　比尔胡尔图里继续遭到对方殴打。

> "奴仆，你的主人是授谷者吗？"①
>
> "我的主人就是授谷者，
>
> 正像你所言。"②
>
> 群众丧气了，群众起来了，
>
> 群众堆上尘土了，
>
> 所有外国的（人民）被压服了，
>
> 境内（人民）的口也堆上灰尘了，
>
> 马古鲁船的船首砍下去了，
>
> 阿伽，基什之王，也遏止了他的好战的心情。

100. 吉尔伽美什，库拉布的首领，

> 对阿伽进言：
>
> "啊，阿伽，我的监督，啊，阿伽，我的管家，
>
> 啊，阿伽，我的军队的领袖，
>
> 啊，阿伽，逃散的鸟儿你给以谷子，
>
> 啊，阿伽，你给我呼吸，你给我生命，
>
> 啊，阿伽，你使逃亡的人得到宁息。"
>
> 埃勒克，群神的手制品，
>
> 巨大的垣墙上接于天，
>
> 高贵的居地为安努所建，

110. 你已经在管理，你是王（和）英雄，

> 头颅的击碎者，安努所爱的王子，
>
> 阿伽已经为着基什给你自由，
>
> 在乌图③面前他已经归还你以前的权力；
>
> 啊，吉尔伽美什，库拉布的首领，
>
> 你的赞歌是美好的。

史诗全文就是这样。就史诗所反映的军事民主制看来，以长老会议和民众会对比，后者显然居于更重要的地位，因为它在和战关键时起了决定的作用。这里的民众会若和《荷马史诗》中的民众会相比，似乎也较为有力。在《荷马史诗》"伊利亚特"中，军事首领已经更倾向于长老贵族，普通人民（例如忒耳西忒斯）虽然在民众会上有权发言，甚至怒骂首领，但终不免遭受贵族的痛打和凌辱（《伊利亚

---

① 据雅各布生，这是阿伽问恩奇都。

② 这两行是恩奇都回答阿伽。

③ 乌图是正义之神。

特》，Ⅱ211—269）。至于《奥德赛》中的民众会，那已是军事民主制没落期的东西了，那里民众会可以中断二十年不开（《奥德赛》，Ⅱ.1以下）。

史诗《吉尔伽美什和阿伽》的内容，不但对于国家起源史，而且对于整个政治发展史的研究，具有极其重要的意义。资产阶级的历史哲学①和历史学一贯主张东方的政治本质上是君主专制的，好像只有西方，只是从希腊罗马古典世界的传统，才承受了民主政治。资产阶级学者硬说只有君主专制才合乎东方民族的气质，因之东方各民族从来就只知道君主专制，而不知道民主政治。② 他们甚至认为民主政治是印度欧罗巴民族的精神。③ 可是，现在，《吉尔伽美什和阿伽》史诗却以无可辩驳的事实，证明了所谓民主政治的"传统"，最早不始于西方，而始于东方，不始于古典的希腊罗马，不始于印度欧罗巴民族，而始于西南亚的苏美尔人。

面对日益加多的这一类的新材料，资产阶级学者也开始承认古代东方的民主政治了，但是，他们只是从形式上而不是从本质上看问题。④

马克思列宁主义历史科学在这方面做了许多研究工作，许多研究者肯定了古代东方的军事民主制，特别是古代南部两河流域的军事民主制。⑤

如果从某一国家形成后所存留的军事民主制残迹，来追溯这个国家发生前夕的军事民主制，那么我们还可以从古代其他各国找出更多的军事民主制的例证。

在古代南部两河流域，除苏美尔外，最古的国家还有亚克得。那里，当萨艮一世时，除国王外，尚有两种会议：一为那格巴提（Nagbati），一为卡布图提（Kabtuti），前者大概是民众会，而后者为贵族会议。⑥ 显然的，这两种会议也可以溯源于先前的军事民主制。

---

① 例如黑格尔的《历史哲学》。

② 参见 И. М. 狄雅科诺夫的论文《上古苏美尔的国家制度》中所列举的迈尔·塔恩（Tarn）、库克（Cook）等人的观点（参见《古代史通报》1952年第2期，第13—14页）。

③ 甚至著名的东方学者 B. 赫罗西尼也没有避免这样的观点，他在其所著《西亚、印度和克里特古代史》（*Ancient History of Western Asia India and Crete*，1953）中，当发现赫梯史上的一种彭库什会议（pankush）对国王有处罚之权时，写道："无疑，这种制度完全否定了古老东方的专制主义，而且是印度欧罗巴精神的理想"（英文版，第126—127页）。

④ 如雅各布生的论文，《古代美索不达米亚的原始民主政治》（《近东研究杂志》1943年第8期）。此文我们尚未见到；关于对此文的评语，可参见上引狄雅科诺夫的论文（《古代史通报》1952年第2期，第15页）。

⑤ Д. Г. 列德尔的论文《古代东方的军事民主制》（1951），我们还未读到；А. И. 久梅涅夫院士的《古代苏美尔的国家经济》（1956）中涉及军事民主制问题（该书第32、63—64页）；N. M. 狄雅科诺夫的论著，除上引的《上古苏美尔的国家制度》（《古代史通报》1952年第2期）外，还有重要的专著《古代两河流域的社会国家制度，苏美尔》（1959），其中有讨论军事民主制的专章。关于《吉尔伽美什和阿伽》这一史诗的具体年代，各家意见并不一致。我们认为，即使这篇史诗的内容是反映国家形成后的军事民主制的残迹，也可以有力地证明上古苏美尔的军事民主制。

⑥ 参见 E. Neufeld, *The Hittite Law*, 1951, London, p. 113, note 92。

在北部两河流域，在亚述，当古亚述时代，其殖民地为一自治单位（例如在卡尼斯），那里有全民会议，叫做"全体殖民"会议，又叫做"小大人"会议或"卡尼斯殖民地的小大人"会议；从中产出另一种会议，叫作"五分一"会议，在一年的五分一期间议政。"五分一"会议不能决定的事才由"全体殖民"会议开会决定。这两种会议之外，另有由贵族和富有者组成的"大人"集团，他们构成贵族会议，握有实权。此外，还有由亚述城派去的代表一人，是殖民地的主席。① 这些机构大概也可以溯源于军事民主制，"全体殖民"会议和"五分一"会议是原来民众会分化的结果；而贵族会议在这里已经占绝对优势。

在亚述城本身，当古亚述时期，民众会的痕迹（例如殖民地的"小大人"会议）已看不见，但还有长老会议，代表亚述城市公社。因为人多，长老会议也分出"五分一"轮流议政。城市公务人员有里木（limmu）管理国库，一年一任，由长老会议抽签选举，其名字成为年名；又有伊沙孔（iššakkum），有似苏美尔的恩西，为僧侣兼统治者，会议的召集人；又有乌库隆（ukulum），管理土地和司法；至于军事由谁执掌，还不详，可能尚有一个萨鲁木（šarrum）担任军职。② 在这里，我们看到，随着阶级社会和国家的发展，军事民主制已被破坏，民众会没有了，军事首长一职分化了，但长老会议还存在。这时亚述城市公社是一个贵族寡头共和国，但公职人员分化的情形，却又似雅典的执政官。

在小亚，在古代赫梯，当德列平改革时期（约公元前 1520—1490），还可以看到两种会议的残迹：其一为彭库什（pankuš），其二为图里雅斯（tuliyas）。彭库什起源于全体人民会议，且具有军事的意义，其前身当为军事民主制的民众会；图里雅斯当为贵族会议，其前身为军事民主制的议事会或长老会议。就德列平立法的内容看来，这些会议对国王的权力还能发生作用。③

除了这些古代西南亚国家以外，在古代印度也有军事民主制的例证。当梨俱吠陀时代（约公元前 1500—1000 年），氏族制正在解体之中，国家尚未形成，当时所谓"王"（Rajan），虽然在许多方面已和常人有所区别，但王位继承尚留有选举的形式，由居民就王族中选举国王。王以外，还有两种重要的会议：一是萨布哈

---

① 参见 И. М. 狄雅科诺夫译解《巴比伦·亚述及赫梯王国法典》，VI，《亚述商业殖民地条例》及《亚述法典解说》，均见《古代史通报》1952 年第 4 期。中译本只有前者，见东北师范大学《科学集刊》1957 年第 6 期。

② 见上注①所引的参考书。

③ 参见 И. М. 狄雅科诺夫译解《巴比伦、亚述及赫梯王国法典》，VIII。德列平立法部分及赫梯法典解说（《古代史通报》1952 年第 4 期；中译本见东北师范大学《科学集刊》1957 年第 6 期）。关于"彭库什"，参阅 Вяянванов《赫梯名词"彭库什"（会议）的起源和历史》（《古代史通报》1957 年第 4 期）；又，参见 E. Nefield, The Hittite Law, 1951，第 115、113、161 页；又，B. 赫罗西尼《西亚、印度和克里特古代史》，英文版，第 126—127、136 页；又，《世界通史》第 1 卷，中译本，第 510—511 页。关于这些会议的职能，各家看法不一，狄雅科诺夫认为图里雅斯是"彭库什的公议"。

（sabha），一是萨米提（samiti）。这两个名目的内容不易分别，大概萨米提规模较大，开会时由国王主持会议，是民众会的性质；而萨布哈出席的人数较少，且有会议"厅"之义，当为议事会。① 这些机关到后期吠陀时代（国家已经发生）还继续存在，不过国王的权力增强了。②

所有上列的例子，说明了军事民主制这种上层建筑，绝不单是希腊罗马古典世界所特有的现象，它是许许多多古代国家在其发生的前夕所共有的现象。如果说，在古代的那些国家还没有找出类似的例证，那么应当考虑的是这些国家的有关的材料还缺乏或研究还不够，而不应当轻易下结论说那里不曾存在军事民主制。在这方面，古代埃及就是一个例子。事实上，我们对埃及早期王朝以前的制度是无法知道的，帕勒摩石刻留给我们的前王朝的记载，除了几个不知为谁的国王名字以外，什么也没有。

为什么军事民主制成为古代一切阶级社会和国家在其发生前夕所共有的上层建筑之一呢？这要从阶级社会的发生和形成的过程去寻求原因：在阶级社会形成的过程中，社会开始有了贫富的分化，由氏族部落的成员中逐渐分出了奴主贵族分子来，原有在氏族社会全盛时代早已存在的酋长议事会，现在被氏族贵族所独占，而氏族部落的一般成员现在则另外组成了人民大会或民众会。他们在以前有权参加酋长议事会，在议事会发言，并影响议事会，现在他们必须置身于议事会之外，以前在议事会开会时的"围立"，至此便"发展而为一种真正的人民大会"了。③ 在《吉尔伽美什和阿伽》史诗中，召开民众会之前先开了长老会议或议事会，这种会议，一般人是不参加的（见上，史诗第3—14行）；在荷马史诗《伊利亚特》中也一样，阿伽美农在召集民众会之前，先在"派罗斯之王涅斯托尔的船旁召开了高贵的长老们的议事会"（《伊利亚特》，Ⅱ. 53—54）。这样便有了两种会议：长老会议或议事会，以及人民大会或民众会。加上部落的军事首领或后来的王，便有了军事民主制的三种机关。随着阶级社会的形成和发展，军事首领和贵族们日益从社会公仆的地位变成对社会统治的主人④，而民众会的重要性则随着一般人民地位的没落而削减，以至于消失。

所有后来奴隶制社会初期的统治形式都是由军事民主制的机构发展和变化来的：最初，贵族政治到处占统治，这是氏族贵族和贵族会议发展和扩张权力的结果；后来，在平民和贵族斗争的过程中，在东方，贵族势力逐渐削弱，贵族会议的形式或早或晚继民众会之后也逐渐不见了，取而代之的是君主专制，这时军事民主

① *The History and Culture of the Indian People*, vol. I, The Vedic Age, 1952, pp. 352 – 354.
② 同上书，第428—430页。
③ 恩格斯：《家庭、私有制和国家的起源》，第88、100—101页。
④ 恩格斯：《反杜林论》，中译本，第184—185页。

制的残迹便被肃清；而在古典世界，民主政治在有的城邦曾代替了贵族政治，在城邦阶段或共和国时期显著一时，它事实上是由军事民主制的民众会力量发展而来，然而到了帝国时代，民主政治终于也被君主专制所代替，而军事民主制的痕迹便和东方一样也完全消失了。

由此得出结论：不论在东方，或是在古典世界，在初入奴隶制社会时期，一般总先有一个贵族政治的阶段，东方君主专制不是自始即有的；同时应当指出，在古代，君主专制是奴隶制发展到一定阶段的必然产物，东方和古典世界都一样，君主专制不是东方所专有的。

奴隶社会的政治发展史大体是这样：军事民主制是由氏族社会到阶级社会的一个过渡，是一个开端；继之是或长些或短些、或这样形式或那样形式的贵族政治，以及或明显或不明显、或发展或不发展的民主政治，而二者都在形式上带有军事民主制残余的色彩；最后是君主专制政治，那时军事民主制残迹便完全不见了。

当然，在古代，不论是贵族政治或民主政治，或是君主专制政治，都属于"政权构成的形式问题"、"政体问题"，至于"国体问题"，那只有一个，奴隶主阶级专政或奴隶主阶级的国家。

（1959 年 12 月初稿，1961 年 8 月改写）

附注：古代中国的政治发展形式问题，有待研究。数年前，国内史学界对于商代有否军事民主制问题一度有小争论①，且不论其结果如何，把古代中国是否存在过军事民主制这一问题提出来，是很有意义的。无疑的，中国的专制政治也不是自始即有的。去年，苏联 B．A．Рубин 在《古代史通报》（1960 年第 4 期）发表一篇论文，题为"公元前 7—5 世纪古代中国的人民会议"，也是值得注意的文章。

（刊于 1961 年第 5 期）

---

① 这一小争论是由于省吾先生的论文《从甲骨文看商代的社会性质》（《东北人民大学人文科学学报》1957 年）引起的。

英国封建土地所有制形成的过程

齐思和

一　关于英国封建土地所有制起源的争论

关于英国封建土地所有制的起源，在资产阶级历史学界中曾经有罗马派与日耳曼派的争论。这是欧洲大陆上，尤其是法德两国历史学界对于西欧封建制度起源的不同看法在英国历史问题中的反映。① 双方争论的焦点在于英国中世纪的庄园制度是从罗马时期以奴隶劳动为基础的农庄直接发展起来的呢，还是从日耳曼人的以自由农民为主体的农村公社发展起来的？罗马派的论点可以西保木（1838—1912）的《英国的村社》一书为代表。此书出版于 1883 年。西保木在这书中指出英国中世纪庄园制度的一些特点，并且探索了这种土地制度的起源问题。他的基本论点是，英国中世纪的封建土地所有制在罗马统治时期已经出现。中世纪的庄园制度的核心是农奴制和开放田制，这都是从罗马时期使用奴隶劳动的大农庄制发展起来的。他认为英国和大陆上的高卢和南部日耳曼各省一样，远在蛮族入侵以前，就已经完成了自奴隶制农庄向农奴制庄园的过渡。取得英格兰统治地位的盎格鲁—撒克森人的军事贵族，正和侵入高卢的上层分子一样，他们推翻了旧日庄园的领主，夺取了他们的财产，成了这些领主的新主人。因此，在他看来，盎格鲁—撒克森人对不列颠的军事征服只是统治者的改换，而不曾经过社会制度的改革。②

西保木的《英国的村社》一书出版后，受到了英国历史学界的重视，以后关

---

① 关于日耳曼派与罗马派对于封建土地制度起源的争论，以维诺哥拉道夫（Paul Vinogradoff）的《英国的农奴制度》*Villainage in England*，（英国，牛津大学出版社，1927 年版）一书中的 "绪论" 一章（见该书第 1—39 页），叙述最为全面、系统。此书英文版第一次出版于 1892 年。凡本文所注的页数，皆指本文作者所用的版本而言。对于名著亦注出最初出版年代，以供参考。

② Frederic Seebohm, *The English Village Community*（英国，剑桥大学出版社 1926 年版，第 252—335 页）。

于英国庄园制度的讨论无不以此书为出发点。但是此书所提出的英国庄园制度起源于罗马的论点却受到许多学者的反对，其中最著名的是英国的法律史家梅特兰（1850—1906）和长期旅英讲学的俄国资产阶级历史家维诺哥拉道夫（1854 年生，自 1903 年旅英讲学，1925 年卒于英国）。普洛克和梅特兰合著过《英国法律史》（二册，1895 年出版）①。他自己又写过《土地赋役调查书和它以前的土地制度》（1897 年出版）②，是前书的姊妹篇。维诺哥拉道夫写过《英国的农奴制度》（1892年出版）③、《庄园的发展》（1904 年出版）④、《十一世纪的英国社会》（1908 年出版）⑤。他们在这些著作中对于英国中世纪的庄园制度进行更加深入而细致的研究，同时对于西保木关于庄园制度起源的说法又提出了批评与驳斥。关于英国早期社会制度的起源，梅特兰同意日耳曼派斯塔布斯（1825—1901）等人的说法，即英国早期的社会制度是在日耳曼人的基础之上，而不是在罗马人的基础之上建立起来的。他在《英国法律史》的"绪论"中指出：英国早期法律的主体是盎格鲁—撒克森人在征服不列颠时期从日耳曼带来的。它是根据日耳曼人的习惯与制度而形成的。他不相信西保木所提出的那种认为在罗马驻军自不列颠撤退后，罗马制度仍被保存下来，而且盎格鲁—撒克森人侵入后，仍旧保存着那些制度的说法。他认为这种说法是毫无根据的⑥。

梅特兰认为：早期的盎格鲁—撒克森农村，是以自由农民为主体的，英国的庄园制度是在自由的农村的基础上发展起来的。梅特兰虽然认为早期盎格鲁—撒克森的绝大部分农民是自由的，但他和许多日耳曼派的学者如摩烈尔（1790—1872）、斯塔布斯（1852—1901）不同，他不相信在土地私有制之前，先有土地公有制，他认为即使在古代日耳曼社会里，也并不曾有过土地私有制⑦。他又否认马克公社的学说。⑧ 这些错误的见解自然是由于他的资产阶级的偏见而产生的。

---

① 笔者所用的是 Frederick Pollock and Frederic W. Maitland, *The History of English Law before the Time of Edward I*（二册，英国，剑桥，1911 年版）。按此书第一次出版于 1895 年。1898 年再版时由作者作了很大的修改与补充。1911 年版是根据修订本重印的。此书虽由普洛克与梅特兰两人署名，而且普洛克的名字还列在前面，其实此书基本上是由梅特兰写成的，见本书序言注。

② 笔者在写本文时所用的是 Maitland, *Domesday Book and Beyond*（英国，剑桥，1921 年重印本）。按本书的主体是论《土地赋役调查书》，最后，由已知推测未知，附论《调查书》以前的情形，故曰："及以前的土地制度。"

③ Paul Vinogradoff, *Villainage in England*（英国，牛津，1927 年重印本）。按此书第一版出版于1892 年。

④ Paul Vinogradoff, *The Growth of the Manor*（英国，伦敦，1920 年第三次修订本）。按此书第一版系 1904 年出版。

⑤ Paul Vinogradoff, *English Society in the Eleventh Century*（英国，牛津，1908 年版）。笔者在写本文时，未能找到此书，致未得加以利用。

⑥ Pollock and Maitland, *History of the English Law*，第 1 册，第 xxx—xxxii 页。

⑦ Maitland, *Domesday Book and Beyond*，第 337 页。

⑧ 同上书，第 354 页。

维诺哥拉道夫是梅特兰的密友，他也是一个法律史家。不过他不只是从法律的角度来研究庄园制度，而是也从社会史的角度来考虑这方面的问题。[1] 因此他对庄园制度的研究比梅特兰更加全面、更加深入。关于封建土地所有制的起源，维诺哥拉道夫也不同意西保木等罗马派的论点。他在《庄园制度的成长》一书中写道："福斯特·德·库朗日和他的追随者们，对于高卢［封建土地所有制的起源］的解释并不符合高卢的实际情况，而且肯定更不符合不列颠的实际情况。"[2] 他又指出："罗马人并没有将不列颠彻底罗马化，像他们对高卢和西班牙那样。"[3] 他提出质问道，假使认为当盎格鲁—撒克森人侵入不列颠时，英国早已经庄园化了，那么在威廉一世（1066—1087）时期所编制的《土地赋役调查书》中，还有很多的自由租佃农，这些自由租佃农究竟是从哪里来的呢?[4] 这是西保木无法解答的问题。维诺哥拉道夫关于庄园的起源虽在许多方面同意梅特兰的意见，但是他却不同意梅特兰的自古以来就没有土地公有制的说法。他认为在最初时期，耕地是为村民所共有，并且时常进行重新分配的，正如后来庄园中的草地一样。在这时期，一般村民是自由的。庄园制度是在自由的村社的基础上逐渐发展起来的。[5]

关于英国封建土地所有制的起源问题的争论不仅是一个学术问题，而且是和当时的阶级斗争密切联系着的。西保木在《英国的村社》的序言中已经指出：他对于这个问题不是从一个掌故家的角度进行研究的，而是从经济史家的角度进行探讨的。这种探讨是具有"直接的政治兴趣的"[6]。在他看来，关于英国的经济史自盎格鲁—撒克森人征服不列颠以来究竟是从自由农村公社开始的，还是从以农奴制为基础的庄园开始的，是一个具有现实意义的政治问题。因为如果认为盎格鲁—撒克森初期的人民群众本是自由的、平等的，那么他们是在中世纪时期逐渐沦为农奴的；如果认为在盎格鲁—撒克森初期广大的人民群众已经是农奴了，那么以后一千年的历史便是人民群众逐渐获得自由的时期。根据前一种说法，农民群众本来是自由的，以后他们被统治阶级剥夺了自由，沦为农奴，之后又经过多次的反抗斗争，才逐渐得到自由。根据后一种说法，农民最初是不自由的，他们由奴隶变为农奴，以后又由农奴变为自由人，社会的发展不是经过革命而是逐渐改良。西保木坦率地承认，他的英国封建土地所有制起源于罗马时期说正是为了这个反动的政治目的服务的。[7]

---

[1]　参见 Vinogradoff, *Villainage in England*，第 v 页所说的他的研究方法。

[2]　Vinogradoff, *Growth of Manor*，第 86—87 页。

[3]　同上书，第 37 页。

[4]　Vinogradoff, *Villainage in England*，第 408 页，参看同书，第 209 页。

[5]　同上书，第 404 页。

[6]　Seebohm，前引书，第 ix 页。

[7]　Vinogradoff, *Villainage in England*，第 x 页。

西保木等罗马派的反动学说并无任何科学根据，他们处理史料的态度是非常主观的、武断的。梅特兰和维诺哥拉道夫所提出的驳斥，是无法回答的。近五十年来，英国学术界在考古学方面和盎格鲁—撒克森时期历史的研究方面都取得了很大成绩。这些成绩更足以证明西保木等的说法是毫无事实根据的。

根据近年来英国学者的研究，罗马帝国统治不列颠虽达四百年之久（自公元 1 世纪中叶至 5 世纪初年），但是罗马人在经济上和社会制度上，在不列颠所遗留下来的影响却是微不足道的。罗马虽将不列颠划为行省，实际上罗马的统治势力能直接控制的仅限于三大驻军重镇（即约克、彻土特、卡尔龙三镇）以内的东南地区，即所谓"民治区"。至于三镇以外的所谓"军区"（即整个威尔斯与西北地区）仍然过着原来的部落生活，而且时常掀起反抗运动。罗马在那里的统治是有名无实的。即使在东南地区，罗马的统治势力主要以作为军事据点的一些城市为中心。罗马人在不列颠所建立的城市共有 50 个，但其中绝大多数是规模狭小、居民不多的小城市，有些只不过是一些公路的驿站。只有十几个城市是较大的，其中最大的是伦敦。但是据考古学家发掘的结果，罗马时期的伦敦，占地共 330 英亩，居民约 15000 人。当时只有一个城市取得了自治市的地位，这就是维鲁拉木（在伦敦北，较小于伦敦），占地共 200 英亩。此外又有四个城市取得了殖民地的地位，即约克、林肯、柯尔彻斯特、哥鲁塞斯特。[1] 在这些城市中居住着罗马的移民和退役的戍军，他们在城外拥有田产。罗马人一般居住在城中。城市的居民除了罗马人外，还有罗马化了的不列颠上层分子，以及广大的人民群众。[2] 除了居住在城市中的地主外，还有一部分地主阶级在城外建立农庄。近年来英国考古学家共发现了 500 个左右罗马式的农庄，其中 90% 是在东南地区。根据遗址中的头盖骨判断，这些农庄上的居民全都是不列颠人。[3] 因此，他们断定，这些农庄的主人并非罗马人，而是不列颠的上层分子。同时也可以断定，农庄上所使用的奴隶也都是不列颠人。居住在这些城市、大农庄、大地产以外的不列颠人，即使距离城市不远，仍是过着原来的生活方式，罗马人的统治对于他们的生活习惯、家族组织，并没有什么影响。但是罗马人和罗马化了的不列颠上层分子占据了大片的肥美土地，又捕捉奴隶，迫使奴隶们在田地上、矿山上、作坊中，为他们劳动。不列颠人和罗马人以及一部分依附罗马的不列颠上层分子之间的阶级斗争是极其尖锐的。不列颠人的反抗斗争，前仆后继，一直在陆续进行。自公元 3 世纪中叶开始的罗马帝国的危机，在不列颠也得到反映。位置较为偏远的罗马军事据点，无法抵挡来自苏格兰人和周围的不列

---

[1] Collingwood and Myres, *Roman Britain*，英国，牛津，1937 年再版修订本，第 196—198 页。参见 Victor Chapot, *The Roman World*，美国，纽约，1928 年英译本，第 341—362 页。

[2] Collingwood and Myres，前引书，第 217 页。

[3] 同上书，第 215 页。

颠人的进攻，而不得不逐渐向东南地区撤退。戍军撤退之后，深受人民群众痛恨的城镇的罗马奴隶主和依附着他们的不列颠奴隶主自然也难于自保。绝大部分城市，远在盎格鲁—撒克逊人入侵前，已相继被当地人攻陷了。[①] 至于那些罗马式的农庄，虽由于分布在东南地区，维持年代较长。但是这个地区正是盎格鲁—撒克逊人最早登陆、破坏最为彻底的地区。这些农庄，在盎格鲁—撒克逊人的冲击下，毁坏净尽，只是到了近年来，才经考古学家重新发掘出来。专门研究罗马统治时期的著名考古学家哈维费德写道："我们不列颠人从曾经统治过不列颠的罗马人那里几乎没有继承过任何东西。"[②] 这个结论是现代学者一般所承认的；这个结论也彻底驳倒了西保木等罗马派关于英国封建制度起源的学说。由此可见，英国虽然在罗马统治时期曾经有过奴隶制，但是英国的封建制度却不是在罗马的奴隶制的基础之上发展起来的，而是在氏族制度瓦解的基础上产生的。盎格鲁—撒克逊人是越过奴隶制而由原始公社直接过渡到封建制度的。这是英国封建化过程的特点之一。

罗马派与日耳曼派的争论盛行于 19 世纪后期和 20 世纪的初年。现代英国资产阶级历史家关于封建制度的研究又往往抛开封建土地制度、阶级关系，而专研究封建时期统治阶级内部封君与封臣之间的法律关系与军事义务，他们硬将封建制度与庄园制度分割开来。比如斯坦吞的《英国封建制度的第一个世纪》即是这种趋势的主要代表。这本书的研究对象是诺曼时期的贵族社会，他认为英国的封建制度自诺曼底人征服英国后才正式开始。他写道："本书的结论之一已在本书的书名中表明。我们根据文献记录对由男爵们和武士们构成的盎格鲁—诺曼贵族阶级研究得愈清楚，我们就愈看出它和以前的盎格鲁—撒克逊社会大不相同，因此对诺曼征服前社会的任何方面都不能用封建的这个术语来形容它。"[③]

这种抛开封建制度的经济基础而专研究它的上层建筑的方法显然是错误的。资产阶级学者的错误研究方法是由于他们对于封建制度的概念的混乱而产生的。当代的英国中世纪史家柯尔吞（1858—1947）也承认资产阶级学者对于封建制度根本就没有明确的概念。他写道："封建制度大概是一个难于下定义的制度；许多作家为了逃避这种困难，根本就否认这种制度的存在。"[④] 最近一位美国资产阶级中世纪史家在《诺曼征服与英国封建制度的产生》一文中把封建制度解释为"以占有采邑为基础，因而受封者（封臣）对赐封者（封君）遂发生了称臣、效忠、担负

---

① *Roman Britain*，英国，牛津，1937 年再版修订本，第 201—202 页。

② 转引自 George M. Trevelyan, *Illustrated History of England*，英国，伦敦，1956 年新版，第 14 页。

③ F. M. Stenton, *The First Century of English Feudalism, 1066 - 1166*，英国，牛津，1932 年第 1 次印刷本，第 v 页。

④ G. G. Coulton, *Medieval Panorama*（英国，伦敦，1938 年版），第 45 页。

军事义务的一种制度"。① 他说这是现代多数资产阶级学者的流行见解。根据这个定义，作者把研究的范围缩小到了骑士领地制的起源，结论是：只是到被诺曼征服后，英国才产生了封建制度。由此可见，当代的资产阶级学者虽然也采用"封建制度"这个术语，但实际上他们所说的封建制度和马克思主义历史科学所说的封建主义，内容是大不相同的。因此他们对于英国封建制起源问题所作的各种结论，并没有多少科学价值。

英国社会向封建社会过渡的过程是一个重大学术问题。关于这个问题历史界还没有定论。本文企图对于这个问题中的最根本的问题，即封建土地所有制的形成过程，提出一些初步的看法，请同志们指教。

二　英国封建土地所有制的产生

远在百年以前，马克思已经指出："被导入的英国封建主义，按其形式来说，此之由自然途径而形成的法兰西封建主义较为完备。"② 马克思关于英国封建化过程的这个深刻的观察应该是我们对这问题进行研究的指针。因为马克思这段话虽然简单，而它的内容却是十分丰富的。他指出：第一，英、法封建化的道路并不相同。第二，诺曼底的影响对于英国封建的最后形成起了决定性的作用。第三，正因如此，英国的封建制度在形式上较法国尤为完备。同样重要的是，马克思这段话又指示了研究英国封建制度的方法，那就是必须和法国的封建制度进行比较，这样才可以看出它的特点。

法国的封建制度一方面是在罗马奴隶占有制社会崩溃的基础上产生的，另一方面是在各征服者部落的氏族制度瓦解的基础上产生的；它由这两个过程的相互作用而形成。马克思所说的"由自然途径而形成"，当指此而言。不列颠虽也经过罗马的长期统治，但是罗马所留下来的影响却是微不足道的。英国的封建制度是在盎格鲁—撒克森人的氏族制度瓦解的基础上产生的，在它的形成的过程中，又受到大陆上的影响。一般来说，封建化的过程是一个长期的过程。法国的封建制度产生于5世纪中叶，形成于9世纪，前后经过了400年的时间。英国的封建社会是由氏族社会直接过渡来的，它的形成过程就经历了更长的时间。但是英国社会向封建化的转化过程究竟从什么时期开始？当中经历了几个阶段？最后什么时候完成？关于这些

---

① 　C. W. Hollister, *The Norman Conquest and the Genesis of English Feudalism*，载《美国史学评论》1961年4月号（第66卷，第3号），第642页。

② 　马克思：《资本主义生产以前各形态》，人民出版社1956年版，第26页。

问题，学者间尚无定论。按照我个人的看法，英国向封建制度转化的过程自盎格鲁 - 撒克森人征服不列颠时即已开始，到 11 世纪末，诺曼征服英国后，才基本完成。这个转化过程，前后经历了六百多年的时间。其中大体可分为三个阶段：（1）从 5 世纪中叶到 9 世纪初，是农村公社占统治地位及其开始瓦解的时期。（2）从 9 世纪初到 11 世纪中叶，是农村公社进一步的瓦解，庄园制度的产生和发展，和自由农民逐渐沦为依附农民的时期。（3）11 世纪后期诺曼征服英国后 100 年中，是英国封建制度的最后确立时期。这种分期法不一定妥当，谨提出以供讨论。

现在让我们先对第一时期（即从 5 世纪中叶到 9 世纪初）进行探讨。当法兰克人征服高卢时，被征服者正是处在欧洲古典奴隶制濒于瓦解的时期。当地的罗马—高卢大地主使用着成批的奴隶和隶农，而隶农制正是从奴隶到农奴的过渡形式。但是不列颠的情况就与此大不相同。当盎格鲁—撒克森征服不列颠时，罗马人的奴隶制早已被人民群众的反抗斗争所推翻了。当时不列颠人仍处在氏族社会之中，他们的农业技术很低，使用着由八头牛挽拉的重犁，土地属于氏族全体成员所有。不列颠人的生产水平和社会制度并不比他们的征服者高；而且在被征服的过程中，大部分遭受屠杀，残余的逃窜到大陆上，或西部山区，或沦为奴隶。他们在生产技术上和文化上对盎格鲁—撒克森人的影响，并不像高卢人对法兰克人的那样大。

近年来，英国历史家和考古家的研究结果，改正了以前关于盎格尔人、撒克森人和纠特人原来地理分布的许多错误看法。他们证明，撒克森人在侵入不列颠的前夕，分布在易北河与威塞河下游一带，与法兰克人比邻而居，而且经常发生战争。盎格鲁人和撒克森人关系密切，二者之间颇难区分。纠特人的居住地，并不像传统的说法，在日德兰半岛的北部，而是在莱茵河流域，他们很可能是一个法兰克部落。[①] 在侵入不列颠的前夕，他们的社会组织，和法兰克人大致相同，处在氏族社会的末期。在迁徙和征服过程中，这些征服者的社会制度也起了重大变化。长期的征服战争提高了军事贵族的地位，大片土地的夺取，无穷的战利品的掠夺，对于被征服者的奴役，加速了盎格鲁—撒克森社会的阶级分化过程，使得原来的氏族制度彻底瓦解了。代之而起的是农村公社。农村公社是盎格鲁—撒克森初期的基本社会组织。

关于盎格鲁—撒克森人征服不列颠后 150 年间的社会发展，史料是非常紧乏的。这是因为局势紊乱，征服者文化很低的缘故。自 7 世纪初年，就有了由国王颁布的法典，其中最早的是肯特国王埃塞伯特的法典，约颁布于 602—603 年。到了 7 世纪末，肯特国王维特烈德又颁布了新的法典。至于肯特以外的国家的法典，则以西撒克森王伊尼（在位年代 688—726 年）于 688—694 年所颁布的法典为最早。

---

① Collingwood and Myres, *Roman Britain*，英国，牛津，1937 年再版修订本，第 338—347 页。

除了各国的法典外，又有国王赐地的封册，主教与贵族的赐地文件。这些文件和《盎格鲁—撒克森编年史》以及比德的《英国教会史》等历史记载，都是研究盎格鲁—撒克森时代早期社会制度的重要资料。在这些原始文献中，尤以《伊尼法典》最为重要，这个法典和此期的其他法典一样，内容主要是将当时的习惯法加以条文化。因此，它的内容比它颁布的年代要早得多。这个法典对于研究早期英国史，和《萨利克法典》对于研究早期法国史，具有同样的重要性。这些早期盎格鲁—撒克森法典都是用古英语（即12世纪以前的盎格鲁—撒克森语）写成的，而《萨利克法典》则是用拉丁文写成的。古代罗马的影响对英国不及法国那样大，这也是一个明显的例证。

从这些资料可以看出，早期盎格鲁—撒克森社会的基层组织是农村公社，农村公社的成员是广大的自由农民——刻尔。当时还没有土地私有制，农村公社的土地属于全体成员所共有，只有各家的住宅和住宅周围的地段才属于各家私有。《伊尼法典》[①] 第四十条规定：

> 每个刻尔（Coerl）的宅地，在冬、夏两季必须用篱笆圈围起来。若自己不加以圈围，致使邻人的牲畜从外闯入时，他对闯入的牲畜，没有任何权利。他只可将它赶走而忍受这项损失。

由此可见，各家住宅周围的地段相当宽大，各家刻尔在自己的地段上种着农作物，因此必须用篱笆圈围起来，否则别家的牲口进入，就会造成损失。各家的住宅和周围的地段是属于各家所有，因此自己必须用篱笆围起。

农村公社生产粮食的田地和生产饲草的草地，都是属于农村公社全体社员所共有；但是，各户自由农民在田地和草地上都有自己的份地。《伊尼法典》第四十二条规定：

> 在刻尔们公共所有的草地或其他已经分成地段以便进行圈围的田地上，假使有些刻尔已经在自己担任圈围的部分加上篱笆，而有些人则没有这样做，以致 [牲畜] 从豁口中闯入，吃了公共的庄稼或饲草。那么凡是留下豁口的人，

① Dorothy Whitelock（ed.），*English Historical Documents*，C. 500 – 1042. David Douglas，ed.，*English Historical Documents*，Vol. II，英国，伦敦，1955年版，第364—372页。按盎格鲁—撒克森时期的法律汇编以德国学者利伯曼（Felix Liebermann，1851—1925）所编辑的《Die Gesetze der Anglesachsen》，四册，德国，海尔，1903—1916年版，最为著名。但此书今日既在国外，亦颇难得。笔者在写本文时所用的是英国著名盎格鲁—撒克森史专家怀特洛克女士主编的《英国史料汇编，约500—1042》。此书所收录的法典，皆译成现代英文，注解依据利伯曼，并参考其他各家，斟酌去取，颇为精当。

应对已经修筑篱笆的人赔偿损失。但他们对于牲畜的主人也可以索要赔偿。

本条下文又规定：

> 但是，如果是由于牲畜的主人不愿或不曾把牲畜管理好，以致它破坏了篱笆，而闯了进来，那么在自己的耕地上发现这头牲畜的人，就可以将他捉住，并且杀死它。它的主人只可取回它的皮和肉，而忍受其他损失。

从这段条文可以看出，当时农村公社的农田、草地仍是全体公社成员所共有，但各家都有自己的份地。大片农田或草地在未收割以前，由各户分段负责，将它的四周用篱笆圈围起来，以免牲畜闯入，损害稼禾。但是这个篱笆只是把整个公共的田地或草地的四周圈围起来。至于公共田地或草地的内部，各家的份地却是互相毗连的，而不像现代英国的农村，每户的田地，都各自用篱笆圈围起来。所以当时在共同田地的四周，只要一家不修篱笆，留下了豁口，这就给别家带来了损失，就必须对别家进行赔偿。当时农村公社的大片农田、草地，分为若干长条的份地。这些条田犬牙相错，间杂在一起。各份地之间，既没有土埂、界碑，也没有灌木篱笆。这种田制和后来的英国田制大不相同。这种田制在英国史上称作"开放田地制"。①

当时农民虽然各户都有自己的份地，但是在耕种时却是集体耕种，集体收割，然后按照各家条田的多寡进行分配。当时的农业技术水平很低，普遍实行休耕制，即一块田地经过几年耕种，地力将尽，生产减少时，即转移到另外一块田地，而使这块田地休耕数年。这就需要一种为开荒破土用的重犁。当时的耕牛也不像后来的耕牛那样大。因此，当时使用的耕犁需要八头牛来挽拉，以八头牛作一个牛队。这自然不是一户农民所能置办饲养的，同时各家农户也没有这样多的田地，供一个牛队进行耕种。事实上，一个农村公社只有几个牛队，几架耕犁，每户不过有一两头牛，或几条牛腿。因此，不得不集体耕种，互相帮助。这种办法，也是开放田地制的特点之一。

各户的份地一般是一个海得（Hide）。海得是从盎格鲁—撒克逊语 "Hiwisce" 一词演变来的，它的最初的含意为能够赡养一户自由农民的份地，而当时英国是盛行着三世同堂的大家庭。在《土地赋役调查书》里，一个海得等于120英亩。② 有的学者指出，盎格鲁—撒克逊时期的海得比后来的海得小。③ 但是当时各地区的

---

① C. S. and C. S. Orwin, *The Open Fields*，英国，牛津，1938 年版，第 30—68 页。

② 关于海得（Hide）的起源与演变，参见 Seebohm, *The English Village Community*，英国，牛津大学出版社 1927 年版，第 162、395 页。Maitland, *Domesday Book and Beyond*，第 357—520 页。

③ F. M. Stenton, *Anglo - Saxon England*，第二次改订本，英国，牛津，1955 年版，第 276 页。

度、量、衡极不一致。直到 18 世纪，仅兰克夏一郡，就有六种通行的英亩，更不要说中世纪初期了。[①] 当时既然不会有各地通行的亩，至于一个海得等于现今多少英亩，那就更难推算了。值得注意的是，即使在西撒克森一个地区，各户占用的田地，也是多寡悬殊的。这种贫富不均的现象，在《伊尼法典》以下各条可以看出：

[64 条] 一个占有二十海得田地的人[②]，如要离去，必须将十二海得田地播上种。

[65 条] 一个占有十个海得田地的人，必须在六个海得田地上播上种。

[66 条] 一个占有三个海得田地的人，必须在一个半海得田地上播上种。

从以上各条可以看出，当自由农民脱离公社时，他不但不能把自己占有的土地变卖，而且还必须在一半以上的土地播上种，由公社负责人看验检查后，才准许离社，以免土地荒芜。至于只将一半以上播上种，那是由于当时实行休耕制或二田制的缘故。当时土地属于公社所有，还没有土地私有制，这是十分明显了。此外，还可以看出，当时在同一地区，各家自由农民占有的耕地，多寡不均，已相当严重。

各家自由农民，在耕地、草地上都有自己的份地，至于山林荒地，则属于公社集体所有，各家可以在那里放牧牲畜，砍伐木材。但不得破坏山林，或砍伐过多的树木，否则课以重罚。《伊尼法典》规定：

[43 条] 任何人在树林中烧掉一棵树，而被察觉出来，对放火犯应课以整份罚金，即六十先令。因为放火犯就是盗贼。

[43.1 条] 任何人在树林里砍伐了许多树木，而被察觉出来，对他应课以三棵树的罚金，每棵三十先令。不管他砍伐了多少，他不必付出更多的罚金。因为斧子是报信者，而不是窃贼。

[45 条] 任何人砍伐一棵下边能站着三十只猪的大树，课以六十先令的罚金。

在《伊尼法典》中，氏族并不占重要地位，可见在此时期氏族制度已经瓦解；因此只有氏族制度的残余犹可在法典中看出。

[21.1 条] 任何人杀人后而隐瞒自己的罪行，经过很长的时间又被发现，

---

① John Clapham, *A Concise Economic History of Britain*，英国，剑桥，1951 年版，第 46 页。
② 斯坦吞根据泰特（J. Tait）的研究，谓当时西撒克森一个海得约等于 40 英亩。因此在当地有人拥有这样许多海得的土地。

于是使得为死者宣誓成为可能，那么死者的族人可以证明他是无罪的。

[33 条] 如果一个外国人被杀害，他的偿命金的三分之二应该交于国王，其余的三分之一应由他的儿子或族人所得。

[38 条] 如有一对夫妻，共育一个小孩，而丈夫先死，作母亲的应把他抚养成人。

为了赡养小孩，应当给她六个先令，夏天一只乳牛，冬天一只公牛。孩子的族人应该照管孩子的父亲的家庭，直到孩子长大成人。

从以上各条看来，当时家族已经退居到次要地位，只能作一些出席法庭作证，抚养孤儿，接受或支付偿命金等社会活动，而在政治经济上，并没有重大意义。

早期盎格鲁—撒克森社会的基本群众是组织在农村公社中的自由农民。这些自由农民的生命财产，都直接受着国王和政府的保护。7 世纪初年的《埃塞伯特法典》规定，如果一个自由人被人杀害，杀人犯应赔偿死者的家族一百个金先令，此外并须向国王交纳五十个金先令，作为罚金（法典第 6 条，第 21 条）。如果有人擅自偷入其他自由人的住宅，应交出六个先令，作为赔偿（法典第 16 条，第 27 条）①。看来，这些自由人除受到国王和政府的统治和保护外，并不依附任何贵族。这些自由人只是对国王和政府担负着各种义务，其中最沉重的负担是供应国王食品，供国王本人和他的随从食用。这种负担盎格鲁—撒克森语称为 feorm。食物供应起源于在氏族社会晚期人民群众向部落领袖招待酒食、贡献食物的习惯，这是氏族社会的残余。② 在早期盎格鲁—撒克森社会，国王和他的随从在国内按期巡行，走到一方便吃一方，当地的自由农民有供应国王和他的随从酒食的义务。在当时自然经济的条件下，国王和他的政府就是依靠这种方式来维持的。《伊尼法典》第 70 条规定：

十个海得的食物供应是十大桶蜂蜜，三百条面包，十二安蒲（量名）麦酒，三十安蒲清酒，两头大牛，或十只阉羊，十只鹅，二十只母鸡，十块干酪，一安蒲牛油，五条鱼，二十磅饲料，一百条鳗鱼。

自由农民不但担负着对国王和他的随从的酒食供应，国王的官员也都由老百姓支应食品。814 年，麦西亚王辛乌尔夫免除了乌斯主教的教堂供应十二个人酒食的传统

---

① Whitelock, *English Historical Documents*, C. 500－1042，第 357—359 页。

② Vinogradoff 在《Growth of the Manor》第 28—29 页指出，在凯尔特人的氏族社会中，部落领袖有向自由农民摊派食品，以供应他本人和他的军事显贵的习惯。参见 Stenton, *Anglo-Saxon England*，第 285—286 页。

惯例。① 除了供应本国官员酒食外，凡是外国使节，沿途酒食，也由当地居民支应。此外，广大的自由农民还必须服兵役。盎格鲁—撒克森时期的民兵组织称为 fyrd，这是当时作战的主力，每个壮丁必须自备武器，担负保卫国家的责任。《伊尼法典》第 51 条规定了对规避兵役的人们的惩罚办法。

> 一个国王亲兵（哥塞特）出身而拥有田产的人，如逃避兵役，罚一百二十先令，田产充公。无田产者罚六十先令。一个刻尔，如规避兵役，罚三十先令。

除了以上两种负担外，自由农民还担负着修建桥梁、城堡，及为国王修筑宫殿、运输物资等劳役。

盎格鲁—撒克森社会在征服的过程中已经出现了阶级。当时的社会上层分子是称为"哥塞特"的国王亲兵。"哥塞特"（Gesith）的原意为伴侣，他的前身是日耳曼时期部落领袖的战侣（Comes）。② 这些亲兵们平日居住在国王的宫中，或它的周围，帮助国王进行统治；到了战时，就陪着国王出去作战，形成了统治集团的核心。他们形成了一个贵族阶级，地位高出一般自由农民之上。他的偿命金是一个农民的 6 倍。在《伊尼法典》中，一个自由农民的偿命金是二百先令，而一个亲兵的偿命金则是一千二百先令。这些人拥有更多的财产，享有种种特权。《伊尼法典》规定：

> ［63 条］一个国王亲兵出身的人，如果要迁往他处，可以将自己的管事、铁匠和孩子们的奶母带走。
> ［68 条］假使一个国王亲兵出身的人被［从农村公社］驱逐，只可以从他的住宅中将他驱走，但不得没收他的耕地。

值得注意的是，亲兵阶级虽然有财有势，但他并不是农村的领主，而且他如犯了众怒，村民可以将他驱逐，和对待其他农民一样。当时一般刻尔，仍是自由农民，而非依附农民，这个条文便是很好的证据。不过，在《伊尼法典》中，已经出现了"领主"（lord）这个名词。"领主"盎格鲁—撒克森语作 Hlaford，意为给面包的人，即养主，原为战侣对他侍奉的部落领袖之称。③ 但是，在《伊尼法典》中，有

---

① Stenton, *Anglo - Saxon England*，第 280 页。

② Pollock and Maitland, *History of English Law*，第 1 册，第 31—34 页。参见 Stenton, *Anglo - Saxon England*，第 299 页。

③ Pollock and Maitland, *History of English Law*，第 1 册，第 29—30 页。

些自由农民已经奉哥塞特作为他的"领主"了。如：

> ［3.2 条］如一个自由人，未经他的领主同意而在礼拜天工作，他应当丧失自由。
>
> ［23.1 条］如被杀害［的外国人］并无亲属，［偿命金］应一半交于国王，一半交于他的哥塞特。
>
> ［50 条］如果一个哥塞特出身的人为他的家庭中的奴隶或自由人向国王或国王的大臣说情，该哥塞特无权分得一部分罚金，因为事前他未能在家中制止他们犯过失。
>
> ［70 条］对一个二百先令偿命金的人，应向他的领主付赔偿费三十先令。

从以上各条看来，在 7 世纪末的西撒克森社会里，在国王与自由人之间，已经有了领主作为他的保护人，这和 7 世纪初的肯特法典大不相同，可见封建关系的发展是很迅速的。不过，《伊尼法典》中的领主只是居于保护者的地位，被保护者仍是独立的、自由的，和以后的农奴并不相同。在当时，这种关系只限于一部分人，似乎还不很普遍。

但是，早期盎格鲁—撒克森社会已经出现了不自由的劳动人民，其中地位最低的是奴隶。在塔西陀的《日耳曼志》中已有日耳曼人使用奴隶的记载。[①] 但当时（公元 1 世纪）日耳曼社会奴隶的数目并不多。在侵入罗马帝国各部之前，奴隶的数目可能有一定的增长。在征服的过程中，盎格鲁—撒克森社会奴隶的数目又有显著的增加。《伊尼法典》关于奴隶有不少条文，例如：

> ［3 条］假使一个奴隶在主人的命令下，在礼拜天进行劳动，奴隶应被恢复自由，对于主人课以三十先令的罚金。
>
> ［3 条二款］假使一个自由人非由长官命令而在礼拜天进行劳动，应该失去自由。
>
> ［11 条］任何人若把自己的国人，不管是自由人或是奴隶，不管有罪无罪，带到海外去出卖，他应当偿付被卖人的偿命金。
>
> ［23 条］一个威尔斯纳租人（的偿命金）是一百二十先令；他的儿子，一百先令。一个奴隶，六十先令。有些奴隶，五十先令。
>
> ［24 条］假使一个因犯了罪而沦为奴隶的英吉利人私自脱逃，应被绞死，

而不给他的主人任何赔偿。

[48条] 一个因犯罪而沦为奴隶的人，假使在被控告与判处前曾经进行偷窃，控告人得加以笞打。……

从上引条文看来，当时奴隶的来源，除了被征服的不列颠人外，还有因犯罪而被罚作奴隶的英吉利人。此外，当也有在各小国之间的战争中被捉到的俘虏。这些不同来源的奴隶，不但在国内被使用着，有的甚至被运到国外去出卖。关于当时的奴隶贸易，盎格鲁—撒克森时期著名历史家比德（673—735）曾经记载下面的故事：

　　许多 [英吉利] 商人到达罗马以后，不久就陈列他们的商品。许多人到那里去购买货物。教皇哥利高利也随着群众前往。他看见许多男孩子在那里被出卖。这些孩子们皮肤雪白，面貌美丽，头发柔软。他于是问道："这些人是从哪里转运来的？"他得到的回答是：他们是被从不列颠岛运来的，当地居民的相貌就是这样的。……他又问这种人名为何族。回答是："英吉利族"。他说："不错，他们有天使般的面貌，他们和天上的天使们同是上帝的子女。"[①]

至于奴隶劳动的使用，从 7 世纪和以后的史料看来，一部分奴隶是在贵族的田地上进行劳动。此外，贵族和国王又使用着大批的女奴为他们服役。如《埃塞伯特法典》规定：

　　[第10条] 任何人如和国王的侍女同眠，课以五十先令的罚金。

　　[第11条] 任何人如和国王的磨坊女奴同眠，罚二十五先令；如和一个三等女奴同眠，罚十二先令。

　　[第14条] 任何人如和一个贵族的侍女同眠，罚二十先令。

　　[第16条] 任何人如和一个二等女奴同眠，罚五十便士，和一个三等女奴同眠，罚三十便士。

在《埃塞伯特法典》中，有一种介乎自由人与奴隶之间的人，称为"利特"（laet）。这个名词只在第二十六条出现过一次。

　　[第26条] 任何人杀害一个最高级的利特，须赔偿八十先令；二级须赔偿

---

　　① 　Bede, *Ecclesiastical History of the English Nation*（英国，*Everyman's Library* 丛书本，1958 年重印版），第 64 页。

六十先令；三级的四十先令。

从上边条文来看，他的偿命金只是比自由人略低。我们知道，"利特"是罗马帝国晚期处于半自由状态的劳动人民。他们大部分是来自被征服的日耳曼部落，他们被强迫移居于罗马城以内，担负着垦殖公田、守戍边境、交纳租税的任务。这种人一般是外国人，地位较罗马公民稍低。因此，有些学者推测，"利特"可能是因被征服而沦于半自由状态的不列颠人。这种人只在肯特的法典中出现过一次。在当时社会中似不占重要地位。①

在 7 世纪末的《伊尼法典》中，较自由人地位略低的还有威尔斯人。法典规定如下：

> ［第 23 条］一个威尔斯的租佃人［的偿命金］是一百二十个先令，他的儿子一百个先令。一个奴隶［如被杀害，杀人犯须赔偿］六十个先令，有的五十个先令。一个威尔斯人的海得是十二个先令。
>
> ［第 24 条］一个具有五个海得的威尔斯人的偿命金是六百先令。
>
> ［第 32 条］一个具有一个海得的威尔斯人的偿命金是一百二十个先令。具有半个海得的，八十个先令。如无田地，六十个先令。

此法典中所说的威尔斯人，即被征服的不列颠人。② 具有五个海得的田地，偿命金是六百先令的威尔斯人似乎是不列颠贵族的残余。因此，其地位和财富还高于盎格鲁—撒克森一般自由人。但是，一般的威尔斯人的地位则较盎格鲁—撒克森人低。其中还有不少没有田地、依靠租佃土地过活的。还有些威尔斯人就沦为奴隶。《伊尼法典》第 74 条规定：

> 如果一个威尔斯奴隶杀死了一个英吉利人，那么他的主人应将他交给（被害者的）领主与族人，或付出六十个先令以赎买奴隶的生命。

根据上边的讨论，我们可以看出，盎格鲁—撒克森人的氏族制度，在征服不列颠的过程中，已经瓦解。代之而兴的是农村公社制度。直到 8 世纪时期，农村公社仍然是盎格鲁—撒克森社会的基础，自由农民是当时的基本群众。但是农村公社因具有

---

① 关于"利特"（Laet），参见 Seebohm, *The English Village Community*，第 280 页；Stenton, *Anglo - Saxon England*，第 300 页；Whitelock，前引书，第 358 页。

② 据 Stenton, *Anglo - Saxon England*，第 301 页。

土地公有制和私人占有制的二重性，这就决定了它的过渡性质。农村公社不是一种社会形态，而是一个过渡阶段，它可以向奴隶制过渡，也可以向封建制过渡。早期盎格鲁—撒克森社会的阶级分化早已经开始了。社会的上层是由国王亲兵构成的军事贵族，而在自由农民的下边又有奴隶和半自由人和依附农民。在征服的过程中，奴隶的数目又有所增加，但是当时英格兰的统治阶级在人民群众反抗斗争的威力面前，他们绝不可能使久已消失的奴隶制度复辟，即使人民群众逐渐丧失了自由的地位，而走向农奴的道路，也是比较长期的过程。7世纪末，在西撒克森出现了"领主"，作为一些自由农民的保护者。虽然被保护者的身份仍是自由的，但是人身依附关系的萌芽便从此开始了。盎格鲁—撒克森时期的农村公社既是向封建制度过渡，我们可以把当时的农村公社看作封建制度的起点。同时我们也可以看出，正是由于人民群众的反抗，才使得统治阶级不可能重走奴隶制的老路，即使它的封建化的过程也比法国缓慢得多。7世纪末的盎格鲁—撒克森社会同5世纪末的法国社会大致相同。在此时期，大陆上的封建制度通过天主教会传入英格兰，加速了它的封建化过程。

天主教传入英格兰是从公元597年罗马教皇所派遣的以奥古斯丁为首的布道团到达肯特开始的。它发展得很快。到了7世纪后期，狄奥多尔任坎特伯雷大主教时，就将全部英格兰建立了一个宗教网，按照大陆上的办法，划分教区，层层节制，建造大教堂和修道院，深入民间，对英格兰展开了全面的布道工作。当时英格兰在政治上还未统一，但是在宗教上却已统一了。各小国的国王很快地看出来，天主教会是王权的有力的支柱，遂给它种种特权，给予保护，教会遂成了一支重要统治力量。

关于天主教会所享受的权利，在7世纪末肯特国的《维特列德法典》[①] 有下列的规定：

[第1条] 教会免除一切赋税。
[第9条] 凡破坏教会财产者罚金五十先令，与破坏国王的财产相同。

《伊尼法典》又有以下规定：

[第2条] 小孩出生后，必须于三十日内受洗，否则罚款三十先令。
[第4条] 教会税必须于圣马丁节日前付清，否则罚款六十先令，税照原

---

① Whitelock, *English Historical Documents*, C. 500 – 1042. David Douglas (ed.), *English*, *Historical Documents*, Vol. II, 英国，伦敦，1955年版，第361—364页。

数的十二倍交付。

教会不但享受各种特权，并向居民普遍征收税款。[①] 它又按照大陆上的办法，赐给教会土地，并且教给盎格鲁—撒克森国王出具赐地文书，以资证明。这些文书显然也是由教士代为起草的，它的内容是仿照罗马帝国末年的格式。下边摘译的《肯特国王赫罗塞尔给予修道院院长布利乌德的赐地文书》（679 年），可为一例。[②]

> 我将这地产所属的田地、牧场、洼地、树林、篱笆、渔场和一切财产，都赠送给你。这块地产四至分明，我和我的管理员明白标出，以赠送给你和你的修道院，希望你和你的后任永远保持，任何人不得加以否认。这项赠予，我得到了大主教狄奥多尔、我侄伊德利克、所有首要人物的同意。因此，你和你的后任可以永远保持这块土地。任何人如胆敢反对这项赠予，他将被逐出教会，和我主耶稣基督的血肉分开。本封册是永远有效的。

最早的赐田文书是给予教会的。但是后来就有赐给私人土地的事了。下边麦西亚藩王乌特里德赐给他的亲兵伊塞穆德土地的文书（770 年），则是把这块地产先给伊塞穆德享用，到他的孙子死后，再将它交给乌斯特教会。文书内容摘译如下[③]：

> 乌特里德，由上帝的恩典，现任赫维思人的藩王，深愿从上帝恩赐给我的国土中，献出极其微薄的一部分，使对教会的自由能有好处，使我们的灵魂能够得救。因此，为了全能的上帝的缘故，我将坐落在沙窝坡东岸的斯顿村庄，共有土地五个海得赐给我的亲兵伊塞穆德。伊塞穆德是英吉尔德的儿子，曾任麦西亚王伊斯巴尔德陛下的大臣和长官。我这次对他赐田得到了麦西亚王奥法，及他的主教和大臣的同意。这块地段共有五个海得。我今赐他对该地享有宗教权利。当他在世之时，他可以拥有这个地方。在他去世之后，可以将这块地产传给他的儿子和孙子，不管他们是谁，由他自己指定。经过两代之后，再将这块地产连同执照交给乌斯特教会，以供赡养之用。这项赠予作为我自己和我们大家对于教会的布施，以便他们在上帝的面前替我祈祷祝福。此项赠予，任何人不得反对。兹因该伊塞穆德已经付我以相当代价，此地居民免除对公家

---

① 宗教税（Church – scot）初见于《伊尼法典》，在此时期采征实物，一般是征收粮食，有时亦包括一两只母鸡。按照自由农民地亩的多寡摊派。参见 Stenton, *Anglo – Saxon England*，第 152—154 页。

② 参见 Whitelock, *English Historical Documents*, C. 500 – 1042. David Douglas（ed.），*English, Historical Documents*, Vol. II，英国，伦敦，1955 年版，第 443—444 页。

③ 同上书，第 462—464 页。

的一切贡纳外，并免除一切对国王或公侯的劳役，但是修筑桥梁，防守城堡，并不包括在内。在全能的上帝名义下，我们不准这块地产上的任何人将任何人盗窃到地产以外，任何人从这地产上取出任何财物，必须付给适当代价。……

从以上两篇具有代表性的赐地文书和当时的其他此类文件看来，关于当时的赐地制度，有几点可以注意。第一，以上所引两篇赐地文件中所赐的土地显然是属于农村公社的土地，而不是国王自己的土地，因此国王在赐地的过程中，必须征得大宗教贵族与世俗贵族的同意。当时国王赐田，大部分是将农村公社的土地赐给教会或世俗贵族，有时国王也将属于他自己的土地划出一部分作为赏赐之用。第二，这项赐地也包括原来在这块地产上居住的人民。这在国王乌特里德给伊塞穆德的赐地文件中尤为明显。第三，因此，实际上这项赐地并不是赐予土地，而只是把向当地居民征收食物和劳役的权利让给受赐者而已。从此以后，政府对这块土地上的居民豁免了他们的食物和劳役的负担，国家官吏不再到这地方进行征收勒索。但是居民仍对国家担负着徭役和兵役的义务。这就是封建领地制的起源。不过当时领地上的农民虽受着领主的剥削，还没有受着领主的统治。教会和贵族还没有在领地上设立法庭，村民间的纠纷仍由农村法庭或百户法庭来处理。但是，自由农民的阶级分化，私人领地制的兴起，都标志着农村公社的日趋衰落，和庄园制度的成长。

三 封建土地关系进一步的发展

从830年，英格兰各小国，统一于西撒克森王埃格伯特的统治之下。这个统一国家的形成，正是阶级斗争的结果。不甘心陷于依附地位的自由农民，经常起来反抗他们的压迫者。吓坏了的统治阶级，为了联合一切力量，压制人民群众的反抗运动，遂把一些小国合并为一个统一的大国。

从9世纪初到11世纪中叶，是英国自由农村公社逐渐瓦解，自由农民逐渐陷于依附地位的时期；也是封建土地关系进一步发展，庄园制度逐渐形成的时期。农村公社本具有土地公有制和私人占有制的二重性。这种内在矛盾就决定农村公社的过渡性质。随着时代的发展，公社内部的阶级分化越来越严重。国王、军事贵族和教会加给人民的沉重负担，永无休止的战争，苏格兰人、丹麦人的不断入侵给人民所带来的痛苦，丹麦金的征收，天灾疫疾的流行——这些灾难和负担使得一般公社成员纷纷破产，只有极其少数的社员，乘人之危，发财致富了。他们从一般自由农民中分化出来，参加到统治阶级的队伍中去。这些因素加速了公社的瓦解过程。

这个过程自盎格鲁—撒克森初期社会已经开始。当时小国间经常发生战争。[①] 在战争中遭受最大痛苦的是农民，因为这时的战争，以焚毁农村，捉捕俘虏，践踏稼禾，掠夺财物，作为削弱对方的主要手段。战争地区往往人烟房屋，荡然无存。当时的自由农民又有服兵役的义务，即使不在战区的人民，因连年战争，行役于外，以致违误农时，田园荒芜。

除了内战外，从8世纪末年以后，丹麦人的侵袭，给英吉利人带来更加严重的损失。这些来自瑞典、挪威、丹麦的"北人"（英吉利人统称他们为丹麦人），起初只是在沿海地区，进行焚烧抢杀，以后就长驱直入，要对英格兰进行军事征服。

丹麦人除掠劫屠杀外，还勒索赎金。英方为了买得暂时苟安，就向国人征收巨款，交纳给丹麦人，号称"丹麦金"（Danegeld）。丹麦金的征收是991年开始的。这一年英方向丹麦人输纳22000磅金银以求和。三年以后，英方又交给丹麦人16000磅。1002年，英方又向丹麦人交纳了24000磅的贡金。于是丹麦人的入侵，不仅使直接遭受战火的人民倾家荡产，而且即使未遭受直接掠夺的地区，也因沉重的丹麦金的征收，而家家破产。只有那些广有田产、势力雄厚的教会和大贵族才能经得起这种危机。他们并且乘人之危，巧取豪夺，霸占人民的土地。因此，这个骚动的时期是一般人民群众纷纷破产陷于依附地位的时期，也是教会和封建贵族把大片的土地集中到自己手中的时期。

前边已经提到，天主教会自传入英格兰后，即由国王给予免税等特权，赐予大片土地，并享有征收宗教税的权利。在此时期，教会占有的土地增加得很快。据《盎格鲁—撒克森编年史》记载，西撒克森王阿塞尔乌尔夫（在位年代，839—858）曾把全国十分之一的土地赏赐给教会。[②] 到了11世纪，肯特三分之一的土地属于教会所有。[③]

在此时期，不但天主教会趁火打劫，取得大量土地；同时，更多的土地落入军事贵族手中。随着战争的频繁，军事贵族的地位日渐重要。特别是，在丹麦人入侵后，因为丹麦人出没无常，英方不得不到处设防，步步为营，修建堡垒，设兵防守。这就增加了军事人员在地方上的重要性。重要的军事指挥员被赐予大片土地，使他们镇守一方。这些大军事贵族又往往将自己的一部分土地，分作若干小块，分封给自己的骑士和家丁。这样，在大贵族的下边，又有数目众多的小贵族出现。这些小贵族也有自己的封地。所谓"亲兵领地"（Thegnland）。这些"亲兵领地"一

---

① 这种紊乱情形，从 *Anglo - Saxon Chronicle* 中可以看出。此书有许多版本。我所用的是 Whitelock (ed.)，*English Historical Documents*，*C. 500 - 1042*，所收新校本（第135—292页）。此本汇集众本，重加校订，并增加了注解。

② 参见《盎格鲁—撒克森编年史》，855年。

③ Clapham，*A Concise Economic History of Britain*，第52页。

部分是由大领地中分封出来的。但是也有一部分小贵族，屈于大贵族的威势，"委身"（Commendation）于大贵族，以求得他们的保护。而且这种委身制也不限于小贵族。在东部地区，许多自由农民，也"委身"于大贵族，和大贵族发生了封建依附关系。

随着土地私有制的发展，在此时期，英国的土地逐渐分为两大类，即"书田"（Bookland）与"民田"（Folkland）。"书田"是由国王经过贤人会议的同意，赐给教会或大臣的土地。赐地时由国王给予封册，并由大臣画押为凭，所以称为"书田"。这些封册中一般规定，封地内的居民，免除对国王的贡献，禁止国家官吏迫使封地居民服徭役；又禁止国家官吏进入封地，捕捉盗贼和施用刑罚。并免除封地内居民对国家的其他负担。但是服兵役、建桥梁、修堡垒三项义务除外。这样，国王不但将向封地内居民征收贡纳的权力让出，同时也把一部分对他们的统治权让给教会或世俗封建贵族了。"书田"的含义是很明显的。但"民田"的含义就不那样明确，因此学者有不少争论。19世纪学者多以为"民田"就是罗马人所谓国有的土地（ager publicus）。但是，这种说法显然是错误的。因为从当时的封册看来，当时的国王、贵族都可以同时拥有"书田"和"民田"。从这些文件看来，"民田"似乎是指那些仍然保持着农村公社组织的土地。"书田"享有种种特权。一般来说，"书田"上的居民的负担较"民田"上的居民轻。这就是封建势力对自由居民的进攻，这也是许多自由农民纷纷"委身"于大领主的原因。结果，自由农民数目越来越少，绝大部分都陷于依附地位。根据后来的《土地赋役调查书》的记载，到诺曼征服英国的前夕，自由农民仅占全国人口总数的百分之十二，而且都集中于丹麦法区。这时英国社会的基本群众已经不是刻尔了。

依附农民的大批出现是农村公社的瓦解，公社自由农民的破产，和封建贵族对自由农民压迫的结果。封建贵族最初在公社中只占有一些份地，作为公社成员而参加公社的。但是，通过国王的册封，他们便成了这些土地的主人。最初，受封者只是按照以前国王向当地居民征收食品贡物的办法进行征收，并进行统治。但是后来他们趁农民纷纷破产，无力承受沉重的负担时，便没收他们的份地，领主的份地遂逐渐增加。于是，封建领主的份地往往和农民的份地犬牙相错，交织在一起。领主的土地扩大了，农民的土地自然就减少了。在盎格鲁—撒克森时代初期，一户农民所占用的土地一般是一海得，而在这个时期，一户农民所占用的土地一般只是一个威格特（Virgate，亦称 Yardland），一个威格特是一个海得的四分之一。封建领主既然在封地内拥有大片自己的份地，遂迫使农民在这些领主的份地上进行无偿的劳动。劳役地租于是开始了。从征收食品到劳役地租的过渡，在英国历史上是一个长期的过程，而且各地的发展也并不平衡。但是到了盎格鲁—撒克森时代后期，劳役地租已经基本上确立，似无问题。我们知道，征收食品是部落制度的残余，而劳役地租则是最早的封建地租形态。

11世纪初年遗留下来的一个文件，名为《人民的权利与等级》，原文是用盎格鲁—撒克森语写成的，记述在一个贵族的"书田"内，自贵族到奴隶各个阶层人员的权利义务。这是关于11世纪初期英国社会的一篇极其重要的史料。兹节译其中的主要条文如下：①

[塞恩的法律] 关于塞恩的法律是，他享有"书田"的权利。为了占用"书田"，他必须担负三种义务：即兵役、修筑堡垒、修建桥梁。许多地产还规定，塞恩对国王要担负以下义务：在王宫附近看守鹿苑的围墙，装备一艘战船以防守海岸，卫护国王，参加防卫军，施舍布施，交纳教会税，和其他各项负担。

[格尼特的义务] 格尼特的义务，各地产的规定并不相同。许多地产规定，他必须交纳地租，每年并交纳牧猪一只。自备马匹替领主运送东西，并供应车马。替领主劳动，并且招待他。替领主收割庄稼，收割饲草，修整鹿苑，修建领主的住宅和栅墙，替客人引路，交纳教会税和布施，充当领主的卫士，饲养领主的马匹，并替他送信，按照他的吩咐，不论远近。

[卡特尔的义务] 卡特尔的义务随地产的习惯而定。有些地产规定，他必须在每周的星期一为领主劳动，终年如此。或在秋收时每周工作三天。……他不交纳地租。他应占用五英亩地，有的地产还较此稍多，但不能更少。在耶稣升天节日（复活节后第十四日）他必须交纳灶税②，和自由人一样。如领主吩咐时，他还应该在领主的自留地上工作。他也应该按照自己的条件，防守海岸、修理国王的鹿苑。在圣马丁日，应该交纳教会税。

[吉布尔的义务] 吉布尔的义务随地而异，有的地区较高，有的较轻。在有些地产上，他终年必须按照命令工作二日，并且从圣母洁身节日（二月二日）起至复活节止，每周工作三日。当他从事于运输劳动时，如果他的马不在家，他可以不工作。在圣迈克尔节日（九月二十九日）交纳租金十便士。在圣马丁节日（十一月十一日）交纳二十三塞斯特（量名，即蒲式耳）大麦，两只母鸡。在复活节日，交纳一只小羊或两个便士。从圣马丁节日起，到复活节日止，他应该在领主的羊厩内轮流置宿，从开始耕田之日到圣马丁节日，他每周应耕田一英亩，并从领主的粮仓中取出种子，进行播种。在特别季节中，

---

① 见 Douglas（ed.），*English Historical Documents*，*C. 1042 - 1189*，第813—816页。参见 Bland，Brown Tawney（eds.），*English Economic History：Select Documents*，（英国，伦敦，1921），第3—9页。

② 亦称"彼得的便士"（Peter's pence）。是一种教会捐。

应该耕田三英亩，草地二英亩，作为义务劳动。假使他需要更多的饲草，他应得到领主的允许，用劳动来挣取。他并且应该替领主再耕田三英亩，并用自己的种子播上种，作为地租。他必须交纳灶金。每两个格尼特要为领主养活一条猎犬。当领主的牧猪奴将村民的猪赶到懈构林中放牧时，每户吉布尔应给他六个面包。在实行以上习惯的领地上，当吉布尔开始安家时，领主应该给他公牛两头，母牛一头，羊六只，在他自己的份地上应有七英亩已经播了种。在一年以后，他就应该负担习惯所规定的一切义务了。领主应该给他作活的工具，家中的器皿。在他死后，领主取走他所遗留下来的东西。

这个土地法对一些地产是适用的。但我在前边已经指出：各地区的土地法并不一样。有些地区轻，有些地区重。有些地区，尼布尔还须交纳蜜租，有些地区要交纳肉租，还有些地区要交纳酒税。每个州郡的主管人应该注意了解当地自古相沿的旧例和人民的习惯。

[养蜂人、牧猪人、牧猪奴、牧牛人、牧羊人、侍卫、制酪人、管仓人、管理员、管林人、管牧地人等的义务，从略]

[奴隶] [男奴的膳食] 每个奴隶可以领得十二磅好粮食，两只宰好的羊，一头供食用的牛，在林地中，他可以按照当地习惯伐取木柴。

[女奴的膳食] 每一女奴可以领取八磅粮食以供食用，一只羊，或三个便士以供冬食。一塞斯特豆以供兰顿斋期食用。夏日可以领取乳清，以供饮用。

所有领地上的奴隶都应在圣诞节日和复活节日由领主供应酒食。他享有一条地，以进行耕种。秋收时，每收割一英亩他可以得一捆庄稼，和其他酬劳。

从这个史料可以看出，11世纪中叶英国社会的生产关系和盎格鲁—撒克森早期已大不相同。在这时期占优势的基层生产单位已经不是自由农村公社而是领主的庄园了。这时主要的生产者已经不是自由农民（刻尔），而是各式各样的依附农民了。从这个文件还可以看出，在领地上最重要的劳动者是称为吉布尔（Gebur，亦作Boor）的农奴。吉布尔的名称已见于前一时期的《伊尼法典》（第六条第三款），在当时似为一个租佃土地的自由农民。但是，在这个文件中，他已经不是和公社农民集体交纳贡物的自由农民，而是在领主的指挥之下，担负着沉重的劳役，并且交纳谷物和其他实物，以及货币的农奴了。但是，吉布尔对领主的负担虽是多样的、苛杂的，但是他的主要负担是给领主提供无偿的劳动。他终年必须每周替领主劳动两天，在农忙的春天，每周还必须多加一天。此外还有各种附加的劳动。这样，吉布尔实际上每周必须用一半以上的时间替领主进行无偿的农业劳动。可见当时的地租形态正是处于劳役地租阶段。马克思在论封建地租的三种形态时指出："地租最简单的形态是劳役地租。在这场合，以每周的一部分，用实际上或法律上属于他所有的劳动工具（犁、家畜等等），用在实际上属于他的土地上面，并以每周的别几日，在地主的土地上，无代价地为地主劳动。"[1] 在这里，马克思所说的是劳役地租的"纯粹形态"。同时，他又指出："各种不同的地租形态会在无穷无尽的不同的结合中互相结合起来，并由此成为不纯的，混合的。"[2] 我们在历史上所遇到的，常是一种混合的状态。如此时的吉布尔的负担，除劳役外，还有实物（在圣马丁节日须交纳二十三蒲式尔大麦，两只母鸡，在复活节日须交纳一只羊），和货币地租（在圣马丁节日，须交纳十个便士作为租金）。但是，他的主要负担是劳役，而且为自己和为领主所进行的劳动，在时间上和土地上都是截然分开的。这就是劳役地租的基本特点。

中世纪的依附农民和当时的贵族一样，是有许多等级的。在这篇文件中，比吉布尔地位略高的是格尼特（Geneat）。格尼特是盎格鲁—撒克森语，意为"伴侣"，大概最初是贵族的卫士。他的义务虽繁多，但他还没有每周替领主劳动几天的义务，因而还保持着自由人的身份，而没有降到农奴的地位。

低于吉布尔的是卡特尔（Cottar）。卡特尔的原意是居住在简陋小屋的人。正如文件所指出的，他一般只占用五英亩田地。他负担的劳役也较轻，平常每周一天。他没有牛马和耕犁，不是耕种的主力。只是在秋收时，他每天应该收割燕麦一英亩，或其他谷物半英亩。收割后，他可以从每亩的收割物中得到一捆谷物作为酬劳。他不交纳实物和货币。他主要是靠替人家干零活来维持生活，是一种低级农奴。

领地内除了农奴外还有奴隶。奴隶在领主家内或在田地里、牧场上劳动。值得注意的是，文件中只提到奴隶的待遇，而没有提到每周工作的日数。这便是农奴和奴隶大不相同之点。奴隶的全部时间都是属于主人的，因此是漫无限制的。另外一点应该注意的是，盎格鲁—撒克森社会的奴隶是被分给一小块土地，进行耕种来养活自己的，此外再给一点谷物肉食，以供过节过冬之用。这种奴隶是从日耳曼人的茅舍奴隶（Hu tted slaves）发展来的，和古典式的奴隶制大不相同。

在盎格鲁—撒克森时代后期，领主不但在经济上对农民进行剥削，而且又开始取得在政治上对农民进行统治的权力。这两种权力是密切联系着的，因为有了政治上的统治权才能保证他对农民在经济上的剥削。正如列宁所说："如果地主没有直接支配农民人格的权力，他就不能强迫被分与土地而自行经营的人们来为他做工。因此，必须有'超经济的强制'。就像马克思在描述这种经济的特征时所说的一

---

① 马克思：《资本论》第3卷，人民出版社1955年版，第1030页。
② 同上书，第1038—1039页。

样。"① 前边我们已经看到，在盎格鲁—撒克逊时代初期，自由农民之间的纠纷是由群众的百户法庭来处理的。封建贵族对于司法权的篡夺，从册封土地开始。中世纪对法律案件的处理多采取罚款方式，因此法庭的罚金是一种重要财政收入。封建贵族在被册封土地时，也取得了享受法庭罚款收入的权利。许多封册明文规定，"不得以罚款方式从领地上取走任何款项"。最初，领主只是取走领地内群众法庭的罚款。后来，他们为了便于管理领地内农民和攫取罚金，便在领地上设立法庭。在 9 世纪时，这种领主法庭已很普遍。西撒克逊王阿尔弗烈德（在位年代 871—899）的《法典》的叙言中写道："世俗贵族对初次犯罪的人，不管何种罪行，都处以罚金。他们对各种罚款都有规定。只有对那些背叛自己的领主的人，他才不敢宽恕，因为全能的上帝从未宽恕过藐视他的人，而且上帝之子基督也没有宽恕过把他出卖、置于死地的人。他让每个人爱他的主人和爱他［基督］自己一样。"② 从这一段话中可以看出，领主的地位已经成为神圣不可侵犯的了。

在 10 世纪时，有些封册就已将设立领主法庭的权利加以明文规定。这项规定最早见于 956 年英王埃德维格将南威尔地方赐给约克大主教的封册。其中提到："下列的村庄是属于南威尔的，包括司法权（with sake and soke）。"③ "sake and soke" 是在此时期文件中常见的术语。Sake 的意思是"事由"，即争执的事由。Soke 的原意是"寻求"，即寻求一个领主或法庭，提出控诉。按照当时的习惯，此术语即指领主在自己领地内设置法庭的权力而言。在 10—11 世纪赐田、赠地的文件中，设置法庭的权力常见于明文规定。如 11 世纪初，有一个麦西亚贵族，名叫乌夫利克·斯普特，在他的遗嘱中，把莫尔吞地方一块地产捐赠给鲍尔吞修道院，并且连同"一切它所有的司法权"④。这种规定也常见于此时期的其他文件。

但是，这些文件中所指的司法权系指对较小的罪行、过失而言，而不是漫无限制的。一般来说，庄园法庭所处理的多属于较小的刑罚。关于这点，在封册中也有明文规定。如忏悔者爱德华在给威斯闵斯特修道院的封册中规定，修道院负责人对该地产"有司法权，征牲畜税权，审判牲畜盗窃权，审判赃物窝主权（Withsake and soke，with toll and the team，and with infangenetheof）"。⑤ 这里规定这些都是属于盗窃案件的罪行。（征牲畜税的手续也系证明正当买卖的法律手续，否则即被认为赃物。）

除庄园法庭外，各地还存在国家法庭。关于较严重的罪行，必须由国家法庭来

---

① 列宁：《俄国资本主义的发展》，人民出版社 1954 年版，第 161 页。
② 《阿尔弗烈德法典》见 Whitelock，*English Historical Documents*，*C. 500 - 1042*，第 372—381 页。
③ 此封册见 Whitelock 前书，第 512—513 页。
④ 此文件见同上书，第 543 页。
⑤ 参见 Stenton，*Anglo - Saxon England*，第 490 页。

处理。814 年麦西亚王辛沃尔夫给乌塞斯特主教的赐田文件中，已规定，"假使一个坏人，公开作恶，已经被破获三次，应把他加以逮捕，送交国王村庄，加以处理"[①]。从这文件可以看出，对于初犯和再犯的盗窃犯，领主法庭是有权处理的。但如他仍不悔改，以致三次被捕，罪行就很严重了，须由国王村庄的法庭进行处理。当时国王村庄的法庭往往是把周围的百户法庭加以合并而形成的一种高级法庭，处理比较重要的案件。

和领主司法权密切联系着的是一种被称为梭克曼（sokeman）的农民。这种依附关系盛行于丹麦法区。梭克曼在身份上是自由的，他有自己的土地，并且可以自由买卖。但是他已陷入当地大领主的统治之下，而不是只受国王的统治了。他除向国王交纳租税外，还必须接受当地领主的统治，必须出席领主的法庭，并受它的审判。"梭克曼"之名即因是而起（soke 意为向法庭申诉之权）。除受当地领主法庭的统治外，他还必须向他的领主交纳一笔小额税金，在农忙时还需要替领主服劳役。不过他还保持着自由人的身份，可以自由地选择自己的领主，可以自由地和自己的领主断绝关系，而寻求其他领主。他并没有附着于土地。除梭克曼外，丹麦法区还有自由人（liberi homines）。他们的经济地位和梭克曼差不多，每户约有土地40 英亩，但他不受领主统治，政治地位比梭克曼高。在丹麦法区，有些地区自由人的数目和梭克曼差不多，有的地区自由人的数目比梭克曼还多。根据《土地赋役调查书》的记载，诺福克郡有梭克曼 5651 人，自由人 5544 人。萨福克郡有梭克曼 1002 人，自由人 8144 人。因为在丹麦法区一般农民还没有附着于土地，所以庄园制度在那里还没有建立起来。但是这个地区的自由人仍是向封建依附关系发展，这在梭克曼尤为显著。分散在许多农村的梭克曼渐对一个邻近的中心领主地产担负劳役，交纳租税，并出席它的法庭。这种以一个大封建地产为中心，统治着分散在邻近农村的梭克曼的制度，事实上是向庄园制度过渡。这样的一个单位就称为一个梭克。这种梭克的面积有的是很大的。比如，哈罗德伯爵在格里撒木地方的一个梭克就包括三十五个农村。在诺曼征服英国后，绝大部分达类梭克都庄园化了。

这个时期英国南北两部的自由农民向依附农民的过渡，由此时期各法典可以看出。如《阿尔弗烈德法典》中有以下规定[②]：

[第四十二条第五款] 当一个人的领主被攻打时，他可以为他的领主而战，对他不得进行报复。同样，一个领主也可以为自己的被保护人而战。

[第四十二条第六款] 同样，当一个人的族人无故遭受侵犯时，他可以为

---

① 参见 Stenton，*Anglo - Saxon England*，第 486 页。

② Whitelock，*English Historical Documents. C. 500—1042*，第 372—381 页。

自己的族人而战；但如果侵犯者是他的领主，却不得向他的领主作战；这是朕所不能允许的。

在《阿塞斯坦法典》（924—939）中有以下规定[①]：

> ［第二条］关于没有领主的人。朕宣布：对于那些没有领主因而无从法办的人，应该由他的族人将他逮至法庭，并且在公共集会上替他找一个领主。
>
> ［第二条第一款］假使他们不能或不愿于指定日期将他逮捕交给法庭，那么他以后就成了逃亡犯，任何人遇到他时，都可以把他作为盗贼，将他打死。
>
> ［第二条第二款］任何人如将他隐藏起来，就应该偿付他的偿命金，或以他的偿命金的数目宣誓，他并未隐藏此人。
>
> ［第三条］关于抗拒法律。凡领主胆敢抗拒法律，保护自己的罪犯，致使受害人只好向国王处起诉者，该领主应负责偿还该罪犯所盗窃的物资，并须向国王交纳一百二十先令。凡不先向犯罪人的领主要求将他治罪而径向国王处申诉者；或经该领主拒绝，而不再行申诉，即径向国王处控告者，亦课以罚金，金额与该领主的罚金相同。

《克纽特法典》（1020—1023）有下列规定[②]：

> ［第三十条］任何人凡被百户法庭怀疑或常被指控者，他应该接受三种神判法。［译者按：即水、火、战斗神判］。
>
> ［第三十一条第一款］如他的领主证明，从温彻斯特会议以来，此人在宣誓或用神判法审判时都未曾失败，该领主应邀请百户区内两个可靠的人宣誓证明，此人确系在举行宣誓或神判时永未失败，也永未因盗窃而赔偿款项。该领主亦可由他的管事代表。

从上边所引的一些法律条文来看，在盎格鲁—撒克森后期，不管是自由农民或不自由农民，都逐渐陷入领主的司法权控制之下。欧洲封建制度的一个重要原则：即"人人必须有领主"（No man without a lord），已经普遍地树立起来了。当时，国家的司法权并不能直接地贯彻到人民群众中去，而是通过领主来执行的。一个人遭受损害，不是直接到国家法庭去控诉，而是先到犯罪人的领主那里去控告，否则

---

① 《阿塞斯坦法典》见 Whitelock（ed.），*English Historical Documents*，*C. 500 – 1042*，第386—387 页。
② 《克纽特法典》见同书，第419—430 页。

不但不能申冤，反而要受到处分。在当时的社会里，一个没有领主的人就被看作一个无从法办的人，一个危险分子，同时也成为一个不受法律保护的人。因此，每个人必须有领主。一个人如受到诬告陷害，只有领主出具证明，才可以获得保释。对于政府官员的压榨勒索，也只有依靠领主，才能得到保障。这种形势的逼迫，就加速了自由人陷于依附关系的过程。这种关系的建立是通过一种委身仪式。不但小贵族对大贵族如此，农民对贵族也是如此。在诺曼征服前夕，东部地区就有数百户自由农民委身于自己选择的领主。这些农民虽然还保持着"带着自己的土地去选择任何领主的自由"，但是在解脱了和这个领主的关系之后，他必须投靠另外一个领主，否则他就无法生活下去。

在被诺曼征服的前夕，英国封建化过程虽有很大发展，但还没有完成。尤其是在广大的旧丹麦法区，大部分农民虽陷入领主司法权的统治之下，但是他们在人格上仍是自由的，他们的土地还是为他们自己所有。即使在盎格鲁—撒克森地区，庄园制度虽已出现，但犹不普遍，而且庄园上的居民仍是十分复杂的，既存在不少奴隶，还有不同程度的依附农民。在南北两部，欧洲封建制度的第二个重要原则，即"所有土地都有领主"（No land without a lord）①，还没有普遍树立起来。只是到了诺曼征服英国后，英国封建化的过程才终于完成了。

四　诺曼征服英国后，英国封建土地所有制的形成

诺曼底位于法兰西王国的西北部，在 11 世纪是法兰西王国的强大诸侯之一。诺曼底公爵虽在名义上尊奉法国国王为他的君主，但事实上他是一个独立国家的君主。诺曼底是 10 世纪时诺曼人向南部侵袭时所建立的国家之一。公元 911 年，一支诺曼人的领袖名叫罗罗，占据了法兰西的西北滨海地区，法王"单纯的"查理不得不承认他为当地诸侯，遂建立了诺曼底公国。跟随罗罗而来的诺曼人很快地法国化了。至 10 世纪末，当理查大公在位时（942—996），他们已经失去了自己的语言，说法兰西语，信奉了基督教，实行了法兰西的封建制度，成为法兰西文化区的一个组成部分。因此，要了解诺曼征服对英国封建化过程所发生的影响，我们必须首先明了 11 世纪时法兰西封建制度的一般情况和诺曼底封建制度的某些特点。

法兰西在 9 世纪后期完成了封建化的过程。在 11 世纪中叶，法兰西的生产水平、社会制度、文化水平都比英国先进。当时诺曼底的封建制度除了具有法国封建

---

①　此原则一般译作"普天之下，莫非王土"。这种译法是不确切的，因为它的原意是每块土地都有一个领主，而国王对这土地的控制是间接的。

制度的特征外，还具有它自己的某些特点。①

就土地制度而论，在 11 世纪时，诺曼底的一般农民早已沦于附着于土地的农奴地位。当时的基本地租形态是劳役地租。但是，农奴除了每周必须替封建领主工作数日外，他还要负担其他徭役和交纳贡物。这种农奴称为维兰（Villanus，意为村民）。这是最普遍的剥削关系。此外还有一种依附农民，称为霍士披特（Hospites，意为客民）。他负担的劳役，和对领主的依附关系，都较维兰略轻。② 较维兰和霍士披特的社会地位略高的是一种称为瓦瓦塞尔（Vavassors）的自由农民。他占用着小块土地，对领主担负着军事义务。瓦瓦塞尔这个名称在当时的欧洲颇为普遍。但是在诺曼底，瓦瓦塞尔的社会地位和其他各地并不相同。在法国其他各地，瓦瓦塞尔是一个被封予一块小封地的低级贵族，是一个封建骑士。但是在诺曼底，瓦瓦塞尔只是一个占有一块土地，并未脱离农业劳动的自由农民。他和农奴不同之点，在于他的负担不是劳役而是兵役。当公爵召集军队时，每个占用五十英亩以上的瓦瓦塞尔都必须骑着自己的马，穿戴着自己的盔甲，持着自己的武器（盾牌、宝剑等），带着自己的口粮，前往集合，参加战争。但是，并不是所有的瓦瓦塞尔都能备办武装，参加战役，而是往往许多瓦瓦塞尔联合起来，共同担负一个骑士的费用。这片联合起来能出一个骑士的地产便称为一个"骑士领地"（Knight's fee）。每个大贵族都需要对公爵担任一定数目的骑士。例如，一个普通伯爵领地一般要出五个骑士，最大的贵族有出到 20 个的。在征服英国的前夕，诺曼底拥有 1200 个这样的骑士。把全国的土地划分为若干骑士领地，这是诺曼底封建制度的一个特点。③

诺曼底封建制度另外一个特点是它的政权比较集中。当时法国加佩王朝国王，虽拥有全国最高领治者的虚名，实际上，他对自己直接控制以外的大封建领地，并不能统治，整个国家陷入封建割据的无政府状态。诺曼底的经济水平较法国其他各地略高，城市经济已经出现。在 11 世纪中叶，诺曼底已经有八个城市，还有其他堡垒有定期集市。公爵的一部分收入是货币。这就给威廉公爵反对封建领主各据一方的斗争提供有利条件。威廉公爵于 1047 年平定了大封建领主的叛乱，以后对领主们又进行了一系列的斗争，终于制服了在自己境内好乱成性的大封建领主，把统治权集中在自己的手中。他禁止贵族之间进行私人战争（这在当时欧洲被认为是

---

① 关于诺曼底的封建制度，最重要的著作是 C. H. Haskins, *Norman Institutions*（美国，剑桥，1918 年版）。可惜笔者在写本文时，未能找到此书，因此不能直接引用。笔者所参考的是 C. H. Haskins 关于此问题的另外一本著作，即 *Normans in European History*（美国，波士顿，1915 年版），及其他专门著作。

② J. B. Bury 等主编：*Cambridge Medieval History*，第 5 册，（英国，剑桥大学出版社，1927 年），第 93 页。

③ Stenton, *First Century of English Feudalism*，第 16—19 页。参见 *Cambridge Medieval History*，第 5 册，第 488—489 页。

贵族的特权），任何人都不得因争夺领地而进行烧杀抢劫。任何人都不得割去别人的四肢，只有公爵或子爵法庭才能如此处理罪犯。他禁止大领主擅自修建堡垒，据地自守；并且命令他们把已有的堡垒交给他，由他派人防守。他取消了大领主的铸币权。只有公爵才有权铸造货币。他把诺曼底划分为十多个子爵领地区（Vicomtes，原意为副伯爵），由公爵任命子爵，代表他管理区内的行政、军事、司法、财务等工作。诺曼底公爵又把宗教权置于自己的控制之下。在 11 世纪中叶，诺曼底有一个大主教，7 个主教，21 个修道院。这些大主教、主教、修道院院长都由公爵自己任命，公爵并且主持境内的宗教会议，审批宗教法庭的判决。在他看来，行政官员和宗教领袖，都是他的属员，应该服从他的命令。[①]

在这样一个拥有统一指挥和以封建骑士为核心的侵略军的面前，当时的英国国王是无能为力的。当时英国尚未形成一个统一国家。在诺曼底公爵威廉率领军队在英登陆的前三天，英王哈罗德正在约克击败了挪威王所率领的入侵军队。听到诺曼底大军登陆消息后，哈罗德急忙率领自己的亲兵和各地民兵，前往南方应战。当时大多数英国领主都抱着幸灾乐祸、袖手旁观的态度，置身事外。而哈罗德仓促征调，前往应战的军队，在装备方面和战术方面，也远非诺曼底军队之敌。这一切都决定了他们在哈斯丁斯战役中（1066 年 10 月 14 日）的失败。诺曼底公爵不久即位为英国国王，是为威廉一世（1066—1087 年在位）。威廉虽自称是英国王位合法的继承者，来掩盖诺曼征服英国的事实，但是威廉不但在英国建立了一个新王朝，而且通过一系列的改革，将诺曼底的封建制度"导入"英国，引起英国社会极其深刻的变化。

诺曼底对英国的征服并不是像某些历史家所说，"一个战役就解决了英国的命运"[②]，而是经过五年的漫长时间（1066—1071），征服者威廉才把一系列的反抗运动镇压下去。以约克为中心的英国北部，自由农民很多，他们所掀起的反抗封建奴役的斗争，声势更为浩大。但是，这些起义运动都是自发性的，彼此之间并无联系，而且在时间上也是此起彼伏，并非同时蜂起，这就使得威廉可以将它们各个击破。

威廉一世镇压了这些反抗运动之后，进行大规模的土地没收。他把自己看成英国土地的最高所有者。他借口几乎所有英国贵族都先后参加了反对他的战争，遂剥夺了他们的领地。他把这些土地除了为自己保留下一部分外，就重新分配给跟随他参加这次征服英国的诺曼底和法国其他各地的大小贵族（英国人把他们通称为

---

① Haskins, *Normans in European History*，第 68—72 页。参见 *Cambridge Medieval History*，第 5 册，第 484—497 页。

② Haskins，前引书，第 80 页。

"法国人")和教会。这次"分封诸侯"是按照诺曼底的封建制度进行的。他一方面要保证强大的王权,另一方面又要保证国家拥有强大的武装力量,足以镇压内部的起义运动和外来的侵略(这种危险在当时还不断出现)。一切土地的分配都是按照这些原则进行的。这样,威廉虽然将诺曼底的封建制度"导入"英国,但又经过深思熟虑的计划,并且要照顾英国社会原有的某些特点,而不是原封不动地搬运来的,这就使得英国的封建制度具有自己的一些特点。

根据英国学者对《土地赋役检查书》的分析和统计,在这次分配中,威廉给自己保留了一大部分土地,占全国可耕土地总面积五分之一。① 1/4 的土地被封给各教会和修道院,其余的土地绝大部分被分封给 180 个大封建贵族。从各个阶层的地租收入可以更精确地看出,在此次分封之后,英国各封建集团间势力的比较。当时英国全国的地租收入,如统统地折合成银币来计算的话,共计 73000 镑。从这个总数中,(1)王室得到 17650 镑,(2)国王的官吏和亲兵得到 1800 镑,(3)各地教会和修道院得到 19200 镑,(4)追随威廉参加征服英国战争的法国贵族,共约 180 人,得到 30350 镑,(5)英国的旧贵族,在征服英国的战争中支持威廉,因而未被剥夺土地的,共约 20 人,得到 4000 镑。从地租收入看来,由国王和教会支配的超过全部地租收入的一半。由世俗封建贵族支配的不及全部地租收入的一半。王室力量的强大是任何其他欧洲国家所无法比拟的。②

国王除了为自己保留了大片的可耕土地之外,全国未经开辟或人口稀少的荒山林地也都属于国王所有。根据 12 世纪的调查,全国共有 69 个林区属于王室,共占全国土地总面积的 1/3。③ 威廉又将诺曼底的《林地法》输入英国,严禁普通人到林地去伐木打猎。对于伤害林内的麋鹿的,要处以挖去眼睛的刑罚。《盎格鲁—撒克森编年史》写道:"他喜爱高鹿,就好像它是他父亲一样。"④ 这条记载反映了当时人对于残酷的《林地法》的痛恨。

在分封诸侯时,威廉注意到一方面不使他们的领地过于庞大,致使它们形成独立王国;但另一方面他也不愿继续英国以前封建领主过多,领地过于零碎,致使国家陷入软弱无力的局面。因此,他把以前几千个封建领地合并为 180 个左右大封建领地,分封给那些追随他征服英国的法国贵族。这些直接被国王封给土地的大贵族在英国称为"国王的总佃户"(Tenants – in – chief),当时所有大领主的封地普遍被称为男爵领地(barony)。这些男爵领地的面积大小并不一致。其中 10 个最大的贵族共占有这些领地总面积的一半。在这 10 个大贵族中,5 个是威廉自己的兄弟

① 其他学者又有七分之一、六分之一诸说。
② 这些统计数字都根据 *Cambridge Medieval History*,第 5 册,第 508 页。
③ Trevelyan,*Illustrated History of England*,第 127 页。
④ *Anglo-Saxon Chronicle*,1087 年。

和叔伯兄弟，另外五个是诺曼底的大贵族。他们的领地是合并以前英国许多小领地而成的。马克思指出："往往一个男爵领地就包括有九百个盎格鲁—撒克森旧贵族领地。"[①] 他们的领地并不是连成一片，而是十分分散的。如吉奥夫理·阿斯林的领地分布在丹麦法区北部的每个郡。这就和法国的大贵族往往拥有整齐的、集中在一起的庞大领地，大不相同。威廉所以把大贵族的领地这样分散地赐予，原因很多，不一定仅仅是为了要防止大贵族的势力过于集中，而结果却往往如是。同时，即使最大的封建领地，它每年的地租收入也只有 1750 镑，不及国王的收入的1/10。他和国王势力的对比是悬殊的。一半以上的诸侯，每年地租收入不到 100镑。

接受封地的大贵族、教会和修道院对国王主要的义务是向他提供一定名额的骑士。每个大领主所应担负的骑士名额，是由国王派定的。较大的领地一般须要提供多至六十名骑士。中等领主须要担负四十个骑士名额。每年收入在一两百镑之间的领主也必须提供一二十名骑士。此外，比较富裕的教会和修道院也必须担负一定名额的骑士。头等的教堂，像坎特伯雷、林肯、温彻斯特、乌塞斯特等，都必须提供六十名骑士。其余的多寡不等，最少的只出一名。全国由世俗贵族供应四千多名骑士，教会供应 780 名骑士。合计约 5000 名。这在当时是一支强大的战斗力量。

在当时自然经济占统治地位的条件下，大封建贵族还不能像中世纪晚期那样用招募雇佣兵的方式来供应这样许多骑士。他必须划出一部分土地来赡养这些骑士。实际上，大领主并不直接赡养这些骑士，而是把自己领地的一部分，分封给许多中级贵族。这些中级贵族一般称为子爵（Barons），或国王的附庸佃户（Sub‐tenants）。一个中级贵族一般向国王提供五个或十个以上的骑士。

封建贵族的基层成员是封建骑士（Knight）。这些骑士是按照当时大陆上的规格，经过严格的训练，能骑在马上，披甲戴盔，手持长矛短剑，进行战斗的职业武士。这些骑士代替了英国原来的亲兵（Thegn），成为英国的战斗主力。骑士阶层的兴起，和旧亲兵阶层的消失，是诺曼征服英国后社会制度重大变化之一。在 11世纪时，英国的封建骑士的经济力量和社会地位并不很高。他仅是大封建贵族的一个地位较高的仆从而已。当时一本法律著作在叙述男爵的侍从中，有下列一段话："男爵们可以有他自己的骑士和他自己的佐杂，如家宰（Stewart），司阍（Butler）、司宫（Chamberlain）、司厨（Cooks）、面包夫等。这些人是在自己的司法权管辖之下的。"[②] 可见骑士在当时被看作大贵族的家臣一类人物。但是骑士是当时作战的

---

① 马克思：《资本论》第 1 册，人民出版社 1955 年版，第 907 页。

② 转引自 Stenton，*English Feudalism*，第 141 页。

主力。一个大贵族的政治地位和他所拥有的骑士数目的多寡、品质的高低，大有关系，而不仅仅是根据他的领地的面积大小。因此，骑士在大贵族的家臣中是地位最高的。一般的骑士是由他的领主封给一小块领地，这块小领地往往是一个庄园。[①]但是有的骑士的领地是很分散的。供应一个骑士兵役（Knight's service），并不一定是一个庄园或一个经济单位。实际情况比一般所讲的还要复杂。

从国王到最低级的封建贵族构成封建社会的统治阶级。上面我们看到在诺曼征服英国后，英国统治阶级中间的重大变化。下面我们再考察一下在此时期，英国的广大人民群众中间的重大变化。关于这方面的资料，以《土地赋役调查书》最为重要。这是根据威廉的命令，于1085—1086年在全国各地进行普遍调查后所作报告书。威廉发动这次大规模调查的目的是要了解当时英格兰的具体经济情况。这次调查所进行询问的是下列诸问题[②]：

> 你们的庄园的名称是什么？在爱德华国王时期这个庄园属谁所有？现在属谁所有？共有多少海得？领主的份地共有多少只耕犁？佃农有多少耕犁？庄园上有多少维兰、卡特尔、奴隶、自由人和梭克曼？有多少林地？有多少草地？有多少牧场？有多少磨？有多少鱼塘？［从国王爱德华时代以后］增加了多少地？减少了多少地？这个庄园过去值多少钱？现在值多少钱？每个自由人和梭克曼占有多少地？现在每人占有多少地？

从这些问题可以看出当时调查的范围和当时庄园的组织情况。这项调查工作，根据当时的条件看来，做得是很细致的。一个12世纪的编年史家写道："这项工作做得如此彻底，以致在整个英国内，并未漏掉一海得、一维格特的土地，或者一头公牛、母牛，或一口猪。"[③]另外一位编年史家记载，这次调查引起普遍不满，致有许多暴动发生。[④]这部重要的文件原书两厚册，是用拉丁文写成的。原书最初存于温彻斯特（诺曼王朝的首都）的财政部，因称为《温彻斯特书》（Liber de Winchester）。但自12世纪以来通称为《Domesday Book》。关于这个名称的意义又有不同解释。但自12世纪以来，最普通的解释是把它看作《末日裁判书》，反映

---

① 骑士是英国封建等级制中的低级贵族。其社会地位较诺曼底的瓦瓦塞尔略高。参见 A. L. Poole, *From Domesday Book to Magna Carta*, *C. 1087 – 1216*（英国，牛津，1958年版），第12—18页。

② 见 H. W. C. Davis, *England under the Normans and Angevius*（英国，伦敦，1930年版），第45页。

③ 这是一位乌塞斯特编年史家在1086年写下的记载。见 Douglas（ed.），*English Historical Documents*, *C. 1042 – 1189*，第853页。

④ 见同书第859页所收录的另外一位编年史家的记载。

群众对此次调查的畏惧，也可以看出它的彻底性。① 但是，此外还有其他解释。因为众说纷纭，难于确定它的原意，故在本文中，按照它的内容，称它为《土地赋役调查书》。兹将其中关于一个庄园的记录，译出如下②：

> 彼得·德·瓦伦士领有海彻姆庄园。此庄园在国王爱德华时期，原属于自由人哈尔丹尼，并经核定为五个海得。③ 领主的份地拥有八个耕犁，农民拥有四个耕犁。当时有八个维兰，今有十个。当时有两个保达，今有三个。当时有四个奴隶，今同。本庄园的林地可养猪三百口，又有十八英亩草田。当时有二个鱼塘，今无。当时有一头牛，今有十五头牛，一匹小马，十八口猪，两群蜂。当时值六十九个先令，今值八镑又十个先令。当他接受此庄园时，他见本庄园只有一头牛，只有一英亩地播上了种。在上述的五个海得之中，其中有一个海得在国王爱德华时期原来是属于两个自由人的。在国王威廉时代，才并入本庄园之中。（这块地）在爱德华时期值十个先令，今值二十二个先令。威廉从彼得·德·瓦伦士的手中领有此地。

这是一个具有典型意义的庄园，它的原来领主是盎格鲁—撒克逊自由人哈尔丹尼，而新领主则是诺曼人彼得·德·瓦伦士。庄园中的劳动人民有维兰、保达、奴隶和自由人。庄园上的土地有耕地、草地、牧场、森林，还有鱼塘。耕地之中，又分为领主的份地和农民的份地两部分。一个庄园的社会结构和经济组成部分大致如此。

至于《土地赋役调查书》中各社会阶层的人数，据以前学者的统计分析，情形如下④：

阶层	人数	百分比（%）
贵族	10558	4
市民	7968	3

---

① 自 12 世纪的名作《财政署问答》（*The Dialogue of the Exchequer*，此书被收入 Douglas, ed., *English Historical Documents*, *C. 1042 - 1189*，第 490—569 页）。关于《Domesday Book》作了以下说明："英人所以称此书为《Doomsday》，这是把它比作末日审判。因为，正如那严肃的、可怕的末日审判不能用任何手段加以逃避一样，此邦关于此书中所写入的事实如有任何争执，都以此书的记录为准，若对此书中的记载加以否认，或企图逃避，就必然受到惩罚。因此，我们称此书为《Doomsday》。这不是因它裁决了任何争执之点，而是因为不准许违反书中的裁决，正如不能推翻末日审判一样。"（见前引书，第 530 页）

② 见 E. P. Cheyney (ed.), *English Manorial Documents*，美国，巴尔提磨尔，1898 年版，第 3 页。

③ 此面积为交纳赋税定额的标准，而非实际耕种面积。耕犁标志着实际耕种面积，但一个耕犁究竟代表多少英亩，各地并不一致。大约为 80—120 英亩。

④ 下列统计数字，据 C. Day, *Economic Development of Europe*（美国，纽约，1942 年版），第 1 页。

续表

阶层	人数	百分比（%）
自由人	35474	12
维兰	108456	38
保达	89443	32
奴隶	25156	9
散居人	6187	2
总计	283242	100

以上的人数并不是当时英国人口的实际总数。《土地赋役调查书》中所列的只是担负租税的成丁男子，不包括妇女、未成年的男女和僧侣。几个大城市（其中包括伦敦、温彻斯特等市）和几个郡（如诺森伯兰德、道汉姆等）并未包括进去，当然更不包括处于独立状态的威尔斯。如果把这些人都包括进去，据估计当时英国人口的总数约为一百五十万。不过《土地赋役调查书》虽不包括全国的人口，但是它对于研究在此时期，英国社会所发生的重大变化，还是极为有用的。

诺曼底人征服英国后，剥夺了英国旧贵族的大地产，并且化零为整，加以合并，除国王为自己保留一部分外，其余都分配给法国大封建领主；甚至所有自由人的田地，也完全被纳入封建贵族的领地之中。教会的土地虽然未加没收，但是一切高级僧侣的职位（大主教、主教、修道院院长）都逐渐改由法国僧侣充任。这些新的世俗和宗教贵族，都用着自己所熟悉的诺曼底方式对他们的领地进行经营管理，也就是用法国的封建制度对领地内劳动人民进行统治剥削。这就引起了英国土地制度和阶级制度的重大变化。《土地赋役调查书》的编制方法已经反映这种情况。如书中的资料编排，在每个伯爵领地（County）① 之下，都以大地产（国王的、大领主的、教会的）为单位，而在每个大领地之下，又以庄园为基层单位，把全国的土地、人民都纳入了这个封建网中。这样英国在实现了"所有的人皆有领主"的原则之后，又实现了"所有土地都有领主"（No land without a lord）的原则。这第二个原则的实现标志着英国封建制度进一步的发展，也标志着英国封建土地关系的形成。

英国封建土地关系的形成也表现在庄园制度的形成上面。前边已经指出，在诺曼征服以前，英国已经出现了封建庄园。但是当时的庄园犹在萌芽状态，尚未定型。庄园上的阶级关系，极为复杂。至于旧丹麦法区则自由人犹占多数，封建庄园犹未普遍。到了诺曼征服英国后，封建庄园才成为普遍的基层生产单位，而且庄园

---

① 自诺曼征服英国后，"郡"（Shire）改称"伯爵领地"（County），但"郡"仍沿用。

的组织形式也逐渐固定下来。当时在庄园上的主要劳动者是农奴。上边的统计数字已经表明，在《土地赋役调查书》中，农奴阶级（维兰、保达）占全国总人口的70%。以前各式各样的依附农民大多数简化为维兰、保达两大类（这两个名词都是诺曼底人惯用的名词），因而格尼特、吉布尔等名词都不见了。在进行土地赋役调查时，大部分自由农民和一部分奴隶都被划入农奴阶级。各种劳动人民都向农奴阶级汇流。原来在盎格鲁—撒克森时期的刻尔，在诺曼时期这个名词已经消失了。梭克曼这个名词虽仍还有，但许多梭克曼转化成维兰·梭克曼。在全国范围内，自由人虽还占人口总数的20%，但是他们绝大部分是在旧丹麦法区。① 在一些封建化比较先进的地区，残余下来的自由农民的数目是微不足道的。此如，以牛津、剑桥、翰丁登、白金翰、渥维克五个伯爵领地而论，这个地区的各种农民的百分比如下。自由农民（梭克曼与自由人），百分之一；维兰，百分之五十二；保达，百分之二十八；卡特，百分之七；奴隶，百分之十二。这样，这个地区的自由人已经下降到全部人口总数的百分之一，而各式各样的农奴则占人口总数的百分之八十七。我们再就几个地区的实例来看，这种阶级变化就更加明显。如上边所举的剑桥伯爵领地，在1066年有梭克曼900人，20年后，只剩下213人了。在诺维赤伯爵领地的玛森地方，1066年有自由农民78名，15年后，其中65人沦为农奴。② 而且即使当时还保持着自由称号的人们，他们的处境也并不比农奴好多少。他们一般并没有自己的土地，他们也是租佃农的一种。当时庄园上的田地可以分为三种，即领主的份地、自由农民的份地、维兰的份地。自由农民在此时期（11—13世纪）和维兰最根本的区别，在于自由农民所担负的是货币地租，而维兰所担负的是劳役地租。由于自由农民所负担的是货币地租，所以他们的依附性就比较轻一些。他们可以自由地离开庄园，可以出让和分割他们的租佃权，也可以传给自己的后代。只要领主还能保持原来的租额，这对于他来说，是没有什么区别的。在实际生活中，自由农民和同村的农奴互通婚姻，在一起劳动，他们的社会地位并没有显著区别。只是在法律上，他们的身份是自由的，享受一些特权。但是，即使这些法律上的保护也往往是有名无实的。不过在封建化过程完成以后，仍有一小部分农民保持着自由农民的称号，在人格上并未完全陷入隶属状态。这是英国封建制度的特点之一。

居于劳动人民中最下层的奴隶，在诺曼征服后，他们的数目也大大降低。许多奴隶也被划入农奴的行列。在《土地赋役调查书》中，奴隶的数目已下降到9%。有一个庄园上的奴隶的数目，由原来的82人下降到25人。③ 有些地区，如归丹麦

---

① 自由人百分之四，梭克曼百分之八，合为百分之十二。分布情况参见 Seebohm, *Village Community*, 第84页后插图。

② G. G. Coulton, *The Medieval Village*, 英国，剑桥，1926年版，第11页。

③ Coulton, 前引书，第10页。

法区的林肯、约克等郡，在《土地赋役调查书》中已经没有奴隶。这大概是因为，当地原来的奴隶（thrall），本来就是被分配给一块地去耕种，居住在自己的茅舍中。在诺曼底调查员看来，这些奴隶的经济情况和农奴并没有多大区别，遂都被划为农奴了。① 在经济最落后、凯尔特人占多数的西南地区，奴隶的比重最大。据《土地赋役调查书》，如康沃尔伯爵领地，奴隶的数目竟达到全部人口的21%。但是，即使在这些地区，奴隶的数目也是日渐下降。到了1324年，英国已经没有奴隶。② 奴隶的数目的急剧下降也是封建化过程进展的标志之一。

在诺曼征服后，绝大多数的农民是农奴，而农奴又被简化为维兰和保达（包括卡特尔）两种。据《土地赋役调查书》维兰占全国人数38%，保达占32%。在封建化比较彻底的东南地区，维兰占全部人口的52%，保达、卡特尔占35%。两者合计，占全部人口的87%。两者之中，以维兰为正规的农奴，而保达则是一种低级农奴。维兰是英国在中世纪时期对农奴的通称。一户维兰所占用的土地一般是一个威格特。他的田地并不集中在一起，而是在一个庄园的各个地段中占有若干条田。除耕地外，他还可以享用庄园上的草地、牧场和林地。农奴有自己的农具和牲畜，有自己的个人经济。在诺曼征服后几世纪中盛行劳役地租。他每周必须为领主工作两三天。在秋收时，还要全家出工，帮助领主收割。除劳役外，他还必须向领主交纳一些食品、谷物等。有的地区还要交纳一些钱。除此之外，他还必须忍受其他剥削。他出卖他的牛只时，必须向领主交纳卖牲税（toll）。他的子女结婚时，必须向领主交纳一种结婚税（merchet）。当农奴死后，领主向他的家属夺取最好的牲口和家具，称为遗产税（Heriot，或死手权 Mortemain）。同时，领主对农奴的残酷剥削是"用经济以外的强制来榨取的"，此即所谓超经济强制。农奴被固定在土地上，不能自由离开。农奴在人格上是不自由的，而是隶属领主的。他必须接受庄园法庭的审判、拷打和罚金。领主甚至可以把农奴出卖。在中世纪英国，买卖农奴的事虽不像东欧某些国家那样普遍，但还是有的。③ 12世纪时人写的《财政署问答》一书指出，"领主是农奴和他的牲畜的主人。领主可以任意将农奴转移、出卖，或夺佃"。但是，领主对农奴的权威并不是无限的。13世纪的英国法律家布赖吞写道："领主对于维兰的权威只限于民事司法权，至于维兰的生命和肢体，乃是属于国王保护的。"④ 这就正如斯大林所说：农奴是可以买卖而不能屠杀的。⑤ 这也是农

---

① Clapham，前引书，第99页。

② Coulton，前引书，第10页。

③ 关于中世纪英、法买卖农奴事，参见 Coulton，前引书，第13—14页。

④ E. Lipson, *The Economic History of England*，第1册，第5次修订本（英国，伦敦，1929年版），第40—41页引。这也是英国王权强大的具体表现之一。

⑤ 斯大林：《辩证唯物主义与历史唯物主义》，莫斯科，外国文书籍出版局1951年中文版，第30页。

奴和奴隶的主要区别之一。

保达或卡特尔占有较小的份地（通常为五英亩，或更少）。① 他们大概是维兰的幼子，或被解放的奴隶。他们没有自己的牲畜，劳动也较维兰轻微，一般每周一天。他们主要是靠做零活来维持生活的。村上的雇佣劳动主要是由他们来承担。有些人也做些手艺活。他们对于逐渐增长的雇佣劳动具有重大意义。

结　论

根据以上的探讨，我们可以看出，英国封建土地所有制的产生和发展的过程具有几个特点，这些特点对于研究封建制度的产生和发展是很重要的。第一，英国的封建制度是从盎格鲁—撒克森氏族社会瓦解的基础上直接过渡而来的，当中并未经过奴隶制度阶段。我们知道，世界上最早出现的阶级制度是奴隶制度。继奴隶社会而起的是封建社会。但是，也有许多民族，阶级制度形成较晚。这些民族，由于内部经济、社会发展的特殊原因，和周围先进入封建社会的国家的影响，并未经奴隶制度的阶段，而直接由原始社会进入封建社会。即以欧洲各国而论，西欧的法国、意大利、西班牙等国，和东欧的拜占庭帝国，它们的封建制度都是在罗马奴隶制度崩溃的基础上，与各征服者部落氏族制度瓦解的基础上，由这两种过程的相互作用而形成的。但是，另外还有一些国家，如中欧的德意志，北欧的斯堪的纳维亚诸国，东欧的俄罗斯、捷克、波兰等国，他们的封建制度则是在氏族制度的废墟上发展起来的。英国的封建制度也是在前一时期的氏族制度瓦解的基础上产生的。但是，它的封建制度的最后形成又受到诺曼底人的影响，这又和德意志、俄罗斯等国大不相同。

第二，英国封建土地所有制形成的过程是很缓慢的，时间是漫长的。自公元5世纪英国社会开始向封建制度转化，到它的最后形成，前后经过了600年之久。在历史上，一般来说，封建化的过程是一个漫长的过程。即以在奴隶制度高度发达的废墟上和日耳曼人氏族社会瓦解的基础上产生的法国封建制度而论，从它的产生到它的形成，根据恩格斯的论证，前后也经历了400年之久。② 拜占庭帝国也是用了400年的时间完成了封建化过程（7—11世纪）。至于那些未经过奴隶制度阶段、直接由氏族社会向封建社会转化的国家，它们的封建化过程所经历的时间自然就更

---

① "卡特尔"是盎格鲁—撒克森语，意为简陋的小屋。"保达"是诺曼语，意亦为简陋的小屋。有些地区称此类农奴为保达，有的地区仍沿用卡特尔的旧称，两个名称所指的是一类农奴。

② 恩格斯：《家庭、私有制和国家的起源》，人民出版社1955年版，第149页。

长了。如俄国，从原始公社关系的瓦解、封建生产方式的产生，到封建制度的形成，前后经历了 600 年的时间（6—11 世纪）。德意志封建化所经历的时间更长一些（5 世纪中叶至十一二世纪）。英国的封建制度是在盎格鲁—撒克森氏族社会瓦解的基础上发展起来的，中间又经过因丹麦人的入侵而造成的反复过程，因此封建化的过程经历了较长的时间，这是不足为奇的。英国封建化的过程经历了三个阶段：（1）5—9 世纪初，是由原始公社向封建制度过渡的阶段，它的经济结构的基础是农村公社，当时英吉利社会的基本群众是自由农民。（2）9—11 世纪中叶，是封建生产关系进一步发展的阶段。在此时期，农村公社逐渐瓦解，封建庄园纷纷出现，庄园制度逐渐完成，自由农民逐渐陷于依附地位。（3）11 世纪中叶后一世纪中，是英国封建制度的最后形成阶段。

第三，诺曼底的影响对于英国封建制度的最后形成起了巨大作用。威廉一世通过一系列的措施不但把英国封建化的过程向前推动了一大步，而且给英国封建制度留下了不可磨灭的特点，如王权的强大、庄园制度的完整等。这些特点使得英国封建制度"在形式上更加完备"。

1959 年 12 月初稿，1963 年 10 月修改完

（刊于 1964 年第 1 期）

原始佛教的历史起源问题[*]

季羡林

在历史上，佛教曾经在印度和其他一些亚洲国家里流行。一直到今天，它还在这些国家里不同程度地流行着。

但是，尽管古今中外研究佛教的书籍、文章已经是汗牛充栋，真正搔着痒处的却是绝无仅有。这大大地影响了我们对于这个有世界意义的宗教的理解。

恩格斯说过，基督教的历史起源问题是"我们社会主义者也很关心的一个问题"。我想，对我们来说，原始佛教的历史起源问题也是这样。下面我就对这个问题提出一些肤浅的看法。

一 佛教兴起时印度社会经济和政治情况

佛教兴起于公元前五六世纪。这时印度情况是怎样的呢？

雅利安人从大约公元前两千年左右起从今天的阿富汗、巴基斯坦一带侵入印度。他们先在西北部旁遮普一带立定了脚跟，然后逐渐向东扩展。到了公元前第五六世纪的时候，他们已经达到了孟加拉或者更东的地方，他们的势力遍布整个北印度，恒河和朱木拿河汇流的地方成了婆罗门教的文化中心。印度原有的土著居民有的被迫南迁，或者向北方和东方撤退；有的还留在原住的地方，形成了一个特殊的社会阶层，忍受着外来侵略者的奴役和压迫。当时印度正处在奴隶社会，这些人就是奴隶或者接近奴隶的人。

从社会经济的发展水平来看，雅利安人显然低于本土居民。最近几十年来的发掘工作，证明了本土居民创造的所谓"印度河流域的文化"水平是相当高的。雅

* 文中所引恩格斯语皆见《布鲁诺·鲍威尔和原始基督教》一文。该文载《恩格斯论原始基督教史》，人民出版社1961年版。

利安人继承了这种文化，与本土居民共同努力，加以发展。到了佛教兴起的时候，北印度早已由青铜器时代转入铁器时代了。

生产工具的改进促进了农业和手工业的发展。原始居民多从事农业，而雅利安人则本是游牧民族，到了这时候，农业的地位也渐趋重要。农村的基本组织形式是农村公社，土地是公有的，农业与手工业直接结合。手工业的分工已经比较精细，有各种不同的手工艺人。而且农村公社也似乎在手工业方面有了一些分工，有专门从事一个行业的村社。这就证明，商品经济已经很发达了。

随着生产力的发展，各生产部门之间的分工日益扩大。居民依其职业结成了集团，不同民族相互杂居，阶级矛盾和阶级分化日益加强。原有的氏族部落机构逐渐变成了镇压人民的国家机器。根据佛典的记载，当时在北印度出现了十六个国家，其中最重要的是摩揭陀（约当今天的比哈尔邦）、乔萨罗（约当今天的乌德）、阿槃提（约当今天的摩腊婆）和跋蹉（今阿拉哈巴德一带）。这些国家的都城都是宝货充盈，富庶繁华。这时候印度的许多产品，像细布和钢，都已名扬海外。古代希腊的许多历史学家都有所记载。海外贸易早已开始了。

值得注意的是，在雅利安人统治比较集中的地方，新兴的国家都是君主制。在婆罗门文化圈外，也就是在雅利安人统治薄弱或者还没有达到的地方，政治制度则迥乎不同。在这里没有世袭的君主。执政者名曰罗阇，是定期选举的。有点像古代罗马的执政。汉译佛典虽称之为"王"，实际上与王是不一样的。西方学者一般把它叫作"共和国"，也只是说明与世袭君主制不同而已。这可能是氏族公社的残余，不过还有待于进一步的探讨。佛教的创始者释迦牟尼出生的释迦族就属于这个类型。

在这些国家中，阶级关系是什么样子呢？阶级关系表现形态之一就是所谓种姓制度。种姓共有四种：婆罗门（祭司、知识的垄断者）、刹帝利（武士）、吠舍（农民、牧民、商人）和首陀罗（工匠等）。这种制度萌芽极早，但是最初并不十分严格。到了公元前五六世纪的时候，由于统治的需要，逐渐严格起来。在这方面，婆罗门卖了大力气，他们大肆宣扬，想把这种制度神圣化，加以巩固。他们把社会上不同阶级不同阶层人民的权利、义务，甚至生活细节，都刻板地规定下来，不得逾越。四姓间不能通婚，甚至不能共食。把一个统一的社会拆得支离破碎。

婆罗门和刹帝利虽然是两个种姓，却是一个阶级，他们都是奴隶主。他们之间也有矛盾；但是一般说来是互相支持、互相利用的。吠舍名义上与婆罗门和刹帝利同属所谓再生族，都是雅利安人。但是他们中间不断产生阶级分化的现象。少数人经济地位提高，变成了中小奴隶主，或者成为大商人，甚至官吏。绝大多数经济地位下降，沦为同首陀罗类似的人，处于奴隶边缘。如果从地域方面来看的话，西部是婆罗门当权，东部则是刹帝利当权。吠舍的地位在西部和东部都差不多。

至于首陀罗究竟是什么样的人，人们的看法是不一致的。有的人说，他们是等级制的最下层，但毕竟还是自由民，与奴隶有所不同。这种说法是不符合实际情况的。法经里面用种种方式强调前三个种姓与首陀罗的不同，可见首陀罗是不属于雅利安族的。在雅利安人侵入印度以后，原始居民一部分变为奴隶，从事家务劳动，一部分仍从事原来的工作，绝大多数是手工业者，以后又随着手工业的发展，变为各种工师。首陀罗就是这一部分人。他们实际上是种族奴隶。

总起来，我们可以说，种姓制度是阶级矛盾和民族矛盾的混合产物。

既然有阶级，就有阶级斗争。但是根据各种文献记载来看，我们看不出这个时期的阶级斗争特别激烈。说生产方式方面有什么根本的改变，也是没有根据的。据婆罗门经典和佛教经典的记述，在这时期人民的生活中，当然并不是没有斗争和矛盾；但是总起来说还是比较平静的、安定的。在许多国家里，政治秩序比较稳定。在城市里，商业和手工业都比较发达；在乡村里，农业和牧业都相当繁荣。要说许多地方有变乱，国与国之间有时也有战争；那么在印度整个历史上什么时候又没有这种情况呢？

总之，据我自己的看法，佛教兴起时的印度，同基督教兴起时的罗马是不一样的。在罗马当时是一个"经济、政治、精神和道德普遍瓦解的时代"（恩格斯语），而印度则不是这样。

但是，在这里，我们必须有阶级观点和民族观点。在不同的民族居住的地区内，在不同的阶级里，生活情况就绝不会一样。这种观点，其他时候也要有，在论述公元前第五六世纪印度情况时，更是绝对不能离开的。

二　当时思想界的情况

上面谈到的那种社会经济和政治情况必然会反映到思想领域中来。

梨俱吠陀时代（公元前第二千纪中叶），雅利安人是乐观的，总是向前看的。当时他们侵入印度为时不久，经常同本地居民战斗。在许多颂神的歌中，他们呼吁神灵协助，祈求胜利。他们并不怕死，认为战死可以升天。后来的阎罗王已经有了；但是他的王国并不阴森可怕，里面充满了永恒的幸福。

随着时间的推移，在东进的过程中，他们遇到的困难，自然的和人为的，越来越多了起来。那种天真粗犷的乐观情绪逐渐染上了一些悲观的色彩，但是基本调子仍然是乐观的。

代表这种思想的是婆罗门。

与此同时，还有另外一种人代表另外一种思想。这就是婆罗门教、佛教以及当时其他教派所谓的沙门。

沙门是什么样的人呢？在《梨俱吠陀》的一首诗中，曾描绘了一种叫作"牟尼"的人，蓄长发，着脏衣，外衣是褐色的，飞行空中，喝饮毒汁。显然，对吠陀时代的雅利安人来说，这样的人是十分陌生的，他们同婆罗门是完全不一样的。唯一合理的解释就是，这是土著居民的宗教的代表，也就是行苦行的所谓沙门。

在佛典里，经常是沙门、婆罗门并提。希腊人梅伽斯提尼斯记述他在公元前三四世纪在印度亲身经历的时候，谈到印度有两种哲学家，一种叫婆罗门，一种叫沙门。沙门不住在城中，甚至也不住在屋中，穿树皮衣，吃橡子，用手捧水喝，不结婚，不生子，行苦行，枯坐终日不动。根据我们目前能够得到的资料来看，这些描绘是忠实的。

这些沙门的哲学思想和宗教信仰是同婆罗门不一样的。他们根本不相信婆罗门相信的那一些吠陀里面的大神。他们相信轮回转生，作为轮回转生说基础的业说是他们宗教信仰的核心。所谓业说就是，今生所作所为的好坏决定来世转生的好坏。无论做好事做坏事，有因必有果，反正总是要转生的。可是他们又厌恶生，不想再转生。于是就想尽了种种办法，希望能跳出轮回。他们认为，苦行是达到这个目的的手段。

显而易见，所有这一切想法的基础是悲观主义。有这种主义的人决不会是征服者、胜利者、日子过得很舒服的人，而是被征服者、失败者，日子过得很不舒服的印度原来的居民。他们处在雅利安人的奴役下，生活只给他们带来痛苦。因此，他们不但对今生没有任何兴趣，而且也不希望有什么来世。有的人就想用苦行来帮助自己跳出轮回。而苦行主义本身也说明了被压迫者、被奴役者那种得不到任何人世间享乐的无可奈何的心情。

沙门所代表的思想正是这些被征服了的原始居民的思想。婆罗门思想与沙门思想是根本对立、势不两立的。婆罗门主张膜拜神灵、祭祀祈福，而沙门则不供养什么神灵，主张业（行为）可以决定祸福，人们是自己命运的主人。他们甚至主张，连神仙也受业的支配。这简直是挖婆罗门的墙脚。这可以说是政治经济方面的阶级斗争在意识形态领域内的反映。

但是，到了公元前第七八世纪奥义书兴起的时候，在正统的婆罗门教的经典中逐渐出现了轮回业报这样带悲观主义色彩的学说（可能在梵书中已有萌芽）。在婆罗门六派哲学中，数论和瑜伽的主要学说基本上同沙门是一致的。据婆罗门经典的记载，在雅利安人中首先宣传这种新学说的是刹帝利，而不是婆罗门。奥义书中屡次提到，轮回业报说是秘密学说，是刹帝利所专有而婆罗门所未闻的。这情况一方面说明了婆罗门和刹帝利在思想领域内的斗争；另一方面也说明了，从现在开始婆罗门的哲学思想和宗教信仰逐渐接受一些本地居民的东西，吠陀思想与非吠陀思想开始汇流了。

比奥义书稍后一点，到了公元前第五六世纪，也就是佛教兴起的时候，印度思想界呈现出空前的活跃。根据着那教经典的记载，当时有 363 个哲学派别，其中 62 派属于佛教。佛教经典《长阿含经》、《梵动经》列举 62 见（学说）。佛教还经常谈到外道六师。可见当时学派之繁多，争鸣之剧烈。但是，归纳起来，总超不出上面谈到的那两大系统：婆罗门和沙门。属于婆罗门系统的各学派主张梵我一体，宣扬祭祀祈福；属于沙门系统的各学派则主张轮回业报，宣扬苦行解脱，认为一切存在都是苦难。如果从地区上来看，前者流行于西方雅利安人聚居和统治的地方，后者流行于东方婆罗门文化圈外印度原始居民聚居的地方。这种情况是从《梨俱吠陀》以来逐渐发展演变的结果。

在这时候，属于沙门系统的各学派竭力宣传"非杀"。这显然是代表原始居民的农民的利益的，是与婆罗门杀牲祭神、雅利安游牧人民杀牲为生针锋相对的。

佛教兴起时思想界情况大体就是这样。

三　佛教的起源

现在再来探讨佛教的起源，许多问题就可以迎刃而解了。

佛陀最根本的教义是所谓十二因缘，四圣谛，八正道。十二因缘的基础是苦；苦的根源是无明（不了解，不认识）。四圣谛：苦、集、灭、道，也以苦为中心。而八正道：正见、正思、正语、正业、正命、正精进、正念、正定，是为了从苦中解脱而修行的方法。总之，他认为生老病死，一切皆苦，存在本身就是痛苦。他也相信业报，相信轮回。他的最高目标就是铲除无明，了解或认识存在的因果关系，从而跳出轮回，达到涅槃。

这一些想法都涂着浓厚的悲观主义的色彩。有的人说，世界上没有一个宗教不是悲观主义的；但是，像佛教这样彻底的悲观，还是绝无仅有的。我认为，这种说法是很有见地的。

佛教这种悲观主义是从哪里来的呢？

根据我们上面的分析，佛教继承的不是婆罗门教的传统，而是沙门的传统。而且，从佛教产生的地区和环境来看，也只能是这样，而不可能是别的样子。

我们先从地区的或民族的观点上来看一看这个问题。

释迦牟尼生在今天的尼泊尔境内。他的宗教活动大部分是在摩揭陀国。摩揭陀国处在印度东方，是雅利安人到得比较晚的地方。在《阿闼婆吠陀》里，摩揭陀和鸯伽都被认为是极远极远的地方的象征。西方的婆罗门很少来到这里。这里的人是受人轻视的，一向与婆罗底耶人相提并论。婆罗底耶人说的是一种雅利安土话，不信婆罗门教。他们是否是雅利安人，不得而知，反正是十分被人看不起的。摩揭陀人同他们并提，可见他们被鄙视的程度。鄙视的原因很明显：这里是印度土著居民聚居的地方，是僻处在婆罗门文化圈之外的边远地区。在雅利安人心目中，这里是没有开化的区域。释迦牟尼宣传宗教的主要对象就是这些被人轻视、"没有开化的"人民。

至于释迦牟尼降生于其中的释迦族究竟是什么民族，人们的意见是有分歧的。有的人主张，他们不是雅利安人。我们不在这个问题上纠缠。但是，有一点是明确的，从他们所处的地区来看，从当时雅利安征服者分布的情况来看，从他们的一些特殊的风俗习惯来看，从他们的政治组织的形式来看，他们不像是外来的雅利安人，而像是原来的居民。释迦族的政治组织是"共和国"，行政首领罗阇是选举产生的。这样的"共和国"同新兴的君主国是有矛盾的。摩揭陀国王未生怨王曾侵略过"共和国"的离车，憍萨罗国王毗突吒婆曾侵略过"共和国"的释迦。我看，这不完全是一般的侵略。其中有没有民族矛盾的成分呢？这是耐人寻味的。

如果我们不从民族矛盾的角度上来解释这个问题，有一件很重要的事情我们就无法解释。根据佛教传说，释迦牟尼在出家前是一个太子（这件事本身就有夸大渲染的成分），处于深宫之中，长于妃嫔歌妓之手，享尽了人间的荣华富贵，根本没有遇到一点不愉快的事情。恩格斯说："宗教是由身感宗教需要并了解群众宗教需要的人们所建立的。"像这样一个太子会有什么宗教需要呢？他又会怎样了解群众的宗教需要呢？这样一个人绝不会悲观到要出家的程度。事实绝不会是这样子的。他自己必然受到了一些痛苦，至少是在精神上受到。他感到日子也不那么好过，人间也不那么值得留恋。于是悲观了，出家了。这痛苦是从哪儿来的呢？他了解群众的宗教需要根源又在哪里呢？最合理的解释就是民族压迫。他的悲观主义表达了人民群众的比较普遍的情绪。于是，他的学说一出，立刻就得到了信徒，从几个人到几百人，为以后的发展打下了基础。他的宗教从一个部落宗教经过不断的改造，逐渐变成了几个王朝的国教，进而成为有世界影响的大宗教。

至于佛经里那些关于释迦牟尼遇到老人、病人和死人的故事，最原始的佛典里是没有的。可能是后来的和尚们感到没有这个就无法说明释迦牟尼出家的原因，因而编造出来的。恩格斯说："作为人的创作结果的宗教，虽然有它所特有的诚恳的热情，当其创立时，就已经不会是不带欺骗和不歪曲历史事实的。"对基督教来说，这句话是正确的。对佛教来说，它同样也是绝对正确的。

现在我们再从阶级和种姓的关系上来看一看这个新兴的宗教。它的基础究竟是哪一个种姓、哪一个阶级呢？这是一个十分复杂的问题。据我看，佛教的基础并不限于某一个种姓。佛经里面再三强调它不重视种姓差别，一入佛教，就如众流归海，一切差别不复存在。这样一来，又怎样理解沙门和婆罗门的对立呢？不重视种姓差别这个事实本身就是对婆罗门的反抗，因为婆罗门教是十分重视种姓差别而只代表婆罗门的利益的。

但是，佛教也并不是真对一切种姓一视同仁。它当然首先就会反对婆罗门。在婆罗门教的经典里，四姓的顺序是：婆罗门、刹帝利、吠舍、首陀罗，而在佛教的经典里则是：刹帝利、婆罗门、吠舍、首陀罗。释迦牟尼自称是刹帝利。释迦族原来不大可能有什么种姓制度，这只是受了婆罗门教的影响而模拟出来的。他们自称是刹帝利，据我看，这也是冒牌货。不管怎样，既然自称为刹帝利，就必须为刹帝利辩护，竭力抬高它的地位。《长阿含经》、《阿摩昼经》就是一个例子。新兴的国王（其中也有一些是冒牌的）也努力抬高刹帝利的地位，于是一拍即合，他们也就信奉起、支持起佛教来了。

我看，佛教最可靠的基础是吠舍。上面已经谈到，吠舍不断产生阶级分化。农民、牧人、商人都属于这个种姓。佛教主张"非杀"，其中包括不杀耕牛，这当然代表了农民的利益。在佛教兴起的时候，由于对外贸易和国内贸易的发展，由于大城市的兴起，城市大商人的地位越来越高。梅伽斯提尼斯说，印度有七个种姓，第四个就是商人。在政府官员中，有人分工专管贸易。可见商人在当时地位之重要。释迦牟尼同这些商人有着很好的关系。首先信佛教的就是两个商人，这绝不是偶然的。佛经中所说的长者就是商业行帮的首领。这些人在佛经里是受到尊敬的人物。他们对于支持佛教是特别卖力气的。须达多长者购买童子胜的花园赠送佛陀，出亿万金钱布满园中，就是一个很好的例子。还有一件事情，也要在这里谈一下。佛陀是主张禁欲的，但是大城市中一些妓女却对他很感兴趣。有名庵婆罗女就赠送过他一座花园。这些事情都说明，佛教在一定程度上符合了大城市中新兴的阶级或阶层的利益。

至于首陀罗，佛陀的大弟子中也有首陀罗出身的，比如优婆离就是。但是佛陀并不特别提倡首陀罗出家，虽然他也不拒绝。有人说，他对首陀罗感情特别深厚，这是不符合实际情况的。

种姓关系和阶级关系不是一回事，其间有一定的联系，但也有不小的差别。如果纯粹从阶级关系这一个角度上来看一下佛教的话，那么，与其说它同奴隶接近，还不如说它同奴隶主更接近一些。根据佛经的记载，释迦牟尼曾吸收过一些奴隶或处在奴隶边缘上的人入教。但是，我们无论如何也不能说，他代表着奴隶的利益。他在很多地方都表示出一些阶级的或种姓的优越感，他以身为刹帝利而感到自豪。他的生平我们不很知道。他本身好像就是奴隶主出身。竭力支持他的那一些属于吠舍种姓的大商人，也大都是属于奴隶主阶级。因此，如果还要严格区别他同那一些完全站在奴隶主立场上说教的宗教家的话，我们只能说，他比较对那些通过阶级分化而新兴起来的奴隶主更感兴趣。基督教在初期曾满足了奴隶的一些要求。佛教并不完全是这样。如果说，原始佛教表达了最下层人民的愿望，那显然也是不符合实际情况的。

上面我从民族的（地区的）和阶级的观点上来探讨了佛教的一些问题，说明佛教继承的是本地的沙门的传统，而不是外来的婆罗门的传统，虽然有一些宗教哲学的术语看来是两教共有的。这只可能是互相假借。婆罗门教的一些神也出现在佛教里，但地位大大降低。这只不过是佛教为了提高佛祖的地位而制造成的，不能说明有什么渊源关系。

如果我们研究一下佛陀最初的大弟子的出身，也可以看出佛教与沙门的关系。许多大弟子都出身沙门，连婆罗门出身的舍利弗和大目连，也是先做沙门，然后改拜佛教的。我看，这不能说是偶然现象。

是不是就可以说，佛教完完全全属于沙门系统呢？也不是的。释迦牟尼才出家的时候，为了寻求解脱，跳出轮回，曾拜苦行沙门为师。他进行了严酷的苦行，几乎到了完全绝食的程度。结果是气息微弱，濒于死亡，苦行无效，大道未得。他毅然决然改变办法，重进食品。终于在菩提树下成了佛教徒认为至高无上的正等觉。这件事实就说明他与沙门的分歧。梅伽斯提尼斯写道："在印度人中间还有那些信奉佛陀箴言的哲学家。"可见他也不把佛教徒列入沙门一类。总之，我们可以说，佛教继承了沙门传统，但又加以发展、改进，形成了独立的一派。

以上这些情况，绝大多数的资产阶级学者是不了解的，他们认为，在印度只有一个哲学和宗教的传统，佛教和婆罗门教是有继承关系的。按照这个说法，奥义书既然早于佛教，奥义书这个名字和奥义书思想必然在佛典里有所反映。但是，事实上，除了个别的思想有一些共同点之外，整个思想体系是不一样的，甚至连奥义书这个名字在佛典里根本都找不到。对佛陀来说，奥义书好像是根本不存在的。碰到这种情况，那些学者大伤脑筋，挖空心思，寻找它们之间的渊源关系。他们有的说，摩诃婆罗多里面的那几篇哲学诗正好是从奥义书到佛教和其他沙门学派的桥梁。这当然像堂·吉诃德大战风车一样，绝不会有什么结果的。

如果同意我上面作的那一些分析，不但不会出现这样的现象，而且还有助于了解佛教在印度和印度以外盛衰的原因。佛教扎根在被压迫的原始居民中间，提出了一切皆苦的学说，符合了一部分人的想法（当然也就麻醉了他们）。它相信轮回业报，从而反对了种姓制度。它基本上是无区别地对待一切种姓的，它不像婆罗门那样排斥异己，不把社会分割得七零八碎。它反对婆罗门杀牲祭祀，投合了农民的愿望。佛教徒虽然不从事体力劳动，靠布施为生，但是他们不许占有任何财物，房子、牛羊、土地等都不许占有，不许做生意，不许触摸金银；因此同人民的矛盾不大。佛教主张使用人民大众的语言，这就比婆罗门使用梵文大大地有利于接近人民、宣传教义。它反对苦行，在这一点上，又比其他沙门教派占了上风。由于这一些原因，它在印度由小而大，终于成了大王朝的国教。输出印度以后，由于它无区别地对待一切民族，因而在一些亚洲国家流行起来，一直流行到今天。马克思认为宗教是颠倒了的现实的理论。佛教当然也是这样，等到没有可能没有必要再颠倒现实的时候，佛教生存的基础也就会逐渐消逝。

一九五四年七月七日于北京大学

（刊于 1965 年第 3 期）

文艺复兴时期西欧的史学

郭圣铭[*]

一　文艺复兴与人文主义史学的兴起

在西欧，从 14 世纪到 17 世纪初叶这 300 年间被称为"文艺复兴"时期。文艺复兴是人类文明史上一次伟大的变革，它标志着从"中世纪"转入"近代"的巨大发展。

西欧的文艺复兴是在资本主义刚刚兴起，封建制度开始解体的社会条件下发生的。14、15 世纪，在地中海沿岸的城市里，特别是在意大利的一些城市里，已经出现了资本主义萌芽。当时新兴资产阶级依靠人民群众的力量，向封建势力进行勇猛的冲击。这种斗争在文化上的表现，便是文艺复兴。

"文艺复兴"（Renaissance）一词的原意，系指希腊、罗马古典文化的"再生"。不过我们要知道，"文艺复兴"包含极其丰富的内容，其中主要的是"人文主义"的兴起，对经院哲学和僧侣主义的否定，艺术风格的革新，方言文学的产生，空想社会主义的出现，近代自然科学即实验科学的发展，印刷术的应用和科学文化知识的传布，等等。这一系列重大事件，与其说是"古典文化的再生"，不如说是"近代文化的开端"，与其说是"复兴"，不如说是"创新"。"文艺复兴"在人类文明史上标志着一个伟大的转折，它主要是创造出新的东西而不是恢复古老的东西。

恩格斯曾高度评价"文艺复兴"在历史上的进步作用，写道："这是一次人类从来没有经历过的最伟大的、进步的变革，是一个需要巨人而且产生了巨人——在思维能力、热情和性格方面，在多才多艺和学识渊博方面的巨人的时代。"（《马克

* 郭圣铭，1915 年生，华东师大历史系教授，中国世界中世纪史研究会副理事长，曾撰写《世界古代史简编》、《西方史学史》等专著。

思恩格斯选集》第 3 卷，第 445 页）在文艺复兴时期，产生了彼特拉克、伊拉斯谟这样著名的人文主义学者，产生了但丁、莎士比亚这样雄视百代的文学家，产生了达·芬奇、拉斐尔、米开朗琪罗这样古今无匹的艺术大师，产生了托马斯·莫尔、康帕内拉这样杰出的空想社会主义者，产生了哥白尼、布鲁诺、伽利略、开普勒这样伟大的科学家，产生了弗朗西斯·培根这样的先进思想家。他们在人类文化史上留下了宝贵的遗产，放射着智慧的光芒。

文艺复兴运动最大的特色，就在于它把人们的思想意识从神学迷信的束缚中解放出来，使"人"认识到其本身的价值。当时新兴资产阶级的代表人物提出"人文主义"这一口号，把它作为进行文化革命的旗帜。"人文主义"（Humanism，亦译"人本主义"）一词是从拉丁文"Humanus"（意为"人的"）演化出来的，它的含义相当广，但主要是指一种信念，即相信"人"是世界的主人和社会财富的创造者，相信"人"的智慧和力量，要求一切以"人"为本，发展"人"的事业。人文主义者搬出古希腊哲学家普罗塔哥拉斯（Protagoras）的那句名言："人是衡量一切事物的尺度。"他们主张：文学艺术要能反映"人"的真情实感，科学技术要能增进"人"的福利，教育要能发展"人"的智能，总之一句话，他们是要用"人权"的观念来代替"神权"的观念，用一种以"人"为本位的文化来代替中世纪那种以"神"为本位的文化。

在人文主义思潮的影响下，产生了人文主义的史学。这时西方史学开始了一个新的蓬勃发展的时期，涌现出一批卓越的人文主义历史学家。他们冲破了基督教神学的牢笼，鄙弃那种虚妄的、锢蔽人心的宗教史观，反对把《圣经》中那些荒诞无稽的传说当作历史，反对那种以犹太史和教会史为中心的世界史体系。人文主义历史学家用古代的传统来改变中世纪的传统，他们把古代希腊、罗马的历史学家奉为模式。到处搜寻波里比阿、普鲁塔克、李维、塔西佗等大历史学家的遗稿及其著作的手抄本，将之注释刊布出来，以广流传。人文主义历史学家代表新兴资产阶级的要求，他们着眼于"人"和"人的事业"，认为历史应当记载"人事"，应当探求社会现象的因果关系，应当以垂训为目的，因此他们特别注重政治史和军事史。

在文艺复兴时期，西欧发生了一系列重大的历史事件，这个时期是资本主义原始积累的时期，是资本主义关系发展较早的国家向海外掠夺殖民地、肆行扩张的时期（即所谓"地理大发现"的时期），是市民上层和"王权"结为同盟以建立中央集权制民族国家的时期，是宗教改革和反宗教改革进行搏斗的时期。在这段时期内，爆发了世界史上第一次手工工人起义——1378 年意大利佛罗伦萨城的梳毛工人起义，爆发了早期的资产阶级革命——1524—1525 年的德意志农民战争和 16 世纪后半期的尼德兰革命。当时社会各阶级的代言人都要借历史来讲话，都要用历史事实来阐明其政治上的主张，这自然带来了史学发展的高潮。

在文艺复兴时期，欧洲文化史上有两件值得大书特书的事：一为大学的兴起和扩充，一为印刷术开始广泛应用。这两件事都大大地促进了科学文化的发展，其中也包括史学的发展。

本来，早在12、13世纪时，意大利的波伦亚大学和帕多瓦大学、法国的巴黎大学和图卢兹大学、英国的牛津大学和剑桥大学便已先后成立。不过当时那些大学都还是知识分子之间的一种"行会"组织，师生员工不多，设备简陋，课程内容很贫乏。只是到了文艺复兴时期，随着"人文主义"的兴起，那些大学才逐渐添设新的课程，扩充员额，发展到相当大的规模。14世纪时，捷克的布拉格大学、波兰的克拉科夫大学、奥地利的维也纳大学、德意志的海德尔堡大学相继成立。后来由于人们逐渐认识到历史对现实政治的重大意义，各国的大学乃先后设立历史学讲座，延请名师讲授。大学成了历史教学和历史研究的中心，这当然有利于历史学的发展，并且使历史学走向专业化。随着学术的进步，历史学的内容越来越丰富，史学方法越来越缜密。

在欧洲，印刷术的应用远后于中国。在15世纪中期以前，欧洲所有的书籍都是手抄本。欧洲最早采用印刷术的人已不可考，然而确实无疑的是：在1450年左右，德意志人约翰·古登堡（Johann Gutenberg）第一次用活字版刊印《圣经》，此后印刷术才开始在欧洲得到广泛的应用。不言而喻，印刷术的应用在文教事业中起了一个革命，它使书籍大量印行成为可能，并且免除了手抄过程中难以避免的笔误，更好地保证了书籍的质量。由于印刷术的应用和出版业的兴起，历史知识便比较易于普及了。

二 文艺复兴时期意大利的史学

在文艺复兴时期，意大利在经济和文化方面是经常走在欧洲前列的。意大利原是罗马古典文化的老家，而资本主义因素又是首先在这里萌芽成长的，因此它就成为文艺复兴的中心和发源地。那些在十字军东侵时期发展起来的意大利城邦，如威尼斯、热内亚、米兰、比萨、佛罗伦萨，这时不但是工商业荟萃之区，而且成了新文化的摇篮。其中尤其是佛罗伦萨，于数百年间人才辈出，贡献独多，被誉为文艺复兴的"圣地"。

意大利早期文艺复兴的代表人物之一，被称为"人文主义之父"的彼特拉克（Petrarch，1304—1374年），主要是一位古典学者和诗人，但在历史学方面也有一定的影响。当时意大利城邦林立，互相间攻战不已，而列强趁机入寇，各自扶植党羽，更加深了意大利的分裂。彼特拉克有鉴于此，乃用历史事实来唤醒人们的爱国心。他模仿古罗马诗人维吉尔所著史诗《爱涅德》的体例，用拉丁文写了一部史诗《阿非利加》，描述第二次布匿战争期间罗马统帅西庇阿·阿非利加击败迦太基名将汉尼拔的事迹。彼特拉克盛赞古罗马的"光荣"和"伟大"，他以古喻今，呼吁意大利各邦团结起来抵御外侮，以造成政治上的统一。

意大利第一个著名的人文主义历史学家是布鲁尼（Leonardo Bruni，1369—1444 年）。他出生于佛罗伦萨附近的阿雷佐城，早年就来到佛罗伦萨，受业于希腊学者克里梭罗拉斯（Emanuel Chrysoloras），在其影响下养成了对古典文学和历史学的爱好。后来，他在政治上飞黄腾达，曾先后担任过教皇的秘书和佛罗伦萨的行政长官，但他真正的志趣始终是在学术方面。布鲁尼潜心著述，曾用华美的文笔，将柏拉图、亚里士多德、普鲁塔克等名家的作品译为拉丁文，并且用意大利方言为文艺复兴的先驱者但丁和彼特拉克撰写传记。更重要的是：布鲁尼著有《佛罗伦萨史》十二卷，始于建城时期，止于公元 1404 年，使佛罗伦萨城邦的发展过程有了精详的叙述，堪称通史之作。布鲁尼首先在历史学领域内打出"人文主义"的旗帜，他复活了古希腊、罗马那些大历史学家的传统，认为历史应当记载"人事"，探求社会现象的因果关系，供人们借鉴。他用理智的眼光来考察历史，摒弃了所有那些关于佛罗伦萨城的神话传说和无稽之谈，完全以历史事实来立论，着重叙述佛罗伦萨政治上的变迁及其在意大利各邦中的地位。在这一点上可以说，他是马基雅弗利的先导。不过布鲁尼在其《佛罗伦萨史》中有关 1378 年梳毛工人起义的记载，却囿于阶级偏见，他竟污蔑那次起义是什么"无知群氓的暴动"。

布鲁尼的同僚和挚友波基奥（Poggio Bracciolini，1380—1459 年），也是一位有成就的人文主义历史学家。波基奥雅好古籍，他经常在各地修道院中搜寻古代作家的手稿，所获甚多，其中最重要的是西塞罗的八篇演说词、卢克莱修斯的《论物性》、昆体兰的《雄辩术》以及塔西佗的《日耳曼志》等。有许多重要的古籍，都是有赖于他的发现而重见天日的。此外，波基奥还是一位著名的考古学家，他首先认识到古物遗存对史学研究的重大意义，把考古学提高到应有的地位。波基奥晚年著有《佛罗伦萨史》八卷，此书主题鲜明，文笔生动，可与布鲁尼的著作媲美。不过他有点像李维，过分注重文学描写，有时反而为辞害义，歪曲了历史的本来面目。

与布鲁尼、波基奥同时代的人文主义历史学家比昂多（Flavio Biondo，1388—1463 年），为中世纪史的研究开辟了一个新的途径。比昂多首先是位考古学家，他精于鉴定古物，熟悉史料存在的状况及其价值的高下。他竭毕生之力研究罗马史以及西欧诸国兴起的历史，在大量原始资料的基础上得出精确的结论。比昂多著述甚富，其中最著名的是《罗马衰亡以来的千年史》，此书计有三十一卷，所叙史事始于公元 472 年，止于公元 1440 年。它不仅体大思精，考证周详，而且对这一千年间的历史提出了新的解释。在这以前，历史学家多认为中世纪史是罗马史的继续。但比昂多指出：古代史已经随着公元476年西罗马帝国的灭亡而结束，在那以后开始了另一个历史时期。他把公元5世纪至15世纪这1000年间叫作"中世纪"，"中世纪"一词最初就是这样提出来的。比昂多的著作是西欧中世纪史的权舆，他的论点，后来逐渐为大多数历史学家所接受。

在"文艺复兴"期间，欧洲人的疑古精神和考证学有所发展。在这里，意义特别重大的是瓦拉（Lorenzo Valla，1406—1457年）对《君士坦丁的赠与》（Donation of Constantine）这一历史文件的辨伪。瓦拉是意大利南部那不勒斯王国的历史学家，他写过一部《斐迪南一世时期的历史》，并不怎样出色。瓦拉的才能偏于考证，在这方面他获得了不朽之名。本来，公元756年，法兰克王国的国王"矮子"丕平以其取自伦巴德人的、意大利中部的那一大片土地赠献给教皇，使教皇具有世俗权。这"丕平的赠与"（亦称"丕平献土"），便是教皇国的由来。然而，教皇还嫌"矮子"丕平的威望不够，乃假造了一个文件，说教皇国的领土是公元4世纪初年由罗马皇帝君士坦丁大帝所赠予的。历来的教皇，都把这个文件奉为至宝，以之作为教皇国立国的根据。在瓦拉以前，已经有人指出这个文件不可靠，但不能举出充分的证据。这时，瓦拉用他那渊博的知识和精密的考证方法，令人信服地证明这一文件所用的拉丁语是公元8世纪中期的拉丁语，而不是公元4世纪初年的拉丁语。如果说那是君士坦丁大帝的赠予，那么他怎么会不用当时的语法而用后代的语法呢？这便肯定无疑地证明此项文件是出于伪造。瓦拉的辩伪工作，不仅解决了历史上的一件公案，而且揭露出教皇是弄虚作假的，这就狠狠地打击了教皇的"权威"。

文艺复兴时期，在意大利影响最大的人文主义历史学家和政治理论家，无疑要数到马基雅弗利。恩格斯指出："马基雅弗利是政治家、历史家、诗人，同时又是第一个值得一提的近代军事著作家。"（《马克思恩格斯选集》第3卷，第445—446页）关于他的生平事迹和著作，我们应当略加论述。

马基雅弗利（Niccolo Machiavelli，1469—1527年）出身于佛罗伦萨一个没落的小贵族家庭，其父当过法官。他自幼勤学，博闻强记，精通古籍，尤其爱读波里比阿和李维的著作，早年就在侪辈中崭露头角。1494年，佛罗伦萨爆发了以牧师萨伏纳洛拉（Savonarola）为首的人民起义，推翻了美第奇家族僭主政治的专横统治，重新建立共和制。从1498—1512年这14年中，马基雅弗利一直是这个共和制的佛罗伦萨政府中最重要的负责人之一。他曾经先后奉命出使意大利其他各邦以及法国和德意志，并被任命为最高行政机关"十人委员会"的秘书长，主管军事和外交工作。但在1512年，美第奇家族在西班牙侵略军的支持下反扑过来，扼杀了佛罗伦萨共和国，造成僭主政治的复辟。由于政治上的毒怨报复，马基雅弗利被捕下狱，而且遭到苦刑拷打。次年获释，但被放逐出政界，此后他就息影在佛罗伦萨郊区的一座小山庄中，以著述终老。

马基雅弗利主要是一个政治理论家。他目睹当时意大利内部四分五裂，外受法国、西班牙等强邻的侵略，兵戈扰攘无虚日，乃渴望政治上的统一，而把这项希望寄托在有能力的君主身上。1513 年，即在他政治上失势的第二年，马基雅弗利写成宣扬其政治思想的《君主论》（亦译《霸术》）。在这本书里，他公然主张君主为了国家的利益，可以蔑信弃义，不择手段。他甚至明目张胆地说，人心难测，君主单讲仁爱是不行的，与其受人爱戴，不如使人畏惧。这位曾经为共和制政府鞠躬尽瘁的马基雅弗利，写出这样一本坏人心术的书，侈谈暴君专制之道，究竟是何居心？关于这一点，历来各派学者曾进行过激烈的、无休止的争论。一般的论断是：马基雅弗利代表当时意大利新兴资产阶级的愿望，要求建立统一的、中央集权制的民族国家，这在当时原是有进步意义的。不过他所走的道路和他所鼓吹的那一套政治理论是反人民的。马基雅弗利把政治当做一种权术，这使他在历史上留下了恶名。后来所说的"马基雅弗利主义"，就是指那种蔑信弃义、一味玩弄权术的卑劣行径。

在被迫隐退的生活中，马基雅弗利乃专心致志地钻研史学，希望能从古代大历史学家的著作中求得一种精神上的慰藉和启示。他细心阅读过李维所著之《罗马史》，把共和制时期罗马的史事和当时佛罗伦萨的实际情况一一加以对比，感慨良多，随时将自己的心得体会写成札记。后来他把这些札记汇集起来，就成了一部《论李维》。马基雅弗利的用意很清楚，他希望人们能从他这部札记体的著作中得知古罗马之所以伟大的原因，以古为鉴，对当前的政治有所改革。此外，马基雅弗利还出于同样的动机，仔细研究过历史上那些著名的战役，揣度形势，精心构思，写了一部关于战争的专著，题为《用兵之道》，那是近代军事科学的先导。马基雅弗利认为，民兵是保卫国家独立和自由的最可靠的武装力量。

然而，马基雅弗利最重要的历史著作，则是他那部在晚年才写成的《佛罗伦萨史》。1520 年，美第奇家族的权贵，当时任佛罗伦萨大学校长的红衣主教裘里奥·美第奇（后来他当选为教皇，称克莱蒙七世）聘请马基雅弗利为佛罗伦萨人民写一部历史。那位红衣主教约稿的意思，原是要美化佛罗伦萨的历史，为美第奇家族树碑立传。但马基雅弗利在写这部书的时候，却倾注了他自己的思想感情和史学观点，使之超出了约稿者的要求。和那些在他以前的其他人文主义历史学家一样，马基雅弗利能以理智的态度来考察历史，摒弃一切神话传说的影响，完全根据历史事实来写历史，并注意历史的连续性和因果关系。他这部《佛罗伦萨史》共分八卷，始自日耳曼"蛮族"入侵时期，止于 1492 年劳伦左·美第奇之死。第一卷是概括性的绪论，大致说明中世纪早期意大利的概况，以后即按照年代顺序叙述佛罗伦萨城邦兴起、发展的经过，事愈近则记载愈详。马基雅弗利是用历史事实来阐明他自己的政治主张的，他以古喻今，把古罗马和 14、15 世纪时的佛罗伦萨作对比，认为当时佛罗伦萨之所以不能把意大利统一起来，最根本的原因是在于：贵族与平民之间争持不下，而贵族集团之间又勾心斗角，互相倾轧，国力为之虚耗。如果能把那些消耗在内阋中的力量集中起来，朝着一个共同的目标去努力，那末佛罗伦萨也许早已追踪古罗马的雄风，成为泱泱大国了。马基雅弗利是用新兴资产阶级政治家的眼光来写历史的，他评论佛罗伦萨政治上的得失，笔下常带感情，富有感染力。他苦心孤诣地借历史事实来宣扬改革之道，其中有很多就是他自己的经验之谈，具有独到的见解。正是由于有这些特点，他这部《佛罗伦萨史》就不同凡响，比其前人的同类著作高出一头，成为世界历史文库中不可缺少的要籍。后来英国历史学家、哲学家大卫·休谟在评论马基雅弗利的《佛罗伦萨史》时曾说道："此书意存针砭，带有一种强烈的义愤，感人至深！"

马基雅弗利的《佛罗伦萨史》完成于 1525 年，而过了两年，即在 1527 年，他就逝世了。遗憾的是，他这部史书所叙述的史事止于 1492 年，没有谈到他自己在佛罗伦萨共和制政府中担任要职的那段时期（1498—1512 年）的历史。这也许是有难言之衷，故意避而不谈的罢。马基雅弗利生活在地理大发现时期，而他在晚年犹见及波澜壮阔的宗教改革和德意志农民战争，然而这些具有划时代意义的大事在他的史著中都没有反映。

与马基雅弗利同时期的奎昔亚狄尼（Francesco Guicciardini，1483—1540 年），在历史学方面也有很高的成就。奎昔亚狄尼出身于佛罗伦萨城邦的豪门贵族，早年曾在帕多瓦大学研习法学，毕业后即在佛罗伦萨大学担任法学教授。然而他不久就转入政界，曾一度与马基雅弗利在佛罗伦萨共和制政府中共事，不过他们两人因为政见不同，原是不睦的。及至共和制政府倒台，美第奇家族的僭主政体在佛罗伦萨复辟，这两人在政治上的遭遇恰恰构成鲜明的对照：马基雅弗利曾一度身陷囹圄，而奎昔亚狄尼则成了美第奇家族的座上客。看来奎昔亚狄尼是个不倒翁，能在政局已经改变了的情况下仍居高位。他曾经做过佛罗伦萨驻西班牙的大使，后来又受到教皇克莱蒙七世的重用，先后出任教皇国属下摩代纳、里基俄、罗马纳这三个邦的总督。

早在 1510 年，即当他还是个 27 岁的青年时，奎昔亚狄尼就着手编著《佛罗伦萨史》。他这部书所包括的年代范围为 1378—1509 年，其中对美第奇家族统治时期佛罗伦萨的政事有较为翔实的记载。奎昔亚狄尼比马基雅弗利小 14 岁，然而他却比马基雅弗利早十年先写《佛罗伦萨史》。因此到后来，马基雅弗利在编著《佛罗伦萨史》时曾写信向奎昔亚狄尼请教，是把他当做"畏友"的。不过，奎昔亚狄尼的这部《佛罗伦萨史》并没有写完，而且当时他可能根本没有想到要出版。

他这部著作的手稿封存了 340 多年，直到 19 世纪 50 年代才第一次由他的注释者刊布出来。

奎昔亚狄尼的传世之作，是他那部在晚年才写成的巨著《意大利史》。奎昔亚狄尼从其长期的政治生涯中得知：佛罗伦萨仅仅是意大利的一个城邦，单写佛罗伦萨的历史，不能反映意大利历史演进的全貌。当时意大利内部四分五裂，各种政治势力争持不下，而意大利各邦又都结外援以自固，形成了错综复杂的同盟关系。意大利被卷入欧洲列强之间的纷争，成为法国和西班牙这两个强国之间进行王朝战争的鏖兵喋血之场。然而，作为一个民族来说，意大利人有其共同的文化传统和共同的利害关系，是渴望能达成民族统一的。奎昔亚狄尼有鉴于此，觉得不能再从某个城邦的角度来写意大利的历史，而必须从全局出发，把意大利作为一个整体来叙述。因此，他就放弃了《佛罗伦萨史》后半部的写作，而于 1536 年起开始动笔写他的《意大利史》。

从撰写《佛罗伦萨史》到撰写《意大利史》，奎昔亚狄尼在思想上经历了一次飞跃。在撰写《佛罗伦萨史》时，由于主题范围的限制，他还只是一个地方性的历史学家；而在撰写《意大利史》时，他就跳出了城邦的范围，成为一个视野广阔、有全局观点的意大利历史学家了。他这部《意大利史》共分二十卷，始自 1494 年法王查理八世之入侵意大利，止于 1534 年教皇克莱蒙七世之死和教皇保罗三世的当选。所叙史事不过四十余年，然而，它却是第一次打破地区的界限，把意大利各邦的历史熔于一炉，勾勒出当时整个意大利乃至西欧其他各国的概貌，堪称意大利全史。奎昔亚狄尼敏于观察，对意大利各邦的政事了如指掌。他虽然不像马基雅弗利那样有深刻的哲学思想，但也是用一种悲天悯人的心情来写历史的。他曾经指出，当年列国纷争，那些教皇和各国君主纵横捭阖，朝三暮四，说穿了，其行为的动机无非都是为了争权夺利，而不是受什么道德规范约束的。

奎昔亚狄尼的《意大利史》不但以观点新颖见长，而且以取材精慎著称。奎昔亚狄尼精于史料考证学，他认为：对一个历史学家来说，重要的不在于把史事编写成令人悦目赏心的故事，而在于要拿出确实可靠的史料证据，让史料本身来说话。他在写这部著作时曾广泛搜集资料，尤其充分利用了罗马教廷的档案材料。奎昔亚狄尼的《意大利史》是在他死后的 1561 年才作为遗著出版的，它受到广大读者的欢迎，在 16 世纪末叶就销行了十多版，并且很快就被译成多种西欧文字。

在文艺复兴时期，意大利出现了前所未有的艺术繁荣，产生了许多卓越的艺术大师。这些艺术大师是时代的巨人，他们如银河群星，各炫异彩，其生平事迹和艺术活动是值得为之立传的。在这种情况下，产生了艺术史家瓦萨里。

瓦萨里（Giorgio Vasari，1511—1574 年）本人就是个画家和建筑家，他早年曾经跟米开朗琪罗学画，并曾广泛游历各地，到处访问艺术大师并对一些著名的绘画、雕刻、建筑进行深入的研究。1550 年，瓦萨里出版其所著的《意大利艺苑名人传》。在这部书里，他用他那艺术家的彩笔，把文艺复兴时期意大利那些最著名的画家、雕刻家、筑家的生平事迹和创作活动写得有声有色，栩栩如生。而他对人物的评价也是比较公正的，不因个人好恶而有所偏私。瓦萨里是西方艺术史的开山祖，他这部《意大利艺苑名人传》是不朽的。

应当顺便提一句，"文艺复兴"这个词最先就是由瓦萨里创造出来的。瓦萨里把 15、16 世纪西欧文化的高涨看做是希腊、罗马古典文化的"再现"或"再生"，所以称之为"文艺复兴"。其实，当时西欧各国新兴资产阶级的文化革命运动包括一系列的重大事件，绝不是"文艺复兴"一词所能包括的。因为后来有许多哲学家、历史学家、文学家和艺术家都用"文艺复兴"这个词来表示那个时代的特征，我们就只好沿用了。

三　文艺复兴时期西欧其他国家的史学

在文艺复兴时期，由于人文主义思潮的影响，意大利以外的西欧各国也先后产生了人文主义史学。不过这些国家因为文化背景不同，政治经济情况各异，所以在史学发展上也各有特点。以下，我们按照国别来加以说明。

法国：法国与意大利是领土毗连的近邻，它们在文化上、政治上的关系一向是很密切的。从意大利开始的文艺复兴运动，首先影响的就是法国。

然而，在文艺复兴时期，法国和意大利在政治上的发展却有很大的不同。当意大利还是四分五裂并遭受外来侵略时，法国则胜利地抵御了外侮并扫清地方割据势力，逐渐发展为一个中央集权制的民族国家。

从 1337 年到 1453 年，法国和英国断断续续打了一百多年的恶仗，史称"百年战争"。在战争期间，英国封建主勾结法国的地方割据势力，率军长驱直入，蹂躏了法国大部分的国土，并一度占领巴黎，给法国人民带来极大的苦难。然而，英国的入侵激起了法国各阶层人士的爱国热忱，他们同仇敌忾，纷纷组织起民兵队伍，拿起刀枪来配合正规军作战，到处打击敌人，创造了许多惊天动地的奇迹。在这里面，"圣女"贞德（Jeanne d'Arc）的事迹是最为感人的。后来，法国人民终于把英国侵略军赶了出去，赢得了"百年战争"的最后胜利。

"百年战争"结束后，法国大致已经是一个中央集权制的民族国家。但贵族的权力还相当大，国内还存在一些离心倾向。及至宗教改革时期，法国统治集团内部又分裂为天主教派、"政客派"和信仰喀尔文教的胡格诺派，他们为了争夺最高统治权，互相倾轧不已，进行了长达三十多年（1562—1598 年）的宗教战争，这就是历史上所说的"胡格诺战争"。这场战争的结果，胡格诺派的首领——波旁家族的亨利取得王位，称亨利四世，是为波旁王朝之始。亨利四世为了维护法国的统一，乃放弃其原先所信仰的喀尔文教，改信法国绝大多数人所信仰的天主教，并于1598 年发布《南特诏令》，允许新教徒有信仰自由。这样，随着波旁王朝的建立，法国中央集权制的民族国家就更巩固了。恩格斯指出："日益明显日益自觉地建立民族国家的趋向，是中世纪进步的最重要杠杆之一"。(《马克思恩格斯全集》第 21 卷，第 452 页)

文艺复兴时期法国的史学，反映了当时法国历史上的这些特点。

14 世纪法国最著名的历史学家是佛罗莎特（Jean Froissart，约生于 1337 年，约卒于 1410 年）。他出身于资产阶级家庭，早年曾一度经商，后来弃贾就学，把宗教活动当做踏脚石，挤进统治集团上层。佛罗莎特虽然在文化教养上是法国人，但实际上是个国际性的人物。他曾周游列国，和许多国家的封建主都有联系。1361 年，佛罗莎特前往英国宫廷中当客卿，受到和他有同乡之谊的英国王后腓力帕（Queen Philippe）的赏识，被任命为史官。1366 年，他伴随英军统帅黑太子返至法国的波尔多城，后来又漫游意大利、德意志、尼德兰等地，经常出入于王公贵族之门，得以熟悉各国的政情并撷拾到许多历史掌故。他生活在英、法"百年战争"期间，对于交战双方的形势和几次重要战役的经过都了如指掌。佛罗莎特竭毕生之力，用优美的法文写了一部《法国、英国、苏格兰、西班牙编年史》，所叙史事始于 1326 年，止于 1400 年左右。这部书的范围相当广，但主要是记载"百年战争"的战况和有关各国的外交活动，其中对克勒西战役（1346 年）和波亚迭战役（1356 年）的描述尤为出色。佛罗莎特是站在封建贵族的立场上写历史的，他渲染骑士的"忠诚"和"勇敢"，因此被称为"骑士的歌手"。在这部《编年史》中，佛罗莎特对 1357 年至 1358 年的巴黎市民起义、1358 年法国的"札克雷起义"，1381 年英国的窝特、台勒起义都作了比较详细的记载。不过他囿于阶级偏见，肆意诋毁这些轰轰烈烈的人民革命运动，有许多话要从反面去理解。

法国的第一位人文主义历史学家应推康米尼斯（Philippe de Commines，约 1445—1509 年）。康米尼斯是一个政治活动家，他原为勃艮第公爵"骁勇者"查理（Charles the Bold）殿下的重臣，后来归顺法王路易十一，曾被任命为首辅。1494 年，法王查理八世出兵侵入意大利，他奉命出使威尼斯和米兰，接触文艺复兴时期意大利的文化气氛。康米尼斯在晚年写成《回忆录》八卷，其中前六卷包括路易十一时代的政事，后两卷记述查理八世在意大利进行军事冒险的经过。他具有精辟的分析能力，遇事能究其底蕴，注重历史事实的因果关系，尤其善于描写历史人物的心理动机。在这方面，他实与马基雅弗利不相上下。康米尼斯强调历史在政治方面的实用价值，他经常告诫政治家和外交家必须熟读历史，因为那是理解现实生活的一把钥匙。

16 世纪法国著名的政治理论家波丹（Jean Bodin，1530—1596 年），也是一位历史哲学家。1566 年，波丹发表其所著的论文《理解历史的方法》，那是西欧第一部比较详备的史学方法论。波丹认为，地理环境对历史发展具有决定性的作用，这个观点后来影响孟德斯鸠和英国历史学家柏克尔（H. T. Buckle），形成了资产阶级史学中的"地理环境决定论"。此外，波丹又认为，历史是不断向前发展的。他把人类历史发展的进程分为三个阶段，在第一阶段，占优势的是东方各民族，其次是地中海沿岸诸国，而最后是北欧诸国的兴起，这种牵强附会的说法，实为黑格尔历史哲学的先导。

在宗教改革和"胡格诺战争"期间，法国的天主教派、"政客派"和胡格诺派都有其自己的历史学家，他们旗帜鲜明，党同伐异，各自用历史事实来支持其本身的政治主张和宗教信仰。在这些历史学家里面，特别值得介绍的是胡格诺派的历史学家道比涅（Theodore Agrippa d'Aubigne，约 1550—1630 年）。

道比涅出身于一个有文化教养的资产阶级家庭，其父为胡格诺派的领袖之一，是在宗教战争中被杀的。道比涅在童年时期就显露出优异的才华，据说他在六岁时就开始学希伯来文、希腊文和拉丁文，在十一岁时就翻译过柏拉图的著作。从十八岁起，他就开始积极参与胡格诺派的活动，后来一直做到亨利四世的枢密顾问，为之擘画政事。在亨利四世为了政治上的原因改信天主教以后，道比涅仍旧保持其喀尔文教的信仰，因此他被胡格诺派称为"卫道者"。道比涅在晚年用喀尔文教的观点写了一部《世界通史》（*Histoire Universelle*），所叙史事始自 1553 年，止于 1602 年。这部书的取材范围相当广，它是以法国的宗教战争为中心来叙述欧洲的历史的，此外还一鳞半爪地谈到亚洲和非洲的情况。不过道比涅是把历史当做其宗教信仰的注脚，并竭力颂扬亨利四世在历史上的作用，多溢美之词。他蓄意美化胡格诺派的事迹，舛误甚多。

德意志："德意志"在文艺复兴时期还只是一个地理上的名词，即德意志人所居住的地区。自公元 962 年以来，德意志在政治上有个名称，那就是"神圣罗马帝国"。但正如后来伏尔泰所说，它既非"神圣"，亦非"罗马"，更不能叫做"帝国"。在这个"神圣罗马帝国"的空壳子里，存在几百个大小不等、实际上各自独立的王国、公国、侯国、伯国、自由城市以及上千个骑士领地。而在 1356 年以后，神圣罗马帝国"皇帝"的产生须经过七大"选帝侯"的选举，于是"皇帝"的权力越来越小，德意志政治上的分裂更甚于前。在中世纪后期，德意志境内的资本主义因素也发展得相当快，出现了许多工商业发达的大城市，然而这种发展是不平衡的，而且是区域性的，当时还不能形成统一的国内市场。因此种种，当时德意志仍处于四分五裂的局面。

　　罗马天主教会曾利用德意志政治上的分裂来扩大其势力，它把德意志当做"教皇的奶牛"，在这里予取予求，后来竟用出售"赦罪符"的勾当来聚敛钱财。但剥削愈重，反抗愈烈，影响深远的宗教改革运动，首先就是在德意志轰然爆发的。

　　1517 年，马丁·路德发表其所著的《九十五条论纲》，揭开了宗教改革的序幕。起初，宗教改革在德意志表现为全民性的运动。但各个阶级、各个阶层的人，对宗教改革各有不同的理解和要求。除了代表诸侯和市民上层的马丁·路德以外，还有代表平民和劳苦大众的宗教改革家托马斯·闵采尔。1524 年至 1525 年，德意志爆发了波澜壮阔的农民战争。

　　宗教改革的浪潮，给这个时期德意志史学的发展打下了深深的烙印。由于宗教问题的突出，这时在德意志，历史学又成了神学的奴仆。

　　在宗教改革期间，德意志史学领域中的斗争极为激烈。新教的历史学家称罗马教廷为"魔鬼的巢穴"，而天主教的历史学家则称马丁·路德为离经叛道的"狂僧"，他们各自把历史事实当做论据，来攻击其政治上和宗教上的敌人。

　　首先，人文主义学者封·胡登（Ulrich ron Hutten, 1488—1523 年）发现了 11 世纪末叶神圣罗马帝国皇帝亨利四世声讨教皇格里哥利七世的檄文。他把这篇檄文加以注释，广为刊布，更加深了人们对教皇的愤恨。此外，封·胡登还大量印行意大利人文主义历史学家瓦拉所写的那篇证明《君士坦丁的赠与》系出于伪造的论文，以揭露罗马教廷的虚伪和欺诈。

　　路德教徒试图以自己的神学观点来重新写一部教会史。在这方面，值得一提的是新教历史学家佛拉西斯（Matthias Flacius, 1520—1575 年）。佛拉西斯是伊斯特里亚地方的学问僧，因求学来到德意志，后来在马丁·路德的影响下成为新教徒，并一度在威登堡大学担任教授，主讲《圣经·旧约》。在离开威登堡大学以后，他先后寄居在马格德堡、任拿、法兰克福等地，搜集资料，从事历史著作。佛拉西斯费了 20 年的精力，在六位志同道合的学者的协助下，写成一部巨著《马格德堡世纪史》（Magdeburg Centuries）。此书叙述基督教教义和基督教会发展的经过，始于传说中的耶稣、基督的诞生，止于 1300 年。因以一百年为一卷，共 13 卷，故称《世纪史》。佛拉西斯和他的助手们列举了无数的事例，证明天主教的教义和教会组织是与原始基督教不相干的，甚至是完全相反的。这样，就从根本上动摇了人们对于天主教会的信念。不过，佛拉西斯是企图以路德教的神学观点来代替天主教的神学观点，其本身也是一种僧侣主义的东西。

　　德意志最博学的新教历史学家，应推斯莱登（John Sleidan, 约 1506—1556 年）。他原先在外交界服务，曾在公余之暇把佛罗莎特的《编年史》和康米尼斯的《回忆录》译为德文。从 1545 年起，斯莱登花了十年的岁月，写成《皇帝查理五世时代政治、宗教情况实录》，共二十六卷。这部书体大思精，始于 1517 年马丁·路德的发难，止于 1555 年《奥格斯堡宗教和约》的成立，把德意志宗教改革的经过作了全盘的叙述。斯莱登虽然主要是记载宗教改革运动，但也充分注意到政治上的风云变幻。因为正如他自己所说，当时政治是和宗教交织在一起，不能分开的。斯莱登的著作具有很高的史料价值，它是研究宗教改革时期德意志历史的要籍。

英国：英国的文艺复兴运动开始得比较晚，它在这方面曾受到意大利和其他欧洲大陆国家的影响。

紧接着英、法"百年战争"之后，英国统治集团内部为了争夺王位，又进行了长达三十年之久的内战，那就是历史上所说的"玫瑰战争"（1455—1485 年）。经过这场内战，英国封建贵族的势力大大削弱了。当亨利七世即位，建立了都铎王朝时，英国大致已经是一个中央集权制的君主国。

在都铎王朝时期（1485—1603），英国的资本主义原始积累正在加速进行。正如马克思所说，这种剥削的历史是用血和火的文字载入人类编年史的。一方面，地主资本家正在强力推行"圈地运动"，把农民从其世世代代所耕种的土地上赶走，圈起土地来养羊，致使英国发生着像托马斯·莫尔所说的"羊吃人"的惨剧；另一方面，英国殖民主义者开始向海外扩张，他们从海盗抢劫、奴隶贸易、走私活动中囊括了盈千累万的财富。这时英国出现了一个"暴发户"的资产阶级和一批资产阶级化了的新贵族。

当时英国资产阶级和新贵族还是拥护"王权"的，所以都铎王朝的几个国王都是专制君土，其权力之大是英国历史上绝无仅有的。

就是在都铎王朝时期，英国的文艺复兴运动蓬勃兴起。而在 16 世纪 20 年代末期，英王亨利八世自上而下地实行了宗教改革。不过英国的宗教改革是有反复的，之后有一段时期，宗教改革和反宗教改革的斗争极为激烈。直到伊丽莎白女王即位后，才确立了英国国教的正统地位。但有相当大的一部分人对英国宗教改革的结果是不满的，要求"清除"英国国教中所残留下来的天主教仪式，他们被称为"清教徒"。

都铎王朝时期，特别是伊丽莎白女王在位时期（1558—1603），英国在学术上呈现出高度繁荣，产生了许多伟大的思想家、科学家和文学家。托马斯·莫尔、弗朗西斯·培根以及莎士比亚等，都是这个时代的人物。

在人文主义思潮的影响下，英国产生了人文主义的史学。

文艺复兴时期，英国伟大的空想社会主义者托马斯·莫尔（Thomas Moore，1478—1535 年），也是一位人文主义历史学家。除名著《乌托邦》之外，莫尔还写了一部精粹的历史著作——《理查三世传》。这部书先是用拉丁文写的，后来又由他自己译为英文，两种版本都有很高的学术价值。莫尔用他那敏锐的观察力和生花之笔，绘形绘声地刻画了暴君理查三世（在位年代为1483—1485年）的凶残狠毒及其最后的被杀，鞭挞了这个历史上罕见的暴君，因而也就从反面伸张了正义。后来莎士比亚的名剧《理查三世》，主要便是根据莫尔的著作编写的。

当女王伊丽莎白在位时，英国在经济上和文体上都发展得很快，这时产生了编年史家何林设德（Raphael Holinshed，生年不详，约卒于1580年）。关于何林设德的生平事迹，我们所知甚少，只晓得他是毕业于剑桥大学的基督学院，曾经被女王的印务官、德籍客卿乌尔夫（Reginald Wolte）聘为助手。本来，乌尔夫搜集了许多珍贵的资料，正在编著一部大型的《编年史》，但来不及完成此项工作就去世了。何林设德继承乌尔夫的史业，他以乌尔夫所遗留下来的资料和草稿为基础，勒成删定，写成他那部著名的《英格兰、苏格兰、爱尔兰编年史》。这是一部综合性的通史，始自传说时期，止于女王伊丽莎白在位的初年，取材宏富，文笔生动。何林设德的著作被认为是信史，当时有许多诗人和文学家都从那里面吸取创作的素材。莎士比亚的名剧如《李尔王》、《马克白斯》、《辛伯林》等，大部分均取材于此。

与《马格德堡世纪史》的编著者一样，英国的新教徒也是把历史当作进行宗教改革的论据。在这方面，影响最大的是福克斯（John Foxe，1516—1587年）。福克斯早年曾在牛津大学的马格达伦学院读书，因笃信新教，反对校方钳制思想，乃愤而退学。当"血腥的"玛丽女王在位时，天主教一度在英国复辟，福克斯被迫流亡到德意志。直到新教徒伊丽莎白女王登基，他才返回祖国。福克斯用炽烈的热情和动人的文笔写了一部《基督教殉道者行传》，叙述威克立夫、约翰·保尔、约翰·胡司等宗教改革家殉道的事迹，用以揭露教皇和天主教会的残忍，宣传宗教改革的正义性。福克斯的著作曾轰动一时，成为新教徒最重要的精神食粮。当时英国的新教教堂里都摆着两部书：一部是《圣经》，另一部是福克斯的《基督教殉道者行传》。

苏格兰的宗教改革家、喀尔文教的宣传者和组织者约翰·诺克斯（John Knox，1505—1572年），也是一位杰出的历史学家。他根据其实际斗争的经验，写成一部文情并茂的《苏格兰宗教改革史》。此书所包括的年代范围为1555—1564年，详述苏格兰宗教改革的社会背景，苏格兰人民反抗斯图亚特王朝的斗争、党派之间的倾轧，以及长老会教在苏格兰取得统治地位的经过。由于诺克斯本人是这一系列历史事件中的主角，他的著作在颇大程度上像是回忆录，提供了可贵的事实材料。

伊丽莎白时代英国最著名的历史学家是威廉·堪登（William Camden，1551—1623年）。堪登曾经在牛津大学受过古典式的教育，他熟悉古代典籍，追慕古代的历史学家，尤其崇拜波里比阿。堪登是英国国教徒，他代表新贵族和资产阶级的利益，用历史为这个阶级的政治服务。堪登留下两部重要的著作：一为《大不列颠志》(*Britannia*)，记述英国的山川形势、名胜古迹、历史掌故、民情风俗、文物制度等，其中洋溢着爱国热忱；一为《伊丽莎白女王在位时期的英格兰、爱尔兰史》，竭力渲染伊丽莎白时代英国在各方面所取得的"成就"。瑞士史学家傅脱认为，近代英国的史学是从堪登开始的。

被马克思誉为"英国唯物主义和整个现代实验科学的真正始祖"的弗朗西斯·培根 (Francis Bacon, 1561—1626 年)，也是一位有成就的历史学家。除了《新工具论》等不朽的哲学著作和一部反映空想社会主义思想的《大西洋岛》以外，弗朗西斯·培根还写了一部《亨利七世在位时期的英国史》。他以哲学家的眼光和概括能力，提纲挈领，正确而又生动地剔抉出都铎王朝初期英国的历史概貌。弗朗西斯·培根认为历史是最好的政治教材，他曾经说道："哲学使人深邃，数学使人严密，历史使人明智。"

尼德兰在中世纪后期是西欧的先进地区。16 世纪后半期的尼德兰革命，是世界史上第一次成功的资产阶级革命。尼德兰人民反抗西班牙哈布斯堡王朝的封建统治，经过数十年的英勇斗争，终于建立了资产阶级的荷兰共和国。

荷兰的人文主义学者，"国际法"的始祖格劳修斯 (Hugo Grotius, 1583—1645 年)，在历史学方面也有重要贡献。格劳修斯生活在"三十年战争"(1618—1648 年) 期间，他看到战争所造成的种种触目惊心的苦难，希望用一些公认的准则来限制交战双方的暴行，乃于 1625 年发表其所著的《论和平时期和战争时期的法》，奠定了"国际法"的基础。格劳修斯雅爱史籍，他写过一些关于哥特人、汪达尔人、伦巴德人的历史著作，并且为荷兰史、比利时史的研究开辟了新的途径。格劳修斯认为历史的价值就在于它对后世有教育作用，所以他特别注重阐明历史事件的因果关系，用以垂训方来。

和格劳修斯同时代的荷兰人文主义学者荷夫特 (Peter Cornelius Hooft, 1583—1647 年)，在历史学方面的成就更为巨大。荷夫特出身于阿姆斯特丹的权贵之家，因醉心于外国的先进文化，曾漫游德意志、法国、意大利等地。他在政治上追随奥兰治亲王，后来被任命为敏登城 (Minden) 的行政长官。当其在任期间，他把敏登城变成了荷兰学术文化的中心。荷夫特曾经把塔西佗的著作译为荷兰文，并且模仿塔西佗的为人和文章风格，所以当时人们就称他为"荷兰的塔西佗"。当时西欧各国的学者仍多用拉丁文写作，而荷夫特则坚决主张用本国文字来著书立说。他用荷兰文著有《尼德兰史》二十一卷，其所包括的年代范围为 1555 年至 1587 年，描述尼德兰革命期间那些可歌可泣的事迹，读之令人奋起。荷夫特是一个语文巨匠，他的著作不仅具有史料价值，而且推进了荷兰文的发展。

四　"地理大发现"和世界史的编纂

从 15 世纪末叶开始的所谓"地理大发现"，急遽地加速了西欧资本主义的发展，而且大大地扩大了西方人的眼界。地理大发现对西方史学的发展产生了深远的影响，它使世界史的编纂成为可能。

本来，在地理大发现以前，西方国家的旅行家和外交家就留下一些关于东方国家的记载，其中最著名的是马可·波罗的《东方见闻录》和克拉维约的《出使帖木儿宫廷记实》。然而，只是到了地理大发现时期，西方人才开始对世界各地的风土人情有较多的了解，并且开始研究世界各国、各民族的历史。

在地理大发现的过程中，欧洲的航海家和冒险家曾留下一些记载。例如，哥伦布本人就写了不少笔记，叙述其历次航行的经过和发现。在麦哲伦身边当水手的毕加菲塔（Antonio Pigafetta，1480—1534 年），写了一部《麦哲伦环绕地球航行记》。不过这些记载大都是粗糙的、夸大其词的，我们只能披沙拣金，从那里面知道一点关于地理大发现的概况。

西班牙、葡萄牙的殖民者叙述美洲印第安人的历史，绝大多数均系为殖民主义张目。他们夸大印第安人的"原始"和"落后"，妄将殖民主义者的侵略和虐杀说成"宣扬文化"的行为。但这里面也有一个例外，那便是拉斯·卡萨斯（Bartholomewde Las Casas，1474—1566 年）。一部殖民史是充满着惨绝人寰的血腥事迹的，殖民主义者不仅掠夺土著居民的财富，摧毁其文物制度，而且整批整批地把他们的部落或部族灭绝掉。当西班牙的殖民者最初来到西印度群岛时，印第安人居住在古巴的约有 30 万之众，居住在海地和多米尼加的约有 25 万人，居住在波多黎各的约有六万人。可是在短短的十几年内，这些无辜的印第安人就几乎完全被斩尽杀绝了。这种荼毒生灵的罪行，在拉斯·卡萨斯的著作中受到了谴责。

拉斯·卡萨斯是一名多米尼克派的僧侣，青年时代就来到美洲，先后在古巴和墨西哥担任过主教。他亲眼看到西班牙的殖民者无恶不作，任意烧杀抢劫，使当地印第安人面临着全体灭亡的悲运，乃激于义愤，出面请求西班牙国王改用比较开明的政策来统治其在美洲的殖民地。拉斯·卡萨斯写了两部书：一为《西印度群岛的毁灭》，控诉西班牙殖民者那种绝灭人性的暴行，一为《美洲史》，记载西班牙统治集团在美洲进行拓殖的经过。拉斯·卡萨斯的著作是一字一泪的，他所提供的事实材料，使人们得以明白西班牙殖民者所犯下的滔天罪行。

西班牙的另一个殖民者哥马拉（Francisco Lopez de Gomara，约 1510—1560 年）写了一部《美洲通史》，记述西班牙殖民者征服墨西哥和秘鲁的经过。哥马拉曾经做过殖民大盗柯泰斯（Hernando Cortez）的秘书，熟悉西班牙统治集团的内幕，他的记载具有一定的史料价值。

地理大发现和资本主义世界市场的形成，使世界史的编纂成为可能。马克思和恩格斯在《共产党宣言》中说道："资产阶级，由于开拓了世界市场，使一切国家的生产和消费都成为世界性的了。……过去那种地方的和民族的自给自足和闭关自守状态，被各民族的各方面的互相来往和各方面的互相依赖所代替了。物质的生产是如此，精神的生产也是如此。各民族的精神产品成了公共的财产。民族的片面性和局限性日益成为不可能，于是由许多种民族的和地方的文学形成了一种世界的文学。"（《马克思恩格斯选集》第一卷，第254—255页）在西欧各种文字中，"文学"（Literatur，Literature）一词兼有"文献资料"之义。在这里，马克思和恩格斯的意思是说：各个民族和各个地区的文献资料成为可供全世界人阅读的文献资料，在这种情况下才产生了世界史。

地理大发现给历史学家打开了广阔天地，使他们注意到史前史、文化史、人类学、民俗学的研究，并且可以在国别史的基础上编写出综合性的世界史。然而，在地理大发现时期开始出现的世界史，有其时代的烙印。西方资产阶级历史学家编写的世界史都是以西欧为中心的，即"西欧中心"说。他们荒谬地把世界史看成欧洲的扩张史，肆意贬低、侮蔑亚、非、美、澳各族人民。那种反科学的、以西欧为中心的世界史体系，是殖民主义和帝国主义的产物，应当彻底予以批判。

在文艺复兴时期，西方在史学方面的成就是巨大的。人文主义史学是对中世纪僧侣主义史学的否定，它拨开基督教神学的迷雾，着眼于现实世界，要求用理智的态度来研究历史，这就为近代史学的发展开辟了道路。文艺复兴的末期，已经是17世纪中期英国资产阶级革命的前夜。后来到了启蒙时期，西方史学又有新的更大的发展时期。

（刊于1981年第2期）

十八世纪法国的启蒙运动

王养冲

人们一般地把 18 世纪称作法国的启蒙世纪，或"哲学家的世纪"。这里所说的"哲学家"是指启蒙思想家，即曾为恩格斯所称赞的"为行将到来的革命启发过人们头脑的那些伟大人物"[①]。人们还往往把大革命看作启蒙世纪的完成，认为大革命主要是哲学家的业绩，因而是一种意识形态事件。[②]

在法国大革命史编纂学中，饶勒斯（1859—1914 年）第一个指出："经济条件、生产和所有制的形式是历史的根源所在。"[③] 可他从未忽视过哲学家和启蒙运动对大革命的影响。经济生活是人类历史的基础和动力，但经济的种种力量是对人、是在人身上起作用的；而人，由于所属的阶级或阶层，所处的环境，所受的教育……以及不同的经历和遭遇，却有情感和思想上的差别；人的生活有几乎无限的复杂性，从而以各自的洞察力、才智、行动转而作用于人类历史。饶勒斯在讲到未来的社会革命时说："社会革命将并不仅仅依靠事物的力量来实现，它要依靠意识和意志的活力。历史将永不排除英勇的和特别高尚的人。"[④] 不但未来如此，而且历来如此。所以他在写《社会主义史》时，赞赏和决定部分地采用古希腊普路塔克描绘和对比历史人物的写作方法。

[①] 《马克思恩格斯选集》第 3 卷，人民出版社 1997 年版，第 56 页。

[②] 拿破仑曾说："大革命是思想家的业绩。"他承认这个革命的伟大和威力。路易十六被关在大庙里时曾阅读伏尔泰和卢梭的一些著作，叹息说："伏尔泰和卢梭亡了法国！"把法国大革命看作意识形态事件，在历史编纂学中也是历来颇为流行的。这里，只举两部较有代表性的大革命史著作为例，一是诋毁大革命的泰纳的《当代法国的起源》（1876—1896 年），一是赞美大革命的奥拉尔的《法国革命的政治史》。前者在讲到大革命时，引用了拿破仑的那句话，在"旧制度"部分中用好多篇幅论证大革命被那些笼统的、空泛的观念，那些几乎全无意义的平等、人道、权利、人民主权、进步等概念引向最有害的偏执性的错误和最有害的过火行动。后者在他的著作中一开始就指明：对政治演进最有影响的是思想的、精神的东西；认为思想运动准备、确立、改变了那些体制，新的精神和旧的精神的斗争……构成了法国当时的政治生活。

[③] 饶勒斯：《法国革命的社会主义史》8 卷本，巴黎 1927 年版，第 1 卷，第 23、26 页。

[④] 同上。

18 世纪中叶，法国资本主义经济已经成为一支相当强大的力量。资产阶级思想意识的力量也随之成熟起来，这是一支很有能量的知能的力量。法国资产阶级看到了它的财富、它的权利、它的几乎可以无限发展的机会或前程。可是旧制度、教权、封建专政和特权等级束缚、压抑着它，它在经济、政治、社会等各个方面遭受不平等、不公正的待遇。拥有这两种力量——经济力量和知能力量，而知能力量就是在批评、抨击旧制度等中充实、壮大的资产阶级，在第三等级中广大人民群众的配合、支持下，终于展开了一场革命。国内外反革命势力持续的顽抗，把这场革命推到了远远超出资产阶级所能预想的广度和深度。

斯塔埃尔夫人（1766—1817 年）的《法国大革命述评》（1818 年版）是法国最早出版的大革命史之一。她指明，大革命不是一个偶然事件，革命前发生的一系列主要危机都是不可避免的。她提到观念或思想及其作用："当这种危机以某种方式和那些观念的成长连结在一起时，并在一次搏斗和多少陷入苦难中以后，知识的胜利，总是有助于使人的精神趋于高尚和获得好转的。"[1] 在她看来，知识历来是同危机搏斗、摆脱苦难、振奋精神的武器。这是在 18 世纪启蒙运动之前就已被证明了的。

生活在路易十四时代和路易十五时代初期的历史学家布兰维利埃（1658—1722 年）在其身后才正式印行的《论贵族》（1732 年版）一书中曾借法国早期的历史来批评君主专制。他表明：法兰西人民原是自由的人民，是人民自己挑选称为国王的首领来执行他们自己制定的法律或指挥战争的。国王是按照他们的意愿接受支配的人。具有自由主义精神的大主教费内隆（1651—1751 年）在他的教训性的故事集《泰莱马克的奇遇》（1699 年版）中，间接地批评了"太阳王"的各项政策。[2] 费内隆是被斯塔埃尔夫人称为值得尊敬的人，因为他还曾在一篇文章中赞扬英国政治制度。她说，在他"作出他的论证以后不多年，即将近路易十四统治末期，人们看到了人类理性的威力在各个方面增长"[3]。

抨击法国的旧制度、赞美英国的新政制，是 18 世纪法国启蒙运动的内容之一。这在孟德斯鸠、伏尔泰、百科全书派的一些著作中都可以看得出来。理性的威力在各个方面的增长，则预示了启蒙运动的蓬勃展开。

从历史来看，路易十四时代的法国臣民，包括极大部分知名学者，是憎恨而不是赞美英国政制的。从 1649 年到 1688 年的 40 年中，英国人曾杀掉一个国王和赶

---

① 斯塔埃尔夫人：《法国大革命述评》两卷本，巴黎 1862 年版，第 1 卷，第 5、6 页。

② 《泰莱马克的奇遇》是费内隆为他的学生布尔古涅公爵用散文诗写的讲"治国艺术"的一部故事书，共 24 章。泰莱马克是作者从古希腊神话中引用的一个名字。

③ 斯塔埃尔夫人：《法国大革命述评》两卷本，巴黎 1862 年版，第 1 卷，第 34 页。

走一个国王。在法国人看来，"英国人是野蛮而残忍的"①。英国历史学家伯克尔
（1821—1862 年）怀疑 17 世纪末的法国，不论在文学界还是在科学界，有没有五
个人懂得英语。但路易十四死后留下的是一个满目疮痍、民不聊生的法国；路易十
五又继续推行暴政，不能不使法国臣民，首先是法国哲学家们 "怀疑专制政体有
它的不利之处"。他们向往自由，又逐渐了解到曾经惩治他们的暴君的英国人 "已
经使他们的自由和繁荣达到了举世无匹的地步"，他们 "致力于恢复在法国业已失
去了言论自由的伟大观念，自然地把他们的目光转向这个唯一实行自由的国家"。
他们对英国的看法改变了。他们不但注意英国的政治、社会组织，也学习英国的哲
学、科学知识。伯克尔列举从路易十四去世到大革命爆发的七十余年间，访问英国
的法国著名人物达 210 余人，其中就有启蒙学者和后来的革命家如弥拉波、布里
索、罗兰夫人、马拉等。②

至于理性威力的增长，实际就是启蒙思想威力的增长。18 世纪初，作家德朗
贝夫人（1647—1733 年）就说："从事哲学研究就是回复理性的一切尊严，并使
它回复它的一切权利，这就是让每一样事物回到它固有的原则上来，摆脱意见和权
威的束缚。"③ "理性" 这个词，出现很早。古希腊哲学家阿纳克萨哥拉（公元前
500—前 428 年）曾指出：理性支配着世界。但构成哲学理性主义，确认理性能判
定现存事物的真假的，是西方称为 "近代哲学之父" 的法国哲学家笛卡尔
（1596—1650 年）。从笛卡尔起，法国的先进思想家以理性为武器，批判和抨击神
秘和传统。18 世纪的哲学家更广泛、全面、有力地运用这个武器，在判定事物真
假的基础上进而提出他们所认为合理的东西，提出有关政治、社会、经济、礼
俗……各个方面的主张和要求，加速了革命的到来。因此，勒费弗尔说："传统主
义者把法国革命和理性主义等同起来"，甚至 "人们一般把法国革命理解为笛卡尔
的理性主义的产物"④。

为什么理性能判定一切现存事物的真假呢？按照笛卡尔的说法，是由于理性原
是 "正确地作判断和辨别真假的能力"⑤。他还说：用理性进行判断和辨别，需要
逻辑推理，即由简单推演出复杂、由原则推演出结果的演绎法。法国哲学家还像英

① 苏格兰历史学家、批评家卡莱尔曾在所著《克伦威尔》中引用法国语言学家索梅士（1588—1658
年）的话说："英国人比他们自己的獒犬还要凶残。"法国王后、奥地利的安娜的女侍和心腹莫特维尔
（1621—1689 年）在其回忆录中写道：英国人 "是野蛮的叛乱者"，"国王的野蛮的臣民"。参见笛卡尔《方
法论与关于第一哲学的沉思》，拉皮埃评注本，巴黎 1890 年版，第 517、518 页注。
② 参见伯克尔《英国文明史》两卷本，纽约 1902 年版，第 1 卷，第 518、519 页。
③ 索布尔选编：《百科全书选录》，"哲学" 条，巴黎 1976 年版，第 189 页。
④ 勒费弗尔：《拿破仑时代》上卷，北京 1978 年版，第 13、5 页。
⑤ 笛卡尔：《方法论与关于第一哲学的沉思》，拉皮埃评注本，巴黎 1890 年版，第 15 页。参见《16 至
18 世纪西欧各国哲学》，北京 1975 年版，第 137 页。

国的霍布士、洛克那样，在不同程度上应用来自古希腊、古罗马的自然、自然法观念、契约观念、自由、平等的自然世界和自然权利等观念，结合他们各自所面对的现实和切身的感受，从事分析、推论，分别构成他们的学说。这种学说将把千百万人吸引到反对旧制度、旧传统、旧观念的斗争中去，吸引到争取作为人和公民应当享有的权利的斗争中去。

笛卡尔作为近代哲学理性主义的奠基者，是18世纪法国启蒙哲学家的先驱。属于笛卡尔学派的贝尔，首先把笛卡尔的理性的判断和辨别用于宗教和神学，是18世纪哲学家通向笛卡尔的桥梁。孟德斯鸠、伏尔泰、卢梭和以狄德罗为首的百科全书派是主要的启蒙思想家；而亲身参加革命、直到被迫丧生的18世纪哲学的真正的综合者孔多塞是法国启蒙运动的最后一位哲学家。[①]

黑格尔曾高度赞扬笛卡尔，说：由于笛卡尔，哲学从哲学化了的神学那里完全分离出来了。"在一次远程旅行的漫长而沉闷的日子以后，近代文化、近代哲学思想真正开始出现了。"[②] 所谓"哲学化了的神学"是经院哲学。笛卡尔在自述他如何追求知识、真理时，曾谨慎地表示了他对经院哲学的不满；经院哲学不能给人以真正的知识，只能给人以怪诞的材料。他认为，哲学应当为实用服务，这是关于所能认识的一切事物的完善的知识；为了指导生活和保持健康，应当发现各种技术，认识火、水、空气、星、天和我们周围一切物体的力量和作用，使我们成为自然的主人和统治者。

笛卡尔拒绝来自权威和因袭的教条，排斥宗教和传统的偏见以及任何或然的和不定的意见。他遵守的第一条规则是："决不把任何没有明确地认识其为真的东西当作真的来接受。……只把那些十分清楚和十分明白地呈现在我的心智之前，使我无法有任何怀疑的东西包含在我的判断中。"[③] 要做到这一点，首先要怀疑，怀疑那些教条、偏见或意见，凭理性来判断和辨别。他认为，怀疑、判断、辨别以至理解、意欲、想象、觉知都是思或思的方式。我怀疑……就是我思，从我思，证明我存在，得出了他的一条主要的哲学原理："我思故我存"，也就证明了我的心灵、

---

① 在某些有关法国大革命史的著作或教材中，提到启蒙思想家时，有加进梅叶、马布利、摩莱里的，也有仅举其中一人或二人的，此外，也有加进重农学派的。梅叶（1644—1729年）生活的时期较早，他的《遗书》最初由伏尔泰、霍尔巴赫先后选录刊行，才为人所知；但全书直到19世纪60年代才在荷兰出版。恩格斯在《反杜林论》引论的草稿中曾认为马布利和摩莱里是"社会主义的最初代表"，"也是属于启蒙学者之列的"。这是由于他们各自提出了建立公有制社会的理想。不过，从启蒙运动的整体看，他们和梅叶一样，对1789年革命并无多大影响。反之，从社会主义史的角度看，或许更为重要。似可与属于政治经济学范围的重农学派一样，另作安排。

② 黑格尔：《哲学史讲义》英译三卷本，伦敦1955年版，第1卷，第217页。

③ 笛卡尔：《方法论与关于第一哲学的沉思》，拉皮埃评注本，巴黎1890年版，第29、15、40页。参见《16至18世纪西欧各国哲学》第144、137页。

理性的存在。① 总之，一切取决于理性的裁判，只有我清楚、明白地知道我认识了的东西才是真的。理性是天赋的，是人人天然地均等的，所以"真"乃是一个人明白，别的人也都能明白的东西。

在哲学上，笛卡尔还是心物平行论者。世界上有两种实体，以我思的"思"为属性的精神实体和以"积"（广延）为属性的物质实体。这是两种有限实体，彼此独立、互不相干。笛卡尔从有限实体用多种方法来论证无限实体——神的存在。方法之一是：从有限实体的这个观念，不能不有无限实体的观念，这是清楚明白的。有限实体即由无限实体产生或创造，并且统一在无限实体内。无限实体——神、自然的创造者给物质以运动，使两者相互作用、相互影响，人也才被看作自然的产物。笛卡尔所论证的神，已经不是基督教的神，可他并未达到自然神论，不过，和他的物质实体的学说一样，将有助于 18 世纪自然神论和唯物主义哲学的发展。至于他自己，只相信：依靠理性才能有所认识，只有理性的生活才是真正的生活的范型。

笛卡尔谨慎小心，时刻担心他的学说引起教会和政府的谴责或禁止，而这是不可避免的。他虽然反对教条、偏见……但他的理性的裁判，绝不触及宗教、政治、社会。他的理性认识只用于哲学中，用于抽象科学中，用于讲求"纯粹真理"的地方。他表明，宗教的真理不处于理性裁判之下，它不能研究，只能信仰；我们不能使宗教的真理适合于我们的理性，也不能使我们的理性适合于宗教的真理。实际上，这恰恰是笛卡尔对宗教、神学、经院哲学的最深刻、最有力的批判。

笛卡尔的谨慎小心是无用的，理性的裁判不涉及宗教、政治、社会也是不可能的。从 17 世纪下半期到 18 世纪，哲学家们的全部努力几乎都集中到笛卡尔所避免涉及的方面去了。主要生活于 17 世纪、被伏尔泰称为"人类的骄子"的贝尔，是其中的先行者。

笛卡尔主义者贝尔（1647—1706 年）最早把笛卡尔理性的清楚明白的观念用于宗教和神学。他相信理性之光照耀着每一个人，它能阐明任何问题，包括人们无数次引用的《圣经》中或传说中的所谓可惊事件或奇迹，都能得出清楚明白的结论。但他知道，理性和信仰、哲学家和神学家是合不到一块儿的。他劝告哲学家不要去了解什么神秘。"如果你想设法去了解它们，它们就已经不是神秘了。你不必去设法减少它们的可笑之处，你的理性在那里是无能为力的。"他对神学家说："你要求我们信仰，这是对的。不过，你只能用权威的名义来要求，却万万不能用

---

① 笛卡尔：《方法论与关于第一哲学的沉思》，拉皮埃评注本，巴黎 1890 年版，第 29、15、40 页。参见《16 至 18 世纪西欧各国哲学》第 144、137 页。

理性的眼光来判断信仰的真实性。"①

教会和神学家总把宗教说成道德的基础、社会秩序的必不可少的维系者。贝尔却揭露教会、教士和教徒的丑行，并提出问题：道德和宗教信仰之间有没有必然的关系呢？在他看来，基督教徒往往远没有表现为有德行的人，无神论也并非注定会伤风败俗。在一个人的所信和所行之间是有很大区别的。"无神论者甚至比一个信神者有多得多的善的知识和实践，从这个角度看，无神论或许比迷信和偶像崇拜更加可取。"② 于是他又提出：一个无神论的社会能存在吗？这在当时是一个非常大胆的问题。

贝尔的思想往往有矛盾，他有较多的皮浪（公元前 365 至前 275 年）主义倾向，有时也怀疑人究竟能不能获致真理。不过，反对那时流行的基督教教条和信仰是主要的。他的主要著作《哲学的和批评的辞典》是 18 世纪无神论者取之不尽的宝库。马克思、恩格斯曾经高度评价贝尔，说他"为在法国掌握唯物主义和健全理智的哲学打下了基础"。还引用一位法国作家的话说：贝尔"对 17 世纪说来是最后一个形而上学者，而对 18 世纪说来，则是第一个哲学家"③。

在启蒙思想家中，孟德斯鸠最年长，最早从事社会活动，也最早发表批评旧制度的著作《波斯人信札》（1721 年出版）。他的另一部更有影响的著作《论法的精神》（1748 年出版）是全面阐述他的政治、法律、社会思想的作品。伏尔泰读后赞叹说，孟德斯鸠是一位政治家、哲学家、才子和公民。

孟德斯鸠在解释"法"的时候，首先确认"有一种根本理性"，"法就是根本理性和各种存在物之间的关系以及这些不同的存在物彼此之间的关系"。他还把一般的法看作人类理性，说"每一个国家的政治法和公民法，只应是应用这种人类理性的特例"。④ 他就这样排除了神和神法，把对政治、法律、社会的研究同神学分离开来。他用笛卡尔式的提出原则进行逻辑推理的方法从事探讨和写作。"我建立了一些原则，而我已经看到那些个别的情况象来自原则本身那样是服从于这些原则的。"⑤

写于 1711—1720 年的《波斯人信札》，从两个到欧洲旅游的波斯贵族的各项通信中，讽刺、抨击在法国的所见所闻，包括基督教、教会、国王以及政治、文

---

① 莱维－布律尔：《法国哲学史》，上海 1934 年版，第 73—75 页。

② 贝尔：《对〈四福音〉箴言的哲学的评论》，转引自弗朗主编《哲学的科学辞典》上册，巴黎 1875 年版，第 158 页。参见德尔博斯《法国哲学》，巴黎 1919 年版，第 148、149 页。

③ 《马克思恩格斯全集》第 2 卷，人民出版社，第 162 页。

④ 孟德斯鸠：《论法的精神》（两卷本），巴黎 1927 年版，第 1 卷，第 1、6 页。参见《18 世纪法国哲学》，北京 1963 年版，第 18、23 页。

⑤ 孟德斯鸠：《论法的精神》（两卷本），第 1 卷，第 5 页。

教、风俗等。他讥笑神说：神并不像人们宣扬的那样完善，他造了人，人又犯罪，不得不在天堂以外设立地狱。神有没有预见性呢？为什么不把人造得好一些呢？他指责教士是无恶不作的伪善者，教皇是古老的偶像，人们按习惯向他"焚香"，可他只是一名大魔术师。法国国王是仅次于教皇的大魔术师，用严刑峻法压制臣民，又利用一些有钱人的虚荣心卖官鬻爵，肆意挥霍和挑动战争。他还批评黎塞留和约翰·劳的改革，学士院等的工作和争论，揭露腐败恶劣的社会风气。他要求宗教宽容，有一个符合理性的温和的政府，使臣民享有政治自由，提倡科学、工艺，使"到处只看到劳动和工业"；还指出："如果有一个君主，不但不能使人民生活幸福，反而加以践踏和摧残，那么人民服从君主的基础就立即丧失掉了。"①

孟德斯鸠赞成君主政体，绝不希望发生人民不服从君主的事。怎样使君主称职，使君主国长治久安呢？这是他在《论法的精神》中着重探讨的问题之一。他认为，君主政体是由君主单独一人根据根本法，依靠一些中间的、从属的、依附的权力实行统治的；因为"根本法必须要有一些居间的桥梁作为权力下达的孔道"，以免君主单独一人恣睢任性。此外，还应当保持领主、僧侣、名人和各城市的特权，还该有一个由一些政治团体（指原有的高等法院等）构成的"法律保卫机构"，负责制定、批准、颁布和宣传法律，借以防止君主失职，防止贵族由于"天然的无知"而玩忽民政，也防止人民无视法律、犯上作乱。孟德斯鸠的目的是，不让人民占上风，出现一个平民政治的国家，不让君主独揽大权，出现一个专制国家。他还说："在这种情况下，明智的和有威信的人从中出力，人们重新用温和的办法补偏救弊，法律恢复了活力，得到人们的听从。"② 这是他的理想的君主政体。

由于孟德斯鸠在《论法的精神》中以《英格兰的政体》为题写权力分立，人们往往认为他是英国这种政体的拥护者。不管他写的是否精确，人们这样认为并不是没有理由的。不过，他的着重点似乎在于表明他对君主政体下的政治自由和公民自由的重视，在于表明在君主政体下，人民是完全能够得到自由的。他从未认为可以把英国的政体移植到法国来，这不仅因为英法两国的性质、精神、历史……不同，还因为他认为像英国那样可以使人民享有自由的政体，法国早就有了，在圣路易（1226—1270 年在位）时代早就很完善了，而且"今天"形式上还存在。这就是我们上面所说的他的理想的君主政体。他是把他所说的"中间……权利"，"政体团体"等当作分权来看待的。在他看来，法国只要把圣路易时代的体制完全恢复过来，实行以贵族为主的等级分权就行。他指责黎塞留过分贬抑各个等级，指责

---

① 孟德斯鸠：《波斯人信札》中译本，北京 1978 年版，第 178 页，并参见同书第 33、46、100、128 等页。

② 孟德斯鸠：《论法的精神》第 1 卷，第 55 页；参见原书中译本，北京 1982 年版，上册，第 57 页。

约翰·劳力图铲除中间阶层，消灭政治团体、摧残领主……特权①，原因在此。

恢复圣路易时代的君主政体，只能是一种梦想。但孟德斯鸠对他所认为的分权的英国政制的描写，却产生了巨大影响。1787 年《北美联邦宪法》采用了分权原则，1789 年法国《人权与公民权宣言》把确定分权、保障人民权利作为制定宪法的必要条件，并被体现在 1791 年宪法里。二百多年来，政府的这种组织形式也一直被规定在许多国家的宪法里。

孟德斯鸠一生从不冒犯任何人，自称"我生来没有非难别人的性格"。伏尔泰（1694—1778 年）恰恰相反，青年时期就因先后开罪于摄政王奥尔良公爵和贵族罗昂，两度被投入巴士底狱，并被流放；1726 年到了英国。

伏尔泰在英国两年半，考察那里的政治、社会情况，研究流行的洛克和牛顿的学说，也深为他所认为的英国的政治自由和公民自由以及英国上下对知识和人才的尊重所激动。1733 年发表《哲学通信》，记述他在英国的见闻和感受，并从各个方面同旧制度的法国进行对比，显示出他对资本主义英国的景慕。伏尔泰是法国启蒙学者中第一个"英国狂"（anglomanie）。

在洛克的经验论和牛顿的物理学影响下，伏尔泰认为没有什么东西能超出经验或与经验、实验无关。他反对笛卡尔，说他耽于冥想，"他的哲学不过是一部巧妙的小说，至多对无知的人才好像真有其事"②。事实上，伏尔泰虽然不赞成笛卡尔的体系，却笃信其原则和方法。他宣称：没有什么东西在理论上是真的，或在实际上是公正的，除非为普遍理性所承认。他写信给达朗贝说："理性的时代已经到来"，"这个时代要求确认以理性来反对种种想象和别的时代的偏见并取得胜利。"③他就是以理性的名义和必胜的信念进行这场思想战线上的斗争的。

伏尔泰首先反对教会权威，主张宗教宽容，认为信仰自由是所有自由中最重要的自由。在基督教的《福音书》中找不出宗教迫害的任何根据。人是生来自由的，干预别人的宗教信仰是一种由迷信和愚昧交织而成的狂妄。他还指出神学和神学上的争论毫无意义，只是为了蛊惑人们；其目的不是教人敬畏神，而是要人敬畏蛊惑者自己。他称教会和教士为败类，号召"踩死败类"（écrasez C'infame）。

但伏尔泰并不反对宗教，他是自然神论者。在他看来，假定有一个神固然有许多困难，但假定没有神，恐怕也有不少可笑之处。"从看到机器，我想到有一个机器匠。宇宙是非常奇异神妙的机器，也一定有一个非常奇异神妙的智慧——宇宙的

---

① 参见孟德斯鸠《论法的精神》第 1 卷，第 56、16、17 页。
② 伏尔泰：《哲学通信》中译本，上海 1961 年版，第 61 页。
③ 《伏尔泰致达朗贝的信》，转引自霍夫丁《近代哲学史》法译两卷本，巴黎 1924 年版，第 1 卷，第 486 页。

创造者。"他还说："没有什么东西能够动摇在我心头的这个公认的原则：任何作品都有一个作者。"所以，在他看来，肯定神的存在是自然推理的结果。不过，其中也有所谓维护社会道德的考虑。他在讨论贝尔提出的"一个无神论的社会能存在吗"的问题时认为，一个因果报应的神对愚民，对下层社会是必要的。"唯一应当读的福音书是'自然'这部大书，唯一的宗教是崇敬神，并做一个正直的人。"①

其次，伏尔泰主张建立一个英国式的政府，按照他的意见，这种政府之所以可取，是因为它有"这种可喜的混合：下院议员、爵士、君主间的合作是前所未有的"。他在晚年（1774年）还说："这是一个举世无双的政府。这个政府保存着君主国一切有用的东西和一个共和国所必需的东西。"伏尔泰的理想的政府是：君主权力必须约束在一定界限以内，以免出现专制政治，制约贵族权力，以免造成无政府状态；把教会排除在政治以外，以免世俗和神圣混杂在一起。总之，要像英国政府那样，把王权、贵族权和以下院为代表的民权配置好、调节好。只有这样的政府才能保障包括自由在内的每一个人的天赋权利，也才能使国家免受革命的考验。②

伏尔泰是预见法国会发生革命的，他把避免革命的希望寄托在能够实行改革的开明君主身上，并且希望所有专制国家的君主都成为开明君主。他认为，只要君主愿意，改革就能实现。1774年路易十六即位，任命杜尔阁为财政总监，从事某些改革，他高兴地说："我们将接近黄金时代了。"他看不起广大人民：人民不认识真理。他所赞美的英国政府中以下院为代表的民权只是代表"八百万自由人"的民权。在他看来，社会不平等是当然的，"生活在社会里的人不可能不分成两个阶级：一个支配人的富人阶级，另一个侍候人的穷人阶级，它们又分成有些细微差异的上千个阶级"。他确认"一切享有各种天然能力的人，显然都是平等的"；但归根到底，"平等既是一件最自然的事，同时也是最荒诞不经的事"③。组织政府，治理国家，是君主、贵族和"自由人"的事。

最后，伏尔泰要求彻底改革司法，严厉抨击法庭量刑不当："法律成了一把锋利的两刃刀，它杀无辜者，也杀罪人。"他的箴言是："惩罚吧，但不要盲目地惩罚；惩罚吧，但要有效地惩罚。如果有人描述司法案件，他必须让理性做他的向导。"他对司法改革提出了很具体的主张：允许被告人有顾问和律师，有权拒绝没有陪审团参与会议所作出的判决；废除刑讯；废除不为社会所承认的罪名；废除死

①　分见伏尔泰《形而上学论》第1章和《无知的哲学家》第15章，转引自德尔博斯《法国哲学》，巴黎1919年版，第161、163页。
②　分见伏尔泰《理智史赞》，转引自弗朗主编《哲学的科学辞典》，巴黎1875年版，下册，第1776页。又《百科全书》"政府"条，转引自《哲学通信》中译本，第52、192页。
③　伏尔泰：《理智史赞》，转引自《哲学通信》中译本，上海1961年版，第194页（译文略有变动）。又《哲学辞典》"平等"条，转引自《18世纪法国哲学》，北京1963年版，第88、90、91页。

刑，除非罪人像一条疯狗一样，不杀掉不能挽救最大多数人的生命……最后，自然的正义高于法律，应该拒绝服从合法权力的非正义的法令。他称枉法为罪恶。他说："罪恶总是罪恶，不管它是由一位君主在盛怒中盲目地引起的也好，还是曾用一切可能的手续盖上了冷静的印记也好。"①

伏尔泰还曾以巨大的决心、坚定的行动，同他所说的罪恶——枉法进行斗争。1762 年，图卢兹的新教徒卡拉斯和雪尔文先后被诬控迫害皈依旧教的儿子和女儿，致使儿子和女儿自杀，都由法庭判处死刑。前者人亡家破，后者弃家逃往瑞士，向在那里的伏尔泰求援。伏尔泰发动舆论，仗义执言，展开了一个大规模的反教会、反枉法的运动，终于分别经过三年（1765 年）和九年（1771 年）给翻了案。1765 年，阿布维尔的骑士拉巴雷以所谓毁损受难的圣像等罪，被法庭判处砍手、拔舌、再用小火烧死的刑罚。伏尔泰闻讯后奋起为死者昭雪冤诬，还安置了死者遗孤！他为之平反、抗争的冤案有好多件，都曾震动了整个法国，暴露了法庭的罪恶、教会的专横，也展示了实行各项改革的紧迫性。

大革命是在伏尔泰死后 11 年爆发的。1791 年，立法议会决议把他的遗体从巴黎郊外的赛利埃尔移葬于巴黎先贤祠，有 10 万人执绋，60 万人在街头护卫灵榇。人们怀念他，感谢他，说他给了人的心灵以巨大的动力，为人们准备了走向自由之路。

在启蒙学者中，似乎没有谁能产生像卢梭（1712—1778 年）那样大的影响。这是一位多方面的思想家。从社会、政治角度看，他显然是从探讨人们所说的社会正义问题——怎样解决社会里的不平等、不自由的问题开始他的工作的。他不求助于历史或直接的观察，确认现代的公民社会是由人人自由、平等的自然社会或自然状态演进而来的。他设想自然社会中人的最简单的活动，臆测他们的观念和情感，提出了某些假设，诸如有理性的潜力、有言语和过社会生活、道德生活的潜力等，进而描述了从自由、平等的自然社会到不自由、不平等的公民社会的全过程。他的主要目的是，研究怎样改变这个已经脱离了自然状态的非正义的公民社会，使它复归自由、平等。

卢梭自己说，他的研究方法只是假设和条件的推理。一般认为卢梭并不重视理性。然而，推理不正是理性的应用吗？卢梭只是认为，人在自然社会中凭自然的情感生活。自然社会的消失，使人不得不靠理性来指导生活。这是人的不幸！一般又认为卢梭强调感觉，这不错。他在阐述他的自然神论的根据时，借萨伏依副主教之口，说他有一条"重视感觉甚于理性的规则"。但他说：这条规则"是为理性本身

---

① 参见伏尔泰《理性的旅行》、《正义和人道的价值》、《评〈论法的精神〉》，转引自弗朗主编《哲学的科学辞典》，巴黎 1875 年版，下册，第 1776、1777 页。

所证实的"。理性始终是公民社会中人区别真假、解决疑难的武器。当卢梭在确认"世界为一个强大而且智慧的意志（——神）所统治"时，他说，因为他"感觉到它"。但他在拒绝回答有关这个世界的形而上学方面的问题时，他说，因为那是"超出我的理性的无聊问题"①。

卢梭对现存社会的分析和批评是深刻而严峻的。他认为自然状态中出现的土地占有、贫富之分和"我的"、"你的"之分……以及在此基础上建立的政治社会，出现的法律、法官……私有财产制……把极大多数人的天赋权利剥夺了。生产的发展，科学、艺术的复兴，只能使风俗浇漓，增加人的不幸。他指控社会和文明：人类并没有进步而是在不断倒退。他歌颂自然，主张"返于自然"。因此，人们认为卢梭是原始主义者，说他向往远古的那个黄金时代，要人重过所谓自由的禽兽一般的自然人生活。1755 年 4 月，卢梭的《论人类不平等的起源和基础》在荷兰出版；8 月，伏尔泰写信给他说："人们从来没有为了想使我们成为禽兽花过那么多精力，当人们读您的著作时，人们就渴望用四只脚走路了。"霍尔巴赫在 1773 年印行的《社会体系》中不指名地谴责卢梭是"一位泄气的哲学家"，说他要求我们回到森林里去，"像我们的始祖那样与禽兽争生存"②。

卢梭后来曾经一再表明：人性不是倒退的；人一旦远离了"纯洁的和平时代"，就不会再回到那种时代去。他还指出，从自然人变为社会人，从自然状态进入社会状态是一种进步。"人从此就从一个愚昧的、被限制的动物变为一个智慧的生物，变为一个人，他将无间断地为摆脱这种状态的那个幸福的时刻祝福。"③ 他的《社会契约论》（1762 年出版）就在于"寻找一种［人与人］结合的形式，使它能以全部共同的力量捍卫和保护每一个结合者的人身和财富"，而每一个结合者又"只是服从他自己，而且像过去一样地自由"④。

按照卢梭的说法，政治社会是根据人人同意的契约组成，用法律规定人与人之间的关系的。这不是消除自然的不平等，而是用道德和法律的平等来取代由年龄、健康、精神、性质……的不同所造成的自然的或物理的不平等，实现法律上的权利的平等。此外，根据契约组成社会，社会的最高主权在契约者全体，在政治社会的人民全体。法律是最高主权意志的表现，是全体人民的"公意"的产物，是由人民制定和批准，并以自然权利为基础，重建人的平等的。

---

① 卢梭：《萨伏依副主教的表白》，引自《18 世纪法国哲学》，北京 1963 年版，第 180、183 页。
② 尼尔松出版社编：《伏尔泰：他的一些最好的信》，巴黎版（原缺出版年份），第 87、88 页；霍尔巴赫：《社会体系》，引自《18 世纪法国哲学》，北京 1963 年版，第 650 页。
③ 卢梭：《社会契约论》，博拉冯注释本，巴黎 1938 年版，第 148、138 页。参见原书中译本，北京 1982 年版，第 30、23 页。
④ 同上。

卢梭珍视人民主权。主权不可转让，不可分割，不可由别人代表。他强调直接民主，强调在国家中有一种使法律超越于一切人之上的政府形式。人只服从法律，不服从一个家族、一个国王或任何一个被称为贤明的或有功的人。在卢梭那里，不存在孟德斯鸠的圣路易式政体或伏尔泰的英国式政府。政府和行使管理职权的人是法律的工具，是人民公意的执行者，是由人民选置、监督和罢免的。凡是违背法律，用暴力来支持其统治的，"暴力也推翻它"①。这就是政治起义，就是革命。他认为，不这样，人民就不是自由的，也就不成其为人民了。为了人民能够直接行使主权，便于表达公意，"小国寡民"似乎是适宜的，是符合民主共和主义的要求的。

然而，卢梭虽然认为私有财产、贫富对立曾是导致建立政治社会以及败坏国家的主要原因，却并未主张废除私有制。相反，他宣称："财产权是公民一切权利中最神圣的一种权利，而且在某些方面比自由更重要。""私有制（或财产）是公民社会的真正基础和公民义务的真正保证。"② 有时，他希望人们"使金钱变成可鄙的，如果可能，变成无用的东西"。有时，他把"防止产生财富的极端不平等现象"③ 作为政府的最主要的任务之一，似乎渴望社会上人人都过一种小康生活。在他为《百科全书》写的"论政治经济学"条目中，着重反对奢侈，强调节制，并讨论国家财政的三大原则等。如果卢梭的某些原则是进步的，那么，他的行动或具体设施却是稳当的，甚至是保守的。例如他提出的《科西嘉宪法草案》（1765 年），首先确认道德方面的各种因素，主张实行一种能够保持那里的原始道德和朴素风俗的家长制民主，建立一个农耕制共和国。他的《论波兰政府及其改革》（1772 年），显得还要谨慎，只限于探索他的理论的实践结果。他主张国民教育和道德的改革应先于社会改革，按照他的改革计划，农奴制将被保存下来：在解放农奴以前应使农奴配得上享有自由。从卢梭于 1775—1776 年写的第三篇《对话录》或《卢梭评让-雅克》来看，他主张保持现存的各种体制。因为，在他看来，现存体制的破坏只会搞掉一些治标的办法，却会留下种种罪恶，也只是用抢劫来代替堕落腐化而已！

卢梭的学说，总的精神是一致的。但好些方面的论述，前后矛盾比较多，更重要的是他的哲学思辨和具体实践之间的距离和矛盾。他所说的自然权利或社会正义，似乎只是在他的理论里而不是在一个国家里才能实现的。不过，由于他的一些主要观念恰恰道出了旧制度下广大阶层模糊地感觉到、却无法把握住和表达出来的

---

① 卢梭：《论人类不平等的起源和基础》中译本，北京 1982 年版，第 146 页。
② 《卢梭全集》，巴黎 1837 年版，第 4 卷，第 241、247、240 页。
③ 同上。

东西，道出了他们内心的愿望和要求，在大革命爆发后，随着革命的深入，他的学说，首先是《社会契约论》，家喻户晓，越来越为一些革命领袖和广大革命群众所信奉。"无套裤汉"是历次起义的中坚力量，他们在经济上拥护私有制、反对经济自由，要求一个节制的、小生产者的共同富裕的社会；在政治上坚持直接民主制，身体力行；在雅各宾专政时期表现得十分突出。至于西哀士、丹东、马拉、罗伯斯比尔、圣茹斯特等都把卢梭看作自己的导师，甚至某些恐惧革命继续发展、力图保持王权的自由主义贵族和大资产阶级分子也经常引用卢梭的片言只语为自己的观点辩护。[①] 此后百余年间，他的思想和 1789 年原则一起，还曾鼓舞或推动了不少国家或民族争取自身权利的斗争。

百科全书派主要指参加编写《百科全书》条目的启蒙思想家，但并非参加编写条目的都算百科全书派。[②] 1774 年 10 月，狄德罗和达朗贝（达朗贝到 1757 年不再过问《百科全书》工作）接受巴黎出版商勒布雷的聘请，负责《百科全书》撰述工作，开始形成了这个学派，它是启蒙运动的一支重要力量。这一派人数多，在许多问题上意见并不一致。这里，只举出以狄德罗为主的某些主张为代表。

狄德罗是唯物主义者，他重视感觉经验，同时强调理性的作用。他认为，理性之于哲学家，正如神的恩宠之于基督教徒。基督教徒靠神的恩宠行事，哲学家全凭理性。他为哲学家下了一个定义："哲学家就是一个按理性行事的正派人。"《百科全书》对哲学家的解释是笛卡尔式的："哲学家就是有坚定的原理，尤其有一种良好的方法，用理性来阐明事实（或现象），从中得出正当结论的人。"[③] 狄德罗还和另一位百科全书派霍尔巴赫以及和他同时代的一些哲学家一样，从自然、自然法来论证理性是源于自然、合乎自然的。人是理性的动物。只有充分发挥理性，人才能不断进步。

笛卡尔的物质实体得由神来给以运动，他不能不是有神论者。作为唯物主义者的狄德罗、霍尔巴赫等认为一切存在物都是运动的，有存在物就有运动，不需要神，也不存在什么神，提出了他们的无神论。霍尔巴赫指出，人相信神、宗教和僧侣的欺骗是由于无知和恐惧。他还论证了宗教只能败坏而不能维护社会道德。一切道德法则都从理性中发生。基督教"从犹太人那里继承来的那个神……是一个独

① 参见拙作《法国史学界对〈人权宣言〉和让-雅克·卢梭的研究》，《法国史通讯》1980 年（总）第 3 期，第 11 页。

② 参加《百科全书》工作的共 205 人，被称为主要合作者的 24 人，其中有启蒙思想家孟德斯鸠、伏尔泰、卢梭和重农学派的魁奈、杜尔阁，也有著名的唯物主义者狄德罗、霍尔巴赫等。但孟德斯鸠等三人和魁奈等二人，在《百科全书》编写前，已是各有独特成就的思想家和作家，不属于通常所称的百科全书派。参见索布尔选《百科全书选录》"百科全书的主要合作者"条，巴黎 1976 年版，第 30—32 页。

③ 索布尔选编：《百科全书选录》"哲学"条，第 189 页。

夫，一个民贼，一个什么都干得出来的暴君"①。百科全书派抨击宗教，还由于法国天主教会是当时占有全国大约四分之一土地的最大的封建主，是拥有大约一千八百所男女修道院和不劳而食的二十万僧侣的国家财富的巨大消耗者，又是传统秩序和绝对君主制的主要支持者。教会一贯散布一套苦行主义的生存幻想，教广大群众安于今世所受的苦难，为拯救来世永恒的生命作好准备。百科全书派和其他唯物主义者和无神论者爱尔维修等为此进行了不懈的斗争，像普列汉诺夫说的：他们"在那位［发明断头台的］好医生吉约坦以前就把神送上断头台了"②。他们宣告：人类的事业不是安排彼岸的来世的生命，而是依靠知识和理性，以科学的征服和人类无限进步的信念，在这块土地上建立人类的普遍幸福。③

因此，百科全书派根据自然和自然法，谋求改革社会、政治。狄德罗在确定"自然法是支配宇宙的永恒的印记"（西塞罗语）之后又认为"自由是天赋的"，"没有一个人从自然得到支配别人的权利"④。在霍尔巴赫看来，保证公民的自由、财产、安全等权利，是基于社会成员之间和社会成员与执政者之间的契约，所以必须反对违反契约、践踏人民权利的君主。不过，他又害怕"骚动"，因而和伏尔泰一样，渴望出现"一个在王位上的圣贤"——开明君主。

百科全书派似乎接近自由派贵族，但主要是工商资产阶级的代言人。他们要求废除特权，实现权利平等。这是和贵族等级相比较的平等，不是和广大群众相比较的平等。他们之中不少是当时颇为时髦的"英国狂"，是英国政治体制的赞美者。德若古写的《百科全书》"君主国"条，就很向往孟德斯鸠所描绘的权力分立、相互制衡的"有节制的君主国"，即有像"自由和王权均等地融合起来的……英国政府"那样的国家⑤，而英国政府就是在一位有控制的君主"荫庇下"，由富裕的资产阶级和土地贵族分享政权的政府。霍尔巴赫在他写的"代表"条中说得更加明显：每一个公民等级应当有代表在议会里说话。"为使这种议会有效和合理，应当由那些凭他们的财产来体现其为公民的人组成，他们的身份和知识使他们了解国家的利益和人民的需要。"总之，"财产造就公民"。他所举的可以组成各级议会和参加政治活动的人是僧侣、贵族、行政官和司法官、巨商、土地占有者。⑥ 至于广大

---

① 分见霍尔巴赫《神圣的瘟疫》和《揭穿了的基督教》，引自《18 世纪法国哲学》，北京 1963 年版，第 558、567、554 页。狄德罗在他原来不准备付印的著作如《布甘维尔旅行记补篇》（1782 年写，1796 年出版）、《拉摩的侄儿》（1760—1772 所写，1805 年从德国传入法国出版）等中都流露出对宗教的愤怒，但在《百科全书》中就比较谨慎。

② 普列汉诺夫：《唯物论史论丛》，北京 1953 年版，第 47 页。

③ 参见索布尔选编《百科全书选录》"幸福"条，第 63 页。

④ 分见《百科全书》"自然法"条和"政治权威"条，引自《18 世纪法国哲学》，北京 1965 年版，第 427 页。

⑤ 索布尔选编：《百科全书选录》"君主国"条，第 169、170 页。

⑥ 参见索布尔选编《百科全书选录》"代表"条，第 219—221 页。

群众，只是贫穷的群氓，是不在公民之列的。大革命时期的 1791 年宪法，用财产标准分公民为"积极公民"和"消极公民"，以及以后资产阶级推行的财产限额选举制，都是和这种理论，也包括卢梭以外的其他启蒙学者的理论相关的。

狄德罗一生的主要业绩是联合他同时代的哲学家编写《百科全书》，艰苦奋斗，历时二十余年。就百科全书派的社会、政治主张来看，似乎相当保守。但他们憎恨旧传统，憎恨教权和暴政，憎恨虚伪、愚昧和迷信。他们尊重科学，热爱知识，确信科学、工艺和人类理智的进步将使宇宙观发生变化，使全体人类的生活发生变化，而所有这些，都很好地反映在《百科全书》里，狄德罗以非常的热诚和坚毅，致力于他所认为的启迪民智的工作，从他所写的一些条目中，还可以看到他关于艺术、艺术批评、哲学史等许多深邃的观念和丰富的知识。卢梭曾称赞他"是本世纪一位唯一的奇才"[1]。

孔多塞（1743—1794 年）是法国启蒙哲学家中应该提到的最后一位。他参加了 1789 年革命的思想准备工作，在大革命中，由于遭到专政的雅各宾派的搜捕，一度逃亡，并在被监禁、待处决时仰药自杀。

孔多塞是伏尔泰的崇拜者、达朗贝和杜尔阁的密友、《百科全书》的合作者，也受到卢梭民主思想的影响。他重视感觉经验，但首先是笛卡尔学派理性主义的信徒，其认为，为了追求真理，应当对一切事物，对旧观念、旧传统、旧体制进行怀疑。怀疑是认识的一种特殊形式，不是我们无能的表现，而是让理性去作出判断的前提条件。理性是普遍的，它指给我们真理和到达真理之路。

在孔多塞看来，理性使我们知道包括自由、平等在内的自然权利。人集合成为政治社会，就是为了能更好地维护这种权利。他不讲契约，但像伏尔泰那样把自由扩大到政治、个人、信仰、出版等各个方面。他确认在权利关系中人人都是平等的，并把权利扩大到自由、平等以外的安全、财产、生存等各个方面。国家的责任是保证每一个公民享有其权利，应当消除产生于现社会组织的一切人为的不平等：财富不平等、劳资不平等、教育不平等。他认为，财富和劳资的不平等，应由废止有利于富人增加积累和不利于一般人发挥经营才能的法律来消除。他主张禁止垄断，鼓励工业和贸易，向社会各阶层扩大信贷，发展储蓄和保险业等，但是更加重要、更为根本的是，用一种公正的方式尽可能地克服教育的不平等。他不提人的智力有高下，而强调人应有受教育的均等的机会：必须给每一个人为不依靠别人而独立生存、为自己处理事务、为了解他的权利和义务……所必需的知识。他主张建立

---

①　这是卢梭对他的庇护人、作家戴皮纳夫人说的话。转引自弗朗主编《哲学的科学辞典》上册，巴黎 1875 年版，第 387 页。

一种分阶段的教育制度：人人都受初等教育，让有能力的学生去受高等教育。他重视教育，指出：人民的痛苦源于政府法制的恶劣，也由于自身的愚昧。真正的自由、平等只有通过教育才能得到。他把受教育列为人民的权利之一，普及教育、办好教育，使人人有机会发展个性和才能是政府的职责。①

孔多塞原来主张法国保持世袭君主制，但应当按照主权在民的原则建立代议制政府。1788 年，他连续发表《论省区大会的结构》和《宪法计划》，阐述他的政治观点，期待波旁王朝采纳施行。1791 年 6 月发生路易十六逃亡事件，他的期待落空了，才转而主张共和制。他以美利坚合众国为例，否定了孟德斯鸠和卢梭关于共和国只宜于小国的说法，还参照卢梭直接民主的设想，认为像制宪一类的国家大事，必须征询全民意见，确立一种全民直接投票制。他反对《论法的精神》中阐述的权力分立和中间权力参政的学说，认为这是对基本的平等权利的侵犯。权力中最主要的是立法权，归根到底是人民主权。其他权力只是执行法律而已。孔多塞所说的"人民主权"的人民，是包括妇女在内的。妇女应当有公民权，应当参政。他提出这种主张，比一般所认为的近代女子参政的首倡者约翰·穆勒要早得多。他曾在一篇文章里概述了人具有什么样的能力才享有权利以后说："妇女有同样的能力，因而必然享有同等的权利。"② 不过，他只承认有产者才算公民，才享有公民权。他把仆人、雇佣劳动者同儿童、精神病患者放在一起，称为"未能享有自由的人"，不在公民之列。同时又承认，他们应当享有自由、也必将得到自由。他在论述人民主权时还确认："一切存在的权力都来自人民，可以由人民合法地撤废，也可以在某种新的形式下重建。国王和其他大官　样，只是受人民管理的公务员罢了。"③

启蒙思想家们所面临的斗争形势是严峻的。他们经常遭到不同方面的迫害。而在哲学家之间，由于彼此主张不同，难免公开进行争论。孔多塞总是设法平息这种争论，促使他们共同对敌。他自己主张经济自由，认为这有利于发展生产和对外贸易，加速社会的共同富裕，不赞成卢梭反对奢侈，提倡节约。但他从不指名批评。他尤其从这一方面来劝说伏尔泰。1775、1776 年，伏尔泰多次抨击霍尔巴赫和爱尔维修的无神论。孔多塞不是无神论者，可他写信给伏尔泰说："无神论者已经处在刀子之下，而屠杀他们的这把刀子很快也将浸在自然神论者的鲜血里。"他和伏尔泰、百科全书派中的一些哲学家不同意孟德斯鸠《论法的精神》中的某些观点，

---

① 参见孔多塞《人类精神进步史概观》，巴黎 1938 年版，普赖尔校订本，"导言"第 17 页。

② 孔多塞：《论予妇女以公民权》，转引自卡昂《孔多塞与法国大革命》，巴黎 1904 年版，第 188 页。

③ 孔多塞：《对 1688 年革命和 8 月 10 日革命的一些想法》，转引自塞《18 世纪法国政治思想的演进》，巴黎 1925 年版，第 216 页。参见孔多塞《人类精神进步史概观》，巴黎 1971 年版，安盖尔校订本"导言"，第 35 页。

他自己就认为那是一部适应或凑合现存秩序需要的著作。但 1777 年，他劝阻伏尔泰发表批评孟德斯鸠的信，说："这有害于我们的美好的事业，因为那些坏蛋正奋起攻击孟德斯鸠，攻击您，〔他们〕将会由于捍卫人道的阵营的分裂而获得胜利。"① 在上文提到的伏尔泰平反拉巴雷等的冤狱事件中，孔多塞都曾作出很大的努力。

孔多塞对启蒙运动的贡献，还在于通过他的最后一本著作《人类精神进步史概观》② 综合了 18 世纪哲学，提出了一种进步史观。虽然他把人类的进步错误地看作精神的或心智的进步，却是除卢梭以外的 18 世纪哲学家的共同观点。从 17 世纪起，法国先进思想家笛卡尔、帕斯卡尔、丰泰内尔等都相信历史是向前发展的。人类在前进，不是在衰退。到 18 世纪，包括杜尔阁和英国的普利斯、普里斯特利等在内，进而认为人类是从野蛮的过去向科学的完善的未来演化的。孔多塞的这一著作，第一次不是按政治事件而是按知识进步来划分历史阶段，揭示人类由于理性和科学的发展而逐步趋于完善的业已经历的过程。他对于人类的未来状态有三点希望：消除国家之间的不平等；同一民族中各种平等的进步；人的真正的完善——包括增进健康、延长寿命的人体结构的完善。他说他写《概观》的目的，是"将用推理和事实来表明自然对人类智能的完善没有定下任何期限，人的可完善性是真正地无限的"③。这种乐观主义精神所显示出来的对人类进步的信心和希望，就是 18 世纪法国哲学家的精神以及信心和希望。

通常把孔多塞看作大革命中的吉伦特派理论家，从他的主张的实质来看，似乎比一般所理解的吉伦特派要先进得多。他热烈宣扬、维护 18 世纪哲学。在他生命的危急关头，仍然坚信：依靠理性和科学，人类终将不断进步、无限完善。他是启蒙运动的最后一位哲学家，在某种意义上，他又是这些哲学家之间关系的维系者和调节者，起到了推动这一运动的作用。他直接参加了革命，是法兰西共和国主要奠基人之一。他对社会、政治问题的某些论述，也特别具体和深细。莱维－布律尔说：大革命可以说是他的思想的认真的试验，"孔多塞实在是时代的真正的产儿"④。

最后，对法国启蒙运动，写几点总的看法：

----

① 《孔多塞致伏尔泰信》，转引自孔多塞《人类精神进步史概观》，巴黎 1971 年版，安盖尔校订本"导言"，第 18 页。

② 孔多塞的《概观》只是他计划写作的一部大书的一个纲要，是 1793 年 5—6 月巴黎人民起义推翻吉伦特派后，孔多塞遭到雅各宾派的缉捕，匿居韦尔纳夫人家中时写的。雅各宾专政失败后，1795 年初版印行。

③ 孔多塞：《人类精神进步史概观》，普赖尔校订本，巴黎 1938 年版，第 3 页。

④ 莱维－布律尔：《法国哲学史》，上海 1934 年版，第 185 页。

第一，启蒙哲学家的主要著作，除孟德斯鸠的《波斯人信札》（1721 年）和伏尔泰的《哲学通信》（1733 年）发表较早，孔多塞的作为 18 世纪哲学的综合的《人类精神进步史概观》（1795 年）印行最迟以外，都出版于 18 世纪 40 年代末到 70 年代初的二十三四年间。他们的学说有差异甚至互相敌对，但总的目标是一致的：争取政治自由和批评的权利，改变旧制度、建立新体制。他们反对教会权威、君主专制和等级特权，抨击一切不合理的东西。在反对或抨击中，丰富了有关建立新的社会、政治、经济、文化体制的思想。奥拉尔在讲到法国民主制和共和国的起源时说："人们往往这样雄辩地写或说：民主制和共和国都是像完全组织好了似的从 18 世纪哲学、百科全书派著作、革命先驱的学说中产生出来的。"① 其实，并非只是民主制和共和国如此。从 1789 年起的人民起义、《人权宣言》、历次宪法，以至恐怖政治和社会生活各个方面的变化，全都由这种哲学作好了准备或安排，而且还通过大革命所据以宣布的各项原则，越出国界，跨过时代，不同程度地推动了世界上不少国家或民族及其人民争取自身权利的斗争。

第二，不管这些启蒙哲学家的主张怎样，他们都是真诚地启发民智，渴望国家去旧更新、人民幸福的。孟德斯鸠写《论法的精神》，想为一切人提供一些新的理由去爱他的责任、他的君主、他的祖国、他的法律。伏尔泰相信理性终将赢得胜利，他按理性行事，不能让人陷于无知中、挣扎于错谬中、生活在暴政下过不幸的日子。卢梭认为自然给予人的都是好的，罪恶的创造者是人，是你自己；人的任务，你的任务是改变这个世界；他自己就为改变世界而努力。狄德罗为出版《百科全书》屡遭迫害；当伏尔泰劝他出走时，他回答说：放弃这个工作就是退却。这是迫害我们的恶棍所希望的；必须工作，必须有用，必须对人类有用。孔多塞忠于他的哲学信念，在不得不结束他的生命时，还念念不忘人类将怎样继续进步。他们完成了他们的时代和所属的阶级（或阶层）所赋予的任务。他们像列宁说的"当时并没有表现任何自私的观念"，是恩格斯所肯定的"非常革命"的"伟大人物"。②

第三，启蒙哲学家揭橥理性，理性是从中世纪中期起就被用来对抗信仰，反对神学、经院哲学的武器。从中世纪到近代初期，教会和经院哲学的权威逐渐衰落，科学的力量稳步上升。其原因是，资本主义在封建社会这个母胎中萌芽、滋生。科学力量的稳步上升，意味着理性力量的渐次增长。人也就要求进一步摆脱锢蔽和羁束。如果说，文艺复兴运动从复古——复罗马之古到复希腊之古开始，从古典语文的再现开始，重新肯定人、尊重人，追求所谓心灵的解放、个性的解放、生活的解

---

① 奥拉尔：《法国革命的政治史》，巴黎 1901 年版，第 1、2 页。
② 参见《列宁全集》第 2 卷，第 445 页；又《马克思恩格斯选集》第 3 卷，第 56 页。

放；那么18世纪法国的启蒙运动，就是在科学的启导和理性的推动下，从哲学探讨中，从人类社会及其生活的研究中，致力于彻底打击恩格斯所说的"外界的一切权威"，争取恢复人的权利，确立人的尊严的运动。它依据从"自然"、"理性"等推演出来的"人权"之类的原则，强调肃清僧侣主义，变革君主专制政体，实现有法律保障的自由平等。从这个意义来说，启蒙运动是文艺复兴的继续和发展。①

第四，然而，正像卢梭说的，他是"凭假设和条件的推理"来构成他的学说的。其实，所有启蒙思想家无不如此。但在争取人的权利和尊严的问题上，对广大人民来说，首先是在争取生存的问题上，这种学说和原则却具有一种完全新颖的、扣人心弦的含义，起到了使人们为之奋斗的作用。18世纪还不可能出现经济和社会关系的动态的观点。对社会、政治问题的思考，还只能停留在社会关系的静态的幻象上面。总的观点是抽象的，是属于"人道"、"正义"等道德和思辨范畴的。可是就当时来说，不借助于这种假设的原则或原理，又怎么能解决符合于自然的、存在于理性和所暴露的现存秩序之间的矛盾呢？真正的问题是：这个理性只是恩格斯指出的"正好在那时发展成为资产者的中等市民的理想化的悟性"。他们所向往的理性的社会和王国，也只能是资本主义社会和资产阶级王国。"18世纪的伟大思想家们，也和他们的一切先驱者一样，没有能够超出他们自己的时代所给予他们的限制。"②

（刊于 1984 年第 2 期）

---

①　参见拙作《略谈人文主义与人道主义》，《华东师范大学学报》1979 年第 4 期，第 98 页。

②　《马克思恩格斯选集》第 3 卷，第 297、57 页。

三十年代英国的重整军备与绥靖外交

齐世荣

20 世纪 30 年代英国的重整军备，是世界现代史上的一件大事。它不仅关系到英国本身的安危，而且对第二次世界大战前的国际关系和大战的爆发都有重要影响。本文的重点在于分析英国重整军备不力的原因，附带论及它与绥靖外交的关系。

一

1919 年 8 月，英国内阁制定了"十年规则"，即军事部门在拟订军事计划和预算时，应以十年内不会发生重大战争的假定为依据。1931 年日本侵略中国东北，特别是 1932 年 1 月日军侵犯上海后，英国感到自己在远东的利益受到了威胁。1932 年 3 月，英国内阁通过了取消"十年规则"的决定。1933 年 1 月，纳粹党在德国攫取政权，接着德国政府便在 10 月宣布退出裁军会议和国际联盟，毫不掩饰地进行扩军。鉴于国际形势的恶化，英国内阁在 1933 年 11 月决定在帝国国防委员会下成立一个名叫国防需要委员会的机构，由它草拟一份弥补国防缺陷的计划。1934 年 2 月 28 日，国防需要委员会提出了它的第一个报告，经过修改后，在同年 7 月底得到内阁的批准。报告指出，日本虽然是最直接的敌人，但它对英国的威胁已不如德国那样严重，德国才是"我们的'长远'防御政策必须针对的最大的潜在敌人"。意大利这时尚未被当做敌国看待。为了弥补陆海空三军的缺陷，国防需要委员会要求在 1934 年至 1939 年的五年内增加军费 7100 万多英镑（海军造舰经费除外）。由于财政大臣张伯伦坚持削减，内阁最后批准的数额是 5000 多万英镑，只相当原来的 2/3。这是英国走向重整军备的第一步。[①]

---

① 霍华德：《大陆义务》，伦敦 1972 年版（M. Howard, *The Continental Commitment*, London 1972），第 105、109 页。

此后，日本在 1934 年 12 月 19 日声明废除 1922 年的华盛顿海军协定。1935 年 3 月 16 日，德国正式废除凡尔赛条约中关于解除德国武装的条款，重新实行征兵制。同年 10 月，意大利开始侵略阿比西尼亚，英国感到在地中海方面也受到了威胁。在这样的背景下，国防需要委员会于 1935 年 11 月 21 日提出了第三个报告，即所谓的"理想方案"，经过修改后在 1936 年 2 月底得到内阁的批准。这个方案要求为 1936 年到 1940 年的五年的军事预算再增加 4 亿英镑。从此，英国的重整军备才稍具规模。[①] 1933 年英国军费实际开支为 107684767 英镑，占政府总支出的 14%。1934、1935 两年军费略有增加。1936 年的实际开支为 185987216 英镑，占政府总开支的 21%，自 1930 年以来第一次超过 20% 的比例。[②]

此后，英国军事预算不断修改，实际支出逐年增加。1937 年增为 256367177 英镑，1938 年再增到 397479977 英镑。从 1933 年到 1938 年，英国军费累计约 12 亿英镑（约合 1741000 万多帝国马克），这个数目当然不少。但同期德国军费则高达 517 亿帝国马克，相形之下英国未免见绌。如果以各自的军费在国民生产总值中所占的比例来看，1938 年英国军费占国民生产总值的 7%，德国占 17%；1939 年英国军费猛增至国民生产总值的 18%，但仍低于德国的 23%。[③]

从三军的情况来看，1939 年 9 月第二次世界大战爆发时，德国陆军共有 105 个师，而英国只有 32 个师（正规军 6 个师，地方自卫队 26 个师），其中能够立即派往法国参战的不过 4 个师。空军方面，德国有第一线飞机 4320 架，英国有 1660 架。只是在海军方面，英国由于基础雄厚，才占优势。英国有战列舰和战列巡洋舰共 15 艘、潜水艇 58 艘；德国有战列巡洋舰和袖珍战列舰共 5 艘、潜水艇 57 艘。[④] 总之，英国的重整军备严重地落在了德国的后面。

---

① 吉布斯：《大战略》第 1 卷《重整军备政策》，伦敦 1976 年版（N. H. Gibbs, Grand Strategy, vol. 1, Rearmament Policy, London 1976），第 254、275 页。

② 小谢伊：《三十年代英国的重整军备》，普林斯顿 1977 年版（Robert Paul Shay, Jr, British Rearmament in the Thirties, Princeton 1977），第 297 页。

③ 卡罗尔：《总体战的计划》，海牙 1968 年版（Berenice A. Carroll, Design for Total War, Hague 1968），第 184 页；汤因比：《1939 年 3 月的世界》，伦敦 1953 年版（Arnold Toynbee, The World in March 1939, London 1953），第 454 页。1938 年 1 英镑折合 13.5 帝国马克，1933—1937 年 1 英镑平均折合 15 帝国马克。

④ 吉布斯：《大战略》第 1 卷《重整军备政策》，第 599 页；邱吉尔：《第二次大战回忆录》，伦敦 1967 年第 9 版（Wins ton Churchill, The Second World War, London 1967, 9th edition），第 1 卷，第 621 页；科利尔：《第二次世界大战：军事史》，纽约 1967 年版（Basil Collier, The Second World War: A Military History, New York 1967），第 553—554 页。

二

英国重整军备不力的原因不止一端，但主要是经济、政治和战略这三方面的原因。经济方面，最根本的一点，就是日益没落的英国资产阶级一心保住既得经济利益，贪图眼前的便宜，而不肯在国防方面花更多的钱和采取更有力的措施。

英国政府在重整军备的过程中，突出强调经济力量的重要作用，把它比做"第四个军种"，并以此作为压缩国防经费的理由。1937 年 12 月，国防协调大臣英斯基普在《未来年代的国防费用》这份报告（即"中间报告"）中指出，英国的真正资源是由人力、生产能力、维持信用的力量和贸易的总平衡组成的。英国本土缺乏原料和食品，特别依赖进口，为偿付进口，必须有足够的出口。维持信用和贸易平衡，不仅在平时是重要的，而且为了战争的目的也是重要的。加以英国不可能用突然的打击战胜其主要敌人，而只能在一场长期的战争中取得最终的胜利，于是经济力量就显得尤为重要。从这个意义上讲，"经济稳定……可以恰当地看做国防的第四个军种"[①]，没有它，单纯的军事努力是无效的。英斯基普的报告后来得到内阁的批准，因此上述看法可以说是代表整个政府的。这些看法，不能说没有一定的道理。因为在现代战争中，经济力量的大小强弱确实是决定胜负的一个重要因素。但是，经济力量与国防力量之间的关系以及国防开支究竟应在全部政府开支中占多大比例等问题，是必须根据具体的历史条件来确定的。英国当时处于非常时期，面对的情况是：德国的威胁十分严重，战争日益逼近；英国的军备状况不佳，陆军尤差。当务之急是加速和加大规模地重整军备。但是英国政府却见不及此，虽然口口声声说重视经济稳定就是为了加强国防，其实则是把资产阶级的经济利益摆在首位，而把民族存亡的根本利害置于从属的地位。这从下面的一系列事实可以得到证明。

第一，英国政府规定重整军备不得干扰正常的工商业。国防需要委员会在1935 年 11 月提出的第三个报告中，要求在增强军需储备时，"不得干扰或减少民用的出口贸易。从生产的观点来看，这使问题变得非常复杂，但是任何这样的干扰将对国家的普遍繁荣产生不利的影响，并从而削弱我们为军事计划提供必需基金的能力"[②]。1936 年 2 月 2 日，内阁进一步做出决定：在完成国防需要计划时，"国家

[①] 吉布斯：《大战略》第 1 卷《重整军备政策》，第 283—284 页。
[②] 小谢伊：《三十年代英国的重整军备》，第 99 页。

的一般工业和商业必须予以保持"①。

为了弄清上述规定的真正意图，我们有必要对两次大战间英国经济的基本情况作一扼要的分析。众所周知，英国虽然赢得了第一次世界大战，但战争严重打击了英国经济。战后，英国丧失了长期保持的海上霸权，也失去了世界金融中心的地位。20世纪20年代英国经济长期停滞不前。1929年爆发的世界经济危机很快波及英国，1932年第三季度危机达到最低点。工业生产下降，失业人数接近300万。国际金融界对英镑稳定性的信任大大减弱，1931年7月底英格兰银行平均每天流失黄金约250万镑。② 1931年9月，英国不得不放弃金本位，实行英镑贬值。1932年3月，通过进口税法，放弃了传统的自由贸易政策。1933年以后，英国经济开始复苏。1934年英国开始重整军备的时候，也正是英国经济摆脱危机走向好转的时候。面对德国的威胁，英国政府虽然不得不扩充军备，但它主要考虑的是如何从复苏走向繁荣，如何加强英国资本主义在世界市场上的竞争能力。英国资产阶级已经没落了，它根本不敢抱有战胜德国的奢望，甚至对英德战争的可能后果忧心忡忡，因此，只想取得英德和解，以便大做生意，大发其财。英国在德国有巨额投资，德国还是英国商品的大买主。1938年，德国进口的英国货物总值2060万镑。英国希望，德国如果放弃自给自足政策，那么这个"世界上最大的进口市场"就能从英国及其帝国购买更多的货物。③ 因此，迟至1939年2月22日，英国首相张伯伦还说：自从希特勒1月30日表示希望和平与加快结束在西班牙的战争后，贸易已经有了增进。"其他一些迹象"使他认为这种贸易的改进在1939年这一年将得到进一步的发展而"不受政治忧虑的阻碍"④。更由于英国本国资源有限，特别依赖海外贸易，这就使得它比其他大国更利于维持现存的国际秩序，而不愿冒世界大战的风险。

1923年11月，英国首相鲍尔温说："不列颠帝国在外国的利益首先是经济的和商业的。当我们谈到和平是最大的英国利益时，我们指的是英国的商业和贸易，这对我国人民的生活是重要的，并在和平的条件下最为兴旺。"⑤ 1926年，英国外交部的一份备忘录写道："我们已经得到了一切——或者更多一些。我们唯一的目

① 丹尼斯：《违约的决定》，伦敦1972年版（Peter Dennis, Decision by Default, London 1972），第81页。
② 小谢伊，前引书，第13页。
③ 麦克唐纳：《三十年代英国的重整军备》《经济绥靖与德国的"稳健派"，1937—1939年》（D. C. MacDonald, Economic Appeasement and the German "Moderates", 1937—1939），载《过去和现在》（Past and Present）1972年8月号。
④ 乔恩·金奇：《未进行的战斗》，纽约1968年版（Jon Kimche, The Unfought Battle, New York 1968），第13页。
⑤ 保罗·肯尼迪：《外交后面的现实》，伦敦1981年版（Paul Kennedy, The Realities Behind Diplomacy, London 1981），第229页。

标是保持我们所要的东西并平平安安地过日子……事实是战争和关于战争、争吵和磨擦的谣言，无论发生在世界上哪一个角落，都给英国的贸易和财政利益带来损失和损害……英国的贸易和英国的财政是如此的多方面和无处不在的，以致不论扰乱和平的后果此外还有哪些，我们总归将是遭到损失的人。"① 这两段话是很有代表性的。它们提出的时间虽然都在 20 世纪 20 年代，但同样可用于说明 30 年代英国资产阶级为什么在战火即将烧到自己头上的时候，仍然坚持重整军备不得影响平时工商业的缘故。

1938 年 3 月德国吞并奥地利，国际形势更加紧张，英内阁不得不在 22 日作出决定：不干扰贸易，不再构成国防计划的基础。但这不过是一种原则上的规定而已，实际上的变化并不大，两天以后张伯伦又宣布政府对工业不会采取强制或命令办法。② 尤其值得注意的是：军需部一直拖到 1939 年 5 月才告成立，这是因为资本家害怕它的权力过大，对工业实行管制。军需部真正发挥作用，是在 8 月 1 日以后，这时距大战爆发只有一个月了。

第二，英国政府曾想采取一些办法，增加收入，以支付日益增加的军费，但由于侵犯了资本家的利益而遭到反对，不得不作罢。这在国防税的问题上表现得最为突出。重整军备给工业界带来了巨大利润。张伯伦计划把利润率定为 6%，对超过这个比例的利润征收累进税，以供国防需要。1937 年 4 月 20 日，政府在预算报告中向议会宣布了征收新税的打算。准备征收的数目其实不大，用张伯伦的话来说，"仅仅是（国防预算）水面上的微波而已"③。张伯伦之所以要征收这种国防税，还有一个更重要的政治目的，即作出一种姿态给工人看，资本家虽然从重整军备中获得巨大利润，但政府也要他们承受更大的负担。这样就可避免工人要求增加工资，举行罢工。尽管拟议征收的国防税数额不大，资本家仍然极为不满，指责它带有社会主义的性质，是 "要把迄今为止的稳妥的和适当的预算变成一种社会主义的预算"。在资本家的操纵下，证券交易所股票价格暴跌，这是对政府的一个警告。在议会方面，政府也遭到反对。十分讽刺的是，在六百多名议员中，只有共产党议员加拉赫一人表示支持。他在 1937 年 4 月 27 日的演说中，一针见血地指出："今晚我们看到了一种性质上既有趣又有益的表演。当利润成为争执的问题时，爱国主义消失了，这一点非常清楚地向下院和全国显示了出来。"④ 6 月 1 日，张伯伦（这时已出任首相）被迫宣布撤销这种国防税。以

---

① 保罗·肯尼迪：《外交后面的现实》，第 256 页。
② 丹尼斯：《违约的决定》，第 127—128 页。
③ 小谢伊：《三十年代英国的重整军备》，第 149 页。
④ 同上书，第 152 页。

后得到通过的办法，是按照工业资本家的建议，对一切利润抽税 5%，而不是对超额利润征收累进税。①

再如，1937 年 2 月英国政府要求议会批准国防借款四亿英镑。4 月，财政部发行了第一批国防公债 8000 万英镑。但企业界购买极不踊跃，因为公债的利率只有 3%，而当时的利润率一般在 10% 到 15% 之间。最后，英格兰银行用发行纸币的办法，从政府手中买去无人认购的公债，这自然引起了一定程度的通货膨胀。以上事实说明，利润才是英国资产阶级最崇敬的上帝，在这位至尊之神面前，国家安全就微不足道了。

第三，英国政府规定了对三军"定额分配"经费的原则。从重整军备一开始，财政部与三军之间就为经费问题不断进行斗争。1937 年 2 月，根据财政部的意见，国防白皮书宣布三军在五年内（1937—1942）的开支总额为 15 亿英镑。同年，财政大臣张伯伦几次表示，要为三军规定一个必须遵守的限额。6 月，新上任的财政大臣西蒙提出了一整套审查和分配三军经费的财政程序，这套程序后来就形成所谓的"定额分配"制。按照这种制度，在为三军制定预算时，必须使国防需要服从财政的支付能力，而不是最大限度地挖掘财源，以满足迫切的国防需要。海军大臣达夫·库珀在打算呈交内阁的一份文件草稿（1938 年 4 月 28 日）中批评这种制度说："一个政府的首要职责是保证国家有充分的防御"，低估国防需要的危险要比低估财政资源的重要性的危险更大，因为前者会"导致战争的失败和彻底毁灭"，而后者只能"导致严重的困难、重税、生活水平的降低和社会服务的减少"。在 1938 年 7 月 24 日的内阁会议上，他尖锐地指出，"限额分配"的办法简直是在限制国家保卫自己的能力。②

第四，英国政府在重整军备过程中不愿取得工会的支持，唯恐工人乘机提出增加工资的要求。职工大会的领袖们在 1936、1937 年一再表示，工会愿意在重整军备的问题上与政府合作，但是后者还是采取冷淡和疏远的态度。国防政策和需要委员会所信任的顾问、工业资本家韦尔反对政府与职工大会接触，而主张由劳资双方去谈判。劳工部赞同韦尔的观点，它的一个高级官员亨伯特·沃尔夫在 1936 年 2 月写的一份札记中也反对事先与职工大会协商的建议，因为他认为"这样的协商只会意味着，职工大会将为他们的合作在条件和工资方面要求一种

① 关于国防税问题，参见加拉赫《雷声隆隆》，世界知识出版社 1956 年版，第 193—196 页；佩登《英国的重整军备和财政部：1932—1939 年》，爱丁堡 1979 年版（G. C. Peden, *British Rearmament and the Treasury: 1932—1939*, Edinburgh 1979），第 87、105 页；法伊林《内维尔·张伯伦的生平》，伦敦 1946 年版（Keith Feiling, *The Life of Neville Chamberlain*, London 1946），第 292 页。

② 小谢伊：《三十年代英国的重整军备》，第 201—203 页。

非常高的代价"①。一直到 1938 年晚春，英国政府迫于需要，才不得不与工会方面协商。

以上种种事实说明，英国资产阶级把经济利益看得高于国防利益，"第四个军种"实际上变成了凌驾三军之上的特殊军种。最后，必须指出的是：英国政府的财政状况绝非已到破产的边缘，以致再也拿不出钱来扩充军备了。英国真正大规模的扩军是从 1939 年初才开始的。1938 年，军费仍只占国民生产总值的 7%，并没有像德国那样处于战争经济状态。因此，就连一向主张绥靖政策的外交大臣哈里法克斯也认为财政部"采取了过于悲观的看法。一切事情都是相对的。如果我们的处境是困难的，那么德国的处境就一场长期战争的掌握来说很可能是更困难的"②。1939 年 7 月中旬，距大战爆发不到两个月，英国在与德国的秘密谈判中，为了实行经济绥靖，还打算贷款给德国。③ 既然有钱借给敌人，如何能说没有钱武装自己呢？

三

英国重整军备之所以不力，政治方面的原因，归结到一点，就是英国统治阶级认为英德战争如果爆发，只会对革命势力有利，故根本上就不愿对德作战，从而也就不肯全力扩充军备了。

首先，英国统治阶级害怕对德战争引起本国的革命。第一次世界大战中以及大战后在俄国、德国、匈牙利等国相继发生的革命，震撼了世界，也震撼了英国。英国统治阶级惊魂未定，1926 年在本土又爆发了一次规模空前浩大的总罢工。鲍尔温惊呼它是"对议会的挑战……走向无政府和毁灭的道路"④。张伯伦则把镇压罢工看作一场你死我活的斗争，他写道："立宪政府正在为它的生存而斗争；如果我们失败了，就会爆发革命，因为名义上的领袖会被立刻赶跑。"⑤ 20 世纪 30 年代，

---

① 帕克：《1936—1939 年英国的重整军备：财政部、工会和熟练劳工》（R. A. C. Parker, British Rearmament 1936—1939：Treasury, Trade Uaions and Skilled Labour），《英国历史评论》（English Historical Review）1981 年 4 月号。

② 帕克：《经济、重整军备和外交政策：1939 年以前的联合王国——初步研究》（R. A. C. Parker, Economics, Rearmament and Foreign Policy：The United Kingdom before 1939——A Preliminary Study），《现代史杂志》（Journal of Contemporary History）1975 年 10 月号。

③ 《1918—1945 年德国外交政策文件汇编》D 辑，第 6 卷，伦敦 1956 年版（Documents on German Foreign Policy, Series D, vol. 6, London 1956），第 983 页。

④ 乔治：《歪曲的眼光》，匹兹堡 1965 年版（Magaret George, The Warped Vision, Pittsburg 1965），第 24 页。

⑤ 法伊林：《内维尔·张伯伦的生平》，第 157 页。

在法国和西班牙出现了强大的人民阵线运动并成立了人民阵线政府。这一系列的革命斗争，使英国资产阶级越想越怕。有人向鲍尔温进言："如果伦敦被连续轰炸三夜，什么也不能防止一场革命。他对此深信不疑，并在下院对议员们说：'当下一次战争到来时，欧洲文明就将被消灭。'"[①] 鲍尔温的忧惧，在英国大臣中是相当普遍的。1937 年 4 月 19 日，在国防计划（政策）委员会开会时，当时担任内政大臣的西蒙说，如果德国希望在英国引起惊恐，它可以首先诱使英国政府把野战军派往法国，然后把它的全部空军力量用来轰炸英国无备的居民。空军大臣斯温顿对这种极端悲观的论调反驳说，如果把野战军的五个师都留在家里来防止平民的恐慌，前途才真正是可怕的。[②] 艾恩赛德将军在 1938 年 1 月 20 日的日记中透露了一件十分值得注意的事："内阁已经秘密地决定，要求地方自卫队在英格兰维持安宁并在空袭时恢复法律与秩序。他们不敢公开宣布这件事，因为这会是不得人心的。"[③]

"恐赤症"是 30 年代英国统治阶级的一种流行病。著名的国民工党议员哈罗德·尼科尔森在 1938 年 5 月 18 日的一则日记中写道，他在回家途中碰上三个年青的上院议员，他们说："他们宁愿在伦敦看到希特勒，而不愿看到一个社会主义政府。"当尼科尔森迟迟入睡时，他"沉思不列颠帝国的衰亡"[④]。的确，靠这样的人是不能保住帝国的。反共的阶级仇恨使他们陷入了卖国主义、失败主义的泥坑。

第二，英国统治阶级把纳粹德国看作防止共产主义在欧洲扩散的屏障。在这个意义上，希特勒非但不是打击的对象，反倒是必须联合的盟友。

当年担任过张伯伦私人议会秘书的道格拉斯 - 霍姆在 1962 年 9 月对记者说："张伯伦像许多其他人一样，把共产主义看作主要的危险。他恨希特勒和德国法西斯主义，但他觉得一般说来欧洲，特别是英国，受到来自共产主义方面的更加严重的威胁。"[⑤] 这是一种"两害相权取其轻"的解释。实际上，英国统治阶级对希特勒的评价要比这高得多。哈里法克斯（时任枢密院长）在 1937 年 11 月 19 日拜会希特勒时，称赞他"由于防止共产主义进入他自己的国家……就阻塞了共产主义进一步通往西欧的道路"，还说"德国是西方反布尔什维主义的屏障"[⑥]。这并非一般的当面客套，而确实是这位英国要员的由衷之言。"克来夫登"集团的骨干分

---

① 乔治：《歪曲的眼光》，第 52 页。

② 邦德：《两次大战间的英国军事政策》，牛津 1980 年版（Brian Bond, *British Military Policy between the Two World Wars*, Oxford 1980），第 265 页。

③ 《艾恩赛德日记，1937—1940 年》，纽约 1963 年版（*Ironside Diaries, 1937—1940*, New York, 1963），第 46 页。

④ 尼科尔森：《日记和书信，1930—1964 年》，纽约 1980 年版（Harold Nicolson, *Diaries and Letters 1930—1964*, New York 1980），第 126 页。

⑤ 乔治：《歪曲的眼光》，第 130 页。

⑥ 《德国政策文件汇编》D 辑第 1 卷，伦敦 1949 年版，第 56、70 页。

子、《泰晤士报》主笔道森也认为"纳粹德国起着防止共产主义在西欧扩散的屏障作用"①。明了了英国统治阶级对于纳粹德国的基本看法，对20世纪30年代英国对德政策的许多看似非常荒唐的做法，就不难理解了。例如，当1936年3月德军进驻莱茵非武装区时，英国为什么不履行洛迦诺公约，援助法国，反而对法国求援的呼吁十分反感呢？鲍尔温生气的是：法国人竟愚蠢到看不出"一个被法国和俄国征服的德国将是一个共产主义的德国"②。这就是说，打击纳粹，就等于帮助德国赤化；而由于法国和苏联订有互助条约，又等于帮助苏联征服德国。按照这种逻辑，对希特勒是绝不可以动武的。尼科尔森在1938年6月6日写的另一则日记中有一段十分中肯的分析："我们已经丧失了我们的意志力……统治阶级的人们只想到他们自己的财富，这意味着对赤色分子的仇恨。这在我们自己和希特勒之间产生了一种十分不自然的但在当前却是最有效的秘密结合。"③

第三，英国统治阶级认为英德相争，只能为苏联所利用，因此必须避免。

1938年3月20日，张伯伦在日记中写道："俄国人偷偷地和狡猾地在暗中操纵，想使我们卷入战争。"④同年8月22日，张伯伦的亲信威尔逊对德国驻英代办科尔特说：英国人和德国人"这两个主要白色人种如果在战争中互相消灭，那将是极端愚蠢的。布尔什维主义将因此而成为唯一的获利者"⑤。英国统治者不愿自己和纳粹冲突起来，却盼望苏联和纳粹之间爆发战争。鲍尔温在1936年7月29日对邱吉尔说："假如一定要打仗的话，我希望看到布尔什维克和纳粹打起来。"⑥

四

英国重整军备不力，还由于受到消极防御战略的影响。毛泽东曾经深刻指出："只有最愚蠢的人，或者最狂妄的人，才捧了消极防御当法宝。然而世上偏有这样的人，做出这样的事。"⑦张伯伦以及英国一些高级将领，也是这种把消极防御当做法宝的蠢人。

---

① 伦奇：《杰佛里·道森和我们的时代》，伦敦1955年版（John Evelyn Wrench, *Geoffrey Dawson and Our Times*, London 1955），第376页。

② 扬：《斯坦利·鲍尔温》，伦敦1952年版（G. M. Young, *Stanley Baldwin*, London, 1952），第223页。

③ 尼科尔森：《日记和书信，1930—1964年》，第127—128页。

④ 法伊林：《内维尔·张伯伦的生平》，第347页。

⑤ 《德国外交政策文件汇编》D辑第2卷，伦敦1950年版，第608—609页。

⑥ 米德尔马斯：《幻想的外交》，伦敦1972年版（Keith Middlemas, *Diplomacy of Illusion*, London 1972），第54页注。

⑦ 《中国革命的战略问题》，《毛泽东选集》第1卷，人民出版社1966年版，第183页。

　　20 世纪 30 年代后期，英国在战略上有一个基本估计，就是它没有力量同时对付德国、日本和意大利三个敌人。① 1937 年 11 月参谋长委员会在一份报告中写道："我们没有忽视我们希望从法国以及可能从其他盟国获得的援助，但我们不能预见我们的国防力量什么时候才会强大到足以保卫我国的贸易、领土和重大利益不受德、意、日三国同时的威胁。"② 1938 年 2 月，英斯基普在关于未来年代的国防预算的最终报告中也表示："不可含糊的明显事实是：在和平时期提供适当的供应以保卫英帝国，在三个不同的战争场所抵抗三个不同的国家，这是我国的资源所做不到的事情。"③ 同年 10 月，参谋长委员会再次重申："在 1938 年同时对日、德、意作战，是我国国防部队的当前的和预计中的力量都不打算面对的一种义务，纵使我们同法国与俄国结成同盟的话。"④

　　必须指出，20 世纪 30 年代英国文武高级官员中的大多数充满了失败主义情绪。他们在提出上述这些报告时，预先断定德、意、日一定会联合起来对付英国，而从未认真分析过它们之间有什么矛盾以及它们各自都有哪些弱点，预先断定敌人的力量无比强大，英国即使与法国、苏联这样的大国联合起来，仍然对付不了三个法西斯国家。⑤ 但实际上，德国高级将领恰恰最怕的就是英、法、俄的联盟，而且他们并不认为自己是不可战胜的。1938 年 5 月 5 日德国参谋总长贝克在呈陆军总司令勃劳希契的一份备忘录中说：德国面临着英、法、俄三国的敌对。英国还能得到美国工业的帮助。在德国和捷克斯洛伐克的战争中，法国和英国一定会站到捷克斯洛伐克一边作战。对抗这一联盟，德国过于软弱，以致不能从事一场长期战争。在这样一场战争中，意大利作为同盟国是没有用的。⑥

　　英国政府既然认定无力同时对付三个敌人，就必然要采取一种单纯防御即消极防御的战略方针。1936 年夏，参谋长委员会在一份报告中强调指出："我们帝国战略经常依据的广泛原则不应忘记，历史的教训也不应忽视。我们对欧洲承担的义务越大，我们保护我们帝国及其交通的能力就越小。"⑦ 1937 年 12 月，英国防务的优先次序被正式确定下来。第一，保持联合王国的安全，这是"国防政策的基础"；第二，保护英国进口粮食和原料的贸易通道；第三，守卫英国的海外领土；第四，

　　① 最初，意大利不被当作敌人看待。1935 年意大利侵略阿比西尼亚后，对英国构成了第三个威胁。1937 年 7 月 14 日，英内阁批准了帝国国防委员会关于不再把意大利当作"可靠朋友"看待的建议。见巴尼特《英国势力的崩溃》，伦敦 1972 年版（Correlli Barnett, *The Collapse of British Power*, London 1972），第 381 页。

　　② 霍华德，前引书，第 119 页。

　　③ 小谢伊，前引书，第 192 页。

　　④ 霍华德，前引书，第 122 页。

　　⑤ 前引《未进行的战斗》一书对于英国当时夸大纳粹德国武力的种种情况，有很好的揭露。

　　⑥ 瓦特：《事关重大》，伦敦 1975 年版（D. C. Watt, *Too Serious a Business*, London 1975），第 125 页。

　　⑦ 吉布斯，前引书，第 613 页。

即最后一个目标才是"协力防卫英国在战时可能有的任何盟国的领土"①。英国的战略决策者看不到自己与法国之间的唇亡齿寒关系，于是目光短浅地把大陆义务摆在了末位。1939年2月21日，张伯伦更在议会中说："我们的军备尽管是巨大的，但它们是为了防御，而且只是为了防御。"②同年7月23日，他在一封家信中又写道："你不需要足以赢得一场击溃敌人的胜利的进攻力量。你所需要的是强大到足以使另一方不可能获胜的防御力量，除非对方要付出使这种胜利成为不值得的代价。"③这种不要盟国、孤立自己，以为躲在海峡一边就能自保的消极防御战略，给重整军备带来了严重的不利影响。

陆军遭受的打击最大，它是"三军中的灰姑娘"④。张伯伦始终认为，维持一支庞大的陆军，是既费钱，又无必要的。他在1936年2月9日的日记中写道："我们的资源用于空中和海上，要比用于建设庞大的陆军，更为有益。"⑤1937年5月5日，他在一次内阁会议上说："我们在陆地上的贡献应当基于有限的规模。假定下一次战争将由我们单独对德作战，是错误的。如果我们必须战斗，我们应当拥有同盟者，它们必须无论如何维持庞大的陆军。"⑥张伯伦的这种"有限义务"论，即英国重整军备的努力应集中于空军和海军，陆地的战斗任务则由法国去承担，得到英国多数大臣的赞同。在1937年5月31日张伯伦出任首相前，"大陆义务"在形式上还是得到承认的，但由于陆军经费屡被削减，实际上执行的还是"有限义务"。张伯伦出任首相后，"有限义务"被正式确定下来。在上述1937年12月英斯基普的报告中，由于防卫盟国领土的任务被排在末位，于是正规陆军的首要任务也相应地变为"保卫帝国的义务，包括本土的防空"⑦。慕尼黑会议结束后不久，张伯伦自命他的政策已经获得成功，遂在1938年11月1日对下院说："必须记住，我们今天所处的地位与1914年的地位是不同的，它在于我们现在不考虑在大陆（作战）的规模上装备一支陆军。"⑧

但是，英国在签订慕尼黑协定和英德宣言后，并没有从纳粹德国方面得到多少

---

① 这是英斯基普在上述中间报告中提出并得到内阁批准的。1938年3月7日，张伯伦在下院提出国防白皮书时进一步做了说明。见吉布斯，前引书，第287—288页；张伯伦《为和平而奋斗》，伦敦1939年版（Neville Chamberlain, *The Struggle for Peace*, London, 1939），第111—112页。

② 米德尔马斯，前引书，第422页。

③ 戴维·迪尔克斯：《"不需要的战争"？1931—1939年大不列颠的军事建议和外交政策》（David Dilks, *The Unnessary War? Military Advice and Foreign Policy in Great Briain*, 1931—1939），载普雷斯顿编《第二次世界大战前的总参谋部与外交》，伦敦1978年版［Adrian Preston（ed.），*General Staff and Diplomaly before the Second World War*, London 1978］，第127页。

④ 邦德，前引书，第206页。

⑤ 法伊林，前引书，第314页。

⑥ 丹尼斯，前引书，第98页。

⑦ 吉布斯，前引书，第468页。

⑧ 张伯伦，前引书，第344页。

好处。1939 年 1 月下旬，不断传来德国即将进攻比利时与荷兰的情报。法国方面也一再施加压力，要求英方承担大陆义务。英内阁这才不得不在 2 月 22 日作出决定：把野战军的四个步兵师和两个机动师在大陆作战的规模上充分装备起来并配以后备部队。四个地方自卫师也应得到充分的作战装备和后备部队，其他的地方自卫师则给以充分的训练装备。① "大陆义务" 终于获得了承认。3 月 15 日，德军占领布拉格，吞并了整个捷克斯洛伐克。为了应付国内各方的压力，也为了做出强硬的姿态给德国看，以便让德国重新回到谈判桌上，张伯伦与陆军大臣霍尔—贝利沙两人仓促决定，把地方自卫队从 13 个师扩大 1 倍为 26 个师。这个决定于 3 月 29 日向上下两院宣布，事先甚至连三军参谋长的意见也未征求。② 4 月 26 日，张伯伦政府向上下两院宣布了另一个更为重要的决定：实行征兵制，把二十岁的男子征召入伍。③ 这一系列的突然变化，并不能使陆军真正得到增强。人数增加了，但派不出足够的军官去训练新兵，也没有武器发给他们。正如军事作战和情报主任波纳尔在 1939 年 4 月 17 日的一则日记中所指出的："他们终于这样做了！……迟做总比永远不做好……但它的确太迟了，因为至少要用八个月，更可能要用两年，才能使这支纸上的军队成为一支活生生的军队。"④ 大战爆发初期统帅英国第三师的蒙哥马利在回忆录中说："在战争爆发前的数年里，英格兰没有举行过大规模的军事演习……野战军的通讯系统也不完善，没有后勤支持，没有设立高级指挥机构。而这些在总动员中都只能临时凑合……我们派陆军参加最现代化的战争，而配备它的却是极不适当的武器和装备，这不能不说是我们的耻辱。"⑤

英国海军所受的待遇，要比陆军好一些。英国为了维护它的庞大的殖民帝国和海外贸易，自然要相当重视海军。1938 年以前，在整个 20 世纪 30 年代，海军开支一直占三军的首位。1938 年，空军开支第一次超过海军，前者为 143499642 英镑，后者为 132437403 英镑，陆军则为 121542932 英镑，居第 3 位。⑥ 限于篇幅，海军重整军备的情况这里从略。

空军最受重视，因为它被当作防卫英国本土的最有效的军种。20 世纪二三十代，英国许多文武官员都相信空军能给以 "致命打击" 的理论，即轰炸能在平民中引起惊恐，能造成工业的混乱，并摧毁遭受这种打击的国家的民心和士气，使之

① 邦德，前引书，第 300 页；霍华德，前引书，第 127 页；布赖思·邦德编：《参谋长：陆军中将亨利·波纳尔爵士的日记》，伦敦 1972 年版［Brian Bond（ed.），*Chief of Staff, The Diaries of Lt. General Sir Henry Pownall, London*, 1972]，第 1 卷，第 188—189 页。

② 霍华德，前引书，第 129 页。

③ 吉布斯，前引书，第 521 页。

④ 《波纳尔日记》，第 1 卷，第 199—200 页。

⑤ 《蒙哥马利元帅回忆录》，上海译文出版社 1982 年版，第 34—35 页。

⑥ 小谢伊，前引书，第 297 页。

丧失自卫的意志。1932 年鲍尔温在下院说：他要普通百姓了解，"地球上没有力量能保护他免遭轰炸。不管人们会告诉他什么，轰炸机永远能到达目标。唯一的防御是进攻。这意味着你必须比敌人更迅速地杀死妇女和儿童，如果你希望自救的话"①。张伯伦也认为："我们的最好防御将是一种威慑力量的存在，它要强大到使进攻的胜利十分成问题，以致是不值得的。"② 实现这个目标的办法，就是建立一支其规模和效率足以引起敌人敬畏的空军。英国官方对于轰炸机的威力竟然达到了迷信的程度，以致在 1936 年联合计划委员会的一份报告中，估计德国对英国的空袭在战争的第一周就能造成十五万人的伤亡。③

英国政府基于上述认识，在 1934—1937 年这一阶段把轰炸机看作最有效的威慑力量，主张予以重点发展。例如，根据 1935 年 11 月提出的 "F" 计划，英国到1939 年将拥有第一线飞机 1736 架，其中轰炸机 1022 架、战斗机 420 架④，其他为侦察机等。但是到了 1937 年底，优先生产战斗机的主张逐渐占了上风。英斯基普在 1937 年 12 月 9 日的一份备忘录中写道：英国可在本土用战斗机去摧毁德国的轰炸机。如果在战争开始后的最初几周内德国的致命打击能被击退，英国就能赢得时间，通过长期的消耗过程来战胜敌人。因此，他建议减少轰炸机的生产，而尽可能加强战斗机的力量。⑤ 内阁同意英斯基普的主张，因为生产战斗机更便宜（生产一架轰炸机的费用等于四架战斗机）、更容易。1938 年 4 月空军部提出了 "L" 计划，预计到 1939 年 3 月将拥有第一线战斗机 608 架，与 2 月提出的 "K" 计划相比，增加 76 架；第一线轰炸机将有 1360 架，与 "K" 计划的数字一样。⑥ 同年 10月提出的 "M" 计划，仍然强调增加战斗机的生产。空军扩军计划的重点从以轰炸机为威慑手段到以战斗机为自卫手段，反映了英国战略思想更加趋于消极保守。如果说从 1934 年到 1937 年这一阶段的空军战略方针是以攻为守的话，那么 1938 年以后就是纯粹的防守了。

但是，不论是在优先生产轰炸机的阶段，还是优先生产战斗机的阶段，英国政府对空军所要求的经费总是尽量拨给的。1936 年，空军实际开支 49995697 英镑，在三军中居末位（海军 80976124 英镑，陆军 55015395 英镑）。1937 年，空军实际

① 小谢伊，前引书，第 37 页。
② 霍华德，前引书，第 109 页。
③ 韦伯斯特爵士和弗兰克兰：《1939—1945 年对德国的空军战略进攻》，伦敦 1961 年版（Sir Charles Webster and Noble Frankland, *The Strategic Air Offensive Against Germany 1939—1943*, London 1961），第 1 卷，第89 页。估计显然是错误的。实际上，在将近六年的大战中，英国因空袭而遭受的平民伤亡人数总共才有295000 人，其中死亡 60000 人。
④ 吉布斯，前引书，第 565 页。
⑤ 韦伯斯特和弗兰克兰，前引书，第 76—77 页。
⑥ 佩登，前引书，第 132 页。

开支 81799260 英镑，超过陆军，居第 2 位（海军 101892397 英镑，陆军 72675520 英镑）。1938 年，空军实际开支跃居首位（数字见前）。1939 年，空军的实际开支继续占第 1 位。[①] 由于政府的大力扶植，空军的发展较快。1938 年，飞机月产量平均 200 多架，1939 年增到 600 多架。那些认为英国重整军备获得成功的人，往往以空军的成就为例。但是，空军的发展是靠牺牲其他两个军种，特别是陆军得来的。在 1940 年的不列颠之战中，空军固然发挥了重要作用，但是如果在战争开始时英国就能派出一支纵使数量不大但具有机械化装备的精锐部队到大陆去，它对法国的支持将是很大的，不列颠上空的殊死战斗或许就不会发生。

五

英国政府自觉软弱，又不肯大规模地扩军，便企图通过绥靖外交，弥补国防力量的不足。1935 年 11 月 21 日，国防需要委员会在它的第三个报告中提出："我们认为我国和帝国安全的主要需要是：我们的外交政策应当运用得可以避免这样一种形势的可能发展，即我们可能同时面对东方的日本、西方的德国和介于东西方之间交通要道的任何国家的公开的或隐蔽的敌意。"[②] 1936 年 11 月 14 日，张伯伦在一封信中表示："我不认为（战争）已迫在眉睫。我相信，通过运用小心谨慎的外交活动，我们可以防止战争，也许可以无限期地防止。"[③] 英国的军方也持大致相同的看法。1937 年 12 月，参谋长委员会在一份报告中写道："从帝国防务的观点来看，对于为了减少我们的潜在敌人和获得潜在的盟国的援助所能采取的任何政治上或国际上的行动的重要性，怎么强调也不算夸张。"[④]

在对德斗争中，运用外交手段，是完全必要的。但是，第一，像英国执政者那样不去努力充实自己的国防，而一味心存侥幸地企图通过外交活动"无限期地防止"战争，这是根本办不到的。外交可以起相当的作用，但无论如何起不了绥靖主义分子所妄想的那种作用。就连一些较有远见的资产阶级政治家，例如曾任英国外交部次官的克兰伯恩勋爵也认识到：绥靖政策不能代替重整军备，怀柔不能代替坚定。[⑤] 第二，要看运用的是一种什么性质的外交。英国既然总是觉得自己兵力不

---

① 小谢伊，前引书，第 297 页。

② 丹尼斯，前引书，第 58 页。

③ 米德尔马斯，前引书，第 56—57 页。

④ 霍华德，前引书，第 119 页。

⑤ 罗克：《在考验中的绥靖政策。1938—1939 年的英国外交政策及其批判者》，哈姆登 1966 年版（William R. Rock, *Appeasement on Trial. British & Foreign Policy and Its Critics*, *1938—1939*, Hamden, 1966），第 146 页。

足，那就更应加强与同盟者的合作并力争联合一切反法西斯的力量，依靠集体安全去制止战争。但张伯伦之流偏偏认为此路是不通的。对于法国，英国军方一再强调它的"极端软弱"和"非常不可靠的军事状况"①。在政治上，法国也不受信任。在1935年5月法苏签订互助条约后，英国统治阶级中有相当一部分人认为如果与法国结盟去共同反对德国，就等于间接与那个要"把布尔什维主义强加给一个破碎的欧洲"②的苏联结成同盟，这自然是大逆不道的事情。1936年6月法国成立人民阵线政府后，英国统治阶级越发感到"赤祸"的威胁。1936年7月20日，英内阁秘书兼帝国国防委员会秘书汉基说："在欧洲的目前情况下，由于法国和西班牙受到布尔什维主义的威胁，不久我们同德国和意大利共命运可能对我们是有利的，这并非不可想象的。"③对于大西洋彼岸的美国，英国认为它内部的孤立主义势力十分强大，因而也是不可依靠的。至于欧洲那些中小国家，英国当局根本不把它们放在眼里，甚至怀着厌恶的心情觉得它们老是用一些琐碎事情干扰英国的外交。④总之，英国认为没有可以依靠的同盟力量。

英国既认为自己无力对付德、意、日，又荒谬地断定自己孤立无援，便企图用牺牲其他国家利益的办法，满足法西斯三国的要求，来换取与敌人的妥协。英国绥靖外交的主要对象是德国。迟至1939年6月，张伯伦仍对一个负有特殊使命访问伦敦的德国人说："从他出任首相的那一天起，就一直认为只有通过柏林和伦敦这条线才能解决欧洲问题。"⑤英国政府相信，把中欧和东南欧让给德国，必要时再在非洲划给德国一些殖民地，就能平息它的不满，实现英德和解。⑥1938年11月26日，张伯伦在一封信中写道："我不明白为什么我们不该对德国说：'请给我们以满意的保证，表明你们将不用武力对待奥地利人和捷克斯洛伐克人，我们也愿意给你们同样的保证，表明我们将不用武力阻止你们所需要的变更，只要你们能够以和平手段来取得这些变更。'"⑦后来，英国政府确实满足了德国的许多要求，直到在慕尼黑会议上把捷克斯洛伐克出卖给了希特勒。

英国最怕德国，但也怕日本和意大利。1937年，参谋长委员会在年度评论中

---

① 邦德，前引书，第235页。

② 考林：《希特勒的影响》，伦敦1975年版（Maurice Cowling, *The Impact of Hitler*, London 1975），第161页。

③ 普拉特：《马耳他以东，苏伊士以西》，伦敦1975年版（Lawrenct R. Pratt, *East of Malta*, *West of Suez*, London 1975），第39页。

④ 例如英国在1939年3月准备搞英、法、俄、波四国宣言时，张伯伦就坚决反对再让其他小国参加，以免它们要求磋商那些"次要事情"。

⑤ 《德国外交政策文件汇编》D辑，第6卷，第682页。

⑥ 参见《德国外交政策文件汇编》D辑，第2卷，第608—609页；《英国外交政策文件汇编》（*Documents on British Foreign Policy*）第3辑，第3卷，第251—253页；米德尔马斯，前引书，第113页。

⑦ 法伊林，前引书，第333页。

把日本列为第二号敌人，把意大利列为第三号敌人，但主张为了集中力量对付德国，必须在远东绥靖日本，在地中海绥靖意大利。[①] 1937 年 5 月底张伯伦就任首相后不久，就在内阁的一次会议上说："现在不断有这种危险，即欧洲的纷争可能为日本提供在远东采取某种不利于我们的措施的机会。" 由于英国没有力量反击日本，因此应争取与它达成谅解。[②] 1937 年 11 月布鲁塞尔会议休会期间，张伯伦在伦敦对艾登厉声说："我绝不搞制裁。"[③] 1938 年 3 月 21 日，参谋长委员会在一份研究德国侵略捷克斯洛伐克的影响的报告中，强调日本如加入德、意方面对英作战，"就会产生一种我国国防部队的当前力量和预计力量都未打算应付的一种形势"[④]。

意大利的军事力量和经济力量都很弱，但英国仍然感到在地中海和中东方面受到它的威胁。1937 年 2 月 22 日，参谋长委员会在《帝国防务评论》的报告中指出："我们现在所处的地位，在帝国的两端受到德国和日本两个强大的军事国家的威胁，而由于在意大利出现了一种侵略精神，伴之以它的军事力量的增加，我们在中间已经丧失了我们传统的安全。只要那种地位在外交上依然没有解决，只有非常巨大的军事和财政力量才能给帝国以安全。"[⑤] 同年 7 月初，张伯伦在帝国国防委员会上说："如果德国正在考虑敌对行动或从事反对我们的战争，毫无疑问的是：意大利将加入并利用机会趁火打劫。"[⑥] 英国害怕，意大利可能从利比亚向埃及进攻，夺取苏伊士运河。1937 年 11 月 2 日，帝国国防委员会秘书汉基对外交部常务次长范西塔特说："除非外交部能告诉我们：我们在一两年内没有同德国作战的危险（我确信你们不能），在埃及冒可怕的危险看来是不可避免的。"结论是："我们必须同意大利友好。"[⑦] 其实，意大利并不具备进攻埃及的力量，而且法国在突尼斯驻有十四个师，墨索里尼是不敢轻举妄动的。英国急于绥靖意大利的另一个原因，是企图分化轴心国，把意大利从德国方面拉过来。

总之，张伯伦政府认为对德国，对日本，对意大利，都必须采取绥靖政策，一一安抚它们。英国本想通过推行绥靖外交，弥补国防力量的不足，"无限期地防止"

① 吉布斯：《1918—1939 年英国的战略理论》（N. H. Gibbs, British Strategic Doctrine 1918 – 1939），载霍华德编《战争的理论和实践》，卡塞尔 1965 年版 ［M. Howard（ed.），The Theory and Practice of War, Cassell 1965］，第 207 页；巴尼特，前引书，第 444 页。

② 巴尼特，前引书，第 445、509 页。

③ 艾登：《面对独裁者》，伦敦 1962 年版（Anthony Eden, Facing the Dictators, London 1962），第 539 页。

④ 巴尼特，前引书，第 445、509 页。

⑤ 普拉特，前引书，第 4 页。

⑥ 同上书，第 78、95 页。

⑦ 同上书，第 95 页。

战争，但结果适得其反。① 绥靖外交推行得越彻底，欧洲的均势就越遭到破坏，英国的战略地位也就越恶化。在张伯伦自视最为成功的慕尼黑会议后，捷克斯洛伐克的装备精良的四十几个师消失了，巨大的斯科达兵工厂也归德国了。仅就这两项损失而论，英国要用好多年重整军备的努力，才能抵补。更不用说德国占据了捷克斯洛伐克这个有利的战略地位后，整个东南欧都处于它的威胁之下。在经济方面，英国的损失同样严重。张伯伦政府把英国的经济力量一向看作"第四个军种"，是在一场长期战争中可赖以支持自己、战胜敌人的有效武器。但是，德国在侵占欧洲大片领土后，掠夺了许多资源，获得了许多劳动力，从而大大地增强了它的战争经济。与此相反，从慕尼黑会议结束到 1939 年 6 月，英国在 9 个月内共丧失黄金储备 1 亿 5 千万镑。② 外国投资者对英国地位的日益恶化感到担忧，便从英国银行大量抽走了资金。这个事例说明，英国政府最为珍视的"第四个军种"，同样受到绥靖政策的削弱。纳粹德国看准了英国绥靖外交的虚弱，越发猖獗而无所顾忌，战争遂终于不可避免，而且加速到来了。

*　　　　*　　　　*

第一次世界大战后，英帝国主义日益衰落。20 世纪 30 年代，英国面对德国以及日本和意大利的挑战，忧心忡忡。它害怕战争破坏经济的复兴，害怕战争引起革命。国民工党议员尼科尔森在 1938 年 9 月 11 日的日记中有一则记载，很能说明英国统治阶级的这种精神状态。他写道，奥利弗·斯坦利（贸易大臣）对他叹息说，一旦战争打起来，"不论我们胜利还是失败，我们所拥护的每一件事都将毁灭"。尼科尔森特别指出，斯坦利所说的"我们"，"显然指的是资产阶级"③。因此，英国政府不肯全力重整军备，而把绥靖外交作为避免英德战争，实现两国和解的最有效的手段。万一战争爆发，英国就准备采取守势，首先保住本土，然后再在长期的消耗战中与敌人较量。总之，它在军事上作了最坏的、最悲观的估计，以致未战而先已气馁；它在外交上作了最好的、最乐观的估计，以致蒙蔽住了自己的眼睛。1939 年 12 月 16 日，在大战爆发三个半月以后，张伯伦在视察英国远征军第三师时，还执迷不悟地对师长蒙哥马利说："我不相信德国人有任何进攻我们的意图。"④ 就这样，英国在军备十分不足的情况下被拖入了战争。第二次世界大战初期英国一系列的惨败，都不能不归咎于 30 年代历届英国政府的错误的军备政策和绥靖外交。后来，英国非常勉强地作为胜利者走出了战争，但已精疲力竭，满身创伤。战后，它不仅不能恢复 19 世纪大英帝国鼎盛时期的"荣光"，就连 30 年代的

---

① 本文只是从重整军备的角度涉及绥靖外交，故对绥靖外交的形成原因不作全面讨论。
② 帕克：《经济、重整军备和外交政策》。
③ 尼科尔森，前引书，第 132 页。
④ 《蒙哥马利元帅回忆录》，第 43 页。

那种地位也可望而不可即了。英国的衰落是不可避免的历史趋势，但张伯伦之流的愚蠢政策则加速和加深了衰落的过程。

（刊于 1984 年第 2 期）

十七世纪英国革命中平等派对选举权的主张

王觉非

17 世纪英国革命时，在反对封建王党的议会阵营内部形成了几个政治派别，其中一个是代表中、下层人民利益的平等派。平等派在英国革命中起了重要的作用。但是，在英国革命以后的大约 250 年里，平等派的历史几乎被完全遗忘了。直到 19 世纪末、20 世纪初，随着欧洲各国工人运动和社会主义思想的不断发展，平等派的历史才受到人们越来越大的注意；有关平等派的资料和著作纷纷出版。这些著作大都认为平等派是一个民主派，在选举权问题上主张普选权。不过，它们在这个问题上都只是泛泛而谈，未作具体分析。还有一些著作，一方面指出平等派主张将仆人、领救济金的人排除在选举权之外；另一方面又说平等派主张普选权，并且对这个矛盾未加解释，因而存在破绽，经不起推敲和辩驳。

第二次世界大战后，在欧美出版的一些历史著作中，当评价平等派时，强调它的小资产阶级局限性，并把平等派在选举权问题上将仆人、乞丐排除在选举权之外的主张，作为这种局限性的例证。特别是 1962 年出版的默克费逊的一本著作，全面地批驳了那种把平等派说成主张普选权的论点。他认为平等派自始至终都是坚持将两种人，即仆人和领救济金的人排除出选举权之外；以前有些学者把平等派说成近代民主派的先驱是错误的，其实平等派不过是一个自由派。[1] 默氏的书在史学界发生了很大影响。有人说，他的看法已经成了关于平等派评价的正统观点。

在我国，新中国成立以来所出版的一些外国史著作，在评价平等派的时候，也强调它的小资产阶级局限性，并把平等派在选举权问题上将仆人、乞丐排除在外的主张，作为这种小资产阶级局限性的突出表现。

那么，对平等派关于选举权的主张究竟应该如何评价？其实质是什么？平等派究竟是自由派还是民主派？

---

[1]　C. B. Macpherson, *The Political Theory of Possesive Individulism* (1962), pp. 107, 158.

一

　　首先我们来考察一下平等派关于选举权有哪些主张。

　　平等派关于选举权的主张反映在他们所拟定的一些纲领性文献中。同时，在平等派领导人李尔本的著作和平等派的一些其他出版物中也曾谈到这个问题。至于平等派关于选举权的言论，最重要的是他们在普特尼辩论会上的发言。

　　在平等派的纲领性文献中主张实行普选权的有：

　　1647 年 10 月 15 日，新模范军五个团的代表签署发表的《军队事业》，其中第四条指出："所有那些生而自由的人，除了因犯罪而被或将被在数年之中或终生剥夺掉他们自由的人以外，凡年在 21 岁以上的［男］人都可以成为选民。"[①]

　　1647 年 10 月下旬平等派拟定的《人民公约》是平等派最重要的纲领性文献。其中讲到，选举议会代表的名额应按各地区居民人数重新进行分配。[②] 虽然文件对选举权问题未作明确具体的规定，但从按"居民人数"的说法来看，无疑是将全体居民都包括在内的。

　　1649 年 9 月平等派在《英国千万人的抗议书》中表示："所有参加到我们当中来的人"，都将得到选举权。[③] 就是说，所有那些赞成平等派纲领和事业的人，都可以有选举权。

　　1653 年秋，平等派在《对克伦威尔重大叛逆罪行的指控书》中，提出要举行一次特别的选举，"所有的英国人，不论是主人，或是儿子、仆人，都要像一个人一样去到英格兰或威尔士的每一个市镇或方便的地点集合……到那里去进行选举；选举各该郡、城市、市镇的代表人物，以便使他们到议会去代表他们"。[④] 虽然这个文件发表时，平等派运动已趋于瓦解，不足以作为代表整个运动的纲领，但它仍然是平等派关于选举权主张的一个例证。

　　除上述纲领性文件之外，在平等派领导人李尔本等人的一些著作中，也提出了普选权的要求。如从 1645 年 10 月到 1647 年 7 月近两年的时间里，李尔本至少在五篇著作中提出给人民以普选权的要求。[⑤] 其中有的明确地说："最贫穷的人和最

---

　① Don M. Wolfe（ed），*Leveller Manifestoes of the Puritan Revolution*（1944），p. 22.

　② OP. Cit. ，p. 226.

　③ H. N. Brailsford，*The Levellers and the English Revolution*（1976），p. 573.

　④ Ibid. ，p. 630.

　⑤ J. Frank，*The Levellers*（1955），pp. 63，94.

富有、最有权势的人，同样都应有选举权。"①

另外，在 1648 年 7 月至 1649 年 9 月出版的平等派的重要报纸《稳健》周刊上，有些文章提出，凡是在《人民公约》上签名的人，都应该有选举权。该报编辑部在注释中认为，所谓"人民"不应只限于缴纳赋税者，还应包括仆人、领救济金的人；这些人都应享有选举权。有些文章还着重指出，那些沿门求乞的人之所以受苦，是由于内战和政府的过失，只要秩序恢复，这些人的状况就可以得到改善。②

以上是平等派主张实行普选权的文献和著作。

在平等派的文献中，主张将仆人和领救济金的人排除在选举权之外者有：

1648 年 1 月发表的《请愿书》，其中第十一条写道：在英国有一项古老的权利，即生而自由的英国人，可以自由地选举议会的代表及郡长、治安法官。但 1430 年的法规却将这项权利缩减了。"因而，除了那些因犯罪而在法律上被剥夺或将被剥夺选举权，或者年龄在 21 岁以下，或者是仆人、乞丐等之外，所有英国人的生而具有的权利都应加以恢复。"③ 这个《请愿书》明确提出，仆人和乞丐不应享有选举权。但这一点与整个文件精神以及上下文的思想是有矛盾的，原因为何，应加推敲。

1648 年 12 月 15 日发表的《人民公约》第二个文本，对选举权的限制更进了一步。按照这个文件第一条的规定，选民必须是缴纳济贫税者。同时，在内战中站在国王一边或反对《人民公约》的人，以及领救济金的人、仆人或从特定的人那里领取工资者，都没有选举权。④

1649 年 5 月 1 日发表的《人民公约》第三个文本，其中第一条规定，由四百人组成的代表机构（议会），"根据自然权利"，年龄在 21 岁以上的人选出。但仆人、领救济金的人，以及以武装支持过国王或自愿对国王进行捐献的人除外。⑤

从以上列举的各种资料来看，在选举权问题上，平等派主张普选权的文献和著作数量较多。从 1645 年李尔本的一篇著作起到 1653 年的《指控书》，每个时期都有这方面的文献和著作。虽然也有主张将仆人、领救济金的人排除在选举权之外的，但只限于 1648—1649 年的三种文献，数量较少，时间较短。

至于平等派关于选举权的言论，现存最重要的资料是普特尼辩论会上的发

---

① W. Hailer, *Liberty and Reformation in the Puritan Revolution* (1963), p. 274.

② R. Howell Jr. and D. E. Brewster, "Reconsidering the Levellers: The Evidence of the 'Moderate'", in *The Intellectual Revolution of the Seventeenth Century*, ed. by C. Webster (1974), pp. 87, 91, 92.

③ Don M. Wolfe, p. 269.

④ Ibid., p. 297.

⑤ Ibid., pp. 402, 403.

言记录。

普特尼辩论是在 1647 年 10 月 28 日至 11 月 8 日进行的。选举权问题是这次辩论的主要问题之一。关于这次辩论，有详细的会议记录——克拉克文件①可资参考。虽然克拉克文件仍有一些矛盾和不清楚的地方，这可能是由于在辩论过程中，有时感情激动，临时改变语气而造成；或者是克拉克在记录、整理他的速记稿时有所遗漏或错误。② 不过，整个来看，就双方争论问题和各自主张的实质而言，现有的资料是可以得出若干结论的。

辩论是围绕平等派所拟定的《人民公约》而展开的。所有平等派代表的发言，都主张给每一个生而自由的英国人以选举权。雷因波洛在发言中说："最贫穷的人正象最高贵的人一样"，都应该有平等的权利，否则他就没有服从这个政府的义务。③ 独立派高级军官的代表竭力反对平等派关于给每一个人以选举权的主张。艾尔顿和李启上校声称，这将会对财产造成威胁。④ 高级军官把破坏私有财产，造成无政府状态等，作为攻击平等派的最有力武器。平等派则竭力为此而争辩，他们说，普选权是维护财产的最好方法。⑤

有一个军官代表托玛斯·李德在发言中也主张给每一个人以选举权，他说："选举代表是一种权利，我认为没有理由一定要将任何一个土生土长的人排除在这个权利之外，除非他是自愿地受人奴役。"⑥ 就在李德发言之后，一个平等派代表皮蒂讲了一段与前面几个平等派以及他本人的发言不相一致的话。他说："我觉得我们所以要将学徒或仆人或那些领救济金的人排除在外，是因为他们依靠别人的意志。……如果能有任何普遍的方式使这些人不致受他人意志的约束，那就好了。"⑦ 之后，辩论又转入其他问题。

据克拉克的记录，普特尼会上关于选举权问题的辩论，未获任何结果。然而到 11 月 11 日，由平等派赛克斯比等十五人签署并在伦敦散发的《若干鼓动员致他们团队的一封信》却说，在普特尼会上经过辩论，最后通过了平等派提出的议案。该议案规定，除仆人和乞丐外，全体人民包括士兵，即使年收入不到 40 先令，都

---

① 威廉·克拉克是军队会议的秘书，他用自己的速记法记录了这次会议的发言。1891 年历史家费尔斯整理出版了克拉克的记录，即"克拉克文件"。1938 年伍德豪斯又将克拉克文件加以编选，集成《清教与自由》一书，1979 年出版了第 2 版。

② Cf. G. E. Aylmer, *The State's Servants* (1973), pp. 261 – 262.

③ A. S. P. Woodhouse (ed), *Puritanism and Liberty*, 2nd ed. (1974), pp. 52 – 61.

④ OP. Cit., pp. 62, 63.

⑤ OP. Cit., p. 61.

⑥ OP. Cit., p. 83. 李德的发言和平等派意见一致，但他并不是一个平等派。Cf. C. Firth and G. Davies, *Regimental History of Cromwell's Army* (1940), pp. 563 – 565.

⑦ A. S. P. Woodhouse, p. 83.

有选举权。[①] 这个决议，如果是在普特尼辩论会上通过的，那么克拉克为何未作记录？对这个问题，有些历史家曾作过各种分析，但都不能圆满解答。不过，就普特尼辩论会的整个过程来看，我们可以得出下面几点看法：

首先，双方的辩论是围绕是否实行普选权而进行的。这一点在克拉克的记录中有明白的反映。当艾尔顿质问，《人民公约》中的规定，是否意味着"每一个人只要是一个居民"就可以有选举权的时候，平等派的代表给予了肯定的回答；[②] 他们在发言中都使用了"每一个人"的提法，而未使用限定性的词句。雷因波洛的上述发言更是鲜明、彻底。独立派李启上校在反驳平等派时曾说："如果主人和仆人都有选举权……"可见，不仅平等派清楚地说出他们是主张普选权的，而且独立派高级军官也了解这一点。辩论之所以进行得非常激烈，就是因为在这一点上双方存在着根本分歧。

其次，独立派高级军官的发言，强调选举权的财产资格。他们害怕，如果实行普选权，那些无财产的人将会选举无财产的人，从而制定破坏私有财产的法律。平等派则坚持选举权是每个人"生而具有的权利"。同时他们也认为他们的主张不会破坏私有财产。

另外，平等派代表皮蒂在发言中提到将仆人和领救济金的人排除在选举权之外时，他解释说，这是"因为他们依赖别人的意志"，担心这些人会受到主人或施主的利用。他的用意，实质上还是为了维护议会作为真正代表人民利益机构的可靠性。在当时的社会和选举制的条件下，皮蒂的顾虑是个现实问题。关于这点，将在下文论述。

不过，关于皮蒂的发言，有几个问题令人感到费解。他关于将仆人、领救济金的人排除在选举权之外的发言，似乎是对在此之前平等派已作过的同样内容发言的解释，然而，在他之前，没有任何平等派讲过同样内容的话。并且在他发言之后，也没有任何与会的人对他的发言表示赞成或反对。从字面上看，他的这段发言不但与其他平等派代表的发言有矛盾，而且和他本人前面的发言也不一致。那么，皮蒂为什么要作这样的发言？他究竟是什么人？对这些问题，近年来，有些历史家不断提出疑问。他们对皮蒂的身世感到不理解。在现存大英博物馆大量英国革命时期的出版物和小册子——托玛逊文件中，找不到一件皮蒂的作品。在其他档案资料中，也找不到有关皮蒂生平的资料，这就更增加了历史家的疑问。不过，经过牛津大学艾尔默教授的苦心搜求，终于在伦敦市政厅所藏档案——伦敦杂货商学徒花名册

---

① OP. Cit. , p. 452. Appendix.

② OP. Cit. , p. 53.

中，找到了马克西米连·皮蒂的姓名，并知道他曾在杂货店当了八年学徒。[①] 这就令人有理由推想，皮蒂的发言，其用意不大可能不利于学徒和仆人。

二

从上述平等派所发表的纲领性文献、著作以及言论来看，不论就数量、时间，或者内容来说，在选举权问题上，他们主张普选权的意见都是占主导地位的。

不过，在选举权问题上，他们也有一些互不一致和矛盾的地方。那么，产生这些不一致和矛盾的原因是什么？

在平等派进行活动的时候，资本主义制度刚刚诞生，作为资本主义社会政治生活中一个重要内容的政党斗争，还处在萌芽状态中。虽然平等派在历史上第一次提出了一个比较完整的政治纲领，但如与现代政党比较起来，就不可同日而语了。他们在制定纲领的时候，并不像现代政党一样，事先周密研究，然后经代表大会讨论修改通过，而是由少数几个人拟定出来的。所以他们的几个纲领有前后不一致之处，就不足为怪了。

平等派的成员和拥护者的社会成分比较复杂，这对他们的思想状况也起了很大影响。它的成员和拥护者包括城乡广大的中、下层群众，既有城市的手工匠、平民以及学徒、帮工，也有农村的中、下层农民。李尔本有一次说到他的追随者时说，他们都是一些"中等阶层人士"；有时又说他们是"穿着打了平头钉鞋子的乡下人，普通的士兵，穿皮围裙或羊毛围裙的手工匠，以及其他勤劳的英国人"。[②] 另一个平等派人士丹纳在讲到平等派组织成分的复杂性时说："我们是由许多不同类型的人组成的团体；由彼此之间非常不同的几部分人所组成，所奉行的原则也是不一致的。"[③] 这些话都说明，平等派不是一个单一社会阶级的政治组织。加上 17 世纪的英国，正处在封建制度瓦解、资本主义因素迅速发展的转变时期，社会阶级结构变动剧烈，作为当时中、下层人民利益代表者的平等派，其组织成分复杂和产生思想分歧，是不可避免的。

不过，平等派作为一个不同于长老派和独立派的第三大政治派别，本身也存在吸引它的广大成员和拥护者的凝聚力，具有推动整个平等派运动前进的动力和指引整个平等派运动向着一定方向发展的决定性因素。我们要在各种复杂和分歧的现象

---

① G. E. Aylmer, "Gentlemen Levellers", in *The Intellectual Revolution of the Seventeenth Century*, ed. by Webster (1974), p. 101.

② W. Schenk, *The Concern for Social Justice in the Puritan Revolution* (1948), p. 64.

③ C. Hill, *The World Turned Upside Down* (1975), p. 114.

中，找到这个决定性的因素，探索运动的主流。不能主次不分，更不能舍本逐末。举例来说，对私有财产制，平等派中绝大多数人都抱着积极拥护的态度，但也有个别主张财产公有的人，平等派著名领导人伍尔文就是这样的人。① 当然，不能把伍尔文在这个问题上的态度作为整个平等派的代表，同样，在选举权问题上也不能把个别的、少数人的主张作为整个平等派运动的代表。

其次，应注意，平等派的活动是在炽烈的政治、军事斗争环境中展开的。他们的纲领也与当时的环境密切相关并受其影响。

第一次内战刚结束时，平等派的威信非常高。新模范军中的广大士兵及一部分中、下级军官都处在平等派思想的强烈影响之下。这时，李尔本等人的著作和1647年拟定的《军队事业》、《人民公约》等，都主张实行普选权。但1647年8月6日军队进入伦敦，击败议会里的长老派后，军队内部矛盾暴露。1647年秋普特尼辩论会上，独立派高级军官和平等派代表各持己见，互不相让。克伦威尔等人知道无法强迫平等派接受他们的意见，所以就采取迂回的手段，以图批亢捣虚，夺取胜利。平等派在辩论过程中，虽然雷因波洛、赛克斯比等人坚决不肯退让，但皮蒂和魏尔德曼后来的发言渐渐变得温和，皮蒂终于表示同意将仆人、领救济金的人排除在选举权之外。

魏尔事件后，形势发生急剧变化。在重新爆发内战的阴影下，克伦威尔等人不得不赶快回过头来与平等派联合。② 平等派也认识到必须恢复军队的团结才能粉碎王党的反扑。③ 当长老派企图利用李尔本的威信，挑唆他去反对克伦威尔时，李尔本坚决拒绝，他在给克伦威尔的信中表示，他虽然仍坚持原来的原则立场，但不会在现时对克伦威尔进行报复。④ 当独立派和平等派联合起来在第二次内战中击败王党以后，他们又聚在一起讨论制定《人民公约》的第二个文本。⑤ 经过激烈争论，双方都作了让步，它实质上是个妥协方案。⑥

"普莱德清洗"之后，渐渐形成了独立派独掌政权的局面。独立派准备全力去对付平等派，平等派也感到这种不祥之兆，着手聚集力量，以迎击即将到来的打击。1649年5月1日公布了《人民公约》的第三个文本。其中，对选举权的规定又作了调整。很可能平等派认为在当时的环境下，这是个最稳妥的纲领。

平等派自从在贝尔福德被镇压下去以后，就不再能够以一个有组织的力量去同

---

① W. Schenk, p. 49.

② E. H. Clarendon, *History of the Rebellion and Civil Wars in England*，(1958) Ⅳ, p. 238.

③ Cf. S. R. Cardiner, *History of the Great Civil War* (1893), Ⅳ, p. 116.

④ W. C. Abbott（ed.），*Writings and Speeches of Oliver Cromwell*, I. (1929), pp. 627 - 628.

⑤ 《人民公约》的第二个文本最初是在克伦威尔同意下，由李尔本起草的。——V. F. Snow, *Parliamentary Reapportionment Proposals in the Puritan Revolution*, *English Historical Review* (1959) 74, pp. 409 - 442.

⑥ J. Cannon, *Parliamentary Reform 1640 - 1832* (1973), p. 10.

当权派进行斗争了。到 1653 年，在克伦威尔加强军事专政的条件下，平等派感到在现实生活中实施他们纲领的希望已非常渺茫。这时，他们又把理想和原则提到了首位；把希望寄托于未来。这就是 1653 年平等派在《指控书》中提出所有英国人都应享有选举权的历史背景。

三

　　为了进一步了解平等派关于选举权主张的实质，有几个问题须加研究。

　　一个问题是，17 世纪平等派进行活动的时候，英国所实行的选举权的状况。

　　有些著作似乎有一种倾向，以为在英国，成年男子的普选权作为一种政治纲领，是直到 19 世纪中叶才由宪章派提出来的，而它的实施，还是在 20 世纪初之后，因而感到两百多年以前的平等派不大可能提出这样的纲领。以致明明看到平等派关于普选权的主张，也要加以曲解。实际上，如果我们对 17 世纪和以前英国的选举制作一番考察的话，就可看到，平等派提出成年男子普选权的主张，不但不是不切实际之事，而且是人们所熟知的思想和现实。

　　英国从中世纪以来就存在议会，议会在国家政治生活中起着非常重要的作用。因而，在人民的思想中，对议会的选举是非常重视的。在选举权方面，各地区的规定不完全相同。有些地区，只有占统治地位团体的成员才有选举权；有些地区，大部分户主都有选举权[①]；也有一些地区，所有的户主，甚至所有成家立户的人（凡设有自己的炉灶者），包括工资劳动者和一般的工人，都可以享有选举权。[②]

　　本来，1430 年英国政府曾颁布法规，规定只有年收入在 40 先令以上的自由产业所有者才有选举权。但这一规定，未能在全国范围内严格推行。后来它成了争取扩大选举权运动的批判目标。李尔本等人在他们的著作中，多次对这个法规进行抨击。[③]

　　另外，在英国，有些地区从中世纪以来还流行着官吏的任免、租税的征收等都由全体居民共同决定的习俗。特别是在敞田制度下，许多与全体居民利益有关的事，如公地的利用等，都要由当地全体居民共同商讨决定。有的地区，工人也享有

　　① 　G. E. Aylmer, *The Struggle for the Constitution*, *1603 – 1689* （1971）, p. 38.

　　② 　K. Thomas, *The Levellers and the Franchise*, in *The Interregnnm*, *The Quest of Settlement*, *1640 – 1660* （1982）, p. 62.

　　③ 　C. Hill, *Puritanism and Revolution* （1958）, pp. 75 – 82.

参与决定公共事务的权利。① 伊丽莎白时代的国务大臣托玛斯·斯密斯爵士在 1583
年出版的一本书中，提到当时英国的"第四等级"，即做日工的人、贫苦的农夫、
商人、侍从以及公簿持有农、手艺人等这些没有自由地产的人时，一方面记述这些
人的无权地位，另一方面又说，这些人"并不是完全被忽视的。因为在城市或自
治市镇，在自耕农缺席的情况下，将邀请这一类人担任陪审团和法官。而在乡村，
他们担任教区执事、酒类检查官的情况是很普遍的；而且还经常担任警官"。② 这
种自中世纪以来，下层人民经常参与城镇和乡村的行政管理事务的情况，是英国不
同于欧洲大陆一些国家的一个很大特点。有的学者说，当时英国"差不多每一个
男性居民都参与地方事务的规模，不能不令人感到惊讶"。③

1640 年当选举短期议会和长期议会的议员时，选举权扩大到各郡农村的自耕
农和贫穷的农民以及城镇的小店主、手工工人和一些贫民。④ 有些被保王党人称作
"连衬衫也没有的人"，积极参加了选举。甚至在有些地方，这些穷人们所推举的
候选人击败了当地的统治者而当选。⑤

长期议会召开后，在有关选举权的议案中，除了罪犯，还把学徒、领救济金的
人排除在选举权之外。然而在实际选举中仍有一些例外。如在大马尔洛，1640 年
的 245 个选民中，有 77 人是领救济金的人，9 人是在救济院依靠救济为生的人。
还有一些地区，仆人、工资劳动者、工人也有选举权。⑥

选举权问题，是长期议会经常讨论的问题之一。1640 年底，它是议会争论的
中心问题。⑦ 有不少议员在发言中要求扩大选举权；有的议员主张"将选举权给予
最贫穷的人"。⑧

可见，在平等派展开活动之前，英国人民已不断为扩大选举权而进行斗争，而
且在一些地区已实行了将全体居民（成年男子）都包括在内的选举制。平等派提
出应给所有居民以选举权，是从他们的经验出发的，而不是从抽象的理论出发
的。⑨ 特别是当第一次内战结束后，旧的封建专制制度已崩溃，出现了百废待举的
形势，人民的政治积极性空前高涨。这时，平等派在主权在民的思想指引下，提出

---

① 如在德温郡的锡矿区，该区的议会即由全区的职工，包括锡矿矿工在内，共同选举产生。——
G. R. Lewis, *The Stannaries* (1965), p. 126.

② C. Hill and E. Dell (eds.), *The Good Old Cause*, 2nd ed. (1969), p. 68.

③ C. Bridenbaugh, *Vexed and Troubled Englishmen, 1590 – 1642* (1968), p. 242.

④ Brian Manning, *English People and the English Revolution* (1976), pp. 13 – 14.

⑤ L. J. Ashford, *History of the Borough of High Wycom* (1960), pp. 133 – 134.

⑥ M. R. Freer, "The Election of Great Marlow", *Journal of Modern History*, 1942, XIV, pp. 434 – 435.

⑦ M. F. Keeler, *The Long Parliament*, 1640 – 1641 (1954), p. 8.

⑧ V. Pearl, *London and the Outbreak of the Puritan Revolution* (1961), p. 214.

⑨ J. H. Plumb, *The Growth of the Electionate in England from 1600 to 1715*, *Past and Present* (1969), XIX,
p. 108.

普选权的要求，是十分自然的事。

另一个问题是：平等派将仆人、领救济金的人排除在选举权之外的原因及其实际影响。

先来看看仆人和领救济金的人的社会地位。

在 17 世纪的英国，仆人在主人家里的地位，相当于主人的子女。家庭中的家长，既是子女的家长，也是仆人的家长，同时又是仆人的主人。他兼家长与企业主于一身；其家庭职能与经济职能是密切结合在一起的。[1] 仆人和学徒一样[2]，他们既以工人的身份，也以子女的身份对待主人。主人供给他们衣、食、住，并对之进行教育。仆人则必须严格服从主人。这种学徒、仆人与主人的关系，通常是用成文的合同规定下来的。从一份保存至今的合同来看，学徒对主人应负担的义务都有明确的规定；他的各种行为几乎完全处在主人的严格监督之下。[3]

关于领救济金的人，有些是住在救济院者，有些是流浪的沿门乞求者。他们都是不能靠自己的力量维持生活，而要靠救济、施舍为生的人。

仆人和领救济金的人，既然在经济和社会地位上依赖别人，在当时英国所实行的选举方式下，如果他们参加选举，往往会受到主人或施主的控制和影响而不能自由表达自己的意志。因为在 17 世纪的英国，各地区的选举方式虽不完全相同，却有一个共同的特点，即全都是公开进行的：有的用举手，有的用喊话，有的用点名，还有的用分别站队的方式。[4] 所有的选区都没有采用秘密投票的办法。

在公开的选举方式下，许多地方的选举被有权势的人所操纵。那些在经济、社会地位上处于依附状态的人，不敢在选举中表达自己的真实意愿。特别是在当时政党政治还很不发达，人们常常不是以政治主张，而是以地位、身份和相互关系来进行选举的条件下，这种现象更为严重。17 世纪的一位思想家在他的作品中就讲述了这一现象。[5]

上述选举中的弊病，经常引起平等派的关注，他们指责有权势的人操纵选举的行为。[6] 当他们在制定有关选举权的纲领时，不能不考虑这方面的情况。特别是 1647—1649 年，平等派所拟定的纲领是想立刻付诸实施的，而他们也深知当时人

---

① P. Laslett, *The World We have Lost* (1979), p. 2.

② 当时所谓仆人包括学徒在内，学徒是一个正式的名称，通常泛称为仆人。——P. Laslett, OP. Cit., p. 260, n. 4.

③ P. Laslett, Op. cit., pp. 3 - 4.

④ H. N. Brailsford, pp. 279 - 280.

⑤ C. Hill and Dell (ed.), pp. 141, 142.

⑥ Cf. W. Hailer (ed.), *Tracts on Liberty in the Puritan Revolution* (1934), pp. 291 - 292.

们在选举中对现实的考虑远远超过对原则、理想的考虑。① 联系到平等派关于现任的军官和收税的官吏不能被选为议会议员，以及凡律师在担任议员期间不能出席法庭任律师之职的规定，可见，平等派从现实出发，想尽可能保持议会作为真正表达人民意愿的机构的纯洁性。

这可能就是平等派在一些纲领中所以要把仆人和领救济金的人排除在选举权之外的原因。

那么根据平等派的有关纲领，将仆人、领救济金的人排除在选举权之外以后，将会产生多大的实际影响呢？关于这个问题，默克费逊教授曾作过详细的分析和统计。他的结论是：平等派所主张的"除仆人以外的选举权"，使有选举权的人数只及普选权的1/3，而且它和克伦威尔等人所主张的选举权人数相差无几。②

如果真是这样，我们立刻就会产生下列疑问：既然平等派与克伦威尔等人的有关主张相差无几，为什么他们到后来仍旧势不两立？既然平等派的主张将把2/3本该有选举权的人排除在选举权之外，为什么直到1649年以后，平等派还在人民中受到十分热烈的拥护？

实际上，默氏所用的资料和统计方法是不完全正确的。他采用了乔治·金在17世纪末出版的关于1688年英国人口的统计和分析，然后按比例各减10%去推算40年前即1648年各阶层的人数。须知乔治·金的书虽然有重要参考价值，但由于17世纪末还无精确统计材料可供利用，所以他的书中不免有不够确切甚至互有出入之处。③ 尤其是不能够将17世纪末各阶层人口资料，以按比例递减的方法去推算约半个世纪之前的人口数字。因为17世纪中叶正值英国资本原始积累迅速发展时期，阶级分化非常剧烈，小生产者丧失生产资料的现象越来越多。17世纪末的仆人和领救济金的人数在总人口中所占比例肯定和40年前不会一样。再者，默氏把仆人等同于工资劳动者，从而得出庞大的仆人人数④，更是错误的。因为历史资料说明，17世纪中叶，"仆人"不能包括"领工资的人"。据17世纪作家的记载，当时"仆人"一词是用于"那些用契约在一定的时间内……自愿地把自己置于别人之下的人"⑤，并不包括出卖劳力领取工资的人。在1563年伊丽莎白政府颁布的"手艺人法规"中，"仆人"和"手艺人"以及工人是互不相同的。"仆人"是以契约形式使自己在一年左右的时间里为他人服役的人，而"手艺人"或工人则是

① D. Hirst, *The Representative of the People. Voters and Voting in England Under the Early Stuarts* (1975), p. 50.

② C. B. Maepherson, pp. 112 – 117.

③ Cf. J. P. Cooper, The Social Distribution of Land and Men in England, 1436 – 1700, *Economic History Review*, 2nd Ser. XX (1967), pp. 437 – 440.

④ 根据默氏统计，1648年仆人为458100人，占全国人口39%。——C. B. Macpherson, p. 107.

⑤ P. Laslett, Market Society and Political Theory, *Historical Journal* 1964, VII, no. I., pp. 150 – 154.

以日或周计算的雇佣者。两者和他们的雇主关系也不同。①

关于领救济金的人数，虽然在 16 世纪末至 17 世纪中叶，在英国有为数众多的"穷人"阶层②，但其中一部分人在英国政府"血腥立法"的逼迫下，不得不到手工工场等处去出卖劳动力，只有一部分人必须依靠救济为生。有些学者在研究 15 世纪末至 17 世纪中叶英国慈善事业时，发现在伦敦及另一些郡的救济院中，人数一般不超过 12—20 人，在所研究的 100 个教区中，共有约七万居民，其中只有 335 人进了救济院。③ 那些未进救济院而"沿门乞求"领取救济金的人可能更少。

综上所述，可知如果实行平等派将仆人、领救济金的人排除在外的选举权，固然有一部分人的选举权将被剥夺，但数字不会太大。

最后，我们简要地列举平等派其他一些政治主张，作为了解其选举权主张实质的参考。

在平等派所提出的各种主张中，有许多比选举权更为重要。平等派在当时的影响之所以非常大，不仅仅是由于他们提出了在议会选举中实行平等的投票权，而且还由于他们在革命的关键时刻，从主权在民的原则出发，采取一系列措施，将尽可能多的中、下层群众吸引到革命民主派方面来。④ 在平等派的许多重要主张中，都贯穿着一种强烈的思想：人是生而自由的，在国家政治生活中，人民应享有最高主权；国家的最高权力只有一个，即人民。政府只有得到人民的同意才能建立。从这种思想出发，平等派始终坚持要废除王权和上议院，而由人民选举产生的下议院掌握最高权力。他们还进一步强调，下议院也不能违背人民的最高利益，因而要求订立一个根本大法，限制议会的权力和任期等，以保证人民最高主权的贯彻。平等派在 1647 年秋所拟定的《人民公约》，实际上是英国历史上第一部成文宪法。这个文件洋溢着人民享有最高主权的精神。

平等派还主张各级政府官员，包括郡长、牧师、民兵中的中、下级军官都要由选举产生。⑤ 他们还强调在法律上人人平等，并在历史上第一次表达了关于权力分立的思想。他们要求实行地方民主和地方分权，废除一切"无用的、腐败的"中央各部机构，精简公职人员。⑥

此外，平等派还主张实行其他一系列民主改革。如废除什一税，取消债务监禁，实行免费初等教育和对穷人免费医疗以及改革法律，使刑罚更人道一些等。在

---

① R. H. Tawney and E. Power（ed），*Tudor Economic Docoment*（1924）J. p. 342.

② K. Wrightson，*English Society，1580 – 1680*（1982），p. 141.

③ P. Laslett，*The World we have lost*，p. 263.

④ W. Hailer，*Liberty and Reformation in the Puritan Revolution*（1963），*p.* 311.

⑤ H. N. Brailsford，p. 10.

⑥ G. E. Aylmez，*The State's Servants*，p. 327.

这些主张中，有一些经过他们不屈不挠的奋斗，终于在1649年初得以实现。

把平等派许多重要的、一贯的主张联系起来看，其革命民主思想是非常明显的。反映在选举权问题上，他们提出人人都享有选举权的要求是十分自然的事。虽然他们也提出过将仆人和领救济金的人排除在选举权之外的主张，但这是我们以上所分析的具体原因和环境所造成的。它具有暂时的、策略上的性质，绝不能影响平等派作为一个在历史上具有重要进步作用的民主派的意义。

平等派虽然在现实斗争中失败了，但他们对自己多年为之奋斗的理想仍坚信不疑。当平等派被克伦威尔镇压下去以后，李尔本在那个惨痛的日子里，仍充满信心地写道："不论我们以后会怎样，我们坚信，后代的人将会由于我们的努力而得到好处。"① 一个以前的平等派鼓动员理查德·伦勃德，当他在1685年参与一个反政府事件被捕并被送到断头台时，他再一次用响亮的声音表达了平等派的坚强信念："我相信，没有任何一个人生来就是被上帝所选中去骑在别人头上；因为没有任何人当生下来来到这个世界的时候，就在自己身上背了一副马鞍。任何人也不能骑在他身上，鞭打他，奴役他！"② 这段话，凝结了平等派长期不屈不挠为之奋斗的思想，同时也是对后世的一个遗言。

平等派被镇压下去以后，他们的思想无法公开传播，而只能以宗教思想等隐蔽的形式在下层群众中绵延流传。每当一次大规模群众运动到来时，这个革命民主的火星就会在群众激情风暴的吹拂下，重新燃烧起来。18世纪末，当英国国内政治斗争激化之时，平等派的思想再度成为鼓舞民主派人士战斗的武器；《伦敦通讯会社》把平等派的小册子拿来重印并广为散发。在统治阶级和主张民主改革的人士之间展开激烈斗争时，普特尼辩论会上出现过的场景再度出现了；那些主张人民主权的人，又被他们的论敌指责是对私有财产的威胁。③ 当美国独立战争、法国革命和俄国革命发生的时候，平等派的思想多次被引用。特别是在宪章运动中，宪章派以更有力的方式把平等派曾为之奋斗过的要求提了出来。

但是现在，平等派的历史被湮没了两百多年之后，又有被曲解和阉割的危险。当代一个英国历史家写道："在英国历史上，那个在最关键的年代里，占据了舞台中心达三年之久的，曾发出了表达处于无权地位的群众的希望和呼声的政党〔平等派〕，能够以如此强大的力量表达出一种观念，这种观念，从他们那时以来，在每次大的社会运动发生时，都成为动力。这样的政党，不能仅仅把它看成一个完全

---

① A. L. Morton（ed.）, *Freedom in Arms. A Selection of Leveller Writings*（1975）, p. 11.
② H. N. Brailsford, p. 624. Appendix B.
③ E. P. Thompson, *The Making of the English Working Class*（1974）, p. 26.

的失败者或认为它理应被完全遗忘。"① 是的，平等派的历史不应被遗忘，同时，它更不应被歪曲。

（刊于 1985 年第 3 期）

---

① A. L. Morton，OP. cit. ，p. 73.

费尔南·布罗代尔的史学方法

张芝联

在法国和国际史坛享有盛名的年鉴派史学家，法国科学院院士费尔南·布罗代尔，1985 年 11 月 28 日以八十三岁高龄逝世。

布罗代尔以三部历史巨作著称：1949 年他的国家博士论文《地中海与菲利浦二世时期（1551—1598 年）的地中海世界》（两卷本）问世①，一举成名；三十年后（1979 年）他的《十五至十八世纪的物质文明、经济与资本主义》（三卷本）出版②；今年即将出版他的未完成著作《法国史》第一卷③。

布罗代尔是法国年鉴历史学派第二代的台柱。年鉴学派是当代颇有影响的史学派别之一。从 20 世纪 20 年代末以来，它以一份杂志、两个机构、三代人物，与传统史学及各史学派别相抗衡，从一个不知名的学术小团体，一跃而为史学界的权势集团，影响遍及东西欧与南北美。这里所提到的一份杂志，即 1929 年创刊的《经济社会史年鉴》（1946 年改名为《经济、社会、文化年鉴》）；两个机构，即 1947 年创办的高等实践研究院第六部——经济社会科学部（1975 年独立，成为高等社会科学研究院）和 1963 年建立的人类科学院；三代人物，举其要者，即路西安·费弗尔、马克·布洛赫（第一代），费尔南·布罗代尔、夏尔·莫拉泽（第二代），夏克·勒高夫、勒华·拉杜里、马克·费罗（第三代）。

年鉴学派的史学理论和方法的基础是由该派创始人路西安·费弗尔（1878—1956 年）和马克·布洛赫（1886—1944 年）奠定的。费弗尔和布洛赫受过严格的

---

① Fernand Braudel, *La Mediterranee et le monde mediterraneen a l'epoque de Philippe II*，巴黎 1985 年第 6 版（以下简称《地中海》）。到 1985 年止，该书已译成英、意、西、波、葡、德文，中译本不久将出版。

② *Civilisation materielle, economie et capitslisme XVe—XVII siecle*，巴黎 1979 年版（以下简称《物质文明》），此书已有英译本，俄、中译本不久亦将出版。

③ *L'Idente de la France*，即将由巴黎法拉马里昂（Flammarion）书店出版。布罗代尔还与 E. 拉布鲁斯（Labrousse）合编一部《法国经济社会史》（*Histoire economique et sociale de la France*），共 4 卷，巴黎 1970—1982 版。

历史、语言训练，熟悉本国史学传统与德国史学方法，在一定程度上受到马克思主义的影响。1919 年至 20 世纪 30 年代中期，他们在法德边境的斯特拉斯堡大学执教，在那里结识了一批人类学家、社会学家、地理学家、心理学家、经济学家、语言学家，朝夕相处，共同切磋。因而斯特拉斯堡大学有 "年鉴学派摇篮" 之称①。1929 年，他们在著名的阿尔芒·葛兰出版社的支持下，创办了《经济社会史年鉴》杂志，力图用具体研究成果作为示范来说明、推广他们的史学主张。

　　年鉴学派第一代历史学家是在批判 20 世纪初占统治地位的经验主义、实证主义史学的基础上，建立自己的史学体系的，其批判对象主要是德国朗克学派及其在法国的传播者莫诺、朗格罗瓦与瑟诺博斯的史学观点与方法。这种传统史学比更早的以垂训说教为目的的旧史学进了一步，它标榜历史的 "科学性"、"客观性"，其特点是依据经过缜密考证的第一手资料，研究、描述个别的、特殊的历史现象，寻找这些现象的前后因果关系，以为这样就可以获得历史真相。他们所重视的史料绝大部分都是官方的政治、军事、外交档案，因此，他们的研究范围往往局限于政治史、军事史、外交史以及头面人物的生平。

　　针对传统史学的弊端，年鉴派创始人路西安·费弗尔和马克·布洛赫主张扩大史学研究范围，提倡研究 "全面的（或整体的）历史"，包括人类活动的全部现象，特别是经济、社会、心理现象。他们反对简单地复述史料，描绘个别特殊事件、人物、制度；主张综合分析，运用历史比较法，向史料（包括文献与实物资料）提出问题（有人称年鉴派史学为 "问题史学"），把个别事物放到特定的社会环境里加以考察、理解，找出各种社会历史现象之间的相互关系。他们反对割裂自然和社会现象，特别反对史学与其他社会科学分离，批评各种历史专家 "筑起高墙，精心培育各自的葡萄园"，而不顾其他史学家与社会科学家的成果与见解②。他们提倡打通史学与社会科学的关系，使史学社会科学化，社会科学史学化。《年鉴》杂志设有 "辩论与斗争" 专栏，对史学理论、方法问题进行探讨和争论。自 1929—1948 年，费弗尔在《年鉴》上发表的论文、书评、文摘、评论等达九百余篇③。

　　经过多年的惨淡经营，年鉴学派第一代人物的业绩获得承认：1933 年费弗尔当选为法兰西学院教授；1936 年布洛赫被任命为巴黎大学经济史教授；《年鉴》杂志也于同年迁到巴黎出版。到第二次世界大战结束时，年鉴学派的学术地位与声誉已基本确立，而马克·布洛赫却不幸于 1944 年被纳粹枪杀。《年鉴》杂志的读者与

---

① 参看 Ch. -O. 卡蓬内尔（Carbonell）与 G. 里维（Livet）合编《年鉴杂志的摇篮》（*Auberceau des Annales*），土鲁兹 1983 年版。

② 引自《经济社会史年鉴》（*Annales a histoire economique et sociale*）创刊号（1929 年）发刊词。

③ 参看 L. 费弗尔（Febvre）《为历史而斗争》（*Combat pour histoire*），巴黎 1953 年版。

撰稿人不断扩大，路西安·费弗尔在他们中间培养和提拔接班人。从 1946 年起，他独自担任杂志主编，并委任几个年轻的史学家从旁协助，其中最受重视的就是费尔南·布罗代尔（Fernand Braudel）。

布罗代尔于 1902 年 8 月 24 日出生于法国东部默兹省的一个小村镇。祖父是农民，后来改行为鞋匠。父亲从一个小学教师被提升为巴黎郊区一所小学的校长。布罗代尔因此得以在巴黎上中学、大学，20 岁时就获得中学历史、地理教师资格。此后十年间，他被派到阿尔及利亚的一所中学教书。在阿尔及利亚任教期间，他对西班牙，特别是地中海的历史产生浓厚的兴趣。从南岸眺望地中海区域，给予这位未来的地中海历史学家以崭新的角度与启示。从那时起，布罗代尔经常利用假期到地中海沿岸各国档案馆阅读、抄录大量资料，为撰写国家博士论文做准备。1932 年布罗代尔回到法国，在几所著名的中学教书，1935—1937 年被选派到巴西圣保罗大学文学院任教，使他有机会从南美观察欧洲，从而扩大历史视野。1937 年从巴西返回法国度假途中，他与路西安·费弗尔巧遇，一见如故，从此与年鉴学派结下不解之缘。

第二次世界大战爆发后，布罗代尔应征入伍，在马其诺防线上作战，被德军俘虏，监禁达五年之久。《地中海与菲利浦二世时期（1551—1589 年）的地中海世界》的初稿，就是在集中营里用练习簿写成的。这篇长达一千余页的国家博士论文于 1947 年答辩通过，两年后正式出版。此后布罗代尔的学术地位急剧上升：他成为《年鉴》杂志的助理编辑，1956—1968 年任主编，1949 年当选为法兰西学院教授，1947 年他与费弗尔、莫拉泽等在美国洛克斐勒基金会资助下，创办与巴黎大学抗衡的高等实践研究院第六部，1956—1972 年任该部主任，并兼任第六部附设的历史研究中心主任。1963 年，在法国政府支持与美国福特基金会资助下，他建立了人类科学院，作为协调社会科学国内与国际学术合作的研究机构，并自任该校行政负责人（直到逝世）[①]。在他生前，有二十几所大学授予他名誉博士学位，十几个国家的科学院选他为通讯院士。他的主要著作均被译成英文及其他数种文本。1977 年美国纽约大学宾爱姆顿分校成立研究经济、历史体系与文化的费尔南·布罗代尔中心。1984 年他当选为法国科学院院士。

如果说年鉴学派第一代历史学家奠定了方法论与组织基础，那么第二代、第三代历史学家在布罗代尔领导下，就继承、发展了这个传统，并利用 20 世纪五六十年代法国经济繁荣的有利条件，广泛开展经济社会史等方面的调查研究，出版大量历史著作，从而扩大了年鉴学派的队伍与影响。这种影响的源泉，从学术上说，主

---

① 参看 T. 斯多雅诺维奇（Stoianovich）《法国史学方法：年鉴模型》（*French Historical Method：The Annales Paradigm*），漪色加 1976 年版，第 43—44 页。

要来自布罗代尔的史学实践，包括教学、著述和编辑方面。因受篇幅限制，本文只扼要介绍他的三部名著，然后加以综合评论。

二

布罗代尔的《地中海与菲利浦二世时期（1551—1589年）的地中海世界》是在路西安·费弗尔启发下写成的。布罗代尔原想写一篇传统式的博士论文，题为《菲利浦二世的地中海政策》。费弗尔建议把重点从菲利浦二世转移到地中海，写一部"全面的历史"①。这部以崭新的面貌出现的著作，与传统史学著作形成鲜明的对照。

全书分三个部分：第一部分详细描述了地中海地区（包括十个国家）的山脉、平原、海岸、岛屿、气候、城市、交通，主题是说明地理与历史、空间与时间的辩证关系。第二部分研究16世纪地中海地区的经济社会状况，包括人口、劳动力、贵重金属流通、物价、商业、财政、运输、海盗、宗教等，以及菲利浦二世时期的土耳其和西班牙帝国的社会、文化、战争方式等。第三部分与传统的政治、军事、外交史相似，叙述这两大帝国在地中海争霸的过程。

为什么用这样的框架来安排这个时期历史的内容？布罗代尔在这部书的序言中作了解释："本书分为三个部分，每个部分自成一篇总体说明的论文。第一部分论述人与其周围环境关系的历史，一部近乎静止不变的历史，流逝与变化滞缓的历史……一部几乎超越时间的、与无生命事物接触的历史。""在这部静止不变的历史之上显示出另一部慢节奏的历史……一部社会史，即群体与团体的历史。""在相继研究经济、国家、社会、文化之后，我试图最后说明这一切深层的力量如何对战争这个复杂领域发生作用。""最后还有第三部分，即传统历史部分，或可称之为个体、事件史……一种表层上的激荡，即潮汐在其强烈运动中掀起的波浪，一部起伏短暂、迅速、激动的历史。""这样我们便把历史分解为几个层次，或者说，把历史时间区分为一个地理时间，一个社会时间，一个个体时间。"②

布罗代尔明确地把这三段历史时间，称为"长时段"、"中时段"、"短时段"，并提出与这三种时段相适应的概念，分别称为"结构"、"局势"、"事件"③。所谓"结构"，是指长期不变或者变化极慢的，但在历史上起经常、深刻作用的一些因

---

① 参看 L. 费弗尔《评〈地中海〉》，法国《历史评论》（*La Revue historique*）1950 年 4 月号。

② 引自《地中海》第 1 卷，第 13—14 页。

③ 参看 F. 布罗代尔《史学与社会科学》（*Histoire et sciences sociales*），《经济、社会文化年鉴》（*Annales: economies, societes, civilisations*）1958 年 10—12 月号。

素，如地理、气候、生态环境、社会组织、思想传统等；所谓"局势"，是指在较短时期（十年、二十年、五十年以至一二百年）内起伏兴衰、形成周期和节奏的一些对历史起重要作用的现象，如人口消长、物价升降、生产增减、工资变化，等等；所谓"事件"，是指一些突发的事变，如革命、条约、地震等，布罗代尔认为，这些"事件"只是"闪光的尘埃"，转瞬即逝，对整个历史进程只起微小的作用。

总之，通过对地中海与16世纪下半叶地中海地区的研究，布罗代尔在扩大时空范围与历史领域的同时，对历史进程提出某种决定论的解释。对他来说，历史无非是三种时段的辩证关系。在这三种时段中，起长期、决定性作用的是自然、经济、社会的结构。其次，"局势"的变化（周期性的经济消长）对历史进程起直接的重要作用，但这是人力无法控制的，人们无从改变这些客观趋势，他们的"自由"是永远受限制的。而"事件"只不过是深层振荡中翻起的浪花、尘埃而已，对历史不起重大作用。

布罗代尔的这部著作和他所表述的历史观，在史学界和社会科学界引起了强烈的反响。他的支持者高度赞扬《地中海》是一部"世界史学中划时代的"杰作①。在他的影响下，史学家纷纷研究历史上的经济、社会结构，研究"局势"，撇开政治事件、人物。高等实践研究院出版各种丛书：《人口与社会》、《人与土地》、《货币、价格、局势》、《港口、道路、运输》、《批发与批发商》、《考古与文化》、《价格、工资、商业、周期》、《海外贸易》等多达千种。地方史、气候史、历史人口学、生态史都成为热门，《年鉴》杂志中充斥着这类题目的研究论文。

布罗代尔的反对者主要来自三个方面：传统史学家不满于他贬低政治事件与人物，放弃系统的历史叙述，热衷统计图表与奇异术语；马克思主义史学家则批评他忽视生产力与生产关系的变化发展，抹杀阶级斗争的地位与作用；有的历史学家指责他把"群众历史"（histoire massive）变成"被动历史"（histoire passive）②。这些批评不能不引起重视，甚至到了20世纪60年代后期，在年鉴派内部也产生了某种"反叛"，特别是在第三代人物中间。1968年法国的"五月风暴"把矛头指向一切"权势集团"，导致布罗代尔辞去《年鉴》杂志主编的职务，由第三代人物接替。他们除继续重视经济、社会史外，开始恢复政治史、叙述史的地位，把历史研究引向历史人类学与心态史，并提出了"新史学"的口号③。

---

① 这是E. 拉布鲁斯在评审布罗代尔博士论文时的评语。

② 以上评语，参看《法国史学方法》，第232—234页。最后一条评语参看J. 谢诺（Chesneaux）《把过去连锅端？》（*Du passé faisons table rase?*），巴黎1976年版，第129页。

③ 参看拙文《漫谈当代法国史学与史学家》，见《法国史通讯》1980年第3期，《内蒙古社会科学》1981年第2期转载。

布罗代尔自 1972 年退休后，除保留人类科学院的行政负责人职务外，专心从事《十五至十八世纪物质文明、经济与资本主义》一书的撰写。早在 20 世纪 50 年代初，路西安·费弗尔就建议与布罗代尔合写一部 15—18 世纪的欧洲史，要布罗代尔负责物质文明部分，他自己撰写精神文明部分。费弗尔去世前未能写成这部著作，而布罗代尔则忠实地完成了这项任务。此书第一卷初版于 1967 年，后经修改与第二、三卷于 1979 年同时出版，引起广泛的注意与评论。

众所周知，15—18 世纪是西欧资本主义开始兴起的时期，或称前工业革命时期，但对资本主义怎样和为什么在西欧萌芽、发展，商业资本与工业资本的关系如何，各地区之间的横向联系对资本主义起什么作用，工业革命为何发生在英国等问题，各派历史学家、经济学家的解释大相径庭。布罗代尔对这些问题提出了自己的独特见解。他把这四百年的经济活动分为三个层次：

第一层即最基层，涉及人们最基本的物质生活（衣、食、住、行等）。在世界广大地区里，这个时期的大量经济活动是自给自足，以货易货，互相服务，范围狭窄的日常生产与消耗，布罗代尔称之为"物质文明"（他承认这是一个含糊不清、容易误解的名词）。

第二层是市场经济（书名上简称为"经济"），即生产与交换的机制，这些机制与农村活动、摊贩、店铺、作坊、交易所、银行、集市、市场紧密相连，没有这种按供求关系建立的市场，就没有一般意义的"经济"，因此市场意味着解放和开放，是与另一个世界接近的媒介。按照布罗代尔的解释，市场经济与资本主义经济是两个不同的概念，市场经济不一定是资本主义性质的，它有时甚至是反"资本主义"经济。

第三层是资本主义，这是一种由少数商人组成的垄断经济，这种垄断最早是与集市并行存在的，一些微型资本家利用信贷与远距离贸易操纵市场价格，逐渐发展成大资本家、批发商、银行家、交易所大王，成为一个有钱有势的社会统治集团，他们不仅控制国内外市场，而且往往对市场经济起阻碍、破坏作用①。

《十五至十八世纪的物质文明、经济与资本主义》一书基本上是按这三个层次组织的。第一卷题为《日常生活结构》，分别描述 15—18 世纪世界范围内的人口、粮食、食品与饮料、居住与衣着、能源与冶金、技术革命、货币、城市。第二卷题为《交易的规则》，分析交易的工具、市场、生产、资本主义组织、社会各统治集团（包括国家、文化）。第三卷题为《世界的时间》，按地区和年代顺序，分别叙

---

① 参看《物质文明》第 1 卷，第 8—9 页。布罗代尔于 1977 年应美国钟斯·霍普金斯大学邀请，作过三次学术讲演，概括介绍他的这部著作的基本内容和观点。此书英译本（1977 年巴尔的摩出版）题为《再论物质文明与资本》（*Afterthoughts on Material Civilization and Capitalism*），法文本（1985 年巴黎出版）题为《资本主义的原动力》（*la dynamique du capitalisme*）。

述先后控制世界经济的威尼斯、安特威普、热拿亚、阿姆斯特丹，并涉及法、英等国的国内外市场，以及美洲、黑非洲、俄罗斯、土耳其及远东的经济特点，最后以英国工业革命结束。

这里应着重说明布罗代尔的"经济世界"的概念。按照布罗代尔的解释，每一"经济世界"包括三个要素：（一）一定的地理范围；（二）一个中心（城邦或国都）；（三）心脏地区以外的中间地区和边缘地区。布罗代尔把15—18世纪划分为四个"经济世界"，即欧洲、俄罗斯（到彼得大帝开放政策为止）、土耳其、远东，它们同时并存，相互进行有限的交往。以上三个要素并不是固定不变的，一个"经济世界"的地理范围可以扩大或缩小，中心可以转移，中间和边缘地区也可以改变。布罗代尔强调指出：心脏与中间和边缘地区的关系是不平等的关系，是剥削与被剥削的关系，心脏地区（资本主义）享受一切繁荣与奢华，边缘地区（奴隶制、农奴制继续存在）则处在被支配的贫困落后的地位①。

从方法论角度来看，布罗代尔的时段三分法在这部著作中仍隐约可见。布罗代尔认为，资本主义并不是一朝一夕出现的，其基础只能在人们千百年来长时段的日常物质生活中去寻找。从市场经济到资本主义经济的转变在很大程度上取决于中时段的"局势"、"经济周期"的演变，而资本主义"经济世界"中心的相继出现和嬗递（意大利—荷兰—英国—美国）无非是一些短时段的表面变化而已。

以上对《十五至十八世纪的物质文明、经济与资本主义》一书的扼要介绍并不能概括布罗代尔的全部观点，更不能反映这部巨著的丰富内容。他从15—18世纪的商人、银行家的记录，政府档案，外交家的报告，旅行者的记述等具体材料出发，通过对欧洲与非欧洲国家的经济体系的比较，揭示、归纳西欧早期资本主义的运转机制和"策略"。为了对比西欧与中国，说明市场经济不一定导致资本主义，他用大量篇幅描述中国的大米生产、城市生活、商业活动等。他把中国资本主义不发达的原因，归诸国家的干预和阻碍，并以中国资本主义在国外（例如东印度群岛）蓬勃发展作为反证②。

有些评论家认为布罗代尔对资本主义兴起的解释是属于"印象派"的观点，因为他既没有一套理论框架，也没有总结出什么规律或法则，只是"把历史材料组织到明白易懂的模式中去"③。布罗代尔的方法是先根据一些基本历史现象制定一些模式，然后用大量事实去检验、修正这些模式。有些经济史家批评布罗代尔不

① 参看布罗代尔《资本主义的原动力》，第84—108页；I. 华勒斯坦（Wallerstein）《近代世界体系》（*The Modern World – System*），纽约1974、1982年版。

② 参阅《物质文明》第2卷，第522—525页。

③ 引自J. 戴（Day）《费尔南·布罗代尔与资本主义的兴起》（*Fernand Braudel and the Rise of Capitalism*），见《社会研究》（*Social Research*）1980年秋季号，第508页。

重视生产与生产关系，只重视交换与流通；不重视农村与农业，只重视城市与商业；不重视技术与分工，只重视贵重金属与信贷的作用。这些批评大多是正确的。布罗代尔的入手方法是抓住 15—18 世纪西欧商业资本主义发展这个特点，着重分析"利润"或"最大利润"这个杠杆，剖析商人集团（主要是批发商）如何控制工业生产，操纵甚至破坏市场经济，以积累和扩大商业资本①。

　　布罗代尔在该书最后一章对 18 世纪英国工业革命"顺利"进行的解释中，既重视内部条件，即英国社会经济结构的变化，又不忽视外部条件，即英国对世界其他地区的剥削。他强调说明：工业革命是一个包罗万象、进行缓慢的现象，如果没有整个深层经济（即所谓"物质生活"）和市场经济的活力，如果没有自下而上的小型工业的创新，如果没有生产和交换的全面的有效运转，那么工业资本主义就不可能有坚实的支柱，这些条件都是经过长时期逐步积累才形成的。加上在英国几乎不存在社会、政治和文化上的阻力，所以工业革命在英国最早实现并不是偶然的。但他认为英国的模式丝毫不带有普遍性，这是特定历史条件下的产物。

　　布罗代尔在《十五至十八世纪的物质文明、经济与资本主义》第一卷出版（1967 年）后，开始考虑撰写一部《法国史》。从 1970 年起，他在法兰西学院、高等社会科学院先后讲授法国史，边讲边写，到他逝世为止，已完成计划中三卷本的一卷。这是一部与一般法国通史著作迥然不同的历史著作，具有鲜明的布罗代尔的个人特色。此书把法国的过去与现在熔于一炉。由于新著尚未问世，这里只能作一鳞半爪的介绍。在几次答记者问时，作者勾画了此书的轮廓与主题思想②。第一卷题为《法国的特性》，分为两部分：第一部分《空间与历史》；第二部分《人与物》。第二卷题为《法国的诞生》，追述 10—18 世纪法国旧制度时期的历史，与传统的历史大致相似。第三卷题为《法国的命运》，分析法国大革命以来，法国"艰难和戏剧性"的遭遇。

　　布罗代尔认为法国的特性只能从长时段的深层历史中去寻找，诸如地理、人口、经济生活、国家、文化、社会等变化缓慢的结构，对这个特性的逐步形成起根本性的作用。他给新石器时期以相当多的篇幅，因为农业、村落、人口、种族、语言、习俗、迷信等在当时已存在，并指出新石器时期甚至比亨利二世对意大利的政策、路易十四的征伐更为重要。在《人与物》这部分中，布罗代尔试图解答：法国人对历史上的成败祸福应否负责？他的回答基本上是否定的。在他

---

　　①　参看 I. 华勒斯坦《作为现实的历史》（*L'Histoire comme actualite a partir de Braudel*），见《今日政治》（*Politique aujourd'hui*）1982 年 1—2 期。

　　②　1982 年 12 月 14 日法国《解放报》（Liberation）刊载了布罗代尔答记者问，1984 年 11 月法国《文学杂志》（*Magazine littéraire*）第 212 期刊载了布罗代尔谈话汇编；1985 年 5 月 30 日法国《解放报》刊载了访问布罗代尔谈话记录。本文作者 1982 年 3—4 月曾两次访问过布罗代尔，听他详细介绍撰写这部书的计划。

看来，人的活动受到各种客观条件、传统、规律的限制，与其说是"人创造历史"，不如说是"历史创造人"，因此他说："历届郑重的政府对过去十分之九的失误都无责任。"

他认为法国的命运是悲惨的，因为它屡遭失败，例如在两次世界大战中，一再败北。许多历史学家把法国丧失国威的责任归咎于法国大革命。布罗代尔不同意这种观点，指出法国的优势早在1763年英法七年战争之后就已丧失。法国大革命之后诞生了一个新的"人民的法兰西"，产生了"祖国"的概念。从那时起发生了一个巨大的变化，人们从尊敬国王转向尊敬祖国。19世纪的发明创造（义务初等教育、铁路）都出现在这样的环境中。虽然法国的地理位置对它很有利，离世界商业中心不远，但它的"命运"并不能充分激发法国人的才能。1945—1973年，法国经历了四分之一世纪的"辉煌年代"，布罗代尔认为这不能归功于法国，而是由于建立了共同市场，由于恰好遇到了世界性的"孔德拉提耶夫周期"的经济上升阶段，但此后又进入经济下降阶段（平均二十五年一升一降），这些都非人力所能左右。但布罗代尔责备法国在战后未能建立一个包括东欧在内的欧洲共同体，他认为只有把欧洲广大地域和力量联合成一体，欧洲方有希望生存下去，活跃起来，以抵制苏联和美国的经济摧残。布罗代尔慨叹："法国在本世纪五十至七十年代自由丧失很多，因而特性也丧失不少。不幸的是它没有丧失自己的'傲气'，如果没有这股'傲气'，欧洲建设也许会获得成功。"①

三

在评价布罗代尔的史学遗产时，我们既要把他同年鉴派联系起来，看出他们之间的连续性，又不能把他与年鉴派完全等同起来，抹杀他个人的创造性，或者把年鉴派发展为"新史学"以后的功过都加在他的身上。

有人为了突出布罗代尔的地位和贡献，曾把年鉴派史学模式的形成时期，划在1946—1972年，即布罗代尔当权时期。布罗代尔本人不同意这种观点，认为年鉴派史学模式的形成时期应为1929—1940年，而他这一代"并没有提出什么新思想、新概念"，只是提供了一些"实例"、"公式"，证实并实现了第一代人物的纲领而已②。这种估计是比较实事求是的。

《年鉴》杂志创办之初，西方史学界和社会科学界存在两种主要倾向：一种是

---

① 引自法国《文学杂志》第212期，第24页。
② 参看布罗代尔为《法国史学方法》一书写的"前言"。

以研究和描述历史上的个别、特殊现象，特别是政治活动为目的，不承认人类社会有什么普遍规律，也不在人类行为之外和背后去寻找客观事物变化的深刻原因；另一种是企图用研究自然科学的方法去研究社会历史现象，往往把客观现实——经济、社会、政治、法律……割裂开来，分别地、孤立地、静止地、非历史地对这些现象进行考察，以为这样就能发现"普遍规律"。很明显，这两种方法都不能达到"恢复历史真相"，使史学成为科学的目的。

年鉴学派的创始人同时反对这两种倾向，特别是前一种倾向。他们提出两大主张：一是提倡"全面的历史"，即扩大历史研究的范围；二是打通史学与社会科学，即利用社会科学的成就，给予历史以科学的说明。在这两大总目标下，有的年鉴派史学家重视分析；有的重视综合；有的强调纵向研究；有的强调横向研究；有的偏爱"问题历史"；有的偏爱"全面历史"。布罗代尔显然倾向于后者。

通过《地中海与菲利浦二世时期的地中海世界》和《十五至十八世纪的物质文明、经济与资本主义》这两部著作，布罗代尔首先体现了"全面历史"的思想。他不仅从内容上扩大历史研究的对象，摒弃了狭隘的政治史、人物史，代之以包括地理、生态、经济、社会、政治、科技、文化在内的人类"全部"活动的历史；而且从地域上延伸了历史研究的范围，摆脱了以"六角形（法国）为中心的国别史，把视野扩展到整个地中海区域以至全世界，从国别史发展到世界史。其次，他的著作体现了沟通史学与社会科学的思想。他综合利用各种社会科学（人文地理学、经济学、社会学、人类学、人口学……），阐明变化中的历史现象以及这些现象之间的相互关系。例如城市与乡村、商业与农业、中心与外围、陆地与海洋……它们的地位与重要性在历史过程中经常发生变化。这些变化既不能用单线的因果关系，也不能用某种单一因素来解释，需要借助各种学科从多方面来加以说明。布罗代尔在处理游牧民族与定居民族之间的关系时，通过分析各类游牧者的自然条件和发展水平，他们与城乡居民的矛盾和相互依赖，以及严重的农业危机和各个政治组织之间的冲突，来说明"蛮族入侵"这一复杂的历史现象①。

应该说，年鉴学派创始人在当时提出改造传统史学的纲领是合理的、有远见的，也获得了一些马克思主义历史学家的支持。布罗代尔为实现这个纲领所作的努力——他的两部巨著——是出色的，颇具说服力的。这样的世界史是德国斯宾格勒、英国汤因比的唯心主义文化形态史体系所望尘莫及的。

除此之外，布罗代尔也有自己的创新。在他看来，历史无非是人在一定的时间、空间内的活动，空、时、人三者构成一个有机体。就人与空间的关系来说，布

---

① 参看《地中海》第 1 卷，第 161—165 页。

罗代尔的史学模式被称为"地理历史结构主义"①,以区别于地理决定论。他一方面强调地理、气候环境对人类活动的极大限制作用,同时也承认人们(集体)塑造和利用环境的可能性,例如地中海周围城市的经济扩张雄心以及商人、水手的进取精神和创造性,往往能克服风向、雨量的阻碍,使大海和港口服从自己的需要。

　　就人与时间的关系来说,布罗代尔的"历史时间三分法"是一项独特的创造。他用长时段→地理时间→结构,中时段→社会时间→局势,短时段→个体时间→事件,作为"解释工具"来确定各种物质与非物质的因素对历史发展的不同程度的作用。过去,人们在解释历史时,或者只重视单一的因素:个人、思想、地理、政治、经济……或者不分主次地把各种因素掺在一起;或者提出文化冲突、挑战与应战这类概念。布罗代尔用的是层次分解法,把影响历史进程的深层因素(各种结构)放在首位,其次是中层因素(经济局势),最后是昙花一现的"尘埃"(政治事件)。

　　从重视历史连续性的角度来看,布罗代尔强调"结构"的长期影响无疑是正确的。我国历史学家近年来在讨论封建社会的长期性问题时,逐渐发现:经济结构、政治结构、思想结构……对社会所起的长期作用是绝对不容忽视的。在分析社会动乱的原因时,人们也注意人口、生产、税收、物价……的变化趋势对农民起义和革命运动的直接影响。

　　我们在这里不准备对布罗代尔在上述三部著作中发挥的个别论点加以评论,只想对他的历史方法论的基本观点提出几点总的看法:

　　第一,不论他的"三分法"如何机智,布罗代尔并未真正阐明他的三种时段所代表的结构、局势、事件三者的辩证关系。《地中海与菲利浦二世时期的地中海世界》一书中的三个部分似乎是互不相干、割裂开来的。人们看不出总体和局部之间的有机联系,特别是第三部分——政治史与第一部分之间的关系,它同传统史学有什么区别。第二,不论他的历史如何"全面",政治、文化事件在布罗代尔的体系中几乎不占什么地位。在《十五至十八世纪的物质文明、经济与资本主义》一书中所涉及的15—18世纪四百年间发生的重大事件,如宗教改革、尼德兰革命、英国革命、北美独立战争,有的只字未提,有的一笔带过,仿佛它们对历史进程不起任何作用。如果不是故意歪曲的话,这只能说是严重的偏见。第三,布罗代尔和许多年鉴派史学家一样,在处理人与环境、条件、传统的关系时,往往过分看重后者的"决定"一面,而忽视人的"创造"一面。在他的人、地、时三位一体的网络中,人好像永远是被动地、机械地、本能地在进行活动,而且常常受到挫折,所

---

　　① 参看 S. 金瑟(Kinser)《年鉴模型? 费尔南·布罗代尔的地理历史结构主义》("Annaliste Paradigm? The GeohistoricaI Structurism of Fernand Braudel"),《美国史学评论》(American Historical Review)1981年2月号。

得的效果也十分有限①。在这三个方面，我们不能不感到失望。

布罗代尔去世之前在一次答记者问时②，曾公开宣布："我的历史观是悲观主义的。"虽然他口头上也承认人类、智慧、道德是进步的，但他接着说："人们每前进两步，又后退一步，甚至两步。"他认为："今日世界的百分之九十是由过去造成的，人们只在一个极小的范围内摆动，还自以为是自由的、负责的。"③ 从这里我们可以看出布罗代尔的历史观和他的方法论之间的某种联系。

（刊于 1986 年第 2 期）

---

① 参看《物质文明》第 2 卷，第 440—448 页。
② 参看 1985 年 5 月 30 日法国《解放报》。
③ 参看 1982 年 12 月 14 日法国《解放报》。

论一元多线历史发展观

罗荣渠

一 是一元单线，还是一元多线？

长期以来，由于用五种生产方式循序演进的历史发展图式来阐述世界历史发展进程，在马克思主义的历史教科书中一直把马克思的历史发展观解释为单线式的。这种五种生产方式（或社会经济形态）的单线发展图式，最早大概是由苏联理论界提出的。现在一般都追溯到列宁的《论国家》。这篇对苏俄大学生的演说，中心思想是要求青年学习马克思主义的国家学说，而不是全面阐述马克思的社会发展观。在阐述从无阶级社会向阶级社会发展的一般规律性时，列宁列举了原始社会、奴隶占有制社会、农奴制社会、资本主义社会的发展序列。列宁的这篇演说在1929年首次发表，在此以前，不知在苏联理论界是否有过什么影响。布哈林在他的《历史唯物主义理论》一书中就根本没有涉及马克思的这种历史发展观。1938年，斯大林在《论辩证唯物主义和历史唯物主义》中才明确提出，"历史上有五种基本类型的生产关系：原始公社制的、奴隶占有制的、封建制的、资本主义的、社会主义的"①。在这里，斯大林以五种生产关系代替了五种生产方式。大概从此以后，五种生产方式的单线发展图式就被马克思主义史学界解释为关于世界历史演进的规律。例如，在1963年莫斯科出版的由奥托·库西宁等人编著的《马克思列宁主义基础》一书中阐述历史发展的规律时写道："所有的民族都经历基本相同的道路……社会的发展是按各种既定的规律，由一种社会经济形态向另一种社会经济形态依次更替的。不仅如此，生活在更加先进形态的国家对别的国家显示出他们的未

---

① 《斯大林文选》，人民出版社1962年版，第199页。

来，就像别的国家显示出的是那个先进国家的过去一样。"①

必须指出，把马克思主义创始人的著作中关于某一历史问题或某一历史进程的观点奉为一般发展道路的哲学图式，是后来的马克思主义研究者附加上去的。同样，把马克思主义创始人关于社会及其发展规律的一般学说与他们关于世界历史发展的具体规律混为一谈，用历史唯物主义学说代替马克思主义的史学理论，也并非马克思主义创始人的本意。上述关于五种生产方式单线演进的历史观，就是源于这些认识偏向。

这里，先从马克思的历史发展观是一元单线还是一元多线谈起。

把人类社会看成一个从低级向高级发展的过程，把全世界不同民族的演进纳入一个统一的发展轨道，这是从18世纪西方启蒙运动思想家开始就提出的观点。到19世纪，胚胎学、地质学、生物学、考古学、文化人类学、社会学、历史哲学等各个不同领域的学者都提出了进化的概念。1859年，达尔文发表《物种起源》，提出了他发现的有机界的进化规律，引起了马克思和恩格斯的高度重视。但后来对两位经典作家的社会与历史观影响最大的，是1877年问世的摩尔根的《古代社会》一书。现在的人类学家把摩尔根视为古典进化论的杰出代表。这个学派的社会进化观的基本出发点是：1. 人类出于同源，并且有同一的智力原理，同一的物质形式；2. 人类智力原理的一致性，使不同的文化呈现出相似的特质，沿着相似的路线平行进化；3. 文化在进化过程中，循序渐进，从旧的阶段发展到新的阶段。摩尔根以生产技术的发展为基础，提出了他的人类从蒙昧时代经过野蛮时代到文明时代的发展序列的著名理论。这一理论对人类史前历史的唯物主义解释作出了重大贡献，但这是典型的单线式历史发展观或单线式社会发展观。摩尔根也承认，这一发展观"构成一个顺序相承的系列自然含有假设的成分，但是，它们之间的确具有紧密的无可置疑的联系"②。

摩尔根在《古代社会》中描述的家庭发展观与技术史观早在20世纪末期就遇到西方人类学家的挑战。恩格斯采纳摩尔根的技术史观，在《家庭、私有制和国家的起源》一书中阐述的东西两半球单线的技术发展过程，具有较明显的单线进化论观点。第二国际理论家、著名人类学家亨·库诺夫在其所著《马克思的历史、社会和国家学说》中最早批评了这一观点。考茨基也指出："现在，我们已经能够根据对今天仍然存在的原始部族的研究结果，摸索出来一个关于人类在有文字可考的历史时代以前的发展阶段的先后序列了。当然，关于这个序列，学者们也绝对不

① 转引自拉德尔《马克思的历史观》，纽约1979年版，第129页。
② 《古代社会》，商务印书馆1977年版，第505页。

是在一切要点上都已意见一致，并且还有许多观点正在继续涌现出来。"① 事实正是如此，《古代社会》发表一个世纪以来，人类学对初民社会的实地考察、理论和历史的研究都有重大的突破。第二次世界大战后，在现代民族学与考古学研究的基础上，新文化进化论派重新评估了古典进化论的价值，肯定了从整体上研究人类文化的意义。尽管每个社会文化经历的过程不完全一样，但从大处看，从简到繁，从低级到高级，总的发展趋势是不能否定的。但是，戈登·柴尔德确认，新石器时代各民族经历的各个阶段、顺序并不相同。多线进化论从广泛比较研究世界各种文化之后，找出了不同的文化类型，这些文化有共同的功能或结构的特征。总之，通过对世界不同文化的深入具体的研究，是可以找到对文化进化现象的一般性通则的，同时又可以避免把五大洲的各种文化都塞入一个共同发展的必经阶段的图式之中。

马克思早年显然受古典进化论的影响，但就他的历史观而言，从他留下的大量著作来看，并未发现明显的单线发展的观点。虽然他在《德意志意识形态》一书中最早提出了原始的、古代的、封建的和现代资产阶级的几种社会形式，可以说是一种历史发展类型的尝试，但他从未把这视为历史研究的公式或图式。他在书中写道：

> 思辨终止的地方，即在现实生活面前，正是描述人们的实践活动和实际发展过程的真正实证的科学开始的地方。……对现实的描述会使独立的哲学失去生存环境，能够取而代之的充其量不过是从对人类历史发展的观察中抽象出来的最一般的结果的综合。这些抽象本身离开了现实的历史就没有任何价值。它们只能对整理历史资料提供某些方便，指出历史资料的各个层次间的连贯性。但是这些抽象与哲学不同，它们绝不提供用来把各个历史时代修剪齐整的处方或图式（着重点是引者所加，引文按英译本略有改动）②。

在 1847 年出版的《哲学的贫困》一书中，马克思对蒲鲁东的政治经济学的形而上学方法提出尖锐批判，其中之一就是批判那种把社会阶段看成简单的经济关系的线性运动的观点。他写道：

> 蒲鲁东先生把种种经济关系看做同等数量的社会阶段，认为这些阶段一个产生一个，一个来自一个，正如反题来自正题一样，认为这些阶段在自己的逻辑顺序中实现着人类的无人身的理性（似应译为"非人情味的理

---

① 《唯物主义历史观》第 4 分册，上海人民出版社 1964 年版，第 69 页。
② 《马克思恩格斯选集》第 1 卷，第 31 页。

性"——引者）。

谁用政治经济学的范畴构筑某种思想体系的大厦，谁就是把社会体系的各个环节割裂开来，就是把社会的各个环节变成同等数量的互相连接的单个社会。其实，单凭运动、顺序和时间的逻辑公式怎能向我们说明一切关系在其中同时存在而又互相依存的社会机体呢？（着重点为引者所加）①。

后来，马克思在《序言》中概括他的唯物史观基本要点时，也是从社会发展类型的角度排列出几种生产方式的：亚细亚的、古代的、封建的和现代资产阶级的②。此种排列顺序的逻辑根据是：原始社会解体以后出现好几种不同的社会形态，其中亚细亚生产方式尚保存土地公有制，因而与原始公社制最接近，而封建生产方式则在欧洲直接演变成现代资产阶级的生产方式，并较之古代的即奴隶制生产方式更为解放生产力。这样，把马克思当时所知道的几种社会形态即生产方式按其发展的高低水平排列，就形成《序言》中那个大致的序列。马克思从来没有说这个序列是各种生产方式演进的"逻辑公式"，它们之间具有"一个产生一个"的历史必然性；更没有说每个民族都按这个演进序列循序上升。

从马克思关于世界史的许多具体论述来看，特别是从他晚年的著作来看，我们认为，马克思的历史发展观是多线式的而不是单线式的，至少他晚年的观点是明显的一元多线历史发展观。这有马克思的论述为据。例如，在原始社会"并不是所有的原始公社都是按着同一模式（原译'形式'，着重点为引者所加）建立起来的。相反，它们有好多种社会结构，这些结构的类型、存在时间的长短彼此都不相同，标志着依次进化的各个阶段"。又如，向阶级社会过渡："各种原始公社（把所有的原始公社混为一谈是错误的；正象地质的形成一样，在这些历史的形成中，有一系列原生的、次生的、再次生的等等类型）的解体的历史，还有待于撰述。到现在为止，我们只有一些粗糙的描绘。"再如，"农业公社既然是原生的社会形态的最后阶段，所以它同时也是向次生的形态过渡的阶段，即以公社制为基础的社会向以私有制为基础的社会的过渡。不言而喻，次生的形态包括建立在奴隶制上和农奴制上的一系列社会"③。

根据马克思的描述，从原始社会转向文明，经历各种不同途径：在南欧产生的是希腊、罗马的奴隶制社会；在此以北的日耳曼人则发展起一种部落型的社会；在亚洲的原始公社既未导致奴隶制，也未导致封建制，而是形成一种独特的亚细亚模

---

① 《马克思恩格斯选集》第1卷，第109页。
② 《马克思恩格斯选集》第2卷，第83页。
③ 《马克思恩格斯全集》第19卷，第448、432、450页。

式。就是亚细亚社会也不是一模一样，中国与印度就大不相同。尽管当时对亚洲社会的不同模式认识得还很不够，但马克思从未把东西方社会的发展模式与道路混为一谈。关于从封建社会向资本主义过渡，马克思做过专门研究，他在《资本论》中历史地分析了西欧资本主义的起源与进程①。为此，他后来曾郑重声明："我明确地把这一运动的'历史必然性'限于西欧各国"②，并且反对把西欧资本主义发展道路解释为"一切民族，不管他们所处的历史环境如何，都注定要走这条道路"③。马克思意味深长地指出，在古代罗马历史发展过程中，罗马自由农民的小土地被剥夺之后，蕴含着大地产和大货币资本形成的过程，这与西欧资本主义兴起之初的情况颇有相似之处，但其结果却完全不同："罗马的无产者并没有变成雇佣工人，却成为无所事事的游民，他们比过去美国南部各州的'poor whites'（白种贫民）更受人轻视，和他们同时发展起来的生产方式不是资本主义的，而是奴隶占有制的。"④ 这些论述充分证明，单线式的历史发展公式与马克思的辩证的发展思想是格格不入的。

当代西方马克思主义学者也认为，马克思没有关于人类历史单线发展的构思。英国著名历史学家霍布斯鲍姆写道：

　　明确地说，原始公社制度的发展有三条或四条线路，各自代表一种在它内部已经存在或隐含于其中的社会劳动分工形式，它们是：东方形式、古代形式、日耳曼形式（尽管马克思没有说明关系到某一民族）和斯拉夫形式，后者的提法有些晦涩，以后就没有进一步讨论，不过它与东方形式有密切关系。……马克思在1845—1846年制定的模式，仅仅略微涉及这一问题，尽管如前所说，马克思对历史发展的观点从来就不是单线式的，他也从来没有把它视为一种单纯的进步记录。不过在1857—1858年之际，这种讨论是相当先进的。⑤

从宏观历史来看，世界不同地区、不同民族、不同社会发展既不是划一的，也不是同步的。大致来说，世界各民族脱离了具有不同特征的原始社会以后，发展趋势各异，但其共同的特点是：低下的农业或畜牧业生产力与人力技术只能提供非常

---

① 《马克思恩格斯选集》第2卷，第219—268页。
② 《马克思恩格斯全集》第19卷，第430页。
③ 同上书，第130页。
④ 《马克思〈资本主义生产以前各形态〉导言》，见《外国学者论亚细亚生产方式》，中国社会科学出版社1981年版，第9—10页。
⑤ 同上书，第431页。

有限的剩余产品，并只能产生很粗的社会分工与阶级分化，只能建立单个的小生产或大地产制下的小生产，只能形成各种形式的人身依附形态，也只能产生经济权力、政治权力、军事权力融为一体的统治体制。除了西欧由于特殊的历史条件，发展的起伏变化最大，可以清理出从原始公社经奴隶制、封建制过渡到资本主义制的典型的线性发展序列之外，其他各大洲的国家和民族的发展，起伏变化不大，前进的步伐缓慢。东方历史发展之缓慢致使马克思甚至也说那里的某些民族几乎是没有历史的社会（这是沿袭黑格尔的观点）。

对于世界历史从史前的野蛮时代向文明时代的转变所遵循的不同途径，根据哈佛大学张光直教授的观点，可归并为两种主要方式，列图如下：

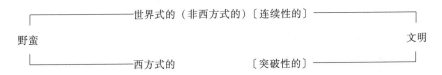

关于历史发展的连续性与突破性特征，张氏从文化学角度做了富有启发性的解释：

> 我们从世界史前史的立场上，把转变方式分为两种，把眼光扩展到欧洲、近东、非洲、中东、远东、大洋洲和美洲，我们可以看出两大空间的不同方式。一个是我所谓世界式的或非西方式的，主要的代表是中国；一个是西方式的。前者的一个重要特征是连续性的，就是从野蛮社会到文明社会许多文化、社会成分延续下来，其中主要延续下来的内容就是人与世界的关系、人与自然的关系。而后者即西方式的是一个突破式的，就是在人与自然环境的关系上，经过技术、贸易等新因素的产生而造成一种对自然生态束缚的突破。①

关于西方式的"突破性"发展，将在下节阐述，这里先说西方历史发展的起伏变化问题。历史的梯级式上升运动在欧洲表现得最为明显，但这一区域的各民族也不是按同一顺序或在大致相同的时间同时迈向下一梯级的。有的民族也许跨越某一中间梯级，出现一跃而过的突变（如俄国跨越奴隶制阶梯），而个别民族则长期在原地踏步不前（如比利牛斯山区民族）。同时历史梯级的上升运动也不是直线式的有进无退，而是有进有退，进进退退，弯弯曲曲，只是在总体上说来是向一个方向前进罢了。具体地说，欧洲在奴隶制的罗马帝国崩溃之后，在许多地区都导致生产大倒退。在14、15世纪的经济亢进之后，又出现17世纪的危机，向后倒退半个

① 《考古学专题六讲》，文物出版社1986年版，第17—18页。

梯级。在西欧向前迈进之时，在东欧出现了农奴制的再版。西欧的资本主义生产方式的兴起，导致在美洲的奴隶制的再版，按生产力与生产关系的发展水平来说，中国的封建主义生产方式（按通行的说法）早就居世界前列，达到成熟的程度，但迟迟不能迈向下一个梯级——资本主义，而社会经济与文化水平都远远低于东亚和西亚的西欧，却成为近代资本主义的发源地和发展中心，所有这些问题都对单线发展的五种生产方式论提出了严重挑战。

对历史发展单线论的最尖锐的挑战是现实的挑战。既然资本主义创造了历史上最强大的生产力，而这种生产力又是迈向社会主义的必要物质条件，为什么远没有具备这一物质条件的国家首先跃入社会主义？如果历史单线发展论是正确的，现实的社会主义就是错误的或反常的；如果现实的社会主义是真实的，历史单线发展论就是错误的。

单线发展论的症结何在？在于对生产力和生产关系的互相关系的机械的单线解释，即认为每种社会经济形态只有一种生产方式，每种生产力在历史过程中只同一种生产关系相结合，而生产关系适应于生产力水平又是一次性完成的，等等。这种单线解释可能与马克思的下述论点有关："手推磨产生的是封建主为首的社会，蒸汽磨产生的是工业资本家为首的社会。"① 现在看来，这一简单化的概括未必是正确的。

相应的生产力水平有相应的生产关系，形成相应的社会经济结构，但是由于每一种新形态的生产力都具有巨大的能动性、发展弹性和适应性，同一性质与水平的生产力可能与几种不同的生产关系相适应；同一种生产力、同一种生产方式在不同的历史条件下可以适应几种不同的社会结构。例如，小农经济和独立的手工业生产，在从原始公社解体后的各种社会经济形态中都是存在的（如下列图示），同样，现代工业生产方式既可与资本主义生产关系相结合，也可以适应于社会主义生产关系。

```
                      ┌─原始的东方公社解体后一个时期（基础）
                      │
小农经济与手工业生产──┼─封建社会（基础）
                      │
                      └─资本主义社会（并存）
```

如此看来，社会经济形态的概念要广泛得多，它包括与某种生产方式相适应的既定社会结构中的经济制度。这种经济制度并不是仅仅建立在一种生产方式之上，而是建立在多种生产方式之上，但其中有一种占主导地位，例如，在资本主义经济

---

① 《哲学的贫困》，《马克思恩格斯选集》第 1 卷，第 108 页。

制度下，同时还包括各种前资本主义的剥削方式。蓄奴制、封建关系，其他雇佣关系的萌芽，在几种社会形态中都同时存在。绝不是一种生产形式结束之后才代之以另一种形式。任何一种社会经济形态都不是单向度的、静态的，而是多向度的和动态的。每种社会形态都具有三个向度：第一，这一社会结构在特定的历史环境中所具有的特殊性；第二，这一社会结构在特定的历史形成过程中所处的阶段性（原生的、次生的、再次生的、变异的类型）；第三，这一社会结构在同时代世界环境（即社会外环境）中所占的位置，即在同一历史时代并存的不同社会系统间的横向联系。这样，对于任何历史形成的社会形态的分析，就应该是多维的、立体交叉的、网络式的。这不仅是打破社会形态史观的单线发展图式，用对历史进化论的辩证的认识来代替机械的、片面的和单线的认识，改变思维方式的问题，也是对历史宿命论与自动论的彻底扬弃。

过去学术界对生产力与生产关系的理解非常狭窄，近年的研究已把生产力与生产关系放大成为两个系统。马克思从来都不孤立地讲生产力因素或生产关系因素，而总是讲"生产力的总和"与"生产关系的总和"。事实上现实社会生活中根本没有纯粹的生产关系存在，"每一个社会中的生产关系都形成一个统一的整体"[1]，而且生产关系总是融合在总的社会关系中起作用。这样，社会的经济结构就是一个比生产力系统远为复杂的社会系统。再扩而大之，加上上层建筑的诸系统，相互联系构成一个社会的文明系统。马克思写道："相同的经济基础——按主要条件来说相同……自然条件，种族关系，各种从外部发生作用的历史影响等等，而在现象上显示出无穷无尽的变异和程度差别，这些变异和程度差别只有通过对这些经验所提供的事实进行分析才可以理解。"[2] 因此，即使同一经济形态的社会也存在千差万别，有许多中介、过渡、变异的形式。

受众多因素影响与支配的历史发展的根本规律是不平衡规律，对于这一特点，比利时马克思主义者恩斯特·曼德尔写道："除了直线式进步外，还有跳跃式进步。经济发展可能引向死胡同或者引向长达数世纪的停滞。例如，由于过分适应一个具体环境的缘故，东南亚农业民族的情况似乎就是这样。如果马克思主义不承认正在进步的社会以外（从平均劳动生产率来看），还有正在显著地退化的社会，那么，马克思主义便不是辩证的了。"[3]

事实正是如此，无论在地球上任何地方，从采集野果的原始社会，直到最先进的资本主义（或社会主义）社会都没有直线进步的发展。在采集野果、狩猎和捕

---

① 《哲学的贫困》，《马克思恩格斯选集》第 1 卷，第 109 页。

② 《资本论》，《马克思恩格斯全集》第 25 卷，第 892 页。

③ 《论马克思主义经济学》上卷，商务印书馆 1979 年版，第 83 页。

鱼阶段达到了生产力发展最高程度的民族，不论是爱斯基摩人还是美洲西北岸的印第安人，都没有发明农业。农业最初是在阿比西尼亚、阿纳托利亚、阿富汗、外高加索和印度西北部水源丰富的河谷地区出现的。但是，产生于水利灌溉的文明却并非起源于这些地方的农业。农业文明在埃及、美索不达米亚、印度和中国达到最先进的阶段。然而，农业劳动生产率的进步并不是在这些国家，而是在希腊、罗马、拜占庭和中世纪欧洲（意大利和弗朗德斯）导致了小商品生产范围内最发达的手工业和商业。关于小商品生产发展到工业革命，发展到资本主义生产方式的地方还得往北移，移到英国。然而，从手工业和商业来看，这个国家却是长期落后的，直到 17 世纪，仍远非世界上或欧洲最富有的国家。还有，资本主义首先不是在英国被推翻的，也不是在另一个资本主义发达的国家，而是在 20 世纪初典型落后的俄罗斯。曼德尔提出了这样一个大胆的预言："虽然俄罗斯是在大生产资料社会化的基础上实行计划经济的第一个国家，但是将来也不是最先在俄国看到一个完成的社会主义社会，看到阶级、商品、货币和国家的消亡。"①

二　单因素论还是多因素论？

研究马克思的历史发展理论，特别是研究他的几种生产方式的理论，首先当然是尽可能准确地使马克思原来的观点复原，把一切以马克思主义名义附加上的东西去掉，恢复其本来面貌。但要准确无误地做到这一点几乎是不可能的。即使做到这一点，也不能回答世界历史发展进程中的种种具体问题。

现行的世界通史是按五种社会经济形态的理论排列的。各种形态之间相互衔接，使人造成一种错觉，似乎按生产力与生产关系的内在矛盾的运动规律，前一种社会形态的崩溃，接之而来的必然是一种新形态的统治，在两种社会形态交替之间有一个过渡时期。这一过渡是如何实现的呢？按现今流行的马克思主义解释是，强调内因即通过内在矛盾的迸发引起革命（突变）而完成过渡。过渡的公式大致如下：

新生产力→革命→生产关系变革→上层建筑变革→生产力大发展

这样，按单线发展论的逻辑，既然每种社会经济形态只有一种生产方式，每种生产方式又只同一种生产关系相结合，受同一种规律的支配，那么，世界上所有国

---

① 《论马克思主义经济学》上卷，商务印书馆 1979 年版，第 84 页。

家自然都会或迟或早地要经历同样的历史发展梯级了。但这套理论是很难经得起现实历史实践检验的。历史上社会经济形态的大过渡，现已大体清理出演进序列的只有西欧地区。它的演进共有三次：即从原始社会过渡到奴隶社会，从奴隶社会过渡到封建社会，从封建社会过渡到资本主义社会。

第一次过渡经历了漫长的时间，无文字记载可考，但看来是通过渐进的形式实现的，而不可能发生什么原始社会的革命。第二次过渡发生在西欧，它的发生固然与奴隶制内在矛盾的激化分不开，但是单靠旧制度内在矛盾的发展和新经济因素的萌芽，奴隶制的崩溃在何年何月得以实现，恐怕是难以想象的。瓦解奴隶制的决定性力量是外来因素，即蛮族的多次入侵。这就是说，并不是由于旧制度下的生产力根本无力维持下去，而是由于原有生产力遭到外力的大破坏，造成了从商品经济向自然经济的大倒退。这样的大灾变在整个世界史上都是罕见的，而正是这种灾变推动了欧洲向一种封建等级制过渡。在相当一个时期中，很难说封建关系下的农业一定高于奴隶制生产关系下的农业，因此很难用奴隶制在经济上已无利可图来解释这种制度的必然崩溃。正如用南方奴隶制在经济上已无利可图来解释它在美国的必然消亡一样，都是对生产关系要适合于生产力的规律的简单化。

第三次过渡在西欧发生，问题就更加复杂了。先进的资本主义社会形态在落后的西欧形成，绝不是靠什么资本主义萌芽成长壮大或土地贵族与农民（农奴）的阶级斗争这类单因素论可以解释的，仅仅依靠旧母体内部的新因素的萌芽与成长，在世界任何地方也不可能使封建主义变成资本主义，西欧所经历的漫长过程是，首先在旧的封建社会的母体中孕育出早期城市化（社会结构变化），早期商业化（交换方式变化），早期工业化（又称原始工业化，即生产方式变化），世俗化（神权政治变化）。这些因素的结合，有助于使稳固的封建型依附结构发生松动。但要指出的是，正是这种西方式的封建社会系统，而不是东方式的中央集权结构，为新生产力因素的活动提供了空间，因为它在蛮族入侵反复破坏之后建立起等级封建权力机构（政治多元化）；众多的小国林立而无大帝国体系（国际多元化）；教权与王权分享政治权力（社会多元化），随之又发展起城市自治体（经济权力多元化）等，使新兴生产力因素以自由城市为依托而较易发展。尽管这样，如果没有产生特殊强大的冲击波予以推动，新因素也不可能成长壮大。这就是由于地理大发现引起的商业革命和殖民征服运动，使新生产方式在母体内获得了大量的营养液。随之而来的是18世纪后期的工业革命，以及与之同步发生的政治大革命，这些奇特的巧合性使经济革命、政治革命、社会革命紧紧扭在一起。只有这样，即许多有利条件的特殊凑合，新生的现代生产方式才脱颖而出，在西欧资本主义生产关系中找到了它最适合的发展形式。但像南欧即地中海的城邦国家，早就享有海外贸易之厚利，却没有首先完成向新生产方式的过渡。同样，葡萄牙、西班牙曾经在地理大发现中遥领风骚，最早建立"日不落"殖民大帝国，也没有首先过渡到近代资本主义社会。可见，现代资本主义的兴起是一个众多因素长期交互作用下自发的历史过程。物质对于精神，经济对于政治与文化，绝对不是按人们设想的固定方向和顺序发生作用的。这只能借助于合力说才能正确说明历史客体发展的一切矛盾趋向的总和。这是恩格斯晚年对历史唯物论方法论的重大贡献。而所有单线论者和单因素论者是根本不了解这一点的。

马克思说过："极为相似的事情，但在不同的历史环境中出现就引起了完全不同的结果。"① 新的生产力因素在旧的社会形态中萌芽，这种现象在社会生活中到处可以碰到。过去那种认为亚非的一些国家由于有了某些封建主义衰败的迹象，有了某些资本主义的萌芽因素，就迟早能过渡到资本主义新形态的观点，是典型的单线发展论，是完全不能为历史所证明的。例如，包含整个资本主义生产方式萌芽的雇佣劳动是很古老的，它个别地和分散地同奴隶制度并存了几百年。恩格斯指出："只有在历史前提已经具备时，这一萌芽才能发展成资本主义。"② 由于这种历史前提只有在特殊地区和特殊情况下才具备，因此，根据某种生产方式的萌芽的出现来推断这种生产方式的必然性，往往会导致对社会形态史观的粗俗化。

总之，在人类历史上，凡属社会形态的转变，都不是一般的社会变动，而是巨大的社会变革即社会革命过程，这样的历史运动不同于改朝换代，不是任何单因素可以支配的，它总是众多的内因和外因的交互作用与奇特的凑合。内因，即新生产力孕育发展以及伴随而来的阶级斗争，是社会大变革的必要条件；外因，即异乎寻常的特殊因素的凑合，则是社会大变革的充足条件。社会内在发展机制的强弱，取决于一切关系在其中同时存在而又互相依存的社会机体中的多元因素能获得多大的活动空间，这是内部孕育的渐变力量能否壮大的重要条件。变革的外部条件，通常都是超乎社会结构之外的某些特殊力量起作用。这种外部条件之所以必要，说到底是因为任何一种已形成的社会经济结构及其文明形态都具有历史稳定性，单靠本身内部孕育的对抗运动很难突破，往往只能造成原结构"破坏—修复"的不定期更新的循环运动。欧亚两洲历史上发生过的大变革几乎都与某种"灾变"联系在一起，例如，蛮族对欧洲的大征服，加速了罗马帝国的崩溃；地理大发现与西方海外殖民活动的火与剑，加速了近代资本主义欧洲的出现；第一次世界大战使世界资本主义残破不全；第二次世界大战使世界殖民主义体系土崩瓦解，亚非地区发生了结构性变化，甚至连日本现代化的成功也以在第二次世界大战中的大败为契机。近代中国的变革也是如此。我们提出"灾变说"作为社会大变革的充足条件，绝没有

① 《马克思恩格斯全集》第 19 卷，第 131 页。
② 《反杜林论》，《马克思恩格斯选集》第 3 卷，第 311 页注①。

丝毫意思要否定或贬低内因的作用，内因始终是变化的根据。单纯外来力量帮不了"扶不起的阿斗"。19世纪初，由于各种条件的凑合，海地奴隶革命粉碎了奴隶制，然而并未能由此而改变昔日奴隶命运的社会改革，就是一个明显的例证。在这里，为了破除历史的宿命进化观，我们突出强调了过去长期被忽视的外因作用。

还必须指出，对生产力与生产关系、社会经济形态等的理论分析，都是集中在经济层面研究社会与历史发展的问题上（从马克思主义看，这是最重要的层面），但即便为了深入地阐述经济层面的发展而不陷入片面性，单靠经济层面的孤立分析也是不够的。迄今以来，马克思主义理论界对非经济因素的研究一直是非常薄弱的，而在复杂的历史现象中，非经济因素对历史发展的影响，绝不是仅仅用上层建筑对基础的反作用可以概括的。因此，对近一个世纪以来国际非马克思主义学术界在社会变迁与历史发展理论方面的重大成就，绝不可忽视。有些人类学家认为，在原始社会，如何使用土地和作物的种植与分配，不是纯经济活动，而是服务于宗教观念和社会目的。原始的物品交换中甚至带有艺术的色彩。这里特别要提到20世纪初马克斯·韦伯关于新教伦理和东西方宗教社会学研究方面的开创性贡献，以及第二次世界大战以后帕森斯等人对人类社会文化的进步提出的系统动态解释。这些研究所选择的新角度，无疑拓宽了构筑更加严密的历史发展理论的思路的广度和深度。

历史发展表明，愈是远离现代的时代，社会的结构与功能愈单一化，即各种社会功能分化的程度愈低。在原始社会里的生产与家庭是密切结合的，宗教与政治是合为一体的，政治权力（特别是神权政治）是凌驾于经济权力之上的。在那个时代，亲缘关系、宗教观念、首领人物对人类共同体的作用远远超过后来的时代，从而非经济因素对社会发展的影响实际上是超过经济因素的，尽管物质生产方式提供了发展的最后限界。举一个例子，古代中美地区的玛雅文化与南美安第斯山地区的印卡文化，都处于与东半球隔绝的状态，拥有大致相同的生态环境，生产力发展水平相似，生产关系的基本模式也相差无几，但这两种文化的发展方向却有很大不同。在相当原始的生产力条件下，玛雅人的天文历算与文字系统为古代美洲之奇葩，而政治结构却非常落后。而印卡人在缺乏文字与铁器这些发展的关键要素的条件下，建立了广阔的大"帝国"和秩序井然的政治结构、分配制度与交通网。这一对比说明，仅仅用简单化的生产力、生产关系、生产方式等分析概念，是很难解释人类社会生活的复杂模式和不同发展道路的。恩格斯晚年在关于历史唯物主义的通信中一再说明，除了经济因素之外，上层建筑的各种因素也对历史起作用。现在看来，上层建筑对经济基础的反作用的观点，对某些历史时代是适应的，但不适用于一切时代。更加辩证地科学地来考察各种因素的历史合力，则"作用与反作用"的公式显然是过于机械的。当整个社会机体运转起来之后，就形成为互动作用体系，而不是单向作用体系。经济因素在社会发展中的决定性作用，是随着经济权力脱离社会权力和政治权力并逐渐凌驾于其上而日益显露出来的。愈是进步与发展的社会，经济因素的作用愈大。到资本主义时代，发展的机制较之前资本主义时代有重大变化。在今天，经济因素甚至是独立地发挥着自己的作用。如果认为有史以来，不论任何时代，经济因素（它本身就是一个复杂的系统）与非经济因素的作用都是按同一公式、同一配方运转，那就把人类历史进程想象为完全的"自然历史过程"，简直可以用数学公式来推导了。我们主张"把历史当作一个十分复杂并充满矛盾但毕竟是有规律的统一过程来研究的途径"①，也赞同历史研究方法的科学化与计量化，但不赞同把历史科学与自然科学完全等同的机械类比的研究方法。

三 一元多线历史发展宏观架构的设想

现实的生产力系统构成一切经济活动的物质基础，是社会变革的根本动因，并为变革提供了发展的客观可容量。生产关系系统则是生产过程中形成的社会组织形式，它的总和构成社会的经济基础。人类历史发展归根到底是围绕以生产力发展为核心的经济发展的中轴转动，我们称之为社会进步与经济发展的中轴原理②。这是坚持马克思主义的历史一元论。但是，"整个伟大的发展过程是在相互作用的形式中进行的（虽然相互作用的力量很不均衡：其中经济运动是更有力得多的、最原始的、最有决定性的），这里没有任何绝对的东西，一切都是相对的"③。生产力与生产关系的统一体，一般理解为生产方式。生产方式是马克思用以分析生产过程的最简明的综合概念。马克思的历史发展观可归结为生产方式发展观。它的发展包括社会生产过程中的劳动方式、技术方式及经营方式等诸方面。在历史地考察某种生产方式时，必须同与之相适应的生产关系的统一中去进行考察。生产关系包括社会生产过程中的产权关系和分配关系等诸方面，它对既定社会经济形态的性质具有决定性作用，但是衡量社会进步与经济发展的客观标志最终取决于社会生产力的发展水平（如图一）。而流行的五种生产方式说是按斯大林的解释，完全按生产关系来排列社会发展顺序的，这样，衡量社会发展水平的主轴就被完全颠倒了（如图二）。

---

① 列宁：《卡尔·马克思》，《马克思恩格斯选集》第1卷，第12页。
② 参见拙作《建立马克思主义的现代化理论的初步探索》，《中国社会科学》1988年第1期。
③ 《恩格斯致康·施米特（1890年10月27日）》，《马克思恩格斯选集》第4卷，第487页。

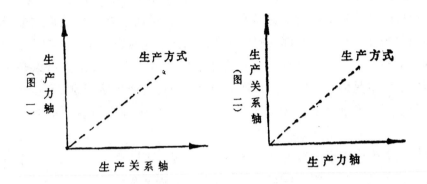

　　以上图一、图二两个图式的差别是非常重要的。按图二，社会发展水平的高低主要是用生产关系的性质来衡量的，这不能不受到意识形态与价值观的重大影响。由于现实的社会主义生产关系被认为优于资本主义，就引申出社会主义国家已进入比资本主义更高的发展阶段。这一革命的公式为生产力发展水平低的国家的超越发展提供了理论根据，解决了俄国革命在理论上面临的难题。先进的生产力是很难一跃而就的，而按阶级斗争动力说的观点，先进的生产关系却是可能通过革命手段迅速达到的。但这样一来，先进的生产力与落后的生产关系的矛盾就一变而为先进的生产关系与落后的生产力之间的矛盾。这就是说，不是努力使生产关系适应生产力的发展，而是要使生产力的发展跟上生产关系。要在理论上解决这一矛盾，必然要把革命的国家政权的作用提到空前的高度。这样，往往为唯意志论代替历史唯物论大开方便之门。

　　由此可见，为了构筑马克思主义的一元多线历史发展观的框架，必须重新认识生产力在历史大变革过程中的作用，研究它在不同的历史发展大阶段中与生产关系以及整个社会经济、政治、文化结构的相关联系。

　　迄今人类历史上出现过几种根本不同性质、不同形态的社会生产力，其出现的顺序是：（一）原始生产力，即自然形态的生产力；（二）农业（含畜牧业）生产力，即半人工形态的生产力；（三）工业生产力，即完全人工形态的生产力。这三种不同性质的生产力划分出人类宏观历史演进的大阶段：前农业时代即采集—渔猎时代，农业文明时代，工业文明时代。三大生产力形态的发展是循序渐进的，但又是有重叠而不是截然分开的。每一种生产力形态在不同的自然条件、社会条件和在不同地区的发展是不平衡的，但总的来说都经历漫长的发展过程，并显示出不同的阶段性。例如农业生产力最早有原始农业这种萌芽形式，工业生产力则最早有家庭手工业、工场手工业这样的萌芽形式，等等。新性质的生产力的演进速度超过旧的生产力，而且愈是接近现代，愈是加速运动。

在不同的国家和民族，每一种生产力系统在不同的自然、历史、社会条件下，在不同的历史时期，形成与之相适应的生产关系，扩而大之，也就是社会经济形态。每种独立的社会经济形态都具有内在的结构性、相对适应性和长期稳定性，以及自身的运动规律。这样，在同一生产力水平和条件下，社会形态可以是多模式的，发展的道路也是多模式的。但这绝不是说，历史发展是漫无规律性的，因为社会生产力限定了其发展的总框架，而生产关系在大的方面也总有这样或那样的相似性。

如果以三大生产力形态来观察人类的历史进程，可以看出，在过去几十万年的历史长河中，人类就与其所处生态系统相互影响的程度和性质而言，与其他杂食哺乳类动物并没有多大区别。他们是狩猎者和采食者。人类学家认为，第一次大变革是工具制作的革命，即粗石器的制作，包括火的使用。有了工具，人类与其他动物的竞争才取得优越的地位，狩猎和采集的食物量开始大增，人类的生活区域扩大，迁徙范围扩大。这种生活方式占人类历史的99%以上的时间。

第二次大变革是"新石器时代革命"，又称"农业革命"，大约发生在8000年到10000年前，人类由于使用新石器而进入主动利用自然资源的食物生产经济，即驯化并栽培农作物和饲养家畜的定居生活方式，人口也加速增长。但人类从早期原始农业过渡到真正锄耕农业经历了数千年时间，大约5000年前西亚地区才开始真正进入第一种文明形态——农业文明时代。早期城市的出现，专业化分工盛行起来，剩余产品的积累加速贫富的分化，是人类有史以来第一次使社会的不同人群过着条件完全不同的生活——逐步进入定居生活和阶级社会。个人和家庭所有制变得非常重要。这是人类文明发展的重要时期。以农业生产力为物质基础，由于基本财富（土地）和劳动成果占有的不同方式，区分出原始公社制、亚细亚制（？）、奴隶制、封建制等不同的生产关系。不同的生产关系与其他社会条件的特殊结合，构成具有明显等级结构的各种社会经济结构。在上述几种生产方式中，原始公社制是始发的，奴隶制与封建制在不同地区可能是先后的、并行的或混合的。有的原始公社制可以直接过渡到封建制。这种农业生活方式的保守性和稳定性，使经济增长缓慢，它占人类历史剩余的近1%的绝大部分时间。至于说到欧亚北部草原上的畜牧业生活方式，则是一种次生形态。它生活的流动性较大，文明的演进过程就更加缓慢了。

第三次大变革是工业革命，最先发生于两百年前的西欧，至今全世界许多地区仍在进行这个过渡。现代工业生产力的最突出特点是机器力即技术力代替了自然力和人力，非生物性能源的广泛采用，从而使生产过程发生了质的变化，强大的市场竞争机制形成经济自行增长的能力，生产方式与交换方式的国际化，使工业化国家的经济得以持续增长，从而进入第二种文明形态——工业文明的新时代。与工业革命相伴发生的政治革命带来了生产关系和社会结构的大变化。19世纪初全世界约七亿二千万人口，在不到两百年时间猛增为五十亿人口（按1987年7月统计数字），按人均计算的产品猛增10倍以上。工业化和都市化的生活方式正在取代传统农业生活方式。这毫无疑问标志着人类发展的一个崭新时期。野蛮与文明的历史划分已被工业社会与前工业社会的新划分所取代。在现代工业生产力的基础上，资本主义生产关系首先在西欧、北美取得统治地位，并建立起资本主义工业社会，西欧工业化进程的加速导致它与非西方世界发展差的增大，对这种发展差的强烈民族反应加速了非西方世界的现代化运动。这样，就使整个世界历史进程加速化。社会主义运动是落后国家采取非资本主义方式向现代工业社会过渡的特殊方式。在同一性质的生产力下，出现两种不同的主导生产方式，出现两种形态的工业社会，相互共存并激烈斗争，在人类历史上是从来没有过的。这预示着现代社会发展形式的多样性，并将影响向现代工业社会过渡的其他国家的发展形式与进程。

以上这种宏观描述大体是从人类学的观点（西方现代化论者也持相似看法）加以引申与发挥的，作为历史架构来看则显得过于粗疏。这里关键的问题是生产力三大段的划分（就有文字记载以来的历史而言）跨度太大。事实上每种形态的生产力自身都经历过一个发展过程，其间经历过多次的革命，只是由于目前研究不够，对几千年来农业生产力的发展阶段性如何划分，还不大清楚，但就工业生产力来说，已经历的几次工业革命是比较明确的。因此，把农业文明和工业文明的演进各自划分为若干阶段，是有充分理由的。

另一个大问题是社会经济形态的问题，生产力发展的阶段性与既定的社会条件相结合，自然导致社会经济形态发展的阶段性。迄今为止，现代工业生产力发展的不同阶段把资本主义划分为自由资本主义和垄断资本主义，在国际学术界已基本定论。问题是农业生产力发展的不同阶段形成的不同社会形态，只是在欧洲历史研究中整理出比较明确的发展顺序，而在世界其他地区，研究还是很不够的。或者是把欧洲历史的演进序列完全照搬到别的地区，或者是根本否定这些地区所经历的农业文明的长过程有什么明显的社会形态变化。因此，在世界不同地区的历史发展中，社会经济形态到底可以划分出几大类型，还有待于进一步深入研究。对这个问题的唯一正确态度是从客观的历史实际出发，通过对现存的大量经验性资料的研究，去探索科学的结论。有一点是肯定的，正如工业文明的不同发展阶段要引起社会的经济、政治、文化各方面的结构性变化一样，农业文明也不会例外，只是由于时过境迁，而演变的速度又非常缓慢，给研究者造成困难，但可以肯定，许多非西方民族的农业文明也经历过或快或慢的不同升进过程。由于现代西方工业文明兴起后对世界各农业文明造成前所未有的大冲击，使这些文明形态与社会形态都发生变形与扭曲，这样就使探索每个民族发展的特殊序列的任务变得复杂而艰巨。对一种社会形态的多种类型（模式），对新旧形态交替的过渡形态，是长期以来理论研究的薄弱环节。为了打破公式化与概念化，引进诸如"初生的"（incipient）、"发展中的"（developing）、"发达的"（developed）等定语来精确界定社会发展的不同阶段与不同特征。"欠发达的"（underdeveloped）是现代资本主义生产方式造成的一种特殊变形，即一种依附形态。

就全世界范围看，有史以来的历史时期中人类文明的多线发展趋势，可大致列表来表示（见表1）。

表1

文明演进阶段的相对年代	生产力的物质技术基础	生产方式	交换方式	经济结构	政治制度	文化形态
发达工业文明约公元1800年（由第一次工业革命开始）	大机器生产体系能源从蒸汽—电力—石油—原子能的革命转变	专门化与社会化的现代工业经济	全球市场发达商品经济	各种社会主义体制（现代公有制）各种资本主义体制（现代私有制）混合体制	各种集权型民主制—民族国家各种分权型民主制—民族国家专制体制—民族国家	苏维埃文明现代美国文明现代欧洲文明……
原始工业文明约公元1500—1800年（由英国农业革命和欧洲商业革命开始）	铁器能源从木材到煤的革命转变	工场手工业经济农业—手工业经济	世界市场商品经济	殖民和半殖民奴役制商业资本主义（半资本主义）**	封建君主制—王朝国家封建贵族制—王朝国家官僚帝国制—王朝国家城邦共和制—家族国家……	中国古典文明伊斯兰文明基督教文明印度古典文明罗马—地中海文明……
古典农业文明约公元前500年—公元1500年（由冶金革命开始）	铁器	各种农业经济 各种畜牧经济	大区域市场半自然经济	东方封建制西方农奴制奴隶制亚细亚制（?）各种后期公社……		
原始农业文明约公元前1000年—公元前500年	青铜器新石器	混合经济	地方市场共生性交易		王国制城邦制部落制酋长制僧侣教权制	希腊古典文明犹太古典文明中国古典文明西亚古典文明埃及古典文明……

注：＊包括社会主义各种过渡形态和半社会主义；＊＊资本主义各种过渡形态。

此表的最大缺点是难以表达影响历史发展的各种因素、结构、系统的动态进程。如将这一动态进程也加以图式化，可能会有助于弥补上述的缺点（见表2）。

表2

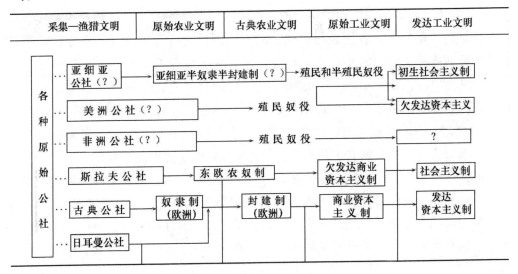

从表1、表2中可以得到如下启示：

（一）自有文字以来的历史时期，文明的演进大约经过四个阶段：原始农业文明，古典农业文明，原始工业文明，发达工业文明。也可以把原始农业文明与原始工业文明看作两种大生产力系转换与交替的过渡时期或过渡形态。这种大过渡时期的特点是多种生产方式与生产关系并存或混杂，经济基础与上层建筑脱节，社会长期处于动荡状态。

（二）生产力发展是各文明发展阶段推动社会财富增长的根本动因，而生产力诸因素的配置是能动的，其中技术力的增长是最活跃的因素。新生产力的大发展一般都通过革命性的变革：古代的冶金革命，西欧中世纪后期的农业革命（英国）和商业革命，近代第一次工业革命，分别是迄今文明阶梯升进的重要标志。

（三）生产方式与交换方式的发展构成社会经济结构发展的基础。大致相同的生产方式与交换方式和其他因素相结合，在世界不同地区形成各种不同的经济结构，包括各种过渡形态和变异形态（例如殖民奴役制）。其中现代资本主义对现代世界发展的影响最大，它引起了国际格局的变化（世界殖民体系）与发展方式的变化（依附性发展）。

（四）政治结构在世界不同地区呈现更大的多样性，它的发展落后于经济结构的变化。在整个农业文明发展阶段内的进步都相当缓慢，只有进入工业文明才发生重大的变化，其主要表现是社会的自治性与社会成员的自主性的发展。

（五）基本文化模式在世界不同地区又比基本政治结构呈现出更大的多样性。长期历史发展形成的文化沉淀物——文化传统，具有比政治结构更大的稳定性，成为影响历史动向的潜在的深层结构。

（六）人类从原始文明向发达工业文明演进的总趋势是：1. 经济组织和社会组织由简单趋于复杂；2. 各民族对自然力的支配由被动适应趋于主动支配，从而对自然环境的依赖性趋于缩小；人类自身的独立自主性趋于扩大；3. 在每个社会系统中，社会由一元趋于多元；4. 在世界范围内则是从多元趋于一元，农业文明是地方性的，工业文明是世界性的，历史发展第一次显示出一种全球性的一致趋势；5. 归根结底，生产力愈发展，社会的物质技术基础愈雄厚，经济因素的能动作用愈大，人的能动作用也愈大，社会进步与经济发展的步伐就愈是加快。

根据这些观点，可以设计出世界通史的新的写作架构。这个架构的最大特点是打破了超越社会生产力发展水平来衡量社会发展进程，也打破了长期流行的以 16 世纪作为现代世界史（这里"现代"一词按西方含义）的分界线，使之后移到 19 世纪。在新的架构下，人类的整体演进的宏观图式是通过历史的复杂多样性显示出来的。

最后顺便指出，当前在重新研究五种生产方式论的讨论中，有人提出用所谓三大社会形态的新说来代替五种生产方式论。论者从马克思的《经济学手稿》中找出一段话作为依据，试图构筑一个三大社会形态论[①]。社会形态共有几种？这个问题完全可以研究。但是我认为引用马克思的《经济学手稿》来解决这个问题，恐怕只能给马克思主义的历史发展理论帮倒忙。首先，这种研究方法不是从对历史和社会过程的具体分析入手，仍然是从语录引出理论的方法，何况引证的是马克思没有发表的只言片语。其次，马克思在《经济学手稿》的这一段论述根本不是要讨论有关历史或社会发展的一般规律性问题，而是论述到交换活动的社会性时顺便提到人的依赖关系的转化：最初是完全自然发生的关系，后来是依赖物的关系，而理想的状态应是个人全面发展的"自由个性"。整个陈述是不甚明确的，从而这三大关系应如何对应于现实历史发展的经济形态，更是含混不清。再次，这段论述完全离开了马克思关于生产力和生产关系（主要是财产关系）的基本理论，而抽象地谈"人的生产能力"，我认为抛弃马克思的生产方式理论用任何别的标准来构筑社会和历史发展的理论，都是从马克思主义唯物史观倒退，而不是前进。三大社会形态论是对历史发展规律的简单化，无助于解决非常复杂的世界历史进程问题。

这使我想起意大利马克思主义者梅洛蒂批评别人的一段发人深思的话："他们

---

① 参见《马克思恩格斯全集》第 46 卷上册，第 104 页。

找到一段马克思著名的话作为论据，就不但把不正确的图式扔掉，而且扔掉了所有的图式。他们没有看到，马克思并非反对图式的实际用途，而只是反对笼统地应用它们，或换句话说，反对把一种图式用作思想禁锢或一套教条主义的先验原则。当然，使用错误的图式或者错误地、教条主义地使用正确的图式，还不如没有任何图式。"①

（刊于 1989 年第 1 期）

---

① 《马克思与第三世界》，商务印书馆 1981 年版，第 10 页。

印度中世纪早期国王赐赠
土地与封建制的产生

黄思骏

从世界范围看，随着奴隶制社会内部生产力的发展，到了一定时期必然引起生产力和生产关系、经济基础和上层建筑之间的矛盾和斗争，其结果必然导致奴隶制的灭亡和封建制的产生。但具体到不同地区和不同国家，奴隶制社会如何向封建制社会过渡，其方式和途径不完全一样。本文拟就印度历史上如何通过国王赐赠土地逐步确立封建制问题进行探讨。所论时间主要限于公元4—12世纪，所论空间为今南亚次大陆。

一

为了弄清印度历史上国王赐赠土地与封建制产生的关系，这里有必要首先简单介绍一下古代印度奴隶制社会的情况。古代印度社会是不是奴隶制社会，这是国内外史学界有争论的一个问题。西方和印度的非马克思主义学者一般不承认印度古代社会为奴隶制社会，在马克思主义学者中也有不承认印度古代社会为奴隶社会的，如印度的 D. D. 高善比①，中国的以马克思"社会三形态论"否定斯大林"五阶段论"的学者②。在承认"五阶段论"的学者中也有人认为古代印度存在奴隶制，但不是奴隶制社会，因为奴隶劳动在古代印度诸生产关系中不起主导作用③。中国研究印度历史的多数学者确认古代印度社会为奴隶制社会，但对其上限和下限的划分

① ［印］D. D. 高善比：《印度史研究绪论》（D. D. Kosambi, *Am Introduction to the Study of Indian History*），孟买1985年版，第10、15页。

② 吴于廑：《世界历史》，《中国大百科全书·外国历史》卷I，第1—15页；陈洪进：《世界历史新理论在我国兴起——读吴于廑论世界历史》，《读书》1992年第2期。

③ 崔连仲：《古代印度社会性质和历史分期问题的探讨》，《南亚研究》1985年第4期。

有不同的看法。对印度奴隶制社会的上限，学者们分歧不大，多数认为雅利安人部落由原始社会向奴隶制社会过渡始于公元前 10 世纪初，到公元前 6 世纪，在北印度形成 16 个奴隶制国家，如果算上哈拉巴文化就应该往上溯到公元前 2500 年。但对奴隶制社会下限和封建制社会上限的划分，则分歧较大，至少有以下四种不同意见：第一种意见认为公元前 6 至前 5 世纪，印度奴隶制社会开始向封建制社会过渡，到了阿育王时代（公元前 269 至前 232 年），印度已完全形成封建社会；第二种意见认为印度由奴隶制社会向封建制社会过渡大约始于公元 1 世纪，完成于公元 4 世纪笈多帝国的兴起（320 年）；第三种意见认为公元 5—7 世纪是印度封建社会的形成时期，戒日王统治时（606—647 年）印度已是封建社会；第四种意见认为印度封建社会始于公元 8 世纪①。如果从封建地主阶级的形成和封建土地所有制的产生看，笈多王朝是个承上启下的时期，特别是到笈多中后期即公元 5—6 世纪，这种变化比较明显。因此为了叙述方便，把笈多王朝看作印度封建社会的开始是可以的。这样，大体可以说，公元前 6 世纪至公元 4 世纪为印度奴隶制社会时期。

印度的奴隶制社会具有奴隶制社会的一般特点。第一，拥有一定数量的奴隶。D. R. 查纳纳根据巴利文佛经的传说资料，统计出其中常见的奴隶人数是 100、500、1000、16000、100000，等等。其中 100 出现 14 次，500 出现 51 次，16000 出现 20 次，100000 出现 20 次②。当然，这些数字不足以作为判断当时印度社会有多少奴隶的根据，但至少可以说明当时印度社会的奴隶绝不是微不足道的，而是有一定数量的。德国印度学家卢本根据《佛本生经》故事所作的统计，在 547 篇本生经中或多或少提到奴隶的就有 71 篇，占故事总数的 13%③。这同样可以说明当时印度社会拥有一定数量的奴隶。第二，奴隶参与工农业生产劳动。在王室农庄和王室的手工作坊中，在国家的采矿、兴修水利设施和建筑工程中，以及奴隶主的私人农庄中，都有奴隶参加劳动④。另外，家内奴隶的劳动，虽然从总体上讲带有服务性，但并不完全与生产劳动无关。第三，奴隶是主人的财产，主人有任意支配奴隶的权利。奴隶可以被自由地买卖、赠送、抵押和出租，奴隶主可以肆意虐待奴隶，他们往往对奴隶滥施酷刑，残害肢体，甚至杀死无辜的奴隶，但不受法律的干预⑤。所有这些情况说明，印度的奴隶制同希腊、罗马古典奴隶制即典型的奴隶制

① 参见拙文《三十五年来我国史学界关于印度史若干重大问题的争论》，《历史研究》1984 年第 6 期。

② D. R. 查纳纳：《古代印度的奴隶制度》（D. R. Chanana, *Slavery in Ancient India*），新德里 1960 年版，第 123 页。

③ ［德］W. 卢本：《古代印度社会中奴隶的处境》，1957 年版，第 101 页。转引自刘家和《公元前 6 至 4 世纪北印度社会性质和发展趋向蠡测》，《南亚研究》1983 年第 1 期。

④ 《世界上古史纲》编写组编：《世界上古史纲》上册，人民出版社 1979 年版，第 406—408 页；陈峰君主编：《印度社会述论》，中国社会科学出版社 1991 年版，第 18 页。

⑤ 参见《印度社会述论》第 18 页，《南亚研究》1983 年第 1 期。

没有本质区别。但由于印度古代特殊的社会历史条件，印度的奴隶制同希腊、罗马的古典奴隶制相比有其不同的地方。从总体上讲，印度的奴隶制没有得到充分的发展：奴隶数量不多，使用于工农业生产的奴隶规模不大，多为家庭奴隶，奴隶的处境比希腊、罗马奴隶的处境稍好一些，如允许奴隶有自己的家庭，有少量的财产等。印度奴隶制之所以发展不充分，同当时印度存在村社制度和种姓制度是分不开的。种姓制度从理论上完全控制了人的社会地位的变动，从而使低级种姓首陀罗和贱民永久处于被压迫地位，虽有一定的人身自由，却为高级种姓提供了生产中必要的劳动。这就使古代印度社会在生产劳动中不需要大量奴隶。同时，种姓制度保护上层种姓不因其经济地位下降而长期沦为奴隶，从而限制了奴隶的来源[1]。而当时的村社制度又是以种姓制度为骨干，村社内部的阶级划分同种姓划分大体一致，高级种姓对低级种姓的压迫，同奴隶主对奴隶的压迫大体一致。这就限制了村社内部的阶级分化，村社制度还限制了土地私有制的发展，因此不可能产生很多大的奴隶主。由此可见种姓制、村社制阻碍奴隶制的发展是显而易见的。但是从小生产者的两极分化受制于奴隶制关系的情况来看，还是奴隶制生产关系在当时的各种生产关系中起主导作用。印度的奴隶制兴盛于孔雀王朝（公元前 321 至前 185 年），到阿育王时（公元前 269 至前 232 年）达到顶峰，随后奴隶制逐渐衰落，并向封建制过渡。

印度由奴隶制社会向封建制社会过渡的根本原因是封建社会内部生产力的发展，从贵霜王朝（公元 1—3 世纪）到笈多王朝，社会生产力有了明显的发展，这主要表现在：1. 生产工具的改进和耕畜的广泛使用。在孔雀王朝时期已普遍使用铁制的犁、锄、耙、镰刀等，但比较粗糙；在呾叉始罗考古发掘中发现的公元 1 世纪的农具遗物如月锄、铲、镰刀和鹤嘴锄等，都比以前有改进；到了笈多时期，新式的比较轻便的铁铧、犁得到广泛使用，耕畜（主要是牛）也被广泛使用。2. 耕地面积的扩大。早在孔雀王朝时期，国家鼓励移民开垦，建立移民村；公元头几个世纪，随着土地赐赠的发展，土地得到更多的开发和利用。3. 水利灌溉的发展。早在孔雀王朝时期就采取一些兴修水利的措施，以后不断发展。如公元 1 世纪，羯陵伽的卡罗毗拉就扩大了农田的灌溉系统。公元 2 世纪中叶，邬阇衍那的塞种州长手下的官员修复著名的苏达尔桑纳湖水利工程。到了笈多时期，地方政府、村社及私人农业经营者积极兴修小型农田水利工程。4. 农业知识的增长和耕作技术的提高。当时印度人已经知道什么土壤栽种什么植物，对各类不同农作物实行轮作制，播种前要翻地两遍至三遍，播种后，在植物生长过程中要施肥，防治病虫害。收获

---

① 参见刘欣如《印度孔雀王朝时期的奴隶制特殊性》，《世界历史》1987 年第 3 期。

后要经过打谷、磨谷、簸谷、晒谷，保证净谷、干谷入仓[1]。社会生产力的发展不仅表现在农业生产上，还表现在手工业水平有很大提高上，其中以铁的冶铸、棉纺织业和造船水平的提高尤为突出。农业生产的发展使农作物品种增加，产量提高，工农业生产的发展又促使海外贸易的发展。在经济发展、产品有剩余的情况下，奴隶们不满足于有自己的家庭和少量的财产，而需要有自己的经济，否则就没有生产的积极性。所以奴隶要求改变生产关系。当时这种生产力和生产关系的矛盾集中地表现为农民和商人（属吠舍种姓）拒绝向称作刹帝利的统治者纳税；低级种姓（主要是首陀罗，包括奴隶、雇工）拒绝向高级种姓提供劳动[2]，从而引起广泛的社会危机。这种情况主要发生在公元3世纪后期和4世纪初。如何解决这种社会危机，必须从当时印度村社制度、种姓制度、奴隶制度三位一体的实际情况出发寻找办法。于是，印度各区域王国国王向不同的宗教对象和世俗官员赐赠村社土地的现象，便应运而生。起初可能是作为向他们付酬的一种应急措施，但实践结果却成为古代印度由奴隶制向封建制过渡的有效途径。

在印度历史上，国王赐赠土地不是从公元3—4世纪才开始的，而是早在公元前6至前5世纪就有，但在笈多前（公元前6世纪至公元3世纪，下称古代）和笈多后（含笈多、公元4—12世纪，下称中世纪早期）赐赠土地的目的、规模、性质、后果不一样。古代印度国王赐赠土地主要是为了宗教和教育，而中世纪早期特别是笈多前后国王赐赠土地主要是作为解决社会危机的一种手段，其中最为突出的有两点：一是原来的统治者把赐赠土地作为改变统治阶级内部剩余价值分配的一种手段。国王原先主要依靠税收对婆罗门祭司、政府官员分发薪金；到了公元3世纪后期至4世纪初，征税发生困难，以前那种通过税收向婆罗门祭司和政府官员付酬的方式已难以维持，需要有一种新的方式来代替。古代赐赠土地的实践，正好适应了这种需要。二是新兴的统治者把赐赠土地作为巩固政治权力，求得社会政治稳定的一种措施。大约在公元5世纪以后，一些本地的和外来的酋长，不是凭印度教种姓制度的合法性和正当的礼仪地位，而是凭他们在社会动乱时期的冒险和勇敢精神，取得了政权，成为独立的小王国的统治者。他们为了取得作为当权的刹帝利种姓的合法地位，需要婆罗门给他们续家谱。为了感谢婆罗门给他们编制家谱，他们往往给婆罗门赐赠土地[3]。

就赐赠土地的对象和规模讲，古代印度赐赠的对象主要是婆罗门（到公元2世纪，扩大到佛教僧侣）。至于国王是否对婆罗门教神庙和佛教寺院赐赠土地还有待

---

①　参见涂厚善《浅谈印度古代史的分期问题——试论印度封建社会的开端》，《南亚研究》1983年第2期。

②　[印] D. N. 恰主编：《印度封建社会早期形态》，德里1987年版，第56页。

③　参见拙文《印度中世纪早期国王赐赠土地及其原因》，《世界历史》1992年第1期。

进一步研究。对世俗官员的赐赠始于孔雀王朝（公元前 4 世纪至前 2 世纪），但只限于管理农村的中下级官员。总起来说，这个时期以宗教赐赠为主，受赐者主要是婆罗门，受赐土地的阶层并没有形成强大的社会力量。中世纪早期，国王赐赠土地，就其种类讲，还只是宗教赐赠和世俗赐赠两种，但扩大了赐赠对象和规模。就宗教赐赠来说，到公元 4—7 世纪笈多王朝戒日王统治时，其赐赠对象由婆罗门扩大到印度教神庙和佛教寺院，而对佛教寺院的赐赠尤盛。如公元 7 世纪 70 年代义净去印度时，印度著名的佛教中心那烂陀寺（在今比哈尔境内）的封邑已超过 200 个村庄[①]。而印度西部东卡提阿瓦的伐拉比佛寺也拥有 200 个村庄的税收[②]。到公元 8—10 世纪，普拉蒂哈拉、帕拉和拉斯特拉库塔三国争雄北印度时期，宗教赐赠有了更大的发展，国王把大量土地赐赠给婆罗门和印度教神庙。如拉斯特拉库塔的第 8 位国王因德拉三世重新赐赠由前王收回的 400 个村庄；第 10 位国王戈文德四世向婆罗门赐赠 600 个村庄，向印度教神庙赐赠 800 个村庄[③]。到公元 11—12 世纪，许多拉杰普特小王国和其他地方性小王国统治印度时期，宗教赐赠似乎还在发展。这在拉杰普特国家加哈达瓦拉、卡拉丘里、查卢基亚（即西遮娄其）和泰米尔国家朱罗王国尤为突出。当时查卢基亚的耆那教桑纳特神庙就拥有 2000 个村庄[④]。就世俗赐赠来说，在笈多时期有所扩大，但是否扩大到整个政府官员还不敢说。到了戒日王统治时（606—647 年）整个国家官吏都以赐地为俸禄[⑤]。到 8—10 世纪，世俗赐赠由政府官员扩大到藩臣，并发展了多层分封制。土地分封是封建制产生的主要标志之一，从总体上讲不排除笈多王朝就有地方首领封赠土地的情况，但是真正意义上的土地分封在笈多王朝衰落以后，特别是从 8 世纪起才逐渐多起来。普拉蒂哈拉的藩臣和官员都有转封土地的权利[⑥]。拉斯特拉库塔的宗教受赐人也有转封土地的权利[⑦]。到 11—12 世纪，对藩臣和政府官员的赐赠土地有了更大的发展，其主要标志是，增加了赐赠数量，有些区域王国如拉杰普特国家查哈马纳、帕拉马拉、查卢基亚和非拉杰昔特国家奥里萨的世俗赐赠超过了宗教赐赠，多层分封制得到更大发展，同时发展了军事采邑制。总之，公元 4—12 世纪，随着赐赠土地的发展，土地受赐者阶层形成强大的社会力量。

---

① （唐）义净：《南海寄归内法传》卷 2 第 10，《衣食所需》，转引自培伦主编《印度通史》，黑龙江人民出版社 1990 年版，第 169 页。

② R. S. 沙尔马：《印度封建主义》（R. S. Sharma, *Indian feudalism. C. A. D. 300 – 1200*），德里 1980 年第 2 版，第 35 页。

③ 同上书，第 67、91 页。

④ 同上书，第 174—175 页。

⑤ 参见（唐）玄奘、辩机原著，季羡林等校注《大唐西域记校注》，中华书局 1985 年版，第 209 页。

⑥ R. S. 沙尔马：《印度封建主义》，第 66 页。

⑦ 同上书，第 74—75 页。

　　就赐赠土地的性质看，古代印度国王赐赠土地主要是赐赠国有土地上的赋税收入，也就是说，土地受赐者得到的是原属于国家的部分土地上的赋税，不管是宗教受赐者和世俗受赐者都是这样。尽管从公元 2 世纪起，以萨塔瓦哈纳国王乔塔米普特罗·萨塔卡尼给佛教僧侣赐赠土地为标志，出现了赐赠土地所有权的永久赐赠，不过这种永久赐赠在笈多王朝之前是很少的，只是到了笈多王朝，这种赐赠土地所有权的永久赐赠地才明显增多①，所谓赐赠土地所有权的永久赐赠其含义比较广泛，它包括赐赠赋税以外的各种税收；村社土地上的各种资源，包括森林、牧场、果树、水利设施等公共建筑、矿产、动物、寺庙等；转封土地的权利；行政司法权等②。为了保证受赐者的土地所有权不受侵犯，国王颁发了永久赐地的铜版文书。先后编纂于公元 3 世纪至 6、7 世纪的《毗湿奴法论》③、《祭言法论》④ 和《布利哈斯帕提法论》⑤ 对这种铜版文书的格式和内容作了具体规定。《法显传》则有"自佛般泥洹后，诸国王、长者、居士为众生起精舍供养；供给田宅、园圃、民户、牛犊、铁卷书录，后王王相传，无敢废者，至今不绝"⑥ 的记载。以上赐赠土地性质的区分是就总体而言的。事实上，从笈多王朝起，只有宗教赐赠才是赐赠土地所有权的永久赐赠，公元 4—7 世纪，世俗赐赠仍带有禄田食邑性质，8 世纪起，世俗赐赠才由禄田食邑变成封建采邑。

　　就赐赠土地的后果看，中世纪早期由于国王赐赠土地规模的扩大，土地受赐者构成强大的社会力量，又由于赐赠土地性质的变化，土地受赐者得到了村社土地所有权，从而成为介于国家和农民之间的封建地主阶级；土地所有权的赐赠又严重冲击了土地国有制，使土地私有制得到很大发展；以土地受赐者为主体的封建地主阶级占有村社土地，对村社农民实行租佃剥削，使广大村社农民依附地主阶级，这就是印度封建制形成的主要标志，也是印度封建制社会同奴隶制社会的根本区别。

二

　　在印度中世纪早期，国王赐赠土地的过程就是封建化的过程。这个过程不仅表现为封建地主阶级产生的过程，也表现为封建生产关系确立的过程。在封建社会，

---

① R. S. 沙尔马：《印度封建主义》，第 225—226 页。
② 参见拙文《从印度中世纪早期国王赐赠土地看土地私有制的发展》，《南亚研究》1992 年第 2 期。
③ 《毗湿奴法论》III，82，E. M. 米勒主编《东方圣书》第 7 卷，牛津 1880 年版，第 21 页。
④ M. N. 达特译：《祭言法论》第 1 卷，新德里 1978 年版，第 52—53 页。具体内容参见崔连仲《古代印度社会几个问题》，《世界历史》1985 年第 1 期。
⑤ 《布利哈斯帕提法论》VIII，12.14，《东方圣书》第 33 卷，德里 1977 年版，第 365—366 页。
⑥ 法显撰，章巽校注：《法显传校注》，上海古籍出版社 1985 年版，第 54—55 页。

农业是主要的生产部门，土地是基本的生产资料，因此封建土地所有制是封建生产关系的基础。现在我们就来考察印度国王是如何通过赐赠土地确立封建土地所有制的。

印度古代奴隶制社会时期，实行以村社土地所有制为基础的土地国有制。所谓土地国有，从法律上讲是指土地为国王所有，因为国王是国家的总代表。我们说土地国有即国王所有，当然并不是说全国的土地由国王一人独有。从古代印度土地所有制结构的内部关系看，国王同奴隶主贵族、农村公社以及村社农民分享地权，但他对土地有最高所有权。因此，国王才能向不同的宗教对象和世俗官员赐赠土地。国王赐赠土地时往往以村社为单位，少至一个村社或一个村社的一部分，多至几个、几十个，甚至几百个村社。国王赐赠村社的过程，就是把他对村社土地的权利逐渐转移给土地受赐者的过程。这个过程大致可以以笈多王朝为界，之前多为收益权的赐赠，之后多为所有权的赐赠。后一种赐赠必然影响村社及其农民的利益。

在古代印度，农村公社的土地分为两部分：一部分是村社"公有共用"的土地，其中包括村社居住的各种建筑用地、水利工程、村社周围的森林、牧场、荒地和休耕地；另一部分是村社"公有私耕"的耕地。公社限制耕地的买卖，特别限制把耕地卖给外村人，也限制外村人进入本村。村社还作为统一的纳税单位，从村社财库中拿出一部分实物（或现金）向国家纳税（村社社员也要向村社相应纳税，作为村社财库的收入）。所有这一切都表明了村社对耕地所保留的权利。当村社作为整体被赐赠以后，原村社土地，不管是"公有共用"部分，还是"公有私耕"部分都归土地受赐者，土地受赐者在法律上成了村社土地的所有者。尽管村社在形式上还被保留，但是它已不再掌握土地，当然也就不能支配土地。

村社被赐赠以后，也直接损害村社农民对土地的权利。古代印度，对广大村社社员来说，虽然在法律上对村社土地只有使用权，但事实上对使用的份地有占有权，而且这种占有还相当牢固，并逐渐受到法律保护；对村社的公用土地，村社社员可以免费使用。村社被赐赠以后，村社农民不仅不能免费使用原村社"公有共用"的土地（如要使用，必须交费），而且不能牢固占用原来由他们耕种的份地，因为不少受赐者有转封权，这种转封权意味着土地受赐者有权驱逐土地上的农民。于是原村社农民由国家的永佃农（实际是自耕农）变为土地受赐者的临时佃农。

总之，印度中世纪早期国王通过赐赠土地，使土地权利在国家、土地受赐者、村社及其农民之间发生变化，从而改变了古代印度土地所有制结构的内部关系；原来，尽管国家、奴隶主贵族、农村公社及其农民对村社土地都有相对的所有权、占有权和使用权，但掌握和使用土地的实际上是农村公社及其农民；现在，国家（以国王为代表）已不是被赐土地的最高所有者，村社已丧失对其土地的所有权，村社农民只能向土地受赐者租用土地，真正掌握土地的是土地受赐者，他们在牺牲国家、村社及其农民对村社土地权利的基础上，建立了对受赐土地占优势的权利，从而建立了以土地受赐者为主体的封建土地所有制，即建立了以土地受赐者为主体的封建地主阶级用以剥削农民剩余劳动的土地私有制。

但需要指出的是，在印度中世纪早期，就全国范围讲，还有村社土地没有被赐赠的地区，在那里，土地国有制和土地村社所有制并没有受到大的破坏，依然保存了古代印度土地所有制结构的内部关系。但随着生产力的发展和被赐赠村社地区的封建化，那些没有被赐赠的村社内部也逐步产生封建关系，只是发展比较缓慢罢了。

由此可见，在印度中世纪早期，从土地所有制的形式看，既有土地国有制，又有以土地受赐者为主体的地主土地所有制；既有村社土地所有制，又存在村社制度下形式上是村社农民的份地制，实际上是自耕农的土地所有制。这就出现了究竟哪一种土地所有制占支配地位的问题。这是一个十分重要的问题，它涉及经济基础、阶级对立等方面的根本内容及社会的基本面貌，同时也关系到上层建筑的职能及其组织形式等重大问题。笔者手中虽然没有这几种不同的土地所有制形式各占多少比重的确切数字，但大致可以断定，以土地受赐者为主体的地主土地所有制占支配地位。这是因为从全印度范围看，尽管国王赐赠土地有先有后，发展也不平衡，但从公元4世纪起至12世纪，国王赐赠土地一直保持发展势头，在全国各地十分普遍。正如 R. S. 沙尔马所说，土地赐赠首先在公元初出现于马哈拉施特拉。4—5世纪赐赠土地在中央邦的大部分地区实行。5—6世纪在西孟加拉和现在的孟加拉国，6—7世纪在奥里萨，7世纪在阿萨姆，8世纪在泰米尔纳杜，9—10世纪在喀拉拉，赐赠土地都成为突出的现象①。11—12世纪，北印度赐赠的村庄（村社）远远超过在帕拉和普拉蒂哈统治的将近3个世纪所赐赠的村庄，赐赠土地十分普遍②。因此，从总量上讲，被赐赠的村庄超过没有被赐赠的村庄。据此也就可以断定，以土地受赐者为主体的地主土地所有制超过在村社没有被赐赠地区的封建土地国有制、村社土地所有制和自耕农的土地所有制。正是由于封建地主的土地私有制占支配地位，决定了当时最基本的阶级关系是地主阶级和农民阶级的关系；基本的阶级对抗是地主阶级和农民阶级的对抗。以土地受赐者为主体的地主阶级正是凭着他们占有的大量土地和国王的赐地证书所赋予的各种权力，对农民实行经济的和超经济的强制剥削。

印度封建地主的土地同劳动力结合的方式，是研究印度封建生产关系形成的另一个重要问题。地主土地同劳动力结合的方式，是指拥有土地的地主通过什么方式

---

① R. S. 沙尔马：《印度封建主义》。
② 同上书，第11—18页。

经营土地，剥削农民。比如说，在西欧实行庄园制，在中国实行租佃制。印度中世纪早期以土地受赐者为主体的地主阶级，尽管掌握村社土地，对土地有所有权和行政司法权，但不一定直接经营和耕种土地。可能出于受赐土地的地块比较分散，不易经营，加上种姓制度使婆罗门不接触耕犁，不移植稻谷等原因①，所以他们把极大部分土地出租给农民耕种，向农民收取地租，来实现其土地所有权。不仅地主出租土地，而且寺庙也把极大部分土地出租出去②。到公元6世纪，印度已盛行租佃制③。印度的租佃制有两种形式：定额租制和分成租制，其中以分成为主④。

这里需要指出的是，租佃农民基本上都是原村社农民。这是因为国王赐赠村社土地时，通常村社农民和手工业者连同土地一起被赐赠，原来的村社农民继续耕种土地，其中低级种姓"犁人"依附高级种姓农户，手工业者成为村社差役为全村服务，或依附某一高级种姓家庭。但是这时的村社农民不再以耕种村社份地的独立村社农民身份出现，而是作为土地受赐者地主的依附佃农身份出现。他们原来向国家交纳的地租与地税合一的赋税，现在已成为向各种土地受赐者交纳的封建地租。

关于地租率，由于缺少系统的权威的材料，因而说法不一。在笈多王朝，地租率约占土地总产量的1/3至1/2⑤。朱罗王国的国王授权他的封臣征收产品的一半，虽然他本人的征收不超过1/6⑥。分成制通常实行对半分成，有时多达2/3⑦。农民交纳的地租，通常是实物地租，到11—12世纪，随着商品货币经济的发展，出现了货币地租⑧。

租佃农民除向地主交纳沉重的地租以外，还要交纳各种捐税，这是因为国王向不同的宗教对象和世俗官员赐赠村社土地的过程，也是把他对村社各种税收的权利赐赠给土地受赐者的过程。土地受赐者有权向农民征收各种过去已征、未征、合法、非法的捐税，名目繁多，少至十几种，多至几十种。如南印度帕拉瓦王朝（今安德拉邦中部）国王辛哈瓦尔曼在公元446年前后的赐地铭文中提到，国王对村社征收的所有税收都转移给了一个婆罗门受赐者。其中包括对金属工人和皮革工人征收的税，开布店的零售商征收的税，杂技演员和跳舞的一般开店的商人，带着香囊唱戏的、探测地下水的、织布的人应向国王交纳的税，对赌博、结婚者应收之

① D. N. 恰主编：《印度封建社会早期形态》，第181、183页。
② 同上书，第125页。
③ 同上书，第74页。
④ 同上书，第203页。
⑤ 培伦主编：《印度通史》，第151页。
⑥ D. N. 恰主编：《印度封建社会早期形态》，第248页。
⑦ 同上书，第203、205页。
⑧ 同上书，第252页。

税，以及对工匠应收的税，等等，不下十多种①。到帕拉瓦国王南迪瓦尔曼三世（847—869 年）时，向土地受赐者赐赠的捐税多至 22 种②。9—13 世纪，朱罗王国国王在其中心地区卡维里河三角洲，向土地受赐者赐赠的税收不少于 27 种，多至 50 种③。在科钦发现的一件赐地铭文中提到受赐者有 72 种税收权④。

可以想象，租佃农民要把土地产品的一半左右作为地租交给地主，同时还要向地主交纳各种捐税，负担是很重的。地主不仅侵吞了租佃农民的全部剩余劳动的果实，而且还侵吞了部分必要的劳动果实，而这仅仅是地主凭借手中的土地所有权对农民实行的一种经济强制，地主还凭手中掌握的行政司法权对农民实行超经济强制，使农民的人身失去自由而依附地主。

农民对地主的人身依附和地主对农民实行超经济强制是封建生产关系的重要内容。它们之间既有联系，又有区别。前者指农民丧失自由依附地主的状况，后者指地主使农民依附他的一种手段，这种手段不是经济强制，而是经济外的强制，即超经济强制。具体到印度中世纪早期，这种人身依附关系和超经济强制主要表现在以下四方面：

第一，农民被束缚在土地上，完全受土地受赐者控制。国王赐赠土地时，特别在婆罗门文化比较发达的地区赐赠村社土地时，村社的农民和手工业者往往随同村社土地一起被赐赠。从现有史料看，这种实践始于南印度，后逐渐扩大到中印度，再扩大到印度其他地区⑤。被赐赠地区的村社农民与没有被赐赠的村社农民不同。在《法显传》里，前者称"民户"，后者称"王民"。"王民"只要向国家交纳了赋税，"欲去便去，欲住便住"⑥。他们名义上是国家佃农，实为自耕农，身份是自由的。"民户"则不同，由于土地受赐者对受赐地区有行政司法权⑦，所以"民户"不仅被束缚在土地上，而且完全受制于土地受赐者。

第二，土地受赐者利用转封权加强对受赐土地上农民的控制。大约从公元 6 世纪后期起，出现了封建地主转封土地的现象。从 8 世纪起，封建地主转封土地的现象多起来，逐渐形成多层分封制，在具有转封权的赐地证书上，往往规定土地受赐者被授权享有土地，或使人享有；被授权耕种土地，或让别人耕种。这就意味着土地受赐者对由原独立的村社农民转化而来的依附佃农有驱逐权。表面看来，这是同

---

① 四川大学南亚研究所编：《赵卫邦文存》下册，四川大学出版社 1989 年版，第 518、532 页。

② D. N. 恰主编：《印度封建社会早期形态》，第 15 页。

③ 同上。

④ 四川大学南亚研究所编：《赵卫邦文存》下册，第 532 页。

⑤ 参见 R. S. 沙尔马《印度封建主义》，第 43—46 页。

⑥ 法显撰，章巽校注：《法显传校注》，第 54 页。

⑦ 其基本内容为，受赐地区不受国家军队、警察和官员的干预，土地受赐者有权处理该地区的民事司法案件，特别是有权处理村民擅取他人财物等 10 种"不规行为"，村民要服从受赐者的命令。

上一条依附佃农被束缚在土地上相矛盾的，实际上却是一致的。因为土地受赐者对佃农的去留都以对其是否有利为转移。在当时条件下，地主逐佃只能是作为提高地租率、加强对佃农控制的一种手段；同样，佃农为了保持租佃权，不得不以更高的税率接受租佃，这正说明地主加强了对佃农的控制，佃农更依附地主。

第三，依附农民对封建地主的人身依附关系主要通过村社内部的种姓关系来表现。印度进入封建社会后，村社内部存在两种依附关系。一种是属于低级种姓的人和不可接触者"贱民"对整个村社的依附关系。在这种关系下，多半是属于工匠、差役的低种姓者为整个村社服务，对全村供应生产工具和生活用具，或为全村服务，如洗衣、理发等，"贱民"则从事清除垃圾或动物的尸体，以及其他低贱的职业。他们的报酬由全村以实物形式支付，通常由村中拨给少量免赋土地，或在收获季节从村社公粮中分给一定量的粮食。

另一种是属于低种姓的家族和不可接触者的"贱民"家族对高种姓家族户对户的依附关系。在这种关系下，低种姓家族，特别是工匠、手艺人和"贱民"家族不是为整个村社服务，而是为某一特定的高级种姓家族服务。这种低种姓家族对高种姓家族户对户的依附关系，是世代相传而不能任意改变的，通称贾吉马尼制（Jajmani System）。根据这种制度，低种姓家族要为各自的主人服务，如理发、洗衣、担水，以及做各种杂活，"贱民"要为自己的主人耕种土地。按照惯例，主人家在收获季节要给为自己家服务的低种姓家族以一定数量的粮食作报酬，低种姓家族遇到困难时，主人家要给予一定的帮助。

第四，作为土地受赐者的封建地主有权对作为村社社员的依附农民实行强迫劳动。这里讲的强迫劳动是指以土地受赐者为主体的封建地主根据国王赋予的权力，要求村社农民提供无偿劳动，即封建劳役。作为劳役，早在古代印度就有。不过在古代，只有国王有权要求人民服劳役，向国王提供劳役的只是村社的部分成员。如《摩奴法论》第 7 章第 138 项规定，每一个机械匠、工匠和以体力为生的首陀罗每月为国王服劳役一天[1]。随着国王向不同的宗教对象和世俗官员赐赠土地的发展，实行强迫劳动的权利由国王扩大到土地受赐者[2]。土地受赐者的强迫劳动权是随土地赐赠的一种特权，是由国王给的，国王的赐地证书上往往有"维斯蒂"（Visti），即强迫劳动的具体规定。如在戒日王朝时期，有一份给一个婆罗门赐赠一个村庄的赐地铭文规定：连同该村所应交纳的一切赋税，"维斯蒂"、实物和黄金收入，以及对于 10 种犯罪的审判权都给这个婆罗门，可以传给

---

① 蒋忠新译：《摩奴法论》Ⅶ，138，第 128 页。
② 参见 R. S. 沙尔马《印度封建主义》，第 41、99 页；D. N. 恰主编《印度封建社会早期形态》，第 181—182 页。

子孙后代，政府的任何官员都不得干涉①。随着实行强迫劳动的权利由国王扩大到土地受赐者，提供无偿劳动的由村社的部分成员扩大到村社的一般成员，强迫劳动的范围也大为扩大。正如印度历史学家 R. K. 乔达里所说："如果在孔雀王朝时强迫劳动还限于人民中的一部分，在孔雀王朝以后的时期，它的范围扩大了。在笈多王朝，又进一步扩大。Visti 一词包括一个充分发展的封建社会所具有的一切无偿劳动和义务劳动，常被称为 Sarvavisti，包括一切可想象的和不可想象的非人道的压迫性质的工作，而又无法违抗。"② 强迫劳动还用于田间劳动，特别是生产稻谷的地区③。在笈多和笈多后时期，村庄的头人还强迫妇女从事各种无偿劳动，包括田间劳动和家务劳动④。

强迫劳动盛于公元 4—10 世纪，公元 6 世纪已有一个受强制的劳动者阶层，但在各地的发展不平衡。从接触的材料看，中印度和西印度的瓦拉比、卡提阿瓦、古吉拉特、马哈拉施特拉以及南印度的泰米尔地区盛于其他地区⑤。到公元 11—12 世纪，由于货币经济的发展，加上人民反对强迫劳动，所以强迫劳动有所减弱⑥。

<h2 style="text-align:center">三</h2>

经济基础的变化必然引起政治等上层建筑方面的诸多变化，所以印度封建生产关系即经济基础确立的过程，也是由经济基础决定并为其服务的上层建筑确立的过程。这里择其最主要的方面作些阐述。

（一）政治上层建筑的变化：由中央集权向地方分权发展

任何一个统治阶级，为了维护自己的统治，首先必须建立起自己的国家政权，这是政治上层建筑的核心。从世界历史的角度看，不同国家和地区，封建社会国家政权的结构不外是中央集权和地方分权两种。印度是后者而不是前者。印度中世纪早期笈多王朝和戒日王朝的中央政权，在形式上同古代孔雀王朝的中央政权有很多相似之处，但中央的实际权力有明显削弱。孔雀王朝（公元前 324—前 187 年）实行家长式的中央集权统治，国家把各种职权集中到中央政府手中，事无巨细，中央政府都要插手管。这种中央集权统治集中地表现在：1. 国王是国家的总代表，掌

---

① 培伦主编：《印度通史》，第 170 页。
② 转引自《赵卫邦文存》下册，第 537 页。
③ D. N. 恰主编：《印度封建社会早期形态》，第 85—86 页。
④ R. S. 沙尔马：《印度封建主义》，第 41—42 页。
⑤ 同上书，第 39、99 页。
⑥ D. N. 恰主编：《印度封建社会早期形态》，第 207 页。

握国家的最高统治权力，王权的象征是对马和象的垄断；2. 中央政府直接控制工商业和农业，对部分矿藏和金属的冶炼实行国家垄断，在全国实行统一的货币和度量衡，并控制主要的交通干道；3. 为了有效地征税，政府除拥有一套严密的管理机构外，还实行严格的户籍登记制度；4. 为了保持良好的社会秩序，防范人民造反，政府实行一整套严密的密探制度来监视人民的行动；5. 虽然没有统一的语言文字，但全国大部分地区已纳入统一的文化体系，即婆罗门教种姓制；6. 虽然未能改造边远地区的社会组织，但边远地区还是处于国家治理之下①。

笈多王朝中央政权机构在很多方面类似于孔雀王朝，如在形式上还是君权至上，国王是行政统治的中心，由王储辅政，其他王子当省督，还有各种大臣和顾问帮助国王料理日常事务②。但国王的实际权力并不大，地方的权力较大。笈多王朝的各级地方官吏不是由中央直接指派的，而是分级委任，各级地方机构都有一定的权力。加上国王赐赠土地，削弱了国王对赐赠地区的财政权和行政司法权。由于土地受赐者直接向村社农民征收地租和其他各种税收，所以不需要户籍法官，而耕种王地的"王民"只要向国家交纳了赋税，其人身是自由的，可以自由离开土地。法显在5世纪初描述中印度的情况时说："人民殷乐，无户籍法官，唯耕王地者乃输地利，欲去便去，欲住便住"③，正是这种情况的写照。这一方面反映了笈多王朝不像孔雀王朝那样，国家对农民实行严格控制，另一方面也反映了王权和中央权力的削弱，当时王权的削弱，还表现在国家失去对马和象的垄断④。总之，笈多王朝的国王和中央的权力只限于由国王直接控制的恒河流域中心地区，对边远地区的省份和藩臣根本管不了，只能满足于地方首领的称臣纳贡。

戒日王朝时期，尽管作为国家君主的戒日王集行政、立法、司法和军事权力于一身，并亲自担任国家总检察官，试图建立一个中央集权的大帝国，但戒日王与笈多王朝的君王一样，最终只能利用封建纽带在北印度建立一个与孔雀王朝不同的、松散的、大体上统一的封建帝国⑤。事实上戒日帝国是30多个封建小王国的集合体，它们保持政治上的半独立地位。戒日王只是凭借武力征服了他们，迫使这些封建小王国承认其宗主国地位，称臣纳贡，提供军事援助。戒日王还通过巡视全国各地，采取笼络和妥协政策，使他们为其效劳。由此可见，当时中央政府同封建地方政权之间没有内在的紧密联系。所以戒日王死后，戒日帝国随即瓦解，北印度再度

---

① 参见刘欣如《印度古代社会史》，第105—115页。

② ［印］罗米拉·塔帕尔：《印度史》（Romila Thapar, *A History of India*）第1卷，1966年版，第144页。

③ 法显撰，章巽校注：《法显传校注》，第54页。

④ R. S. 沙尔马：《印度封建主义》，第25页。

⑤ ［印］罗米拉·塔帕尔：《印度史》第1卷，第144页。

陷入分裂局面①。

严格地说，在印度古代和中世纪早期，只有孔雀王朝的阿育王统治时才建立起全国性的中央集权统治，笈多王朝和戒日王朝的君主试图建立全国性的中央集权统治都没有成功，他们只统治了以恒河流域为中心的北印度。8—10世纪，出现了帕拉、普拉蒂哈拉和拉斯特拉库塔三国争雄北印度的局面，11—12世纪出现了更多的拉杰普特小王国和其他的地方性小王国。总之，在印度中世纪早期，并没有建立起统一的印度大帝国，而是形成许多区域王国统治印度的局面，在这些区域王国里同样实行地方分权，而不是中央集权。造成这种地方分权的原因究竟是什么？这是研究印度古代历史的中外学者必须回答的问题。但时至今日，中外学者对这个问题并没有作出很好的回答。显然，仅仅简单地用"封建化的过程已经开始"来解释这种现象，是不能令人信服的。诚然，由于印度国王赐赠土地和土地多层分封制的发展，从笈多王朝起，逐渐出现了新兴的封建地方势力，他们为了维护自己对广大农民和其他劳动者经济上的统治和剥削，就必然要建立自己强有力的政治上的统治。为此，必须建立起以国家政权为核心的政治上层建筑为其经济基础服务。正是从这个意义上讲，在印度随着封建化的发展，地方分权和封建割据带有某种必然性。但是从世界范围看，究竟是地方分权，还是中央集权，不是绝对的，而是相对的，如西欧很多国家在中世纪的大部分时间处于封建割据状态，只是到13—15世纪时才开始产生中央集权的倾向；中国封建社会从一开始就建立了专制主义的中央集权制；而印度，则是区域王国的地方分权，这些不同情况的出现，是有其深刻的内在原因的。15世纪以前，西欧之所以没有出现中央集权制，是由于封建领主不但能够世代相承地、稳定地占有领地，而且能够终生占有农奴，他们不但具有固定的等级身份，而且在领地上亲自掌握行政权、司法权和军事权。领主不需要在地方上另设一套完整的官僚机构，就能够在庄园里对农奴进行统治。中国的封建地主与西欧不同，是采用租佃制剥削佃农，地主对土地的占有是不固定的，对佃农的占有也不稳定，地主本身不能亲自掌握行政权、司法权和军事权。这些权力从土地所有权游离出来以后，必须归专门的官吏掌握，于是在地主经济之外，凌驾于整个社会之上，形成一套由中央到地方的完整而复杂的官僚机构②。上有庞大的中央国家机器，下有严密的地方郡县制度，两者之间有着紧密的内在联系。中央直接任命、调遣郡县官吏，郡县官吏向中央负责，在政治、军事、法律上服从中央的政令，这就是中国封建社会中央集权的主要

① 参见培伦主编《印度通史》，第161—162页。
② 胡如雷：《中国封建社会形态研究》，三联书店1982年版，第151—152页。

内容。

在中世纪早期，就印度的封建土地所有制和剥削方式而言，既有同西欧和中国相似的地方，又有同西欧和中国不同的地方。从总体上、本质上看，在印度，无论是宗教受赐者还是世俗受赐者，对受赐土地都有永久土地所有权，并有行政司法权，因此我们可以把这些土地受赐者看作封建领主，把他们的受赐土地看作封建领地，这是同西欧相似的地方。但是就土地经营方式即剥削方式而言，印度同西欧不同。西欧主要通过庄园这种组织形式，将庄园内的土地分成领主的自营地和农奴的份地，领主对农奴实行劳役地租剥削。而印度主要通过村社这种组织形式，土地受赐者将土地出租给原村社农民耕种，收取地租，实行租佃剥削，这同中国的封建地主剥削农民的方式相似。但是，由于在印度村社内部，低种姓"犁人"对高种姓地主户对户的依附关系是不变的，所以这种租佃关系是稳定的，这又与中国的情况不同。总之，作为印度的世俗土地受赐者，我们无论把他们称作封建领主也好，还是称作封建地主也好，他们的身份是不变的，他们对土地的占有是稳固的，他们可以利用行政司法权等职权，通过村社这样的形式直接统治农民。因此，不需要建立庞大而复杂的中央和地方的官僚统治机构。这就是印度区域王国并立，在区域王国内又实行封建割据即地方分权的重要原因之一。

另外一个重要原因是以种姓制为骨干的农村公社组织，阻碍了统一国家的形成。农村公社是原始社会向阶级社会过渡过程中保留下来的基层社会组织。到中世纪早期，村社的性质和结构逐渐发生变化，而国家和领主势力却仍依靠村社进行统治。虽然国家和村社之间也有省县机构，但并不重要，只起领主作用，村社才是有效的行政单位，统治的重心在村社。而村社又是以种姓制为骨干，村社与村社之间的关系以村社统治者的高级种姓的宗法关系为纽带，但其范围不大，从总体看，种姓与种姓之间有排他性，整个社会被国界、村界、种姓区别所分割，而封建领主的分裂割据更助长了这种分散性，使印度难以形成一个统一的国家。

（二）意识形态领域的变化：印度教的复兴和种姓关系的调整

历史上所有统治阶级，为了维护自己在政治经济上的统治，都需要有自己的意识形态，它属于上层建筑。以阇提（Jati）制即种姓制作为人们行为规范的印度教，是印度中世纪早期封建统治阶级的意识形态。印度教是婆罗门教在与佛教和耆那教长期竞争中演化而来的。婆罗门教是雅利安人原始社会向阶级社会过渡的产物。婆罗门教义的核心是"羯磨"（Karma）理论，即"因果业报"的理论。按照这种理论，人一造业必有果报，有了果报就要产生轮回。在现世中的果报就是"善有善报"，"恶有恶报"。根据"羯磨"理论，婆罗门僧侣又制定了"达磨"（Dharma），即各个种姓必须遵守的行为规范和准则。他们竭力鼓吹"吠陀天启、祭祀万能和婆罗门最尊贵及种姓制度合理"等三大纲领。他们利用灵魂和因果业报说来支持种姓制度，并从宗教哲学上为其所谓的合理性作解释①。这种教义和理论遭到后起的佛教和耆那教的反对，经过长期的竞争，到笈多王朝，婆罗门教又以印度教的面目出现，重新兴盛起来。印度教同婆罗门教在教义和纲领方面基本一致。由于当时发展生产力的需要，加上佛教、耆那教的"无害"思想即"不杀生"的思想深入人心，所以印度教已不再像婆罗门教那样大力提倡杀牲祭祀，而是以偶像作为崇拜的中心，强调个人通过敬神一样可以达到神的了解。印度教在实践中分为两大派：一派为毗湿奴派，因崇拜三位一体的大神之一的毗湿奴而得名，另一派为湿婆派，因崇拜三位一体的另一位大神湿婆而得名。前者盛行于北方，后者盛行于南方。

　　印度教的复兴反映了婆罗门种姓的得势。婆罗门是印度的最高种姓，是国王赐赠土地的受益者，是当时封建统治阶级的主要成分之一。他们不仅拥有大量土地，而且垄断了科学文化知识，在宗教界居于特殊地位。正如印度著名古代史专家罗米拉·塔帕尔所说："婆罗门真正得势是在笈多时期以后，那时佛教已开始衰落，婆罗门则得到经济基础的支持，人们也需要依靠它来使自己的权力合法化，所以婆罗门已享有宗教权威。"②

　　随着社会经济关系的变化，婆罗门教演化为印度教，与此相应的是，同婆罗门教和印度教紧密联系的种姓制度发生变化，即由阇提制度逐渐取代瓦尔那（Varna）制度。阇提与瓦尔那既有联系，又有区别。在雅利安人部落由原始社会向阶级社会过渡的过程中，随着阶级的分化和社会劳动分工的发展，产生了婆罗门、刹帝利、吠舍和首陀罗四瓦尔那即四个种姓等级。到了中世纪早期，随着生产力和劳动分工的进一步发展，在四瓦尔那内部划分为许多实行内婚制的、不同的职业世袭的集团，这种职业集团称阇提。所以阇提制度是从瓦尔那制度演变来的。从本质上看，它们都是"教阶"制度。其区别在于，瓦尔那是指各种姓在仪礼上的等级地位是不变的；阇提是指各种姓实际的经济地位，是可变的。一个种姓的仪礼地位和实际的经济地位不一定相称，但在实际生活中，这两种称谓不是很严格的。

　　在由奴隶社会向封建社会过渡的过程中，各种姓实际地位的变化，主要表现为吠舍地位的下降和首陀罗地位的上升。这在印度史学界几乎是一致的意见。这也可以从玄奘的记述中得到证实。玄奘在记述 7 世纪前期印度的种姓制度时说："若夫种姓殊者，有四流焉：一曰婆罗门，净行也，守道居贞，洁白其操。二曰刹帝利，王种也，奕世君临，仁如为志。三曰吠舍，商贾也，贸迁有无，逐利远近。四曰首

---

①　培伦主编：《印度通史》，第 56—57 页。
②　［印］罗米拉·塔帕尔：《历史与偏见》第 2 讲，新德里印度全国图书托拉斯 1979 年版，第 32 页。

陀罗，农人也，肆力畴垄，勤身稼穑。"① 这里讲的"吠舍，商贾也"，可能是指吠舍中的一部分人成为商人种姓，地位上升；但还有另一部分人，即原来的自由农民，成为封建的依附农民，地位下降。这里讲的"首陀罗，农人也"，说明为高级种姓耕种土地，原不是首陀罗的主要职业，而现在成为首陀罗的主要职业，地位上升。

印度奴隶制社会如何向封建制社会过渡，是一个十分复杂的问题。本文所论，只是择其最主要的方面提出一些粗线条的看法，以期引起大家的讨论。

（刊于 1992 年第 5 期）

---

① （唐）玄奘、辩机原著，季羡林等校注：《大唐西域记校注》，第 197 页。

20世纪英国政治制度的继承与变异

钱乘旦

20世纪的英国政治舞台是比较寂静的，既没有17世纪的内战，也没有18—19世纪的人民运动和政治改革，但在这寂静的表象之后，英国的政治结构及其运作方式却发生了许多变化，有些方面甚至是质的变异。本文拟对20世纪英国政治制度是如何在保持传统架构的同时，又经历了巨大变动的问题进行考察和探讨。

一 "英国宪政"

自"光荣革命"以来，英国就走上了和平、渐进、改革的道路。所有的变化都在已有结构的框架内完成，未再出现突发性的变革。在这种发展模式中起着基石作用的，正是所谓的"英国宪政"（British Constitution）。

"英国宪政"是一种不成文的宪法，它由历史上形成的许多习俗、惯例或"先例"所组成。由于它建筑在深厚传统的基础上，因此在某种意义上它比"成文的"宪法更牢固。"成文的"宪法很容易被修改，甚至轻易地被推翻。法国历史上曾多次废止宪法，当今世界上一些发展中国家，类似的情形更是层出不穷。"英国宪政"作为一个抽象的概念，却被继承下来。18世纪末，英国保守主义之父埃德蒙·伯克曾说过："我国的政体是约定俗成的体制。这种政体的唯一权威性就在于它的存在源远流长。"[①] 对此，19世纪的德国社会学家马克斯·韦伯说，这是一种"传统的依据"，而英国宪政的合法性源泉在很大程度上就得益于这种"传统的依据"。

但这并不意味着"英国宪政"是僵死不变的。首先，"先例"本身在实践中不断得到发展和创新，推动了英国宪政的调整和完善。1975年，工党威尔逊首相为

---

① 埃德蒙·伯克：《下院代表制度改革》，伦敦1782年版，第146页。

解决在加入欧洲共同市场问题上出现的党内和国内的分歧，决定进行一次全民公决。这在英国历史上是破天荒的，自此以后，全民公决就成了决定国家大事、特别是有争议的大事的一种可供选择的方式。如梅杰政府时期就对英国是否加入"欧洲联盟"的问题，进行了一次全民公决。

20世纪，类似的"先例"也不断形成。例如在1895—1902年，仍然由出身于古老世家的贵族担任首相，承继着18、19世纪的传统；但是后来的几十年中，则一直由"平民"出任首相，似已成为惯例。现在，人们一般都认为只有下议员才有资格充当首相，而贵族出身的首相似乎已经不合时宜了。所以，1963年霍姆勋爵在接任首相时，只好放弃贵族头衔，改称亚历克·道格拉斯－霍姆爵士。但无论是下议员担任首相，还是贵族在放弃爵位后担任首相，这样的"先例"都只是20世纪才形成的，比起更早的先例来，似乎较少"传统的依据"。况且，并没有哪一项法律条文规定首相应该是由平民或是非平民来担任。所以，今后若再出现一位有头衔的贵族首相，那也并非不可以，因为这种做法也有其"传统的依据"。由此可见，即使从先例出发，先例也是有差异的，所以"英国宪政"本身就包含很大的灵活性，它允许在不同时期表现为不同的形式。

英国既然没有成文的"宪法"，那么也就无所谓修改"宪法"的问题了；但"英国宪政"又是随时可以修正或者补充的，实际操作起来比有成文宪法的国家还要简单。在20世纪的英国，一项关系到国家政治制度的立法，哪怕涉及国家的政体，也只需要下议院的简单多数即可通过并最终生效。举例来说，1911年和1949年两个《议会法》对上院的权力大加削减，使权力集中到下院手中。这明显是英国政治制度的重大变革。但这个过程就是依靠下院的简单多数来完成的，并不需要复杂的修宪程序。

从理论上说，每一届政府都掌握着下院最起码的简单多数，否则这届政府就不可能存在下去。这就意味着任何一届政府都可以随意对英国政体的任何部分进行修改，甚至包括彻底改变政体，比如取消君主制或取消上院等。由此看来，不成文的宪法具有更大的不稳定性，随时都可能出现政治动荡。然而，激烈的变动在英国却始终没有出现。这是因为，按照英国的传统，创新也要以"先例"为依据，得不到"传统"支撑的创新很难为多数人所接受。正如一位英国政治学家所说，"英国政治文化的特点在于：在人民方面有合作和信任，在政府方面有温和与节制。由此便产生这样一种情况：政府有几乎不受限制的合法权力，但却以节制的精神行使这种权力。……如此就有必要强调那种真正的牵制力量了：它是由传统通过对温和、得人心、讲道理的政府的承诺而施加于政府的行为之上的"①。

有人把英国"宪法"叫作"柔性宪法",这种宪法的特点是无定型、易变、多变。"一个具有柔性宪法的国家可以通过正常的法律程序改变它的宪法。"② 例如,制定或废除一项法律就可能对宪法的某一部分做出或大或小的变动,长期地保持某种习惯或抛弃某种习惯也可能改变宪法。然而对于英国政治家来说,他们关心的是解决现实问题,"宪法"是否因此受到触动,对他们似乎并不重要。他们从来就不蓄意想要改变"英国宪政",他们考虑的只是现实的需要。即便像《权利法案》(1689 年)、《继承法》(1701 年)这样一些最接近于"根本大法"的法律文件,也只是为了应付当时紧迫的政治需要才制定出来的。英国政治家从来就没有想过要去制定一部"宪法",在 20 世纪也是这样。"英国宪政"是在长期历史发展中自然形成的,而且永远处于形成与变动的过程中。这就使英国宪政既有一种在长时期中缓慢变化的特点,又有很强的连续性,始终维持在传统的框架中,而且要在很长的时间里才能看出其变动幅度和变化方向。在一个相对短的时间里,"英国宪政"似乎就是静止不动的——至少在表面上是如此。

二　政治制度：国王、上院和下院

英国政体由三部分组成:国王、上院和下院。按英国官方的说法:"这三个部分集合在一起,就组成立法机关;作为宪政的单个方面,它们则发挥不同的作用,享有不同的权力与特权。"③

在英国历史上,这三个部分曾先后成为权力的重心。比如在专制时期国王是权力的重心,专制制度瓦解后上院成为权力重心,从 19 世纪起,重心明显向下院转移,到 20 世纪,只有下院才是真正的权力所在,其他两个部分都已经成为陪衬了。不过从形式上看,由这三个部分组成的政体结构却始终没有变化,其中每一个部分似乎仍保留着它昔日的传统地位。

"国王",按理说他和现代民主制度是不相容的,但在英国君主制下不仅被保存下来,而且似乎与英国宪政不可分离。原因何在? 曾任英国驻芬兰大使的詹姆

---

① 庞尼特:《英国政府与政治》(R. M. Punnett, *British Goverment and Politics*),纽约 1968 年版,第 185 页。

② 参见兰德尔《英国政府与政治》(F. Randall, *British Government and Politics*),英国普利茅斯 1984 年第 3 版,第 42 页。

③ 英国中央信息服务中心编:《英国议会》(Central office of lnformation, *The British Parliament*),英国皇家文书局 1965 年版,第 2 页。

斯·凯布尔说："英国君主制的尊严之增长恰与其实在的政治权力之下跌相对应。"① 庞尼特说得更清楚："几百年来，君主制发展的本质特征就在于它对变化中的政权形式的适应性，尤其是近300年来，它演变成了立宪君主制。"② 也就是说，君主制在英国能延续至今，关键在于它改变了自己。

现代君主制的关键是立宪。君主制在20世纪的英国能安然无恙，其原因就在于国王已绝对地放弃了一切实际权力。1913年，伊谢尔勋爵对乔治五世国王说："君主只要按在下院多数支持下的政府大臣的建议行事，他就不会做违宪之事。政府负责制是君主制的保护伞，失去它，王位就不能在政治冲突和激情的急风暴雨中维持长久。"③ 同年，乔治五世（1910—1936年在位）不赞成爱尔兰实行自治，曾考虑使用国王的特权否决议会决定。首相阿斯奎斯给国王写了一份备忘录，告诫他不要行使否决权。其中说："我们现在有一个牢固确立了两百年的传统，即：归根到底，王位的占有者接受其大臣的建议并据此行事。君主可能已经失去了一些个人的权力与权威，但王位却由此而避开党派政治沉浮的风暴。君主制扎根于一个坚实的基础上，支撑这个基础的是悠久的传统和普遍的信念，即：君主的个人地位对延续我们民族的生存起着不可估量的保障作用。"④ 后来，国王打消了使用否决权的念头，服从了内阁。

从理论上说，20世纪的英王仍握有最高权力，他有权任命首相与大臣，解散议会，册封贵族，颁布法令，签署文件和宣战，议和，签订外交协议，授予荣誉称号等。但在实际上，国王只是按政府的决定办事，连国王私人的行动在某种程度上也要受到政府的限制，比如国王离开英国必须得到政府的同意或受政府委托，国王及王储的婚姻也会受到政府的干预。丘吉尔在《第二次世界大战回忆录》中曾记载说，海军军官出身的乔治六世国王（1936—1952年在位）曾想乘军舰出海重温海军之梦，亲眼观看诺曼底登陆的作战行动，但内阁不让他这样做⑤。

那么，当代君主在国务活动中起哪些作用呢？第一，他是国家元首，参加礼仪方面的活动；第二，英王作为国家的人格化，为英国人提供了忠诚的对象，是英国民族团结的纽带；第三，在日常政治活动中，国王可以向政府提供咨询，为政府解

① 詹姆斯·凯布尔：《英国的政治机构及争执点》（James Cable, *Political Institutions and Issues in Britain*），伦敦1987年版，第35页。

② 庞尼特：《下院代表制度改革》，第253页。

③ 哈维、巴瑟：《英国宪政》（J. Harvey and L. Bather, *The British Constitution*），伦敦1965年版，第194页。

④ 1913年9月阿斯奎斯致国王乔治五世备忘录，载戴维·C. 道格拉斯主编《英国史文件集》（David C. Douglas, gen. ed., *English Historical Documents*）第12卷（下），剑桥大学出版社1977年版，第49页。

⑤ 1944年6月3日丘吉尔致国王信，参见丘吉尔《第二次世界大战回忆录》第5卷第4册，商务印书馆1975年版，第952页。

决政治难题提出建议；第四，作为英联邦的首脑，英王还起联邦纽带的作用，英联邦至今犹存，与英王的存在不无关系。

国王还有一个很含糊的权力，即遴选首相。首相如何产生，并没有成文规定，只是按习惯办事。近 300 年来形成的习惯是：首相由议会多数党领袖担任，国王加以认可。但如果大选没有产生多数党（1924 年出现这种情况），或有多数党但没有产生明确的党的领袖（1957 年出现这种情况）时，国王就要发挥比较大的作用了。在 1924 年，乔治五世任命了一个少数党政府即第一届工党政府；1957 年，伊丽莎白女王二世则任命麦克米伦为首相。两次任命都相当出人意料，而且引起争议。虽然国王是在广泛征询意见特别是政界元老的意见之后才做出决定的，但国王个人的选择确实成了决定性因素。1931 年，乔治五世国王做了一个 20 世纪最引人争议的决定。当时，工党首相麦克唐纳辞职，按惯例应由反对党（保守党）领袖组阁。但乔治五世听从了自由党领袖塞缪尔的建议，组织了一个多党联合政府，由麦克唐纳继续担任首相，结果在工党内部形成了巨大的冲击，这个冲击直到第二次世界大战爆发也没有完全平息①。不过到今天，国王在这方面所能发挥的作用已所剩无几了，因为两党都制定了产生本党领袖的正式程序。由于没有党的领袖而需要由国王挑选首相的情况不会出现了。

如果说国王的权力至少在名义上保留下来并在决策过程中仍有一些发言权的话，那么，上院在 20 世纪就完全丧失了实际权力。上院实行世袭制，全体贵族都是上议员，世袭的原则当然不符合现代民主精神，因此改造上院是迟早的事。但迄今为止英国人处理上院的方式仍很特别，只是在事实上剥夺上院曾经有过的大部分权力，而在形式上又尽量不去触动它，使其得以保持原有的尊严。

直至 20 世纪初，上院与下院的权力仍旗鼓相当，不相上下。除财政立法外，它有权否决下院的任何立法。但上院是世袭的，下院是民选的；上院代表较富有的阶层，下院则声称代表普通民众；上院总是为保守党所控制，下院则由选举结果而定。由于这些原因，人们把上院看成特殊的利益集团，与现代社会的民主格格不入。更有甚者，每当其他党派在下院占多数、企图进行某些方面的改革时，保守党占多数的上院总是要阻挠，常与下院发生冲突，造成严重的政治危机。

1911 年，执政的自由党决心彻底解决这一问题。下院通过了《议会法》，其中规定：一项"非财政法案"如连续三次被下院通过而又连续三次被上院否决，那么，只要在下院第一次通过和最后一次通过之间相隔两年的时间，则"尽管

---

① 参见皮尔斯、斯图尔特《英国政治史》（Malcolm Pearce and Geoffrey Stewart, *British Political History, 1867—1990*），1992 年版，第 7 章"工党的兴起，1867—1940"。

上院未通过该法，该法案也将……呈送国王陛下并在取得陛下批准后成为法律"①。这意味着：上院最多只能将一项法案延置两年，两年后法律就自动生效，上院的否决权由此受到极大的削弱。1949年，工党政府通过第二个《议会法》，将上院的延置权减为一年。在实际操作中，一项法案从下院通过到被上院否决至少也要几个月时间，因此，上院事实上能拖延的时间也不过半年多而已。《议会法》实际上把上院的权力几乎全部削减殆尽，一项法案只要在下院通过就可以成为法律，上院无法阻挡，国王则非批准不可。一次静悄悄的革命完成了。从此以后，下院成了国家权力的重心，国王与上院则形同虚设。可以说一个从17世纪内战起就开始的革命过程至此结束了，但是所使用的手段，并不是暴力和突变，而是和平与渐进。

在削减上院职权的同时，上院自身的构成也发生变化，这主要集中在改造上院的世袭性质上。1958年通过的《终身贵族法》规定可以册封"终身贵族"。到20世纪80年代末，上院贵族中约1/4是终身贵族，按这种速度增长下去，大约再过半个世纪终身贵族才会和世袭贵族在数量上持平。但《终身贵族法》并没有解决世袭问题，世袭贵族仍然存在，而且没有法律规定以后不再册封世袭贵族。事实上，从20世纪80年代末开始，又少量地册封世袭贵族了。

为彻底解决世袭问题，20世纪有过许多议论，其中有三次最为认真。第一次是1917年任命的下院委员会（"布赖斯委员会"），翌年该委员会提出报告，建议3/4的上议员应由下院按地区原则选举产生，另外1/4是贵族和主教，由上下两院联合委员会共同选出。第二次是在1948年的各党会议上确定了许多原则，如上院多数不应始终控制在一党手中，世袭权不应自动成为上议员的资格等。会议提议任命"议会贵族"组成上院，未当选"议会贵族"的贵族可以竞选下议员。第三次是1968年由工党政府提出的一份白皮书，提出了以下建议：1. 上议员分为两类，一类有表决权，另一类没有表决权；2. 有表决权的贵族领取薪金；3. 世袭贵族将不再自动取得上院席位；4. 上院延置权减为半年。然而这三次议论最后都不了了之。现在，保守党和工党都承认上院有改造的必要，1981年保守党政府甚至还提出一项"上院（选举）法"，也未获成功。上院始终未能被彻底改造的原因是很奇怪的，按庞尼特的说法，人们害怕"一个经过改造因此得到加强的上院将成为下院的严重对手"②。20世纪，权力重心已完全转移到下院，如果真的把上院改造得"合理"起来并重新发挥其重大作用，那么英国的权力结构就会立即失去平衡。也许正是这个原因，英国上院的贵族传统才一直被保存

① 《议会法》（1911年），《英国史文件集》第12卷（下），第157—159页。
② 庞尼特：《下院代表制度改革》，第267页。

下来。至少从表面上看，在 20 世纪，上院还是那个传统的上院，尽管它已经丧失了实际权力。

那么，目前英国的上院还起哪些作用呢？第一，上院仍然有创议权，即提出法案的权利。各届政府都很乐意把一些两党都同意的法案交给上院去处理，以便让下院能集中精力去解决分歧严重、难度很高的重大问题。上院特别适于处理琐碎、庞杂的事务，1948 年的《公司法》就是一例。这个法案有许多过细的条文，相对清闲的上院有充足的时间去讨论。第二，上院虽不能否决一项立法，但可以拖延对它的修改。上院的延置权可以起到政治"缓冲器"的作用。一项法案在激烈的辩论中被强行通过，经上院拖延一段时间，斗争双方的头脑都会冷静下来，也许能考虑得更周到一些。第三，上院是一个充分发表意见的理想场所，下院负担太重，有些次要问题得不到充分讨论，于是就转移到上院去辩论，各党都可在那里阐述观点。第四，上院是政府大臣的方便的储存所，上议员无须通过选举产生，因此如果出现某个政界要人落选下议员而政府又一定要他担任大臣，或某个专门人才不愿涉足党派之争而政府又希望他主管政府某个部门的情况时，政府就可以用册封该人为贵族的方法，使他成为上议员，从而将其延揽入阁。第四，上院是英国的最高上诉法庭，行使最高司法权，这一职能由 9 位"上诉司法贵族"执行。上院还有一个特别的职务即大法官，他既是上院议长，又是内阁成员、高级行政长官，同时还是全国的最高司法官，集立法、司法与行政三权于一身，在英国政治结构中很独特。但他与内阁共进退，并不是终身职务。

1963 年，议会通过《贵族法》，规定世袭贵族可以放弃贵族头衔。第一个这样做的是第二代斯坦斯盖特子爵（即安东尼·韦奇伍德·本），他放弃爵位，然后参加竞选，成为下议员，属于工党激进派。同年，保守党的霍姆勋爵也放弃爵位，然后进入下院，担任首相。到 1979 年，已有 15 个贵族放弃了自己的头衔。

上院在 20 世纪人数剧增，1901 年只有贵族 591 人，1978 年就达到 1154 人[①]，此后仍逐年增加，这恰恰是上院职权迅速削减的一个佐证。如今，一切社会名流及老资格的政治家（如退隐的前首相）都可能成为上议员，上议员在很大程度上已成了荣誉职位。20 世纪是以上院的权力削减为标志的，英国上院今后向何处去？这将是人们密切关注的问题。

就在上院职权削减的同时，下院权势却急剧增长。下院是英国权力的真正重心，它由直接普选产生，在理论上获得了充分的合法性。因此，它自称是全体英国人民的代表，具有最高的权威，拥有最大的权力。按照惯例，下院多数在英国政治

---

① 本文各种数字均取自巴特勒、斯洛曼《英国政治实况，1900—1979 年》（David Butler and Anne Sloman, *British Political Facts*），纽约 1980 年第 5 版。

制度中具有无与伦比的威力，没有这个多数，政府就不能运转，法律就无法制定，一切政治机构都将瘫痪；而拥有了下院多数，就可以在英国做出任何想做的事——制定法律，废除法律，下达行政命令等，如果它愿意，甚至可以改换政体、废除君主制。

从理论上说，民主制在 20 世纪的英国下院体现得相当充分。在选举权方面，19 世纪末已基本实现成年男子普选权，20 世纪主要是使妇女取得选举权。1918 年的《人民代表权法》规定，30 岁以上"有财产"的女子可以进入选民行列，10 年后另一个《人民代表权法》使全体妇女获得选举权。1948 年起实行彻底的"一人一票"制，取消过去某些特殊人物所保有的复投票权（《选举权法》）；1969 年第三个《人民代表权法》把选民年龄资格从 21 岁降为 18 岁。现在，凡年满 18 岁的英国公民都可以参加选举，用无记名投票的方式直接选举议员。

在被选举权方面，除公务人员、神职人员、贵族等少数情况外，凡年满 21 岁的英国公民都有当选为下议员的权利。下议员领取薪金，20 世纪初年薪为 400 镑，1988 年已近 2 万镑，此后仍不断增加，并享受各种补贴。议员领取薪金使社会下层人士（如劳工）也可以出任议员，否则，"工党"就站不住脚；但同时议员又成了一种"职业"，使他有可能从"职业"利益出发来考虑问题，把议会看成一个"同业公会"。

在议席分配方面，20 世纪实行单一选区制，即每个选区选出一名议员。名义上各选区的选民数应基本相等，但在一个流动性大、经济地理状况又很不相同的国家，这几乎是不可能的，英国最大的选区约有 21 万选民，最小的只有 1.1 万，而多数选区为 3.5 万—10 万。"平等选区"的原则多少还是存在的，基本上实现了 19 世纪人们所向往的这一原则。

从 1883 年起，议员竞选费用受到了法律的严格限制，以求杜绝贿选现象。目前规定候选人最高费用为 2700 镑，外加选民追加数（城市每一选民追加 2.3 便士，乡村 3.1 便士）。在实际操作中，选举费用差别很大，比如整个选区只有一个候选人时，费用不超过 200 镑；如果参选者多，情况就很难说了。1974 年 10 月大选中，全国的竞选费用达 216 万镑，平均每个候选人为 963 镑。通过对竞选费用的严格限制及其他种种措施，基本上消除了 18—19 世纪选举中曾一度盛行的腐败现象，使竞选大体保持了公平和廉洁。

整个来看，英国的选举制度到了 20 世纪似乎是完美的，在各个方面都体现了民主的原则。但问题是，所谓的议会多数是如何产生的？"多数"的含义究竟是什么？回答这个问题，是理解 20 世纪英国政治制度的关键所在，因此需要给予特别的注意。

按照规定，议会选举采用"领先者获胜"的原则，即在同一个选区中，得票最多的候选人当选；得票最多并不意味着一定要过半数，当选的候选人也许得票率很低（比如 30% 或 40%）。这种做法的优点是手续简化，避免一轮又一轮的反复投票，而且很容易在议会产生一个稳定的多数，为英国两党制提供了制度上的保证。但"领先者获胜"存在很大的缺陷，即当选议员不一定体现本选区多数选民的意志（而这正是"民主"制度的基本原则）；假如在一次大选中全国有许多选区同时出现当选者得票率不到 50% 的情况，这就意味着新选出的下院并不代表全国选民的多数，由此产生的"多数党"实际上并不由"多数"选出，英国议会制度中作为基本原则的"多数原则"就被破坏了。事实上，1945 年以来，没有一个政党在大选中得到过 50% 以上的选票，1974 年两次大选中产生的"多数党"，其得票率甚至不到 40%。这样一来，前面说过的下院多数的权威性基础就动摇了。"多数党"既不能代表真正的多数，如何能以多数的名义进行统治呢？更有甚者，"领先者获胜"的原则还可能使得票较多的党反而得到较少的议席，成为"少数党"。比如在 1974 年 2 月的大选中，保守党得到 37.9% 的选票，比工党多 0.8%，但是它获得的议席却比工党少 4 个。出现这种情况的原因是：保守党选票分散在太多的选区里，结果在多数选区都没有"领先"。工党得票虽少，但选票集中在一批选区，从而赢得了更多的席位。

还有一个因素也影响"多数"的真实性，这就是实际参加投票的选民数。20 世纪参加投票的选民比例最高时达 86.6%（1910 年），最低只有 58.9%（1918 年），一般保持在 70% 以上。用百分比乘"多数党"的得票率，"议会多数"所代表的选民从来就只是少数。1979 年撒切尔夫人政府上台时，保守党获得了 43.9% 的选票，当年的投票率是 76%，比例并不算低，但若将这两数相乘计算，这届议会中保守党的"多数"实际上就只代表 33.3%（即 1/3）的选民了[①]。

既然选民的"多数"是如此，那么议会中的"多数"又如何呢？

英国实行的是"责任制政府"，即政府对议会负责。按惯例，在正常情况下，政府必须由议会多数派组成，这个多数派可以是一个党，也可以是几个党的联盟。首相由多数党领袖担任，各部大臣都必须是议员（或为下议员，或为上议员），政府集体对议会负责。政府只有获得下院多数的支持才能维持下去，倘若下院多数对政府投不信任票，或在一项重大表决中击败政府，则政府要么辞职，要么建议国王解散议会，举行新的大选。政府的一切决定都必须经下院同意，政府要接受下院的质询，回答下院的任何问题，为自己的行为辩护。由此可知，只有掌握议会的多数，政府才能维持下去：一个由微弱多数组成的政府是极不稳固的，一个少数派政府随时都有可能倒台。因此，维持下院多数就成了每一届政府生命攸关的大事。那

---

① 以上数字见《英国政治实况，1900—1979 年》，第 206—210 页。

么，20 世纪的英国，依靠什么来维持下院的"多数"呢？这需要从它的政党政治来说明。

三　政党与政党政治

18 世纪，英国政府靠行贿、受贿、封官许愿操纵下院多数，腐败是政府运作的润滑剂。19 世纪中期，议会步入"黄金时代"，当时议员拥有较大的自由度，政府必须凭借政治手段才能维持微妙的议会多数。从 19 世纪后期起，政府越来越靠政党来保证下院的多数；到 20 世纪，英国政治就成了典型的"政党政治"。

政党的作用在选区中就充分体现出来。和 19 世纪不同，20 世纪的政党都有完善的地方组织系统，专门负责竞选工作。按通行的做法，地方党组织负责推选本党在本地区的候选人，如果得不到某个地方党组织的支持，几乎任何候选人都不可能当选，他无法承担沉重的竞选费用，也无力在一个流动多变的社会中从事宣传、鼓动和组织工作。这些工作都是由地方党组织的专职干部来做的，候选人在很大程度上依赖他们。但候选人必须支持党的纲领，如果和党的地方组织有分歧，他就得不到支持。例如，1956 年，保守党议员尼科尔森因赞成废除死刑并在苏伊士运河事件中投弃权票，结果在保守党地方组织的信任表决中失利，于是他不得不表示下次不再竞选连任。同年，工党议员埃文斯也在苏伊士问题上投弃权票，结果工党地方党组织要求他辞职，他不得不服从①。从这些例子可以看出，地方党组织在决定本党候选人方面起着决定性的作用，但这就使议会的"多数"原则受到进一步的损害，因为所有议员都是由一小批党的专职干部挑选出来的，根本谈不上选民"多数"。这种情况与 19 世纪有很大不同，当时由于没有党的地方组织，选民保留着较大的选择自由。

到了 20 世纪，议员一旦进入议会，就受到本党议会党团的纪律约束。英国政党对普通党员没有纪律要求，也无法控制他们如何投票。唯一能够约束的是议员，而且控制了议员也就控制了本党在政治上的实力。因此，各大政党在下议院都设"党监"及协助他工作的若干名"助理党监"。他们的任务是负责督促本党议员在议会服从党的纪律，与本党的政治立场保持一致。更重要的是：在重大问题付诸表决时，党监们便要求本党议员全体出席议会。有时候表决结果仅取决于一两票之差，因此议员不到会表决就要受到党的严厉惩罚。最有效的惩罚手段就是在下次选举时不提名他为议员候选人；有时，议会党团还会将其开除出党。

① 参见庞尼特《下院代表制度改革》，第 250—251 页。

政党对议员为什么要严加约束？因为下院的表决决定着一个党的命运。执政党必须保证在一切重大问题上获得多数支持，否则就要下台；反对党要争取在关键时刻击败执政党，从而迫使政府辞职，或提前举行大选。当然危机出现在两党有严重分歧的问题上，两党都会将其视为原则性的问题。议员必须按照党的指示投票，否则就会失去本党的支持，断送政治前程。议会表决时的"多数"实际上是由党的领袖操纵的，在多数场合下则是由政府（执政党）操纵。政府通过政党控制议会的多数，因此，与代议制政府在理论上的运作方式恰恰相反，事实上不是政府听命于议会，而是议会听命于政府。这种理论与实践的倒置，是 20 世纪英国政治制度的最大特点。

议员若不同意本党政策，他可以投奔另一党，在众目睽睽之下从下院的一边穿过中间过道走到另一边，加入对方阵营。丘吉尔在 1905 年就是这样做的①。不同意见也可采用另一种形式表达出来，即"后座议员"（本党普通议员）造反。1922年保守党后座议员反对本党继续奉行支持自由党首相劳合·乔治的政策，结果导致联合政府垮台，党的领导也随之更替②。1994 年梅杰首相也遇到后座议员造反，反对他对"欧洲联盟"的让步。议员叛党和后座议员造反都可能使执政党失去议会多数，进而导致政府更迭。这些情况使党的纪律显得更为重要，党必须牢牢地控制自己的议员。

既然政党在 20 世纪政治中发挥了如此巨大的作用，那么加强政党的组织建设就具有重要的意义。1832 年之前，下院中多数议员是在贵族的支持下当选的（1815 年前后 600 多名议员中有 471 人就是如此），于是议员们都各事其主。当时操纵国家命运的大寡头只要在政治的最高层结成松散的同盟就可以控制议会。因此，那时的政党既没有固定组织，也无正式领导。辉格党和托利党都是这样。1832 年以后，中等阶层进入政治领域，对新选民的组织工作提上议事日程，于是一些地区出现了政党的地方组织，比如 1832 年在利物浦组成了保守党协会，此后类似组织又在其他地方出现。1867 年以后，工人阶级的一大部分取得选举权，政党的组织作用更加重要。第二年，保守党成立了"全国保守党同盟"，1870 年成立了中央办公厅，由"党监"们负责掌管。1874 年，保守党在大选中获胜，迫使自由党也建立全国性机构，很快就出现了"全国自由党联合会"；同时，两党地方组织也普遍建立起来，形成了从全国到地方的完善的组织系统。

---

① 1905 年，丘吉尔以在自由贸易问题上与保守党的分歧为由离开保守党，投奔自由党阵营，此后在自由党人领导的政府中担任了 16 年大臣，1924 年又回到保守党。参见亨利·佩林《丘吉尔传》，东方出版社1988 年版，第 4、14 章。

② 参见拉姆斯登《鲍尔弗与鲍德温时代》（John Ramsden, *The Age of Balfour and Baldwin, 1902—1940*），伦敦 1978 年版，第 165—166 页。

工党的崛起，是 20 世纪英国政治史上的一件大事。1884 年，整个工人阶级获得了选举权，这使工人选民的政治组织工作迫在眉睫。1893 年，"独立工党"在布雷德福召开的一次工人代表会议上成立。1900 年，工会代表大会在伦敦召集会议，各社会主义团体（费边社、社会民主同盟等）派代表出席，会上成立了"工人代表权委员会"，专门负责选举工人议员的事务。1906 年，该委员会改称"工党"。工党成立后很快取代了自由党，在不到 20 年的时间里它就成了英国的两大政党之一①。

工党取代自由党的重要原因，是它夺走了自由党选民，使自由党成为无本之木。19 世纪末，保守党逐渐侵占了自由党的地盘，并争取到了许多中等阶级的选民。自由党不得不转而依靠新获得选举权的工人阶级选民，但在经济上，它又不能代表工人阶级的利益。工党成立后，工人选民很快就被它吸引过去。英国的政治传统一直处于两极化状态，其选举制度也保证两党制。自由党被挤到中间地位之后，很快就成了无足轻重的配角。

"中间立场站不住"，多年来的实践证明了这一点。20 世纪，还有一次对两党政治构成严重挑战的事件，那就是 1981 年成立的"社会民主党"。社会民主党一开始就站在工党和保守党之间，并且与残存的自由党结成同盟，企图建立一个强大的中间力量。但这种企图最终还是失败了②。

在其他小党中，有一些是极端的政治派别，如 20 世纪 30 年代出现的"法西斯同盟"。但多数小党是民族主义政党，如爱尔兰的新芬党，苏格兰的民族党，威尔士的民族主义党等，它们在英国政治生活中多少都起过或正在起某些实质性的作用。1993—1994 年，新芬党与英国政府的会谈又一次引起人们对爱尔兰问题的关注。英国共产党成立于 1920 年，目前大约有 9000 名党员（1990 年），它在历史上一共产生过 5 名议员。

保守党和工党有哪些不同？在组织方面，保守党由三条交叉线组成：第一条是议会党团，第二条是全国同盟和党的地方组织，第三条是中央办公厅。议会党团是真正的组织核心，它是党的领袖和中心实体；全国和地方党组织是党的"运动"，它为这一政治组织提供民众支持；办公厅是党的办事机构，为党的实际活动服务。全国同盟每年召开年会，讨论党的纲领，但年会却没有约束力。保守党实际上是由领袖控制的，政策也由领袖制定。议会党团中有一个后座议员的自发组织，称为"1922 年委员会"，虽然属非官方性质，无权参与政策制定，但

---

① 关于工党的早期发展，参见佩林《工党简史》（Henry Pelling, *A Short History of the Labour Party*），伦敦 1965 年第 2 版。

② 参见英格尔《英国政党制度》（Stephen Ingle, *The British Party System*），第 8 章"中间立场站不住"，牛津 1989 年第 2 版。

执政的保守党领袖却经常应召参加其会议，回答后座议员的问题，听取他们的意见。迟至 1975 年，保守党才制定出由议会党团选举该党领袖的程序。在此之前，其领袖是由党内元老征求各方意见后推荐出来的，他往往要经国王任命为首相后才正式成为党的领袖。

工党的基础是工会，1918 年以前它只吸收集体党员，所有加入工党的工会和社会主义团体的成员，从理论上说都是党员。1918 年以后开始吸收个人党员，隶属地方党组织。工党设有全国执行委员会，由每年召开一次的党代表大会选出并执行其决议。执委会对工党议会党团有很大影响力，而工党议会党团在制定政策中又起着重大作用。工党领袖由选举产生，最初由议会党团选举，1981 年调整了选举方法，使工会获得 40% 的发言权，选区工党组织和议会党团各得 30%，因此工会对工党的发言权增大了。但 1994 年，41 岁的托尼·布莱尔当选为工党新领袖，他上台伊始就声称要削减工会对工党的影响，这引起了英国朝野的极大关注。今后工党如何调整和工会的关系，将是英国政界的一件大事。目前，工党议会党团有一个 12 人组成的委员会，称"议会委员会"，这 12 人加上党的正副领袖，上下院工党领袖和上下院工党党监等 6 人形成党的真正的领导集团，是工党的前排议员。

在党的领导层的社会构成方面，两党差别正逐渐缩小。根据 20 世纪初的统计，保守党议员主要由两部分人组成，其中专业人员（律师、医生等知识分子）占 52%，经营管理人员占 32%；而工党议员中工人占 72%，其"工人党"性质显得非常突出。但从 40 年代起，情况发生了很大变化。保守党基本维持原样，工党工人出身的议员则逐步降到 40% 以下，甚至只有 20% 多，专业人员比例则上升到 30%—40% 甚至近 50%。现在，两党议员中最大的职业集团都是专业人员。两党议员在文化程度方面的差距也在迅速缩小，1906 年（工党成立），保守党议员中有 57% 受过高等教育，工党则无一人。1979 年，保守党议员中受过高等教育的比例为 73%，工党为 57%，两党议员的社会经历和心理素质实际上在日益接近[①]。

这种接近越来越反映在政治立场上。工党刚出现时，曾被当时的两大党（保守党和自由党）共同视为危险的敌人，特别是 1918 年工党发表"以生产资料公有制"为基础的正式纲领[②]后，情况更是如此。但是工党在 1924 年和 1929—1931 年接连两次执政所取得的政绩表明，它不过是英国现存政治体制内的一支力量。这以后，工党就以两大党之一的面貌出现了，尽管其"公有制"纲领从未取消，但实

---

① 　数字见《英国政治实况，1900—1979 年》，第 168 页。

② 　参见 W. N. 梅德利科特《英国现代史》，商务印书馆 1990 年版，第 109 页。

际上它并不打算全面执行①。第二次世界大战后大约 30 年的时间里，两党轮流执政，其基本政策并没有太大差别，包括福利主义和部分工业部门的国有化问题。《泰晤士报》发表的一篇文章在谈到撒切尔夫人上台前的保守党时说，"那些人（指保守党）相信：像他们自己这样的人舒舒服服地坐在顶层，有责任关照处于底层的人，就如军官照料他的军队、地主照料他的佃户那样。由于他们的私人财产缩减了，他们就把国家当作行此善举的施主，于是福利国家被接受了，保守党几乎变成另一个工党"②。这 30 年是 20 世纪保守党和工党的"举国一致"时期。此后，以撒切尔夫人上台为标志两党间又拉开了距离。

两党的社会基础曾经有过相当大的差别，但从 20 世纪 70 年代开始则迅速缩小。1967 年还有学者认为："阶级是英国政党政治的基础，其他都是摆摆样子的，是小事。"③ 但 20 年以后的情况就大不相同了，阶级的分野变得模糊起来。大体来说，工党的社会基础主要是体力劳动者及其家属，保守党的社会基础主要是非体力劳动者。这在 70 年代以前表现得十分明显，1966 年大选，工党的得票中 81% 来自体力劳动者，保守党得票中 60% 来自非体力劳动者。1963 年一项调查表明：在公开表示支持这两大党的选民中，72% 的体力劳动者支持工党，75% 的非体力劳动者支持保守党。1966 年以后情况发生了变化，工党支持者中体力劳动者比例减少，非体力劳动者比例增加；保守党支持者中则呈现出波动性变化。两党社会基础的差别正在缩小。图 1 是 1959—1979 年 7 次大选中两党获社会阶层支持的情况（见1012 页）。

图 1 表明，工党在更大程度上依靠的是单一社会阶层的支持，而保守党的社会支持面则比较广泛④。这种情况导致工党在 20 世纪 70—80 年代的大选中成绩不佳，因为只要体力劳动者阶层与工党矛盾加深，工党就得不到足够的选票。1994年，工党新领袖布莱尔宣称要拉开与工会的距离，道出了工党企图争取更广泛的社会阶层支持的意向。

从图中还可以看出，两党虽然都有各自的社会基础，但都从对方的基础中控制了相当多的支持者。从 20 世纪初至 70 年代，体力劳动者占选民总数的大部分，保守党要想上台执政，就必须在体力劳动者中寻求支持。因此，在它的纲领中必须加

---

① 从 20 世纪 60 年代起，工党领袖多次提出修改党章第 4 条（即"公有制条款"）的问题，一直没有结果。

② 塞尔登主编：《1945 年以后的英国政党》（Anthony Seldon, *UK Political Parties Since 1945*），纽约 1990年版，第 18 页。

③ 普尔策：《英国的政治代表权与选举》（P. Pulzer, *Political Representation and Elections in Britain*），伦敦1967 年版，第 98 页。

④ 莫兰：《英国政治与社会》（Michael Moran, *Politics and Society in Britain*），伦敦 1989 年第 2 版，第65 页。

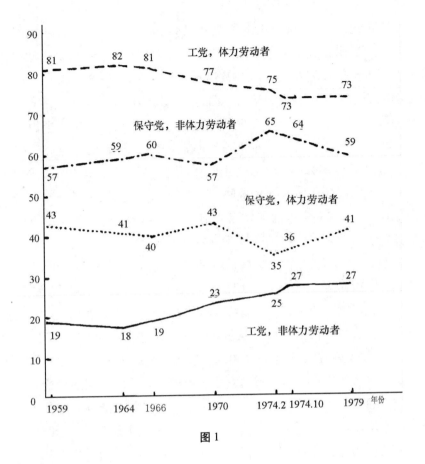

图 1

进一些吸引体力劳动者的内容。这就是保守党为什么认可福利制度的根本原因。另外，工党能够吸引的体力劳动者逐渐减少，它要赢得多数的支持，就必须到非体力劳动者中去拉选票。可是这样一来，又要偏离党的既定政策：到底对"中等阶级"作多少让步才恰如其分？工党的内部政策分歧一直比保守党大得多，这是它在多次大选中成绩不佳的重要原因。

四　政府运作与首相

以上考察了英国政治制度中的许多方面，最后来考察一下其政府的运作情况，政府实际上是当代英国真正的权力聚焦点，有些学者说它是"内阁独裁"或"行政专制"。撇开各种纯理论的推断，如今英国政治制度的真正运作情况是：政党以竞选为手段，产生一个选举出来的议会"多数"；借此组成政府，由多数党领袖担任首脑；政府组成之后，再反过来通过政党控制议会，使英国的政治机构在"多数"的原则下得以运行。从理论上说，是议会立法来指导政府；然而在实践上，立法草案绝大多数出自政府之手，因此又是政府在指导议会的立法，政府依靠政党来约束本党议员，使他们在表决时与政府保持一致。20 世纪，议会和政府的关系实际上是颠倒的：不是议会控制政府，而是政府控制议会。关于这一点，担任过工党大法官的埃尔温－琼斯勋爵于 1984 年在上院说："政府正对议会做出巨大的伤害……人们越来越担心下院和上院正在变成符号，而政治权力已完全落入行政之手。"[①] 甚至早在 1950 年 5 月 17 日，上院在辩论一项决议时就指出，"内阁正在增长的权力对国家的民主宪政是一个威胁"[②]。在 20 世纪只发生过一次政府丢掉控制议会多数的情况，即 1979 年的卡拉汉政府[③]；其他历届政府都成功地保持着对议会多数的控制。由此可见，英国的行政权是相当稳固的。

人们还发现：政府作为一个整体也失去了权威，实权已落到了首相手里。1964—1970 年在工党政府中连任数职的克罗斯曼曾抱怨说，他任职期间从未对政策的制定产生过影响，政策都出自首相一人。丘吉尔担任首相时说过："我所需要的一切，就是在适当的讨论之后听从我的意见。"[④] 霍姆勋爵在担任外交大臣时则说："每个阁员在某种意义上都是首相的代理人——是他的助手。……内阁是首相的，首相是为内阁的所作所为直接对女王负责的人。虽说内阁还讨论某些事，但却是首相决定内阁的集体意见是什么。大臣的任务是尽其所能为首相分担工作，但无论哪个大臣都不能在未与首相商量前采取任何真正的重要行动。不过，如果首相想采取某个步骤，那么有关的内阁大臣要么同意……要么他就辞职。"[⑤] 因此有人说，英国政府起初是"国王陛下的政府"，然后是"内阁政府"，现在则是"首相的政府"。

20 世纪，首相的权势确实很大。1936 年，国王爱德华八世（1936 年 1—12 月在位）退位时，首相鲍德温在这次事件中就起了决定性的作用，国王几乎是被他强迫退位的。第二次世界大战中，丘吉尔的权威无与伦比，一切重要决策大都是他一个人说了算——这当然和战争有关[⑥]。1962 年 7 月，麦克米伦一次就解除了 7 名内阁大臣（占内阁总数的 1/3）和 9 名非内阁级大臣的职务，此事曾被称为"长刀

---

① 朗福穗勋爵：《议会上院史》（Lord Longford，*A History of the House of Lords*），伦敦 1988 年版，第 185 页。

② 哈维格斯特：《转型中的英国》，第 627 页。

③ 政府的这次失败，导致撒切尔夫人上台，开始了保守党迄今为止长达 16 年的执政。参见皮尔斯、斯图尔特《英国政治史》，第 500—501 页。

④ 转引自克里克《议会改革》（Bernard Grick，*The Reform of Parliament*），伦敦 1966 年版，第 18 页。

⑤ 克里克：《议会的改革》，第 36—37 页。

⑥ "我决不能允许目前政府成员之间出现任何裂痕。我们这个政府是在危机时刻成立的，其任务是团结各党派，协调各方面的意见。"参见亨利·佩林《丘吉尔传》，第 476 页。

之夜"，表明首相的地位远远超出于大臣之上。撒切尔夫人更是以其领导作风强硬而著称，正如有的学者所说："与多数首相不同，她不仅主持内阁讨论，还积极参与其中，通常出现的情况是：她支配他们。"① 就连在一般人眼中温文尔雅、无甚魄力的梅杰首相，也在 1994 年夏天一次更换了 4 名内阁大臣和几名非内阁大臣，重演了另一出"长刀之夜"。许多人认为，英国首相的权力实际上比美国总统还大。美国总统必须随时当心国会惹麻烦，随时准备应付国会的挑战；英国首相则在绝大多数场合下控制着议会，不必担心议会捣乱。美国政府必须为他所任命的每一位政府部长争取国会的批准，英国首相则可以愿意任命谁就任命谁，愿意打发谁就打发谁，并没有义务一定要和什么人商量政府的组成。美国的立法权完全控制在国会手上，英国的法律草案则基本上出自政府，而政府这条船的船长是首相，一切有关航行的命令都是由首相发出的。

五　结束语

我们可以用这样一个比喻来简述英国政治制度以及它在几百年中的变化情况：英国政治制度仿佛是一部大机器，它依靠传统的惯性在运转。在运转的过程中，有时这个部位显露出来，有时那个部位显露出来，于是人们看到的是，国家的权力重心从国王转到上院，再从上院转到下院，首相和政党都在这部机器中运转，只不过它们彼此间的相对位置不同而已，各个部分在不同时期表现出不同的重要性。然而从整体上看，这架机器似乎从来都没有被改装过，因此在表面上它始终是那同一部机器。20 世纪的英国政治制度，就是这样一个连续过程中的延续阶段。

（刊于 1995 年第 2 期）

---

① 金主编：《英国首相》（Anthony King, *The British Prime Minister*），伦敦 1986 年第 2 版，第 117 页。

中世纪西欧教会法对教会与国家关系的理解和规范

彭小瑜

中世纪的西欧教会法对教会与国家关系的阐述，建立在教会神学家和法学家对教会和国家这两种制度的理解之上。教会法是中世纪西欧最完善的法律体系。教会法独特的性质既体现了基督教信仰，也深刻地影响了教会法学家对教会与国家关系的看法。本文拟探讨教会法关于教会与国家关系的理论，以及这一理论是如何应对复杂多变的现实政治的。

一　教会法文献

中世纪西欧教会法的基本文献是《教会法大全》（Corpus iuris canonici），最常用的版本分为上下两卷①。上卷是格兰西编《教会法汇要》（Decretum，编成于1140年前后），下卷是5部《教皇教令集》。15世纪末，这6部教会法著作被出版商编印为一套与《民法大全》相对应的教律集，但直到1566年教皇庇护五世才任命一些红衣主教和教会法学者审定全文②。1582年教皇格里高利十三世正式批准发布教廷官方的《教会法大全》。教会法文献的另一重要部分是法学家对上述6部著作的诠释。

---

① 本文写作得到国家教委留学归国人员科研启动基金的资助。文中所用的《教会法汇要》是福里德伯格的版本，A. Friedberg（ed.），*Corpus iuris canonici*，part 1，*Decretum Magistri Gratiani*，Graz，Akademischen Druck – U. Verlagensanstalt，reprint edition，1959. *Decretum* 是惯用的标题。这一著作原本的题目是 *Concordia discordantium canonum*。参看 F. Heyer，"Der Titel der Kanonensammlung Gratians"，in *Zeitschrift der Savigny – Stiftung für Rechtsgeschichte*，Kanonistische Abteilung，Vol. 2（1912），pp. 336 – 342；"Namen und Titel des Gratianischen Dekrets"，in *Archiv für katholisches Kirchenrecht*，Vol. 94（1914），pp. 501 – 517。

② 即所谓的"罗马修订者"（Correctores Romani）。

《教会法汇要》由三部分组成：第一部分由 101 节组成（Distinctio，在引文和注释中简写为"D"），每节包括数条至数十条教规（Capitulum，在引文和注释中简写为"c"）。第 1—20 节讨论法学的基础理论，其中第 10 节的主要内容是教会法与世俗法的关系；第 21—80 节讨论神职人员的选拔和提升；第 81—101 节比较杂乱，讨论主教的素质、教会经济和济贫等问题，也涉及教会与国家的关系。

第二部分由 35 个案例（Causa，在引文和注释中简写为"C"）组成，每个案例包含数个问题（Questio，在引文和注释中简写为"q"），每个问题下有数条至数百条教规。第 1 案例讨论神职买卖的弊端；第 2—6 案例讨论教会法之程序；第 7—10 案例讨论主教的职权；第 11 案例讨论犯罪神职人员的审理；第 12—14 案例讨论教会经济；第 15 案例讨论一些特殊的程序法问题；第 16—20 案例讨论修道院；第 21 案例讨论与教堂神职人员有关的问题；第 22 案例讨论誓约和假誓；第 23—26 案例讨论异端；第 27—35 案例讨论教会之婚姻法。第二部分中的问题之一（C. 33，q. 3）是一篇独立的讨论基督教忏悔的文章（Tractatus de penitentia），分成七节（Distinctio，其第一节第一条教规在引文中简写为 D. 1de penit．，c. 1）。

第三部分主要涉及基督教圣礼（Tractatus de consecratione），共四节（Distinctio，其第一节在引文中简写为 D. 1de cons.），每节有数十条到百余条教规。

格兰西在教规前后的评注（dictum ante 和 dictum post，在引文和注释中简写为"d. a."和"d. p."），不仅是他对所引教规的注释，而且常常是他对整节或整个问题所做的总结。本文主要通过《教会法汇要》讨论中世纪西欧教会与国家的关系。

二　教会法论教会与国家

教皇吉雷西乌斯一世（492—496 年在位）担任教皇的时间不长，在教会的政治理论方面却留下了深远影响。他著名的《第十二篇书信》是写给东罗马皇帝阿纳斯塔西乌斯的，提出了世界由教皇和世俗君主两种力量来统治。神职人员要负责完善君王的精神和品格以便后者的灵魂能得到拯救，所以地位更重要一些。君王凌驾于万民之上，其权威来源于神，在世俗事务上教会应服从国家法令。在与圣礼和信仰有关的问题上，君王应听从教会，尤其是统领全教会的教皇所做的决定[1]。吉雷西乌斯一世的原则是清楚易懂的，但应用到政治实践上却非常困难，因为在一个基督教国家里区分世俗和宗教事务往往是十分困难的。他的思想在格兰西的《教

---

[1]　Gelasius I，*Epistolae* 12，2，参见 *Patrologiae latinae supplementum*，Vol. 3，p. 20。

会法汇要》里得到了更清晰和系统的论述。

格兰西的政治思想与 11 世纪格里高利七世所倡导的教会改革之余波有一定关系。格里高利七世激进的改革主张只是当时教会改革运动的一部分,改革从地域、时间和纲领上都不限于他在位期间的罗马教廷①。12 世纪初,授职权之争已近尾声,神职买卖、神职人员独身以及相关的政治问题都逐渐解决或消退,剩下主要的是主教授职权问题。通过 1122 年的"沃尔姆斯教皇—皇帝协定",这一问题也以妥协的方式解决,教会和德国皇帝的权限范围得以区分清楚,教会独立的法律地位得到承认②。此时教会内部激进派仍嫌对世俗王公的主教授职权限制不够,但温和的教会人士认为改革现在应以内部的整肃和提高为重点,即在确认教会是一个独立的法律实体、划清教会与国家职权界限之后,致力于提高神职人员的素质,增进教徒的信仰,改善道德生活水准。《教会法汇要》证明格兰西属于后一种改革派,他对于教会和国家的看法是同他的这种改革主张分不开的③。

毫无疑问,格兰西坚持并且清楚地声明教会是一个独立的法律实体。他认为,基督教信仰不仅意味着信徒同上帝建立了一种特殊的关系,而且意味着信徒之间也因共同信仰形成了一个互助互爱的团体。这种基督之爱一方面体现为信徒在信仰和情操上的互相督促,另一方面则通过神职人员的权威体现在教会的治理上,所以有教会法和教会法庭,也有必要划清教会和国家的权限。格兰西从三个方面讨论了教会的法律地位。

首先,教会法和世俗法是人法的两大组成部分,都受制于自然法,而自然法即是上帝通过《圣经》启示给人们的神法④。格兰西认为教会法独立于世俗法之外,与之地位相当。如前所述,在《教会法汇要》中,最前面的 20 节专门论法学理论(D. 1—D. 20,即所谓的 Tractatus delegibus),格兰西在阐述许多法学理论问题时并不区分教会法与世俗法,给予教会法与世俗法同等的地位。法规由国王和皇帝所制定,但也可由教会制定;不管是世俗法规还是教会法规都要求人们履行义务,都

---

① U. - R. Blumenthal , "The Beginnings of the Gregorian Reform: Some New Manuscript Evidence", in Blumenthal (ed.), *Reform and Authority in the Medieval and Reformation Church*, Washington D. C. : The Catholic University of America Press , 1981, pp. 1 - 13. 布氏是当代格里高利七世和"授职权之争"研究权威,参见 *The Investiture Controversy : Church and Monarchy from the Ninth to the Twelfth Century*, Philadelphia : University of Pennsylvania , 1988。

② K. A. Fink , *Papsttum und Kirche im abendl ändischen Mittelalter*, Munich : Beck , 1981, pp. 36 - 39. "沃尔姆斯教皇—皇帝协定"拉丁原文见于 *Monumenta Germaniae Historica*, Leges 4, Vol. 12, p. 159。

③ S. Chodorow , *Christian Political Theory and Church Politics in the Mid - Twelfth Century : The Ecclesiology of Gratianps Decretum.* Berkeley : University of California Press , 1972, pp. 53 - 64. S. Chodorow 的某些观点比较独特。他认为,格兰西对教会与国家关系不感兴趣。

④ 格兰西对自然法的理解见 D. 1, d. a. c. 1. 那里用《圣经》引文(《马太福音》7 章 12 行)所阐明的自然法原则大体就是"己所不欲,勿施于人"的意思。基督教道德和律法称之为"黄金规则"。

禁止邪恶，都规定所允许的事①。从起源上讲，无论教会法还是世俗法都始自上帝向摩西授予律法②。

其次，教会有自己的立法权。上帝的启示和《圣经》里基督的教诲固然是每个教徒所应该寻求和恪守的，教会还有权针对信徒们的道德生活和宗教生活制定各种《圣经》里所没有的法规。近亲通婚在《旧约》里是允许的，但基督和他的门徒们却不提倡，而他们之后的教会则明令禁止；在《新约》里神职人员是可以结婚的，但教会后来却为了追求道德完美而提倡神父独身③。

最后，教会有权强制性地保留和终止教徒的教籍。格兰西不赞同强迫异教徒改信基督教，不过一旦有人被迫受洗，教会有权禁止他放弃信仰，以免基督教信仰被看轻④。可见教会并不仅仅是以纯粹的信仰为基础的，其司法权已经使它成为一个与国家相当的法律实体。教会也有权开除教徒的教籍。这是一个有趣而复杂的教会法问题。从比较宗教学的角度来看，在任何一种宗教里，信仰从根本上讲意味着人同神的精神关系，宗教组织和制度起中介和辅助作用。基督徒之为基督徒取决于他的精神和道德状态；一个好教徒被不公正地开除教籍，不应该使他在上帝眼里成为恶人⑤，但格兰西认为，教会的决定从律法上讲依然有效，该教徒应服从，等待教会通过合适的渠道修正错误的判决⑥。格兰西显然在指出教会宗教性质的同时，把教会看成和世俗国家相似的法律实体。

国家地位在《教会法汇要》里也得到充分肯定。自人类结成社会就有国家法律和权威，当权者以此统治人民⑦。可见格兰西认为国家起源于人之邪恶，但他同时相信国家权威本身是神授的，是上帝针对人之邪恶而建立的；上帝将宗教权和世俗统治权分授给主教和国王，让他们各司其职⑧。国王和皇帝的法令不能违反自然法，不能违反基督教的基本教义，否则基督徒可以不服从；国王也必须服从自己制定的法令，给臣民做出榜样⑨。国家在社会生活中有不可或缺的作用。人间的邪恶

---

① D. 2，c. 4；D. 3，d. a. c. 1et d. p. c. 3；D. 4，d. a. c. 1。

② D. 7，d. a. c. 1。

③ C. 31，q. 1，d. a. c. 8；C. 35，q. 1，d. p. c. 1. 关于神职人员独身问题的历史渊源，参见 J. E. Lynch，"Marriage and Celebacy of the Clergy，the Discipline of the Western Church：An Historico Canonical Synopsis"，in *Jurist*，Vol. 32（1972），pp. 14 – 38，189 – 212。

④ D. 45，c. p. c. 4et c. 5。

⑤ C. 24，q. 3，c. 7。

⑥ C. 11，q. 3，d. p. c. 40；d. p. c. 64；d. a. c. 66；et d. a. c. 78。

⑦ D. 6，d. p. c. 3。

⑧ D. 10，c. 8et D. 96，c. 6. 这两条教规都取自格雷西乌斯一世的 Tractatus IV，参见 A. Thiel，ed.，*Epistolae romanorum pontif icum genuinae*，reprint edition，Hildesheim：G. Olms，1974，p. 568。

⑨ D. 9，c. 1；et c. 2："君主服从他自己制定的法令是符合正义的。当他自己尊重这些法令时，他其实是告诉所有的人都守法。君主们应受他们自己法令的制约，他们颁布给臣民的法令自己也不应该违反。如果君主们不允许自己去做臣民被禁止做的事情，他们的统治就是正义的。"

必须借助国家法律来加以制约；对罪犯依法惩处一方面保护了无辜者，另一方面令坏人畏惧收敛，从而达到维持社会安定的目的①。社会生活的各个方面都需以法律加以规范，家庭、财产、税收、军事和外交都不能离开法律的指导②。国王有立法权，在通常的情况下百姓应听从他的命令③。

三　格兰西论教会与国家的关系

中世纪西欧教会法学家都很器重格雷西乌斯关于教会和国家分工合作、共同统治世界的理论。格兰西也不例外。他对教会与国家关系最有条理的论述基本上是格雷西乌斯理论的翻版："如下事实不容忽视。世界是由君王和神职人员这两种人统治的。君王们在世俗事务上做主，神父们则在圣事上当家。国家负责刑罚，教会则给予信徒们宗教处分。"④ 可惜的是，正如格兰西自己的《教会法汇要》处处显示的那样，圣事和世俗事务在中世纪西欧并不是那么容易区分，教会和国家因此也就很难有清清楚楚的分工；合作是经常的、正常的，但政治理论上的分歧和政治实践中的冲突因此也就不可避免。

在某些领域，教会与国家的分工比较清楚。对私人财产的认可和保护是世俗法的重要功能之一⑤。教会财产自然由主教支配，世俗当局无权干涉⑥。济贫是教会很注意的一项工作。对无能力劳动谋生的穷人和病人，主教应设法提供衣食；教士不得嫌弃前来求助的下层贫民，应与其他人一样招待；教会本不参与谋利的俗事，但若为接济孤儿寡母，可以经营一些商业⑦。高利贷是教会所极力禁止的，神父不得施放高利贷，有放高利贷劣迹者不得担任神职⑧。与婚姻家庭有关的各个方面都在教会法的管辖范围之内。必须注意到，权限区分得比较清楚并不意味着教会和国家互不相干或者冲突就可以完全避免，因为法律总是在复杂的政治实践中运行。教会希望国家及其法律能够保护教产⑨。国王在一般情况下总是承认教会在婚姻案件上的权威，但宗教改革时期英王亨利八世却因婚姻问题同教皇争执，使英国教会一

① D. 4, d. a. c. 1et c. 1.
② D. 1, cc. 8 – 10.
③ D. 8, c. 2.
④ C. 2, q. 7, d. a. c. 42；D. 10, C, 8："……基督教皇帝在宗教事务上依赖于教皇，在世俗事务上教皇只依照皇帝的法令行事。"
⑤ D. 8, d. a. c. 1et c. 2.
⑥ C. 12.
⑦ D. 42, d. a. c. 1et cc. 1 – 2；D. 82, d. a. c. 1；D. 88, d. a. c. 1.
⑧ D. 47et C. 14, qq. 3 – 6.
⑨ C. 12, q. 2, cc. 8 – 10.

度脱离罗马。

格兰西提到国家主司刑罚，这是否意味着他认为教会没有这方面的权威呢？在一定程度上他还是承认教会有使用武力和施加刑罚的权力。中世纪西欧早期国家微弱，教会及主教有时不得不承担维持治安的责任，这一传统在教会法里留下了痕迹。格兰西曾数度提到教皇利奥四世和格里高利一世号召民众武装起来抵御外敌①。教会最常诉诸刑法和武力的场合是镇压异端，对此格兰西有大量论述。他在 C. 23 的导论中提到一个假设的案例："有些主教和他们手下的教徒堕落成了异端分子，威胁并且折磨邻近的天主教徒，逼迫他们加入异端。得知这一情况后，教皇要求附近地方的天主教主教们行使他们受之于皇帝的行政管辖权来保护天主教徒，并运用一切可能的手段强制异端分子接受正统信仰。这些主教们在得到教皇的旨意后立即召集骑士进攻和伏击异端分子。有些异端分子被处以死刑，有些被剥夺教产和个人财产，还有一些则被监禁。所有异端分子都被强迫回归到统一的教会。"②在 C. 23 中，格兰西论证了在外敌入侵和异端叛乱等特殊情况下教会有权诉诸刑法和武力，但教士自己不能动武动刑，必须请世俗武士帮助或将罪犯移交给世俗政权③。在格兰西眼里，教会有权动武的确意味着教会是一个独立的法律实体，但并不意味着教会和国家没有分工，他还是认为战争和刑罚主要是世俗政权的职责。

在比较教会法和世俗法之后，格兰西指出后者往往过于严厉，教会在必要时可以干预世俗法庭的决定，设法减轻刑罚，感化罪犯④；但教会在这方面必须慎重，不可轻易向世俗政权提出异议⑤。他还提到，婚姻由教会法管辖，通奸妇女不得按世俗法处以死刑，因为教会法只以"精神之剑"惩罚这类罪行，而不对此使用"物质之剑"⑥。格兰西另一次提到"双剑"时，用"物质之剑"比喻武力，以"精神之剑"比喻主教的劝告和祈祷，指出教士不得动刀⑦。如前所述，格兰西承认教会有借助世俗武士使用武力的权力，即间接地拥有"物质之剑"；他的意见似乎是，教会的"精神之剑"是指开除教籍等宗教处分⑧。换言之，格兰西并不明确

① C. 23, q. 8, d. a. c. 7et cc. 7, 17.

② C. 23, d. a. q. 1.

③ C. 23, q. 8, d. p. c. 28.

④ C. 23, q. 5, cc. 1, 4. 参见 Rufinus, *Die Summa Decretorum des Magister Rufinus*, ed. by H. Singer. Paderborn: Schöningh, 1902, p. 408; C. 23, q. 5, d. a. c. 1: "如果罪犯是初次犯法或有希望改过自新，当权者不必非要处死他或伤害他的肢体。"

⑤ C. 14, q. 6, d. a. c. 3.

⑥ C. 33, q. 2, d. p. c. 5et c. 5.

⑦ C. 23, q. 8, d. a. c. 1.

⑧ C. 23, q. 4, d. p. c. 12; C. 24, q. 3, d. d. c. 1et c. 1.

地用"双剑"来象征教会（"精神之剑"）和国家（"物质之剑"）①。

"双剑"理论是中世纪西欧教会和国家关系学说里常用的一个比喻，各人有各自不同的解释。德皇亨利四世在其同教皇格里高利七世的冲突中引用《路加福音》第 22 章第 38 节，"他们说：'主啊，请看！这里有两把刀。'耶稣说：'够了。'"亨利以此论证王权和神权应分别由君王和教会掌管②。有意思的是，亨利在这里采用了格雷西乌斯一世的权威二元论，一方面他反对教皇干涉世俗事务，另一方面他也默认了教会在宗教事务上的自主权。与格兰西同时代的约翰·索尔兹伯里和伯纳德·克来沃都提出世俗君王从教会那里接受"物质之剑"，即"双剑"本来都由教会掌管。因为他们两人都把"物质之剑"理解为使用武力和施加刑罚的权力，而不是广义地解释为对世俗世界的统治权，他们的"双剑"说其实并不是替教皇争取世俗统治权，至多只是认为教皇作为宗教领袖在道义上对君王有监督的责任。不过和格兰西一样，他们认为教会拥有"双剑"，把教会看作一个完整的法律实体，独立于世俗国家之外③。14 世纪初，教皇波尼法斯八世发表教令（Unam sanctam），重申"双剑"都由上帝给予教会，"物质之剑"由教会交给君主和骑士们使用。波尼法斯的理论与格兰西、约翰和伯纳德的"双剑"说有本质上的差异，他不仅强调使用"物质之剑"者的地位低于使用"精神之剑"的神职人员，前者必须接受后者的监督和指导，而且他对"双剑"的理解与德皇亨利四世的"双剑"说类似，以"物质之剑"指世俗统治权，"精神之剑"指宗教权威，但他对"双剑"关系的解释却与亨利的解释南辕北辙。亨利借用"双剑"的形象是为了说明教会不应干涉属于世俗君王管辖的事务。波尼法斯则认为君王从教会那里得到世俗统治权，不得侵害教会的利益。他发表激烈言辞是为了抗议法王腓力四世向法国教会征税，并不是为教会争世俗统治权。这一教令后被收入《教会法大全》④。

---

① A. Stickler，"De ecclesiae potestate coactiva materiali apud Magister Gratianum"，in *Salesianum*，1942 年 4 期，pp. 2 – 23，97 – 119，111 – 118 讨论了格兰西的"双剑"说。

② MGH，*Leges* IV，Vol. 1，p. 111.

③ 约翰和伯纳德在这方面的著作均有英译本。John of Salisbury，*Policratus：The Statesmanps Book*，ed. by M. F. Markland，New York，Frederick Ungar Publishing，1979，pp. 48 – 49；Bernard of Clairvaux，*Five Books on Consiaeration*，translated by J. D. Anderson and E. T. Kennan，Kalamazoo，Mich.，Cistercian Publications，1976，pp. 117 – 118。

④ Extrav. comm. 1. 8. 1. 这是现代学者援引《教令集补编》，*Extravagantes communes*，（构成《教会法大全》之第六部分时惯用的缩写），"Extrav. comm." = Extravagantes communes，"1" = liber（book）1，"8" = titulus（title）8，"1" = capitulum（chapter）1。J. B. Morral，*Political Thought in the Medieval Times*，Toronto：University of Toronto Press，1980，pp. 34，55，86；W. Ullmann，*A. History of Political Thought：The Middle Ages*，Baltimore：Penguin Books，1965，pp. 110 – 111. W. Ullmann 是英国著名法制史专家，但毕生研究中世纪教皇权威世俗化这一命题，许多观点流于偏颇，其中之一就是认为"双剑"说历来是教会过度扩张权势的一个借口。W. Ullmann 的著作在国内有时被引用，我们应该注意到他是一位很卓越又很偏激的学者，其学术观点已被晚近的研究所推翻。

波尼法斯的"双剑"说吸收了6世纪伪丹尼斯关于宇宙和教会等级的理论。伪丹尼斯的等级论在中世纪西欧被赋予政治含义,有不少人认为权威均来自上帝,但世俗权威是通过教会的中介而来,与上帝的距离更远,所以地位比教会权威要低①。这一学说不仅承认权威有不同的等级,而且强调较低等级在整个等级体制中有不可或缺的作用,反对过分的中央集权。波尼法斯的"双剑"说虽然指出世俗权威来源于教会,但并不否认国家的地位和作用,也绝不包含建立以教皇为首的政教合一体制的意图。

教会和国家关系的真正矛盾并不在于"双剑"说这类含糊不清的言论,而在于中世纪西欧复杂的政治现实。教会和国家的分工合作关系说明二者既互相依赖又互相渗透,不可能真正做到"井水不犯河水",冲突因此也就不可避免。格兰西在《教会法汇要》中对教会与国家关系的这一性质从以下两个方面进行了探讨:

其一,教皇和君王在政治上的互相否定。这应该是很特殊的情况。中世纪西欧教会法既承认在特定的条件下教皇可以废黜君王,也指出在异端分子篡夺教皇职位时皇帝可以推翻这一教皇。格兰西把誓约列入教会法的权限之内,包括封臣对封君、臣民对君王的效忠宣誓。教会通常要求封臣履行对封君所承担的义务。但正如格兰西所指出的,教皇可以解除臣民对不称职昏君的效忠宣誓、骑士对被罢免主教的封君封臣关系;对被开除教籍的封君,封臣不必尽义务②。开除教籍本来只是一种宗教处分,但君王和封君被褫夺教籍就成了政治后果很严重的事件。基督教君王对教会政治的介入也在一定程度上为教会法所承认。格兰西毫无疑问捍卫教会在教皇和主教选举上的自主权,但他同时也意识到争取世俗政权赞同选举的结果不仅有利于巩固教会的政治地位,也便于防止异端分子篡夺重要教职。如果异端分子占据了教皇的位置,教会可能不得不依靠武力来驱逐他,此时自然要借助于世俗君王③。

其二,神职人员不受世俗法庭审判。首先我们来看一下教会法与民法的关系。教会法与世俗法各自有独立的管辖范围。格兰西强调指出,君王有权就世俗事务做决定,如果世俗法与教会法无冲突,基督徒必须无条件地服从之,违法者要依法严惩。有些世俗法令本来就是君王为帮助教会而颁布的④。在现实生活中,两法的界限却不易区分。神职人员本应受教会法庭的审判,可是如果教士违反世俗法或卷入

---

① D. Luscombe, "Lex divinitatis in Unam Sanctam", in C. N. L. Brooke et al. (ed.), *Church and Govern-ment in the Middle Ages*: *Essays Presented to C. R. Cheney on His 70th Birthday*, Cambridge: Cambridge University press, 1976, pp. 205 – 221.

② C. 15, q. 6, d. a. c. 3et cc. 3 – 5; C. 22, q. 5, d. p. c. 17et c. 18.

③ D. 63, d. p. c. 25, d. a. c. 28, d. a. c. 29et d. p. c. 34.

④ D. 10, cc. 1, 7, 9, 11 – 13.

世俗财产纠纷，他是否该由世俗法庭审判呢？教会法学家难以回避这一棘手的问题。教会法一度承认，在某些特定的情况下教士可以由世俗法庭审判①。格兰西及后来的教会法学家则强调教会是一个独立的法律实体，教皇为教会最高法官，一致认为世俗法庭和教会法庭的权限不应由诉讼的性质（宗教事务或世俗事务）而应由当事人的身份（教士或俗人）来决定：神职人员不论卷入何种民事或刑事案件在原则上都应由教会法庭来审理②。格兰西在论证这一观点时不仅引用了教会法，而且还引用了世俗法，指出君王在他们自己的法律里已经承认了教会在司法上的独立自主地位③。

教会坚持神职人员不受世俗法庭审判最实际最直接的原因当然是教士的人身安全。中世纪西欧世俗法制长期以来不甚完备，当事人难以获得公正的判决。有时被释放的奴隶成为神职人员后，又被前主人的后代或王公贵族强逼为奴。教会坚持这类案件应由教会法庭来审理④。教士若在世俗法庭上控告另一教士，要受到开除教籍和神职的处分⑤。教会法甚至认为如诉讼一方因追求公正裁判而选择教会法庭，另一方无权反对⑥。毫无疑问，教会也有权将犯罪的神父和修士移交世俗政权处理。一种情况是主教拒绝受理涉及神职人员的案件，另一种情况是神职人员罪行严重，又不服教会的处分，于是被剥夺神职，贬为俗人。在这两种情况下，世俗法庭自然要承担有关的司法职责⑦。教会作为一个独立法律实体的性质还体现在税收上。格兰西明确表示，国家无权向教会征税。只有神职人员个人购买的地产和从尚在世的信徒那里接受的馈赠才须向世俗王公交纳捐税。教会则可以什一税或其他方式向俗人征敛⑧。

总之，到 12 世纪中叶时，教会法学家和神学家意识到格里高利七世时代那种教会与国家关系的大危机不利于教会内部的改革振兴，更妨碍教会传播福音、拯救世人的使命。他们希望通过明确划分教会法和世俗法的界限，既摒除君王对宗教事务的干涉，又能建立教会与国家良好的分工合作关系。从教会的立场上看，上述对教会法庭权限的规定显然是清楚合理的。教会法建立在"爱你的神"和"爱你的邻人"这两条戒律的基础上。教会颁布教规旨在引导教徒解脱原罪、发扬爱心，最终得到永恒的救赎。基督教国家律法虽然独立于教会法，但也还是通过遏制邪

---

① C. 11, q. d. a. c. 27 – d. p. c. 30.

② C. 11, q. 1, d. a. c. 32："教会法和国家律法都禁止世俗法官在民事和刑事案件中审判神职人员。"

③ C. 11, q. 1, cc. 35 – 37.

④ C. 11, q. 1, cc. 12 – 13.

⑤ C. 11, q. 1, cc. 10, 11 et 42.

⑥ C. 11, q. 1, c. 35.

⑦ C. 11, q. 1, cc. 18 – 22.

⑧ C. 23, q. 8, d. p. c. 20, d. a. c. 23 et d. p. c. 25.

恶、维持社会秩序来帮助人们改邪归正、走向爱神爱邻人的完美境界①。从这样一种以宗教信仰为核心的法律观出发，世俗法显然不可凌驾于教会法之上。基督教神学对国家权威历来尊重而不崇拜屈从，认为教会有自己的独立性，在宗教信仰上不应受国家干涉。如前所述，教会在申明教会法和世俗法互相独立时，的确试图划清两法的界限，但并不忌讳在二者有冲突时将教会法置于世俗法之上。

对教会法的权限，中世纪西欧君王们采取一种什么态度呢？这些国王均为教徒，以基督教为立国的基本意识形态，绝无在原则上与教会对抗的意图。偶尔的矛盾和激烈冲突是难免的，教会和国家关系的主流仍然是互相依赖和支持。理想的国王一向被认为是虔诚的信徒、教会的仆人②。对管辖范围广大的教会法庭，世俗君王的接受和容忍程度往往取决于世俗法庭自身的发展水平。英国法制成熟较早，上诉法庭制度比较完备，国王长期以来限制教会法的权限③。亨利二世（1154—1189年在位）更进一步发表"克拉伦登宪章"（1164年），试图将这些有利于王室的传统变为成文法。该宪章除了规定犯刑事罪的教士由王家法庭审判，还指定英国教会的上诉法庭为国王而非教皇，任何人未经国王同意不得向教皇上诉。亨利的这一举措受到坎特伯雷大主教托马斯·贝克特（1162—1170年在任）的坚决反对。贝克特被刺后舆论大哗，亨利被迫让步，反而使得教会法的权限在英国得到扩展④。这一教会和国家关系史上的著名事件可以从很多方面来研究。从法制史的角度来看，贝克特力图将教会法的理论付诸实践，而亨利则是直接向教会法的权威提出了挑战。这一事件还说明以教会法为史料对教会和国家关系所做的研究不能局限于抽象地讨论教会法法规，必须考察这些法规在实践中的运行⑤。教皇英诺森三世（1198—1216年在位）有数篇关于教会和国家关系的重要教令被收在《教会法大全》里。这些教令对研究实践中的教会法政治学说十分有用。

四　英诺森三世论教会与国家关系

英诺森三世是教会史上最有争议的教皇之一，争议的焦点是他对教会和国家关

①　D. 3，d. a. c. 4；C. 23，q. 4，d. a. c. 16；D. 2de penit．，d. p. c. 14.

②　M. Kaufmann，"The Image of St. Louis"，in A. J. Duggan，ed．，*Kings and Kingship in Medieval Europe*，London：King's College London Centre for Late Antique and Medieval Studies，1993，pp. 265 – 286.

③　W. L. Warren，*The Governance of Norman and Angevin England*，*1086 – 1272*，Stanford：StanfordUniversity Press，1987，pp. 114 – 116.

④　Z. N. Brooke，*The English Church and the Papacy from the Conquest to the Reign of John*，Cambridge：Cambridge University Press，1952，pp. 211 – 214.

⑤　A. Sticker，"Sacerdotium et Regnum nei decretisti e primi decretalisti：Considerazioni methodologidne di ricerca e testi"，载《萨雷西阿努姆》，*Salesianum*，15 期，pp. 572 – 612。

系的看法。在评估他的政治学说时，我们时刻不能忘记以下两点：其一，他不是一位书斋里的法学理论家①，他的言论同复杂多变的政治现实有息息相关的联系，不一定时时一致，有时甚至前后矛盾；其二，作为教皇和基督徒，他一方面不得不致力于保证教会在政治上的生存，另一方面也知道自己的首要任务是提升教徒的宗教信仰和道德水准，所以对参与政治抱有一种复杂的心态。《教会法大全》里所收录的英诺森三世教令也必须参照这两点来理解②。

现代史学家对英诺森三世的研究可以划分为三大学派。19 世纪末 20 世纪初的德国史学家霍克和哈勒批评英诺森过多卷入世俗政治，认为他违背了从教皇尼古拉斯一世开始、由教皇格里高利七世发扬的传统，不再运用教皇权威为宗教事业服务，而是利用自己的地位来实现统治世界的野心③。德国史学家的上述看法与德意志民族主义情绪大有关系，他们把德国统一皇权的迟缓发展归罪于教皇对德皇的打击和对德国内政的干涉④。英国史学家厄尔曼继承并进一步发展了这一观点，指责英诺森力图取得宗教和世俗事务两个领域的司法权⑤。40 年代以后意大利学者马卡罗尼开始修正对英诺森的上述评价，指出他其实还是恪守格雷西乌斯一世的权威二元论，他对世俗事务的干预是出于宗教动机⑥。60—70 年代以后，美国教会法历史专家梯也尼和派宁顿发表了一些新的研究成果，以客观实证的态度纠正前人的偏激看法，强调英诺森政治思想的历史特性，试图准确评价他在教会法政治学说形成和发展中的历史作用⑦。

英诺森的出身、个性和教育背景都表明他是一位典型的中世纪西欧高级神职人员。他生于封建军事贵族家庭，但早年即立志当一名神父，在罗马、巴黎和波洛尼亚学习神学和教会法。他不是一位有创见的神学家，也没有受到教会法学位所要求的系统法学训练，但无疑是行政能力卓越的教会领袖。他的早期作品《论人之悲

---

① 派宁顿一反前人的看法，证明英诺森只在波洛尼亚学习了很短时间，不可能接受系统的法学训练，大概也没有法学学位。K. Pennington，"The Legal Education of Pope Innocent Ⅲ"，*in Bulletin of Medieval Canon Law*，Vol. 4，pp. 70 – 77。

② 除《教会法大全》所收的教令外，英诺森的著作和发表的文件都收在 *Patrologia latina*，Vol. 214 – 217。

③ A. Hauck，*Kirchengeschichte Deutschlands*，Vol. 4，Leipzig：Hinrichs'sche Buchhandlung，1913，pp. 684 – 691；J. Haller，*Das Papsttum：Idee und Wirklichkeit*，Esslingen：Port Verlag，1962，pp. 338 – 357。

④ G. Barraclough，*The Origins of Modern Germany*，Oxford，B. Balckwell，1952，pp. 206 – 208。

⑤ W. Ullmann，*A Short History of the Papacy in the Middle Ages*，London：Methuen，1974，pp. 224 – 226。

⑥ M. Maccarrone，*Chiesa e stato nella dottrina di Innocenzo Ⅲ*，Rome：Lateranum，1941，pp. 26 – 42。

⑦ "Tria Quippe Distinguit Iudicia：A Note on Innocent Ⅲ's Decretal Per Venerabilem"，in *Speculum*，Vol. 37，pp. 48 – 59；K. Pennington，"Pope Innocent Ⅲ's Views on Church and State：A Gloss to Per venerabilem"，in K. Pennington，*Popes，Canonists and Texts，1150 – 1550*，Aldershot，Great Britain：Ashgate Publishing，1993，Ⅳ，pp. 1 – 25。

哀》流露出对人间疾苦的关注和对穷人的同情怜悯①。担任教皇后，他创办"圣灵
医院"，收容无家可归者和贫穷的病人，呼吁主教们致力于慈善事业、以实际行动
教育信徒②。对激愤的圣法兰西斯他不仅能理解和支持，而且同意建立法兰西斯修
会③；对有异端思想者他也力求挽救④。如此一位教皇是否会在他的教令和政治活
动中表露出政治野心呢？下面我们就来分析一下英诺森在《教会法大全》里涉及教
会与国家关系的几篇教令。

　　教令之一（Per venerabilem，发布于 1202 年 9 月 7 日）⑤：这篇教令是英诺森
写给蒙彼利埃伯爵威廉的，婉转地拒绝了给予威廉的私生子嫡出地位的请求。教皇
解释说，他曾经答应法王腓力二世类似的请求，那是因为法王再没有上一级的世俗
权威可以上诉；威廉应该向自己的君王陈述情况，请他帮助确立自己孩子的名分。
在此英诺森引用《路加福音》第 20 章第 25 行来表明自己区分世俗权威和宗教权
威的二元论观点："凯撒的物当归给凯撒，神的物当归给神"。在这篇教令的下半
部分，英诺森指出，教皇并非完全不能行使命名世俗权威。为证明这一观点，他引
用了《申命记》第 17 章第 8—12 行：凡是疑难的案子，世俗法官决断不下的，应
由祭司来审判，任何人都必须服从祭司的判决⑥。他又指出，教皇集王权和教权于
一身，但教皇并不总是干预世俗的诉讼，只是在某些情况下才如此。换言之，英诺
森与格兰西一样，在承认世俗权威和宗教权威互相独立的同时，认为教会高于国
家，因此可以裁判世俗案件。英诺森更进一步地认为，教皇作为最高的宗教领袖统
领世俗和宗教两个领域。在这里我们有必要引入"基督教世界"（Chritianitas）这
个中世纪西欧的概念⑦。12 世纪的西欧神学家已经明确地把所有的基督徒看成一个
团体（universitas Christianorum），俗人和教士是这一团体的两大组成部分，俗人由
世俗政权管理，教士由教皇领导；世俗政权也由上帝设立，当君王行为不轨时，教
皇可以纠正他们⑧。"基督教世界"这一概念有三层含义：其一，教皇是最高领袖；
其二，基督教世界不是一个政教合一的实体，宗教事务和世俗事务在那里是不同的

---

① *Patrologia Latina*，Vol. 217，708 – 709.

② Ibid.，Vol. 214，83 – 84.

③ J. Jörgensen，*St. Francis of Assis.*，New York：Image Books，1955，pp. 83 – 87.

④ B. Bolton，"Innocent Ⅲ and the Humiliati"，in G. J. Cuming and D. Baker，ed.，*Popular Belief and Practice*，Cambridge：Cambridge University Press，1972，pp. 73 – 82.

⑤ X 4. 17. 13. 这是现代学者援引《格里高利九世教令集》（*Liber extra* 构成《教会法大全》之第二部分）时惯用的缩写，"X"＝ liber extra，"4"＝ liber（book）4，"17"＝ titulus（tittle）17，"13"＝ capitulum（chapter）13。

⑥ 英诺森所引用的《圣经》文本（Vulgate）在此处大不同于现在通行的从希腊文直接翻译的版本，参见 *Biblia sacra iuxta Vulgatam versionem*，Stuttgart：Deutsche Bibelgesellschaft，1983，p. 259。

⑦ F. Kemp，*Papsttum und Kaisertum bei Innocenz Ⅲ*，Rome：Universit à pontificia gregoriana，1954，p. 185.

⑧ 休·圣维克多（卒于 1141 年），*Patrologia latina*，Vol. 176，418。

两个领域，教会在宗教上直接行使权威，君王则直接管理世俗事务；其三，精神高于物质，在某些情况下，教皇作为宗教领袖可以直接干预世俗事务。可见，中世纪西欧的国家概念不同于现代主权国家，国家在当时只是被视为"基督教世界"的一个组成部分。英诺森也接受这种世界观，并且确认教皇是"基督教世界"的领袖，①统领各地的教会，指导每一个信徒。②对英诺森声称他有世俗权威，我们应该联系"基督教世界"这一概念来理解。按照中世纪的标准，他实际上承认国家的独立性，并不打算成为政教合一的世界领袖，而是试图在坚持权威二元论的前提下行使教皇作为宗教领袖的权力③。正如下一篇教令所提示的，这种二元论给教皇介入政治提供了方便。

教令之二（Novit ille，发布于 1204 年）④：教皇当时试图调解法王腓力二世（1180—1223 年在位）与英王失土者约翰（1199—1216 年在位）为争夺诺曼底封地而发生的冲突，引起腓力不满，抗议教皇干涉世俗政治。英诺森为此写了这一教令。他首先申明绝无贬低或干扰王权的意图，也不打算介入封君封臣之间的纠纷。然后他从三个方面说明教皇有权力裁判约翰和腓力之间的诉讼。首先，约翰已经在世俗法庭上申诉而无结果，只有在教皇处可以上诉。其次，教皇的基本职责是劝诫世人弃恶从善。从纯粹法律的角度上讲，教皇固然无权审理与封建法有关的案子。但腓力所作所为扰乱和平、违背基督教道德；对他这种道德上的罪孽，教会无疑是有权审判的。最后，腓力不遵守他与约翰订立的条约，这种违反誓约的罪行照例应由教会依照教会法来审理。英诺森也提到了格兰西的意见，即世俗法已经承认诉讼当事人有权选择教会法庭，但指出教皇作为宗教领袖的地位已足以保证他有权力干预约翰和腓力的争讼。这里英诺森对世俗法和教会法管辖范围的理解大致同格兰西的看法一致。后来激进的中世纪西欧教廷人士在评注这篇教令时因为英诺森没有明确指出教皇即使在世俗事务上也高于君王而感到遗憾。⑤

教令之三（Venerabilem fratrem，发布于 1202 年 3 月）⑥：英诺森在这篇教令中

①　*Patrologia latina*，Vol. 216，901；Vol. 217，848，907 – 908；W. Imkamp，*Das Kirchenbild Innocenz' III*，Stuttgart：A. Hiersemann，1983，pp. 182，196.

②　*Patrologia latina*，Vol. 214，p. 779；M. Maccarrone，*Chiesae stato nella dottrina di Innocenzo III*，pp. 16 – 26.

③　B. Tierney，*The Crisis of Church and State*，*1050 – 1300*，Englewood，N. J.：Prentice – Hall，1964，pp. 127—131. 派宁顿指出，英诺森只受过初级法学教育，所以在这一教令中未能以法律语言清楚地表达他所理解的教会与国家的关系，以致他的本意被许多后人所误解。K. Pennington，*Pope Innocent III's Views on Church and State：A Gloss to Per Venerabilem*，p. 25。

④　X2. 1. 13.

⑤　F. Gillmann，"Zu Comp. III：II，1，3ad v. iure communi"，in *Archiv für Katholisches Kirchenrecht*，Vol. 105（1925），p. 541.

⑥　X 1. 6. 34.

就教皇使节是否有权参与德国皇帝选举发表了意见。12 世纪中叶以来教皇的对德政策在很大程度上取决于德皇对意大利的战略意图和举措。霍亨斯陶芬家族出身的弗雷德里克一世（1152—1190 年在位）及其子亨利六世（1190—1197 年在位）对意大利和西西里野心勃勃，直接威胁教皇的生存。自 8 世纪中叶以来教皇对罗马和意大利中部一些地区有世俗统治权，建立教皇国（所谓的 Patrimonium Petri）。教皇国在政治上是教皇的驻地，在经济上是教皇最可靠的财政收入来源。弗雷德里克一世和亨利六世染指意大利、西西里和教皇国，迫使当时的历任教皇联合德国内部反霍亨斯陶芬的威尔夫家族，阻扰霍氏家族的强大王公当选皇帝[①]。英诺森三世继承了这一政策，但他在这一教令里并不认为教皇有参加选举德皇的权力。他明确承认只有德国的王公贵族才能参加选举皇帝。教皇对选举结果的影响由他的宗教权力引申而来：西方的帝国地位在 800 年由教皇从东罗马帝国转移过来，其标志是教皇利奥三世（795—816 年在位）给查理曼大帝加冕；根据这一传统，教皇有权考察皇帝候选人的个人品格，拒绝认可亵渎神灵者、被开除教籍者、独裁者、愚昧者以及异端分子为皇帝；当参加选举的贵族不能达成一致意见时，教皇的使节也可以拒绝给皇帝候选人加冕。英诺森三世的上述意见与格兰西认为教皇在特定情况下可以废黜君王的观点是相通的。

英诺森三世在位时霍亨斯陶芬家族及其盟友取得对西西里的控制，南北夹击，对教皇国的胁迫十分严重，以致教皇四处求援不果，绝望之中不得不号召教徒们参加征讨统治西西里的德国贵族马克德的十字军。[②] 可见，教皇对德国政治的干涉实在是不得已而为之，出于生存需要。不打击霍亨斯陶芬家族，教皇对教皇国的权力无从恢复，教皇的人身安全和财政收入无以保证，更谈不上从这里领导整个基督教世界[③]。教会法的政治学说和英诺森本人对教会法和世俗法的界限、对教会与国家的关系可以有这样或那样的理解和解释，但在政治环境险恶、强权往往取代律法和公理的中世纪西欧，教会和任何一位教皇都不得不为自己的生存而挣扎。理论的完善不足以保障和平和安全，生存的需要往往修正理论。格兰西和英诺森其实都希望清楚地划分教会与国家的界限，从而能够在教会内部稳步进行改革，实现教会拯救世人的宗教使命。英诺森作为教皇与格兰西处境不同，不得不应付复杂的政治局面，所以多次公开提出教皇有权干预世俗政治。他的政治思想的核心与格兰西并无不同，基本的原则仍然是格雷西乌斯一世的权威二元论；格兰西也认为在某些特定

① H. Jedin（ed.），*History of the Church*，Vol. 4，New York：Crossroad，1982，pp. 51 – 66，143 – 149.

② E. Kennan，"Innocent Ⅲ and the First Political Crusade：A Comment on the Limitations of Papal Power"，in *Traditio*，Vol. 27（1971），pp. 231 – 249. 史实见 *Patrologia latina*，Vol. 214，780 – 782。

③ *Patrologia latina*，Vol. 214，377，A. Luchaire，*Innocent Ⅲ*，Vol. 1，Paris：Librairie Hachette，1907，p. 77.

的情况下教会和教会法可以扩展权限至世俗事务。我们应该注意到，在以上三篇收入《教会法大全》的教令中，英诺森三世多次否认教皇直接拥有世俗权威，把教皇干预世俗事务的权力局限于与其宗教权力有关的一些特殊场合。格兰西和英诺森都力图分清教会和国家的权限，但又难以忽视二者之间难解难分的关联。

教令之四（Quisquis electioni，发布于 1215 年）：这条教令原是英诺森主持的第四届拉特兰会议的第 25 条法规，禁止世俗王公无端干预神职人员的选举[①]。在这方面，英诺森三世与英王失土者约翰有激烈的冲突。约翰一直试图任命自己的亲信执掌重要的主教区，但他秉性刁蛮，采取的手段十分露骨拙劣，激起英国教会人士的强烈不满。教皇因忙于应付德国问题，曾一度容忍约翰的行为。1205 年，坎特伯雷大主教一职出缺，教堂的选举人背着约翰选举了大主教，而后约翰又强迫他们选举自己的候选人，于是两个选上的大主教都向教皇上诉。英诺森不愿得罪约翰和英国争取教会自主的宗教人士，任命德高望重的英国神学家斯蒂芬·兰顿为坎特伯雷大主教。约翰大怒，派人赶走了大主教教堂的人员，没收了教堂的财产。英诺森不得不于 1208 年禁止全英国教会举行宗教活动（interdict），在 1209 年又开除了约翰的教籍。1213 年法王腓力二世计划入侵英国，约翰方始让步，接受兰顿为坎特伯雷大主教，奉教皇为封君[②]。

国王在神职人员的选举中并非毫无权力。坎特伯雷大主教不仅是英国教会传统的领袖之一，而且还控制着很大的封地。英王为维持自己的地位不能不要求大主教是他所能接受的人，更不能容忍对自己有敌意者担任此职。教会法其实也承认国王同意主教选举的结果有利于教会的宗教事业。问题在于约翰太不讲策略了。

五 小 结

中世纪西欧没有现代意义上的主权国家，教皇作为基督教世界的最高领袖拥有一系列政治特权，但是并无实力建立政教合一的神权统治。从上面介绍的教会法政治学说来看，教会也没有设立这样一种体制的意图。教会和国家权威二元论始终是以教会法为形式的教会官方政治学说的基本原则。这种二元的政治结构既是互相合作的基础，又引发紧张和冲突。教皇和各国的主教们是错综复杂的封君封臣关系中的成员。教皇的人身安全和财政收入在很大程度上依赖他对教皇国的直接控制，维

---

① X 1. 6. 43. 从这条教令看，所禁止的只是世俗王公不符合教会法的干涉；教会法并不否认王公在神职人员的选举中有一定的发言权，D. 63，d. p. c. 25，d. a. c. 28，d. a. c. 29et d. p. c. 34。

② H. Tillmann, *Pope Innocent Ⅲ*, Amsterdam：North - Holland，1980，pp. 79 - 84.

护教皇国的完整是教皇们一刻不敢松懈的任务，他们也因此卷入西欧各国的实际政治斗争中。

但是教会法学家和教皇们在讨论和关注教会与国家关系时并未忘记教会最重要的使命是拯救世人的灵魂。为贯彻这一使命，教会需要有和平安定的环境，需要世俗政权的合作帮助。教会的独立和自主并不意味着否认国家在宗教事务上有发言权，但是教会与国家权限的清楚划分的确有利于改善和稳定二者的关系。在这个意义上，由格雷西乌斯一世提出、格兰西加以系统化、英诺森三世于艰难时世恪守的教会和国家权威二元论的思想，既是基督教精神的体现，又赋予中世纪西欧政治制度和文化鲜明的特色。

（刊于 2000 年第 2 期）

"人民"的定义与美国早期的国家构建

李剑鸣

美国革命时期，"人民"是一个出现频率极高的字眼。但是，革命领导人对"人民"的态度却带有明显的两面性：他们一方面声称一切权力来自"人民"，另一方面又力图建立一个抑制"人民"影响的政治国家；他们有时把"人民"奉若神明，采取重大政治行动时总是使用"人民"的名义，有时又公开批评和贬低"人民"，把"人民"说成"愚昧无知的大众"。这些看起来自相矛盾的做法，在美国早期史和民主理论研究中历来颇受关注。有些学者认为，建国精英在根本上对"人民"缺乏信念，他们只是在理论上利用"人民"的名义，而在政治行动中则往往带有"反人民"的指向。[1]但问题并非如此简单。在建国精英的意识中，"人民"与新国家的创建之间存在密切的关联，许多与"人民"相关的问题，在他们中间引发了深入的思考和热烈的讨论。谁是"人民"？如何界定"人民"的政治和社会属性？"人民"是否具有共同的意志和一致行动的能力？"人民"是否应当自己统治自己？如果"人民"把权力"委托"出去，会对政府的性质和"人民"的自由产生什么影响？"人民"将权力"委托"以后是否还具有政治行动的能力？与这些问题相对应的，是美国早期国家构建中必须处理的另一组重要问题：应当把美国建设成一个什么样的国家？这个国家的正当性和合理性应当建立在什么基础上？政治国家的权力来源是什么？社会中不同群体的利益在政府中如何体现？政府的权力应当如何分配和行使？权力由什么样的人掌握才能保证政府作出公正合理的决策？怎样才能既使国家具有效力同时又能防止政府滥用权力？考察美国建国精英解答这些

---

① Merrill Jensen, "American People and the American Revolution", *The Journal of American History*, vol. 57, no. 1 (June 1970), p. 5; Ellen Meiksins Wood, "Demos Versus 'We, the people': Freedom and Democracy Ancient and Modern", in Josiah Ober (ed.), *Demokratia: A Conversation on Democracies*, Princeton: Princeton University Press, 1996, pp. 125, 127; Ellen Meiksins Wood, "Democracy: An Idea of Ambiguous Ancestry," in J. Peter Euben, John R. Wallach, and Josiah Ober (eds.), *Athenian Political Thought and the Reconstruction of American Democracy*, Ithaca: Cornell University Press, 1994, pp. 64 – 65.

问题的思路，可以比较清晰地看出美国早期国家构建的内在思想逻辑，把握美国宪法条文背后潜藏的各种政治理念的来龙去脉。

一　"人民"一词的不同含义

"人民"是一个古老的政治词汇，在美国革命以前就常见于各种政治文献之中，其定义历来复杂多样而不确定。据 18 世纪的英语词典，"people"一词具有多种相互联系而略有区别的含义："一个国家的全体成员"（nation），"组成一个社会的人们"，"平民大众"，以及一般意义上的"人们"；有时还特指"不是君主和贵族的平民"、"某一特定阶级的人们"。① 在英语文献中，一般只有带定冠词"the"的"people"，才具有明确的政治含义，因而在中文的行文中只能给"人民"一词加上引号，以对应于英语中"the people"的用法。

在不同的政治理论作家笔下，"人民"一词具有不同所指。古典作家在谈到"人民"（demos，populus）时，有时指城邦的"公民群体"，有时指"普通民众"、"穷人"或"多数人"；而在抽象意义上使用"人民"的情况，似不多见。② 17 世纪以来的政治理论著作中，"人民"一词出现的频率明显升高，"人民"的含义也得以扩充，尤其是形成了抽象意义上的"人民"的概念。哈林顿在讨论"共和国"的合理性时，所用的"人民"一词带有某种抽象的意味。③在洛克的笔下，"人民"可指任何一个社会中具有政治行动能力的成年男性群体，因而具有明显的抽象性质。④孟德斯鸠讨论政体时也反复使用"人民"一词，有时指的是政治社会的成员，有时指的则是"普通民众"或"普通公民"。⑤卢梭则明确地把"人民"称作"抽象整体"，并视之为最高主权的最终所有者。⑥

---

① Thomas Sheridan, *A General Dictionary of the English Language*, Philadelphia: W. Young, 1789（http://infoweb. newsbank. com）；Samuel Johnson, *A Dictionary of the English Language*, 2vols., London, 1755 – 1756（http://galenet. galegroup. com）.

② 柏拉图：《理想国》，郭斌和、张竹明译，商务印书馆 1995 年版，第 330 页；亚里士多德：《政治学》，吴寿彭译，商务印书馆 1997 年版，第 33、135 页；修昔底德：《伯罗奔尼撒战争史》，谢德风译，商务印书馆，2004 年，上册，第 147 页；Polybius, *The Rise of the Roman Empire*, trans. Ian Scott – Kilvert, Harmondsworth, Middlesex: Penguin Books, 1979, Book VI, pp. 304, 309。另参见 M. I. Finley, *Democracy Ancient and Modern*, 2nded., London: The Hogarth Press, 1985, pp. 12 – 13；M. I. Finely, *Politics in the Ancient World*, Cambridge: Cambridge University Press, 1983, pp. 1 – 2.

③ 哈林顿：《大洋国》，何新译，商务印书馆 1996 年版，第 22、25 页。

④ 洛克：《政府论下篇》，叶启芳、瞿菊农译，商务印书馆 1993 年版，第 80、82、83、84 页。

⑤ 孟德斯鸠：《论法的精神》，张雁深译，商务印书馆 1995 年版，上册，第 8、15、116 页。

⑥ 卢梭：《社会契约论》，何兆武译，商务印书馆 1994 年版，第 25、26、76、85—86 页。

在 17 世纪和 18 世纪英国的政治话语中,"人民"逐渐呈现两种不同的面目。在英国革命时期的政治精英的心目中,"人民"同时具有两个不同的"身份":他们既是"主权者",又是"臣民";"权威与屈从"、"优越与低劣"被同时赋予"人民",而在现实的政府中"人民"并没有任何真实的权力。[1]在 18 世纪英国的"乡村辉格派"的心目中,具有双重性的"人民"形象变得更加清晰:作为抽象整体的"人民"被说成政治权力的终极源泉,而作为政治社会成员的具体"民众",则受到普遍的蔑视、惧怕和戒备。[2]

在北美殖民地初期的政治话语中,"人民"也是一个使用频率很高的词汇。在马塞诸塞殖民地领导人约翰·温斯罗普看来,"人民"就是"自由民"或"companye",他们具有三个共同的特征:拥有自由持有的财产,具有共同的宗教信仰,享有同等的社会和政治地位。[3]罗得岛、新罕布什尔和纽黑文等拓殖地的建立,都是以"人民"的名义进行的;在其各自的语境中,"人民"可以与"全体自由居民或他们的大多数"、"自由民"、"自由种植者"、"全体人"互换。[4]进入 18 世纪,殖民地有些政治文献把"人民"提升到了更高的位置。在一些清教牧师的口中,"人民"意味着自由的人、信奉相同宗教的人和拥有政治行动能力的人;[5]他们是为了"理性地"结成社会而"联合起来的人们";[6]有的时候,"人民的声音"就是"上帝的声音"。[7]显然,这种"神圣"的"人民"并不真实可信,因为清教领导人大多不信任民众,认为他们的意志是"腐败的",他们既不能管好自己,更无法治

---

[1] Edmund S. Morgan, *Inventing the People: The Rise of Popular Sovereignty in England and America*, New York: W. W. Norton, 1988, pp. 78 – 93.

[2] Thornton Anderson, *Creating the Constitution: The Convention of 1787 and the First Congress*, University Park: The Pennsylvania State University Press, 1993, p. 35.

[3] "John Winthrop's Defense of the Negative Vote", in A. B. Forbes, ed., *Winthrop Papers*, Boston: The Massachusetts Historical Society, 1944, vol. IV, pp. 382, 384; "John Winthrop's Discourse on Arbitrary Government", ibid., vol. IV, pp. 468 – 470.

[4] "Acts and Orders of 1647," in Donald S. Lutz (ed.), *Colonial Origins of the American Constitution: A Documentary History*, Indianapolis: Liberty Fund, 1998, p. 185; "Providence Agreement", in Donald S. Lutz, ed., *Documents of Political Foundation Written by Colonial Americans: From Covenant to Constitution*, Philadelphia: Institute for the Study of Human Issues, 1986, p. 115; "Fundamental Articles of New Haven", ibid., p. 156; "Agreement of the Settlers at Exeter in New Hampshire", ibid., p. 160.

[5] John Wise, *A Vindication of the Government of New – England Churches*, Gainesville, Florida: Scholar's Facsimiles & Reprints, 1958, pp. 47 – 50, 67.

[6] Elisha Williams, "The Essential Rights and Liberties of Protestants", in Edmund S. Morgan, ed., *Puritan Political Ideas, 1558 – 1794*, Indianapolis: The Bobbs – Merrill Company, Inc., 1965, pp. 272, 273.

[7] Abraham Williams, "A Sermon Preach'd at Boston, Before the Great and General Court or Assembly of the Province of the Massachusetts – Bay in New England, May 26, 1762", in Morgan, ed., *Puritan Political Ideas, 1558 – 1794*, p. 347.

理社会。①有人甚至明确地断言："在几乎每个时代和每个国家，人民作为一个集体始终难以在行动时带有任何一点节制和智慧。"② 可见，在殖民地精英心目中，"人民"也具有两种面目：抽象的"人民"具有崇高而神圣的地位，而现实政治中的"人民"则不过是"愚昧而轻率的大众"。

美国革命开始以后，整个社会的观念和制度都发生了剧烈的变化，关于"人民"的认识也不例外。"人民"的概念首先受到了共和主义思想的改造，从"臣民"转变为"公民"。在革命初期，北美居民有时还习惯性地自称"臣民"，③但他们逐渐意识到，"臣民"处在他人的权力控制之下，须仰"主人"的鼻息，而"公民"则分享主权，拥有政治权利和其他特权，其政治地位甚至高于贵族。④他们宣称，如果美国政府把"人民"变成了"帝国的臣民"，就违背了"共和主义的精神"。⑤同时，一个共和性质的政治国家，必须按照"多数人的意志"进行治理，因而具有共同意志和政治行动能力的"人民"，就只能是"广大公民中的多数"，⑥或者是"用公约联结起来的多数个人"。⑦

革命开始后，许多群体都积极地寻求表达自己的政治取向，他们纷纷诉诸"人民"，从而使"人民"的定义呈现多样化的状态。出自精英之手的各种政治文献中所提到的"人民"，有时是指"我们人民"，也就是精英群体出于特定的政治意图而对自己身份的确认，希望借助"人民"的道义力量来争取某种利益；有时则是指"他们人民"，通常是精英对普通民众的定位，旨在用一定的标准将普通民众排除在某种权力或资源的范围之外。他们所说的"人民"，往往是与"少数"官员和富人相对的"多数"，是优秀分子以外的普通民众。在费城制宪会议上有人提

①　Richard L. Bushman, *From Puritan to Yankee: Character and the Social Order in Connecticut, 1690 – 1765*, Cambridge, Mass.: Harvard University Press, 1967, p. 269.

②　"Z. Y.," Newport Mercury, Apr. 23, 1764 (http://infoweb. newsbank. com).

③　"Returns of the Towns: Concord and Acton", in Oscar and Mary Handlin (eds.), *The Popular Sources of Political Authority: Documents on the Massachusetts Constitution of 1780*, Cambridge, Mass.: The Belknap Press of Harvard University Press, 1966, pp. 153, 158.

④　David Ramsay, *A Dissertation on the Manner of Acquiring the Character and Privileges of a Citizen of the United States*, Charleston, 1789, p. 3 (http://infoweb. newsbank. com).

⑤　Patrick Henry, Speech in Virginia ratifying convention, June 5, 1788, in Jonathan Elliot (ed.), *The Debates of the Several State Conventions on the Adoption of the Federal Constitution as Recommended by the General Convention at Philadelphia in 1787*, Philadelphia: J. B. Lippincott & Co., 1861, vol. III, p. 54.

⑥　Aristides, "Remarks on the Proposed Plan of an Emission of Paper", in Melvin Yazawa (ed.), *Representative Government and the Revolution: The Maryland Constitutional Crisis of 1787*, Baltimore: The Johns Hopkins University Press, 1975, p. 178; William Symmes, Letter to Capt. Peter Osgood, Jr., in Herbert J. Storing, ed., *The Complete Anti-Federalist*, Chicago: The University of Chicago Press, 1981, vol. IV, p. 56.

⑦　Alexander Contee Hanson (Aristides) to William Paca (Publicola), in Yazawa (ed.), *Representative Government and the Revolution*, p. 143.

到，尽管"州官员"可能不会拥护新宪法，但"人民是与我们站在一起的"。[①]还有人说，在共和政体中，官员应当时时重新回到"人民"中间，这不是使他们降格，而是抬举他们。[②]总之，一个社会总是分成多数和少数，少数是那些出生于富裕和有地位之家的人，多数就是"人民大众"。[③]这些建国精英有意或无意地把自己视为优秀分子，在谈论"人民"时，往往把自己排除在外。也就是说，"人民"是与"我们"不一样的"他们"，而在"我们"和"他们"（人民）之间，存在一条"泾渭分明"的界线。[④]

更重要的是，在建国精英的思想中，17世纪以来"人民"所具有的两种面目，得到了更加清晰的展现。在纽约批准宪法大会上，亚历山大·汉密尔顿宣称，在"自由的共和国"，"人民的意志构成政府的根本原则"；而"美国人民"的心灵乃是"极其开明和高雅的"，因而政府的法律就可以和"完美政策的标准"相吻合，公共措施就会通过代表与选民意见的一致来体现其明智性。但他随后又说，"人民"并"不具备系统的政府管理所必需的辨别力和稳定性"，他们"经常被错误的信息和激情引向最严重的错误"。[⑤]在弗吉尼亚批准宪法大会上，埃德蒙·伦道夫一再称颂"人民"，但在一次发言中却用"herd"（一群牲口）来指"大众"，被人指责为蔑视"广大人民"。[⑥]这种偶然的用词不慎，无意间透露了精英们对普通民众的真实看法。他们这种出尔反尔、前后不一和含混暧昧的态度，表明他们把抽象的"人民"和具体的"人民"放在了不同的评价体系之中，对抽象的"人民"礼赞有加，而对具体的"普通民众"则嗤之以鼻。但他们并未在两种"人民"之间划出鲜明的界限，而是经常将两者混为一谈。因此，只有从辨析具体语境入手，才能够判断其具体言论中"人民"的真实含义。

---

① George Read, June 6, 1787, in Max Farrand (ed.), *The Records of the Federal Convention of 1787*, New Haven: Yale University Press, 1966, vol. I, p. 143.

② Benjamin Franklin, July 26, 1787, in Farrand (ed.), *The Records of the Federal Convention*, vol. II, p. 120.

③ Alexander Hamilton, June 18, 1787, in Farrand (ed.), *The Records of the Federal Convention*, vol. I, p. 299.

④ James Wilson, June 16, 1787, in Farrand (ed.), *The Records of the Federal Convention*, vol. I, p. 253; George Mason, May 31, 1787, ibid., p. 56; John Adams to Samuel Adams, 18 Oct., 1790, in Charles Francis Adams (ed.), *The Works of John Adams*, 10 vols., Boston: Charles C. Little & James Brown, 1850–1856, vol. VI, 1851, p. 416.

⑤ Alexander Hamilton, Speech in New York ratifying convention, June 21, 1788, in Elliot (ed.), *The Debates of the Several State Conventions*, vol. II, p. 252; Hamilton, Speech in New York ratifying convention, June 24, 1788, ibid., p. 302.

⑥ Patrick Henry, Speech in Virginia ratifying convention, June 7, 1788, in Elliot (ed.), *The Debates of the Several State Conventions*, vol. III, p. 148; Edmund Pendleton, Speech in Virginia ratifying convention, June 12, 1788, ibid., p. 293.

　　然则从普通民众的角度来看，"人民"的构成和地位仍是很不一样的。有人反问道："难道美利坚人民的百分之九十九不是由技工和农场主构成的吗？"如果这些占人口绝大多数的人不能选择自己的统治者，不能确定政府的形式，那还不如承认英国那种完全由"绅士"构成的议会的统治。[①]在这里，普通民众构成"人民"的主体，他们与"绅士"是相对立的，他们应当对政治中的根本问题拥有发言权。在批准宪法的辩论中，有人把美国社会分成"天然贵族"（natural aristocracy）和"天然民众"（natural democracy）两大类，认为后者由自耕农、军队和政府的下级官员、渔民、技工和商贩、一般商人和职业人员等构成。而且，"天然民众"和"天然贵族"的差别，在政体上必然表现为民主制与贵族制的对立。[②]

　　关于革命时期的"人民"概念，最有影响的表述自然要数美国宪法前言中的"我们合众国人民……"一语。寥寥数字，可以说最大限度地调动了"人民"所蕴含的话语能量。建国精英心目中的"我们合众国人民"，指的是"合众国人民"而非各州的"人民"，他们既是赋予宪法正当性的抽象的"人民"，也是享有政治权利的政治社会的全体成员。"我们合众国人民"具有这样一些特征：他们是"自由人"，没有很大的财富差别，更没有什么等级之分，每个人都享有平等的政治权利和政治自由。[③]建国精英在谈到"合众国人民"时，往往无须作出任何性别、种族、年龄和宗教信仰的限定，因为这种说法含有一个约定俗成的预设：他们是居住在美国的拥有一定财产并且信奉基督教的成年白人男性，而妇女、未成年人、非公民、没有财产的人、非白人和非基督徒都不能享有选举权，因而不在"合众国人民"之列。

　　不过，这种预设在革命初期似乎遇到了挑战。有人提出，"社会的每个成员都有权对社会的法律表达自己的同意，否则他就没有服从的义务"。[④]约翰·亚当斯针对这种说法，特意作了一番辩护性的解释：在理论上，"政府唯一的道德基础是人民的同意"，但这并不意味着一个社会无分男女、老幼和贫富，都必须对政府的每一立法表达同意；妇女不能很好地理解和关心国家大事，儿童缺乏独立的判断，没

---

　　① "For the Pennsylvania Evening Post", Pennsylvania Evening Post, March 14, 1776（http：//infoweb. newsbank. com）.

　　② Walter Hartwell Bennett（ed.）, Letters from the Federal Farmer to the Republican, University, Ala.：The University of Alabama Press, 1978, pp. 49－50.

　　③ Charles Pinckney, June 25, 1787, in Farrand（ed.）, The Records of the Federal Convention, vol. I, p. 398.

　　④ Marc W. Kruman, Between Authority & Liberty：State Constitution Making in Revolutionary America, Chapel Hill：The University of North Carolina Press, 1997, p. 96.

有财产的人则容易受他人的控制而丧失自主意识；如果这些人都要求得到投票权和发言权的话，就会"混淆和消灭一切差别，把所有的等级都拉平为一个等级"。①从他的逻辑来看，北美不是、也不应是一个"人人平等"的社会，拥有政治权利的"人民"只是一个最大的"特权等级"。

二 作为道德整体的"人民"

美国的建国精英基本继承了英国和欧洲的政治话语系统，在讨论主权的归属、权力的来源、政府的起源和目的以及统治的正当性时，往往诉诸作为抽象整体的"人民"。这个"人民"并不是具体的"民众"，它是一个"集合的整体，而不是少数个人"。②在这个整体中，任何部分都不能代替整体，任何部分也不能代表整体的意志。因此，"任何一个地区的居民"并不可能"说出人民的心声"。③显然，这个"人民"乃是为了特定的政治和道德目标而想象出来的，是服务于某种论证逻辑而虚构的抽象物。这种"人民"具有共同的利益、共同的意志、共同的理性，以及共同行动的能力，无异于正义和理性的化身。它没有具体的形象，也就不具有人性，没有受到"原罪"的玷污，因而充当了上帝权威和人间权威的中介或转换器；存在于"神意"中的至高正义，通过抽象的"人民"而转化为国家及政府过程中的正义。

作为道德整体的"人民"，首先是政治社会最高权力的所有者，也就是主权的归属。把政治社会的最高权力寄托于"人民"，并不是美国革命时期出现的新现象，而是长期存在于北美精英思想中的一种惯例，只是到了革命时期，才外化为一套具有极大的政治塑造力的"人民话语"，渗透政治思维的每一个角落。诚然，"人民主权"学说来源于欧洲，但它在北美现实政治中发挥的作用，却是"史无前例"的。大致在欧洲"人民主权"观念形成的同时，诸如"所有权力在于人民"、"社会权力的基础和源泉都在于人民"一类的言论，就常见于北美的

---

① John Adams to James Sullivan, May 26, 1776, in Robert Taylor（ed.）, *The Papers of John Adams*, Cambridge, Mass.：The Belknap Press of Harvard University Press, 1979, vol. 4, pp. 208 – 212.

② Samuel West, "On the Right to Rebel against Governors", in Charles S. Hyneman and Donald S. Lutz, eds., *American Political Writing during the Founding Era*, *1760 – 1805*, 2 vols., Indianapolis：Liberty Press, 1983, vol. I, p. 419.

③ "Amendments to the Constitution", in Charles F. Hobbson, et al.（eds.）, *The Papers of James Madison*, Charlottesville：University Press of Virginia, 1979, vol. 12, p. 341.

各种政治和宗教文献中。①有人更明确地指出，"社会权力的最初人类主体和原型乃是人民"，这是"没有人会否认"的"社会知识中的一条正确而可靠的原则"。②也就是说，抽象的"人民"具有崇高的地位，而"人民主权"原则已得到了广泛的承认。在反英运动兴起以后，抽象的"人民"更成为革命派强大的道义后盾，"人民主权"观念弥漫于北美的整个政治话语之中。在社会精英们看来，"人民主权"原则"乃是亚里士多德和柏拉图的原则，李维和西塞罗的原则，西德尼、哈林顿和洛克的原则；乃是自然和内在理性的原则；乃是现在我们的整个政府得以成立的原则"。③如果统治者按照他们自己的主观意愿和喜好来制定和执行法律，就破坏和毁灭了"公民政府"的目的，统治者就成了绝对的专制者，使"人民"陷于奴役状态。④一些出自基层的政治文件也明确宣称，"统治者最初是通过统治者和被统治者共同同意的一定的法律和规则而从被统治者那里获得其权力的"⑤，政治权力中"为主而至高的权力由全体人民掌握，而派生和低级的权力则由他们所雇用的仆人掌握"。⑥有的政府文件也诉诸"人民主权"，以强化其政策的正当性和合理性。⑦革命初期制定的州宪法，大多揭橥"人民主权"原则，宣布"人民"有权改变政府，"人民"对官员拥有罢免权。⑧可见，到了革命初期，"人民主权"已成为精英、民众和政府的通用话语，可以说是一种共识性的政治信念。

随着革命进入尾声，美国政治思潮的激进色彩开始消退，保守倾向渐趋强烈，而"人民主权"观念在政治话语中的核心地位并未动摇。1778 年有人写道："当

　①　John Cotton on Limitation of Government, in Morgan (ed.), *Puritan Political Ideas*, p. 175；Williams, "The Essential Rights and Liberties of Protestants", ibid., p. 272；Paul K. Conkin, *Self - Evident Truths: Being a Discourse on the Origins & Development of the First Principles of American Government - Popular Sovereignty, Natural Rights, and Balance & Separation of Powers*, Bloomington: Indiana University Press, 1974, p. 29.

　②　Wise, *A Vindication of the Government of New - England Churches*, pp. 44, 71.

　③　John Adams, "Novanglus", in Adams (ed.), *The Works of John Adams*, vol. IV, p. 15.

　④　John Tucker, "An Election Sermon, Boston, 1771", in Hyneman et al. (eds.), *American Political Writing during the Founding Era*, vol. I, p. 162.

　⑤　Quoted in Richard L. Bushman, "Massachusetts Farmers and the Revolution", in Richard M. Jellison (ed.), *Society, Freedom, and Conscience: The American Revolution in Virginia, Massachusetts, and New York*, New York: W. W. Norton, 1976, p. 77.

　⑥　Quoted in Gordon S. Wood, *The Creation of the American Republic, 1776 - 1787*, New York: W. W. Norton & Company, 1972, p. 364.

　⑦　Proclamation of the General Court, January 23, 1776, in Oscar and Mary Handlin (eds.), *The Popular Sources of Political Authority*, p. 65.

　⑧　Constitution of Virginia, 1776, in Francis Newton Thorpe (ed.), *The Federal and State Constitutions, Colonial Charters, and Other Organic Laws of the State, Territories, and Colonies Now or Heretofore Forming the United States of America*, 7vols., Washington: GPO, 1909, p. 3813；Constitution of Pennsylvania, 1776, ibid., pp. 3082 - 3084.

人们自己组成社会、建立政治实体或国家的时候，应将他们视为一个道德的整体，拥有国家的最高权力。"①1784 年又有人说：在自由政府中，"所有对政府的供给"都源自人民，权力是他们交给统治者代理的，可以随时收回。②这些人不约而同地把"人民"界定为"道德的整体"，相信他们拥有"共同的意志"，能够掌握"最高的权力"。在制定和批准联邦宪法的运动中，"人民主权"原则的光芒也没有减弱。有些制宪代表力主建立强大的全国性政府，他们认为，有活力的政府权力应当直接来自"人民"这一所有权威的来源。③新宪法被说成"合众国人民"意志的体现，因为他们"讲同一种语言，信同一种宗教"；而且"他们承认同一条伟大的政府原则……**一切权力来自于人民**"。④直到 1790 年还有人谈道，"主权在于人民当中，这是一条我从未听见任何美国政治家严加否认的政治原则"。⑤也就是说，"人民主权"观念一直是一种普遍的政治信念。

属于"人民"的"最高权力"，无疑要用来推进"人民"的"共同福祉"。在欧洲思想中，把"共同福祉"作为政府的目的，是一种比"人民主权"学说古老得多的观念。⑥在普遍信奉"人民主权"理念的北美，"人民"的安全、自由和财产更成了政府产生和存在的唯一理由。⑦而且，在实际政治斗争中，各个派别都争相利用"共同福祉"的理念，都声称自己的主张是以"人民"的"普遍福利和幸福"为依归的。⑧然则"人民"如何才能有效地保障自己的自由和幸福呢？那就是要把"人民"自己的意志变成具有"至高法"和"根本法"地位的宪法。在美国革命时期，"人民"制定、批准和修改宪法的理念和程序，不仅是"人民主权"的派生物，更是它在现实政治中的具体反映。宪法只能由"人民"自己制定，并由"人民"自己来批准，因为"人民乃是权力的源泉"，只有多数"人民"的行动才

---

① "The Essex Result, 1778", in Oscar and Mary Handlin（eds.），*The Popular Sources of Political Authority*, pp. 330 – 331.

② Samuel MeClintock, "A Sermon on Occasion of Commencement of the New – Hampshire Constitution", in Ellis Sandoz（ed.），*Political Sermons of the American Founding Era*, 2vols., Indianapolis：Liberty Fund, 1998, vol. 1, p. 808.

③ James Wilson, June 6, 1787, in Farrand（ed.），*The Records of the Federal Convention*, vol. I, p. 132.

④ Robert Livingston, Speech in New York ratifying convention, June 19, 1788, in Elliot（ed.），*The Debates of the Several State Conventions*, vol. II, pp. 209 – 210. 黑体字在原文中为斜体。

⑤ Samuel Adams to John Adams, 20 Nov., 1790, in Adams（ed.），*The Works of John Adams*, vol. VI, p. 421.

⑥ 柏拉图：《理想国》，第 133 页。

⑦ Wise, *A Vindication of the Government of New – England Churches*, p. 61；Elisha Williams, "The Essential Rights and Liberties of Protestants", in Morgan（ed.），*Puritan Political Ideas*, p. 272

⑧ William Paca to the Citizen, February 15, 1787, in Yazawa（ed.），*Representative Government and the Revolution*, p. 61.

能赋予宪法"生命和存在"。① 1780 年马塞诸塞宪法和 1787 年联邦宪法，都是用"我们人民"的名义制定的；而各州批准联邦宪法的决议，大都采用了"人民的代表"或"本州人民"的名义。②

抽象的"人民"除了为宪法提供正当性之外，还在立宪的每个环节发挥了工具性的作用。制宪者无论持何种观点，都无一例外地借助"人民"这一道德资源来增强自己的话语力量。他们无论是争取某项条款，还是反对某项条款，只要有可能就诉诸"人民"和"人民主权"。有些代表主张维护"小州"利益，反对在全国立法机构采用"比例代表制"，要求实行一州一票的"平等代表权"和真正意义上的"联邦体制"，声称这体现了"人民"的意愿，"我们必须跟着人民，而人民则不会跟着我们"。③坚持"比例代表制"和"全国政府方案"的代表，则用同一种话语加以反击："一切权力来自人民，同等数目的人民应当拥有同等数目的代表"；而且，"共同政府和各州政府相互之间不是敌人，而是为了美利坚人民的福祉而设立的不同制度"；把权力从州政府转移到全国政府，只是从"人民"的"左手"放到"人民"的"右手"中，以便使它"好用一些"。④可是，集会费城的精英并不是"人民"，而抽象的"人民"也不可能出场，因而精英们不过是以"人民"的名义来表达自己的见解，并借"人民"的道德力量以强化自己的主张，以致出现了"人民"反对"人民"的情形。

批准联邦宪法的过程，也是一场不同的政治势力以"人民"的名义而进行的较量。本来，由"人民"来批准宪法的目的，是为了赋予新体制以正当性和崇高性；⑤但对支持宪法的人来说，"人民"批准实际上变成了防止各州政府反对和否决新宪法的一种策略。⑥他们嘴里说"人民事实上乃是一切权力的源泉，

---

① Pittsfield Petition, May 29, 1776, in Oscar and Mary Handlin (eds.), *Popular Sources of Political Authority*, pp. 90 – 91; Returns of the Towns: Norton, ibid., pp. 124 – 125; Returns of the Towns: Lexington, ibid., pp. 149 – 151; Returns of the Towns: Concord, ibid., pp. 152 – 153; Returns of the Towns: Acton, ibid., p. 158; Willi Paul Adams, *The First American Constitutions: Republican Ideology and the Making of the State Constitutions in the Revolutionary Era*, trans. Rita and Robert Kimber, Chapel Hill: The University of North Carolina Press, 1980, p. 63.

② See Elliot (ed.), *The Debates of the Several State Conventions*, vol. I, pp. 319 – 336.

③ William Paterson, June 9, 1787, in Farrand (ed.), *The Records of the Federal Convention*, vol. I, p. 178.

④ James Wilson, June 9, 1787, in Farrand (ed.), *The Records of the Federal Convention*, vol. I, p. 179; John Langdon, August 23, 1787, ibid., vol. II, p. 386.

⑤ James Madison to George Washington, in Robert Rutland et al. (eds.), *The Papers of James Madison*, Chicago: The University of Chicago Press, 1975, vol. 9, p. 385.

⑥ James Wilson, June 22, 1787, in Farrand (ed.), *The Records of the Federal Convention*, vol. I, p. 379.

通过诉诸他们，一切困难都能克服"，①但实际上不过是利用"人民"名义来表达自己的政治主张。他们呼吁，"在这一**人民**的法庭面前，让每个人都自由地说出自己的真实想法"，以供"人民"作出裁决。②他们宣称，"人民"从未放弃最高主权，这是"政治中的**灵丹妙药**"；社会中的任何混乱失序都可以用它来治疗：如果立法机构犯了错误，可以用宪法来纠正；如果宪法出了错误，则可以由"人民"来纠正。③建立一个拥有"活力"的全国政府，被说成"人民"的意愿：既然主权属于"人民"，他们就可以把原来托付给州政府的权力转交给联邦政府，以便产生更多的好处。④而且，只要代表是由"人民"选举的，国会就是"人民"的一部分，他们所行使的权力与"人民"自己拥有的权力就没有任何区别，而"人民"的自由和权利也就有了可靠的保障。⑤通过诉诸"人民"这个虚构的政治世界的最高权威，新宪法设计的国家制度就具备了某种不容置疑的正当性。

反对宪法的人当然不会忘记"人民"。有一位反对者宣称，"人民的普遍声音就是上帝的声音"，而"我所代表的人民的普遍声音就是，反对它（新宪法）"。⑥帕特里克·亨利是一个反对新宪法的强硬派，他说："据说人民希望改变政府。我会很高兴与他们就此当面谈谈。……事实是人民并不希望改变他们的政府。我如何去证明这一点呢？这如果不是得到人内心信念的支持，就仅仅是建立在我的断定上面。……一个政府如果得不到人民的热爱，就绝不可能兴旺。"⑦这番话暴露了一个明显的漏洞：一方面，"人民"的意见是不得而知的，只能体现在言说者的"信念"和"断定"之中；另一方面，"人民"反对新宪法带来的政府变更，又被说成一个"事实"。这反映了他在利用抽象的"人民"时所感到的一种困窘。

---

① James Madison, August 31, 1787, in Farrand（ed.）, *The Records of the Federal Convention*, vol. II, p. 476.

② John Dickinson, "The Letters, I, 1788", in Colleen A. Sheehan et al.（eds.）, *Friends of the Constitution: Writings of the "Other" Federalists 1787 – 1788*, Indianapolis: Liberty Fund, 1998, p. 58. 黑体字在原文中为斜体。

③ James Wilson, Speech in Pennsylvania ratifying convention, November 26, 1787, in Elliot（ed.）, *The Debates of the Several State Conventions*, vol. II, pp. 432 – 433. 黑体字在原文中为斜体。

④ James Wilson, Speech in Pennsylvania ratifying convention, December 1, 1787, in Elliot（ed.）, *The Debates of the Several State Conventions*, vol. II, pp. 443 – 444.

⑤ Noah Webster, "To the DISSENTING MEMBERS of the late Convention of Pennsylvania", in Sheehan et al.（eds.）, *Friends of the Constitution*, pp. 170 – 171.

⑥ Patrick Dollard, Speech in South Carolina ratifying convention, May 20, 1788, in Elliot（ed.）, *The Debates of the Several State Conventions*, vol. IV, p. 338.

⑦ Patrick Henry, Speech in Virginia ratifying convention, June 9, 1788, in Elliot（ed.）, *The Debates of the Several State Conventions*, vol. III, p. 151.

美国宪法没有包含一个"权利法案",这是引起强烈反对的一个主要原因。支持宪法的人辩解道,美国宪法所宣布的自由的基础,与英国的自由的基础并不一样。在英国,自由来自国王的授予,因而"人民"需要"权利法案"来扩大和保障他们的权利;而在美国,自由始终是属于"广大人民"的,他们并未通过立宪而放弃它,根本不需要什么"权利法案"来罗列和肯定它;在一个仅仅拥有"列举的权力"的政府中,"权利法案"不仅没有必要,而且还会造成危害。①反对者也用"人民"话语来为争取增补"权利法案"造势。他们指责新宪法没有充分反映"人民"的意志,在全国性政府体制中,如果把保留在"权利法案"中的权利交给那些"与人民没有同胞感情"的人,权利就会失去保障。"人民"在未来的新政府中"没有得到充分代表",因而必须制定一个"权利法案"。②

总之,在美国革命时期的政治斗争中,各种政治力量都经常诉诸抽象的"人民",以制造某种具有动员效力的政治话语,尤其是在联邦宪法的制定和批准的过程中,不可能"出场"的"人民"却几乎时刻"在场"。但值得注意的是,这些人一般都只在理论和道德的领域诉诸抽象的"人民",其目的也仅限于增强论辩的道德力量和说服力。他们并没有依靠手中的权力,把自命的道德优势转化为镇压的暴力,通过把对手界定为"人民的敌人"而置之于死地。他们更没有越出话语的领域,以抽象的"人民"的名义来动员实际的民众。抽象的"人民"始终只是一种思想和道德资源,而没有外化为现实的政治力量。另外,他们用抽象的"人民"的名义所追求的是一种具体的宪政秩序,而不是某种更加抽象的道德目标。换句话说,建国精英的确在刻意利用抽象的"人民",但他们的利用还没有达到滥用的程度,也就没有造成滥用的危害。

三　现实政治世界中的"人民"

在整个革命时期,始终有人主张从严格的意义上遵循"人民主权"原则,建立一种直接依赖"人民"的政治国家。在这些人心目中,"人民"只有一种形象,

---

① James Wilson, Speech in Pennsylvania ratifying convention, November 28, 1787, in Elliot (ed.), *The Debates of the Several State Conventions*, vol. II, pp. 435 – 436; Wilson, Speech in Pennsylvania ratifying convention, December 4, 1787, ibid., p. 454; Also see Elliot (ed.), *The Debates of the Several State Conventions*, vol. II, pp. 78, 87, 93; vol. III, pp. 191, 246.

② George Mason, Speech in Virginia ratifying convention, June 11, 16, 1788, in Elliot (ed.), *The Debates of the Several State Conventions*, vol. III, pp. 265 – 266, 445.

他们在理论上和实际上都应当是"主权者"。他们相信,"人民"是自己自由的最佳保护者,因而"人民"必须主导或控制政府,必须通过实质性地分享权力而谋求"共同福祉"。①有些州在革命初期制定的宪法,确实带有这种思想的痕迹。②但主导建国道路的政治精英却有不同的见解,他们相信,严格按照"人民主权"的逻辑,是绝不可能建立一个稳定而有效的政治国家的。

从表面来看,建国精英似乎面临一个逻辑和现实的双重难题。如果从字面上严格奉行"人民主权",向"全体人民"敞开政治世界的大门,就会冲击他们所向往的政治格局,导致他们所害怕的"拉平主义"和"暴民统治"。但是,一个以"人民主权"为立国原则的国家,如果在实际政治中完全把"民众"拒之门外,则一切政治安排都会显得虚伪,难以赢得社会的信任和支持,也就不可能形成真正的国家认同,最终会从根本上瓦解这一国家的正当性。在实际的政治操作中,这种难题似乎没有让他们感到棘手,因为他们从一开始就对"人民"作了双重的界定,在作为道德整体的"人民"和作为政治社会成员的"人民"之间划出了界限,把神圣的"人民"限定在理论和道德的层面,而不让他们进入实际的政治领域,从而顺利地把"人民"从"主权者"变成了"委托人",并最终构建了一种不必由"人民"亲自掌握权力的"人民政府"。这样就满足了他们的双重愿望:一方面依托作为道德整体的"人民",以确立政治秩序的正当性和合理性;另一方面又得以在实际的政府过程中排斥"人民",以保证决策的"稳定"和"明智"。

建国精英普遍认为,在现实政治领域,"人民"自己统治自己的时代早已逝去,讨论"人民"是否应当亲自掌握和行使权力,已经没有什么实际意义。有人甚至宣称,如果有谁在美国宣扬使立法权"**经常性地**掌握在人民手中","那他肯定要么是一个政治上的疯子,要么是用公共福祉的便利伪装来掩盖其最为阴暗和背信弃义的图谋"。③而且,"人民"非但不可能很好地理解和维护自己的自由,他们的多数还可能对权利构成真正的威胁。④如果政治权力结构中缺乏必要的制约与平

---

① Thomas Tudor Tucker, "Conciliatory Hints, Attempting, by a Fair State of Matters, to Remove Party Prejudices", in Hyneman et al. (eds.), *American Political Writing during the Founding Era*, vol. I, pp. 616 – 617; William Paca to the Citizen, February 15, 1787, in Yazawa (ed.), *Representative Government and the Revolution*, p. 68; "The Interest of America", *The New York Journal*, June 13, 1776 (http://infoweb.newsbank.com); [Anonymous] "The People the Best Governors", in Hyneman et al. (eds.), *American Political Writing during the Founding Era*, vol. I, pp. 391, 393.

② Constitution of Maryland, 1776, in Thorpe (ed.), *The Federal and State Constitutions*, p. 1687.

③ Aristides, "Remarks on the Proposed Plan of an Emission of Paper", in Yazawa (ed.), *Representative Government and the Revolution*, pp. 174 – 175. 黑体字在原文中为斜体。

④ James Madison to Thomas Jefferson, October 17, 1788, in James Morton Smith (ed.), *The Republic of Letters: The Correspondence between Thomas Jefferson and James Madison, 1776 – 1826*, 3vols., New York: W. W. Norton, 1995, vol. I, p. 564.

衡，"人民"无论采取何种方式来统治，不仅不能有效地维护自由，而且会导致可怕的暴政。①那么，在古代曾经自己统治自己的"人民"，在美国这个依靠"人民"立国的国家，为什么不能亲自掌握和行使权力、不能很好地维护自己的自由呢？

在建国精英看来，这首先是由于地域范围和人口规模的限制。最初，每个社会成员天然就是平等的，都有"自然权利"来采取行动，或投票决定为全体福祉所必需的规章，但当一个社会的成员变得很多时，就很难甚至不可能用全体集会的方式来管理国家事务。②以美国地域之辽阔，"人民"不仅不能亲自集会议事，甚至也难以经常性地选举"代表"来统治。③就常识而言，古代那种"人民"亲自集会议事和决策的体制，只存在于地域狭小的城邦国家。对于一个像北美13州这样土地辽阔、人口众多的地域，"人民"显然不可能亲自集会来行使统治权力。但何以许多政治文献还要不惜笔墨地解释和说明这一点呢？问题的关键就是，在"人民"的两种形象之间必须要有某种平衡。根据"人民主权"原则，拥有"主权"的"人民"应当亲自掌管政府；但在当时各州和联邦通行的体制中，"人民"都被排除在实际的政府过程之外，掌握和行使权力的只是一小部分人。对于这样一个"悖论"，当然有必要作出理论上的解释。

更重要的是，多数建国精英并不相信"人民"具备自己统治自己的素质和能力。他们回顾历史，从中看到了"人民"可怕的面目："民众的忌妒的呼声、猜忌、疑心、自负、傲慢、骄横、野心和某个地位优越者的暴躁"，一旦被用来对付某个人，其结果必然是，"一群不受节制的乌合之众的愤怒和狂暴，通过擅长蛊惑的专制者的暗中调唆，就会爆发为各式各样的攻击、毁谤和怒火，往往以谋杀和屠戮而告终"，其程度之可怕，在专制主义的历史上都是难有其匹的。④也就是说，古代那种"人民亲自统治"的政体是失败的，最终都未免于覆灭的命运，其重要原因就是"人民的愚昧无知"。总之，"人民"的统治可能沦为"人民的暴政"，最后政府如果不被外敌完全消灭，就会落入一个人手中。⑤由此推论，在古代那种地域狭小、人口甚少的城邦，"人民"尚且未能很好地处理政府事务，在美国这样一个土地辽阔、人口众多、居民分散的国家，"人民"就更不可能自己亲自议事

---

① John Adams, A Defense of the Constitutions of the United States, in Adams (ed.), *The Works of John Adams*, vol. IV, pp. 6 – 7.

② West, "On the Right to Rebel Against Governors", p. 419.

③ Charles Cotesworth Pinckney, June 6, 1787, in Farrand (ed.), *The Records of the Federal Convention*, vol. I, p. 137; Edmund Randolph, June 21, 1787, ibid., vol. I, p. 360.

④ Adams, A Defense of the Constitutions of the United States, in Adams (ed.), *The Works of John Adams*, vol. VI, p. 89.

⑤ "The Free Republican No, II", *The Independent Chronicle*, Dec. 1, 1785 (http://infoweb.newsbank.com).

和决策。

在联邦立宪的过程中，关于"人民"的种种"缺陷"的思考，体现在具体制度设计的每一个环节。詹姆斯·麦迪逊主张设立一个任期较长的第二院，因为"人民"对他们的真正利益缺乏了解，容易犯错误，而他们的直接代表也会出于同样的原因而犯错误，于是就需要在政府中设立第二院来制约第一院，匡正它因"易变和冲动"所犯的错误。[1]他在批准宪法的辩论中继续发挥了这种观点：众议院并非人数越多越好，一个代表制会议如果人数越多，就越容易沾染"人民"集体会议所固有的缺点。[2]汉密尔顿则断言，"人民是动乱而多变的，他们很少作出正确的判断或决定"，因此，"唯有一个永久的机构才能制约民众的轻率放肆"。[3]既然"人民"乃权力的来源，宪法又是"人民"意志的体现，为什么制宪代表会如此毫不留情地贬低和排斥"人民"呢？显然，他们在这里所说的"人民"，并不是那个拥有"主权"的"道德整体"，而是现实社会中的"民众"。

"人民"除了品质上的缺陷外，在知识和信息方面也有很大的局限。在制定联邦宪法时，有人主张"人民应尽可能少地涉及政府问题"，因为"他们缺乏信息，而且往往容易被误导"。[4]还有人甚至反对由"人民"直接选举第一院成员，其理由是"人民不能了解和判断候选人的个性，可能会作出更糟的选择"。[5]在讨论行政首脑的产生方式时，有人以类似的理由反对由"人民"直接选举。[6]在建国精英眼里，"人民"一般"过于愚昧无知，对于需要大量阅读和掌握关于外国的广泛知识的事务，他们是无法处理的"。[7]即便是大力弘扬"人民"权利的帕特里克·亨利，也不讳言"人民"在知识和判断方面的欠缺。他感到"普通民众"难以看出新宪法带来的"潜在的后果"，主张在"权利法案"中使用浅显晓畅的文字，因为"穷人不懂技术术语"，"他们可能受到了伤害而不自知"。[8]

---

① James Madison, June 26, 1787, in Farrand (ed.), *The Records of the Federal Convention*, vol. I, pp. 421 – 422.

② James Madison, "The Federalist No. 58", in A. Hamilton, J. Madison, J. Jay, *The Federalist Papers*, New York: New American Library, 1961, pp. 360 – 361.

③ Alexander Hamilton, June 18, 1787, in Farrand (ed.), *The Records of the Federal Convention*, vol. 1, pp. 289, 299.

④ Roger Sherman, May 31, 1787, in Farrand (ed.), *The Records of the Federal Convention*, vol. I, p. 48.

⑤ John Francis Mercer, August 7, 1787, in Farrand (ed.), *The Records of the Federal Convention*, vol. II, p. 205.

⑥ Elbridge Gerry, July 19, 25, 1787, in Farrand (ed.), *The Records of the Federal Convention*, vol. II, pp. 57, 114.

⑦ Noah Webster, "Political Paragraphs: Connecticut", *American Herald*, Dec. 4, 1786 (http://infoweb. newsbank, com).

⑧ Patrick Henry, Speech in Virginia ratifying convention, June 5, 20, 1788, in Elliot (ed.), *The Debates of the Several State Conventions*, vol. III, pp. 54, 541.

建国精英还经常把"政府"说成一门"科学",①其暗含的意思是,行使政治权力需要专门的知识和能力,并非一般民众所能胜任。有人主张延长国会成员的任期,因为"政府管理是一门科学,如果不鼓励人们不仅用三年而且用一生奉献于它,这门科学在美国就决不会得到完善"。②把"政府管理"视为一种"科学",并倡导政治的职业化,无异于主张把一般民众排除在政府的门外。还有人甚至宣称,"人民大众"是不可能理解"政府科学"的,因而也就不能判断什么政府最适合"他们的具体情况"。③也有人提出过相反的意见,觉得一个人如果能成为一个"好技工或好农场主",懂得如何持家,无疑也能很快学会治国。④但这种见解并没有得到多数建国精英的赞同。

根据建国精英的理解,"合众国人民"不仅人数众多,而且成分复杂;于是,如何使新的体制既能反映"人民"中的不同利益诉求,又能防止"人民"中的一部分压迫另一部分,并防止掌权者演变为与"人民"对立的特权集团,就成了国家构建中的一个核心问题。他们力主把立法机构分成两院,以"引入不同利益的影响或不同的原则"。⑤因为"人民"中的富人和穷人必须得到同等保护,也要同时受到制约。⑥他们感到,如果把一切权力交给多数人,他们会压迫少数人;如果把一切权力赋予少数人,他们就会压迫多数人。因此,两者都需要有权力,可以相互抵御对方的压迫。⑦用麦迪逊的话说,"在政府中最需要的东西,就是将主权加以改造,使之足以在不同的利益和派别之间采取中立的立场,控制社会的一部分不去侵犯另一部分的权利,同时又足以控制其自身,不去建立一种对立于整个社会利益的利益"。⑧可见,建国精英苦心孤诣地设计一种分权与制衡的复杂体制,不仅是出于"以权力制约权力"的考虑,更是要让政府代表"人民"中的不同利益,防止"人

---

① Thomas Jefferson, *Notes on the State of Virginia*, New York: W. W. Norton, 1972, p. 118; Alexander Hamilton, June 22, 1787, in Farrand (ed.), *The Records of the Federal Convention*, vol. I, p. 378; James Wilson, Speech in Pennsylvania ratifying convention, November 26, 1787, in Elliot (ed.), *The Debates of the Several State Conventions*, vol. II, p. 432. 按:18 世纪的"科学"一词,主要指"知识"和"技艺",与当今的科学定义不完全一样。

② Benjamin Rush, "To the People of the United States", in Hezekiah Niles (ed.), *Principles and Acts of the Revolution in America*, New York: A. S. Barnes & Co., Publishers, 1876, p. 234.

③ "Caesar" (The Letters: II), in Sheehan et al. (eds.), *Friends of the Constitution*, p. 324.

④ Herman Husband, *Proposals to Amend and Perfect the Policy of the Government of the United States of America*, Philadelphia, 1782, p. 10 (http://infoweb. newsbank. com).

⑤ Jefferson, *Notes on the State of Virginia*, p. 119.

⑥ Adams, *A Defense of the Constitutions of the United States*, pp. 89, 418.

⑦ Alexander Hamilton, June 18, 1787, in Farrand (ed.), *The Records of the Federal Convention*, vol. I, p. 288.

⑧ James Madison, "Vices of the Political System of the United States", in Rutland et al. (eds.), *The Papers of James Madison*, vol. 9, p. 357.

民"中的一部分压迫另一部分。

归根结底，古代城邦那种具有共同利益和一致行动能力的公民共同体，在革命时期的美国不复存在，而且也难以复兴，这一点乃是建国精英的共识。他们看到现实存在的美国"人民"构成复杂，利益多样，并不是一个"同质的群体"；①他们分散居住在一片辽阔的土地上，在气候、物产、习惯、风俗和宗教方面各不相同，虽然都信奉共和原则，但在具体的政府形式上却存在很大的分歧。②而且出于种种差异的缘故，在同一个政府中，来自不同地区的代表之间可能会发生激烈的冲突。③面对"人民"的这些新特点，革命时期出现了两种截然不同的建国思路：一种是基于"人民"的差异而建立众多的小共和国，尽量使共和国的规模与公民共同体相吻合；另一种是切断共和政体与同质性公民共同体的关联，使多样而碎化的"人民"远离实际的政治权力，建立一个由相对具有共识的精英所主持的强大政府。其结果是，持后一种主张的建国精英取得了胜利。他们当中甚至有人提出，"一个受到适当限制的政府"越是独立于"人民"，就越有利于实现政府"保护人身和财产"的目标，越有可能成为"完善"和"自由"的政府。④

这是否意味着，建国精英认定政府已与"人民"毫无关系了呢？他们的确不喜欢、也不信任普通民众，他们并认为，政府可以离开民众的支持和信任。相反，他们力图以适当的方式把"人民主权"与政治正当性之间的关联，嵌入具体的制度安排之中。应该说，关于抽象的"人民"的概念，发挥了一种"制动器"的作用，刹住了建国精英思想的不断下滑。既然抽象的"人民"乃是"最高权力"的所有者，那就不可能否认和消除与"人民"相对应的普通民众的基本政治权利，不可能把政府变成与民众完全无关的东西。建国精英普遍承认，公民在与政府有关的事务上，应当而且必须拥有代表权、选举权、同意权和知情权。这些权利有的是由"自然权利"所衍生，有的则是"人民主权"的体现，都是作为"主权者"的"人民"在现实政治世界中所拥有的权利。

拥有"主权"的"人民"难以很好地行使权力，于是就把它委托给自己选择的"代表"来行使，以维护自由，增进福祉，一旦"代表"不能恰当地运用这些权力，"人民"随时可以撤换他们。这就是流行于英美政治思想中的"代表权"理念。"代表权"是"人民主权"在现实政治世界的延伸。美国的"代表权"观念

---

① James Madison, June 26, 1787, in Farrand, ed., *The Records of the Federal Convention*, vol. I, p. 422.

② Charles Pinckney, Speech in South Carolina ratifying convention, May 14, 1788, in Elliot, ed., *The Debates of the Several State Conventions*, vol. IV, pp. 324 – 325.

③ Cato, "To the Citizens of the State of New – York", in Storing, ed., *The Complete Anti – Federalist*, vol. II, pp. 110, 112; Brutus, "To the Citizens of the State of New York", ibid., p. 370.

④ "State Soldier", in Sheehan, ed., *Friends of the Constitution*, p. 367.

源自英国，但又与之不同，①更强调代表与被代表者的同一性，因为"**去代表**，就是所说和所做的都要与被代表的人的看法和意见**相吻合**，就如同他们自己亲自出席所做的一样"。②代表只是"人民""委托"的"代理人"，权力的最终归属没有改变。于是，这种代表制"实际上并非是放弃全体所拥有的统治的权利，而只是为了使他们的权力以最有效的方式得到行使"。③有人更强调"人民"对代表的直接控制和影响，认为在代表制政府中，"**代表们必须服从他们的委托人**的意志，否则就必然会随之产生一种明显的荒谬和简单清楚的后果，即**少数几个人将大于全体**社会成员，可以**违背其所有的委托人明确宣布**的意见而行事"。④这种"代表权"观念更接近"人民主权"的本义，但多数建国精英更倾向于赋予代表一定的独立性，要求允许他们在决策中依据自己的理性来作决定。

与"代表权"密切相连的是选举权、同意权和知情权。自由而公开的定期选举，是"人民"将权力"委托"出去的主要方式，"是人民对**最初**主权的行使"。⑤在"人民"把权力"委托"出去以后，手中所掌握的唯一权力就是选举权，"一旦人民被剥夺了这一权利，他们就不再是自由的了"。⑥但实际上，选举权并不是"人民"的普遍权利，而只是政治社会成员的特权，是区分"人民"与"非人民"的主要标志。这种以选举为基础的代表权，在立法时的主要作用是代替不能出场的"人民"来表达"同意"。"人民的同意"被看成"公民政府的唯一基础"，政府任何施之于"人民"的法律，都必须得到"人民"自身或他们的代表的同意，否则就是"滥用权力和暴政"。⑦同时，在代表权和同意权的基础上，很自然地衍生出知情权。代表们掌握着"人民"委托的权力，因而"人民有权利知道他们的代理人

---

① John Phillip Reid, *The Concept of Representation in the Age of the American Revolution*, Chicago：The University of Chicago Press, 1989, pp. 32 – 34, 45, 47, 79 – 81; Bernard Bailyn, *The Ideological Origins of the American Revolution*, Enlarged Edition, Cambridge, Mass.：The Belknap Press of Harvard University Press, 1992, p. 169; "A Letter from a Plain Yeoman", in Edmund S. Morgan, ed., *Prologue to Revolution：Sources and Documents on the Stamp Act Crisis, 1764 – 1766*, New York：W. W. Norton, 1973, pp. 75 – 76.

② Samuel Chase to His Constituents, February, 1787, in Yazawa, ed., *Representative Government*, p. 57. 黑体字在原文中为斜体。

③ Daniel Shute, "An Election Sermon, Boston, 1768," in Hyneman et al., eds., *American Political Writing during the Founding Era*, vol. I, p. 117.

④ Samuel Chase to His Constituents, February, 1787, in Yazawa, ed., *Representative Government and the Revolution*, p. 57. 黑体字在原文中为斜体。

⑤ James Wilson, June 21, 1787, in Farrand, ed., *The Records of the Federal Convention*, vol. I, p. 365.

⑥ Simon Howard, "An Election Sermon, Boston 1780," in John Wingate Thornton, ed., *The Pulpit of the American Revolution：Or, the Political Sermons of the Period of 1776*, Boston：D. Lothrop & Co., Publishers, 1876, p. 365.

⑦ Quoted in Steven M. Dworetz, *The Unvarnished Doctrine：Locke, Liberalism, and the American Revolution*, Durham：Duke University Press, 1990, p. 78.

正在做什么和做了什么，不应任凭立法机构随意隐藏其议事记录"。①在批准宪法的过程中，反对宪法的人则担心，将来国会就可能利用宪法的某些条文，刻意隐瞒整个议事记录，使人民完全无法了解他们在做什么。②这种担忧从另一个侧面反映了知情权的重要性。

四 "人民"的特性与国家制度的设计

美国革命在很大程度上是一场政治革命，创建一个新的政治国家，并为它设计一套正当而有效的国家制度，乃是革命的核心任务。由于"人民"在建国精英的思想中具有两种面目，于是就在国家制度的建设中产生了某些明显的悖论：拥有"最高权力"的"人民"，却不能直接掌握和行使权力；一个依据"人民主权"原则建立的国家，却不得不使"人民"远离实际的政治权力；一个"人民"没有直接发言权的政府，却必须以"人民"的自由和幸福作为最高目的。建国精英为了消解这些悖论带来的张力，避免引发持续的冲突而危害基本的政治稳定和治理效力，便基于他们对"人民"的特性的界定，构筑了一套可以诠释并支持其国家制度安排的思想话语。

建国精英普遍相信，"合众国人民"有着一致的根本利益，体现在政府原则中就是"共同福祉"。国家的一切制度安排，都必须有助于实现和增进这种"共同福祉"。"人民"固然拥有"主权"，但由于其人口规模、地域分布和政治素质的限制，字面意义上的"人民政府"不仅窒碍难通，而且一旦实行必定带来极大的危害。不过，这并不意味着"人民"必须从根本上放弃"主权"，成为政治上毫无作为的被统治者。实际上，"人民"可以从他们自己当中选择一些人，把权力交给他们行使，并通过一定的制度来保证交出的权力真正用于增进"共同福祉"。这就是"代表制政体"的理念。在美国建国的语境中，"代表制政体"的理念是"人民主权"和"代表制"相结合的产物，其形成从根本上调和了建国精英思想中两种"人民"所造成的矛盾，把理论上的"主权者"合乎逻辑地变成了现实中的被统治者，从而完成了国家构建中看似矛盾的双重目标：既把"人民主权"原则融入建国理念之中，又使"人民"不必在"人民政府"中亲自"出场"。

建国精英把代表制视为现代国家的根本制度，是新型"人民政府"得以成立

---

① James Wilson, August 11, 1787, in Farrand, ed., *The Records of the Federal Convention*, vol. II, p. 260.

② See Elliot, ed., *The Debates of the Several State Conventions*, vol. II, p. 52; vol. III, pp. 404, 462.

和运转的基石。他们赋予"代表制"一种历史上从未有过的巨大意义，反复强调古人并不知道政府中的代表制学说，它是现代"政府科学"的产物。他们虽然没有自负地把代表制说成美国人首创，但确信自己对代表制的理论和实践作了重大的改造。他们声称，在英国宪政中，代表制只限于一个很小的角落；而在美国政府的各个部门，都贯彻了代表制的原则，"代表制乃是人民和他们托付行使政府权力的人之间沟通的一个渠道"。①更重要的是，代表制在美国变成了"人民的代表制"，因而"一件事情由我们自己亲自来做，还是由我们为此目的而任命的代表和代理人来做，并没有实际的差别"。②正是凭借这种"代表"和"人民"的同一性的理念，建国精英把"人民性"赋予了新兴的合众国。也就是说，"人民"借助"代表制"来"委托"政治权力，决不是要创立一个与他们的利益不一致，甚至对立的特权政府。代表制只有建立在"人民主权"原则的基础上，才是正当而合理的。建国精英强调，"组成代表制议会的目的，似乎在于反映人民的意见和公共声音。画像的完美在于其相似性。人数或财产，或者两者应是规则；选民和（议会）成员的比例需要计算。（议员）任职期限不应太长，不要使代理人因时间太久而忘记了其选民的意见"。③

建国精英看重代表制的另一个考虑是，作为权力来源的"人民"又不必亲自行使权力，而把权力委托给他们自己选择的代表，这样就避免了古代"人民政府"的"弊端"和"危害"。一般认为，代表制只是"人民"不得已而采取的一种"权宜之策"，④但多数建国精英并不认为代表制单纯是"人民大会"的替代物，而毋宁是一种使"人民"远离决策过程的必要而可取的方式。他们承认"所有权力的确来自人民，但认为权力实际上任何时候都在人民中间的学说，会颠覆一切政府和法律"；在代表制政府中，唯有立法机构掌握制定法律的权力，如果人民自己立法，就必须中止或废除"人民"委托权力的公约。⑤进而言之，"人民"也不能随时收回代理出去的权力。所谓"主权和其他一切权力**位于**人民中间"，乃是一种不恰当的表述。准确的说法"应当是'所有权力**来自于**人民'，他们只是在选举的日

<hr/>

① James Wilson, Speech in Pennsylvania ratifying convention, November 26, 1788, in Elliot, ed., *The Debates of the Several State Conventions*, vol. Ⅱ, pp. 423 – 424.

② Luther Martin's Letter on the Federal Convention of 1787, in Elliot, ed., *The Debates of the Several State Conventions*, vol. Ⅰ, p. 366.

③ Adams, A Defense of the Constitutions of the United States, in Adams, ed., *The Works of John Adams*, vol. Ⅳ, p. 284.

④ William Paterson, July 9, 1787, in Farrand, ed., *The Records of the Federal Convention*, vol. Ⅰ, p. 561; Instructions of the Inhabitants of the Town of Boston to Their Representatives in Congress, 1776, in Niles, ed., *Principles and Acts of the Revolution in America*, p. 132.

⑤ Alexander Contee Hanson to the People, June 9, 1787, in Yazawa, ed., *Representative Government and the Revolution*, pp. 125 – 127.

子里拥有它。在此之后，它就成了他们的统治者的所有物；如果它没有被滥用，他们就不能行使它或收回它。传播这种观点是很重要的，因为它导向秩序和好的政府"。①建国精英的意图相当明显，他们主张"人民"放弃政治权力，把政府交给职业政治精英来操持，这是现代国家的最佳选择。②这样一来，采用代表制的"人民政府"，实际上就变成了一种新型的精英统治。

精英统治在欧洲政治理论中也是一个古老的观念，③北美早期的政论作者继承了这种观念，相信"**出身高贵、拥有财富**的人"应当掌握权力，并享有"高于人民的荣誉"。④他们认为，承担统治责任的"立法者和执法者"，必须具有符合其权力和委托的高贵品质和优良素质。⑤在革命后期，从底层崛起的"新人"受到了普遍的蔑视和攻击，被视为政治腐败和动乱的渊薮。有人断言，"在我们原来那些有影响的人物获得信任和权威以前，我们各州是不可能得到很好治理的"。⑥作为"人民"的代表来替"人民"掌权的精英，应当有"很好的理解力"，"公认的诚实"，有"知识"，有"经验"，"敬畏上帝"，"痛恨贪婪"，"热爱真理和正义"，"真心拥护公共福利"。⑦他们之所以"出类拔萃"，还与其财产状况相关，所以议员和官员均须具备一定的财产资格。⑧这样的人在当时有"天然贵族"之称。他们"一般可以理解为通过人类本性的构成而产生的在社会中的种种优势。而**人为贵族**是指通过社会法律而制造和确立的分量与优势的不平等"。⑨不过，并非所有人都承认"天然贵族"拥有"天然的"统治权力。有人担心，如果政府落入了"少数人和大人物"手中，就会是一个"压迫性的政府"。⑩但建国精英中有人尖锐地指出，如果富人和那些睿智、品德高尚和有学识的人，因为是"贵族"而不能充当"人民"的代表，难道那些没有品德、不睿智和没有学识的人就值得"人民"信任，并把

---

① Benjamin Rush, "To the People of the United States", in Niles, ed., *Principles and Acts of the Revolution in America*, pp. 234 – 235. 黑体字在原文中为斜体。

② See Hamilton, Madison, Jay, *The Federalist Papers*, pp. 82, 100, 309 – 310, 386 – 387.

③ 亚里士多德：《政治学》，第 173、317 页。

④ Quoted in Jackson Turner Main, "Government by the People: The American Revolution and the Democratization of the Legislatures", *William and Mary Quarterly*, vol. XXIII (July 1966), p. 392. 黑体字在原文中为斜体。

⑤ John Tucker, "An Election Sermon, Boston, 1771", in Hyneman et al., eds., *American Political Writing during the Founding Era*, vol. I, pp. 166 – 167.

⑥ Noah Webster, "Political Paragraphs: Connecticut", *American Herald*, Dec. 4, 1786 (http://infoweb. newsbank. com).

⑦ Samuel Langdon, "A Sermon, Preached at Concord, in the State of New – Hampshire, Before the Honorable General Court at the Annual Election, June 5, 1788", in Sandoz, ed., *Political Sermons*, vol. 1, p. 960.

⑧ Constitution of North Carolina, 1776, in Thorpe, ed., *The Federal and State Constitutions*, p. 2790.

⑨ John Adams to John Taylor, 1814, in Adams, ed., *The Works of John Adams*, vol. VI, p, 451. 黑体字在原文中为斜体。

⑩ Melancton Smith, Speech in New York ratifying convention, June 21, 1788, in Elliot, ed., *The Debates of the Several State Conventions*, vol. II, pp. 246 – 247.

"人民"的自由托付给他们吗?①因此,没有理由反对由"以其智慧和美德而最为著名的人"组成的政府。②有的政论作者甚至宣称,"人民"不仅不能自己担任官职,而且也不适合选举立法者和比较重要的官员,只能把权力交给那些"因天性、教育和性情而适合政府工作"的人,而联邦宪法正是为了解决这个问题而制定的。③

公开把联邦宪法说成精英统治的"通行证",似乎与"人民主权"原则大相径庭。但建国精英设法把"人民主权"与精英统治调和在同一个政治话语系统中。他们的思想逻辑是,精英不能自动获得权力,而是"人民"以"自由选举"的方式任命的"受托人",一旦接受"人民"委托的权力,就必须对"人民"负责,并就行使权力的方式和结果时时对"人民"作出交代。而且,精英掌握和行使权力的目的,是为了"人民"的自由与幸福,而不是仅仅谋求自身的利益。同时精英也不是一个固定而封闭的特权集团,而是一个因定期选举而不断流动和轮换的开放性群体,精英来自"人民",最终又要回归"人民"。总之,他们因其才干和能力而成为精英,并非基于血统、财富和册封而获得晋升;他们获得权力的渠道和行使权力的方式,都必须紧密地依赖"人民"。

然则"人民"是否能完全信任那些接受"人民"的委托而控制公共权力的政治精英呢? 新宪法的支持者声称"代表"是可以信任的,其理由是,代表既由"人民"选择且来自"人民",那"他们就是**人民**,他们**不可能**虐待他们自己"。④同时,"人民"拥有制约代表的手段,"只要政府来自于人民、并依靠人民才能得以延续,就不会有人试图采取压迫性的措施,因为这必然使这些措施的制定者招致他们所依靠的人们的不满"。⑤同样重要的是,代表和"人民"拥有同样的利益,他们对选举他们的人拥有"同胞感受"。⑥再者,代表们具有高尚的人格和道德,他们曾经冒着生命危险为"美利坚与人类的权利"而呐喊和奋斗,自然是值得信任的

---

①　R. R. Livingston, Speech in New York ratifying convention, June 23, 1788, in Elliot, ed., *The Debates of the Several State Conventions*, vol. II, p. 277.

②　James Wilson, Speech in Pennsylvania ratifying convention, December 4, 1787, in Elliot, ed., *The Debates of the Several State Conventions*, vol. II, p. 473.

③　Jonathan Jackson, *Thoughts upon the Political Situation of the United States of America*, Worcester, Mass.: Isaiah Thomas, 1788, pp. 57, 98 (http://infoweb. newsbank. com); Wood, *The Creation of the American Republic*, pp. 509 – 510.

④　J. C. Jones, Speech in Massachusetts ratifying convention, January 16, 1788, in Elliot, ed., *The Debates of the Several State Conventions*, vol. II, p. 29. 黑体字在原文中为斜体。

⑤　John Marshall, Speech in Virginia ratifying convention, June 16, 1788, in Elliot, ed., *The Debates of the Several State Conventions*, vol. III, p. 420.

⑥　Edmund Randolph, Speech in Virginia ratifying convention, June 17, 1788, in Elliot, ed., *The Debates of the Several State Conventions*, vol. III, p. 470.

人。①这类说法显然有其特定的语境。反对宪法的人反复指出，新宪法授予全国政府的权力过大，会威胁"人民"的自由；而宪法的拥护者则强调代表可以信任，旨在说明授予全国政府的权力不会危害"人民"的利益。可见，他们呼吁信任代表主要是一种话语策略，不能由此断定他们在任何情况下都主张绝对信任掌权者。相反，他们在其他场合曾明确表示，"人民"容易犯错误，而权力也会腐蚀人心，因而必须对"人民的代表"加以戒备。②

就总的倾向而言，"人民"必须提防掌权者的观点更加流行，特别是从被统治者角度看待"人民"与政府的关系时，警惕统治者危害"人民"利益的意识往往更加强烈。在革命初期，防范统治者的观点，针对的是英国政府的政策。到了立宪时期，同样的看法主要来自反对宪法的阵营。这些人对宪法授予全国政府强大的权力感到担忧和不满，认为"一切政府的统治者都会确立一种与被统治者分离的利益，它会带有奴役他们的倾向"，而唯一有效的防范手段，就是在选民中确立"不信任的原则"。③他们为了说明全国政府权力过大的危险，就夸张地强调统治者与"人民"的对立，把政府比拟为必须戴上笼头加以控制的"疯马"。④其实，他们并不是泛泛地反对一切政府权力，而只是不放心把过大的权力交给远离"人民"直接控制的全国政府。他们既害怕全国政府损害州权，也担心"人民"的自由和权利受到侵凌。不过，在急切需要建立一种有效的政治国家的形势下，这种糅合"自由至上主义"和州权意识的政治思维，多少显得不合时宜。

既然"人民"不可完全信任他们的"代理人"，那就必须对其施加制约和控制。根据当时通行的观点，"人民"中的每一员都拥有与生俱来的"自然权利"，他们之所以同意放弃其中的某些权利，为的是从政治国家换取相应的"对等物"；政府的起源和存在的目的，都在于维护和增进他们所没有放弃的权利。这种权利观念与"人民主权"原则相互支撑，构成一种强大而有用的意识形态话语。殖民地居民曾用这种话语来评判母国的政策，指责当局把"权力"从"权利"中抽象出来，从而失去了统治的正当性。⑤对于独立后建立的新政府而言，其权力同样"依

---

① Francis Dana, Speech in Massachusetts ratifying convention, January 18, 1788, in Elliot, ed., *The Debates of the Several State Conventions*, vol. II, p. 43.

② James Madison, August 10, 1787, in Farrand, ed., *The Records of the Federal Convention*, vol. II, p. 250.

③ Cato, "To the Citizens of the State of New York", in Storing, ed., *The Complete Anti - Federalist*, vol. II, p. 125.

④ Tredwell, Speech in New York ratifying convention, July 2, 1788, in Elliot, ed., *The Debates of the Several State Conventions*, vol. II, p. 405.

⑤ Richard Bland, "An Inquiry into the Rights of the British Colonies", in Merrill Jensen, ed., *Tracts of the American Revolution, 1763 - 1776*, Indianapolis: The Bobbs - Merrill Company, 1967, pp. 110, 121.

赖于人民的**权利**"，"如果后者没有**权利**，前者也就不能拥有**权力**"。①在联邦宪法制定的过程中，持不同立场的人都采用类似的意识形态话语来强化自己的主张。②既然"人民"具有最终决定政府存废的权力，那么掌权者不仅不能冒犯"人民"，而且应当时时向"人民"作出"交代"（accountable to），要"顺从"（amenable to）"人民"的要求，要为自己的过失向"人民"承担责任（responsible for）。在这种意识形态氛围中，掌权的精英无疑会感到某种无形的制约，不希望轻易背负违背"人民"意愿或损害"人民"利益的恶名。

此外，"人民"还拥有制约统治者的技术性手段。根据宪法反对者的看法，在《邦联条例》下"人民"对国会代表拥有三种制约，即一年一度的选举，轮流任职，以及在必要时召回（罢免）他们，但新宪法取消了所有这三种制约手段。③拥护宪法的人则说，"人民"仍然拥有选举代表的"平等的投票权利"，可以在"下次选举"中对偏离"我们的利益"的现象加以"纠正"，这种制约"比纸上的权利法案要优越得多"。④既然"权力如此频繁地回到人民手中"，这对"人民"的自由就是一种保障，而对全国政府的权力则是一种制约。⑤可见，无论是宪法的反对者还是拥护者，都承认选举的要义在于使"人民"得以制约政府，以维护自己的自由。但分歧在于，前者认为选举的间隔越长，对官员的制约就越小。联邦宪法延长了议员和官员的任期，以保证政府具备制宪者所希望的稳定和力量；因顾忌"合众国人民"对经常性选举的偏好，规定的选举间隔较英国为短。就兼顾选民制约与政府效力而言，这应当是一种比较适中的安排，但在批准宪法运动中仍然引起了强烈的反对。⑥

按照英国和北美殖民地基层中政治的惯例，"人民"还有权利向代表发出指令，以便在决策中直接反映选民的意见。进入革命时代后，随着"人民主权"观念深入人心，指令的作用和意义也就受到了高度的关注。但在实际运用中，指令牵涉许多复杂的理论和技术问题：代表究竟是否拥有相对于选民的独立性？他们在决策时能否作出自己的判断？如果选民的指令不合理或不可行，代表是否仍然应当无条件地执行？在1787年，马里兰议会两院之间就发行纸币问题发生激烈的争论，

①　Quoted in Ronald M. Peters, Jr., *The Massachusetts Constitution of 1780: A Social Compact*, Amherst: The University of Massachusetts Press, 1978, p. 83. 黑体字在原文中为斜体。

②　See Elliot, ed., *The Debates of the Several State Conventions*, vol. II, p. 94; vol. III, p. 20.

③　M. Kingsley, Speech in Massachusetts ratifying convention, January 21, 1788, in Elliot, ed., *The Debates of the Several State Conventions*, vol. II, pp. 61 – 63.

④　Edmund Pendleton, Speech in Virginia ratifying convention, June 12, 1788, in Elliot, ed., *The Debates of the Several State Conventions*, vol. III, p. 298.

⑤　Samuel Stillman, Speech in Massachusetts ratifying convention, February 6, 1788, in Elliot, ed., *The Debates of the Several State Conventions*, vol. II, p. 168.

⑥　See Elliot, ed., *The Debates of the Several State Conventions*, vol. II, pp. 4 – 6, 13 – 14, 16.

其焦点就涉及这些问题。①新宪法没有提到指令问题。1789年，在国会讨论"权利法案"的条文时，有的议员建议增加"人民向其代表发出指令"一项。麦迪逊对此表示坚决反对，担心这种模棱两可的条款必然使宪法修正案显得"可疑"，从而"使人们对整个制度产生偏见"。② 本来，建国精英所精心设计的新体制，就是要在"人民"和政府之间铺设一个"隔离层"，如果宪法明确支持指令的权利，就等于在这个"隔离层"上开凿了一个很大的漏洞，使代表制政府与公民大会之间没有本质的差别。由于指令权最终未能进入"权利法案"，对"人民"这一"最高权力"所有者来说，最后一条直接影响决策的渠道也被关闭了。那么，这样一种政府，还能叫作"人民的政府"吗？

五 "人民"的定义与政体的性质

毫无疑问，建国精英仍然旗帜鲜明地把上述那种政府称作"人民的政府"。他们这样做是基于如下一些共识：国家的最高主权存在于"人民"中间，政府的权力来自"人民"的"委托"；政府的存在和运作须以"人民"的自由和幸福为目的，如果政府放弃或违背这一目的，就会沦为暴政。由于"人民"作为集体无法行使决策和执行的权力，他们便把权力"委托"给他们选择的"代理人"，而"代理人"必须对他们负责，并接受他们的制约；同时，政府的有效性离不开"人民"的同意和信任，因而"人民"应当以适当的方式行使某些政治权利。这些共识构成了一种流行的"人民话语"，正是采用了这一套"人民话语"，建国精英在诠释革命时期形成的新政体时，才获得了可用的理论资源和思想逻辑。

只要承认一切政治权力来自"人民"，政府乃是"人民"的"委托"，任何世袭权力和个人特权就失去了存在的理由和空间；同时，政府形式必须符合"人民"的习惯和偏好，而"合众国人民"最喜欢、也最适合的唯有共和制，于是就根绝了实行君主制和贵族制的可能性。革命时期的人普遍相信，只有"自治"而"自由"的政府，才能增进"人民"的幸福，而君主制只适合不能自治而必须用武力统治的民族。③据说，在美国公民中，"不反对任何君主制手段的人"不到千分之

---

① Yazawa, ed., *Representative Government and the Revolution*, especially pp. 35, 55, 65, 90, 124, 127, 145.

② "Amendments to the Constitution", in Hobbson, et al., eds., *The Papers of James Madison*, vol. 12, pp. 203, 340.

③ William Grayson, Speech in Virginia ratifying convention, June 12, 1788, in Elliot, ed., *The Debates of the Several State Conventions*, vol. III, p. 283.

一，他们根本不会同意一个采用君主制手段的政府方案。①换言之，"人民的固定思想倾向是反对任何与君主相似的东西"。②即使是对君主制推崇备至的人也不得不承认，有限君主制难以行之于美国，因为"我们目前的形势禁止这样的实验"。③虽然"一些头面人物"内心一度向往君主制，④但他们"人数不多，分量不足"，而"正在兴起的人群全都是共和派"，要背弃共和主义而转向君主主义，"不仅没有先例，而且也是不可能的"。⑤照此说来，乔治·华盛顿拒绝接受列维·尼古拉提出的拥兵称王的建议，并不单纯是出于他个人不贪恋权位和虚荣的品质，而更是美国社会风气和"人民"习性的反映。

传统的贵族制在建国精英中间更不受欢迎。北美人民对"世俗和精神贵族"普遍地抱有一种"遗传性的害怕和厌恶"，因为他们的先辈在英格兰时受够了那些贵族的压迫，为了摆脱这种压迫，他们才"逃到了这一荒野"。⑥在立宪时期，贵族制被视为一种比君主制更坏的政体，是一种"三头怪物"。⑦在制宪会议上，虽然有人对贵族制表示欣赏，⑧但最终一致通过了不得授予贵族头衔的宪法条款。⑨这一条款赢得了宪法拥护者的高度赞扬，认为新宪法的一个优点是禁止贵族头衔和世袭权力，而这两者恰恰是"外国的暴政的主要发动机"。⑩不过，在反对新宪法的人看来，新宪法的"首要原则"恰恰带有"显著而危险的寡头性质"，⑪连国会众议院也带有贵族制的特点，以致使人感到"这个政府无疑具有贵族制的灵魂"。⑫宪法的支持者为了促成各州批准宪法，想方设法消除人们对于贵族制的怀疑和担忧。他们

①　Elbridge Gerry, June 26, 1787, in Farrand, ed., *The Records of the Federal Convention*, vol. I, p. 425.

②　Edmund Randolph, June 2, 1787, in Farrand, ed., *The Records of the Federal Convention*, vol. I, p. 88.

③　John Dickinson, June 2, 1787, in Farrand, ed., *The Records of the Federal Convention*, vol. I, pp. 86 - 87.

④　James Madison to Edmund Pendleton, February 24, 1787, in Gaillard Hunt, ed., *The Writings of James Madison*, New York: G. P. Putnam's Sons, 1901, vol. II, pp. 319 - 320.

⑤　Thomas Jefferson to James Madison, March 15, 1789, in Smith, ed., *The Republic of Letters*, vol. I, p. 588.

⑥　Adams, "Novanglus", p. 54.

⑦　"Philadelphia, June 9", *American Herald*, June 18, 1787 (http://infoweb. newsbank, com); Elbridge Gerry, June 29, 1787, in Farrand, ed., *The Records of the Federal Convention*, vol. 1, p. 474.

⑧　Gouverneur Morris, July 6, 1787, in Farrand, ed., *The Records of the Federal Convention*, vol. I, p. 545.

⑨　See Farrand, ed., *The Records of the Federal Convention*, vol. II, p. 389.

⑩　Isaac Backus, Speech in Massachusetts ratifying convention, February 4, 1788, in Elliot, ed., *The Debates of the Several State Conventions*, vol. II, pp. 150 - 151.

⑪　Richard Henry Lee to Edmund Randolph, October 16, 1787, in Elliot, ed., *The Debates of the Several State Conventions*, vol. I, p. 503.

⑫　Bennett, ed., *Letters from the Federal Farmer to the Republica*, pp. 58 - 59.

强调，新宪法所体现的是"共和制的真正原则"，①制宪会议绝非有意在美国建立贵族制政府，新宪法设计的政府也不是贵族制，如果制宪者旨在建立贵族制，那他们就是"这个国家的弑亲者"，必须因此而受到惩罚。②

既然君主制和贵族制都不适合美国的国情，那么曾经受到一致推崇的英国宪政，也难免在建国精英内心引起复杂的感受，因为其中包含君主制和贵族制的因素。在制宪会议上，许多代表觉得英国宪政并不切合"美国人民"的情况，"我们不具备建立同样政府的条件。我们的习俗，我们的法律，我们对限定嗣续法和长子继承制的废除，以及人民的整个精神，都是与之相对立的"。③在批准宪法的辩论中，也有人强调美国宪法与英国政体的差别，认为前者更依赖"人民"，具有明显的优越性。④也就是说，是美国"人民"的特性以及"人民"与政府的关系，使美国宪法区别于英国宪政。

那么，这种不同于英国宪政的新体制，是否如詹姆斯·威尔逊所说，"在原则上是纯粹民主的"呢？⑤从建国精英关于"人民"的界定以及他们对待"民主"的态度来看，情况显然不是这样。建国时期确曾有过"纯粹民主"的诉求，即使到了制宪会议召开前夕，有人还在倡导"完全的民主制"。⑥但这种激进的主张应者寥寥，建国精英大多反感和惧怕"纯粹的民主"。他们觉得，把"纯粹的民主"说成"最完善的政府"是再荒谬不过的，因为"古代人民自己议事的各个民主政体，从来没有具备良好政府的任何特征"。⑦他们断言，"民主是一座火山，它包藏着毁灭自己的燃烧物"。⑧因此，宪法确立的政体绝对不是"纯粹的民主"。

至此，在18世纪的知识和经验世界中为人所知的三种基本政体，即君主制、

---

① Alexander Hamilton, Speech in New York ratifying convention, June 21, 1788, in Elliot, ed., *The Debates of the Several State Conventions*, vol. II, pp. 256 – 257.

② James Wilson, Speech in Pennsylvania ratifying convention, December 11, 1787, in Elliot, ed., *The Debates of the Several State Conventions*, vol. II, pp. 522 – 523.

③ John Dickinson, James Wilson, June 7, 1787, in Farrand, ed., *The Records of the Federal Convention*, vol. I, p. 153; Alexander Hamilton, June 18, 1787, ibid., vol. I, pp. 288 – 289; Charles Pinckney, June 25, 1787, ibid., vol. I, pp. 398 – 401.

④ Thomas Thacher, Speech in Massachusetts ratifying convention, February 4, 1788, in Elliot, ed., *The Debates of the Several State Conventions*, vol. II, p. 145; Richard Law, Speech in Connecticut ratifying convention, Jan. 9, 1788, ibid., vol. II, pp. 200 – 201; James Madison, Speech in Virginia ratifying convention, June 14, ibid., vol. III, p. 383.

⑤ James Wilson, Speech in Pennsylvania ratifying convention, December 11, 1787, in Elliot, ed., *The Debates of the Several State Conventions*, vol. II, p. 523.

⑥ "To Lycurgus", *Connecticut Courant*, April 10, 1786 (http: //infoweb. newsbank. com).

⑦ Alexander Hamilton, Speech in New York ratifying convention, June 21, 1788, in Elliot, ed., *The Debates of the Several State*, vol. II, p. 253.

⑧ Fisher Ames, Speech in Massachusetts ratifying convention, Jan. 15, 1788, in Elliot, ed., *The Debates of the Several State*, vol. II, p. 10.

贵族制和民主制，都为美国的建国精英所拒绝。他们相信，共和政体乃是世界上最好的政府形式①，是唯一适合"宽宏大量而英勇无畏的美利坚人的感情"的政体，也是为"美国人民"所热爱的政体。②到革命后期，共和实验中出现了不少弊端，以致在国内外引起了种种议论和猜疑，但这并未动摇建国精英对共和制的信念。③麦迪逊的话也许反映了许多人的心声："我自己始终对共和政体拥有一以贯之的热忱。……从我的心灵能够思考政治问题的那一刻开始，直到现在，我一直在盼望着一种受到很好调控的共和制政府获得成功。在美国建立这样一个政府，乃是我至为热切的愿望。"④

共和制同样是一种古老的政体，而建国精英希望建立的政体，显然不是古代共和国的翻版。他们对古代以来许多共和国的历史作了探讨，发现共和政体存在许多弊端；他们致力于避免或革除这些弊端，以在美国建成一种比此前一切共和国都要完善的新型共和政体。他们对共和制的原则和机制都作了改进，在使它更紧密、更彻底地依靠"人民"的同时，又能防止"人民"秉性中所固有的"无法无天"倾向所导致的"混乱"和"动荡"。他们借助的主要机制是代表制和分权制衡。他们认为，美国政体与古代共和政体的真正区别，在于将"**集体身份的人民**"完全排除在政府过程之外，而把权力交给"直接或间接地由人民任命"的代表行使。⑤同时，在这一新型共和政体中，可以找到"最伟大的政治家和最好的作者所能想到的所有制约方式"。⑥历史上各种类型的共和制政体之所以失败，就是因为缺乏适当的制衡方式；而美国政府要获得成功，关键在于确立适当的"宪政平衡"。⑦

经过这样一番改造，美国的共和政体较古典共和政体已有很大的区别，可以说是一种新型共和政体。虽然制宪代表不是用"民主"而是用"共和"来命名他们所设计的政体，但在批准宪法的辩论中，这一政体被最终诠释为"民主"，称作

---

① Adams, "Thoughts on Government", in Adams, ed., *The Works of John Adams*, vol. IV, p. 194.

② "The Essex Result, 1778", in Oscar and Mary Handlin, eds., *The Popular Sources of Political Authority*, p. 330; George Mason, June 20, 1787, in Farrand, ed., *The Records of the Federal Convention*, vol. I, p. 339.

③ Rush, "To the People of the United States", in Niles, ed., *Principles and Acts of the Revolution in America*, p. 235.

④ James Madison, Speech in Virginia ratifying convention, June 14, 1788, in Elliot, ed., *The Debates of the Several State*, vol. III, p. 394.

⑤ James Madison, "The Federalist No. 63", in Hamilton, Madison, Jay, *The Federalist Papers*, p. 387; James Madison, "The Federalist No. 39", ibid., p. 241. 黑体字在原文中为斜体。

⑥ Alexander Hamilton, Speech in New York ratifying convention, June 27, 1788, in Elliot, ed., *The Debates of the Several State Conventions*, vol. II, pp. 347 – 348.

⑦ Adams, *A Defense of the Constitutions of the United States*, pp. 379 – 381, 579 – 588.

"代表制民主"、"现代民主"或"选举性民主"。① 根据当时通行的政体观念,美国政体与民主不仅存在很大的差异,而且在许多方面是大相径庭的。民主的本义如伯里克利所说,"政权是在全体人民手中,而不是在少数人手中"。②而在美国的新政体中,政权并不在"全体人民"手中,恰恰是由"少数人"掌握。这种与民主的本义南辕北辙的政府体制,何以被界定为"民主",并且逐渐成为一种被普遍接受的理念呢?

根据建国精英的理解,美国既没有高高在上的王室,也没有"出类拔萃"的册封贵族,而只有"人民"这一个等级;政府官员乃是"人民"自己选择的"委托人",他们来自"人民",最终也要回归"人民",因而在本质上就是"人民",而不是其他政府中那种独立于"人民"的特殊阶层。这样一来,美国社会就不再有多数人(the many)和少数人(the few)之间的对立,而以多数人或少数人掌权作为区分政体的标准,也就失去了效力。在美国,政府建立在"人民主权"原则之上,最高权力始终属于"人民"。而"人民"因各种条件的制约而无法亲自行使权力,便把它"委托"给自己任命的"代理人"来行使,以更好地增进和维护"人民"的利益。此时,权力的归属并没有发生变化,改变的只是权力的使用方式。因此,这一实行代表制的政府仍然是"人民的政府",而"人民的政府"正好与"民主"的本义相吻合。但这种民主已不同于古代的"纯粹的民主",因为"人民"的权力是通过代表制来行使的,而不再由"人民"亲自掌握。可见,这种"现代民主"的概念乃是一种逻辑的构建,其核心构件乃是"人民主权"和"委托—代理"的代表制理念。基于对"人民"的重新界定,建国精英最终构筑了一种诠释新国家性质的完整的内在逻辑:属于"人民"的权力,无论是由"人民"自己行使,还是由"人民"的代表行使,都不会改变其"民主"的属性。

这样一种诠释的逻辑,让那些钟情于古代雅典的当代政治理论家颇感失望和不满。③在古代民主终结以后,"人民"失去了自己统治自己的机会,而在美国革命这

---

① Alexander Hamilton, "New York Ratifying Convention, Notes for Speech of July 12", in Harold C. Syrett, ed., *The Papers of Alexander Hamilton*, New York: Columbia University Press, 1962, vol. V, pp. 150 – 152; James Monroe, Speech in Virginia ratifying convention, June 10, 1788, in Elliot, ed., *The Debates of the Several State Conventions*, vol. III, p. 210; James Wilson, Speech in Pennsylvania ratifying convention, December 4, 1787, ibid., vol. II, pp. 478, 482; Charles Jarvis, Speech in Massachusetts ratifying convention, January 16, 1788, ibid., p. 29.

② 修昔底德:《伯罗奔尼撒战争史》,上册,第 147 页。

③ See Ellen Meiksins Wood, "Demos Versus 'We, the people': Freedom and Democracy Ancient and Modern", in Josiah Ober, ed., *Demokratia: A Conversation on Democracies*, Princeton: Princeton University Press, 1996, p. 131; Sheldon S. Wolin, "Norm and Form: The Constitutionalizing of Democracy", in J. Peter Euben, John R. Wallach, and Josiah Ober, eds., *Athenian Political Thought and the Reconstruction of American Democracy*, Ithaca: Cornell University Press, 1994, pp. 31 – 34.

一"民主"的复兴中，"人民"并没有再度亲自执掌政权。相反，建国精英借助于对"人民"的重新界定，建立了一种并非由"人民"亲自掌权的"人民政府"。从此以后，"民主"实际上就变成了"领袖民主"或"政治家的统治"，被化约为一种"人民"通过选举而使职业政治家合法掌权的方式，一如韦伯、熊彼特和米歇尔斯等现代政治理论家所揭示的那样。①这种"贬值的"民主首先出现于革命时期的美国，美国的建国精英也因造成民主价值的流失而备受指摘。

在不少学者看来，唯有雅典民主才是真正意义上的"人民的统治"。但这种民主有赖于一种同质性的公民共同体，而这一同质性公民共同体的形成，不仅需要限定在较小的地域范围，而且必须通过血缘、性别和身份将多数居民排除在外。在雅典，民主始终与排他性的社会结构唇齿相依；公民相对于非公民，无异于一个高贵的特权等级。在这种意义上，正如麦迪逊所说，古代的"人民政府"实质上都是贵族制。②在18世纪的美国，"人民"已变得复杂、多样而碎化，根本不存在一个族裔一致、信仰一致、利益一致和行动一致的"人民"。虽然有半数以上的人口因种族、性别、财产、信仰和年龄等方面的缘故，被排除在政治社会之外，但公民的人数、分布和构成，仍然难以满足"人民"亲自行使权力的要求。在这种情况下，美国的建国精英如果不采用君主制这一治理"大国"的传统方式，就必须重新界定"人民"，重新思考"人民"与政府的关系，以在此基础上构建一种新型的"人民的政府"。就此而言，重新界定"人民"，乃是建国精英构建新国家所必需的前提。

正是通过对"人民"的重新界定，美国的建国精英才找到了设计新型政体的思路。根据他们对"人民"的认知，统治者来自"人民"，由"人民"选择，并须在一定任期后重新回到"人民"中间，因而统治者和被统治者之间就不再存在固定而不可逾越的界线，美国政体就成了一种"民主化"的精英统治。在这种"人民话语"系统中，一套由职业政治家和专业官僚主导的国家制度，仍可称作"民有、民治、民享"的政府。如果离开这种基于"人民"的新定义而形成的思想逻辑，美国革命者构建的新国家，就会被理解为一种纯粹的精英寡头统治；而早已被历史尘埃所湮没的"民主"，就难以成为一种新生的政治价值，并逐渐在美国的政治文化中取得核心地位。

① 马克斯·韦伯：《经济与社会》，林荣远译，商务印书馆，1998年，上册，第297—300页；下册，第793—812页；约瑟夫·熊彼特：《资本主义、社会主义与民主》，吴良健译，商务印书馆，2000年，第396—400、415页；罗伯特·米歇尔斯：《寡头统治铁律——现代民主制度中的政党社会学》，任军锋等译，天津人民出版社，2003年，第35—36、189页。

② James Madison, "Influence of Domestic Slavery on Government", in Robert Rutland et al., eds., *The Papers of James Madison*, Chicago: The University of Chicago Press, 1975, vol. 14, pp. 163 - 164.

附识：本文先后在 2007 年世界史论坛和 2008 年北京论坛宣读，得到了英国爱丁堡大学哈里·迪金森教授、复旦大学黄洋教授等多位学者的评点与指正，并承周学军同学校阅文字，谨致谢忱。

（刊于 2009 年第 1 期）

关于"武士道"死亡价值观的文化检视[*]

韩东育

一 武士与武士道

"武士道",源起于镰仓时代,定名于江户幕府初期,是日本武士阶层的特有道德。该道德素以忠诚、牺牲、信义、廉耻、洁净、质朴、俭约、尚武、名誉、情爱为旨归,是日本封建统治体制的观念支柱。

"武士"依发源地可区别为三:东国武士、西国武士和畿内武士。武士的登场,约在平安朝中期的 9 世纪后半叶。相当于"武士"(武者、つはもの、兵)的名词,较早见于《万叶集》,如"ますらぉ"(丈夫、益荒男、健男)和"もののふ"(物部)等。东国、西国和畿内的排列次序体现了武士团势力的大小和实力的强弱,形成了大规模(东国)、中等规模(西国)和小规模(畿内)的武士团分布格局。东国武士发迹于被称为"みちのく"(陆奥,旧有国名之一。相当于现在青森、岩手、宫城、福岛各县与秋田县的一部分)的磐城(いわき,约当现福岛县东部至宫城县南部)、岩代(いゎしろ,约当现福岛县西部)、陆前(りくぜん,约当现宫城县大部分与岩手县一部分)、陆中(りくちゅぅ,约当现岩手县大部分与秋田县一部分)、陆奥(明治元年,被分割为陆奥、陆中、陆前、岩手、磐城五部分,相当于现在青森县与岩手县的一部分)之"五国"地区,相当于"みちのく"的"东国",早期曾是王权的征伐地区——"东夷"(あずまぇびす),而恰好是这一地区,反而成了"武士道"的主要故乡。当时的"东国"地区,发生了震撼京都朝廷和贵族的叛乱。随着叛乱规模的逐渐扩大,东夷和陆奥(みちのく)等地的政治开始失控,各国国司不再赴任,所任职责悉由次官"介"(すけ)来代行。这些次官任满后,又多与当地势力勾结在一起,成为敢于冒犯国司权威的

* 本文为教育部"人文社会科学重点研究基地重大项目"(编号 07JJD770093)结项成果之一。

"地方豪族"。之所以能够做到这一点，正是因为其背后有一支强悍的武装力量——"兵"（つはもの）。这种情况，在被称为"坂东武者"（ばんどぅむしゃ）的"关东一元"之镰仓御家人登场后，表现得尤为突出。除了大规模的武士团产地"东国"外，中等规模的"西国"影响亦不可小视。西国起初指的是九州岛地区，进入镰仓时代，则泛指包括畿内地区的所谓"西部"。后来"源平之战"的基本对垒构图，固然显示为西国平氏与东国源氏的对立，但就实力而言，与平氏结合的西国武士团显然不及与源氏联盟的东国武士团强大。人们更多地看到东国武士团向西国的进驻和移植而很少发现相反的情形。至于最小规模的武士团产地——畿内，因属于"公家"和"大寺社"的势力范围，所以可开垦土地十分有限，不具备类似于关东和东北地区那种"土著"豪族与大规模私有领地相结合的发展条件。律令系统和"摄关政治"混杂体制下的复杂特征，使畿内的在地领主大多直接服务于朝廷、公家和大寺社等权门势家，因此，他们往往以警卫上述机构的"武者"和"舍人"面目出现，如南北朝时期的天皇忠臣"楠氏"等。[①] 这些护卫于主君和摄关贵族旁侧的所谓"さぶらふ"，是"もののふ"的早期称谓——"さもらふ"的转语，后演变为服侍于贵族和主君身边并充当护卫的"侍"（さむらぃ）。从武士团的发展史来看，源、平二氏无疑构成了左右时代的主要力量。但从《平家物语》和《源平盛衰记》的记载看，这两大势力似乎又依高雅和粗俗而被分为平氏的"贵族武士"和源氏的"坂东武士"两类。就是说，从出身看，这两类武士之间，还存在"京の雅"（みやび）和"东国の鄙"（ひな）的类型差异。只是，由于最原始的武士性格以及武士观念的统一性和共同性恰好奠定于"坂东武者"的习性基础上，换言之，武士团强韧的统辖力量和统制功能及"献身的道德"等武士特征决不是脱离东国武士就可以把握的。因此，相对于所谓先进地区的西国和畿内，东国所具有的"后进性"，反而成为孕育后世武士道精神的真正温床。

但是，人们经常喜欢追问这样一个问题，即"武士道"是否有过真实的存在？如果说有，明治以来人工补造色彩过于浓重，易使人产生失真的印象；如果说没有，则学者对历史上的既有记载和《叶隐》等武士道经典又难以作出符合事实的解释。小泽富夫曾在《作为历史的武士道》一书中指出："几乎少有像武士道那样被人为改变的思想……在战争年代，武士道经由一部分政治家、学者和军人的倡导，真不知在国民道德论和军人精神教育方面曾发挥过何等人为的作用。从这个意义上说真正的武士道反因此而消失，恐并不过分。"就是说，"以往的武士道研究或人为的武士道论，是为实现某种目的而被改变了的产物，并非对武士道固有思想

---

① 参见丸山真男《丸山真男講義録》第 5 册，東京大学出版会，1999 年。

的阐扬"。① 小泽的书名似乎也在强调，武士道是存在于历史之中的思想而不是后来之物。然而，无论是《甲阳军鉴》还是《叶隐》，有关武士道的代表作，却几乎都是江户时代的作品。这意味着，即便历史上确实存在过武士道，其中由后人所添加和美化的成分，也占相当的比重。丸山真男早年曾给"武士道"概念的产生予以特别的解释："武士道或曰武道一词，是内在于传统武士性格中的未分化诸要素，在家臣集团中组织化和战斗形式的质、量变化并朝各自方向演变的过程中所产生的规范个人武技修炼和集团战斗技术的名称。它大约出现于庆长时期，严格说来，这其实是对兵法和武艺的称谓。"由于最早使用"武士道"一词的著作被推定为《甲阳军鉴》，且由于"武士道"作为一般性概念乃形成于江户初期，因此丸山认为该词的使用事实上时间非常短暂。② 至于何以如此短暂并且在旧武士阶级已完全被消灭以及武士曾经有过的生活态度和规范意识也几乎无从识别了的近代居然会出现"武士道热"等问题，丸山认为这不过是"观念的理想化（美化）"所导致的"对武士道的再评价"风潮使然。而在这一风潮中推波助澜的乃是新渡户稻造的《武士道》（1899 年）和井上哲次郎等编著的《武士道丛书》（全 3 卷，1905年）。它给人们造成的以为武士道几乎就是历史上一以贯之的武士精神等错觉，显然是明治时代人为升华的结果，这个升华过程被丸山表述为：在甲午战争和日俄战争时，换言之，在以军事力量为核心的近代日本兴起的背景下，在国内的军国热与国外对日本迅速加入列强行列深感好奇等各种因素的刺激下，组织训练和作为战斗精神源泉的"武士精神"（サムライ spirit），与引人注目的时代之间迅速发生了契合（这与明治末年"国民性论"的流行同时）。就是说，作为近代日本常识化印象的武士道，实际上不过是经过明治三十年代再评价后的抽象观念，而且这种意识形态，无论伴随着何种善恶价值判断，都只能在帝国日本的思想文脉中才能得到理解。③

问题是，日本对武士道的片面强化和升华，并不是明治时期才有的现象。成书于经典武士道已化为陈迹的江户中期的《叶隐》一书中就有所展现。作者山本常朝的武士道构图，建立在他对百年前往事的怀念式追忆和对现世商业伦理极端不满的基础之上；而今日武士们的言不及义，④ 又进一步激发了他提纯武士道的热望和冲动。然而，提纯行为本身，已注定了其笔下的武士道与实际的武士道之间必然存

---

① 参见小沢富夫《歴史としての武士道》まえがき，東京：ぺりかん社，2005 年。
② 丸山真男：《丸山真男講義録》第 5 册，第 215、206 页。
③ 丸山真男：《丸山真男講義録》第 5 册，第 45—46 页。
④ 山本常朝发现，幕府开府 30 年来，天下承平日久，其所在之锅岛藩亦人心移转，风气日下。武士聚合，或言金银，或语隐私，或以华服相炫，或以色情相谑。倘不言此，则反谓败兴，真所谓无是非之俗也。参见《葉隠・聞書一》，《日本思想大係・26・三河物語・葉隐》，東京：岩波書店，1974 年，第 241 页。

在差距。完全无视各个时期武士精神的差异而抽取和放大其理想武士道的基本手法潜藏着他对未来的某种期待，因此，当这种期待在明治时期异事而同理的氛围中日益呈现出转化为现实的可能性时，期待者曾有的手法便为新的片面升华行为提供了现成的"范本"，即"源平、镰仓时代的武士与江户时代武士的社会存在的重大差异以及由此而导致的意识形态的不同，一概被忽视，仿佛与武士产生同时生成的武士道'教义'也从此被固定化，并将其想定为数百年不易的通用规章"。[①]于是人们看到，与《叶隐》同理，日本近代以来的武士道，也不过是将既定目标下的武士道描绘得更加"具体"和"逼真"而已，这也是《叶隐》何以被近现代日本政治家奉若神明并使举国为之癫狂的原因之一。这意味着，"纯粹化"的追求冲动，使脱离具体时代而总结出来的时代精神不但不可能再现那个时代的精神全貌，即便是部分再现，亦难免有人为色彩。时代越接近于现代，人们对武士道的认识反而越具体，而越发具体的历史描绘恰恰在于对非片面史实的人为抹杀和忽略，因此，这种认识方法反而容易给人们的历史观察带来主观随意性和貌似真实的具体性。这一点，与顾颉刚所讲的"古史层累说"颇有几分类似。

但是，通观"镰仓时代→室町时代→战国时代→江户时代→明治以后"的历史发展过程，有一条主线似乎并没有因为人们是否给它以合理的解释而发生过根本性的断裂。就是说，尽管武士"觉悟"行为的背后因时代不同而潜藏着各异的价值动力，但真正促使武士果断结束自我生命的因素中，应该有一个相对恒定的规定者。这个规定者如果单纯被判定为被动服从的政治控制机制，武士道精神的自主性便无从谈起；如果仅仅被视为不易探究的宗教意识，又无法解释武士道与神、儒、佛之间的不尽一致甚至矛盾之处；而如果被断然确定为经济利益驱动，则武士道的超功利特征亦无从得到合理的说明。这意味着，这个首尾一贯的规定者，更应该被理解为日本武士文化当中经过漫长训练和长期积淀而形成的充满自主精神和超功利特点的不可或缺的价值取向。有一点可以肯定，如果没有这个恒久的规定者，明治以来不可能仅凭《叶隐》就足以使表面上几近消逝的武士道精神死灰复燃，并最终将日本导向战争而失败。它凸显了武士道问题的核心，即武士文化中的"死亡价值观"。

二　"死的觉悟"及其动机理解上的歧义

人们注意到，无论是小幡景宪（1572—1663）的《甲阳军鉴》（江户初期成

---

①　丸山真男：《丸山真男講義録》第 5 册，第 45 页。

书)、山本常朝（1659—1719）的《叶隐》（1716 年成书），还是山鹿素行（1622—1685）的《山鹿语类》（江户早期成书）、佐藤一斋（1772—1859）的《言志录》（1824 年成书），抑或大道寺友山（1639—1730）的《武道初心集》（江户中期成书）和吉田松阴（1830—1859）的《武教全书讲录》，也无论任何时代的任何人，只要提到武士道的价值观，"死的觉悟"这四个字都会迅速地闪现在人们眼前。借用《叶隐》的话来说，即"武士道者，看穿死事之谓也。若于生死择一，则首选死也"。① 并且，作为武士道的通则，武士不可须臾忘却的，也正是寄生命于"死的觉悟"的信念。山鹿素行所谓"奉公之道不可忽焉……生于武士之家抽太刀而死者，道本意也"，② 也在强调这个道理。《武道初心集》将这种思想具体表述为："武士者，自元月元日晨以箸取杂煮糕饼之刻始至岁末除夕止，能日夜以死为常念、为本心而不懈奉仕者也。"③ 这就是武士道的所谓"生死观"。初看上去，好像武士们都喜欢死亡或对死亡本身情有独钟，实则并非如此。丸山真男指出："这并不是单纯的死之觉悟还是生之安逸的问题，也不是像每每被人们所误解的那样，是对自然和事实的'讨死'、'切腹'行为的礼赞"。由于"逃死和求生，乃人之自然常情，也是人类心理的自然倾向"，因此武士强化"死的觉悟"，其实"是将'死'这种非日常的极致情景想像并设定为日常状态，并把这种极致状态的伦理当作平素日常行动的生活和实践目标"。换言之，"死的觉悟"只是武士"对于极致状况的日常设定"。④ 这说明，"死的觉悟"并不意味着武士憧憬死亡，至少不表示对死亡有任何偏爱。即与其说武士喜欢死，毋宁说武士和普通人一样，没有不爱惜生命的。所不同的只是武士比常人更善于把"死之道"视作自己关键时刻的人生抉择。而且对武士来说，其最难以替代的品质，是如何果断地去死（死に潔く），以证明他毫不怯懦。因此，他往往通过死亡本身来确保自身可贵的价值，并以此作为远离耻辱的手段。⑤

那么，武士道所谓"觉悟"，究竟所指为何？仅就字面看，无论是"觉"还是"悟"，都很像佛教的"悟"（さとり），实际上，两者间存在很大差异。相良亨的相关论述可资参考：

若将觉悟限定为"死的觉悟"，那么以死为觉悟便是面对死亡可以使生命

① 《日本思想大係·26·三河物語·葉隐》，第 220 页。
② 山鹿素行：《山鹿語類·士談》，《山鹿素行全集》第 7 卷，東京：岩波書店，1941 年，第 170 页。
③ 中柴末純校訂：《武道初心集》上卷，東京：宮越太陽堂書房，1943 年，"総論"。
④ 丸山真男：《丸山真男講義録》第 5 册，第 229 页。
⑤ 相良亨：《武士の倫理：近世から近代へ》，《相良亨著作集》第 3 卷，東京：ぺりかん社，1993 年，第 105—106 页。

化为乌有的事实而毫无惧色，并敢于毅然投身死地和义无反顾地对待终局的极致心理，也是先期做好的死亡准备使他面对突如其来的死亡事态时所能表现出的沉着镇定心态。但是，当我们重新认识这种觉悟的"先天性"时，会发生这样一个问题，即除了决心一死的那一刻，武士每天的生活与平素相比其实并无变化。换言之，除了发生万一时毫无畏惧外，武士在日常生活中是可以照享天伦之乐的，也不乏宴饮之欢……这一点，正是觉悟与"悟"的重大差异所在。获得"悟"的人，已经丧失了原有的生活，他们是所谓弃世者。然而，觉悟的武士却能继续他的世俗生活，他也从不否定日常生活的意义……他的觉悟体现为在接受现世生活并希望延续这种生活时事态的突变使他决定放弃一切的决心。在弃世者那里，"悟"并无悲哀可言。但对觉悟者来说，由于他持续现世生活的愿望会因事态的变化而必须舍弃，因此觉悟本身无疑会伴随着悲哀。这也是何以称觉悟为"悲壮的觉悟"的原因所在。①

按照这种解释，则武士道的"觉悟"不是"出家"的"悟"，而是"死的觉悟"；不是对现世生活的否定，而是对迄今日常生活意义的肯定；不是临时决断，而是日常训练的结果。正因为如此，遇到紧急关头，武士才能毫不惊慌，坚定沉着。然而，无法否定的是，在斩断执着这一点上，武士道与佛教之间存在某种程度的相似性。不然的话，山本常朝的出家体验便难以得到应有的理解。

从镰仓前后到明治的八百年间，"死的觉悟"俨然已累积成武士一贯的生死价值观。即使其实践形式因人而异、与时转移，但"死的觉悟"却基本原封不动地为后来者所继承。然而，从武士们不断强化"死"的意识等情形看，所谓"觉悟"，显然是经过长期不懈的训练才能臻至的精神境界。按照日本人自身的理解，"觉悟"本身，似乎不是一时冲动的产物，而是冷静理性的选择；不是匹夫见辱的反应，而是大义凛然的决绝；不是曲尽蜜意的阴柔，而是山崩玉碎的阳刚。可是，当我们要仔细讨论这些所谓"可贵的品质"并试图接近造就这些品质的根本价值理念时，却发现，武士道"死的觉悟"并不是一个仅凭简单的概括就能妥善把握和理解的对象。分析家的言人人殊，一方面表明人们对"死的觉悟"的本质还没有达成共识；另一方面，也与第二次世界大战后奉行和平主义的日本史学家和持相反意见者的问题认识方法存在密切的关系。人们注意到，和平主义史学家几乎程度不等地都有意回避了一个重要事实，即曾经给东亚乃至世界带来巨大灾难的近现代武士道与传统武士道之间的内在联系。即便承认二者间有所关联，也尽量将历史在今天日本的影响有意转换为抽象的工作精神而不再讨论这种精神上的丝缕联系有可

①　相良亨：《武士の倫理：近世かり近代へ》，《相良亨著作集》第3卷，第110—111页。

能会重蹈覆辙。从而自身产生了矛盾：其对传统武士道的倾情讴歌和赞美，显然得益于对新旧武士道所做的无关系化处理；而持不同见解甚至对立意见者反其道而行之的古今一体观瞻行为能够寻得市场，又恰恰得益于对裁断古今构图中武士道讴歌部分的顺势强征和恶用。① 当这两种极端的情形同时反映在一个人身上时，例如世所公认的左翼学者竹内好竟会对东京审判表现出暧昧的抵触以及认为"帝国主义不能审判帝国主义"等主张时，② 以往的武士道"古今裁断法"和现行的右翼反弹情绪，似乎都无法不使人们冷静地思考"死的觉悟"深处所蕴含的恒定理念而陷于停顿。然而，饶有兴味的是，恰恰在这种停顿的背后，或许真正潜伏着进一步认识和解释上述问题的线索，因而我们必须重新审视以往的常识性结论。

　　首先需要关注的，应当是武士道生死观得以确立的内在逻辑认识。迄今为止，学界至少有四种颇具代表性的观点，即家永三郎说、和辻哲郎说、相良亨说和丸山真男的相关言说。

　　毋庸讳言，能够催生武士"死的觉悟"的现实人际关系是十分复杂的。若以最具典型意义的东国武士团为例，就会发现其内部结构最初乃表现为"共同族团"关系与"主从恩给"关系的混一体。其中，"共同族团"的黏合剂，无疑是天然的血缘关系；而"主从恩给"的结合纽带，则是后天的封建制度。但是，随着拟制血缘范围的扩大和祭祀共同体的强化，战斗共同体所产生的生死情谊与领主制下土地恩给制度的有机结合，又足以使地缘的主从关系超越了血缘的亲族要素，室町幕府以来武士对主君的生命奉献之所以会成为常见的现象，就事实逻辑而言，乃根源于此。由于主从间经济联络方式已成为改变武士团内部结构的重要力量，于是在研究领域，便有了家永三郎的"利益结合"说，即主张把镰仓武士的主从关系看成利益的结合关系而排斥其他。他认为，"在武士的实际意识当中，恩情和奉公常常被他们当作交换关系来看待"。从武士生活的经济基础是土地，并且这个土地的领有权需经主君的认可或恩赏才能成立等情形看，家永氏的看法确有一定的道理。即便换一种说法，把恩情和奉公关系视为主从双方的义务来看待，似也未尝不能成立。所以他说："恩情最终能发挥的作用，不过是对经济关系的一种加强。我们不应忘记，全无经济关系而只靠情感纽带来维系的主从关系，事实上是无法成立的。"③ 然而，这里便遇到一个富有挑战性的问题，即是否所有的武士都携有功利之心来立身处世。和辻哲郎通过对异例的检讨，为人们勾勒出了一幅与家永氏成对

① 前者参见丸山真男《丸山真男講義録》与小沢富夫《歴史としての武士道》；后者参见北岡伸一《独立自尊》，東京：講談社，2002年；藤原正彦《国家の品格》，東京：新潮社，2006年。

② 参见竹内好《近代の超克》，《近代日本思想史講座·7·近代化と伝統》，東京：筑摩書房，1959年。

③ 家永三郎：《日本道徳思想史》，東京：岩波書店，1977年，第89、94頁。

垒的另一种武士形象。他指出："主从关系即便离开领地关系也未尝不能存续……主君即使不能给下属以恩赏，但从他向'家人'求助的信赖态度上看，情依然可以得到维持。因为与此情构成对应的，是家人的献身之情。唯此，献身之情可以脱离欲望而独立存在。为主君而舍弃自身，是因为献身者会因此而感受到某种崇高。"① 就是说，恩赏是主君之"情"的表现，而奉公则是家人之"情"的另一种表现。以"情"为转移的武士，显然要高于功利意义上的武士。而且，若从"主从关系即便离开领地关系也未尝不能存续"等说法看，和辻氏的武士形象仿佛已超越了任何具象，而颇有几分唯"道"是求的"士道"感觉了。对此，相良亨在批判二人见解的基础上，提出了自己的观点。他认为，武士有"死的觉悟"，其实乃是出于某种"不得已"，但表现了高级武士所应具有的尊严。他说："家永氏所指出的情况，近于武士的最低层次，而和辻氏的提法乃是武士的最高表现，这两者都不乏极端倾向"，"武士希望自己有好运，哪怕是子孙的繁荣亦未尝不可。但是，当时运不济和力所不逮时，他们却知道如何去切断或结束那些现世的繁荣。这时，武士更珍惜的，往往是其原本就很重视的不朽空名。一般说来，为主君献身时的果决，正体现了人世间最高贵的品质。这才是深藏在镰仓武士心灵世界的人生观精髓"。② 相良进一步将近世武士的"觉悟"逻辑朝向近代"志士"的忠君爱国思想进行了对接，认为吉田松阴的英雄主义和福泽谕吉的独立自尊精神在"心情上"带有明显的"武士风节"。③

相比而言，丸山真男的观点更为严谨。他首先就主从关系认识上的对立观点，对和辻哲郎和家永三郎提出了严肃的质疑，认为无论是前者的"武士为主君殁己献身的动机主义解释"还是后者的"御恩和奉公的相互性与功利—结果主义解释"，都存在明显的片面倾向，因为"在主从的性格中，心情伦理的要素和利害计算的要素，本来就是难以分断、密切结合的。这样看待问题才是自然的，而认为存在矛盾，反而是滑稽可笑的"。而且验诸史实，"即便被认为具有浓郁献身特征的镰仓早期前的坂东武者，也未必能以主从类型的差异而分别作出划一之论，尽管存在着有利于任何一种观点的史料"。然而，以上两种倾向的难以拆分，反而决定了此时代精神与彼时代精神之间的分断必然："与南北朝武士的'利益化'相比，由于主从之契在任何地方均以直接主从关系的人格忠诚为前提，因此，这一原则反而在更高的一级或者更高层次的统治关系中难以得到体现。确立于统治关系基础上的近代爱国主义与建立于具体感受和直接人际关系基础上的献身道德之间，存在着非

---

① 和辻哲郎：《日本伦理思想史》上卷，東京：岩波书店，1952年，第310页。
② 相良亨：《武士の伦理：近世から近代へ》，《相良亨著作集》第3卷，第165—184页。
③ 同上书，第460、471、478页。

常大的差异。"丸山显然是为了强调前近代与近代武士的本质差异而如此表述。在丸山看来,武士强烈的自尊意识与社会所给予的地位和荣誉,在武士道基本关系构成的主从之间,已形成了一个相互支撑并彼此制约的小环境。在这个环境中,武士的行为是个人强烈的名誉感与社会期待值之间相激相荡的表现。这种互动,已使社会外在的期待转化为武士内在的自觉,使"名声"内化为"名誉"。这意味着,如果武士按照既有的规则行事,哪怕自身死去,其武士出身的家名和一门荣誉也将继续得以保持。反过来,武士及其一门就会面临两种制裁:一是社会的制裁,一是良心的制裁。这种主客观如此密切相关的武士行为之所以不同于近代爱国主义,是因为"作为明治中期以后国民教育核心观念的'忠君爱国',既非封建范畴,也非近代范畴。忠君与其说是封建和人格的忠诚在天皇身上的延伸,毋宁说是一种虚构;而所谓爱国,又与近代市民支持下的爱国心相去甚远。它对内表现为臣民服从(conformity)式的权威恭顺,对外则意味着自我与国家间直接的和情绪上的同一化。忠君与非人格化的爱国相结合,使鲜活的人格动因因忠君而丧失。原来没有的'爱国'一词,明治二十年时也与'自主爱国'和'自由爱国'进行了链接。当以往由近代市民担负起来的爱国观念从与'自由自主'的结合转变为与'忠君'相结合时,来自下层的自发性和自律性动因(民主的动因)也因此而被迫脱落。这样,'武士的性格'因与'爱国'链接而丧失了以往来自'忠君'的鲜活的人格动因,和'市民的性格'与'忠君'的链接使市民的自发性亦因此脱落,最终只能使这两种性格同时被消灭。这样的忠君爱国,平素被作为程序化的仪礼或仪式(ritual)来遵行,当对外危机发生时,又表现为与国家权威的盲目合一"。在谈到明治三十年代"武士道热"的情形时丸山还追忆道:"那个时候,刚好是家族国家和忠孝一体的意识形态倡导相结合,忠君爱国的内容与武士道的一致化鼓吹十分盛行的阶段。但是,如上所述,忠君爱国与武士道之间存在着难以逾越的鸿沟。"

　　然而,通观丸山对武士道"死的觉悟"的整体认识,就会发现他的另外一种叙述同以上言说之间存在矛盾。由于武士个人荣誉与社会的价值期待之间所构成的相互制约甚至相互制裁关系具有明显的契约控制色彩(无论是社会价值期待所构成的外在硬性压迫,还是主观自觉所带来的内在软性控制),这就使丸山不时强调的武士的自由主义、个人主义性格和独立自主意识变得无处立足。同时,他所描绘的幕末"武士=战斗者"阶层面对军事上的败北而迅速复活的战国武士精神以及这种精神在"尊王攘夷"、"大政奉还"、"富国强兵"和"一人独立,一国独立"问题上的变化,都不自觉地变成了其"鸿沟说"的反证。①

　　以上论者之间和论者自身所存在的事实与逻辑矛盾,与我们接下来要讨论的问

---

① 丸山真男:《丸山真男講義録》第5册,第5、89、75—77、255—256、235—238、249—252页。

题，具有深刻的内在关联，即如何进一步走进"死的觉悟"者更深层的精神世界，去关注伦理和宗教意识在他们实现决绝目标的过程中曾扮演何种角色和发挥着何种能量。

前近世"武士道"和近世"士道"之间的区别，无疑已构成了此类问题探讨的重要前提。由于《叶隐》和《甲阳军鉴》中所见之"武士道"多将武士放在以个人情谊为核心的主从关系上来把握，因而不但承认对主君的爱具有超越是非的绝对意义，而且还给其为主君果决赴死的行为赋予了相同的绝对意义。而《山鹿语类》和《言志录》中所见之"士道"，由于要求武士成为人伦道德的指导者并赋予其实践社会伦理的责任，于是，武士之道便由此而转换成以完成道义为核心的儒教之道。这样，武士道和士道便开始朝向"死"之伦理和"诚"之伦理两个不同的方向发展和延伸。结果，武士道论者批判士道的观念性倾向，而士道论者则指责武士道缺乏道义的反省，它在江户时代一度造成了武士伦理思想的严重对立，致使生死观在两大士道间的裂隙不断加大。由于比起"死的觉悟"，近世武士更重视"道的自觉"，因此，尽管两种士道论都谈"死的觉悟"，但不能不承认两者间确实存在一定的差别。

在前近世武士道看来，世界首先是一个"无常"的存在。唯其无常，武士们就应该断绝对物的执着。也只有脱离执着于物的私欲和利欲，才能最终摆脱对自身生存的执着。这样才便于理解为什么武士要把"武士道者，看穿死事之谓也"作为自身终极目标，使"死的觉悟"转化为"道"本身。与此不同，在士道的觉悟中，充满着浓重的朱子学色彩。吉田松阴讲："敬字见注为'主一无适'，虽为道学先生高尚之论，然敬乃备也，武士道称是为觉悟。"[1] 然而，这并不等于说"死"在吉田松阴的视野中就不存在。在"士道"那里，至诚能否确立，取决于能否临危不惧，而能否临危不惧的最高表现，恰恰是直面死亡时的态度。因此，士道所要确立的生的觉悟，最终也正表现为在直面死亡时对毅然和决绝价值的追求。在士道论者看来，由于"天人合一"才是士道"生死观"的最高境界，也由于"天"方是"真我"的存在，因此在这个境界面前，自己的生命充其量不过是一躯壳而已。佐藤一斋称"真我"为"我之所以为我者"（《言志录》），而所谓"我之所以为我者"，在他的表述中则不过是寄寓于身体躯壳中的"天"而已。既然是"天人合一"，那么，在死亡面前，武士就应该以平静的心情淡然处之。相良亨认为，这当是"士道"生死观的真实内涵。[2]

可见，"世事无常"的慨叹和"天人合一"的理念某种程度上体现了宗教精神

---

① 吉田松陰：《武教全書講録》，《吉田松陰全集》第 4 卷，東京：大和書房，1972 年，第 27 頁。
② 相良亨：《武士の倫理：近世から近代へ》，《相良亨著作集》第 3 卷，第 121 頁。

与伦理精神的交融和汇合。实际上，武士道的生死观不但需要适应时代和社会需要的伦理价值，还需要超越时代和尘世的宗教价值。在研究武士道"死的觉悟"时人们不难发现，"觉悟"本身，确实蕴含着浓郁的佛教色彩。然而值得注意的是，武士同时被要求不可对佛教涉足太深。例如，对成书于中国宋朝的佛教经典《碧岩录》，日本武士虽可以阅读，但通常规定只能读到第 7 卷为止，而不可通读 10 卷。理由是，若读完 10 卷，则恐生出家之心，致令武士废业。① 就是说，武士的"觉悟"，并不是通读《碧岩录》后而形成的佛教的"悟"，而是与这种"悟"有所关联却并不完全相同的东西。只读到第 7 卷，显然是立足现世生活又不拘于现世生活者的需要——它既能给阅读者以现世的安顿，又可以适度为人们提供某种超现世的精神安慰。但相良亨认为："觉悟说到底，乃是立足于此岸世界'价值秩序'观的产物。"② 而当奉佛与尊主之间发生冲突时，镰仓武士的解决方案会立即表现出孰重孰轻的去就本质："今生于人世有用，后世必往生乐土"。③

丸山真男在谈到宗教和伦理精神与武士"觉悟"之关系时，虽没有否定二者的重要影响，但同时却着重强调"死的觉悟"是武士对自身"内在动力的抽象化和纯粹化"的结果。他认为，"决断主义"能够发生，取决于"目标意识的单纯化"，而目标意识单纯化本身，又反过来为武士"死的觉悟"赋予了"反知性主义"和"反规范主义"的特性。这就意味着，"任何道和规范，在这个意义上都只能是纯粹武道的从属物"，至多可作为武士精神的证明者而非决定者。如《叶隐》所言："物而二分者，恶也。武士道者一也，不假外求。然则闻儒道、佛道而谓武士道云者，反不得其道也！"④ 而所谓"释迦也好，孔子也罢"，无论任何"学文（问）"，倘与"奉公"无关则悉皆"无用"的说法，⑤ 还让丸山读出了《叶隐》武士道对外来思想的强烈排斥倾向。不仅如此，这种排斥还伴随着幕末志士对江户朱子学的造反，即通过对旧有主从关系的肯定和对非人格化与仪礼化上下级关系的否定，而实现了《叶隐》武士道性格与幕末战斗者武士的超时空对接，用丸山的话说就是："长达二百多年幕府体制的冻结（指"士道"对"武士道"的冻结），在外压面前开始融化。幕末动乱中充满活力的战国状况的所谓再现，便给以往作为战斗者的武士性格赋予了再度、也是最后的沸腾机会"。⑥ 可是，如果

① 佐藤正英校订：《甲陽軍鑑》，東京：筑摩書房，2006 年。

② 相良亨：《武士の倫理：近世から近代へ》，《相良亨著作集》第 4 卷，東京：ぺりかん社，1994 年，第 52 頁。

③ 北条重時家訓：《極楽寺殿御消息》，《日本思想大係·21·中世政治社會思想》上卷、東京：岩波書店，1972 年，第 323 頁。

④ 《日本思想大係·26·三河物語·葉隱》，第 257 頁。

⑤ 《日本思想大係·26·三河物語·葉隱》，第 216 頁。

⑥ 丸山真男：《丸山真男講義録》第 5 冊，第 232—235、240、244、247 頁。

"儒道"和"佛道"都无法构成武士道"死的觉悟"的意识形态背景，那么，似乎也只有日本固有的"神道"才能堪此任。丸山真男承认，"作为意识形态，神道（伊势神道）要比儒教更接近（武士道）"。但是，他同时认为，"虽然人们常讲'顶礼膜拜'或'神明呵护'，但这并不是受到特定教义影响的结果，而是与崛起于严酷环境中的风云人物北条早云的经验法则相接近的东西。如实讲，这并不是道德的心理准备，而是对'有则有之，无则无之'这一从实践中悟到的现实主义所能提供的某种支持。只要有这种真正面对现实的心态，即便不行祷告也会有'神明呵护'；倘无此心态，即使祈祷也将被上天抛弃"。① 此亦如《叶隐》所说："侍者一言，坚如金铁。自身已决，佛神莫及。"②

如此看来，无论是政治控制机制还是伦理宗教形态，也不论主从情谊还是经济利益，这些人们所常见的能够对武士道"死的觉悟"构成决定性力量的各种要素，在表面上的相互矛盾和学者的人为割裂下，俨然已无法成为武士道前后一贯和根本恒定的价值支撑。如果丸山所谓"武家政治乃日本政治的原型"之说法成立，那么，"明治以后政教合一中央集权官僚制国家的建立即意味着日本与武士道传统的极大断绝"等论断，③ 却给前面的说法提供了具有足够颠覆力量的反证。当类似的反证比比皆是时，跳出以往论证圈的新观察和新思考，便具有重要的创新意义。

三 "死的觉悟"支撑理念新解

有一点大概没有疑问，即"死的觉悟"是镰仓时代的"武士道"、江户时代的"士道"以及明治以后的"武士道"的共同生死观，哪怕这种"觉悟"的奉献对象发生了变化。然而，矛盾似乎亦因此而发生，这在《叶隐》中曾有过展示，即它一方面讲人生不过白驹过隙、毫无价值，同时又强调武士必须无条件地为主君奉公，在关键时刻果断出阵，平静地面对死亡。④ 对于这两种近乎对立的矛盾表述，相良亨指出："'毫无价值'的说法无法植入常朝的《奉公·武篇》中。"言外之意，《叶隐》似乎不应该出现如此低级的矛盾。于是，他试图对"觉悟"的两面性作出新的解释，认为"'觉悟'既可用作死的觉悟方法，也可用作奉公的觉悟方法。并且，这两种觉悟并无不同。一般情况下，武士死的觉悟包含着奉公的觉悟，

---

① 丸山真男：《丸山真男講義録》第5册，第195、100、48页。
② 《日本思想大係·26·三河物語·葉隱》，第248页。
③ 丸山真男：《丸山真男講義録》第5册，第195、100、48页。
④ 《日本思想大係·26·三河物語·葉隐》，第268页。

而奉公的觉悟也内含着死的觉悟。两个觉悟不过是一个觉悟的两个方面而已"。①
由于这种矛盾式的表述把问题复杂化了，因此，尽管在《叶隐》不存在矛盾这一
点上笔者同意相良氏的看法，但对于其缺乏事实与逻辑关联的表述，却不敢苟同。
"毫无价值"说在山本常朝那里之所以并未自我矛盾，从本质上讲，是因为"死的
觉悟"不过是发生在人们对"生"的有限性的无奈和对"死"的无限性的憧憬这
一自然心态基础上的生命价值观。如前所述，常朝首先视人生为"无常"，"人生
如白驹过隙"说法所表述的也正是这种心情。可是，如果能使这短暂的一己生命
价值获得延长，那么，人世间恐怕就只有能超越个人"私情"的"奉公"了。奉
公之所以能够成为"毫无价值"说法的例外，是因为同为有限的存在，"公"的生
命要比"私"的生命具有相对长久的价值。换言之，如果想在世间寻出与"死的
觉悟"（无限性）相贴近的东西，那么，大概也只有具备相对恒久价值的"奉公"
堪与之相比。这恐怕也是"主从关系"和"名"被武士看得比"个人"和"利"
更加重要的主要原因之一。忠诚、牺牲、信义、廉耻、洁净、质朴、俭约、尚武、
名誉、情爱这些价值之所以被武士奉为普遍的道德规范，应该与它们所蕴含的悠久
价值属性不无关联。正是在这个意义上，"灭私奉公"也就当然地成为其迈向恒久
目标的唯一途径。

　　对此，相良氏有关"生命价值"的认识比起以上的"矛盾说"似乎更接近武
士道的一贯精神。在他看来，即便是拥有"死的觉悟"的武士，也并不是不想躲
避死亡，因为死亡毕竟是一件令人悲伤之事。但是，在武士的"觉悟"中，存在
一个自古形成的不可移动的"价值秩序"，即比起一己生命，世界上还存在更高的
价值。而关键时刻敢于献出一己生命，正是基于只有更高价值的生存才是真实的生
存这一价值逻辑，这个更高的价值体现在武士身上，大概就是能够流传后世的
"名"。正唯如此，真正能够对武士的根源性存在构成威胁的，反而不是"死"，而
是足以损害其名誉的"耻"。这就意味着，在"知耻"的背后，至少流动着不因时
易、不以事殊的可持续延伸的人世重视理念。即"觉悟说到底，乃是立足于此岸
世界'价值秩序'观的产物"。这种理念，便是所谓"公"的意识。对"私"的
舍弃来自对"公"的信念，而"私"的死亡恰恰可以在"公"的大生命中通过
"名"来获得永生。因而在更根本的意义上，这决定于武士"与他者的根源一体
观"。这意味着，在武士的"觉悟"中，"私人性"已不再是"自己"的全部，在
一体连接的"个人性"与"社会性"之间，武士则明显偏重于后者，这也是近现
代文豪夏目漱石所不断提倡的"则天去私"的理念。②

---

　　①　相良亨：《武士の倫理：近世から近代へ》，《相良亨著作集》第 3 卷，第 442、366 页。

　　②　相良亨：《死生観·国学》，《相良亨著作集》第 4 卷，第 46、52、53 页。

　　实际上，"死的觉悟"对"公"的高度倾斜，与武士道的形成历史有着内在、本质和必然的联系。无疑，东国武士团在这方面表现得最为典型。初看上去，东国武士团是血缘同族的结合与主从恩给结合的统一体。但是，随着大名领地的逐渐扩大和由于这种扩大而带来的同族控制力量的分散与弱化，非同族武士的前来协助，便具有重要的意义。而且武士团控制范围越大，其意义就越发凸显。这种情况，迫使武士团首领不得不将血族意识扩大化，而只要这种拟制的血族关系一旦在血亲与非血亲者之间搭建起信仰一致的"祭祀共同体"，被丸山真男称为超血族的"党"的结合，便逐渐演变成武士团发展膨胀的核心动力；并且时间愈久，势力愈大，以土地恩给和战友生死情谊为基础的主从关系就越对血族姻亲关系构成压倒的优势。这可以用来解释为什么同族甚至亲子之间也常常被分为敌我阵营并彼此大开杀戒，以及大名的奋斗目的并不是对事实血统的维持而是如何才能做到不辱家名。丸山认为，在同族结合和主从结合之间，真正培育了武士性格的土壤，是后者而非前者。这也是他经常提及平氏武士多追随赖朝、而平氏家人亦多出源氏等原因。①

　　狭隘血族关系的超越，使武士团的观念世界被赋予了普遍性的品格和日益鲜明的"公"的色彩。由此而产生的公的标准，重视的是集团的生命意义而不再是一家一门的生灭兴衰，而集团的生命意义欲得到维护，便要求对于能够支撑该意义者的选拔原则只能唯才是举，不再是姻亲而无能者居上位。这就赋予了有个性和能力的武士凭借自身的才干跻身君侧并获得利禄与地位的珍贵机会。而这种机会获得后需要展示的，则是武士自身个性和能力的进一步发挥而不是坐享荣华。武士性格中的自由主义倾向之所以十分鲜明，与其凭实力闯天下的成长历程有关。必须提及的另外一点，即武士何以会通过"死的觉悟"来自觉维护主从关系并充分表达他对主君的忠贞不贰，显然与主从间的非血缘结合有关。在以血族为核心的武士团中，主君赐予下属的任何名利，都会被获得者视为当然，君臣之间也因为血亲狎昵关系而容易失去政治与军事应有的庄严感和神圣感。而拟制血缘关系却不同。首先，主君能够撇开亲族子弟而力举族外人士这一行为本身，就足以令非亲非故者感激不已。其次，那些寒门子弟还会因主君的恩给而衣食无忧，从此过上有尊严的人的生活，这又在有形的层面上极大地激发了武士的忠勇和义气。他对主君的倾心固然有感恩情结在起作用，但由于超血缘的主从关系天然具有公共义理的属性，因此，在主从得以凝结的纽带——"公"的意义上，他更倾倒于主君的公忠人格。于是，他认定了某位主君，就意味着他认定了"公"的价值。反过来说，主君既为"公"的化身，那么，用生命去报答主君，在武士看来也就等于"奉公"本身。当对主君的仰慕已演化为一种"纯粹的全人格式倾倒"（丸山语）时，作为"公"的化

---

① 丸山真男：《丸山真男講義録》第 5 册，第 60—62、86—88 页。

身的主君哪怕有稍许的示爱行动，都会从他内心深处激发出无限的"忠诚"，直至献出自己的生命。不可否认，这种勇于为主君献身的行为，有时确实与利益无关。在这个意义上，《陆奥话记》的一段描述，不可谓不真实。① 而一个普通士兵尚能凭借素朴的情感为主君献身，那些对主君（奉公）怀有深刻的"死的觉悟"的武士该如何作为，已不言而喻。这意味着，武士对主君的生命奉献，固然有主从间深厚的"私谊"因素起作用，但"奉公"行为本身，又使武士的"觉悟"被明显地赋予了超"私谊"的"公"的意义。同时，对"君虽不为君，臣不可以不为臣"观念的笃信，还表现了武士对主君几近迷信的追随意愿。这样才能解释，当主君的行为与"公"的理想有所背离时，武士为什么会苦苦"死谏"，② 并且在永不相弃的意义上日本人何以要称主从之情为"忍恋"。③

　　毋庸讳言，"死的觉悟"中含有"私谊"和"奉公"这种双重动力。但是，比较而言，"公"的志向无疑是主从关系的前提。就是说，武士与主君能够结合并凝结出生死可托的"私谊"，只有在主从双方同时面对一个有利于武家大生命发展的共同目标时，才可能发生。一个值得某人为之赴死的事情，在平素冷静而不是一时冲动的情况下，一定要具有超越一己性命价值的意义。唯其超越一己，这个意义便不可能是私人的；唯其不是私人的，才具有了"大"和"公"的属性；而只有"大"而且"公"，自己的生命信息才不会因肉体的消灭而消失。武士之所以十分看重自己的最高荣誉——"名"，恰好是因为"私"的死亡可以在"公"的大生命中通过"名"来获得永生。只有对"私人性不再是自己全部"的道理有了深刻的理解，只有"与他者的根源一体观"在武士的"觉悟"中被赋予了最终决定性力量，武士才能坦然赴死，"死的觉悟"才能在平素和献身之间表现不出丝毫的异样。而能促使他做到这一点的更直接动力，是武士必须自觉到他是一个能代表"正义"甚至是正义之化身的"英雄"，一个有着十足尊严并令世人永远尊敬和纪念的男子汉。这恐怕也是武士道何以也被唤作"男道"，武士的行为又何以被称为"英雄主义"的原因所在。④ "情"在主从关系当中的不可替代作用，只有当主从关系由"战斗共同体"转化为"命运共同体"和"情谊共同体"，并且主君在这种转化中已使自身演变成"奉公"与"私谊"的综合象征时，才能得到真正的发挥。而"义理之情"和"战友之情"优先于"血亲之情"的事实本身还表明，表

---

　　① 《陆奥话记》曾记载将军源义家的犒军行为在士卒心里所引起的强烈反应："将军还营，且飨士卒，且整甲兵。亲回军中，疗疵伤者。战士感激，皆言：身为恩使，命依义轻。今为将军，虽死不恨！"（《日本思想大系·8·古代政治社会思想》，东京：岩波书店，1979年，第330页）

　　② 参见丸山真男《丸山真男講義録》第5册，第235页。

　　③ 相良亨：《武士の倫理：近世から近代へ》，《相良亨著作集》第3卷，第407页。

　　④ "义理"、"男道"和"英雄主义"的说法，参见丸山真男《丸山真男講義録》第5册，第188、214、209、71页。

面上看仿佛是个人关系的"私谊"，其实已经是"公"的结合基础上的"私谊"。在这个意义上，"私谊"的不可废，也同时意味着"奉公"的不可废。否则，平氏武士多追随赖朝，而平氏家人亦多出源氏等血亲私情间的相互背叛等史实，就无法得到切实的理解。由于"公"相对于"私"才能成立，而"公"意识不断扩张的前提，是"私"意识的次第淡出，直至归于"无"。因此，当公私逻辑关系与武士"死的觉悟"发生了实质关联时，死亡本身便被注入了一种从永恒的"无"来到瞬间现世的一己生命，又被永恒的"无"重新收回和消解的意义，甚至"死亡本身还被赋予了某种亲近感。'死事'的强调，恐怕也正是从这种死亡亲近感中所生发的意义"。[①]这仿佛在说，"与他者的根源一体观"至此已升华成"与宇宙的根源一体观"了。这大概是武士所能臻至的最高境界，而武士本身似乎也因此成为和辻哲郎所说的"超越死生"的超越的存在了。[②]

"死的觉悟"的核心支撑理念一经寻出，一个首尾相关、前后连贯的"同心圆"，便相对有序地展现在人们面前。镰仓"武士道"、战国"武士道"、江户"士道"以及明治以后"武士道"所显现的生死观，刚好强度不等地次第分布在"奉公"信仰的同心圆上。它有助于日本国内的统合，但随着信仰本身的阶段性启动，也容易使惊涛所至，每每怀山襄陵，溃坝决堤。

在武士道的演变过程中，由于以各自大名为主角的武士的"死的觉悟"仅反映了其各自主君（藩主）的局部利益，因此，进入江户时代后，以往范围狭隘的"奉公"非但不再为幕府所允许，既存于地方主从关系基础上的"忍恋"，也逐渐被导向"道"和"理"等儒教意识形态。丸山真男将这种转变总结为两点，即"武士道向士道的转变特点，一是从战斗者的性格朝秩序伦理方向的转变；二是从'主从之契'、情感和人格的结合，朝客观的身份阶层秩序和伦理方向的转变，即所谓'从人格到身份'的转变"，并认为这乃是"身份秩序要求的结果"。[③]实际上，这种变化之所以有其必然性，决定于战乱时代的局部利益让位给和平时代的整体利益的现实需要，也是统一的行政控制被赋予了更为广泛的支配价值的结果。这同时还意味着，以往武士们"死的觉悟"的奉献对象，已经由主从的"奉公"升华为崇高的"道理"，由身边的"主君"转换成幕府的"将军"。研究者们之所以一味强调这种转变标志着武士道精神的断裂，与无视"奉公"理念的可扩张性以及这种扩张性所能造就的同心圆这一历史事实有关。它有助于理解许多一直难以解释的疑问，即何以幕府要采用"参觐交代"和"武家诸法度"规制而并未遇到特

①　相良亨：《武士の倫理：近世から近代へ》，《相良亨著作集》第3卷，第445页。
②　和辻哲郎：《日本の臣道》，《和辻哲郎全集》第14卷，東京：岩波書店，1977年，第297页。
③　丸山真男：《丸山真男講義録》第5册，第221页。

别强烈的反对？为什么山鹿素行会强调"纵主君有殉死之请，亦非殉道也"的理念？[1] 何以"赤穗四十七士"非但少见称扬，反而最终被命以集体自裁？为什么"脱藩"武士迅速增加而社会并未对这种以往的"背主行为"斥责有加？这意味着，武士的"死的觉悟"渐次超越了狭隘意义上的主从关系，而转入更具普遍价值的法制轨道上来。正是在这种趋势下，到了明治时代，随着西方列强压力的日渐加大和幕府机能的衰竭，以往只在形式上被看成日本全体代表的天皇，开始被人们视为全日本的真正"主君"，而武士"死的觉悟"的奉献对象之所以迅速转向天皇，亦刚好反映了以上历史逻辑的惯性延伸。[2] 这样才能理解，何以吉田松阴可以时而背叛幕府、时而背叛藩主，却必须以日本国的整体安危作为自己拼死捍卫对象的原因，也才能理解福泽谕吉下面一段话的逻辑根据："日本谚语有所谓'腹重于背'和'舍小济大'之说……又如对待动物，仙鹤比泥鳅既大且贵，因而不妨用泥鳅喂鹤。如果以日本国家和各藩来比较，当然日本国家为重而各藩为轻。废藩正如为保全腹而牺牲背，剥夺诸侯藩臣的俸禄犹如杀鳅养鹤。"[3] 至于乃木希典夫妇为明治天皇双双剖腹殉死一事，在上述逻辑中，亦不乏一定的象征性意义。表明无论对主君、理法，还是天皇、国家，武士不拘对象的"死的觉悟"，与"奉公"理念的同心圆式扩展，确实具有不可分离的内在关系。无疑，"奉公"刚好构成了这一系列行为的逐级升华。如前所述，它还必须使实践者武士自觉到他就是"正义"和"英雄"的化身。

但是，当上述的"奉公"行为超越了应有的限度，换言之，当"死的觉悟"的实践范围超越了日本一国的边界，武士道的精神，就会迅速转变为灾难的渊薮。

从应仁战争（1467—1477）到1568年织田信长进驻京都、统一日本的"战国时代"，地方武士团在各护其主的"奉公"理念的支配下，进行了大规模的争霸战争。就是说，用武力保护并扩充自己的土地，已成为那个时代的主旋律。结果，当然是实力最强大者获胜。然而，日本武士的"奉公"目标也随着以往力量有限的小"主君"自然扩展为力量膨胀的大"主君"，而大主君的体现，却是日益扩张的疆土。由于主君用以凝聚力量的"公"，在边界的意义上向无止境，而武士又总是唯主君马首是瞻。于是，日本的统一也意味着主君的下一个扩充目标将成为武士"奉公"的新动力。这可以用来解释织田信长的继承者丰臣秀吉何以会发动进攻朝

---

[1]　山鹿素行：《山鹿語類・臣道》，《山鹿素行全集》第6卷，第80页。相良亨指出："素行并没想全面否定主从情谊结合意义上的生死行为。但是，他已把目光投向了超越这种主从结合的领域。在那里，只有实现道义，才是作为君子＝大丈夫的武士的任务。这种看似一种私人关系的主从关系，在这里不过被赋予了道义实现的理由。"（相良亨：《武士の倫理：近世から近代へ》，《相良亨著作集》第3卷，第303页）

[2]　这种情形，在昭和时代表现得尤为突出，参见和辻哲郎《国民统合の象徵》，《和辻哲郎全集》第14卷。

[3]　福泽谕吉：《文明论概略》，北京编译社译，商务印书馆1997年版，第2页。

鲜的侵略战争。日本天正十七年（1589）的一段资料，有助于人们对该问题的理解：

> 倭平调信玄苏等，与通信使偕来，馆于东平馆。备边司请令黄允吉、金诚一等，私以酒馔往慰，因从容问其国事，钩察情形，以备策应。许之。诚一至馆，玄苏果密语曰："中国久绝日本，不通朝贡，平秀吉以此心怀愤耻，欲起兵端。朝鲜先为奏闻，使贡路得达，则必无事，而日本六十六州之民，亦免兵革之劳矣！"诚一等因以大义责谕之。

表面上看，丰臣秀吉似乎想通过朝鲜的斡旋恢复室町幕府以来明朝和日本之间的"勘合贸易"，但由于秀吉坚决拒斥以明朝所封"日本国王"的身份实现日明交通，这就注定此事不可能成功。"诚一等因以大义责谕之"一语中的"大义"字样也暗示了这一点。日本探子所传递的秀吉意愿的真实目的，不过是寻找"欲起兵端"的借口，而朝鲜人金诚一的"责谕"似乎也早在秀吉的意料之中。可是，侵略别国疆土，总要寻找所谓正当的理由。日本学者辻善之助曾用赞美的方式道出了丰臣秀吉的"正当理由"："他（秀吉）固然看重（经济）利益，但同时更重视国家的名誉。正因为更重视名誉，才因为朝鲜未能同中国进行通商斡旋，而最终发动了前后达七年之久的大规模战争。"他承认，这场战争的结果是两败俱伤，并造成了"两国人民的疲敝"和"战乱与惨祸"，但他坚称，"即便到后来，秀吉的朝鲜征伐，作为最快意的壮举，对于日本国民元气的培育之功，仍不可胜计"。而且，德川初期，日本之所以能"布国威于南洋"，当既有"战国时代国民的活力因素"，也仰赖了秀吉"征伐朝鲜和中国的壮举"。甚至"直到今天，秀吉征伐中国，也仍然是我国国民精神史上极有影响力的大事。每念及此，便不由感到那场战争绝不是毫无益处的行动"。① 据说，丰臣秀吉不光要取道朝鲜、击败明朝，把中国分割成封地赏赐给他的臣下，还放言要乘势进军次大陆，拿下印度，把当时日本人世界观中的"本朝、震旦、天竺"统统纳入他的控制范围中。霍尔认为，其中无疑有承自织田信长的"无限征服的梦想"。② 虽然这一切均未获成功，但丰臣秀吉的侵略行径之所以能调动起日本的核心武装力量，"公"的名义——"国家的荣誉"，显然已成为日本武士对外征战的正当性依据和力量源泉，哪怕没有人会从埋有无数朝鲜人耳朵和鼻子的丰国神社"耳冢"中读出一丝正义的味道。

---

① 辻善之助：《豊臣秀吉の支那朝鮮征伐の原因》，《海外交通史話》（增订本），东京：内外书籍株式会社，1930 年，第 398—400 页。
② J. W. 霍尔：《日本：从史前到现代》，邓懿、周一良译，商务印书馆 1997 年版，第 119 页。

近代日本的"亚细亚主义",无疑表现了以上同心圆价值的进一步扩张,显然,这是一次更大幅度的蔓延。有学者指出:"近代日本的'亚细亚主义'是指在西方列强加剧侵略东方的危机时刻,围绕着对'东洋'和'西洋'的认识问题而形成的有关日本人亚洲观的一种有代表性的政治思想及其相关行动。由于近代日本亚细亚主义复杂而特殊的发展历程,它又表现为强调亚洲平等合作的古典亚细亚主义、强调扩张领土的大亚细亚主义以及对亚洲实施侵略的大东亚共荣圈三种形式。近代日本的亚细亚主义在其形成、发展、消亡的过程中,完成了它从'兴亚'到'侵亚'的质变历程。"① 但是,如果仔细分析丸山真男所谓"外压……给以往作为战斗者的武士性格赋予了再度也是最后的沸腾机会"的说法,笔者以为,无论亚细亚主义发生过怎样可以理解的积极意义和罪不容诛的野蛮恶行,其思想和行动在更根本的文化价值上,似乎并未显现出本质上的改变,即自始至终均"出以公心"的"意义"先行。

鸦片战争和黑船事件,给中国和日本的国家安全带来了前所未有的威胁。当时,国土和实力均不及中国的日本,对这种威胁可能导致的巨大灾难,表现出了超常的敏感。千百年来"华夷秩序"氛围下生长起来的"文化共同体"意识,使日本的武士阶层对中国产生了"命运共同体"的想象,于是,在1878年,出身于鹿儿岛藩士的大久保利通,在日本成立了一个亚细亚主义民间团体——"振亚会"。因大久保被暗杀,后继者又于1880年成立了"兴亚会"。关于日本人如此行动的意义,"兴亚会"创始人之一、米泽藩士之子、后成为帝国海军少尉的曾根俊虎在《法越交兵记》中是这样表述的: "夫日韩与清固同文同教,所宜唇齿相依者也……余夙忧欧洲人之凌辱我亚洲也,于是兴同志会者谋,创立兴亚会。其意在挽回亚洲之衰颓,而压欧洲之强暴……呜呼,欧亚强弱之势,何至今相反之甚耶!"② 然而,武士们(这时已部分改称为"志士")的亚细亚"公"心意识及其行动意义,也可以被另外一种表述所代替,即打击和占领朝鲜与中国,亦同样充满了理直气壮的正当性。福泽谕吉的《脱亚论》中"文明—野蛮"和"进步—落后"框架下的"中韩"妖魔化煽动,曾为帝国日本的"征韩论"和中日甲午战争提供了大义凛然的"正义观"——脱离"中韩"并用武力改造"中韩",不仅是为了"中韩"的发展,也是为了东亚的繁荣。被称为"日本法西斯主义大本营"的"玄洋社"之所以以"玄洋"命名,据说就有"越过朝鲜海峡君临大陆的意思";福冈藩成千上万的旧武士之所以能成为"玄洋社"的积极推进力量,是因为他们以为自

① 王屏:《近代日本的亚细亚主义》,商务印书馆2004年版"导言",第15页。
② 曾根啸云辑,王韬删纂:《法越交兵纪》,沈云龙编《近代中国史料丛刊》第62辑,台北:文海出版社1971年版,第56—57页。

己的行动体现了"国家之长远公道"，并可以"明天下之大义"。而作为"玄洋社"直系团体的"黑龙会"，则更加露骨地强调了他们的观念和行动所具有的所谓正当性，使日本成为亚细亚民族兴盛伟业的领导者。在近代以来的日本对外侵略战争中，都能看到这些"志士"的身影。这样，一群近现代"武士"怀着反近代、反中央集权、反官僚、反资本主义、反共产主义、反民族主义、反对国界与主权的"超国家主义"理念和新时代的"死的觉悟"精神，发动了太平洋战争，成为现代"奉公"行动的祭品。他们以为自己肩负着"自发的使命感"，"悲壮地"走向战场，在侵略战争的刀光剑影中试图完成他们"解放亚洲"和"振兴亚洲"的大业。这是近代日本的"困惑"，也是近代日本的悲剧。①

也许正因为有"国家的名义"、"亚洲的名义"、"人类的名义"乃至社会改造意义上的"革命的名义"，才使日本近代以来的"亚细亚主义"被赋予了所谓的正当性。它构成了那个时代日本人的核心价值观，也成为不惜以武士道"死的觉悟"去冲锋陷阵的"大义名分"。正因为如此，日本军在对外侵略时不但没有意识到自己行为的反人类和反道义性质，却自始至终充满了"英雄主义"的豪迈，并标榜为"正义"的化身。近代日本发动侵略战争的所谓正当性，几乎都可以从武士道一贯而恒定的价值支撑——"奉公"理念的延伸线上寻出文化的经络；而来自西方的近代主义和新的国际关系原则，还在"公理"的意义上给日本明治以来的各类政府行为罩上了文明和进步的光环。汪晖指出："英雄主义的前提是一种将自我及其行动正当化和崇高化的价值。如果只是一个赤裸裸的入侵，怎么会是一个英雄呢？"② 当"大东亚共荣圈"已危及世界和平与人类安全时，持续了数百年的武士道精神终于步入绝境。然而，在我们理性思索上述问题时，"兴亚"主义者大川周明具有浓重武士道色彩的"生命价值观"，则不能不引起东亚学界的普遍关注和反思。大川认为，与欧罗巴的"主我式"精神不同，东方强调的是"无我式"境界；欧洲的宇宙观注重抽象、区别和分析，而"东洋精神"则将宇宙看成"生命的统一体"。③ 这样的生命观和宇宙观倘被视为宗教的参悟或许成立，可一旦变成现实实践准则，特别是变成"死的觉悟"的"奉公"式"效忠"准则，就会表现出极大的危险。传统中国具有想象色彩并通过距离来保证的"礼教华夷秩序"与日本"布国威于四方"的"武威华夷秩序"之区别，也许就在这里。"礼教"式"同心圆"总能表现出"内环"与"外环"间的次第分明布局（内服外服），而"武威"式"同心圆"的追求目标却是以"内环"吞并"外环"并终至于"一环"（八纮

---

① 王屏：《近代日本的亚细亚主义》，第 150—155、170—180、190—203 页。
② 汪晖：《琉球：战争记忆、社会运动与历史解释》，《开放时代》2009 年第 3 期。
③ 《大川周明全集》第 2 卷，东京：岩崎书店，1962 年。

一宇）。明治政府一面高喊"朝鲜独立"又一面着手"日韩合并"的行为，昭和时代对"大东亚共荣圈"划定范围的逐个占领方略，都无法不让人想起武士团崛起背景的攻城略地本旨。它的无法实行，大概只能归因于日本有限的观念与行为价值无法涵盖和包容异质文化的多端与复杂。船曳健夫把日本近世以来的国家类型分为三种，即德川家康的"小日本"、丰臣秀吉和伊藤博文的"大日本"以及陆奥宗光、西园寺公望所主张的"国际日本"。其中，"小日本"往往以"锁国"的方式寻求自我发展，"大日本"则以东亚扩张为目标，而"国际日本"不过是对"大日本"理念的补充。然而，如果仅仅按照日本固有的逻辑来面对这三种类型，则"大日本"和"国际日本"最终只能退回"小日本"的框架中。因为"大日本模式存在着这样一个问题，它在向东亚扩张时，并无足以覆盖亚洲的整体性理念。这并不是日本人构想力贫乏等所谓能力的问题。产生于明治维新以降的大日本，与'天皇制'密不可分。而在'天皇'的特性和沉积于历史的日本文化资本当中，并没有锻造出可以覆盖其他各国人民和民族的普遍性。天皇制的有效性，只存在于日本列岛的历史中和日本语境内部，这里不存在天皇制被转换成其他文化的努力，也看不到尝试移植这种文化的外部人士。天皇制中，没有像基督教那样将'全人类'都视为神的孩子的普遍性结构，也不具备中国皇帝敢于将属国封为王中之王的自信和自觉"。① 而如此有限的内部价值一经盲目对外并要求其价值实践者用"死的觉悟"来成就它，便只能带来灾难性后果。霍尔的《日本》矛盾地表达了他的感受："在19世纪中叶，当欧美的旅行者注意到日本这些与世隔绝的岛屿的时候，他们很难想象在一个世纪之内这个神秘的'帝王之邦'将把自己变为现代世界的主要国家之一……但是今天日本是世界第三工业国，而且曾经试图搞军事扩张，结果把自己的城市变成核战争的最早目标。"②

然而，无论是战前和战中的西田几多郎，还是战后的竹内好，日本学界部分精英的相关议论，仍不能不引起人们的注意。日本哲学家西田曾在19世纪30—40年代，将"按地缘及传统形成一个特殊的世界，即共荣圈"公开视为"人类历史发展终极理念的历史课题"。他主张把"皇道"引向世界，并号召"皇国臣民"振作起来，"洞察世界形势，不屈不挠、坚忍持久"地去实践"臣民之道"，将"皇国日本"的"光辉"与"大义"撒向全世界。③ 这一给"大东亚共荣圈"赋予了哲学基础的思想主张所能造成的强大鼓噪和深层感染力，要超越通俗的宣传效果不知凡几。而竹内好所谓"大东亚战争是否定近代、否定近代文化，并从否定的底端

① 船曳健夫：《右であれ左であれ、わが祖国日本》，東京：PHP新書，2007年。
② 参见 J. W. 霍尔《日本：从史前到现代》，第3页。
③ 高坂正顕等：《世界史の立場と日本》，《中央公論》1942年1月号，第181页；参见王屏《近代日本的亚细亚主义》，第329—330页。

形成新世界与世界文化的历史性的创造活动"的战争观，[①] 在本质上还充满了恐怖。如前所述，"近代主义"为武士道的"奉公"理念超越日本列岛的地理限制提供了"礼乐征伐自东洋出"的正当性依据。当其在血与火的烧杀抢掠面前遭到质疑时，特别是日本自身也由于对外侵略而招致或即将招致灭顶之灾时，一种反近代主义的包装，似乎仍可以为日本的战争行为找到新的正当性依据。这种依据试图证明，它不是西方霸道的鹰犬，而是东方王道的干城。有这样两句话值得关注："在某种意义上可以说，世界秩序的观念，是由已经完成了近代国家建设的诸国构筑的观念，也是由以这些国家为成员的国际社会的观念"；"在二战以前的日本——其实在二战以后的日本依然——不管什么样的思想也好，意识也好，从右翼到左翼，在真正意义上能突破这一近代国际秩序观念束缚的人，事实上一个也没有"。[②] 虽说这不能简单地理解为责任外推，但同样的近代国际秩序观念在中国和朝鲜身上所表现出来的截然不同的反应和效果，意味着一个真正的"日本"形象，恐怕只有从日本自身入手才能得到真实的确立；而构成"日本政治原型"的"武家政治"，无疑对深入研究日本提供了一个可供思考的基本线索。

（刊于 2009 年第 4 期）

---

① 　参见《竹内好全集》第 14 卷，東京：筑摩書房，1981 年，第 453 页。
② 　野村浩一：《近代日本的中国认识》，中央编译出版社 1999 年版，第 75、77 页。

古典历史的基础：从国之大事到普通百姓的生活[*]

晏绍祥

1531 年，文艺复兴时代伟大的史学家和思想家马基雅维利发表了名作《论李维》。[①] 在该书的"前言"中，马基雅维利如此定位古代史的功能与角色：

> 最杰出的史书昭示于我们的，乃是古代的王国与共和国、君王与将帅、公民和立法者以及为自己的祖国而劳作者取得的丰功伟绩，它们虽受到赞美，却未见有人效仿。其实，世人不分大事小事，对它们唯恐避之（不）及，故而古人的这种德行，在他们身上已踪迹全无……在整饬共和国、护卫国家、统治王国、举兵征伐、控制战局、审判臣民和扩张帝国时，却不见有哪个君主或共和国求助于古人的先例。[②]

因此，马基雅维利写作《论李维》的目的，是"根据我对古今事物的了解，记下我认为必须给予更好理解的内容，使读过这些陈述的人，更易于让他们所欲掌握的史识发挥功效"。[③] 对古代史这样的定义，让马基雅维利更多地关注罗马共和国的制度建设和内外政策，特别是罗马统治阶级稳定国家和建立帝国的方略，即属于国家层面的政治和政策。今人相当关心的经济与文化生活，除与政治密切相关的土地问题外，基本阙如，就连对宗教的讨论，也被置于政治史的背景中。至于个人和家庭，如果出现，也主要从其是否有利于国家和稳定，而非他们作为家庭、团体乃至自身固有的价值的角度论及。《论李维》也因此更多地被视为政治思想史名著，

* 本文为教育部人文社会科学研究规划基金项目"古典世界的民主与共和政治"（批准号：11YJA770059）中期成果。

① 关于《论李维》的写作背景与年代，参见马基雅维利《论李维》，冯克利译，上海人民出版社 2005 年版，"哈维·曼斯菲尔德：《导论》"，第 31—33 页。

② 马基雅维利：《论李维》，第 43—44 页。

③ 同上书，第 44 页。

而非正宗的历史著作。

时隔近 500 年后，英国著名的布莱克维尔出版有限公司推出了由爱丁堡大学古代史教授安德鲁·埃尔斯金主编的《古代史指南》。①该书近 700 页，共分 8 个部分 49 章，分别由来自世界不同地区不同领域的专家执笔。由于该书预设的读者对象和作者队伍的国际特性，它的结构和体例大体代表了西方古史学界对古代史的基本看法，以及社会大众对古代史的期待。②埃尔斯金表示："它意在给古代史研究中的关键主题提供一系列便利的介绍，包括证据的形态、问题和路径，以及当前研究中的主要问题。可是，这些主题与其说是要提出确定的概论，不如说是意在反映学术前沿的活力与兴奋点。这个潜在主题是如此巨大，因此某种程度的选择乃是必需。虽然核心是希腊和罗马的历史，我也留意不让两者被孤立看待，而应将它们置于更宽广的背景中。"③值得注意的是，埃尔斯金的选择，不仅是把马基雅维利觉得最为重要的政治史变成了古代史八个主题中的一个，而且是相对次要的一个，篇幅不足全书正文的十分之一。与之形成鲜明对比的是，讨论日常生活的"生与死"占正文近 20% 的篇幅。如果将与日常生活相关的地理、经济与宗教部分包括在内，则该部分篇幅占正文的 50%。④同样需要注意的是古代史的这种变化并非始自这本指南。早在 1980 年由丰坦纳公司推出的古代史系列丛书中，丛书主编奥斯温·默里撰写的《早期希腊》，就已经是"一本描写希腊人的饮酒习惯、性风俗与描写他们的政治史篇幅一样多的书"⑤。那么，西方的古代史研究从 15—19 世纪国之大事一统天下，何以在近百年来的时间里，演变成为今日之局面？难道说在法国年鉴学派的冲击下，政治史真的就不如面包价

　　①　Andrew Erskine, ed., *A Companion to Ancient History*, Oxford：Blackwell Publishing Ltd., 2009. 必须指出的是，在英语背景中，古代史与中国学人通常所说的世界古代史不同，它仅仅意味着西方文明的古代史，即希腊和罗马史，只是因为古典文明从埃及和西亚文明中汲取了太多的养分，因此一般的古代史会包括埃及、两河流域的历史。《剑桥古代史》第一版的主编约翰·伯里明确宣布，"《剑桥古代史》的目标，是欧洲民族连续历史的第一部分"。但是，"欧洲的历史开始于欧洲之外，它的文明是如此深刻地受益于埃及和西南亚更古老的文明，以至于对研究欧洲文明的发展而言，那些国家的早期历史，远较凯尔特人、日耳曼人以及其他生活在欧洲范围内的人类的野蛮生活更加重要。那些意欲从其起源追寻他们自己历史发展的人，首先必须熟悉埃及人的、苏美尔人的、赫梯人的、闪米特人的以及东北非和西南亚其他民族的文明"。因此，部分国内学人动辄把《剑桥古代史》作为批判古史研究中西方中心论的靶子，似乎并不合适。参见 J. B. Bury, S. A. Cook and F. E. Adcock, eds., *The Cambridge Ancient History*, vol. 1, 2nd ed., Cambridge：Cambridge University Press, 1924, preface to the first edition, p. v. 《古代史指南》中的古代史，主要也是古代希腊和罗马的历史。本文所说的古代史、古史学与古史研究，也主要指古希腊罗马史，不是一般意义上的世界古代史。

　　②　该书作者主要来自英国和美国，但也有来自澳大利亚、丹麦、意大利、爱尔兰、以色列和日本等国家者，见该书第 xiii - xviii 页的作者介绍。

　　③　Andrew Erskine, ed., *A Companion to Ancient History*, preface. 下引该书一律夹注页码。

　　④　全书正文共 579 页。政治史被"驱逐"到了第七部分，一共只有 37 页（第 497—533 页）。"生与死"部分 100 页。如果把地理和经济加入，共 322 页（第 175—496 页）。

　　⑤　奥斯温·默里：《早期希腊》，晏绍祥译，上海人民出版社 2008 年版，第 1 版"序"。

格的变化重要？①它的演变，又能给我们的研究提供哪些启示？

一　近代早期的古代史：政治和军事活动的舞台

大体来说，从马基雅维利时代到 19 世纪乃至 20 世纪前期的绝大部分时间里，所谓的古代史，主要是以政治和军事为主线、以伟大人物活动为中心的历史。这一点与古代中国政治史的主题有所类同，即所谓"国之大事，在祀与戎"。古希腊罗马史尤其如此。首先，古代的历史写作，用约翰·马林科拉的话来说，很大程度上是"精英为精英写作的产物，它所导致的是如下几个典型的特征：个人的突出地位，无论他们是雅典的将军，希腊化世界的国王，还是罗马的高级官员和皇帝；关注统治阶级的活动，或者是发动战争，或者是在国内掌管国家；持续关心荣誉和责任的分配，并据此对历史上活跃的个人进行考察和评价；以及用讨厌或鄙薄的口吻描述下层阶级的倾向（如果说对他们有描述的话）"。② 古代史学的这个基本取向，决定了政治和军事活动在古代历史中的核心地位。第一个撰写历史的希罗多德固然兴趣广泛，于古代地中海世界的风土人情无所不及，然其写作历史的目的，如其在《历史》的开头所说，是"为了保存人类的功业，使之不致由于年深日久而被人们遗忘，为了使希腊人和异邦人的那些值得赞叹的丰功伟绩不致失去它们的光彩，特别是为了把他们发生纷争的原因给记载下来"；③ 全书的主体，是希腊人和波斯人之间的战争。在他之后的修昔底德和色诺芬，强化了希罗多德以政治和军事为历史主线的传统。及至希腊化和罗马时代，希腊人开创的政治和军事史传统，在波里比阿、费边、撒鲁斯特和李维等人的著作中，进一步"发扬光大"。

实际上，对古代城邦的普通公民而言，他们关注的中心也是政治和军事。作为古代城邦的主人，战争乃公民生活一个有机组成部分，国家的稳定很大程度上取决于对外扩张是否成功，公民的生活相当程度上也为城邦的政治和军事活动左右。④ 也就是说，与近代世界相当不同的是，在古代世界，政治和军事活动，是相当一部分公民的"职业"。公民的所谓美德，不是积极履行军事义务，就是积极参与政治。在如此环境中成长起来的古代史学家，如果希望自己的写作能够为社会接受，大多只能把自己的眼光盯在政治和军事上。影响所及，以至于帝国时代罗马最伟大

---

① 关于年鉴学派的影响，参见彼得·伯克《法国史学革命：年鉴学派，1929—1989》，刘永华译，北京大学出版社 2006 年版，第 60—87 页。

② John Marincola, "Historiography," in Andrew Erskine（ed.）, *A Companion to Ancient History*, p. 13.

③ 希罗多德：《历史》上册，王以铸译，商务印书馆 2005 年版，第 1 页。

④ M. I. Finley, *Politics in the Ancient World*, Cambridge：Cambridge University Press, 1983, pp. 101 – 121.

的史学家塔西佗在其《编年史》中需要为自己的写作辩护，原因是在他之前的史学家所提供的，是"国土的描述、战事的起伏、在战场上光荣战死的统帅"，而他所提供的，不过是"一连串残酷的命令、接连不断的控告、被出卖的友谊、被残害的无辜者、导致同样后果的各种不同案件"，因此不大可能引起读者的兴趣。① 但是塔西佗给我们描绘的，仍然是帝国时代罗马皇帝与元老们的活动；行省事务，如果不是与罗马或者军事征服有关，一般不会进入他的视野。普通的大众，除了偶尔因普遍不满以骚动者的集体身份进入历史外，一般来说是沉默的一群。

古代确立的史学传统，从中世纪到近代早期，并未发生本质变化。从文艺复兴到启蒙运动，尽管可供历史学家研究的资料在增加，学者们的世界观在改变，观察历史的视角也有所变化，但政治和军事在历史著作中的主角地位，特别是大人物的活动和攻城略地的事件，像在古代著作中一样牢不可破。拉雷爵士的《世界史》叙述了从创世到第三次马其顿战争结束地中海地区的古代历史，其基本框架根据圣经的时间设定，基本内容则是基督教的传说、希伯来人的活动和大国之间的征伐，以及大帝国的兴衰。② 18 世纪英国出版的大量古代希腊和罗马的历史，无论是最早的劳伦斯·埃查德的《罗马史》和托马斯·亨德的《希腊史》，抑或是 18 世纪末到 19 世纪初出版的米特福德的《希腊史》和亚当·弗格逊的《罗马共和国的发展与衰亡》，③ 无不以政治史、实则是政治事件的历史作为核心。法国学者中，巴黎大学教授查理·罗林（Charles Rolin）的《古代史》和《罗马史》篇幅都奇大无比，动辄数千页，然基本是对古代文献的转述。最能体现近代早期古代史写作特征的，是戈德史密斯（Oliver Goldsmith）的《罗马史》，他千余页的著作涵盖了罗马共和国和帝国时代，然而其共和国时代的历史几乎就是罗马的扩张史，罗马人似乎马不停蹄地从一场战争走向另一场战争；帝国时代则更像皇帝的家谱，从第一个皇帝恺撒逐个写到第 41 任皇帝君士坦丁。

历史写作作为精英阶级垄断、而且为精英阶级服务的基本状况并无根本改观，是近代早期的古代史写作仍为政治事件统治的一个重要原因。那时的史学家中，虽然不乏温克尔曼（J. Winckelmann）那样出身相对贫穷的子弟，但他们中的多数，非富即贵。18 世纪英国的上层阶级形成了独特的精英文化。对他们来说，接受古典

① 塔西佗：《编年史》上册，王以铸、崔妙因译，商务印书馆 1983 年版，第 224 页。

② Sir Walter Ralegh, *The History of the World in Five Books*, London: J. J. and P. Knapton, 1733.

③ Laurence Echard, *The Roman History, from the Building of the City to the Perfect Settlement by Augustus Caesar*, 9th ed., London: R. and J. Bonwicks, 1724; Thomas Hind, *The History of Greece*, 2vols., London: S. and J. Sprint, 1707; Adam Ferguson, *The Progress and Termination of the Roman Republic*, a new edition with 5vols., revised and corrected, Edinburgh: Bell and Bradfute, 1799; Oliver Goldsmith, *The Roman History from the Foundation of the City of Rome to the Destruction of the Western Empire*, 6th ed., London: L. Davis, 1769.

教育，游学欧洲，参与政治，是他们的主要活动。① "吉本是个富家子弟。他祖父善于经商，积产达十万英镑以上，购买了许多田地，在伦敦和乡下都有房屋。"②作为一个地道的英国绅士，吉本一生除了游历、学习和写作，就是担任英国国会议员，不曾为生计犯愁。与他大体同时的米特福德，同样家资丰厚，除与吉本一起服役于英国民兵外，一辈子的主要工作，就是写了8卷本的《希腊史》。③ 这样的状况，甚至到19世纪也无根本改观。众所周知，19世纪英国最有影响的希腊史专家格罗特（George Grote），就是一个银行家的儿子，他本人也是银行家兼国会议员。其他古史学家如康沃尔·刘易斯（Cornwall Lewis）、康诺普·提尔华尔（Connop Thirwall）等，也都出身豪富之家，在政界或教会任职是他们的主要活动，历史写作乃业余爱好。即使在专业史学相对发达的德国，由于但凡研究古代历史者必须接受严格的古典学训练，需耗费大量时间学习古典语言，因此德国古史学家中相当多的人自必出身于上层阶级家庭。④ 在这些以政治为业的绅士、议员或教授的笔下，政治和军事以及精英阶级的活动，当然构成了历史的主要内容。

同时，古代史的写作意图，也让近代早期的学者把目光集中在政治事件上。从文艺复兴到启蒙运动时代，欧洲学人关心的是国家的稳定与强大，自由通常被视为稳定和强大的源泉。民主政治则普遍被认为不具有稳定性，是暴民的统治，而且会侵犯自由与财产这两项近代早期资产阶级目为神圣的权利。⑤ 相应的，古代世界是近代世界的主要参照系统，其民主与共和政治，因为主要文献来自上层阶级，被描写为混乱、帮派和无法无天的暴政，成为上层阶级汲取历史教训的主要来源。18世纪英国出版的大量希腊史与罗马史中，不管实际效果如何，作者大多宣称，他们的目的是鉴古知今。最为典型的是苏格兰皇家御用史学家格利斯所写的《希腊史》。在该书给国王的献词中，我们读到这样的话："希腊史暴露了民主政治那危险的骚乱，谴责了暴君的专制；通过描绘各类共和政府政策中无可救药的恶行，它

① Maura A. Henry, "The Making of Elite Culture", in H. T. Dickinson（ed.）, *A Companion to 18ᵗʰ Century Britain*, Oxford: Blackwell Publishing Ltd., 2002, pp. 311 – 328.

② 《吉本自传》，戴子钦译，三联书店2002年版，"译者的话"，第4页。

③ Frank M. Turner, *The Greek Heritage in Victorian Britain*, New Haven and London: Yale University Press, 1981, pp. 192 – 194；William Mitford, Esq., *History of Greece*, a new edition, with numerous additions and corrections, to which is prefixed a brief memoir of the author, by his brother Lord Redesdale, 8vols., London: T. Cadell, 1829.

④ 例如，尼布尔（Barthold Niebuhr）的父亲是个大旅行家；博克（August Boeckh）曾在语法学校受过良好训练，显然也是贵族家庭出身；蒙森（Theodore Mommsen）则是一个牧师的儿子。参见乔治·皮博迪·古奇《十九世纪历史学与历史学家》上册，耿淡如译，商务印书馆1989年版，第92页；下册，第764页。

⑤ H. T. 迪金森用"自由和财产"概括18世纪英国政治思想的主流，应当说抓住了根本。参见 H. T. Dickinson, *Liberty and Property: Political Ideology in Eighteenth—Century Britain*, London: Methuen and Co. Ltd., 1979。

将彰显因世袭国王的合法统治和制度良好的君主政治的稳定运作无尽的益处。因此，本书献给尊敬的陛下——世界上最自由国度的主权者，是再合适不过了。"随后是对国王统治下英国各类学问大发展的颂词。① 就希腊而言，他公开批评雅典，将刚取得独立的美国与雅典进行比较，比较稳定的斯巴达受到他的推崇，"这种社会的政体达到了人性可以期望的最高境界和辉煌"② 其他作者如亚当·弗格逊、威廉·米特福德等，也无不把借古讽今作为自己的主要目标，并借此肯定当时的英国政体。③

二 21 世纪的古代史：经济与社会

21 世纪古代史研究的基本取向，也许用布莱克维尔出版的各种指南作为代表比较合适。这套丛书从 2003 年开始出版，列入古代史部分的指南包括《古风时代的希腊》、《古典希腊世界》、《希腊化世界》、《罗马共和国》、《罗马帝国》、《晚期古典世界》、《古代近东》、《古代埃及》、《罗马军队》、《恺撒》等（均省略"指南"一词），该丛书的目的，是提供有关古代史不同时期深入且权威的概论，每卷一般由 25—40 位学者执笔。丛书自称其读者对象包括学者、学生和一般公众。因此，它既足以表现各个领域的最新进展，又具有相当的权威性。因为读者面比较宽，所以多少也代表了出版商和读者对古代史的总体期待。

21 世纪古代史研究的特征，首先体现在这些指南的总体框架上。只要将这些著述的目录与 18 世纪，甚至 19 世纪的同类著作加以比较，两者之间的差别就一目了然。所有指南几乎都以对资料和方法的讨论开篇，详尽介绍有关文献及研究路径，尤其重视资料本身的特点与不足，反映了 19 世纪史学研究专业化以来，历史研究逐步科学化的基本趋势。资料之后，是对地理和人民的讨论。在这里，地理条件不再只是单纯的自然地理，而是与古代的历史发展有机地结合起来。应当说，它体现了年鉴学派，特别是布罗代尔的鸿篇巨制《菲利普二世时代的地中海与地中海世界》所确立的传统，无论是有关希腊还是罗马的各卷，地中海及其周边的人文与地理环境，都占据了每部指南的显著位置。希腊与罗马的独特性，大多为地中海的独特性所取代。在历史内容的取舍上，广义的社会经济史成为主体；叙事性的政治史，主要是精英阶级的活动，逐渐退居次要地位。由拉夫

---

① John Gillies, *The History of Ancient Greece*, vol. 1, London, 1792, dedication, p. iii.

② Quoted from Elizabeth Rawson, *Spartan Tradition in European Thought*, Oxford: the Clarendon Press, 1991, p. 356.

③ Frank M. Turner, *The Greek Heritage in Victorian Britain*, pp. 192 – 204.

劳勃（Kurt A. Raflaub）主编的《古风时代的希腊指南》[①]中，叙事性的政治史不到全书篇幅的三分之一，主要内容为宗教、地理、城市、经济、圣地、节日、性别、阶级、文化水平等占据。由金泽（Konrad H. Kinzl）主编的《古典希腊世界指南》[②]虽然较多地保留了传统的政治叙事，但主要内容仍是自然环境、生态系统、经济、种族认同、宗教与崇拜、知识的组织、艺术等。《罗马共和国指南》的两位主编虽然都是研究政治史出身，但该书有关罗马政治史的叙述，仍不足全书正文篇幅的三分之一，取而代之的是对罗马人的政治结构、社会、政治文化、罗马认同等主题的分析。同一系列中的其他著作，大体体现了类似的取向。[③]即使是有关罗马军队和恺撒的指南，有关内容也都力图贴近社会史。《恺撒指南》由五个部分组成，分别是"传记：叙事"、"传记：主题"、"恺撒的现存作品"、"恺撒在罗马的名望"和"恺撒在历史上的地位"，只有第一部分可以划入传统的政治史叙事，其他部分，尤其是有关恺撒的名望和恺撒在历史上的地位两个部分，近乎恺撒形象的接受史。《罗马军队指南》虽然遵循了传统的历史分期，但每个部分的具体内容，大多是军队的社会史，涉及军队与宗教、后勤、宣传、城市精英、婚姻、家庭和生存等貌似与军人活动无关、实际却与普通士兵密切相关的问题。这些指南的取向，特别是把婚姻、家庭、性别、形象的传播与接受、宗教及其社会功能、社会秩序、政治控制等变成古代史有机组成部分的努力，把古代史变成了多学科、多层面、生动而具体的社会与日常生活的历史。在传统史学中被边缘化的群体和主题，借助于社会科学方法，逐渐占据了古代史舞台的中心。为方便说明，这里仅以《古代史指南》为例，略加分析。

《古代史指南》需要覆盖的对象，是西方学者心目中传统的古代世界，即使按照西方学术界的传统标准，它也涉及上下 1500 年（从荷马时代到西罗马帝国灭亡），从苏格兰高地到美索不达米亚、从北极圈到尼罗河中上游和撒哈拉沙漠的广大地区，可谓希腊、罗马世界的综合。由于范围广阔且课题众多，如何取舍

[①]　Kurt A. Raaflaub and Hans van Wees（eds.），*A Companion to Archaic Greece*，Oxford：Blackwell Publishing Ltd.，2009.

[②]　Konrad H. Kinzl（ed.），*A Companion to the Classical Greek World*，Oxford：Blackwell Publishing Ltd.，2006.

[③]　例如《古代近东指南》（*A Companion to Ancient Near East*，edited by Daniel C. Snell，Oxford：Blackwell Publishing Ltd.，2005）和两卷本的《古代埃及指南》（*A Companion to Ancient Egypt*，edited by Alan B. Lloyd，Oxford：Blackwell Publishing Ltd.，2010），传统的政治史叙事也都只占很小的篇幅。近东一卷中，正文部分430 余页，有关政治史的叙述不过 60 页；古代埃及的两卷正文1150 余页，政治史部分不过 180 页。占据全书主要篇幅的是国家与经济结构、社会秩序、语言与文学、视觉艺术、埃及和近东的遗产等内容。编者的意图，显然是力图展现一个文明的全貌。而所谓全貌，在编者心目中，更多的是与当时人的生活有关的方方面面，帝王将相的活动，不过是其中的一个方面而已。所以在埃及卷中，它只是全书七大主题之一；在近东一卷中，它是全书的五大主题之一。而且即使是在政治史叙事部分，作者也都注意尽可能贴近日常生活，注意其对普通人的影响。

和设计框架在某种程度上决定着这类通论性著作的成败。该书正文由八个部分组成，分别是证据、问题与路径、人民与地区、遭遇神灵、生与死、经济、政治与权力，以反响终篇。证据部分放在第一位，对于历史著作来说是惯例，布莱克维尔的其他指南也都是这么做的。问题在于在该书出版之前，有关古代近东、古典希腊、希腊化世界、罗马共和国、罗马帝国和古典晚期的各卷都已出版，而且每卷都已讨论过与之有关的史料。《古代史指南》如何既能概括地介绍古代历史的各种资料，又能避免重复已有指南的内容并有所创新，成为一个重大问题。从各章的标题看，它似乎相当传统，分别讨论了史学、碑铭学、纸草学、钱币学、考古学、演说、文学文献等七个方面。但在具体内容上，则体现了主编的匠心独运。各章作者在概要介绍该学科历史发展的同时，尤其着重指出在运用和解释各类资料时可能遇到的问题，即资料本身的缺陷和研究方法的不足。关于史学乃古代的精英阶级为了精英阶级的兴趣写作的评论，提醒我们在分析和使用古代文献时，绝不能忘记了古代史主要资料的缺陷。即使是对于我们一般认为比较可靠的考古、钱币、铭文等相对客观的史料，也需要适当的警醒。就铭文资料而言，"公元前800年到公元300年标志着碑铭学历史上一个不同的时代。其间希腊人发明了字母，制造了公共碑铭，罗马人传播了拉丁碑铭，其他人接受了希腊人和罗马人的文字与碑铭习惯，创造了地中海地区独特的碑铭文化。由于它们的相互影响，最好是说古典时代存在一个独特且多面的碑铭文化，一个为希腊语和拉丁语所统治、但原住民的语言如卡瑞亚语仍能为人们阅读的文化"。（第52—54页）因此，碑铭史料也存在语言上的偏见。碑铭如此，纸草文献、钱币和考古等，也都存在不同程度的偏见。

第二部分可以视为对第一部分的深化和具体运用，分别讨论了政治史、经济社会史、族群与文化、人口与历史人口学、妇女史、环境史以及对神话的解释等，尽可能为读者提供古代史相关研究领域的进展、理论和方法，以及在此过程中如何解读、使用资料的问题，提醒我们注意其中可能存在的陷阱。有关各章大体反映了当今西方学者的兴趣、态度和方法，可以视为对古代史研究现状的述评。第三部分为叙事，大体按照地区和族群分类，分别叙述了从古代埃及到北欧各地区的古代史。这个部分本来比较难于处理，因为既不能将之写成各个地区的简史，又不宜写成民族志之类的介绍。但有关作者根据古代史的特点，尽可能在揭示各地区和族群古代历史发展一般趋势的同时，重视它们各自的命运和不同特性。北非一章通过分析北非与撒哈拉沙漠以及地中海的关系，指出该地区的历史发展实际深受周边文明的影响，撒哈拉沙漠也绝非人们想象的不可逾越，从而对北非孤立发展的传统观点提出了挑战。关于小亚细亚和西班牙的两章，则重点揭示了它们对罗马化的反应以及在罗马帝国中的地位。该部分的有关叙述，仍然可以视为如何解读史料和理论的延伸及具体运用。

　　第五、六、七部分可以视为对古代文明社会生活的展示，也是该书最具创见的部分，分别讨论古代世界的生与死、经济、政治与权力。与过去不同的是，政治被"排挤"到了比较边缘的地位，在三部分共 18 章中，政治只占 4 章。即使在仅有的 4 章中，所讨论的也并非传统的政治史，而是影响政治生活的各种因素，包括国家结构、法律体系、公民权和战争，突出的是古代希腊和罗马世界公民生活于其中的政治框架以及影响古代公民的诸种最重要因素。经济部分既反映了现代经济学的兴趣，涉及劳动、财政、资源和技术，但更体现了古代经济的一般特征，地中海成为古代经济的基本背景，地区间的差异在"诸种经济"（economies）这个术语中得到了充分体现。乡村的作用得到强调，尽管作者认为，片面强调乡村或城市的作用，不免是站在今人的立场论古人。也许对古人而言，除特殊情况外，城乡之间的区别并不是那么重要。非自由劳动包括奴隶劳动的作用得到重视。经过战后马克思主义古史学的冲击，众多学者如今都承认，奴隶制是古代文明中一个非常重要的因素。作者的讨论并不打算涉及奴隶的具体数量等老问题，而倾向于从芬利的路径出发，对不同时期、不同地区具体背景中的奴隶以及其他形式非自由劳动的功能进行讨论。

　　如果说古代政治和经济提供了希腊人和罗马人活动于其中的基本框架，古代人的一般生活状况，则体现在该书第五部分的"生与死"，即关于个人生活的部分。它从社会的基本单位家庭开始，依次讨论了古代的食物、爱与性、居住、娱乐、教育、医药和死亡。编者的规划，显然希望以此揭示古代人，特别是普通人的实际生活状况，让今人对古人有更加具象的认识。有些问题，例如教育和家庭，虽然曾经得到过一定程度的研究，但并非从个人生活着眼，而是更多地关注诸如妇女、儿童之类的群体。另外一些领域，例如居住、爱与性、医药、死亡等，则是 20 世纪末以来的新兴研究领域。不过，如果作者仅仅限于对古代人的生活状况进行一般性的描述，则不免把历史变成了个人生活琐事的介绍，哪怕这个介绍的着眼点是古代的所有人，意义仍然有限。该部分最为可取之处，在于相关作者一方面概要介绍有关研究的起源和进展，另一方面则试图借用社会科学的各种方法，包括人类学、社会学和经济学的理论与手段，写出各个专题的社会史，进而描述古代人比较真实的生活场景，努力让现代人理解古代个人的经历。以家庭一章为例，众所周知，家庭史研究对古代史其他领域的研究产生了深刻影响，"它已经把历史学家们从直到 20世纪最后数十年仍倾向于占支配地位的、单纯的政治和军事领域引开。它已经让大多数历史分析包括了私人和家庭领域，从一个可以说是孤立的男性世界领域，转向一个也有妇女和儿童居住的世界。焦点的变化，也造成了方法论的明晰以及对资料——文字的、视觉的和物质的——更加精细的解释和分析。为了发现不同于政治

家和将军（他们常常是古代世界历史的主要作者）的'个体'（或者说，至少是
'类型'），我们必须学习如何用新的方式处理证据；观察那些群体（妇女、儿童、
奴隶、非公民、被视为外人的团体），他们不曾写作他们自己的历史，但在精英阶
层男性的作品中，他们并非不经常地作为可有可无的角色出现"。（第 330 页）通
过对史料的细致解读，两位作者发现，借助于人类学的方法，古代史料描绘的家
庭，往往是非常态时期的非常态家庭，"家庭的实际随着时间和空间的不同存在巨
大的差异"。罗马共和国后期，家庭关系就发生了缓慢却重要的变化。妇女的地位
尤其与我们印象中的男权统治不同，"在雅典和罗马社会，人们接受和期待的是，
妻子和母亲事实上掌管着家庭"。（第 338 页）至少在婚姻问题上，男性家长并不
能包打天下。因此作者提醒我们，"社会理想（文学的、男性的和精英的）与社会
现实，尤其是对那些不曾自己发出声音的群体，需要小心解释"。（第 330 页）对
食品、死亡、居住、性等方面的研究，一方面让我们注意到此前鲜为人知、却是古
代日常生活中非常重要的方面，揭示出古代社会不同于现代社会的重要特征，另一
方面，也让我们意识到，在历史学中适当引入社会科学方法，无论是在资料的发掘
和解释，还是在丰富历史的内容更全面反映历史面貌上，都具有显而易见的积极
意义。

三　古代史的功用：个人经历与集体意识之视角

古代史有什么用？如前所述，对近代早期的历史写作者来说，作为近代世界最
为重要的参照体，古代史的功能根本不是问题。可是 20 世纪以来史学的专业化，
让社会公众与专业学者之间的鸿沟逐渐扩大；其他知识门类，特别是科学、技术和
应用性社会科学如经济学和法学等的发展，让历史学的空间日益逼仄，以至于到
20 世纪前期，年鉴学派的大师布洛赫已经在讨论历史学有什么用的问题。他最后
的结论虽然积极：历史学有其独特的美感，有娱乐的价值，史学的不确定性，也正
是史学存在的理由，因为它将展示不断更新的历史前景。[1] 不过他的辩护是就历史
学整体而言，而且在那之后，史学无用、史学危机的声音仍不绝于耳。就古代史，
特别是古代希腊罗马史来说，它的价值何在，也曾有学者论及。莫尔利（Nevile
Morley）承认，历史确实有用，它虽然不可能让人们根据对过去的认识预见将来，
也不大可能直接创造经济价值，不是法律或者医学那样的职业学科，但从实用的意

---

[1]　马克·布洛赫：《历史学家的技艺》，张和声、程郁译，上海社会科学院出版社 1992 年版，译者"序
言"，第 27 页。

图来说，它培养了人们"处理和分析大量资料，构建合理的论证、创造新的思想，清晰而且有说服力地提出论证，参与讨论等方面的能力"。①但他也认识到，其他学科同样可以提供这方面的训练，因此这些实际用途不足以解释历史学科存在的理由，尤其是不断建构和解构过去的理由。但他随后提出论证：过去需要研究，因为人们对过去的认识会影响人们现在的行动；现在的变化也会影响人们对过去的认识；历史学在不断解构过去的过程中，也不断塑造着人们的思想和认同，并且通过塑造过去来改造现在。②但他的论证仍很难把古代史从质疑中解救出来，因为他仍然是就历史学科本身的性质而非古代史的特点立论，而且拘泥于个人直接应用层面。

李剑鸣将历史学的功能分离成个人和群体两个层次：

> 历史的"用"带有某种群体性质。对个人而言，历史或许是可有可无的，一个人丝毫不懂历史，照样可以过自己的日子；但对于一个群体、一个民族乃至整个人类，历史则是不可或缺的，它是群体认同和文化赓续的起点……历史不是可以带来直接效益的实用性知识，它的功用具有长期性和价值性。历史归根到底是一种文化，研究历史的目的首先不是为了解决一种实际问题，而是为了文化建设。一个社会如果不重视这个道理，贬低甚至排斥史学，最终只能导致文化的堕落。③

尽管在特定情况下，历史研究确实"可以解决一种实际问题"，但这样的解读，显然能够把历史学从斤斤于实际应用的泥潭中解救出来。古代史研究既然是历史学的一部分，自然也具有了价值。但正如李剑鸣也意识到的，许多人仍会从个人角度看问题。对于那些研究古代史的学者，特别是对于那些普通读者和公众来说，希腊罗马的古代史到底有什么用，仍然需要更具体的讨论。《古代史指南》试图从两个方面来回答这个问题。首先是全书开头的"个人视角"，由五位来自不同国家、研究古代史不同领域的学者从个人经历思考古代史的功能，然后是书末的侧重于集体意识的"反响"，借用莫尔利的话来说，是"神话"。④个人视角中，五位作者分别来自美国、英国、意大利、澳大利亚，其中麦克林（Neil McLynn）曾任教于日本，可以视为亚洲的代表。主编的意图，显然是希望来自不同国家、不同背景的学者

---

① Neville Morley, *Writing Ancient History*, London：Gerald Duckworth &Co. Ltd. , 1999, p. 134.

② Neville Morley, *Writing Ancient History*, pp. 150 – 161. 这一点让人想起霍布斯鲍姆《史学家：神话的终结者》（马俊亚、郭英剑译，上海人民出版社 2002 年版）有关论述。

③ 李剑鸣：《历史研究中的求知与求用》，《历史教学》2006 年第 2 期，第 9 页。

④ Neville Morley, *Writing Ancient History*, pp. 154 – 155.

"现身说法"，以彰显古代史与其研究者个人之间的关系。五位作者中，奥伯
（Josiah Ober）为美国学者，以研究雅典民主政治知名，并由此涉入政治学，讨论
过当代民主以及雅典遗产的价值问题。他比较重视古代史综合研究中不同学科的
交叉对其研究和认识政治，包括古代和现代政治的作用。他批评当今的政治学过
于狭隘，"将权力与合法性、合法性与正义割裂开来；忽视了阶级差别，将政治
想象为超级精英的游戏；有些专注于论辩、批评或信仰，有些专注于制度、决策
过程与人格；有些专注于偶然性、环境因素或技术变迁；有些专注于社会结构及
其功能；还有些专注于变化与稳定问题。古代史则给那些政治学研究者提供了特
殊的好处，可以避免因狭隘和非历史主义造成的错误，因为它既广泛，又有限，
就时空范围论，它是巨大的；但就可以牢固确立的相关事实来说，与现代比较，
又是狭小的……古代史让我可以梦想一种'统一的政治场域理论'，在那里，可
以对权力、合法性和正义做总体的考察"。（第3页）彼得·德鲁（Peter Derow）
生前供职于牛津大学，以研究希腊化时代历史见长，他引用波里比阿《通史》
开头关于罗马征服世界的话来论证研究古代史对于当今的意义，指出"古代史
研究能够（而且应当）对我们理解周围的世界、提升我们对身居其中的事件的认
识，做出贡献"（第3—4页），虽然"历史不会重复，但人终归是人，对古代史
的研究，涉及一个微观的年代框架中的人对政治和其他环境（在地方和全球的
层次上）的反应。这是一种非常深刻的人文研究，考虑到它使用的资料的性质和
范围，以及它需要的智力投入和活动，那也是乐趣"。（第5页）其他三位学者对
古代史的功能，也都有程度不同的阐述。澳大利亚的古代史似乎颇受学生欢迎。
据新南威尔士州统计，中学的最后一年中，有三分之一的学生选择历史，多数又
选择古代史。在大学历史系中，选择古代史的学生似乎也超过近现代史。作者认
为，出现这种状况的原因并非澳大利亚与欧洲文化之间的亲缘关系，而是因为
"古代史让我们接触与过去的严肃争论，以及后代不断重新阐释古代（不仅仅是
古典古代）的不同方式。在我们研究古代史的过程中，我们遇到许多不同的历
史，文艺复兴的、启蒙运动的、美国和法国革命的、拿破仑以及他对埃及和罗马
帝国主义模式的运用，还有费边社和斯巴达克派的制度，以及西方（与某些非西
方）的民主发展"。（第9页）正是这种与过去之间不断的对话，激发了人们对古
代史的兴趣。莫尔利的论断，在澳大利亚似乎得到了回应。日本的古代史似乎不
那么乐观，毕竟日本的文化不同于欧洲和英语世界，学生大多选择历史作为跳
板，而非将其作为专业。但根据麦克林在日本16年的任教经历，他能明显感受
到日本学者与西方学者对古代史迥然不同的态度。（第8页）

　　如果说开篇为古史学家个人就古代史研究的影响所做的证词，那么末尾关于古
代史在近现代作用的论述，更多地涉及国家和社会层面，出场的主要是非专业学

者，包括政治家、导演和普通人。麦克科特里克（Rosamond McKitterick）主要从文化遗产角度讨论古代的意义，勒维林－琼斯（Lloyd Llewellyn－Jones）的兴趣在于好莱坞的古代史大片。但我们最感兴趣的是由埃尔斯金执笔的"古代史与民族认同"一章。它表明对于近现代的欧美世界政治来说，古代不仅仅是个灵感来源问题。德国皇帝威廉一世自比曾消灭瓦鲁斯（Varus）的阿米尼乌斯（Aminius），法国皇帝拿破仑三世钟情于恺撒，并写出了两卷本的《恺撒传》，同时尊崇领导高卢起义的维尔琴托里克斯（Vercingetorix），强调法国的高卢—凯尔特特征。这种看似矛盾的做法，正足以揭示拿破仑三世个人的需要与法国近代民族认同间存在的冲突；1911—1912 年，当意大利介入北非冲突时，西庇阿进攻迦太基的史实被搬了出来（第 557—558 页）。最让人感兴趣的可能是前南斯拉夫的马其顿独立后与希腊之间的一场争论。20 世纪 70 年代在希腊境内维尔吉纳发现的、据称属于马其顿王室的黄金盒子，其盒盖上有类似太阳或星星的装饰。新生的马其顿共和国民族成分众多，宗教信仰也颇为不同。1994 年的人口统计使用的马其顿、土耳其、阿尔巴尼亚等六种语言，足以表明该国民族和宗教的复杂。因此它亟须树立自己作为一个国家的民族认同，其中之一是国旗采用了维尔吉纳的古代马其顿王室徽章标志。但马其顿此举遭到希腊的强烈抵制，并迫使马其顿放弃该做法。因为希腊人担心，马其顿此举有可能引起希腊境内的民族问题，剥夺希腊作为马其顿继承者的权利。为进一步显示自己作为古代马其顿继承者的地位，1992 年，希腊将北希腊的卡瓦拉机场改名为亚历山大大帝机场（第 561—562 页）。

　　总体上看，《古代史指南》给我们提供的是一部注重古代普通人日常生活、全面反映古代世界社会与经济状况的著作，并对古代史研究的历史、现状以及未来可能的走向、古代史在当代世界的功用有所提示，基本反映了西方古代史学者当前的兴趣、理论与方法。上文对该书的简单介绍，已经表明古代史的研究固然必须从阅读古代文献开始，但学者们对古代文献的态度、观察它们的方法，已经发生了根本变化。其他类型的史料，如考古的、碑铭的、纸草文献的、地理和人文的，正扮演着越来越重要的角色。社会科学理论和方法，也正在古代史研究中发挥着越来越明显的作用，对古代人婚姻、家庭、居住、葬仪、政治和社会的分析，让古代史很大程度上脱离了以政治和军事为核心的精英阶层活动的层面，普通人的日常生活日益占据舞台中心。

四　古代史研究的拓展：中国与世界

　　应当指出的是，西方的古代史研究走到今天，实际上经历了长期的过程。古代希腊和罗马的城邦制度让公民成为国家舞台上的主角。① 无论是古代传下来的史料，还是近代根据古代文献撰写的以政治和军事史为主要内容的古代史，如梁启超早已意识到的，都是"民史"而非"君史"，即公民群体的历史。在那里，处于历史舞台中心的是公民大会及其选举出的官员的活动。立法、司法、内政和外交等军国大事，大多由公民大会和他们的代表决定。大人物固然受到重视，但大多被置于城邦活动的基本框架之内。从希罗多德到李维，公民群体的活动始终是主体。即使到帝国时代，古代的共和与民主政治，仍鲜活地保留在人们的记忆中。狄奥·卡西乌斯虽然生活在帝制已经确立后近 250 年之时，但他对于罗马共和国时代的政治运作仍有生动的描绘。对构成国家群体的普通公民的关注，是西方史学的基本传统。

古代遗留给后世的史料，大体确定了近代古史著述的主要内容。无论近代早期的古史学家是否赞成古代的政治体制，他们也都不能不把公民活动作为叙事中心，尽管政治和军事的主导让恺撒之类的伟人更为显赫。同时，对于政治和军事活动支配的古代史存在的问题，西方学者也早有认识。早在 17 世纪末，洛克（John Locke）就已经对当时的古代史表达了不满。他主张不要给孩子们过早教授历史，因为在那里，"所有关于历史的娱乐和谈论，除了战斗和屠杀外，几乎没有任何其他内容，给予征服者的荣誉和名声（这些人中的大多数是人类的屠夫），会进一步误导正成长的年轻人。他们通过这种途径，会认为屠杀乃值得赞扬的人类事物，是最为英雄的行为。由于这些原因，非人的残忍就会植入我们心中"。②同时，古代史的其他方面，从来没有完全被忽视。即使在政治和军事史最为盛行的 18 世纪，也有伏尔泰的《风俗论》和休谟关于古代世界人口和道德的讨论。孟德斯鸠的《罗马盛衰原因论》，也不仅仅是从政治和军事立论，还关注了罗马人的土地问题以及道德和风俗。那些认为近代远胜古代的思想家和学者，都会给予经济、文化和道德更多的考虑。19 世纪专业历史学诞生之时，古代经济史就发挥了重要作用，博克的成名作是《雅典国家经济》，米特福德等人论述过斯巴达的黑劳士问题；穆勒的《多里安人》已经涉及斯巴达的民族性格与文化和风俗。到 19 世纪末 20 世纪初，经济和文化已经成为古代历史的有机组成部分。德国学者波尔曼（R. von Poehl-mann）、迈耶（Eduard Meyer）和贝洛赫（Julius Beloch）已经尝试通过经济发展解

---

① 芬利认为，在古代世界，只有希腊和罗马世界这种以公民群体为中心的活动才有资格被称为"政治"，固然使政治变得过于狭隘，但多少体现了古典世界政治的独特性。参见 M. I. Finley, *Politics in the Ancient World*。

② Quoted from Paul A. Rahe, "Antiquity Surpassed: The Repudiation of Classical Republicanism", in David Wotton (ed.), *Republicanism, Liberty and Commercial Society, 1649—1776*, Stanford: Stanford University Press, 1994, pp. 246—247.

释古代历史的变迁；法国学者格罗兹（Gustav Glotz）、英国学者齐默恩（Alfred Zimmern）、爱尔兰古典学家马哈菲（J. P. Mahafy）等，也都注意到经济生活的重要作用。虽然《剑桥古代史》的第一版仍然让政治和军事史唱主角，但 20 世纪 70 年代陆续推出的新版《剑桥古代史》（1—2 卷为第 3 版，后续各卷为第 2 版），已经是政治、社会、经济和文化多层面的古代历史。20 世纪 80 年代以来的西方古史研究，已经不是政治和军事史的一统天下，社会史、经济史和文化史正受到越来越多的重视。[①] 年鉴学派的整体史之被普遍接受，如果脱离了西方史学发展的总体基础，将是无法想象的。因此，21 世纪的新古代史，实为西方学人数百年来文化和学术积累的成果，绝非一日之功。

中国的历史学虽然源远流长，有雄厚的史学传统和独特的方法，但就西方古代史研究领域而言，不免过于年轻，基础太过薄弱。中国人之开始了解古代希腊和罗马的历史始自 19 世纪中期，其目的非常功利，"师夷长技以制夷"，史学的文化建设功能从属于政治功能。1949 年之前，中国学者也确曾翻译过一些西方的古史著述，撰写过一些介绍和研究古代历史的著作，但缺乏独立和原创性的研究。

中华人民共和国成立后，经过院系调整，中国大学的历史系模仿当时的苏联模式，普遍采用了中国通史和世界通史并立的课程体系，世界古代史作为通史课程的一部分，一般占有一个学期的课时量。希腊罗马史作为古代史的重要组成部分，开始被比较系统地传授给学生。作为制度上的表现，是世界古代史教研室的设置。然而，模仿苏联体系建立的中国历史学，也不可避免地打上了时代需要的烙印，即历史被高度简化了。[②] 具体到世界古代史，则是证明人类社会系从原始社会经奴隶社会进入封建社会这一历史模式的合理性。正因为如此，虽然 20 世纪 50—60 年代的学者们为古代史研究在中国的奠基做了大量有益的工作，特别是编辑出版"世界史资料丛刊"、《世界通史资料选辑》（上古部分），翻译介绍古典文献以及西方学术名著，但当时学者们所讨论的问题，主要是社会性质、历史分期以及与之相关的奴隶制问题，而且对所有这些问题的讨论，都以承认从原始社会经奴隶社会到封建社会为前提。任何敢于挑战或者否定奴隶制占主导地位的观点，都被视为对历史唯物主义的挑战。资料的限制和理论上的独尊，让许多问题的讨论变成了语录官司，多的是火药味，少的是实证性研究。[③]

---

①　关于近代以来西方古史研究的发展，参见晏绍祥《古典历史研究发展史》，华中师范大学出版社 1999 年版，特别是第四章以下的论述。

②　苏联科学院主编：《世界通史》第 1 卷，文运等译，三联书店 1959 年版，总编辑部的话，第 1—2、7 页。

③　这里不宜详论 20 世纪 50—60 年代有关古代史问题的讨论，请见晏绍祥《古典历史研究发展史》，第 401—429 页；有关奴隶制的争论及其意识形态色彩，请见《胡钟达史学论文集》，内蒙古大学出版社 1997 年版，第 221—250、276—292 页。

改革开放以来，古代史研究取得了长足进展。1979—1980 年，实际由日知先生规划和组织的《世界上古史纲》由人民出版社出版；1989 年，日知先生主编的《古代城邦史研究》也由同一家出版社推出。两书都对古代史上的许多重要问题，例如农业革命、城市革命、国家产生的形式、公有制和私有制、大土地所有制与小土地所有制的关系、城邦到帝国的发展等重大理论问题，提出了独特的看法，并作出了在当时条件下能够达到的最为充分的论证，引起了对有关问题更深入和具体的讨论。20 世纪 80 年代出版的大学教科书和发表的论文中，虽然仍能看到苏联模式的影响，但在讨论相关问题时，采取了更加平和与实事求是的态度。[①] 20 世纪 90 年代以来，随着更多古典文献和外国学术著作的翻译出版，以及中外学术交流的逐渐展开，古典语文教育的起步，中国的世界古代史研究日益与世界接轨。在此基础上，出现了一批具有一定学术水平的专题著作和论文。这些作品或者具有独特的中国学者视角，或者借鉴和使用了不少新材料、新理论和新方法，具有相当的学术影响力。部分论著即使在国际学术界，似乎也应有自己的一席之地。[②]

然而，如众多学者都承认的，中国的世界古代史研究毕竟起步晚，基础薄弱。在资料积累方面，我们仍有不少缺陷。一些基本的文献和参考书，例如雅可比的《希腊历史残篇》，考古资料中的《希腊铭文集成》，仅有东北师范大学收藏，且后者刚刚购入。部头更大的《拉丁铭文集成》，似乎仍无任何大学和科研机构购入。19 世纪以来西方出版的大量考古报告，其中绝大多数对于中国学者而言可能闻所未闻。此外，中国的古史研究者中，能够熟练使用希腊语和拉丁语文献者并不多见。正因如此，不少古代史研究者难以从事精深的、原创性的研究，很多时候是二传手——把西方的学术成果消化后传播到中国（必须承认，在学科发展的起步阶段，这样的研究仍有积极的意义和价值）。所写出的论文中，不少属于宏观的、一般性的介绍，少有个案和专题研究。更多的学者主要是应付日常的教学，无力从事任何研究。社会对古代希腊史的需求，也还停留在相当一般的水平，从而影响古代史研究在整个历史学科中的地位。除资料和实证研究能力的限制外，我们还缺乏自己应当具备的系统的理论。不少论著，尤其是最近 20 年来出版的古代史教材，虽然力求在理论和体系上有所突破，但如何将它们落实到具体研究之中，易言之，如

---

　　① 例如在 20 世纪 80 年代有关世界通史体系，特别是在胡钟达、廖学盛、刘家和、张广志、伍新福等学者有关奴隶制问题的讨论中，基本是就史实和理论问题进行探讨。

　　② 关于改革开放以来中国的世界古代史研究，请见黄洋、晏绍祥《希腊史研究入门》，北京大学出版社 2009 年版，第 151—162 页；晏绍祥《古典历史研究发展史》，第 401—429 页；王敦书《林志纯与中国世界古代史学科的建设和发展》，《世界历史》2000 年第 2 期；郭小凌《世界上古史研究的回顾与展望》，《河南大学学报》2003 年第 2 期；郭小凌、祝宏俊《我国世界上古史研究近况述评》，《世界历史》2006 年第 3 期；杨巨平《日韩中三国世界古代史研究之比较——参加"日韩中三国世界古代史学术研讨会"有感》，《历史教学》2008 年第 4 期。

何把宏观理论转化为比较具体的古代史设计框架，并体现在历史进程的具体叙述中，仍不能说特别成功。在揭示古代社会的特征之时，除政治和军事史不免仍占据历史舞台中心外，对经济基础决定上层建筑的机械理解，历史被简单地划分为政治、经济和文化三大板块的做法，仍统治着大多数古代史学者的心灵。对于普通人的日常生活，地理和生态背景的具体作用，经济的一般特性和不同地区的特征，总之，古代人的生老病死及其与他们的政治、社会和价值观的关系，仍缺乏细致入微的实证研究，很难追踪学术前沿。相应的，古代史研究的影响相当有限，不少学者，特别是非古代史领域的学者，在说明古代史上的问题包括普通劳动者的地位、文化和政治制度的特征时，仍把奴隶社会和奴隶制当作万应灵药。

那么，中国的西方古史研究出路何在？众多学者对此都提出了自己的见解，而且相当全面。① 笔者在这里只想指出一点，欲做出第一流的成果，首要的是古史研究者苦练内功。因为无论是追踪学科前沿，还是组织大规模的、与现实有关联的课题，都必须以知识的可靠性和理论的科学性为前提。除必备的理论素养和马克思主义的指导等对历史学者的基本要求外，具体到古代史学者而言，窃以为内功主要是研究者所须具备的三种基本能力：既能较好地掌握古代语言，尤其是古典希腊语和拉丁语，以及相关文明的语言，又能掌握至少两种以上的现代外国语言，并熟悉现代社会科学理论与方法。

掌握古代语言是古代史研究的基础。虽然随着学术事业的发展，大量古典文献已经被译成现代语言，尤其是英语。而且由于每一个时代都需要新的译本，需要不断翻译，因此不少古典文献的现代译本不止一个。中国的古典世界史研究，如果缺少了翻译，无论如何不会达到今天的水平。但翻译同时也是解释，体现了译者的立场和时代的取向，因此在不同的译本之间，会存在一定的差别。对于普通读者来说，这些细微的差异也许不是问题，但对于一个专业研究者来说，则可能影响其观点和结论。威特马什（Tim Whitmarsh）以荷马史诗《伊利亚特》第 2 卷有关特尔西特斯（Thersites）的描写为例，指出三位现代译者在处理这个问题时，存在本质性的区别，拉提摩尔（Richmond Lattimore）完全忽视了普通士兵特尔西特斯与统帅阿伽门农（Agamemnon）地位上的差异，其他译者则明确暗示两位争论者地位上的差别。② 两种不同的处理，当然会造成理解上的差异。再如人们常说的修昔底德记载的伯里克利阵亡将士葬礼上的演说，当霍布斯翻译时，他将伯里克利定义民主政

① 如刘家和《谈世界古代史研究中要处理好的一些关系》，《北京师范大学学报》2003 年第 1 期；郭小凌《世界上古史研究的回顾与展望》，《河南大学学报》2003 年第 2 期；杨巨平《日韩中三国世界古代史研究之比较——参加"日韩中三国世界古代史学术研讨会"有感》，《历史教学》2008 年第 4 期等。

② Tim Whitmarsh, "Ancient History through Ancient Literature," in Andrew Erskine (ed.), *A Companion to Ancient History*, p. 80.

治的那句译成"我们的政治所以被称为民主政治，是因为政府在庶民（Multitude）手里，不是在几个人手里"。[①] 但在企鹅丛书的华尔纳（Rex Warner）译本中，变成了"我们的政府之所以被称为民主政治，因为政权是在全体公民手中，而不是在少数人手中"。[②] 洛布古典丛书的史密斯（Charles Forster Smith）译本此处被译成"我们的政府确实被称为民主政治，因为管理权不在少数人而在多数人手里"。[③] 比较而言，三个译本的主要差别在于政权到底是在庶民手中，还是在全体公民手中，抑或是在多数公民手中。三者含义区别明显，第一种显然带有贬损意味，第二种当然比较肯定，第三种则介乎两者之间，可褒可贬。核查原文，则用"多数人"表达希腊语的 pleionas 更为准确。霍布斯是个民主政治的批判者，他对普通人殊无好感，相应地讨厌雅典人，因此把修昔底德的书名译成比较中立的"希腊人战争的历史"（*The History of the Grecian War*），把民主政治译成"庶民的统治"，华尔纳和史密斯都是在 20 世纪完成自己的译文，他们都把修昔底德的著作译成《伯罗奔尼撒战争史》（*History of the Peloponnesian War*），暗示他们接受了近代人将战争责任归于斯巴达的立场（伯罗奔尼撒人发动的战争，犹如希罗多德的《历史》在有些英文译本中成为 The Persian War）。不过略有不同的是，史密斯的译本为洛布古典丛书之一种，该丛书比较强调忠实和直译。此外，他的译本完成于 1919 年，当时民主政治和多数人的统治已经逐渐变成褒义词，所以他并不介意将民主政治与多数人的统治联系起来。而华尔纳译本初版于 1954 年，此时第二次世界大战已经结束，民主政治相当巩固，并且在社会文化中成为完全正面的术语，他本人可能对民主政治有更多的好感，干脆就将民主政治变成了全体公民的统治。遇到这样的问题，如果我们缺乏古典语文的基础，就只能跟着译本（而且可能只是某一个译本）走，一旦译本错误，则前功尽弃。此外，更多的文献，如考古的、碑铭的、纸草的、陶片的，甚至部分文学的，都没有现代文字译本，只能直接利用原文。由于西方古典学的历史已经有数百年，传统文献几经爬梳，除非奇迹降临，否则很难再有新的重大发现，但考古、碑铭、纸草文献学等学科，却在不断提供着新的史料。19 世纪末亚里士多德《雅典政制》的发现是一个显例，后来的米南德（Menander）喜剧的发现，则是另一个影响重大的例子。因此，古典语文的基础既是我们从事原创性研究的基础，也是新资料的主要来源。

---

① Thucydides, *The History of the Grecian War*, the third edition, faithfully translated from the original by Thomas Hobbes of Malmsbury, London, printed by P. Morre, 1723, p. 144.

② Thucydides, *History of the Peloponnesian War*, Penguin Classics, London: The Penguin Group, 1972, p. 145. 中译文见修昔底德《伯罗奔尼撒战争史》上册，谢德风译，商务印书馆 2004 年版，第 147 页。

③ Thucydides, *History of the Peloponnesian War*, I, trans. C. F. Smith, Cambridge, MA: Harvard University Press, 1919, pp. 322 – 323.

　　不过，古典语文绝非万能。《古代史指南》已经表明，当代的古史研究，早已成为一种深厚的学术传统，社会科学新理论和方法的引入，让古史研究的资料和方法都发生了深刻的变化。就古代希腊罗马史研究而言，阅读古典文献固然是必需的第一步，但如果仅以阅读古典文献为满足，似乎自己的所有结论都只是从直接阅读古典文献而来，不免有闭门造车之嫌。毕竟古代史学科起源于文艺复兴时代，17—18 世纪得到初步发展，到 19 世纪专业史学奠基，经过 20 世纪的繁荣走到今天，西方学者已经积累了深厚的学术基础。继承前人已有成果，是古代史研究取得突破的前提和基础。如刘家和先生所指出的，在世界古代史研究中，尤其要处理好传承与创新的关系，"我们作历史研究，本就是对传统的一种研究。所以，我们必须充分了解并分析前人的研究成果，看到人家的成就，承认它（而不是掠其美）以作为自己的起点，又看到人家留下的真正问题及其历史局限性，否定它、扬弃它来进行我们的创新。这样的创新才是真的，具有历史的真实性和价值"。[①] 可是，对古代史研究而言，它最初发端于意大利，后在法国、德国和英语世界成熟、发展，苏联和东欧在古代史的某些重要领域，例如黑海地区希腊人的殖民、古典文明与周边世界的关系、古典世界的奴隶制等，也取得过辉煌成就。因此，古代史上众多问题的研究成果往往用多种现代文字写成。以古代经济史研究为例，从博克的《雅典国家经济》诞生以来，19 世纪到 20 世纪的西方学者进行过多场论战，从 19 世纪末的迈耶、贝洛赫和布彻尔（Karl Buecher），经韦伯（Max Weber）、罗斯托夫采夫（M. I. Rostovtzeff）和哈斯布鲁克（Johannes Hasebroek），再到芬利（M. I. Finley），乃至最近的戴维斯（J. K. Davies）、奥斯邦（Robin Osborne）等，历时百余年。[②] 有关罗马共和国的政治体制和生活，从 18 世纪法国学者罗林、英国学者弗格逊等，经 19 世纪的麦里瓦尔（John Merivale）、蒙森，到 20 世纪的格尔泽尔（Malthias Gelzer）、莫泽尔（F. Muenzer）、塞姆（Ronald Syme）、斯卡拉德（H. H. Scullard）、尼科莱（C. Nicolet）、布隆特（P. A. Brunt）和米拉（Fergus Millar），再到新世纪的莫斯坦因 – 马科斯（Robert Morstein – Marx）和莫瑞特森（H. Moritsen）等，观点、模式、史料和方法都曾经发生过多次变化。[③] 如果我们不能了解这些有益的成果，又如何继承？没有继承，又从哪里寻求创新？可是，要真正有所继承与创新，我们必须至少掌握两种以上的现代外语。缺少了这个前提，所谓的创新，很可能成为刘家和先生所说的"足以摧毁科学生命的""形似而实非的'创新'"，其

---

　　① 刘家和：《谈世界古代史研究中要处理好的一些关系》，《北京师范大学学报》2003 年第 1 期。

　　② 有关古代希腊经济史研究的争论，请参看晏绍祥《20 世纪的古代希腊经济史研究》，《史学理论研究》1998 年第 4 期。

　　③ 有关罗马共和国政治研究的学术史，请见晏绍祥《显贵还是人民——20 世纪初以来有关罗马共和国政治生活特点的争论》，《历史研究》2008 年第 5 期。

结果，恰足以破坏真正的学术研究。①

现代社会科学理论对于历史学进展的作用似乎不用多说。作为一门人文科学，历史确实是一门叙事的艺术，从古代的希罗多德、修昔底德到李维和塔西佗，都以叙事见长，于叙述中寓褒贬。但现代历史学的基本特征，则是日渐借鉴社会科学的理论和方法。如果说 20 世纪 50 年代琼斯在论述雅典民主时仍采用传统的叙事，但 80 年代以来的雅典民主政治和罗马共和国政治研究，显然已经不是传统意义上的叙事，芬利对古代与近现代民主关系的讨论，奥伯有关精英与大众关系的分析，圣克莱尔（R. K. Sinclair）关于雅典民主制度下的大众参与研究，莫斯坦因—马科斯对公共交往理论的应用，莫瑞特森对共和国后期罗马城政治地理的考察，都不同程度地借鉴了现代政治学、地理学的理论和方法。百年来有关古代经济的讨论，更与经济学理论及其方法密不可分。《古代史指南》对古代普通人从生到死的论述，如果缺少了人类学、社会学的理论和方法，则会成为无源之水。《恺撒指南》中有关恺撒形象的传播，显然是利用了传播学与接受学的理论和方法。近年来西方学术界十分时髦的种族与民族认同研究，以及希腊人与蛮族人、罗马人与蛮族人的关系，本身就是政治学、民族学和社会心理学等多学科交叉的产物。在被引入古史研究后，开拓了一个全新的领域。②至于荷马研究与文学、考古、人类学的联系，在帕里（John Pary）、洛德（A. B. Lord）、芬利、纳吉（Gregory Nagy）等众多荷马研究的成果中，早已得到生动体现。③ 希腊史研究中对阿卡狄亚等地区新近的关注，固然与资料的积累有关，但如果缺少了人类学理论和方法，也将无从解释。④ 基于此，我们或许可认为，对资料的新解读，新课题的发现，新视角的采用，新领域的开拓，总之，当代古史学中的任何创新，或多或少都与社会科学理论和方法的采用有联系。社会科学确实在侵蚀着古代史研究，但与此同时，古代史研究也借助于社会科学，获得了新的生命和形态。

（刊于 2012 年第 2 期）

---

① 刘家和：《谈世界古代史研究中要处理好的一些关系》，《北京师范大学学报》2003 年第 1 期。

② 关于古典文明及其对周边民族的认知问题，近代以来已有众多学者涉及。但 20 世纪 90 年代以降，得到了越来越多的注意。古代民族认同问题研究的勃兴，既是现实世界巨变的刺激，也是利用多学科方法的结果。有关讨论请见 Jonathan M. Hall, *Ethnic Identity in Greek Antiquity*, Cambridge：Cambridge University Press, 1997, pp. 4 – 16。

③ 帕里和洛德为验证自己的口传诗歌理论，曾亲赴前南斯拉夫地区进行田野调查，积累了大批有关口传诗歌创作、表演和流传的理论，并深刻地影响了对荷马社会的认识。参见阿尔伯特·贝茨·洛德《故事的歌手》，尹虎彬译，中华书局 2004 年版；约翰·迈尔斯·弗里：《口头诗学：帕里—洛德理论》，朝戈金译，社会科学文献出版社 2000 年版。

④ 如：Catherine Morgan, *Early Greek States beyond the Polis*, London and New York：Routledge, 2003；Roger Brock and Stephen Hodkinson（eds.）, *Alternatives to Athens：Varieties of Political Organizationand Community in Ancient Greece*, Oxford：Oxford University Press, 2000, etc. .

编 后 记

这本《〈历史研究〉六十年论文选编》终于呈现在大家面前了。它是《历史研究》60 年走过的风风雨雨的一个剪影。60 年来，作为历史学科的综合性刊物，《历史研究》既是新中国史学发展的见证，更肩负着引领整个中国史学发展的重任。尤其是 2006 年以来，随着中国社会科学杂志社整体事业的发展，《历史研究》站在历史和时代的制高点，旗帜鲜明地坚持以唯物史观为指导，取得了长足的进步：推动历史学学科基础理论和重大问题的研究，促进马克思主义史学的新发展；倡扬跨学科的研究方法，组织刊发社会史、环境史、医疗史等前沿领域的研究论文，推动历史学研究新局面的形成；发起创办每年一届的历史学前沿论坛（今年即将举办第八届）。论坛致力于打破历史学内部的学科壁垒，推动不同领域、不同学科间的对话与融通；通过设置前沿话题，展示当代中国史学的学术旨趣、引领中国史学发展的方向。

在《历史研究》创刊 60 年之际，我们特别从 60 年的论文中选出这 60 篇呈现给大家。我们希望选出既能代表当代中国史学研究水平，又能反映学科发展脉络的论文，同时也不遗漏这 60 年来在史学领域潜心研究、辛勤耕耘、做出过卓越贡献的大家。我们希望通过这本论文选编，展现新中国史学发展的轨迹和取得的成绩，同时，也不回避时代的局限和存在的问题，为我们今后的前行提供有益的镜鉴。这一初衷是否实现，还有待史学界各位同仁的检验。

本书第一部分为发刊词、笔谈等，其余各部分依次为史学理论、中国古代史（先秦史、两汉魏晋南北朝史、隋唐辽宋夏金史、元明清史）、中国近现代史和世界史，同一时段的论文按发表时间的先后编排。不同时期的刊物编辑规范变化较大，在编辑过程中，除了对字体、格式做必要的统一外，其余一仍原貌。

中国社会科学院秘书长、党组成员、中国社会科学杂志社总编辑、《历史研究》编委会主任高翔研究员亲自倡议、关心和指导论文集的选编和出版工作；中国社会科学出版社对论文集的出版给予了大力支持，社长、总编辑赵剑英同志慨然应允出版本书，责任编辑郭沂纹编审及参与本书的全体编校和印制人员为本书出版加班加点，精心编辑和校对，付出了大量心血；中国社会科学杂志社副总编辑、

《历史研究》主编李红岩研究员直接指导和参与了论文集的初选和定稿,中国社会科学杂志社路育松、姚玉民、周群、舒建军、耿显家、焦兵、晁天义、荣维木、周学军、雷家琼、张云华、方兴、刘芳、武雪彬诸同志参与了论文集的选编和校对工作;中国社会科学杂志社总编室校对科的同志也参与了论文集的校对工作,在此一并致以衷心的感谢。

中国社会科学杂志社《历史研究》编辑部

2014 年 6 月